500强企业报告

——2006年中国100强

上海财经大学500强企业研究中心 编

上海财经大学出版社

图书在版编目(CIP)数据

500强企业报告:2006年中国100强/上海财经大学500强企业研究中心编. —上海:上海财经大学出版社,2007.10
ISBN 978-7-81098-982-4/F·936

Ⅰ.5… Ⅱ.上… Ⅲ.企业经济-研究报告-中国-2006 Ⅳ.F279.2

中国版本图书馆CIP数据核字(2007)第127745号

□ 责任编辑　张　健
　　　　　　　王　燚
　　　　　　　严尚君
□ 封面设计　钱宇辰

500QIANG QIYE BAOGAO
500 强 企 业 报 告
——2006年中国100强

上海财经大学500强企业研究中心　编

上海财经大学出版社出版发行
(上海市武东路321号乙　邮编200434)
网　　址:http://www.sufep.com
电子邮箱:webmaster@sufep.com
全国新华书店经销
上海译文印刷厂印刷
宝山蕰村书刊装订厂装订
2007年10月第1版　2007年10月第1次印刷

787mm×1092mm　1/16　69印张　1722千字
印数:0 001—1 500　定价:88.00元

编审委员会

顾　问：丛树海　夏大慰　干春晖
主　编：王　玉　姚瑜琳
编　委：谢家平　龚仰军　李清娟　王　蔷
　　　　王　琴　朱小斌　贺小刚　许淑君
　　　　董　静　文　丰　张化东　孙　慧
　　　　瞿　青　王　丹　甄　珍

序

在市场竞争机制的作用下,生产要素向优势企业集中是必然趋势。生产要素集中的结果,必然形成一批大型企业,尤其是资本和资源密集型产业,如钢铁、有色金属、石油化工、火力发电、主要建筑材料、交通运输设备制造、造纸等行业,大型企业居于市场主导地位,代表着行业的先进水平。以火力发电为例,采用大型发电机组发电煤耗只有320克/KWh,但我国发电平均煤耗超过400克/KWh。如果火力发电平均煤耗达到大型机组的水平,一年就可节约25%的发电用煤。大型钢铁企业的吨钢综合能耗在700千克左右,与国际先进水平的差距已明显缩小,但大多数中小钢铁企业的吨钢综合能耗超过1吨,比国内大型钢铁企业高出30%。由此可见,在资源密集型产业,应当鼓励和积极引导生产要素向大型企业集中,限制并逐步淘汰不具有规模效应、技术落后的中小企业是完全必要的。

最近,国务院国资委提出国有资本进一步向关系国家经济安全和国民经济命脉的重要行业和关键领域集中,向竞争实力强的大企业集中。到2006年底,国有经营性资产价值达13万亿元,主要分布在石油、石化、煤炭、冶金、电力、交通、通信、军事工业等基础性行业和骨干企业。虽然国有企业的数量大大减少,但是国有大企业竞争力和对国民经济影响力则显著增强。

经过20多年的发展和积累,我国民营经济也出现了一批大型企业,但从总体上考察,民营企业还主要集中在劳动密集型的中小企业领域。民营资本进入资本密集型产业,并逐步做强做大,需要解决生产关系上的两个问题:一是从家族独资形态转向资本多元化和社会化,这样才能解决单个私人资本不足的矛盾,以适应基础产业由技术构成所决定的资本有机构成高、资本投入强度大的客观要求;二是在资本多元化、社会化的条件下,民营企业必须实行资本所有权与经营权相分离的现代企业制度,信任不具有血缘和裙带关系的外聘的专业经营管理人才,通过委托代理制,以克服家族治理资本社会化大型企业的局限。

上海财经大学500强企业研究中心对2006年中国500强企业的前100强进行了研究,发布了《500强企业报告——2006年中国100强》研究报告。该研究报告以大量的数据和资料详实地描述了这些企业的发展历程,分析了这些企业的发展战略、经营方法和创新能力,揭示了我国大企业成长的普遍规律,为我国企业做强做大、缩小与世界500强的差距提供了范例。

吕 政

2007年5月30日

前　言

在经济发展过程中,大型企业发挥着重要的、任何主体都不可替代的作用。它们的作用不仅在于"大",因而能够影响所在的市场和产业领域,更在于它们从小到大、从弱到强、从新生到成熟的成长过程中,探索和表现出的规律性。虽然每个企业的成长都具有其独特的轨迹,完全模仿它们的做法在绝大部分情况下是不可能的,也是没有必要的,因为专属于它们的环境—资源要素组合并不能被所有其他企业简单复制;但是,它们成长过程中反映出来的规律性,却是可以供其他企业参考的。为此,众多国内外组织纷纷进行以大型企业为对象的研究。

国际上较早开始为分析大型企业成长轨迹和规律性提供系统性数据基础的组织是美国《财富》杂志。《财富》杂志从1955年开始,以销售收入为主要参数,对全美500家大型工业公司进行排名。20多年之后的1976年,这一排名的范围扩大到全球,形成世界500强工业公司排名。1990年,《财富》杂志合并全美500强工业公司排名与世界500强工业公司排名,开始发布世界500强工业公司排名,随后排名扩大到了世界500强服务业公司。1995年,世界500强工业公司及500强服务业公司两个排行合并,最终形成了现在具有相当权威性的"财富世界500强"。

中国企业联合会和中国企业家协会自2002年开始连续5年发布了中国500强企业名单。2006年中国500强企业的营业收入为141 404.9亿元人民币,其中,前100强企业的营业收入之和为92 190.4亿元,占全部500强企业营业收入之和的65.2%,占国内生产总值的50.6%,可见,这些企业对我国经济和社会发展做出了巨大贡献。

我们这里为各位读者提供的《500强企业报告——2006年中国100强》,就是以中国企业联合会和中国企业家协会2006年中国企业500强名单中的前100强企业为对象,按基本一致的框架,分析这些企业目前的业务和发展历程。分析框架的设计基础是我们对世界500强和中国500强的结构性分析。

一、世界500强的结构性分析

根据"财富世界500强"排名数据,1995～2006年间,世界500强增长状况平稳,增长态势基本上与世界经济发展同步,500强企业的销售收入总额约占世界GDP的38%～45%(见图1)。

得益于近年世界经济持续走强、贸易规模扩大、国际资本流动加快、企业运营活力增强、跨国企业并购活跃、全球初级产品价格上涨、汇率波动等因素,2004～2006年间世界500强企业以营业额和净利润额表示的经营业绩连续三年出现较快增长。2006年500强企业的总收入达到18.93万亿美元,约为世界GDP的1/3,比1995年的10.25万亿美元增长了

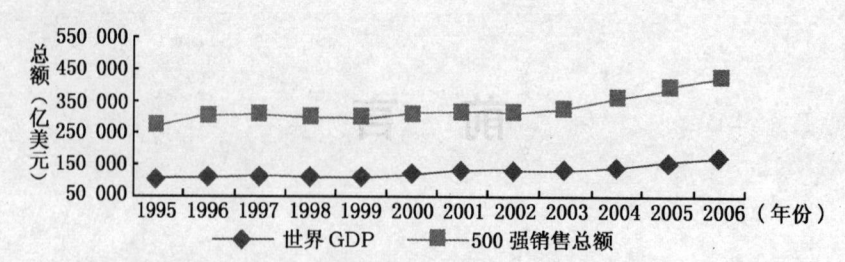

图1 1995～2006年全球500强企业销售额与世界GDP的关系

资料来源：根据《财富》杂志各年资料整理。

84.68%，年均增长率为5.74%（见表1）。

表1   1995～2006年世界500强企业的经营业绩   单位：百万美元

年份	营业总额	比上年增长	利润额	比上年增长
1995	102 460	—	2 818	—
1996	113 784	11.05%	3 233	14.73%
1997	114 348	0.50%	4 044	25.09%
1998	114 535	0.16%	4 520	11.77%
1999	114 634	0.09%	4 403	−2.59%
2000	126 960	10.75%	5 540	25.82%
2001	140 650	10.78%	6 670	20.40%
2002	140 100	−0.39%	3 060	−54.12%
2003	137 290	−2.01%	1 330	−56.54%
2004	148 824	8.40%	7 291	448.20%
2005	167 980	12.87%	9 248	26.84%
2006	189 294	12.69%	12 149	31.37%

资料来源：根据《财富》杂志各年资料整理而成。

随着外部发展条件的改善，近年以销售额表示的世界500强企业入围条件大幅提高。2001～2004年间，进入世界500强的企业的销售额连续4年维持在100亿美元左右，分别是97.2亿美元、101.0亿美元、101.7亿美元和108.3亿美元。2005年，这一数据一下提高到了124.4亿美元，2006年再次提高到137.4亿美元（见图2）。

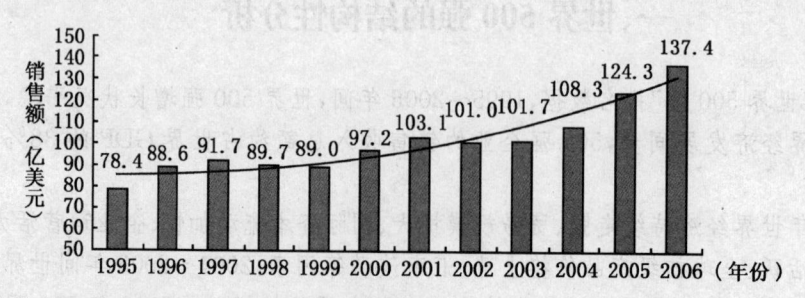

资料来源：根据《财富》杂志各年资料整理。

图2 1995～2006年全球500强企业的进入条件

绝大部分世界500强企业来自于美洲、欧洲及亚太。1995年全球共有25个国家及地区的企业入围世界500强,2006年进入世界500强的企业来源地扩大到了33个国家及地区(见图3)。中国银行于1989年进入世界500强,成为第一家进入世界500强排名的中国企业。到2006年,世界500强名单中,中国企业的数量达到23家。

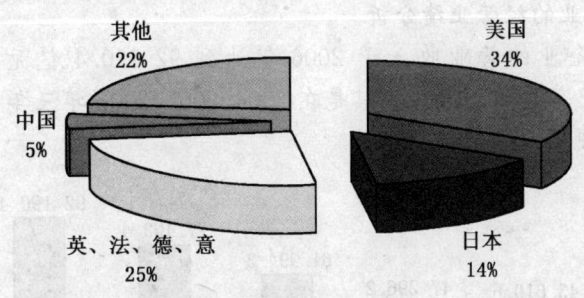

资料来源:根据《财富》杂志各年资料整理而成。

图3 2006年世界500强企业的地区分布

二、中国500强中前100强企业的结构性分析

与世界500强排名的趋势一致,在近5年中,中国500强中前100强企业(以下简称前100强企业)总体上呈现出营业收入上涨、利润提高、资产增加、规模扩大的趋势。前100强企业的营业收入总额和资产总额的增长率分别为19.1%和25.9%。这就使得入围500强的门槛越来越高,从一个侧面反映我国企业在规模基础上的稳健发展态势。这100家企业中共有63家企业连续5年列入中国企业500强企业名单,发展态势良好(见图4)。

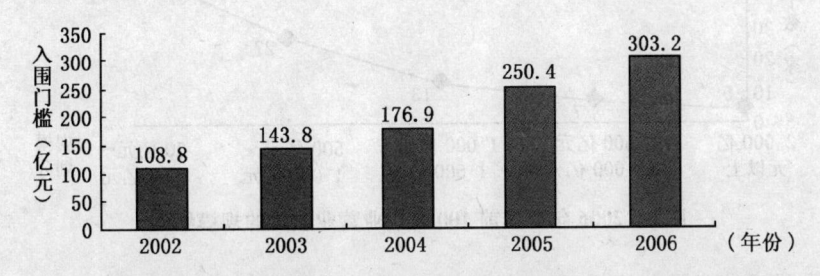

图4 2002~2006年中国前100强企业入围门槛(营业收入)变化趋势图

2006年23家中国入围世界500强的企业中,内地企业有19家,比2005年增加了4家。2006年中国内地进入世界500强的19家企业分别是:中国石油化工集团公司、国家电网公司、中国石油天然气集团公司、中国工商银行股份有限公司、中国移动通信集团公司、中国人寿保险(集团)公司、中国南方电网有限责任公司、中国建设银行股份有限公司、中国电信集团公司、中国银行、宝钢集团有限公司、中国中化集团公司、中国农业银行、百联集团有限公司、中国第一汽车集团公司、中国铁路工程总公司、中国粮油食品(集团)有限公司、上海汽车工业(集团)总公司、中国五矿集团公司。中国石油化工集团公司的排位由31位升至23位,稳居中国500强企业之首;国家电网公司排位从40位上升到了32位;中国石油天然气集团公司从46位升到39位。

值得注意的是,面对世界500强企业的销售收入与利润大致相同的涨幅,中国前100强企业的表现就显得差强人意。这些大企业虽然具有天然的垄断地位,占据了庞大的资源,但是它们的盈利没有表现出明显的增长,核心竞争力不强。大力发展和改革这些大企业,使之成为真正意义上的前100"强"企业,应该是近年中国企业界的一大任务。

(一)前100强企业的经营业绩分析

中国前100强企业的营业收入于2006年达到92 190.4亿元,比2005年增加近14 787.0亿元,年增长率为19.1%。尤其是在2004、2005、2006年三年内,这些企业营业收入实现了飞速增长(见图5)。

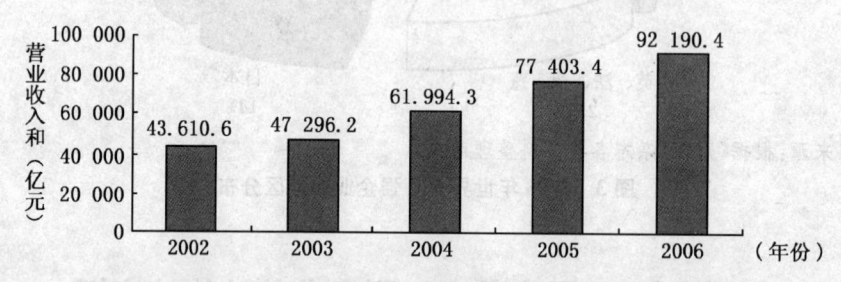

图5 2002～2006年中国前100强企业营业收入和变化趋势图

我们将这100强企业的营业规模划分为300亿～500亿元、500亿～1 000亿元、1 000亿～1 500亿元、1 500亿～2 000亿元和2 000亿元以上等5个区域,落在这5个区域内的企业个数分别为:48、27、13、7、5家,由此可以看出前100强企业的规模结构(见图6)。

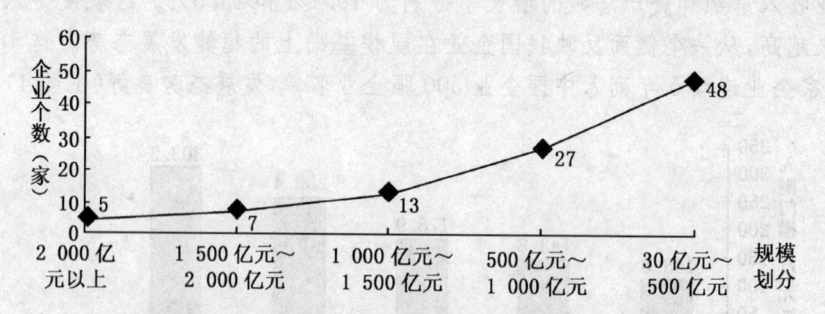

图6 2006年中国前100强企业营业收入的规模结构

其中,中国石油化工集团公司以8 230亿元的营业收入摘取2006年中国500强企业的桂冠,而排在第100名的陕西延长石油(集团)有限责任公司的营业收入仅为303.2亿元,不到中国石油化工集团公司的4%。2 000亿元以上规模的5家企业的营业收入之和几乎达到300亿～500亿元规模的48家企业营业收入之和的1.5倍。说明即使是前100家企业,规模相差也较大,发展不均衡。

中国前100强企业的利润总和在2004年出现过一次回落。这是因为2004年中国农业银行、飞利浦(中国)投资有限公司和中国对外贸易运输(集团)总公司3家企业的利润数据缺失。2005年和2006年100强企业利润之和的增长速度都很快,年增长率分别达到85.2%和29.1%。2006年总利润达到了5 073.2亿元,比2005年增加了1 143.5亿元(见图7)。

2002～2006年中,前100强企业中分别有8、5、9、3、3家企业出现亏损,亏损企业数的

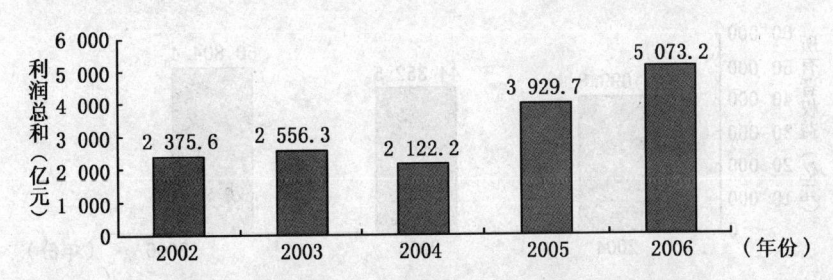

图7 2002～2006年中国前100强企业利润和变化趋势图

减少反映我国企业趋向于健康发展的良好态势。前100强企业中利润超过100亿元的企业共有11家,它们的利润之和占前100强企业利润和的69.83%。可见,前100强企业的主要利润来自少数大企业。其中,实现利润最多的是中国石油天然气集团公司,实现利润最少的是沈阳铁路局,这两家企业在利润额上的差距为1 085亿元。利润增长率最高的是天津汽车工业(集团)有限公司,利润增长率最低的是北京汽车工业控股有限责任公司,两者之间相差1 695.42个百分点。

2006年前100强企业中,只有39家企业进入2006年前50效益最佳企业,进入率不到80%;进入2006年前100效益最佳企业的只有58家,进入率不到60%;40%以上的前100强企业创造的利润水平还较低,效益增长是这些企业更应重视的问题。效益落后的原因与特定所有制类型企业的经营管理能力、法人治理结构的完善程度有关,也与行业特性、政府产业政策及宏观经济形势有关。

2006年中国前100强企业的总资产数为336 312.1亿元,比2005年增加69 176.2亿元。5年来总资产呈现出持续增长趋势,年增长率分别为4.4%、2.8%、12.7%和25.9%(见图8)。

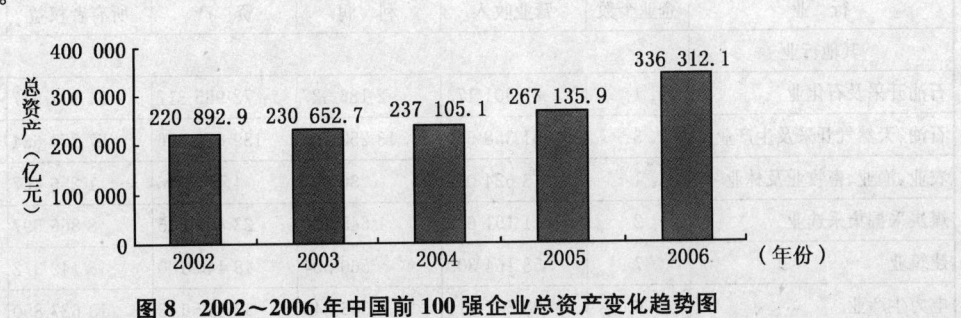

图8 2002～2006年中国前100强企业总资产变化趋势图

2006年中国前100强企业的所有者权益之和为136 256.7亿元,比2005年增加6 451.9亿元。2006年的年增长率为14.55%,比2005年增加了6.6个百分点(见图9)。

2006年中国企业500强的研发投入费用排在前50名的企业中,前100强企业有32家,占64%;2006年中国企业500强研发投入费用排序前100名的企业中,前100强企业仅有39家,占39%,说明前100家企业在研发上的投入情况与它们在其他业绩上的表现相差较大。缺乏研发上的优势将严重影响到这些中国大型企业的发展后劲。

因为缺少中国人寿保险(集团)公司、中国银行、中国农业银行、中国人民财产保险股份有限公司、华为技术有限公司、中国电力投资集团公司6家企业的就业人数数据,2005年中

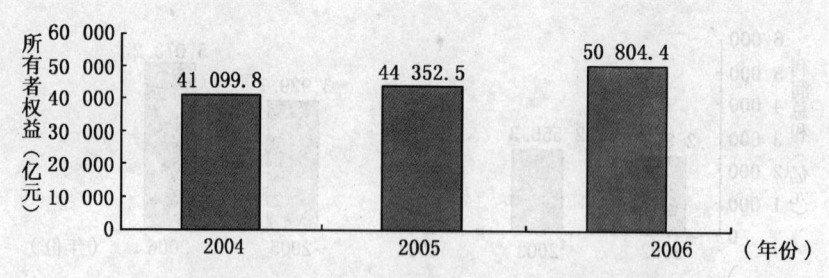

图9 2004~2006年中国前100强企业所有者权益和变化趋势

国前100家企业的总人数要大大少于实际就业人数(见图10)。

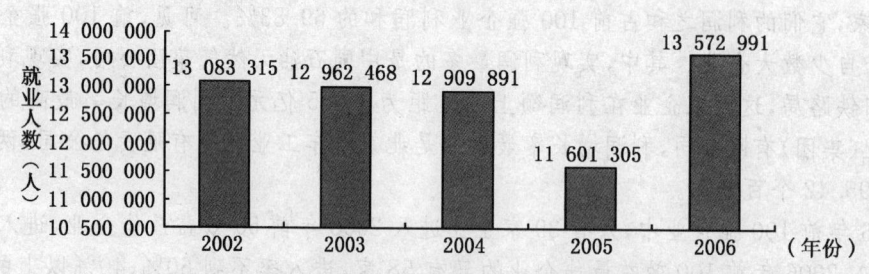

图10 2002~2006年中国前100强企业就业人数变化

(二)前100强企业的行业分布

2006年前100强企业的行业分布为:制造业企业42家、服务业企业38家、另外20家归为其他行业(见表2)。其中,黑色冶金及压延加工行业的企业数量最多,占了13家。

表2　　　　　　　　　2006年中国前100强企业的行业分布情况

行　业	企业个数	营业收入	利　润	资　产	所有者权益	就业人数
其他行业						
石油开采及石化业	1	82 301 173	2 186 327	72 985 317	24 917 577	730 800
石油、天然气开采及生产业	3	81 358 510	13 252 105	139 854 366	87 774 634	1 175 770
农业、渔业、畜牧业及林业	1	3 624 032	36 807	4 171 046	1 256 457	491 769
煤炭采掘集采选业	2	11 191 602	1 645 180	23 469 385	8 866 597	183 292
建筑业	7	58 164 309	560 304	48 140 100	6 142 372	1 117 529
电力生产业	6	28 507 411	546 846	92 517 143	13 627 850	403 856
合　计	20	265 147 037	18 227 569	381 137 357	142 585 487	41 03 016
人　均		64.622 472 1	4.442 480 6	92.892	34.751 385	
制造业						
烟草加工业	1	3 696 695	302 671	5 590 227	4 347 929	13 650
纺织、印染业	1	3 551 274	154 890	2 569 088	1 001 459	110 257
黑色冶金及压延加工业	13	74 595 130	3 253 242	80 544 005	29 784 379	818 597
有色冶金及压延加工业	1	6 290 651	583 508	10 785 190	2 967 629	16 101
电力、电气机械设备、器材、线缆制造业	1	6 309 488	409 134	7 270 465	2 288 441	81 606

续表

行　业	企业个数	营业收入	利　润	资　产	所有者权益	就业人数
电梯及运输、仓储设备及设施制造业	1	3 095 931	266 914	1 717 307	945 591	33 000
家用电器及零配件制造业	4	26 365 038	193 361	9 449 863	2 386 261	152 885
计算机及零部件制造业	1	10 818 936	80 865	6 225 452	696 040	27 300
通讯设备及其他电子设备、元器件制造业	4	23 058 520	843 054	8 833 990	3 611 684	99 270
汽车及零配件制造业	6	48 858 313	1 373 584	46 908 784	14 156 274	385 363
船舶工业	1	4 964 114	117 009	10 803 499	1 750 360	140 000
航空、航天与兵器制造业	5	29 973 796	435 968	48 251 798	11 092 575	898 920
综合制造业（以制造业为主，含服务业）	3	10 338 794	416 267	7 465 955	2 587 787	52 429
合　计	42	251 916 680	8 430 467	246 415 623	77 616 409	2 829 378
人　均		89.036 063 8	2.980 890 9	87.091 8	27.432 322	
服务业						
电力、热力、燃气、给水等供应服务业	2	90 201 332	1 180 327	143 295 125	53 189 717	1 088 096
铁路运输及辅助服务业	5	16 793 115	180 741	38 954 340	25 607 609	913 202
水上运输业	2	16 628 309	2 111 740	20 143 034	5 759 933	107 830
航空运输业	1	4 084 784	85 027	7 675 413	1 638 484	32 861
邮电通信业	5	65 244 569	6 448 767	171 340 576	88 668 943	1 787 044
物流、仓储、运输、配送服务业	1	5 125 822	26 729	1 890 963	290 833	8 510
矿产、能源内外贸易批发业	4	23 057 766	326 774	8 577 584	2 646 166	82 981
化工产品及医药内外贸易批发业	1	17 279 188	213 164	6 308 081	1 370 438	18 054
机电、电子内外贸易批发业	1	3 445 154	57 375	3 290 106	463 215	45 935
粮油食品及农林土畜水产品内外贸易批发、零售业	1	12 006 530	162 761	7 268 085	2 430 941	50 722
生产资料内外贸易批发、零售业	1	3 823 408	20 019	1 870 339	433 896	3 399
金属内外贸易加工、配送、批发零售业	2	6 490 779	59 802	3 106 115	526 529	18 545
综合性内外商贸及批发、零售业	2	12 122 933	726 092	14 886 551	4 594 299	135 816
电器商贸批发、零售业	2	8 955 858	162 489	1 804 213	534 468	161 444
商业零售业	1	13 858 673	3 354	3 000 849	358 615	53 060
银行业	5	80 284 062	11 861 507	2 197 711 182	93 755 343	1 350 071
保险业	2	25 444 715	447 000	104 445 326	5 572 951	783 027
合　计	38	404 846 997	24 073 668	2 735 567 882	287 842 380	6 640 597
人　均		60.965 451 9	3.625 226 47	411.946 08	43.345 858 8	

注：本表中营业收入、利润、资产和所有者权益等经济指标的单位均为万元，就业人数单位为人，企业个数单位为家。

前100强企业中,制造业、服务业、其他行业的营业收入和分别为:25 191.7亿元、40 484.7亿元、265 147.7亿元。其他行业类的营业收入明显高于制造业和服务业的原因是,其他行业主要集中了超大规模的具有垄断性的资源开采或建筑等企业,这些企业的工程投资巨大,拥有垄断性的资源,控制着国家经济命脉。

制造业、服务业、其他行业的利润和分别为:843.0亿元、2 407.4亿元、1 822.8亿元、服务业的利润总和最大;三类行业的人均收入分别为2.98万元、3.63万元、4.44万元,其他行业的人均收入最高;三类行业的总资产分别为:7 761.6亿元、28 784.2亿元、14 258.5亿元,服务行业的总资产量最大;就业人数分别为:282.9万人、664万人、410万人,服务行业吸纳的就业人数最多。以上数据反映,服务业企业对经济的作用日益增强。

前100强企业所属行业中,实现利润前五名的行业依次是:石油、天然气开采及生产业,银行业,邮电通信业,黑色冶金及压延加工业和石油开采及石化业,它们的利润总额为3 700亿元,占100家企业利润和的72.9%。

2006年前100强企业从产业结构角度分析,其行业营业收入、资产、利润、从业人数的结构见图11。服务业作为快速发展的行业,经济指标均处于总量的50%左右(资产比例为80%左右),处于良好的发展态势。当我们把分析样本从前100家企业扩大到500强企业后发现,服务业企业数量所占比例仍较低,尚有巨大的发展空间。

2006年前100强企业的行业营业收入分配: 制造业 27.32%, 服务业 43.91%, 其他行业 8.76%

2006年前100强企业的行业资产分配: 制造业 7.33%, 服务业 81.34%, 其他行业 11.33%

2006年前100强企业的行业利润分配: 制造业 16.62%, 服务业 47.45%, 其他行业 85.93%

2006年中国前100强企业的行业所有者权益分配: 制造业 15.28%, 服务业 56.66%, 其他行业 28.06%

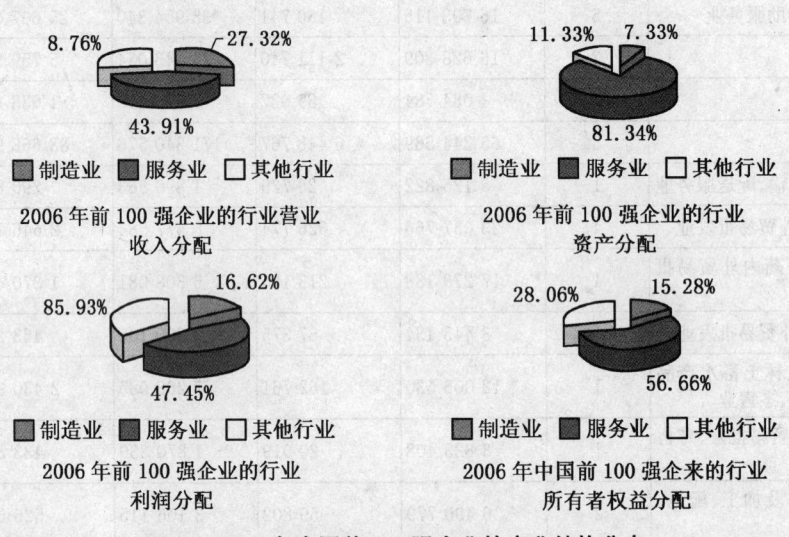

图11 2006年中国前100强企业的产业结构分布

按细分行业分析这100家企业的行业特征,见表3的相对值数据。表中数据均为行业指标总和与100家企业相应指标总和的比值。

表3　　　　　　　　　2006年中国前100强企业的行业指标相对值

行　业	企业个数比例	营业收入比例	利润比例	资产比例	所有者权益比例	从业人数比例
其他行业	20%	28.76%	35.93%	11.33%	28.07%	30.23%
石油开采及石化业	1%	8.93%	4.31%	2.17%	4.90%	5.38%
石油、天然气开采及生产业	3%	8.83%	26.12%	4.16%	17.28%	8.66%

续表

行 业	企业个数比例	营业收入比例	利润比例	资产比例	所有者权益比例	从业人数比例
农业、渔业、畜牧业及林业	1%	0.39%	0.07%	0.12%	0.25%	3.62%
煤炭采掘集采选业	2%	1.21%	3.24%	0.70%	1.75%	1.35%
建筑业	7%	6.31%	1.10%	1.43%	1.21%	8.23%
电力生产业	6%	3.09%	1.08%	2.75%	2.68%	2.98%
制造业	42%	27.33%	16.62%	7.33%	15.28%	20.85%
烟草加工业	1%	0.40%	0.60%	0.17%	0.86%	0.10%
纺织、印染业	1%	0.39%	0.31%	0.08%	0.20%	0.81%
黑色冶金及压延加工业	13%	8.09%	6.41%	2.39%	5.86%	6.03%
有色冶金及压延加工业	1%	0.68%	1.15%	0.32%	0.58%	0.12%
电力、电气机械设备、器材、线缆制造业	1%	0.68%	0.81%	0.22%	0.45%	0.60%
电梯及运输、仓储设备及设施制造业	1%	0.34%	0.53%	0.05%	0.19%	0.24%
家用电器及零配件制造业	4%	2.86%	0.38%	0.28%	0.47%	1.13%
计算机及零部件制造业	1%	1.17%	0.16%	0.19%	0.14%	0.20%
通讯设备及其他电子设备、元器件制造业	4%	2.50%	1.66%	0.26%	0.71%	0.73%
汽车及零配件制造业	6%	5.30%	2.71%	1.39%	2.79%	2.84%
船舶工业	1%	0.54%	0.23%	0.32%	0.34%	1.03%
航空、航天与兵器制造业	5%	3.25%	0.86%	1.43%	2.18%	6.62%
综合制造业（以制造业为主,含有服务业）	3%	1.12%	0.82%	0.22%	0.51%	0.39%
服务业	38%	43.91%	47.45%	81.34%	56.66%	48.93%
电力、热力、燃气、给水等供应服务业	2%	9.78%	2.33%	4.26%	10.47%	8.02%
铁路运输及辅助服务业	5%	1.82%	0.36%	1.16%	5.04%	6.73%
水上运输业	2%	1.80%	4.16%	0.60%	1.13%	0.79%
航空运输业	1%	0.44%	0.17%	0.23%	0.32%	0.24%
邮电通信业	5%	7.08%	12.71%	5.09%	17.45%	13.17%
物流、仓储、运输、配送服务业	1%	0.56%	0.05%	0.06%	0.06%	0.06%
矿产、能源内外贸易批发业	4%	2.50%	0.64%	0.26%	0.52%	0.61%
化工产品及医药内外贸易批发业	1%	1.87%	0.42%	0.19%	0.27%	0.13%
机电、电子内外贸易批发业	1%	0.37%	0.11%	0.10%	0.09%	0.34%

续表

行　业	企业个数比例	营业收入比例	利润比例	资产比例	所有者权益比例	从业人数比例
粮油食品及农林土畜水产品内外贸易批发、零售业	1%	1.30%	0.32%	0.22%	0.48%	0.37%
生产资料内外贸易批发、零售业	1%	0.41%	0.04%	0.06%	0.09%	0.03%
金属内外贸易及加工、配送、批发零售业	2%	0.70%	0.12%	0.09%	0.10%	0.14%
综合性内外商贸及批发、零售业	2%	1.31%	1.43%	0.44%	0.90%	1.00%
电器商贸批发、零售业	2%	0.97%	0.32%	0.05%	0.11%	1.19%
商业零售业	1%	1.50%	0.01%	0.09%	0.07%	0.39%
银行业	5%	8.71%	23.38%	65.35%	18.45%	9.95%
保险业	2%	2.76%	0.88%	3.11%	1.10%	5.77%

(三) 前100强企业的地区分布

全国31个省、直辖市和自治区中除西藏和青海以外其他的29个省、直辖市和自治区均有企业进入2006年中国500强企业名单，经济发达地区入围企业较多。500强企业的地域分布基本上与地区经济发展程度一致。

2006年中国前100强企业同样呈现出以上的地区分布特征（根据企业总部所在地统计）。这100家企业共分部在北京、上海、广东、山东、天津、江苏、山西、河北、湖北、辽宁、浙江、湖南、四川、安徽、陕西、云南、黑龙江和吉林18个省、直辖市。其中有50%的企业驻扎在北京，30%的企业集中在上海、广东、山东、天津等经济较发达地区（见图12、图13）。总部设在北京、上海、广东等省市尤其是北京市的企业中很多是中央直属企业。

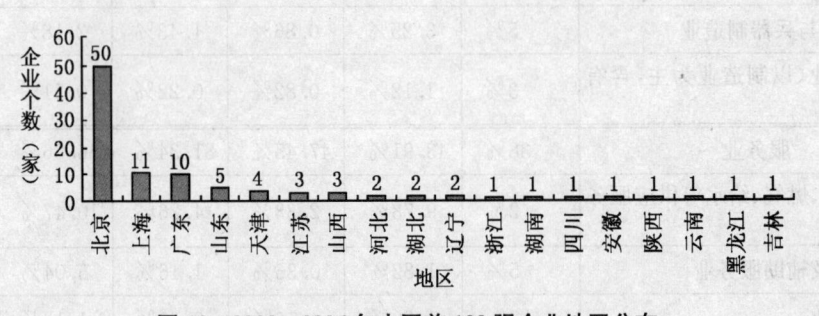

图12　2002～2006年中国前100强企业地区分布

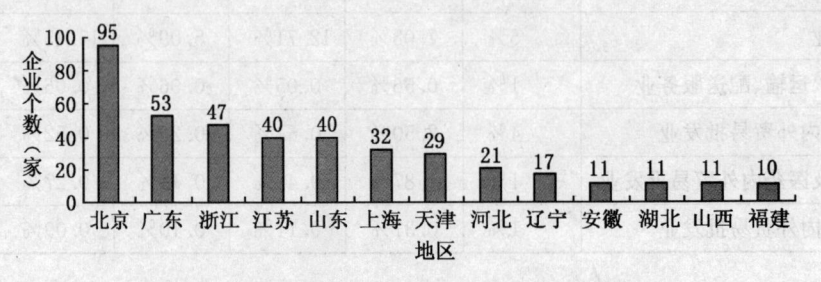

图13　2002～2006年中国500强企业主要地区分布

2006年中国企业前100强企业在主要5个地区的分布和企业情况详见表4。100家企业中包含了许多垄断性行业，总部多数设在北京。在上海、广东等经济发达地区，企业的营业收入、利润等指标表现都很好。

表4　　　　　　　　　　2006年中国前100强企业的主要地区分布及业绩

地 区	企业个数（家）	营业收入（亿元）	利 润（亿元）	总资产（亿元）	从业人数
北京	50	636 400 372	39 353 542	2 921 109 126	10 075 952
上海	11	82 824 748	3 620 801	203 329 741	424 947
广东	10	53 284 947	2 409 621	94 429 120	637 151
天津	5	20 814 794	429 152	7 408 954	97 087
山东	4	25 026 701	441 327	15 276 928	252 437

根据以上分析，2006年前100强企业整体上实现了快速发展，在营业收入、利润、资产等经济型指标方面创造了可喜的成绩，他们对经济的影响力与日俱增。2006年前100强企业的营业收入达到92 190.2亿元，比2005年增加了14 787亿元，上涨了19.1%；总利润达到5 073.2亿元，比2005年增加了1 143.5亿元，上涨了29.1%；总资产达到336 312.1亿元，比2005年增加了69 176.2亿元，上涨了25.9%。与2002相比，2006中国企业前100强的营业收入、利润和总产分别大幅增长211.39%、213.55%和152.25%。2002～2006年前100强的营业收入入围门槛分别为：108亿元、143亿元、176亿元、250亿元、303亿元。

必须注意的是一些阻碍中国大型企业进一步发展的因素。首先是前100强企业的主要利润来自少数大企业，企业盈利能力整体表现仍较弱。例如，名列中国企业前100强排名第一位的中国石油化工集团公司，其营业收入只相当于世界500强第一位的埃克森美孚石油公司的30.2%。埃克森美孚一家公司创造的利润就相当于中国企业500强总利润的45.1%，其营业收入几乎相当于前100强企业营业收入总和的1/3。2006年中国前100强企业中，国有及国有控股企业仍占主导地位。从所有制结构看，国有经济继续在国民经济中占据统治地位，且遍布对国民经济具有重要影响作用的行业。其次是前100强企业在研发、技术创新方面的投入不足，企业内部普遍存在科技资源重复分散、资源不能共享、分工不明确的现象，自主创新机制还很不健全，这是与世界500强企业差距最明显的方面，导致中国企业技术水平与世界企业之间存在明显的差距。

上海财经大学500强企业研究中心是一个开放的非营利性研究机构，它的成立是上海财经大学建成国际一流大学的战略举措之一。本研究中心以"开放、进取、严谨、创新"为指导方针，集学术研究、信息情报、人才培养、论坛会议、出版物、咨询等多功能为一体，有效整合国内外各方资源，深入研究大型跨国企业运作规律，为促进中国大型企业的发展提供服务。

研究中心既研究500强企业，也研究有潜力成为500强的企业，或曾经是500强的企业,通过这些研究旨在分析大型企业成长及至衰退的内在规律。研究中心重点研究500强企业的经营战略、跨国并购策略、全球供应链管理、国际市场营销、公司治理、人力资源管理、跨文化管理等主题。研究中心凭借雄厚的科研力量,将500强企业信息进行专业化分类和加工,建成专业的大型企业管理信息情报系统。研究中心设立联谊会,汇集企业和研究咨询机构的力量,定期组织专题学术会议及论坛,成为产学研交流的专业化国际平台,既成为培养本校相关专业研究生的基地,同时也对外提供专业培训。研究中心每年出版500强系列报告。研究中心还为政府提供研究报告及政策建议,也为中外企业提供咨询服务。

欢迎企业及有志于中国企业研究的机构参与我们的研究。我们的网址是:
www.top500.org.cn
我们的联系方式是:
上海财经大学500强企业研究中心　上海市国定路777号　邮编:200433
电话:021—65903440　　传真:021—65903445
电子邮箱:admin@top500.org.cn

上海财经大学500强企业研究中心
2007年5月28日

目 录

序 1
前言 1

中国石油化工集团公司 1
国家电网公司 14
中国石油天然气集团公司 27
中国工商银行股份有限公司 44
中国移动通信集团公司 58
中国人寿保险股份有限公司 66
中国南方电网有限责任公司 81
中国建设银行股份有限公司 90
中国电信集团公司 103
中国银行 126
宝钢集团有限公司 138
中国中化集团公司 152
中国农业银行 165
百联集团 183
中国第一汽车集团公司 197
中国铁路工程集团有限公司 208
中国粮油食品(集团)有限公司 224
上海汽车工业(集团)总公司 236
中国五矿集团公司 243
中国铁道建筑总公司 256
中国建设工程总公司 266
东风汽车公司 276
中国远洋运输(集团)总公司 284
联想集团有限公司 295
青岛海尔 310
中国网络通信集团公司 318
中国海洋石油总公司 329
中国交通建设集团有限公司 341
飞利浦中国投资有限公司 352

首都钢铁(集团)公司	362
鞍山钢铁集团公司	374
中国兵器工业集团公司	387
中国联合通信有限公司	400
华润集团	406
中国兵器装备集团公司	417
中国华能集团公司	424
摩托罗拉(中国)电子有限公司	432
中国航空工业第一集团公司	448
中国冶金科工集团有限公司	463
中国平安保险(集团)股份有限公司	477
上海电气(集团)总公司	487
中国铝业公司	498
唐山钢铁集团有限责任公司	508
天津市中环电子集息集团有限公司	518
神华集团	528
国家邮政局	535
中国大唐集团公司	543
武汉钢铁(集团)公司	551
中国海运(集团)总公司	565
交通银行股份有限公司	577
中国铁路物资总公司	588
中国中煤能源集团公司	595
国美电器有限公司	605
中国船舶重工集团公司	617
诺基亚首信通信有限公司	626
广州汽车工业集团股份公司	635
华为技术有限公司	648
中国华电集团公司	658
北京汽车工业控股有限责任公司	667
浙江省物产集团公司	677
珠海振戎公司	695
中国国电集团公司	705
美的集团	714
中国航空工业第二集团公司	721
中国航空集团公司	728
江苏沙钢集团有限公司	743
上海埃力生(集团)有限公司	750
苏宁电器股份有限公司	759

莱芜钢铁集团	772
攀枝花钢铁(集团)公司	781
济南钢铁集团总公司	796
天津市物资集团	811
中国电力投资集团公司	821
太原钢铁(集团)有限公司	831
红塔烟草集团	843
沈阳铁路局	859
上海建工集团	870
北京铁路局	885
黑龙江北大荒农垦集团总公司	894
天津汽车工业(集团)有限公司	903
魏桥创业投资集团	915
山西省煤炭运销总公司	931
中国航空油料集团公司	944
中国机械工业集团公司	954
中国航天科工集团公司	964
马钢(集团)控股有限公司	971
海信集团有限公司	978
中国中钢集团	989
广州铁路集团	999
邯郸钢铁集团有限责任公司	1007
广东物资集团	1012
上海复星高科技(集团)有限公司	1020
中国水利水电建设集团公司	1027
上海铁路局	1031
湖南华菱钢铁集团有限责任公司	1035
江苏华西集团	1047
中国国际海运集装箱(集团)股份有限公司	1050
太原铁路局	1056
广东省粤电集团有限公司	1065
陕西延长石油(集团)有限责任公司	1071
后记	1080

中国石油化工集团公司

中国石油化工集团公司(Sinopec Group)(简称中石化)是国家独资设立的国有公司、国家授权投资的机构和国家控股公司。作为中国最大的能源和化工企业之一,其注册资本达1 049亿元人民币,核心企业中国石油化工股份有限公司总资产达5 825.97亿元(截至2006年9月30日)。

根据2006年的营业额,中国石油化工集团是中国最大的上市公司。1999年中国石油化工集团首次跻身于世界500强,其营业收入在世界500强企业中排名第73位;2006年该集团以987.85亿美元的营业收入,在《财富》世界500强排名中位居第23位,居于世界大能源化工公司的第7名,是世界500强中排名最靠前的中国企业(见表1)。

表1   中国石油化工集团在世界500强及炼油类公司中的排名

年 份	500强排名	炼油类公司排名	营业收入(亿美元)
1999	73	6	340.25
2000	58	5	418.83
2001	68	8	453.46
2002	86	8	403.88
2003	70	9	445.03
2004	54	9	550.62
2005	31	7	750.77
2006	23	7	987.85

资料来源:根据1999~2006年《财富》杂志整理而得。

作为全球性巨头的中石化拥有超过80家全资子公司、控股和参股子公司、分公司,以及包括石油企业、炼油及化工企业、销售企业及科研、外贸等单位(其中全资子公司4家,控股子公司16家,参股子公司3家,油田分公司14家,炼化分公司24家,石油分公司21家,研究院6家)。企业员工总数达到45万人,旗下近3万个加油站遍布整个中国。

一、中国石油化工集团发展历程概述

（一）发展简史

1998年，国务院推进石油石化行业的战略性改组，在原中国石油化工总公司的基础上，成立了石油石化企业集团——中国石油化工集团公司。

2000年2月，中国石化集团公司全面推进整体重组改制，在"主业与辅业分离、优良资产与不良资产分离、企业职能与社会职能分离"的三个原则下，在业务、资产、债权债务、机构、人员以及管理体制、机制等各个层面进行了全方位重组改造。重组以后，一个拥有122万名员工的巨型企业拆分为上市和非上市两块，集团公司将石油石化的主营业务及优良资产投入上市公司，独家发起成立了中国石油化工股份有限公司。进入中石化股份公司的共有63家企业和公司，其中包括6个油田、24个炼化企业、22家销售公司、1家管输公司、5家专业公司、4家科研机构和1家事业单位。集团公司则继续经营余下的业务：经营保留的若干石化设施、规模小的炼油厂及零售加油站；提供钻井服务、社会服务、测井服务、井下作业服务、生产设备制造及维修、工程建设服务及水、电等公用工程服务及社会服务；通过下属的新星公司经营石油和天然气勘探和开采业务。

（二）企业所有制结构

2000年10月和2001年7月，中国石油化工股份有限公司分别在纽约、香港、伦敦发行H股，在上海发行A股并成功上市。目前，在中国石化股份有限公司股权结构中，中国石化集团公司持有的国有股占总股本的71.23%，未流通的其他国有股和法人股占6.2%，H股占19.35%，国内公众占3.23%。

（三）企业组织构架

除业务分离外，上市公司与集团公司在机构职能和人员安排上也相应分开，从而使庞大的企业在较短的时间内达到上市的要求和标准，保证上市公司治理机制的有效运作。

在机构设置上，中石化加大了集团化管理力度，参照国际模式，构筑了公司的架构，建立了规范的法人治理结构，实行集中决策、分级管理和专业化经营的事业部制管理体制。将原有子公司通过股权改变纳入股份公司分公司，加大了整个公司的管理力度和扁平化。中石化上市公司与集团公司的总部机构完全分开设置，独立运行。上市公司总部设13个职能部门，即：总裁办公室、法律事务部、发展计划部、生产经营管理部、财务部、科技开发部、人事部、安全环保部、外事部、物资装备部、信息系统管理部、审计部、监察部（党组纪检组）；4个经营事业部，即：化工事业部，炼油事业部，油田勘探开发事业部，油品销售事业部（见图1）。重组之后，股份公司成了决策中心，四大事业部成了利润中心，各大下属企业成了成本中心。

在人员分配上，根据《重组协议》，中国石化人员分流遵循"人随资产走、工资总额随人走、社保费用交纳随工资总额走"的原则，从事主营业务的人员进入上市公司，从事非主营业务的人员留在集团公司存续的下属企业。

全国一盘棋的中石化开始构建出了一个具有现代大公司组织构架的"航空母舰"，也使其实现了三个一体化：上中下游一体化、内外贸一体化、产销一体化。这三个一体化使中石化抗风险的能力、横向的规模效益以及纵向的协同效应都得到了增强；同时，总部的资源优化配置能力、经营决策能力以及市场操作能力都得到了增强。

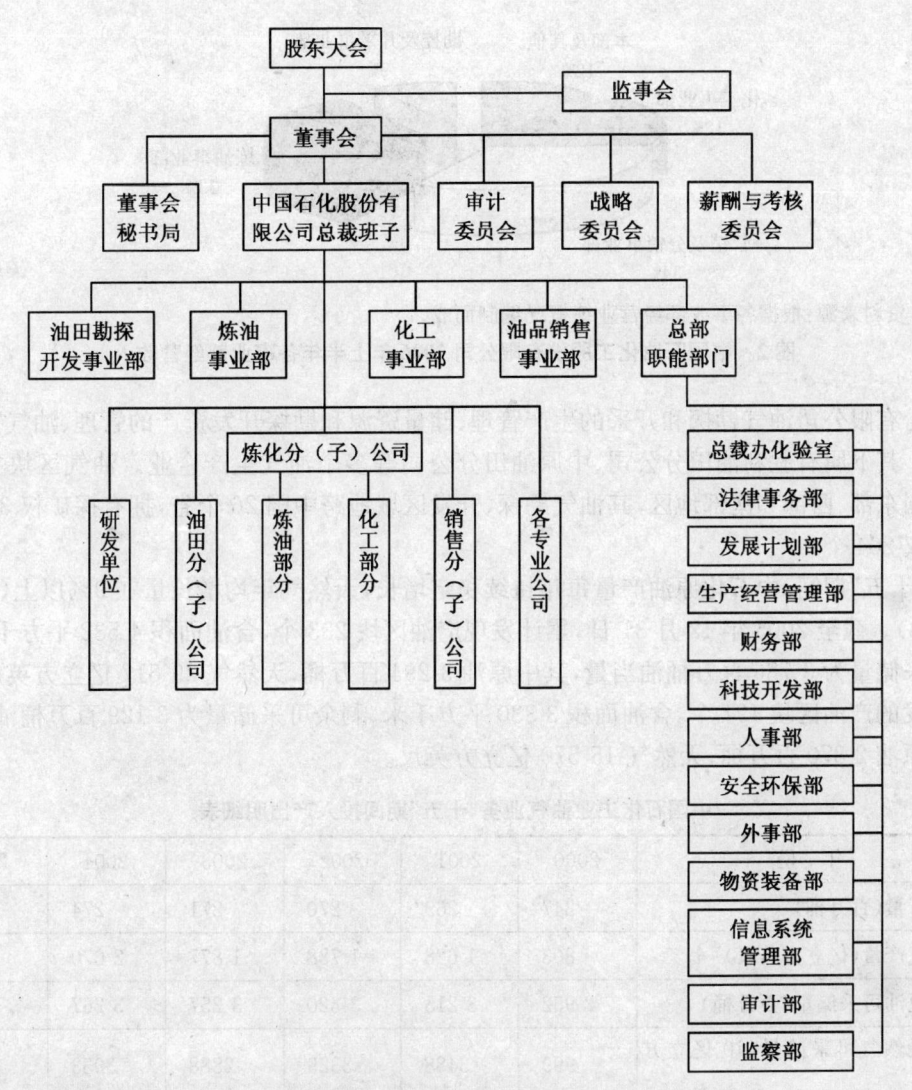

资料来源：中国石油化工股份有限公司网站 http://www.sinopec.com.cn。

图1 中国石油化工股份有限公司组织结构图

二、企业生产经营状况

（一）中石化各事业部经营概况

中石化股份2006年上半年实现主营业务收入人民币4 819.88亿元，与2005年上半年相比同期增长34.17%，实现净利润人民币207亿元，同比增长14.6%。其四大事业部中，勘探开采和营销分销事业部的经营收入各约占总收入的1/3（见图2）。

（二）中石化主要产品、生产及销售情况

1. 勘探及开采生产营运

中石化是国内第二大原油、天然气生产商。油田勘探开发事业部主要负责中国石油化

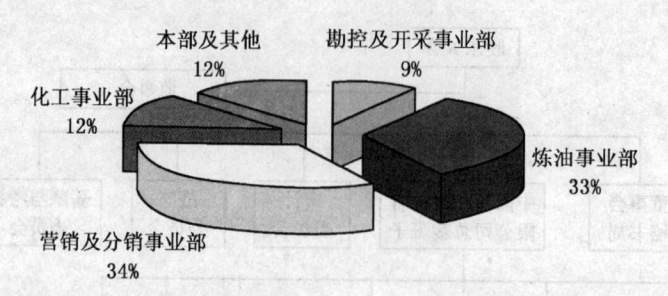

本部及其他 12%
勘控及开采事业部 9%
化工事业部 12%
炼油事业部 33%
营销及分销事业部 34%

资料来源：根据各事业部经营业绩概况编制而成。

图2　中国石油化工股份有限公司2006年上半年各事业部经营收入

工股份有限公司油气勘探和开采的生产管理、储量资源和勘探开发资产的管理、油气销售等业务。其下属有胜利油田分公司、中原油田分公司等多个油气生产企业。油气区块主要位于中国东部、西部和南部地区，其油气勘探、开发区域地跨中国26个省，拥有探矿权356个、采矿权204个。

"十五"期间，中石化原油产量每年持续稳定增长，天然气年均增长量在9％以上（见表2及图3）。截至2005年12月31日，累计发现产油区块233个，含油面积4 532平方千米，剩余可采储量为3 786百万桶油当量，其中原油3 294百万桶，天然气29 517亿立方英尺。投入开发的产油区块197个，含油面积3 330平方千米，剩余可采储量为3 129百万桶油当量，其中原油2 870百万桶、天然气15 570亿立方英尺。

表2　中国石化工业油气业务"十五"期间投入产出明细表

年　份	2000	2001	2002	2003	2004	2005
原油产量（百万桶）	247	269	270	271	274	279
天然气产量（亿立方英尺）	803	1 628	1 788	1 877	2 070	2 219
剩余原油可采储量（百万桶）	2 952	3 215	3 320	3 257	3 267	3 294
剩余天然气可采储量（10亿立方英尺）	999	3488	3329	2888	3033	2 952
油气当量储采比（年）	11.96	12.81	12.93	12.37	12.22	11.99
资本支出及资产收购（百万元）	14 547	29 406	20 228	20 628	19 087	23 095
经营利润（百万元）	24 704	23 185	14 787	19 160	25 614	46 871
已占用资本回报率（ROCE）（％）①②	20.48	11.48	13.58	16.09	25.94	

注：①ROCE＝息税前利润×（1－所得税率）/已占用资本；
②以上数据均摘自公司年报等公开材料，ROCE（％）系计算求得。
资料来源：《中国石化工业"十五"期间投入产出分析》。

2006年上半年，共生产原油140.89百万桶、天然气1 262亿立方英尺，分别同比增长3.07％和20.42％；新增原油可采储量143.89百万桶，新增天然气可采储量1 755亿立方英尺。

2. 石油炼制

中石化是中国最大的石油炼制商、石油产品生产商，石油炼制能力位居世界第四。现有

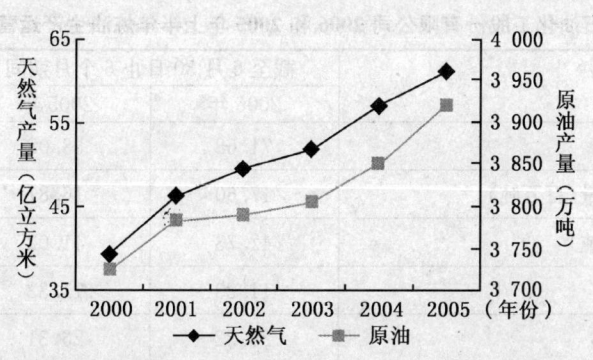

资料来源：根据相关数据编制而成。

图3 中国石油化工股份有限公司2000～2005年原油、天然气产量

分(子)公司27家，主要分布于东南沿海、长江中下游和华北等中国经济最活跃、最发达的地区，地理位置优越、交通运输便利、市场需求旺盛，主要产品有汽油、煤油、柴油、润滑油、化工轻油、燃料油、溶剂油、石蜡、沥青、石油焦、液化气、丙烯、炼油苯类等。

目前所属炼油企业中，年加工能力500万吨以上的企业共15家，其中，1 000万吨以上的企业5家。包括：镇海炼化股份有限公司、茂名分公司、金陵分公司、齐鲁分公司、高桥分公司。

"十五"期间，公司石油产品产量稳中有增。截至2006年上半年，原油加工量为7 168万吨，其中汽油1 123万吨、柴油2 832万吨、煤油318万吨、化工轻油1 147万吨(见表3、表4)。

表3　　　中国石化工业炼油销售业务"十五"期间投入产出明细表

年 份	2000	2001	2002	2003	2004	2005
原油加工量(1 000桶/日)	2 110	2 042	2 115	2 341	2 667	2 818
加工负荷(%)	81	77.9	79.3	87.8	89.55	94.1
汽煤柴油产量(万吨/年)	6 258	6 114	6 242	6 872	8 083	8 453
汽煤柴油销售量(万吨/年)	6 769	6 774	7 009	7 592	9 459	10 456
加油站数量(座)	25 493	28 246	28 127	30 242	30 063	29 647
炼油资本支出及收购(百万元)	5 511	8 992	6 533	11 655	14 272	14 127
销售资本支出及收购(百万元)	16 080	17 256	6 982	6 826	18 042	10 954
经营利润(百万元)	7 752	4 549	14 323	18 016	20 659	6 845
已占用资本回报率(ROCE)(%)①②	5.54	3.03	8.97	10.19	10.36	3.07

注：①ROCE=息税前利润×(1-所得税率)/已占用资本；
②以上数据均摘自公司年报等公开材料，ROCE(%)系计算求得。
资料来源：《中国石化工业"十五"期间投入产出分析》。

表4 中国石油化工股份有限公司2006和2005年上半年炼油生产运营情况

	截至6月30日止6个月期间 2006年	2005年	同比变动(%)
原油加工量(百万吨)	71.68	68.08	5.29
其中:高硫原油加工量(百万吨)	17.60	16.87	4.33
汽、柴、煤油产量(百万吨)	42.73	41.02	4.17
其中:汽油(百万吨)	11.23	11.32	(0.80)
柴油(百万吨)	28.32	26.31	7.64
煤油(百万吨)	3.18	3.39	(6.19)
化工轻油(百万吨)	11.47	10.16	12.89
轻油收率(%)	74.81	74.24	0.57
综合商品率(%)	93.73	93.11	0.62

资料来源:中国石油化工股份有限公司网站 http://www.sinopec.com.cn。

3. 化工生产

中石化目前是中国规模最大的一体化能源化工公司,最大的石油产品(包括汽油、柴油、航空煤油的批发和零售)生产商和供应商,最大的主要石化产品(包括中间石化产品、合成树脂、合成纤维单体及聚合物、合成纤维、合成橡胶和化肥)生产商和经销商。

中石化生产厂遍布中国东部、中部及南部等经济、市场发达地区,生产和销售各类石化产品,包括中间石化产品、合成树脂、合纤单体及聚合物、合成纤维、合成橡胶和化肥等。

截至2005年底,公司主要化工产品产能、产量、市场占有率等如下:乙烯生产企业10家(其中合资公司2家),年末生产能力539.5万吨,占全国总能力的71.4%。合成树脂生产企业23家,年生产能力769.9万吨。合成纤维原料及聚合物生产企业13家,装置生产能力721.74万吨,合成纤维原料及聚合物国内市场占有率为25.04%,居国内首位。合成纤维生产企业8家,涤纶、腈纶、锦纶、丙纶纤维装置生产能力181.19万吨。合成纤维的国内市场占有率为9.75%,公司拥有全国最大的合成纤维生产能力、先进的生产设备、强大的技术力量,具有规模经营优势,在国内市场的竞争能力处于领先地位。合成橡胶生产企业4家,装置年生产能力50.63万吨。合成橡胶国内市场占有率为23.64%。尿素生产企业7家,装置生产能力361万吨,尿素国内市场占有率为4.31%。

"十五"期间石化产品产量增长迅速,2006年上半年,乙烯产量为3 031千吨,合成树脂4 184千吨,合成纤维770千吨,合成橡胶318千吨,尿素906千吨(见表5、表6)。

表5 中石化股份工业化工业务"十五"期间投入产出明细表

年 份	2000	2001	2002	2003	2004	2005
乙烯产量(万吨)	217	215	272	398	407	532
合成树脂产量(万吨)	318	320	401	581	622	761
合成橡胶产量(万吨)	32	40	46	55	56	63
合成纤维单体及聚合物产量(万吨)	380	360	383	563	602	673

续表

年份	2000	2001	2002	2003	2004	2005
资本支出及收购额(百万元)	6 205	11 947	7 324	13 207	41 759	10 556
经营利润(百万元)	2 437	−758	72	3 543	18 721	14 296
已占用资本回报率(ROCE)(%)[1][2]	−0.79	0.08	3.2	14.96	10.49	

注：[1]ROCE=息税前利润×(1−所得税率)/已占用资本；
[2]以上数据均摘自公司年报等公开材料，ROCE(%)系计算求得。
资料来源：《中国石化工业"十五"期间投入产出分析》。

表6　　　中国石油化工股份有限公司2006和2005年上半年化工产品生产情况

单位：千吨	截至6月30日止6个月期间 2006年	2005年	同比变动(%)
乙烯	3 031	2 434	24.53
合成树脂	4 184	3 528	18.59
合成纤维单体及聚合物	3 577	3 152	13.48
合成纤维	770	756	1.85
合成橡胶	318	308	3.25
尿素	906	998	(9.22)

注：扬子—巴斯夫和上海赛科两大合资乙烯的产量按100%口径统计。
资料来源：中国石油化工股份有限公司网站 http://www.sinopec.com.cn。

4. 油品销售

2006上半年中石化国内成品油总经销量为5 432万吨，同比增长6.99%，其中零售量达35.33%，配送量9.69%，批发量9.3%(见表7)。

表7　　　中国石油化工股份有限公司2006和2005年上半年油品销售数据

指标名称	单位	2006年上半年完成情况	2005年上半年实际	同比变化(%)
国内成品油总经销量	百万吨	54.32	50.77	6.99
零售量	百万吨	35.33	29.56	19.52
配送量	百万吨	9.69	10.39	−6.74
批发量	百万吨	9.3	10.82	−14.05

资料来源：中国石油化工股份有限公司网站 http://www.sinopec.com.cn。

三、企业信息化建设

(一)大力推进ERP

股份制改革和上市使得中石化成为一体化的大公司后，对公司企业管理模式、流程和信息化手段提出了更高的要求。为了建成有强大实力和充满活力的现代石化企业，中石化开始在信息化方面寻求突破和发展，2000年以ERP为主线的信息化建设大规模展开。2001年8月，选定了四家不同类型的企业（镇海炼化是炼油，仪征化纤是化工，江苏石油是省销售公司，天津石油是市销售公司）作为首批ERP项目试点企业。经过一年多的奋斗，试点企业于2002年10月至12月先后成功上线运行。在首批ERP试点取得阶段性成果的基础上，2003年进一步将江苏油田、扬子石化、管道储运公司作为ERP扩大试点企业，这3个新视点覆盖的是油田、炼化一体化和管道运输。同时，还选择了金陵、长岭、湖南石油和海南石油作为推广企业。截至2006年，试点企业总数已达到50家，总部ERP也已启动，ERP试点企业已经涵盖了上中下游业务链中几乎所有重要环节。

对中石化而言，企业的信息化应用包括两个层面的应用：一是下属企业层面，主要在于流程、业务、订单、事务等实现信息化；二是总部层面，关键在于设计规范，实现下属企业在规范和标准下运作。目前，ERP系统在集团总部的应用，主要包括生产计划部门牵头的KPI体系、财务部门牵头的成本控制体系以及信息管理部门牵头的数据仓库（支撑KPI体系和成本控制体系的平台）。从运行情况来看，这些企业通过引入ERP先进管理理念，已建立起以财务管理为核心，成本控制为主线，适应核心业务发展的管理决策系统，通过进一步理顺管理体制和运作方式，实现了财务、物资、销售业务的无缝连接，达到了物流、资金流、信息流"三流合一"。特别是在建立起先进的KPI指标和绩效考评体系，形成具有现代企业管理特色，反映企业经营管理效绩的信息系统以后，不但强化了公司的激励和约束机制，还确保了公司发展战略目标的实现。作为一个现代化的大型企业，中石化在用信息技术改造和提升石油石化传统产业进程，进一步提高决策的准确性和管理效率的同时，也对传统的企业管理模式产生了巨大的冲击，引发了企业管理体制和组织方式的巨大变革。

随着ERP的推进，中石化信息化建设的总体水平也同步提高。甬沪宁原油管输配送管理信息系统的主要功能已投入试运行；调度优化子系统完成了中国石化集团总部输油计划模型、管道储运分公司调度模型以及甬沪宁管网中心调度模型的开发；资源优化和供应链优化取得新成效；生产过程优化进一步扩大应用范围和深度；电子商务系统取得了显著效益；高性能计算机应用和油田综合业务管理信息系统建设取得阶段性成果；加油（IC）卡工程建设积极推进；其他应用系统建设也取得了较大的进展等。中石化的企业信息化水平普遍得到了新的提高，信息化管理工作得到了进一步加强。

（二）ERP系统流程再造

BPR（Business Process Reengineering，流程再造）强调以创造顾客价值为目标，提高企业对市场和最终顾客需求的响应速度，从而提高企业的市场竞争力。作为ERP建设中的关键环节和最大难点，其实施效率和效果直接影响到ERP实施成功与否。

传统体制下的石油石化企业形成了金字塔式的职能型组织结构，其指令需要层层分解下达，数据需要层层汇总上报，复杂的管理程序使工作效率降低、信息传递不及时、内部控制被削弱，并容易产生信息障碍、思维障碍和执行力障碍。中石化高度重视企业流程再造工作，他们以机构整合为突破口，从协调、整合企业基本业务单元入手，打破了企业内部部门之间、职能之间、专业之间的界限，全面梳理、规范和优化业务流程，并使企业与供应商、客户等外部单位建立起广泛而密切的联系，从而实现了企业管理由职能管理向流程管理转变，从而大大减少了原有各职能部门之间的磨擦，降低了管理费用，有效提升了企业经营管理水平。

中石化希望信息化建设在2010年达到四个目标：一是建成可与国际大公司相媲美的

ERP系统和电子商务系统;二是建成体现总部集中管理、统一决策、快速应对市场的生产经营指挥调度系统,以及建成集原油采购、运输、加工和成品油销售一体化的现代供应链管理体系;三是上游企业建成"数字油田"基本框架及勘探开发辅助决策支持系统;主要炼化企业建成ERP与MES及PCS紧密集成的信息系统,并全面实现主要生产装置的先进控制(APC);四是建成体现国际先进信息管理水平的总部新办公大楼,建成与国外大石油石化公司水平基本相当的总部数据中心、网络中心及相应的安全体系。

(三)中石化的电子商务

2000年中国石化电子商务系统正式投入运行,其中包括石化物资采购系统和石化产品销售系统。中国石化电子商务网的应用,降低了销售成本,可以为客户提供及时的技术支持和服务,提高客户满意度;扩大了销售营业额,节约了采购资金。现在中国石化销售公司的广域网遍布全国约20个省级销售公司、地区公司、县级公司4个层次。

物资采购电子商务自2000年8月正式开通运行到2005年5月底,累计实现网上采购成交金额1 307.29亿元。其形式包括"集团采购"和"统一组织采购"两种方式。"集团采购"的操作方式是:由分公司上报集团采购订单,集团物资装备部进行汇总,形成询价方案,通过询价或招标确定供应商后,物资装备部与供应商签订合同,分公司再与物资装备部签订合同。"统一组织采购"则是分公司直接形成询价方案,物资装备部对此批复,分公司根据批复意见进行寻购。上述过程,除限于法律效力的合同签订环节外,均通过网上采购平台实现。

网络采购方式的实行,改变了以往的采购理念,使各分公司由竞争变成了合作,大大增强了面对供应商的谈判实力;改变了采购模式,使采购不再受限于采购员个人的信息和能力局限,可以从货比三家扩大到货比多家;同时加强了对采购的监管,使集团管理层可以即时查询、追溯数据,大大减少了以前与分公司间的信息不对称,管理更及时有效。最明显的是,各子公司在同一平台上统一购销,采购成本大大降低。据中国石化物资装备部门统计,网上采购这个环节与过去传统方式相比,节约采购资金约2.5个百分点。按照网上累计采购额1 000亿元计算,节约采购资金约25亿元。

四、企业营销策略

(一)销售业务区域

中国石油化工股份有限公司的主要市场包括华北、华东、中南、西南地区的19个省、自治区、直辖市和经济特区,除此之外东北、西北、川渝等11个省区市,已成为中国石化成品油销售的重要组成部分。同时,中石化已在中国香港特区中标11座加油站,到2006年2月底在营站达到8座。

(二)销售网络

中国石油化工股份有限公司成品油销售网络主要由五大部分构成。一是中国石油化工股份公司的全资子公司——中国石化销售有限公司及在主要市场内的下属4个大区分公司,承担着中国石油化工股份公司成品油资源的统一平衡、运输协调和直属销售企业以及专项用户的成品油供应任务;二是主要市场内的直属19个省级石油分公司及所属的190个区域公司组成的销售网络;三是中国石化销售有限公司在东北、西北、川渝等地区的37个分公司;四是在中国香港特区的零售网络;五是中国石油化工股份有限公司在全国范围内与其他成品油经营单位合资组建以及采取特许加盟方式建立的销售网络。

中国石油化工股份有限公司销售企业拥有十分完善的成品油储运设施。截至2005年12月31日,拥有油库495座,库容1 275万立方米;铁路专用线262.33公里,鹤位5 980个;成品油码头211座,总吨位74万吨;成品油铁路罐车371辆,总容量1.86万吨。拥有加油站29 647座,其中特许加盟加油站2 280座。

（三）业务构成

中国石油化工股份有限公司的成品油（主要是汽油、柴油、灯煤和航煤）营销业务由四大部分构成:一是通过销售企业的零售网络（加油站、石油商店、农村及水上网点）向社会上的千家万户供应成品油,这是成品油经营的主体,占营销业务的60.75%;二是向终端用户（非加油站）直销配送成品油,占营销业务的19.49%;三是向大型重点用户直接销售成品油,占营销业务的11.21%;四是通过销售企业的批发中心（油库）,向社会经销商和独立零售商供应成品油,占营销业务的8.55%。

（四）业务规模

中国石油化工股份有限公司主要市场潜力很大,成品油的销售在主要市场占据绝对优势,在其他市场也具有一席之地,而且在逐渐上升。据统计,2005年中国石油化工股份有限公司经营量占全国消费量的比例在63.6%左右。2005年成品油国内总经销量达到10 456万吨,同比增长10.54%,其中零售量同比增长了19.29%。加油站效率不断提高,年均单站加油量超过2 321吨,同比增长了16%。成品油零售、直销量占本公司国内总经销量的80.24%,同比增加3.17个百分点(见表8)。

表8　　　　　　　　　中国石油化工股份有限公司营销及分销营运情况

	2005年	2004年	2003年	2005年较2004年同比变动（%）
国内成品油总销量(百万吨)	104.56	94.59	75.92	10.54
其中:零售量(百万吨)	63.52	53.25	38.85	19.29
直销量(百万吨)	20.38	19.65	15.33	3.68
批发量(百万吨)	20.66	21.69	21.74	−4.72
单站年均加油量(吨/站)	2 321	2 003	1 686	15.88
中国石化品牌加油站总数(座)	29 647	30 063	30 242	−1.38
其中:自营加油站数(座)	27 367	26 581	24 506	2.96
特许经营加油站数(座)	2 280	3 482	5 736	−34.52
零售量占国内总销量的比例(%)	60.7	56.3	51.2	4.4

资料来源:中国石油化工股份有限公司网站 http://www.sinopec.com.cn。

（五）润滑油营销

我国是世界第三大润滑油消费国,年消耗量近400万吨。石化产品中像润滑油、燃气油的一个重要特点就是产品的差异性很小,品牌是消费者选择产品的重要依据。因此,实施品牌经营,建立起以顾客为导向的品牌资产,是中石化立足市场的重要保证。

1. 润滑油产品竞争对手

目前,在中国润滑油市场上,高端车用润滑油市场大部分被国外知名品牌占据,国内企业主要占领中档油品市场,大多数地方和民营企业依靠中、低档油品市场得以生存。据统计资料表明,我国汽车高端用油仅占润滑油市场20%以上的份额,而利润却达到80%,其中78%是国外品牌,如壳牌、美孚等。在国内润滑油市场上,国产品牌占据销售量85%的份额,但利润却只占高端市场的22%。中石化润滑油目前的竞争态势是,3 000多家本土润滑油企业竞争,外国品牌也不断进入中国(见表9);产品向高端发展,高端润滑油将成为未来竞争的焦点。

表9　　　　　　　　　　中国润滑油市场上的主要品牌和竞争公司

润滑油品牌		公　司
国产品牌	长城	中国石化
	昆仑	中国石油
	统一	北京统一石化有限公司
国外品牌	埃索(Esso)	埃克森美孚(Exxon-Mobil)
	美孚(Mobil)	埃克森美孚(Exxon-Mobil)
	壳牌	英/荷壳牌(Shell)
	BP	Bp-阿莫科公司
	嘉实多(Castrol)	Bp-阿莫科公司

资料来源:《中石化润滑油营销战略初探》。

2. 润滑油品牌整合策略

中石化以往一直采用多品牌策略,曾经拥有"古塔"、"火炬"、"南海"、"海牌"、"一坪"、"长城"等六个润滑油品牌。这些品牌在不同地域、不同细分市场上虽然具有一定的影响力,但始终无法形成有效的集中,无法形成战略合力,也无法发挥中国石化在技术研发、广告传播、客户服务方面的整体优势;多个品牌分散了资源,分散了社会、市场和顾客对强势品牌的关注,增加了制造成本和营销成本,削弱了竞争力,于是品牌走向集中就成为一种趋势。

面对润滑油市场的激烈竞争环境,中石化提出了润滑油品牌整合策略,打造真正的中国润滑油大品牌。品牌整合是近十年来出现的一种新的品牌管理方法,是指为了维持和提高长期竞争优势,企业把品牌管理的重点放在建立企业旗帜品牌上;明确企业品牌或旗帜品牌与其他品牌的关系,使品牌家庭成员能够相互支持,充分利用企业现有品牌的价值和影响力,进行品牌扩张。在我国,品牌整合的做法尚处于起步阶段。

中石化在确定了"长城"作为旗帜品牌之后,首先将实力相对较弱的"古塔"和"火炬"并入"长城",随后又将"一坪"并入"长城"。在对"海牌"、"长海"进行整合的过程中,因为这两者也具有一定的市场影响力,因此采用了过渡品牌,即采用"长城—海牌"和"长城—南海"主副品牌策略,最终取消主副品牌,全面采用"长城"。中石化这种渐进的做法,保证了整合的稳定性,也能够建立起品牌间的联系与联想,避免出现整合的断点。

在实际工作中,品牌整合受到了各种因素的制约与干扰。中石化为了提升"长城"品牌的品牌形象与号召力,决定针对"长城"润滑油启动"1+N"工程,打造长城品牌形象,减少品牌整合的阻力。"1"指的是选择中央电视台作为战略合作伙伴,2004年、2005年连续两年在中央电视台黄金时段投放广告,总额超过2亿元。"N"指的是几项大型营销活动:请张艺谋拍电视广告,赞助神州五号飞天,赞助F1,成为南极科考"雪龙号"指定用油,成为"北京2008年奥运会正式用油"。

由于央视广告的权威性和快速提升品牌的能力,"1+N"工程顺利地解决了两个困扰中石化多年的问题:"长城"润滑油在较短时间内就迅速地成长为全国性品牌,并具有了整合其他品牌的能力;"长城"润滑油的销量突飞猛进。

中石化品牌整合为企业节省了原总成本的15%~20%,更为企业带来了销售的大幅增长。数据显示,在品牌整合完成后的近一年时间里,中国石化润滑油公司的销量与2003年同比增长17%。2005年长城润滑油更是荣登"2005CCTV我最喜爱的中国品牌"榜,且得票数高居行业榜首。长城战略的成功,真正做到了品牌资源的集中使用和强力推广,为中国润滑油特别是中国石化的润滑油进入全球的品牌范围之内,奠定了宝贵的基础。

"长城"品牌的整合也为经销商在降低成本上带来了巨大的示范效应。通过"长城之星"、星级加油站建设等一系列活动,中国石化逐步向由20 000多家经销商构成的庞大营销网络输出其一流的管理理念,提高经销商在信息、物流上的水平,优化经销商的企业结构,从而达到降低成本的目的。

五、对外经贸合作

2005年中国石化系统自营进出口总额343亿美元,同比增长36%,其中进口额318.59亿美元,出口额24.69亿美元。从中石化上下游产业链结构来看,它是国内三大石油公司(中石化、中石油、中海油)中石油资源最少的公司,原油自给率不足30%,一半以上的资源依靠进口。

由于政策壁垒,中石化在国内除中石油外没有竞争对手。随着外资的不断渗透和中国加入世界贸易组织后石油石化行业的全面开放,中石化敏锐地意识到不久的将来,作为中国本土的能源企业要想立足中国能源市场并与国际巨头竞争,就要坚持资源化、市场化和国际化的战略,充分开拓海外油气资源,开展国际合作,挺进国际能源上、中、下游产业链,占领国际市场。

(一)国际科技合作

在上游领域,与法国BeicipFranlab合作开展压裂缝洞型碳酸盐岩油藏地质模型的研究;参与美国科罗拉多矿业学院油藏表征项目的研究;与美国怀俄明大学能源研究所合作开展Uinta盆地野外露头研究与储层建模项目;与英国帝国理工大学成立油藏地球物理联合研究中心;与英国地质调查局合作开展各向异性研究。

在炼油领域,与美国UOP公司开展MaxEne技术合作开发和甲苯歧化催化剂合作推广;与康菲公司合作推广S—Zorb技术,并取得重要进展;与美国石韦公司合作推广中国石化催化裂化技术;与英国润英联公司合作开发Ⅱ类加氢油添加剂配方;与日本国际石油交流中心(JCCP)和新日本石油公司(NOC)就燕山糠醛精制先进控制可行性研究合作,开始进行优化方案研究。

在石化领域,与美国CPC公司在聚烯烃研发和生产方面探讨合作;与美国LUMMUS

公司继续推广乙烯裂解炉及乙烯回收技术;与美国安格公司签署石油化工和炼油催化剂领域长期合作框架协议;与美国GTC公司就苯乙烯抽提技术开展合作开发;与ABB鲁玛斯公司合作开发的大型SL裂解炉和乙烯分离工艺;与韩国SK公司合作开始推广裂解炉管抗结焦技术。

(二)对外合资合作、收购活动

1. 油气勘探开发

2005年,重点组织实施了与美国能源开发公司(EDC)合作的渤海湾埕岛西区块石油勘探、开发和生产项目,与马来西亚云顶石油公司合作的胜利桩西古潜山油田提高采收率项目,与美国BJ公司合作的胜利油田单井改造增产项目。

2006年6月20日,与伊朗油田工程服务公司在伊朗首都德黑兰签署正式协议,双方将共同开发伊朗塞姆南省伽姆萨油气田(Garmsar)。这一项目将使中石化成为伊朗油气领域最大的外资方,伊朗也成为中石化在中东的根据地,使中石化能够获得稳定的油气资源。

2006年8月10日,中石化完成了对俄罗斯乌德穆尔特石油公司96.86%股份的收购,总交易额为35亿美元。截至2005年底,该公司探明石油储量为7 840万吨,预计的石油储量超过1.31亿吨。

2006年8月16日,中石化联合印度石油公司进军哥伦比亚,并以4亿美元在该国获得一家油田25%的股份。分析预计,这一计划将为中石化提供100万吨份额油。

2. 炼油化工

与BP-巴斯夫合作的两套世界级规模的乙烯项目已成功实现商业运行。

2006年7月初,中石化与科威特国家石油公司在广东签订了总投资额达50亿美元的炼油合资项目,该项目超过总投资额达43亿美元的中海壳牌南海石化项目,成为中国最大的中外合资项目。到2010年左右,该炼油项目完成后,广州将形成一个年炼油能力达3 000万吨、乙烯200万吨的世界级石化工业基地。中石化的行业领先地位也将进一步得到巩固。

在中石化与科威特炼油项目获批不到一个月,中石化与伊朗国家炼油及石化分销公司签订了一项价值21.68亿欧元(约220亿元人民币)的合同,旨在建设一个当地产量最高的炼油企业。

3. 成品油零售

中石化壳牌(江苏)石油销售有限公司、中石化碧辟(浙江)石油有限公司,相关加油站纳入合资公司的工作正在进行。福建—埃克森美孚/阿美成品油销售合资项目联合可研报告已正式上报发改委核准。

境外成品油零售投资取得新进展,2005年中标了中国香港特别行政区招标的6座加油站用地项目。

国家电网公司

国家电网公司是以投资、建设和运营电网为核心业务的国有重要骨干企业。2004年，国家电网公司成为第一家跻身世界企业500强前50名的中国企业，列第46位，中国企业500强第一位。至2002年成立以来，国家电网公司一直位于中国500强企业前三位。

一、国家电网公司发展概况

（一）发展简史

国家电网公司（以下简称国网）成立于2002年12月29日，是原国家电力公司部分企事业单位基础上组建的经营输电、变电、配电等电网资产的特大型企业，经国务院同意进行国家授权投资的机构和国家控股公司的试点单位。安全、可靠、充足、经济的电力供应是国家建设的基础、人民生活的保障。国网作为关系国家能源安全和国民经济命脉的国有重要骨干企业，以投资建设运营电网为核心业务，为经济社会发展提供坚强的电力保障。公司注册资本金2 000亿元，经营区域覆盖26个省、自治区、直辖市，覆盖国土面积的88%以上。公司实行总经理负责制，总经理是公司的法定代表人。截至2005年末，公司资产总额11 767亿元，资产负债率61.96%，共有220千伏及以上输电线路195 899千米，变电容量61 664万千伏安，直接管理员工150.2万人，直接服务客户1.28亿户。

（二）国家电网公司的主营业务

国网公司依法经营，由国家投资形成，并由国网拥有的全部国有资产，经营国家批准或允许的其他业务。国家电网公司主要从事电力购销业务，负责所辖各区域电网之间的电力交易和调度；参与投资、建设和经营相关的跨区域输变电和联网工程；根据国家有关规定，经有关部门批准，从事国内外投融资业务；经国家批准，自主开展外贸流通经营、国际合作、对外工程承包和对外劳务合作等业务；从事与电力供应有关的科学研究、技术开发、电力生产调度信息通信、咨询服务等业务。

（三）企业组织架构

国家电网公司拥有49家全资、控股公司及单位。我国电力行业的一系列改革在2002年底启动，在中央层面实现了厂网分开，组建了两大电网公司：国家电网公司、中国南方电网公司；五大发电集团：华能集团、华电集团、龙源集团、电力投资集团、大唐集团；四大辅业集团：水电规划设计院和电力规划设计院两个设计单位以及葛洲坝集团和水利水电建设总公司两个施工单位。具体组织架构如表1、表2所示。

表1　　　　　　　　　5家区域电网公司及24家省、自治区、直辖市电力公司

华北电网有限公司	东北电网有限公司	华东电网有限公司	华中电网有限公司	西北电网有限公司
北京电力公司	辽宁省电力公司	上海市电力公司	湖北省电力公司	陕西省电力公司
天津市电力公司	吉林省电力有限公司	江苏省电力公司	湖南省电力公司	甘肃省电力公司
河北省电力公司	黑龙江省电力有限公司	浙江省电力公司	河南省电力公司	宁夏回族自治区电力公司
山西省电力公司		安徽省电力公司	江西省电力公司	青海省电力公司
山东电力集团公司		福建省电力有限公司	四川省电力公司	新疆电力公司
			重庆市电力公司	

资料来源：国家电网公司门户网站 http://www.sgcc.com.cn。

表2　　　　　　　　　5家科研单位、多家直属单位及控股公司

中国电力科学研究院	中兴电力实业发展总公司	中国电力财务有限公司
国网南京自动化研究院	中国安能建设总公司	中国技术进出口公司
国网武汉高压研究院	国家电网公司高级培训中心	深圳国电科技发展有限公司
国网北京电力建设研究院	国网新源控股有限公司	英大国记信托投资有限责任公司
国网北京经济技术研究院	国网建设有限公司	
	国网运行有限公司	中国电力出版社
	国电信息中心	国家电网公司社会保险事业管理中心
	国电通信中心	
	国家电网报社	

资料来源：国家电网公司门户网站 http://www.sgcc.com.cn/。

二、企业发展战略

（一）企业竞争环境分析

国家电网公司是我国大型垄断企业，作为国家能源战略的重要实施主体，公司承担着推动能源资源优化配置、服务经济社会可持续发展的责任。作为保障安全可靠供电的电网经营企业，公司承担着满足经济社会快速增长的电力需求，维护社会公共安全，保障社会秩序的责任。作为经营着上万亿元资产、具有重大影响力和带动力的国有重要骨干企业，公司承担着确保国有资产保值增值，创造社会财富，增强国家经济实力和产业竞争力的责任。作为经营范围遍及全国大部分城乡、提供普遍服务的供电企业，公司承担着提供优质服务，推进社会主义新农村建设，促进城乡、区域协调发展的责任。

（二）企业总体发展战略规划

国网公司的长期发展战略是：努力建设成为"一强三优"的现代公司。即：电网坚强；资产优良；服务优质以及业绩优秀的现代化企业，具体诠释如表3所示。

表3　　　　　　　　　　国网公司的长期发展战略规划

电网坚强	电网规划科学，结构合理，技术先进，安全可靠，运行灵活，标准统一，经济高效
资产优良	资产结构合理，盈利和偿债能力强，不良资产少，成本费用低，现金流量大，客户欠费少
服务优质	事故率低，可靠性高，流程规范，服务高效，社会满意，品牌形象好
业绩优秀	安全、质量、效益指标国内外同业领先，企业健康发展，社会贡献大
建设现代公司	建立健全现代企业制度，充分利用先进技术，推行现代化管理，具有较高的国际化水平

资料来源：国家电网公司门户网站 http://www.sgcc.com.cn。

三、企业生产经营状况

（一）企业生产概况

2005年，公司售电量14 646亿千瓦时，主营业务收入7 214亿元，利税604亿元，利润总额144亿元。2007年1月，国网公司全国平均日发电量为85.04亿千瓦时，比2006年12月份增加1.56亿千瓦时，比2006年同期增长15.02％。同时公司系统中由于受来水不足、电煤供应不稳定和持续湿冷天气影响，电力供需有时会出现紧张情况。公司供电量、交易电量、发电量以及电力市场交易电量如表4～表7所示。

表4　　　　　　　2007年1月各主要分网局售电量　　　　　　单位：亿千瓦时，％

	当　月		累　计	
	本　年	增长率	本　年	增长率
合计	1 629.25	25.36	1 629.25	25.36
华北电网	448.79	26.28	448.79	26.28
东北电网	167.03	14.46	167.03	14.46
华东电网	515.50	30.12	515.50	30.12
华中电网	348.80	23.99	348.80	23.99
西北电网	149.14	23.44	149.14	23.44

表5　　　　　　2007年1月国家电力市场交易电量　　　　　　单位：亿千瓦时，％

	供电量			
	当　月		累　计	
	本　年	增长率	本　年	增长率
合　计	146.66	25.45	146.66	25.45
一、国网直调小计	58.54	28.38	58.54	28.38

续表

	供电量			
	当月		累计	
	本年	增长率	本年	增长率
其中:三峡电能	28.24	14.70	28.24	14.70
1. 华中	16.61	35.37	16.61	35.37
2. 华东	8.97	21.38	8.97	21.38
3. 南方	2.66	−46.37	2.66	−46.37
华中华东互供	12.98	1 637.67	12.98	1 637.67
东北华北互供	2.09	44.14	2.09	44.14
西北送华中	2.71	0.74	2.71	0.74
阳城送江苏	9.44	−0.53	9.44	−0.53
二、其他小计	88.12	23.57	88.12	23.57

表6　　　　　　　　　　2007年1月公司发电量　　　　　　　　单位:亿千瓦时,%

	当月		累计	
	本年	增长率	本年	增长率
合计	92.25	−4.38	92.25	−4.38
其中:水电	19.25	−1.43	19.25	−1.43
火电	73.00	−5.13	73.00	−5.13
其中:统一核算电厂	20.80	−38.26	20.80	−38.26
其中:抽水蓄能机组	4.23	62.07	4.23	62.07
一、保留电厂	44.89	−9.61	44.89	−9.61
华北电网	15.82	−24.41	15.82	−24.41
东北电网	3.61	−13.64	3.61	−13.64
华东电网	8.87	53.73	8.87	53.73
华中电网	10.86	−12.63	10.86	−12.63
西北电网	5.74	−9.61	5.74	−9.61
二、待出售电厂	45.73	−2.33	45.73	−2.33
华北电网	9.28	6.91	9.28	6.91
东北电网	8.20	−11.06	8.20	−11.06
华东电网	3.91	−36.73	3.91	−36.73
华中电网	10.45	13.83	10.45	13.83
西北电网	13.87	2.29	13.87	2.29

表7　　　　　　　　　　　2007年1月各主要分网局供电量　　　　　　　单位：亿千瓦时，%

	供电量			
	当月		累计	
	本年	增长率	本年	增长率
合计	1 744.88	26.79	1 744.88	26.79
华北电网	478.91	29.22	478.91	29.22
东北电网	179.94	15.86	179.94	15.86
华东电网	546.43	32.08	546.43	32.08
华中电网	378.67	23.95	378.67	23.95
西北电网	160.24	22.73	160.24	22.73

资料来源：国家电网公司门户网站 http://www.sgcc.com.cn。

（二）户户通电工程

2006年3月开始，国网公司开启"户户通电"工程，截至2006年末，国家电网公司经营区域内新增12个农村"户户通电"的省份，累计有18个省（自治区、直辖市）实现了农村"户户通电"，共解决了52万户165万人的用电问题。除了北京、上海、天津、山东、江苏、吉林在此前已实现"户户通电"外，新增的实现农村"户户通电"的省区（直辖市）包括安徽、宁夏、福建、陕西、山西、河北、湖北、浙江、湖南、辽宁、黑龙江、重庆。国家电网公司坚持科学规划、统筹安排，在广泛调研的基础上，确立了"新农村、新电力、新服务"的农电发展战略，把实施农村"户户通电"工程作为服务社会主义新农村建设的首要任务，计划在"十一五"期间投资236亿元。预计到2010年，通过国家电网最大限度延伸，解决约120万无电户450万人的用电问题。

（三）企业的对外贸易情况

截至2006年底，国家电网公司已经与俄罗斯、哈萨克斯坦、蒙古等国电企业签订了合作协议，并正在积极竞标菲律宾国家电网的特许经营权。同时，在2007年，国家电网正在与法国电力公司合作，推进新能源和可再生能源的开发和利用，将建设一个生物质能发电项目。

2006年11月，国网公司总经理刘振亚与俄罗斯统一电力系统股份公司总裁阿拉托利·丘拜斯在人民大会堂签署了《中国国家电网公司与俄罗斯统一电力系统股份公司关于从俄罗斯向中国供电项目第一阶段购售电合同》和《中国国家电网公司与俄罗斯统一电力系统股份公司关于实施从俄罗斯向中国供电项目基本原则的协议》。这成为今后双方合作的又一指导性文件，把两公司能源方面的合作进一步深入，从而推动两国经贸合作的良性发展。这是中俄电力合作进程中一个重要的里程碑，标志着两国的电力合作自2005年7月1日双方签署合作协议以来，取得了实质性进展[①]。与俄罗斯的合作只是国网启动外购电力的一部分。与俄罗斯合作的购电方案分三阶段进行：第一阶段，增大边境输电规模，到2008年从俄罗斯远东电网向中国东北黑龙江省网送电，年供电量36亿~43亿千瓦时；第二阶段，到2010年，从俄罗斯远东电网向中国辽宁省电网送电，年供电量165亿~180亿千瓦时；第三阶段，到2015年从俄罗斯远东电网或东西伯利亚电网向中国东北或华北送电，年供

---

① http://www.bjx.com.cn/new/newsfile/2007316/20073161606134.shtml。

电量380亿千瓦时。

（四）企业品牌创建

国网公司坚持"四个服务"宗旨,在各级下属企业深入推广"国家电网公司品牌",不断提升优质服务水平,员工整体素质逐步提高,电力部门的工作也得到越来越多用户的认可,赢得了当地政府、省人大代表和政协代表的支持。供电企业作为最广泛的社会公用事业,关系到国民经济和社会发展,关系到人民群众的切身利益。随着电力体制改革的逐步推进,供电企业的竞争已逐步从以往单纯的产品竞争、服务竞争转变为体现企业综合实力的形象竞争。在这种情况下,国网公司加强企业形象工作,对外可以强化和提高公众的号召力和吸引力,统一下属各级电力公司、供电所标识。提高企业的知名度,增强企业竞争力,能使尽可能多的社会公众主动选择公司的产品和服务,并积极关注公司的成长发展过程,增强对公司的认可和信赖度,从而形成有利于公司进一步发展的良好社会环境;对内能有效地增强公司的凝聚力,激励士气,形成良好的工作气氛;能增强企业抵御危机的能力,使企业的基础得以长期稳固,提高经营业绩。

（五）企业多元化发展,与上下游企业紧密合作

电网旗下除了有主要的区域电网公司,还有多家科研单位、直属单位及控股公司。如：培训中心、出版社等。同时对于电能来源,将分布式风能资源等清洁能源应用于电解铝产业等高耗能产业,缓解电解铝等高耗能产业对国家电网的过分依赖。

2006年国家电网公司投资的我国第一个国家级生物发电示范项目——山东单县生物质能电厂投产后,国务院领导明确指示,鼓励生物质能源的开发和利用。下一步,公司将开展生物质发电上下游产业链建设研究,组织开展重大技术攻关,掌握具有自主知识产权的生物质发电核心技术。加快推进在建生物质发电项目建设,运行好单县等已投产项目。对符合关停条件的燃煤小火电,积极推动实施生物质发电改造和替代。

国家电网总公司的上游企业是发电集团,下游是各级用户,自从厂网分离后国网与各级企业的联系加强。在开拓销售渠道、产品研发上与上下游企业都有紧密的合作。

四、国家电网公司资本运作

（一）企业融资情况

国家电网公司目前并不是上市企业,作为国有控股企业,公司承担着确保国有资产保值增值,创造社会财富,增强国家经济实力和产业竞争力的责任。2005年9月12日,国家电网公司企业债券在上海证券交易所上市交易。上市交易的40亿元债券,为实名制记账式债券,其中固定利率品种30亿元,票面年利率为4.98%;浮动利率品种10亿元,票面年利率为基准利率与基本利差之和。"十一五"期间国家电网公司将投资9 000亿元左右用于基础电网的建设,目标是到2010年跨区输电能力将达到4 000多万千瓦、输送电量1 800多亿千瓦时。9 000亿元的资金无论是从国家角度还是电网公司自身,都将是一笔在短期内难以消化的投资。仅仅靠每年四五十亿元的中长期债券也无法解决这一资金困局。因此,谋求新的融资渠道成了国网公司的当务之急。国家电网公司体改办曾公开表示:"电网建设资金需求巨大,单靠债务融资不能解决全部需求。电网公司必须充分利用资本市场的巨大融资能力,实现融资手段的多元化。"

（二）企业投资情况

电网投资是国网公司投资的主要部分，国家电网公司发布《国家电网公司2006社会责任报告》，称2007年将充分发挥电网配置能源资源功能，计划完成电网投资2 025亿元，稳步推进特高压交流试验示范工程建设，开工特高压直流工程，投产110(66)千伏及以上交流输电线路4.8万公里，变电容量1.9亿千伏安；构建符合国情的统一开放的电力市场体系，计划完成售电量18 910亿千瓦时，国家电力市场交易电量1 965亿千瓦时。同时，2007年还将提升经营业绩，计划实现主营业务收入9 525亿元，利润总额350.8亿元，利税总额943亿元，净资产收益率4.5%，总资产报酬率4.22%，资产负债率在61.7%以内。并发展特高压交直流混合电网，至2020年形成坚强的华北－华中－华东特高压同步电网，可减少装机约2 200万千瓦，每年减少发电耗煤约2 000万吨，每年因减少弃水增发电量约60亿千瓦时。

五、企业财务状况

（一）资产运营情况

2007年国家电网固定资产投资将创历史新高：固定资产投资2 200亿元，其中电网投资2 025亿元，完成售电量18 910亿千瓦时，全力防止电网大面积停电事故发生。

据预计，2007年全国电力需求增长10.9%，用电量31 089亿千瓦时。2007年全国预计新增发电装机将超过8 000万千瓦，到2007年底，全国发电装机容量将接近7亿千瓦。2007年，全国电力供需总体平衡，部分地区略有富余。东北、华北、华东、西北、南方地区均可实现平衡，华中地区总体电力富余；安徽、河南、江苏、内蒙古等部分地区富余容量较多。

根据国家电网的规划，2007年年中要建成2个区域、3个省的电网交易系统，而在2010年之前电力市场系统将全部建设完成。据了解，省网一级的交易系统价格与电力调度系统的价格相当，以此平均2 500万元价格计算，仅省、网交易中心这一层次的核心市场需求就接近10亿元，再考虑到电厂以及其他参与主题的非核心需求，整体市场需求可能达到13亿~15亿元。

（二）资金运营方针

国家电网公司从强化预算管理和控制入手，积极推广全面预算管理工作，建立了预算管理流程、模型及指标体系，提高了预算控制力；完善资产管理体系，强化资金集约管理，优化资金运营；加强和规范招投标管理，全面推行重要设备和物资的集中规模招标。同时，还强化了审计监督；坚持依法治企、依法经营。

六、企业研发创新能力

（一）新产品开发情况

随着西部能源的开发建设，"西电东送"工程将迈向更高层次。据预计，到2020年后，华北、华中、华东地区可能形成规模更大的跨区特高压电网，大区电网之间的电气联系进一步加强。其中，晋东南、陕北、蒙西、宁东、呼盟煤电基地以交流特高压分散接入南北方向多条大通道，四川水电的部分容量通过东西方向的交流特高压通道送往华中和华东。金沙江一、二期,锦屏,呼盟,哈密等大型水、火电基地采用±800千伏直流送出。西藏水电和新疆煤电外送将主要采用直流特高压方式向中东部地区送电。可以预见,随着超、特高压电网的快速推进,国家电网的布局,将与我国能源战略保持一致。

同时,国网公司一直致力于加强国网建设,公司2006年新增生产能力以及各级子公司新增生产能力如表8所示。

表8　　　　　　　　　国家电网公司分支机构2006年新增生产能力明细

单位:公里,万千伏安,万千瓦

单位名称	电源	交流线路				变电容量				直流线路	换流容量	电源和220千伏及以上电网投产的主要项目
		500千伏	330千伏	220千伏	110千伏	500千伏	330千伏	220千伏	110千伏			
合 计	2.5	104	0	869	2055	390	0	336	220			
公司总部	0.0	0	0	0	0	75	0	0	0			长寿扩建主变工程
华北电网	0.0	3	0	172	132	240	0	33	42		0	
华北公司直属	0.0	3	0	0	48	240	0	0	10			华北通州输变电
北京电力公司	0.0	0	0	0	0	0	0	0	0			
天津电力公司	0.0	0	0	20	10	0	0	18	10			天津电网建设改造项目——220千伏
河北电力公司	0.0	0	0	0	66	0	0	0	22			
山西电力公司	0.0	0	0	130	8	0	0	15	0			娄烦输变电工程、忻州220千伏保原线、义井站和义原线改接
山东电力公司	0.0	0	0	22	0	0	0	0	0		0	济南供电公司济西牵引站供电工程(含饮马开关站)
东北电网	0.0	0	0	120	1 164	0	0	57	18		0	
东北公司直属	0.0	0	0	0	1 011	0	0	0	17			
辽宁电力公司	0.0	0	0	120	154	0	0	18	1		0	鞍山220千伏龙王输变电工程、抚顺220千伏胜利变66千伏线路配出工程、抚顺220千伏元李一线工程
吉林电力公司	0.0	0	0	0	0	0	0	0	0			
黑龙江电力公司	0.0	0	0	0	0	0	0	39	0		0	温春变1#主变更换改造工程、拉东变2#主变更换改造工程、达连河变2#主变更换改造工程、新民变1#主变更换改造工程
华东电网	0.0	101	0	333	347	0	0	246	74		0	
华东公司直属	0.0	101	0	0	0	0	0	0	0			江苏500千伏武北等输变电工程
上海电力公司	0.0	0	0	41	0	0	0	24	0			220千伏娄塘输变电
江苏电力公司	0.0	0	0	46	40	0	0	132	0			220千伏江阴盘龙输变电工程、220千伏通东输变电工程、江苏220千伏富城输变电工程、徐连输变电工程、无锡石塘湾牵引站220千伏扩建工程

续表

单位名称	电源	交流线路				变电容量				直流线路	换流容量	电源和220千伏及以上电网投产的主要项目
		500千伏	330千伏	220千伏	110千伏	500千伏	330千伏	220千伏	110千伏			
浙江电力公司	0.0	0	0	132	194	0	0	54	50			虹桥变Ⅱ期扩建工程、舜江变220千伏送出工程、九龙变220千伏送出、灵洞输变电工程、剑山变Ⅱ期扩建工程、宁波江东变Ⅱ期扩建工程
安徽电力公司	0.0	0	0	0	0	0	0	0	0			
福建电力公司	0.0	0	0	114	113	0	0	36	24			福建220千伏金锁等输变电项目、福州220千伏长坪(峡南)变一期新建、泉州220千伏玉叶—仙苑Ⅱ回线路新建、福州220千伏南郊—林中线路开断进长坪(峡南)新建
华中电网	0.0	0	0	244	367	75	0	0	83	0		
华中公司直属	0.0	0	0	0	0	0	0	0	0			
河南电力公司	0.0	0	0	139	0	0	0	0	3			双山输变电工程、王堂至遮山输电工程、息县至蓼城输电工程
湖北电力公司	0.0	0	0	0	9	0	0	0	23			
湖南电力公司	0.0	0	0	28	209	0	0	0	44			冷水江—涟源220千伏线路工程
江西电力公司	0.0	0	0	78	0	75	0	0	0			昌南500千伏变电站工程、昌南变220千伏配套工程、220千伏金子山至上高变输电线路工程
重庆电力公司	0.0	0	0	0	138	0	0	0	0			
四川电力公司	0.0	0	0	0	11	0	0	0	12			
西北电网	0.0	0	0	0	45	0	0	0	3	0		
西北公司直属	0.0	0	0	0	0	0	0	0	0			
陕西电力公司	0.0	0	0	0	0	0	0	0	0			
甘肃电力公司	0.0	0	0	0	26	0	0	0	3			
青海电力公司	0.0	0	0	0	19	0	0	0	0			
宁夏电力公司	0.0	0	0	0	0	0	0	0	0			
新疆电力公司	0.0	0	0	0	0	0	0	0	0			
西藏电力公司	0.0	0	0	0	0	0	0	0	0			
新源公司	0.0	0	0	0	0	0	0	0	0			
国网深能公司	2.5	0	0	0	0	0	0	0	0			国能威县生物发电项目

资料来源：《国家电网报》，2007年1月。

(二)专利申请情况

国家电网公司注重科技创新，充分发挥中央企业技术创新主体作用。公司全年获得国家科技进步二等奖2项，中专利优秀奖1项，中国标准创新贡献奖4项，中国电力科学技术奖 42 项,获得专利授权 100 项。

1. 科研单位电力系统仿真中心

电力系统仿真中心是具有 20 世纪 90 年代国际先进水平的大规模仿真试验室,拥有亚洲最大规模的数模混合式电力系统实时仿真设备。该设备集实时电力系统模拟装置与离线计算软件于一体,可进行大规模交直流联合系统电磁暂态和机电暂态的实时仿真研究,是实现电力系统优化设计、运行和控制的基本工具。

实验室完成了天广、龙政、江城、华北—华中联网、东北—华北联网等交直流输电系统、伊冯 500 千伏可控串补以及二滩、大亚湾等数十个重大工程的研究、开发和工程调试。

2. 输电线路杆塔试验站

输电线路杆塔试验站是我国惟一从事输电线路真型杆塔研究、设计与试验的基地,可进行 750 千伏及以下双回转角、终端塔及变电架构和 1 000 千伏单回直线塔的真型试验,试验能力居世界首位。

实验室先后完成了国内输电线路杆塔试验 300 余基和国外杆塔试验 40 余基,为杆塔结构的优化设计提供了可靠的技术依据;同时实验室也在我国第一条 330 千伏、500 千伏、750 千伏输电线路工程的塔型结构与施工设计方面开展了理论与试验研究。

3. 输电线路力学性能试验室

输电线路导线力学性能实验室研究内容包括架空导地线微风振动、导地线疲劳、导线蠕变、防振锤功率特性及防振效果评估、间隔棒机电性能、大跨越现场测振、架空线路导线防舞动、分裂导线间隔棒优化布置、空导地线及电力器具常规机电性能试验研究等。

实验室先后完成了南京大胜关长江大跨越、龙政线芜湖长江大跨越等数十个大跨越工程的防振试验研究,以及全国各电压等级输电线路导地线及金具的机械力学性能试验研究,为我国输变电线路的建设提供了有力的技术支持和安全保障。

4. 自动化设备电磁兼容实验室

自动化设备电磁兼容实验室拥有标准 3 米法电波暗室、高性能的屏蔽室以及国际先进水平的电磁兼容测试设备,具备了按照国内外有关电磁兼容标准规定的最高等级要求对各类电力自动化设备以及其他电子、电器设备进行全面的电磁兼容测试分析的条件,能够对开展电力系统中电磁兼容研究、解决电力自动化设备电磁兼容性问题提供强大的技术支持和服务。

实验室已开展了电力系统电磁兼容性检测方法、电力自动化设备电磁发射控制措施及抗干扰措施等多项针对电力自动化设备电磁兼容的研究。

(三)研发投入

国网公司 2006 年科技投入 64.8 亿元,增长 34.4%,入选全国首批创新型企业试点单位。国网公司充分发挥科技创新的主体作用,在研究论证和科技攻关的基础上,做好有关重点工作:第一,进一步加强企业内部科技资源整合,联合国内科研院所和设备制造企业,继续深入开展重大问题研究和关键技术攻关,满足工程建设需要。第二,进一步加强国际交流与合作,学习借鉴各国的经验和成果,推动特高压输电技术加快完善和成熟。第三,进一步加强科研成果转化,及时将攻关成果用于工程实践。具备产业化前景的,要积极扶持、培育和发展。第四,进一步加强科技人才队伍建设,通过实施试验示范工程,培养和造就一批国际国内一流人才,为工程投产后的运行、管理和后续项目建设提供坚强的人才保障。

七、企业营销策略

(一)企业产品销售渠道

国网公司在自有销售渠道的基础上积极开拓其他途径的销售渠道,比如,福建省电力公司电网电力交易中心在2006年11月21日把"送省外电能交易单"正式送交华电可门电厂和华阳后石电厂签字。此举意味着该省首次组织发电企业直接参与跨区送电交易成功。这次交易拓宽了省内发电企业的销售渠道,增加了发电机组利用小时数,突破了以往省内富裕电量自我消化的局限。经常性的省外或跨区的交易电量可以增加发电企业的效益。

(二)企业定价策略

我国目前实施的是两部电价制。两部电价制体现了合理分担发、供电的容量成本和能源成本,可减少不必要的设备容量,提高设备利用率,节约能源,提高负荷率以及通过按功率因数调整电费的办法使电网无功负荷减少,提高了电力系统的供电能力。两部电价制包括基本电费、电度电费和按功率因数调整电费三部分。基本电价代表电力工业企业中的容量成本,即固定资产的投资费用,可按变压器容量计算或最大需求量计算,电度电价代表电力工业企业中的电能成本,即变动费用部分,以实际耗电量计算,功率因数调整电费则是为了合理使用国家的能量资源,充分发挥发、供电设备的生产能力,其收取方法为:按照规定的电价计算出当月的基本电费和电度电费后再按照功率因数调整电费表所定的百分数增减计算。

设每月用户应付电费为F,每月用电量为W,则两部电价制电费计算公式为:

$$F=J+D=PS+EW$$

式中J代表基本电费(元);D代表每月电度电费(元);P代表基本电费(元/KVA/月,元/KW/月);S代表用户接用容量(KVA)或最大需量(KW);E代表电度电价(元/KWh);W代表用户月用电量(KWh)。

所以平均电价为:$F/W=(PS+EW)/W=(PS/W)+E$

同时从国家发展改革委发出通知,决定自2006年6月30日起,将全国销售电价平均每千瓦时提高0.025元,这次调整电价,主要解决煤价上涨、可再生能源发展、电厂脱硫改造以及电网建设资金不足等矛盾,并对销售电价结构也进行了调整。一是将全国中小学用电价格统一调整为执行居民生活电价,可相应减轻学校电费负担。二是为推进社会主义新农村建设,在全国已基本实现城乡居民用电同价的基础上,加大了推进城乡工商业用电同价的力度。这次电价调整后,全国将有19个省市实现城乡各类用电同价,5个省市部分实现城乡各类用电同价,进一步减轻农村电费负担。三是部分地区提高了实行两部制电价用户的基本电价标准。同时为抑制高耗能产业的盲目发展,促进结构调整和产业升级,将继续对高耗能产业实施差别电价政策。

(三)企业促销策略、售后服务、广告发布

国网公司家电网定期召开季度电力市场交易信息发布会,发布本季度电力供求情况。从2004年起,国网公司在其所属的所有企业统一"国家电网"标志。国网公司制定《供电服务"十项承诺"》对客户进行售后承诺,例如供电方案答复期限:居民客户不超过3个工作日,低压电力客户不超过7个工作日,高压单电源客户不超过15个工作日,高压双电源客户不超过30个工作日;提供24小时电力故障报修服务,供电抢修人员到达现场的时间一般不超过:城区范围5分钟,农村地区90分钟,特殊边远地区2小时,客户欠电费需依法采取停电措施的,提前7天送达停电通知书;电力服务热线"95598"24小时受理业务咨询、信息查询、服务投诉和电力故障保修。

八、企业人力资源与文化

(一)企业人员结构

作为技术密集型产业,目前国家电网公司系统直属单位生产技能人员的数量为33.5万人,而高级技师仅占技能人才总数的0.63%,技师仅占5.8%。

目前,国家电网公司系统未接受过系统职业技术教育的生产技能人员比例偏大,高中及以下文化程度的员工,在直属单位员工中占42.8%,在控股、代管县公司员工中占52.5%,在农电工中占85.3%。

据国家电网公司人力资源部有关负责人介绍,目前公司系统用工总量偏大与生产技能人员结构性缺员、人力资源丰富与人才短缺的矛盾并存,尤其是生产一线急需的高素质技能人才短缺,突出表现在线路运行与检修、变电运行与检修和营业用电等生产一线专业(工种)的技能人才缺乏。技能人才短缺已成为制约公司可持续发展和电网安全稳定运行的"瓶颈"。

按照"五年两万新技师培养计划",公司将在五年内新培养两万名熟悉和掌握电网新知识、新技术、新工艺和新设备的知识技能型、技术技能型、复合技能型技师,并以培养技师和高级技师为重点,带动公司高、中、初级技能人才队伍梯次发展。到2010年,高级技师达到技能人员的1%以上,技师达到技能人员的8%以上。"生产技能人员离岗轮训计划"是根据企业发展需要和员工队伍建设需求,重点对供电企业线路运行和检修、变电运行和检修、电力营销等主要专业(工种)的生产技能人员,有计划、分步骤、有针对性地分期分批进行脱产培训。通过系统化的专业知识学习和实际操作技能训练,提高参训人员的综合素质与业务能力,使其达到岗位标准要求的文化素质和职业技能水平。

国家电网公司决心解决电网企业技能人才短缺的难题,加速培养适应公司发展需要的技能人才,带动公司技能人员队伍素质整体提高,为建设"一强三优"现代公司提供坚强的智力支持和人才保障。

(二)企业薪酬、福利及培训

国家电网公司力争2007年底成为人力资源标杆单位;强化用工机制研究,把劳务人员纳入公司人力资源管理系统;以业绩考核为管理手段,以提高员工队伍的整体素质为目标,培养和造就与企业改革发展相适应的高素质、高水平的人才队伍;完善人力资源。

(三)企业对外交流及社会活动

近年来,国家电网公司通过一系列活动进行对外招聘以及国内外培训,2006年7月26日,《中共国家电网公司党组关于领导干部交流工作的暂行规定》印发执行。该规定对公司领导干部交流工作进行了明确,将进一步加强公司各单位领导班子和干部队伍的建设,优化领导班子结构,提高领导干部的素质和能力,加强党风廉政建设,促进企业发展。

国家电网公司规定,干部交流应当有计划地在公司系统部门之间、基层单位之间、基层单位与公司总部之间、不同专业岗位之间,以及公司系统内外部之间进行。因工作需要交流的干部将从促进事业发展、优化班子结构、保持平稳过渡、发挥干部特长、提高整体合力等方面考虑进行交流。现任领导干部没有基层工作经历的,一般应有计划地交流到基层进行锻炼。工作业绩突出、有发展潜力和培养前途的年轻干部和后备干部,应有计划的交流,进一步提高综合能力。在同一职位上任职满8年的,一般应交流。国网公司同时建立领导干部交流配套措施,建立健全激励机制,坚持干部交流与培养使用相结合,采取有利于干部健康成长的政策措施,鼓励干部到艰苦边远地区、复杂环境、重点建设工程和基层经受锻炼,建功立业。

(四)企业文化

本着"以人为本、忠诚企业、奉献社会"的企业理念和"努力超越 追求卓越"的企业精神。国家电网公司的宗旨是:服务党和国家工作大局、服务电力客户、服务发电企业、服务经济社会发展。"努力超越 追求卓越"的本质是与时俱进、开拓进取、科学发展,要求我们以党和国家利益为重,以企业整体利益为重,以强烈的事业心和责任感,不断向更高标准看齐,向更高目标迈进。具体诠释内容如表9所示。

表9　　　　　　　　　　国家电网公司企业文化的具体诠释

	奋斗方向	建设世界一流电网、建设国际一流企业
发展战略	战略目标	"一强三优":建设电网坚强、资产优良、服务优质、业绩优秀的现代公司战略实施
	战略实施	"两个转变":转变公司发展方式,推行集团化运作、集约化发展、精细化管理、标准化建设;转变电网发展方式,建设以特高压电网为骨干网架、各级电网协调发展的坚强国家电网
工作思路		"三抓一创":抓发展、抓管理、抓队伍、创一流
内质外形		"内强素质外塑形象":提高安全素质、效益素质、质量素质、科技素质、队伍素质

资料来源:国家电网公司门户网站之企业文化 http://www.sgcc.com.cn。

中国石油天然气集团公司

中国石油天然气集团公司(简称中国石油集团)是我国最大的石油、天然气生产和销售企业,是一家世界领先的集石油和天然气上下游业务、油气田工程技术服务、石油物资装备制造和供应于一体的综合性能源公司。

中国石油集团拥有原油年生产能力110百万吨、天然气年生产能力180亿立方米,分别占全国的64%和70%,拥有原油加工能力107百万吨,集团每天为社会提供超过220万桶原油和28亿立方英尺天然气,加工原油180万桶。

中国石油集团拥有资产总额6 565亿元,2002年以414.99亿美元的营业收入,跻身世界500强第81名。2006年,集团实现营业收入835.56亿美元,在世界500强企业中排名第39位,在世界50家最大的石油公司中名列第10位(见表1)。

中国石油集团目前在海外22个国家开展石油投资活动。2006年海外原油作业产量突破5 000万吨,海外市场开拓跃上了新高度。

表1　　　　　　　　　中国石油集团在世界500强及炼油类公司排名

年　份	500强排名	炼油类公司排名	营业收入(亿美元)
2002	81	—	414.99
2003	69	8	448.64
2004	52	8	563.84
2005	46	9	677.24
2006	39	10	835.56

资料来源:根据1999~2006年《财富》杂志整理而得。

一、企业发展历程概述

(一)发展简史

中国石油天然气集团公司成长于中国石油工业发展变革的历史,延续着中国石油工业的辉煌历程,秉承着中国石油工业艰苦创业的价值理念和精神财富,以团结开拓的精神和高度的社会责任感,不断创新和自我完善,迎接新的挑战。

1988年9月17日,根据中国国内市场经济发展的需要和政府职能转换的要求,国务院撤消石油工业部,以其所辖主要资源和资产为依托,成立中国石油天然气总公司。作为中国的一家大型国有企业,中国石油天然气总公司主要从事石油、天然气上游领域的生产业务,兼有部分政府管理、调控职能。

1998年7月27日,根据国际国内环境的变化和国务院组建国际化大集团、大公司的要求,通过对中国石油天然气总公司业务进一步重组,成立中国石油天然气集团公司。中国石油天然气集团公司是一家真正市场化运作的上下游一体的从事石油天然气生产和经营的综合性能源公司。公司拥有大庆油田等14个大中型石油天然气生产企业和14家炼化企业;业务领域涉及石油天然气勘探开发、炼油化工、管道运输、油气炼化产品销售、石油工程技术服务、石油机械加工制造、石油贸易等多个领域,在中国石油、天然气生产、加工和销售市场中占据主导地位(见图1)。

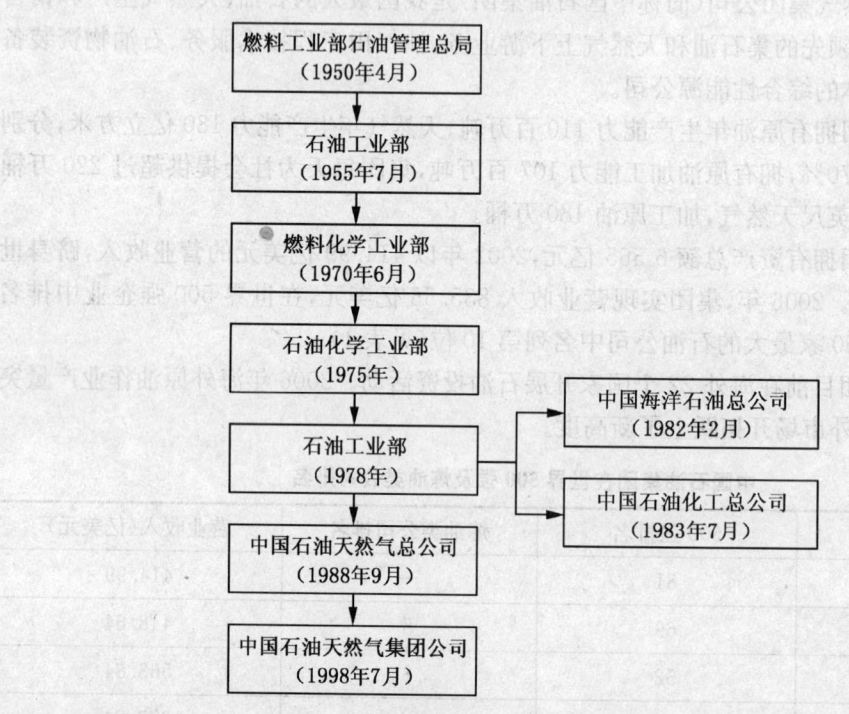

```
燃料工业部石油管理总局
（1950年4月）
        ↓
   石油工业部
   （1955年7月）
        ↓
  燃料化学工业部
   （1970年6月）
        ↓
  石油化学工业部
    （1975年）
        ↓
   石油工业部  ────→  中国海洋石油总公司
    （1978年）          （1982年2月）
        │         ────→  中国石油化工总公司
        ↓                   （1983年7月）
 中国石油天然气总公司
   （1988年9月）
        ↓
 中国石油天然气集团公司
   （1998年7月）
```

资料来源:中国石油天然气集团公司网站http://www.cnpc.com.cn/cnpc/。

图1　中国石油工业发展沿革图

(二)重组上市

1999年11月,在中国石油天然气集团重组改制的基础上,参照国际大石油公司的业务模式组建成立了中国石油天然气股份有限公司(简称"中国石油股份")。中国石油股份下设油气勘探与生产、炼油与销售、化工与销售、天然气与管道4大业务板块。所属成员企业83家,职工446 290人(截至2006年12月30日)。

中国石油集团的重组分拆是以行政方式进行的,大约2/3的资产和1/3的人员划入上市公司,其余作为辅业留在集团公司。集团重组完成了直接涉及53家直属企业、150多万职工、6 000多亿元资产的划分,完成了将石油勘探开发、炼油化工及销售、管道运输等核心业务及4 030亿元相关资产、48万人员向新成立的股份公司注入,并完善了法人治理结构以及存续企业的发展和稳定工作。那次脱胎换骨的改革,不仅标志着原有行政性公司体制的完结,也标志着中石油作为国家授权的投资机构和国家控股公司行使新职能的开始,意味着公司体制向着现代企业制度目标迈出了一大步。

2000年4月,中国石油股票先后在香港联交所和美国纽约证交所挂牌上市。股本总数1 758.2亿股,其中,中油集团股本1 582.4亿股,占总股本的90%;其他股东股本175.8亿股,占总股本的10%。2001~2003年,中国石油股份公司净利润在亚洲上市公司中连续名列第一。

(三)企业组织构架

中国石油集团旗下拥有12家控股公司、4家全资子公司、41家直属企事业单位、8家参股公司,组织结构趋于扁平化(见图2)。

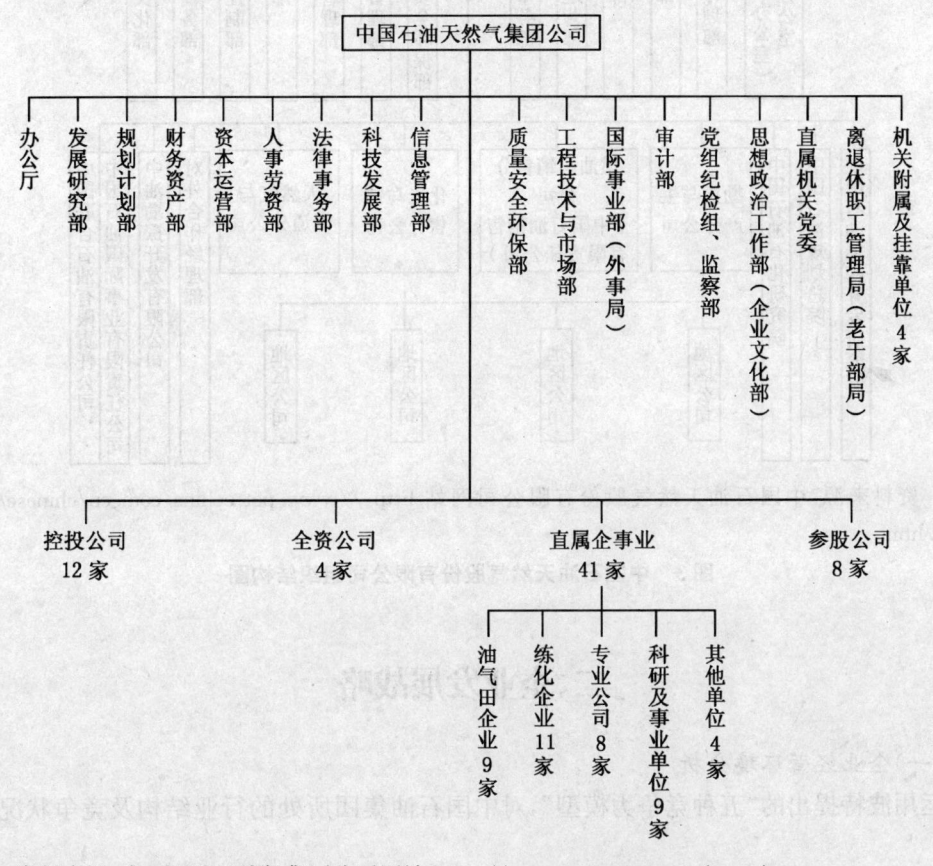

资料来源:中国石油天然气集团公司网站 http://www.cnpc.com.cn/cnpc/。

图2 中国石油天然气集团公司组织结构图

中国石油股份按照现代企业制度的要求,参照国际大石油公司的通行做法,建立起了规范的法人治理结构(见图3),即以股东大会、董事会、监视会以及总裁班子为框架的相互制衡的管理机制,形成了资产所有权、经营权的分离,决策权、执行权、监督权的分立。

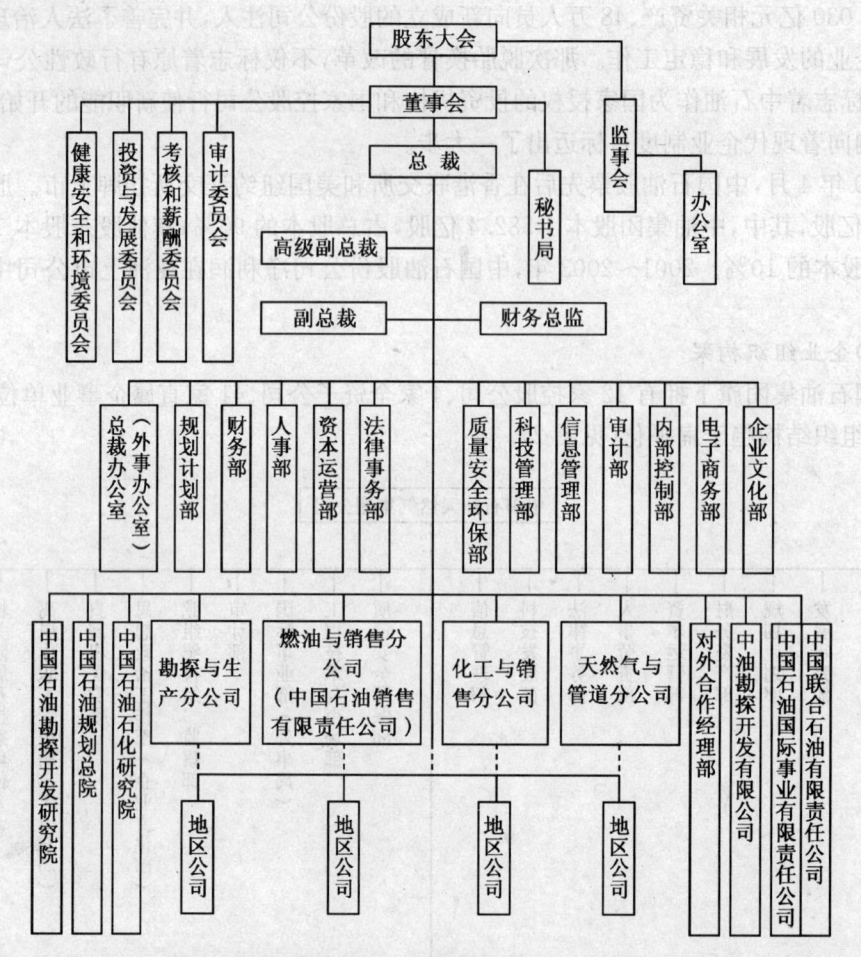

资料来源：中国石油天然气股份有限公司网站 http://www.petrochina.com.cn/chinese/index.htm。

图3　中国石油天然气股份有限公司组织结构图

二、企业发展战略

(一)企业经营环境分析

运用波特提出的"五种竞争力模型"，对中国石油集团所处的行业结构及竞争状况进行分析。

1. 现有公司间的竞争

我国石油供需的矛盾为石油公司的发展创造了巨大的发展空间。特别是在勘探与开采业务上，三大石油公司开采的原油将抵消一部分原油的进口量，因而三大石油公司在上游业务上其实并不存在竞争关系。同时，公司在上游资源的占有方面优势明显，控制着我国70%以上的原油和天然气储量。竞争一定程度上存在于下游业务，主要是中国石油与中国石化之间的竞争，竞争将主要集中于成品油的销售方面，化工产品方面也存在一定的竞争。但由于基本上处于寡头垄断局面，两家石油公司的竞争不会过于激烈。

2. 新进入者的威胁

我国政府对石油行业的管制比较严格,没有政府的批准,别的企业和个人是不允许进入这个行业的,即使能够进入,国内新进入者受资金及技术的限制,短期内也很难形成气候。因而,国内新进入者的威胁是较少的。但国外大型油公司在我国加入WTO后会以各种方式参与到我国的石油行业中来。由于石油资源的独占性,这些国外油公司不可能在上游领域与三大石油公司展开竞争,竞争只可能会集中于下游业务上,特别是成品油的销售上。

3. 替代品的威胁

目前石油天然气产品的替代品主要有:煤、核电、水电、太阳能等。由于技术发展的限制,在较长的一段时间内可再生能源可能无法成为主力的能源。同时,考虑到煤炭消费给我国的环境造成了巨大的污染,因此随着我国对环境保护的重视,石油与天然气的使用仍将受到很大的鼓励和支持。

4. 供货商讨价还价的能力

目前,中国石油每年的原油产量足以供应下游使用,另外多余的三分之一供应给中国石化。公司虽然也从国外进口一部分原油,但所占数量很少,对公司正常运营影响不大。可以说,原油供货商对中国石油讨价还价的能力有限。

5. 购买者的讨价还价能力

当前我国原油价格没有完全放开,是在政府的指导下进行交易,但交易价格随国际油价的变化而波动。因而,购买者讨价还价的能力基本没有。在下游的成品油和石化市场上,目前基本上是中国石油和中国石化两大石油巨头垄断,客户讨价还价的能力也很有限。

总体上看,中国石油所处的竞争环境并不十分激烈。上游业务基本上不存在几大石油公司间的相互竞争,而上游领域正是中国石油的优势所在;下游业务,成品油及石化产品今后可能会面临一定的竞争,因此石油企业的竞争力主要体现在同业竞争方面。

(二)企业发展战略

1. 总体发展战略

在实施持续重组、从根本上变革管理体制和运行机制后,2003年集团公司审时度势,从战略层面确立了全面建设具有国际竞争力的跨国企业集团的奋斗目标,努力实现"两个转变",即由国内石油公司向跨国石油公司转变、由单纯的"油气生产商"向具有复合功能的"油气供应商"转变。

2. 国际化经营战略

1993年起,我国成为石油净进口国,严峻的能源安全问题,要求我国石油企业必须站在全球资源共享的战略高度,充分利用国内外两个市场,开拓国内外两种资源。因此,中国石油集团在"谋求与资源国经济贸易的互动和双赢,为发展与资源国良好的政治关系和人民友谊服务"的基础上,跨出国门,以全球视野在世界范围内捕捉发展机遇。

几十年来,中国石油国际化经营经历了先内后外、从小到大、由低到高的成长轨迹,已逐步由单一的合作开采向跨国并购、风险勘探和上下游一体化迈进。

先内后外。20世纪80年代,中国石油工业打开国门,先海洋后陆地,引进外资60亿美元,通过对外合作这一窗口,感受到了国际石油工业跳动的脉搏。

从小到大。1993年起,先后在秘鲁、加拿大、泰国、苏丹等国建设了几个小项目。小项目投资不多,风险不大,但却是中国石油开拓国际市场的"敲门砖"。通过一个个小项目的历练，积累了从事大中型项目的雄厚实力。

由低到高。先后经历了海外练兵、低风险项目探索到风险勘探三个阶段，熟悉了国际惯例，积累了经验，锻炼了队伍。也正是经历了一次次低风险项目，才磨炼出能承受高风险项目的硬肩。

中国石油集团将按照"讲究效益、注重保障、培育规模、协调统一"的方针，推动国际油气业务快速发展。在业务发展上，坚持"以原油项目为主，与天然气项目相结合；以油田开发为主，与风险勘探相结合，并适度向中下游业务延伸；以陆上业务为主，与海上业务相结合；以投资合作为主，与参购、并购相结合"的发展战略。

三、企业生产经营状况

（一）中石油股份生产经营概况

2006年中石油股份公司实现营业额为人民币6 889.78亿元，比2005年上升24.8%，主要是由于原油、天然气及部分成品油等主要产品价格上升和销售量增加。实现净利润为人民币1 422.24亿元，比2005年上升6.6%（见图4）。

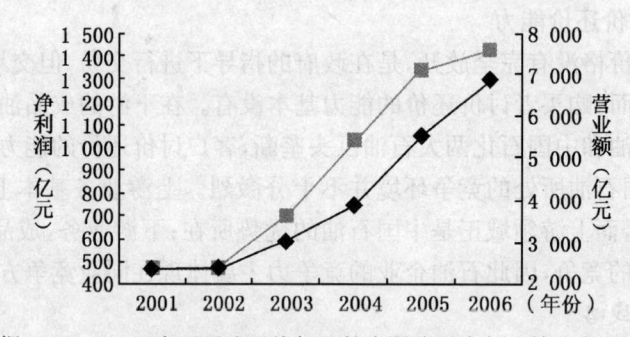

资料来源：根据2001~2006《中国石油天然气股份有限公司全年业绩公布》编制而成。

图4 中石油股份2001~2006年营业额、利润额

依据中石油2006年业务数据，各板块的营业额结构如图5所示：2006年中石油的营业

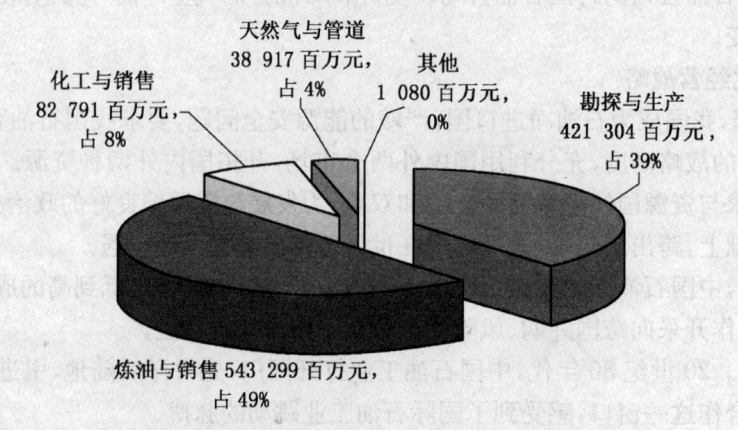

化工与销售 82 791百万元，占8%
天然气与管道 38 917百万元，占4%
其他 1 080百万元，0%
勘探与生产 421 304百万元，占39%
炼油与销售 543 299百万元，占49%

资料来源：根据2006《中国石油天然气股份有限公司全年业绩公布》编制而成。

图5 中石油股份2006年各板块营业额及比重

额中上游的勘探与生产、炼油与销售板块所占的比重较大,分别为 49% 和 39%;化工与销售、天然气与管道板块相对较为薄弱。与 2005 年的数据相比,由于原油和天然气价格的上升和销售量的增加,各板块的营业总额有了增长,但板块间的营业收入比重没有发生重大的变动。

油气上游业务是中国石油天然气集团公司发展的根基和确保主导地位的关键。中国石油股份几乎所有的利润来自上游的勘探与生产板块,炼油与销售板块的营业额最大为49%,然而其经营利润却为负值,产生了亏损(见图 6)。中石油应当在保持上游利润的同时,不断加强下游的盈利能力,尤其是炼油与销售板块,从而才能使盈利能力实现全面提升。

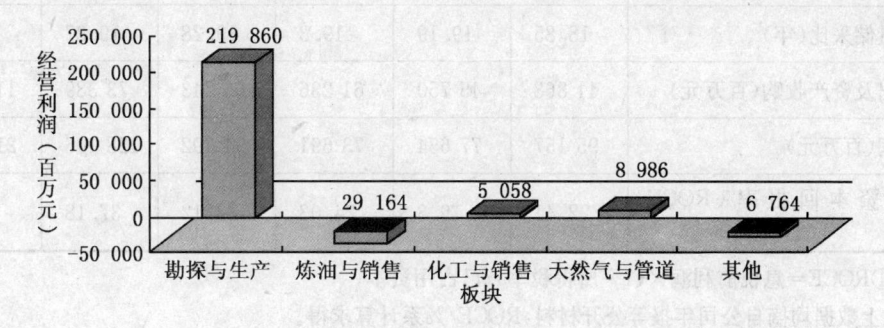

资料来源:根据 2006《中国石油天然气股份有限公司全年业绩公布》编制而成。

图 6　中石油股份 2006 年各板块经营利润(亏损)

(二)上游业务

1. 勘探

公司把油气勘探放在首要位置,加大勘探投入,坚持油气并举,2005 年在渤海湾冀东滩海、松辽盆地北部徐家围子、松辽盆地南部长岭、鄂尔多斯盆地姬塬、塔里木盆地塔中、四川盆地川中、准噶尔盆地等地区取得了 7 项具有战略意义的成果。"十五"期间,勘探工作者按照突出石油勘探,加强天然气勘探,积极推进风险勘探的原则,主动调整勘探思路,完善管理模式,不断向新盆地、新地区、新类型、新层系探索,取得了一批具有战略意义的重要突破和发现。依靠深入细致的地质综合研究,积极在曾经工作过的地区寻找新层系、新类型和新发现,也获得了令人惊喜的勘探成果,实现了资源接替的良性循环,石油储量替换率达到1.3%。

2005 年新增探明石油地质储量 5.7 亿吨,新增探明天然气地质储量 3 580 亿立方米。原油储量接替率为 1.04,天然气储量接替率为 3.14,油气储量接替率为 1.49。2005 年新增石油储量表现出两大特点:一是新增石油储量中低渗——特低渗储量占主体的趋势更加明显,所占比例达到近 70%;二是岩性油气层已成为新增石油储量的主要对象,其储量占全部新增储量比例超过 60%。

目前,中国石油拥有的 5 个油气当量产量超千万吨的大型油气田,有 3 个是在"十五"期间形成的。5 年间,中国石油共发现和落实 3 个 3 亿～5 亿吨级、11 个亿吨级规模的大油田,以及多个千亿立方米规模的大气田。累计新增探明石油地质储量 23.5 亿吨、天然气地质储量 1.63 万亿立方米,新增天然气储量是"九五"期间的 1.75 倍,有效地缓解了油气资源接替不足的矛盾,为油气生产实现稳中有升提供了资源基础(见表 2)。

表 2　　　　　中国石油天然气集团 2000～2005 年油气业务投入产出表

年　份	2000	2001	2002	2003	2004	2005
原油产量（百万桶）	765	764	770	775	778	823
天然气产量（亿立方英尺）	6 470	7 268	7 938	8 785	10 200	13 435
剩余原油可采储量（百万桶）	11 032	10 959	10 937	10 919	10 941	11 536
剩余天然气可采储量（10 亿立方英尺）	32 533	36 103	38 817	41 069	44 554	48 123
油气当量储采比（年）	18.85	19.19	19.3	19.28	19.37	18.68
资本支出及资产收购（百万元）	41 868	45 750	61 236	66 243	73 389	115 092
经营利润（百万元）	95 157	77 654	73 691	94 292	128 106	211 263
已占用资本回报率（ROCE）（%）[1][2]	22.41	19.3	24.03	28.12	37.18	

注：①ROCE＝息税前利润×(1－所得税率)/已占用资本；
②以上数据均摘自公司年报等公开材料，ROCE/％系计算求得。
资料来源：《中国石化工业"十五"期间投入产出分析》。

2．开发与生产

2006 年，股份公司生产原油 8.307 亿桶，生产可销售天然气 13 719 亿立方英尺，油气总产量为 10.594 亿桶油当量，分别比上年增长了 0.9％、22.5％、4.9％（见图 7～图 9）。

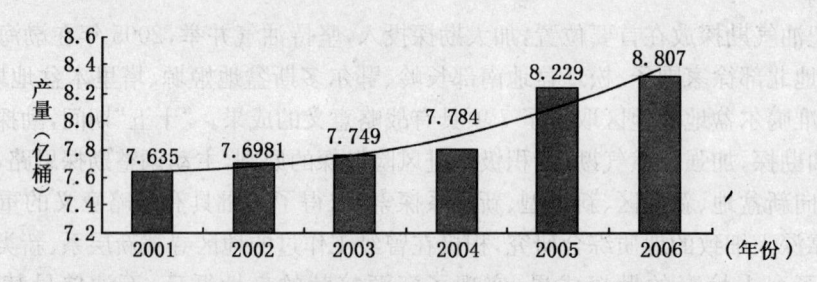

资料来源：根据 2001～2006《中国石油天然气股份有限公司全年业绩公布》编制而成。

图 7　中石油股份 2001～2006 年原油产量

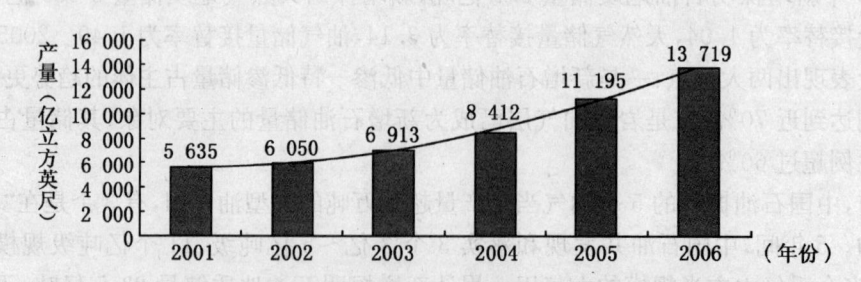

资料来源：根据 2001～2006《中国石油天然气股份有限公司全年业绩公布》编制而成。

图 8　中石油股份 2001～2006 年可销售天然气产量

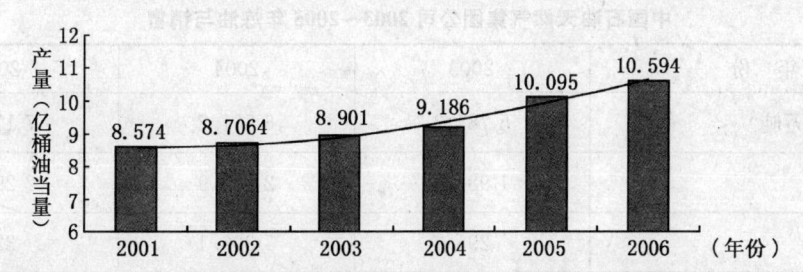

资料来源:根据2001～2006《中国石油天然气股份有限公司全年业绩公布》编制而成。

图9 中石油股份2001～2006年油气总产量

3. 炼油化工

中国石油集团拥有抚顺、兰州、大庆、大连、锦州、锦西等29个炼油企业,主要分布在中国油气资源丰富的东北和西北地区。同时,中国石油集团拥有大庆石化、吉林石化、兰州石化、抚顺石化、辽阳石化、大庆炼化、独山子石化、乌鲁木齐石化、宁夏石化等14家石化公司,是我国最大的化工原料和产品生产商及供应商之一。

炼油化工业务是中国石油集团实现上下游一体发展和保持国内油气供应主导地位的重要环节。近年来,中国石油集团炼油化工生产能力和技术水平大幅度提高,竞争能力、盈利能力和抗风险能力不断增强,原油加工量突破1亿吨,化工产品产量突破1 000万吨。通过大力实施结构调整和技术改造,中国石油炼化业务规模、布局和产品结构更趋合理,整体实力明显增强。炼油规模化建设取得重要进展,形成大连、独山等3个千万吨级和12个500万吨级炼油厂;产品品种趋于多样化,油品质量和高附加值产品比例明显上升。

在优化资源配置和产品结构、保证装置安全平稳运行的基础上,中国石油集团努力提高原油加工量和成品油产量,提升油品质量,大力增加适销对路的高附加值产品,满足市场多样化需求,提高经济效益。为强化自身技术实力,缩短与国际先进水平的差距,中国石油集团将大力突出科技创新,优化结构调整和资源配置,注重加工能力的均衡有效增长,发挥炼化一体化优势,使盈利能力和竞争力不断增强。

(三)下游业务

1. 炼油销售

截至2006年12月31日,集团炼油厂共加工7.85亿桶原油,平均日加工215万桶。集团炼油加工厂的原油约82%由勘探与生产板块所提供。2006年,集团生产了约6 832万吨汽油、柴油和煤油,并销售约7 490万吨上述产品。集团积极扩大销售网络,特别是零售网络,充分发挥炼油与销售一体化的互补增值效应。至2006年12月31日,集团自有、控股和特许经营以及由中油集团拥有并由集团提供监督支持的加油站共18 207座。

大力实施装置技术改造和扩能改造,提高装置集中度和单套装置大型化,推进炼化业务结构调整。建成和完善了大连石化、大连西太、兰州石化三个千万吨级炼油基地,配套完善了12个500万吨级炼厂。

积极应对市场变化,不断提高销售质量,进一步开拓零售市场。2005年全年销售成品油7 571.5万吨,同比增长13.3%;油品零售量达到3 812万吨,零售比例达到53.1%;加油站总数达到18 164座,同比增加4.4%。其中,资产型加油站新增1 869座,同比增加13.3%。资产型加油站平均单站日销量比上年增加了25%(见表3)。

表3　　　　　　　　中国石油天然气集团公司 2003~2005 年炼油与销售

年　份	2003	2004	2005
成品油产量(万吨)	5 784.3	6 561.2	7 116.3
汽油	1 985.4	2 183.9	2 297.7
煤油	295.7	306.1	327.2
柴油	3 503.2	4 071.2	4 491.5
润滑油产量(万吨)	119.2	146.8	152.9
成品油销售量(万吨)	6 051.5	6 700.9	7 571.5
零售市场份额(%)	25.9	28.6	31.0
加油站数量(座)	15 231	17 403	18 164

资料来源：中国石油天然气集团公司网站 http://www.cnpc.com.cn/cnpc/。

中国石油集团作为国内最大的石油企业，其发展战略目标是向世界级大石油公司迈进。然而，其实现利润的最终环节——成品油销售却是公司众多业务中的薄弱环节。中石油要实现资源优势向创利优势的转变，仅仅通过收购加油站、扩大销售网络是不够的，还要从提高企业竞争能力、价值链优化整合、市场定位、营销策略等方面提出全面的竞争策略。

2. 化工

2006 年，集团共生产乙烯 206.8 万吨，比上年增长 9.53%；合成树脂产量 360.1 万吨，比上年增长 20.96%；合成纤维原料及聚合物产量 123.2 万吨；合成橡胶产量 31.2 万吨，下降 7.42%；尿素产量 357.8 万吨，与 2005 年持平。

在重点化工工程建设方面。2005 年，有 9 套化工装置建成投产或完工，新增化工产能 151 万吨/年。它们是：

- 大庆石化 20 万吨/年高压聚乙烯装置；
- 大庆炼化 30 万吨/年聚丙烯装置；
- 华北石化 10 万吨/年聚丙烯装置；
- 大庆石化化肥装置扩能；
- 宁夏石化化肥装置扩能；
- 辽阳石化 45 万吨/年 PX 装置；
- 吉林石化 60 万吨/年乙烯改造；
- 兰州石化 15 万吨/年浓硝酸项目；
- 大连石化 20 万吨/年聚丙烯装置。

2005 年 1 月 1 日，原有的 27 个品牌化工产品以统一的"昆仑"品牌亮相市场。化工产品品牌的统一有利于原有化工产品内部区域性销售，更好地实行产品统销，增强产品的市场竞争能力。化工产品品牌统一促进了集团石油化工产品销量的增长。

2000~2005 年中国石油天然气集团公司化工业务投入产出表见表4。

表4　　　　中国石油天然气集团公司 2000～2005 年化工业务投入产出表

年份	2000	2001	2002	2003	2004	2005
乙烯产量（万吨）	150	157	158	182	185	189
合成树脂产量（万吨）	185	183	197	237	253	276
合成橡胶产量（万吨）	22	24	21	25	29	28
合成纤维单体及聚合物产量（万吨）		91	85	87	126	128
资本支出及收购额（百万元）	4 104	4 062	3 175	3 898	4 319	13 569
经营利润（百万元）	70	−2 374	−3 162	1 041	7 655	3 276
已占用资本回报率（ROCE）(%)[1][2]		−2.71	−4.18	1.7	12.11	4

注：①ROCE=息税前利润×(1−所得税率)/已占用资本；
②以上数据均摘自公司年报等公开材料，ROCE(%)系计算求得。
资料来源：《中国石化工业"十五"期间投入产出分析》。

3. 天然气与管道

中国石油是中国最大的天然气生产、运输和供应商，在国内天然气工业中占主导地位，拥有并运营着一个庞大的油气输送管网和储存系统，具有使原油、天然气和成品油的输送、储存和分销等各个环节良好运转的技术力量和丰富经验。

为了满足中国经济发展和政府对环境保护的要求，中国石油计划用 10 年左右的时间，逐步建成一纵一横贯穿中国的两条天然气管道输送干线和西南、两湖、西北、华北、华东、东北等 6 个区域天然气管网。

截至 2006 年，集团的可销售天然气产量中，通过天然气与管道板块销售了 12 005 亿立方英尺。目前，集团拥有和经营 20 590 公里的区域性天然气管网，其中 19 662 公里的管道由天然气与管道板块运营。至 2006 年 12 月 31 日，集团拥有和经营 9 620 公里的原油管道，拥有成品油管道 2 413 公里。

目前，集团已建成投产了多条具有战略意义的油气管线，继续实施油气管网战略布局和建设，使集团油气管网布局更趋完善，逐步实现集团建设完善的全国性油气管网的目标。

四、企业财务状况

（一）盈利能力分析

中国石油近年来营业额连年攀升，盈利状况良好，公司 2006 年的盈利较 2001 有较大幅度的增长，净利润增长 3 倍多。这主要得益于原油及天然气价格的上涨和油气产量的增长。而高的行业壁垒和弱的竞争格局，使得公司今后一段相当长的时间内能够保持较高的盈利水平。

2001～2006 年，公司总资产收益率及净资产收益率稳中有升，反映了公司良好的收益能力和发展能力见图 10 及表 5。

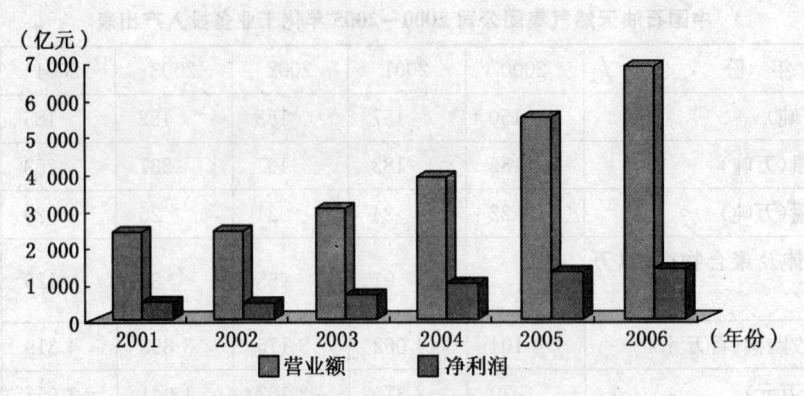

图 10 中国石油股份公司 2001~2006 年营业额、净利润

资料来源：根据相关年报数据编制而成。

表 5　　　　　　　　　　中国石油股份公司 2001~2006 年经营状况

	年　份	2001	2002	2003	2004	2005	2006
盈利	营业额(亿元)	2 388.93	2 444.24	3 037.79	3 886.33	5 522.29	6 889.78
	净利润(亿元)	468.08	469.1	696.14	1 029.27	1 333.62	1 422.24
	资产收益率(ROA)	0.101 6	0.097 1	0.130 9	0.168 8	0.171 4	0.163 1
	净资产收益率(ROE)	0.156 9	0.145 9	0.192 2	0.232 4	0.245 3	0.230 3
运营	资产周转率	0.54	0.53	0.57	0.64	0.71	0.79
偿债	流动比	12.38	5.3	3.09	14.78	7.97	9.19
	速动比	8.3	3.29	2.06	9.05	5.13	4.88
	总资产负债率	0.35	0.33	0.32	0.29	0.30	0.29
生产率	员工总数	422 554	419 598	417 229	424 175	439 220	446 290
	人均利润(元)	110 774.0	111 797.5	166 848.4	242 652.2	303 633.7	318 680.7

资料来源：根据相关年报编制而成。

(二)营运能力分析

从资产周转率上看,中国石油近几年来逐年递增,从 2001 年的 0.54 到 2006 年已经达到 0.79,可见企业资产管理效率逐年提高了。但与国际先进的石油公司还存在较大的差距,例如,2003 年 BP-Amoco 公司的资产周转率为 1.40。

(三)偿债能力分析

中国石油近年来的流动比和速动比年度间变动较大,但总体而言,公司的短期偿债能力是较强的。中国石油总资产负债率近年来较为稳定,在 0.29~0.35 之间,且有逐年递减的趋势,公司长期债务负担比较低。

(四)人均获利能力

中国石油在净利润总额保持上升的同时,人均利润额也逐年呈上升趋势,公司的人均获利能力不断提高(见图11)。

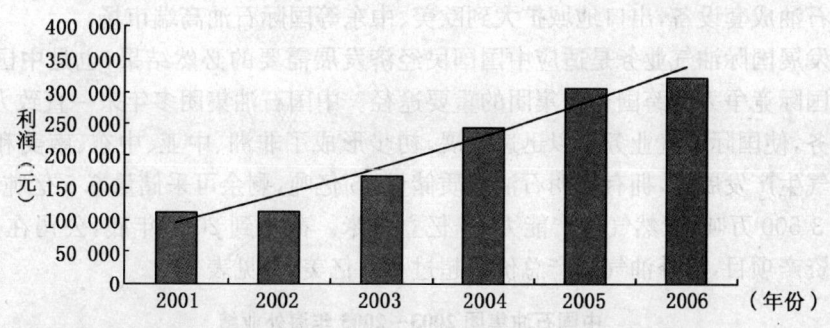

图表来源:根据相关年报编制而成。

图11 中国石油股份公司2001~2006年人均利润

(五)各板块投资回报分析

分析中国石油股份"十五"期间各板块的投入产出情况,勘探生产板块是公司投资的重点,同时也是公司利润的最重要来源。此外,天然气管道板块也获得一定的投入,该板块也为公司贡献了一定的利润。炼油销售板块"十五"期间的累计经营利润是负值,产生了亏损(见表6)。

表6　　　　　　中国石油股份"十五"期间投资回报情况分析

	投入(百万元)				产出分析(百万元)			
	固定资产及收购(百万元)	比例(%)	"十五"平均资产(百万元)	资产占比(%)	5年累计经营利润(EBIT)(百万元)	经营利润(EBIT)比例(%)	计算期平均年ROCE(%)	计算期内IRR(税后)(%)
中石油股份	466 546	100.00	603 074	100.00	581 423	100.00	18.23	18.51
勘探生产	305 572	65.50	359 665	59.64	575 092	98.91	30.86	28.01
炼油销售	74 620	15.99	161 244	26.74	-3 300	-0.57	-0.43	4.99
化工销售	29 023	6.22	76 629	12.71	6 436	1.11	1.85	0.61
天然气管道	56 138	12.03	40 614	6.73	9 914	1.71	3.79	4.46
其他	1 193	0.26		0.00	-6 719	-1.16		

资料来源:《中国石化工业"十五"期间投入产出分析》。

五、国际化经营

(一)国际化经营概况

中国石油集团以其雄厚的实力和丰富的经验,通过其全资子公司中国石油天然气勘探开发公司(CNODC)积极参与国际石油和石化领域的合作,包括油气勘探、开发、生产、炼油与化工储运与销售等业务。目前,集团已在全球26个国家执行着69个油气投资合作项目,形成了集油气勘探开发、管道运营、炼油化工、油品销售于一体的完整石油工业产业链。

同时,中国石油集团拥有强大的技术服务力量,在海外工程技术服务队伍已达500多支,通过下属子公司中油国际工程技术有限公司,在全球46个国家提供钻井、测井、录井、修井及项目建设等工程技术服务。石油物资装备出口60个国家和地区,出口产品从零部件发展到大型石油成套设备,出口地域扩大到欧美、中东等国际石油高端市场。

大力发展国际油气业务是适应中国国民经济发展需要的必然结果,也是中国石油集团建设具有国际竞争力的跨国企业集团的重要途径。中国石油集团多年来一直致力于开拓国际油气业务,使国际油气业务得以迅速发展,初步形成了非洲、中亚、中东、南美和东南亚五大海外油气生产发展区,拥有探明石油地质储量45亿吨,剩余可采储量6.5亿吨,建成原油生产能力3 500万吨、天然气生产能力40亿立方米。截止到2005年底,公司在23个国家拥有油气资产项目,海外油气资产总价值超过220亿美元(见表7)。

表7　　　　　　　　　　中国石油集团2003～2005年海外业绩

年　份	2003	2004	2005
新增石油探明地质储量(万吨)	48 906	23 743	19 831
新增天然气探明地质储量(亿立方米)	6.4	0	44.6
剩余石油可采储量(万吨)	53 120	55 958	63 801
剩余天然气可采储量(亿立方米)	848	814	1 046
原油产量(万吨)	1 293.1	1 642.3	2 002.1
天然气产量(亿立方米)	13.9	25.9	29.1
原油加工量(万吨)	251	295.1	480.2
成品油产量(万吨)	198.9	231.4	320.7

资料来源:中国石油天然气集团公司网站,http://www.cnpc.com.cn/cnpc/。

1993年,中国石油中标秘鲁塔拉拉六、七区块项目,成为中国石油公司走出去的先行者。接下来"中国石油"先后在委内瑞拉、加拿大、泰国、巴布亚新几内亚、苏丹及哈萨克斯坦等地拓展业务,取得了很大突破。

2005年10月26日,中石油通过其旗下全资子公司中油国际,以41.8亿美元的收购总价100%收购哈萨克斯坦PK石油公司,改写了中国公司海外资本并购的最新纪录。PK公司年原油生产能力超过700万吨,在哈拥有12个油田的权益,约5.5亿桶原油储量,6个区块的勘探许可证。哈萨克斯坦无疑将成为继苏丹之后中石油第二个上下游一体化布局的海外基地,将进一步扩大中国在中亚其他国家和地区进行石油项目合作的影响。

中国石油天然气集团公司成功收购PK公司,积累了宝贵的大型跨国兼并、收购的成功经验,标志着中国石油海外业务逐步走向规模化成熟发展阶段;这也是中国能源战略西移的重大突破,在实现中国能源来源和供应渠道多样化上都具有标志性的意义。

(二)上、中、下游业务

1. 上游业务

坚持滚动勘探与风险勘探并重,获得重要的油气发现。2002年4月,中国石油出资2.16亿美元收购了Devon Energy公司在印度尼西亚的油田股权,使其成为中石油并购的第一份海外资产。苏丹3/7区发现Gumry-Zarzor油田。油气生产以减缓老油田递减、加快新区油田产能建设为重点,确保了油气产量的稳步增长。同时,通过收购哈萨克斯坦PK石油公司、Encana公司厄瓜多尔油气资产和Petro-Canada叙利亚油气资产,进一步扩大了公司的储量和产量规模。

2. 中游业务

相继建成了中哈原油管道、苏丹3/7区至苏丹港原油管道和哈萨克斯坦肯基亚克盐下油田油气混输管道、让纳诺尔－KC13天然气管道，提高了对上游油气生产的保障能力。

3. 下游业务

通过收购哈萨克斯坦PK石油公司，拥有了第二家海外炼油厂，使公司的炼油能力达到1 000万吨/年。苏丹喀土穆炼油厂二期扩建工程和阿尔及利亚Adrar一体化项目于2006年完工。

2005年，新增石油可采储量1.62亿吨，原油作业产量3 582万吨，权益产量2 002万吨；天然气作业产量40.2亿立方米，权益产量29亿立方米；原油加工量达到480万吨。

2005年共签订了10个新项目，包括哈萨克斯坦PK、Encana厄瓜多尔和PetroCanada叙利亚三个并购项目，利比亚17-4区块、苏丹15区块两个海上项目等。

（三）工程技术服务

1. 地球物理勘探作业

目前，中国石油集团共有49支地震队在苏丹、尼日利亚、委内瑞拉等20个国家进行作业。2005年完成二维地震85 612公里，完成三维地震25 518平方公里。

2. 钻井作业

中国石油集团目前在28个国家开展钻井作业和技术服务。在巩固已有市场基础上，积极开拓新市场和新的服务领域。随着国际市场份额的不断扩大，公司已成为在本土以外市场上作业的钻机数量名列全球第二的钻井承包商。

2005年动用钻机159台，钻井734口，钻井进尺140.4万米。国际钻井作业量、合同额和营业收入比2004年多有较大幅度的提高。

3. 测井作业

公司目前拥有国际作业测井队73支，主要分布在苏丹、伊朗、哈萨克斯坦、印度尼西亚等18个国家。

2005年公司继续调整测井队伍结构和提高技术装备水平，不断增强市场竞争力。继续巩固和拓展苏丹、伊朗、哈萨克斯坦、阿塞拜疆、委内瑞拉、巴基斯坦、缅甸、叙利亚、利比亚和阿尔及利亚等已有市场。同时，积极开拓新市场，2005年新进入阿曼、尼日尔等国家作业。特别是阿曼PDO测井项目，标志公司已进入测井高端市场。

4. 井下作业

公司目前在海外有37支井下作业队，在蒙古、苏丹、哈萨克斯坦等13个国家提供修井、侧钻、试油、测试、压裂、酸化和射孔等作业和服务。全年完成总工作量1 001井次，试油872层。

5. 工程建设

在提供地震、钻井、测井等作业的同时，承担工程建设项目30余项，分布在北非、南亚、中亚、南美等地区。

在项目施工过程中，中国石油集团十分注重健康、安全和环境，保持了卓越的HSE记录，多次得到作业所在国油公司的奖励。通过运用先进的设备和技术为客户解决了大量复杂地质问题，赢得客户的好评。

(四)全球贸易

销售和贸易是一家公司实现收入和盈利的主渠道,对增强公司的规模实力、提高市场竞争力和保障能力具有十分重要的作用。随着中国石油集团销售市场的不断扩大,销售业务和国际贸易业务快速发展,国际贸易涉及的国家和地区达39个,年国际贸易量5 700多万吨,贸易额1 000多亿元。

中国石油集团的国内销售和国际业务将按照"做大做好"的主导思想,国际贸易要牢固树立支持和服务主营业务的思想,着眼全球市场,做大规模,做强实力,做优效益。通过进一步拓展贸易区域,构筑多元化贸易体系,完善全球贸易手段,逐步实现由国内市场为主向国内外市场并重的"大市场"转变,由经营自产产品为主向经营自产和非自产产品的"大营销"转变,由单一的原油贸易向油气及石化产品的"大贸易"转变,推动国际贸易在更大范围、更广领域、更高层次上的快速发展。

在开展石油贸易操作过程中,中国石油不断强化直接贸易力度,增加贸易技术含量,在规避风险的前提下,开展了多种形式的国际石油贸易业务,扩大了原油、成品油国际转口业务和代料加工、油品串换、保险代理及套期保值业务。原油贸易资源地由远东地区发展到中东、非洲、俄罗斯等国家和地区。继续巩固远东地区成品油传统市场,分别与印度尼西亚、越南、日本等国签订汽油、石脑油出口长期合同;与中国台湾地区和韩国的炼油厂签订长期合同;海外原油加工控制进口柴油资源;同时,择机开展了汽油到北美的跨市套利运作;在境内外利用租罐、租库等贸易手段,根据市场需求进行油品的调兑和批发业务。

中国石油集团还在哈萨克斯坦、中国香港特别行政区投资购买加油站,开拓海外零售市场,延长了贸易价值链,提高了出口产品的价值;在巩固传统石蜡、石油焦出口市场的同时,开发了纯苯、丁二烯、丙烯等化工产品,大宗有机原料采购也取得明显成效。国际贸易领域和规模均得到了稳健、快速增长。

六、企业电子商务

(一)中石油电子商务的建立与发展

中国石油原有物资供应系统是计划经济和卖方市场背景下的地方性业务单元,采购管理为条块切割的分散型管理,企业内部存在企业采购、机关采购、商业采购等多种形式,无统一管理的采购中心,采购业务各门类部门、各地区公司各自为政。为降低生产成本,规范业务流程,应对国际石油巨头进入中国市场的竞争,中石油于2000年8月做出开展电子商务的决议,希望借此走向集中购销,创造规模优势。2001年7月中石油股份公司与和记黄埔共同投资成立了中油和黄信息技术有限公司,搭建高起点、高标准的BtoB电子交易平台——能源一号网。能源一号网是行业内知名的服务于能源企业的电子商务交易平台,它的建立标志着中国石油电子商务业务正式起步。次月,总公司的电子商务部成立,开始力求通过对电子商务的运营打破地方性业务采购单元,统一归口物资采购。

2002年1月21日能源一号网站第一笔网上重大交易为西气东输网上采购交易,交易历时7小时,获得圆满成功。通过3年多的运行,能源一号网完成电子采购398亿元,为中国石油节约成本超过20亿元。通过网络采购平台实现"集中采购",降低了物资采购成本(见表8),为公司实施低成本战略,控制工程建设成本,维护中国石油的整体利益做出了重要贡献。

表8　　　　　　　　　　　中石油 2002~2005 年网上采购额

年 份	2002	2003	2004	2005
网上采购（亿元）	106	132	160	180
占总采购额的比重	23.50%	28.10%	29.50%	31.40%

资料来源：《电子商务对企业内部权威分配的影响分析：以中石油、中石化为例》。

目前，中国石油电子商务覆盖了9个省市石油分公司、260个地级石油公司和1 400个县级石油公司，系统在中国石油天然气股份有限公司得到了广泛应用。中国石油电子商务的实施，不仅取得了良好的经济效益，而且对供应链系统进行业务整合和组织结构调整，带来了业务流程的优化和管理创新。集中化的电子采购、电子销售，形成了公开、透明的机制，推动了传统的思维方式、经营理念和经营方式的转变，保证了企业在日后逐步实现 B to B 平台、ERP 和 CRM 的端到端全供应链管理。电子商务正在成为中国石油变革管理流程的一项标志性工程。

（二）中石油电子商务网站的构架及具体应用

能源一号网站包括电子采购、电子销售和电子市场三大电子商务应用系统。电子采购系统服务于中国石油各企业的物资采购，是专门为中国石油定制的内部采购系统，在这个系统中买方只有中国石油一家，供应商是由电子商务部招标选出。电子销售系统是为中国石油各销售公司提供产品信息发布、产品价格管理以及目录式销售、协商销售、拍卖销售等功能的管理平台。电子市场系统支持多个买家对多个卖家的交易模式。

具体来说，中国石油电子商务部对于采购物资实施分类管理，将物资重新划分为三大类：对于资金额大、采购量大、通用性强、适合集中采购、形成批量采购优势并享受批量优惠价格的Ⅰ类物资，实行公司总部上网采购，充分发挥批量采购优势，较大幅度降低采购成本；对于Ⅱ类物资，在生产、基建成本构成中占有较大比例，实行地区公司上网集中采购；对于Ⅲ类物资，由于是目前不易上网的其他非标设备和零星物资，暂不上网。所有三类物资的供应商都必须通过竞标才能获得准入资格。其中"电子采购系统"的供应商招标由"能源一号网"每年统一组织，"电子市场系统"的供应商则由各地区公司遴选，但必须报电子商务部备案。

采购集中管理无疑要遭遇下层的阻力。为了推进电子商务，公司召开电子商务大会，把电子商务列入公司业务计划；并把完成电子商务计划情况列为对地区公司一把手业绩考核指标，加大检查、监督力度。中石油电子商务的应用，使流程透明化，最大程度地避免了分散采购的暗箱操作，实现了阳光采购。

中国工商银行股份有限公司

中国工商银行股份有限公司(以下简称"工行")前身为中国工商银行,是经国务院和中国人民银行批准于1984年1月1日成立的国有独资商业银行。中国工商银行于2005年10月28日整体改制为股份有限公司,股份有限公司完整承继了中国工商银行的所有资产和负债。根据中国人民银行公布的资料,截至2005年12月31日,以公司贷款余额、票据贴现余额及公司存款余额计算,工行是我国最大的公司银行;以个人贷款余额和个人存款余额计算,工行是我国最大的个人银行;以2005年总交易额计算,工行是我国领先的贷记卡、准贷记卡和借记卡服务的提供行。工行总行设于北京,截至2006年6月30日,工行拥有98家境外分行、控股机构、代表处和网点。工行目前在香港、澳门、新加坡、东京、首尔、釜山、法兰克福及卢森堡设有分行,并在纽约、莫斯科及悉尼设有代表处。此外,工行于香港、伦敦及阿拉木图亦拥有控股机构。

2005年,中国工商银行股份有限公司以2 389.80亿元的营业收入排名2006年中国企业500强的第四位,比2005年的排名上升一位,营业收入较上年上升的幅度超过23%。世界500强排名从2005年的第229位上升30位到第199位。图1为中国工商银行近5年的营业收入及在中国500强中的排名。

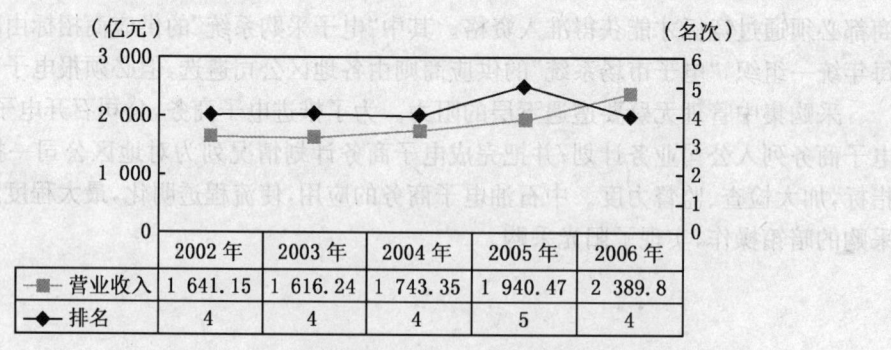

	2002年	2003年	2004年	2005年	2006年
营业收入	1 641.15	1 616.24	1 743.35	1 940.47	2 389.8
排名	4	4	4	5	4

资料来源:根据中国企业联合会、中国企业家协会历年公布的中国企业500强数据整理。

图1 中国工商银行近5年营业收入及中国企业500强排名

一、企业发展历程概述

(一)发展简史

中国工商银行股份有限公司于1984年1月1日作为一家国家专业银行而成立,承担了中国人民银行的所有商业银行职能。工行成立以来,曾经历几个阶段,期间由国家专业银行转型为国有商业银行,之后再整体改制为股份制商业银行。

自1984年至1993年,工行是国家专业银行。在此期间,工行扩大了业务规模和分销网络、强化了财务会计与管理制度以及提高对盈利能力和风险管理的重视。1994年,国家成立3家政策性银行,以承担国家专业银行的主要政策性贷款功能。包括工行在内的各国家专业银行,在此后转型为四大国有商业银行。自1994年至2004年,工行在业务的许多方面做出了重大改进,以建立现代商业银行的运营体系,包括加强资本基础、运营绩效、资产质量、风险管理、信息科技、内部控制、组织结构、业务流程和管理透明度。

作为最近的我国银行业重组的一部分,汇金公司于2005年4月向工行注资150亿美元,财政部则保留了原中国工商银行资本金1 240亿元,工行在2005年10月28日从一家国有商业银行整体改制成一家股份有限公司,财政部和汇金公司担任工行发起人,并正式更名为中国工商银行股份有限公司。中国工商银行股份有限公司设立后承继了原中国工商银行的所有业务、资产和负债。

2006年4月,高盛集团有限公司(The Goldman Sachs Group, Inc.)、安联保险集团(Allianz Group)、美国运通公司(American Express Company)分别认购工行A股和H股发行前已发行股份的5.750 6%、2.245 2%和0.445 4%。2006年6月,社保基金理事会也认购了工行A股和H股发行前已发行股份的4.999 6%。

2006年10月27日,工行同时在上海证券交易所和香港联合交易所挂牌上市,成为在境内外两个市场同时挂牌的上市公司。

(二)企业所有制结构

作为四大国有银行的工行在2005年10月28日从一家国有商业银行整体改制成一家股份有限公司,财政部和汇金公司担任工行发起人,并正式更名为中国工商银行股份有限公司。此后又于2006年4月引入高盛集团有限公司、安联保险集团、美国运通公司等境外机构股东。目前公司有所制结构如图2所示。

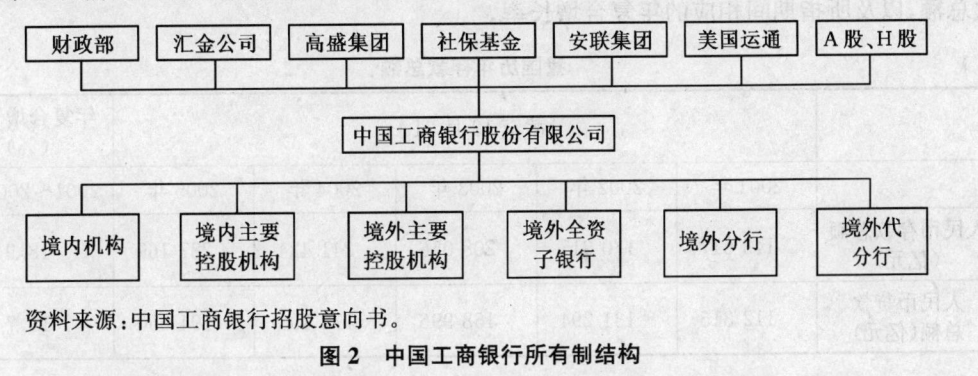

资料来源:中国工商银行招股意向书。

图2 中国工商银行所有制结构

（三）企业组织架构

工行的组织结构图见图3。

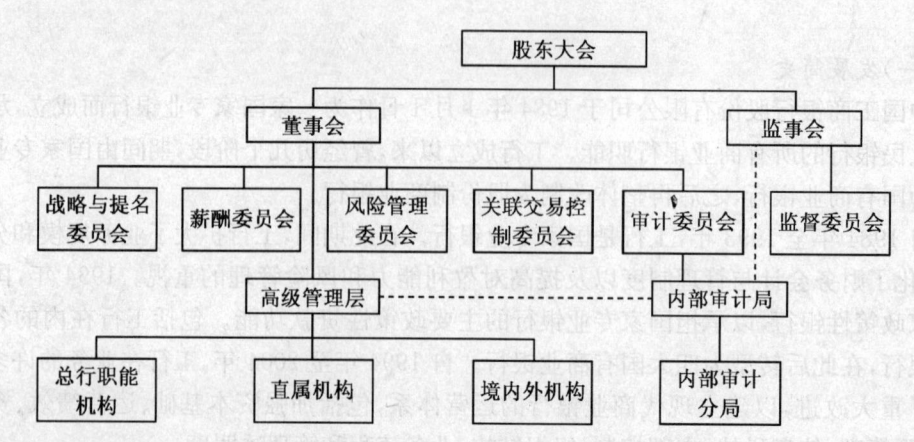

图3　中国工商银行组织架构

资料来源：中国工商银行2005年年报。

二、企业发展战略

（一）企业竞争环境分析

1.宏观背景

自20世纪70年代末以来，我国经济随着广泛而深入的经济体制改革不断推进而实现了快速发展。根据国家统计局的统计，2001年至2005年我国国内生产总值年复合增长率达到13.6%。2005年我国国内生产总值达18.2万亿元，居全球第4位；进出口总额达1.4万亿美元，居全球进出口国第3位。我国经济的迅速发展，带动了金融服务业快速发展。银行业受益于经济的快速增长，并在我国融资活动和信贷资源配置中发挥着主导性作用。此外，银行存款仍然是我国境内储蓄的首选工具。根据中国人民银行的资料，自2001年12月31日至2005年12月31日，我国的人民币存款及贷款年复合增长率分别为18.9%和14.7%。截至2005年12月31日，我国银行业总资产为38.4万亿元。表1列出自2001年至2005年5个年度我国银行类机构的人民币和外币计价存款总额及人民币和外币计价贷款总额，以及所指期间相应的年复合增长率。

表1　我国历年存款总额

	截至12月31日					年复合增长率（%）
	2001年	2002年	2003年	2004年	2005年	2001~2005年
人民币存款总额（亿元）	143 617	170 917	208 056	241 424	287 169	18.9
人民币贷款总额（亿元）	112 315	131 294	158 996	178 198	194 690	14.7

续表

	截至 12 月 31 日					年复合增长率(%)
	2001 年	2002 年	2003 年	2004 年	2005 年	2001~2005 年
外币计价存款总额(亿美元)	1 349	1 507	1 487	1 530	1 616	4.6
外币计价贷款总额(亿美元)	806	1 028	1 302	1 353	1 505	16.9

资料来源:中国人民银行。

截至 2005 年 12 月 31 日,中国工商银行、中国农业银行、中国银行和中国建设银行四大商业银行的资产总额占我国银行业资产总额的 53.5%。

2. 在行业中的竞争地位

工行所从事的主要业务领域面临着来自国内的商业银行和其他金融机构严峻的竞争。工行目前主要与国有四大商业银行中的其他三家及其他全国性商业银行竞争(见表2)。工行还面临来自其他银行机构日益激烈的竞争,包括城市商业银行和在国内开展业务的外资银行。此外,工行与国内其他非银行金融机构也进行竞争,包括邮政储蓄机构、信用合作社、证券公司和保险公司。

表 2　　　　　　　　　　　　　我国四大银行主要指标对比

	截至 2005 年 12 月 31 日						分行、营业网点及其他机构概数
	资产总额		贷款总额		存款总额		
	总额(亿元)	占总额比例(%)	总额(亿元)	占总额比例(%)	总额(亿元)	占总额比例(%)	
中国工商银行	64 541	31.4	32 896	30.4	56 605	32.6	18 870
中国农业银行	47 710	23.2	28 293	26.2	40 369	23.2	28 234
中国银行	47 428	23.1	22 350	20.7	37 038	21.3	11 618
中国建设银行	45 843	22.3	24 563	22.7	39 732	22.9	14 250
总　计	205 522	100.0	108 102	100.0	173 744	100.0	72 972

资料来源:中国工商银行招股意向书。

工行与境外金融机构的竞争在未来将更加激烈。根据 WTO 的协议,我国政府已于 2006 年底前解除现存的对在国内运营的外资银行在地域分布、客户基础及运营许可等方面的限制。此外,CEPA 允许来自中国香港和澳门的规模较小的银行在中国内地开展业务,从而也加剧了我国银行业的竞争。工行与国内其他商业银行和金融机构主要在所提供产品及服务的种类、价格和质量、银行设施的便利程度、品牌认知度和信息科技发展的层面上竞争。但作为国内最大的商业银行,工行与目前或未来的竞争对手相比占据着有利地位。

(1)在主要业务领域均居市场领先地位。

就贷款余额和存款余额而言,目前工行是我国最大的商业银行。此外,工行还在公司银行业务、个人银行业务和资金业务中的许多领域确立了领先地位。工行的规模、市场领导地位及品牌的认知度将使工行持续加强对主要市场领域的渗透力,令工行收入来源更加多元化,并获得可观的规模经济效益。此外,工行在人民币清算结算服务领域、银团贷款领域、开放式基金代理发行领域、凭证式国债分销领域、公司现金管理服务领域,以及个人理财服务领域都处于领先地位。

(2)拥有庞大且优质的公司及个人客户基础。

工行拥有我国最大的公司银行客户基础,截至2006年6月30日,工行公司银行客户总数超过250万,其中包括约57 710名贷款客户。工行与众多领先的大型集团和企业建立了深厚的银行服务关系,截至2006年6月30日,工行的公司客户包括我国营业收入最大的500家公司中的492家和《财富》500强中的238家公司。工行在能源、交通及电信等重要行业拥有良好的市场地位。此外,工行与政府部门、公共机构和金融机构等也拥有悠久的银行业务关系。

同时工行拥有我国最大的个人银行客户基础,截至2006年6月30日,工行拥有超过1.5亿名个人银行客户,在工行的金融资产余额介于5千元至5万元之间的个人客户超过5千万名。同期,在工行的金融资产余额超过5万元以上的个人客户超过1 600万名,在工行的人均金融资产余额超过15万元。工行庞大的个人客户基础,可让工行得以发现与推介新产品和服务。

(3)拥有广泛的分销网络,是最大的电子银行服务提供行。

工行的运营网点遍布全国。截至2006年6月30日,境内分行、营业网点及其他机构(包括总行)达18 038家。工行在经济较发达的长江三角洲地区、珠江三角洲地区以及环渤海地区拥有广泛的分支机构及运营网点,截至2006年6月30日达7 738家。工行在全国开设了逾3 000个理财中心。工行拥有超过25 000名公司银行业务客户经理和包括在全国商业银行中为数最多的金融理财师在内的约10 000名个人银行客户经理。工行还拥有包括互联网、固定电话、手机、自动柜员机和自助银行中心在内的高效、先进的电子银行网络。以客户数目和交易额计算,工行均为电子清算和结算服务的领先提供行。2005年通过工行的电子银行网络进行的交易额达到467 699亿元。

(4)具有领先的信息科技能力。

工行拥有我国商业银行中最先进的信息科技平台。在国内四大商业银行中,工行率先成功完成全行数据大集中工程,实现了工行全部国内分支机构各项业务数据的集中和实时处理。工行的数据集中使工行得以进一步开发各类应用软件及加快电子银行网络建设,使工行的规模优势得以发挥。工行通过核心业务系统——NOVA系统在国内四大银行中率先建立起集业务处理、客户信息管理及运营管理决策分析于一体的综合应用平台。工行于2006年6月获得《银行家》杂志颁发的"2006年度全球银行网络应用创新奖",于2006年被《环球金融》杂志选为"亚洲最佳投资管理服务的企业网上银行"。

(二)企业总体发展战略规划

1. 总体规划

工行的整体目标是实现股东价值最大化和维持可持续增长,战略目标是巩固在我国银行业的市场领导地位并致力于转型为国际一流的金融机构。同时工行特别重视发展全面风险管理体系,并优化工行的业务架构及组织结构。工行业务重点及架构已逐步发展,以满足工行客户对广泛的银行产品及服务的需求。

工行专注于拓展个人银行业务的运营,尤其是高增长的手续费和佣金业务,同时工行作为电子银行服务提供行亦已取得领先地位。工行通过投入充足资源发展信息科技，并建立起一套集中的信息系统，可以及时分析客户群的动态，集中发展有吸引力的客户，提升工行的风险管理能力以及其他内部控制能力。这些举措将使工行的业务结构及流程、公司治理和内部控制成为我国商业银行中的佼佼者。于2005年的财务重组已大大巩固了工行的资本基础，工行正处于寻求进一步增长的有利地位。

2. 市场开拓战略

工行总行制定全行银行业务的营销策略，组织全行通过多种营销形式推广银行产品及服务。工行一级分行针对当地市场制订具体方案，并监察二级分行执行该方案的情况。

个人银行方面，工行在全行范围内统一了为各细分市场客户服务的内容和渠道，将高端客户群和具有高增长潜力的客户群作为重点目标，并为其提供量身定做的产品和服务。为提升工行个人银行业务的领先地位，工行已采取多项措施提升个人金融业务的销售能力、分销网络及客户关系管理能力。同时，工行正在优化传统的营业网点，并加快理财中心的建设。公司银行方面，2005年中国工商银行积极构筑统一营销平台和分层次营销体系，继续加强石油石化、电力、电信、公路、铁路、民航和港口等重点基础产业和基础设施领域营销；适度和有区别地增加城市基础设施、高新开发区建设、房地产业等行业贷款投放；有选择地加大对现代制造业、现代物流业、环保产业和新型服务业、文化产业、医疗卫生等新兴行业的信贷投放，积极拓展跨国公司、中小企业信贷市场，行业结构和客户结构持续优化。

3. 国际化战略

工商银行不断推进跨国经营，加快建立本外币、境内外业务均衡协调发展的经营格局。截至2004年末，工商银行在全球各主要国际金融中心设有100家分支机构和控股银行，外币总资产495亿美元，各项外币存款余额309亿美元，外币贷款余额284亿美元。2004年全年办理国际结算业务2 122亿美元，完成代客外汇资金业务1 489亿美元，结售汇业务量955亿美元，代客外汇买卖449亿美元。

中国工商银行通过国际资本市场的并购在中国香港成立了工商东亚和工银亚洲，2004年工银亚洲正式收购华比富通银行成为其全资银行，并更名为华比银行。当年末工银亚洲总资产为993亿港元，实现账面利润7.6亿港元，按总资产排序在香港银行业中升至第6位。

4. 新产品开发战略

工行自身的独特性在于业务创新的经营方式及引领市场的创新精神。工行在市场中率先对信息科技系统的数据集中进行投资，推介新产品与服务，建立全面风险管理体系，以及发展电子银行网络。工行致力于业务创新，自1999年起实施的一系列改革措施使工行实现了业务、运营及企业文化的重大转型。

为提高产品创新力度，工行在境内主要城市定期进行市场调研并收集数据，以便加深了解工行目标客户的消费习惯以及对具体产品的满意度，从而不断改进和开发新的金融产品。工行的个人客户关系管理系统搜集、整合和分析与客户相关的数据，支持工行的个人银行业务客户经理根据客户的财务需求，提供个性化的客户服务及产品。此外，工行正在建立统一的客户信息系统，对客户资料进行跨地区整合，这使得工行客户经理能更全面了解客户需求，并能为客户提供包含所有账户资料的综合对账单。

三、企业生产经营状况

(一)经营概况

就总资产、贷款余额和存款余额而言,工行是我国最大的商业银行。截至2005年12月31日,工行的总资产、贷款余额和存款余额分别为64 572亿元、32 896亿元和57 369亿元;工行2005年的总收入达到1 657亿元。根据中国人民银行公布的数据,截至2005年12月31日,工行的总资产、贷款余额和存款余额分别占我国所有银行机构总资产、贷款余额和存款余额的16.8%、15.4%和19.4%,并且分别占四大商业银行总资产、贷款余额和存款余额的31.4%、30.4%和32.6%(见表3)。

表3　　　　　　　　　　工行近三年本外币存、贷款市场份额情况　　　　　　　　　单位:%

	2005年12月31日	2004年12月31日	2003年12月31日
人民币存款	19.16	20.39	21.51
人民币贷款	15.26	16.20	16.15
外币存款	18.42	20.27	19.09
外币贷款	19.78	19.78	18.37

资料来源:中国工商银行招股意向书。

(二)主要业务及销售情况

工行主要业务包含四个部分:公司银行业务、个人银行业务、资金业务以及其他业务。表4列出了所示期间工行各项业务分部的总收入。

表4　　　　　　　　　　中国工商银行各项业务收入分布

项　目	2006年1～6月		2005年1～6月	
	金额(百万元)	占总数比例(%)	金额(百万元)	占总数比例(%)
公司银行业务	43 617	50.88	40 014	51.11
个人银行业务	29 679	34.62	26 417	33.74
资金业务	11 905	13.89	11 021	14.08
其　他	519	0.61	841	1.07
总收入	85 720	100.00	78 293	100.00

资料来源:中国工商银行招股意向书。

由于工行将发展非利息收入业务作为重点策略之一,手续费和佣金收入得以迅速增长。2005年,工行的净手续费和佣金收入在四大商业银行中位居第一位。工行的净手续费和佣金收入从2003年的56.24亿元增加到了2005年的105.46亿元,年复合增长率达36.9%。

银行卡业务、清算和结算业务、投资银行业务、电子银行业务和托管业务的迅速增长对工行手续费和佣金收入增长的贡献特别突出。从2003年到2005年,在手续费和佣金业务中,银行卡业务所获得的收入从10.01亿元提高到了23.46亿元,复合年增长率达53.1%;

同期,人民币结算和清算业务、投资银行业务、电子银行业务和托管所获得的收入的复合年增长率分别为28.2%、59.2%、92.2%和74.9%。随着工行继续重点发展并扩大在非利息业务方面的领先优势,工行将能够进一步提高手续费和佣金收入。

(三)海外市场拓展

工行的业务遍及全球大部分主要金融中心。工行在香港、澳门、新加坡、东京、首尔、釜山、法兰克福和卢森堡设有分行;在香港、伦敦和阿拉木图设有控股机构;在纽约、莫斯科和悉尼设有代表处,负责工行的境外业务。截至2006年6月30日,工行设有98家境外分行、控股机构、代表处和网点,并与位于117个国家及地区的1 250家外国银行建立了代理行关系。工行境外业务向客户提供商业银行服务、投资银行服务和经纪服务。截至2006年6月30日,工行境外分行和控股机构的总资产为1 925亿元,较截至2005年12月31日的1 810亿元增加6.3%。截至2006年6月30日止6个月,工行境外业务税前利润为15亿元,工行2005年度境外业务税前利润总额为22亿元,较2004年度的18亿元增加25.1%,而2004年度的税前利润总额则较2003年度的13亿元增加34.5%。工行是我国首家收购境外上市银行的商业银行。

工行目前最大的境外业务主体为工银亚洲。工银亚洲提供全面的零售及个人理财服务,包括信用卡、个人贷款、证券交易、保险及其他理财服务;工银亚洲还提供全面的商业和企业银行服务,在银团贷款和结构性贷款方面扮演着香港市场领跑者的角色。工银亚洲主要通过其位于香港的分支机构网络和分销渠道提供其银行产品及服务,其中包括42家分行、一家投资服务中心,以及网上和电话银行系统。截至2006年6月30日,工银亚洲的总资产达1 266亿港元。截至2005年12月31日,在其本身或其母公司在香港联交所公开上市的香港注册银行之中,工银亚洲的总资产排名第六。工行通过工商东亚主要在我国内地和香港从事一系列的投资银行业务和经纪业务。

(四)企业品牌创建

"中国工商银行"是我国最著名的金融服务品牌之一。工行被《银行家》杂志评为"2004年度最佳银行(中国)",于2005年被《环球金融》杂志评为中国"最佳银行",于2004年被《欧洲货币》杂志评为"中国最佳本地银行",于2004年及2005年被《亚洲货币》杂志评为"中国最佳内地商业银行",于2004年及2005年被《亚洲银行家》杂志评为"中国最佳零售银行",于2006年被《亚洲银行家》杂志评为"中国国有最佳零售银行",于2004年、2005年及2006年被《环球金融》杂志选为"中国最佳个人网上银行",于2006年被《环球金融》杂志选为"亚洲最佳投资管理服务的企业网上银行",于2003年及2004年被《金融亚洲》杂志评为"中国最佳本地银行",于2005年被《财资》杂志评为"中国最佳托管银行",于2004年及2005年被《全球托管人》杂志授予"中国最佳托管银行",于2004年被《亚洲货币》杂志评为"中国最佳托管银行"。工行于2006年获得《银行家》杂志颁发的"2006年度全球银行网络应用创新奖",于2004年获中国人民银行颁发的"银行业科技发展奖特等奖",于2005年获中国互联网协会主办的"中国互联网产业调查"中网上银行类第一名,于2005年获信息产业部颁发的"中国客户关怀与公众服务标杆企业金奖",于2003年被AC尼尔森评选为"中国消费者使用最多的银行",并且于2005年被《证券时报》评为"中国优秀财经证券网站"。

四、企业资本运作

（一）企业融资情况

从2005年初中国工商银行股份制改革到2006年10月在沪港两地上市,工行在此期间进行了多次的融资活动。

2005年4月21日,国家正式批准中国工商银行实施股份制改革,注资150亿美元,随后中国工商银行顺利完成了财务重组和国际审计。

2006年1月27日,中国工商银行与高盛集团、安联集团、美国运通公司3家境外战略投资者签署战略投资与合作协议,获得投资37.82亿美元。

2006年6月19日,工商银行与全国社会保障基金理事会签署战略投资与合作协议,社保基金会将以购买工行新发行股份方式投资180.28亿元人民币。工商银行多元化的股权结构业已形成。

2006年10月27日中国工商银行A+H股在上海证交所和香港联交所同时挂牌上市,总融资额超过了190亿美元。工商银行两地同时成功上市在国内国际资本市场创造了20多个世界之最或中国第一,上市后工商银行的总市值超过1万亿元,成为A股市场最大的上市公司,并跻身亚洲最大、全球前五大上市银行。

（二）企业并购重组情况

为实现股份制改造,工行在2005年中进行了一系列的重组,包括进行了财务重组、发行长期次级债券、资产组合优化等工作后,中国工商银行资本实力显著增强,资本充足水平大幅提升。2005年末资本净额3 118.44亿元,加权风险资产净额31 522.06亿元,核心资本充足率8.11%,资本充足率9.89%。资产质量显著提高。2005年10月28日,中国工商银行由国有独资商业银行整体改制为股份有限公司,正式更名为"中国工商银行股份有限公司",注册资本人民币2 480亿元,全部资本划为等额股份,股份总数为2 480亿股,每股面值为人民币1元,财政部和汇金公司各持1 240亿股。

企业并购方面,工行是中国第一家进行跨国收购的银行。2000年工行收购1964年成立于中国香港并于1973年在香港联交所公开上市的香港友联银行,并将其更名为工银亚洲。2001年,将工行香港分行的主要业务注入工银亚洲。2004年,工银亚洲收购了华比富通银行在香港的零售和商业银行业务。2005年,工银亚洲又收购了总部位于深圳的华商银行,务求通过向香港客户提供与中国相关的综合银行产品和服务,加强其在香港银行市场的竞争力。

五、企业财务状况

（一）资产结构及盈利状况

截至2006年6月30日,工行资产总额达到了70 554.77亿元,其中负债合计67 251.60亿元、债券投资26 523.98亿元、贷款及垫款33 753.42亿元、现金资产317.56亿元。资产负债率为95.3%(见表5)。

表5　　　　　　　　　　　　中国工商银行总资产及盈利状况

项　目	截至2006年6月30日止6个月		2005年度	
	中国会计准则	国际财务报告准则	中国会计准则	国际财务报告准则
净利息收入(百万元)	76 508	76 508	147 993	153 603
净利润(百万元)	25 143	25 399	37 405	37 555
总资产(百万元)	7 055 477	7 054 625	6 457 239	6 456 131
存款余额(百万元)	6 119 038	6 119 038	5 736 866	5 736 866
贷款余额(百万元)	3 461 080	3 461 080	3 289 553	3 289 553
股东权益(百万元)	326 225	325 373	256 947	255 839
全面摊薄每股收益(元)	0.09	0.09	0.15	0.15
每股净资产(元)	1.14	1.14	1.04	1.03

资料来源：中国工商银行招股意向书。

(二)财务风险管理

工行设有涵盖信用、流动性、市场和操作风险等方面的风险管理架构。此架构由工行先进的风险管理信息技术支撑,让工行能更有效地管理各种风险并有助于工行资产质量的不断改善。工行对信贷调查、信用审批和贷后监控职能进行了分离,以维持对整体授信程序的独立检查及平衡。此外,工行在我国四大商业银行中率先于2004年启动了新巴塞尔资本协议所推荐的内部评级法风险管理工程,并于2005年采用了公司贷款十二级分类体系。由于工行风险管理水平的提升,工行贷款组合的不良贷款比例下降,工行自1999年1月以来的境内贷款组合的资产质量一直维持在较高的水平(见图4)。

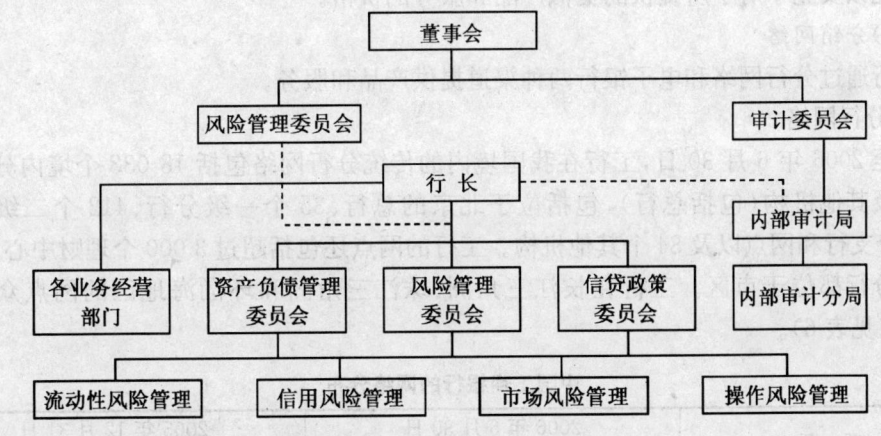

资料来源：中国工商银行2005年年报。

图4　中国工商银行的风险管理体系

六、企业营销策略

(一)银行业务的营销策略

工行的总行负责制定公司银行业务整体发展的计划。分行和支行根据总行的整体业务计划和公司银行业务营销战略,制定并执行具体的、针对当地情况专门设计的公司银行业务营销战略。

工行的公司银行业务营销活动主要由公司银行客户经理执行。截至2006年6月30日,工行拥有超过2.5万名公司银行客户经理。工行的公司银行客户经理与其他专业人员密切合作,进行产品和服务的交叉销售。对于那些跨地区运营的公司客户,总行和不同分支机构的公司银行客户经理会组成团队紧密合作,以对整体客户关系进行有效管理。工行已开发客户关系管理系统帮助工行制定有效的营销战略。此外,工行正在开展一系列针对中小企业的业务营销举措。

(二)产品定价策略

工行的定价政策最终由资产负债管理委员会负责制定。工行可自主酌情设定工行人民币贷款的利率,但最低为中国人民银行厘定的相关基准利率的90%。工行也可自主酌情设定工行的活期和定期存款的利率,但最高为中国人民银行厘定的相关基准利率。若干手续费和佣金产品和服务受政府指导价控制,包括中国银监会和国家发改委规定的人民币基本结算业务,而其他手续费和佣金业务产品和服务的收费可由工行根据市场情况与工行的融资成本自主决定。

工行也采用和实行内部资金转移定价系统。经资产负债管理委员会审批后,工行的资产负债管理部根据多种因素来决定内部资金转移价格,包括我国资金市场的现行利率动态、工行存贷款的利率结构和资产负债管理委员会设定的战略目标。根据适用的规定、监管要求及指引,工行根据对相关风险调整收益的评估来设定产品价格。在制定价格时,工行考虑的因素中包括工行资产的风险状况、单个客户对工行业务的贡献度、工行的成本、预期的风险调整后和成本调整后的回报率以及工行的内部资金定价标准等。此外,工行还考虑整体市场状况以及竞争对手所提供的类似产品和服务的价格。

(三)分销网络

工行通过分行网络和电子银行两种渠道提供产品和服务。

1. 分行网络

截至2006年6月30日,工行在我国境内的传统分行网络包括18 038个境内分行、营业网点及其他机构(包括总行),包括位于北京的总行、35个一级分行、412个二级分行、17 506个支行和网点以及84个其他机构。工行的网点还包括超过3 000个理财中心。工行大部分分行都位于市区。工行在长江三角洲、珠江三角洲和环渤海地区的网点众多,达7 738个(见表6)。

表6　　　　　　　　　　　中国工商银行的网络分布

项　目	2006年6月30日		2005年12月31日	
	境内机构(个)	占总数比例(%)	境内机构(个)	占总数比例(%)
总　行	1	—	1	—
总行直属机构及分支机构	19	0.1	19	0.1
长江三角洲地区	2 525	14	2 707	14.4
珠江三角洲地区	2 138	11.9	2 199	11.7
环渤海地区	3 075	17.0	3 202	17.1

续表

项 目	2006年6月30日 境内机构(个)	占总数比例(%)	2005年12月31日 境内机构(个)	占总数比例(%)
中部地区	3 971	22.0	4 147	22.1
东北地区	1 985	11.0	2 025	10.8
西部地区	4 324	24.0	4 464	23.8
境内机构总数	18 038	100.0	18 764	100.0

资料来源：中国工商银行招股意向书。

2. 电子银行

工行通过互联网、电话或移动电话和分支机构的自动柜员机与自助银行中心，向客户提供能够一年365天、一天24小时操作账户和进行若干交易的电子银行服务。截至2006年6月30日止6个月，工行的电子银行交易达238 541亿元。工行2005年度电子银行服务交易额为467 699亿元，较2004年度的384 424亿元增加21.7%，而2004年度的交易额则较2003年度的223 164亿元增加72.3%。工行通过收取年费、代理费、结算费和电子银行系统对所处理业务收取的交易费，获得电子银行服务的收入。目前工行提供四种形式的电子银行：自助银行中心和自动柜员机、网上银行、电话银行以及手机银行。

七、企业的人力资源管理

(一) 人员结构

工行自1997年起通过提高分销渠道的效率以及精简组织架构和业务流程，大幅减少了工行员工人数。截至2006年6月30日、2005年12月31日、2004年12月31日和2003年12月31日，工行境内中长期合同制员工数量分别为355 312人、361 623人、375 781人和389 045人。截至2006年6月30日，工行按年龄、学历和专业划分的境内员工总数见表7。

表7　　　　　　　　　　　中国工商银行企业员工结构表

类　别	细分类别	员工数量	占总数百分比(%)
年龄构成	30及30岁以下	39 625	11.2
	31～40岁	161 097	45.3
	41—50岁	145 085	40.8
	51岁以上	9 505	2.7
	总计	355 312	100.0
学历构成	研究生及以上学历	4 193	1.2
	本科	108 619	30.6
	大学专科	149 520	42.1
	专科以下	92 980	26.1
	总计	355 312	100.0

续表

类别	细分类别	员工数量	占总数百分比(%)
专业构成	公司银行业务	31 185	8.8
	个人银行业务	117 796	33.1
	资金业务	4 902	1.4
	财务与会计	90 570	25.5
	管理人员	13 000	3.7
	风险管理、内审核依法合规	28 588	8.0
	信息科技	13 913	3.9
	其他	55 358	15.6
	合计	355 312	100.0

资料来源：中国工商银行招股意向书。

(二)企业的薪酬和福利

工行已经建立了一套基于业绩的薪酬制度，员工薪酬按其职位、业绩考核而厘定。工行按照管理、操作、营销、营运四个岗位类别构建差异化薪酬体系，全面推动经营管理类岗位薪酬制度改革，突出付薪因素与岗位价值、经营绩效、市场价格挂钩的导向，逐步形成即期激励与远期激励相结合的激励约束机制。开展操作类岗位薪酬制度改革，建立以客户经理等级与个人业务积分为核心的客户经理薪酬激励制度。通过全面实施工资集中发放、专项管理营业网点员工工资分配、强化员工工资监控与分析等措施，使全行工资分配收入管理更加规范化、科学化。除此之外，工行计划通过实行经济增加值(EVA)制度决定机构及员工薪酬，以进一步优化员工薪酬制度。工行若干主要职位还可享有股票增值权政策。

工行为员工提供各种社会保险、住房公积金以及符合我国法律法规规定的其他福利。工行境内机构在职员工，根据国家有关政策，按照属地管理的原则，参加了各地劳动和社会保障部门实施的社会基本养老保险、基本医疗保险、失业保险、工伤保险、生育保险，以及地方住房管理部门实施的职工住房公积金，以各地规定的缴纳基数和比例，按月向地方主管部门缴纳单位缴费。

其中养老保障制度包括：(1)社会基本养老保险；(2)企业年金计划；(3)补充退休福利。住房制度方面，境内机构在职员工均按当地政府规定参加当地住房公积金计划。境内机构每月按照员工工资的一定比例向住房公积金计划支付住房公积金。医疗制度方面，工行大部分境内机构依据国家和地方的有关政策执行所在地基本医疗保险制度，并按照当地社会保障部门规定的缴纳基数和比例，按月向当地基本医疗保险经办机构缴纳保险费。未参加基本医疗保险的员工，工行按照规定条件及比例给予一定的报销补助。在基本医疗保险制度基础上，部分分支机构根据国家和地方社会保障政策，为工行员工建立了补充医疗保险制度，对员工发生的医保负担以外的医疗费用，按照一定比例给予报销。

八、企业文化

工行从1999年开始的改革使企业文化有了重要的转变,主要体现在以下两个方面：

(一)关注人的文化

由于"科技兴行"和"人才兴行"战略深入实施,工行在信息科技创新取得重要进展,一大批新的信息化产品和管理系统投产,在国内科技领先优势地位得到巩固和加强。因此,工行进一步把人才资源作为第一资源,完善市场化选人用人和激励机制,开展大规模、系统化、分层次的全员培训,建设富有工商银行特色的"企业人才文化",为改革发展提供了人才保证、智力支持和精神动力。

(二)关注风险的文化

改制后的工行致力于培育"依法合规、审慎稳健、诚信尽责、创造价值"的风险管理文化。借助引入海外股东高盛的经验,工行建立全行风险管理框架与相关体系,以加强风险计量、监控和管理能力,完善工行的风险文化。

中国移动通信集团公司

中国移动通信集团公司已经成功进入国际资本市场,良好的经营业绩和巨大的发展潜力吸引了众多国际投资。中国移动通信集团公司已连续5年被美国《财富》杂志评为世界500强,最新排名第224位。在中国企业联合会和中国企业家协会组织的"2006年中国企业500强"评选中,列中国企业500强综合榜第四位,列服务企业500强第二位。上市公司成为连续三年入榜《福布斯》"全球400家A级最佳大公司"的惟一中国企业。

中国移动通信既是一个财务稳健、能够产生稳定现金流的赢利性公司,又是一个充满发展潜力、具有发展前景的持续成长性公司。

一、企业发展历程概述

随着1998年国家对通信体制进行改革,采取了一系列改革措施,先后经历了邮电分营、政企分开、电信重组等过程,电信企业也因此从原来中国电信一家经营基础电信业务的垄断时代重组为由中国电信、中国联通、中国网通、中国铁通、中国卫通和中国移动共六大集团公司经营基础电信业务的竞争时代。在这样的环境下,中国移动通信集团公司于2000年4月20日成立,注册资本为518亿元人民币,资产规模超过4 000亿元。中国移动通信集团公司全资拥有中国移动(香港)集团有限公司,由其控股的中国移动有限公司在国内31个省(自治区、直辖市)设立全资子公司。1997年中国移动在香港和纽约上市融资以来,中国移动通过发行股票或债券等形式收购了其旗下的若干子公司资产,于2004年实现了整体上市。

目前,中国移动有限公司是我国在境外上市公司中市值最大的公司之一,也是亚洲市值最大的电信运营公司。

截至2006年11月底,中国移动与215个国家和地区的284个运营公司开通了GSM国际漫游业务,并与128个国家和地区的117个运营商开通了GPRS国际漫游,国际短信共通达104个国家和地区的206家运营商,彩信通达19个国家和地区的27家运营商。截至2007年2月28日中国移动总用户已超过3.1亿(见表1)。

表1　　　　　　　　　　　　中国移动通信集团公司发展简史

2001年7月9日	中国移动通信GPRS(2.5G)系统投入试商用
2001年11月26日	中国移动通信集团公司的第1亿名客户代表在北京产生,标志着中国移动通信已成为全球客户规模最大的移动通信运营商
2001年12月31日	中国移动通信关闭TACS模拟移动电话网,停止经营模拟移动电话业务
2002年3月5日	中国移动通信与韩国KTF公司在京正式签署了GSM-CDMA自动漫游双边协议。中国移动通信率先实现了GSM-CDMA两种制式之间的自动漫游
2002年5月	中国移动、中国联通实现短信互通互发
2002年5月17日	中国移动通信GPRS业务正式投入商用
2002年10月1日	中国移动通信彩信(MMS)业务正式商用

二、企业发展战略

(一)企业竞争环境分析

目前来看,整个通讯市场还有很大的开发空间。虽然固定网络已经很普及,但是移动网络还是有很大的发展空间,因此,像中国电信、中国网通等企业已经将自己的发展方向瞄准了移动网络这个部分。在市场容量一定的情况下,这一价值链上的竞争对手的数量增加,在共同的产业轰动规律性的支配下,各企业在获取资源的能力、为了争夺市场所能支配的资源量、可能采取的竞争方式、能够利用的产业协作体系,甚至企业对市场的影响力和影响方式等方面都是相近的,由此,通讯行业的竞争不断加剧,竞争强度增强。另一方面,3G时代的带来,给固定网络运营商带来了进一步开展移动网络业务的希望。发展3G的主要目的是通过利用更新的技术来实现业务创新,不断利用固网的优势与移动业务的融合推出新的增值业务,不断满足日益增长的用户需求以提升其企业的竞争力。3G技术的使用可促进移动新业务的发展,特别是对推出层出不穷的移动增值业务的发展,通过3G技术不断开发新业务,为消费者提供差异化的服务,使运营商在激烈的市场竞争中,由以价格战取胜逐步转向以创造差异化取胜。中国电信、中国网通等原有固定网络运营商不断扩大移动业务,使得中国移动、中国联通等移动运营商的市场占有率有所下降。总体来说,信息产业的同质化使通讯行业的竞争不断加强。

电信业是典型的高固定成本、低边际成本的产业,某些业务领域从技术角度看存在着自然垄断。每个运营商都必须建立自己的网络、铁塔、电缆、终端等固定设施,因此,固定投资很大,在经营成本中固定成本的比重较大,投资所对应的盈亏平衡产量一般也较大,企业要求将较多的固定成本分摊在尽可能多的产出量上,使企业能利用规模经济的效应。所以,在通讯这个领域中,拥有规模经济效应是企业的优势,中国电信覆盖全国城乡,通达世界各地,成员单位包括遍布全国的31个省级企业,在全国范围内经营电信业务。中国网通覆盖北方十省的电信业务。中国移动、联通在全国各地都设有网点。企业为收回投资而不断扩大产出量的行为也加剧了现有企业之间的竞争。

通讯行业从总体来分,有固定网络和移动网络,附带横向的相关业务。在行业发展初期,固定网络跟移动网络的界限很明确,产品差异程度也很明显,有不同的顾客群,在一定时期内表现出对特定产品的忠诚。随着需求的多元化,信息产业的不断发展,固定网络和移动网络的业务相互交融,产品的差异化程度有所下降。另一方面,固定网络运营商向移动网络进军的行为也使产品趋于同质化。虽然总体表现出同质化,但每个电信运营商都尽力创出新型业务,比如中国电信的号码百事通业务、中国联通的 CDMA 等业务。另外,3G 技术的使用也促进了移动新业务的发展。

通讯行业的退出障碍和转移成本一般都较大。从制度方面来看,政府或社会对企业的投资退出有所限制。中国电信的重组就是为了消除垄断,鼓励竞争,维护通讯行业的良好发展。企业的退出会有制度障碍的限制。从经济障碍来看说,通讯业、电信业是典型的高固定成本、低边际成本的产业,企业资产的专门性比较强,企业在转出投资时,不可能按具备产出能力的资产成功地收回附着于这些资产上的资源,因此转移成本相对较高。在产业不断成熟以后,企业只有在原有资源和业务基础上不断有技术创新才能使该产业获得新生。

2006 年中国移动、中国电信和中国网通发布的公告显示,三大电信运营商的前 9 月收入分别达到 2 126.9 亿元、1 272 亿元和 649.6 亿元,三大电信运营商前三季度总收入高达 4 050 亿元。投资银行预计,中国联通前 3 季的收入也有望接近 600 亿元。中国移动前 9 月税前利润高达 1 211.9 亿元人民币,利润率达到惊人的 57%。国内第二大运营商中国电信的税前利润则为 654.7 亿元。《中国移动财经报》称,其业绩增长强劲的原因来自于中国经济的快速增长和电信市场的持续旺盛需求,包括农村低端手机用户的迅速增长,中国移动的收入比去年同期增长了 20% 以上。

中国网通和中国电信的财经报则显示,固网用户的增长已经陷于停滞状态。网通和电信固定电话的用户增长几乎完全依靠小灵通业务。不过,包括宽带、固定电话增值业务等新兴业务领域,仍处于高速增长阶段。

由此可见,移动网络是通讯行业的主流,固定网络已经处于市场饱和的状态,因此,固网运营商的战略转型是企业生存的关键。3G 时代的到来更是为移动业务打开了一大片市场,是企业提高获利能力,得到进一步发展的新型业务。

我国固定和移动电话网平均每年扩容 4 600 万线、新增用户 1 亿户,发展速度创下了世界之最。截至 2006 年 6 月底全国电话用户总数达到 7.91 亿户,其中固定电话 3.65 亿户,移动电话 4.26 亿。11 个省市实现所有行政村通电话。如此大的用户量是明显的规模,而明显的规模经济是传统的进入障碍。用户的不断增加,通信业的单位成本也在随着降低,因为价格不会改变。2005 年通信业务总量达到 1.2 万亿元。如此高的产出使得通信业采用了更进一步的组织生产方式。

2005 年通信业固定资产投资 2 100 亿元。通信业固定资产投资五年累计完成 1 万亿元。要建立一张技术优良的通信网络就要建立包括电缆、铁塔、服务终端等一系列的基础设施,而这些投资的总和至少要 700 亿~1 000 亿元人民币。如此大的固定资产投资额要分摊在更多的产出量上才能收回投资,产出量的扩大又要建立在不断的更新基础设施上,于是形成了"投资—产出—投资—产出"的循环,使得企业规模不断扩大,形成规模效应。

而且,网络的重复建设对全社会而言,是缺乏效率的,在一定程度上只能由一个或者少数几个运营者提供服务。随着通信业务需求的增加和电信技术的发展,在产业的"下游",需要多个运营商开展竞争。对于新的进入者而言,为了能参与竞争,就必须有接口,于是这些接入部分将成为进入者的"瓶颈"。

通信产业经过数十年的发展,虽然每个企业都有各自的特色业务,但是从总体来看,通信产品也逐渐趋于同质化。现有的企业在长时间的发展过程中已经积累了丰富的经验,占有了一定的市场份额,并且形成了品牌优势。对于新进入者而言,要进入一个已经具有一定结构的产业,并且创出自己的品牌和特色的产品从而占有一定的市场是非常困难的。因此,产品差异化也形成了较高的进入障碍。

电信业中,替代效应体现得最为明显的就是移动业务对固话业务的替代。目前,固定电话业务正逐渐走下坡路,而移动电话的发展速度大大超过固定电话,移动用户的增长率也远远大于固定用户的增长率。近年来固定电话的年增长率仅为10%,而移动电话以50%的年增长率剧增。

(二)企业在市场中的地位及总体战略规划

"成为卓越品质的创造者"是中国移动对多年来倾力打造的"移动通信专家"形象的传承和升华。现在,中国移动将通过遍布全国的客户反馈网络和客户需求理解机制,确保对客户生活形态的全方位敏锐把握,在未来无线世界,努力促进通信与生活的融合。

正是这样的"卓越的品质",中国移动拥有了全球规模最大、质量最好的无线通信网络,拥有了全球第一的客户群体,成就了"移动通信专家"的能力和形象,奠定了中国移动创造卓越品质的基石。

根据诺基亚的统计,现在全球移动电话用户已经超过25亿,增长量为24%。用户数量的不断增长是中国移动早已看到的,这也是中国移动向国际通信市场发展的动力。中国移动完全有能力成为全球最佳通信服务和业务的提供者,成为全球品质最佳的企业。

这次中国移动出手赞助"奥运",一箭双雕,近期是"奥运",远景则是国际移动通信市场。在国内,中国移动的绝对优势已是毋庸置疑,然而对于中国移动来说,未来的国际市场,才是真正的战场,才是移动世界的大未来。

目前,我国移动电话用户数量飞速增长,对有限的频率资源提出了严峻的挑战。GSM网络已经基本成熟,但是在用户不断激增的情况下,GSM体系结构的缺点逐渐暴露,它不能提供分组数据服务,难以支持高速度数据应用等。

中国移动在这种情况下,确定了自己的企业方向,通过对未来技术的明确、理智的认识,发展3G网络。

现在中国移动已经积累了丰富的移动业务运营经验,拥有为众多移动用户服务的经验,同时创立了针对移动运营市场各个层次的经典品牌,如全球通、神州行、动感地带等,还开发了如移动梦网等一系列多媒体业务。在不断的积累、发展过程中,中国移动的网络铺设已经能够为即将发展的3G提供基础设备。中国移动现有的网络规划和建设重点已经覆盖了所有收入高、回收快的地区,这些重点覆盖的地区具有发展手机用户相对容易、高价值用户较多、潜在用户群较多、投资回收较快的特点,将是3G市场争夺的主战场,也是最具影响力和号召力的市场,将成为决胜3G市场的关键。

通信业的发展,使人们之间的沟通变得更为方便。"无限通信"的目标就是中国移动将通信主体从形式和媒介的约束中解放出来。这就意味着必须拥有提供音视频多媒体信息服务的能力,为各种形式的信息沟通提供基础性的保障,确保信息交流的实时性、保真性、安全性。

中国移动官方网站"要成为信息社会的栋梁"表明,中国移动就要成为行业的引领者而不是跟从者,不断进行业务和体制创新对中国移动来说是必需的,如此才能牵引和带动社会向信息化方向发展,成为推进信息社会前进的先锋和主导力量。中国移动的技术、业务创新和运营模式创新,将在社会信息化进程中形成强烈的示范效应。中国移动通过开放的网络平台,吸引信息资源提供者创造更多更好的信息资源,通过多样化业务的引导和推广,促使消费者使用更高效的信息交流方式,更便利地获取所需的信息资源。

三、企业生产经营状况

(一)企业主要产品

1. 话音业务

话音业务是指用户通过移动电话在我们的移动通信网络覆盖区域内的任何地点拨打和接听电话,具体可分为本地呼叫、国内长途、国际长途、省内漫游、省际漫游和国际漫游。

2. 新业务

新业务包括话音增值业务和数据业务。话音增值业务主要包括主叫显示、主叫隐藏、呼叫等待、呼叫转移、呼叫保持、语音信箱和会议电话等。数据业务主要包括短信、WAP、彩铃、彩信等。另外还开发了很多其他数据业务产品,如:百宝箱、语音杂志、号簿管家等。

(二)企业品牌建立及产品销售

中国移动通信率先在国内电信企业中实施品牌战略,针对不同客户群体,推出了"全球通"、"神州行"、"动感地带"三大客户品牌。从彩信的率先试用、预付费业务到动感的短信套餐业务、全球通 VIP 俱乐部、神州行招商银行一卡通,中国移动不断扩张它的业务范围和业务类型,不断以全新的概念来吸引客户。

从早期的动感地带的充话费得演唱会门票和抽奖,到现在的充话费送手机卡,以及近期移动向全球通用户推出的话费充 200 送 200 的活动和各种免月租的单向卡,动感地带卡的月使用费上限下调等等,无一不体现移动公司用价格战来争取扩大市场区。

在动感地带未推出之前移动就有各种全球通和神州行的广告,而动感地带推出之后,由于动感的概念是"时尚、好玩、探索",移动公司更是找来阳光、健康,又有点放荡不羁的周杰伦担任代言人,回应和传达动感地带的品牌内涵,契合年轻人的心理;另外,各种大型活动陆续展开,从演唱会、街舞大赛,到校园招聘会,以及大学生艺术节,无一不符合大学生的需求。此外,动感地带还进行联盟商家的结合,宣传册的印制和发放,将动感地带的最新信息带入校园,很好地达到宣传的效果,为公司进行扩张奠定了坚实的基础。

从彩信的推出到彩铃的出现,移动不断拓宽服务。此外,各种优惠活动也无疑是移动扩张业务、打开市场的手段,定制彩铃、气象加油站送话费,甚至动感地带本身、短信套餐也都是打开这一市场的手段。

(三)与上下游企业的合作情况

供应商是电信商的重要利益相关者,其综合研发生产制造水平,直接关系到电信商的发展与进步。按照供应商与企业战略相关性来分析,我们可将供应商分为战略级、常规级、离散级。战略级供应商与省级通信企业发展战略正相关,生产规模经济性显著,自主研发能力强,具有知名品牌和自主知识产权。在长期的合作中,彼此间建立了相互信任基础,如果将买卖双方的交易关系变为战略合作伙伴关系,运营企业的价值将大为提升。

2004年，中国移动和华为公司携手，建立了第一个全球通信业内规模最大、技术最领先的软交换长途汇接网。在此之前，国外包括Vodafone在内的大部分运营商及设备制造商对采用IP承载的软交换技术成熟度表示担忧。中国移动和华为公司经过数月详细讨论，制定了设备规范、容灾方案，并在研究院进行充分测试后，在30个省8大区的实施中一次成功，网络运行稳定。3G中尚未敢使用的技术在2G成功运用，使中国民族通信设备制造企业的在全球业界影响力极大提高，数十批国外运营商考察中国移动软交换网络。此后，国外新建的3G网络均以软交换为主，华为公司的软交换解决方案也成为业界最具竞争力的解决方案。通过此举，中国移动助力民族通信制造业在移动核心网的竞争优势形成了战略逆转，开始超过国外设备制造商。

中国移动正在努力和这些设备商进行战略合作计划。目前中国移动已经与摩托罗拉手机厂商进行合作，摩托罗拉手机背面均印有china mobile。

（四）海外市场拓展

备受国内外业界关注的中国移动对于米雷康姆（Millicom）公司控股的巴基斯坦巴科泰尔（Paktel）公司并购案尘埃落定。当地时间2006年2月14日，中国移动通信集团公司宣布，已经成功完成收购米雷康姆所持有的巴科泰尔的股份。中国移动正式进入巴基斯坦电信市场，跨国经营实现零的突破。

四、企业财务状况

信息产业部统计数据显示，2004年移动通信市场收入为2 220亿元，比2003年增长2.8%，移动通信市场已经进入相对成熟得发展阶段。截至2006年12月，中国移动通信市场的收入已突破2 950亿元，之后移动通信市场继续稳步发展，预计2008年中国受奥运会的影响来自移动通信市场收入将增长迅速，有望达到3 500亿元（见表2、表3）。

表2　　　　　　　　2001～2006年中国移动通信集团公司营业收入

年　份	2001	2002	2003	2004	2005	2006
营业额（百万元）	100 331	128 561	158 604	192 381	243 041	295 358

资料来源：http://www.chinamobileltd.com/? lang=gb。

表3　　　　　　　　2001～2006年中国移动通信集团公司利润率

年　份	2001	2002	2003	2004	2005	2006
EBITDA利润率	60.10%	60.10%	58.20%	55.50%	54.90%	54.00%

资料来源：http://www.chinamobileltd.com/? lang=gb。

中国移动在2005年保持了强劲的现金流，经营业务现金流入净额达到1 317亿元，自由现金流（扣除资本开支投入后的经营业务现金流入净额）达到602.56亿元。截至2005年末中国移动现金及银行结存余额为1 063.86亿元，其中人民币资金占95.3%、美元资金占0.6%、港币资金占4.1%。

为进一步降低资金成本，集团继续加大资金集中管理力度，合理调度整体资金，使集团的内部资金得以更充分运用。2005年内，中国移动公司根据整体资金安排，以自有资金赎回了 6.9 亿美元的可转换企业债券。充沛的现金产出和稳健的资金管理为它的长远发展奠定了良好的基础。

2005 年末,中国移动集团公司总借款占总资本的比例(总资本为总借款与总权益之和)约为 12.2%,长、短期借款合计为 379.72 亿元,比 2004 年末下降 85.85 亿元,反映出财务状况处于十分稳健的水平。总借款中,人民币借款(主要为人民币债券、银行贷款等)占 37.8%,美元借款占 62.2%。所有借款中约 75.5% 为浮动利率借款。中国移动于 2005 年实际的平均借款利息率(含资本化的利息支出)约为 3.19%,实际的利息保障倍数(息税前利润与利息支出的比率)为 58 倍,反映出中国移动一贯审慎的财务风险管理政策、强劲的现金流及偿债能力。

五、企业研发创新能力

集中战略中要有创新战略。提高自主创新能力,关键是要使企业真正成为技术创新的主体,为此中国移动采取多方面措施推动国内通信制造企业提高创新能力,并在一些领域实现了重大突破。

中国移动加强与 Google 的合作,而且与华友世纪联合推出了中国首张手机唱片。中国移动的手机钱包服务提供商联通优势与 TOM 在线握手,试图扩大其手机支付业务范围。为寻找新利润增长点,中国移动正在音乐、门户网站、无线应用等方面积极、广泛地与业界合作。中国移动的横向一体化战略可以从它的 3 个"全球通"、"神州行"、"动感地带"客户品牌看出。

全球通,从原先的"专家品质,信赖全球通"到现在的"我能",定位高端市场,针对商务、成功人士,提供针对性的移动办公、商务服务功能。

神州行,从原来的"自由、实惠、便捷"到现在的"轻松由我",满足中低市场普通客户通话需要。

"动感地带"、"我的地盘,听我的",有效锁住大学生和公司白领为主的时尚用户,推出语音与数据套餐服务。"动感地带"是中国移动通信为年轻时尚人群量身定制的移动通信客户品牌。它所倡导的资费灵活、低廉,提供多种创新性的个性化增值服务的核心价值,给用户带来了前所未有的移动通信生活。在"动感地带"里,年轻一族可以找到够酷够炫的图片和铃声、够新够奇的海量资讯,可以自主地选择更加自由的资费组合。包月短信的功能满足了以学生为主体喜欢运用短信进行沟通和联系的需求,并且它的低廉合算的资费更加强化了这一消费群体的需求,符合年轻人没钱又想赶时尚的特点。

不同的品牌为不同层次的客户提供个性化的服务和多样化的业务,进行市场内部的扩张,以填补市场的空缺。

在 2005 年中国移动推出"移动证券",从此股民就可以通过手机上网实现股票交易。

六、企业人力资源与文化

(一)企业人员结构

1. 年轻的员工队伍

中国移动以及各级子公司的成立时间不长,最早的广东移动通信有限责任公司1998年1月正式注册成立,而各子公司基本是在当地移动通信公司的基础上重组而成。再加上中国移动的移动通信业务涉及到大量新兴通信和网络相关技术,而掌握这些技术的大多是年轻技术人员,他们与公司的管理人员共同构成了中国移动业务运作和技术研发的主要骨干力量。两方面因素使中国移动的员工队伍普遍年轻化,这在大型集团公司是不多见的。

2. 知识层次较高的员工队伍

中国移动的移动通信业务涉及到大量新兴通信和网络相关技术,而可以掌握这些技术的人员必须拥有较高的知识层次。这就导致了员工普遍具有高学历,很多地方公司研究生学历人员占到公司总人数的40%以上。

(二)企业文化

1. 中国移动企业远景

远景是企业发展的阶段性理想,是企业在实践核心价值观、使命过程中的一种体现,是企业期望达到的中长期战略目标与实现的发展蓝图。远景会随着时间的推移、市场的变化和企业战略的调整而改变,当企业进入新的发展阶段,则需要设定新的远景,以新的目标来引导企业向新的成功迈进。

每个企业都有自己的企业远景,当然中国移动公司也不例外。中国移动的远景是"成为卓越品质的创造者"。

"成为卓越品质的创造者"是中国移动对多年来倾力打造的"移动通信专家"形象的传承和升华。现在,中国移动将通过遍布全国的客户反馈网络和客户需求理解机制,确保对客户生活形态的全方位敏锐把握,在未来无线世界,通过努力,促进通信与生活的融合。

正是这样的"卓越的品质",中国移动拥有了全球规模最大、质量最好的无线通信网络,拥有了全球第一的客户群体,成就了"移动通信专家"的能力和形象,奠定了中国移动创造卓越品质的基石。

2. 中国移动企业使命分析

中国移动的企业使命是"创无限通信世界,做信息社会栋梁"。

通信业的发展,使人们之间的沟通变的更为方便。"无限通信"的目标就是中国移动将通信主体从形式和媒介的约束中解放出来。这就意味着必须拥有提供音视频多媒体信息服务的能力,为各种形式的信息沟通提供基础性的保障,确保信息交流的实时性、保真性、安全性。

要成为信息社会的栋梁,就要成为行业的引领者而不是跟从者,不断进行业务和体制创新对中国移动来说是必须的,如此才能带动社会向信息化方向发展,成为推进信息社会前进的先锋和主导力量。中国移动的技术、业务创新和运营模式创新,将在社会信息化进程中形成强烈的示范效应。中国移动通过开放的网络平台,吸引信息资源提供者创造更多更好的信息资源,通过多样化业务的引导和推广,促使消费者使用更高效的信息交流方式,更便利地获取所需的信息资源。

中国人寿保险股份有限公司

中国人寿保险（集团）公司是中国最大的人寿保险公司，公司的经营范围包括：人寿保险、健康保险、意外伤害保险等各类人身保险业务；人身保险的再保险业务；国家法律、法规允许或国务院批准的资金运用业务；各类人身保险服务、咨询和代理业务。2005年，中国人寿保险（集团）公司以1 898.57亿元的营业收入名列2006年中国企业500强的第6位，排名与上年持平，营业收入较上年的1 801.98亿元上升5.36%。世界500强排名从2005年的第212位上升5位到第207位。图1为中国人寿近5年的营业收入及中国500强排名。

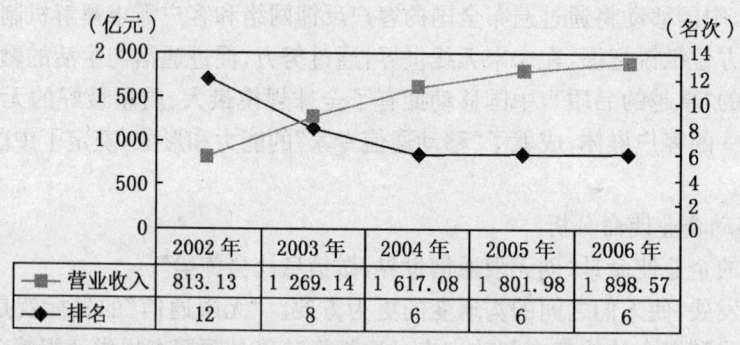

	2002年	2003年	2004年	2005年	2006年
营业收入（亿元）	813.13	1 269.14	1 617.08	1 801.98	1 898.57
排名	12	8	6	6	6

资料来源：根据中国企业联合会、中国企业家协会历年公布的中国企业500强数据整理。

图1　中国人寿近5年营业收入及中国企业500强排名

中国人寿保险股份有限公司是中国人寿（集团）有限公司（以下简称"集团公司"）的控股子公司，成立于2003年6月30日。同年9月30日，公司与集团公司签订《重组协议》，集团公司将人寿保险业务的净资产总额296.08亿元注入股份公司。2004年股份公司营业收入达1 499.83亿元，约占集团公司销售收入的92%；2005年股份公司营业收入达1 609.49亿元，约占集团公司销售收入的89%。由于集团已经将其主要盈利资产全部注入股份公司，因此对股份公司的分析可以基本反映集团公司整体经营状况。鉴于股份公司的数据具有更高的准确性，本文选择对中国人寿保险股份有限公司（以下简称"中国人寿"或"公司"）进行分析。

一、企业发展历程

(一)发展简史

集团公司的前身是1999年1月经国务院批准组建的中国人寿保险公司。2003年经保监会批准,中国人寿保险公司进行重组,变更为中国人寿保险(集团)公司。2003年7月21日,集团公司取得国家工商局重新核发的企业法人营业执照。集团公司主要从事人寿保险、健康保险、意外伤害保险等各类人身保险业务;人身保险的再保险业务;国家法律、法规允许的或国务院批准的资金运用业务;各类人身保险服务、咨询和代理业务;国家保险监管部门批准的其他业务等业务;注册资本为46亿元,全部为国有资本。

中国人寿股份有限公司是经国务院批准、财政部《关于中国人寿保险股份有限公司(筹)国有股权管理有关问题的批复》(财金[2003]77号)、保监会《关于中国人寿保险公司重组上市的批复》(保监复[2003]88号)及《关于设立中国人寿保险股份有限公司的批复》(保监复[2003]115号)的批复,由中国人寿(集团)有限公司作为独家发起人于2003年6月30日发起设立的。集团公司投入股份公司的净资产总额为296.08亿元,按67.55%的比例折为200亿股,每股面值为人民币1.00元,股权性质为国家股,由集团公司持有。

根据保监会《关于中国人寿保险股份有限公司转为境外募集公司的批复》(保监复[2003]190号)和证监会《关于同意中国人寿保险股份有限公司发行境外上市外资股的批复》(证监国合字[2003]35号),股份公司于2003年12月首次公开发行了7 441 175 000股H股,并于2003年12月17日及18日分别在纽约证交所和香港联交所上市。之后中国人寿又于2006年12月26日在上海证券交易所发行A股,筹资283亿元人民币,成为第一家在A股市场上市的保险公司,也成为上海、香港、纽约三地同时上市的公司。

(二)企业所有制结构

在完成改制并先后在香港、上海公开发行股份以后,中国人寿的所有制结构如图2所示。

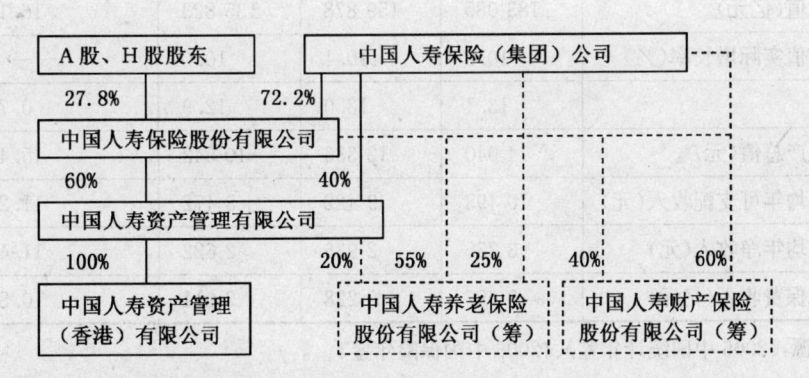

资料来源:中国人寿股份有限公司招股意向书。

图2 中国人寿股份有限公司所有制结构及主要控股公司

(三)企业组织架构

完成改制后的中国人寿形成了一个符合国际规范的保险公司组织架构,如图3所示。

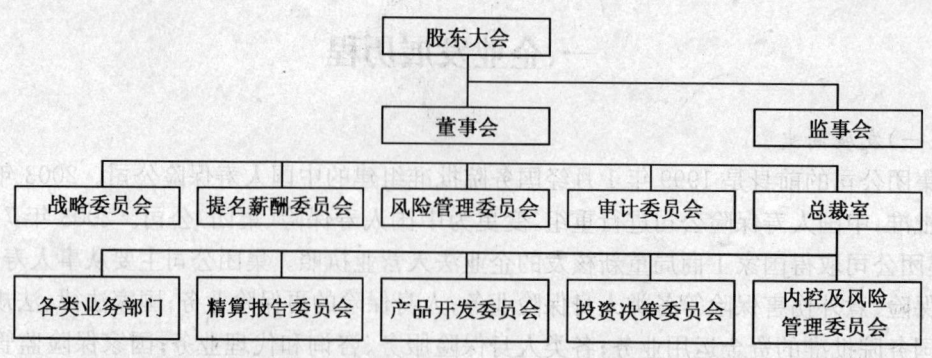

```
                        ┌──────────┐
                        │ 股东大会  │
                        └────┬─────┘
                             │
                   ┌─────────┴─────────┐
                   │                   │
              ┌────┴────┐          ┌───┴────┐
              │  董事会  │          │ 监事会 │
              └────┬────┘          └────────┘
                   │
   ┌───────┬───────┼────────┬────────┐
┌──┴──┐ ┌──┴──┐ ┌──┴──┐ ┌───┴──┐ ┌──┴──┐
│战略 │ │提名 │ │风险 │ │审计  │ │总裁 │
│委员 │ │薪酬 │ │管理 │ │委员  │ │室   │
│会   │ │委员会│ │委员会│ │会    │ │     │
└─────┘ └─────┘ └─────┘ └──────┘ └──┬──┘
                                      │
   ┌──────┬──────┬──────┬─────────────┤
┌──┴──┐┌──┴──┐┌──┴──┐┌──┴──┐ ┌───────┴──┐
│各类 ││精算 ││产品 ││投资 │ │内控及风险│
│业务 ││报告 ││开发 ││决策 │ │管理委员会│
│部门 ││委员会││委员会││委员会│ │          │
└─────┘└─────┘└─────┘└─────┘ └──────────┘
```

资料来源：中国人寿股份有限公司招股意向书。

图3 中国人寿股份有限公司组织架构

二、企业发展战略

(一)企业竞争环境分析

1. 行业发展概括

随着国民经济的稳定、快速发展，城镇家庭人均年可支配收入和农村家庭人均年净收入增长迅速，全社会对保险产品和服务的需求将保持较快增长。随着购买能力的增加，消费者对人寿保险产品保障及投资功能的需求范围不断扩大，并对人寿保险服务提出更高要求。表1列出了中国自2003年以来国内生产总值、收入水平及人寿保险总保费收入等主要数据。

表1　　　　2003~2005年我国国内生产总值、收入水平及人寿保险总保费收入

	2005年	2004年	2003年	2003~2005年复合年均增长率(%)
国内生产总值(亿元)	183 085	159 878	135 823	16.10
国内生产总值实际增长率(%)	10.2	10.1	10.0	—
人口(亿)	13.1	13.0	12.9	0.77
人均国内生产总值(元)	14 040	12 336	10 542	15.40
城镇家庭人均年可支配收入(元)	10 493	9 422	8 472	11.29
农村家庭人均年净收入(元)	3 255	2 936	2 622	11.42
人寿保险总保费收入(亿元)	3 697	3 228	3 011	10.81

资料来源：《2006中国统计年鉴》、《2006中国保险年鉴》。

"十一五"期间，国民经济将保持较快增长，保险需求不断扩大，保险保障成为构建和谐社会十分重要的支撑标志。为了全面贯彻落实科学发展观，明确今后一个时期保险业改革发展的指导思想、目标任务和政策措施，加快保险业改革发展，促进社会主义和谐社会建设，国务院于2006年6月15日颁布了《国务院关于保险业改革发展的若干意见》。该《若干意见》的颁布将使中国保险业在政策、法制、社会和投资环境等方面获得更为有利的发展环境，

行业发展面临前所未有的历史性战略机遇。

据保监会统计,中国保险业总保费收入从 1999 年的 1 393 亿元增加到 2005 年的 4 927 亿元,复合年均增长率为 23.43%;同期,寿险业总保费收入从 872 亿元增加到 3 697 亿元,复合年均增长率达 27.22%,比保险业总体水平高出 3.79 个百分点。2005 年,寿险业总保费收入占当年中国保险业总保费收入的 75.11%。2006 年上半年,寿险业总保费收入为 2 289 亿元,占中国保险业总保费收入的 74.32%。

此外,虽然中国的寿险业经历了多年的快速增长,但目前仍处于初级发展阶段。2005 年,中国的人寿保险深度和人寿保险密度大大低于亚洲和世界平均水平。表 2 列示了最近 10 年中国人寿保险业保费收入、人寿保险深度和人寿保险密度的情况。

表 2　　　　　　　　　　　　1996~2005 年我国人寿保险业概况

年　份	人寿保险保费收入（亿元）	年增长率（%）	人寿保险深度（%）	人寿保险密度（元/人）
1996	360	—	0.5	29.4
1997	609	69	0.8	49.3
1998	748	23	0.9	60
1999	872	17	1.0	69.3
2000	997	14	1.0	78.7
2001	1 424	43	1.3	111.6
2002	2 275	60	1.9	177.0
2003	3 011	32	2.2	233.1
2004	3 228	7	2.0	248.3
2005	3 697	15	2.0	282.7

资料来源:保监会网站公布数据、《2006 中国统计年鉴》。

2. 行业竞争状况

中国保险业是中国金融业中开放力度最大的行业之一。目前,对于外资保险公司,除不得经营法定保险业务以及设立人寿保险公司必须采取合资形式以外,任何 WTO 成员国中开业不少于 30 年的外国人寿保险公司,如果其在中国开设代表处两年以上,且提出设立申请前 1 年末总资产不少于 50 亿美元,就可以选择中国公司或企业作为合作一方申请设立合资人寿保险公司。外方可以拥有最多不超过合资人寿保险公司 50% 的股权。保险业的全面开放使中外资人寿保险公司之间的竞争变得更加激烈。

截至 2004 年底和 2005 年底,在中国获得许可的人寿保险公司的法人机构数量分别达到 27 家和 42 家;同时,中资人寿保险公司加快了在国内主要市场布局的步伐,外资人寿保险公司也加快了在中国境内的扩张速度,市场主体的增加导致行业竞争更加激烈。2005 年,寿险行业总保费收入达 3 646 亿元(未含财产保险公司经营的意外伤害保险和健康保险保费收入)。在寿险公司中,保费收入在 1 000 亿元以上的有 1 家公司,市场份额为 44.1%;保费收入在 100 亿~1 000 亿元之间的有 6 家公司,份额合计 49.0%;保费收入在 10 亿~100 亿元之间的有 4 家公司,市场份额合计 5.1%;保费收入在 1 亿~10 亿元之间的有 17

家公司,市场份额合计1.7%;其余14家公司的市场份额合计0.1%。全国最大的三家人寿保险公司的合计市场份额达70.1%。

此外,2002年修改后的《保险法》允许财产保险公司经营意外伤害保险和短期健康保险业务,这进一步加剧了意外伤害保险和健康保险,特别是团体意外伤害保险和团体健康保险市场的竞争。近年来,商业银行开办的理财业务对人寿保险公司的业务拓展造成一定影响。同时,寿险业还面临基金管理公司、信托公司和证券公司等金融机构的竞争,这些机构提供的金融产品,对人寿保险公司的储蓄投资类产品构成一定竞争。

3. 中国人寿的竞争优势

公司在国内是寿险行业的领导者,在行业竞争中具有以下优势:

(1)占据中国寿险市场的主导地位。

公司在中国寿险市场上占据主导地位,在2005年和2006年上半年的市场份额分别为44.1%和49.4%。公司的个人业务、团体业务、短期险业务均处于市场领先地位。2005年与2006年上半年主要人寿保险公司在寿险市场上的份额情况如表3所示。

表3　　　　　　　　　　　主要人寿保险公司的市场份额

	2006年1～6月保费收入(亿元)	2006年1～6月市场份额(%)	2005年保费收入(亿元)	2005年市场份额(%)
中国人寿	1 114	49.4	1 609	44.1
中国平安	373	16.5	588	16.1
中国太平洋人寿	192	8.5	362	9.9
新华人寿	145	6.4	211	5.8
泰康人寿	109	4.8	178	4.9
其　他	322	14.3	698	19.1
总　计	2 255	100	3 646	100

资料来源:保监会网站公布数据。

(2)最知名的人寿保险品牌。

公司的前身早在50多年前就开始在中国经营人寿保险产品。公司是中国最大的人寿保险公司,拥有领先的市场份额和全国性的客户群,在中国寿险市场获得了相当的知名度和美誉度。"中国50城市保险市场调研"显示,公司拥有高达92.3%的品牌认知度,是中国消费者认知度最高的人寿保险品牌。自2004年开始,在由世界品牌实验室和世界经济论坛共同举办的"中国500最具价值品牌"评选中,公司已经连续三年入选我国十大最具价值品牌,品牌价值在我国保险行业排名第一。公司被世界知名金融杂志《欧洲货币》(Euromoney)评为"2006亚洲最佳管理公司"。

(3)最庞大的全国性客户群。

公司是中国最大的持有全国营业执照并建立了全国性分销网络的人寿保险公司,也是中国拥有最大客户群的人寿保险公司。截至2006年6月30日,公司拥有超过7 000万份有效的个人和团体人寿保险单、年金合同及长期健康保险保单;向个人和团体提供意外伤害保险和短期健康保险产品和服务;代理集团公司5 991万份有效保单。公司已为所有长期和短期保单持有人提供过共计6亿人次的服务。

(4)最广泛的全国性多渠道分销网络。

公司的营销网络遍布城乡,扩展到中国(除西藏自治区外)每个县级行政区域及部分乡镇。截至2006年6月30日,公司在全国拥有约648 000名保险营销员、约12 000个营销网点、约3 600个分支机构、约12 000名团险销售人员和90 000多家分布在商业银行、邮政储蓄、信用社的销售网点;除此之外,公司还与多家专业保险代理公司、保险经纪公司和非银邮兼业代理机构进行长期合作。目前,公司拥有全国人寿保险企业中覆盖最广最深的分销网络。

(二)中国人寿的战略发展规划

1. 战略规划目标

"十一五"期间,公司发展的总体目标是:提升核心竞争力,巩固市场领先地位,把公司建设成管治先进、制度健全、内控严密、技术领先、队伍一流、服务优良、品牌杰出的国际一流寿险公司奠定坚实基础。为实现上述发展目标,公司制定了"积极均衡,整合转型,创新超越"的总体工作方针。

(1)积极均衡。

公司将积极抢抓机遇,力求保持较快的增长速度;积极应对市场需求,重点发展内含价值高的业务,加大结构调整力度,努力实现业务又快又好地发展;积极发挥自身优势,提升核心竞争力;保持积极进取的强势竞争姿态,巩固城市,抢占"两乡"(乡村和乡镇),以确保城乡市场的主导地位;同时积极承担社会责任。在此基础上,公司将努力在当期经营效益与长期经营效益之间,在市场扩张、盈利能力和结构优化之间,在区域性业务发展之间,在承担社会责任、行业责任与自身发展之间,在股东利益、客户利益和员工利益之间等五方面保持均衡。

(2)整合转型。

公司将整合销售资源,打造优势互补、资源共享的销售服务平台;整合保障资源,建立后援保障为销售提供充分支持的长效机制;整合内控资源,形成管控合力;整合人力资源,在全系统内科学配置、储备和使用人才;整合投资资源,通过资金运用和资本运作,有效服务和支持寿险主业发展。通过资源整合,公司致力于实现销售模式向一体化转型,运营管理向集约化转型,管控体系向规范化转型,员工队伍向专业化转型。

(3)创新超越。

公司将进一步在系统内强化改革创新意识,完善创新体制机制,力求以创新促进业务发展。公司将通过不断深化各项改革,在管理体制、经营机制、销售模式、服务方式、产品研发、信息技术等方面,加大创新力度,不断拓展新市场,吸引新客户。通过不断创新,公司力求在经营理念、企业文化、管理体制、经营机制、增长方式等方面发生质的根本性变化,实现自我超越,从而增强全方位参与市场竞争的能力,实现新的跨越式发展。

2. 营销策略

公司强调以客户为导向,充分发现和满足客户需求。围绕客户需求和细分市场,不断丰富产品系列,完善组织架构、销售网络和后台支持系统,制定科学的销售策略,不断提升客户满意度,实现良好的销售业绩。2006年上半年,公司着手对三大销售渠道的客户资源、培训资源和销售支持资源进行整合,力求通过实施一体化营销策略,逐步实现销售渠道之间的优势互补和资源共享,形成销售合力,全方位多层次地开发客户资源。公司将建立前后台之间协调互动的长效机制,提供保障有力的销售支持;同时积极借助中介机构开拓新的销售领域。此外,公司还将加强企划工作,以便营造良好的营销环境。

3. 市场竞争策略

巩固城市、抢占"两乡"(乡村和乡镇)是中国人寿的主要市场竞争策略。公司充分认识到大中城市的战略地位,把城市业务作为公司业务发展的战略重点,在大中城市进一步巩固大众客户市场,积极开发中高端客户。同时提高大中城市分公司的管理水平和服务能力,提升大中城市市场竞争力和持续发展能力。当前,国家正积极实施建设社会主义新农村的战略目标,为"两乡"业务发展带来了良好机遇。公司高度重视迅速成长的"两乡"保险市场,有计划分步骤地培育"两乡"网点,逐步完善农村销售服务网络,提高队伍的综合素质和整体水平。同时,公司将推出适应"两乡"市场需求的产品,开展计划生育系列保险、村干部养老保险、进城农民工保险和失地农民养老保险等。

4. 产品开发策略

公司采用面向市场的产品开发策略,强调针对不同的客户需求,开发差异化产品。公司通过产品的梯度开发,不断满足一体化营销对产品的需求,不断完善产品体系。同时,将加强产品组合设计的力度,实现个性化组合产品的定制和销售;并加大对成熟产品的再提升,延长品牌产品的生命周期,优化产品开发流程,缩短新产品上市周期,增强公司产品的竞争力。

5. 领导品牌策略

品牌是公司的核心竞争力之一。公司加强对品牌建设的统一领导、规划和协调,充分利用各种有效载体,不断增强中国人寿的品牌影响力。公司还积极参与公益慈善事业,树立富有社会责任感、值得尊重与信赖的企业公民形象,增加客户和投资者对公司的信任。

三、中国人寿的经营状况

(一)经营概况

公司是中国最大的人寿保险公司,通过由保险营销员队伍、团险销售队伍以及专业和兼业代理机构组成的遍布全国的广泛分销网络,提供个人人寿保险、团体人寿保险、意外伤害保险和健康保险等产品与服务。截至2006年6月30日,公司的总资产规模达6 169.26亿元,投资资产规模达5 840.42亿元。2004年、2005年和2006年上半年,公司的投资收益率分别为3.26%、3.93%和2.64%。

1. 个人业务

公司在中国的个人保险业务领域占据主导地位。公司主要通过遍布全国的营销网点和庞大的保险营销员队伍组成的销售网络,连同银行分支机构、邮政储蓄网点和其他兼业代理机构,向个人提供定期人寿保险、终身人寿保险、两全保险和年金等产品与服务。个人业务是公司总保费收入的最主要来源。2005年和2006年上半年,公司个人业务的保费收入分别为1 256.86亿元和900.60亿元,分别占同期公司总保费收入的78.09%和80.87%。

2. 团体业务

公司的团体保险业务在中国处于领先地位。公司主要通过分布在全国各地约3 600个分支机构的约12 000位团险销售人员以及保险代理公司、保险经纪公司,向众多大型企业和机构(包括多家在中国经营的全球《财富》500强企业)的员工提供团体人寿保险产品与服务。2005年和2006年上半年,公司团体业务的保费收入分别为243.30亿元和157.54亿元,分别占同期公司总保费收入的15.12%和14.15%。

(二)企业主要业务销售情况

2005年和2006年上半年,公司的总保费收入分别为1 609.49亿元和1 113.64亿元,市场份额分别为44.1%和49.4%。公司的个人业务、团体业务、短期险业务均处于市场领先地位。

表4列出了公司个人业务于2004年、2005年、2005年上半年和2006年上半年按保险责任划分的保费收入情况。

表4　　　　　　　　　　中国人寿个人业务保费收入分布　　　　　　　　单位:百万元

	2006年1~6月	2005年1~6月	2005年	2004年
个人定期和终身人寿保险	14 070	11 129	23 492	19 810
个人两全保险	71 775	55 157	95 791	92 079
个人年金	4 215	3 055	6 403	5 202

资料来源:中国人寿股份有限公司招股意向书。

表5列出了公司团体业务于2004年、2005年、2005年上半年和2006年上半年按保险责任划分的保费收入情况。

表5　　　　　　　　　　中国人寿团体业务保费收入分布　　　　　　　　单位:百万元

	2006年1~6月	2005年1~6月	2005年	2004年
团体定期和终身人寿保险	2 335	1 460	2 633	995
团体年金	13 419	14 795	21 697	21 105

资料来源:中国人寿股份有限公司招股意向书。

表6列出了公司主要保险业务于2004年、2005年、2005年上半年和2006年上半年的保费收入情况。

表6　　　　　　　　　　中国人寿保费总体收入分布　　　　　　　　单位:百万元

	2006年1~6月	2005年1~6月	2005年	2004年
个人业务	90 060	69 341	125 686	117 091
团体业务	15 754	16 255	24 330	22 100
短期险业务	5 550	5 464	10 933	10 792
合　计	111 364	91 060	160 949	149 983

资料来源:中国人寿股份有限公司招股意向书。

(三)企业多元化发展情况

中国人寿的主要业务方向有以下四类:

1. 个人业务

向个人销售多种人寿保险产品与服务，保障范围涵盖被保险人的一生。个人业务产品包括个人定期和终身人寿保险、两全保险和年金保险产品。个人两全保险是公司个人业务的主要收入来源。

2. 团体业务

公司向企业和机构销售的团体业务产品包括团体终身人寿保险、团体定期人寿保险和团体年金保险产品。公司可将这些产品作为团体客户员工福利计划的一部分捆绑销售，也可将每一种产品单独销售。

3. 短期险业务

短期险业务主要是指意外伤害保险和短期健康保险产品的销售。2005年，公司意外伤害保险和短期健康保险的保费收入分别为51.66亿元和57.67亿元，分别占同期总保费收入的3.21%和3.58%；2006年上半年，公司意外伤害保险和短期健康保险的保费收入分别为26.84亿元和28.66亿元，分别占同期总保费收入的2.41%和2.57%。

4. 资产管理业务

截至2006年6月30日，公司的投资资产规模达5 840.42亿元，是中国最大的保险资产管理者和最大的机构投资者之一。逐步扩大的资产规模、较强的资产配置能力和投资管理能力、严密的风险控制体系，以及不断增强的创新意识有助于公司在保险资金投资渠道不断拓宽的过程中保持市场领先地位。公司拥有资产管理公司60%的股权，资产管理公司通过与公司及集团公司分别订立保险资金委托投资管理协议，分别管理公司和集团公司的绝大部分投资资产。通过资产管理公司，公司还可以为其他保险公司提供资产管理服务。

四、企业资本运作

（一）企业融资情况

公司于2003年12月在境外首次公开发行7 441 175 000股H股，募集资金净额约为247.07亿元。并于2003年12月17日及18日分别在纽约证交所和香港联交所上市。截至2006年6月30日，公司发行H股所得款项净额已全部用于充实公司资本金。

之后中国人寿又于2006年12月26日在上海证券交易所发行A股1 500 000 000股，发行价格达每股18.88元，共计筹资283亿元人民币，成为第一家在A股市场上市的保险公司，也成为上海、香港、纽约三地同时上市的公司。

（二）企业重组情况

公司前身最早为中国人民保险公司，是经人民银行报中华人民共和国政务院财经委员会批准，于1949年10月20日成立的。作为国有保险企业经营各类保险业务，开创了我国独立自主办保险的历史。在国民经济恢复和"一五"计划时期，中国人民保险公司有力地支持了国家建设和国民经济发展。1959年，政府暂停了国内大部分保险业务，直到1979年中国人民保险公司才恢复国内财产保险业务。1982年，该公司又恢复了人寿保险业务的经营，成为当时中国惟一的人寿保险企业。

1996年，经国务院批准，中国人民保险公司改组为中国人民保险（集团）公司，下设中保人寿保险有限公司、中保财产保险有限公司和中保再保险有限公司。1998年10月，国务院批准撤消中国人民保险（集团）公司，随后设立了经营人寿保险业务的中国人寿保险公司（即集团公司的前身)、经营财产保险业务的中国人民保险公司、经营再保险业务的中国再保险公司和经营原中国人民保险(集团)公司海外业务的香港中国保险(集团)有限公司。2003年经保监会批准,中国人寿保险公司进行重组,变更为中国人寿保险(集团)公司。中国人寿股份有限公司则是由中国人寿(集团)有限公司作为独家发起人投入净资产296.08亿元,于2003年6月30日发起设立的。

五、企业财务状况

(一)资产结构及盈利状况

公司的资产主要由长期投资、银行存款构成,占公司总资产的九成左右。公司近几年的资产结构如表7所列。

表7 中国人寿主要资产构成

项 目	2006年6月30日 金额(百万元)	占比(%)	2005年12月31日 金额(百万元)	占比(%)
银行存款	213 619	34.63	192 884	36.96
短期投资	24 288	3.94	35 510	6.81
长期投资	338 599	54.88	256 182	49.10
其他资产	40 420	6.55	37 228	7.13
资产总计	616 926	100	521 804	100

资料来源:中国人寿股份有限公司招股意向书。

公司的利润主要来源于保费收入与赔款、退保金以及准备金提转差之差,近三年的公司利润构成如表8所列。

表8 中国人寿收入及利润

项 目	2006年1~6月 金额(百万元)	增长率(%)	2005年 金额(百万元)	增长率(%)
保费收入	111 364	22.3	160 949	7.31
赔款支出及长期险给付	−10 711	5.1	−18 273	18.96
退保金	−15 348	2.94	−26 892	81.10
手续费及佣金支出	−7 816	26.66	−12 666	4.88
营业费用	−5 474	14.45	−10 649	7.05
准备金提转差	−75 948	33.86	−99 682	−4.67
利润总额	6 605	56.11	5 760	82.45
所得税	−743	24.25	−246	32.26
净利润	5 817	61.67	5 456	86.91

资料来源:中国人寿股份有限公司招股意向书。

(二)财务风险管理

公司在香港联交所和纽约证交所上市以来,不断完善公司治理,目前董事会成员中独立董事占半数,董事会下设审计委员会、提名薪酬委员会、风险管理委员会和战略委员会,各专业委员会主席均由独立董事担任。公司还不断完善内控架构与内控机制,建立并进一步完善了一系列内部控制管理制度。

公司建立了全面风险管理的制度和组织体系,明确了董事会、管理层及各个部门、各个岗位的风险管理职责,将风险管理及控制活动覆盖到公司的各个部门、各个层级和经营管理的各个环节;公司通过IT系统,采取专门技术和方法对风险点进行识别,评估其影响,制定相应的措施,通过监控检查等活动确保措施的执行,实现了事前、事中和事后的全程风险管理。

1. 风险管理组织架构

公司已经构建了健全的风险管理及内部控制组织架构,明确了不同层级的相关职责。公司董事会下设风险管理委员会和审计委员会;公司总裁室设立内控及风险管理委员会、内控合规部、审计部、法律事务部、监察部等职能部门;省级分公司设立内控及风险管理委员会、内控合规部、监察部及审计办公室;地市级分公司设立法律合规岗和监察岗。

2. 风险管理运行体系

公司在多层级风险管理组织体系的基础上,按照业务经营运作流程构建了内部控制运行机制,建立了由四道防线组成的风险管理运行体系。第一道防线由公司各级销售部门组成,对产品销售的市场风险进行反馈和建议;第二道防线由公司业务管理、财务、精算、投资等部门以及各级分支机构相应部门组成,对欺诈及逆选择等销售风险、保费收入确认风险以及其他相关风险进行管控;第三道防线由公司各级内控合规部(或岗)组成,通过采取完善制度、强化遵循、考核激励和责任追究等措施,弥补缺陷、堵塞漏洞、防范风险、减少损失;第四道防线由公司各级审计、监察等部门组成,对内控合规部门的内控及风险评估结果,动态审计和监察内部控制的设计与执行情况,对公司风险管理与内控合规状况进行再评价。

六、新产品研发和定价

公司一直是行业中产品创新的领先者。近年来公司加大了产品研发工作的力度,开发了一批适销对路的新产品,建立了比较完善的产品体系。截至2006年6月30日,公司在售产品为185个,包括个人人寿保险、团体人寿保险、意外伤害保险和健康保险等险种。根据市场的不同需求,公司一直在不断地补充和丰富产品体系,保障范围日益广泛,产品种类日渐齐全,基本形成了集保障型、储蓄型、分红型、万能型为一体相对比较完善的产品体系。

(一)产品研发和创新体制

自成立以来,公司采取以下措施不断完善产品研发和创新体制:(1)成立了产品开发委员会,加强对产品开发工作的领导;(2)制定了产品开发流程,明确产品开发各环节中总、分公司和总部相关部门的职责;(3)建立了市场产品信息网,确保总公司能够及时获得有价值的产品信息;(4)设立了产品创新基金,以充分调动相关部门和基层参与产品开发工作的积极性和热情。

（二）主要新产品

2006年公司研发并投放了一系列新产品。在个人业务方面，公司开发了国寿金鑫两全保险（分红型）、国寿美满一生年金保险（分红型）等新产品，这些产品重新配置了生存保险金与身故保险金的比例，与公司其他定期返还两全保险形成互补，丰富了公司的产品系列。公司通过银行保险合作渠道推出国寿美满人生年金保险（分红型）产品，保户投保该产品后既可以获得身故保障，又可以每年领取关爱金，满期时还可以领取满期保险金，该产品提供周年红利，让保单持有人分享公司的投资和经营成果；公司还与中国农业银行合作开发了分红型保险产品国寿穗穗红两全保险（分红型），该产品提供疾病身故保障和较高的交通意外身故保障，满期时可以领取满期保险金。

在团体业务方面，公司开发了国寿永泰团体年金保险（A款）（分红型），这是一款分红型团体年金保险，具有养老保障与投资分红的双重功能，此外还具有可分次领取、设置留存账户和投保范围广等特点。

在短期险业务方面，公司还根据市场需求开发了国寿夕阳红意外伤害保险、国寿康健学生、幼儿人寿保险（2006版）等新产品。

（三）新产品定价

新保险产品的定价通过使用预定利率、死亡率（发病率）、费用率等假定，并综合考虑预期盈利水平得出。这些假设基于监管机构的规定、公司历史经验数据、行业及其他保险公司公布的数据和管理层的判断确定。目前，中国保监会在保险产品定价方面有一系列规定。公司保险产品的定价原则是严格执行中国保监会监管规定。寿险产品定价方法主要使用精算公式法，短期意外险和短期健康险主要使用经验费率法。

七、企业营销策略

（一）总体营销策略

公司拥有规模最大、分布最广的销售队伍。截至2006年6月30日，公司共拥有保险营销员约648 000人，团险销售人员约12 000人，分销网络几乎遍及中国各地。除了保险营销员和团险销售渠道，公司还建立了多渠道的分销网络，主要包括分布于商业银行、邮政储蓄网点和信用合作社等兼业代理机构的90 000多个网点。此外，公司也通过专业代理公司和保险经纪公司为客户提供保险产品和服务。

随着中国经济的发展，公司计划利用中国富裕人口增加的市场机会，深入开发对人寿保险产品需求相对更大、个人可支配收入相对较高的城市以及沿海经济发达地区市场。同时，"两乡"（乡村和乡镇）保险市场迅速成长，公司计划按照因地制宜、梯度开发、逐步推进的原则，巩固和提升在"两乡"市场的份额。

（二）分销渠道

1. 销售人员推销

公司的保险营销员队伍由约648 000名保险营销员组成，是公司个人人寿保险、意外伤害保险和健康保险产品的主要分销渠道。公司正在实施新的市场细分销售策略，以针对不同年龄、收入和教育程度的个人客户销售不同的产品，并将个人意外伤害保险和健康保险产品作为附加险种进行组合销售。表9列出了公司保险营销员队伍在所示截至日期的数量信息。

表9　中国人寿的销售人员及网点

	2006年6月30日	2005年12月31日	2004年12月31日	2003年12月31日
保险营销员人数（约数）	648 000	640 000	668 000	655 000
营销网点数量（约数）	12 000	12 000	9 300	8 200

资料来源：中国人寿股份有限公司招股意向书。

2006年以来，公司加大营销网点的增设力度，营销网点数量增长较快，截至2006年11月30日，营销网点数量约为15 000个。

2. 中介机构渠道

公司也通过中介机构销售个人和团体保险产品。中介机构销售渠道主要包括分布于商业银行分行、邮政储蓄网点和信用合作社等兼业代理机构的约90 000个中介网点，及保险代理公司、保险经纪公司和非银邮兼业代理机构等。

(1)银行保险合作渠道。公司通过银行保险业务合作渠道销售个人保险产品，与国内各大银行、邮政储蓄网点、信用合作社等机构建立了银行保险业务合作关系，目前已有相当保费收入来自银行保险渠道销售。公司正致力于通过推广长期人寿保险期缴业务等多种形式为银行提供稳定的中介代理收入，同时提高中介代理业务的长期盈利能力；公司还为各大银行的渠道提供特制的产品和服务；通过理财柜台向银行高端客户提供高附加值的服务，并为合作银行提供培训课程、综合信息系统支持和销售支持。

(2)非银邮兼业代理机构。公司通过旅行社、酒店以及航空公司等非银邮兼业代理机构销售意外伤害保险等产品。非银邮兼业代理机构将成为公司的一个越来越重要的销售渠道。

(3)专业代理公司与经纪公司。公司还通过专业保险代理公司和保险经纪公司销售或推荐团险相关业务。

3. 新兴销售渠道

公司已开始尝试电话营销和网上营销渠道，并将继续积极探索包括直接邮寄、电话营销和网上销售在内的新兴渠道带来的机会。

4. 渠道整合和结构优化

2006年上半年，公司着手对保险营销员队伍、团险销售队伍和中介机构三大销售渠道的客户资源、培训资源和销售支持资源进行整合，鼓励交叉销售，推行一体化营销战略，提高现有渠道的销售能力，更好地满足客户的保险需求。

(三)产品定价策略

寿险产品定价假设的决定过程如下：

1. 预定利率

根据《关于调整寿险保单预定利率的紧急通知》[保监发(1999)93号]，保监会对人寿保险产品规定了2.50%的产品定价利率上限。公司寿险产品定价的预定利率严格执行保监会的规定，截至2006年6月30日，公司所提供寿险产品的平均定价利率为2.24%。

2. 预定死亡率和发病率

公司根据《关于下发有关精算规定的通知》[保监发(1999)90号]中的《寿险精算规定》和《关于修订精算规定中生命表使用有关事项的通知》[保监发(2005)118号],使用中国人寿保险业1990～1993年经验生命表和中国人寿保险业2000～2003年经验生命表确定死亡率假设,并作适当调整以反映公司长期的历史死亡率经验。公司重大疾病保险的发病率假设以中国台湾重大疾病保险市场经验为基础,适当调整以反映公司历史经验和对未来经验的预测。

3. 预定费用率

公司在长期寿险产品定价时,预定附加费用率按《关于下发有关精算规定的通知》[保监发(1999)90号]中的《人寿保险预定附加费用率规定》执行。一年期及一年期以下的意外险产品定价时,预定附加费用率按《关于下发有关精算规定的通知》[保监发(1999)90号]中的《意外伤害保险精算规定》执行。

八、企业的人力资源管理

(一)企业人员结构

截至2003年、2004年和2005年12月31日,公司员工人数分别为72 900名、75 437名和75 728名。表10列示截至2005年12月31日,公司按年龄、学历和专业等类别的员工构成情况。

表10　　　　　　　　　　　　　中国人寿的人员构成

类　别	细分类别	员工数量	占总数百分比
年龄构成	30岁以下	27 245	35.98%
	31～40岁	28 847	38.09%
	41～50岁	16 011	21.14%
	51～60岁	3 480	4.60%
	60岁以上	145	0.19%
学历构成	研究生及以上学历	798	1.05%
	本科	16 717	22.08%
	大学专科	34 053	44.97%
	高中同等学力	22 353	29.51%
	其他	1807	2.39%
专业构成	管理和行政人员	9 303	12.28%
	销售和营销管理人员	33 674	44.47%
	财务和审计人员	5 335	7.05%
	核保人员、赔付专业人员和客户服务人员	15 950	21.06%
	其他专业和技术人员	1 779	2.35%
	其他	9 687	12.79%

资料来源:中国人寿股份有限公司招股意向书。

(二)企业薪酬、福利

公司聘请了国际知名的咨询公司对公司的组织架构和薪酬体系进行设计和安排,建立了适应市场竞争需要的组织架构和以业绩为基础的薪酬激励机制度。在此基础上公司已建立以岗位为基础、以业绩为导向的薪酬激励体系。其中,高级管理人员的薪酬总额包括岗位工资、短期激励(年度业绩奖励)、长期激励(股票增值权)和福利。作为公司员工,团险销售人员享有一定数量的底薪和相关保险福利保障。

公司各级机构根据国家关于社会保障的有关政策和属地化管理的要求参加社会保险,并按照规定的缴费基数和比例缴纳。其中,在京单位按照北京市有关规定参加了基本养老保险、基本医疗保险、工伤保险、失业保险和生育保险等社会保险,建立了企业补充医疗制度;公司其他各分支机构按照当地社会保障有关制度和要求参加相关的社会保险。公司的退休人员享受当地社会保障部门核发的基本养老保险金;此外,公司正在根据国家企业年金制度的相关政策制定公司的企业年金计划。在员工住房方面,公司各级机构的住房制度按照国家的有关政策执行,并按照当地政策规定参加住房公积金计划,为该计划提供供款费用。

中国南方电网有限责任公司

中国南方电网有限责任公司(简称南方电网)是根据国家电力体制改革方案,于2002年12月29日正式挂牌成立的特大型国有电网企业,经营范围覆盖广东、广西、云南、贵州、海南等南方五省(区),注册资本为600亿元,由中央直接管理,在国家计划中实行单列,是国内第一个远距离、大容量、超高压输电、交直流并联运行的现代化大电网,东西跨度近2 000公里。从图1可以看到:2004年南方电网入选中国企业500强,以12 598 338万元的营业额名列第11名;2005年保持第11名,营业额增加到15 666 985万元;2006年以18 931 010万元的营业额上升到了第7名,可见其发展是呈上升趋势。

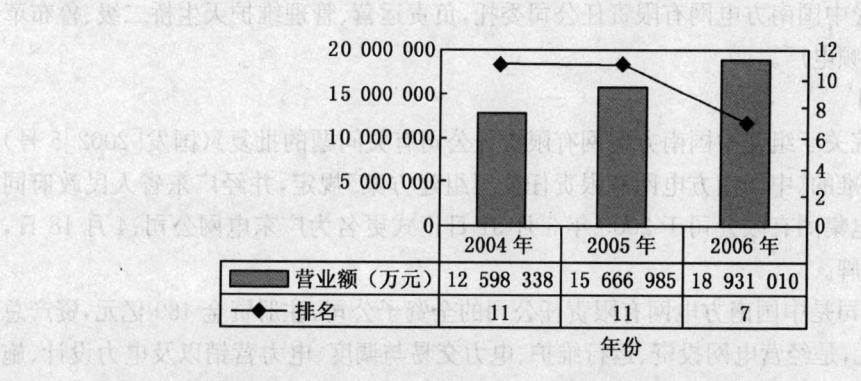

年份	2004年	2005年	2006年
营业额(万元)	12 598 338	15 666 985	18 931 010
排名	11	11	7

资料来源:根据www.economy.enorth.com.cn所提供资料整理而得。

图1 南方电网在中国500强中的排名和营业额

一、南方电网概述

(一)发展简史

中国南方电网有限责任公司是根据《国务院关于印发电力体制改革方案的通知》(国发[2002]5号文)和国函[2003]114号和发改能源[2003]2101号文件精神,以广东、海南、广西、贵州、云南五省所属电网资产为基础组建的国有企业,由中央管理实行国家计划单列。经国务院批准,南方电网于2002年12月29日正式挂牌成立并开始运作。从2004年9月起,南方电网开始向越南送电,成为国内率先"走出去"的电网。2005年,南方电网进入全球

500强企业,排名第316位,到2006年排名上升到266名,展示出其强劲的发展后劲。

（二）组织架构

南方电网总部设有11个部局,以及南方电网电力调度通信中心、电力交易中心、技术研究中心、信息中心。南方电网下设超高压输电南方电网分公司,广东、广西、云南、贵州、海南电网五个全资子公司,控股南方电网财务公司。至2005年6月底,南方电网资产总额2 538亿元,职工总数13万人(见图2)。

```
                    南方电网
        ┌───────┬───────┼───────┬───────┐
     广东电网  广西电网  云南电网  贵州电网  海南电网
```

资料来源:中国南方电网网站。

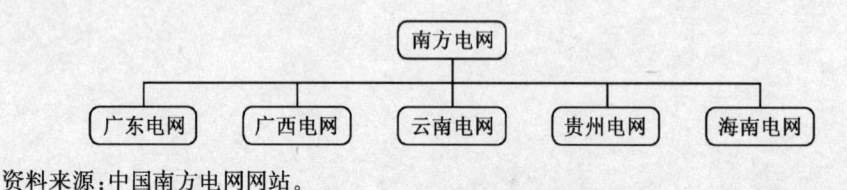

图2　南方电网组织架构图

（三）分公司和各子公司概况

1. 超高压南方电网

中国南方电网有限责任公司超高压输电南方电网(简称超高压南方电网)成立于2003年2月,由原国家电力南方电网改组成立,是中国南方电网有限责任公司的分公司,也是南方电网六个电网经营企业之一,负责管理、运营、维护和建设南方电网跨省区骨干网架和重要联络线,同时受中国南方电网有限责任公司委托,负责运营、管理维护天生桥二级、鲁布革两座应急调峰调频电厂。

2. 广东电网

根据《国务院关于组建中国南方电网有限责任公司有关问题的批复》(国发[2002]5号)和国家发改委批准的《中国南方电网有限责任公司组建方案》规定,并经广东省人民政府同意,原广东省广电集团有限公司于2005年3月31日正式更名为广东电网公司;4月18日,广东电网公司挂牌。

广东电网公司是中国南方电网有限责任公司的全资子公司,注册资金480亿元,资产总额1 591.76亿元,是经营电网投资、运行维护、电力交易与调度、电力营销以及电力设计、施工、修造、科研试验、物资等业务的经济实体;是统一规划、统一建设、统一管理广东电网并依法对所辖电网及并网电厂实施统一调度,负责电网安全、稳定、经济、优质运行的企业法人。广东电网广东电网公司直接管理全省全部21个地市供电企业(含29个直管县供电企业687个镇供电所)以及电力调度、通信、设计、基建、物资供应、科研、学校等共38家企事业单位,代管50个县级供电企业(共961个镇供电所)。

3. 广西电网

广西电网公司是中国南方电网公司的全资子公司,担负着广西主电网的经营和管理。公司秉承"人民满意,政府放心"的企业宗旨,致力于承担社会责任,以和谐电网、优质服务为广西经济社会发展提供可靠的电力保障。

公司下辖南宁、柳州、桂林、玉林、河池、梧州、北海、防城港、钦州、贵港、崇左、来宾、百色等13个市供电局、5个直属机构以及3个子公司,代管全区43个县级供电企业和电力科研设计、施工修造、电气设备制造、电力生产等企业;公司职工约31 000人。

广西电网是南方电网的重要组成部分,境内 500 千伏系统已形成日字型双环网结构,并通过 500 千伏天广线(五回交流、一回直流)和黔电送粤线路与南方电网紧密地联系在一起,是南方电网"西电东送"通道的重要支撑,也是南方电网"西电东送"通道的必经之路。广西主电网已覆盖全区 80 多个县(市、区),220 千伏系统已形成多环网络并延伸到各地级市,其中南宁、柳州、桂林、梧州、玉林、河池等城市已成 220 千伏环网供电。

4. 云南电网

云南电网的前身是云南省电力公司,成立于 1993 年;1998 年云南省电力公司改制成为云南电力集团有限公司;2004 年 11 月 11 日,云南电力集团有限公司正式更名为云南电网。云南电网下设 18 个分公司、6 个全资子公司、3 个控股子公司,业务覆盖整个云南省。

5. 海南电网

海南电网公司是中国南方电网公司的全资子公司,本部设有 17 个部门,下辖 19 个供电分公司、1 个电厂以及 9 个直属单位,资产总额为 85.49 亿元,职工总数 12 934 人,售电量 72 亿千瓦时。

二、发展战略

(一)竞争环境分析

南方电网作为中国两大电网之一,是国务院国资委直接管理的中央企业。自 2002 年挂牌成立到 2005 年的短短 3 年间,南方电网较好地解决了重组融合的难题,成功创造了"南网现象"。到目前为止,南方电网既具有优势,也面临着不少不利因素。

优势在于:国家努力扩大内需,坚持实施稳健的财政政策和货币政策,继续加强和改善宏观调控等政策取向,有利于实现经济较快增长;泛珠三角、大湄公河次区域以及东盟自由贸易区的合作不断向纵深推进,区域合作和协调发展的潜力巨大;公司通过确立大政方针,夯实基础,增强实力,研究战略,加强融合,培养干部、员工的思想统一,保持良好的精神状态,已经具备更快更好发展的条件;公司得到了各级政府和社会各界的广泛认可、理解和支持,巩固和发展了互利共赢的格局,有了和谐的发展环境。

不利因素在于:存在着一些问题,包括电网安全问题很突出、做好电力供应工作的任务很重、市场和经营环境提出了新的课题、管理标准和水平以及员工素质和能力亟待提高、深化改革的任务很重等。

总的来看,南方电网面临着很好的发展机遇,同时也有不少的问题和矛盾,机遇大于挑战,要坚定信心、趋利避害、未雨绸缪、积极应对。

(二)南方电网总体发展战略规划

1. 战略发展思路

南方电网提出"强本、创新、领先"的战略发展思路。

强本是公司发展的基础。要建设、运营和管理好南方电网,进一步提高安全可靠供电的能力,确保公司电业务快速发展。一要加大对现有设备的更新改造力度,提高电网科技含量和设备可靠性,提高驾驭复杂大电网的能力,保证电网安全稳定运行;二要认真做好电力规划,加快电网发展,建设坚强的主网架和必要的调峰调频电厂;三要提高优质服务水平,增强核心竞争力;四要对内强化财务资金的集中管理和资产经营预算管理,增强控制力,对外积极争取落实电价改革方案,加快建立合理的上网电价、输配电价和销售电价形成机制,拓展盈利空间,提高公司效益;五要树立现代管理理念,优化管理架构和流程,提高管理能力、管理水平,实现管理到位。

创新是公司发展的灵魂。要加快推进技术、业务、机制等方面的创新。一要以交直流混合电网安全稳定运行技术为核心,逐步形成自己的核心技术能力和知识产权,尤其要在直流输电等方面提高集成创新能力;二要发挥电力资源优势,拓展电网业务,延伸电网产业链,重点培育和发展金融服务、信息通信业务;三要加快实施"走出去"战略,在与大湄公河次流域、香港、澳门电力合作中有所作为;四要努力建立现代企业制度,积极推进股份制改革,不断完善现代化大公司体制。

领先是公司发展的导向。公司作为中国电力体制改革的试验田,要以国际化的视野和勇于开拓的精神与国内外先进企业对比,在技术和管理上、在发展质量和速度上实现领先,确立行业先锋的地位,逐步在主营业务收入增长率、资产回报率、人均劳动生产率、供电可靠率、输变电设备可用率、安全事故率、客户满意率等生产经营指标上做到国内领先。

2. 总体发展战略三步走

南方电网的发展战略主要可以分为以下三个阶段(见表1)。

表1　　　　　　　　　　　　南方电网三阶段发展战略

第一阶段 (2003～2005年)	融合发展期	这个阶段主要为实现公司战略目标打基础,已基本完成任务
第二阶段 (2006～2010年)	快速发展期	这个阶段公司要巩固已有成果,提高整体水平,在电网发展、管理创新、业务拓展、体制改革等关键领域取得突破。初步达到国内领先、国际著名水平
第三阶段 (2011～2015年)	持续发展期	这个阶段公司要全面实现国内领先、国际著名的战略总体目标。在全球500强企业中的地位有较大上升

资料来源:中国南方电网网站。

3. "十一五"发展规划

"十一五"期间是南方电网公司的快速发展期,"十一五"期间南方电网工程建设计划投资2 341亿元。按照"强本、创新、领先"的战略发展思路,全力落实南方电网"十一五"电力发展规划是公司近期的重点工作之一。重点抓好以下工作:

一是做好南方电网电力工业"十五"发展总结和"十一五"电力发展规划落实工作。进一步完善"十一五"电网发展规划;大力抓好500kV及以上电网工程项目和调峰电源的前期工作;进一步深化电源优化规划研究;尽快启动电网的优化研究;积极推动与周边国家和地区的电力合作;开展云南三江流域水电开发研究及输电规划。

二是加强投资计划管理工作。2006年公司基建投资总额为424.4亿元,其中电网投资397.1亿元。要努力提高投资计划的准确性、科学性;加强项目造价管理工作;积极推进工程建设项目后评价工作。

三是逐步发挥综合计划和综合统计的重要作用。逐步规范和加强公司综合计划管理工作;加强统计管理,积极开展统计分析活动。

四是做好电网工程建设工作,积极推进云广直流输电工程的建设。

五是完善电力建设定额站和质监中心站管理工作。

三、生产经营状况

(一)总体经营状况

中国南方电网公司成立3年多来,坚持"对中央负责、为五省区服务"的宗旨,积极贯彻国家西部大开发、西电东送战略,售电量年均增长16.5%;主营业务收入年均增长21.3%,促进了区域经济、社会的协调发展。这表明公司在重组中融合,在融合中发展,走上了良性发展的轨道。

2005期间,南方电网共完成售电量3 476亿千瓦时,同比增长12.6%;西电东送电量535亿千瓦时,同比增长27.7%,应急调峰电厂发电量89亿千瓦时;实现主营业务收入1 924.5亿元,同比增长22.9%,购电单位成本344.84元/千瓦时,供电单位成本110.11元/千瓦时;综合线损率7.38%,比计划指标下降了0.22个百分点;应收电费余额27.45亿元,比年初减少了4.32亿元;国有资本保值增值率103%,工业企业全员劳动生产率同比增长16%;完成固定资产投资385.8亿元,其中电网建设投资310.9亿元,投产220千伏及以上输电线路3 574公里。至2005年底,公司资产总额2 701亿元,比年初增加241亿元,资产负债率62.13%,超额完成国资委2005年度经营业绩考核目标,跻身全球500强企业。

(二)超高压南方电网

截至2005年底,超高压南方电网管辖的发输电设备设施包括水力发电厂2座,装机容量192万千瓦;500千伏变电站9座、换流站4座、串补站3座,500千伏交直流线路超过7 700公里,220千伏线路201公里;主变8台,变电容量1 047万千伏安,串补容量353万千伏安;西电东送形成"六交二直"网络结构,西电送广东能力超过875万千瓦。

超高压南方电网认真落实"对中央负责,为五省区服务"的宗旨,履行中国南方电网有限责任公司赋予的职责,加快实施国家"西电东送"战略,实现更大范围、更大规模的资源优化配置,确保南方电网骨干网架和应急调峰调频电厂安全可靠运行,促进南方五省(区)经济社会健康、快速、可持续发展。

(三)广东电网

广东电网公司供电面积覆盖全省,供电人口9 194万,供电客户数1 754.02万户,2006年,广东电网公司供电2 713.13亿千瓦时,比上年增长12.6%;售电2 542.24亿千瓦时,比上年增长12.7%。广东电网是目前全国最大的省级电网,至2006年底,全省共有35千伏及以上输电线路(含电缆)54 800千米,变电站1 762座、主变3 469台、容量21 625万千伏安。其中,500千伏线路4 085千米,变电站21座、主变51台、容量4 300万千伏安。目前广东电网已形成以珠江三角洲地区500千伏主干内环网为中心、向东西两翼及粤北辐射的形式,通过"六交三直"500千伏线路与三峡和西南电网联网,通过4回400千伏线路与香港中华电力系统互联,通过4回110千伏线路向澳门地区供电。

四、研发创新能力

(一)新技术、新设备的开发及运用

2004年4月19日,中国第一组、世界第三组实用型交流33.5米、35千伏/2千安培超导电缆在云南昆明220千伏普吉变电站挂网试运行，7月10日正式并网运行。此举标志着继美国、丹麦之后，我国成为世界上第三个将超导电缆投入电网运行的国家。

2005年，南方电网承担了直流输电自主化示范工程重任，吸收消化、创新直流核心技术，推动了直流工程核心技术自主化从±500千伏到±800千伏等级的跨越和可持续发展；在组织±800千伏云广特高压前期关键科研项目等方面取得了创造性成果；更好地履行职责，更多地承担责任解决电网安全稳定运行中的重大技术问题，为电网安全稳定运行提供了强有力的技术支持。

实现直流输电技术的突破和自主化再创新。组织开展了贵广二回直流系统研究、成套设计、直流控制保护性能和功能试验等工作，并消化、吸收引进先进技术及转让技术；充分利用自主化专项支持资金，开展直流工程设计软件开发、功能特性和动态性能试验、调试技术的研究和攻关，全面掌握直流核心技术和先进电力装备集成技术，实现直流输电技术的突破和自主化再创新，提高了公司的核心竞争力。

特高压技术研究取得创造性成果。配合完成云广特高压直流输电工程，先后完成了云广特高压工程对南方电网安全稳定影响、过电压与绝缘配合、外绝缘、电磁环境研究等项目。

完成了安全稳定控制系统技术标准和测试标准编写。结合云广直流输电工程，开展±800千伏直流输电技术标准和设备标准的编写，在特高压技术应用和技术行业标准制订方面体现南方电网的领先地位和作用。

科技开发创新。利用RTDS工具平台和成熟的仿真计算程序，研究开发交直流并联系统的机电暂态与电磁暂态仿真技术，为深入分析南网系统问题解决存在的不足提供技术手段实现技术手段的自主创新。

开展技术攻关。组织实施国家发改委下达的大容量、远距离直流输电系统稳定技术重大攻关项目，率先提出多直流协调控制方面的策略，指导贵广二回直流及云广直流工程建设。在交直流混合电网稳定技术方面取得突破。

（二）"十一五"期间计划投产的工程

"十一五"期间，电网规模将进一步扩大，形成西电东送"八交五直"13条送电大通道，西电将新增向广东送电1 150万～1 350万千瓦。我国第一个500千伏超高压、长距离、大容量跨海联网工程，总投资约12亿元的南方主网与海南电网500千伏海底电缆联网工程已由国家核准，于2007年建成；我国第一项直流自主化依托工程——±500千伏贵广二回直流输电工程将于2007年建成；世界第一条±800千特高压直流输电工程将于2009年单极投产；云南昭通—广东惠东的1 000千伏特高压交流输变电工程也将启动。

五、企业人力资源与文化

（一）企业文化

南方电网企业文化以国务院国资委《关于加强中央企业文化建设的指导意见》和若干重要会议精神为指导，结合公司改革与发展、经营与管理实践，形成了"33458"的体系框架，即三个基本内容、三个工作机制、四个识别系统、五个子文化建设和八个文化载体（见表2）。

中国南方电网有限责任公司　87

表2　　　　　　　　　　　　　　企业 33458 文化体系

三个基本内容	精神文化
	制度文化
	物质文化
三个工作机制	组织保障体制
	工作知道和载体支撑机制
	考核评价机制
四个识别系统	理念识别系统
	行为识别系统
	视觉识别系统
	听觉识别系统
五个子文化建设	责任文化建设
	安全文化建设
	服务文化建设
	执行文化建设
	廉洁文化建设
八个文化载体	内部培训
	文化传播
	安全生产月活动
	优质服务活动
	团队工程
	问题活动
	公益工程
	文化展示

资料来源：中国南方电网网站。

具体内容包括：

1. 三个基本内容

建立健全精神文化、制度文化和物质文化，完善结构，界定层次。

2. 三个工作机制

建立健全组织保障体制、工作指导和载体支撑机制、考核评价机制三个工作机制，内化深植，落地生根。

3. 四个识别系统

初步形成了理念识别系统、行为识别系统、视觉识别系统、听觉识别系统四个识别系统。理念识别系统发挥统一思想、统一意志、统一步伐的作用。行为识别系统发挥着规范行为，提升品质的作用。视觉识别与听觉识别系统则从视觉和听觉上强化文化信息在形象塑造、环境创造以及文化一体化的先行方面发挥了积极作用。

4. 五个子文化建设

建立健全五个子文化,融入中心,进入管理。五个子文化分别为:责任文化、安全文化、服务文化、执行文化和廉洁文化。

5. 八个文化载体

文化载体主要包括内部培训、文化传播、安全生产月活动、优质服务活动、团队工程、问题活动、公益工程、文化展示。通过建立健全文化载体,开展丰富多彩、喜闻乐见的文化活动,寓文化与活动创造浓厚的文化环境,在潜移默化中传播文化、塑造文化。

(二)企业培训

围绕着"以人为本、人高于一切"的治企理念和人才强企战略,南方电网党组出台了《关于进一步加强人才工作意见》,大力弘扬"人才资源是第一资源"、"人人都可以成才"的观念,制定并实施了《南方电网2003~2007年教育培训规划》、《南方电网关于进一步加强教育培训工作的指导意见》,大力实施大教育、大培训,实施全员素质工程,促进员工和企业共同发展。

1. 举办高级研修班,开创国企干部人才培养新路

实施"人才资源是第一资源"理念作为人才培养的切入口和突破口,是从7期领导干部企业管理高级研修班开始的。南方电网成立伊始,为加强融合,加快南方电网一体化步伐,把南方电网的大政方针落到实处,从2003年9月至2005年6月,连续举办了7期领导干部企业管理高级研修班。共有303名南方电网中层以上领导干部参加了为期一个月的培训。

在高级研修班的示范带动下,各分、子南方电网也纷纷开展了形式多样的高级管理人员培训班,促进了南方电网的融合、大政方针的落地,也储备了一批优秀干部,为南方电网的战略实施提供了人才的支持。

2. 划分五类人才,创新差别培训

2005年底,南方电网出台了纲领性文件《关于进一步加强教育培训工作的指导意见》,明确提出建立南方电网教育培训体系,全面提高员工的管理能力、水平和综合素质,并根据不同岗位的工作要求和不同类别员工的培训需求,实施分类、分层的全员培训。

至目前为止,南方电网已经成功开展了领导人员、A级和B级管理人员培训工作,根据南方电网发展需要,实施了中青年加速培养计划。

3. 建立教育培训体系、创新开发价值链上的亮点

由于南方电网和16万员工的重视,教育培训工作开展得可谓如火如荼。目前南方电网教育培训以中央《干部教育条例》为指导,切实落实《关于进一步加强教育培训工作的指导意见》,工作重点正从过去以办示范班为主,转到以建立教育培训体系为主上来,把教育培训的管理体系、课程体系、网络培训系统、师资和培训基地体系的建设作为南方电网教育培训工作的重中之重。

在培训内容方面,南方电网在不断进行创新和有益的尝试。问鼎资讯南方电网高级顾问高宁认为,培训不系统和培训效果转化是当前培训中普遍存在的难点,但是南方电网的培训大胆创新突破难点,在开发价值链上的亮点方面取得了创新性成果。如中青年人才加速培训采用集中培训与在岗实践相结合的方式。培训期时长达一年,分五次进行,每两个月集中培训一次,每次培训时间约为一周。培训内容设计采用模块化设计的方式,从观念更新、

自我管理、管理他人、组织管理和资源管理五个方面由内到外，层层推进，提升经营和管理的实战技能。在两次集中培训的间隔期为在岗实践期。要求每个学员制订个人行动计划，重点对所学的知识进行转化，其上级领导要对行动计划的转化情况进行观察、评估，最后由南方电网人事部跟踪考核。

南方电网以创新的思维、创新的管理、创新的方法，正不断构建、丰满着一个符合南方电网实际和发展需求的大教育、大培训体系，使广大员工发展有空间、展示有舞台、成才有机会，使人人快乐工作，实现人生价值有了广阔的平台，使南方电网不断迈向卓越、实现"国内领先、国际著名"的战略目标、光荣与梦想有了坚实的基础。

4. 分层分类、重点突出、适当超前，致力于构建南方电网的培训课程体系

为给智力资本运作与扩张提供支撑，南方电网将课程体系开发视为教育培训工作"强本"的基础、"创新"的关键，以及能否实现"领先"的重要衡量指标。目前，一个分类别、分层次、重点突出、适当超前的培训课程体系正在构建中，南方电网已完成了领导人员、A、B级管理人员公共必修课和各层级管理人员选修课等94门课程的开发，正着手管理人员专业基础课和岗位主修课共280门左右课程的开发。

（三）企业对外交流及社会活动

在公司的积极努力下，南方电网在全国率先成为了"走出去"的电网，由国务院确定为大湄公河次区域电力合作项目的执行单位，已实现向越南老街河江、芒街的110千伏送电。而且，电网走出去的步伐正在加快，2005年10月，公司与越南国家电力公司共同签署了《中国南方电网公司与越南国家电力公司有关向越南北部六省售电的合同》、《中国南方电网公司与越南国家电力公司关于进一步加强电力合作谅解备忘录》，以网架向大湄公河次流域延伸为主要目标，到2007年，南方电网将通过220千伏线路向越南北部六省供电，年售电量为11亿～13亿千瓦时，年合同销售收入约5 000万美元，并将开展中越500千伏电网互联的研究，加快实施南方电网与越南国家电网500千伏电压等级互联工程的建设。与此同时，公司与老挝、缅甸、泰国以及港澳地区的电力合作也将积极推进。

中国建设银行股份有限公司

中国建设银行股份有限公司是一家在中国市场处于领先地位的股份制商业银行,为客户提供全面的商业银行产品与服务,其经营领域包括公司银行业务、个人银行业务和资金业务,多种产品和服务(如基本建设贷款、住房按揭贷款和银行卡业务等),在中国银行业居于市场领先地位。

2002年,该银行取得营业收入10 377 500万元,在当年的中国企业500强排名中位列第10位;2003年,该银行取得营业收入11 205 600万元,在当年的中国企业500强排名中保持第10位;2004年,该银行取得营业收入15452561万元,在当年的中国企业500强排名中位列第9位,比2003年上升了一位;2005年,该银行取得营业收入15 765 600万元,在当年的中国企业500强排名中位列第10位,比上一年下降了一位;2006年,中国建设银行股份有限公司取得营业收入18 657 000万元,在当年中国企业500强排名中位列第8位,比2005年上升了2位。

一、中国建设银行的发展历程概述

中国建设银行成立于1954年10月1日,是为当时大规模经济建设管理巨额建设资金而成立的。从1954到1978年的二十多年间,建设银行主要承担了集中办理国家基本建设预算拨款和企业自筹资金拨付、监督资金合理使用、对施工企业发放短期贷款、办理基本业务结算业务的职责。从70年代末80年代初开始,建设银行在承继原有职能的同时,不断拓展银行职能,先后开办了信贷资金贷款、居民储蓄存款、外汇业务、信用卡业务,以及政策性房改金融和个人住房抵押贷款等多种业务。经过十多年的改革发展,建设银行各项业务快速发展,信贷资产和负债取得了数十倍的增长,从单一管理财政资金、办理基建拨款监督的银行,发展成为既管财政投资,又经营信贷业务;既办理固定资产投资信贷,又发放配套流动资金贷款;既办理国内金融业务,又办理国际金融业务,成为以办理中长期信用为主的国家专业银行。1994年,建设银行按照政府对投资体制和金融体制改革的要求,将长期承担代理财政职能和政策性贷款职能分别移交财政部和新成立的国家开发银行,开始按照商业银行的要求,对经营管理体制进行全面改革。1994年末,建设银行先后对资金管理体制、信贷管理体制、财务管理体制和会计核算体制进行或正在进行一系列重大改革,总行和一级分行集中调度、统一调度和经营资金的能力增强,财务会计制度进一步向国际准则靠近。同时建设银行还对客户经营战略和区域经营战略进行重新定位。建设银行因此取得了更快的发展和更好的经营效益。同一年，建设银行还对遍布全国的分支机构和储蓄网点进行了调整，在撤并部分县支行的同时，增加了在全国中心城市的网点设置数量，与相应信贷政策的调整相配合，进一步加强了在中心城市的经营力度。1996年3月，建设银行启用现名，同时导入企业识别系统，使用新的形象识别标志。2005年10月27日，建行以每股2.35港元的价格在香港联交所正式挂牌上市，从而成为中国四大国有商业银行中首家实现上市的银行。

中国建设银行非常重视海外业务的发展。目前，建设银行已在海外设有香港、新加坡两个分行和五个代表处，法兰克福分行正在筹建之中。建设银行已与世界上580家银行建立了代理行关系，其业务往来遍及五大洲的近80个国家。通过发行债券、组织银行贷款等方式在国际金融市场筹集资金，是建设银行的一项优势业务，并已成为国际金融资本与中国经济建设结合的重要桥梁。建设银行在香港地区的业务，在香港回归前已初具规模。香港回归后，其业务更获快速发展。目前，建设银行在香港已参股多家银行和金融公司，并已成为建设银行的最大股权持有者。

二、中国建设银行的发展战略

（一）企业竞争环境分析

我国银行业现有竞争主体构成主要有几个部分，其中有四大国有商业银行、三家政策性银行、十二家股份制商业银行、几十家外资银行，以及大大小小众多的城市商业银行。在这诸多竞争者之中，对中国建设银行冲击最大的竞争主体主要有三类：一是另外的三大国有商业银行；二是十二家股份制商业银行；三是几十家外资银行。

由于四大国有商业银行在中国每一个县级以上的行政区域基本上都设有分支机构，且业务同质化现象严重，导致在与其他银行机构进行市场竞争的同时，国有商业银行彼此之间的竞争也趋于白热化。但是，四家银行又都有自己的特点：中国银行具备国际化优势，拥有全球布局的金融服务网络；工商银行是我国金融市场最大的人民币结算行、证券及期货交易清算行、个人住房按揭银行和基金托管银行，在城市贷款业务方面领先；建设银行在房地产贷款方面占优，但其经营网点明显不足；农业银行营业网点分布最广，在城乡存贷款业务方面具有优势，但是不良贷款率过高，资本充足率也严重不足，对未来的发展有一定制约作用。2003年，国家对中国建设银行和中国银行顺利注资，两行的资本充足率都达到15%，远远超过巴塞尔协议8%的要求。国务院对国有商业银行再次注资、大比例核销不良贷款，表明政府减轻国有商业银行历史负担、推动国有商业银行改制的决心。2005年10月，中国建设银行在香港上市，募集资金80亿美元，进一步加强了建设银行在国内市场的地位。

国内的股份制银行近年来发展迅速，对四大国有商业银行（包括中国建设银行）构成了直接威胁。首先，股份制商业银行的资产增长令人瞩目，而且其在世界银行界的影响力迅速上升。第二，良好的增长前景和市场影响力使众多股份制商业银行成为外资银行战略合作和入股的对象，台湾中兴银行和招商银行在上海合作建立信用卡中心；汇丰银行持有交通银行19.9%的股份，成为交行的第二大股东，并将参与交通银行的董事会和高层管理。战略伙伴的引入使这些股份制商业银行在董事会运作、风险管理市场拓展和业务经营等方面有了很大的提升，增强了这些银行的竞争力。

2006年底,我国根据"入世"承诺,取消了地域限制,开放了中国居民个人的人民币业务,使外资银行在人民币业务范围和领域与国内银行基本上一样(外资银行还只能经营100万元以上的人民币业务)。这样,外资银行进入中国金融市场的步伐将进一步加快,其在中国的市场份额将大幅提高,其对国有商业银行的威胁变得直接而全面,主要表现在:一是随着国际制造业向中国转移,世界500强企业加大对中国的投资,外资银行凭借与500强企业的良好关系和长期国际信誉,针对跨国公司开拓业务,对国有商业银行的优质客户群造成强烈冲击;二是在5年的过渡期中,外资银行已经在中国境内通过参股和产品合作提前做好了准备,消除了在中国境内没有健全营业机构的弱势;三是通过多样化的金融产品和服务工具参与竞争,使国有商业银行创新能力弱的劣势更加明显。此外,国家对开放人民币业务设定了一定的门槛,减缓了一些外资银行进入中国市场的步伐,但是,一旦这些门槛被克服,则会有更多的外资银行进入中国,给中国的国有商业银行造成更大的威胁。

金融产品具有可替代性的特点,客户对金融产品在期限、风险、收益等方面的偏好使其对银行的选择很敏感,替代品的威胁已成为银行业竞争的重要因素。目前,房地产投资市场的火爆分流了相当数量的银行存款,这对于建设银行来说更是一个不利的形势;银行利率的低下,使国债市场成为众多没有风险偏好的零售客户的投资首选;股票市场汇集了大量机构和个人投机者的资金,公司长期债券对银行贷款也造成了冲击;外汇信托业务吸收了不少个人投资者从事外汇投资活动,养老、医疗、失业等社会保障基金及人寿、财产、教育等保险基金对投资领域的介入,也将抢占银行存款市场;信用卡业务管制的放松和信用卡公司发卡规模的不断扩大,也在一定程度上削弱银行信用卡业务。最后,网络信息技术的发展为替代品的转换提供了便捷的技术平台,减少了客户的转换成本。

过去,我国是实行法定利率制度的,基础利率及其浮动范围均由中央银行统一规定。但是,随着我国利率市场化改革的全面启动,开放小额外币存款利率,将使不同议价能力的储户对银行业的盈利水平产生重要影响。在银行的客户方面,由于我国银行业务同质化现象突出,加上金融产品替代性强的特点,客户的议价能力会随着金融产品的选择范围的扩大、购买量的增加、可供选择的竞争机构的增多变得更强,这一点对于中国建设银行来说也是一项重要的挑战。中国建设银行只有加强自己的金融创新能力,减少对传统业务的过度依赖,避开同质化竞争,才能获得发展。

(二) 企业总体发展战略规划

中国建设银行制定的公司使命是:致力于发展成为为客户提供最佳服务、为股东创造最大价值、为员工提供最好发展机会的国际一流银行。为此,建设银行将加强与大型企业客户的传统良好关系,关注电力、电讯、石油和燃气以及基础设施等战略性的龙头企业,以及与主要金融机构和政府机关的传统良好关系,并选择性地发展与中小企业客户的关系。在个人银行业务方面,大力提高来自高收入个人客户市场的收益,同时通过提供更具成本效益和规模经济效益的产品,巩固大众客户基础。发展批发和零售产品,专注中间业务,包括支付和结算服务、个人理财业务和公司财务管理。积极发展本行的个人银行业务,专注住房按揭和储蓄产品多样化,并建立业内领先的信用卡业务。重点发展长江三角洲、珠江三角洲和环渤海地区等经济较发达地区市场的主要城市,并加快发展中国内陆省份的省会城市。

具体而言,产品开发方面,在明确的经营战略指导下,建设银行将全面发展金融业务,不断进行产品创新。一是建立和完善建设银行的资产负债管理体系,加强产品定价管理改革,形成集中统一的产品定价体系。二是从1994年开始,建设银行结合当时财政职能移交和政策性信贷业务分离的实际及自身优势,确立了以国家开发银行、各级财政部门委托代理业务和审价、估价等咨询业务为主体的中间业务。三是在确立储蓄存款战略地位,在增加储蓄存款市场份额的过程中,提升储蓄存款业务的集约化经营水平。四是积极开办网上银行业务、开发重要客户服务系统、完善信用卡功能、建设客户服务中心以及开办手机银行和家居银行业务,使金融创新日趋活跃。

市场开拓方面,按照新时期的改革目标与总体发展战略,建设银行制定了公司业务经营政策和发展规划。一是扩大高质量有效市场份额,及时介入新兴市场和拓展新客户群体,实施差别化营销策略。二是提高投入产出效率,针对客户结构调整力度的加大,调整产品结构,确定重点行业结构,优化区域分布。三是加大资产业务营销力度,组建全国性的企业资金结算网络,为重点客户提供综合性金融服务,实现企业资金流向从源头到下游的体内循环,提高企业资金周转效率。四是建立以客户为中心的内部管理体系,对固定资产贷款和流动资金贷款业务、企业贷款和存款业务和企业人民币和外币贷款业务实行统一管理。五是实施客户经理制,采取对客户经理的聘任及培训,实现为重点客户的差别化服务。

此外,建设银行近期又以100%的股权收购了美洲银行(亚洲)。通过此次收购,建行获得发展香港业务所需的网点渠道、人员、系统、产品和客户,从而快速搭建起在香港的零售业务平台,增强为零售客户与商业企业提供服务的能力。建行在香港业务也将依靠建行在中国大陆强大的网络与客户基础,形成良好的互动,为建行的客户提供优质的跨境服务。

三、中国建设银行的经营状况

中国建设银行非常注重当代科学技术在银行业务中的运用。从20世纪90年代初开始,在不到5年的时间内,基本完成了从单机操作向已开发应用的全行性网络包括电子资金清算系统、龙卡网络化交易的过渡。建设银行系统、会计总账传输系统和电子邮箱系统,还实现了与SWIFT系统的联网。除全行性网络外,还以大中城市为中心建立了众多区域性交易网络,至1997年已有210个城市行完成了"城市综合网络系统"的建设,并实现了与全行网络系统的连接。

在计算机技术广泛应用的支持下,建设银行的服务水平不断提高,服务品种不断创新。于1996年建成的资金清算系统,可以为客户提供快捷、安全、高效的电子划汇服务,实现了异地系统内资金清算24小时内到账。在此基础上,还为许多企业建立了全国销售资金结算网,并为诸多券商提供交易资金清算支持。

近年来,建设银行继续发挥长期形成的业务优势与特长,保持了对公路、铁路、电信、电网和城市建设等国民经济基础设施、基础产业的较大量信贷投入和对效益良好的大型企业的信贷投入,同时适时增加了对发展前景良好的中小企业的信贷投入。目前建设银行已与近500家大中型企业建立了全面金融服务关系,并与10余家特大型企业共同建立了全国销售结算协作网络。对信息产品制造业、信息服务业、高等级公路建设的金融服务进行了成功拓展。对高增长经济部门信贷投入的增加、对建设银行资产结构的调整起到了明显作用,为进一步提高经营效益创造了条件。

建设银行对个人金融服务也在不断创新,取得了良好的业绩。继"龙卡"信用卡之后,陆续推出了储蓄卡、转账卡、智能卡和诸多联名卡,形成了以"龙卡"为标志的银行卡系列;个人住房抵押贷款保持了 70% 以上的市场占有率;率先开办的汽车消费贷款在很短的时间里已经吸引了众多的客户。此外,在个人账户管理和支付结算方面的创新,也使个人转账收支更为方便、快捷。

1994 年以来,建设银行非利差业务取得了长足发展。在承继传统业务、继续代理国家财政资金拨付的同时,作为国家开发银行的最大代理行,承担该行资金的拨付和部分管理职能。四年来代理开发银行业务量已逾 3 420 亿元,占开行业务总量的 79.8%。除为特大型企业建立销售结算网络外,还凭借结算手段优势,为诸多生产企业、商业企业、金融企业提供多种结算服务,特别是成功地为一汽大众、春兰等企业开发了资金结算程序,提供了快捷安全的结算服务。

四、中国建设银行的资本运作

(一)企业融资情况

中国建设银行的资金主要是通过借债形式和出售股份的形式筹集。截至 2005 年 12 月 31 日,中国建设银行通过借款共筹集资金 42 980.65 亿元,比上年增长 5 836.96 亿元,增长幅度为 15.7%;通过出售股份筹集资金 2 875.79 亿元,比上年增长 920.63 亿元,增长幅度为 47.1%。[①]

具体而言,在建设银行的借款当中,客户存款占了借款资金额的主要部分,也是所有资金来源中最多的一部分,建设银行通过客户存款共筹集资金 40 060.46 亿元;建设银行通过向其他银行及非银行金融机构借款,共获得 1 645.24 元的资金;建设银行通过发行次级债券获得 399.07 亿元资金;此外,建设银行还以其他方式获得 875.88 亿元的资金。由于中国经济的持续增长,公众的可支配收入增加,而国内很多地方的投资渠道还很有限,再加上定期存款利率上升等因素,人民币存款特别是定期存款大幅度上升(见表 1 及表 2)。

表 1　　　　　　　　　2005 年 12 月 31 日中国建设银行的负债构成表

	2005 年 12 月 31 日		2004 年 12 月 31 日	
	金额 (人民币百万元)	占总额百分比 (%)	金额 (人民币百万元)	占总额百分比 (%)
客户存款	4 006 046	93.3	3 491 121	94.0
应付银行及非银行金融机构款项	164 524	3.8	112 039	3.0
已发行次级债券	39 907	0.9	39 896	1.1
其他负债	87 588	2.0	71 313	1.9
总负债	4 298 065	100.0	3 714 369	100.0

资料来源:中国建设银行 2005 年年报。

---

① 关于建设银行的资本运作状况及下文中的财务状况,本文只取到 2005 年的数据,因为 2006 年的数据在本文写作时尚未公开出来。

表 2   2005 年 12 月 31 日中国建设银行按产品类型划分的客户存款情况

	2005 年 12 月 31 日		2004 年 12 月 31 日	
	金额（人民币百万元）	占总额百分比（％）	金额（人民币百万元）	占总额百分比（％）
公司存款				
活期	1 474 483	36.7	1 389 028	39.8
定期	619 564	15.5	444 482	12.7
小计	2 094 047	52.2	1 833 510	52.5
个人存款				
活期	708 608	17.7	633 302	18.1
定期	1 188 813	29.7	1 013 998	29.1
小计	1 897 421	47.4	1 647 300	47.2
海外业务	14 578	0.4	10 311	0.3
客户存款总额	4 006 046	100.0	3 491 121	100.0

资料来源：中国建设银行 2005 年年报。

中国建设银行自由资本现在已经全部转为股本了。2005 年 10 月，中国建设银行在香港联交所上市，共发行 304.59 亿股股份，募集 715.78 亿元港币。此次发行时中国四大国有商业银行首次在境外公开发行并上市，是除日本外的亚洲企业最大规模的股票发行，是全球银行业规模最大的股票发行。这次发行也是中国建设银行一年来股本持有量增加的主要原因（见表 3）。

表 3   2005 年 12 月 31 日中国建设银行股东权益构成表

	2005 年 12 月 31 日	2004 年 12 月 31 日
	（人民币百万元）	
股本	224 689	194 230
股本溢价	42 091	—
一般准备	10 332	—
未分配利润	4 783	1 048
其他权益	5 684	238
股东权益合计	287 579	195 516

资料来源：中国建设银行 2005 年年报。

（二）企业投资情况

中国建设银行 2005 年的投资共 14 138.71 亿元，主要由三部分构成：债务工具、应收款项和权益工具。其中，债务工具金额为 9 584.70 亿元，占总投资额的 67.8％；应收款项金额为 4 437.29 亿元，占总投资额的 31.4；权益工具金额为 116.72 亿元，占投资额的 0.8％。（见表 4）

表4　　　　　　　　　2005年12月31日中国建设银行投资构成表

	2005年12月31日		2004年12月31日	
	金额（人民币百万元）	占总额百分比（%）	金额（人民币百万元）	占总额百分比（%）
债务工具	958 470	67.8	657 423	59.4
应收款项	443 729	31.4	433 858	39.2
权益工具	11 672	0.8	16 355	1.4
投资合计	1 413 871	100.0	1 107 636	100.0

资料来源：中国建设银行2005年年报。

2005年，由于人民币升值，资金宽裕，中国建设银行加大了在资金市场的资金投放，增加了对债务工具，特别是央行票据的投资，使债务工具投资额与上年同期相比大幅增长3 010.47亿元，增幅45.8%。

可见，债务工具和应收款项是建设银行的主要投资形式，那么建设银行的不良贷款情况又如何呢？可以说，建设银行的不良贷款率是四大国有商业银行中最低的。2005年，中国建设银行的不良贷款率是3.84%，比2004年3.92的不良贷款率下降了0.08个百分点（见表5）。

表5　　　　　　　　　2005年12月31日中国建设银行贷款分类划分表

	2005年12月31日		2004年12月31日	
	金额（人民币百万元）	占总额百分比（%）	金额（人民币百万元）	占总额百分比（%）
正常	2 072 969	84.4	1 768 578	79.4
关注	290 960	11.8	371 468	16.7
次级	42 456	1.7	51 430	2.3
可疑	45 457	1.8	31 059	1.4
损失	6 556	0.3	4 891	0.2
客户贷款和垫款总额	2 458 398	100.0	2 227 426	100.0
不良贷款率	3.84		3.92	

资料来源：中国建设银行2005年年报。

（三）企业并购重组情况

2006年12月29日，中国建设银行股份有限公司宣布，建设银行收购美洲银行持有的美洲银行（亚洲）股份有限公司[简称美银（亚洲）]100%股权已正式完成交割。交割后，美银（亚洲）将更名为"中国建设银行（亚洲）股份有限公司"，美银（亚洲）的所有营业网点、合同凭证以及往来文件等也将完成标识与名称的更换。此前，中国建设银行董事会于2006年8月24日与美洲银行签署收购协议，收购美银（亚洲）的全部已发行股份，总价为97.1亿港元，相当于美银（亚洲）2005年底账面净资产的1.32倍。2006年10月20日，建设银行召开临时股东大会，通过了该收购议案。按照监管法律要求，此次交易陆续获得了包括中国银监会、香港金管局和澳门金管局在内的有关境内外监管机构的批准。此次收购完成后，建行在中国香港的业务规模迅速扩大为原来的两倍，客户贷款从原来的第十六位飙升至第九位。

五、中国建设银行的财务状况

（一）资产结构

截至 2005 年 12 月 31 日，中国建设银行总资产数量达到 45 857.42 亿元，其中总负债 42 980.65 亿元，总所有者权益 2 876.77 亿元，资产负债率为 93.7%。在其资产中，现金及存放在中央银行款项 4 801.36 亿元，应收银行及非银行金融机构款项 1 901.08 亿元，客户贷款及垫款 23 953.13 亿元，投资 14 138.71 亿元，物业及设备 499.61 亿元，递延税项资产 4.20 亿元，其他资产 559.33 亿元。在其负债中，应付中央银行款项 0.21 亿元，应付银行及非银行金融机构款项 1 645.24 亿元，客户存款 40 060.46 亿元，已发行存款证 54.29 亿元，本期税项负债 56.48 亿元，其他负债及准备金 764.90 亿元，已发行次级债券 399.07 亿元。在其权益当中，股本 2 246.89 亿元，储备 628.90 亿元（见表 6）。

表 6　　　　　　2005 年 12 月 31 日中国建设银行综合资产负债表　　　　　　单位：百万元

	2005 年	2004 年
资　产		
现金及存放中央银行款项	480 136	399 366
应收银行及非银行金融机构款项	190 108	112 531
客户贷款及垫款	2 395 313	2 173 562
投资	1 413 871	1 107 636
物业及设备	49 961	48 444
递延税项资产	420	—
其他资产	55 933	68 381
总资产	4 585 742	3 909 920
负债		
应付中央银行款项	21	2 247
应付银行及非银行金融机构款项	164 524	112 039
客户存款	4 006 046	3 491 121
已发行存款证	5 429	3 741
本期税项负债	5 648	1 750
递延税项负债	—	388
其他负责及准备金	76 490	63 187
已发行次级债券	39 907	39 896
总负债	4 298 065	3 714 369
权益		
股本	224 689	194 230
储备	62 890	1 286
本行股东应占权益总额	287 579	195 516
少数股东权益	98	35
总权益	287 677	195 551
总权益及负债	4 585 742	3 909 920

资料来源：中国建设银行 2005 年年报。

(二)盈利状况

截至 2005 年 12 月 31 日,中国建设银行获得税前利润 553.64 亿元,净利润 470.96 亿元。具体而言,其净利息收入为 1 165.51 亿元,净手续费收入为 84.55 亿元,经营收入 1 287.14 亿元,股息收入 5.46 亿元,交易性证券净收益 4.55 亿元,投资性证券收益 19.27 亿元,汇兑净损失 13.06 亿元,其他收入 20.86 亿元,经营费用 733.50 亿元(其中一般及行政费用 580.92 亿元,客户贷款及垫款 137.06 亿元,其他费用 15.52 亿元)(见表 7)。

表 7　　　　　　　　　　2005 年 12 月 31 日中国建设银行综合损益表　　　　　　　　　单位:百万元

	2005 年	2004 年
利息收入	173 601	147 196
利息支出	(57 050)	(45 708)
净利息收入	116 551	101 488
手续费及佣金收入	9 261	7 352
手续费及佣金支出	(806)	(881)
净手续费及佣金收入	8 455	6 471
股息收入	546	777
交易性证券净收益	455	306
投资性证券净收益	1 927	2 701
汇兑净(损失)/收益	(1 306)	509
其他收入	2 086	1 724
经营收入	128 714	113 976
一般及行政费用	(58 092)	(53 419)
减值损失支出		
客户贷款及垫款	(13 706)	(6 109)
其他	(1 552)	(3 249)
经营费用	(73 350)	(62 777)
税前利润	55 364	51 999
所得税	(8 268)	(2 159)
净利润	47 096	49 040
归属于		
本行股东	47 103	49 042
少数股东权	(7)	(2)
净利润	47 096	49 040
应付本行股东现金股息		
当年已宣派中期股息	168	—
当年已宣派末期股息	—	2 914
当年已宣派特别股息	3 100	
资产负债表日后建议分派末期股息	3 370	—
	6 638	2 914
每股基本及摊薄盈利(人民币元)	0.24	0.26

资料来源:中国建设银行 2005 年年报。

（三）资金运营能力

中国建设银行 2005 年共获得净利润 470.96 亿元,经营活动产生的资金净流入额为 3 034.44 亿元,投资活动产生的现金流出为 3 115.96 亿元,筹资活动产生的现金流入为 707.10 亿元,汇率变动造成现金流量损失为 19.07 亿元。2004 年 12 月 31 日中国建设银行净现金及现金等价物金额为 2 201.06 亿元,到 2005 年 12 月 31 日,中国建设银行的净现金及现金等价物为 2 807.57 亿元,比上年有所增加。其中,经营活动中现金流入流出量较大的项目为:存放中央银行的存款项增加造成现金流出增加 945.82 亿元,客户贷款及垫款增加造成现金流出 2 403.02 亿元,客户存款增加造成现金流入增加 5 149.25 亿元;投资活动中对现金流动影响较大的为:出售及承兑投资所收款项造成现金流入 5 913.61 亿元,购入投资所支付款项造成现金流出 8 959.20 亿元;筹资活动中对现金变动有较大影响的项目有:发行股份所得款项使现金流入 746.39 亿元(见表 8)。

表 8　　　　　　　　2005 年 12 月 31 日中国建设银行综合现金流量表　　　　　　单位:百万元

	2005 年	2004 年
经营活动		
净利润	47 096	49 040
调整项目		
——特别国债利息收入	—	(3 242)
——股息收入	(546)	(777)
——投资及衍生工具重估(收益)/损失	(210)	174
——出售投资、物业及设备、土地使用权及其他资产的净收益	(1 969)	(2 491)
——未实现汇兑损失	1 575	12
——折旧及摊销	6 686	8 532
——减值损失支出	15 258	9 358
——所得税	8 268	2 159
——已发行次级债券利息支出	1 850	414
	78 008	63 179
经营资产及负债的变动		
存放中央银行款项增加	(94 582)	(42 707)
应收银行及非银行金融机构款项增加	(3 130)	(20 424)
客户贷款及垫款增加	(240 302)	(236 312)
其他经营资产(增加)/减少	(10 718)	75 953
应付中央银行款项减少	(2 226)	(3 449)
应付银行及非银行金融机构款项增加	52 485	2 865
客户存款增加	514 925	295 448
已发行存款证增加/(减少)	1 688	(605)
支付所得税	(4 867)	(140)
其他经营负债增加/(减少)	12 163	(15 456)
经营活动产生的现金流入净额	303 444	118 352
投资活动		

续表

	2005 年	2004 年
出售及承兑投资所收款项	591 361	542 163
出售物业及设备、土地使用权和其他资产所收款项	1 345	2 701
购入投资所支付款项	(895 920)	(824 114)
购入物业及设备和土地使用权所支付款项	(8 992)	(7 099)
对新子公司的投资	70	—
收取股息	540	777
投资活动产生的现金流出净额	(311 596)	(285 572)
筹资活动		
发行股份所得款项	74 639	8 000
零售按揭货款证券化所得款项	2 920	—
支付股息	(2 914)	—
扣除利息收入后股份发行成本	(2 089)	—
支付已发行次级债券利息	(1 846)	—
发行次级债券所得款项	—	40 000
支付发行债券交易成本		(106)
筹资活动产生的现金流入净额	70 710	47 894
现金及现金等价物净增加(减少)额	62 558	(119 326)
于1月1日的现金及现金等价物	220 106	339 425
汇率变动对所持现金的影响	(1 907)	(3)
于12月31日的现金及现金等价物	280 757	220 106
经营活动产生的现金流量包括收取利息	169 177	139 928
支付利息——不括已发行债券利息支出	(52 552)	(43 948)

资料来源：中国建设银行 2005 年年报。

六、中国建设银行的研发创新能力

近年来，随着电子银行业务的不断发展和业务产品功能的不断完善，电子银行业务在银行所占的业务份额不断增加，电子银行运用层出不穷的新技术改造传统银行业务，并借助互联网技术手段，正迅速发展成为未来银行业的主导模式。营业机构、客户经理、电子银行已经成为建设银行三大营销渠道。在中国，建设银行针对不同种类客户开发的各种电子银行产品不断推出和完善，尤其是网上银行的发展更加迅猛。现阶段建设银行大部分优质客户已经成为网上银行客户，针对大型集团客户建设银行还特别开通了集团理财功能，使交易量迅速递增。

随着金融市场的迅速发展,中小企业日益成为推动国家经济发展的一大强劲助力,也是银行增加竞争力、实现业务稳步发展的重要合作伙伴。中国建设银行针对这种情况,根据中小企业业务需求,积极进行产品组合和创新,于2006年3月以来推出根据中小企业的特点量身定制的个性化产品——"成长之路"和"速贷通",以满足不同类型企业的需求。

"成长之路"业务是指对于信息较充分、信用记录较好、持续发展能力较强的成长型小企业,在评级授信后办理的信贷业务。"成长之路"业务用于小企业正常生产经营资金周转及设备、厂房等投资贷款以及商业汇票贴现、商业汇票承兑、保证、信用证等表内、表外业务。其信贷资金不得以任何形式流入证券市场、期货市场和用于股本权益性投资。

建行在2006年8月中旬推出的"速货通"业务,专门针对信贷需求急切而又没有银行授信额度的小企业,在其提供有效担保的前提下实现快速融资。开办的对象为小企业法人和个体工商户,适于借款人用于合法的企业生产经营资金周转及设备、厂房等投资,包括流动资金周转和固定资产项目等。企业最长融资期限可达18个月,全额抵押贷款的额度最高为500万元。此外,建行在流程上不断简化,根据中小企业金额业务"短、频、快"特点,实行客户经理和风险经理平行作业,下放审批权限,减少审批层级,缩短决策链条,大大缩短了贷款周期,实现了最短时间助中小企业快速融资。

七、中国建设银行的营销策略

首先,在网点建设方面,中国建设银行经过几十年的发展,现在已经形成了遍布全国的服务网络,并且在银行内完成了信息系统的联网,对于建设银行发展零售银行业务而言,内部信息系统的建设和完善的营业网点布局是非常重要的。但是,相比于工商银行和农业银行,建行的服务网络还是稍显不足。为此,建设银行应当注意优化网络布局,提高科技创新能力,使其在面对越来越重要的零售银行业务时更加游刃有余。

第二,近年来,中国建设银行制定了各种政策,积极扩大高质量有效市场的份额,介入新兴市场,并拓展新客户群体,针对不同市场群体实施差别化营销策略,调整产品结构,确定重点行业结构,优化区域分布。

第三,中国建设银行加大了资产业务营销的力度,组建了全国性的企业资金结算网络,为重点客户提供综合性金融服务,以客户为中心,建立内部管理体系,统一管理固定资产贷款、流动资金贷款、企业贷款、存款业务、企业人民币业务和外币贷款业务。

第四,中国建设银行实行了客户经理制,对客户经理进行聘任和培训,实现为重点客户的差别化服务。

八、中国建设银行的人力资源与文化

(一)企业人力资源

首先,在用人制度上,以建立员工内部等级体系为基础,以完善领导人员聘任制为核心,以营造优秀人才脱颖而出的良好环境为根本目标。建设银行总行根据银行的机构管理层次、业务运作模式和岗位设置特点,按照与岗位职责、风险、贡献相称的原则,对全行员工实行科学合理的定位,将员工岗位职务划分为管理岗位职务、经办岗位职务和专业技术岗位职务三个序列,淡化了行政级别,拓宽了员工的晋升通道和发展空间。在对员工等级进行改革的同时,全面实施领导人员聘任制,引入竞争机制,拓宽选人用人渠道,真正实现领导职务"能上能下"。

第二,在用工制度上,建设银行以控制用工总量、优化人员结构为重点,建立了竞争淘汰机制,全面实施劳动合同制,以契约为基础规范了用工关系。建设银行设法增加高素质员工在员工总量中的比例,合理调整人力资源的区域分布,严格控制和压缩行政后勤部门的职数配置,科学确定各级管理岗位职务、专业技术岗位职务和经办岗位职务人员的职数比例,拓宽人才引进渠道,建立内部竞争机制,优化流程,裁减冗员。

第三,在薪酬制度上,建设银行让薪酬与经济增加值全面挂钩,实施工资总额管理、员工工资分配、一级分行行级领导年薪制、企业年金、补充医疗保险等薪酬制度。

第四,在培训制度上,建设银行以岗位能力要求为核心,全面推进岗位资格培训,履岗能力培训,岗位职务培训,岗位职务提升培训和职业生涯发展培训。

(二)企业文化

建设银行作为商业银行的企业文化建设开始于1996年。这年3月26日,建设银行将"中国人民建设银行"改为"中国建设银行",并更换新的行徽,导入CIS形象战略,标志着建行开始重视企业文化建设。

建设银行把自身现代的企业形象传达给社会。CIS战略是当时建行开展企业文化建设的一项系统工程。从这时开始,建行的服务和承诺不再是随意的、局部的、短期的行为,而是成为一种规范的、立体的、长期的行为。由于重视视觉形象,行容行貌也有很大改观。这时的企业文化建设,侧重点在于向社会宣传自身的企业形象。

2002年初,建行新一届领导班子根据中国加入WTO后国内外银行同业竞争加剧的新形势,总结以往建行企业文化建设的经验教训,针对自身的改革和发展遇到的机制、观念、心理上的多种矛盾,从建行的实际出发,适时地提出了坚持以人为本,建设以团队精神、创新精神、奉献精神为核心的"家园文化"的要求,确立了建行企业文化建设的方向,标志着建行企业文化建设步入了全面、科学、快速发展的轨道,进入了全面建设的新时期。

建设银行总行提出的建设"以人为本,团队精神、创新精神和奉献精神为核心内容的'家园文化'",具有鲜明的建设银行特色。它是对建设银行在长期经营管理中形成的自身的优良文化传统和自身企业文化建设实践经验的科学概括和总结,是建行几代人数十年奋斗的结晶。它把企业文化的一般要求与建行的传统紧密结合起来,是建设银行事业的坚实基础。

建设银行提出的"家园文化"的要求体现了对员工、对企业、对社会的高度责任感。通过丰富的中华文化、建设银行自身的人文优势与现代西方企业经营管理制度的完美结合,从实际出发构筑中国建设银行崭新企业形象,必将为建行发展赢得竞争优势,为建设银行的快速发展、参与全球竞争提供保障。

中国电信集团公司

中国电信集团公司(简称中国电信)是按照国家电信体制改革方案组建的特大型国有通信企业。中国电信作为中国主体电信企业和最大的基础网络运营商,拥有世界第一大固定电话网络,覆盖全国城乡,通达世界各地,成员单位包括遍布全国的31个省级企业,在全国范围内经营电信业务。

中国电信集团公司由中央管理,是经国务院授权投资的机构和国家控股公司的试点,注册资本1580亿元人民币。主要经营国内、国际各类固定电信网络设施,包括本地无线环路;基于电信网络的语音、数据、图像及多媒体通信与信息服务;进行国际电信业务对外结算,开拓海外通讯市场;经营与通讯及信息业务相关的系统集成、技术开发、技术服务、信息咨询、广告、出版、设备生产销售和进出口、设计施工等业务;并根据市场发展需要,经营国家批准或允许的其他业务。

在近几年中国企业500强排名当中,中国电信集团基本上维持在同一水平之上,图1为近5年中国电信集团营业收入及中国500强排名。

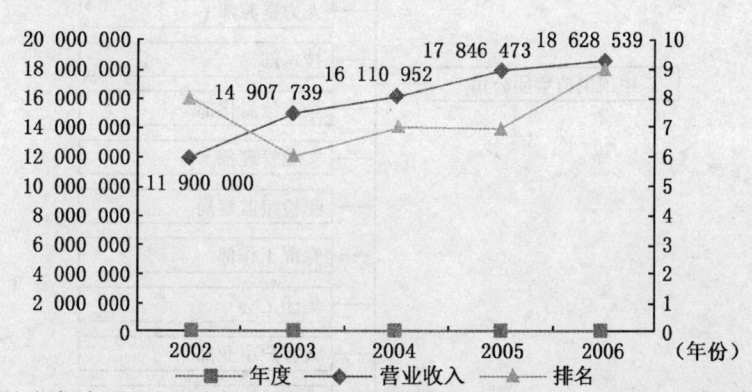

资料来源:根据中国企业联合会、中国企业家协会历年公布的中国企业500强数据整理。

图1 中国电信集团近5年营业收入及中国500强排名

中国电信的前身是原邮电部电信总局。邮电部于1998年进行了邮政、电信分营,成立了中国邮电电信总局,经营和管理全国电信业务;2000年5月17日,在剥离了无线寻呼、移动通信和卫星通信业务后,成立了中国电信集团公司;2002年5月,根据国务院《电信体制改革方案》(国发[2001]36号),对中国电信进行南北分拆重组,将北方九省一市划给中国网通,成立新的中国电信集团公司。原中国电信划分南、北两个部分后,中国电信下辖21个省级电信公司,拥有全国长途传输电信网70%的资产,允许在北方十省区域内建设本地电话网和经营本地固定电话等业务。

中国电信集团公司于2002年9月10日完成上海、江苏、浙江、广东四省(市)电信业务资产的重组改制工作,成立中国电信股份有限公司,并于当年11月14日、15日,分别在纽约和香港两地成功完成股票发行和上市交易;2003年12月和2004年6月,分别从中国电信集团公司收购了安徽等六省电信资产以及湖南等十省电信资产。收购完成后,中国电信股份有限公司的服务地区达到20个省(区、市)[①]。

一、企业组织架构

目前,中国电信下辖21个省级电信公司,拥有全国长途传输电信网70%的资产,允许在北方十省区域内建设本地电话网和经营本地固定电话等业务。重组之后,中国电信集团拥有中国电信股份有限公司所有股权的70.89%,图2至图4为其组织架构。

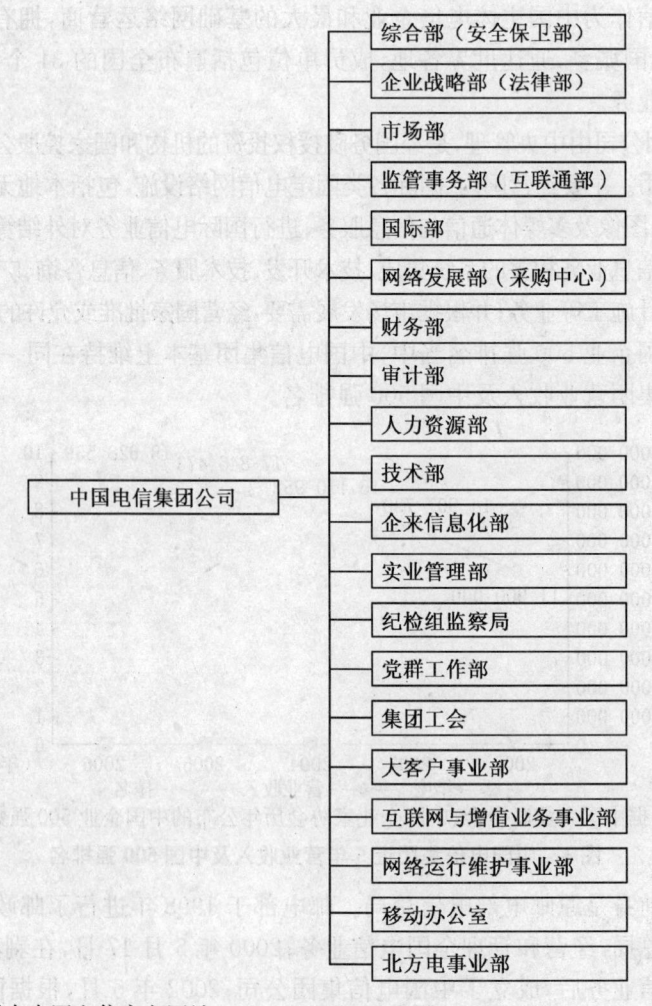

中国电信集团公司
- 综合部（安全保卫部）
- 企业战略部（法律部）
- 市场部
- 监管事务部（互联通部）
- 国际部
- 网络发展部（采购中心）
- 财务部
- 审计部
- 人力资源部
- 技术部
- 企来信息化部
- 实业管理部
- 纪检组监察局
- 党群工作部
- 集团工会
- 大客户事业部
- 互联网与增值业务事业部
- 网络运行维护事业部
- 移动办公室
- 北方电事业部

资料来源:引自中国电信官方网站。

图2 中国电信组织结构

---

① 中国电信集团公司官方网站 http://www.chinatelecom.com.cn。

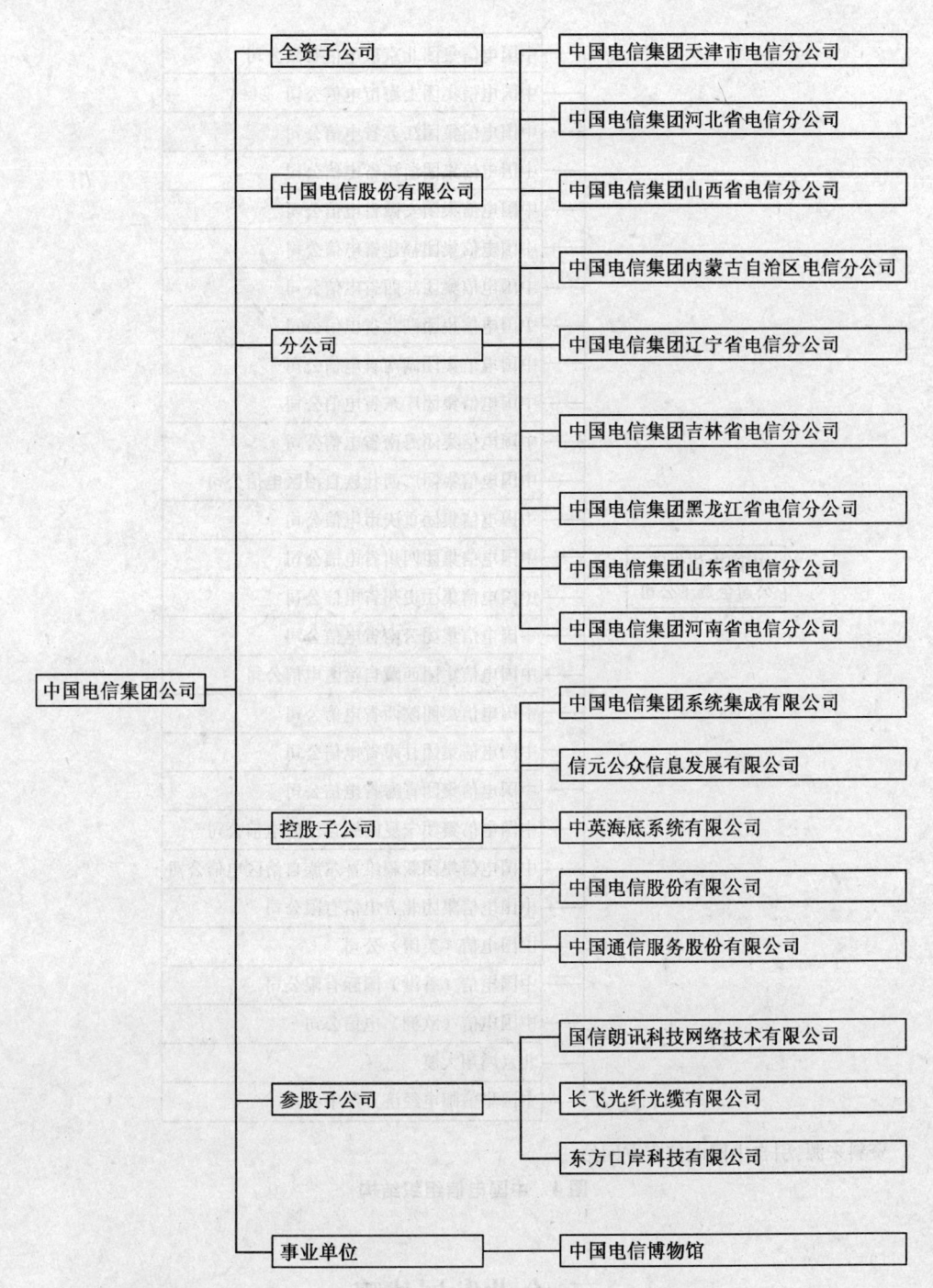

```
                              ┌─── 全资子公司 ─────┬─── 中国电信集团天津市电信分公司
                              │                    │
                              │                    ├─── 中国电信集团河北省电信分公司
                              │                    │
                              ├─── 中国电信股份有限公司 ├─── 中国电信集团山西省电信分公司
                              │                    │
                              │                    ├─── 中国电信集团内蒙古自治区电信分公司
                              │                    │
                              ├─── 分公司 ─────────┼─── 中国电信集团辽宁省电信分公司
                              │                    │
                              │                    ├─── 中国电信集团吉林省电信分公司
                              │                    │
                              │                    ├─── 中国电信集团黑龙江省电信分公司
                              │                    │
                              │                    ├─── 中国电信集团山东省电信分公司
                              │                    │
                              │                    └─── 中国电信集团河南省电信分公司
 中国电信集团公司 ────────────┤
                              │                    ┌─── 中国电信集团系统集成有限公司
                              │                    │
                              │                    ├─── 信元公众信息发展有限公司
                              │                    │
                              ├─── 控股子公司 ─────┼─── 中英海底系统有限公司
                              │                    │
                              │                    ├─── 中国电信股份有限公司
                              │                    │
                              │                    └─── 中国通信服务股份有限公司
                              │
                              │                    ┌─── 国信朗讯科技网络技术有限公司
                              │                    │
                              ├─── 参股子公司 ─────┼─── 长飞光纤光缆有限公司
                              │                    │
                              │                    └─── 东方口岸科技有限公司
                              │
                              └─── 事业单位 ──────── 中国电信博物馆
```

资料来源：引自中国电信官方网站。

图3　中国电信组织结构

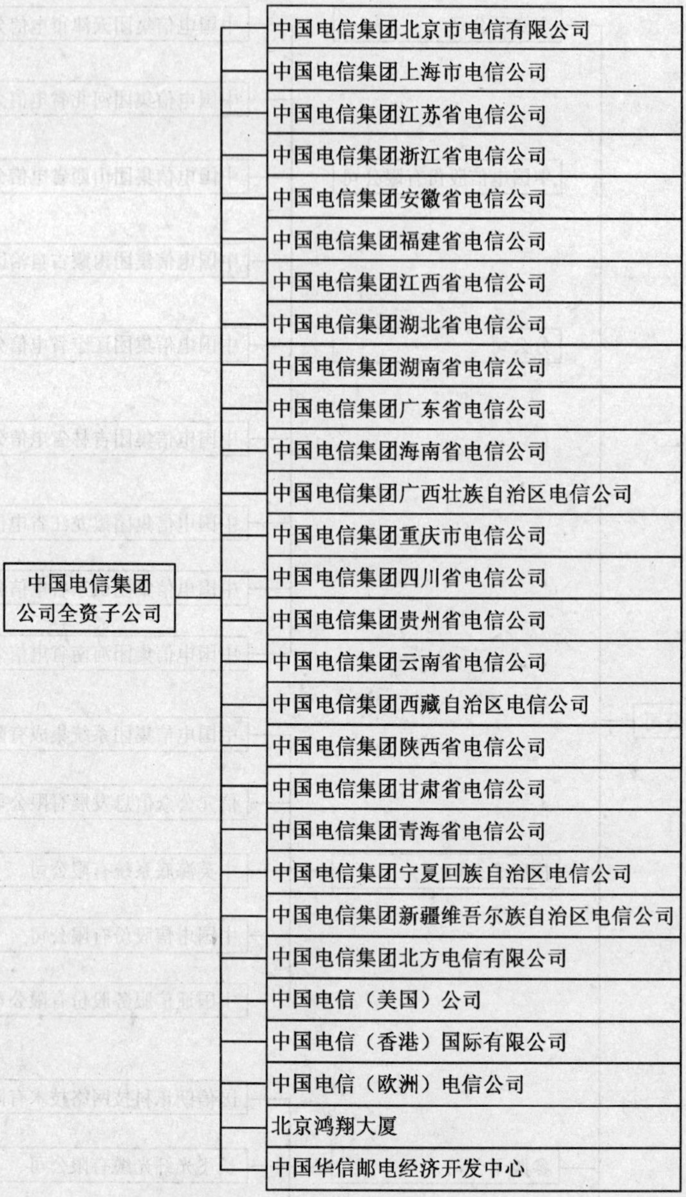

图 4 中国电信组织结构

中国电信集团公司全资子公司:
- 中国电信集团北京市电信有限公司
- 中国电信集团上海市电信公司
- 中国电信集团江苏省电信公司
- 中国电信集团浙江省电信公司
- 中国电信集团安徽省电信公司
- 中国电信集团福建省电信公司
- 中国电信集团江西省电信公司
- 中国电信集团湖北省电信公司
- 中国电信集团湖南省电信公司
- 中国电信集团广东省电信公司
- 中国电信集团海南省电信公司
- 中国电信集团广西壮族自治区电信公司
- 中国电信集团重庆市电信公司
- 中国电信集团四川省电信公司
- 中国电信集团贵州省电信公司
- 中国电信集团云南省电信公司
- 中国电信集团西藏自治区电信公司
- 中国电信集团陕西省电信公司
- 中国电信集团甘肃省电信公司
- 中国电信集团青海省电信公司
- 中国电信集团宁夏回族自治区电信公司
- 中国电信集团新疆维吾尔自治区电信公司
- 中国电信集团北方电信有限公司
- 中国电信（美国）公司
- 中国电信（香港）国际有限公司
- 中国电信（欧洲）电信公司
- 北京鸿翔大厦
- 中国华信邮电经济开发中心

资料来源：引自中国电信官方网站。

二、企业发展战略

（一）企业竞争环境

随着技术的进步和业务的创新，运营企业之间的竞争不再局限于单一的业务市场，而是全方位、多业务的竞争。移动电话对固定电话的分流构成了移动运营企业对固网运营企业的异质业务竞争。随着无限局域网、宽带接入等方式的兴起，融合了话音、数据等多种业务的几大基础运营企业间展开了全方位竞争。

1. 电信市场竞争格局分析

随着电信体制改革和重组以及替代技术和业务的发展,中国电信市场格局发生了实质性的变化,由原来单一垄断的市场结构发展为多元化的市场竞争局面。目前,基础电信企业已有6家,增值电信企业达到4 000多家,初步形成了不同规模、不同业务、不同所有制企业相互竞争、共同发展的市场格局(见表1及图5至图7)。①

表1　　　　　　　　　2002～2003年各电信运营商业务收入增长情况

	单位	2002年	2003年	2003年增长率(%)
中国电信	亿元	1 339.8	1 452	8.37
中国网通	亿元	669.7	751.4	12.2
中国移动	亿元	1 509	1 701.6	12.8
中国联通	亿元	508.01	668.8	31.6

资料来源:《中国行业发展报告——电信运营业》。

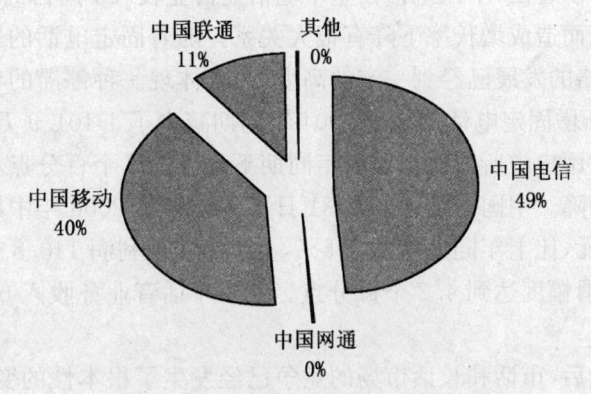

图5　2001年底运营商业务结构比例

图6　2002年底运营商业务结构比例

---

① 郑奇宝:《从垄断到竞争——电信行业规制理论与实证研究》,人民邮电出版社2005年版,第375～376页。

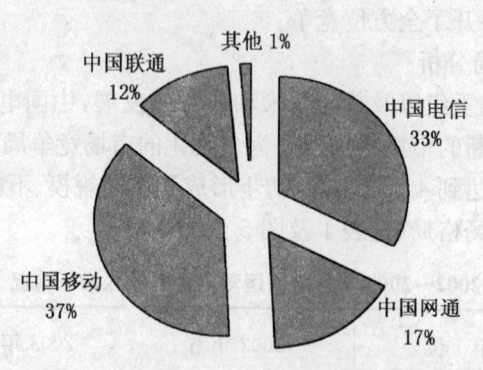

图 7 2003年底运营商业务结构比例

2006年,固定网和移动网的差距正在显著扩大,四大运营商在新增收入市场的比率分别是中国移动73%、中国电信12%、中国联通12%、中国网通3%,移动运营商已经占据了85%以上的新增收入市场份额。从2004年至2006年上半年,两家固网运营商的增量收入市场份额之和从33%下降到了19%。

从以上数据中可以看出,中国电信在整个电信业营业收入中所占的比重逐渐下降,这与固定网络已经普及从而造成增长率下降有很大关系。随着固定电话的普及,以及移动网络的迅速发展,固定网络的发展已经到一定的高度,并且体现一种停滞的状态,发展速度不断下降。2005年全年新增固定电话用户比2004年同期减少了1 101.9万户。新增无线市话用户在新增固定电话用户中所占比重比去年同期下降了3.3个百分点,对固定电话用户增长的带动作用有所下降。中国电信于8月31日下午公布了2006年中期业绩,其上半年营业收入为869.36亿元,比上年同期增长3.5%,上半年实现利润140.8亿元,相比于去年同期呈现下滑趋势,下滑幅度达到4.2个百分点。上半年话音业务收入611.98亿元,同比下跌0.6%。

自从电信分拆之后,市话和长话市场的竞争已经发生了根本性的变化。移动网络的快速发展,使市话和长话市场的竞争更为激烈。2003年初IP电话通话量在整个固定网长途电信(国际、国内和港澳台)中的比重已由2000年的7.2%猛增到47%;而传统长途电话通话量的比重则由92.8%下降为53%。长途电话原来较高的利润空间已经被市场竞争压缩了,但是原中国电信仍占市场份额的60%以上。原中国电信南北拆分,网通、吉通并入新中国网通后,长话市场形成了新的竞争态势。据信息产业部统计,在2003年1月份的国内长途通话时长中,移动、固定、IP电话分别占30%、30%和40%。国内长途电话市场已呈三分天下之势,IP和移动电话在国内长途通话中的比重还在不断上升。2002年底以来,IP电话在长途业务中已居首位。

移动通信是目前我国电信发展的主要热点。移动通信具有方便快捷的优势,它不受地域的限制,可以实现消费者随地通话;同时,随着无线上网的技术逐渐被接受,我国移动通信继续保持了高速发展,用户数目不断增加,并且逐渐从高档消费品转变为普通消费品,移动通信投资比例逐渐增加,移动通信能力得到了进一步的提高。

中国联通从1994年成立以后,得到了逐步的发展,特别是当它在香港上市以后,融资渠道进一步畅通;1999年移动通信从中国电信分离之后,继承了中国电信原有的用户数量和通信能力以及众多的人力资源。移动市场形成中国移动和中国联通寡头竞争的态势。截至2003年底,中国移动拥有用户17 650万户,占总用户数的65.68%;中国联通拥有用户9 221.7万户,占总用户数的34.32%。

在增值业务方面,虽然在国外较成熟的电信市场中,增值电信业务量已经超过传统的语音服务,成为电信收入的亮点,但是目前中国电信市场中,增值电信业务仍占极小的比例。由于电信网具有范围经济性,所以在我国增值电信业务主要由原中国电信的企业提供。

在电信业务最主要的几个领域:市话业务、长话业务和移动电话业务领域,我国均主要有两个参与者,提供只有某些差别的相似产品,构成了非常典型的寡头竞争市场结构。这是一种介于完全竞争和完全垄断之间,以垄断因素为主同时又具有竞争因素的市场结构。[①]

2. 价格竞争

随着我国电信业的改革和发展,中国电信市场竞争格局已经初步形成,各电信运营商之间的竞争已经展开并且越来越激烈。但中国电信市场的竞争存在明显的不平衡性,主要表现在不同业务竞争的不平衡和竞争区域的不平衡。同时,电信市场出现了供大于求的现象,在我国电信市场整体呈现供大于求的情况下,电信业务间的替代性竞争日趋明显。市场竞争不仅包括各运营商之间的竞争,同时在市场环境中更包括了不同业务的替代性竞争。在本地电话业务方面,移动电话的快速发展,对本地电话业务形成有力的冲击,移动通信业务的快速发展使固定话音业务受到了强烈的异质竞争。

在各电信运营商之间的竞争中,价格竞争无疑是重要的竞争手段。对于电信企业来说,未来的不确定性很大,因此企业追求短期利益,争相追逐利润高的业务,形成了这些业务的过度竞争。由于各运营商竞相降价以获得更多的客户,使得业务单价普遍下降,价格战带来恶性竞争,导致我国电信用户的户均业务收入(ARPU)下降使电信业务的收入增长出现趋缓的现象。[②]

3. 中国电信产业的波特模型

美国哈佛商学院教授迈克尔·波特认为,一个产业内部的竞争状态取决于5种基本作用力,即现有企业间的争夺、潜在进入者的威胁、替代产品或服务的威胁、供应侃价能力、买方侃价能力,这些作用力汇集起来决定着该产业的最终利润潜力。这里借用波特模型(如图8所示)对我国电信产业的竞争能力进行分析。

(1)现有竞争者分析。

中国电信产业市场现在主要有中国电信、中国网通、中国移动、中国卫通以及铁通公司六家电信运营商。在基础电信领域,包括国际、长途、本地、移动等各类主要业务,都已同时有两家以上运营企业展开竞争;在增值业务和信息服务业务领域,则形成了更加开放的竞争格局,经批准参与经营互联网信息服务的ISP已有600多家,无线寻呼企业1000多家,市场的整体格局、骨干企业的市场份额正迅速变化。

对照波特所给出的影响因素可以发现,中国电信产业内现有竞争对手间的激烈争夺主要取决于这样几个因素:首先是众多的竞争对手,这在电信增值业务领域表现得较为明显;其次是高固定成本,几大运营商都不同程度地存在长途干线通信生产能力过剩的问题,退出壁垒使在竞争中处于劣势的企业无法退出,只能做破釜沉舟的最后一搏;此外,政府还缺乏

[①] 《中国电信业市场竞争格局、竞争策略及发展对策》,http://www.studa.net/Profession/051227/20051227593.html,2005年12月27日。

[②] 高斌等:《电信企业经营的十大难题及其因对策略》,人民邮电出版社2003年版。

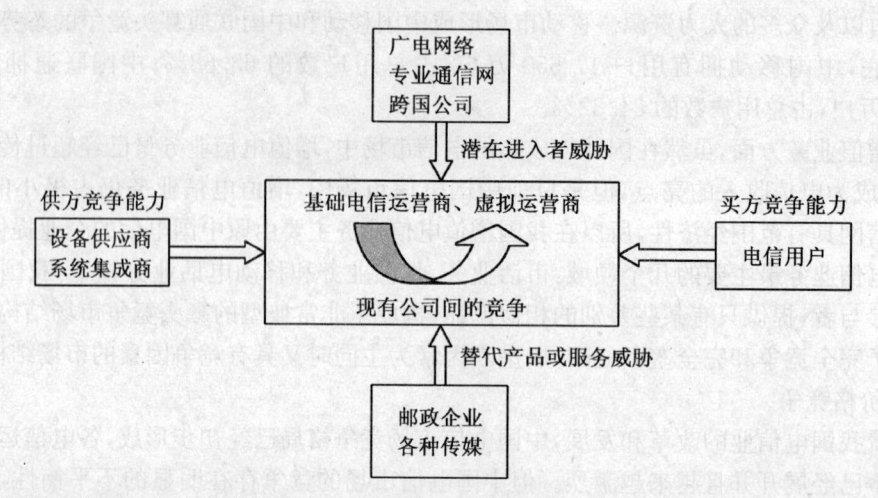

资料来源:引自《电信企业经营的十大难题及其应对策略》。

图8 中国电信产业波特模型

管理电信市场的经验,对电信市场的社会监督尚未成熟。

(2)进入威胁。

潜在威胁主要来自于广电网络和其他被禁止提供公众电信服务的专用网络或者公司。"三网合一"是不可逆转的趋势,已经在上海开始试点。同时,中国计划经济时代重复建设留下的部门专用通信网资源十分可观,目前被禁止提供公众电信服务的广电网络和其他专用网成为潜在威胁。另外加入WTO后,跨国公司进入的威胁正在变成现实。

(3)买方竞争能力。

买方的竞争方式是压低价格、要求较高的产品质量或索取更多的服务项目,并且从竞争者彼此对立的状态中获利,所有这些都是以企业利润作为代价的。中国的消费者提前享受到现代化的通信,但是他们是以发达国家的服务水平作参照系对电信企业提出要求,供大于求的电信市场提高了消费者的地位,使他们不断提出要求更高的质量、更低的价格。特别是日常电信纠纷和消费者的投诉无疑对电信运营商造成很大压力。消费者对关系切身利益的电信资费调整更是异常关注且颇多怨言。值得关注的是中国电信和中国网通仍难以改变在消费者和媒体心目中垄断的形象。

(4)替代产品或服务威胁。

随着现代技术的发展,邮政和电信的分界已趋于模糊,如电子邮件、传真等业务。中国邮政的一系列措施与举动无疑将会促进其信息传递业务(特别是应用了计算机网络技术的新业务)的发展,从而对电信产品与服务产生一定的替代作用。而各种信息媒体与电信业之间也越来越呈现一种交叉融合的关系。

(5)供方竞争能力。

由于中国长期实行鼓励高技术产品进口的政策,通信设备市场是高度开放的,中国的通信设备制造业已经提前经受了开放市场的考验。加入世界贸易组织之后,通信设备制造商和系统集成商所面对的市场拓展到全世界。作为卖方,其竞争实力得到提高。[①]

---

① 刘欣、舒文琼:《运营商国际化调查报告》,《通信世界》,2006年2月14日。

(二)企业总体发展战略

经历了20多年高速成长,电信业务在中国的增长拐点隐约浮现。2005年第一季度,电信业出现20余年来首次一位数增长,且连续4个月业务收入增幅低于GDP增幅。互联网的蓬勃发展颠覆了传统电信商业模式,整个话音业务被网络电话、E—mail、即时通信等其他通信方式分流的情况越来越严重,世界上电信公司语音业务多为零增长或负增长。

面对着传统业务萎缩的危机,中国电信面临着一个关系到未来生存和发展的战略抉择——转型。2005年初,根据内外部环境的变化,为保证企业持续、健康、稳定发展,中国电信集团准确洞察和把握难得的机遇,提出推进企业战略转型。

1. 转型战略

企业战略转型就是从传统基础网络运营商向现代综合信息服务提供商转变。在继续发挥固网话音和宽带接入优势的基础上,重视农村通信和国际通信,积极拓展互联网应用、信息通信技术(ICT)、视频内容、移动通信等业务领域;通过多业务、多网络、多终端的融合及价值链的延伸,挖掘客户价值,提升竞争层次,提供便捷、丰富、个性化、高性能价格比的综合信息服务(图9);成为电信全业务的提供者、互联网应用的聚合者、中小企业ICT服务的领先者,进而成为基于网络的综合信息服务价值链的主导者,在协调发展的基础上不断提升企业价值(见图10)。

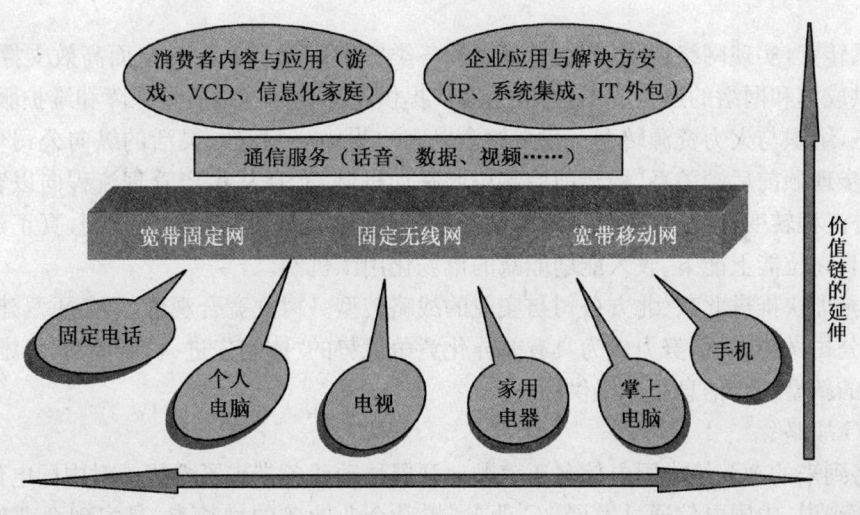

资料来源:引自中国电信官方网站。

图9 横向整合 纵向延伸

第一,业务与服务转型。突破传统客户市场定位,深度挖掘政企、家庭、个人客户的综合信息服务需求,通过业务、终端的融合创新,为客户提供简单、便捷、个性化的综合信息体验,不断提升客户价值。对于政企大客户,满足其差异化、一站式综合信息通信整体解决方案的需求;对于中小企业客户,满足其寻找商机、降本增效的生产性需求;对于家庭客户,满足其家庭娱乐生活和数字化管理的需求;对于个人客户,满足其获得固网、移动融合的信息沟通及娱乐体验的需求。

第二,网络与技术转型。以业务驱动为主导,以技术驱动为加速器,积极实施网络转型。主动把握技术发展方向,加快推进向功能融合、架构扁平、控制集中、业务开放灵活的下一代图中内容：

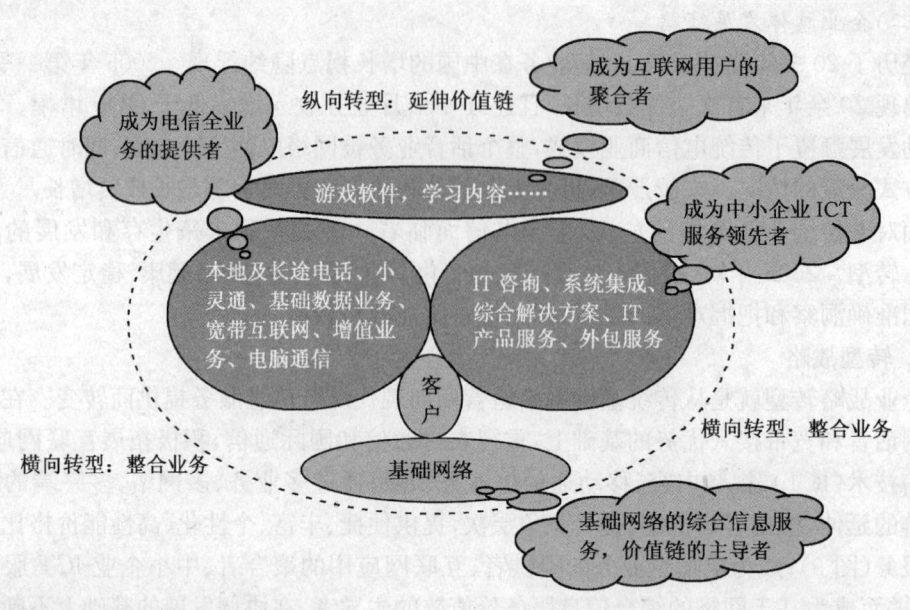

- 纵向转型：延伸价值链
- 成为电信全业务的提供者
- 成为互联网用户的聚合者
- 游戏软件，学习内容……
- 成为中小企业ICT服务领先者
- 本地及长途电话、小灵通、基础数据业务、宽带互联网、增值业务、电脑通信
- IT咨询、系统集成、综合解决方案、IT产品服务、外包服务
- 客户
- 基础网络
- 横向转型：整合业务
- 横向转型：整合业务
- 基础网络的综合信息服务，价值链的主导者

资料来源：引自中国电信官方网站。

图10 未来市场定位

网络体系转变，实现网络、业务的快速部署和各类宽窄带融合业务的全面高效支撑，降低业务的提供成本和网络的运营成本，并能为客户提供差异化的网络质量保障和维护服务。

第三，组织与人力资源转型。建立健全以客户为中心，高效、灵活的纵向公司化管控体系；进一步理顺前后端关系，构建前后端协调联动机制，实现从生产管理流程向以客户为中心的服务流程转变；继续深化五项机制创新，完善领导人员激励和退出机制，真正建立人员能进能出、岗位能上能下、收入能增能减的市场化用工机制。

同时，加快推进北京、北方公司与实业的战略转型。树立竞合观念，避免重复建设，将北京、北方公司做精做优，努力成为具有差异化竞争优势的"体制先进、机制灵活、思维超前、观念创新"的新型综合信息服务提供商。

2. 3G战略

即将到来的3G，给中国电信名正言顺地开展移动业务带来了希望。对中国电信这一固网运营商来说，中国电信通过发展3G业务，提升企业业务的增长点，是实现企业价值最大化的重要手段之一。另外，通过发展热点业务，也可增强企业的抗风险能力。发展3G的主要目的是通过利用更新的技术来实现业务创新，不断利用固网的优势与移动业务的融合推出新的增值业务，不断满足日益增长的用户需求以提升其企业的竞争力。3G技术的使用可促进移动新业务的发展，特别是对推出层出不穷的移动增值业务的发展，通过3G技术不断开发新业务，为消费者提供差异化的服务，使运营商在激烈的市场竞争由以价格战取胜逐步转向以创造差异化取胜。

基于3G时代的到来，中国电信逐步做好各项准备。中国电信董事长王晓初表示，中国电信希冀成为一个全业务电信运营商，希望获得3G牌照；如果获准投资3G，中国电信建网时将会率先在东南沿海省份及大中城市推进，而不是建立一个全国网络。在保定的试验网，中国电信出资近2亿元，已经部署了103个基站。

3. 国际化战略

以综合实力来衡量,中国电信具有雄厚的资本、丰富的经验,这为中国电信走国际化道路提供了有利的条件。业务和网络上的国际化,构成了中国电信走向海外的另一个基本条件。以海底光缆为例,中国电信已形成四通八达、连接全球的格局。从1993年第一条国际海底光缆中日光缆到刚刚投入使用的亚太光缆2号,中国电信通过错综复杂的海底和陆地光缆网络,连接到了美国、中国香港、日本、俄罗斯、菲律宾、澳大利亚等世界多个国家和地区。

中国电信真正意义上的海外拓展是从欧美发达国家开始的。2000年11月22日,中国电信在美国成立了办事处,成为我国电信运营商在国外设立的第一家办事处;2001年7月26日,中国电信获得了美国国际电信业务的经营牌照,可以提供中美间的国际电话、专线、数据、电视传送和商用业务;2002年11月4日,办事处正式升级为分公司,总部设在维吉尼亚州的荷顿市,并分别在洛杉矶、圣荷西、休斯敦、波士顿、纽约等地开设了办事处;2005年2月,分公司在美国境外的第一家办事处在加拿大的多伦多宣告成立。

此外,中国电信还加大了对中国香港和欧洲市场的拓展,2004年中国电信组建了我国香港公司业务部和欧洲办事处,与法国电信、俄罗斯电信分别签署了战略合作框架协议和新建中的中俄光缆框架协议,并且中国电信在"走出去"战略的指导下,积极参与大湄公河次区域通信合作项目。①

2006年中国电信集团在哈萨克斯坦阿拉木图举行"中国电信集团公司驻中亚业务代表处成立及挂牌仪式",这是第一家中国电信运营商在中亚地区设立的海外办事机构。中国电信非常看好中亚地区的发展潜力,希望通过在哈萨克斯坦阿拉木图成立中亚业务代表处,进一步加强与哈萨克斯坦及中亚各国在通信领域的合作,提升中国电信对在中亚地区发展的各中资企业的通信服务水平。②

中国电信是我国运营商中较早的国际市场开拓者,稳扎稳打、步步推进是其国际化道路的基本特点。中国电信还非常注重管理的国际化。例如,外派人员大多不熟悉国外市场,不可能在短时间内对国际市场有深刻了解并有所作为,所以中国电信美国公司采取了市场人员本土化的策略,聘用有一定经验的美国本地人作为市场总监。又如,中国电信美国公司通过聘请专门的律师团队,以充分了解当地的法律及监管制度,确保公司化解法律风险。

三、中国电信集团公司生产经营状况

(一)概况

1. 国内运营区域

中国电信的网络通达国内绝大多数地理区域。北方包括天津市、河北省、山西省、内蒙古自治区、辽宁省、吉林省、黑龙江省、山东省和河南省。南方包括上海市、江苏省、浙江省、安徽省、福建省、江西省、湖北省、湖南省、广东省、海南省、广西壮族自治区、重庆市、四川省、贵州省、云南省、西藏自治区、陕西省、甘肃省、青海省、宁夏回族自治区、新疆维吾尔自治区、北京市以及香港。

---

① 陈丽容:《谋定而动 中国电信阔步拓展海外市场》,《通信信息报》,2005年3月10日。
② 小关:《中国电信海外市场再迈关键一步》,《中国经营报》,2006年6月17日。

2. 网络基础设施

中国电信拥有以光缆为主、卫星和数字微波为辅的全方位、大容量、多手段、高速率、安全可靠的通信传输网、世界先进水平的电话交换网、完整统一的公用数据通信网络,以及覆盖全国的智能网、七号信令网、数字同步网和电信管理网等强大的业务支撑网络。

3. 国际通信能力

中国电信多年来致力于国际通信网络的建设。自1989年以来,先后参与了28条国际陆地和海底光缆的建设和投资,建成首条在中国登陆的国际海缆系统中国－日本海缆系统和中国－韩国海光缆系统、FLAG海底光缆,以及分别登陆于中国的三条主要海缆:SEA－ME－WE3、中美光缆、亚太2号海底光缆系统,使中国电信成为连接欧洲、亚洲、美洲、非洲、大洋洲五大洲的桥梁。

此外,还与中国香港、澳门地区及周边国家开展了广泛合作。自1999年起,先后投产开通了内地－香港、内地－澳门,以及连接欧亚大陆的TAE光缆和连接东南亚地区的CSC光缆等一系列跨国境、跨地区的陆地光缆系统。中国电信拥有2个国际通信地面站,与许多国家开放了直达卫星电路。

(二)业务介绍

1. 综合信息应用

号码百事通:是中国电信基于号码信息服务所提供的一系列增值服务,为大众客户提供"衣食住用行"等方面的一种便民信息服务。

商务领航:提供包括信息应用类、通信应用类、服务支持类等服务,涵盖了基于互联网网络应用、管理应用、通信应用以及代维代管、系统集成等电信级优质服务。

互联星空:具有"一点接入,全网服务"、"一点认证,全网通行"、"一点结算,全网收益"的优势和特点,互联星空聚合了大量SP的内容和应用,为用户提供影视、教育、游戏等丰富多彩的互联网内容和应用服务。

IDC(Internet Data Center 互联网数据中心):为满足广大用户的业务需求,中国电信在各地建立了数万平米的专业互联网数据中心,并配备了专业的维护队伍。业务类型主要包括:主机托管、整机租用、增值服务等。

新视通:通过异地间图像、语音、数据等信息的实时交互远距离传输,实现多媒体视讯会议的通信服务业务。

全球眼:网络视频监控业务是由中国电信推出的一项基于宽带网的图像远程监控、传输、存储、管理的新型增值业务。该业务系统利用中国电信无处不在的宽带网络将分散、独立的图像采集点进行联网,实现跨区域的统一监控、统一存储、统一管理,资源共享。

IPTV:IPTV是基于电信宽带网络,以电视机加机顶盒为主要终端设备,为用户提供互动多媒体服务的宽带增值业务。

2. 电话业务

中国电信可以为客户提供国际及港澳台、国内长途及本地电话、无线市话、IP电话、电话卡和公用电话等多种电话业务。

3. 电话增值应用

会易通——交互式会议电话业务:不同地点的参会者在约定时间通过各种通信终端,采用事先约定的拨号方式组织电话会议。

电话 QQ——电话聊天业务：用户可以使用电话终端拨打特定接入码接入电话聊天业务平台，使用一对一聊天或多人聊天业务。

灵通短信：灵通短信主要包括点对点短信和 SP 短信业务。已经实现与移动、联通手机之间以及网通小灵通之间的短信互通。

七彩铃音：当用户申请了这项业务后，主叫用户拨打该用户的固定电话或小灵通时，听到的回铃音是一段音乐、广告或者是被叫用户自己设定的留言。

商务热线：为用户提供一个全国范围内的惟一号码，并把对该号码的呼叫接至业务用户事先规定的目的地的一项智能网业务。

灵通无绳电话：使小灵通具备无绳电话功能，用户只需在室内安放一部类似普通电话机的"灵通无绳"座机，即可在室内接听普通电话来电。

4. 互联网接入

中国电信中国宽带互联网 CHINANET 不仅能够提供电话拨号、宽带、专线等多种接入方式，还为客户提供新视通、互联星空、IDC 等丰富的互联网应用服务。

电话拨号接入业务：是指客户通过电话网络拨叫特定的号码接入因特网，包括注册账号业务、主叫计费业务、上网卡业务、ISDN 拨号上网业务。

宽带接入业务：中国电信为客户提供有线无线等多种方式的宽带接入，有线方式主要包括 ADSL、LAN 等，无线方式包括 WLAN 天翼通等；同时还可为客户提供 ADSL+WLAN、LAN+WLAN 等组合宽带接入方式。

5. 数据通信业务

中国电信凭借国内最先进、最完善、覆盖最广泛的数据网络，能够为国际、国内客户提供多种数据通信服务，包括 ATM、FR、DDN、数字电路、IPLC（国际专用出租电路）等带宽型业务，以及 IP-VPN 等虚拟组网方案。

6. 电话信息服务

中国电信电话信息服务是向企业和个人提供通过语音方式获取信息内容和应用的服务。语音增值服务包括电话信息服务类、通信助理类、电话电子商务类、交流沟通类、企业外包虚拟呼叫中心类等五类服务内容。

7. 网元出租业务

中国电信具有丰富的网络资源，为客户提供从管道、通信光纤、波长、同步网端口到网络设备的各种网元出租业务。

8. 黄页信息业务

中国电信具有国内最丰富的黄页信息资源，能够为广大客户量身定做多样化的信息服务，满足客户个性化需求，并具有集印刷、网络、语音于一体的多媒体信息平台。可提供纸质黄页电话号簿和以网络、无线、语音为平台的黄页信息增值业务。

9. 国际及港澳台通信业务

电话业务：中国电信与全球许多国家与地区的电信运营公司建立了双边直达电路，业务合作伙伴主要分布在亚洲、北美洲、南美洲、欧洲、大洋洲、非洲、港澳台，可提供到全球各国与地区的电话话音服务。提供的电话服务种类包括 IDD、ISDN、HCD、ITFS、UIFS、VPN、电话卡等。并于 2002 年新推出了在海外同时销售的海外漫游电话卡。

互联网业务：目前，Chinanet 国际出口带宽为 108G，是中国最大的互联网络，是目前全球最大的中文信息网,拥有最先进的网络构架,已为全球多家 IPS 提供了接入和转接服务,同时还提供寰球 e 行和新视通业务。

数据业务:数据业务包括 IPLC 专线(数字专线、DDN 专线)、FR、ATM、IPVPN 及相应的增值业务,如新视通等。

国际网元业务:包括海缆站内不同海缆间电路互联、海缆恢复、传输层电路经转、交换层端口出租服务及信令转接服务。

APIX 业务:APIX(亚太互联网交换中心)整合了中国电信的国际网络、技术资源与 CHINANET 的信息中心的优势,向国际及港澳台地区的 ISP 和运营商提供的互联网转接、电路转接业务。可提供信息 e 站(数据转接)、千里传音(话音转接)、互联中国(国外 ISP 在国内业务的代理)、互联港湾(IDC)等服务。

全球客户服务中心业务:该中心实行 7×24 小时多语种服务,其主要职责是:受理各类业务咨询、投诉、建议,受理各类国际网络故障申告,完成部分业务的业务受理,市场推广、调查工作,提供客户回访、全国电话号码查询、宜通卡客服、亚太互联中心(APIX)客服等功能。

10. 应急通信业务

中国电信应急通信是专门执行应急通信任务的专业机构,既承担全国党政应急通信保障、抢险救灾应对突发事件等应急通信任务,也面向社会,为社会文体活动提供临时替代、支撑和补充等通信服务,满足各种话音、数据、图像及多媒体等综合通信服务。

(三)用户规模

用户规模见表 2。

表 2　　中国电信 2004～2006 年用户增长情况

	截至 2006 年 9 月 30 日	截至 2005 年 9 月 30 日	截至 2004 年 12 月 31 日
本地电话用户数(百万户)	221.05	206.86	195.102
其中:住宅用户(百万户)	121.10	117.29	115.072
企业用户(百万户)	22.14	20.55	19.473
公用电话(百万户)	15.37	13.71	12.723
无线市话(百万户)	62.44	55.31	47.834
本地电话用户净增用户数(百万户)	10.96	20.21	8.454
宽带用户数(百万户)	27.35	19.17	15.719
宽带用户净增用户数(百万户)	6.33	5.33	1.880
本地语音通话总次数(亿次)	3 204.5	332 100	107 824
国内长途总分钟数(亿分钟)	706.6	68 877	21 333
国际(含港澳台)长途总分钟数(亿分钟)	12.2	1 254	377
短信条数(亿条)	165.00	11 925	
彩铃用户数(百万户)	33.21	13.0	

资料来源:引自中国电信股份有限公司年报。

(四)市场拓展情况

1. 利用原有品牌,大力发展属地内业务

中国电信是发展历史最为悠久的电信运营商,中国移动和中国网通的绝大部分都是从原来的中国电信分离出去的。因此,在中国的大多数地区,中国电信的品牌还在用户的心中留有很深的印象。

中国电信就是利用这种印象深刻的品牌效应,在南方地区加快了自身的发展,保证自己的市场份额不会由于其他运营商,特别是网通的进入而受到影响。

目前,中国电信的主要的电信业务依然还是集中在南方地区,包括固定电话用户、无线市话用户、宽带用户都是依靠了属地内的用户群体来发展的。

2. 保证南方市场的份额,扩大北方市场

为了保证电信业务的完整性,中国电信从成立之处就开始向北方的电信市场进行开拓,寻找机会进入这块市场。为此,成立了北京电信公司和北方电信公司,重点发展北方的市场。中国电信在北方市场的主要任务是:

长途电话业务,完成中国电信南方21省来话收敛工作;

开展号码预置业务、话务量批发、长途预付费业务、长途公话业务、会议电视和会议电话业务;

各类电话卡销售业务;

开展IP电话业务、密码记账卡业务、一号通(号码携带)业务、家庭800号业务、长途智能公话业务、公司卡业务及各种打包业务;

完成全国集团大客户的专线租用工作,重点发展北方地区发起的客户专线租用业务;

开展宽带应用和IDC业务。

3. 海外市场

近年来,通过有效的市场开放与业务拓展策略,中国电信集团公司认真落实国家"走出去"发展战略,积极稳妥地推进海外市场拓展,取得了不错的成果。从2000年起先后成立了美国公司、香港公司、欧洲办事处(现正改制为公司)等海外机构,将中国电信的网络、业务和服务成功地延伸到了北美、南美、中国香港、东南亚和欧洲,取得了很好的效果。

2004年中国电信组建了我国香港公司业务部和欧洲办事处,与法国电信、俄罗斯电信分别签署了战略合作框架协议和新建中的中俄光缆框架协议。2005年2月21日,中国电信所属的中国电信(美国)公司在加拿大多伦多宣布成立加拿大分支机构。2006年上半年,中国电信集团在哈萨克斯坦阿拉木图举行"中国电信集团公司驻中亚业务代表处成立及挂牌仪式",这是第一家中国电信运营商在中亚地区设立的海外办事机构。[①]

(五)品牌建设和业务创新

品牌作为企业的一项无形资产,对企业的经营有着重要的意义。作为固话运营商,中国电信在开展品牌营销的过程中优劣势并存。

中国电信要开展品牌营销具有天然的优势。因为前中国电信拥有固定电话的网络,经营着除移动电话以外的所有电信业务,拥有上亿的电话用户,开放几十种业务和新业务功

---

① 国家信息中心中国经济信息网:《中国行业发展报告——电信运营业》,中国经济出版社2005年版,第96~97页。

能。因此，中国电信可以通过对业务进行组合营销、捆绑销售等，来最大限度地利用品牌的影响度。比如发展固定电话业务可以组合小灵通，小灵通业务与宽带套餐、固定电话与IP电话捆绑起来等。

但作为一个传统的电信运营商，与中国移动、中国联通相比，中国电信品牌营销的工作还处在初级阶段。在品牌的开发上，由于用户资料分散、准确性低，缺乏统一的客户资料，基本上不能支撑基于统一客户资料的客户识别、客户价值分析和挖掘以及体现在所有客户接触点上的商机管理，从根本上制约了品牌业务的营销能力和客户服务能力的提升。

近年来，中国电信始终致力于开展客户导向的营销工作转型，并不断通过丰富的产品、服务渠道配合等内容来支撑客户营销工作的细化。"商务领航"的推出进一步传达了中国电信通过品牌来整合产品和服务，通过品牌来实现客户认知、提升客户感受价值的整体思路。以客户品牌"商务领航"为载体，推出中小企业信息化进程，通过聚合商业应用软硬件和服务提供商，提供基于互联网、满足中小企业信息化需求的解决方案和商业应用服务，有效拓展系统集成业务。

随着电信市场竞争越来越激烈，中国电信不断加大企业品牌的宣传力度。提升"世界触手可及"为主题宣传口号的"现代综合信息服务提供商"企业形象品牌认同度。并结合"宽带改变生活"营销活动和小灵通机卡分离、小灵通无绳电话融合终端的推广，强化中国宽带互联网、互联星空、小灵通等主要业务品牌的宣传。现在，以"商务领航"品牌为切入点，中国电信开始启动客户品牌推广工作。

为配合战略转型，中国电信业务创新行动更加果断，愈发重视走创新业务、提高业务附加价值的道路。中国电信面向重点目标客户群、重点组合产品，做好主动式针对性营销工作，提高营销效果。不断提高客户的黏合力，有效地巩固了存量市场。并且积极推进以客户为中心的维护体系建设，面向不同客户群、不同产品、不同区域，提供分等级的差异化的网络质量和服务。所有这些都有力地提升了中国电信品牌的影响力。[①]

为了更加快速有效地推进品牌体系建设，中国电信在市场拓展中着力扬长避短，加快创新。利用业务的捆绑和组合来充分发挥中国电信产品线的综合优势，实现现网业务和信息化应用服务的协调发展。针对不同规模和行业用户的特点，推广针对性的组合产品包及行业解决方案，构建有针对性的客户和业务品牌。突出"综合信息服务提供商"的企业品牌，加快建立客户导向型品牌体系，侧重提升品牌的内涵，顺利建立以客户需求为中心的商业模式。

四、企业资本运作

（一）企业并购重组

中国电信的前身是原邮电部电信总局。20世纪90年代特别是1998年以来，为了应对日益激烈的国际竞争，增强我国电信业的整体实力，国家对电信业实施了一系列旨在破除垄断、引入竞争的具有战略意义的改革。

中国的《公司法》明确规定只有股份有限公司才能发行股票，中国电信运营企业要通过

[①] 沈加军：《中国电信加快构建品牌体系》，《通信信息报》，2005年9月3日。

发行股票融资,就必须通过间接方式进行,进行一系列的改组,通常是将母公司的优质资产剥离出来成立一个全资控股的股份有限公司,由该子公司发行股票上市融资,进行资本运作。中国电信集团公司于 2002 年 9 月 10 日完成上海、江苏、浙江、广东四省(市)电信业务资产的重组改制工作,成立中国电信股份有限公司,并于当年 11 月 14 日、15 日,分别在纽约和香港两地成功完成股票发行和上市交易。

2003 年 12 月,中国电信股份有限公司以人民币 460 亿元向其控股股东中国电信集团公司收购安徽省电信有限公司、福建省电信有限公司、江西省电信有限公司、广西壮族自治区电信有限公司、重庆市电信有限公司和四川省电信有限公司。2002 年 2 月 31 日,中国电信集团公司将其在安徽省、福建省、江西省、广西壮族自治区、重庆市和四川省的固定电话和相关业务及其相关资产和负债注入以上被收购的各公司以换取各公司的全部股权权益。中国电信仍保留若干以前与这些业务相关的资产,截至 2002 年 12 月 31 日,这些资产共计 51.89 亿元,主要是对于非电信行业的投资和物业。

2004 年,中国电信股份有限公司以人民币 278 亿元向其控股股东中国电信集团公司收购湖北省电信有限公司、湖南省电信有限公司、海南省电信有限公司、贵州省电信有限公司、云南省电信有限公司、陕西省电信有限公司、甘肃省电信有限公司、青海省电信有限公司、宁夏回族自治区电信有限公司和新疆维吾尔自治区电信有限公司的全部权益。由于中国电信股份有限公司及各家被收购公司在中国电信集团公司的共同控制下,中国电信股份有限公司收购各家被收购公司被视作共同控制下企业的合并。

收购完成后,公司的经营地域扩大至 21 省,本地电话用户超过 1.6 亿户,从而进一步巩固了在中国电信市场的地位和竞争能力。被收购公司所在十省(区)人口总数为 3.11 亿,本地电话普及率仍然低于全国平均水平约 5.9 个百分点。[①]

(二)企业资本支出

中国电信在规模不断扩大、业务逐渐多元化的同时,在资本支出结构方面逐步优化,将投资重点从满足客户增加的需求方面转向对互联网和数据网的优化上。表 3 为 2002 年到 2005 年中国电信股份有限公司资本支出额及其用途。

表 3　　　　　　　　　　中国电信股份有限公司资本支出状况

年　度	金额(亿元)	用　途
2002	289.19	满足用户增长的接入网络,对数据和网络也继续保持了一定数量的资本支出,以满足迅速增加的宽带、数据和互联网用户的需求,抓住发展的机遇,此外,也加大了对业务支撑系统(BSS)、运营支撑系统(OSS)和管理支撑系统(MSS)的资本支出
2003	428.19	进一步优化资本支出结构,将接入网络作为投资重点,满足迅速增加的电话用户、宽带用户基础数据用户的接入需求;充分挖掘现有网络潜力,提高网络资源利用率
2004	563.07	抓住城镇化的机遇,保持接入网的领先地位,致力于现有网络的智能化、宽带化和 IP 化,并为下一代网络的建设做好准备

---

① 中国电信股份有限公司 2002～2005 年各年年报。

续表

年　度	金额(亿元)	用　途
2005	538.64	配合公司的战略转型,进一步优化资本支出结构,大幅度压缩了无线市话的资本支出,增加了互联网接入和数据网方面的投资,无线市话资本支出在总支出中的比重下降了7.1个百分点,互联网接入和数据网资本支出在总支出中的比重较2004年增长了3.1个百分点

注:因年报数据有调整项目,因此前后两年的年报所披露的数据有所不同,例如,中国电信股份有限公司2004年年报披露2004年资本支出额为563.04亿元,较2003年的资本支出额615.87亿元下降836％。而2003年年报披露2003年资本支出为428.19亿元。此处引用的某一年资本支出额为该年年报所披露的数据。

资料来源:引自中国电信股份有限公司年报。

五、企业财务状况

（一）企业资产负债状况

中国电信资产构成中,物业、厂房及设备净额所占比例最大,占总资产的75.95％,其余资产项目占总资产的24.05％,有很明显的自然垄断行业的特点。表4反映了中国电信从2001年到2006年资产负债状况。[①]

表4　　　2001～2006年中国电信股份有限公司财务状况　　　单位:百万元

	2006年6月30日	2005年12月31日	2004年12月31日	2003年12月31日	2002年12月31日	2001年12月31日
物业、厂房及设备净额	317 957	328 281	320 179	309 896	311 241	312 326
在建工程	28 677	23 567	29 450	31 617	37 192	42 180
其他非流动资产	27 994	28 625	29 409	29 336	32 290	31 388
现金及银行存款	21 597	15 413	13 780	13 194	24 254	15 993
其他流动资产	22404	21 250	19 752	19 899	18 724	21 547
资产总额	418 629	417 136	412 570	403 942	423 701	423 434
流动负债	165 309	156 976	151 944	149 135	147 478	144 060
非流动负债	62 539	77 199	100 007	102 744	88 102	108 914
负债总额	227 848	234 175	251 951	251 879	235 490	252 974
本公司股东应占权益	189 323	181 517	159 206	150 794	187 025	169 472
少数股东权益	1 458	1 444	1 413	1 269	1 186	988
权益总额	190 781	182 961	160 619	152 063	188 211	170 460
负债及权益总额	418 629	417 136	412 570	403 942	423 701	423 434

[①]　中国电信集团公司拥有中国电信股份有限公司70％的股权,本专题所列数据均引自中国电信股份有限公司各年年报,因无法找到中国电信集团公司的具体数据,所以引用中国电信股份有限公司的财务数据作参照分析。

(二)企业经营收入及盈利状况

2002年中国电信的总营业收入达人民币754.96亿元,2006年上半年其营业额就达人民币869.36亿元,超过2002年全年的收入水平。从2002年到2004年,中国电信的营业收入有大幅度的增长,到2005年及2006年,其增长幅度有明显的下降趋势,与其主营业务固定电话业务的增长趋势逐渐下降有较大关系。同时,快速增长的宽带业务在总经营收入中也占有了一定的比重。图11至图15反映了近几年中国电信股份有限公司经营收入及盈利状况。

- 总经营收入达到人民币754.96亿元,比上年增长10.1%
- 固定电话主线数达到5686万,比上年增长17.3%
- 宽带用户数达到138万户,比上年增长247.4%
- 净利润达到人民币168.64亿元,比上年增长145.0%
- 每股净利润达到人民币0.24元
- EBITDA为人民币422.60亿元,EBITDA率达到56.0%

图11　2002年经营收入及盈利状况

- 总经营收入达到人民币1 184.51亿元,比上年增长8.1%
- 固定电话主线数达到1.18亿,比上年增长22.0%
- 宽带用户数达到563万户,比上年增长200.4%
- 净利润达到人民币246.86亿元,净利润率达到20.8%
- 每股净利润达到人民币0.33元
- EBITDA为人民币653.69亿元,EBITDA率达到55.2%

图12　2003年经营收入及盈利状况

含一次性初装费收入的摊销额
——经营收入1 612.12亿元,比上年增长6.4%
——EBITDA达到人民币870.00亿元,比上年增长9.5%,EBITDA率达到54.0%
——净利润(本公司股东应占利润)达到人民币280.23亿元,每股净利润为人民币0.36元
不含含一次性初装费收入的摊销额
——经营收入达到人民币1 527.54亿元,比上年增长7.7%
——EBITDA达到人民币785.42亿元,比上年增长12.7%,EBITDA率达到51.4%
——净利润(本公司股东应占利润)达到人民币195.65亿元,每股净利润为人民币0.25元
- 固定电话主线达到1.87亿户,净增2 566万户,比上年增长15.9%
- 宽带用户数达到1 384万户,净增661万户,比上年增长91.4%

图13　2004年经营收入及盈利状况

含一次性初装费收入的摊销额
——经营收入1 693.10亿元
——EBITDA达到人民币886.06,EBITDA率达到52.3%
——净利润(本公司股东应占利润)达到人民币279.12亿元,每股净利润为人民币0.34元
不含含一次性初装费收入的摊销额
——经营收入达到人民币1625.29亿元,比上年增长6.4%
——EBITDA达到人民币818.25亿元,比上年增长4.2%,EBITDA率达到50.3%
——净利润(本公司股东应占利润)达到人民币211.31亿元,比上年增长8.0%,每股净利润为人民币0.26元
- 固定电话主线达到2.10亿户,净增2,345万户,比上年增长12.6%
- 宽带用户数达到2,102万户,净增719万户,比上年增长51.9%

图14　2005年经营收入及盈利状况

```
含一次性初装费收入的摊销额
——经营收入 869.36 亿元
——EBITDA 达到人民币 467.11 亿元,EBITDA 率达到 53.7%
——净利润(本公司股东应占利润)达到人民币 140.84 亿元
不含含一次性初装费收入的摊销额
——经营收入达到人民币 844.42 亿元,比上年增长 7.7%
——EBITDA 达到人民币 442.17 亿元,EBITDA 率达到 52.4%
——净利润(本公司股东应占利润)达到人民币 115.90 亿元
```

图 15 截至 2006 年 6 月 30 日经营收入及盈利状况

(三)2003~2005 年经营收入及盈利增长情况

近几年,从中国电信经营收入、EBITDA、净利润和自由现金流四个方面来看,都有幅度不小的增长。2002 年,其经营收入仅为 754.96 亿元,到 2005 年,其经营收入达到 1 625.29 亿元。图 16 为中国电信近几年四个项目的统计数据,从图中不难看出,其增长幅度均有趋缓的趋势。

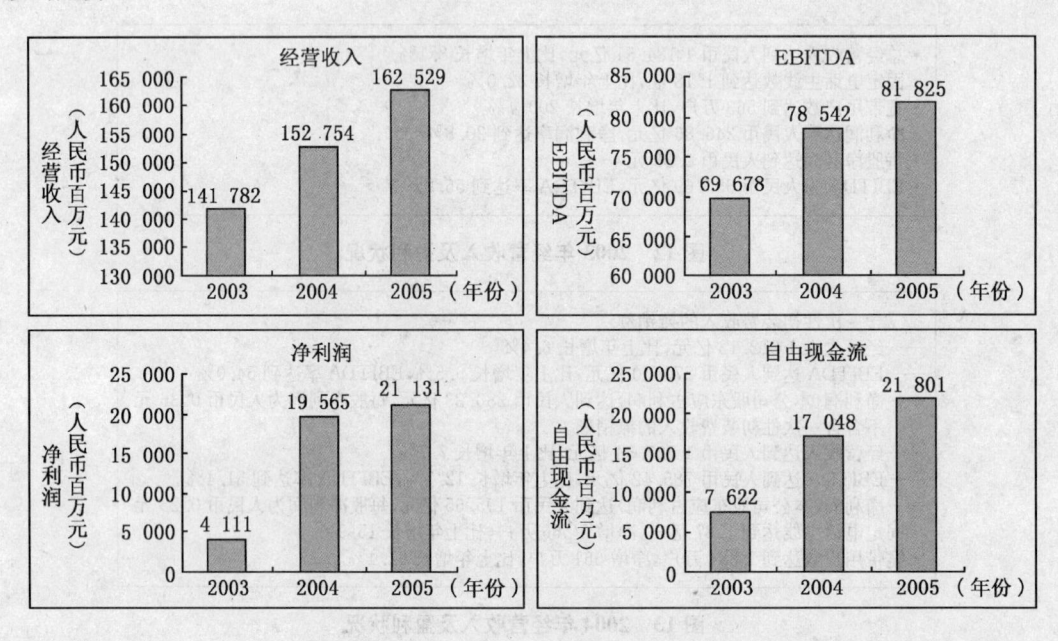

图 16 2003~2005 年经营收入及盈利增长情况

六、企业营销策略

中国电信虽然产品线宽、技术能力强,然而近年来却缺少增长点。在家庭用户市场,中国电信的固定电话放号数呈负增长。目前,只有 ADSL 宽带接入随着互联网的普及成为不多的亮点。

过去中国电信基本上采用产品导向的营销组织。在家庭用户市场上,就有固网、小灵通、宽带等不同业务的营销队伍各自为战。在客户对电信服务需求较为单一时,以产品线为基础组织营销活动不致产生问题,然而随着客户需求多样化,这种营销组织的弊端就日益显现。①

中国电信从2003年就开始探讨并试点市场营销再造项目,从组织、流程、技能、信息、支撑五个方面着手,推行精确营销、洞察力营销,着力解决营销存在的主要问题,以全面推动和落实企业转型,持续改进和不断提高企业的市场营销能力,改变"酒香不怕巷子深"的陈旧市场营销理念和大众化营销的粗放型市场营销模式。

新的营销模式提高了中国电信核心营销能力并且更好地落实了"以客户为中心"的营销理念。在营销方式上,从大众化营销转向针对性营销,通过客户细分,将数量众多的客户分成若干个特征鲜明的客户群,进行针对性营销;在客户分析上,从简单分析转向全面洞察,通过将一个个的"客户数据孤岛"整合成"统一客户视图",建立起对客户的全面了解,将过去简单的客户分析转向全面的客户洞察;在流程管理上,从职责不清到分工明确,通过对市场营销核心流程的重新设计,明确了前端各部门和各岗位的职责分工,并通过流程落地实现了固化;在数据支撑上,通过对数据仓库的应用,发现并克服一些数据质量问题,使数据仓库的数据质量得以提高。通过对派单系统的改造,实现工单在各个渠道之间的流转。

现阶段有价值的潜在客户已很有限,电信企业的营销重点逐渐转向关系营销,即保留现有客户、保持并提高客户份额。企业将关注点从产品转向客户,充分利用客户知识,研究客户消费行为。

市场营销再造项目的实施,让中国电信进一步完善了"以市场为导向,以客户为中心"的营销服务体系,从客户角度出发,针对不同的客户群需求,制定相应的产品组合、优惠套餐和一站式服务等帮助客户提高生活工作的质量。②

七、人力资源与企业文化

(一)企业人力资源

为了实现公司战略目标,中国电信加强了人力资源管理,更加关注电信人才高地的建设,更加关注增强企业的凝聚力,更加关注凝聚力工程的投资,从过去那种短期见效的工作方法向长期有效的工作机制转变,建设凝聚力工程的长效机制,造就人才向往的,乐在其中的工作、学习、生活、奉献的企业良好氛围。

2005年,中国电信人力资源工作紧密围绕企业转型,以人才兴企和以人为本的工作理念为指导。以队伍转型和机制转型为主线,结合对新兴业务领域人力资源管理新机制的探索。加快推进劳动、人事、分配三项制度改革,在员工队伍总量控制、结构优化、能力提升、活力增强方面取得了明显的成绩。

为逐步建立以素质为基础人力资源管理体系,2005年中国电信组织开展了素质模型项目研究工作。与国际知名的咨询集团合作,提炼出由9个岗位族群、28个素质项组成的员工素质辞典。素质模型的建立为实现员工的规范化个性化发展、优化人力资源的配置奠定了基础。

---

① 朱沆、邱平:《三张账单与客户导向》,《21世纪经济报道》,2007年2月27日。
② 雷注发:《中国电信探索新模式营销再造与客户共享成功》,《通信信息报》,2005年10月18日。

中国电信一贯注重对做出优异成绩和极具发展潜力之人才的发掘、表彰和培养。2005年,全公司评选出集团优秀人才206名,并通过多种形式对优秀人才进行隆重的表彰。同时,公司还进一步完善了薪酬体系,使其能够更好地与员工职业发展通道相匹配。同时员工的薪酬待遇也更紧密地与公司整体业绩及其本人的工作业绩相挂钩,对人工成本的控制也更加严格。建立了人工成本资源配置模型,以模型为基础进行人工成本的配置,一方面确保控制住了人工成本总量,另一方面也使得人工成本资源的配置更加科学和规范。

2005年中国电信继续加大对培训工作的投入,塑造企业竞争力提升和员工竞争力提升的"双赢"。全年各级企业参加各类培训活动累计40学时以上的员工达到20万人,占员工总数的81.6%,其中参加各类培训的管理人员为20.5万人,专业人员为17.5万人。培训总人次89万人次。员工平均培训时长8.1个工作日。为提高企业管理水平,中国电信与国内外知名大学合作,培训中高层经营管理人员。同时也充分利用企业自身的优势,建立中国电信网上大学,是公司各地员工都可以随时登录和学习。2005年参加在线学习的员工数达到23万人,在线学习员工人均学习时长37.8小时。中国电信网上大学已经成为广大员工丰富岗位知识、提高岗位技能的有效平台,在员工培训和学习等方面发挥着重要的作用,并且有效地降低了培训成本。①

如图1所示,从2002年到2005年,中国电信的人工成本不断上升。上升的主要原因是上市后中国电信不断深化薪酬制度改革,使员工薪酬水平与其贡献直接相关并逐步与市场水平接近,同时增加了对优秀员工的激励力度,以保留和争取企业战略转型所需的专业人才和管理人员。另一方面,随着薪酬制度改革的逐步到位,人工成本的增幅也逐渐趋缓。

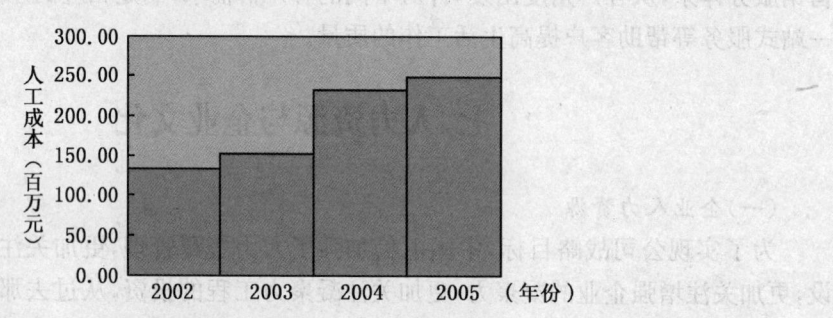

资料来源:数据引自中国电信股份有限公司年报。

图17 2002~2005年人工成本增长情况

(二)企业文化

中国电信的发展历史悠久,历程复杂,因而伴随着国家产业政策调整、企业内部改革和外部环境变化,中国电信的企业文化同样经历了传承、重组、融合、变革、创新的演变历程。第一阶段:1998年以前的坐商文化,也称官商文化,由于当时企业负有行政管理职能和处于垄断经营,整个企业实行计划经营,等客上门,唯我独尊等官商作风和文化气氛十分浓厚。第二阶段:1998年到2003年的规范(制度)文化,邮电分营以后,整个企业的经营理念出现了新的转变,于是当时提出了许多规范化管理,一系列管理制度和规范化流程也相继出台,不断深化改革,企业管理开始走向规范,企业真正以企业形式运作,面对市场竞争。第三阶

---

① 中国电信股份有限公司官方网站 http://www.chinatelecom-h.com。

段：2003年到2006年的执行文化和创新(转型)文化，企业上市，市场竞争日益激烈，在发展和管理的双重压力下，企业依靠绩效考核和竞争上岗，大力提倡高度统一的执行力和开始探索转型业务，讲执行，抓转型成为企业一时的主流。第四阶段：2006年以后到未来的和谐文化，科学发展和和谐社会成为今后社会发展和企业管理的主要趋势和主体走向，在提高企业竞争力和发展力的同时，企业开始更为注重员工团结和关注企业和谐，企业不断探索民主管理和搭建公正平台，注重加强与员工的沟通，探求人性化管理。

中国电信的企业使命是"让客户尽情享受信息新生活"，战略目标是"做世界级综合信息服务提供商"。为了不断提高中国电信集团的创新能力和持续发展能力，增强企业的核心竞争力，实现中国电信集团公司"建设成为世界级的现代电信企业集团"的战略目标，将"用户之上，用心服务"的服务理念深入人心，近几年中国电信不断投资创建学习型组织。

2006年，中国电信集团公司劳资与培训部、党群工作部和集团工会共同配合，深入研究，提出中国电信集团公司创建学习型组织的实施意见，丰富了学习型组织、学习型企业的实际内涵，提出创建学习型组织的具体措施，指导各级电信企业共同创建学习型企业。2004年中国电信集团已下发企业文化宣传方案，编写了《中国电信企业文化手册》。中国电信的核心价值观被描述为：全面创新、求真务实、以人为本、共创价值。中国电信企业文化建设的逐步深入开展，为电信企业构建学习型企业打下了坚实的理论基础。

中国银行

中国银行全称中国银行股份有限公司,是中国四大国有商业银行之一。业务范围涵盖商业银行、投资银行和保险领域,旗下有中银香港、中银国际、中银保险等控股金融机构,在全球范围内为个人和公司客户提供全面和优质的金融服务。在历年的"中国企业500强"的排行榜上,中国银行的排名一直居于前列。在2002~2006年的5年中,中国银行的排名分别为第5、第9、第10、第9、第10名。中国银行在中国企业、中国银行业中的重要地位有目共睹。

一、中国银行发展历程概述

中国银行成立于1912年2月,是中国历史最为悠久的银行。1912年到1949年期间,中国银行的职能经过了3次改变,从中央银行职能、特许的国际汇兑业务的银行的职能到专业发展国际贸易的金融服务的职能。1949年中华人民共和国成立,新中国政府接管了中国银行。1979年3月13日经国务院批准,中国银行从中国人民银行中分设出来,同时行使国家外汇管理总局职能,直属国务院领导。1983年9月国务院决定,中国人民银行专门行使中央银行职能,随后中国银行与国家外汇管理总局分设。中国银行统一经营国家外汇的职责不变。至此,中国银行成为中国人民银行监管之下的国家外汇外贸专业银行。1994年初,根据国家金融体制改革的部署,中国银行由外汇外贸专业银行开始向国有商业银行转化。

中国银行于2003年被国务院确定为国有独资商业银行股份制改造试点银行之一。围绕"充足、内控严密、运营安全、服务和效益良好、具有国际竞争力的现代化股份制商业银行"目标,中国银行进一步完善公司治理机制,加强风险管理和内控体系建设,整合管理流程和业务流程,推进人力资源管理改革,加快产品创新和服务创新,稳步推进股份制改造工作。2004年8月26日,中国银行股份有限公司挂牌成立,标志着中国银行的历史翻开了崭新的篇章,启动了新的航程。

中国银行的机构网络覆盖全球27个国家和地区以及国内31个省市区和300多个城市。在中国香港和澳门,中国银行还是当地的发钞行之一。

截至2004年9月末,中国银行拥有11 408个境内机构,575个境外机构,员工总数为186 221人。

在行政管理上,公司的组织架构如图1所示。

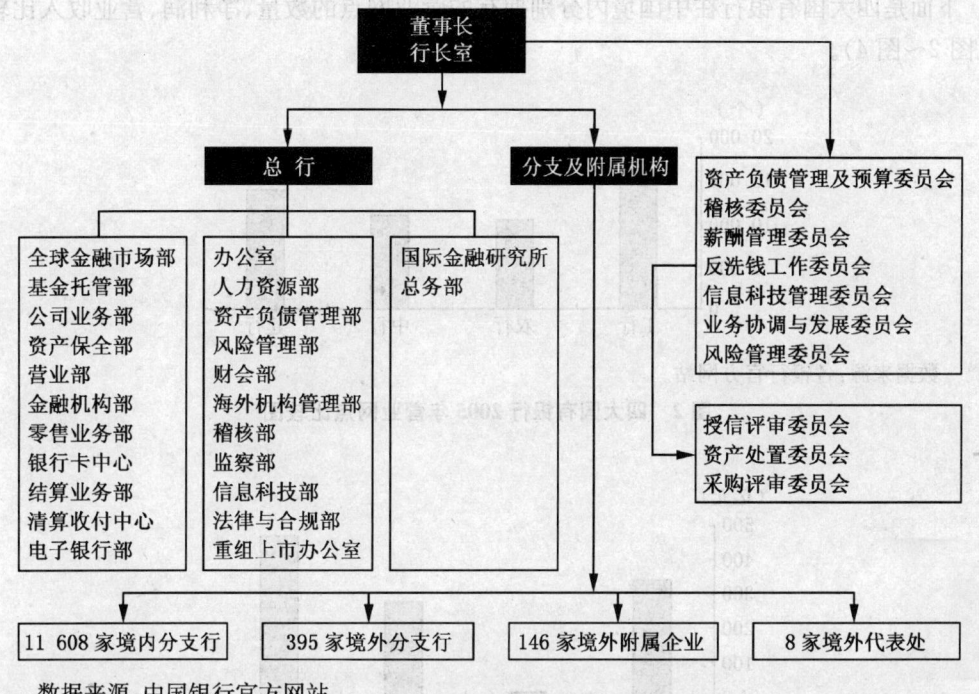

```
                    ┌─────────────┐
                    │   董事长    │
                    │  行长室     │
                    └──────┬──────┘
          ┌────────────────┼────────────────┬─────────────────┐
          │                │                │                 │
      ┌───┴───┐     ┌──────┴──────┐   ┌─────┴─────────────────┐
      │ 总 行 │     │分支及附属机构│   │资产负债管理及预算委员会│
      └───────┘     └─────────────┘   │稽核委员会              │
                                      │薪酬管理委员会          │
                                      │反洗钱工作委员会        │
                                      │信息科技管理委员会      │
                                      │业务协调与发展委员会    │
                                      │风险管理委员会          │
                                      └────────────────────────┘
                                      ┌────────────────────────┐
                                      │授信评审委员会          │
                                      │资产处置委员会          │
                                      │采购评审委员会          │
                                      └────────────────────────┘
```

总行下设:
- 全球金融市场部、基金托管部、公司业务部、资产保全部、营业部、金融机构部、零售业务部、银行卡中心、结算业务部、清算收付中心、电子银行部
- 办公室、人力资源部、资产负债管理部、风险管理部、财会部、海外机构管理部、稽核部、监察部、信息科技部、法律与合规部、重组上市办公室
- 国际金融研究所、总务部

分支及附属机构:
- 11 608家境内分支行
- 395家境外分支行
- 146家境外附属企业
- 8家境外代表处

数据来源:中国银行官方网站。

图1 中国银行组织架构

二、企业发展战略

(一)企业竞争环境分析

在中国的银行业,有四家比较大的商业银行,他们分别是中国工商银行、中国建设银行、中国银行与中国农业银行。中国银行的主要竞争对手自然也就是其他三家大的国有商业银行。

这四家银行虽然在名称上有所区别,但是所经营的业务大体相似。"四大行"主要经营四类业务,分别是公司业务(包括公司的融资、证券承销、保险资产托管、QFII等业务)、个人业务(包括个人信贷、个人理财、个人结算、银行卡业务等)、资金业务(包括银行间的资金运作、票据市场的资金运作、债券市场的资金运作、外币运作等业务)、电子银行业务(包括自助银行、电话银行、手机银行等业务)。

就具体业务而言,"四大行"稍有区别。比如信贷业务,中国工商银行的信贷对象主要是工商业中在投资、建设、设施升级等方面有信贷需求的企业,如对于石油石化产业、电力产业、公路、铁路等行业的信贷在工行对于企业的信贷总额中占有重要的比例。而农业银行则对于来自于农业发展的信贷需求给予大力的支持。农行的信贷总额中相当大的一部分被用作对于中国农业发展的支持上。

中国银行的信贷对象相比于工行和农行就没有那么明显的区分。中国银行对于各行各业,无论是工商业、农业、基础设施等等行业的信贷支持基本上保持了均衡。没有哪一个行业在中国银行的信贷投放中占有明显领先的份额。

下面是四大国有银行在中国境内分别拥有的营业网点的数量、净利润、营业收入比较图（见图2～图4）。

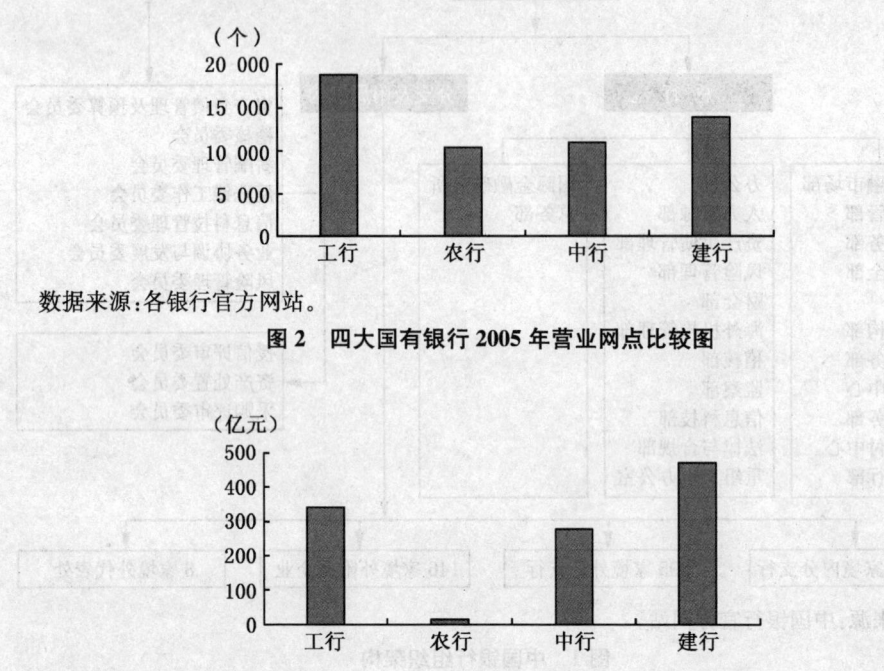

数据来源：各银行官方网站。

图2　四大国有银行2005年营业网点比较图

数据来源：各银行官方网站。

图3　四大国有银行2005年净利润比较图

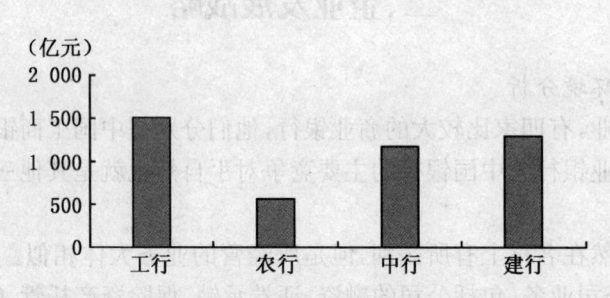

数据来源：各银行官方网站。

图4　四大国有银行2005年营业收入比较图

通过以上图表我们可以看到：在营业收入方面，工行位于四大行之首。工行不仅通过银行信贷的利息获得大量收入，同时还通过代客理财、手续费、银行卡业务等一些费利息途径获得大量的营业收入。而在净利润方面，则是建行排在第一。

中国银行在营业收入排名表和营业利润排名表中均名列第三。2005年，中国银行的营业收入与营业收入冠军——中国工商银行相比，为其营业收入的77%；中国银行实现的净利润与净利润冠军——中国建设银行相比，为其净利润的58.3%。

从净利润与营业收入比（单位营业收入中实现的净利润）来看，中行达到了0.237的水平，在四大行中名列第二，超过了中国工商银行。

(二)企业总体发展战略规划

作为中国四大商业银行之一,中国银行在国内银行业具有业务能力、业务资本、业务渠道等多方面的经营优势。可以预见,未来中国银行的竞争策略将会在承接过去优势的基础上进一步发展,并且不断培养出自己追加发展所需的资源。

目前的中行的发展热点主要有以下几个:

(1)个人信贷业务。从个人信贷业务上获得的利息收入对于中行而言是非常重要的。发展这一块业务对于提升中行的经营业绩具有重要的意义。然而,现在有很多的个人违规申请、使用贷款,或者个人贷款消费之后拒绝还贷。因此,中行不得不努力增加合格贷款的量,以达到良性个人信贷的不断增长带来中行个人信贷收益的低风险、高数额的增长。为此,中行需要对于自己的个人信贷的发放程序进行更加严密的规定。对于信贷申请人情况的核实需要增加可靠性。这样势必会引起信贷申请人的申贷成本的升高。因此,中行需要在整个申贷程序的某些方面利用现有条件进行优化,以方便申贷人,为其创造实惠。这些方法中,在近期可行的包括个人信贷申请的网上登记、推出更加个性化银行卡品种等。

(2)代客境外理财业务。随着中国金融业的逐步开放,中国的银行向国内客户提供"代客境外理财服务"已经获得了国务院的批准。这一新兴的业务是中行不可错失的发展良机。要在众多国内外银行的竞争中生存、发展,就需要在一些方面进行努力。首先就是对于自身理财产品的风险需要有所控制。其次,提高自身理财产品的收益需要不断提高。最理想的状态是,理财产品的收益率由于其他经营"代客境外理财"业务的银行所推出的同类理财产品。其三,积极申请中央、国务院对于中国银行的"代客境外理财"业务额度的分配。

中行就目前而言是中国银行业中相当具有实力的一家商业银行。其逐步国际化的趋势不可阻挡。在国际化战略上,中行目前也已经做出了一些成绩。

(3)设立境外机构。目前,中国银行的境外机构已经分布在了全球27个国家和地区,境外分支行395个、境外附属企业146个、境外代表处8个。这对于中国银行开展境外业务、了解外国金融市场非常有力。借此,中国银行也将获得更多的关于在境外进行银行运作的资源与信息,这有助于中行未来在境外的进一步发展、开拓。

(4)与国际著名的信用卡公司的战略合作。2007年1月23日,中国银行正式与国际知名信用卡公司VISA签署战略合作协议,成为2008年奥运会战略联盟。通过这个协议,中国银行将会在2008年奥运会期间与VISA公司强强联合为奥运会的运动员、随行人员、游客等相关人员提供金融、支付、结算等服务。在这一过程中,中行将奠定与VISA进一步合作的基础,同时,中行将会获得宝贵的有关于国际化金融运作的资源、渠道与经验。

三、企业生产经营状况

(一)中国银行的业务构成

中国银行的业务范围广泛,按照业务受众划分,主要有三大业务:个人金融业务、企业金融业务、资金与国际业务。

在个人金融业务方面,中国银行主要经营如下具体的业务项目:存贷款、个人人民币及外汇理财、代客境外理财(QDII)、银行卡业务、汇款结算业务、便利服务、电话银行、出国金融服务等业务项目。

根据中国银行2006年的中期财务报告,在个人金融业务上,我们可以得到以下数据(见表1)。

表1　　　　　　　　　　　中国银行个人金融盈利状况　　　　　　　　　单位:百万元

	截至2005年6月30日	截至2006年6月30日	N(2006)/N(2005)
利息收入	16 021	16 881	105.37%
非利息收入	2 588	4 147	160.24%
营业利润	7 995	8 892	111.22%

从以上数据来看,2006年6月30日相比于2005年6月30日的时候,中国银行在个人金融业务方面的利息收入增长了8.6亿元人民币,增长率达到了5.37%;非利息收入上,中国银行的收入增长了15.59亿人民币,增长率达到了60.24%;两项利润扣除营业费用、管理费用之后,得到的营业利润增长了8.97亿元人民币,增长率达到了11.22%。

在企业金融业务方面,中国银行主要经营如下具体的业务项目:企业存款、企业融资、企业国内/国际结算、基金业务、企业理财、金融机构业务、资产处置、投资银行业务等具体的业务项目。

根据中国银行2006年的中期财务报告,在企业金融业务上,我们可以得到以下数据(见表2)。

表2　　　　　　　　　　　中国银行企业金融盈利状况　　　　　　　　　单位:百万元

	2005年6月30日	2006年6月30日	N(2006)/N(2005)
利息收入	25 744	26 602	103.33%
非利息收入	4 135	5 029	121.62%
营业利润	20 548	21 565	104.95%

从以上数据来看,2006年6月30日相比于2005年6月30日的时候,中国银行在企业金融业务方面的利息收入增长了8.58亿元人民币,增长率达到了3.33%;非利息收入上,中国银行的收入增长了8.94亿元人民币,增长率达到了21.62%;两项利润扣除营业费用、管理费用之后,得到的营业利润增长了10.17亿元人民币,增长率达到了4.95%。

在资金及国际业务方面,中国银行主要经营如下具体的业务项目:资金业务、国际结算、投资理财等具体的业务项目。

根据中国银行2006年的中期财务报告,在资金及国际业务上,我们可以得到以下数据(见表3)。

表3　　　　　　　　　　中国银行资金及国际业务盈利状况　　　　　　　单位:百万元

	2005年6月30日	2006年6月30日	N(2006)/N(2005)
利息收入	7 302	11 645	159.48%
非利息收入	1 127	51	−95.47%
营业利润	4 703	7 465	158.73%

从以上数据来看,2006 年 6 月 30 日相比于 2005 年 6 月 30 日的时候,中国银行在企业金融业务方面的利息收入增长了 43.43 亿元人民币,增长率达到了 59.48%;非利息收入上,中国银行的收入减少了 10.76 亿元人民币,锐减了 95.47%;两项利润扣除营业费用、管理费用之后,得到的营业利润增长了 27.62 亿元人民币,增长率达到了 58.73%。

(二)中国银行的海外市场拓展情况

1. 中国银行在海外的机构设置

中国银行在海外的机构设置见表 4。

表 4　　　　　　　　　　　　中国银行在海外的机构设置

亚太地区(不包括港澳及美洲地区)	
国　家	分、支行名称
新加坡	新加坡分行、大坡支行、小坡支行、加东支行、中区支行、唐城支行、(中银国际)新加坡有限公司
日本	东京分行、大坂分行、横滨分行、大手町办事处
韩国	首尔分行、安山分行
哈萨克斯坦	哈萨克中国银行
泰国	曼谷分行
越南	胡志明市分行
澳大利亚	悉尼分行、中国城分行、墨尔本分行、中国银行(澳大利亚)有限公司、巴拉玛打办事处
菲律宾	马尼拉分行
印度尼西亚	雅加达分行
马来西亚	马来西亚中国银行
巴林	巴林代表处
美洲、非洲地区	
美国	纽约分行、纽约华埠分行、洛杉矶分行
加拿大	加拿大分行、多伦多中区分行、多伦多士嘉宝分行、温哥华分行
巴西	圣保罗代表处
巴拿马	巴拿马分行
赞比亚	赞比亚中国银行
南非	约翰内斯堡分行
欧洲地区	
英国	伦敦分行、西区分行、曼彻斯特分行、格拉斯哥分行、伯明翰分行、中银国际(英国)有限公司
法国	巴黎分行、十三区分行

续表

国　家	分、支行名称
德国	法兰克福分行、汉堡分行
俄罗斯	俄罗斯中国银行
意大利	米兰分行
匈牙利	匈牙利中国银行
卢森堡	卢森堡分行、中国银行(卢森堡)有限公司

资料来源:中国银行官方网站。

由上表统计,中国银行在亚太地区(不包括港澳及美洲地区)的境外营业机构数量已经达到了 25 个,遍及日本、韩国、澳大利亚等 11 个国家;在非洲、美洲地区的境外机构数量已经达到了 11 个,遍及美国、加拿大、南非等 6 个国家;在欧洲地区的境外机构数量已经达到了 15 个,遍及英国、法国、德国、俄罗斯等 11 个国家。如此在世界上的大范围的机构分布对于中国银行的国际化发展将带来必要的、不可估量的希望与潜力。对于目前中国银行的涉外业务而言,这些机构的存在对于这部分业务的正常运转、市场推广、各业务的进一步境外本土化等也有非常重要的意义。

2. 中国银行现阶段提供的涉外业务

(1)理财业务。

中国银行具有 QDII(代客境外理财业务)资格,可以在履行法定程序的基础上向国内客户提供代客境外理财服务。通过这一项目,中国银行将募集来的人民币资本转换为美元资本用于在国外金融市场上的投资运作。其主要的投资方向为国外的政府债券、票据;商业银行及公司债券等。通过这一理财服务,在保持货币资本较高流动性的前提下,客户可以获得低风险、高于比较基准(中国中央银行 3 个月存款基准利率)的收益。

2006 年 7 月 28 日,中国银行开始募集"中银美元增强型现金管理(R)"项目。该项目的境内托管人为中国工商银行,境外托管代理人为美国布朗兄弟哈里曼银行。每年的费率为 0.9%。到 2006 年 9 月 12 日,该项目累计净认购金额达到了 578 345 438.00 元人民币。

截至 2006 年 12 月 31 日,该产品的市值总额为 289 695 538.00 元,较项目资金募集时的市值减少了近 50%。

(2)国际汇兑。

中国银行经营的国际汇兑业务中的"环球汇兑一日通"业务堪称优秀。通过这一业务,个人及企业客户可以在款项汇出 24 小时之内,通过中国银行的"收付清算系统"完成款项汇入受益人账户的整个过程。

该业务的受理范围广泛,包括对私、对公汇入国境款项、信用证、托收款项、国内外银行间资金调拨以及未来可能拓展的 B_4 股清算等业务。

(3)出口贴现。

该业务为客户提供短期融资服务。客户可以根据所拥有的、已经由银行承兑的远期票据向中国银行申请票据贴现,以暂时缓解资金周转的困难。

(4)贸易保理。

该业务为贸易买卖双方在贸易过程中可能面临的贸易风险提供了比较完善的整体解决

方案。

对于贸易的买方,这一业务提供了信用评估、信用担保等服务,为贸易的买方争取更多的贸易中的赊销机会,获得更多的市场机遇。

对于贸易的卖方,这一业务提供了买方信用评估、买方信用担保、应收账款贴现、应收账款催收、应收账款买断。为贸易的买方通过赊销获得更多的市场行为降低了风险,为企业财务状况的改善提供了可能。

四、中国银行的资本运作

(一)中国银行的融资情况

2006年,中国银行的融资有三个渠道:客户存款、同业存入及拆入和对央行负债、借入专项资金和债券发行

1. 客户存款

客户存款包括个人客户及企业客户存放在中国银行的款项。按照日均客户存款余额计算,可以得到表5的结果。

表5　　　　　　　　　中国银行近两年存款状况　　　　　　　　单位:百万元

日　期	2005年全年	2005年上半年	2006年上半年
日均余额	3 560 014	3 471 702	4 001 322

数据来源:中国银行2006年中期报表。

从表5可以看到,2006年上半年,客户存款利息支出388.87亿元人民币,同比增长150.72亿元人民币,增长幅度达到了63.29%,增长主要是由于客户存款的付息率从2005年上半年的1.37%提高到2006年上半年的1.94%,增长57个基点。平均余额从2005年上半年的34 717.02亿元人民币增长到2006年上半年的40 013.22亿元人民币,增长5 296.3亿元人民币,增幅15.3%。客户存款付息率的增长主要由于:(1)小额外币存款利率上升;(2)境外机构市场利率提高。平均余额的增长主要是由于中国经济快速发展,人民币业务快速增长弥补了因客户预期人民币升值而导致境内外币存款业务下滑的影响。

2. 同业存入及拆入和对央行负债

同业存入及拆入和对央行负债的内容包括:(1)其他银行存放在中国银行的款项;(2)从中央银行获得的贷款。

2006年上半年,同业存入及拆入和对央行负债利息支出41.22亿元人民币,同比增长12.95亿元人民币,增幅45.81%。增长主要是由于外币资金成本上升,付息率从2005年上半年的1.68%提高到2006年上半年的2.22%,增长54个基点。尽管平均余额从2005年上半年的3 364.94亿元人民币增加到2006年上半年的3 711.43亿元人民币,增幅10.33%,但同业及其他机构存入付息负债中的比例从2005年上半年的9%下降到2006年上半年的8%。

3. 借入专项资金和债券发行

借入专项资金和债券发行的内容包括:(1)从外部获得的用于专门项目的资金贷款;(2)通过证券市场发行中国银行债券后所背负的债务。

2006年上半年,借入专项资金和债券发行的日均余额为1 121.08亿元人民币,较2005年上半年的日均余额1 136.72亿元人民币有所下降,下降幅度达到了1.4%。

2006年上半年,借入专项资金和债券发行利息支出22.92亿元人民币,同比增长1.26亿元人民币,增幅5.82%。增长主要是由于资金成本的上升,付息率从2005年上半年的3.81%上升到2006年上半年的4.09%,增长28个基点。

(二)中国银行投资情况

1. 证券投资

2006年上半年,中国银行集团证券投资获得利息收入306.52亿元人民币,同比增长107.44亿元人民币,增长幅度为53.97%。这一增长的获得主要得益于证券平均余额从2005年上半年的13 834.81亿元人民币增加到2006年上半年的18 372.22亿元人民币,增长32.80%,以及证券平均收益率从2005年上半年的2.88%提高到2006年上半年的3.34%,增长46个基点。证券投资平均余额的增长是由于:(1)客户存款持续增长,集团将未能用于贷款投放的资金用于收益较高的证券投资;(2)集团继续优化资产组合,降低收益率较低的存放及拆放同业资金在资产组合中的比重。平均收益率提高主要是由于外币债券收益率受到市场影响持续攀升,并弥补了境内人民币货币市场利率低迷的不利影响。

2. 股权投资

中国银行近两年股权投资状况见表6。

表6　　　　　　　　　中国银行近两年股权投资状况　　　　　　　　单位:百万元

	2006年上半年	2005年上半年	2005年全年
股权投资总收益	1 587	125	678
投资联营企业净收益	339	48	166
其他股权投资净收益	1 248	77	512

数据来源:中国银行2006年中期报告。

2006年上半年,中国银行集团实现股权投资收益15.87亿元人民币,同比增长14.62亿元人民币,增幅12 698.6%。增长主要来源于:(1)集团于2005年9月增持华能国际电力开发公司5%的股权至20%,并对华能国际按联营企业采用权益法核算,该部分股权投资收益计入投资联营企业收益;(2)集团向非全资的中银香港(控股)有限公司出售了中银集团人寿保险公司的股份;(3)中银国际投资收益同比增加。

五、中国银行业务创新情况

(一)人民币理财产品创新情况

2006年,中国银行推出了两款比较有特色的人民币理财产品:"中银国际持续增长股票型开放式证券投资基金"和"中银国际货币市场证券投资基金"。

1. 中银国际持续增长股票型开放式证券投资基金

"中银国际持续增长股票型开放式证券投资基金"属于主动型的股票基金,主要通过交易具有稳定持续增长性的公司的股票来使客户的投资保值、增值。

该基金的收益基准为:本基金的整体业绩基准=MSCI中国A股指数×85%+上证国

债指数×15%。

该基金的分红方案给予投资者一定的选择权。在有净投资收益的情况下,投资者既可以选择现金分红,也可以选择将所获红利投入项目中进行再投资。

该基金的投资风险在证券投资基金中属于风险偏上的品种。

2. 中银国际货币市场证券投资基金

"中银国际货币市场证券投资基金"主要投资于风险较低、收益稳定的货币市场,是一款证券投资基金。

该基金可投资的金融工具包括:现金、剩余期限在397天以内(含397天)的短期债券、期限在一年以内(含一年)的债券回购、银行定期存款、大额存单、中央银行票据以及中国证监会、中国人民银行认可的其他具有良好流动性的货币市场工具。

该基金的风险较低。其收益基准为一年期银行定期存款税后利率:(1-利息税)×一年期银行定期储蓄存款利率。

该基金的分红机制为:基金每日实现的净收益按照投资人的出资额进行分配,并在每月末统一结转入投资人的账户。基金在一定期间中获得的净收益将按照投资人的出资额进行分配,分配完成之后,投资人的分配所得将作为投资人的再投资计入投资人的出资信息中。

(二)外币理财产品的创新情况

2006年,中国银行推出了两款比较重要的外汇理财产品:"汇聚宝"和"春夏秋冬"。

1. "汇聚宝"外汇理财产品

"汇聚宝"产品指中国银行(以下简称"银行")将国际金融市场上丰富的金融工具进行组合和包装,客户通过承担其中包含的相关风险以期获取较高投资收益的综合理财产品。汇聚宝产品属于金融交易类投资产品,有别于普通银行存款。

按照客户获取收益方式的不同,"汇聚宝"产品可以分为保证收益理财产品和非保证收益理财产品。

汇聚宝投资货币包括美元、港币等货币,现汇、现钞存款均可,投资收益将按客户账户类别进入客户在中行的活期一本通账户。

汇聚宝投资产品按期发行,设投资起点金额,每期发行时进行公示。

汇聚宝投资收益计算:投资本金×投资收益率×计息基础。

2. "春夏秋冬"外汇理财产品

"春夏秋冬"外汇理财A系列由一系列固定期限、固定收益的远期理财合约组成。与一般理财合约不同的是,"春夏秋冬"A系列的起息日都是未来的某个规定的日期。A系列产品期限结构标准化,起息日固定在每年的3月15日(春系列)、6月15日(夏系列)、9月15(秋系列)日和12月15日(冬系列),故称之为"春夏秋冬"理财系列。目前,A系列交易币种仅为美元。

较强的流动性:赎回价格的公布为投资者急需用钱时提供了退出理财合约的渠道。投资者可以根据当日的赎回价赎回之前购买的理财合约。赎回价格的变化是根据国际市场变化计算得到,因此投资者在获得理财产品利息收入的同时,一旦市场向有利方向变化,还有潜在本金获利机会,具有额外的潜在获利空间。

投资者的投资收益可能包括两个部分:一部分是投资收益,具体公式为每份面值×年收益率(即票面收益率)×所购份数×投资年限;另一部分是买卖价差,当认购价格低于面值或低于赎回价格时,投资者可以平盘获利。

六、企业人力资源与文化

(一)人力资源管理

截至2006年6月末,中国银行在岗员工人数为197 636人,比年初减少11 629人。其中境内机构人数为179 453人,比年初减少11 375人。境外机构本地雇员18 183人,比年初减少254人。此外,中国银行境内机构中尚有劳务派遣用工28 769人。

2006年上半年,中国银行继续深化各项人力资源管理实践的改革,不断完善人力资源管理体系,积极推进境内外机构、附属机构和总行部门管理层调整配备工作,启动领导力模型开发工作,做好后备队伍建设。深化全行职位聘任改革,通过职位聘任,逐步形成竞争择优的用人原则。加强人员结构数量调控,不断优化人员结构。利用校园招聘、社会招聘等招聘平台补充招聘新人,满足业务发展和经营管理的需要。完善全面薪酬体系,积极指导境内分行进行薪酬改革方案设计和薪酬水平测算,推进薪酬改革,启动企业年金建设工作,初步建设起了长效、规范的补充养老机制。加强绩效管理工作、运用平衡计分卡方法,设定分行的绩效指标,加强绩效过程管理,引导各行贯彻科学发展观。

全面加强中高层管理人才培养,与北京大学、哈佛商学院合作研发高管领导力课程,派出高管人员参加苏格兰皇家银行的高管课程。

积极开展理财规划、金融服务营销、操作风险、资金交易结算等专业技术人才的培训,以支持和促进业务的发展。加强一线员工和新入行员工的培训。

(二)中国银行企业文化

中国银行多年来致力于建设并加强适合于中国银行经营、发展,并且有助于中国银行更好地为客户、行业发展、经济发展、社会进步做出应有贡献的企业文化。通过多年的努力,中国银行将逐步营造出诚信至上、绩效优先、以人为本、尽职尽责、追求卓越的工作氛围。实现企业文化与全行经营管理的深度融合。借助企业文化建设的导向,激励、约束、实现全行战略发展目标与员工个人成长目标的和谐统一。

(三)中国银行的荣誉

中国银行的业务水准、绩效成果等历来为世人称道。中国银行自建立起获得的荣誉也是不胜枚举。以下简要地罗列一下中国银行在世界上获得的荣誉(见表7)。

表7　　　　　　　　　　　　中国银行在世界上获得的荣誉

评选者	头衔
香港《亚洲货币》杂志	2004年、2005年度现金管理业务"中国最佳银行" 2004年、2005年度外汇业务"中国最佳银行"
美国《财富》杂志	1989年至今连续17年进入世界500强
英国《银行家》杂志	2003年度中国最佳银行
《欧洲货币》杂志	2002年度中国最佳银行
美国《环球金融》杂志	2005年度"中国最佳贸易融资银行"、"中国最佳外汇银行"

数据来源:中国银行官方网站。

(四)中国银行的社会公益事业

在国内,中国银行原则上是通过中国红十字会、中国残疾人联合会等社会团体向公益事业和遭受自然灾害的地区、贫困地区进行捐赠。

自1994年至今,中国银行累计向闽西老区捐资700多万元,帮助当地15所希望小学新建教学大楼13幢,使9 000名学生受益。2000年,为纪念中国银行扶贫闽西的义举,福建省龙岩市政府在上杭县古田会议旧址植树,表达对中国银行支持老区建设的感激之情。

作为中国国内最高水准的中国中央芭蕾舞团近年来一直受到中国银行的全力支持。

作为国际性的银行,中国银行港、澳及国外机构都积极参与当地的公益活动和慈善事业。2000年,港澳中银集团用于文教体育、医疗保健等公益事业方面的支出共计114万美元。集团继续在香港中文大学、科技大学、理工大学、城市大学等高校设立并发放奖学金,还赞助了香港千禧捐血活动、米埔环保行、全港羽毛球锦标赛决赛等很有社会影响的活动。中银集团还捐助澳门工会联合总会失业援助基金,以援助当地失业工人。

2000年,由中银集团全力支持的香港"健康快车"行动再次启动,免费为内地贫困地区数千名白内障患者进行巡回治疗,帮助他们重获光明。"健康快车"满载着香港同胞的拳拳爱心,带着中行全体员工的深情厚谊,穿越大江南北,被群众亲切地称为"联结内地与香港同胞的桥梁,功德无量的阳光工程"。

宝钢集团有限公司

宝钢集团有限公司是中国最大的制造业企业,也是中国最具竞争力的钢铁企业,年产钢能力2 000万吨左右,盈利水平居世界领先地位,产品畅销国内外市场。2004年12月6日,标准普尔评级公司宣布将宝钢集团有限公司的信用评级从"BBB"调升至"BBB+"。公司信用评级的前期展望均为"稳定"。公司的经营范围包括:主要经营国务院授权范围内的国有资产,并开展有关投资业务;钢铁冶炼、冶金矿产、化工(除危险品)、电力、码头、仓储、运输与钢铁相关的业务以及技术开发、技术转让、技术服务和技术管理咨询业务,外经贸部批准的进出口业务,国内外贸易(除专项规定),商品及技术的进出口服务。2005年,宝钢集团有限公司以1 761.71亿元的营业收入名列2006年中国企业500强的第11位,排名比上年下降两名,营业收入较上年的1 617.57亿元上升8.91%。世界500强排名从2005年的第309位上升13位到第296位。图1为宝钢集团近5年的营业收入及中国500强排名。

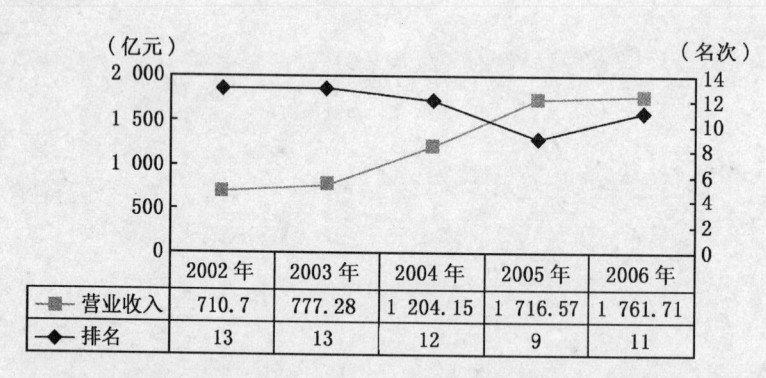

	2002年	2003年	2004年	2005年	2006年
营业收入	710.7	777.28	1 204.15	1 716.57	1 761.71
排名	13	13	12	9	11

资料来源:根据中国企业联合会、中国企业家协会历年公布的中国企业500强数据整理。

图1 宝钢集团近5年营业收入及中国企业500强排名

宝山钢铁股份有限公司(以下简称"宝钢股份")是宝钢集团有限公司(以下简称"宝钢集团")的控股子公司,成立于2000年2月3日。同年11月宝钢股份在国内发行187 700万股A股,并于2000年12月12日在上海证券交易所上市。2005年宝钢股份营业收入达1 266.08亿元,约占集团公司销售收入的72%。宝钢股份于2005年5月1日完成对宝钢集团钢铁主业及相关资产的收购后,2006年的收入占宝钢集团收入比重还将大幅提高,基本能够代表宝钢集团的经营状况。鉴于宝钢股份所公布的财务数据更为全面,因此在本案例中的部分数据将采用宝钢股份的公开披露信息,并会在数据后注明。

一、企业的发展历程

(一) 发展简史

上海宝钢集团公司的前身为宝山钢铁(集团)公司,由上海宝山钢铁总厂于1993年更名而来。1998年11月17日,经国务院批准,宝山钢铁(集团)公司吸收合并上海冶金控股(集团)公司和上海梅山(集团)有限公司,并更名为上海宝钢集团公司。宝钢集团主体生产资产于1978年12月动工兴建,第一期工程于1985年9月建成投产;第二期工程于1991年6月建成投产,形成年产671万吨粗钢的能力;第三期工程于2001年底全部建成,形成年产粗钢1 100万吨的生产规模。从1985年9月投产至今,宝钢集团已经初步形成我国现代化程度最高、工艺技术最先进、规模最大的钢铁精品基地,初步成为我国创新能力最强、科技成果转化率达到95%以上的钢铁工业新工艺、新技术、新材料研发基地。宝钢集团也是中国现代化程度最高的大型钢铁联合企业和最大的钢铁企业。其核心技术装备建立在当代钢铁冶炼、冷热加工、液压传感、电子控制、计算机和信息通讯等先进技术的基础上,具有大型化、连续化、自动化的特点,总体装备技术达到世界一流水平,跻身于世界先进钢铁企业行列。20年来,宝钢累计产钢2.07亿吨,实现销售收入8 841.94亿元、利润912.55亿元、利税1 480.29亿元。

(二) 企业所有制结构

宝钢集团是国家授权投资机构和国家控股公司,属于国有独资企业。宝钢集团有限公司控股宝山钢铁股份有限公司78.35%的股份,如图2所示。

```
┌──────────────────────┐
│ 国务院国有资产监督管理委员会 │
└──────────┬───────────┘
           │ 100%
           ▼
┌──────────────────────┐
│    宝钢集团有限公司    │
└──────────┬───────────┘
           │ 78.35%
           ▼
┌──────────────────────┐
│   宝山钢铁股份有限公司   │
└──────────────────────┘
```

资料来源:宝山钢铁股份有限公司2005年年报。

图2 宝钢集团和宝钢股份的主要控股公司

(三) 企业组织架构

宝钢集团的基本经营性资产已经全部注入宝钢股份,其组织架构主要体现为职能部门的架构,如图3所示。

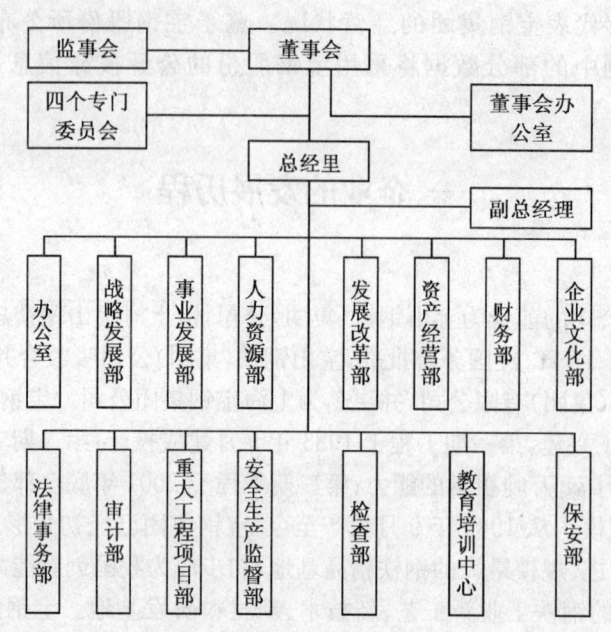

资料来源：宝钢集团有限公司网站。

图3　宝钢集团有限公司组织架构

二、企业发展战略

(一)企业竞争环境分析

1. 宏观背景

近年来，中国经济继续呈现平稳、较快增长态势。2006年全年GDP增长达到10.7%，为钢铁企业的平稳发展提供了有利条件。2006年上半年，国内固定资产投资增幅29.8%，同期全球经济增长强劲，钢材出口承继去年下半年以来的强劲增长势头。良好的外部运行环境及钢铁下游行业较高水平增长，带动了钢铁行业的增长，上半年全国粗钢产量1.99亿吨，同比增长18.3%。但是，钢材需求继续保持稳定增长的同时，钢铁生产快速增长，市场供大于求的局面进一步扩大。同时，供需之间结构性矛盾依然存在，高端产品生产能力不足，而普通产品供大于求。

"十一五"期间，国民经济将保持较快增长，国内钢铁下游产业，如家用电器、汽车、发电设备、造船等的需求不断扩大，为此期间钢铁行业的持续增长奠定了基础(见图4)。

2. 行业发展概况

自1996年钢产量首次超过亿吨大关并跃居世界第一位以后，我国钢产量已经连续10年居世界第一位，是世界上最大的钢铁生产国、最大的钢铁消费国、最大的钢铁净进口国和最大的铁矿石进口国。2004年，我国的粗钢产量达到2.73亿吨，占全球钢产量的25.8%，是日本、美国、俄罗斯3国钢产量的总和，2005年更是达到了3.49亿吨。最近国家统计局"中华人民共和国2006年国民经济和社会发展统计公报"中显示2006年我国粗钢产量为42 266万吨，同比增长达到19.7%；2006年我国钢材产量为47 340万吨，同比增长达25.3%(见图5)。

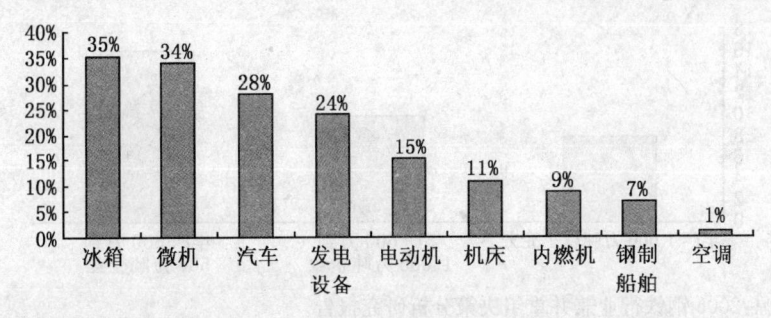

数据来源：国家统计局。

图4 2006年上半年主要钢铁下游行业同比增长速度

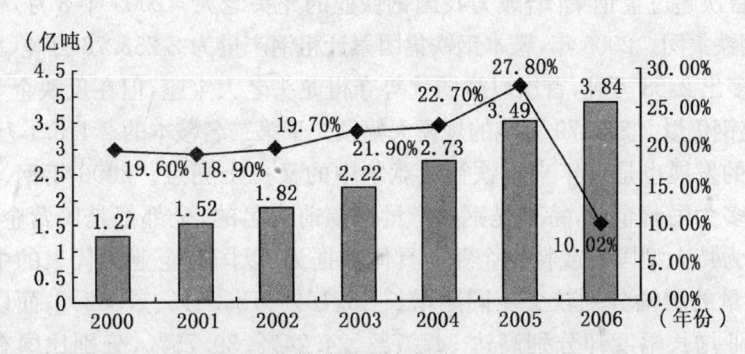

资料来源：2006钢铁行业兼并重组决策分析研究报告。

图5 2000～2005年中国粗钢产量及增长率

2003年以来我国钢铁产量的快速增长,是国企和民企共同推动的作用,其中粗钢和生铁国有企业权重占绝对优势,但民营企业的增速要明显快于国企。从地区分布看,2006年华北和华东合计产钢28 077万吨,占全国的67%,产量前五名依次为河北、江苏、山东、辽宁、上海。西部地区钢产量有了较快增长,北京、上海等东部地区产量有所降低,这反映出我国钢铁产量的战略转移和结构调整正在悄然进行。

然而,与发达国家相比,我国钢铁企业呈现出规模小、效益低、产品档次低、技术含量不高等不足。有资料表明,我国现有钢铁企业871家,其中年产量超过500万吨的仅有15家,产量仅占总产量的44%。这些小钢厂、小铁厂生产出来的产品,不仅质量差,而且消耗了较多的资源,造成了更多的污染。

3. 行业竞争状况

由于存在大量的中小型企业的不经济性,2005年以来,我国钢铁行业开始有了进行大规模并购的趋势,产业集中度开始加大。2005年,年产1 000万吨的中国钢铁企业由2004年的2家发展到8家;年产500万吨以上的企业共有18家,占中国粗钢产量的46.36%(见图6)。而美国、日本、韩国、俄罗斯等发达国家的钢铁产量前几家的企业总和占据了各国产量的60%～80%。可见我国的钢铁企业的生产集中度仍需不断提高,才能使钢铁企业更加有序的参与竞争。未来几年,我国钢铁行业集中度将会进一步加大,将形成几家大的钢铁集团控制市场的局面,因此未来几年将会出现更大规模的兼并重组情况。

同时,为了获得规模优势,巨型企业之间的竞争也空前激烈。2006年,按粗钢产量计算,

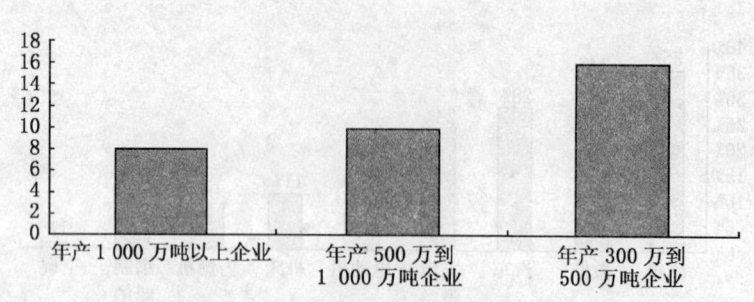

资料来源:2006钢铁行业兼并重组决策分析研究报告。

图6　2005年中国钢铁企业集中度

鞍本钢铁集团首次超过宝钢集团,成为我国钢铁业的龙头老大。2005年8月,鞍钢和本钢重组,建立鞍本钢铁集团。2006年,鞍本钢铁集团累计粗钢产量为2 255.76万吨,比宝钢集团的2 253.18万吨多出2.58万吨,首次以微弱优势夺得龙头老大宝座,但在反映企业轧材能力的钢材产量上,宝钢仍以2 341.79万吨的规模大幅领先于第二名鞍本的2 118.1万吨。

民营企业的发展也是近年来钢铁行业竞争中的又一个亮点。2006年钢、铁、材产量增长速度最快的多为民营企业,特别是钢材产量增幅前五名的,全部都是民营企业,而产量同比降低的大多为特大型国有或特钢企业。具体数据为:以国有企业为代表的中钢协重点企业钢、铁、材产量的增幅分别较上年同期增长15.15%、18.36%、17.62%;而以民营企业为代表的其他企业增长幅度却分别高达34.07%、24.24%、39.75%,分别比国有重点企业增长18.92、9.09、22.13个百分点。其中,民营企业沙钢集团在收购淮钢后,2006年钢材产量达1 271.65万吨,以6.5万吨的微弱优势超过武钢集团。同时,其粗钢产量为1 462.8万吨,也大大超过了武钢集团的1 376.08万吨。此外,唐山建龙实业有限公司、唐山国丰钢铁有限公司和南京钢铁集团有限公司等民营或民营控股企业钢材产量增长也很快。

4. 企业的竞争地位

宝钢集团在国内是钢铁行业的领导者,在行业竞争中具有以下优势:

(1)盈利最高的钢铁企业。

宝钢是中国最具竞争力的钢铁企业,年产钢能力2 000万吨左右,盈利水平居国内乃至世界领先地位。2005年,尽管面临着钢材市场价格总体下降的不利形势,宝钢始终秉持以直供用户为主的营销策略和一贯追求的精品战略,整合资源和供应链体系,优化产品结构,实现经营规模效应、协同效应,使得公司主营业务收入创历史新高,达1 266.1亿元,同比增长115.9%,其中商品坯材销售量1 878.5万吨,同比增长62.1%;主营业务利润为259.3亿元,同比增长54.5%;利润总额为183.1亿元,同比增长34.8%;净利润为126.7亿元,同比增长34.8%。

(2)在高端市场具有领先的占有率。

公司专注于高品质、高附加值产品的生产,在高端市场有较高的市场占有率。主要高附加值钢铁产品包括冷轧碳钢板卷、热轧碳钢板卷、不锈钢和特钢等(见图7)。

(3)业内领先的自主创新能力。

宝钢集团的研发实力雄厚,建立了多个专业的博士后流动站,吸引了众多国内外专家。近期,宝钢集团研制的高强钢丰富了宝钢汽车用钢产品系列;家电用无铬环保产品开发取得

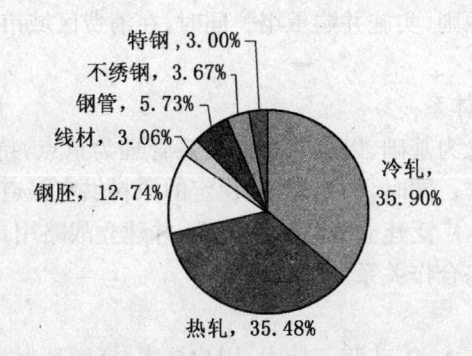

特钢，3.00%
不锈钢，3.67%
钢管，5.73%
线材，3.06%
钢胚，12.74%
冷轧，35.90%
热轧，35.48%

资料来源：宝山钢铁股份有限公司2005年年报。

图7 2005年宝钢商品坯材销售量分布

阶段性成果；研发石油用钢、高等级建筑用钢等新产品，支撑国家重大工程建设，X80管线钢已成功应用于我国首条X80管线应用工程，树立了宝钢良好的品牌形象。以薄带连铸、连铸平台、喷射成形为代表的前沿技术研究取得实质性进展。宝钢自主研发的薄带连铸试验机组实现了整炉浇铸和卷取，初步形成了宝钢薄带连铸技术体系。连铸试验平台热负荷试车成功，公司建成了功能强大的连铸研发平台。2005年宝钢集团科技成果报奖获得大丰收，共有10项成果获奖。"宝钢高等级汽车板"获得了国家科技进步奖一等奖。科技进步重大成果奖快速并轨工作取得成功，成果技术含量和经济效益有了很大提高；集团按照"提升技术创新能力，打造全球技术合作联盟"的定位，快速拓展了战略技术合作业务，初步建立了美洲、欧洲、亚洲的战略技术合作板块。

（二）企业总体发展战略规划

1. 总体规划

宝钢集团作为快速成长的世界级钢铁企业，以"成为全球重要的钢铁制造商，致力于向社会提供超值的产品和服务"为使命，以"成为全球最具竞争力的钢铁企业"为战略目标，实行以规模和技术为基石的跨越式发展战略和"目标集聚"的竞争战略。公司将始终围绕价值创造，坚持外延和内涵各项能力的协调发展，持续培育和提升核心竞争力。公司聚焦于汽车板、电工钢、不锈钢、高合金钢等战略产品的发展，保持在国内板材市场的主导地位，坚持科学发展观，走有宝钢特色可持续发展的新型工业化道路。

2. "十一五"规划

"十一五"（2006～2010年）是宝钢的调整发展期，宝钢集团核心任务是以钢铁业为核心产业，继续做大做强，努力塑造综合竞争力。重点工作是：完成产业结构、组织结构和人员结构的调整，继续优化产品结构，实现钢铁主业一体化运作，全面推进企业现代化管理，构筑进一步发展的平台。通过规模扩张和技术创新成果的释放，提高宝钢在国内钢铁市场的控制力和在世界钢铁市场的影响力，全面提高宝钢的综合竞争力，到2010年钢铁主业综合竞争力进入世界前三名。

3. 宝钢集团的战略举措

（1）规模扩张。

积极参与国内钢铁行业的并购重组。首先建立战略联盟，通过战略联盟发挥协同效应，如与八一钢铁等建立战略联盟。在条件成熟时，达到资产的融合。以战略协同（资源、市场、技术、供应链管理等)为原则,实施并购重组。同时,在消费区域市场缺口较大的地区新建钢厂,比如新建湛江钢厂等。

(2)优化战略供应链体系。

宝钢集团以竞合理念为基础、以战略合作关系管理为重点,持续优化战略供应链,特别是加强与国际同行的合作。同时,构建安全、稳定的原料供应渠道积极开展与国内外上游产业一流企业的合资、合作,广泛建立战略合作关系,并建立战略用户联盟,建立与国内外下游产业一流企业良好的战略合作关系。

(3)技术创新。

宝钢集团围绕产品技术、工艺装备技术、用户技术、资源环保技术,形成自主集成创新能力。注重围绕战略产品,聚焦核心技术,形成核心技术链;加强超前研究,形成专有技术推进技术创新。整合内部研发力量,建立"研究—设计—制造—工程"一体化的技术集成创新体系。坚持"创机制、育人才、争一流"的工作方针,以人为本,致力于人才队伍的建设,进一步完善技术创新人才机制。

4. 大力发展循环经济,实现可持续发展

以建设"生态型"钢铁企业为目标,依靠科技进步,全面推进 ISO14001 环境管理体系贯标认证,提高环境管理水平,建立企业与社会共同发展的循环经济体系,把宝钢建设成真正"备受社会尊重"的优秀企业。

三、企业生产经营状况

(一)企业经营概况

宝钢集团是中国最大的钢铁制造集团,年产钢能力超过 2 000 万吨,2005 年,尽管面临着钢材市场价格总体下降的不利形势,公司主营业务收入再创历史新高,销售额达到 1 761.71 亿元,名列中国企业 500 强的第 11 位,营业收入较上年的 1 617.57 亿元上升 8.91%。2006 年世界 500 强排名第 296 位。宝钢股份于 2005 年 5 月 1 日完成对宝钢集团钢铁主业及相关资产的收购后,销售收入大幅增加,2006 年上半年,宝钢股份销售商品坯材 1 092.93 万吨,同比增长 62.08%;销售战略产品 427 万吨,同比增长 39.31%,其中汽车板销售 127 万吨,同比增长 27%;实现合并销售收入 711.29 亿元,合并利润总额 66.47 亿元。

(二)企业主要业务销售情况

2005 年和 2006 年上半年宝钢股份的收入分别达到 1 266.08 亿元和 711.29 亿元,主要由钢铁和贸易组成。表 1 和表 2 列出了公司 2005 年和 2006 年上半年宝钢股份的主营业务收入构成、成本及毛利率。

表 1　　　　　　　　　　2005 年宝钢股份的收入构成

行　业	主营业务收入(百万元)	主营业务成本(百万元)	毛利率
钢铁	102 582	77 336	24.6%
贸易	20 898	20 445	2.2%
其他	3 129	2 200	29.7%

资料来源:宝山钢铁股份有限公司 2005 年年报。

表2　　　　　　　　　　　　2006年上半年宝钢股份的收入构成

行　业	主营业务收入(百万元)	主营业务成本(百万元)	毛利率
钢铁	52 450	42 808	18.38%
贸易	12 900	12 579	2.49%
其他	5 779	5 107	11.62%

资料来源:宝山钢铁股份有限公司2006年半年报。

在钢铁销售品种方面,宝钢的主打产品是附加值较高的冷轧碳钢板卷和热轧碳钢板卷,表3和表4列出了宝钢股份在2005年和2006年上半年的主要钢铁产品收入、成本情况。

表3　　　　　　　　　　　　2005年宝钢股份主要钢铁产品收入和成本

行　业	主营业务收入(百万元)	主营业务成本(百万元)	毛利率
碳钢冷轧	93 981	29 301	26.71%
碳钢热轧	27 340	16 990	37.86%
不锈钢	9 051	9 974	−10.20%
特殊钢	4 476	4 246	5.13%

资料来源:宝山钢铁股份有限公司2005年年报。

表4　　　　　　　　　　　2006年上半年宝钢股份主要钢铁产品收入和成本

行　业	主营业务收入(百万元)	主营业务成本(百万元)	毛利率
冷轧碳钢板卷	18 406	14 551	20.95%
热轧碳钢板卷	15 046	12177	19.07%
冷轧不锈钢板卷	4 597	4136	10.02%
热轧不锈钢板卷	3 161	2 995	5.26%
特殊钢	3 515	3 258	7.31%
其他	7 725	5 691	26.34%

资料来源:宝山钢铁股份有限公司2006年半年报。

(三)企业多元化发展情况

宝钢集团采取了适度相关多元化的战略。宝钢的适度相关多元化战略不是以分散风险为目的的离心性战略,而是强调向心力,追求协同效应。以钢铁业为核心产业,形成"一业特强、适度相关"的合力型多元产业结构。在发展主业同时,适度发展工程技术业、信息业、煤化工业、综合利用业、贸易服务业、钢材深加工产业,做到"资源共享、产业互动、整体效益最大化"。目前非钢收入占集团合并销售收入30%左右。图8为宝钢集团多元化战略构成。

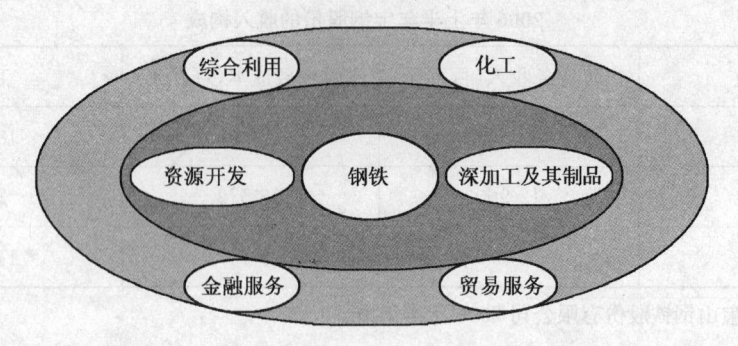

资料来源：宝钢发展战略。

图8　宝钢股份多元化战略构成

四、企业资本运作

（一）企业融资情况

1999年9月28日，经中国证监会批准，宝钢集团公司企业债券在上海证券交易所挂牌上市（上市代码：120001；债券简称：99宝钢债券）。经中诚信评定信用等级为最高级AAA级，期限5年，年利率为4％。2000年2月3日宝钢股份成立，由上海宝钢集团公司独家发起，设立时总股本1 063 500万元，全部由集团公司代表国家持有。2000年11月宝钢股份在国内发行187 700万股A股，并于2000年12月12日在上海证券交易所上市。A股发行完成后，集团公司持有宝钢股份1 063 500万股国家股，占宝钢股份总股本的85％，是宝钢股份的第一大股东。2005年4月28日宝钢在A股市场完成增发，募集资金超过250亿元，资金主要用于收购宝钢集团的钢铁主营业务经营性资产。

资本融资不但使宝钢获得了进一步发展的筹资机会，也标志着宝钢正由一家传统的国有企业转变为遵循市场规律，在竞争中求生存求发展的股份制企业，同时还标志着宝钢的经营将接受更多严格的内、外部监督与治理要求。

（二）企业重组情况

宝钢始建于1978年，上海宝钢集团公司的前身为宝山钢铁（集团）公司，由上海宝山钢铁总厂于1993年更名而来。

1998年6月5日，经中国人民银行总行批准，宝山钢铁（集团）公司在购并原舟山信托投资公司基础上，经过增资、扩股、迁址、更名，发起设立了华宝信托投资有限责任公司（以下简称华宝信托）。华宝信托是一个注册资本10亿元的典型金融团队，下属控股分别有联合证券有限公司、富成证券经纪有限公司、中融基金管理有限公司、华宝兴业基金管理有限公司等。它的成立使宝钢在证券市场中不仅具备了很强的市场竞争能力，而且拥有了资本运作能力。

1998年11月7日，以宝山钢铁（集团）公司为主体，吸收上海冶金控股（集团）公司和上海梅山（集团）有限公司，组建新的上海宝钢集团公司。三钢联合后的上海宝钢集团成为拥有近千亿资产，以钢铁业为主，钢材品种齐全，集实业、贸易、金融于一体的特大型企业集团，经营范围为国务院授权范围内的国有资产，并开展有关投资业务，钢铁、冶金矿产、煤炭、化工、电力、码头、仓储、运输与钢铁相关的业务以及技术开发、技术转让、技术服务和技术管理

五、企业财务状况

(一)宝钢集团的资产结构

宝钢集团的资产主要由货币资金和长期股权投资构成,股权投资即为投资宝钢股份的股权,共计106.35亿股。公司近两年的资产结构如表5所列。

表5　　　　　　　　　　　宝钢集团的资产状况　　　　　　　　　　　单位:百万元

资产	2005年12月31日	2004年12月31日
流动资产		
货币资金	18 854	2 648
短期投资	8 089	9 721
……	…	…
流动资产合计	32 335	16 325
长期投资合计	95 013	88 216
固定资产合计	2 234	3 523
无形资产及其他资产合计	6 588	6 334
资产总计	136 170	114 398

资料来源:宝钢集团有限公司2005年年报。

(二)宝钢集团的盈利状况

公司的利润主要来源于投资收益,即从宝钢股份处获得的合并报表的收益。近两年的公司利润构成如表6所列。

表6　　　　　　　　　　　宝钢集团的收入及利润　　　　　　　　　　　单位:百万元

	2005年12月31日	2004年12月31日
主营业务利润	—	(0.35)
加:其他业务利润	183	224
减:管理费用	2 103	2 269
财务费用	(233)	(75)
营业利润	(1 687)	(1 970.35)
加:投资收益	14 235	14 581
补贴收入	—	—
营业外收入	35	59
减:营业务支出	74	22
利润总额	12 509	12 647.65
减:所得税	—	—
净利润	12 509	12 647.65

资料来源:宝钢集团有限公司2005年年报。

六、新产品的研发

(一)产品研发和创新体制

宝钢一贯将技术创新作为提高企业核心竞争力的基石,致力于发展用户急需的、能与世界优秀钢铁企业比肩的高技术含量和高附加值钢材产品,全面满足汽车、家电、造船、机械等行业对高等级钢材产品的需要。2005年,宝钢进一步实施技术创新和大规模技术改造,将技术创新活动聚焦于持续满足用户更新、更高的需求上。

宝钢积极改善研发条件,建立了鼓励技术创新的激励机制,授予研究开发机构重大项目立项权、经费使用权、全过程管理权,特许其自主从国内外招聘研究开发人员。通过技术创新,宝钢逐步完善核心技术体系,工艺技术和生产装备达到国际先进水平,并成为创新能力最强、科技成果转化率达到95%以上的全国首批技术创新试点企业之一,荣获"国家企业技术进步奖"。

2005年,宝钢提出了"强化知识产权效用管理,加大激励力度,进一步体现知识产权在技术创新活动中的主线作用;把握创新技术脉络,努力采用知识产权集群化保护措施,快速发展自主知识产权,提高发明专利的申请量"的工作思路,坚持管理创新,持续改进,促进了自主知识产权的深入发展,取得了知识产权等工作的全面进步和良好业绩,全年专利申请491件,专利授权253件,审定技术秘密1 496项,合理化建议实施64 168条,创造了巨大的经济效益。

(二)主要新产品

1. 汽车板

在不断完善激光拼焊、剪切加工及配送体系,建立领先的物流系统以满足汽车制造商更加灵活的用板需求的同时,宝钢汽车板技术含量不断提升,目前已能满足欧系、美系、日系等汽车制造商的高技术要求,市场份额不断攀升,2005年全年冷轧汽车板的国内市场占有率超过50%,同时批量出口海外著名汽车厂商。

2. 家电用钢产品

宝钢家电用钢产品品种主要有冷轧板、热镀(铝)锌、电镀锌、电工钢、酸洗板及彩涂板等。宝钢一直致力于环保家电用钢产品的研发与生产,目前已具备批量生产无铬环保电镀锌、无铬环保热镀锌等产品的能力,产品广泛应用于空调、冰箱、洗衣机、微波炉、电脑DVD及彩电等家电行业,在满足国内松下、海尔、格力、西门子等知名家电用户的同时,批量出口美国GE、开利、惠尔浦等国际著名企业。2005年宝钢电镀锌无铬环保耐指纹等产品销售量同比上升了28.6%。

3. 宝钢彩色涂层钢板

该类钢板广泛应用于机场、会展中心、体育场馆和现代工业厂房。宝钢氟碳彩板已成功用于中国南极长城站、浦东机场、宁波会展中心和上海磁悬浮站等国内外重大工程,成为高档彩涂板的代名词。宝钢彩涂板出口销售节节攀升,用户覆盖全球五大洲。

4. 镀锡板

为降低用户使用成本,宝钢以"增宽、减薄"为持续改进目标,不断为金属包装行业提供优质高效的镀锡板,目前已形成了覆盖CA、BA/一次冷轧、二次冷轧/锡量10♯~135♯全系列镀锡板的供应能力。以 K 板、DI 材为代表的宝钢镀锡板已成为国内食品、饮料、喷雾罐、高档化工罐等行业的高端用户群的首选用材。

5. B 系列非调制预应型塑模钢

宝钢自主开发的 B 系列非调制预应型塑模钢，具有钢质纯净、硬度高、耐磨性能好、表面光洁度高等特点，可为用户免去热处理工序，缩短制造周期，降低成本，是国际模具行业尚属首创的新产品，已成为新一代模具钢。

6. 钢帘线

作为同类产品中的高端产品，钢帘线已通过世界最大的轮胎制造企业米其林集团以及世界最大的钢帘线、钢丝及钢丝制品制造商贝卡尔特集团的认证，并成为其战略供应商。宝钢生产的高级弹簧钢、高级冷镦钢、高强度钢绞线、桥梁缆索用钢、微合金焊丝等高端线材产品，广泛用于汽车制造、高级别标准件制作、桥梁建设等领域。

7. 不锈钢产品

宝钢股份不锈钢生产线以生产奥氏体为主，还生产铁素体、马氏体、超马氏体、双相钢等品种。开发的新产品主要有满足精密带钢制造行业需求的 301S、301B，满足铁路车辆用钢需求的 301L、TCS345，满足深冲用奥氏体钢用户要求的 304Cu，汽车尾气管用钢 409L，主要满足民用制品领域的 410S、410L 等品种。

8. 5 000mm 宽厚板

宝钢 5 000mm 宽厚板轧机已于 2005 年 3 月 1 日投产，产品品种包括船板、管线钢、锅炉板、压力容器板、高等板结构钢等，广泛应用于造船、石油平台、管线、锅炉、压力容器、重型机械等行业。宝钢造船板已通过挪威、意大利、德国、美国、英国、法国、日本、韩国、中国等 9 家船级社认证。目前宝钢可按照企业标准、国家标准、美国标准、日本标准、欧洲标准等标准供货，产品品质逐步为国内外高端用户认可。

七、企业营销策略

(一)用户满意为核心的营销策略

宝钢在不断优化产品结构、提高产品质量的同时，持续推进用户满意为核心的经营方针，遵照"用户的标准就是宝钢的标准"的理念，实现从生产到使用的全程质量保证；遵照"用户的计划就是宝钢的计划"的理念，实现供需之间全程的物流控制；遵照"用户的利益就是宝钢的利益"的理念，实现供需全程的成本管理。

(二)新型用户关系策略

宝钢致力于发展新型用户关系，与用户结为战略伙伴，在市场竞争中形成战略联盟。近年来，为快速响应用户需求，宝钢再造用户服务流程，将技术服务、合同计划、物流运输、营销等部门整合成立销售中心，为用户提供全方位的顾问式销售服务，形成了具有宝钢特色的海内外一体的用户服务体系。

宝钢通过面向用户的"前线执行层"，为用户提供现场"贴身式"和远程自助式服务，实现 360 度全方位立体服务网络；通过建立并完善"洞察预见层"，如用户服务知识库、CRM、Call Center 系统等，做好用户服务基础工作；通过建立并完善"管理监控层"，如用户满意度调查、用户投诉受理等，加强对"前线执行层"用户服务工作的监控和管理，不断改进用户服务工作,持续提升用户满意度。2005年,宝钢继续推进与下游行业重点客户结成战略合作关系,中石化、中船、奇瑞汽车、日本松下、美国铁姆肯、上海航天签署战略合作协议,实现了稳定供货、提供一流延伸服务并携手开发新产品。

(三)2005年营销业绩

2005年面对竞争日益激烈的市场形势,宝钢集团以优化产品结构为基础,紧紧围绕市场需求,加大市场销量好、用户需求量大的战略产品的产销力度,确保了公司战略产品的国内市场份额增长。

公司冷轧汽车板全年销售172.6万吨,国内市场份额由上年47.3%提升到51.6%。汽车板稳定供应天津丰田、广州日产、上海大众、上海通用、一汽大众、神龙富康、长安铃木和东南汽车等汽车厂,并出口到美国GM和欧洲福特等国外知名厂商。

在新产品市场拓展方面,公司积极推进1800汽车板、宽厚板、镀铝锌及3号彩涂、薄板厂二次冷轧等新产线的市场开拓和销售工作。特别是宽厚板自投产后陆续中标国内一系列重大工程,厚板产品中的高层建筑用钢,已用于中央电视台新址大楼和奥运工程;结构钢用于振华港机等;锅炉容器用钢用于国家战略储备油罐等项目。以高温钛合金、叶片钢、高工模具钢等为代表的特种冶金高端产品产销规模继续加大。条型材产线的非调质钢、齿轮钢、结构大锻件、弹簧钢等中高端产品销售状况良好。2005年特钢出口实现跨越式发展,5~12月份完成出口7万吨,是计划的120%,主要产品开始进入世界一流企业。

同时,公司抓住欧美市场逐步回暖的机遇,及时加大产品出口力度,大力培育海外直供和战略用户群。2005年发展海外战略用户和潜在战略用户7家,全年产品出口191万吨,有效地规避了国内市场风险。其中宁波宝新顺利通过欧盟"PED"认证,成功打破欧盟对不锈钢的技术壁垒,为加大不锈钢产品在欧洲市场的销售力度,扩大宝钢不锈钢产品品牌影响创造了条件。

八、企业培训与文化

(一)企业培训

宝钢集团作为特大国有企业,员工人数巨大,一、二期工程完工时的定员为4万人。但宝钢在达到3万人时,停止了进人,并逐年裁减2 000人。1995年定员已减到12 835人,目前维持在40 000人左右。宝钢集团充分认识到人的重要,非常注重员工的培训,将职工培训计划写入集体合同,在宝钢已成为一种制度。在最新下发的一个宝钢内部文件中,再次要求各子公司把职工教育培训计划、教育培训经费使用保证以及职工技能提高等内容列为集体合同的主要内容。各种职工培训方案必须提交职工代表大会审议,培训经费使用情况要向职代会报告,工会要全过程监督。宝钢集团在培训上有四个特色。

1. 机构、人员

宝钢通过培训减员提高效率,效果明显,劳动生产率达到世界先进水平。这与宝钢培训机构不断完善,不断提高教师(专家)水平与引进好教师有密切关系。

2. 培训经费

宝钢的培训经费充足,而且还在增加。在1994年以前,宝钢培训经费除按工资总额1.5%提取外,每年可购100万~150万元的固定资产。教学楼装空调、装闭路电视等大项目,单项申请分别又批给 100 万元、120 万元等。从 1995 年起可以按年销售总收入的 5‰提取年度培训经费。

3. 培训设施

宝钢搞一期工程,就建起占地 117 亩的培训中心,1992 年投资 3 000 多万元,又建起一个占地 32 亩,具有当代水平的培训工场。用 275 万美元,全套引进美、日、德四家公司的焊接、仪表、电子、液压等四个培训工场,现又正在扩建多功能、综合型、现代化干部培训基地,它包括管理基础培训中心,继续工程教育中心,高级技术培训中心;计算机教学、冶金生产过程仿真、外语、电化教育等四个系统。那些培训场所装备差的企业,影响了培训的效果,延缓了科技进步和向集约型转变。

4. 信息、教材

宝钢为了创建一流培训,非常重视国际信息交流和开发教材,每年派出近千人次出国考察。单是培训就先后派出 22 名骨干教师去美、德、日等国进修。聘请了美、俄、德、日、巴西等国家的专家教授到宝钢讲学或工作。并与引进了先进教学装备的德国、日本等四家企业建立了三个联合培训中心,每年进行交流。与国外签订了合作开发教材的协议。还拟在日、韩、美、德和香港等地建立固定的海外基地,加速培养一批国际化的经济管理人才。

(二)企业文化

宝钢集团以"诚信"为基本价值观,以做现代化建设的领先者、当代生活品质的优化者、创造新的文明的实践者和保护环境关爱他人的示范者为公司宗旨。宝钢的公司精神是:精诚、精简、精进、精捷。精诚为精诚守信,光明正大;精简为精简高效,艰苦奋斗;精进为精明进取,学习创新;精捷为精益求精,敏捷响应。

在追求企业价值最大化,在追求企业健康发展、培育企业核心竞争力的同时,宝钢也追求与社会进步协调一致,为社会发展作出积极贡献。在创造巨大经济效益和社会效益的同时,宝钢时刻不忘回报社会,包括宝钢集团与国家教育部等联合出资评选"教育十杰";捐建 38 所希望小学;与国家自然科学基金委员会出资设立"钢铁联合研究基金";投入 1 000 万元设立振兴上海高雅艺术奖励基金。在 1998 年抗洪抢险、2003 年抗击非典中,宝钢分别捐赠 3 000 万元。宝钢还先后向云南对口扶贫地区捐助 1 190 万元,向西藏仲巴县捐助 4 214 万元,向红十字会、慈善基金提供赞助各 2 000 万元。近年来,宝钢职工献爱心"一日捐"总额也已超过 1 000 万元。在庆祝宝钢投产 20 周年之际,宝钢决定对宝钢教育基金增资 5 000 万元,使宝钢教育基金总额达到 1 亿元。这些热心公益事业的行为使得宝钢的文化中带有了很强的社会责任色彩,获得了更多的社会认同。

中国中化集团公司

中国中化集团公司(中文简称"中化公司",英文简称"SINOCHEM")成立于1950年,是国务院国资委监管的国有骨干企业,前身为中国化工进出口总公司,现公司总部位于北京长安街上。公司在石油、化肥、化工领域实施全球化运作,是中国四大国家石油公司之一,也是中国最大的化肥进口商和磷复肥生产商,"中化"(SINOCHEM)品牌在全球业界享有良好的声誉。中化公司是最早进入《财富》全球500强排行榜的企业集团之一,到2006年已先后16次入围,最高排名为1996年的204位。

在始于2002年的中国企业500强排行榜中,中化公司的排名情况分别为2002年第7,2003年第5,2004年第8,2005年第8和2006年第12。2001~2005年公司营业收入见图1。

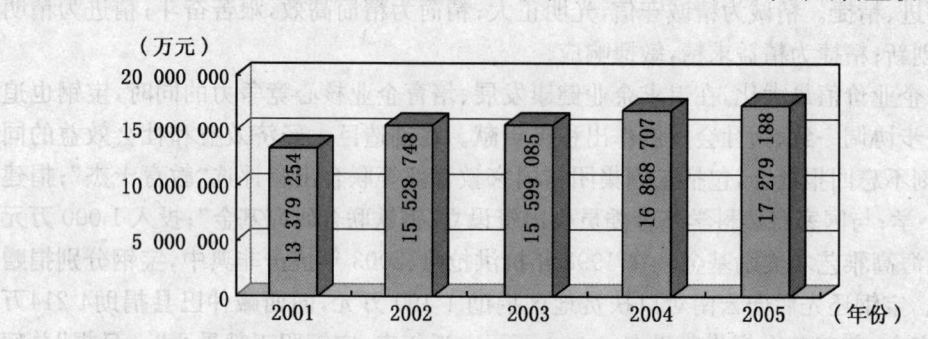

（万元）
年份	营业收入
2001	13 379 254
2002	15 528 748
2003	15 599 085
2004	16 868 707
2005	17 279 188

资料来源:中国企业联合会、中国企业家协会:《中国企业发展报告》(2002~2005年),企业管理出版社。

图1　营业收入图

一、中国中化集团公司概况

(一)发展历程

中国中化集团公司的前身中国进口公司成立于1950年3月10日,是新中国第一家专业从事对外贸易的国有进出口企业。1951年1月8日,中国进出口公司筹备组成立,人员以原中国进口总公司及其华北区公司为基础。3月1日,公司正式成立,专营对西方国家的贸易,进口国内生产、生活急需的重要物资。整个20世纪50年代,中国进出口公司陆续与40多个国家和地区的数百家客商建立了贸易关系,出口快速增长,并开辟了国际石油和化工品的进口渠道。

1961年1月1日,中国进出口公司更名为中国化工进出口公司。1965年7月16日,公司为了统一对外,方便外商和国内有关单位联系业务,又更名为中国化工进出口总公司。此时,公司已与90多个国家和地区结成石油、化工品贸易关系,出口商品也从30余种增加到了300余种,出口金额达到8 000万美元。

到了20世纪70年代,中国化工进出口总公司更是成为国际贸易界举足轻重的石油化工贸易商。1973年,公司将国内第一船原油出口到日本,之后又陆续出口石油到巴西、新加坡、美国等市场,打开了中国原油向海外输出的通道。在化工品进出口贸易方面,1975年出口商品增至400余种,出口额达到了2.14亿美元。进口品种以化肥和农药为主。

20世纪80年代,中国化工进出口总公司在确保完成国家下达的进出口任务的同时,积极扩大国内化工产品的出口,相继组建了一批联营经济实体,使化工产品出口大幅增长,到1986年已达7.08亿美元,年贸易额居国内同行业领先地位。1987年底,国务院批准中化公司进行国际化经营试点。经过七年的时间,中化公司初步发展为跨行业、多功能、综合化、国际化经营的跨国公司。1989年公司入选《财富》杂志全球500强排名,是中国最早进入这一排名的企业之一。

1994年底,国务院正式批准中国化工进出口总公司在全国首家进行综合商社试点,试点目标是:建成以贸易为主业,集贸、工、技、金融、信息等功能为一体的国际化、实业化、多元化、集团化的综合贸易公司。1998年,公司成功抵御住了亚洲金融风暴的冲击。从1999年开始,面对经济全球化进程加快和中国市场经济体制改革不断深化的大趋势,公司确立了"培育市场经济条件下盈利能力"的核心战略思想,开始推行市场化发展战略,实施战略转型,并于1999年7月正式启动管理改善工程。

2000年,中国化工进出口总公司正式成为中央直接管理的国有重要骨干企业。2000年3月,公司控股的中化国际(600500)在上海证券交易所成功上市。2002年1月22日,公司与Petroleum Geo-Servicces(简称PGS)公司签署协议,全资收购其下属公司Atlantis,在海外获得了中化公司历史上第一口油田。2003年,公司的工作会议提出把公司建设成为具有全球地位伟大公司的目标,并发出"加速发展,开创中化公司新局面"的动员,11月10日,公司再次更名为中国中化集团公司(见表1)。2004年1月,公司工作会议提出"用五年时间,使公司净资产和年度净利润在2003年的基础上翻一番,再造一个新中化"的阶段性目标。2005年7月28日,中化香港控股有限公司(股票代号0297,简称中化香港控股)(注:2006年12月12日,公司正式更名为中化化肥控股有限公司,简称中化化肥)在完成对中化集团公司的化肥资产收购项目后,在香港重新上市,成为中国化肥业海外上市第一股。2005年,公司不仅全面超额完成了国资委下达的考核指标,而且提前三年实现"再造一个新中化"的财务目标。

表1　　　　　　　　　　　　　公司用名一览表

1950年3月10日	中国进口总公司
1951年3月1日	中国进出口公司
1961年1月1日	中国化工进出口公司
1965年7月16日	中国化工进出口总公司
2003年11月10日	中国中化集团公司

资料来源:中国中化集团公司门户网站之发展历程和背景资料。

由此可见,中国中化集团公司之所以能一步一步地发展到现在的规模,一方面由于是国有企业,得到了政府的大力支持;另一方面,与其自身的坚实发展以及良好的财务运营有着密不可分的关系。

(二)企业所有制结构

中国中化集团公司注册资本为3亿人民币,法人代表为刘德树先生,是国务院国有资产监督管理委员会监管的国有重要骨干企业,属于国有经济,在上海和香港分别拥有"中化香港控股"和"G中化"两家上市企业。

(三)企业组织架构

中国中化集团公司主要管理人员为总裁刘德树先生、副总裁7人以及党组纪检组组长、总会计师和总裁助理各1人。

公司共设有人力资源委员会、战略规划委员会、预算及评价委员会、投资委员会、审计稽核委员会、风险管理委员会和安全生产委员会7个委员会;下设总裁办公室、人力资源部、战略规划部、资金管理部、会计管理部、分析评价部、财务综合部、投资部、风险管理部、审计稽核部、法律部、保险部、信息技术部、行政事务部、党群工作部、离退休干部部、中化管理学院和安委办18个部门。集团公司旗下还可细分为石油中心、化肥中心、化工品中心、国内经营中心、物业酒店中心、中化石油勘探开发有限公司、金融类企业、境外机构和其他主要投资企业等,分别由副总裁和党组纪检组组长及总会计师等负责主管(见图2)。

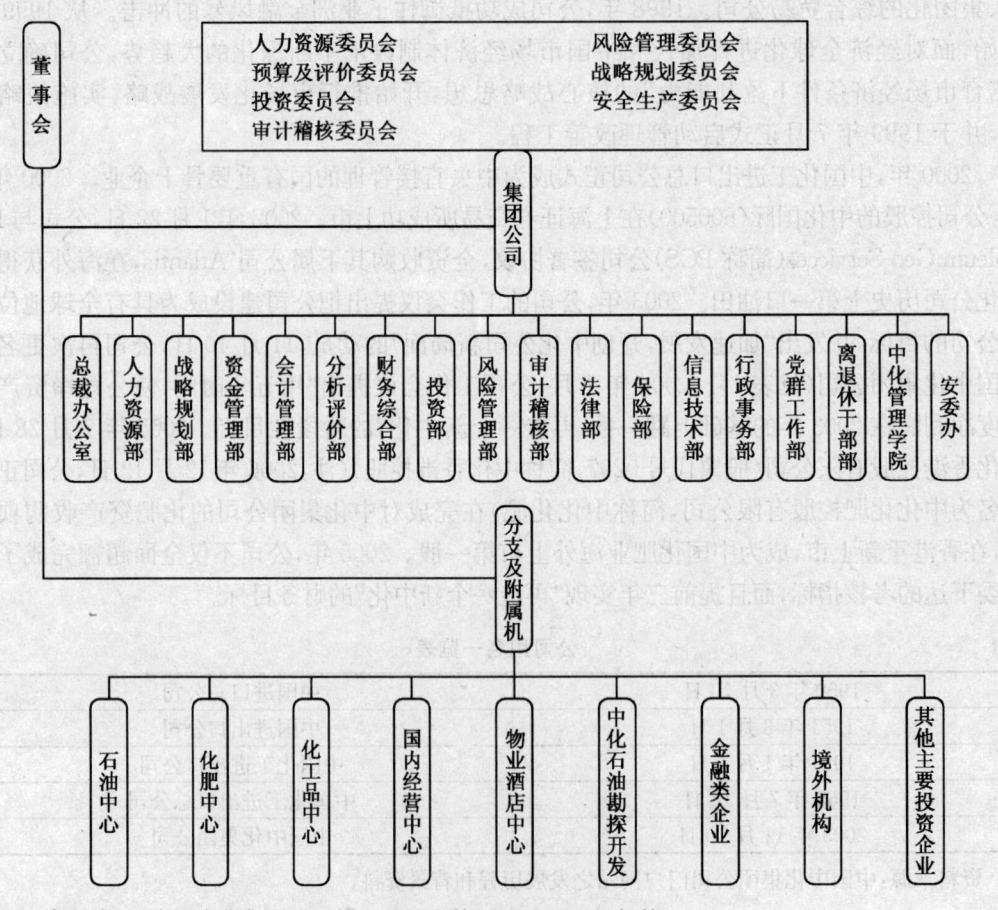

资料来源:中国中化集团公司门户网站之管理团队及组织架构。

图2 公司组织架构图

具体职务分配为党组纪检组长罗东江主管中化公司人力资源、法律事务、行政事务和金茂集团相关工作,兼任集团公司总法律顾问、中化国际(控股)股份有限公司董事长和中远房地产有限公司董事长;副总裁韩根生主管中化公司石油勘探开发业务和与其相关的海外投资业务,兼任中化石油勘探开发有限公司总经理;副总裁潘正义主管集团公司战略规划部、信息技术部、境外集团及集团公司直接管理的境外企业和办事机构,兼任集团公司战略规划委员会主任,并主管国内经营中心,兼任国内经营中心主任;副总裁李辉主管中化公司石油贸易及相关实业投资业务,兼任石油中心主任;副总裁张志根主管中化公司物业酒店业务和安全生产工作,兼任物业酒店中心主任和集团公司安全生产委员会主任;副总裁冯志斌主管中化公司投资和金融业务,兼任集团公司投资委员会主任;总会计师陈国钢主管中化公司财务、风险管理、保险等工作,兼任公司预算及评价委员会主任、风险管理委员会主任;总裁助理何操兼任中国金茂(集团)股份有限公司总经理。

二、企业战略

(一)企业竞争环境分析

中国中化集团公司是中国四大国有石油公司之一,虽然目前实施多元化、全球化发展模式,但其根本立足点仍在石油化工行业。

就全球而言,石油化工行业在经过2004年的发展高峰后,近两年又逐渐趋于平稳发展阶段,但在我国,石油化工行业还刚刚进入成熟期,在将来一段不短的时间内,依然会是国民经济的支柱行业,此行业依然充满了机遇与挑战。

正是由于中国的石油化工行业目前还存在着大量的机遇和挑战,使得诸如埃克森美孚、壳牌、BP、道达尔、巴斯夫、杜邦、拜耳、道化学等排名世界500之内的大型石油跨国公司不断增大在中国的投资比例。特别是我国按照加入世贸组织时的承诺,对外资开放成品油批发市场,出现了中国的石油化工领域全面对外资开放的局面。虽然目前我国的成品油由国家发改委统一定价,使得外资的全面进军不会对我们产生多大威胁,但随着中国"入世"进程的深入,石油化工行业必将进入完全市场竞争状态,到时中国中化集团公司会面临激烈的竞争,需要根据情况制定正确的战略。

除了来自国外的大型石油跨国公司之外,中国中化集团公司还面临来自国内企业的竞争。中国现有四大国有石油公司——中国石油化工集团公司、中国石油天然气集团公司、中国海洋石油总公司以及中国中化集团公司,虽然它们均为国有集团公司,且经营业务略有差异,但在石油化工行业完全市场化后,彼此之间的竞争也将是不言而喻的。且中国石油化工集团公司和中国石油天然气集团公司在1998年重组后,现分别位于中国企业100强是第1和第3,排名要远高于中国中化集团公司,需引起公司的重视。

表2为中化公司与按行业分的国有以及国有控股公司之间的某些数据对比。

中国中化集团公司的主营业务及产品大致跨越了石油天然气开采业、石油加工及炼焦业、医疗制造业、橡胶制品业和塑料制品业这几个行业,从上面的数据对比表中可见中化公司在上述行业中占有比较重要的地位,并拥有较高的市场份额。

表2　　　　　　　　　　　　　　　　数据对比

年份	项目 单位:亿元	石油和天然气开采业	石油加工及炼焦业	医疗制造业	橡胶制品业	塑料制品业	中化公司
2002	营业收入	2 511.01	4 289.68	1 015.01	278.71	223.41	1 337.93
	利润总额	854.05	31.02	79.09	0.39	9.33	6.81
	资产总计	4 263.81	3 302.40	1 934.98	531.10	452.00	380.81
2003	营业收入	3 225.37	5 436.50	1 117.26	309.76	225.58	1 552.87
	利润总额	1 150.07	76.78	102.39	8.59	6.88	8.38
	资产总计	4 802.28	3 174.45	2 109.37	488.13	447.37	423.75
2004	营业收入	4 071.36	7 255.49	1 103.14	353.85	276.53	1 559.91
	利润总额	1 647.11	200.99	85.38	10.31	5.25	102.17
	资产总计	5 316.29	3 602.91	1 996.92	459.12	487.02	451.47

数据来源:中华人民共和国国家统计局:《中国统计年鉴》(2003年～2005年);中国企业联合会、中国企业家协会:《中国企业发展报告》(2002年～2004年),企业管理出版社。

(二)企业总体战略规划

由于面临着如此激烈的竞争,中国中化集团公司早在1999年就开始实施市场化战略。在具体公司战略选择上,由于中国中化集团公司是新中国成立最早的全国性外贸专业公司之一,因此选择国际化战略和多样化战略相结合。

国际化战略指中国中化集团公司的主营业务采取的是全球产品战略。公司的主营业务为石油化工方面的,大多为原料性产品,能够在全球各地区进行进出口贸易。

在多样化战略方面中国中化集团公司采取的是混合多样化战略。公司主营业务为石油、化肥、化工产品,但同时跨领域从事金融投资、房地产等看似与主营业务并不相关的其他业务,以此来支持或辅助主营业务,这是典型的混合多样化战略。由于公司业务混合多样化,从而降低了业务周期变化幅度和风险,保证公司的平稳发展。

经过近几年的努力,公司已经在石油、化肥、化工三大主营业务领域逐步形成了集资源、研发、生产、物流和营销于一体、全球协同运作的产业链,并在金融和酒店地产领域取得了长足进步。在此基础之上,中国中化集团公司必将达成"围绕主营业务形成有较为完整的价值链和相互支撑的产业群,成为相关行业中国经济可持续发展的重要依靠力量,建成具有全球地位的伟大公司"[①]这一远景目标。

三、企业生产经营状况

(一)企业业务介绍

中国中化集团公司的业务可分为石油业务、化肥业务、化工业务、金融业务、酒店地产业务以及其他业务等六大块。

中化公司从事石油经营已有50余年的历史,其石油业务由勘探开发、原油、燃料油、轻

---

① 资料来源:中国中化集团公司门户网站之发展目标。

油、仓储物流和炼化六大经营板块组成,分别从事境外油气资源勘探开发、原油国际贸易、燃料油和轻油国内外贸易及分销、仓储物流设施建设与运营和炼化项目的经营与开发;在化肥业务方面,中化公司是全国最大的化肥产供销一体化企业,已形成了贯穿资源控制、研发、生产、营销和农化服务各个环节的比较完整的化肥产业链,并于2005年,这部分业务注入中化香港控股有限公司(2006年12月12日,该公司正式更名为中化化肥控股有限公司,简称"中化化肥"),实现了在中国香港资本市场的上市;化工业务是公司传统的优势业务,具有健全的国内领先的化工产品贸易分销网络,并形成了比较完善的化工物流配送和化工技术研发支持体系,在氟化工、橡胶、农药、医药、石化原料、化工物流等领域具有明显的竞争优势;金融业务是中化公司未来需要着力发展的业务,包括信托、融资租赁、人寿保险和证券投资基金管理等,此业务对于公司长期战略规划具有极其重要的意义;酒店地产类业务主要包括酒店经营、写字楼及社区公寓物业经营管理和房地产项目开发,由于近年来的合理发展,已成为公司的"奶牛"业务之一,为公司的进一步发展提供一定的资金;其他业务是指与主营业务相关或为其提供配套服务、能对公司主营业务的发展起到很好的补充和支持作用的业务,主要有国际航运业务、招标业务和冶金能源等。

(二)企业主营业务情况

中国中化集团公司以石油、化肥、塑料、化工品的国际国内贸易及相关领域实业投资为主营业务,主要产品为石油、化肥和化工品。

在石油的勘探方面,中化公司拥有两个境外全资子公司——阿特兰蒂斯挪威控股有限公司和CRS资源(厄瓜多尔)有限公司,享有分布在阿联酋、突尼斯和阿曼的12个石油合同项下以及厄瓜多尔16区块全部或部分油气勘探开发权益。目前公司的原油年总产量约为2 000万吨,品种涉及沙特、阿曼、伊拉克、巴林、阿联酋、也门、卡塔尔、越南、叙利亚、俄罗斯和印度尼西亚等国家的原油。此外,还从事原油国际转口和加工等业务,与世界上主要石油公司和相关金融机构在石油进口、转口和风险管理方面保持着长期稳定的战略合作。

化肥的生产投资重点放在优质化肥项目上,积极投资参加云南、贵州等地区的磷矿资源开发,在山东、重庆投资了两个百万吨级的磷复肥生产基地,并参股投资了盐湖钾肥、山西天脊中化尿素、云南三环中化等项目。在国际市场,公司加强与全球主要供应商签订在中国市场产品独家分销协议,以此持续、稳定地获取优质化肥资源。

公司的化工产品具体可分为氟化工、橡胶、农药、医药和石化原料产品。其中橡胶制品出口到中东、非洲、美洲、东南亚和澳大利亚市场;农药业务的进出口量均为全国第一,2005年的销售收入约为1.4亿美元;医药业务的原药出口份额为全国第一,2005年的销售收入超过2.5亿美元;石化原料中塑料制品的年销售收入超过9亿美元,化纤原料的销售收入也达到4亿美元左右。

(三)企业品牌创建

中国中化集团公司以"中化"(SINOCHEM)的品牌享誉国际石油化工领域。2004年,"中化"品牌以576.89亿人民币的价值名列世界品牌实验室与世界经济论坛联合评选的"中国500最具价值品牌"第5名,在2006年的评选中位列第6。并于2006年入选"世界华人眼中最具国际化的20大中国企业品牌"。

中化公司旗下的品牌除了"中化"这一主要品牌外,还在化肥、化工制品、医药制品等领域拥有的50多个副品牌。应用比较广泛的有化肥产品中的"美农"、"好苗子"、"秋壮"等,从而形成了主副品牌互相支撑的良好格局。另外,中化公司还下设总裁办公室,是负责品牌保护工作的常设机构,以此来集中系统地对旗下品牌进行管理,并予以保护。

(四)企业多元化业务

中国中化集团公司不仅在主营业务方面取得不俗的成绩,在金融业务、酒店地产业务和其他与主营业务相关或为其提供配套服务的业务方面也有长足的进步。

在金融业务领域中,信托业务的综合实力在2005年进入全国信托业的前10名,发行规模达到1.98亿美元,涉及房地产、基础设施、医疗、银行信托资产转让等领域和品种,占全国市场的4.1%;融资租赁业务由集团公司下属的远东国际租赁有限公司执行,该公司已成功介入医疗设备、信息通讯、交通运输(飞机、船舶)等租赁领域,持续领跑中国融资租赁行业,并于2006年5月15日,在上海证券交易所正式挂牌上市首期租赁资产支持收益专项资产管理计划受益凭证,是国内首只上市交易的租赁资产证券化产品;人寿保险业务是由与加拿大宏利人寿保险(国际)有限公司合资组建的中宏人寿保险有限公司经营的,该合资公司相继获准在北京、南京、宁波、杭州、广州、佛山、东莞、中山等地开展业务,并成为作为2008年北京奥运会惟一寿险合作伙伴;中化公司作为主发起人成立的诺安基金管理有限公司管理的证券基金投资业务,截至2006年12月已推出了5只开放式基金——诺安平衡证券投资基金、诺安货币市场基金、诺安股票证券投资基金、诺安中短期债券投资基金、诺安价值增长股票投资基金,管理资产规模超过100亿元。

酒店物业经营方面中化公司拥有控股的中国金茂(集团)股份有限公司和中化国际物业酒店管理有限公司,其下项目有上海金茂大厦、中化大厦、北京怡生园国际会议中心和王府井大饭店等;地产业务由公司下属的方兴地产(中国)有限公司和与中原集团合资成立的中远房地产开发有限公司,两个公司分别以上海、珠海和大连、中山、天津为战略重点发展各自业务。

(五)与上下游企业合作情况

与上下游企业合作主要集中于石油和化肥业务领域。

石油业务方面,集团公司基本完成了上下游产业延伸,形成了集勘探开发、国际国内贸易与分销、石油仓储物流服务、石油炼制于一体、全球协同运作的比较完整的产业链。

化肥业务方面,中化公司是中国最大的化肥产供销一体化企业。在生产体系中,由中化公司及控股企业投资控股、参股的化肥生产企业达到10家之多,是国内惟一一家能同时生产氮肥、磷肥、钾肥和复合肥的大型企业;由于自身强大的生产能力以及多元化的采购渠道,中化公司能为客户提供品种齐全的化肥产品,以满足不同地区,不同客户的需求(见图3)。

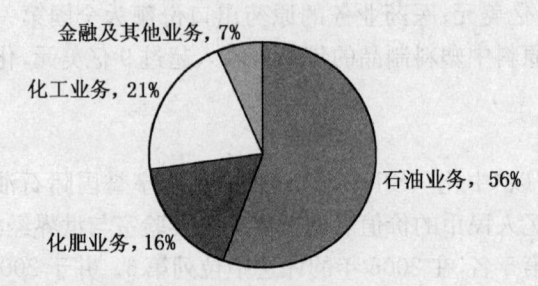

金融及其他业务,7%
化工业务,21%
石油业务,56%
化肥业务,16%

资料来源:中国中化集团公司年报。

图3 中化公司业务结构比率图

四、企业资本运作

(一)企业融资情况

由于企业发展的需要,每个企业或多或少都会通过一定的融资手段来获得资本。中国中化集团公司的短期借款和流动负债两项在 2002 年至 2005 年期间呈逐年递增趋势,但长期借款一项却在 2004 年达到顶峰值(中国境内 1 490 513.48 万元,全球总计 1 800 898.30 万美元)后于 2005 年有稍许回落。

中国中化集团公司从 2002 年至 2005 年的具体负债情况如表 3 所示。

表 3   中国中化集团公司负债情况

年 份	项 目	中国境内(万元)	总计(万美元)
2002	短期借款	940 753.88	1 136 564.80
	流动负债	2 104 909.16	2 542 990.06
	长期负债	792 496.09	957 433.09
2003	短期借款	939 178.12	1 134 725.34
	流动负债	2 160 033.89	2 609 776.73
	长期负债	948 289.47	1 145 733.77
2004	短期借款	1 116 067.47	1 348 477.58
	流动负债	2 230 055.11	2 694 442.23
	长期负债	1 490 513.48	1 800 898.30
2005	短期借款	1 133 849.26	1 404 982.85
	流动负债	2 937 506.96	3 639 943.20
	长期负债	1 326 623.65	1 643 854.74

数据来源:中国中化集团公司年报。

在现金流方面,2004 年的筹资总现金流中国境内为 623 712.83 万元,而全球为 753 594.91 万美元;2005 年的数据分别为 7 828 363.79 万元和 9 700 334.30 万美元。

另外,中化公司在上海证券交易所和香港证券交易所分别有中化国际贸易股份有限公司和中化香港控股有限公司两家上市公司。

中化国际贸易股份有限公司是由中国中化集团公司的前身中国化工进出口总公司作为主要发起人,并联合中国粮油食品进出口(集团)有限公司、中国石化集团北京燕山石油化工有限公司、中国石油销售总公司、上海石油化工股份有限公司和浙江中大集团股份有限公司这五家公司以发起方式设立的。当时的中国化工进出口总司拥有该公司 64.40% 的股权,是控股股东。该公司股票上市日期为 2000 年 3 月 1 日,股本总额 37 265 万股,可流通股本 12 000 万股,上市流通股本 10 500 万股,股票面值为 1 元/股,发行价为 8 元/股,募集资金净额为94 139万元,并于2002年9月16日实施资本公积金转增股本方案,使得总股本由37 265万股增为55 897.5万股。

中化香港控股有限公司于2005年7月27日成功收购China Fertilizer(Holdings) Company Limited及其附属公司后,成为中国化肥行业首家在香港上市,以分销服务为导向、上中下游一体化经营的综合性化肥公司。中国中化集团公司持有该公司53.53%的股份,是控股股东。

(二)企业投资情况

从公司投资方面的数据可知中国中化集团公司在近两年的投资活动中取得了不少成绩,最明显的表现为投资的净额在2003年时还为负的,而到了2005年则有了大量的盈利,具体数据请见表4。

表4　　　　　　　　　　　　　中国中化公司投资情况

年 份	项 目	中国境内(万元)	总计(万美元)
2003	投资收入	79 943.45	96 588.55
	投资支出	310 707.16	375 399.81
	投资净额	(2 230 736.71)	(278 811.26)
2005	投资收入	871 826.20	1 080 303.09
	投资支出	533 290.10	4 660 813.98
	投资净额	338 536.10	419 489.11

数据来源:中国中化集团公司年报。

五、企业财务状况

(一)资产结构

1. 资产规模

中国中化集团公司的资产额呈逐年递增趋势(见表5),但在中国百强企业排名中,并不能算高,从2002年至2005年的排名分别为59、59、58和62位。

表5　　　　　　　　　　　　　资产规模数据表

年份 项目	2002	2003	2004	2005
总资产(万元)	4 237 470.00	4 514 672.43	5 095 289.11	6 308 080.68
流动资产(万元)	2 683 124.94	2 825 872.23	2 892 921.77	3 426 991.66

数据来源:中国中化集团公司年报。

2. 资本结构

资本结构是衡量企业长期偿债能力的指标,因此成为企业财务管理的热点问题(见表6),其既可以用负债/权益即产权比率来度量,也可以用负债/总资产即资产负债率来表示。

表6　　　　　　　　　　　　　　　资本结构一览表

年份 项目	2002	2003	2004	2005
负债总额(万元)	2 897 405.25	3 108 323.36	3 720 568.59	4 264 130.61
权益总额(万元)	1 109 893.01	1 154 265.53	1 084 371.83	1 370 438.31
产权比率	2.61	2.69	3.43	3.11
资产负债率	0.68	0.69	0.73	0.68

数据来源：中国中化集团公司年报。2004年和2005年的权益负债项中还含有少数股东权益未予列出。

由图4可见中化公司的产权比率之变化趋势，其显示了公司财务结构的稳健程度，以及所有者权益对偿债风险的承受能力。由于在2004年的资产负债表中多出了少数股东权益项，不属于所有者权益内，使得产权比率突然增高，但在2005年公司注意到此问题，并采取了必要的改善措施，由结果可见措施是较为有效。

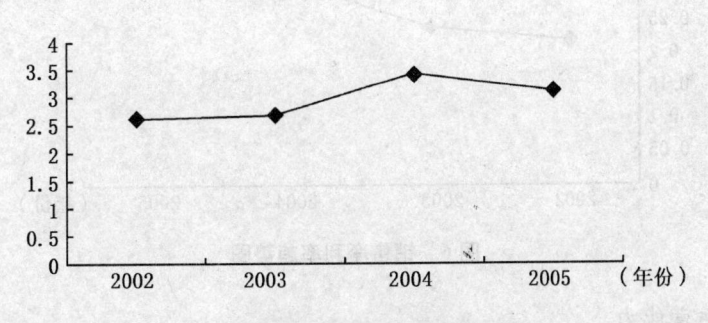

图4　产权比率折线图

资产负债率可体现企业负债偿付安全性的物质保障程度，相对于产权比率而言，中化公司的资产负债率是较为稳定的(2004年的突然激增也是由于资产负债表中增加了少数股东权益项，在2005年立刻有所回落)，但并不能算低，是属于风险较高的企业(见图5)。

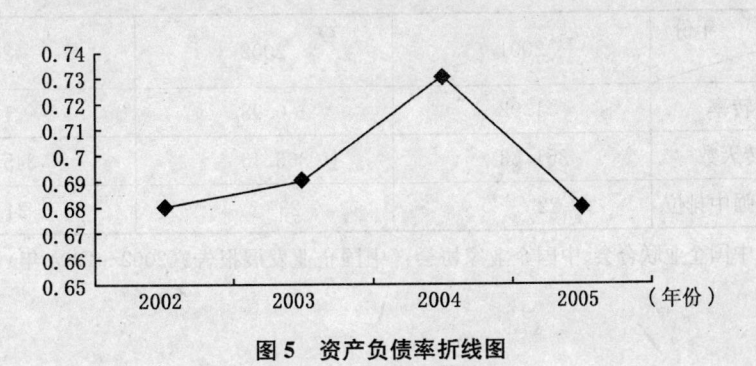

图5　资产负债率折线图

(二)盈利状况

2002～2005年中化公开的盈利状况见表7。

表 7　　　　　　　　　　　　　盈利状况数据表

项目＼年份	2002	2003	2004	2005
销售收入(万元)	15 528 748.44	15 599 085.49	16 868 706.78	17 279 188.15
销售成本(万元)	15 139 188.99	15 167 809.34	16 250 094.48	16 561 824.50
销售收入净额(万元)	389 559.45	431 276.15	618 612.30	717 363.65
净利润(万元)	83 840.56	102 167.01	190 132.84	213 164.33
销售净利率	0.22	0.24	0.31	0.30

资料来源：中国中化集团公司年报。

从中化公司的销售净利率来看，中化公司通过销售赚取利润的能力是较为强大的，特别是在2004年更是有了突飞猛进（见图6）。由此可见，中化公司在关注扩大销售的同时，也注重了改进经营管理方面，以此提高自身的盈利水平。

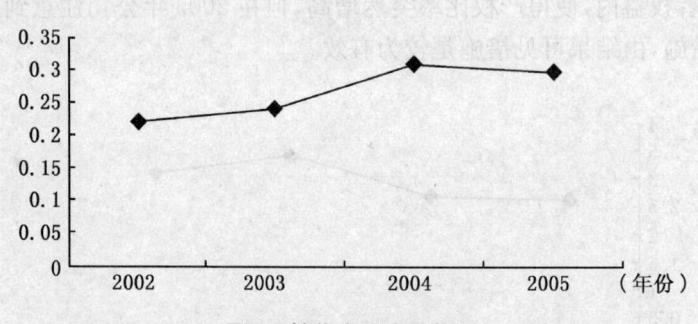

图 6　销售净利率趋势图

（三）资金运营能力

总资产周转率反映了中国中化集团公司运用资产已产生销售收入的能力，从历史资料来看，其周转率维持于1左右，属于较高的资产周转率，虽然在中国企业100强中的排名并非遥遥领先，但由于其所在行业的特性，使其周转率在自身行业中名列前茅（见表8）。

表 8　　　　　　　　　　　　　总资产周转情况表

项目＼年份	2001	2002	2003
总资产周转率	1.02	0.98	1.04
总资产周转天数	351.33	366.46	345.52
中国企业100强中排位	22	23	24

资料来源：中国企业联合会、中国企业家协会：《中国企业发展报告》（2002～2004年），企业管理出版社。

六、企业研发创新能力

中国中化集团公司的新产品开发能力主要体现于其化肥业务以及化工业务上面。

在化肥业务方面,公司以与中国农业大学合作建立的中化化肥农大为研发中心,开发出了小麦、辣椒、棉花、油菜等专用肥,并创出了一系列如"中化"、"美农"、"好苗子"、"秋壮""LIANGYOU良友"等化肥品牌,并以"中化"为主打产品,使"中化化肥"成为农资市场最具有影响力和亲和力的品牌。

在化工产品方面,中化公司显示了较强的研发创新能力。中化近代环保化工(西安)有限公司通过研发创新,打破了国外公司在氟氯烃(简称CFCs)替代物生产领域的技术垄断,生产出的"金冷"牌HFC-134a通过了ISO/TS 16949:2002质量管理体系认证,已实现了对国内空调、汽车等主流厂家的配套供货,国内市场占有率超过30%,同时40%的产品销往欧洲、美洲、中东、东南亚等地区。在医药业务上,由中化集团公司旗下的中化天津公司,中化(青岛)实业有限公司,中化江苏公司和中化宁波(集团)有限公司全面负责。其中中化天津所属的医药生产企业,凭借在激素类原药生物发酵方面的专利技术,以较高起点进入生物制药细分领域;中华宁波则依托与高校、科研院所的长期合作关系及自有研发中心,形成持续的高附加值产品开发能力。

七、企业营销策略

(一)企业产品销售渠道

中国中化集团公司作为中国最大的化肥产品分销商,拥有国内规模最大、范围最广的化肥分销网络,覆盖了中国20个主要农业省份和70%以上的耕地面积。对于分销网络实行连锁经营,统一规划市场、统一采购、统一配送,截至2005年底,公司已建立化肥营销分公司14家、分销网点1 063家。另外对于分销网络未能达到的地区,公司实行批发销售,向以氮、磷、钾肥为原料的复合肥加工企业直销化肥产品。

(二)企业售后服务

在售后服务上值得称赞的仍然为中化公司的化肥业务。公司不但提供给农民优质的化肥产品,并常年开展以"送科技、送肥料、送服务"为主题的服务活动,组织农化专家和科技人员深入基层乡镇举办施肥知识宣传、种田大户培训,指导农民平衡施肥。同时,开设了全国免费服务电话800-810-9991,与有关新闻媒体合作创办公益性广播栏目《中化农业广场》,为全国农户搭建起了科学施肥的"空中课堂",帮助农民提高收成。

这一系列的活动,不但帮助农民的收成,提高他们的专业水平,并为公司自己赢得了良好的市场口碑,真正做到了"和谐中国,安全农业,全心全意为中国农民服务"这一经营宗旨。

八、企业人力资源与文化

中国中化集团公司一直把人才视为事业成功的第一要素,奉行"以人为本"的理念,认为员工是企业的发展伙伴,尊重员工的个性和创造,并为员工提供事业发展的平台。

(一)企业人员结构

截至2005年底,中化公司已有全球员工16 000多名,平均年龄为33岁(见图7)。

中化公司根据每年的发展需要来制定人才引进计划,实行公开、公平的引进机制,部分人员进入公司后能直接担任高级管理职务。其招工原则为"德才兼备,以德为先"。

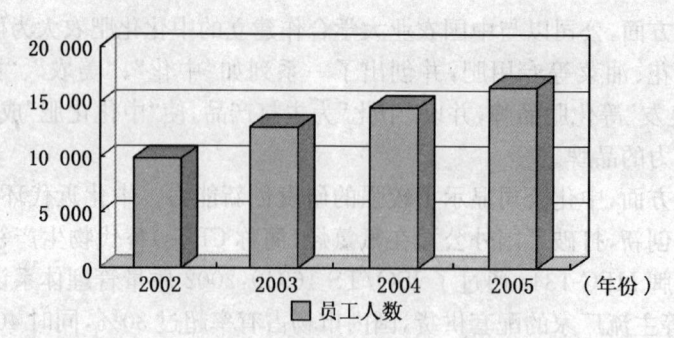

资料来源：中国中化集团公司2006中文年报。

图7 中化公司历年员工人数

（二）企业薪酬、福利及培训

在薪酬福利方面，中化公司参照市场标准和岗位价值来进行确定，并根据员工绩效考评结果进行奖惩；以薪酬合约的方式约定员工个人及团队的绩效与员工劳动所得的关系。在福利保障上，公司实施的是医疗、养老、意外伤害、财产损失、自然灾害等综合保障计划。

中化公司致力于建设学习型组织，在公司内部分层级建立了高级经理培训、后备人才提升培训、轮岗交流培训、内部MBA系列培训、专项技能培训、新员工培训的多种培训项目，并拥有较为完备的骨干员工培训体系以保证骨干员工队伍的良好成长发展。[1]

（三）企业文化

中国中化集团公司的企业文化核心为"做人：诚信、合作、善于学习；做事：认真、创新、追求卓越"[2]。

其对员工要求的"做人诚信、合作、善于学习"，能使公司内部拥有良好的人际关系，并有利于学习型组织的建立；而"做事的认真、创新、追求卓越"，则为公司在产品的创新研发能力上提供了保障，并能使员工踏踏实实做事，为进一步发展集团公司打下坚实的基础。

---

[1] 资料来源：中国中化集团公司2006中文年报。
[2] 资料来源：中国中化集团公司门户网站。

中国农业银行

中国农业银行(简称"农行")系经中国人民银行批准,于1979年2月23日成立的国有商业银行,在全国各省、自治区、直辖市设立32家一级分行,5家直属分行,3所培训学院,并设立6家海外机构。主要业务范围包括:吸收公众存款;发放短期、中期和长期贷款;办理国内外结算;办理票据承兑与贴现;发行金融债券;代理发行、代理兑付、承销政府债券;买卖政府债券、金融债券;从事同业拆借;买卖、代理买卖外汇;结汇、售汇;从事银行卡业务;提供信用证服务及担保;代理收付款项及代理保险业务;提供保管箱业务;经中国银行业监督管理机构等监管部门批准的其他业务。

在中国500强企业中,2002年中国农业银行位于11位,年营业收入达9 351 800万元,而在各行业企业分布中居于金融业的第4位;2003年位居中国500强中的12位,年营业收入达9 645 600万元,位居银行业第4位;2004年农行在中国500强中的地位虽稍有下降,位居15位,营业收入达10 871 300万元,但收入增长率却迅速增长到13.58%;2005年位居中国500强的14位,营业收入达12 506 000万元,收入增长率进一步增长到15.04%,在中国服务业企业500强中排名第10位,我国商业银行的行业平均营业收入为6 317 370万元,农行再次位于前列,位居第4位。

一、企业发展历程概述

中国农业银行是四大国有独资商业银行之一,是中国金融体系的重要组成部分,总行设在北京。在国内,中国农业银行网点遍布城乡,资金实力雄厚,服务功能齐全,不仅为广大客户所信赖,而且与他们一道取得了长足的共同进步,已成为中国最大的银行之一。在海外,农业银行同样通过自己的努力赢得了良好的信誉,被《财富》评为世界500强企业之一。

(一)发展简史

1978年12月,中共十一届三中全会通过的《中共中央关于加快农业发展若干问题的决定(草案)》中明确提出"恢复中国农业银行,大力发展农村信贷事业"。1979年2月,国务院发出《关于恢复中国农业银行的通知》,决定正式恢复中国农业银行。恢复的中国农业银行是国务院的直属机构,由中国人民银行监管。农业银行的主要任务是统一管理支农资金,集中办理农村信贷,领导农村信用合作社,发展农村金融事业。

1993年12月国务院做出了《关于金融体制改革的决定》,要求通过改革逐步建立在中国人民银行统一监督和管理下,中国农业发展银行、中国农业银行和农村合作金融组织密切配合、协调发展的农村金融体系。按照中国人民银行的安排部署,1994年4月中国农业发展银行从中国农业银行分设成立,粮棉油收购资金供应与管理等政策性业务与农业银行分离,农业银行开始按照1995年颁布实施的《中华人民共和国商业银行法》,逐步探索并推行现代商业银行的营运机制。1996年8月,国务院又做出《关于农村金融体制改革的决定》,要求建立和完善以合作经营为基础,商业性金融、政策性经营分工协作的农村金融体系。农业银行认真贯彻《决定》的有关精神,在矛盾多、时间紧、压力大的情况下,统一思想,顾全大局,积极支持农业发展银行省级以下分支机构的设立和农村信用社与农业银行脱离行政隶属关系的改革。直至1997年,农业银行才基本完成了作为国家农业银行"一身三任"的历史使命,从而真正开始向国有商业银行转化的新的历史时期。

(二)发展概述

目前,中国农业银行拥有一级分行32个,直属分行5个,总行营业部1个,培训学院3个,并在新加坡、香港设立了分行,在伦敦、东京、纽约等地设立了代表处。中国农业银行网点遍布中国城乡,成为国内网点最多、业务辐射范围最广的大型国有商业银行。业务领域已由最初的农村信贷、结算业务,发展成为品种齐全,本外币结合,能够办理国际、国内通行的各类金融业务。目前主要包括:(1)人民币业务。吸收公众存款;发放短期、中期和长期贷款;办理国内外结算;办理票据贴现;发行金融债券;代理发行、代理兑付、承销政府债券;买卖政府债券;从事同业拆借;买卖、代理买卖外汇;提供信用证服务及担保;代理收付款项及代理保险业务等。(2)外汇业务。外汇存款;外汇贷款;外汇汇款;外币兑换;国际结算;外汇票据的承兑和贴现;外汇借款;外汇担保;结汇、售汇;发行和代理发行股票以外的外币有价证券;买卖和代理买卖股票以外的外币有价证券;代客外汇买卖;资信调查、咨询、见证业务。

中国农业银行是服务领域最广、服务对象最多、业务功能齐全的银行。业务范围覆盖了全国城乡,并通达全世界;服务对象囊括了所有行业和各类用户;服务的手段不仅包括柜台服务、上门服务等传统方式,还推广了"95599"电话银行、网上银行、自助银行等高科技手段;除了常规国内国际金融产品以外,还为客户在证券、保险、基金等行业架设了沟通桥梁,并延伸到社会经济领域的各个角落。更可根据客户的特别要求,度身定做金融产品。除此之外,农行还利用营业网点到县的优势为行业性、系统性客户提供"一揽子"理财方案。

依托遍布各地的网点,采用世界尖端科技,中国农业银行建成了国内最大的金融电子化网络,实现了结算业务的全国联网处理。在传统业务的基础上,农行扩充、延伸并发展了网上银行。客户通过网上银行自助办理业务,突破了时间和空间的限制。银行卡已经成为人们不可或缺的支付结算手段和理财工具。

二、中国农业银行生产经营状况

(一)生产概况

中国农业银行网点遍布中国城乡,成为国内网点最多、业务辐射范围最广的大型国有商业银行。业务领域已由最初的农村信贷、结算业务,发展成为品种齐全,本外币结合,能够办理国际、国内通行的各类金融业务。2002年到2005年这段时间是中国农业银行加速向现代商业银行转变的关键时期,农行坚持加快有效发展、切实转变增长方式、积极调整经营结构、着力控制经营风险,各项业务快速发展,综合竞争能力显著提高。2006年上半年,中国农业银行全面落实科学发展观,认真贯彻国家宏观调控政策,积极优化资产结构,加快业务经营战略转型,各项业务继续保持良好发展态势,经营绩效创历史新高。2002~2005年间中国农业银行营业收入逐年稳步提高;收入增长率增长迅速,特别是2003~2004间的收入增长率由3.14%迅速上升到13.5%,2005年再次在此基础上上升到15.0%。

图1和图2表明了2002~2005中国农业银行的营业收入和收入增长率的变化发展情况。

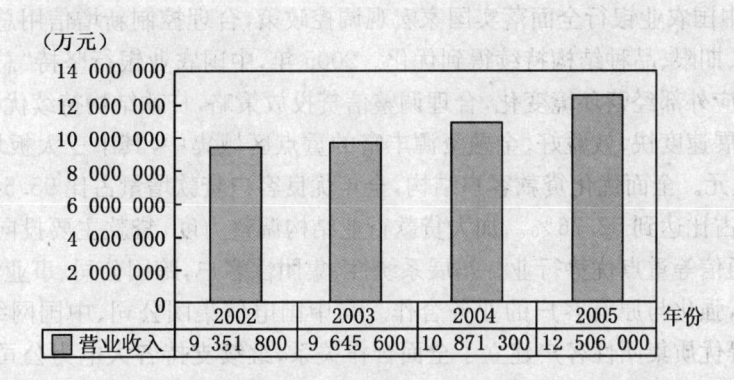

（万元）

年份	2002	2003	2004	2005
营业收入	9 351 800	9 645 600	10 871 300	12 506 000

资料来源:根据中国农业银行2004~2005年报数据加工整理。

图1　2002~2005中国农业银行营业收入变化

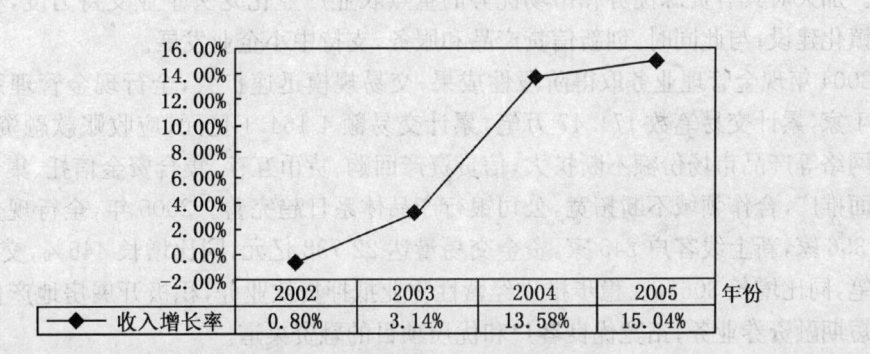

年份	2002	2003	2004	2005
收入增长率	0.80%	3.14%	13.58%	15.04%

资料来源:根据中国农业银行2004~2005年报数据加工整理。

图2　2002~2005中国农业银行收入增长率变化

(二)业务分述

2005年,中国农业银行坚持把有效发展作为第一要务,以改革创新为动力,以强化管理为核心,努力提升经营层次,不断完善内控机制,培育核心竞争优势,切实提高全行经营实力、综合绩效和市场影响力。并通过加大科技和产品创新力度,积极开发新产品,不断增强自主创新能力,努力提高服务水平及内部管理效率,着力实施品牌战略,积极推进品牌营销,有效提升了中国农业银行品牌形象。

1. 公司业务

2004年,中国农业银行秉承以客户为中心的宗旨,积极开拓市场,加快产品创新,强化业务管理,信贷结构进一步优化,资产质量显著改善,公司银行业务稳健发展。截至2004年末,境内公司客户存款余额 13 714.76 亿元,比年初增加 2 307.59 亿元,增幅 20.23%,存款增量市场份额及增幅均居国内四大国有商业银行首位。境内公司客户贷款余额 22 611.09 亿元,比年初增加 2 702.09 亿元,增幅 13.57%。2005 年,中国农业银行积极开拓市场,推进综合营销,以客户为中心,不断提高服务效率,公司银行业务稳健发展,客户结构和信贷结构持续优化。截至 2005 年末,全行公司客户存款余额 15 899.49 亿元,比年初增加 2 184.73 亿元,增幅 15.93%;公司客户贷款余额 24 647.64 亿元,比年初增加 2 357.62 亿元,增幅 10.58%。

2004 年,中国农业银行全面落实国家宏观调控政策,合理控制新增信用总量,贷款的区域、行业、客户、期限、品种结构持续得到优化。2005 年,中国农业银行坚持"总量控制、结构优化"原则,适应外部经营环境变化,合理调整信贷投放策略,贷款结构持续优化。新增贷款继续向经济发展速度快、效益好、金融资源丰富的重点区域集中,其中三大板块地区贷款增长 1 014.22 亿元。全面优化贷款客户结构,全年优良客户贷款增量占比 95.54%,年末优良客户贷款余额占比达到 52.76%。加大贷款行业结构调整力度,贷款主要投向能源石化、交通运输、邮电通信等重点优势行业。拓展系统性、集团性客户,跨国公司、事业法人客户以及重点优质项目,强化与原有客户的业务合作。与中国电信集团公司、中国网络通信集团公司、华润集团等优质集团性客户建立了全面合作关系,继续支持各大电力公司、电网公司项目建设,深化与中国石油化工集团公司、中国联合通信集团公司、首钢总公司等优质集团性客户的合作。继续深化银政区域合作,与福建、重庆、大连等省市政府签署了银政全面合作协议。加大对具有资源优势和市场优势的重点农业产业化龙头企业支持力度,积极支持农村城镇化建设;与此同时,创新信贷产品和服务,支持中小企业发展。

2004 年现金管理业务取得阶段性成果,交易规模迅速扩大,全行现金管理系统上线客户 151 家,累计交易笔数 174.47 万笔,累计交易额 4 164.1 亿元;应收账款融资、汽车金融服务网络等产品市场份额不断扩大,信贷资产回购、货币互存、集合资金信托、集合理财等业务全面推广,合作领域不断拓宽,公司银行产品体系日趋完善。2005 年,全行现金管理签约客户 396 家,新上线客户 245 家,资金交易量达 22 738 亿元,同比增长 446%,交易笔数 706 万余笔,同比增长 306%。稳步推进经营性物业抵押贷款业务,积极开展房地产信托担保和企业短期融资券业务,拓宽优良客户和优质项目的融资渠道。

2. 个人业务

2004 年,中国农业银行充分发挥网点、网络优势,不断推出个人业务新产品,有效满足客户和市场竞争需要,个人银行业务继续呈现市场领先态势。2005 年,中国农业银行着力打造个人业务优势品牌,依托强大的网点、网络资源,积极构建以中高端客户群体为中心的综合营销体系,推进业务结构优化升级,实现了个人业务的持续、稳健发展。

(1)个人存款业务。

截至 2004 年末,人民币储蓄存款余额突破 2 万亿元,达到 20 874.86 亿元,比年初净增 2 959.26 亿元。人民币储蓄存款存量市场份额 27.58%,比年初增加 0.78%;增量市场份额 33.52%,比年初增加 1.96%。外币储蓄存款余额 47.39 亿美元。截至 2005 年末,人民币储蓄存款余额 24 357.58 亿元,比年初增加 3 482.70 亿元。人民币储蓄存款存量市场份额 27.99%;人民币储蓄存款增量市场份额 30.68%,连续三年保持同业第一。外币储蓄余额 51.67 亿美元,比年初增加 4.26 亿美元,外币储蓄存款增量位居同业第一。

(2) 个人贷款业务。

截至 2004 年末,个人贷款余额 3 502.5 亿元,占全行人民币各项贷款的 13.93%,比年初增加 466.37 亿元,增幅 15.36%。2004 年,大力发展个人住房贷款业务,稳步发展个人生产经营贷款业务,加强汽车消费贷款业务风险防范。个人住房贷款余额 2 375.72 亿元,比年初增加 491.04 亿元,增幅 26.05%;个人生产经营贷款余额 315.89 亿元,比年初增长 24.91 亿元,增幅 8.56%。全年累计发放汽车贷款 232.5 亿元,累计收回汽车贷款 311.53 亿元,年末余额 398.95 亿元,汽车贷款存量市场份额占四大国有商业银行的 31.04%,继续位居同业第一。

此后农行进一步完善个人贷款业务制度体系,强化风险控制,为业务持续发展打下坚实基础。截至 2005 年末,个人贷款余额 3 477.13 亿元,比年初减少 25.37 亿元。其中,个人住房贷款余额 2 546.04 亿元,比年初增加 173.80 亿元,增幅 7.33%;个人生产经营贷款余额 339.72 亿元,比年初增加 19.97 亿元,增幅 6.25%;个人汽车贷款余额 265.72 亿元;助学贷款余额 22.34 亿元,比年初增加 7.48 亿元,增幅 50.34%。

(3) 个人理财业务。

2005 年,中国农业银行全面启动个人理财业务,不断提高优质客户服务能力。"金钥匙"理财贵宾客户服务管理体系日趋完善,个人优质客户管理系统在全行范围内推广。理财中心建设进入实质性阶段,具有理财服务功能的网点 200 多个。个人客户经理、理财师队伍建设进一步加强,培养了理财规划师 1 000 多人。

(4) 银行卡业务。

2004 年,银行卡业务实现跨越式发展,市场份额显著增加,产品功能日趋完善,各项业务指标增势良好,经营效益成倍增长,银行卡发卡量、卡存款余额、跨行交易量均居同业第一。启动"银行卡质量效益年"活动,运行质量明显提高。截至 2004 年末,发卡量达到 17 816 万张,比上年增加 3 831 万张,增幅 27%;卡存款余额 4 174 亿元,比上年增加 1 131 亿元,增幅 37%;银行卡累计消费额 1 376 亿元,比上年增加 640 亿元,增幅 87%。银行卡业务收入大幅增长,达到 38 亿元,增幅达 369%。国际卡收单额 29.4 亿元,比上年增加 11.3 亿元,增幅 38%。金穗信用卡透支余额 12.54 亿元,实现透支利息收入 1.69 亿元。银行卡受理网点 30 518 个,其中联机网点 29 646 个,特约客户 97 639 家。信用卡中心建设基本完成,管理制度完善,内控措施严密,职能整合与业务推广工作稳步推进。

2005 年,银行卡业务以提升质量、提高效益为目标,实现了持续快速发展,产品功能日趋完善,产品结构不断优化,服务水平显著提高。截至 2005 年末,实现银行卡业务收入 58.26 亿元,比上年增加 18.56 亿元,增幅 46.75%;发卡量达到 21 914 万张,比上年增加 4 098 万张,增幅 23%;卡存款余额 5 379 亿元,比上年增加 1 205 亿元,增幅 28.87%;银行卡累计消费额 2 812 亿元,比上年增加 1 436 亿元,增幅 104.36%;国际卡收单额 40.9 亿元,比上年增加 11.5 亿元,增幅 39.12%。其中,银行卡发卡量、卡存款余额指标均居同业首位。全行银行卡受理环境日臻完善。截至 2005 年末,全行 ATM 投入量 17 445 台,特约商户 73 640 家,POS 机 54 455 台。

3. 中间业务

2004 年,中国农业银行各项中间业务发展迅速,收入实现翻番。全年共实现中间业务收入 71.72 亿元,同比增加 36.62 亿元,增幅 104.3%,占营业收入的比重同比提高 1.97 个百分点,全行收入结构得到较大改善。2005年,中国农业银行各项中间业务继续保持快速发展,全行收入结构得到较大改善。全年共实现中间业务收入96.13亿元,同比增加24.4亿元,增幅34.02%,占营业收入的比重同比提高2.97个百分点。

(1)托管业务。

2004年,中国农业银行托管基金共计27只,托管基金总规模达414.5亿份基金单位,实现托管费收入8 600多万元。委托资产托管方面,企业年金、社保基金、保险资金、券商理财、信托资金托管等业务取得一定进展。境外资产托管取得突破性进展,成为两家合格境外机构投资者——美国雷曼兄弟公司、法国巴黎银行的托管银行,两家机构投资额度共计1.5亿美元。

2005年,中国农业银行新增托管8只开放式基金,托管基金共计34支,与19家基金管理公司建立了托管关系。托管资产总份额574.72亿份,比年初增加165.77亿份,实现托管费收入1.03亿元,比上年增长18.9%。境外资产托管业务进展良好,成功赢得新加坡DBS银行和新加坡华侨银行的QFII托管业务,并成为世界第二大托管行——纽约银行的中国市场次级托管行。券商集合资产托管业务快速发展,共有13家创新试点券商的10只集合计划获得批准,与4家券商签署了托管协议,推出了广发2号、长江1号和东方红1号集合资产管理计划。此外,中国农业银行还成功获得了保险资金托管资格,并被认定为保险资金全托管业务试点银行。成为太平洋保险公司的股票资产托管行,并与太保寿险、新华寿险签订了保险资金全托管协议。

(2)基金代销业务。

2005年,中国农业银行作为主代销行共代理发行了8只开放式基金,募集总额213.55亿元,同比增长24.17%;其中农业银行代销规模96.41亿元,位居同业之首。

(3)财政代理业务。

中国农业银行已连续四次获得中央财政非税收入收缴业务代理银行资格。截至2005年末,成功代理了国家质检总局、国家人事部等9家国家部委及其下属预算单位的非税收入收缴业务,代理金额85亿元人民币,专户年日均存款余额11.8亿元,市场份额位居同业之首;代理了证监会、农业部等18家部委及其下属预算单位的财政授权支付业务,代理金额达132亿元;代理预算外资金收支业务资金量达92亿元,专户年日均存款余额16.5亿元。

(4)金融同业合作。

主要有银保合作及保险代理业务,银证、银期合作业务,银银合作业务以及与其他金融机构合作业务。

2005年,中国农业银行加大银保合作、新产品开发和系统营销力度,保险代理业务规范、快速发展。2005年,实现综合代理保费512.65亿元,其中代理新单保费279.04亿元,代理续期保费35.62亿元,代收保费198亿元;综合保险代理手续费收入8.89亿元,位居同业第一;在银证、银期合作业务方面,农行积极拓展证券公司、期货公司客户。截至2005年末,与70余家证券公司开展了业务合作,合作范围涵盖证券资金结算、银证通、代理集合资产管理、银证转账、资金拆借、债券回购、股票质押贷款等业务。与大连、上海、郑州三家期货交易所、122家期货公司开展了业务合作。2005年,中国农业银行取得第三方存管银行资格,成功实现了对五洲证券客户交易结算资金的第三方存管。中国农业银行全面深化与商业银行的合作关系,大力推广资产回购、货币互存等新业务,业务范围包括现金代理、支付结算代理、同业拆借、同业存款、货币互存、资产回购等。2005年,与商业银行合作实现手续费收入1 806.02万元。加强与农村信用社的合作,全年代理农村信用社手续费收入945.9万元。积极拓展与政策性银行合作领域,在信贷、现金、支付结算等方面开展深层次合作,实现手续费收入2 090.37万元。继续扩大与信托业的合作,积极拓展合作领域,银信合作深入发展,2005年,代理了14家信托投资公司29笔集合资金信托计划,代理金额40.37亿元,代理手续费收入2 968.71万元。加强系统联动,扩大与财务公司的合作,全年与财务公司开展信贷资产转让业务27笔,累计金额28.8亿元,利息收入1 652.81万元。深化与邮政储汇系统合作关系,邮政储汇存款达22.36亿元,比上年增加9.44亿元,实现代理现金业务收入186.9万元。

(5)国债交易业务。

2004年,中国农业银行代理发行凭证式国债六期,承销总额340.6亿元,占全国发行总量的13.6%,实现代理发行手续费收入1.78亿元。兑付凭证式国债七期合计251亿元,实现兑付手续费收入0.75亿元,合计实现手续费收入2.53亿元。代理财政部发行了两期电子记账凭证式国债。代理发行三期柜台记账式国债,代理发行额13.57亿元,实现手续费收入135.7万元。全行7只已上市交易的柜台记账式国债累计交易额达9.4亿元,占四大国有商业银行交易总额的16.2%,位居第二。

2005年,中国农业银行代理发行凭证式国债5期,承销总额260亿元,占全国发行量的13%,实现代理发行手续费收入1.82亿元;兑付凭证式国债8期,金额230.3亿元,实现兑付手续费收入0.69亿元;合计实现手续费收入2.51亿元。代理财政部发行3期柜台记账式国债,代理发行额3.09亿元。柜台记账式国债业务综合排名位居同业第一,11只已上市交易的柜台记账式国债累计交易额达21.84亿元,占四大行的25.71%。

(6)债市通业务。

2004年中国农业银行积极拓展债市通业务,加大产品创新力度,不断丰富业务品种,交易量和客户数量大幅增加。代理户累计397户,同比增长65.42%;累计交易额1 646.77亿元,同比增加198.9%,新开户数和代理业务交易量均居市场第一位。债券托管余额119.3亿元,同比增加128.1%。

2005年,中国农业银行加大债市通产品创新力度,不断丰富业务品种,债市通业务持续稳健发展。全年累计交易额1 896.38亿元,代理客户687家,均位于全国银行间债券市场各家代理行之首。债券托管余额95.97亿元,全年实现交易利差和融资利息收入3 984.07万元。依托银行间债券市场成功发售"本利丰"30亿元,实现收入1 158.50万元。

(7)黄金业务。

2004年,中国农业银行黄金业务再上新台阶。累计交易量52吨,同比增长15%。交易量市场份额位居前列;黄金自营交易量45吨,同比增长10%,综合收益率8.37%;黄金代理户32家,同比增长11%,代理黄金买卖7吨,同比增长75%。积极开展黄金寄售、黄金衍生产品和个人黄金等新业务,累计开办黄金寄售业务15笔,寄售黄金2吨,办理黄金质押贷款近2 000万元。

2005年,黄金业务快速发展,累计交易黄金65吨,同比增长25%,交易量市场份额连续三年保持市场前列。黄金自营交易量51吨,同比增长13%,综合收益率12.8%。黄金代理户35家,同比增长9%,代理黄金买卖14吨,同比增长93%。累计开办黄金寄售业务25

笔,寄售黄金 12 吨。办理黄金质押贷款超过 2 000 万元。积极开展黄金借贷业务、境外黄金衍生产品业务和个人黄金业务,尝试柜台个人实物黄金销售,8 家分行开办了代理销售实物黄金业务。

(8)保管箱业务。

2004 年,全行 34 家分行开办保管箱业务的营业网点数 364 个,总箱数达 770 792 门。全年实现租金收入 2 111.85 万元,比上年增加 234.95 万元,增幅达 12.52%。

截至 2005 年末,保管箱总量达 773 232 门,出租箱数为 225 289 门。

4. 资金业务

2004 年,中国农业银行积极面向市场,拓宽投资渠道,实现资产多元化,提高资金营运效益。截至 2004 年末,人民币债券资产余额达 7 067 亿元,比年初增加 1 672.67 亿元;外币债券资产余额 83.6 亿元,比年初增加 18.96 亿美元。2005 年,中国农业银行坚持稳健投资,加强交易风险管理,不断优化资产结构,提高资金营运效益,收入结构趋向多元化。全行投资余额 12 571 亿元,比上年增加 4 840 亿元,实现投资收益 232.82 亿元,同比增加 90.96 亿元。

(1)本币业务。

中国农业银行加强对国家宏观经济形势研究,准确把握市场变化,科学制定投资策略,资金交易业务继续保持市场领先地位。2004 年全年实现资金交易收入 130.16 亿元,同比增长 28.67%。综合资金交易量达 30 699 亿元,连续 3 年保持市场排名第一,其中:现券交易量、债券回购交易量市场排名均为第一。新增债券投资组合优于同期市场发行债券组合。

2005 年,中国农业银行加强市场分析,把握投资机会,通过债券组合管理,提高资产收益率,继续做大做强资金交易业务。综合资金交易量达 55 843 亿元,同比增加 25 145 亿元,连续四年保持市场排名第一,全年实现资金交易收入 214.63 亿元,同比增长 65%。其中,现券交易业务、债券回购业务和"债市通"业务交易量均列市场第一。2005 年 7 月,总行票据营业部在上海成立,有效带动了全行票据业务的发展,进一步提升了中国农业银行在票据市场的竞争力和影响力。当年累计办理票据业务 312 笔,交易金额 1 162.3 亿元,月均交易量在同业票据专营机构中位居第二,实现利息收入 5.89 亿元。

(2)外币业务。

根据国际市场的变动趋势,适时调整外币资产组合,合理分布资产,提高资产收益率。截至 2004 年末,运作于国际金融市场的资金达 122.3 亿美元。同比增加 19.35 亿美元,占全行外汇总资产的 46.07%。实现经营收入 2.87 亿美元,收益率 2.82%,累计外汇交易量 2 468 亿美元,同比增加 3.59%。2004 年,中国农业银行积极拓宽投资渠道,首家获得银监会批准开办金融衍生产品交易资格。实现外汇资产多元化。

2005 年,中国农业银行根据国际市场变动趋势,结合人民币汇率形成机制改革,深入分析国际国内市场,适时调整外币资产组合,合理分布外汇资产,提高资产收益率。截至 2005 年末,运作于国际金融市场的资金 118.6 亿美元,占外汇总资产的 37%。实现经营收入 4.61 亿美元,收益率 3.81%。累计外汇交易量 2 598 亿美元,同比增长 5.27%。2005 年,中国农业银行积极拓宽投融资渠道,科学配置资产,优化资金运作。首批获得中国人民银行、国家外汇管理局批准的远期结售汇市场会员资格、外汇对人民币掉期业务交易资格、外汇市场做市商资格。

5. 国际业务

2004年,中国农业银行加大外汇产品创新和营销力度,深化与外资银行互利合作,各项外汇业务发展势头良好,市场地位稳步提高。截至2004年末,经营外汇业务的国内机构网点达10 272个,同比增加1 077个。

2005年,中国农业银行加强外汇产品营销和外汇业务风险管理,不断深化与境内外同业合作,经营情况持续向好。截至2005年末,经营外汇业务的国内机构网点达到10 652个,比上年增加380个。

(1)境内外汇业务。

境内外汇业务快速发展,赢利水平大幅提高。到2004年末,全行境内各项外汇存款余额97.7亿美元,比上年增加8.22亿美元。外汇总资产265.46亿美元,比上年增加29.77亿美元。国际结算总额达1 421.13亿美元,同比增长55.04%。结售汇总量768.7亿美元,同比增长39%。办理清算业务155万笔,金额2 980.8亿美元,同比分别增长25.97%和47.77%。境内外外汇业务经营利润达3.70亿美元,同比增长93.19%。

2005年,境内各项外汇存款余额111.93亿美元,比上年增加14.18亿美元,外汇总资产320.68亿美元,比上年增加54.32亿美元;国际结算量1 955.96亿美元,同比增长37.63%;结售汇1 033.49亿美元,同比增长34.45%;全年累计办理国际贸易融资业务80.8亿美元,比上年增长53.8%;办理外汇清算业务179万笔,金额3 550.17亿美元,分别比上年增长15.34%和19.11%。境内外汇业务经营利润4.88亿美元,同比增长25.13%。

(2)境外机构业务。

中国农业银行境外机构坚持稳健经营策略,积极调整业务结构,加大市场和客户营销力度,创新服务手段,资产规模稳步增长。香港和新加坡分行资产规模稳步增长,截至2004年末,资产总额为30.41亿美元,比年初增加4.69亿美元。农银证券有限公司成功保荐境内客户在香港证交所主板上市,取得显著成效。农银保险有限公司不断优化产品结构,推进与境内机构合作,开展分保与海运险业务,继续保持盈利势头。

截至2005年末,资产总额为40.17亿美元,较年初增长27.7%,实现利润1 326万美元。香港、新加坡分行加强与境内机构业务联动,营销跨境集团客户成效显著,贸易融资海外代付业务突破30亿美元。香港农银证券有限公司开展股票经纪和投资银行业务,为境内企业在香港上市提供服务,提高市场影响力。香港农银国际保险有限公司大力拓展低风险业务,与境内机构合作发展的分保、经纪和海运险业务取得进展。

(3)外汇中间业务。

截至2004年末,累计实现外汇中间业务收入4 348万美元,同比增加1 887万美元。外汇代客理财业务取得突破性进展,全年共办理对公外汇代客理财业务20.37亿美元,增幅135.76%。推出了"汇利丰"个人外汇结构性存款产品,全年累计发售金额8.77亿美元。代客外汇买卖交易金额191.18亿美元,同比增加49.08亿美元。

截至2005年末,累计实现外汇中间业务收入4 638万美元,同比增加290万美元。外汇代客理财业务稳步发展,交易盈利大幅提高。全年共完成对公外汇代客衍生产品业务206笔,累计交易金额20.03亿美元,实现盈利1 137.38万美元;累计发售"汇利丰"个人外汇结构性存款8.36亿美元。代客外汇买卖交易金额311.42亿美元,同比增加120.24亿美元;个人实盘外汇买卖交易量达 70.54 亿美元,比上年增加 8.13 亿美元。办理福费廷业务 3.3 亿美元,比上年增长 83.3%;办理国际双保理业务 1 214 万欧元;办理出口商业发票融资业务 4.7 亿美元。

(4)国际国内同业合作。

2004 年,中国农业银行代理行网络覆盖 101 个国家,比年初增加 8 个,新增代理行 182 家,代理行总数达到 983 家。

2005 年,中国农业银行代理行网络覆盖 101 个国家,新增代理行 77 家,代理行总数达到 1 060 家。与外资金融机构业务合作取得了突破性进展,业务合作领域涉及国际结算、外汇资金清算、货币市场、资本市场、外汇代客理财、人民币远期结售汇、人民币代理结算与清算、人民币融资、现金管理、黄金交易、QFII 托管、资产证券化、代理保险等本外币多项业务。与 9 家外资金融机构签署了业务合作协议,共有 32 家代理行在农业银行开立了 35 个外币账户,全年同业清算业务增长 69%,清算收入增长 159%;全年累计代理外资银行本币清算 32.44 万笔,清算金额 491.88 亿元;外资银行存放外汇营运资本金 8.89 亿美元,比年初增加 3.91 亿美元;新设边贸结算账户 8 个,边贸业务进一步发展。赢得巴克莱银行公司客户在华服务行项目,为代理外资银行提供客户打包银行服务奠定了良好基础。

(5)外汇产品营销。

2005 年,加大外汇产品营销力度。中国农业银行总行直接营销了 19 家外汇业务重点客户,其中 9 家为集团性客户,涉及 32 家企业,并直接参与了全国 53 家大客户外汇代客理财业务的营销。积极推进境内外机构联合营销工作,为改善客户结构,优化资源配置,加快有效发展,提高资产质量做出了贡献。

6. 电子银行业务

(1)网上银行。

2005 年,中国农业银行对网上银行实施了三次升级改造,新增了贷记卡业务、智能安装包、漫游汇款、企业及个人跨中心实时到账、批量复核等功能,产品整体达到同业先进水平。全面整合门户网站与交易网站,推出全新的中国农业银行网站,开通网上银行咨询和投诉服务,为全国网银客户提供 24 小时不间断服务。

全年网上银行注册网点新增 2 022 家,达 5 277 家;个人注册客户新增 50.22 万户,达 79.67 万户;企业注册客户新增 3.36 万户,达 7.37 万户。网上渠道全年交易额突破 9 万亿元。

(2)电子商务。

电子商务业务发展进入高速增长期。其中,全年 B2C 业务交易额 65 737 万元,是上年同期的 32 倍;交易笔数 602 万笔,是上年同期的 19 倍。2005 年,共开通网上特约商户 119 家,是上年同期的 3 倍。B2B 业务开始上线。

(3)电话银行和手机银行。

在全国范围内开通了省域电话银行业务,16 家分行成立了 95599 客户服务中心。全年省域电话银行注册客户新增 56 万户,达 211 万户,其中个人客户新增 54 万户,达 197 万户;企业客户新增 2 万户,达 15 万户;实现交易笔数 5 991 万笔,交易金额 388 亿元。全年手机银行注册客户新增 21 万户,达 90 万户;实现交易笔数 13 万笔,交易金额 541 万元。

(三)企业海外市场拓展

2006年6月15至16日,中国农业银行总行国际业务部与来自15家俄罗斯主要商业银行近40名代表在哈尔滨举办了对俄边贸结算研讨会。这是中国农业银行首次面向俄罗斯银行召开的务实合作研讨会。研讨会期间,中国农业银行与俄罗斯外贸银行签订了边贸结算合作框架协议和俄外贸银行在农行黑龙江分行开立美元账户的协议;与新西伯利亚科学银行签订了同业清算账户协议(美元);与多家俄方银行探讨了边贸本币结算账户合作;解决了双边合作中存在的问题,为拓展今后业务合作奠定了基础。

(四)企业品牌创建

中国农业银行曾荣获《欧洲货币》杂志颁发的2005年度人民币交易最佳银行奖。《欧洲货币》是在欧洲货币市场中有较大影响力的专业权威杂志。据悉,中国农业银行是国内惟一一家获此奖项的商业银行。据了解,2005年中国农业银行资金交易中心共净运用资金4 480亿元,新增债券投资3 789亿元,管理资产规模突破1万亿元,提高了全行资金使用效率。截至2006年,中国农业银行人民币交易已连续四年在银行间债券市场排名第一,被市场公认为交易和报价最活跃的机构之一。

(五)与上下游企业合作情况

2006年12月18日,中国农业银行与中国铝业公司在北京签署了《银企战略合作协议》。农行与中国铝业股份有限公司(中铝公司控股子公司)于2003年签订了《银企全面合作协议》,双方合作关系不断加深,存贷款业务份额不断提高,农行还作为主承销商为其发行了50亿元短期融资券。由于合作协议于2006年6月11日已经到期,经各级行积极营销,中铝公司同意与农行重新签署一份更详细的全面战略合作协议。根据此次银企战略合作协议,农行将积极支持中国铝业公司在海内外的战略布局,为中铝公司及其所属企业提供220亿元的授信额度,并在各个领域与其进行全方位的合作。

2006年12月13日,中国农业银行与首创安泰人寿保险有限公司在北京正式签署全面业务合作协议和保险资产托管协议。根据协议,双方将在代理保险、存款业务、融资业务、资金清算业务、银行卡业务、电子商务、资产托管业务等领域开展全方位、深层次的合作。双方将以"优势互补、资源共享、联动发展、互惠互利"为原则,建立长期全面的业务合作关系,推动双方业务共同发展。

2006年10月16日下午,中国农业银行与中国人民财产保险股份有限公司在北京签署《全面合作协议》。双方均希望以此次全面合作为契机,以"资源整合、优势互补、互惠互利"为指导思想,采取"全面合作协议"+"年度合作计划"的合作模式,推动、落实资金结算、电子商务、自有财产和信贷客户保险、再保险等多领域合作,为客户提供优质、高效的银保服务,不断追求客户、银行、保险的"三赢",不断提升银保合作层次,共同促进保险市场的繁荣与发展。自2000年11月双方签订业务合作协议至今,双方展开了广泛的合作,合作区域遍布全国城乡。据统计,农业银行累计代理人保财险保费近90亿元。2006年7月农业银行代理机动车事故交通强制保险以来,农业银行充分发挥网点与网络优势,迅速完成交强险银保系统的开发、测试与上线工作,在银行柜台实现了实时出单,使广大机动车所有者享有了出单快速、投保便捷的交强险销售服务,在业界树立了良好典范。农业银行和人保财险将双方的合作由业务合作提升到全面合作,标志着双方合作层次与水平的进一步突破与提高。

2006年8月3日,农总行与人保财险、太平洋产险、平安产险、永安、华安、太平产险总公司等6家重点合作财险公司在重庆召开了座谈会。农行在2006年年初制定了全年的财险业务工作计划,并于4月份与平安产险、华安联合举办了以"交强险"、意外险、责任险为主要内容的培训班,开展了全行的大型培训,7月份全面启动了"交强险"、国际货物运输险两大新业务,财险工作在上半年取得了显著成绩。截至6月底,农行代理各财险公司保费收入53.68亿元,同比增长29.69亿元,计划完成率为97.6%;实现代理手续费收入1.9亿元,同比增长3 893万元。

中国农业银行与中国人寿保险也有着十五年来的良好合作关系。2006年6月29日,中国农业银行与中国人寿保险股份有限公司在北京联合举行的合作十五周年庆典暨新产品发布会上发布了一项银保新产品——"国寿穗穗红"。早在2000年10月,农行与重组后的中国人寿重新签订了业务合作协议,双方在代理销售保险产品、银保通应用、资金结算、存款业务、基金认购、产品开发等多个领域开始了卓有成效的合作。据了解,2006年上半年中国农业银行代理中国人寿保费超过了85亿元,比去年同期增长了将近50%。

此外,2006年6月28日,中国农业银行行长杨明生在京会见美国惠普公司总裁兼首席执行官马克·赫德先生一行,双方就进一步加强电子化方面的合作进行了探讨。2006年4月28日下午,中国农业银行与中国广东核电集团有限公司在北京钓鱼台国宾馆签署了《全面合作协议》;双方将在融资、担保、结算、代理、理财、现金管理和其他各类中间业务等方面开展全面合作,强强联手,谋求双赢。

三、企业财务状况

截至2005年末,中国农业银行资产总额达47 710.19亿元,同比增加7 572.49亿元,增幅18.87%;本外币各项存款增加5 453.05亿元,本外币储蓄存款增量居同业首位;本外币各项贷款增加2 392.19亿元,同比少增824.6亿元,贷款结构持续优化,全年优良客户贷款增量占比95.54%;各项中间业务快速发展,全年实现中间业务收入96.13亿元,同比增加24.4亿元,增幅34.02%。实现投资收益232.82亿元,非利息收入占净利息收入比重提高到14.06%;银行卡发卡量、银行间市场交易量、债市通交易量、基金代销规模、国际结算和结售汇业务增长率等业务指标均居国内同业首位。2005年,中国农业银行实现经营利润424.83亿元,同比增加105.09亿元;实现税前利润78.78亿元,消化历史包袱346.05亿元。按贷款五级分类,不良贷款占比为26.17%,比上年下降0.56个百分点。

(一)资产结构

中国农业银行在2001~2005年间,本外币资产47 710.19亿元,年均增长16.91%;各项存款40 368.54亿元,年均增长17.42%;各项贷款28 292.91亿元,年均增长13.77%。其中,优良客户贷款占比由33.99%上升到52.76%;中间业务收入由11.98亿元增加到96.13亿元,非利息收入占净利息收入的比重由4.02%上升到14.06%,外汇业务快速健康发展,国际结算量增长431.52%,外汇业务盈利扩大了4倍(见表1及图3)。

表1　　　　　　　　　　　　　　　中国农业银行资产负债表

中国农业银行				
资产负债表				
每年12月31日				单位:亿元
项目	2005	2004	2003	2002
资产				
现金	303.18	277.55	256.60	231.88
存放中央银行款项	4 295.02	3 936.06	3 604.69	3 232.45
存放同业及其他金融机构款项	188.78	163.55	142.68	201.45
拆放同业及其他金融机构款项	406.94	536.16	560.74	725.68
各项贷款	28 292.91	25 900.72	22 683.93	19 129.60
减:呆账准备	360.25	323.79	284.96	238.10
应收利息	100.49	374.11	569.33	617.20
其他应收款	613.90	203.91	213.15	267.08
投资	12 570.59	7 730.52	5 762.67	4 212.24
固定资产	647.39	629.57	626.63	603.38
在建工程	80.13	79.23	64.57	61.42
其他资产	571.11	630.10	740.13	731.38
资产总计	47 710.19	40 137.69	34 940.16	29 765.66
负债				
存款	40 368.54	34 915.49	29 972.88	24 796.18
向中央银行借款	1 507.38	1 517.06	1 518.96	1 529.58
同业及其他金融机构存放款项	2 002.01	1 376.40	1 386.52	1 411.28
同业及其他金融机构拆入	222.06	250.42	173.54	219.03
其他负债	2 814.13	1 297.69	508.57	449.19
负债合计	46 914.12	39 357.06	33 560.47	28 405.26
所有者权益合计	796.07	780.63	1 379.47	1 360.40
负债和所有者权益总计	47 710.19	40 137.69	34 940.16	29 765.66

资料来源:根据中国农业银行2004～2005年报数据加工整理。

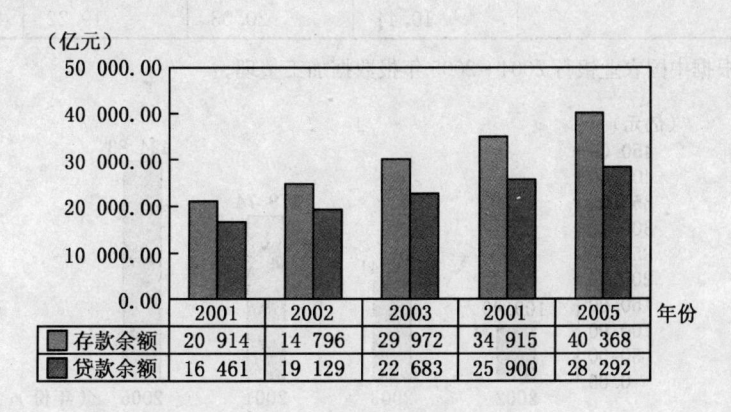

（亿元）

年份	2001	2002	2003	2001	2005
存款余额	20 914	14 796	29 972	34 915	40 368
贷款余额	16 461	19 129	22 683	25 900	28 292

资料来源:根据中国农业银行2004～2005年报数据加工整理。

图3　存款余额与贷款余额增长图

(二)盈利状况

2005年全行共实现经营利润424亿元,同比增盈104亿元,增幅32.5%。经济增加值增加65.06亿元,银行整体价值进一步提升。投融资业务收入在业务收入中占比提高5.42个百分点。资产利润率和资本利润率同比分别提高0.14个和8.35个百分点,成本收入比下降3.29个百分点,经营效率得到进一步提高。2002～2005的利润表较好地反映了农行的经营发展状况(见表2),由图4能很清楚地看到2002～2005年中国农业银行的经营利润稳步增长,而且发展势头良好。2006年上半年,农行实现经营利润257.31亿元,同比增加39.11亿元,增幅17.92%;成本控制较好,成本收入比较去年同期下降了19.01个百分点。

表2　　　　　　　　　　　　中国农业银行利润表　　　　　　　　　　　单位:亿元

项目	2005年	2004年	2003年	2002年
利息收入	1 051.33	1 018.65	929.32	848.08
利息支出	(614.02)	(467.52)	(415.97)	(395.85)
净利息收入	437.31	551.13	513.35	452.23
手续费收入	96.13	71.72	35.10	23.39
手续费支出	(4.67)	(3.67)	(4.00)	(3.46)
其他营业收入	26.18	18.37	10.38	18.49
营业收入合计	554.95	637.55	562.94	482.54
营业费用	(585.86)	(578.98)	(386.07)	(340.14)
其他营业支出	(16.02)	(10.67)	(187.85)	(100.95)
营业税金及附加	(62.50)	(55.67)	(48.43)	(50.66)
营业利润	(109.43)	(7.77)	(29.41)	(9.21)
投资收益	232.82	141.86	104.23	75.32
补贴收入	5.97	—		
营业外收入	19.01	14.48	13.97	7.39
营业外支出	(69.59)	(64.16)	(69.37)	(44.33)
税前利润总额	78.78	84.41	19.42	29.17
所得税	(68.34)	(64.38)	0.20	0.20
税后净利润	10.44	20.03	19.22	28.97

资料来源:根据中国农业银行2004～2005年报数据加工整理。

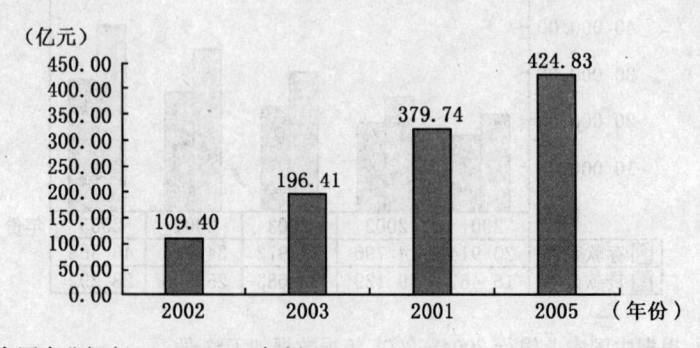

资料来源:中国农业银行2004～2005年报。

图4　经营利润增长图

(三) 资金运营能力

2002~2005年农行的资金运营能力也有显著提高(见表3)。期间,中国农业银行加大不良贷款清收处置力度,立足货币清收,以大额不良贷款和小额不良贷款为清收重点,灵活运用各种清收手段,充分挖掘清收潜力。2005年,清收不良贷款本息424.66亿元,重组盘活不良贷款本金60.81亿元。积极清收处置非信贷风险资产,全年累计清收非信贷不良资产29.01亿元,累计处置抵债资产59.28亿元。不良贷款占比有了较大幅度的下降。

表3　　　　　中国农业银行2002~2005年主要财务数据指标的比较　　　　　单位:亿元

项目	2005年	2004年	2003年	2002年
经营成果				
经营利润	424.83	319.74	196.41	109.40
营业利润	−109.43	−7.77	−29.41	−9.21
投资收益	232.82	141.86	104.23	75.32
税前利润	78.78	84.41	19.42	29.17
净利润	10.44	20.03	19.22	28.97
利息收入	1 051.33	1 018.65	929.32	848.08
净利息收入	437.31	551.13	513.35	452.23
手续费收入	96.13	71.72	35.10	23.39
资产负债项目				
资产总额	47 710.19	40 137.69	34 940.16	29 765.66
各项贷款	28 292.91	25 900.72	22 683.93	19 129.60
负债总额	46 914.12	39 357.06	33 560.47	28 405.26
各项存款	40 368.54	34 915.49	29 972.88	24 796.18
所有权权益	796.07	780.63	1 379.69	1 360.40
财务比率(%)				
经营利润/总资产	0.01	0.01	0.01	0.00
经营利润/所有者权益	0.53	0.41	0.14	0.08
贷款利息收入/总收入	—	0.81	0.84	0.88
成本/收入	0.66	0.63	0.64	0.69
贷款/存款	0.70	0.74	—	—
不良贷款率	0.26	0.27	0.31	

资料来源:根据中国农业银行2004~2005年报数据加工整理。

四、企业研发创新能力

(一) 产品创新

2005年,为应对日趋激烈的市场竞争,满足客户多样化金融需求,中国农业银行加大产品研发力度,适时推出10多种金融新产品,特别是整合了原有产品,形成"四金"(金钥匙、金光道、金穗卡、金e顺)系列产品。使产品系列化、标准化、品牌化。2005年10月18日,中国农业银行成功举办了"伴你成长"品牌战略发布暨产品推介会,正式发布了"伴你成长"品牌定位及"四金"系列产品(见表 4)。

表 4　　　　　　　　　　　　　"四金"系列产品

序号	系列名称	各类产品
一	"金钥匙"个人系列	个人通知存款、本利丰、汇利丰、个人消费贷款、个人生产经营贷款、个人住房贷款、通汇宝、西联汇款、银证通、个人黄金交易等 72 项对私产品
二	"金穗"银行卡系列	金穗信用卡、金穗贷记卡、金穗借记卡、金穗联名卡/认同卡、金穗国际借记卡、国际卡收单等 6 项银行卡产品
三	"金光道"对公系列	单位活期存款、通知存款、协议存款等 13 项存款类产品,流动资金贷款、对公账户透支、应收账款融资等 41 项贷款类产品,信用证、代理保险、基金托管等 93 项中间业务类产品以及综合类产品——现金管理,共计 148 项
四	"金 e 顺"电子渠道系列	网上银行、电子商务、电话银行、手机银行、消息服务平台、自助银行等 6 项电子银行产品

资料来源:中国农业银行 2004~2005 年报。

"伴你成长"品牌定位的核心理念为:成长是时代的主题,是我们和客户共同的梦想。中国农业银行致力于营造平等和谐的伙伴关系,以完美卓越的服务鼎力支持客户的发展,伴客户成长,与时代同行。

(二)科技创新

2005 年,中国农业银行进一步夯实基础技术平台,全国数据集中工程进展顺利,生产系统功能及性能进一步提高,科技自主创新能力逐渐增强。在数据上收和数据中心建设上,2005 年,全面完成了江苏、山东、浙江等 8 个分行的数据上收,标志着中国农业银行以业务需求为驱动的信息系统基础架构基本完成,同时数据中心基地建设进展顺利。目前,中国农业银行在实现全国大联网的基础上,数据上收规模已达到"十六行一部两中心",数据集中网点 14 581 个,约占全行营业网点数的 50%;总行数据运行中心日均交易量达 2 200 余万笔,约占全行日均交易量总数的 54.5%。在基础技术平台建设上,2005 年,中国农业银行不断加强基础技术平台建设,服务渠道建设逐步走向多元化、集成化。顺利组织完成主机并行耦合系统的投产,满足了全国数据集中后的生产系统高并发性、高可用性和高可靠性等要求,极大地提升了生产、演练、测试和安全风险防范的能力。组织完成新一代综合业务系统的全面改造,实现总行和全国数据集中分行综合应用系统版本的统一。加快整合 AIPS、金融服务平台以及投资业务平台等产品应用技术平台建设,建立和完善满足数据上收和本地化产品开发需要的、"统分结合"的应用系统技术架构。部署整合和改造了国际业务系统,全面完成银联新规则银行卡系统改造并投产运行,有力配合和支持年终决算和启用新会计科目工作。

2005 年,中国农业银行部署完成 40 多个主要项目的开发、推广和应用。现金管理系统和升级版得到全面推广应用,网上银行系统不断完善,推出了网上银行 3.0 版本。客户信息系统完成 14 个分行的数据移植,承载 1.9 亿客户。完成客户服务中心项目一期开发,并在部分分行上线试点运行。组织优化和完善个人客户关系管理系统、金钥匙理财专家系统。

加快经营管理信息化建设步伐,组织研发和推广信贷管理系统的优化,开发完成企业诚信系统,完成财务管理信息系统和财会监管系统开发和试点工作,推广综合办公信息系统,完成远程培训系统研发推广,计算机辅助审计系统在36家分行正式投产。

五、企业人力资源与文化

（一）企业人员结构

中国农业银行大力实施人才强行战略,努力探索建立符合现代商业银行要求的人力资源激励与约束机制。高度重视人才的招聘、培养、选拔和任用,不断提高人力资源管理科学化、制度化和规范化水平。2004年,正式启动人才培养工程,制定了人才培养工程五年规划,把建设"三支队伍"（经营管理、专业技术、岗位技能人才队伍）,培养"五类人才"（决策人才、管理人才、专业技术人才、市场营销人才、岗位操作人才）,作为全行人才队伍建设的重点。中国农业银行积极探索建立符合现代商业银行要求的人力资源管理机制,优化人力资源配置,不断提升核心竞争力。2005年,进一步加快全行组织机构体系和人员结构的优化调整,着力推进"人才培养工程"的顺利实施,深化各项干部人事制度改革,健全和完善人才选拔、培养、评价和使用机制,构建充分激励和有效约束相结合的科学考评体系,为各类人才搭建能够充分施展个人才华,不断提升个人价值的平台,打造中国农业银行人才优势。2005年,继续稳妥实施减员分流工作,合理配置人力资源、优化劳动组合,不断调整员工队伍结构,降低人力成本,进一步提高经营效益和效率。2005年全行在岗员工478 895人,比上年减少10 530人。

（二）企业薪酬、福利及培训

中国农业银行高度重视员工培训工作,不断提高员工整体素质,在组织开展全员培训的基础上,重点抓好中、高级管理人才培训和专业技术人才培训。全面完成高级管理人员EMBA核心课程培训,精心组织高级管理人员赴境外培训。着力构建全员学习、全过程学习、终身学习的组织体系和管理制度,不断改善员工队伍的整体素质和结构,努力建设学习型银行。通过多种途径丰富培训方式,提高培训质量,远程培训网络建设取得实质性进展。

2005年,围绕人才强行战略目标,进一步加大员工培养力度,全年共培养各级各类人员395 815人次。高级管理人员境外培训工作取得新进展,共选派86名高级管理人才和后备干部到国外商业银行培训学习,组织2 145名二级分行行长参加了为期一个月的工商管理培训。为中层管理人员、各类业务骨干和专业技术人员举办了以新业务、新技术、新法规为主要内容的适应性培训班100期,参加培训人员共计9 800人次。8万多名客户经理和市场营销人员参加了以提高市场营销能力、客户管理水平及金融服务水平为目的的专项培训。远程培训工作取得新进展,"中国农业银行远程培训系统"正式开通,为员工搭建了良好的实时在线学习平台,对提高员工整体素质具有重要促进作用。

（三）企业对外交流及社会活动

中国农业银行高度重视企业社会责任,积极支持扶贫、环保、济困等公益事业,取得了良好的社会影响。中国农业银行向国务院确定的定点扶贫县支出帮扶款100万元,捐助定点扶贫开发乡镇长培训班9万元,为定点扶贫县捐赠报刊价值6万元;组织总行员工积极捐款捐物,其中现金3万元,捐物价值2万元。农行还继续组织广大员工开展"中国农业银行万亩员工林示范工程"捐款活动，用于甘肃省定西地区荒山绿化，捐款共计近600万元，为"再造西部秀美山川"贡献力量。此外，2005年中国农业银行总行及其分支机构积极筹集资金，救助受灾地区群众，帮助其开展灾后重建工作，仅总行就筹集救助款255万元。农行积极响应党中央国务院的号召，组织为困难地区捐款、捐衣捐物，总行共捐赠现金22 564元，衣物1 980件。在开展"幸福工程——向实行计划生育的贫困母亲献爱心"捐款活动中，总行共捐款21 765元。

（四）企业文化

作为国有商业银行，企业文化建设对农业银行有着十分重要的作用。2000年3月底中国农业银行总行出台了以《中国农业银行关于规范信贷决策行为的若干规定》、《中国农业银行审贷部门分离实施办法》、《中国农业银行贷款审查委员会工作规则》、《中国农业银行信贷业务报备办法》、《中国农业银行信贷部门负责人业务任职资格管理暂行办法》为主要内容的一系列制度文件，经过三年的实践，已基本形成了农行新型的信贷文化，"横向平行制衡"和"纵向权限制约"的价值理念和行为规范在各级农行已全面形成，这是农行信贷文化建设的一大成果。现在信贷新规则得到了全行上下的普遍认可，建设和培育农业银行的企业文化，经营管理理念就不仅仅是体现在规章制度中，同等重要的是要让员工能够认同，并将自觉地执行管理制度变成工作习惯，极大地发挥出工作积极性和主动性，从而使全行各项工作的工作效率和工作质量得到全面而有效的支撑。

百联集团

上海百联(集团)有限公司于2003年4月24日正式揭牌开业,由上海一百(集团)有限公司、华联(集团)有限公司、上海友谊(集团)有限公司、上海物资(集团)总公司归并而成,注册资金为10亿元。2004年6月正式更名为百联集团有限公司。百联集团有限公司为国有独资公司。经营范围为国有资产经营、资产重组、投资开发、国内贸易、生产资料、企业管理、房地产开发等。

2006年,集团经营总额为1 482.33亿元,拥有百联股份、友谊股份、物贸股份、第一医药和联华超市等5家上市公司;拥有一批享誉国内外的知名企业,如第一百货商店、永安百货(华联商厦)、东方商厦、华联超市、联华超市、妇女用品商店、第一医药等;拥有遍布全国25个省市共计7 180家营业网点,几乎涵盖了国际商贸流通集团现有的各种业态,如百货、标准超市、大卖场、便利店、购物中心、专业专卖和物流等业态,在职员工超过5万人,从业员工17万人,是国内最大的流通产业集团。

根据2006年排名情况显示:百联集团位列中国零售百强第1名,中国企业500强第16位。集团的远景目标是2010年前进入财富500强,2015年前成为"中国第一、世界一流的流通产业集团"(见表1及图1)。

表1　　百联集团2002~2006年的营业收入及在中国企业500强中的排名情况

公司名称	年份	营业收入(万元)	中国500强中的排名
华联集团有限公司	2002	1 926 022	53
华联集团有限公司	2003	2 516 540	50
百联集团	2004	4 154 001	37
百联集团	2005	11 476 486	16
百联集团	2006	13 858 673	14

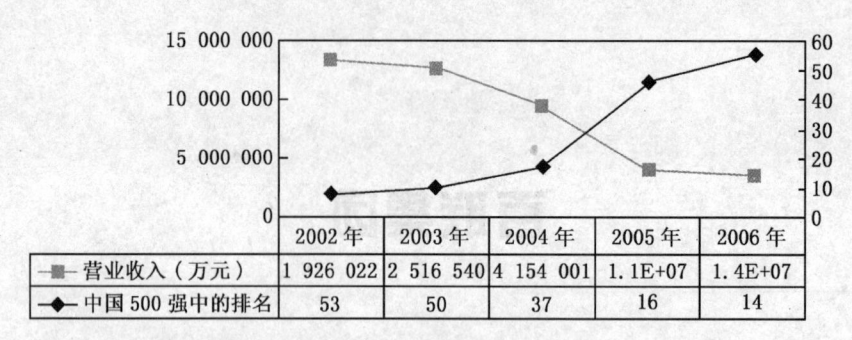

	2002年	2003年	2004年	2005年	2006年
营业收入（万元）	1 926 022	2 516 540	4 154 001	1.1E+07	1.4E+07
中国500强中的排名	53	50	37	16	14

资料来源：根据公司年报和中国企业家协会网整理。

图1 百联集团近5年营业收入及中国企业500强排名

一、百联集团发展历程概述

（一）发展简史

百联股份是由上海第一百货于2004年5月吸收合并华联商厦而成。第一百货为合并方，华联商厦为被合并方。华联商厦全体非流通股股东（流通股股东）将其持有的股份按非流通股（流通股）折股比例换成第一百货的非流通股份（流通股份），华联商厦的全部资产、负债及权益并入第一百货，其现有的法人资格因合并而注销。合并后存续公司将更名为上海百联集团股份有限公司。第一百货前身是创立于1949年10月20日上海市第一百货商店，是解放后开设的第一家大型国营百货商店。1992年4月，经上海市人民政府批准改制成为大型综合性商业股份制企业，于1993年2月19日在上海证交所上市。华联商厦前身是创立于1918年9月的上海永安股份有限公司，其经营场所位于上海商业中心南京路，是中国传统百货的发祥地之一。公司历经公私合营上海永安公司、国营上海市第十百货商店、上海华联商厦等沿革，于1993年2月19日在上交所上市。

（二）扩展路径

百联股份大股东上海百联（集团）有限公司于2003年4月24日正式揭牌开业，由上海一百（集团）有限公司、华联（集团）有限公司、上海友谊（集团）有限公司、上海物资（集团）总公司归并而成，注册资金为10亿元。2005年以连锁方式经营的门店实现销售额720.74亿元，商品销售达到1 380亿元，服务顾客超过20亿人次，网上购物会员超过400万，供应商超过10万家，在全国20多个省市拥有6 345家门店，如百货（30家）、标准超市（2 053家）、大卖场（97家）、便利店（2 959家）、购物中心（16家）、专业专卖（500家）和物流等业态。拥有第一百货、华联商厦、华联超市、友谊股份、物贸中心、第一医药和联华超市等7家上市公司；拥有一批享誉国内外的知名企业，如第一百货商店、华联商厦、东方商厦、联华超市、妇女用品商店、第一医药、蔡同德药房等，居中国企业500强第14位。

百联的全国布局遵循"上海是基础，华东和长三角是重点，全国是网络发展的竞争圈"这一思路。早在2002年，联华就以2.1亿元收购了浙江的华商集团，华商属下的网点均纳入了联华华商旗下。百联成立后，长三角正是其重点耕耘的地区，一时间大大小小的超市和便利店像雨后春笋般地冒了出来，几乎所有的有利地点都被有计划地占据。2004年是百联的

"跨省并购年"。当年 2 月 25 日,投资 7.2 亿元与大商组建了大连大商国际有限公司,成为大商的第二大股东。同年 4 月 15 日,百联集团旗下的联华超市投资 1.07 亿元收购广西最大的连锁超市———广西佳用,首次将其收购伸进了华南地区。目前,集团就已经基本完成了华东、华南和华北的网络布局,一张全国性的连锁网络正逐步成形。2006 年 1 月,百联集团收购宁波长发商厦 90%股权。

(三)所有制结构

百联集团有限公司是上海市国有资产监督管理委员会占有全部股权的国有独资公司(见图 2)。

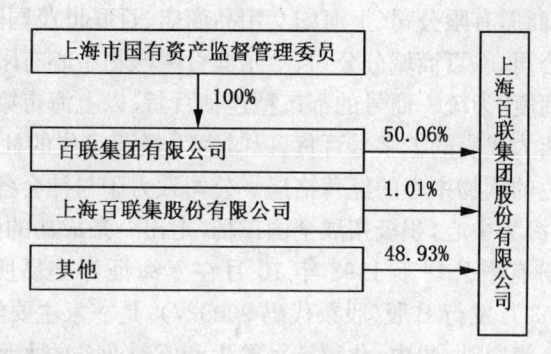

资料来源:根据公司 2006 年年报整理。

图 2　百联集团所有制结构

(四)组织架构

百联集团下设八个事业部和四个中心(见图 3)。

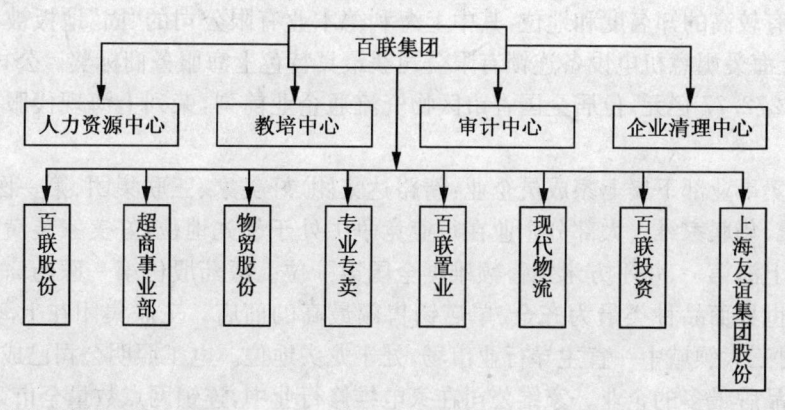

资料来源:根据公司网站整理。

图 3　百联集团组织结构

超商事业部是百联集团对集团内超市行业实行专业化管理的机构,其管理范围内的超市有:联华超市、世纪联华、联华快客、华联超市、华联吉买盛、华联罗森六个知名品牌;拥有三种主力业态:大型综合超级市场、超级市场、便利店;探索两个业态:折扣店、电子商务。2006 年百联超商事业部经营规模达 637 亿元人民币,在上海及全国各地拥有 6 032 个营业网点,营业面积约 251 万平方米,零售网点遍布全国 25 个省、直辖市、自治区。1997~2005年,联华超市销售规模连续九年排名全国快速消费品连锁零售企业百强第一。超商事业部将紧紧抓住新的历史机遇,以市场为导向,以发展为中心,发挥协同效应,实施拓展全国战略,努力实现和巩固百联超商在行业中的领先地位。

上海百联集团股份有限公司作为百联集团有限公司核心企业,由原上海市第一百货商店股份有限公司和上海华联商厦股份有限公司吸收合并组建而成,是以百货、购物中心为核心业态的大型综合性商业股份制上市公司。近三年来,公司以百联集团"融入全国,服务全国,拓展全国市场"的战略为企业发展方向,建立起经营连锁化、组织结构集中化、商业品牌自有化、经营管理信息化和网络化的现代商业企业形象,逐步打造现代流通产业总集成商。公司现拥有上海市第一百货商店、上海第一八佰伴有限公司、东方商厦有限公司、永安百货有限公司、上海新华联商厦有限公司、上海妇女用品商店、百联世茂国际广场有限公司、上海又一城购物中心有限公司、一百商城分公司、哈尔滨百联购物中心有限公司等多家著名商业企业,形成了以"东方商厦"为统一商号的都市型连锁百货、以上海市第一百货商店和永安百货有限公司等历史名店为代表的老字号百货、以时尚为经营定位的社区型连锁百货以及以都市型和社区型为特色的购物中心的经营格局。公司致力于与社会各界建立起广泛和友好的联系与协作,并以上海为中心,积极拓展全国市场,走出一条成功的国有商业之路。

上海物资贸易股份有限公司于1993年10月在上海证券交易所挂牌上市(股票代码600822),并于1994年3月发行B股(股票代码900927),是一家主要经营金属材料、木材及制品、汽车(含二手车)、燃料油、机电、化工产品等生产资料业务的大型流通企业。公司拥有上海物贸有色金属交易市场、上海市旧机动车交易市场、上海危险化学品交易市场等在全国有影响的专业市场;公司投资控股的上海乾通金属有限公司、上海百联汽车服务贸易有限公司、上海森大木业有限公司、上海利德木业有限公司、上海燃料浦东有限责任公司、上海爱姆意机电设备连锁有限公司、上海晶通化学品有限公司、上海乾通投资发展有限公司等在全国同行业中具有较高的知名度和地位,其中上海利德木业有限公司的"固"地板被评为上海市著名商标、上海爱姆意机电设备连锁有限公司获最具特色上海服务商标奖。公司2006年主营业务收入272.77亿元,位居全国省市区物资流通企业前列,荣列上海现代服务业百强企业第5名。

专业专卖事业部下属七家成员企业:新路达集团、好美家、三联集团、第一医药、电工照明、华联王震、华联家维。大部分企业在行业竞争中处于领先地位:好美家装潢建材超市的门店数位居上海第一,每平方米销售额雄踞全国第一位。医药股份第一医药商店至今仍然是全国乃至世界商品种类最为齐全、单店销售额最高的商店。三联集团在上海的钟表、眼镜、照相器材三大领域中一直主导行业市场,处于龙头地位。电工照明公司已成为同行中引进世界著名品牌最多的企业。家维公司在家电维修行业中,连锁网点数量全市第一,同业服务最为规范。专业专卖企业通过多年的培育和历史的沉积,培育出著名的企业品牌和商品品牌有20个:"吴良材"、"茂昌"、"冠龙"、"乔家栅"、"亨得利"、"亨达利"、"第一医药"、"食品二店"、"汇丰"、"好美家"等,其中"吴良材"被授予中国驰名商标。同时伴随时代发展衍生出12个优秀的服务品牌,如王震数码、依嘉热线、家电诊所、今亚珠宝、今亚首饰医院、东方体育等等,具有广泛的社会影响力,其中华联王震获上海首个著名服务商标。专业专卖事业部按照百联集团"中国第一、世界一流"的总体战略,充分挖掘专业专卖品牌优势,优先发展医药、装潢建材、钟表眼镜三大核心板块,培育发展电工照明、数码照相、家电维修、专业百货、食品等五项业种,加快企业发展,不断提升企业综合竞争能力。

百联集团置业有限公司是百联集团全资子公司,经营范围涉及房地产开发、房产租赁、物业管理等业务,历年开发商业、住宅房地产面积为90多万平方米。所属企业有上海百联物业管理有限公司、上海百联房地产经营管理有限公司。上海百联物业管理有限公司是上海市物业管理协会理事单位,为国家一级资质物业管理企业,通过ISO9001、ISO14001质量管理体系国际认证,物业管理地域分布13个省市,物业管理面积总数达520万平方米,由其管理的八佰伴新世纪商厦等荣获"上海市物业管理规范服务优秀窗口单位",百联物业根据多年企业物业管理的实践经验制定的商业物业管理《企业标准系列》经上海市标准化协会等机构的评审通过,成为全国第一部商业物业管理标准系列;上海百联房地产经营管理有限公司经营管理的房产建筑面积为30多万平方米,共150多幅地块,该公司推进ISO9001质量管理体系认证,所属一百杉杉大厦被国家安全局、上海外经贸委评审为甲级涉外写字楼。

上海现代物流投资发展有限公司是国家4A级物流企业,已跻身全国物流企业50强中的第36位,在行业中处于比较领先的地位。公司拥有物流基地面积100万平方米,库房面积63万平方米。所属成员企业有上海长桥物流有限公司、上海商业储运有限公司、上海华联配送实业有限公司、上海百联配送有限公司、上海晶通化学发展有限公司、上海百联股份有限公司物流中心、上海全方物流有限公司、上海汉克国际货运有限公司等多家知名物流企业,其中大多通过了ISO质量认证和2000版改版,其中长桥物流基地获得"中国物流示范基地"称号。公司已形成以业内外商贸零售连锁企业为服务对象,精细配送为基本特征的"城市配送物流";以生产、经营、使用危化货品的企业为服务对象,以危化品交易、代理采购和供应链全过程服务为主体的"危化物流";以高端品牌客户为主要服务对象、供应链管理为基本特色的"制造业物流"三大形态,呈现出良好的发展态势。公司的战略目标是建立一个与"全国第一,国际一流"大型流通产业集团相匹配的、面向业内业外两个市场,具有强大的集客能力、集约化、一体化、信息化的中国现代物流企业。

上海百联投资管理有限公司是百联集团全资子公司,承担集团投资管理平台功能。公司控股和直接管理的企业主要分为品牌代理及贸易、典当拍卖寄售、广告媒体服务、宾馆出租汽车服务、市场招商投资管理等业务群。其中,中国第一家中外合资的分销贸易企业百红公司拥有一批国内外知名品牌代理网络、ERP信息管理系统和现代物流配送系统,初步形成现代批发的盈利模式;控股企业华联典当八家门店率先尝试连锁经营,发挥先发优势,初步确立了在行业中的龙头地位;金照国际贸易公司(外轮供应公司)、一百国际贸易公司、迎宾出租汽车公司、一百假日酒店等拥有各自稳定的客户群,在行业中初步树立了自己的服务品牌;上海拍卖行、可颂坊等企业品牌知名度高,在行业中居领先地位。公司配合投资百联集团核心业务培育性企业还有成都申诚友谊百货、长沙百联东方广场、青浦百联东方商厦、常州百联东方商厦、百联购物中心有限公司、河岸商业开发公司等。截至2006年底,成员企业总资产13.29亿元,2006年主营业务收入19.02亿元。

上海友谊集团本公司于1993年12月31日经上海市外国投资工作委员会《沪外资委批字(93)第1342号文》、上海市人民政府《沪府财贸(93)第317号文》、上海市证券管理办公室《沪证办(93)121号文》批准采用公开募集方式设立的股份有限公司公司。AB股分别于1994年2月4日和1994年1月5日在上海证券交易所上市交易。经营范围:综合百货、连锁超市、装潢装饰(用品、工程)、仓储运输、电子商务、国内外贸易、餐饮服务、广告展览、食品生产、娱乐、实业投资、房地产开发经营、房屋中介、房屋出租、物业管理、工程承包及针纺织品、五金交电、文教用品、烟酒茶食品、中西成药、音像制品、新旧工艺品、金银制品、家具、古玩收购、服装的开发、生产、批发、零售、代理经销(涉及许可经营的凭许可证经营)。

企业清理中心是根据百联集团的组织架构和职能定位,承担集团内困难企业的集中管理,对已停止经营并明确进入清理中心的企业,通过注销、破产、封存等方式实施清理任务的功能性机构。根据百联集团的发展战略和对企业清理工作的总体部署,中心肩负着争取以最低的代价,解决企业历史遗留问题;努力保全国有资产,全力支持和保障集团核心业务发展的重要责任。

人力资源管理中心是集团实施集约管理的职能机构之一,集中管理集团系统所属企业在破产、兼并、解散、撤消、停业和结构调整中产生的离岗人员,进行分流、安置,促进再就业;为集团系统所属企业离休干部、退休人员提供管理服务;为集团系统所属企业提供职业介绍中介服务和各类人事代理服务,做好青年见习基地的管理服务工作。人力资源管理中心立足稳定前线、巩固发展后方,致力于提升人性化服务、推进专业化管理,努力构建和谐环境、促进企业发展,不断优化集约管理功能,优质服务、提高绩效、控制管理费用,让管理对象舒心、让经营企业安心、让集团领导放心。

百联集团教育培训中心是集团实施集约管理的职能机构之一,下属单位有上海物资党校、上海市物资学校等。教育培训中心的发展目标:经过5年左右的努力,建成一所现代化的百联商贸学院,使之具有先进的教学设施和优美的教育人文环境;有一支既掌握教学规律、又有实践经验的专、兼职培训师队伍;有一个面向百联业态发展、面向国际国内两大市场,具有百联特色的教育培训体系,成为培养百联合格员工团队的孵化基地。

审计中心是在集团董事会、总裁室领导下,依法开展内部审计工作的一个独立机构。

三、百联集团发展战略

(一)企业竞争环境分析

1. 行业发展趋势及公司未来发展机遇

随着国内零售市场对外资的全面开放,中国零售业面临着更趋激烈的市场竞争格局。一方面,国内各零售巨头进一步加快了行业内的兼并重组,扩大规模,抢占市场份额;另一方面,外资零售企业正在不断以更大的力度通过各种方式对国内零售市场进行全面渗透。伴随着中国经济进一步融入全球经济,国内零售市场的"买方市场"格局也更趋明显。公司始终把推动流程再造、塑造规范的管理和经营流程作为各项工作的重中之重,组织公司下属各个连锁企业加强和改善现有业务流程,提升连锁经营能力,强化了公司的可持续发展能力。另外,中产阶层消费群体的形成对国内百货业的增长带来动力。最近,国家统计局首次对国内中产阶层进行了历时4个多月的大规模抽样调查,并首次将中产阶层量化为年收入在6万元到50万元之间的中等收入家庭群体。根据预测,未来五年内中国将有2亿人口进入中产阶层行列,而更乐观的估算是3.5亿人。相对于其他阶层,中产阶层追求安全感,消费理智,希望通过消费来体现自己的身份。同时他们的时间大部分用于事业的发展,因而对于他们认同的商品,关注品质多于价格。而现代百货业与大卖场、超市或者传统的百货店的区别就在于品质、心理满足和价格的区别。因而,对于这个庞大的消费群体,现代百货业可以获得更多的收益。

2. 百联集团的"十一五"发展规划

经百联集团一届三十二次董事会讨论，百联集团有限公司"十一五"规划正式批准执行。在"十一五"规划中，根据集团发展目标的要求，在优化现有发展战略的基础上，确定了适应集团发展需要的新的发展战略：以科学发展观为指导，坚持又大、又强、又快的发展方向，努力把握发展的集中度与重点区域原则，实现商品经营与资本经营相结合、商品经营与商业房产经营相结合、现有业务经营与新业务开发相结合，确保流通行业"中国第一"的市场领先地位，为最终成为"国际一流"企业奠定基础。

3. 企业总体发展战略规划

公司将紧紧围绕"发展、转型、整合、稳定"的指导思想，主动应对零售市场全面开放形成的新的竞争格局，坚持以发展为主旋律，对内抓重组整合，扩展经营优势，实施流程再造，优化资产质量，不断改进和完善法人治理结构，要抓好对现有经营网点资源的调整和经营管理能力、盈利能力的提升；全面落实年度预算；对外求扩张发展，强化公司在上海的优势地位；在进一步扩大上海市场份额的同时，加快实施长三角五年行动计划；尽快在长三角形成区位优势，提高公司的核心竞争力。

(1) 整合资产资源，推进流程再造，进一步做强主业。

按照公司发展规划的目标，把优质资产集中到核心主业上来，做到资产资源尽可能地为主业发展提供支撑作用；同时，努力消除同业竞争，发挥资源集约效应；借助实施股权分置改革的契机，全面提升公司的综合竞争能力；加大与国际一流企业的对标研究，推进公司的信息系统、采购系统、物流系统、资金结算系统、成本管理系统的建设，推进集约化、连锁化进程；推进公司的供应链建设和流程再造，研究公司的业务整合与创新方案，充分利用现有的网络优势，培育新的利润增长点。

(2) 抓住机遇，调整发展策略，提高发展质量，强化核心竞争力。

公司要抓住上海发展现代服务业的机遇，加大与上海各区县的合作，大力开发上海郊区、新城镇、新人口导入区、轨道交通沿线市场，推行社区购物中心、品牌折扣店、城市生活馆等新概念，强化在上海的优势地位；同时，大力实施长三角行动计划，形成在长三角地区的竞争优势；重点跟踪研究华东地区的其他省市，积极调研，努力扩大市场份额。对于一些难以形成集中优势的地区、经营业绩难以逆转的地区，要建立退出机制；对于那些发展潜力较大，国家已经明确为重点发展的地区，要坚决地进入开设网点、投资购并。

四、百联集团生产经营状况

(一) 百联生产概况

公司在第一百货和华联商厦两个上市公司吸收合并的基础上，在"发展、整合、提升、稳定"的总体思路下，坚持走重组整合与发展扩张互为促进的道路，在发展中整合，以整合促发展，创新务实，加强协调，不断提高综合竞争能力和可持续发展能力，各项工作取得了新发展。公司通过对现有资产资源深度整合，采取了一系列措施，在突破当前影响和制约公司快速与可持续发展的供应链、资金、财务平衡、人力资源、管控模式及管理手段等瓶颈方面，取得了一定的成效，有效地发挥了公司吸收合并后的协同效应，为新一轮的发展扩张奠定了基础；在实施重组整合、提升公司运营质量的同时，公司进一步加大了核心主业百货和购物中心业务的拓展步伐,注重内涵竞争能力的提升,一边在探索中发展,一边注重对核心管理能力的总结,输出管理的模式逐步成熟,新的利润增长点正在形成。

2005年主营业务收入88.99亿元,比去年同期增长90.82%,主营业务利润17.54亿元,比去年同期增长77.09%,净利润1.99亿元,比去年同期增长42.73%,每股收益0.18元,比去年同期增长率38.46%。

(二)百联主营业务及其经营状况

公司主营范围为:国内贸易、货物及技术进出口业务、汽车修理及汽车配件、货运代理(一类)、普通货物运输、收费停车库、广告、音像制品、医疗器械、房地产开发、自有办公楼、房屋出租、商业咨询、附设分支机构(涉及许可经营的凭许可证经营)。

1. 公司主营业务行业构成情况

公司主营业务行业构成情况见表2。

表2　　　　　　　　百联集团2005年主营业务构成及经营状况

行业	主营业务收入(万元)	比上年增涨(%)	主营业务成本	比上年增涨(%)	毛利率(%)	比上年增涨(%)
商业	886 269	91.93	714 022	94.40	19.44	−1.02
房地产(物业出租)	9 080	19.75	2 755	14.47	69.66	1.40
旅游饮食服务业	4 545	106.11	2 816	608.31	38.03	−43.94

注:主营业务收入、主营业务成本同比大幅上升主要因本年公司经营规模扩大和增加合并单位所致。
资料来源:百联股份2005年年报。

2. 主营业务分地区情况表

百联集团主营业务分地区情况表见表3。

表3　　　　　　　　百联集团2005年主营业务收入的地区分布

地区	主营业务收入(万元)	主营业务收入比上年增减(%)
上海	809 523.2	76.3
江苏	47 772	752.4
浙江	6 777.1	594.2
安徽	8 909.2	421.2
北京	23 977.3	595.3
山东	2 934.6	373.8

注:主营业务收入同比大幅上升主要因上年合并子公司华联超市一个月的主营业务收入,而本年合并其全年的主营业务收入。
资料来源:百联股份2005年年报。

3. 百联集团主要控股、参股公司的经营情况及业绩

百联集团主要控股、参股公司的经营情况及业绩见表4。

表4　　　　　　　2005年公司主要控股公司及参股公司的经营情况及业绩

公司名称	业务性质	主要产品服务	资产规模（万元）	净利润
第一八佰伴有限公司 USD7500	零售	百货	139 059	17 377
东方商厦有限公司	零售	百货	33 667	4 399
上海第一百货松江店有限公司	零售	百货	1 211	141
永安百货有限公司	零售	百货	19 517	1 317
上海新华联大厦有限公司	零售、租赁	百货、物业	49 308	1 500
上海华联杨浦有限公司	零售	百货	5 096	764
上海中联商厦	零售	百货	3 175	545
上海浦东华联购物中心有限公司	零售、租赁	百货、物业	3 114	205
华联超市股份有限公司	零售	食品、日用杂品	152 596	－4 016

资料来源：公司2005年年报整理。

4. 百联品牌创建

"打造现代流通产业总集成商"，这是国内百货业老大百联集团的市场定位。与此相适应，百联强化了品牌的影响力，因为品牌就是一种无形的集成能力，对集成商至关重要。目前，百联集团在23个省区市拥有7 000家各类网点。其中，在上海国际顶级品牌主要进驻的17家百货店、购物中心中，百联拥有东方商厦、第一八佰伴、虹桥友谊、美美百货4家，新开业的百联世贸广场已经成为上海国际顶级品牌新的进驻地。百联的品牌建设分为三个战略步骤。

首先，"百联"品牌建设。"百联"将努力建设成为国内最大的总集成商品牌。为此，百联集团在通过完善连锁机制、提高管理水平、提高顾客满意度等不断丰富品牌内涵的同时，还将采取有力措施宣传推广"百联"品牌，比如，通过参与上海现代服务业集聚区建设，打造以"百联"为品牌的地标式建设；通过分布在全国重要省会城市的"百联"购物中心，不断扩大在全国的影响力；通过一系列品牌宣传活动，包括主题营销、社会公益活动等不断强化"百联"品牌影响力。

其次，"联华"、"东方商厦"品牌建设。"联华"将努力成为国内著名超市品牌；"东方商厦"将瞄准"国内著名时尚百货品牌"。"联华"品牌的建设重点是：要保持国内市场份额领先地位，不断扩大商品品类的宽度和深度，具有有竞争力的商品价格与服务质量。"东方商厦"的重点是：不断提升商品档次，特别是要加大国际一线品牌的比例，使其在品牌档次上保持国内领先地位。

再次，自有品牌的开发。百联集团超市业务将大力开发自有品牌，力争使其中的一到两个品牌能成为国内知名的品牌。集团百货业务将重点提高代理品牌的档次，探索贴牌与自有品牌产品的开发。

5. 与上下游企业合作情况

启动与供应商战略结盟模式，对招商采购权实行集权是百联百货推进整合的重大步骤。首先把以东方商厦命名的百货商店的招商采购权统一收归到百联采购中心。随后出台的

《供应链建设行动纲领》,就是要在构筑统一的招商采购平台基础上,形成以招商为主,代理和自营相配套的品牌经营格局。其中,建设东方商厦连锁百货的商品供应链是重点之一。公司年内将与50家供应商建立战略联盟关系,5年内扩大到300家。这将有助于百联扩大招商采购平台,同时推动东方商厦连锁百货的发展。这种国际化的采购招商模式可以有效降低企业运营成本,增强市场的叫板能力;也能更好为供应商服务,与其形成战略伙伴关系。百联还将加强与供应商的B2B建设,向供应商提供统一结算,反馈消费者数据,这将有助于形成双赢的局面。

五、百联集团资本运作

(一)百联融资情况

与集团品牌建设同步,百联集团将进一步加快资本整合,使百联集团由目前的国有独资公司,转变为国有资本、国际战略投资者等组成的多元投资主体,同时加快内部市场化进程和内部资源的集约,重点推进品牌供应商资源的共享,进一步做好商品采购由联合采购、联合招商、联合营销,向集中采购、统一招商、统一营销过渡,强化对商品与供应商的集成能力。百联集团还将在上海不断进行业态创新,探索现代服务业集聚区运作模式,推行社区购物中心、品牌折扣店、城市生活馆等新概念,通过开发网上购物、顾客忠诚卡等业务,以计算机网络形成虚拟集成平台,进一步强化集成功能,深化集团品牌的内涵。

(二)百联并购重组情况

1. 业务整合

2002年,上海市商委提出,组建2到3家年销售额达到500亿元以上的大型商业集团,以应对国外零售巨头的竞争。2003年4月6日,百联集团诞生。4月24日,上海百联集团通过工商注册后正式挂牌。自2003年9月开始,百联集团用了9个月时间,实施了中国证券市场首例上市公司吸收合并案——第一百货吸收合并华联商厦。这次合并完成后,有效地解决了百联集团下第一百货与华联商厦间同业竞争与关联交易,实现资源的重新整合与充分应用。合并后存续公司拥有14家大型百货商场与3家购物中心,总资产近60亿元,股东权益达到32亿元,成为国内名副其实的商业第一股。合并后,存续公司对原分属第一百货和华联商厦的百货商店和购物中心等进行业态整合,实行统一归口管理,在两家公司原有的各业态基础上,通过制定统一的发展战略,采取集约管理、连锁经营的手段迅速构建存续公司的连锁经营平台、扩大市场占有率,形成符合国际零售业发展趋势的、连锁集约发展的经营业态体系。存续公司在对其进行业务整合的过程中,根据各网点所处地域分别确定目标消费群,实现错位经营,形成都市型时尚百货、历史名店和社区型时尚百货三大连锁系列。将"东方商厦"作为都市型时尚百货的统一商号对合并双方原有主要商业区的经营网点进行更名,并将徐家汇的东方商厦作为旗舰店,拓展市外网点;重塑"上海第一百货商店"、"华联商厦"、"上海友谊商店"、"上海时装商店"和"上海妇女用品商店"五家历史名店,恢复历史风貌并根据主题商店的经营理念分别重新定位;对其他开设在大型社区内的百货店暂不进行店名的变更和调整,仅在统一采购、统一营销、IT技术等方面进行集约整合。

2. 组织结构变更

百联就是集团本部作了事业部的架构,这是一个集权型的组织架构,权力都被收到一级集团的最高层面。新成立的百联集团作为一个下辖几百个企业的集团,就像一个被架在空中的楼阁,它不具有直接到市场上搏杀的经营权,也不能直接掌控这些上市公司的财务运作。如果这样,百联就失去了意义,百联集团将建设成为"集约化"的"经营实体",而非一家"资产管理公司"。百联成立之初,企业的层级比较多,细算下来共有903个独立核算企业。正是因为企业多了,历史长了,一旦企业经营不好,经营者往往都怪罪于国有企业有历史包袱、有债务负担,由此耗费掉的成本难以计数,而且标准也无法确定,使得集团的考核非常艰难。为了彻底改变这种状况,百联集团大开大阖,把企业分成一线经营性企业和二线功能性机构,专门成立了企业清理中心和人力资源中心,把下属企业的历史负担集中到集团层面,由集团来统一承担这些问题的处理。同时,关闭清理了几百家企业。目前,尽管百联旗下还有324家一线企业,但都是轻装上阵,可以一切按照市场化标准来考核。

3. 文化整合

在进行清产核资的过程中,百联积极地进行了文化整合。提出了"业绩为基础,创新为动力,包容为特征"的企业文化,着意营造一种面向市场的企业文化。先后开展了"百联员工看百联"、"激情在百联"、"事业在百联"等活动,让职工了解百联,增强员工发展百联的信心,从而加强对组建百联的认同感。

4. 品牌整合

百联集团有超商、百货与生产资料三大核心业务几乎囊括现代流通产业的全部业态,旗下品牌林立、单超商业务包括华联和联华两个在中国数一数二的知名品牌,华联和联华作为主品牌又通过品牌延伸和品牌联合形成了联华超市、世纪联华、联华快客、华联超市、华联罗森、华联吉买盛等六大业务品牌。百联强调了集团公司品牌的资产建设,百联作为主品牌进入了百货领域建立了百联世贸广场这样的业务品牌,并计划通过连锁经营进入各省会城市以建立全国性的品牌认知。另外,单纯的公司品牌建设并不够,品牌组合管理更是百联所需要花大力气予以解决的,百联在商超上的六个品牌同业竞争极其厉害,共有品类达到80%以上,品牌识别高度雷同缺乏差异化的定位,百联迟迟拿不出办法实现品牌组合的核心和清晰度,由于华联和联华的品牌资产在业内都比较强大而且相去也不远,所以取消任何一个品牌让一个品牌吞并另一个品牌都是不可取的,而应该采取品牌再造的方式,如联华重新定位为大卖场品牌未来与家乐福、沃尔玛竞争,取消世纪联华和华联吉买盛这两个业务品牌,而华联则重新定位为便利店品牌未来与7-11竞争,取消联华快客和华联罗森这两个业务品牌,而界于大卖场和便利店之间的中型超市则以百联为主品牌,吸收现有联华和华联的业务,这样的品牌组合安排不仅进一步提高了百联的品牌资产价值,而且避免了以前过多的品牌增衍问题,使得品牌建设和管理资源的分配更加有效

五、百联集团财务状况

(一)资产结构

百联集团的业务构成及毛利率见图4。

(二)盈利状况

2003～2005年百联集团的盈利状况见表5、图5和图6。

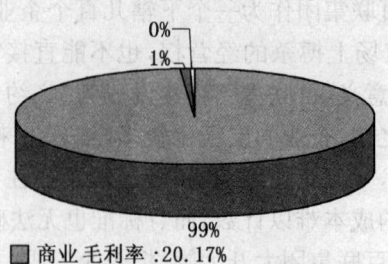

0%
1%
99%

■ 商业 毛利率：20.17%
■ 房地产（物业出租）毛利率：69.72%
□ 旅游饮食服务业 毛利率：5.99%

注：数据截止日：2006年9月30日。
资料来源：http://www.51value.com。

图4　业务构成及毛利率

表5　　　　　　　　　　　　2003～2005年百联集团的盈利状况

主要会计数据	单位	2005年	2004年	2003年合并后	2003年合并前
总资产	万元	80 9901.8	748 806.6	597 083 248	367 311 372
主营业务收入	万元	899 893.4	471 551.9	416 533.8	266 429.8
利润总额	万元	31 927.6	22 865.6	22 008.5	12 495.3
净利润	万元	19 940.9	13 968.5	15 312.7	7 000.3
每股利润（摊薄）	元/股	0.18	0.13	0.14	0.12
净资产收益率（摊薄）	%	5.54	3.96	4.74	4.06

资料来源：百联股份2005年年报。

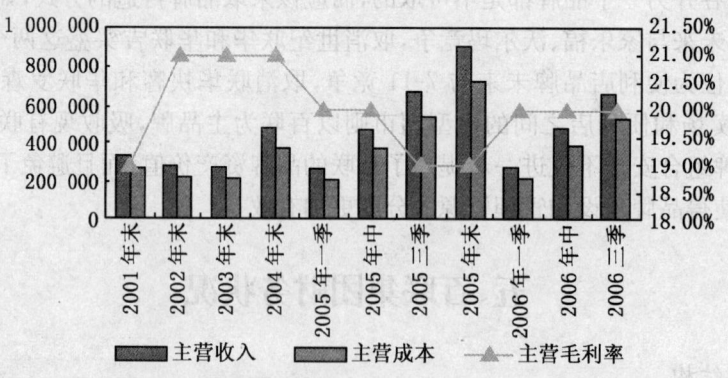

注：主营业务收入、主营业务成本单位为万元。
资料来源：http://www.51value.com。

图5　主营收入及成本

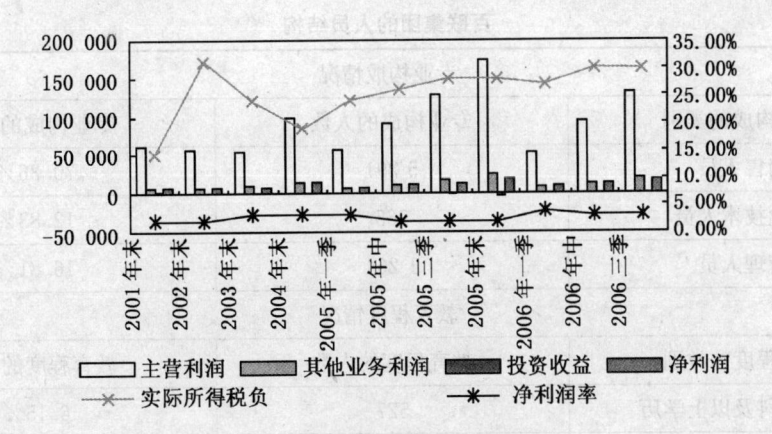

注：主营利润、其他业务利润、投资收益、净利润单位为万元。
资料来源：http://www.51value.com。

图6　利润构成

（三）资金运营能力

百联集团的股本及收益状况见图7。

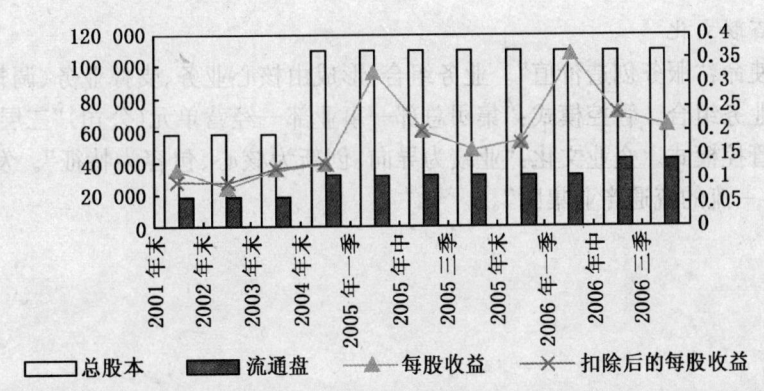

注：总股本、流通股单位为万股，每股收益单位为元，每股收益季度值简单折算成年度值。
资料来源：http://www.51value.com。

图7　股本及每股收益

八、百联集团人力资源与文化

（一）百联集团的人员结构

公司在职职工总数8 501人，其中：在岗人员7 482人，占职工总数的88.01%；35周岁以下青年职工数占职工总数的31.54%，36至50岁职工数占职工总数的55.09%，50岁以上占职工总数的15.13%。离退休职工（承担费用）4 825人（见表6）。

表6　　　　　　　　　　　　　　百联集团的人员结构

专业构成情况		
专业构成的类别	专业构成的人数	专业构成的比例
销售人员	5 291	70.36%
专业技术人员	965	12.83%
管理人员	1 264	16.81%
教育程度情况		
教育程度的类别	教育程度的人数	教育程度的比例
大学本科及以上学历	527	6.15%
大专学历	1 858	21.67%
中专学历	1 509	17.60%
职业高中	2 999	34.98%
初中及以下	1 608	18.76%

资料来源：百联股份2005年年报。

(二)百联文化

企业使命："服务创造价值"。业务组合：形成由核心业务、支撑业务、调整发展业务三大类组成的业务组合。管控模式："集团总部—事业部—经营单元(公司)"三层次的、以战略管控为主的管控模式。企业文化："业绩为导向、创新为核心、包容为特征"。发展远景："中国第一、世界一流的流通产业集团"。

中国第一汽车集团公司

中国第一汽车集团公司(以下简称"一汽"或"中国一汽")成立于1953年,原名为第一汽车制造厂。1992年7月15日,第一汽车制造厂更名为第一汽车集团公司。第一汽车拥有全资子公司32家、控股子公司17家,在东北、华北和胶东、西南形成布局合理的三大生产基地,资产总额1 058亿元,员工13.33万人。在中国企业500强排名中,一汽集团一直位于前20名以内。其中,2003年进入前10名,名列第7,2004年和2005年均列第13位,2006年名列第18位。位次变动不大,在汽车工业中一直处于领军地位。

一、一汽发展历程

从1953年7月15日破土动工起,到1956年7月15日第一辆国产解放牌汽车诞生,这是一汽的建厂时期。从1956年开工生产到1978年末,是一汽的成长和发展时期。在汽车品种上从一个基本型增加到三个。在生产能力上,从3万辆设计能力,提高到6万辆的水平。从1979年到1988年末,是一汽"解放"汽车的换型改造时期,称为第二次创业时期。在这个时期中,用了近三年的时间,完成了"解放"第二代产品CA141汽车的设计、试制、实验和定型。成立了解放汽车工业联营公司。汽车研究所、第九设计院的加盟,加强了一汽技术后方的能力。从1988年到2001年末,是一汽结构调整时期,又称为以发展轿车、轻型车为主要标志的第三次创业时期。在这个时期,通过建设一汽轿车、一汽—大众两个现代化轿车生产基地,以及兼并、重组、改造轻型车生产企业,产品结构调整取得重大突破,中、重、轻、轿并举的局面已经形成,轿车和轻型车产销量的比重已经接近50%,重型车已经超过了中型车的产销量。通过不断深化企业改革,基本实现了由传统的工厂向集团公司体制的转变,以及由单一的国有资产向多元化资产结构的转变。通过对外合作和开拓国外市场,建立了一汽—大众等一批中外合资企业,产品出口到70多个国家和地区,初步实现了从单一的国内市场向国内、国外两个市场转变。

中国一汽以振兴民族汽车工业为己任,不断发展与壮大企业规模。目前,中国一汽发展成为拥有总装配厂等21个直属专业生产厂;富奥汽车零部件有限公司等11个全资子公司;一汽—大众汽车有限公司等18家控股子公司;一汽四环股份公司等26家参股公司,其中:中国一汽中外合资企业20家;党群行政部门52个处级和处级以上单位;224家关联企业。

二、一汽发展战略

(一)竞争环境分析

我国汽车产业发展迅速,产业集群初现雏形,逐渐形成包括以一汽为代表的环渤海湾汽车产业集群、以上汽为代表的长江三角洲汽车产业集群、以广汽为代表的珠江三角洲汽车产业集群、以北汽为代表的京津唐汽车产业集群和以东风汽车为代表的中西部汽车产业集群在内的5个初步成型的汽车产业集群。

近些年来,我国汽车行业呈现较快发展态势。汽车产销量保持较快增长,企业效益大幅提高。乘用车是拉动需求的主要动力,轿车市场异常活跃,商用车市场需求平稳增长,客车摆脱低迷走势。货车市场供求总体平稳,新产品上市频率加快,汽车市场整体价格走低。随着汽车销量持续增长,消费需求日趋多层次、多样化及个性化,新产品推出节奏加快,价格竞争更加激烈,降价趋势仍然明显。重点企业实力稳步增强,市场占有率维持较高水平。2006年,汽车销量排名前十位的企业共销售605.2万辆,占国产汽车总销量的83.87%。其中,上汽、一汽的汽车销量均超过100万辆。奇瑞、哈飞、华晨和吉利等企业随着研发投入不断增加,自主品牌竞争能力显著增强,市场占有率也相应提升,2006年汽车销量同比分别增长59.91%、4.22%、71.4%和35.06%。

我国国内的汽车生产厂家实力比较强、影响比较大的主要有:东风、中汽、上汽、北汽和天汽。其中以上汽和东风为典型代表。上海汽车工业(集团)总公司的上海大众在数量规模上一直占着领先的地位,能与之抗衡的国内有效竞争者寥寥无几。在加入WTO环境下,上汽集团已意识到它们需要站在全球战略高度审时度势,抓紧集团内部全方位的战略调整和结构优化,抵御进口,抓紧形成开发能力,开拓国际市场,用国际标准提高产品的质量水平,在对外竞争中增强实力,壮大规模。东风汽车公司,其从80年代到90年代所生产的中型卡车,经历了市场的导入期而进入成熟期,是目前占有绝对地位的产品。东风汽车公司的主要目标市场是东南亚、非洲,它们利用低成本优势,从而在这些小规模市场上取得竞争优势。除了国内的有效竞争者之外,中国一汽集团公司还面临着世界著名跨国汽车集团公司的强有力的竞争。这些世界著名汽车公司大多有如下的特点:实现规模经济,产量均已达到百万辆级;拥有遍布全球各地的采购、生产和销售网络;拥有自己的研究机构,具有独立开发能力;拥有先进的生产技术、知识和管理经营经验等。

(二)一汽五大发展战略

一汽集团公司在"十一五"坚持"自主发展,开放合作"方针,做强研发,做大自主,做圆合作,计划到2010年,总销量超过200万辆,自主产品销量超过100万辆,销售收入超过2 000亿元。为了实现新的奋斗目标,一汽确定了五大发展战略:

一是产品与技术创新战略。以用户需求和市场趋势为导向,充分发挥技术、基地、装备、人才等积累优势,利用国内外研发资源,集成世界先进技术,提高自主创新能力,做强持续研发,形成"生产一代、准备一代、开发一代"的能力,建设有利于技术创新、自主发展的体制机制。

二是整车发展战略。为用户提供高可靠性、高性价比的优势产品,扩大产销规模,巩固市场地位,拉动企业高速运转。中、重、轻、微、轿、客要全面发展,实现以自主百万化为主要标志的"规模百万化"。

三是零部件及辅助体系战略。提高研发水平,增强二次开发能力,向高附加值产品发展。集中力量,做大规模,打造有市场竞争力、能够支撑自主百万化发展的零部件体系。

四是海外事业战略。打基础、建体系,抓好重点战略市场。完善组织机构,建设海外基地,培育国际化队伍,发展海外网络,形成市场规模,实现经营方式与国际接轨。加大整车、零部件及总成出口,实现由一般贸易模式向产品输出、技术输出、资本输出模式的转变,为"经营国际化"奠定坚实基础。

五是体系能力建设战略。纵向实现管控有力,动作协调;横向实现对接畅通,功能放大。通过管理基础积累和信息平台建设,为"管理数字化"提供有力支撑。

三、一汽生产经营状况

(一)生产概况

一汽集团公司的汽车年销量从 30 万辆到 100 万辆,跃上了百万辆的规模平台,世界汽车行业排名由第 20 位晋升到第 16 位,进入世界 500 强。与"九五"比较,"十五"期间累计销售汽车 399.6 万辆,同比增长 166.4%;累计实现销售收入 4 724.3 亿元,同比增长 139.7%;累计实现利润 198.6 亿元,同比增长 236.6%;员工收入 2005 年达到 33 296 元,同比增长 121%。产品研发投入 75 亿元,同比增长 124.5%,自主品牌轿车占国内自主品牌产品的半壁江山。2005 年实现销售收入 1 183 亿元(145.11 亿美元),列"世界最大 500 家公司"第 470 位;"中国机械 500 强"第 1 位;"世界机械 500 强"第 71 位。2006 年公司品牌价值达到 424.21 亿元。至今,第一汽车累计产销中、重、轻、轿、客、微各类汽车 860 余万辆,在巩固和发展国内市场的同时,不断开拓国际市场,逐步建立起全球营销和采购体系(见表1)。

表1　　　　　　　　　　　　　　一汽集团各公司业务

企业名称	主营业务/主要产品
1. 中国第一汽车集团公司总部	
2. 中国第一汽车集团哈尔滨轻型车厂	轻型卡车、皮卡车
3. 中国第一汽车集团哈尔滨变速箱厂	重、轻型车变速箱
4. 一汽吉林汽车有限公司	微型客车、卡车
5. 富奥汽车零部件有限公司标准件分公司	标准件、非标紧固件和异型零件
6. 中国第一汽车集团公司一汽四平专用汽车厂	解放品牌中、重型卡车专用车、改装车
7. 富奥汽车零部件有限公司制泵分公司	中、重型柴油机三泵、轿车水泵、助力泵及总泵产品
8. 中国第一汽车集团公司富奥汽车零部件有限公司辽阳汽车弹簧厂	汽车钢板弹簧
9. 一汽解放汽车有限公司大连柴油机分公司	中、重、轻型车柴油发动机
10. 一汽客车大连客车厂	远征牌大客车
11. 一汽丰田汽车销售有限公司	营销在中国生产的丰田品牌轿车、多功能运动车和达路·特锐多功能运动车

续表

企业名称	主营业务/主要产品
12. 天津一汽夏利汽车股份有限公司	夏利系列和 NBC 系列经济型轿车
13. 天津一汽丰田汽车有限公司	丰田品牌威驰、花冠、皇冠、锐志轿车
14. 一汽华利(天津)汽车有限公司	一汽佳星·幸福使者紧凑实用型多功能轿车和达路·特锐多功能运动车
15. 一汽山东汽车改装厂	解放品牌中、重型卡车专用车、改装车
16. 一汽解放青岛汽车厂	解放品牌中、重型卡车、专用车、改装车
17. 上海浦东一汽青岛专用车厂	解放品牌中、重型卡车、改装车
18. 一汽解放汽车有限公司无锡柴油机分公司	中、重型卡车柴油发动机
19. 一汽客车有限公司无锡汽车厂	太湖牌客车
20. 一汽技术中心无锡油泵油嘴研究所	内燃机、柴油机燃油喷射系统和发动机开发研究
21. 成都一汽汽车有限责任公司	华西牌客车、丰田品牌柯斯达客车和普拉多多功能运动车
22. 一汽解放青岛汽车厂成都分厂	解放品牌中、重型卡车、改装车
23. 中国第一汽车集团四川专用汽车厂	远达牌中、重型卡车专用车、改装车
24. 一汽红塔云南汽车制造有限公司	轻型卡车及驾驶室、一汽佳星·幸福使者紧凑实用型多功能轿车
25. 中国第一汽车集团柳州特种汽车厂	解放品牌中、重型卡车、专用车、特种车
26. 深圳市一汽汽车有限公司	汽车营销和售后服务
27. 一汽解放汽车有限公司内蒙古分公司	解放品牌中、重型卡车
28. 一汽海马汽车有限公司	马自达品牌普力马、福美莱轿车

(二)主要产品、生产及销售情况

第一汽车集团公司目前主要生产的车型有:解放品牌中重型卡车、解放品牌轻型卡车、红旗品牌轿车、夏利品牌轿车、远征品牌客车、太湖品牌客车、华西品牌客车、大众品牌轿车、奥迪品牌轿车、丰田品牌(轿车、客车、多功能运动车)、马自达品牌轿车等。主要自主品牌和合资合作产品见表2和表3。

表2 自主品牌主要产品一览

解放品牌中、重型卡车	解放品牌轻型卡车	红旗品牌轿车	夏利品牌轿车
解放美威重型卡车	小解放2吨轻型卡车	红旗旗舰轿车	夏利 N3 轿车
解放美威自卸车	小解放1吨轻型卡车	红旗世纪星轿车	威乐轿车
解放美威专用车	佳宝微型客车	红旗明仕轿车	威姿轿车
解放新型长头卡车	佳宝微型卡车		
一汽佳星·幸福使者多功能轿车	远征牌客车	太湖牌都市 MM 客车	太湖牌英捷莱客车
华西牌客车			

资料来源:《中国第一汽车集团公司2005年度报告》。

表3　　　　　　　　　　　　　　主要合资合作产品一览

丰田品牌 (轿车、客车、多功能运动车)	大众品牌轿车	奥迪品牌轿车
皇冠轿车	捷达轿车	奥迪A6轿车
花冠轿车	宝来轿车	奥迪A6L轿车
威驰轿车	高尔夫轿车	奥迪A4轿车
锐志轿车	马自达品牌轿车	达路特锐多功能运动车
普锐斯混合动力轿车	马自达6轿车	
陆地巡洋舰多功能运动车	普力马轿车	
普拉多多功能运动车	福美莱轿车	
柯斯达中型客车		

资料来源：《中国第一汽车集团公司2005年度报告》。

一汽集团的汽车年销售量在2003年有一个大的提升，随后两年增幅也较快，截至2005年，汽车总销量为1 047 161辆，轿车所占的比重最大，其次为轻型载货车。具体数据资料见表4和图1。

表4　　　　　　　　2002～2005年度汽车销量及主要经营数据汇总表

年度	2002	2003	2004	2005
汽车销量(辆)	580 356	902 329	1 007 471	1 047 161
其中				
轿车	248 090	568 463	620 886	748 130
重型载货车	118 985	95 336	127 850	55 970
中型载货车	81 734	66 742	59 843	60 263
大中型客车	1 718	1 429	9 427	8 844
轻型载货车	41 766	59 883	74 324	75 369
轻型客车	17 742	12 465	25 216	31 831
微型客车	70 321	91 880	70 493	50 977
微型卡车		6 131	19 432	15 777

数据来源：根据相关年度集团合并报表快报数。

(三)产品进出口情况

一汽集团进出口总额从3 000万美元起步已累计达到41.1亿美元。其中出口各种商用车、乘用车4.3万辆，遍及55个国家和地区。2000年，中国一汽进出口总额达到6.3亿美元，创汇1亿美元。并先后被中国海关评为外贸信誉"AA"级企业，在2000年中国企业进出口额排序中名列第60位，被中国外贸部通报表彰的外贸出口中央企业中排名第四。2005年一汽集团进出口公司整车出口14 256辆，同比增长40%；整车零部件出口总额达1.5亿美元，同比增长62.8%，整车出口数量、出口贸易总额均创历史新高。进口贸易总额达到10.24亿美元。显示了一个企业在走向经营国际化的大比拼中所特有的竞争力。

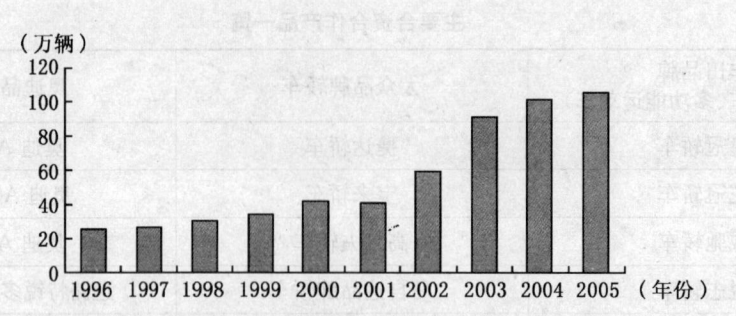

数据来源：根据相关年度集团合并报表快报数。

图1 1996～2005年度汽车销量表

（四）初步建立起CKD全球采购及营销体系

中国一汽在积极开辟国内市场，开展国内业务同时，深入国际汽车贸易与循环，努力拓展国外业务，初步建立起CKD全球采购及营销体系。先后在亚洲、非洲、欧洲、美洲建立了五大地区性公司，设立了11个分公司和办事机构。已与80多个国家和地区1 000多家企业、贸易公司、分销商和代理商建立了业务关系。2005年，在巩固中东、东南亚传统市场的同时，重点开拓了独联体和非洲，从而将分散的市场逐步向以中东地区、独联体地区、东南亚地区、非洲地区四大市场板块集中。中国一汽把对外交流与合作放在企业发展的战略高度，加强同大众、奥迪、西门子、福特、通用、丰田、日产、大宇、现代等国际著名厂商的技术交流与合作，先后与国外合资建立了20余家领先于国际汽车工业的合资企业，并实现了轿车系列产品关键部件和非关键部件的全球性采购。

（五）进入汽车金融行业

一汽集团在2006年以"一汽财务"的身份进入汽车金融行业，开展针对普通消费者的汽车信贷业务。这是本土汽车集团首次以财务公司的身份涉足汽车信贷业务。一汽涉足汽车信贷业务后，消费者在汽车贷款方面则形成了商业银行、汽车金融公司和本土汽车集团三足鼎立的局面。

（六）广泛参与合作

随着中国汽车市场的快速发展，为巩固一汽集团"老大哥"的地位，一汽集团加深与其合作伙伴的合作，从国外引进了越来越多的符合中国的产品。一汽—大众成立于1991年，目前的年产量是66万辆。大众的豪华子品牌奥迪于1999年进入中国，替代红旗几乎垄断了高端政府用车市场，长期占据着中国豪华车市场霸主的地位。2002年6月下4日，一汽集团与天汽集团签署协议，一汽集团以5%的股权控股天津—汽夏利，一汽集团进入了经济型轿车领域，获得了"夏利"品牌。同年8月，一汽集团又成功参股天津一汽丰田，实现了和世界第二大汽车集团的合作，天津一汽丰田的第三工厂将于2007年6月投产。一汽轿车2002年引进了马自达的全新车型马自达6轿车。2004年3月一汽集团获得了一汽海马公司49%的股份。

四、一汽财务绩效稳中有升

（一）资产结构

从2003～2005年这近三年的资产负债表中可以看出，中国一汽集团资产总额并没有大幅度的变化,保持在1 000亿元左右,长期投资额处于上升状态,企业的无形资产也在递增(见表6)。可见,在保持资产总额的基础上,资产结构有所变动,同时,企业的负债中长期负债所占的比例在下降。

表6　　　　　　　　　　2003~2005年年末资产负债表数据　　　　　　　　单位:万元

年　度	2003年末	2004年末	2005年末
流动资产	6 848 930	6 056 758	6 094 442
长期投资	1 264 374	392 294	678 576
固定资产净值	2 268 657	2 442 176	2 690 434
无形及其他资产	237 347	328 876	482 805
资产总计	10 619 287	10 236 249	10 875 912
流动负债	6 269 154	6 014 625	7 193 308
长期负债	1 062 861	852 583	496 432
负债合计	7 333 989	6 889 183	7 690 758
所有者权益	3 285 298	1 725 507	1 492 404
负债和所有者权益合计	10 619 287	10 236 249	10 875 912

数据来源:根据一汽集团相关年度合并报表数据整理。

(二)盈利状况

1996年~2005年10年中,集团的销售收入一直呈现稳定增长态势。经过近十年的发展,企业销售收入较1996年增长了近6倍。尤其在2003~2005年度,企业销售收入一直保持在1 000亿元以上,并即将突破1 200亿大关(见图2及表8)。

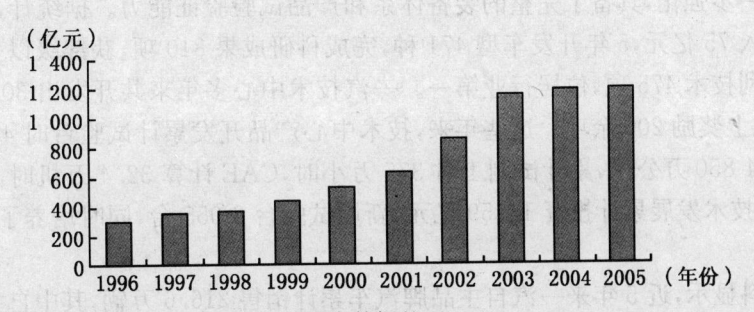

数据来源:根据一汽集团相关年度合并报表数据整理。

图2　1996~2005年度销售收入表

表8　　　　　　　　　　2002~2005年实现利税情况表　　　　　　　　　　单位:亿元

年度	2002	2003	2004	2005
销售收入	845.10	1 140	1 175	1 183
实现利税	95.55	141.30	152.9	118.4
实现利润	43.03	58.00	45.8	22.9

数据来源:根据一汽集团相关年度合并报表数据整理。

六、研发创新能力强大,技术成果累累

中国一汽拥有中国汽车行业目前规模最大、核心能力最强的集科学研究、产品开发、工艺材料开发于一身的技术中心。一汽重、中、轻、轿车产品的发展史就是技术中心产品开发奋斗史。从20世纪50年代到80年代,一汽产品开发工作围绕着老解放4吨载货车进行了四次大的技术改造。90年代以来,一汽产品家族中以5吨长头和6吨平头系列中型车为基础,形成了5~9吨的长头系列和4~16吨平头系列载货汽车产品。而在轿车、轻型车的产品开发中有效地结合了国外的先进技术,开发了红旗系列轿车和1吨、2吨系列轻型客、货车,为企业创造了发展空间。

中国第一汽车集团公司技术中心历史悠久,是中国汽车行业成立最早的科学研究和产品开发机构。先后由长春汽车研究所、中国第一汽车集团公司设计处和长春材料研究所等单位合并组建。技术中心在整车、车身、底盘、发动机、零部件、新工艺、新材料等方面的设计、研究、试制、试验检测、计算分析工作上有着丰富的经验,是全国汽车行业中集科学研究、产品开发于一身的规模大、核心能力强、研制手段先进、技术实力雄厚的汽车产品研制开发和试验检测基地。中心在产品开发方面已经完全实现计算机化,引进了CATLA、PRO/E、EUCLD等大型CAD等软件,并建立了科学、严谨的设计开发体系。

(一)新产品开发情况

一汽以技术中心为依托,建设了长春、天津、无锡、青岛互为补充,产学研相结合的自主创新研发体系;在商用车开发上掌握了32项关键技术;在乘用车开发上掌握了27项关键技术,形成了商用车全系列自主开发能力;具备了轿车车身、发动机、整车匹配能力,建立了经济型轿车、中级轿车两个自主研发平台,基本形成了中级乘用车自主开发能力。同时,基础实验手段进一步强化,具备了完整的装备体系和产品试验验证能力。据统计,"十五"期间,一汽研发投入75亿元,5年开发车型471种,完成科研成果810项,获部级以上奖励25项,目前拥有专利技术475项,位居行业第一。一汽技术中心多年来共开发出300余项科研成果,获部级以上奖励200余项。这些年来,技术中心产品开发累计试验台时468万小时,累计试验里程4 850万公里,累计试制工时375万小时,CAE计算32.4万机时,制定/修订标准1 174条,技术发展累计投资12.59亿元,新增试验台3 055台,同时培养了硕士、博士人才275人。

有关资料显示,近5年来一汽自主品牌汽车累计销售216.6万辆,其中自主品牌轿车销售61.4万辆,占行业自主品牌轿车总销量的50.4%;自主品牌中重型卡车销售82.9万辆,占到行业同类产品总销量的39.5%。

"十五"期间一汽实施了"开放合作,自主发展"的战略方针,确立了"集中投资一个中心;发展采购、营销两大网络;提升总装、焊装、涂装三大工艺和专注发动机、桥、变速箱三大总成为内容的'1233'战略"。经过几年实践,目前一汽已经基本形成了商用车全系列、乘用车经济型产品的自主开发能力;掌握了动力总成的核心开发技术,形成了满足企业未来竞争需求的核心竞争能力。在具有前瞻性的混合动力、汽车电子、底盘控制仿真技术、车身网络系统、模具开发与制造、试验验证、汽车环保及轻量化等方面已经形成了企业为主体、市场为导向、产学研相结合的研发体系能力。目前,一个以公司技术中心为核心,天津、大连、青岛、无锡

生产基地的应用性研发互动体系已经确立,产品研发形成生产一代、准备一代、开发一代的局面。

(二)创新激励模式

一汽是一个有着创新传统的企业,崇尚知识、崇尚技术、崇尚创造是一汽的文化传承。20世纪50年代建厂初始,一汽就承担起了共和国赋予的出汽车、出人才的历史使命。改革开放后,面对新的市场竞争环境,一汽继承优良传统、坚持科技进步、努力开发科技人才价值链,企业出现了生机勃勃的繁荣景象。"重点突破、体系支撑、领军行业、人赢则赢"是一汽站在一个新的历史节点上,传承50年历史经验提出的一个科技企业发展战略,重点突破就是重点突破关键技术,要集中人力、物力、财力对我国汽车工业薄弱环节展开攻坚,以缩小与国外跨国公司的差距。在未来发展中一汽决心要加大科技投入,在产品技术、开发技术、基础技术、制造技术等领域抢占制高点,在整车开发、汽车电子技术、混合动力产业化、中高级轿车自主研发能力等方面实行重点突破。

"自主发展开放合作"是一汽未来发展的总方针,"依托中国市场,放眼全球经济,传承50年历史经验,集成世界先进技术,走科学可持续发展的一汽自主创新之路"是一汽的科技战略思想。为了实现"十一五"的奋斗目标——销量200万辆、自主100万辆。一汽制定了科学发展观指导下的四个自主,即实现具有自主总量、平台产品规模化发展的规模自主;实现掌控自主核心技术、具备引领行业创新能力的高端自主;实现具有完整支撑体系、能够有效组合国内外资源的体系自主;实现具有可更新换代技术能力、确保自主品牌价值不断提升的持续自主。

七、营销策略

(一)销售渠道

2005年3月初中国第一汽车集团与日本马自达汽车株式会社在长春一汽本部投资成立合资销售公司,负责销售目前已经在中国投放的"马自达6"以及今后在中国生产的所有马自达品牌汽车。公司全称为"一汽马自达销售有限公司",合资销售公司将是国内惟一从事马自达品牌汽车销售的公司。

为加强红旗产品的市场份额和销售力度,一汽集团在2006年成立了红旗事业部。这是一个与一汽轿车销售有限公司平级,并相对独立进行红旗系列产品销售和市场推广的部门,而之前作为一汽集团的自主品牌产品,红旗产品的销售大权一直由一汽轿车销售有限公司掌握,并由其下属经销商销售。成立事业部后,对于目标客户很明确而产量又不是很高的红旗而言,厂家有可能采取直接销售的模式。

2003年10月28日,一汽集团宣布合资成立"一汽丰田汽车销售有限公司",成为丰田品牌在中国的总代理。一汽和丰田希望通过成立合资销售公司,借势强化一汽乘用车在国内用户心目中的地位,把丰田打造成国内屈指可数的品牌。

(二)促销策略

一汽集团公司的营销策略是多种多样的,针对不同价位、不同目标群体的产品实施不同的营销策略。举例来说,一汽—大众的多个系列的产品通过不同的营销策略而取得了较好的市场绩效。对于捷达系列,采取稳定价格、重新包装和定位的策略,宝来系列则重在塑造

"中国第一款驾驶者之车"品牌,以开创汽车价值观的先驱车型,通过这样的方式提升品牌形象,奥迪系列树立人车交相辉映,引领豪华车新标准。高尔夫系列是塑造一种汽车文化的氛围。

八、人力资源与文化

截至2005年12月,一汽员工总计133 680人,其中核心人才16 851人,遍布集团公司全部生产经营单位,核心人才的专业结构得到改善。保障产品研发和技术等重点领域的核心人才,形成了由拔尖层、核心层、骨干层、基础层构成的梯次分布结构,初步形成了核心人才的战略性布局。

(一)薪酬、福利及培训

对技术人员实行项目工资;对在研发、营销、采购、生产制造及职能管理等生产经营中有特殊贡献的员工实行特殊贡献奖励,奖励标准为1万~10万元。在对优秀人才高薪吸引的同时,大力提倡"企业分配靠效益、员工收入凭贡献"的分配理念,力争实现"一流员工创一流业绩享一流待遇"的良性循环。对来公司工作的博士,实行协议工资,一次性安家费10 000元;引进的硕士毕业生,见习期每月工资2 500~3 000元,一次性安家费4 000元;引进的本科毕业生,见习期每月工资1 500~2 000元,一次性安家费2 000元;对未婚本科毕业以上毕业生,提供大学生公寓,给予单身补助。所有引进人员均享受住房公积金(工资总额20%)、基本养老、补充养老、工伤、失业、基本医疗、补充医疗(工资总额35%)。硕士与博士毕业生享受购房货币补贴。

为调动那些不担任任何行政领导职务的高层次人才的积极性,鼓励他们钻研业务,发挥特长,实行评聘一、二、三级设计师(工艺师)、管理师和操作师。被评聘为各类师的高层次人才,可以享受到集团公司二级经理、高级经理,乃至于副总经理的工资待遇。目前,已评聘各类师1 244名,其中具有本科学历的人员占78%,并为评聘的74名二级设计(工艺)师、6名一级操作师配备了公务用车。

一汽人才发展战略是以核心人才培养与引进为重点,通过体系化人才开发,形成以2 000名高素质的管理人才、高水平的技术人才、高技能的操作人才为龙头,20 000人的核心人才群体,建成一支素质优良、结构合理、精干高效的员工队伍。在员工培训上,实施多层次、多形式的差别化培训,先后同美国圣里奥大学、加州大学及荷兰马斯特里赫特工商管理学院合作,培养了60多名工商管理硕士(MBA);通过同国外有关科研部门和优秀企业进行联合设计,学习国外先进的设计思想和设计方法,仅2002年就派出396人;与吉林大学、哈尔滨工业大学等联合培养工商管理、管理科学与工程、车辆工程等专业研究生200多人;选派400多名专业技术管理骨干到知名科研院校进行短期进修培训;集团公司组织项目管理等各领域培训。同时,培养与使用有机结合。一汽分步实施了"801"和"901"两大人才工程,即每个经营班子分别配备八、九十年代毕业的大学生一名。

(二)一汽文化

一汽的文化建设大致分为三个阶段:理念体系的提炼形成、理念熟知认同、规范养成。2003年,在一汽50周年华诞的历史时点上,一汽集团推出了《第一汽车、第一伙伴》文化读本,形成了系统的文化体系。即:核心价值观:第一汽车、第一伙伴;企业精神:学习、创新、抗争、自强；经营理念：用户第一；管理思想：耐住寂寞，从"0"和"1"做起；生存哲学：狮子与羚羊赛跑；产业梦想：让中国每个家庭都拥有自己的汽车。

如今，一汽集团正本着"人、车、社会和谐发展"的企业理念，遵循"第一汽车，第一伙伴"核心价值观和"用户第一"的经营理念，践行"让中国每一个家庭都拥有自己的汽车"的产业梦想，为建设"规模百万化、管理数字化、经营国际化"的新一汽而努力奋斗。

中国铁路工程集团有限公司

2006年7月12日,是中国建筑发展史上具有里程碑意义的日子。中国铁路工程总公司以152.94亿美元的营业收入首次亮相美国《财富》评选的2006年度世界企业500强,排名441位,在入选的3家中国建筑企业中名列首位。

截至2006年,中铁工程9年来主营业务收入和新签合同金额的年平均增长额都接近百亿元,2005年分别达到1 264亿元和2 055亿元,实现利润12.6亿元。2006年提前5年完成了进入世界500强的目标。

一、企业发展历程概述

近十年来,中国铁路工程总公司的规模迅速扩张[①](见图1),业务领域也迅速向铁路以外领域延伸和扩展。

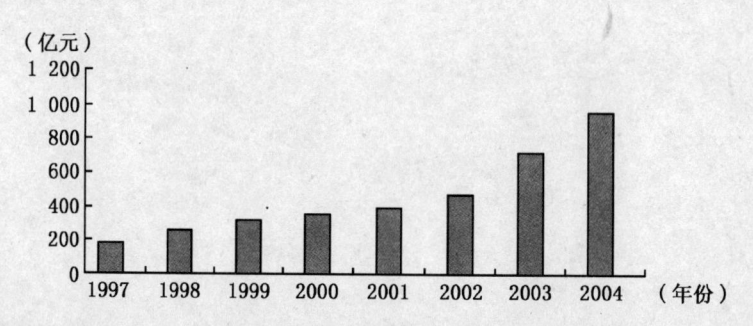

资料来源:曾忆陵:《国有特大型建筑企业集团跨国经营的对策研究——基于中国铁路工程总公司案例分析》,对外经济贸易大学同等学历硕士研究生学位论文,2006年。

图1 中铁工程总公司1997~2004年完成营业额统计表

表1列出了中国铁路工程总公司在一些重要的统计资料中的排名次序的先后情况。下面的第一部分将详细介绍该公司的发展历程。

---

① 中国铁路工程总公司(CREC)于2006年11月份更名为中国铁路工程集团有限公司,因此众多资料较多地称呼为中国铁路工程总公司。

表1　企业排名名次变化情况

	年　度	名　次
中国企业500强	2006	16
	2005	21
	2004	23
	2003	27
	2002	27
ENR全球最大承包商	2004	11
	2003	14
	2002	15
	2001	20
ENR最大国际承包商	2004	48
	2003	48
	2002	70
	2001	73

注：中国企业500强由中国企业联合会、中国企业家协会根据企业上一年度营业额评定；全球最大承包商由美国《工程新闻纪录》(ENR)根据企业当年度营业额评定；最大国际承包商由美国《工程新闻纪录》(ENR)根据企业当年海外营业额评定。

资料来源：中国企业联合会、中国企业家协会、美国《工程新闻纪录》。

（一）发展简史

中国铁路工程集团有限公司的发展按照名称和所属上级的变迁可以划分为六个阶段。中国铁路工程总公司正式成立前大体经历了工程总局设计局和基建局、基建总局至"文革"初期、军管会及交通部、恢复铁道部至20世纪80年代四个时期。

(1)铁道部工程总局、设计局和基建局时期(1950～1957年)。

中国铁路工程集团有限公司的前身是1950年3月成立的铁道部工程总局和设计总局。

(2)铁道部基建总局至"文革"初期(1958～1967年)。

铁道部基本建设总局主要履行全国铁路基本建设的领导、组织、指挥、协调和管理职能。

(3)军管会及交通部时期(1967～1975年)。

(4)恢复铁道部至20世纪80年代(1975～1989年)。

1979年对外称中国铁路工程总公司。

(5)中国铁路工程总公司(1989～2006年)。

铁道部自1989年7月1日起，撤消铁道部基本建设总局，正式成立中国铁路工程总公司，其性质是铁道部领导下的自主经营、独立核算、自负盈亏、具有法人资格的全民所有制企业。

2000年9月28日，按照政企分开的原则，公司与铁道部"脱钩"，整体移交中央管理。2003年5月国务院国有资产监督管理委员会成立后，归属国资委监管。中国铁路工程总公司管辖原基建总局的全部所属单位。

(6)中国铁路工程集团有限公司(2006年至今)。

2006年11月10日,成为国资委首批国有独资企业董事会试点企业,更名为中国铁路工程集团有限公司。

中国铁路工程集团有限公司(China Railway Engineering Group Co. Ltd)是集勘察设计、施工安装、房地产开发、工业制造、科研咨询、工程监理、资本经营、金融信托和外经外贸于一体的多功能、特大型企业集团,属国务院国资委监管的中央企业,总部位于北京。

《2004/2005年中国国有资产监督管理年鉴》指出中国铁路工程总公司的主要管理经验有:(1)加强了企业战略管理,总公司完成了10~15年的远景发展目标和3~5年发展计划的编制工作。(2)强化了财务和风险管理,进一步规范了投资、对外担保、证券等高风险业务。(3)开展清产核资,进行了实物盘点、长期挂账清查、竣工项目收支统计工作,全公司清产核资结果已得到国资委批复。"双清"效能监察取得新成果,2005年共收回2003年形成的外欠款85.78亿元。(4)以项目管理为重点,强化安全质量管理。2003年因工死亡人数控制在0.08‰,安全生产形势继续保持基本稳定。已完成工程6 409项,优良率为96.6%。

(二)企业所有制结构

全公司以市场为导向,全面转换管理体制和经营机制。总公司总部形成了"政治领导、控股经营、经济合作、协调服务"的管理模式,初步形成了以资产为纽带、以控股经营为特征的母子公司体制。21个所属企业和171家三级企业完成了公司制改造,逐步建立了比较规范的法人治理结构和适应市场经济的经营机制。

(三)企业组织架构

图2为中国铁路集团有限公司组织结构图,分别列出了总公司的各个成员:系统子企业、总部子企业、境外子企业机构、分公司、总部项目管理机构、院校。

二、企业发展战略

(一)企业竞争环境分析

1. 行业分析

(1)竞争对手分析。

中铁工程总公司目前最强劲的竞争对手有中国建筑总公司、中国铁道建筑总公司等(见表2)。

表2　　　　　　　　　　中铁工程与竞争对手的比较

	中铁工程总公司	中建总公司	中国铁道建筑总公司
职工人数(万人)	30.17	12.25	17.1
资产总额(亿元)	714.02	741	360
人均资产总额(元)	236 665.56	604 897.96	210 526.32

资料来源:法杰明:《中铁工程总公司发展战略研究》,对外经济贸易大学MBA学位论文,2004年。

(2)供应商的讨价还价能力。

从中铁工程总公司的主营范围来看,主要原材料无论是价格、质量上均能满足产品所需要求。所需能源中电力一般由工程项目所在地或工厂所在地供应,油料由中铁物资总公司

```
                        中国铁路工程集团有限公司
        ┌───────────────────────┼────────────────────────┐
     系统子企业                总部子企业              境外子企业机构
```

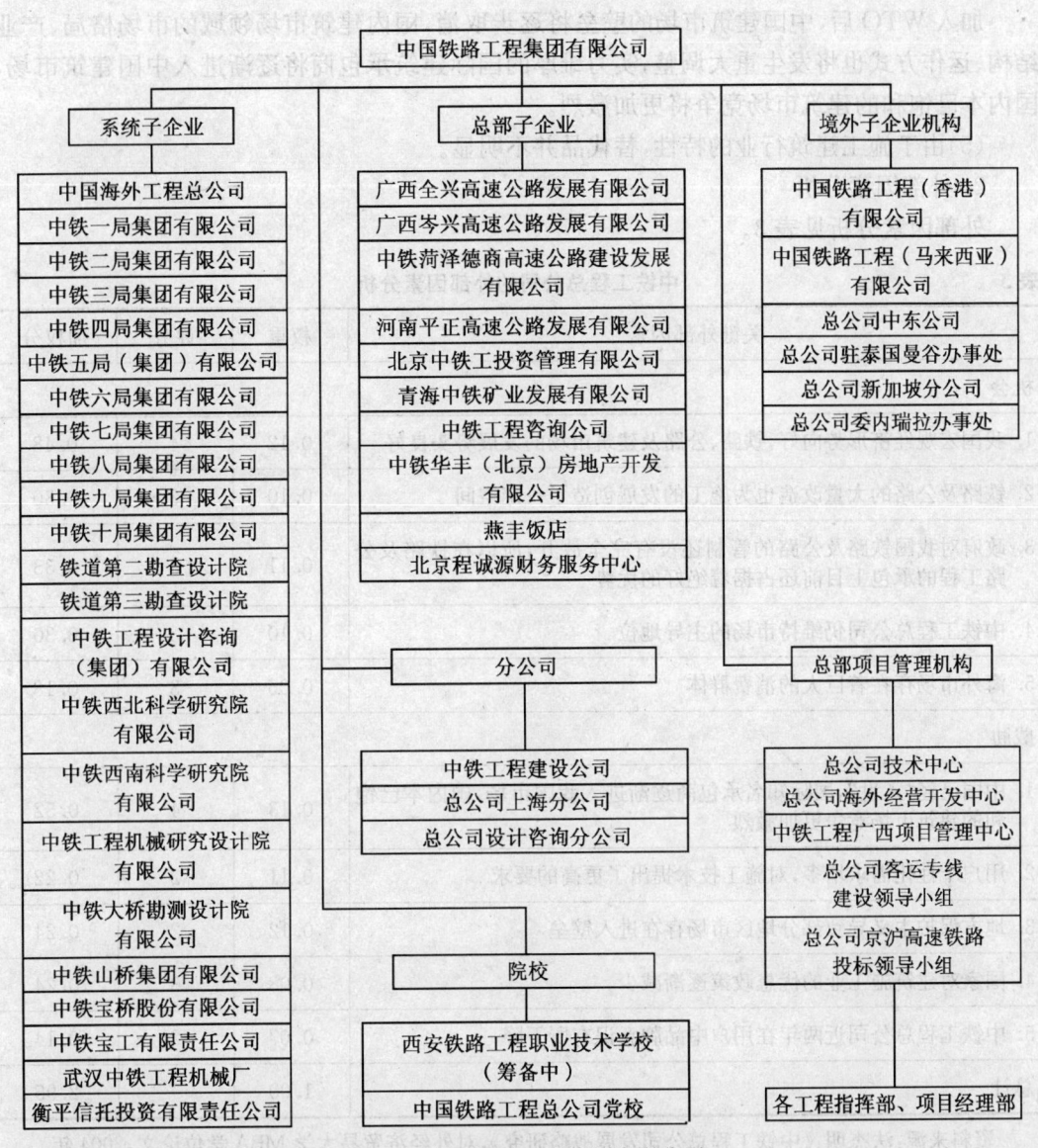

系统子企业	总部子企业	境外子企业机构
中国海外工程总公司	广西全兴高速公路发展有限公司	中国铁路工程（香港）有限公司
中铁一局集团有限公司	广西岑兴高速公路发展有限公司	中国铁路工程（马来西亚）有限公司
中铁二局集团有限公司	中铁菏泽德商高速公路建设发展有限公司	总公司中东公司
中铁三局集团有限公司	河南平正高速公路发展有限公司	总公司驻泰国曼谷办事处
中铁四局集团有限公司	北京中铁工投资管理有限公司	总公司新加坡分公司
中铁五局（集团）有限公司	青海中铁矿业发展有限公司	总公司委内瑞拉办事处
中铁六局集团有限公司	中铁工程咨询公司	
中铁七局集团有限公司	中铁华丰（北京）房地产开发有限公司	
中铁八局集团有限公司	燕丰饭店	
中铁九局集团有限公司	北京程诚源财务服务中心	
中铁十局集团有限公司		
铁道第二勘查设计院	分公司	总部项目管理机构
铁道第三勘查设计院	中铁工程建设公司	总公司技术中心
中铁工程设计咨询（集团）有限公司	总公司上海分公司	总公司海外经营开发中心
中铁西北科学研究院有限公司	总公司设计咨询分公司	中铁工程广西项目管理中心
中铁西南科学研究院有限公司		总公司客运专线建设领导小组
中铁工程机械研究设计院有限公司	院校	总公司京沪高速铁路投标领导小组
中铁大桥勘测设计院有限公司	西安铁路工程职业技术学校（筹备中）	各工程指挥部、项目经理部
中铁山桥集团有限公司	中国铁路工程总公司党校	
中铁宝桥股份有限公司		
中铁宝工有限责任公司		
武汉中铁工程机械厂		
衡平信托投资有限责任公司		

资料来源：http://www.crecg.com,中国铁路工程集团有限公司。

图 2　中国铁路集团有限公司组织结构图

统一供应。生产所需要的主要技术进行自主研发，并从国外引进少量的先进技术。

从上述分析可看出，中铁工程总公司在供应商的讨价还价能力上具有较强的优势，但同时也要注意战略合作伙伴方的选择，力争双方共赢的基础上效益最大化。

(3)购买者的讨价还价能力。

路内工程。短时期内，路内工程仍是中铁工程总公司利润最大的一块，加强与政府合作，大力开发路内工程是目前本公司资金来源的主要渠道。

路外工程。竞争激烈，但前景很为广阔，是中铁工程总公司今后的主要发展方向。为了提高竞争力，必须大力提高技术上的优势，确定在本行业的龙头地位，争取更大的市场份额。

(4)新进入者的威胁。

加入WTO后,中国建筑市场的壁垒将逐步取消,国内建筑市场领域的市场格局、产业结构、运作方式也将发生重大调整,实力雄厚的国际建筑承包商将逐渐进入中国建筑市场,国内本已饱和的建筑市场竞争将更加激烈。

(5)由于施工建筑行业的特性,替代品并不明显。

2. 外部因素分析

外部因素分析见表3。

表3　　中铁工程总公司的外部因素分析

关键外部因素	权重	评分	加权分
机会			
1. 我国宏观经济形势向好,铁路、公路及建筑市场的发展势头良好	0.12	4	0.48
2. 铁路及公路的大量改造也为施工的发展创造了一定空间	0.10	3	0.30
3. 政府对我国铁路及公路的管制还没有完全放开,所以在铁路及公路工程的承包上目前还占据着绝好的优势	0.11	3	0.33
4. 中铁工程总公司仍维持市场的主导地位	0.10	3	0.30
5. 海外市场存在着巨大的消费群体	0.06	3	0.18
威胁			
1. 中国已经"入世",国际知名承包商逐渐进入我国市场,国内本已饱和的建筑市场竞争更加激烈	0.13	4	0.52
2. 用户个性化需求增多,对施工技术提出了更高的要求	0.11	2	0.22
3. 地方保护主义导致部分地区市场存在进入壁垒	0.12	2	0.24
4. 国家对建筑施工业的优惠政策逐渐减少	0.08	3	0.24
5. 中铁工程总公司近两年在用户中品牌意识有所下降	0.07	2	0.14
总计	1.00		2.95

资料来源:法杰明:《中铁工程总公司发展战略研究》,对外经济贸易大学MBA学位论文,2004年。

评分注释:表示公司战略是否对各因素做出了有效的反映:4(反映很好)、3(反映超过平均水平)、2(反映为平均水平)、1(反映很差)。

结论:中铁工程总公司在对现有的机会和威胁做出了较出色的反应,有效利用了产业中的机会,并将外部威胁的潜在不利影响降至较小,在用户需求的多样性方面有待重视和加强。

3. 中国铁路工程总公司竞争力评价

根据中国铁路工程总公司竞争力评价模型和参考评分标准,专门邀请10名建筑业专家对该公司企业竞争力的各项指标进行了打分(见表4)。

表4　　　　　　　　中国铁路工程总公司竞争力评价——建筑业专家打分表

关键要素	评价指标	满分	专家平均打分	要素得分
社会影响力	资质等级	6	4.81	19.24
	国际化	4	1.2	
	资产规模	6	3.82	
	营业规模	6	3.92	
	发展	4	2.93	
	商誉	4	2.56	
科学技术力	设计力量	4	2.94	9.99
	技术力量	5	3.32	
	研发能力	3	1.23	
	信息技术	4	2.5	
工程管理力	质量管理	2	1.31	5.97
	进度控制	2	1.12	
	费用控制	2	1.22	
	合同管理	1	0.65	
	安全管理	1	0.52	
	环境管理	1	0.42	
	风险管理	1	0.43	
市场营销力	市场范围	4	2.12	10
	市场开发	5	3.52	
	信息管理	3	1.53	
	公共关系	4	2.83	
资本运营能力	融资能力	5	2.76	7.52
	财务能力	5	2.78	
	盈利能力	5	1.98	
资源管控力	人力资源	4	2.55	8.29
	信息资源	3	1.64	
	机械设备	3	1.77	
	原材料	3	2.33	
总加权分		100		61.01

资料来源：刘福广：《中国建筑龙头企业竞争力研究——兼论提升CREC竞争力对策》，兰州大学MBA学位论文，2006年。

(二)企业总体发展战略规划

中共中国铁路工程集团有限公司第一次党代会确定了集团公司今后五年的企业发展战略规划：推进"两大转变"(向现代化企业转变、向具有国际竞争力的大公司大企业集团转变)，实现"三大目标"(做优、做强、做大企业的目标)，把集团公司建设成为"四型企业"(现代型、国际型、创新型、和谐型企业集团)。

战略目标：一是生产经营持续快速发展；二是深化改革取得突破性进展；三是管理水平明显提高，坚持以成本管理为中心，全面推行项目责任成本，加强成本核算和成本控制，强化管理的基础工作，努力追求利润最大化；四是综合实力显著增强，确保国有资产保值增值，企业科技开发能力、市场竞争能力和抗御风险能力明显增强；五是精神文明建设迈上新台阶。

战略举措：一是规模扩张，努力扩大经营规模，实施"走出去"战略，发挥比较优势，全方位、多层次、宽领域地开拓国际市场；二是科技创新，形成以企业为中心的技术创新体系；三是人才开发；四是资本经营，实施多元化经营。要加大产权并购和资本扩张的力度，通过参股控股、收购兼并、资产置换、借壳上市等多种途径，大胆参与资本市场的开发。

三、企业生产经营状况

（一）主要经营特点

成员企业多，产业链条完整。中铁工程辖有中铁一至十局等10个综合建筑集团，勘察设计、咨询、施工、科研、工业制造等一体化产业链条基本建成。业务覆盖广，业绩辉煌。经营规模大，国际地位高。企业建设和品牌地位突出，被评为全国企业文化建设先进单位，中宣部、国资委确定的十大国有企业重点典型。企业领导人影响力大，公司党委书记石大华当选为十六大中共中央候补委员，总经理秦家铭当选为中国企业联合会、中国企业家协会副会长。

（二）企业主要产品、生产及销售情况

中铁工程总公司具有国家建设部批准的铁路工程施工总承包特级资质、公路工程施工总承包一级资质、市政公用工程施工总承包一级资质，以及桥梁工程、隧道工程、公路路基工程专业承包一级资质，还拥有外经贸部批准的对外承包工程资质、国外承包工程劳务合作经营许可证和中华人民共和国进出口企业资格证书。

成立50多年来，中铁工程总公司建造了一大批精品名优工程。主要代表作有：标志着中国铁路桥梁建设史上四个里程碑的武汉长江大桥、南京长江大桥、九江长江大桥、芜湖长江大桥；中国目前最长的双线铁路隧道——大瑶山隧道（14.2公里）和最长的单线铁路隧道—秦岭隧道（18.4公里）；中国第一条准高速铁路——广深线，第一条客运专线——秦沈线。

（三）产品进出口情况

1. 海外工程

中国铁路工程集团有限公司自20世纪60年代开始步入国际市场。中国铁路工程集团有限公司1993年取得外经贸部对外承包工程资质，拥有了国外承包工程劳务合作经营许可证和中华人民共和国进出口企业资格证书。

40多年中，中国铁路工程集团有限公司先后在坦桑尼亚、泰国、新加坡、中国香港、马来西亚等20多个国家和地区承揽各类大型工程200余项，在国际上广泛涉足于铁路、公路、机场、地下铁道、地上管线、工业厂房、房屋建筑等领域。

2. 国内工程

50多年来，中国铁路工程集团有限公司充分发挥设计、施工总承包的一体化职能，先后参加了百余条铁路建设，占全国铁路总长的2/3以上。建成电气化铁路1万多公里，大型桥梁1 800多公里，隧道1 800公里。同时还完成数千项公路、机场、码头、水电、地下铁道、高层建筑、大型厂房、电力、通信、信号等国内大型工程的设计与施工。

3. 工业生产

中国铁路工程集团有限公司经过50多年的努力，已由过去单一的铁路专用产品制造厂商发展到今天跨行业、跨地区的集研究、设计和制造于一体国家大中型工业企业,工业系统主要产品的年生产能力近年来大幅提升,已形成以桥梁钢结构、道岔、轨上机械为主的钢梁钢结构、线路器材、机械、混凝土制品等四大类系列产品。

中国铁路工程集团有限公司工业主产品不仅在铁路新线建设、旧线改造、客运专线建设的铁路市场占绝对的主导地位,现正在向铁路行业外的公路、市政建设、地下铁道、电力、水利工程建设等领域拓展,并远销东南亚、非洲、美国、加拿大等地区和国家。

从1898年开始生产中国第一座钢桥、20世纪初生产的中国第一组道岔、50年代第一座横跨长江的武汉长江大桥、60年代的我国第一台轨道车到2000年建成的芜湖长江大桥、2001年铺设在中国铁路第一条客运专线上的60kg/m钢轨38号高速道岔、90年代中国第一台钢轨探伤车,以及钢轨打磨列车的问世,公开的主产品技术水平已经达到或接近国际先进水平,处于国内领先水平。

(四)企业海外市场拓展

"九五"以来,中国铁路工程总公司积极响应国家"走出去"的战略方针,正视中国加入WTO带来的机遇和挑战,把海外市场当作了经营工作的一个重点环节,在国际建筑市场上占据了一席之地。

经营领域不断拓展,企业营业额连攀新高,海外经营持续扩张。中国铁路工程集团有限公司在铁路、公路、桥隧、电气化、通信信号、工民建、钢结构、道岔等领域全方位走向国际市场。同时积极参与和介入政府支持的工程,工业企业充分利用国家支持机电产品和高新技术产品出口的政策,增加了产品出口,扩大了海外市场份额。截至2005年底,中国铁路工程集团有限公司海外营业额已由2000年的不足5 000万美元上升到8.36亿美元。目前,总公司的海外业务已遍及南北美、东南亚、中东和非洲等50多个国家和地区。

(五)企业品牌创建

作为建筑行业的龙头企业,CREC以"构筑和谐企业、奉献国家和社会"为己任,经过近几年的飞速发展,已经成为关系国计民生的重要骨干企业,在国民经济发展中发挥着举足轻重的作用。

2001年在全国外经企业50强中名列第8位,2000年在美国《工程新闻记录》评选的全球最大225家国际承包商中名列第88位,2001年在全国建筑行业500强中排名第20位。

"中铁工程"作为中国建筑品牌首次入选2006年度世界品牌500强,中国铁路工程总公司成为同时拥有世界企业500强、世界品牌500强两项殊荣的两家中国企业之一,从而改写了世界双500强中没有中国建筑企业的历史。

(六)企业多元化发展情况

近几年来,为适应铁路、公路等工程建设质量要求的提高及降低成本、缩短工期的需要,传统的工业生产模式正在发生变化。如:预应力混凝土桥梁、轨枕的生产厂现已具备现场制梁、现场制枕的能力,由全部厂制梁、制枕转变为大部分现场制梁、制枕。

中国铁路工程总公司全力开拓经营这片"天地"。全公司冲出单一的铁路市场,把经营的触角延伸至建筑业的各个领域,拓展到上游链的设计、咨询、项目开发及投融资业务,下游链的维修、养护和委托管理,不断向工程总承包以及BT、BOT项目建设等"高端"市场开发。大力实施"走出去"发展战略,全方位走向国际市场,海外工程拓展到世界60多个国家和地区,海外营业额9年增长47倍。

（七）价值链分析

根据价值链理论，每一个企业的价值链由九种基本活动类别组成，其中包括：基本活动如内部后勤、生产经营、外部后勤、市场销售、服务和辅助活动如企业基础设施、人力资源准备、技术开发、采购等。如图3所示：图中的虚线表明人力资源管理、技术开发、采购三种支持活动既支持整个价值链的活动，又分别与每项具体的基本活动有着密切的联系。

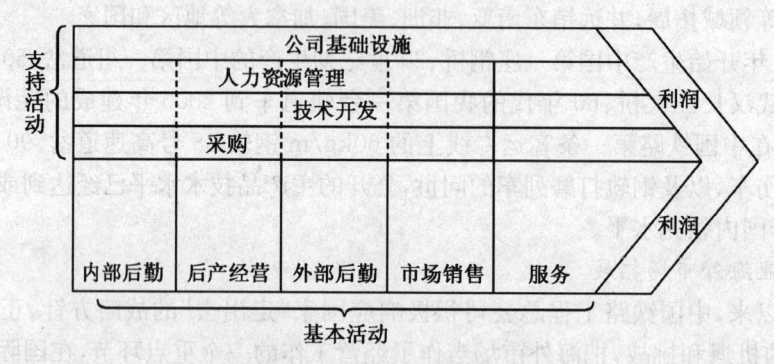

资料来源：迈克尔·波特：《竞争优势》，华夏出版社，第36页。

图3　价值链

为了研究和评价中铁工程总公司价值链的功效，可以通过对价值链的基本活动和支持活动的各个具体内容确定评价标准，按档次评分汇总，进行量化评价[①]（如表5、表6所示）。

表5　　　　　　　　　中铁工程总公司价值链的基本活动评分表

具体内容	评　分
内部后勤	
原材料与存货控制是否健全	1.0
原材料仓储效率	0.8
生产制造	
与主要竞争对手相比较的设备生产能力	1.2
生产工艺自动化水平	1.3
生产控制体系对改善质量与降低成本的有效性	1.2
产品质量如何	1.5
市场与销售	
市场调研的有效性如何	1.1
销售队伍的激励情况	1.2
市场分割或整个市场中市场占领的程度	1.9
消费者品牌忠诚度的程度	1.5
售后服务	
产品保证政策	1.6
维修服务的能力	1.5
合计	15.8

注释：评分标准为0（差）、1（一般）、2（优秀）。

资料来源：法杰明：《中铁工程总公司发展战略研究》，对外经济贸易大学MBA学位论文，2004年。

---

① 表5、表6的评分依据收到的13份有效问卷的数据平均而得。

表6　　　　　　　　中铁工程总公司价值链的支持活动评分表

具体内容	评分
人力资源管理	
招募、培训与提高所有雇员技能水平的有效性	1.0
员工激励和工作满意程度水平	1.1
现有激励和薪酬机制的有效性	1.2
技术发展	
产品开发的有效性	1.0
实验室及其他试验设施的质量	1.0
管理信息系统开发的有效性	1.2
R&D部门与其他部门之间协调关系的质量	0.8
鼓励创造与创新的工作环境的能力	1.3
采购	
原燃材料采购的及时性、可靠性、最低可能的成本、可接受的质量水平	1.0
与供应商之间的长期关系	1.5
基础设施	
与公共政策制定者及利益集团间的关系	1.8
信息系统支持的水平	1.6
公众形象	1.6
合计	16.1

注释：评分标准为0(差)、1(一般)、2(优秀)。

资料来源：法杰明：《中铁工程总公司发展战略研究》，对外经济贸易大学MBA学位论文，2004年。

从上述表中可看出，中铁工程总公司价值链的基本活动得分为15.8，稍高于平均分12.0；价值链的支持活动得分为16.1，也高于平均分13.0，说明总公司的价值链各环节控制相对较好，但原材料的采购及高级人才的培训还有待进一步加强和重视。

四、企业资本运作

（一）企业融资情况

中国铁路工总公司于2005年收购了成都衡平信托投资公司、宝盈基金，开始进入资本市场、金融市场。

中国铁路工程总公司目前正在筹备上市工作[①]。国资委知情人士透露，如无意外，按照

---

① 中铁二局(600528)属于中铁二局集团公司旗下惟一一家上市公司，而中铁二局集团公司是中国铁路工程总公司的下属公司。

相关部门以及集团公司的规划,中铁工程将于2007年6月挂牌,10月实现A+H股同步发行整体上市。

目前已知中铁工程的内部职工股的清退办法是,内部职工股将由各公司根据上一年度净资产值的比例来进行核算回购。其中,二级公司的内部职工股由中铁工程回购,三级公司的内部职工股则由二级公司回购。

(二)企业并购重组情况

中国铁路工程总公司大力实施企业重组,扩大了企业规模,强化精干了主业。

2000年9月28日,中国铁路工程集团有限公司与铁道部"正式脱钩",领导班子移交中共中央企业工作委员会管理。同时,企业进行了重组:第一、二、三、四勘测设计院和专业设计院从总公司划出归铁道部所属,另并入丰台、成都两个桥梁厂和铁道部科学研究院所属的西南、西北分院。

2003年,根据国务院国资委和铁道部深化改革的要求,企业再次进行重组。10月27~30日,接收了北京勘测设计院、太原勘测设计院等20家原铁路局所属设计施工企业。

2003年12月2日,铁道第二、第三勘察设计院回归中国铁路工程集团有限公司。12月31日,属国资委管理的中国海外工程总公司顺利加盟中国铁路工程总公司。这次并入式重组,使总公司设计要素、海外市场要素和企业实力明显增强。这次重组是一次优势互补、做强主业、提高企业核心竞争力的重组。

截至2005年10月,共有40家成员企业和直属单位,其中1家外经外贸企业、14家综合施工企业、6家勘察设计企业、3家科研开发企业、4家工业制造企业、12家直属子分公司和单位等。另有内昆、秦沈等15个指挥部和项目公司。

中国铁路工程总公司企业重组后新增资产139.4亿元,资产总额达617.5亿元,比上年增长30.6%;新增职工6.71万人,职工总人数达29.93万人,比上年增长28.5%。全公司干部总数108 924人。生产经营在连续6年实现跨越式发展的基础上,再创历史最好水平。

五、企业财务状况

(一)资产结构

2004年中国铁路工程总公司共完成营业额960.33亿元,在连续7年实现跨越式发展的基础上,再创历史最好水平,完成企业营业额继续位居全国建筑业第一。全年新签合同额1 396亿元,比上年增加362亿元,同比增长35%,为年度计划1 005亿元的138.9%,呈现大幅度增长势头。2004年海外经营共完成营业额6.78亿美元,同比增长22%。新签合同额13.96亿美元,同比增长62%(见表7)。

表7　　　　　　　　中国铁路工程总公司2004年完成主要经济指标

指　标	单　位	数　值
财务效益指标		
净资产收益率	%	4.20
股东权益收益率	%	3.71

续表

指　标	单　位	数　值
总资产报酬率	%	1.80
国有资本保值增值率	%	103.78
主营业务利润率	%	8.71
成本费用利润率	%	0.97
盈余现金保障倍数	%	350.57
资产运营指标		
总资产周转率	次	1.25
流动资产	次	1.67
存货	次	6.77
应收账款	次	5.28
资产损失及挂账占资产总额的比率	%	0.03
偿债能力指标		
资产负债率	%	77.64
现金流动负债比率	%	2.99
速动比率	%	81.60
已获利息倍数	倍	3.01
经营活动产生的现金流量净额	万元	178 837.20
发展能力分析		
主营业务收入增长率	%	46.37
资本积累率	%	5.78
三年资本平均增长率	%	13.44
三年主营业务收入平均增长率	%	41.68
技术投入比率	%	0.20
职工状况		
从业人员总数	万人	29.20
工资总额	亿元	52.89
平均工资	元/人	20 937.00
其中:职工工资总额	亿元	51.66
职工平均工资	元/人	17613.00
在岗职工平均工资	元/人	22 665.00

资料来源:《中国国有资产监督管理年鉴(2005)》。

（二）财务分析

1. 亏损与盈利分析

为了判断公司财务是否处于危险状态，首先要从营业利润、税前利润税后净利润的亏损和盈利情况，将公司财务状况分成从 A 到 F 的六种类型（具体见表 8 所示）。

表 8　　　　　　　　　　　　　六种典型的公司财务状况

	A	B	C	D	E	F
营业利润	亏损	亏损	盈利	盈利	盈利	盈利
税前利润	亏损	亏损	亏损	亏损	盈利	盈利
税后净利润	亏损	盈利	亏损	盈利	亏损	盈利
说明	接近破产状态	如果这种状态持续保持的话，将会导致破产	如果这种状态持续保持的话，将会导致破产	据亏损情况而定	据亏损情况而定	正常状态

资料来源：法杰明：《中铁工程总公司发展战略研究》，对外经济贸易大学 MBA 学位论文，2004 年。

从中铁工程总公司的总体来看，目前属于 F 型；但从其所下属的 46 家成员企业来看，以 2003 年报表数据为例，属于 A 型和 B 型的共 4 家，属于 C 型和 D 型的共 5 家，属于 E 型的 9 家，属于 F 型的 28 家。因此，个别公司影响着集团总公司的发展，财务状况不容乐观。

2. 财务指标分析

以中铁工程总公司 2003 年收益性指标、安全性指标、生产性指标为实例，来说明总公司财务能力及偿债能力等，如表 9 所示。

表 9　　　　　　　　　　　2003 年中铁工程总公司各项财务指标

收益性指标	
1. 所有者权益报酬率（税后净利润/所有者权益）	0.04
2. 销售利税率（利税总额/净销售收入）	0.17
3. 毛利率（销售毛利/净销售收入）	9.56
4. 净利润率（净利润/净销售收入）	0.07
安全性指标	
1. 流动比率（流动资产/流动负债）	1.02
2. 速动比率（速动资产/流动负债）	0.72
3. 资产负债率（负债总额/资产总额）	0.81
4. 所有者权益比率（所有者权益/资产总额）	0.19
生产性指标	
1. 人均销售收入（销售收入/平均职工人数）	215 714.29 元
2. 人均净利润（净利润/平均职工人数）	1 567.78 元
3. 人均资产总额（资产总额/平均职工人数）	236 665.56 元
4. 人均工资（工资总额/平均职工人数）	17 252.24 元

资料来源：表中具体数据取自中铁工程总公司内部资料。

从表9可以看出,收益性指标非常低,说明建筑施工业属于微利行业。在安全性指标中,流动比率为1.02：1,说明流动负债得到偿还的保障较小,应加大催收力度。中铁工程总公司借债资金在全部资金中所占比重大,财务风险也大。从生产性指标情况来看,中铁工程总公司的生产经营能力较强,但成果的分配偏低,因此中铁工程公司应加强成本控制工作,争取得到更大的获利。

3. 资金管理

资金预算的制定没有可靠依据,一般以上年数字为基准稍加改动,且在执行过程中改动的随意性大,使得每年最终使用的资金额远远大于预算。另外,对于大量的投资很少作过科学的风险评估,导致资金的恶性循环。

4. 银行信用

中铁工程总公司多年来连续被银行机构评为AAA级最高资信等级客户,无任何不良记录,为公司实现做强做大的战略目标提供了筹融资保证。

(三)资金运营能力

国家统计局于2006年9月20日在人民大会堂举行"第六届中国大企业集团暨首届企业集团竞争力500强发布会",向社会发布关于中国大企业集团的最新统计信息：2005年,我国营业收入最多的十家企业集团中中国铁路工程总公司排名第10,营业收入为1 262.6亿元,比上年增加了299.5亿元,增幅高达31.1%。从我国营业收入10强的结构变化看,与上年相比,中国铁路工程总公司从15位跃升至第10位,取代了中国粮油食品(集团)有限公司。

六、企业研发能力创新与科技进步

随科技日新月异的发展,中国铁路工程集团有限公司结合工程需要,科技投入和完成的科研项目逐年不断增长。"八五"期间的科研工作主要是以修建地质复杂、地形艰险的南昆铁路,"南昆科技一条龙"代表的科研攻关,在高墩大跨桥梁、高地应力高瓦斯地层破碎隧道、膨胀土路基等设计和施工技术取得了一大批重大科技成果。"九五"期间,总公司实施"大科技"格局,针对秦岭特大隧道的修建技术、大跨度桥梁结构修建技术、铁路提速工程、秦沈客运专线、高速铁路设计和施工准备工作等方面开展大量科技攻关,先后修建了汕头海湾大桥、西陵长江大桥等一大批优质工程、精品工程,充分展示了总公司系统的技术水平和实力。

目前,在线、桥、隧、电气化等关键技术方面,通过研究开发、引进国外先进技术和装备,推广应用新技术,大大提高了中国铁路工程集团有限公司的设计和施工水平,研究解决了大跨度斜拉桥、悬索桥修建技术,达到国际先进水平,研究开发和引进了不同类型的大吨位架桥机,缩小了与国外先进技术的差距;引进采用了先进的TBM施工方法和装备,研究开发了长大隧道施工通风和快速掘进技术,基本上解决了长大隧道施工技术难题,技术水平达到国际先进水平;引进消化研究了大号码道岔;结合广深准高速铁路施工,攻克了时速200Km/h电气化施工技术,开发研制了模拟防真技术,提高了施工精度和水平,掌握了光纤、光电综合缆、微波通信和无线集群通信等施工技术,拓展了施工领域;在勘测设计方面,采用了大量先进设备和技术,开发研制了一系列软件,初步实现了勘测设计一体化,大大提高了勘测设计质量;在以计算机应用为主的信息化、网络化开发方面,在采用通用软件的基础上，积极开发采用专用软件，计算机已在工程管理、行政管理、财务管理、投标报价等工作中得到了广泛应用，并已逐步开展办公自动化、网络化的研究。

截至2003年，中国铁路工程集团有限公司全系统共获国家级科技进步和发明奖52项、省部级科技进步和发明奖356项、国家级工法37项、省部级工法189项。

七、企业市场营销分析

中铁工程总公司以市场开发为龙头，着力扩大企业经营规模，积极开拓国内国际市场。在激烈的市场竞争中，主要采取了如下策略：

(1)营销方向：铁路、公路市场为主战场，其他建筑市场为增长点，努力扩大市场份额。

(2)信息跟踪：广泛收集市场信息并注重对信息跟踪分析，进行筛选，建立档案，对竞争对手的变化情况进行动态管理。

(3)价格策略：铁路项目由政府定价，中铁工程总公司运用合理投标的价格策略，确定降价比例，参加统一招投标；非铁路工程，针对工程项目特点，研究制定有竞争力的标价，提高中标率。对一些科技含量高，社会影响大，对扩大企业信誉、业务发展有较大影响的工程项目，实施低价策略。

(4)公共关系：充分认识到公共关系对于企业形象的重要性，广泛开展公关活动，大力参加并支持公益活动，加强与媒体的合作并进行广泛的宣传，建立良好的公共关系网。

(5)产品质量：严格执行各项施工规范，精心施工，保证工程质量。工程一次验交合格率100%，铁路工程优良率85%以上，民用建筑、建筑装饰工程优良率40%以上。

(6)良好的服务：对已交验工程进行定期或不定期的回访，听取客户对施工质量等问题的意见，并及时处理，达到用户满意。

总体上来说，中铁工程总公司已逐步适应了市场经济，通过科学管理，精心施工，努力创造精品工程，提高了企业信誉。但还存在以下一些问题如：整体营销规划制定不科学，随意性大，没有专门的市场研究情报系统；在客户管理方面，没有形成自己或竞争对手的客户数据库，无法准确掌握客户的需求；中铁工程总公司与下属集团公司之间的营销分工不明确。

八、企业人力资源与文化

中铁工程总公司依靠国有企业的人力资源优势，把企业文化与思想政治工作紧密结合，走出了一条国有企业做强做大的成功之路。

中国铁路工程总公司深化"三项制度"改革。总公司对成员企业领导人员实行了面向全公司的公开招聘，全公司各级机关普遍实行了竞聘上岗，全面实行了领导干部年薪制、机关干部岗薪制、项目经理期薪制、工人承包制，易岗易薪、绩效挂钩，激活了用工分配机制。

(一)人力资源分析

1. 人才资源

现有员工30.17万人，总资产714.02亿元人民币，拥有先进生产技术装备4万余台(套)，总功率200多万千瓦。建有博士后科研工作站，拥有各类专业技术人员和高技能人员9万多人，其中：中国工程院院士3人、全国勘测设计大师6人、国家级有突出贡献中青年科技专家8人、省部级有突出贡献中青年科技专家54人、教授级高级工程师136人、高级专业技术人员6 800多人、中级专业技术人员近3万人，人才资源丰富。

2. 招收录用

在国家规定的范围内招收劳动力。固定职工的招收对象的主要来源，是国家统一分配的大学、中专、技校毕业生等。根据国家政策，按照一定的手续和程序进行公开招聘，择优录用。另外，初步建立弹性用人机制，即在不突破部门定员的基础上，实行聘用外部人员工作的弹性用人机制。

3. 培训

领导人员培训。企业领导人进行过中央党校进修、国家会计学院总会计师班培训，参加英国、美国等高级管理人员培训、中企工委青岛"海尔"国有重要骨干企业青年管理人员培训等等。

现代企业制度培训。针对所属单位分管领导和部门负责人进行了现代企业制度培训、举办董事、监事培训班、进行了现代企业制度知识培训。

项目经理培训。"九五"期间共举办项目经理培训班54期。

对外经营业务培训。在英国卢顿大学举办高级财务管理人员培训班二期、在香港举办工商管理高级研讨班等等。

高层次人才培训。所属集团公司、厂、院几年来先后委托西南交通大学、北方交通大学、同济大学、中南大学、兰州铁道学院等院校培养研究生、硕士以上学历、学位800多人。

（二）企业对外交流与社会活动

中国铁路工程集团有限公司作为国有重要骨干企业，得到了党和国家领导人的亲切关怀，胡锦涛、吴邦国、温家宝、贾庆林、曾庆红、吴仪等党和国家领导人，先后30余次到公司所承担的重点工程工地视察，给全体员工以极大鼓舞。

（三）企业文化

中铁工程总公司作为一家国有特大性企业，保存着国有企业的许多较好的文化，例如艰苦奋斗、吃苦耐劳的精神，"勇于跨越，追求卓越"的企业精神，同时员工对于公司有良好的忠诚度、信任感。但同时也存在着许多影响公司发展的文化，具体如下：部门之间、员工之间由于缺乏信任，简单问题复杂化，增加了协调成本，降低了工作效率；计划经济遗留下来的惰性与中庸思想影响着公司的改革与发展；员工严重缺乏竞争意识和危机意识，是今后需要注意完善的方面。

中国粮油食品(集团)有限公司

中国粮油食品(集团)有限公司(简称"中粮集团"、"中粮",英文简称"COFCO"),是中国最大的粮油食品进出口公司和实力雄厚的食品生产商,享誉国际粮油食品市场,在与大众生活息息相关的农产品贸易、生物能源开发、食品生产加工、地产、物业、酒店经营以及金融服务等领域成绩卓著。1994年以来,中粮集团一直位列《财富》世界500强企业。企业2002～2006年在中国企业500强中的排名分别为第9、11、14、15、17位,虽然排名有所下降,但是企业的销售收入、资产和从业人数在不断增加,其利润在经过了2003年的大跌之后正在逐年回升,到2005年底,集团销售收入达到12 006 530万元,利润是162 761万元,资产7 268 085万元。中粮集团连续12年进入全球500强,连续5年进入中国20强,这与集团50多年的外贸销售经验和发展历程是分不开的。

一、中粮集团发展历程

(一)发展简史和扩展路径

1952年9月,中粮集团的前身——中国粮谷出口公司、中国油脂出口公司和中国食品出口公司在北京组建,主要经营粮食、油脂等大宗农产品以及食品的出口业务。自成立以来,中粮经历了三个主要发展阶段。

1. 建立初期

1952年至1987年,中粮出色地履行了国家赋予的专业化经营和行业性管理的双重职责,不仅打开了中国粮油食品产品通往国际市场的通道,而且为我国社会主义建设积累了大量外汇资金,有力地支持了我国国民经济的发展。除了发展开拓我国外贸事业外,在这一阶段中粮有几次大的调整。1953年1月,中国粮谷出口公司与中国油脂出口公司合并为中国粮谷油脂出口公司。1961年1月,中国粮谷油脂出口公司与中国食品出口公司合并成立中国粮油食品进出口公司。1979年,中粮以进口成品饮料在国内销售的形式,使可口可乐重返中国大陆市场。1983年,中粮参股的中国长城葡萄酒有限公司成立,中粮进入葡萄酒生产领域。

2. 转型和调整期

1988年至1999年,中粮经历了历史上重要的转型、调整期。1988年,中国外贸体制深化改革,各外贸专业总公司与地方分公司脱钩。中粮由一个拥有40多家分公司的大型的有经营与管理特权的垄断企业,变成了只有总部机构和6家分公司的自主经营、自负盈亏的经营性企业。

1992年到1999年间,中粮转型。中粮遵照国家关于建立社会主义市场经济体制、进一步深化国有企业改革的方针,努力建立现代企业制度,加快改革管理体制和转换运行机制,不断培育公司核心竞争力,开创了中粮改革发展的新局面,集团涉足的领域也在不断广阔。1992年10月,北京凯莱大酒店开业,中粮进入酒店经营领域。1993年,中粮先后收购两家香港上市公司,分别更名为"中国食品发展集团有限公司"(简称"中国食品",后更名为"中粮国际")和"鹏利国际集团有限公司"(简称"鹏利国际")。1996年9月,中粮期货经纪有限公司成立,迅速跻身中国十大期货经纪公司行列。

3. 拓宽融资渠道、扩大经营规模期

1999年上半年以来,中粮集团实施重组、改制、上市的发展战略。2000年9月,中粮与中国台湾大成集团、美国ADM等国际知名企业联合组建"中华食物网(FoodChina.com)"。2003年1月,由中粮和英国商联保险有限公司(AVIVA)合资组建的中英人寿保险有限公司在广州开业,进军保险业市场。2004年2月,中粮又与美国怡安保险集团(AON)合资成立的首家合资保险经纪公司——中怡保险经纪公司在上海隆重开业。继保险业之后,中粮又参股交通银行、招商银行以及中信、广东证券。另外,中粮还通过并购方式进入信托和证券业。2004年9月,中粮与中国土产畜产进出口总公司实行重组,重组后的中国土产畜产进出口总公司成为中粮的全资二级子公司。2005年2月,以"承先启后,创新中粮"主题的2005年中粮经理人年会在北京举行,中粮由此开始了整体战略和发展的大转型。集团顺应经济全球化发展趋势,在公司内部建立全球视野的资源配置体系、管理架构和运行机制,积极参与国际经济合作与竞争,实现资本利润最大化。通过重组、改制,集团进一步强化核心业务和核心竞争力,下属企业主要有中粮粮油进出口公司(主营粮油糖政策性贸易业务)、"中粮国际"(香港上市公司,主营粮油食品生产加工业务)、"鹏利国际"(主营地产投资和酒店管理,2003年退市)、中粮发展有限公司(主营非上市业务)和"中粮金融"(主营人寿保险、保险经纪、期货等业务)和中土畜牧总公司。目前,在葡萄酒、精炼食用油、面粉、啤酒麦芽、番茄制品、印铁制罐、金属瓶盖等行业居中国领先地位。

(二)组织结构

中粮集团按照《公司法》的有关规定设有董事会、监事会和经营班子等对集团运营进行负责。集团下属34个业务单元,8个一级职能部门,28个二级职能部门。其业务单元和职能部门如表1所示。

表1　　　　　　　　　　　　　　　　中粮集团组织结构

业务单元		职能部门
小麦部	包装实业部	集团办公室
大米部	中粮地产(集团)股份有限公司	秘书部、公共关系部、总务部、IT发展部、培训中心、离退休干部部
糖业部	物业投资部	战略部
玉米部	酒店投资部	战略管理部、投资管理部、品牌管理部、研究部
中粮期货经纪有限公司	凯莱国际酒店管理有限公司	人力资源部
生化能源事业部	三亚亚龙湾开发股份有限公司	人才发展部、培训部、激励报酬部、员工关系部

续表

业务单元		职能部门
啤酒原料部	中粮集团(深圳)有限公司	研发部
油脂部	BNU公司	产品管理部、技术管理部、综合管理部
小麦加工事业部	金融业务部	审计部
新疆屯河投资股份有限公司	资产管理部	绩效审计部、内控审计部
中粮酒业有限公司	中国茶叶股份有限公司	法律部
中粮可口可乐饮料有限公司	利海国际船务有限公司	合同与公司法部、诉讼与知识产权部
巧克力部	中土畜三利发展股份有限公司	党群工作部
中粮食品营销有限公司	木材部	直属党委办公室、纪检监察室、工会办公室
粮谷贸易部	中土畜三利香精香料有限公司	
果菜水产部	中国粮油饲料有限公司	
食品贸易部	中谷粮油集团公司	
肉食部		

资料来源：国务院国有资产监督委员会网站 http://www.sasac.gov.cn。

二、中粮集团发展战略

中粮集团是我国最大的粮油食品进出口公司、中国最大的食用油生产商、全国最大的面粉生产企业、中国产销量最大的专业麦芽生产企业、中国包装龙头企业，在整个食品和贸易行业中占据重要的地位。

（一）"集团有限相关多元化、业务单元专业化"的发展战略

在明确使命和愿景的基础上，中粮确立了"集团有限相关多元化、业务单元专业化"的发展战略。

中粮从进出口贸易商转型进入实业化发展阶段以来，目前所从事的主要行业有：食品制造业、房地产业、酒店业、金融业、保险业、生物能源等，这些业务之间是一种协同关系，根据公司的战略定位及各业务之间的协同效应，集团对公司现有业务及集团相关业务进行评估和检讨，通过内部成长和外部扩张的方式获取长期成长动力，对公司内部进行资源整合，包括品牌、渠道、研发、生产、物流、采购以及组织架构等。在食用油方面，已形成市场的主导，从自主福临门到控股鲁花，到开发高端的滋采，形成了系列化品牌，有效形成了品牌区隔；重组中谷，加强了在农产品流通领域的优势；进军生物能源，既利用了自身的优势，又有国家对能源战略的支持，其发展空间巨大；利用资本进入保险和地产，通过强大的资本实力来整合产业，多元化投资，专业化经营，产生了较好的协调效应。在房产行业，中粮在收购深宝恒完成以后，把优质房地产开发业务注入深宝恒；并利用深宝恒现有土地资源，在宝安区以租赁厂房或其他合适形式，设立粮油食品、包装等产品的生产加工基地，把深宝恒发展成为集物流、仓储、贸易、采购、地产物业为一体的上市公司。

中粮的每一个业务单元形成了自身发展目标和行业竞争战略，找准行业标杆，明确自身定位，寻求符合自身发展的商业模式，在自身行业中形成行业领导地位。中粮集团通过资源分配将资源配置到有发展前景的业务单元，支持业务单元专业化的发展，并通过不断业务组

合增强中粮集团的整体竞争力。

(二)中粮"十一五"发展规划

根据中粮的发展战略,结合中粮的产业发展实际,中粮确立了"十一五"期间的发展规划。

1. 致力打造国际化大粮商,维护国家粮食安全

中粮一直是调剂国内粮、油、糖余缺、参与国家宏观调控的主渠道。目前,中粮占全国小麦进出口量的95%,大米、玉米出口量的70%,原糖进口量的70%。近几年,中粮利用重组中谷集团后的机会,加紧在东北、黄淮海和长江流域等粮食主产区建设粮食采购网络,在东北、东南沿海和长江中下游主要港口建设粮食转运网络,在华南、华东和京津等粮食主销区建设粮食营销配送网络,着力构建"国内与国际市场结合,内贸与外贸结合,市场与储备结合,产业发展与粮食贸易结合"的大规模具有市场竞争力的完善的粮食贸易物流体系。

2. 致力发展生物能源,贯彻国家能源安全战略

中粮从收购华润酒精起步,以国家产业政策为导向,目前燃料乙醇已形成100万吨的生产能力。"十一五"期间,中粮将进一步加大行业整合力度,计划投资100多亿元,新建、扩建、兼并以玉米、木薯、红薯为原料的燃料乙醇工厂,发展以秸秆为原料的纤维素乙醇厂,实现粮食原料与非粮食原料并举,最终形成300万吨燃料乙醇生产能力,占到国家500万吨生产规划60%以上的份额。

3. 致力发展农产品加工和多样化品牌食品,参与社会主义新农村建设

目前,中粮在全国20多个省份建有140多家粮油食品加工企业,涉足小麦、稻谷、玉米、油料、番茄、葡萄、茶叶等多个农产品加工领域,探索并形成了"公司+农户"、"公司+农场"、"公司+农户+基地+科技"等多种产业化经营模式。"十一五"期间,中粮将加大在农产品、食品加工和土畜产行业的发展力度,计划投资400亿元,发挥农业产业化龙头企业的作用,服务农业、繁荣农村、致富农民,实现提高企业竞争力与促进农村经济社会发展的双赢。

三、中粮集团生产经营状况

(一)主要产品及其经营状况

1. 粮油食品贸易及物流

截至2005年年底,中粮累计为国家进出口粮食4.87亿吨,其中进口粮食3.26亿吨,出口粮食1.61亿吨。

2. 农副食品加工业和食品制造业

中粮集团是中国最大的食用油生产商,年榨油能力700多万吨,占全国20%;食用油精炼能力约165万吨,占全国25%;出品的"福临门"食用油市场占有率20%,居全国第二;豆粕市场占有率18%,居全国第一。中粮集团出品的"金帝"巧克力是最畅销的本土巧克力品牌,市场占有率为10%,列全国第2位。中粮集团是全国最大的面粉生产企业,旗下拥有7家面粉加工企业,年处理小麦近150万吨,居全国首位。中粮集团是中国产销量最大的专业麦芽生产企业,旗下有目前亚洲最大的啤酒麦芽生产厂,年生产能力30万吨,产品覆盖全国27个省市自治区,出口7个国家(地区),占中国麦芽出口的85%。

3. 生物化工业

中粮集团积极开发以玉米等农作物为原料的生物能源产品,一方面发展石油的替代能

源燃料乙醇,集团生产的燃料乙醇工艺先进,乙醇的纯度可达到99.9%(V/V)以上;另一方面生产 L-乳酸、聚乳酸等可降解的材料,代替塑料材料,减少环境污染。另外,中粮还生产食用酒精,其品种有食用优级、普级酒精、精馏酒精、医药酒精和无水酒精及据客户需要而生产的特级酒精等。

4. 酒与饮料制造业

中粮集团是中国最成功的葡萄酒商,出品的"长城"系列葡萄酒产销量居全国第一,全汁干型葡萄酒国内市场占有率达40%。中粮集团是中国大陆地区主要的可口可乐装瓶商,也是美国可口可乐公司在中国大陆地区最大的合作伙伴。目前公司控股管理位于天津、海南、湖南、吉林、甘肃及湛江的6家装瓶厂,同时参股管理14家装瓶厂。此外,公司还拥有吉林、天津、河北、湖南、江西、贵州、内蒙古等14个省市的可口可乐系列产品经营权。

5. 房地产开发业

20世纪90年代开始,中粮集团积极参与房地产业务,先后进入香港、北京、深圳、广州、上海、成都、沈阳、厦门等城市,成功开发了香港鹏利中心、北京名都园、上海鹏利海景公寓、广州都市华庭、成都凯莱帝景、沈阳鹏利广场、厦门鹭江海景花园、广州科学城等项目。此外,集团大力发展商业地产,成功开发了北京中粮广场、上海中粮广场、广州鹏源大厦等项目,在深圳拥有"广发大厦"、"宝丰大厦"写字楼和"瑞鹏大厦"、"中贸大厦"等商住楼。

6. 酒店与旅游业

中粮集团从20世纪90年代开始从事酒店的投资和管理,成立了专门的凯莱国际酒店管理有限公司,对旗下的凯莱大饭店、凯莱大酒店、凯莱商务酒店及凯莱度假酒店等16家不同星级的酒店进行统一管理。集团投资开发的海南三亚亚龙湾国家旅游度假开发区,风光旖旎,游人如织,被外国游客誉为中国的夏威夷。如诗如画的自然风光,舒适完善的娱乐设施,独具特色的旅游项目,使亚龙湾旅游度假区成为旅游度假者向往的天堂。

7. 零售业

中粮集团与荷兰SHV集团属下的SHV万客隆公司合资创办了中贸联万客隆仓储式连锁会员店。中贸联万客隆第一家仓储式会员店北京洋桥店于1997年11月开业,第二店酒仙桥店于1998年12月开业,至今销售额已累计近40亿元,取得了良好的经济效益和社会效益。

8. 金融业

中粮的金融业涉及期货交易代理和保险两个部分。中粮集团旗下的中粮期货综合排名列居全国首位,拥有郑州商品交易所、大连商品交易所、上海期货交易所国内三家交易所的全权会员资格,主要代理客户在国内从事大豆、玉米、豆粕、小麦、糖、棉花、橡胶、铜和铝等品种的期货交易。于2003年1月1日在广州正式开业的中英人寿保险有限公司,目前业务已扩展至北京、四川、广东、福建、山东、湖南等全国多个省市和地区。成立于2003年11月的中怡保险经纪有限公司,主要从事风险管理咨询服务、保险和再保险经纪等服务。

9. 包装业

中粮集团是中国包装龙头企业,旗下的杭州中粮美特容器有限公司是中国最大的印铁制罐生产企业,是中国印铁容器开发生产基地;无锡华鹏嘉多宝瓶盖有限公司是亚洲地区最大的金属瓶盖生产企业之一。

(二)产品品牌

中粮集团旗下有多个知名品牌,比如"长城"牌葡萄酒,"福临门"、"四海"等品牌的食用油,"金帝"牌巧克力,"黄中皇"、"孔乙己"、"流觞亭"、"长城"、"华夏俱乐部"等品牌的绍兴酒;还有"海堤牌"乌龙茶、"猴王牌"茉莉花茶及"中茶"牌普洱茶。但是"中粮"这一品牌的知名度却远远低于这些品牌的知名度,为此,2006年,中粮董事长宁高宁将中粮各子品牌进行整合,统一了中粮新标识,提出"自然之源,重塑你我"作为新中粮的品牌核心价值,打造"大中粮,无边界"的阳光文化,全面提成中粮整体品牌形象。

(三)进出口情况

中粮集团作为国家传统的进出口企业,进出口贸易为集团的今天作出了巨大的贡献。

1. 改革开放前

1952～1960年,中粮公司粮油食品进出口总额共计51.68亿美元,其中,出口49.33亿美元,进口仅为2.35亿美元。进入20世纪60年代,中粮总公司的经营发展出现了巨大变化,由以往的"倚出轻进"转向对外贸易进出口基本平衡。由于自然灾害原因,为保障国内物资特别是粮食供应,中粮总公司开始紧抓粮食进口,解决国内急需。1961年至1966年,公司进出口61.95亿美元,出口额29.27亿美元,占总额比重为47.2%;进口额32.68亿美元,占总额比重52.8%。到1978年,中粮总公司出口国别地区已达120多个,进口国别地区增加到了37个。

2. 改革开放后

改革开放后,中粮也加快了进出口的步伐。1979年至1984年,中国粮油总公司的粮油出口连上三个台阶:1979年突破20亿美元,1984年突破30亿美元,1987年突破40亿美元。进入90年代之后,随着贸易经营权的下放,中粮集团的贸易利润有所下降,开始转向实业发展,但其贸易的进出口额并没有因此而下降。到1995底中粮进出口总额累计达到1 200亿美元,1999年底,累计1 373亿美元。

3. 新世纪

进入21世纪后,中粮在实业大力发展的同时,进出口也在不断增长。2002年中粮集团进出口总额累计1 435亿美元,其中出口总额累计765亿美元,进口累计670亿美元。截至2004年,中粮集团进出口额累计1 514亿美元,其中,出口总额累计794亿美元,进口总额累计720亿美元。中粮集团对外贸易的发展为中粮进入中国、世界500强企业有着不可磨灭的贡献(详见图1中粮进出口累计总额变化)。

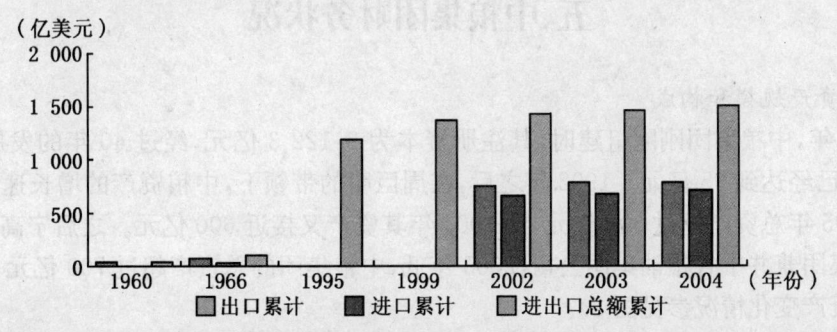

资料来源:1987年之前的数据来自陈正红:《半世纪中粮演绎中国外贸春》,《在线国际商报》,2004年12月24日;之后数据来自中国谷物网 http://www.ex-grain.cn。

图1 中粮进出口累计总额变化

四、中粮集团资本运作

(一)股本运作

20世纪90年代初,中国净出口贸易持续高热,中粮的进出口贸易如日中天,鉴于日本很多贸易公司的经验,中粮确定要甩掉皮包商,转向熟悉领域的产品生产加工。为解决中粮转向实业的资金问题,中粮通过香港资本市场买壳上市,从1993年8月到1994年1月,中粮利用5个月时间花了6 000万港币把两家上市公司的壳资源买过来并完成上市公司的交接工作,一上市就融资17亿港元,解决了中粮缺少资金投资实业的燃眉之急。2001年,中粮集团将其总资产的80%一次性并入在港子公司——中粮香港,中粮香港依据资本市场规律,把握时机分批次注入中粮在香港的两级上市公司"中国粮品"(后改名中粮国际)和"鹏利国际",使中粮国际的股价从1.5左右港币摸到2.6港币。2005年中粮通过全面重组新疆屯河投资股份有限公司和收购华润,控制了两支上市股票——*ST屯河(600737)和华润生化/CRBC(600893)。2005年11月,中粮成为"深圳市宝恒(集团)股份有限公司"的第一大股东。2006年4月,"深圳市宝恒(集团)股份有限公司"更名为"中粮地产(集团)股份有限公司",中粮地产作成为整合及发展中粮集团房地产业务的专业平台,并采取逐步注入优质资产等多种形式,使中粮地产成为具有品牌优势的房地产开发商。2006底,中粮又整合丰原生化,增加一个生物质能源方面的融资平台。

(二)债券融资

中粮集团不仅在股本市场运作,在债务市场也取得不少成绩,有了在香港买壳上市的经验,中粮集团确定通过中粮在美国的金融公司和中粮在香港的财务公司开展多渠道的国际融资业务。1994年,中粮在美国芝加哥成功地发行了2亿美元的商业票据,紧接着,又利用其在香港鹏利公司的信誉,以其资产作为抵押,在1995年、1996年融到国际银团低息贷款6 000万美金。2002年,中粮将中粮香港5年期银团贷款进行再融资,并将原来的1年期美元商业票据换成3年,大幅降低了融资成本。此外,中粮还对利率、汇率风险进行动态的管理,降低汇率、利润波动对公司的影响。

五、中粮集团财务状况

(一)资产规模和构成

1952年,中粮集团刚刚组建时,其注册资本为3.122 3亿元,经过40年的发展到1992年其资产已经达到95亿元。1992年之后,在周臣明的带领下,中粮资产的增长速度有所加快,到1995年总资产超过300亿元,到2004年其资产又接近600亿元。之后宁高宁入主中粮,中粮集团兼并中谷粮油集团公司,2005年低,中粮集团的总资产超过700亿元,达到726亿元(其资产变化情况参见图2)。

图3是中粮集团从2003年到2005年的资产构成和2005年底集团流动资产构成。从图中可以看到,集团流动资产占总资产的比率在60%左右,这与中粮集团的贸易类企业性质相符。从2005年底集团流动资产构成来看,存货和货币资金分别占44.31%和27.97%,为最主要的流动资产。存货中83.93%的库存商品是集团代理国家收购的储备粮,风险小,

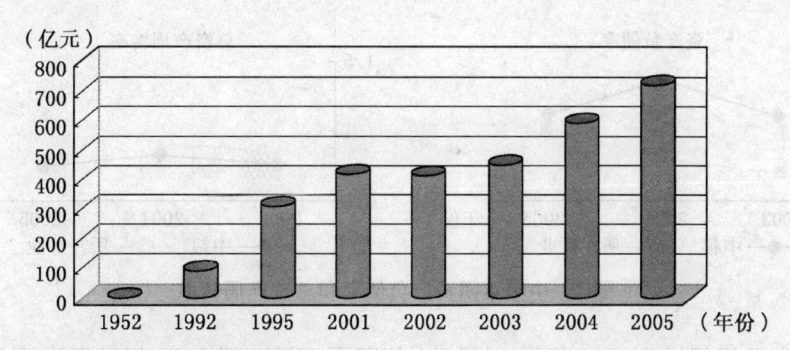

注：1952年资产为注册资本。
数据来源：中国500强企业网。

图2　中粮集团总资产变化情况

但流动性大。

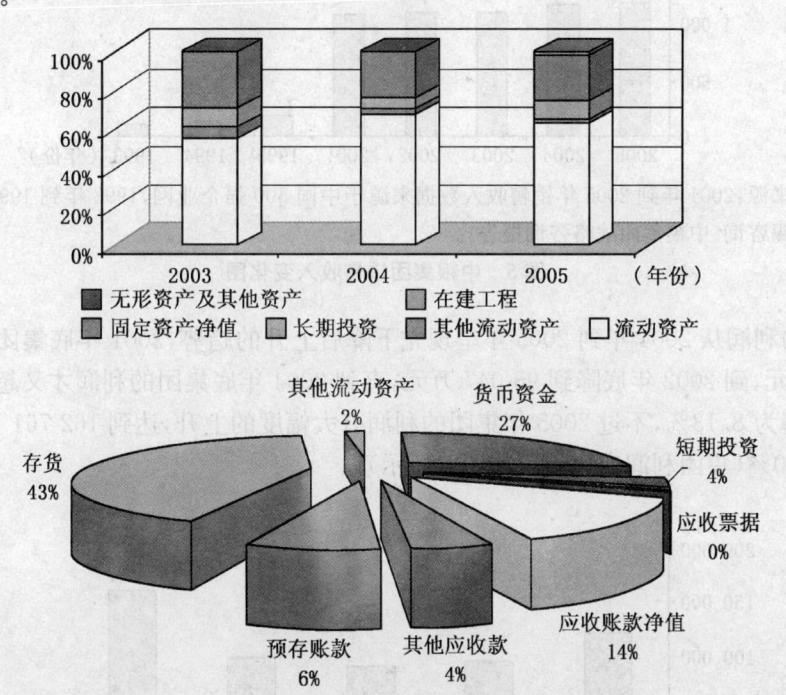

资料来源：鼎资投资《中粮集团短期融资券分析报告》，图5、图8、图9同。

图3　2003～2005年中粮集团总资产构成和2005年流动资产构成

中粮集团资产负债率要比其行业资产负债率高，说明其公司的偿债能力要比行业平均水平差，如图4所示。行业平均资产负债率自2003年到2005年呈现持续上升趋势，而中粮集团的则先上升后下降，2005年，公司的资产负债率明显下降这说明集团长期偿债能力看好。不过集团总资产的周转率要比行业平均水平低，这说明中粮集团的资产运营效率有待提高。

（二）盈利状况

中粮集团除资产在迅速增加外，其销售收入也在不断增加，1993年其销售收入只有101亿元，进入1994年《财富》全球500强，之后其销售收入不断上升，到1995年底达到185亿

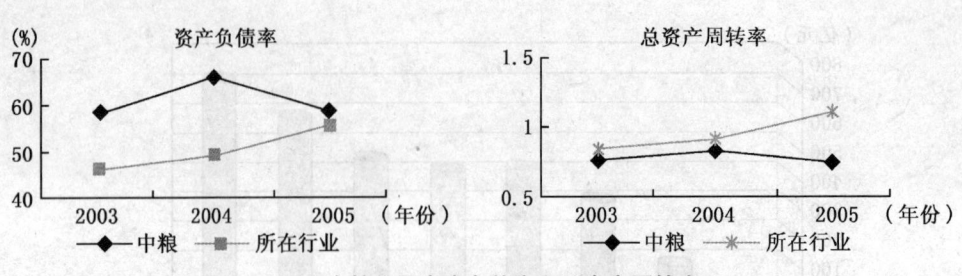

图4 中粮集团资产负债率和总资产周转率

元,2003年底已经超过11 000亿元,比1993年翻了10倍,到2006年已经连续12年排在全球500强之列(其销售收入变化情况如图5)。

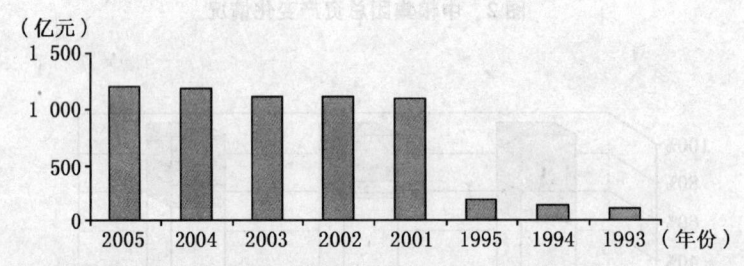

资料来源:2001年到2005年销售收入数据来源于中国500强企业网,1993年到1995年数据来自于麦肯锡咨询《中粮集团战略咨询报告》。

图5 中粮集团销售收入变化图

集团的利润从2001年到2005年呈现先下降后上升的趋势,2001年底集团的总利润是123 632万元,到2002年底降到96 047万元,直到2004年底集团的利润才又超过10亿元,利润增长率为8.13%,不过2005年集团的利润有大幅度的上升,达到162 761万美元,其增长率达到70%(集团利润变化情况如图6所示)。

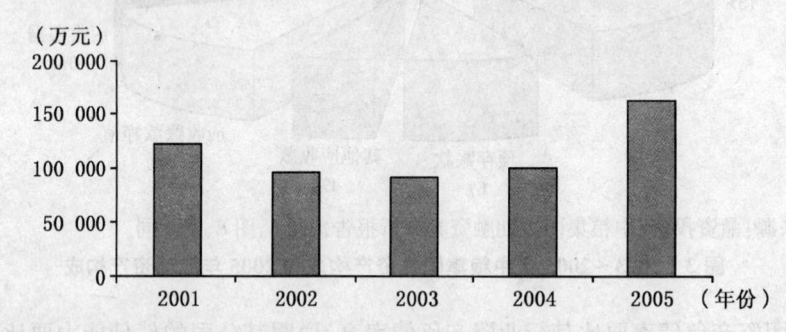

数据来源:中国企业500强企业网。

图6 中粮集团2001年底到2005年底利润

(三)资金运营能力

集团的净资产回报率和总资产报酬率要比行业平均回报率高,2003年到2005年,集团的净资产和总资产的回报率有别于整个行业的持续下降趋势,都呈稳步上升趋势,如图7所示,说明中粮集团拥有较强的盈利能力。总体来讲,中粮集团的资产负债水平,各项周转指标正常,资产运营能力较好,资产收益率优于其所在行业水平,其盈利能力很强。

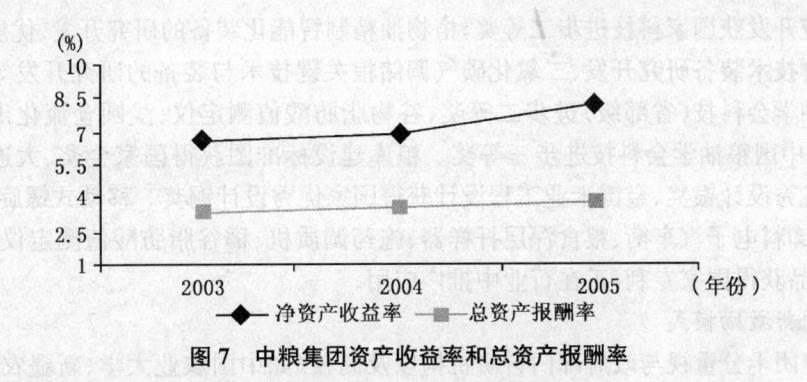

图7 中粮集团资产收益率和总资产报酬率

六、研发创新能力

中国粮油食品集团作为国有大型粮油食品企业，多年来一直致力于粮油产品的技术创新研究工作，不断加大技术创新科研资金投入，大力发展精深加工和综合利用能力，提高产品的科技含量和附加值，提升产品的档次和竞争力。

中粮坚持科技创新为先导，以市场需求为导向，开展科技攻关、产品创新、技术创新等一系列的运作活动，取得了较好的成果。

（一）新产品研发

在油脂加工方面，集团配合政府研发和推广符合中国消费者健康需求的强化维A油。2002年，与国家公众营养与发展中心合作，在"福临门"食用油生产基地共同投入几千万元，开发出"强化维A色拉油"；2003年，考虑到不同地域消费者需求特点的不同，又研发并推出了"维A花生油"。目前，福临门强化维A油在消费者心目中已形成很高的知名度和认可度。在大米加工方面，2004年，与国家公众营养与发展中心、国际健康适宜组织合作，开发营养粒工艺，成功对大米进行营养强化，这一技术在我国大米营养强化过程中是一重要的科技攻关成果。该技术的工艺特点是将碎米进一步粉碎后加入高浓度的营养素加压重新成型，制成类似于普通大米的"营养粒"，然后将这些含高浓度营养素的"营养粒"视加入营养素的浓度按1∶50或1∶100的比例与普通大米均匀混合，得到符合国家标准的营养强化大米，克服了以前被强化的营养元素在淘米、煮饭等过程中丢失、变性等技术难题。在玉米深加工方面，分别在由玉米淀粉向糊精、高麦芽糖、果糖、结晶糖方向的产品研发；纤维素酒精技术研发；利用酒精生产乙烯；用酒精生产副产物二氧化碳，可降解的碳酸树脂；食品应用的变性淀粉产品的开发等多个方面取得了较好的成绩。

（二）科技创新成果

2006年刚刚并入中粮集团的中谷集团公司也开展了大量的科技攻关活动，先后承担了国家科技攻关等各类科技计划项目以及部省级重大科技项目73项，完成了食品专用粉工艺与设备成套工程研究、植物油精制智能化装备的研究开发、食用植物油产品国家标准、二氧化碳气调储粮关键技术与装备的研究开发、优质稻产后精加工及保鲜技术装备研究开发、产地糙米制取技术与装备研究开发、我国粮食储备安全技术体系研究、保质通风储粮技术等重点科技项目36项和磷化氢抗性对策技术研究等国际合作项目2项。散粮储运关键技术和装备的研究开发获国家科技进步二等奖,植物油精制智能化装备的研究开发、优质稻产后精加工及保鲜技术装备研究开发、二氧化碳气调储粮关键技术与装备的研究开发等6项成果获中国粮油学会科技(省部级)进步二等奖,谷物脂肪酸值测定仪、浅圆仓流化出仓技术等9项成果获中国粮油学会科技进步三等奖。粮库建设标准图获得国家金奖、大连北良项目获得国家优秀设计银奖、金键米业工程设计获得国家优秀设计铜奖。移动式螺旋清仓机、布粮器、自动卸料电子汽车衡、粮食深层扦样器、施药调质机、稻谷脂肪酸值测定仪等11项新技术、新产品获得国家专利,正在行业中推广应用。

(三)创新激励模式

中粮集团十分重视与政府部门科研机构以及高校(如中国农业大学、新疆农业大学、江南大学、武汉粮食学院、郑州粮食学院)建立有长期稳定的合作关系,成立联合的科研机构,针对生产中的关键技术难题选择攻关课题,进行研究和技术创新。2003年,中粮与中国农业大学共同投资7 000多万元,成立长城葡萄酒学院(硕士、博士)研发中心;2004年,与江南大学食品学院成立"食品深加工研发中心"和"福临门联合研究所",每年投入100多万元用于油脂深加工项目和烘焙项目的技术创新。通过对中、长、短期研究开发项目的合理安排和技术成果转化、应用,开发出具有高附加值的产品,在给消费者最丰厚的回报、企业获得高于同行业技术优势的同时,也大大提高企业参与市场竞争的实力。

在人才队伍建设方面,注重技术创新人才队伍的建设,通过摸索,已逐步建立起一整套的人才培养和引进机制,在现有科技人员的基础上,坚持引进人才、选拔人才、培养人才、使用人才相结合,制定措施调动科技人员的工作积极性。加强科技人员的培训,定期选派科技人员出去进修、培训,使科技人员的知识得以更新和提高。提高科技人员的工资待遇,改善科技人员的生活和工作环境,使他们能够安心地进行技术开发和研究。目前,中粮集团已在主导产品、名牌产品的生产工艺及关键技术上都拥有了自主的开发技术与能力。

七、营销策略

中粮集团业务横跨农产品、食品、酒店、地产等领域,但其旗下拥有众多优秀品牌如"长城"葡萄酒、"福临门"食用油、"金帝"巧克力、"可口可乐"系列饮料、凯莱酒店、凯莱物业、鹏利地产、中粮面粉、"COFCO"牌啤酒麦芽、中粮美特印铁制罐、华鹏瓶盖等。中粮集团依据产品的不同性质制定不同的营销策略。

(一)"长城"葡萄酒品牌整合策略

1983年,"长城"品牌的使用权分别被授给了中国长城葡萄酒有限公司、华夏葡萄酒有限公司和烟台中粮葡萄酒酿酒有限公司。而三家酒厂在竞争中,不注重品牌的维护导致"长城"品牌形象受损,2003年集团对三家酒厂进行整合,把资源优化,实施统一的生产标准,管理规范,采用一致的市场策略,集中力量打响"长城"品牌,并为中粮酒业以后的发展奠定了坚实的基础。

(二)金帝巧克力和福临门食用油的销售策略

金帝巧克力的销售策略是:一是实行分销策略,在全国建立了14家分公司、100多家经销商、覆盖全国百个大中城市的销售网络;二是针对消费者多样化、快速更新的产品要求,金帝公司全力发展新产品。目前,市场上销售的产品有85%是近两年开发的新产品。1999年以前,最高的单品销售只不过300多万元,但在现在的销售结构中,单品销售过千万元的接近10个品种,金帝已形成几大系列产品,迎合了消费者多种口味、多种需求的需要。三是加大广告和主题促销的投入力度。

福临门的销售策略是,把全国划分为11个大区,针对各区域的特点,制定不同的销售策略。如在北京、上海人口众多且零售业发达的城市,采取直销的方式;在武汉、广州等大型卖场较多的城市,采取半直销半经销的方式;其他地区则以经销的方式为主。

八、员工企业文化

(一)员工构成及培训

截至2005年底,中粮集团拥有在岗人员21 906人,大专及以上学历的人员占到63.28%,高中及中专学历的占到29.59%,而初中及以下学历的只有7.13%,员工的整体素质高,大专及以上学历人员比重所占比例高。在岗位划分上,中粮集团管理人员只占到公司总人数的17.91%,专业技术人员占到29.37%(详见图8)。

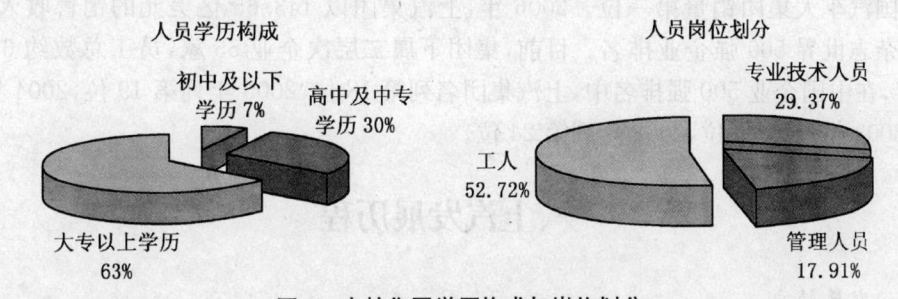

人员学历构成
- 初中及以下学历 7%
- 高中及中专学历 30%
- 大专以上学历 63%

人员岗位划分
- 专业技术人员 29.37%
- 工人 52.72%
- 管理人员 17.91%

图8 中粮集团学历构成与岗位划分

员工是公司及股东价值的创造者,是构成公司核心竞争力的重要组成要素。中粮非常重视员工的成长,认为员工的成长与公司的成长是互为基础、互相促进的,因此中粮注重对每一位员工的入职培训,使每一个中粮员工都发自内心的认同中粮的文化,热爱在中粮的工作。

(二)企业文化

中粮集团的使命:我们奉献营养健康的食品、高品质的生活空间及生活服务,使客户、股东、员工价值最大化。

集团的愿景:建立主营行业领导地位。

集团的企业精神:诚信,团队,专业,创新。

集团的文化理念:诚信、业绩、专业、团队、学习、创新、公开、公正、透明、简单、处以公心、与人为善。

集团的品牌理念:自然之源,重塑你我。

上海汽车工业(集团)总公司

上海汽车工业(集团)总公司(简称"上汽集团")是中国三大汽车集团之一,主要从事乘用车、商用车和汽车零部件的生产、销售、开发、投资及相关的汽车服务贸易和金融业务。上汽集团2006年整车销售超过134万辆,其中乘用车销售91.5万辆,商用车销售42.9万辆,位居全国汽车大集团销量第一位。2006年,上汽集团以143.65亿美元的销售收入,进入《财富》杂志世界500强企业排名。目前,集团下属二层次企业55家,员工总数约6万人。2006年,在中国企业500强排名中,上汽集团名列第18位,2005年列第19位,2004年列第16位,2003年列第15位,2002年列第24位。

一、上汽发展历程

(一)发展简史

上海汽车工业可追溯到20世纪上半叶,源自服务于外国汽车的修配业。从无到有,上海汽车工业秉持"草窝里飞出金凤凰"的艰苦创业精神,于50年代末出现了第一个转折。在缺乏技术、装备、生产经验和资金的困难情况下,进行了从修配业到整机整车制造的突破,逐步形成专业化生产体系和批量生产能力,公交车、越野车、载重汽车、拖拉机等各种工业用和民用车型迅速地诞生。

整个50年代,是上海汽车工业成果辈出的时代,也为上海轿车制造奠定了坚实的基础。而上海轿车制造业"零"的突破很快地就出现在了1958年。该年9月28日,上海汽车装配厂试制成第一辆凤凰牌轿车。到1964年,凤凰牌轿车改名为上海牌轿车,至1975年形成5000辆年生产能力,上海牌轿车形成系列。

在此过程中,上海汽车工业也进行了一系列沿革:
1955年12月,上海市内燃机配件制造公司成立;
1985年3月21日,上海大众汽车有限公司成立,此后连续二十多年领跑国内市场;
1995年9月1日,经过一系列的改制,今天的上海汽车工业(集团)总公司诞生;
1997年6月12日,上海通用汽车有限公司成立,目前已成为国内乘用车市场第一;
2004年10月28日,上汽集团正式收购韩国双龙汽车,成为中国汽车企业跨国并购第一案。

在进行一系列的规模扩张之后,根据国家有关深化国有企业改革的方针,作为国内汽车

企业的龙头,上汽集团从2004年开始,按计划逐步实施了一系列的企业改制:

2004年11月,上汽集团将与汽车主业相关的资产作为出资独家发起设立上汽股份。

2005年10月,上汽集团股东会议审议通过了集团股改方案,上汽股份增持上海汽车股份。

2006年12月,上海汽车向上汽股份定向发行股份,购买上汽股份所持有的整车企业股权、关键零部件企业股权等资产,上海汽车成为以整车业务为主的上市公司;同月,上海汽车以吸收合并的方式将原全资子公司上汽汽车制造有限公司并入母体,并成立非法人分支机构上海汽车乘用车分公司。

2006年,上汽集团实现了历史性的突破,全年销售整车超过134万辆,成为全国汽车集团中销量最大的企业。2007年初,上汽创新推出的首款中高档自主品牌产品荣威750上市后销售情况良好。

从一个汽车修理和零配件企业发展成为了今天跻身世界500强行列、拥有从乘用车到商用车全系列产品以及核心零部件在内、产业链完整的、国内销量最大的汽车企业集团,上汽集团辉煌的发展历程凝聚了上海和中国汽车工业人的无数智慧和心血。

(二)融资扩张

1997年8月经上海市人民政府批准,同意上海汽车工业(集团)总公司作为独家发起人,在上海汽车有限公司资产重组的基础上,以上海汽车齿轮总厂的资产为主体,采用社会募集方式设立上海汽车股份有限公司。2004年11月29日,为贯彻十六届三中全会关于"股份制成为公有制主要实现形式"的指示精神,上汽集团进行了重大的改制重组,上海汽车工业(集团)总公司将其与汽车产业链相关的资产和业务剥离,发起成立了上海汽车集团股份有限公司(SAIC Motor Corporation Limited),简称上汽集团股份。上汽股份集中了上海汽车工业(集团)总公司与汽车产业链相关的资产和业务,旗下企业主要从事汽车和零部件的生产、销售、开发、投资及配套服务,现有职工约5.8万人。改制后,上汽集团的发展将定位在先进制造业和现代服务业的综合性投资公司,并将以更加精简和高效的现代化运作管理,不断探索进取,从优秀迈向卓越。

2006年12月20日,上海汽车(600104)已正式完成向控股股东上海汽车集团股份有限公司(简称"上汽股份")定向发行的327 503万股人民币普通股(A股)的相关股权变更工作。至此,上海汽车的总股本从32.76亿股增至65.51亿股,净资产从116.6亿元增至307.4亿元,成为国内A股市场规模最大的汽车上市公司,同时市值进入了沪、深两市A股的前20强。

交易完成后,上海汽车成功拥有了上海大众、上海通用等11家整车企业、3家关键零部件企业和1家汽车金融企业的股权,标志着上海汽车顺利实现了主营业务由汽车零部件为主向汽车整车为主的转型,从而成为国内领先的乘用车制造商、最大的微型车制造商以及销量最大的汽车制造商。今后,上汽将继续坚持对外合作与自主开发并举,在开放条件下加快建设自主创新体系,不断增强核心竞争能力和国际经营能力,提升上市公司的绩效,塑造良好的市场形象,实现主营业务又好又快发展,努力打造国内A股市场的绩优大盘蓝筹股,更好地回报股东和社会。

目前,上汽股份的主要产品包括轿车、微车、客车、重型卡车、摩托车、拖拉机和工程机械,并且形成了车身饰件、底盘、电子电器、动力传动、空调和铸锻热加工等6大零部件供应系统。公司直属管理的企业中有上海大众、上海通用、上汽通用五菱、上海申沃、上海汇众等8家主机企业；上海汽车股份有限公司1家上市公司；延锋伟世通、联合汽车电子等零部件企业；上汽通用金融公司、安吉天地等多家汽车服务贸易的企业和汽车工程院、泛亚技术中心等技术开发机构。上汽股份在美国、欧洲、香港和日本设有四家海外公司，并且拥有韩国大宇10%股份和双龙汽车公司48.92%的股份，以第一大股东身份参与经营管理。

面对未来，上汽股份将加快实施"规模提升、国际经营、科技强身"三大战略，重点做强"整车、关键零部件、自主品牌和服务贸易"四大核心业务板块，围绕成本、技术、人才和机制，加强管理与创新，做大国内国外两个市场，将公司建设成主业突出、核心能力强、具有国际竞争力的现代化汽车大集团。

（三）并购重组

近年来经过努力，上汽集团已经在江苏、广西、山东、辽宁和北京等地对6家汽车企业进行了兼并重组。在各地的重组中，广西柳州上汽通用五菱汽车有限公司和山东烟台东岳汽车有限公司的组建已经产生显著效应，这两个项目都是中外合作的典范，上汽通用五菱组建3年来，产销翻了一番，微型车全国市场的占有率已从过去的第三，升至现在的第二；东岳汽车也成功地实现了赛欧轿车的移地生产。2004年8月3日，上海通用重组金杯通用成功，原金杯通用将改名为上海通用北盛汽车有限公司，此举标志着上海通用汽车在国内的第四个整车生产基地打造完工。出产产品则是目前国内MPV市场上长期占有优势的GL8。上海通用正在逐步实现自己的战略构想：以上海作为发展根据地，将凯越、君威包括刚刚引进的凯迪拉克等中高档车型放在上海生产，而将其他经济型轿车和MPV转移到根据地之外、劳动力成本更低的沈阳、山东、广西等地，这样可以进一步降低成本，扩大市场份额。

经过上述一系列的收购重组动作之后，上汽的战略雏形已经显现。上汽集团在兼并重组过程中，发展重心也在向自主品牌开发方向转移：收购罗孚、双龙，主要是为了增强自主研发的后劲；在国内的一系列收购重组则进一步完善了汽车生产布局，上汽集团的产业链已从乘用车的单一领域延伸至商务车、重型车领域。尤其值得关注的是，上汽集团公开竞标韩国双龙一案，早已超出了资本意义，开创了中国汽车企业在国际范围内整合品牌、技术资源的先河。

二、上汽发展战略

（一）竞争环境分析

上汽集团从20世纪80年代中期开始，先后与德国大众、美国通用成立了合资企业。20年来，集团获得了较快发展。随着我国加入WTO，汽车产业发展的国内外环境发生了剧烈变化，汽车市场的竞争日益激烈，上汽集团要继续保持长足发展，必须认清我国汽车产业的发展现状，加强自主开发，打造自主品牌，提升核心竞争力。近些年来，我国汽车产销两旺，供求高速增长。世界汽车巨头纷纷投资中国，国内汽车市场进入空前扩张期。新产品不断推出，汽车产品结构调整速度加快。同时，中国汽车产业在重组、购并中生产集中度有了提高。可见，我国汽车产业面临着前所未有的挑战。一方面，国外竞争对手加快抢占我国市场。国外汽车跨国公司投资的目的是为了最大限度地利用其现有的开发能力，在中国庞大的市场上获得最大利益，并想尽办法消化其母公司过剩的能力，利用知识产权优势逐步达到控制股权以分享更大利润。另一方面,我国汽车企业自主开发能力薄弱。

(二)企业战略布局

上汽集团的战略布局版图是以东部上海为中心,南至广西,西至重庆,北至辽宁和山东。在战略中心上海,通过推动上海通用南厂投产和上海大众三厂改建工程,上汽股份将全面提高两大核心企业的整车生产能力。以生产中高档车为主的上海通用南厂于2005年5月28日正式建成投产,为上海通用新增20万辆以上的生产能力,从而使上海通用的总体产能达到52万辆;而上海大众三厂改建工程也预计在2007年年底完成,届时上海大众的产能将提升15万辆,达到60万辆;同时,随着与德国大众合资的设计年产30万台发动机的"上海大众汽车动力总成有限公司"不久后成立,以及浦东金桥和嘉定安亭两大零部件园区的正式投入建设,提高了零部件企业对整车生产企业的反应速度,促进零部件生产的规模化发展。

在南方市场,上汽通用五菱发动机厂将于近期在柳州破土动工,计划于2007年完成一期工程,届时将达到年产30万台发动机的产能,随着第二、第三期工程的实施,该工厂的产能将达到50万台发动机以上。

针对北方市场的巨大发展空间,上汽将通过建立青岛微车生产基地及烟台赛欧发动机项目,提高核心零部件供应能力,据悉,该发动机厂6月初将正式投产,设计年产发动机能力预计将达30万台。上汽将布局沈阳通用北盛汽车公司,进一步扩大在北方的整车生产能力。上汽还正式宣布,上汽通用五菱将正式收购颐中(青岛)运输车辆制造有限公司。经过适当技术改造后将实现年产6.8万辆微型客车的能力,并以此为契机,在青岛建立专供北方市场的微车生产基地。

在西部地区,上汽股份也与重庆重汽达成了共建重型车生产基地的意向框架。"重点推进商用车项目,争取在年内初步形成上汽集团的多品牌商用车生产基地",一位上汽人士如是说。据透露,上汽将在西部生产目前东风和一汽都不擅长的15吨以上的重型商用车,并将在下半年就陆续有新产品推出,通过布局东西南北,上汽将进一步提升其核心竞争力。

三、上汽生产经营状况

(一)生产情况

近年来,上汽集团不断加快发展步伐,整车销售连年攀新高,2004年实现整车销售84.7万辆,其中主导产品乘用车的销量达到61.7万辆,实现销售收入1 653亿元,出口创汇7亿美元,提前一年全面完成了"十五"计划目标。2005年上海汽车集团股份有限公司圆满地实现了"十五"规划目标,取得了骄人的业绩。截至2005年12月31日,上汽股份全年共销售整车超过105万辆,同比增长24%,其中乘用车销量超过74万辆,同比增长近20%,商用车销量超过31万辆,同比增长近36%。旗下整车企业上海通用、上海大众分获2005年全国乘用车企业销售榜冠亚军,上汽双龙海外整车销售取得突破性进展,上汽通用五菱列全国微车市场销量第二,此外,上汽股份出口创汇和海外销售均创历史新高。2006年是上汽全面实施"十一五"规划的第一年,取得"十一五"良好开局:全年销售整车超过134万辆,同比增长27%;其中乘用车销售91.5万辆,同比增长23.6%;商用车销售42.9万辆,同比增长35.8%,位居全国汽车集团销量之首。上海通用整车销售达41万辆,稳居国内乘用车市场第一;上海大众整车销售创34万余辆的佳绩;上汽通用五菱微车销售突破46万辆,同比增长 36.5%,一跃成为微车市场的销量冠军;上汽汇众的重型车、伊斯坦纳等整车销售亦取得良好的销售业绩;申沃客车的城市公交大客车产销也创新高。与此同时,上汽自主品牌建设也取得重要标志性成果,第一款中高级轿车荣威 750 成功下线并获得多项殊荣(见表1)。

表1　　　　　　　　　2001~2005 年企业经营状况及主要产品产量

指标名称	计量单位	2005 年	2004 年	2003 年	2002 年	2001 年
工业总产值	万元	8 663 440.9	10 498 194.7	15 783 201.7	10 044 413.5	7 309 791.2
销售收入	万元	11 770 096.7	10 006 301	9 729 364	7 119 620	5 509 810
出口创汇	万美元	86 522.7	69 946.8	34 916.9	25 732	17 172
全员劳动生产率	元/人年	302 708	464 800	609 546	404 614	305 153
从业人员平均人数	人	68 726	68 720	64 343	59 867	61 875
乘用车合计	辆	742 954	610 641	612 216	390 508	288 824
摩托车合计	辆	145 96	45 616	42 061	25 590	22 976
大中型拖拉机合计	辆	14 007	8 689	6 922	10 125	6 147

资料来源:根据上汽集团年报编制。

(二)产品出口创汇情况

上汽集团明确了"产品走出去、资本走出去、融资走出去"的实施"走出去"战略的三个步骤,并确立了海外经济向功能化发展、对外出口向基地化发展、零部件合作向零级化发展的工作重点。在出口创汇方面,上汽利用全球化浪潮为中国带来的发展机遇,努力拓展全球的整车和零部件销售市场,从 1999 年到 2005 年的 7 年间,出口创汇额增长了近 13 倍。2004 年全年出口创汇突破 6.99 亿美元,再创新高。"五菱"、"赛宝"等自主品牌汽车全年出口突破 2 100 辆;上海大众 POLO 轿车出口澳大利亚 150 辆,在未来五年内还将有 1 000 辆桑塔纳 3000 轿车出口哈萨克斯坦。零部件出口方面,OEM 出口的品种和规模进一步扩大,其中上海通用出口加拿大 CAMI 发动机近 15 万台。截至 2005 年底,上汽股份出口创汇已经超过 8 亿美元,旗下零部件企业凭借生产要素的低成本优势,自主创新,研发新品,积极参与国际竞争,同时整车出口开创新渠道,产品销往欧美、中东、东南亚等市场。

(三)多元化经营情况

按照优先发展先进制造业和现代服务业的要求,上汽集团不断拓展汽车服务贸易业务,全面提高产业价值链的整体竞争能力。上汽销售公司与 AVIS 公司合资成立的安吉汽车租赁公司正式开业;上汽集团与日本邮船公司、上海港务局合资的上海海通国际汽车码头有限公司、上海海通国际物流有限公司同时开业。同时,上汽销售公司与东昌西泰克合资的间接物料一体化项目得到政府部门批准,国际汽车城会展中心、汽车博物馆、汽车贸易一条街及步行街绿化景观工程已全线连片开工建设。2004 年,上汽集团服务贸易总收入达到 125 亿元,占集团销售收入的比重为 7.5%,比上年提高 1.4 个百分点。汽车物流板块,安吉物流建立了柳州、烟台、沈阳等新基地。汽车金融板块方面,国内第一家获得开业资格的合资汽车金融公司——上汽通用汽车金融有限公司 2004 年正式开业。2005 年,安邦保险公司成立,上汽集团参股比例超过了 20%。汽车服务板块方面,安吉黄帽子正式开业,快修快保项目进展顺利。工业地产业务上,北京公司烟台汽车零部件园区正式奠基,北京亦庄工业园区项目也顺利推进。

(三)企业海外市场拓展

继2002年参与韩国大宇汽车资产重组后,2004年上汽又投入巨资成功收购韩国双龙汽车部分股权;2004年6月,上汽集团就收购韩国双龙汽车控制权问题与双龙汽车达成一致意见;10月28日,上汽集团和双龙汽车债权委员会代表——朝兴银行在汉城签署以5亿美元正式收购双龙汽车48.92%股权的最终买卖合同。在完成我国汽车企业首例海外收购以后,上汽又将触角伸展开来,与英国罗孚集团签署了一项合作协议,双方将在汽车项目上展开一系列合作,并将最终形成战略合作伙伴关系。

四、财务状况良好,核心产业运行稳健

上汽集团的财务状况良好,核心产业稳健运行。从2001～2005年上汽集团资产结构表中可以看出,流动资产稳步增长,资产总额稳中有升,2003～2004年资产增长迅猛,到2005年,资产总额已基本比2001年增加一倍。企业负责稳定增长,长期负债有下降趋势。企业资产状况整体优秀(见表2)。

表2　　　　　　　　　　2001～2005上汽集团资产结构　　　　　　　　　　单位:万元

指标名称	2005年	2004年	2003年	2002年	2001年
流动资产	7 015 773	631 258	4 927 339	3 173 828	3 082 645
长期投资	892 203	1 069 609	1 316 503	1 439 479	1 305 535
固定资产原价	7 344 692	3 802 323	1 782 717	1 656 039	1 631 307
减:累计折旧	3 118 352	1 823 373	749 814	629 853	551 234
固定资产净值	4 226 340	1 978 950	1 032 904	1 026 187	1 080 073
在建工程	514 734	1 131 199	146 927	136 602	142 332
无形资产及其他资产	593 720	363 357	127 456	173 358	195 856
资产总计	13 035 362	10 687 234	7 544 732	5 965 192	5 824 515
流动负债	5 684 126	4 104 498	3 599 514	2 840 656	2 923 139
长期负债	1 753 711	1 145 717	147 417	233 328	310 333
所有者权益	3 978 941	4 147 101	3 307 878	2 504 524	2 274 748
负债及所有者权益总计	13 035 362	10 687 234	7 544 732	5 965 192	5 824 515

资料来源:根据上汽集团年报编制。

五、自主品牌和自主创新

在自主品牌建设方面,上汽不断加大对自主研发的投入。上汽股份汽车工程研究院新址预计将于2007年底投入使用;主要以原罗孚研发团队为班底组建的上汽海外(欧洲)研发中心,一方面要与上汽工程院、韩国双龙的研发团队一起发挥协同效应,继续为开发自主品牌系列产品服务,另一方面还要承担起跟踪欧洲汽车设计趋势、针对欧洲市场进行专门开发

等新的职能，成为上汽了解欧洲最先进汽车技术并与之互动的前沿阵地；上汽双龙的韩国研发中心将与上汽位于上海和英国的研发机构一起充分发挥协同效应，共同建设一个相互融合、完整、高效的研发体系，联合开发出具有国际竞争力的产品。

在新能源汽车产业化方面，上汽在2006年北京车展上展出了基于荣威平台自主开发的混合动力轿车，这是国内第一款面向产业化自主研发的混合动力轿车，是一款中强混合的动力轿车，目前该款车型已经进入路试阶段，预计2008年实现小批量生产。

上汽股份已正式成立上汽汽车制造有限公司（简称"上汽汽车"），全面负责自主品牌乘用车体系的建设。上汽汽车的初期投资为36.8亿元人民币。在生产规划方面，将充分发挥存量资产作用，利用上海汽车仪征分公司的整车生产基地，同时在上海宝山和临港建立动力总成生产基地，建设规模为年产轿车及变型车12万辆和发动机17万台。在自主研发方面，上汽股份一方面投资18亿建立上汽工程研究院，利用已拥有的罗孚技术资产，开发具有国际竞争力的自主知识产权轿车和发动机。同时吸纳原英国罗孚公司的外方核心专家团队，协同韩国双龙技术力量，以我为主，有机整合国际资源，为自主品牌建设提供强有力的技术保证。上汽汽车的正式成立是上汽股份全面实施国际化发展战略的重要里程碑，它让企业以创新模式发展国际化自主品牌的进程全面提速，更将提升参与国际化竞争的核心竞争力。

六、上汽SAIC价值观

通过多年发展，上汽集团形成了SAIC价值观。SAIC既是上汽集团的简称，也是上汽集团的价值观（即：S, Satisfaction from customer，满足用户需求；A, Advantage through innovation，提高创新能力；I, Internationalization in operating，集成全球资源；C, Concentration on people，崇尚人本管理）。同时，还提出了与价值观相匹配的集团"四大工程"（即：用户满意工程、全面创新工程、全球经营工程、人本管理工程）作为操作平台。

面对中国汽车市场快速发展的机遇，上汽集团将致力于成为一家集先进制造业和现代服务业为一体的综合性产业投资和运营公司，上海汽车将努力成为一家具有核心竞争能力和国际经营能力的蓝筹汽车公司。

中国五矿集团公司

中国五矿集团公司成立于1950年,是以金属、矿产品和机电产品的生产和经营为主,兼营金融、房地产、货运、招标和投资业务,实行跨国经营的大型企业集团。2002年至2006年间,五矿集团稳步发展,营业收入逐年提高,在"中国企业500强"排行榜上的排名也稳步上升,从2002年的第32名跃升为2006年的第19名。至2006年五矿集团的资产总额已达550.93亿元,2006年全年集团营业收入为1 173多亿元,再创五矿新记录。中国五矿集团公司已伴随共和国走过半个多世纪的风风雨雨,改革开放前,长期扮演着国家金属矿产品进出口主渠道的重要角色,改革开放后,又顺应体制变革坚定地实施国际化发展战略,在海内外享有盛誉。在新的世纪里,中国五矿集团公司正以贸易为基础,集约多元,充分发展营销网络;以客户为中心,技术创新,积极提供增值服务;并努力发展成为提供全球化优质服务的企业集团。

一、五矿集团发展历程和组织结构

(一)发展历程

按照中央人民政府政务院的决定,1950年3月中国矿产公司成立。1952年9月中国五金电工公司成立,1955年7月更名为中国五金进口公司。1960年12月中国矿产公司与中国五金进口公司合并为中国五金矿产进出口公司,1965年8月更名为中国五金矿产进出口总公司。根据国家外贸体制改革的要求,1988年中国五金矿产进出口总公司与各省市、自治区五矿分公司全面脱钩。1992年经国务院批准组建的以中国五金矿产进出口总公司为核心企业的中国五矿集团,被国务院确定为全国首批55家企业集团试点和7家国有资产授权经营单位之一。1998年,中国五金矿产进出口总公司与外经贸部脱钩,转由中央大型企业工委管理。1999年,中国五金矿产进出口总公司被中央列为涉及国家安全和国民经济命脉的44家国有重要骨干企业之一,成为中央直管企业。为适应企业经营发展的需要,中国五金矿产进出口总公司从2004年1月18日起更名为中国五矿集团公司[1](China Minmetals Corporation)。

---

[1] 根据国务院国有资产监督管理委员会于2004年1月14日颁发的国资改革[2004]18号《关于同意中国五金矿产进出口总公司更名为中国五矿集团公司的批复》的文件。

改革开放前,五矿总公司只单纯做金属矿产品的进出口业务,并且由国家统负进出口贸易盈亏,在海外没有机构,仅有一些采购和销售渠道。改革开放后,一方面,五矿感到了开拓国际市场的迫切性;另一方面,随着外贸体制的改革,五矿的煤炭单独划出,而有色金属、钢铁、铁砂、废钢等也先后变为多家经营,公司进出口额急剧下降。在严峻的形势下,为了生存与发展,20世纪70年代末五矿果断地选择了寻求海外拓展的战略决策,成为同行中最早开始谋求海外发展的企业。

在之后的发展中,扩大出口仍然是公司发展的基础,五矿在抓好大宗传统商品出口的同时,开发更新换代出口产品;进口业务仍是公司发展的支柱,并树立以优质服务取信、以质量取胜的观念。同时,五矿的国际化经营迅速发展,海外业务的范围不仅涉及五金矿产品的中外贸易、第三国贸易,而且深入到轻工、粮油、化工、旅游、房地产、森林业、机械制造业等广阔的领域。五矿充分发挥其海外企业的优势,既为自身发展争取国际空间,又可以外带内,内外结合,实行多方位经营,力求综合性发展。

经国务院国有资产监督管理委员会和国家工商行政管理总局审核批准,中国五金矿产进出口总公司从2004年1月18日起更名为"中国五矿集团公司"。如今为了顺应经济全球化的大趋势,五矿集团正以建设国际化金属和矿业集团为目标,致力于构建完整产业链条,掌握关键资源,健全营销网络,提供增值服务,加快业务转型推动企业实现跨越式发展,努力发展成为综合化、国际化的提供全球化优质服务的企业集团。

中国五矿集团公司具有50余年的经营历史,其主业是钢铁、有色金属和矿产品贸易和资源开发,兼营金融、房地产、物流和招投标业务,还积极开展跨国经营。五矿集团曾长期发挥国家金属矿产品进出口主渠道作用,在海内外享有盛誉。改革开放以来,中国五矿集团公司顺应国家外经贸体制的变革,坚定地实施国际化发展战略,一业为主、多种经营,并在国内外进行广泛的实业投资,有效控制关键资源,经营规模和经济实力都大为提高,为企业的长远发展奠定了雄厚基础。1992年五矿被国务院确定为全国首批55家企业集团试点和7家国有资产授权经营单位之一,1999年又被中央列入首批44家涉及国家安全和国民经济命脉的国有重要骨干企业。

(二)组织结构

五矿集团通过深化改革加强管理,已形成了一套以战略管理为核心的集团管理体系,集团管理水平和风险防范能力明显提高。五矿集团的总部分为12个职能部门:总裁办公室、人力资源部、企业规划发展部、财务总部、投资管理部、审计部、法律事务部、资产管理中心、政工部、信息中心、行政事务管理部以及矿产资源部。

由于五矿集团富有远见的最早开始海外市场开拓,因此,至今已拥有全球化的营销网络。五矿集团麾下有许多各种类型的企业,在国内20个省区建有168家全资或合资企业,控股和参股14家国内上市公司;并且,2003年在香港成功收购了"五矿资源"和"东方有色"两家红筹股上市公司,在世界主要国家和地区设有50家海外企业,分支机构共218家(见表1)。

面对庞大的组织机构,五矿集团积极通过信息化渠道改善管理。2006年4月,在周中枢总裁的强力推动下,集团公司ERP项目正式启动。通过ERP系统的建设,运用信息化手段实现集团公司对所属各级企业的实施监控和管理,增加透明度,提高管理效率,优化资源配置,实现集中管控。

表1　　　　　　　　　　　　　五矿集团的组织结构

企业类型	国内企业	海外企业	合计
独资企业	12	17	29
直接控股企业	14	1	15
间接控股企业	21	13	34
直接参股企业	8	2	10
间接参股企业	19	5	24
其他或新增	94	12	100
合　计	168	50	212

数据来源：根据五矿集团网站相关资料整理。

二、五矿集团的发展战略

(一)五矿集团的竞争环境分析

五矿集团所涵盖的业务领域很广泛，其中最重要的是钢铁、有色金属和原材料三大业务，三者营业额之和占集团总营业额的90%以上，因此主要进行这三个方面的竞争环境分析。

从宏观环境来看。首先，世界经济和国际贸易的加速增长态势给中国的对外贸易提供了更为广阔的空间。同时，全球经济一体化使得生产资料、技术、劳动力的转移障碍相对减少，对中国的进口和出口提供了很好的平台。第二，我国正在进行经济结构战略性调整，自主增长机制逐步形成，市场机制作用明显增强，体制环境逐步优化，这些都对经济持续快速的增长起到积极的作用。第三，我国以2002年为起点的新一轮增长周期具有明显的重工业化特征，对能源及资源需求加大，并将推动钢铁、电力、有色金属、煤炭、交通运输等基础资源性产业进入一个较长时期的稳定增长阶段。这些都为五矿的未来发展提供了极佳的机遇。

环境中也存在一些不利因素。比如，我国外贸依存度相对较高，能源、重要原材料以及许多关键设备均依赖进口，经济发展受国际政治经济形势影响较大。面临日益激烈的国际竞争，许多国家加强了贸易保护，因此尽管我国进出口总体规模还会进一步增长，但某些产品也会受到一定限制。此外，我国对出口退税机制的改革促使了外贸体制的转变，促进了钢铁、有色金属及原材料等的出口贸易，但也会加剧这些行业的竞争。五矿集团是这些行业中的重要市场主体，当然也不能置身于事外。

主要竞争对手有中钢集团和中铁物资集团。中钢集团是我国主要钢铁生产企业的原料供应商和产品代理商，是中国最早"走出去"开发矿产资源的国有大型企业之一。中铁物资年均出口额超过5 000万美元，其优势主要体现在中国铁路背景和铁路专业产品集成经营能力。五矿集团开展钢材产品的进出口业务和国内贸易业务，是中国最大的钢铁贸易企业。尽管2004年上半年开始，由于钢材及各种原材料市场价格大幅度波动，国内外钢材价格倒挂，以及一系列相对紧缩政策的出台，使我国钢材进口总量大幅度降低。但2004年五矿钢材贸易量仍然接近1 100万吨，大大超过中钢（不足150万吨）和中铁物资（约200万吨），优势突出。

在有色金属方面,五矿集团是目前国内最具运作实力的资源型企业,在多种有色金属方面都具有绝对领先的综合供应和销售实力,其钨、锑等的资源控制力和供应能力已占世界首位,并拥有"专项铜"统一进口代理权,2004至2006年又进行了一系列的资源收购活动,大大增强了五矿控制关键资源的能力。中国铝业公司在以铝为核心的原材料开放及下游产品的加工方面居于国内垄断地位。目前,中铝公司已形成以铝为主的轻金属、以铜为主的重金属和以钼、钛为主的稀有金属三大有色金属业务板块,铜、钛、钼等产品产量去年均有不同幅度增长。中铝2006年销售收入1 055亿元,实现利税380亿元,2006年底的资产总额突破1 500亿元达到1 526亿元。中国有色矿业集团有限公司,是一家业务涵盖有色金属项目咨询服务、施工、采矿、选矿、冶炼、人员培训、金属加工、贸易等有色金属工业的全过程的国际矿业公司。它长期致力于在全球范围开发中国紧缺有色金属资源,是我国开发海外有色金属资源最多的企业,对外投资近3亿美元,已成为国内有色金属行业"走出去"的排头兵和领军企业。但其自身的资产实力和融资能力都与五矿和中铝相距甚远。

原材料包括焦炭、煤炭、铁矿砂等。焦炭方面,多家公司拥有出口权,中化公司、五矿集团、中钢集团和中煤集团的份额较大。煤炭方面,拥有出口权的四家公司是中煤集团、五矿集团、山西煤矿和神华集团,但各自出口范围互不重叠。中国五矿目前对南美地区煤炭出口额占全国的80%以上,对印度的焦炭出口额占全国的30%以上,是全国最大的冶金工业原材料集成供应商。铁矿砂的进口贸易竞争较为激烈,但已日益集中于国内大型钢铁集团、五矿集团、中钢集团等的手中。此外,五矿集团铁合金和耐火材料出口量,以及废船、废钢、钢坯、铁矿砂的进口量居全国前列,并形成集成贸易优势。

(二)总体战略规划

为在新世纪抓住新的发展机遇,2001年12月五矿集团开始实施新的发展战略:以贸易为基础,集约多元,充分发展营销网络;以客户为中心,依托资源,积极提供增值服务;使中国五矿成为提供全球化优质服务的金属矿产企业集团。

战略的具体实施包括三个方面:第一,确定合理的业务结构。划分业务板块和业务单元,各板块各单元实行专业化经营,解决了集团内部交叉经营和互相竞争的难题。如战略明确了集团以钢铁和有色金属为核心业务领域,其中钢铁业务重点向价值链的下游延伸,发展营销网络,有色金属业务重点向上游延伸,开发利用有色金属资源。第二,制定板块分战略。各板块、单元根据总战略分别制定各自的分战略和三年滚动发展规划,形成了完整的战略支撑体系。例如,有色金属业务发展战略的核心是"通过积极有效地开发有色金属资源,为客户提供有色金属及相关产品和增值服务,逐步实现由单纯的贸易商向以实业为依托的有色金属资源商的转型"。第三,建立发展战略管理机制。通过制定发展战略实施管理流程、每季度定期召开战略质询会、结合形势及时研讨应对策略与措施,确保战略实施更加富有成效。如此一来,新的发展战略始终把全面提升五矿集团的核心竞争力这一战略思想贯彻到战略管理的全过程,得到了全公司87%以上员工的高度认同,并转化成全体员工的共同奋斗目标。

未来几年五矿集团还将在以下几方面加大战略转型的力度。一是坚定不移地实施资源控制战略;二是发挥五矿遍布海内外营销网络的优势,同国内业界同行积极合作,为客户提供营销和增值服务;三是积极开展资本运营;四是集团走内涵式发展道路,谋求以经济效益不断提高为核心的规模扩大,实现五矿的稳定提升和持续发展。

三、五矿集团的经营状况

(一)五矿集团的经营概况

五矿集团经营各类商品和技术的进出口和国内贸易业务；国有资产授权经营、投资；国际货运业务；租赁、金融及保险业务；饭店、旅游等服务贸易；房地产业务；国际贷款项目和国内外工程、设备的招标、投标；承揽国际工程承包业务；信息服务、展览、广告、技术交流业务；法律、法规许可的其他业务。兼营范围包括：自营进口商品、易货换回商品、国内生产的替代进口商品及经营范围所涉及商品的国内销售（国家有专项专营规定的除外）；自有房屋租赁、管理。

为了提高核心竞争力,五矿集团正积极实施新的企业发展战略,把业务分为钢铁、原材料、有色金属、综合贸易、金融、房地产及服务六大板块,运输、招标二大单元,并实行以板块为中心的集中管理和经营。近年来五矿集团又加快了发展步伐,经济效益持续提高,知名度进一步扩大,促进了各项业务的持续健康发展,实现了国有资产不断增值的目标（表2）。

表2　　五矿集团营业收入及排名变化

年份	2002	2003	2004	2005	2006
集团营业收入(万元)	3 674 093	4 630 133	7 434 076	10 924 157	11 734 353
收入增长率	—	26.02%	60.56%	46.95%	7.42%
中国企业500强排名	32	29	22	17	19

资料来源：各年中国企业500强名单。

(二)五矿主要业务的经营概况

从2002～2004年来看,五矿集团的总经营额逐年上升,钢铁板块对总经营额的贡献超过了50%,是最重要的主营业务；原材料和有色金属比例均较大且不相上下,是经营的主要支柱业务；其他板块或单元所占比例较小且升降不一,其中金融板块比例上升迅速,值得关注；而钢铁、原材料和有色金属三大板块经营额之和占总经营额的比例超过了90%,使主业得到进一步的突出和加强,格外引人注目(表3)。这三大板块也因此成为五矿经营风险的主要来源。

表3　　2002～2004年度各板块业务经营额(万美元)占本公司总经营额的比例

各类主要业务	2002年 年经营额	2002年 占总经营额%	2003年 年经营额	2003年 占总经营额%	2004年 年经营额	2004年 占总经营额%
总经营额	500 193	100.00	813 917	100.00	960 953	100.00
钢铁板块	254 344	50.85	517 881	63.63	530 151	55.17
原材料板块	84 817	16.96	118 146	14.52	178 176	18.54
有色金属板块	126 569	25.30	128 514	15.79	174 079	18.12
综合贸易板块	13 954	2.79	17 098	2.10	23 245	2.42
金融板块	3 396	0.68	7 144	0.88	21 663	2.25

续表

各类主要业务	2002年		2003年		2004年	
	年经营额	占总经营额%	年经营额	占总经营额%	年经营额	占总经营额%
房地产合服务板块	3 192	0.64	2 719	0.33	3 689	0.38
运输单元	10 258	2.05	14 574	1.79	19 638	2.04
招标单元	3 663	0.73	7 841	0.96	10 312	1.07

数据来源：中国五矿集团公司2005年度第一期融资券发行公告。

对五矿而言，经营风险主要在于各类贸易商品的供应是否及时，因为质量和价格的高低会影响本公司的成交、合同履约和盈利水平。长期以来，五矿与国内外广大客商形成了良好和稳定的合作关系，保持了畅通的供销渠道，但随着市场变化而带来的供销渠道的变化，会给集团业务带来一定影响。此外，目前国家对部分出口商品实行配额管理和有偿招标的管理办法。各业务板块根据需要申请配额，配额是否得到，得到多少；中标率和中标价格的高低对集团部分产品的出口有所影响。

（三）五矿集团的国际化道路

20世纪70年代末，五矿集团在同行中率先"走出国门"，1979年在中国香港、美国、日本、联邦德国等地设立了代表处和子公司。1980年12月，五矿在美国成立了第一家海外企业，之后在美国、日本、英国等地陆续设立企业或机构。五矿采取扬长避短、逐步发展的策略，先从自己擅长的五金矿产品进口业务开始，积累经验，逐步扩展到其他领域，实行多样化经营，力求综合发展。在进口方面主要经营钢材、有色金属、铁矿砂、废船等；在出口方面除了五金矿产类商品之外，还积极推销轻工、食品、化工等类商品。五矿在进出口业务中，努力建立了有色金属寄售、来料加工、生产等业务的长期关系，保证了出口渠道的相对稳定。此外，还在伦敦金属交易所大胆尝试有色金属期货交易，取得了成功经验。

经过10多年的努力，五矿的国际化经营迅速发展，海外业务的范围不仅涉及五金矿产品的中外贸易、第三国贸易，而且深入到轻工、粮油、化工、旅游、房地产、森林业、机械制造业等广阔的领域。这些海外企业既按地区和业务进行分工合作又相互关联形成网络，为直接利用外资提供了便利，为出口提供了渠道。此外，这些海外企业还积极从国外引进新产品、新技术、新设备，促进国内相关产业的发展。

目前，五矿集团在日本、美国、巴西、澳洲、英国、南非等15个国家和地区设立了50家海外企业，在香港和南美成立了两家区域控股公司，构建了全球化的采购、销售网络。近年海外业务发展较快，2003年、2004两年都保持了30%以上的增长速度，但海外企业之间的协同效应还有待进一步发挥。

（四）五矿集团的多元化发展

除钢铁、原材料、有色金属之外，五矿集团还有综合贸易、金融、房地产及服务三大板块，以及运输、招标二大单元。五矿集团很早就试图突破原来的主业，走多元化的道路。

综合贸易板块在国内拥有40家全资或合资企业，在美国和欧洲设有4家直属和合资海外公司，主要经营铸铁制品、球墨铸铁管、管件、钢管、法兰盘及管配件，小五金、紧固件、铁钉铁丝、钢丝绳、电缆，各种手动、电动工具，机电设备，消费电子产品等商品的出口业务，远销世界120个国家和地区。

目前五矿金融板块以五矿投资发展有限责任公司为核心,整合集团内多家金融企业,组建五矿金融控股公司,拥有金融业务八大主要门类中的五大门类:租赁、保险、财务、期货、证券。租赁业务注册资本金达6亿元,主要从事融资租赁业务;金盛人寿保险公司在上海外资寿险公司中保费收入位居第四名;集团财务公司为集团公司提供结算、票据、委托贷款等金融服务;五矿投资发展有限公司全资和控股5家期货公司,合计市场份额居全国第二,在金属期货领域则稳居第一;间接控股的五矿证券经纪有限责任公司拥有国内一流的网络系统和交易系统,主要从事证券的代理买卖等业务。

五矿的房地产及服务板块以房地产开发、建筑工程承包和施工、物业管理为主业,兼营旅游、广告展览及服务业务。板块由五矿房地产公司、五矿物业管理有限公司、北京雅筑建筑安装工程公司、五矿服务公司、五矿国际广告展览公司和王府旅行社等企业组成,部分企业具有本行业国家一、二级专营资质。

五矿负责运输业务的是五矿发展股份有限公司所属的五矿国际货运有限责任公司和五矿船务代理有限责任公司。五矿货运公司经营有色金属、黑色金属、非金属矿产品等大宗散货、木材、液化石油气、大型设备的海陆空运输、集装箱运输,以及货运代理、仓储、配送、货运保险等业务。

五矿开展招标业务的机构是五矿发展股份有限公司所属的五矿国际招标有限责任公司。2002年12月五矿招标公司获得建设部工程招标代理机构甲级资格,由此具备了招标领域全部最高资质。五矿招标公司作为中国最早开展招标采购代理业务的公司之一,承担了大批世界银行、亚洲开发银行、日本国际协力银行等国际金融组织贷款,及外国政府贷款项下的国家和地方重点建设项目,以及政府采购、国债资金、企业自有资金等内资项目的招标采购工作,涉及交通、钢铁、通讯、市政、医疗、教育、纺织、电子、农业、环保等各个领域,创出了"五矿招标"的品牌。

由此可见,五矿集团的多元化已经相当成功了。五矿还为各业务量身制定了发展目标(表4),以各项业务的全面进步来推动五矿的多元化发展。

表4　　　　　　　　　　　　　　五矿集团各项业务的战略目标

钢铁	在保持中国最大钢铁贸易商地位的同时,发展成为中国最有实力的钢材分销商和增值服务商
原材料	从传统的原材料贸易商发展成为世界上最大的原材料供应系统集成商
有色金属	以市场为中心,以客户为导向,通过积极有效地开发有色金属资源,提供有色金属及相关的产品和增值服务,努力发展成为具有国际竞争力和可持续发展能力的资源型企业
综合贸易	以机电产品经营为主业,欧美市场为重点,海外分销中心为依托,电子商务为辅助,树立品牌观念,加强服务意识,发展成为全国最大的机电贸易企业
金融	吸引国际优秀人才,建立新业务平台,积极并购扩张,发挥协同效应,获取市场领先地位,通过10年努力,成为中国著名金融控股公司
房地产	以房地产开发和经营为主业,挖掘现有资源,争取在3～5年内发展成为同行业内有力的竞争者
运输	立足五矿,面向社会,加强口岸公司网络信息化建设,在做好传统运输、保险、货代业务及仓储、配送、加工等增值服务的基础上,不断创新,成为专业化的具有竞争实力的优秀第三方综合物流服务商。

续表

| 招标 | 以市场和客户为导向,以"公平、公开、公正"为原则,为客户提供优质的服务,努力成为中国招标行业的领先企业之一。 |

资料来源:根据中国五矿集团公司网站——五矿业务整理。

四、五矿集团的资本运作

(一) 五矿集团融资概况

五矿集团的融资存在明显的不利因素:首先,我国融资体制的不完善,银行贷款是企业融资最重要的渠道;其次,五矿集团的资产负债率一直维持高位(80%以上),不利于进一步采用负债融资。尽管如此,五矿集团的融资能力仍然较强,主要原因是:一方面五矿集团下面有部分上市公司,可以借此以实现更广泛的融资;另一方面五矿集团拥有大量的海外企业,因此海外融资成为五矿融资渠道的又一重要补充。

改革开放后,为了适应日益激烈的市场竞争的挑战,提高资产资本经营水平和重塑外贸企业新形象,五矿集团独家发起组建了上市公司——五矿发展股份有限公司。五矿发展由五矿集团下属的五矿钢铁、中国矿产、五矿贸易、五矿东方、五矿货运和五矿招标公司等六家全资子公司的资产和业务重组而成,这六家公司经营实力强,资产质量好,经济效益好,主要业务在国内具有显著的经营优势和行业领先地位。通过发行7 500万社会公众股,五矿发展公司共募集到6.24亿元。上市不仅增加了五矿的融资渠道,还加快建立现代企业制度的步伐,使公司体制更加符合市场竞争的要求。

1988年10月五矿在中国香港成立了企荣财务有限公司,由此开始了五矿集团的金融业务。为了适应不断发展的经营规模和开拓新投资渠道,五矿集团先后投资参股了香港第一太平银行;1988年与日本野村证券等合资设立了国际友联租赁有限公司,控股中国外贸金融租赁公司;1993年成立了集体财务公司;1998年与法国安盛集体合资成立了上海金盛人寿保险公司;五矿还投资参股证券公司,并拥有多家期货公司,金属期货交易量位居全国第二位;此外还有前面提及的子公司上市、商业票据和融资券的发行。2003年,五矿还在中国香港成功收购了"东方有色"和"东方鑫源"两家红筹股上市公司。值得称道的是,五矿收购"东方鑫源"后使其迅速扭亏为盈,东方鑫源于2005年8月4日起更名为五矿资源有限公司,8月12日起以新股份简称于香港联交所上市交易,五矿实现了借壳海外上市的梦想。

中国五矿集团公司还与国内外各大商业银行保持密切的合作关系,开展资金融通、结算业务。为拓宽国际直接融资渠道,从1996年开始,集团公司连续数年在美国成功发行和续发了共计6亿美元的商业票据,获国际权威信用评级机构好评;2001年,集团公司首获国际银团1亿美元3年期贷款。如果1996年五矿第一次发行商业票据是尝试性的,那么第二次就是"有备而来",1亿元的商业票据每年节省了五矿几百万美元的资金成本。在国内融资方面,五矿集团发行了一系列的短期融资券,如2005年第一期17亿元,2005年第二期2亿元,以及2006年第一期11亿元。

(二) 五矿的资源投资状况

顺应经济全球化发展的趋势,推行矿产资源全球化的战略……实现中国紧缺资源的全球配置是一项长期而十分重要的战略任务……这是中国走新型工业化道路的一个必然选择。五矿集团的战略关键之一就是要控制关键资源，因此资源投资就成为五矿投资的重点。在钢铁原材料领域，与邯邢冶金矿山管理局实现重组后，五矿集团拥有了年产270万吨的铁精矿生产能力，居全国独立矿山第一位，大大提升了集团在冶金行业的影响力；另外通过投资贵州铁合金、营口中板厂等项目，原材料货源供应稳定性明显提高。

在有色金属领域的一系列投资也取得了丰硕的成果。2004年五矿集团在九江白钨深加工项目中投资6亿元，销售收入达8亿元，成为修水史上投资规模最大、综合效益最好的工业项目。2004年9月五矿集团决定以现金方式，全额收购市值约55亿美元的诺兰达公司股票。这将是中国交易规模最大的海外并购案例，是加拿大矿业史上最大的收购案之一，同时也将创造中国企业利用大规模资本并购方式，争夺国际核心矿产资源的历史。2006年4月五矿参与甘肃省石酮沟银铅锌矿的开发。2006年五矿与全球最大的铜生产商——智利国家铜业公司Codelco携手开发智利铜资源，一期投资5.5亿美元成立合资公司，双方各占50%，最终合作项目的投资规模将达20亿美元，此举为我国这个世界上铜的最大消费国做出了重大贡献。

五、五矿集团的财务状况

（一）偿债能力分析

2006年末，五矿集团的总资产达到550多亿元，净资产近90亿元，均是2002年的两倍多。五矿集团历年总资产、净资产、资产负债率和速动比率[①]详见表5。图1和图2分别显示了各指标的变化趋势。

表5　　　　　　　　　　　　五矿集团资产规模及结构变化　　　　　　　　　　单位：百万元

年 份	2002	2003	2004	2005	2006
总资产	2 205 442.62	3 915 450.30	3 759 568.87	4 890 047.71	5 509 293.85
净资产	401 222.13	459 806.08	440 370.28	682 161.66	893 607.46
资产负债率	81.81%	88.26%	88.29%	86.05%	83.78%
速动比率	0.86	0.65	0.64	0.55	0.78

数据来源：根据中国五矿集团公司2005年度第一期融资券发行公告、2007年中国五矿集团公司短期融资券跟踪信用评级报告相关数据整理。

从表5可以看出，五矿集团的总规模逐年扩大，净资产也逐年增加，总资产增加的幅度略大于净资产。资产负债率始终很高，保持在80%以上，但在2003年和2004年达到顶峰后逐年降低，说明自有资本比例增加，运营风险和财务风险都得以缓和，资产结构有好转的趋势，整体偿债能力有所增强。速动比率先下降后上升，变化幅度较大，但始终较大，说明公司具有较强的短期偿债能力。

（二）盈利能力分析

表6显示了历年盈利能力指标的变化，可以看出，主营业务收入和主营业务利润均一直

---

① 速动比率＝速动资产/流动负债。

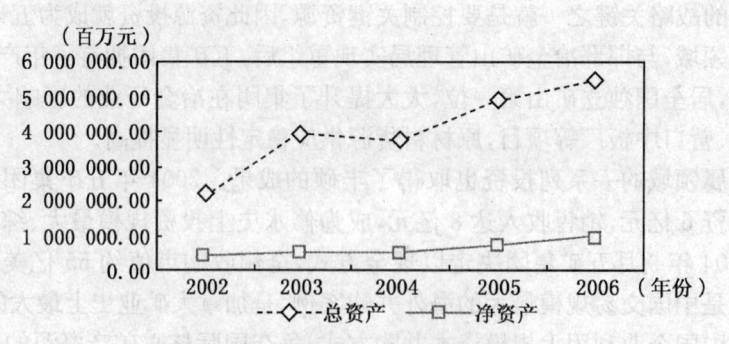

图1 历年资产规模的变化

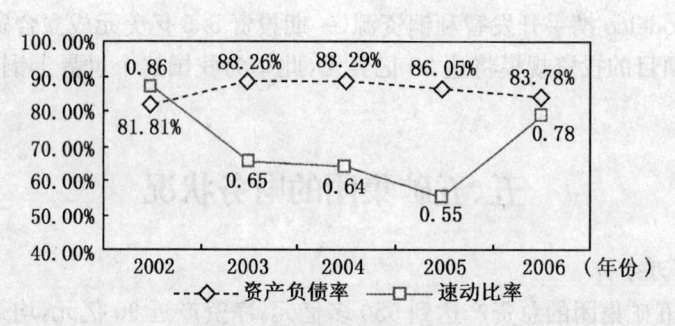

图2 历年资产规模的变化

攀升,其中2004年的增幅都非常大,2006年主营业务收入和主营业务利润均超过2002年的3倍,可见五矿主营业务的盈利能力持续快速提高。从图3来看,2003年至2006年主营业务利润率较为稳定,平均维持在5%以上,2004年甚至达到6.41%。可见五矿集团主营业务的盈利能力较强。2003年至2004年净资产收益率有一个大幅上升,从3.59%上升到19.90%,而后又逐步下降,但2006年也到达了10%的水平。五矿集团2004年~2006三年来的净资产收益率表现极其出色,达到了一个相当理想的水平。总资产收益率2003年到达谷底,2003年至2004年小幅上升,2005年、2006年又小幅下降,总体水平较低。因此总资产的获利能力不是很高,但2004年后比较稳定。此外,总资产报酬率与主营业务利润率发展趋势近乎一致,说明五矿的主营业务利润能够有效地转换为净利润和集团资产。

表6　　　　　　　　　　　　五矿历年盈利能力指标的变化　　　　　　　　　　　单位:百万元

年　份	2002	2003	2004	2005	2006
主营业务收入	3 620 654.89	6 901 441.99	9 409 004.59	10 262 457.58	11 059 732.21
主营业务利润	168 481.24	219 656.94	603 015.32	562 871.36	586 680.27
净利润	27 662.31	16 498.95	87 637.54	106 444.86	95 018.48
主营业务利润率	4.65%	3.18%	6.41%	5.48%	5.30%
净资产收益率	6.89%	3.59%	19.90%	15.60%	10.63%
总资产报酬率	1.25%	0.42%	2.33%	2.18%	1.72%

数据来源:根据中国五矿集团公司2005年度第一期融资券发行公告、2007年中国五矿集团公司短期融资券跟踪信用评级报告相关数据整理。

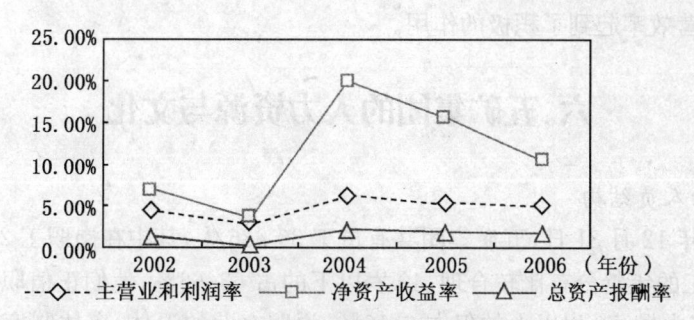

图3　五矿历年盈利能力指标变化

（三）经营能力分析

从表7和图4可以看出，2002年至2006年总资产周转率较低，变化趋势是先升后降，最高点是2004年的2.50，但升降幅度不大，且2004年后维持在2以上，这说明五矿的总体经营能力有所提升。应收账款周转率从2003年开始迅速提高，并且在2004～2006年始终维持高水平，均在28以上。五矿可能加强了应收账款的管理，采用了新的手段加快营业收入的回收，账款回收期迅速缩短且保持稳定，账款回收能力迅速增强。

表7　五矿历年经营能力财务指标的变化

年份	2002	2003	2004	2005	2006
总资产周转率	1.64	1.76	2.50	2.10	2.01
存货周转率	16.82	9.42	8.61	6.70	7.18
应收账款周转率	10.05	20.05	28.50	31.27	28.76

数据来源：根据2005中诚信对五矿的评级报告、2007年中国五矿集团公司短期融资券跟踪信用评级报告相关数据整理。

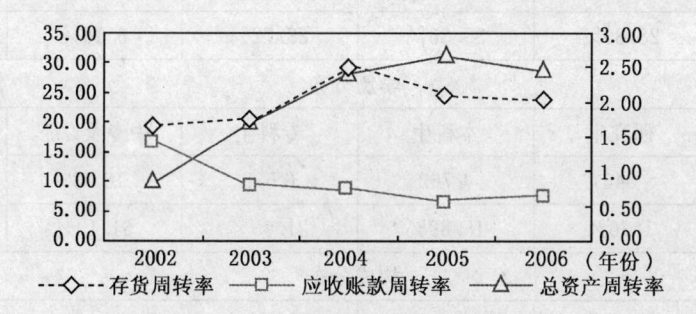

图4　五矿历年盈利能力指标变化

需要关注的是存货周转率的大幅下降。原因一方面是多元化导致存货总量的增加，更重要的原因在于钢材存货量的变化。五矿集团的存货主要是库存商品和在途物资，2004年底两者占存货的比例分别为64.81%和24.35%。五矿最大的存货部分是钢材，在钢材价格下跌时，钢材存货迅速增加，形成了许多逾期存货，导致存货周转率迅速降低。2006年2月钢材价格回升以后，五矿集团积极处理了钢材库存，全年处理逾期库存比例超过90%，年末存货余额共减少82.78亿元，从而促使存货周转率回升。存货余额的回落对于减轻资金压力、提高资产经营效率起到了积极的作用。

六、五矿集团的人力资源与文化

(一)五矿的人员结构

截至 2004 年 12 月 31 日,五矿集团共有员工 30 936 人,其中在岗职工 26 878 人。从表 8 来看,首先员工的年龄分布比较合理,40 岁以下的占 63.66%,他们正值职业发展时期,是企业发展的中坚力量;50 岁以上的仅占 6.16%,说明企业的退休、离休制度较为完善,有利于人力资源的更新。其次从构成分布来看,管理人员比例比较合理,工程技术人员接近 50%,这与五矿的业务技术含量较高有关。工程技术人员中研发人员仅有 63 名,比例很小,这与五矿以经贸为主业有关,所需的研发活动很少。销售是企业发展的重要环节,因此销售人员的比例或许需要进一步扩大。最后,学历分布似乎不甚理想,中专及以下的比例超过 60%,专科生的比例也大于本科生和研究生之和。这说明五矿员工的整体文化素质仍然偏低,应多引进高级人才,提供适当培训,尤其是提高操作层员工的整体素质,这对五矿集团进一步开拓国内市场和国际市场具有重要的意义。

表 8   五矿集团人员情况表

类别分布					
年末从业人数	年末职工人数	在岗职工	下岗职工	离休人数	退休人数
33 951	30 936	26 878	1 109	272	2 644
年龄分布					
总人数	29 岁以下	30~39 岁	40~49 岁	50~54 岁	55 岁以上
30 936	8 755	10 939	8 885	1 907	450
比例	28.30%	35.36%	28.72%	6.16%	1.45%
学历分布					
总人数	研究生	本科生	专科生	中专及以下	
30 936	546	4 762	6 698	18 930	
比例	1.76%	15.39%	21.65%	61.19%	
构成分布					
总人数	管理人员	工程技术人员	销售人员	专职审计人员	专职纪检监察人员
3 369	859	1 933	397	72	108
比例	25.50%	57.38%	11.78%	2.14%	3.21%

数据来源:中国五矿集团公司 2005 年度第一期融资券发行公告。

(二)五矿以人为本的精神

五矿集团努力摒除国企传统人事管理中的不良因素,致力于积极打造适应企业发展需要的人才队伍。如今,五矿集团已拥有一支高素质的员工队伍,他们知识全面、勤奋努力、富有朝气。2002年6月,五矿集团全面推进人事制度改革,贯彻落实了人员定岗定编方案,迈出了人事制度改革的关键一步。改革主要体现在以下方面:一是制定职工行为守则,用企业的经营方针、发展目标激励职工;二是改革内部管理和分配制度,进行薪酬体制改革;三是建立集团公司领导民主接待日制度,经常听取职工意见,及时化解矛盾与问题;四是加强职工培训,组织开展联欢会、运动会、书画展、演讲比赛等文化体育活动,陶冶职工情操,增强队伍凝聚力;五是在大到公司发展规划小到食堂管理等各方面让广大职工参与工作或进行讨论,使员工主人翁地位得到体现,对公司更加具有归属感和责任感。这些都体现了五矿以人为本的精神。

(三)五矿的企业文化

五矿集团是与共和国共同成长起来的,五矿文化与其特定时期的历史使命息息相关。新中国成立初期,百废待兴,五矿承担着迅速和发展国家经济建设的重任,树立了为国家和社会创造财富的价值观;改革开放初期,经营体制转变所带来的外贸经营权的分散、总分公司关系的脱离等让五矿的经营面临了严峻的挑战,五矿努力培养了临危不惧、与时俱进、勇于开拓的精神;20世纪90年代以来,五矿向多功能、国际化、集团化的方向发展,始终坚持诚信经营的原则,长期的努力终于塑造了信誉卓著的企业形象。

五矿集团的经营理念是:珍惜有限,创造无限。运营与发展所需要的人、财、物、技术、管理手段,以及文化、品牌、形象等都是五矿集团赖以生存和发展的宝贵资源。五矿树立了有形资产与无形资产并重的思想,积极建设学习型组织,努力树立良好形象,并注重管理方式的"以人为本",这些或许就是五矿文化建设成功的原因所在。当然,五矿文化建设也有不足之处,如国有股份制企业的性质可能容易使企业文化带有政治的色彩和烙印,再如目前五矿很多员工对企业文化的认识并不深,还停留在口号、标识的水平,因此企业文化还难以很好激发员工与企业共同成长的热情。此外五矿的文化建设中宣传业绩多而忧患少,为了更好的应对日益激烈的竞争,还需要提倡居安思危的思想。我们期待五矿能克服这些弱点,建设更强大、更富有生命力的企业文化,推动五矿走向更加辉煌的明天。

中国铁道建筑总公司

中国铁道建筑总公司(以下简称中国铁建)是由国务院国资委管理、具有工程总承包特级资质、拥有对外经营权的国有特大型建筑企业集团。2006年,中国企业500强排名第20位,世界企业500强排名485位。中国铁建以工程承包为主业,集勘察、设计、投融资、施工、设备安装、工程监理、技术咨询、外经外贸于一体,经营业务遍及除台湾省外全国31个省市(自治区)、世界20多个国家和地区。企业总资产820亿元。中国铁建连续9年入选全球225家最大承包商,2006年排名第7位。

一、中国铁建发展历程

(一)发展简史

中国铁建的前身是中国人民解放军铁道兵,组建于1948年7月。1984年1月,按照党中央决定和国务院、中央军委命令,铁道兵全体官兵整建制集体兵改工,为中国铁道建筑总公司(见表1)。1984年以来,中国铁建获国家科技进步奖23项、省部级科技进步奖182项、省部以上设计奖61项;取得国家专利131项、国家级工法57项、中国詹天佑土木工程大奖13项、中国建筑工程鲁班奖47项;获国家优质工程68项、省部级优质工程491项。中国铁建在关键技术领域领先行业,部分行业尖端技术居世界领先地位。中国铁建是目前国内惟一拥有磁悬浮轨道技术自主知识产权的企业。

表1　　　　　　　　　　　　　企业名称变更时间表

序　号	时　间	名　称
1	1948.7～1949.5	东北人民解放军铁道纵队
2	1949.5～1954.3	铁道兵团
3	1954.3～1983.12	中国人民解放军铁道兵
4	1984.1～1989.7	铁道部工程指挥部
5	1989.7～2000.9	中国铁道建筑总公司(隶属铁道部)
6	2000.9～2003.3	中国铁道建筑总公司(隶属中央企业工委)
7	2003.3	中国铁道建筑总公司(隶属国务院国资委)

截至2005年底,中国铁建有经建设部核准的施工总承包特级资质企业19家,施工总承包一级资质企业73家,专业承包一级资质企业26家;公路工程施工总承包一级资质企业62家,市政公用工程施工总承包一级资质企业79家,房屋建筑工程施工总承包一级资质企业40家,铁路工程施工总承包一级资质企业17家,水利水电工程施工总承包一级资质企业15家;经建设部审核批准的项目经理6 000余人,其中国家一级项目经理3 987人,国家一级执业资格建造师4 000余人。总公司本级及110多家下属企业通过了ISO9000系列标准质量体系、ISO14000标准环境管理体系和OHSAS18000标准职业健康安全管理体系认证。所属中铁建设集团有限公司获2005年中国质量管理协会颁发的全国质量管理奖。

(二)所有制结构和组织结构

1. 所有制结构

从1999年至2003年2月,所属10个工程局和4个直属企业相继完成了公司制改革,初步建立起现代企业制度,其中有二个企业完成了股份制改造。已改制企业的资产总额占资产总额的96%。在全部改制企业中,国有股占全部股本的57.20%。通过改制,按政策处理了不良资产6.7亿元,消化结余40多亿元。其中,19.46亿元划转为国有股权,19.54亿元划转为职工股。改制企业普遍实行员工持股,建立了职工持股会,职工持股会在公司总股本中所占比例为10%~49%。

2. 企业组织架构

总公司下辖22个集团公司(公司)、4个设计院、1所院校。现有各级各类党组织7 024个,其中党委1 058个,党支部5 668个;现有党员92 826名,其中在职党员71 215名。下属27个企(事)业单位,其中中铁11至25局集团有限公司、中国土木工程集团公司、中铁建设集团有限公司和铁道第一、第四勘察设计院、上海城市轨道交通设计研究院、铁道建筑研究设计院为骨干企业。队伍分布在全国除台湾以外的31个省、市、区和境外十几个国家和地区。总公司与全国各地的下属单位党组织具有隶属关系,实行总公司党委和所在省、市党委双重领导,以总公司党委领导为主的体制,保持了组织健全、垂直领导、上下一体的管理体系。①

二、中国铁建发展战略

(一)竞争环境分析

1. 国内经济环境

2003年以来,我国全社会固定资产投资快速增长。2003年全社会固定资产投资55 566.61亿元,名义增长率为27.7%,剔除价格因素后实际增长率为24%,为1996年以来的最高水平;新开工项目超过12万个,同比增加1.1万个;计划总投资3.8万亿元,同比增长54.7%。分内容来看,基本建设投资22 908亿元,占41.23%;更新改造投资8 625亿元,占15.52%;房地产开发投资10 154亿元,占18%~27%,三者合计为41 657亿元,约占全社会固定资产投资的75.02%。投资规模持续扩大,建筑业应该说是最大的受惠者之一。

---

① 资料来源:中国铁道建筑总公司网站。

目前我国的城市化率是39.1%,城镇化意味着大量的农村人口转为城市居民,意味着需要进行大量包括城镇住宅、城市商业、市政基础在内的建设,在未来10年乃至更长的一个阶段内,中国城市发展导致对建筑市场的需求将保持旺盛态势。目前,中国建筑市场已成为全球第三大市场,并且正处在一个加速发展的时期。

2. 建筑行业总体

2005年,中国建筑业结构调整步伐加快,生产方式变革逐步展开,市场竞争仍然激烈。全国建筑业企业全年完成建筑业总产值达到34 745.79亿元,比上年增长19.7%;完成竣工产值22 072.96亿元,增长8.9%;实现增加值10 018亿元,按可比价格计算比上年增长11.9%。

2006年,以国家重点项目建设、城市公共交通等基础设施建设、房地产开发、交通能源建设、现代制造业发展、社会主义新农村建设为主体的建筑市场呈现出勃勃生机;长三角、珠三角、环渤海湾区域建设、西部大开发、东北工业区振兴仍然是最为繁荣的建筑市场;发达地区的建筑业生产水平和能力的强势地位进一步巩固、发展;大中型建筑业企业的结构调整进一步深入开展;对国外建筑市场的开拓快速发展,市场层次和区域范围更加优化。

(二)在市场竞争中的地位

中国铁道建筑总公司在经营规模、经济效益、综合实力等方面,在国内建筑行业中位居前列。主营业务为铁路、公路、桥梁、隧道与地下工程、地铁与城市轨道交通、水利、电力、机场、港口、矿山、市政、工业与民用建筑等工程的设计、施工、设备安装、工程监理和技术咨询等,同时进行机械制造、建材生产、物资贸易、新线铁路运输等多元经营,并参与国际市场竞争,承包国际工程项目。财政部公布的2002年中央企业经营绩效评价结果,中铁建为76.3分,进入良好行列;在100亿元以上资产的61户中央企业中排第14名,在100亿元以上资产的大型建筑企业中排第1名。总公司和所属子公司现拥有工程总承包特级资质12家占全国工程总承包特级资质企业107户的九分之一。近六年连续入选美国《工程新闻纪录》(ENR)全球225家最大工程承包商。2002年全球225家承包商排名第18位,在入选的18家中国企业中排名第2位。2002年度中国企业500强中排第30名。2003年新签合同额1 098.67亿元,其中工程施工部分1 021.43亿元,同比增长89.43%;完成总产值688.53亿元,同比增长48.49%;预计可实现利润7亿元。2004年新签合同额800亿元,与2003年预计完成相比,实现增长2.6%;完成营业额700亿元,与2003年预计完成比,增长16%;实现利润7.3亿元,与2003年预计利润比,增长8.9%;国有资产保值增值率达106%;净资产收益率增长3.54%;成本费用总额占主营业务收入比率达98.81%;应收账款周转增长率6.77%;人均收入实现增长12%。[①]

(三)四大战略转变

中国铁建以理念更新推进自主创新,而技术进步则有力地带动了四大战略转变。

一是打造核心竞争力,从低层次竞争向占领高端市场转变。中国铁建以承建大、难、险、高、精、尖工程项目为目标,使企业占领高端市场。截至2005年底,共取得国家科技进步奖23项、国家专利131项,创建了一大批精品名牌工程,获得中国建筑工程鲁班奖47项、詹天佑土木工程大奖13项。

---

① 资料来源:中国铁道建筑总公司财务部网站。

二是拓展竞争领域，由单一的修建铁路向全方位占领建筑市场转变。中国铁建向高速公路、水电、机场、工业和民用建筑拓展，走出了一条主业突出、多元发展的路子。截至目前，累计修建铁路 32 544 公里；设计的铁路干线占全国铁路网的 3/5；参建机场 21 个；参建水利电力工程 132 项；高等级公路和高速公路 18 000 公里；建筑房屋 3 541 万平方米。

三是实施"走出去"战略，由单一国内经营向占领两个市场、利用两种资源转变。2005年 10 月，中国铁建中标土耳其安卡拉至伊斯坦布尔高速铁路项目二期工程全部两个标段，项目总金额约 12.7 亿美元，是中国公司迄今中标的最大的国际工程总承包项目。

四是积极稳妥地开展资本经营。利用资本市场，中国铁建跳出"打工式"施工承包经营模式，初步实现了建筑企业经营方式的战略性转型。截至 2005 年底，公司资本经营项目投资总规模 363.49 亿元。

三、中国铁建生产经营状况

（一）生产经营概况

中国铁道建筑总公司在经营规模、经济效益、综合实力等方面，在国内建筑行业中位居前列。

2003 年公司资产总额 524.9 亿元，负债总额 392.32 亿元，资产负债率 74.7%；所有者权益 94.08 亿元。企业负债率较高的原因在于：建筑企业历史上自有资金就很少，即使是国有企业，流动资金也微乎其微；随着行业规模的扩大，企业只有扩张经营规模才能维持正常运营，在过去 10 多年的时间里，企业的经营规模普遍得到了大规模扩张，有的甚至扩大了几十倍、上百倍，但企业的自有资本积累却由于行业竞争激烈，利润水平低，得不到相应的扩张，企业只能大量举债，而大量的资金成本支出，反过来又加剧了企业的负担，影响企业积累，如此恶性循环，造成了全行业资产负债率居高不下的局面。

（二）经营管理

近年来，中国铁道建筑总公司紧紧围绕体制创新、技术创新、管理创新积极推进建立现代企业制度和企业重组、结构调整，取得了较好的成果。

1. 抓住国家对铁路施工企业改制时的政策机遇，积极推进所属单位的公司制改革

从 1999 年至 2003 年 2 月，所属 10 个工程局和 4 个直属企业相继完成了公司制改革，初步建立起现代企业制度，其中有 2 个企业完成了股份制改造。已改制企业的资产总额占资产总额的 96%。在全部改制企业中，国有股占全部股本的 57.20%。通过改制，按政策处理了不良资产 6.7 亿元，消化结余 40 多亿元，其中，19.46 亿元划转为国有股权，19.54 亿元划转为职工股。改制企业普遍实行员工持股，建立了职工持股会。职工持股会在公司总股本中所占比例为 10%～49%。近年来，子公司分红最高的达 10.98%。

2. 制定公司制法人治理结构运作机制指导意见，逐步规范和完善现代企业制度

2002 年，在广泛、深入调查研究的基础上，总公司、总公司党委制定下发了《关于公司制企业法人治理结构运作机制若干问题的指导意见》和《公司制企业领导人员管理暂行办法》等 4 个配套文件，推进了改制公司法人治理结构的规范运作，使改制公司的运作逐步得以规范。

3. 制定和推行企业效绩评价体系，努力使评价经营管理者效绩的工作做到客观公正

2002年,在深入调查研究的基础上,公司制定了企业内部绩效评价暂行办法。把财政部通用评价体系和企业内部的评价指标相结合,形成了公司内部的评价体系。2003年一季度,总公司组织5个绩效评价工作组,对所属19家企业2002年度经营效绩进行了考核评价,依据效绩评价结果,在总公司2003年工作会议暨党委一届五次全委(扩大)会议上,对50名企业董事长、党委书记、总经理进行了奖罚兑现,最高的奖金23万元。下一步公司还将对绩效考核评价办法和奖励办法进行修订,使之不断完善。

4. 进行企业内部结构调整和资产重组,使吃"财政饭"单位都变成真正的企业

2001年11月底至2002年上半年,总公司进行了覆盖全系统的资产重组,主要是把原由公司直接管理的一些靠吃总公司"财政饭"直属单位都变成企业交由控股子公司管理。此次调整和重组,精干了主业,减少了管理跨度,盘活了存量资产,关闭了长期亏损、扭亏无望的小屯水泥厂。

5. 与中国土木工程集团公司实施重组,增强国际竞争力

为进一步增强公司国际竞争力,使海外经营能力和规模得到跨越式的发展,2003年9月3日,在建设部和国资委的领导下,国资委下发了《关于中国铁道建筑总公司与中国土木工程集团公司实施重组的批复》,同意中国土木工程集团公司自2003年1月1日起无偿划转到中国铁道建筑总公司,标志着总公司与中国土木工程集团公司成功实施重组。

6. 接收铁道部第一、四勘察设计院等20户企业的国有产(股)权,完善了公司的产业链和地域布局,提高了公司的整体竞争力

铁道部第一、第四勘察设计院等11户国有独资企业的国有产权和有关铁路局持有的哈尔滨铁路建设集团有限责任公司等9户企业的国有股权无偿划转中国铁道建筑总公司,标志着铁道部第一、四勘察设计院等20户企业正式划转中国铁道建筑总公司。

7. 确定了划转总公司管理的原铁路局设计施工单位重组整合方案,进一步提升划入企业参与市场竞争的能力

为促进资源优化配置,调整经营布局,提高公司整体竞争力,进一步提升划入企业参与市场竞争的能力和抗风险能力,2006年2月3日,总公司、总公司党委决定对划转总公司管理的原铁路局设计施工单位进行重组整合,并从原工程局集团中划出8个工程公司,新组建中铁二十一至二十五局集团有限公司和上海铁路城市轨道交通设计研究院并将原铁路局直属的设计院分别划转铁道部第一、四勘察设计院和铁道建筑研究设计院。中铁二十一局集团有限公司本部设在兰州市、中铁二十二局集团有限公司本部设在设在北京市。中铁二十三局集团有限公司本部设在成都市、中铁二十四局集团有限公司本部设在上海市、中铁二十五局集团有限公司本部设在广州市。目前,新组建的5个局集团有限公司正在积极筹备。这次重组整合涉及的单位29个,涉及资产总额合计约140亿元,设计在职职工人数合计约7万人。是中国铁道建筑总公司历史上最大规模的重组整合。

8. 积极参与施工总承包和建设管理项目,建设综合承包型企业集团

以2002年完成企业总产值为例,铁路占28.8%,其他71.2%来自公路、工民建、地铁与城市轨道交通、市政、水利、电力、机场、港口、矿山、通讯、环保和设备制造、建材生产、物资贸易等领域。以2003年新签合同为例,铁路工程199.57亿元,占19.57%;公路工程485.94亿元,占47.57%;水利水电工程40.27亿元,占3.94%;工业与民用建筑100.03亿元,占9.8%;城市轨道交通工程26.59亿元,占2.6%;市政工程92.91亿元,占9.07%;其他工程

76.91亿元(其中,施工总承包12亿元,建设管理34.3亿元),占7.48%。①

四、企业财务状况分析

选择同行业上市公司的2003年到2005年的财务数据作为比较,进而对中国铁建的财务状况进行分析,对于严重异常的数据,在计算该年度财务指标平均值时剔除了其指标。

(一)偿债能力分析

从2003年到2005年,中国铁建和上市公司行业平均的速动比率的变化曲线见图1。在整个时期内,中国铁建的速动比率持续下降,2005年为0.79。该指标的同行业平均水平走势同中国铁建相似,2003年到2005年持续下降。2003年和2004年,中国铁建该项指标低于行业平均水平,但逐步接近行业平均水平,2005年中国铁建该项指标高于行业平均水平,表明中国铁建资产流动性逐步加强,短期借款占负债总额逐渐减少,偿债压力降低。

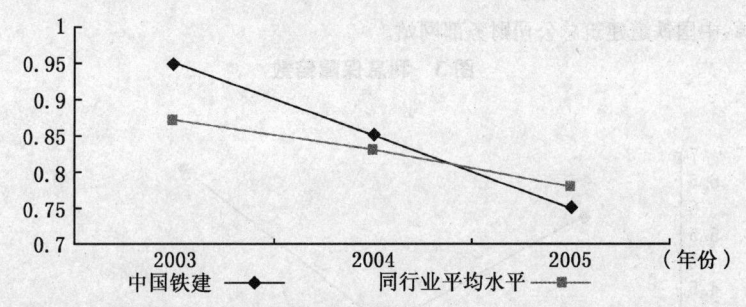

资料来源:中国铁道建筑总公司财务部网站。

图1 速动比率图

从2003年到2005年,中国铁建和上市公司行业平均的资产负债率的变化曲线见图2,该指标反映了中国铁建的相对负债水平。从图中可以看出,中国铁建的负债比率持续上升,从2003年的76.35%上升到2005年的82.14%。且中国铁建的资产负债率一直高于上市公司平均水平,体现出近期中国铁建长期债务压力较大。

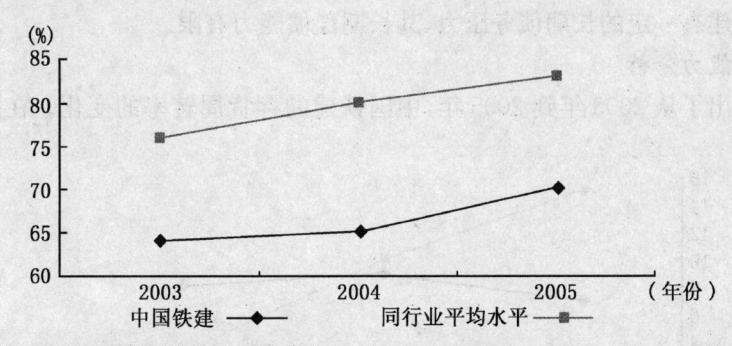

资料来源:中国铁道建筑总公司财务部网站。

图2 资产负债率

---

① 资料来源:中华人民共和国建设部网站。

再分析中国铁建的利息保障倍数和现金流动负债比(图3和图4)。中国铁建的利息保障倍数指标从2003到2005年呈平稳下降趋势,且一直远低于行业上市公司平均水平。这体现了其偿债能力相对较弱,且有下降趋势。中国铁建现金流动负债比如图4所示,从图中可以看出2004年该指标急剧下降,其后又急剧上升,2006年达到6.56%,由此可看出其长期偿债能力有所好转。

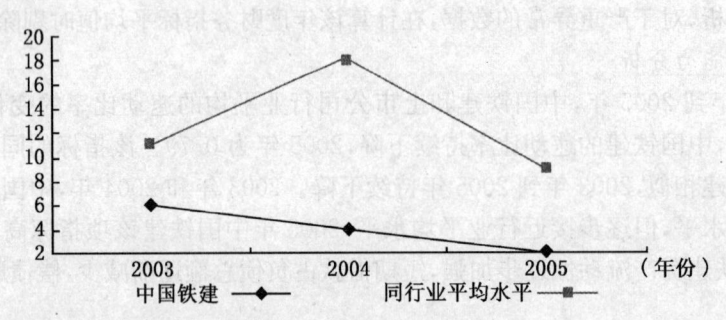

资料来源:中国铁道建筑总公司财务部网站。

图3 利息保障倍数

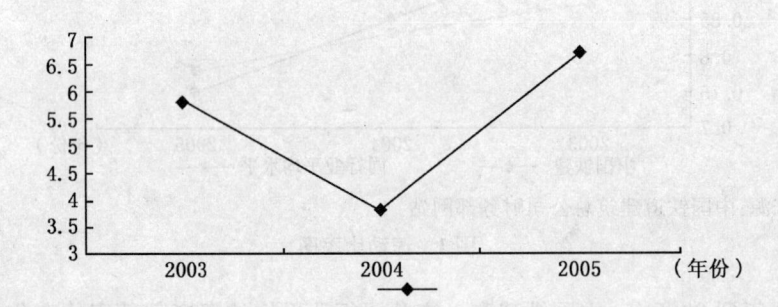

资料来源:中国铁道建筑总公司财务部网站。

图4 现金流动负债比

综合以上分析,中国铁建流动性较强,短期借款占负债总额比重较低,短期偿债压力较小。但中国铁建有一定的长期债务压力,其长期偿债能力有限。

(二)经营能力分析

图5中列出了从2003年到2005年,中国铁建的存货周转率的变化。在同期的行业上

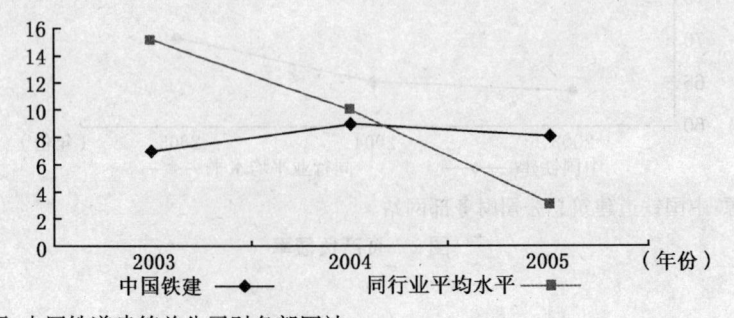

资料来源:中国铁道建筑总公司财务部网站。

图5 存货周转率

市公司存货周转率总体持续下降的情况下,中国铁建的存货周转率保持平稳。中国铁建的该项指标在2003年和2004年一直低于行业平均水平,但随着行业平均水平的下降,公司该项指标与同行业差距减小,且在2005年高于行业平均水平,表明中国铁建的经营能力一般,但近年逐渐加强。

图6中列出了从2003年到2005年,中国铁建的应收账款周转率的变化。中国铁建应收账款周转率从2003年至2005年持续上升,一直高于行业平均水平,且差距逐渐加大,表明中国铁建的经营能力较好。

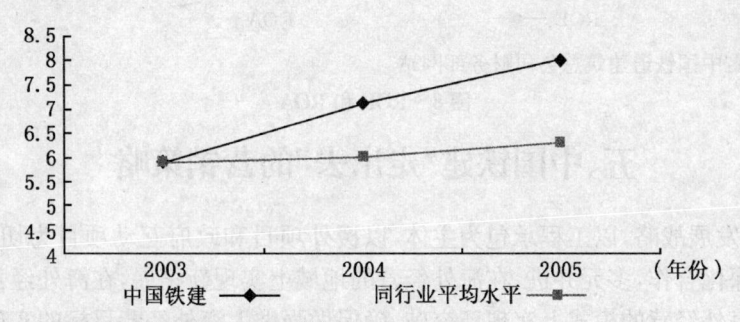

资料来源:中国铁道建筑总公司财务部网站。

图6 应收账款周转率

综合以上分析,该集团目前各项经营性资产运营情况较好,经营能力逐步加强。

(三)盈利能力分析

图7中表示了从2003年到2005年,中国铁建和上市公司行业平均的主营业务利润率的变化曲线。中国铁建2003~2005年主营业务利润率分别为7.41%、7.22%和8.06%。从图中明显可见,中国铁建的主营业务利润率一直远低于同行业平均水平,表明中国铁建盈利能力较差。

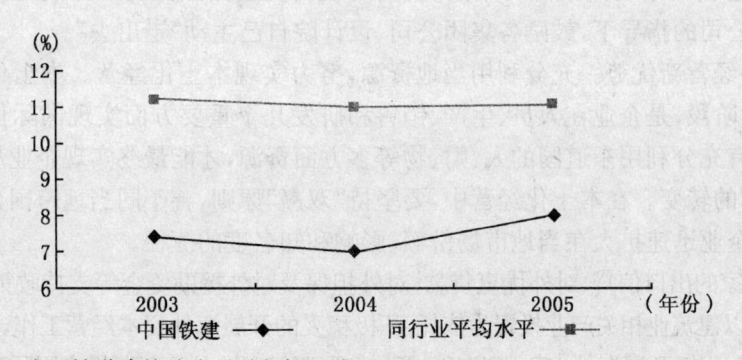

资料来源:中国铁道建筑总公司财务部网站。

图7 主营业务利润率

从图8中可以看出,从2003年到2005年,中国铁建的ROE在2004年急剧增长,在2005年略有下降,ROA从2003年至2005年持续稳定增长。这表明中国铁建的盈利能力在2003至2005年中逐步加强。

综合上述分析,中国铁建近三年整体盈利能力较差,但近年来逐步加强。

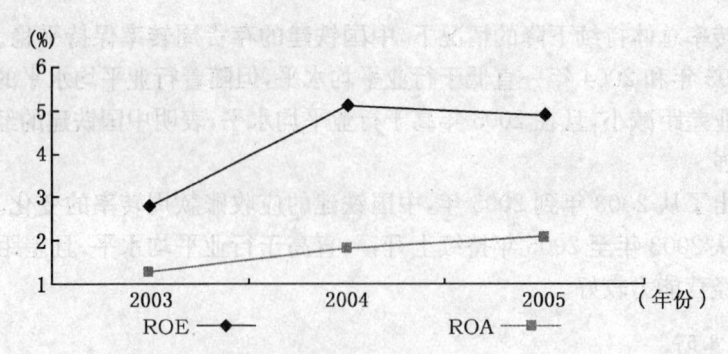

资料来源:中国铁道建筑总公司财务部网站

图8 ROE和ROA

五、中国铁建"走出去"的营销策略

实施全球发展战略,以工程承包为主体,以援外项目和政府互动项目为切入点,以大型项目为依托,深化合作,多元并进,在海外经营的地域上实现新拓展,在海外经营的领域上实现新跨越,在海外经营的模式上实现新突破,确保做强做大海外经营目标的实现。

在经营地域上,以总公司系统现有海外市场为基础,立足港澳、中东和非洲,扩展亚太及周边国家,开拓欧美,形成海外经营新格局。

在经营领域上,以工程承包为主体,进一步做强做大主业,大力承揽海外铁路、公路、桥梁、隧道与地下工程、水利、电力、机场、港口、矿山、市政、工业与民用建筑等工程项目;大力发展与主业相关的劳务、贸易、旅游、实业等多元化经营;积极稳妥地开展资本经营。

在经营模式上,一是发挥总公司集团优势,组织实施重大项目;二是以援外项目、政府互动项目为海外经营的切入点,降低企业经营风险,实现滚动发展;三是以优势互补、强强联合为目的,组建总公司系统内集团与集团、集团与设计院或国际大公司之间的海外经营联合体;四是在总公司的指导下,鼓励各集团公司、设计院自己主动"走出去"。

打造海外经营新优势。充分利用当地资源,努力实现本土化经营。本土化是企业国际化进程的必然阶段,是企业在人员、生产、销售和研发几个重要方面实现国际化转变的必由之路,企业只有充分利用东道国的人、财、物等多方面资源,才能最终实现企业从中国企业向"东道国企业"的转变。在本土化经营中,要坚持"双赢"原则,善于同当地跨国公司或知名企业联姻,这是企业迅速扩大在当地市场份额、影响和知名度的捷径。

利用好国家的出口信贷、对外优惠贷款、对外担保及对外援助资金等支持政策,稳妥实践海外资本经营。以建筑业相关产业投资为依托,积极稳妥的开展海外资本经营工作,充分利用买方信贷、卖方信贷,积极开展海外BT、BOT、BOOT等项目的运作,从而不断提高国际竞争力。

依托工程承包主业,努力实现"一业为主、多种经营"。海外经营中,在充分发挥工程承包主业的同时,要积极开拓与主业相关的诸如贸易、劳务、旅游等其他经营领域,促进多元化经营的发展。依托工程承包带动技术、设备、材料和产品出口,大力发展国际贸易。通过整合主业,选择所熟悉的副业,以主养副,以副促主,做到一业为主、多种经营、主业强、副业活,从而实现海外经营多元化,有效地分散经营风险。①

---

① 资料来源:中国建设部网站。

六、中国铁建文化

(二)企业理念识别系统

1. 企业目标

建筑业排头兵,国际化大集团。中国铁建的奋斗目标是:在21世纪中叶成为中国建筑业的排头兵和具有国际竞争力的跨行业、跨区域、跨国经营的国际化大集团。

2. 企业精神

不畏艰险、勇攀高峰、领先行业、创誉中外。中国铁建的前身是中国人民解放军铁道兵,曾经创造了名垂史册的辉煌业绩,形成了"逢山凿路,遇水架桥,铁道兵前无险阻;风餐露宿,沐雨栉风,铁道兵前无困难"的铁道兵精神。在新的历史时期,这支队伍发扬铁道兵特别能战斗的精神,与时俱进,勇攀高峰,再创新业,努力做大作强企业,拓展两个市场,实现领先行业,世界一流,在国际竞争中永立不败之地。

3. 企业价值观

诚信、创新永恒、精品、人品同在。中国铁建的核心价值理念是创新和诚信,以创新为根本动力推进企业发展,以诚信为最大智慧赢得天下用户;中国铁建的最高价值取向是造就对人类和自然充满关怀的建筑艺术品和高素质的员工队伍,精品人品两位一体,缺一不可,使建筑产品人格化。

4. 企业管理方针

以人为本、诚信守法、和谐自然、建造精品。以人为本是总公司管理思想的立足点;诚信守法是总公司积极倡导和坚持的工作理念;和谐自然是现代建筑企业必须坚持的理念;建造精品是总公司生产经营活动的根本目标和质量要求,是立足社会、回报社会和满足用户的基本要求。这一管理方针是总公司苦练内功增强凝聚力的指导思想,更是总公司现代企业管理思想、管理原则、管理艺术、管理目标的集中体现。

(二)企业视觉和行为识别系统

企业标识释义:由蓝色的地球、红色的总公司英文缩写以及黑色的公司中文缩写三部分组成。蓝色的经纬交织成的地球北京,表明了总公司的战略定位为全球知名企业,总公司的目标市场是全球市场。红色的"crcc"艺术设计为一列高速列车形状,其含义一是体现了总公司的主营业务领域和主要的市场焦点是铁路建设市场;二是体现了总公司不断开拓、锐意进取、不畏艰险、勇往直前的企业精神;三是体现了总公司紧跟世界潮流,在把总公司建设成为国际知名承包商的道路上孜孜追求,勤奋探索、不断前进的形象;四是高昂的车头寓意着总公司光明的发展前景,给人一种奋发向上、勇于攀登、争取成为世界火车头的形象,充分展现了中国铁建人意气风发、志存高远的精神风貌。

行为识别是企业识别系统(CIS)中的"做法",是企业理念付诸有计划行为的方式。它是企业员工如何履行职责的行为规范。它在组织制度、管理培训、行为规则、公关礼仪等方面表现出来,使抽象的理念化为有形的行为。[1]

---

[1] 资料来源:中国铁道建筑总公司网站。

中国建设工程总公司

中国建设工程总公司(以下简称中建总公司)成立于1982年,当年完成主营业务收入12.48亿元,2005年完成主营业务收入1 157亿元,跨入了世界500强企业行列。世界第一高楼上海环球金融中心工程、欧洲第一高楼俄罗斯联邦大厦工程、中国中央电视台新址工程、香港新机场客运大楼工程,这些巍然耸立的高楼大厦都与中建总公司的名字紧密联系在一起。

中建总公司是从事完全竞争行业而发展壮大起来的企业集团,惟一一家拥有三个特级资质,集设计、建筑和地产三位一体发展的特大型企业。中建总公司作为中国建筑业的排头兵,5年前就为企业的发展制定了一个目标:把中建总公司建设成"最具国际竞争力的大公司、大企业集团,在2010年前全球经营跨入世界500强、海外经营跨入国际著名承包商前10名"。这个将目光放到全球市场中做战略布局的公司加快了发展步伐,取得了令人瞩目的成果。

一、中建总公司发展历程概述

(一)发展简史

中建总公司组建于1982年,伴随着国家改革开放政策,是为数不多的不占有大量的国家投资,不占有国家的自然资源和经营专利,以从事完全竞争性的建筑业和地产业为核心业务而发展壮大起来的国有重要骨干企业。

20多年来,中建总公司在国内外市场中,敢于竞争,善于创新,发展壮大成中国最大的建筑企业集团和最大的国际承包商,稳居世界住宅工程建造商第一名。中建总公司从1984年起连年跻身于世界225家最大承包商行列,2005年度排名国际承包商和环球承包商第17位。2005年8月,国资委首次公布央企年度经营业绩考核结果,中建总公司列25家A级企业名单之中,是惟一一家建筑企业。中建总公司每年为社会创造约70万个工作岗位,相当于约70万个家庭200万人员在中建总公司的带动下奔向小康,为中国社会的和谐发展做出了巨大的贡献。

公司在国内和国际上完成了一大批工期要求紧、质量要求高、难度要求大的大型和特大型工程,并先后在深圳国贸大厦和信兴广场的建设中,创造了两个彪炳建筑业史册的施工速度,一些项目已成为当地标志性的建筑物。中建总公司与世界一流承建商合作的香港新机场客运大楼被国际权威组织评为20世纪全球十大建筑。本世纪初连夺为世人所瞩目的"世界第一高楼"——上海环球金融中心和中央电视台新址工程。

中国建筑发展有限公司(以下简称"中建发展")成立于2004年7月,是中国最大的建筑企业——中国建筑工程总公司——为了落实科学发展观,顺应国家改革发展的新形势,进一步做大做强"中国建筑",尽快实现"一最两跨"战略发展目标而组建的新的发展载体。

中建发展资产总额40亿元,年营业额达到43亿元,管辖有中国建筑装饰工程公司、深圳海外装饰工程公司、华鼎建筑装饰工程公司、中外园林建设总公司、中建科产业有限公司、中建城市建设发展公司、中建物业管理公司等16家成员企业,经营领域跨越地产开发、工程总承包、装饰、园林、物业、进出口贸易等多个行业。致力于通过整合现有资源,缩短管理链条,加快中建总公司在装饰、园林工程与物业管理方面的业务拓展,提高竞争能力,向大生产经营求规模,向集约化管理求效益;充分利用、组装社会上和中建系统内的资源,在投资、建设、运营一体化业务方面,加快"商业化、集团化、科学化"的步伐。

(三)企业组织结构

图1为中国建筑工程总公司组织结构图:大致为四个层次,党委会、总经理常务会为第一个层次,直接对股份有限公司负责;总经理为第二层,对董事会负责;第三层为企业管理委员会、资金管理委员会;上述两大部门的十八个下属部门为第四层,对上级部门负责。

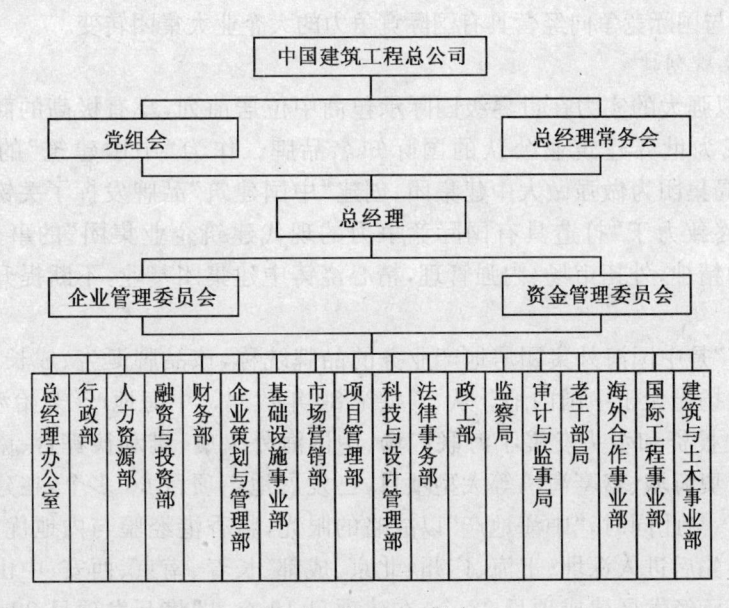

资料来源:http://www.cscec.com.cn/co_jigoushezhi.htm。

图1 中国建筑工程总公司组织结构图

二、中建总公司生产经营分析

(一)企业海外市场拓展

中建公司将目光放在全球市场,做全球战略布局,取得了令人瞩目的成果。2005年,联合国《世界投资报告》对发展中国家最大50家跨国公司排名,中建总公司是惟一名列其中的跨国建筑公司。中建总公司在海外建筑市场竞争中，培育出了机场、住宅、高档酒店、路桥、水务、医疗设施、政府及使馆工程、文体设施等八大国际工程领域的竞争优势。中建总公司在风云变幻的国际市场上，打造了规模最大、品牌最优、效益最好的中国最具国际竞争力的建筑企业形象。中建总公司在海外已经拥有中国海外发展公司和中国建筑国际集团有限公司两个上市公司。

中建国际建设公司的发展历程是一个不断国际化的进程。公司成立以来，通过与来自欧美的国际著名承包商的合作，学习借鉴国际先进的工程建造服务和企业管理经验，同时致力于本土化优势的发掘和提升，为国内外客户提供国际标准服务的能力得以不断提高，公司国内外一体化运作模式日趋完善。2002年，公司成为了建筑业内首批通过了质量（ISO9001）、环境（ISO14000）、职业健康安全（OHSAS18000）三大国际标准管理体系三合一认证的企业。

中建一局集团贯彻落实国家"走出去"战略，积极加入国际市场竞争行列，大胆开拓海外市场，已经涉足俄罗斯、哈萨克斯坦、美国、澳大利亚、中国香港、马来西亚等20多个国家和地区，承接了俄罗斯联邦大厦、莫斯科商业中心等众多精品工程，积累了丰富的国际工程总承包经验。中建一局集团适应经济全球化、区域经济一体化的发展趋势，积极拓宽国际工程运作领域，通过EPC、BT、BOT等多种形式采取国际工程项目竞争，不断提升企业的国际化水平，逐步由参与国际竞争向经营具有国际竞争力的大企业大集团转变。

（二）企业品牌创建

中建集团以强大的实力在世界级国际承包商中位居前列，享有极高的商誉，"中国建筑"品牌已经成为世界建筑业公认的国际知名品牌。作为"中国建筑"的重要骨干企业——中建一局集团为做强做大中建集团、创建"中国建筑"品牌发挥了关键性作用。中建一局集团始终致力于"打造具有国际竞争力的现代建筑企业集团"的事业，以务实创新、与时俱进的精神，外拓市场、内强管理，精心浇铸中建集团基业，不断提升"中国建筑"价值。

"中海地产"是中国海外集团房地产业务的品牌统称，该品牌诞生、成长于中国香港，辐射到澳门，发扬光大于中国内地。从20世纪80年代起，"中海地产"开始涉足香港房地产业，先后独立投资和牵头发展了海联广场、中国海外大厦、雅利德桦台、南浪海湾等项目，合资发展了奥海城、富豪海湾等大型项目，已发展地产项目60多个，在建项目包括澳门环宇天下等。与此同时，"中海地产"以战略的眼光，将香港经验与内地优势有机结合，积极投资内地，先后进入深圳、上海、广州、北京、成都、长春、南京、西安、中山、苏州、佛山和宁波等城市，已经发展建成项目38个，在建项目18个，即将开发项目22个，累计土地储备可发展建筑面积超过1 200万平方米。2005年7月，中国海外发展同时获得穆迪和标准普尔给与的投资级评级，并成功发行了3亿美元7年期债券，开创了中国房地产公司成功取得国际评级并在国际资本市场发行债券的先河。2004年和2005年，"中海地产"分别以26.01亿元、33.11亿元荣居中国内地房地产行业最具价值品牌第一名，2005年相继被中国权威机构评为房地产百强企业综合实力第一名、中国蓝筹地产榜首企业、联合国国际科学与和平周人居贡献奖、中国房地产诚信企业等。此外，中建集团在物业管理、建设咨询及监理、建筑设计等业务领域亦取得累累硕果，中海物业、华艺设计均在业内品牌领先，享有盛誉。

四、企业财务状况

2001～2004年,中建总公司累计签订合同额5 240亿元,完成营业收入4 010亿元,实现利税213.8亿元、利润总额98亿元。中建总公司用四年时间,使企业经营规模翻一番,经济效益增长22倍。2005年中建总公司签订合同额1 578亿元,主营业务收入1 157亿元,实现利润总额33.1亿元,资产总值达到1 056亿元。其中,海外合同额、营业额和实现利润分别达到44亿美元、35亿美元和2.8亿美元(见图2及表1)。终于提前实现了中建总公司"在2010年前全球经营跨入世界500强"的梦想。

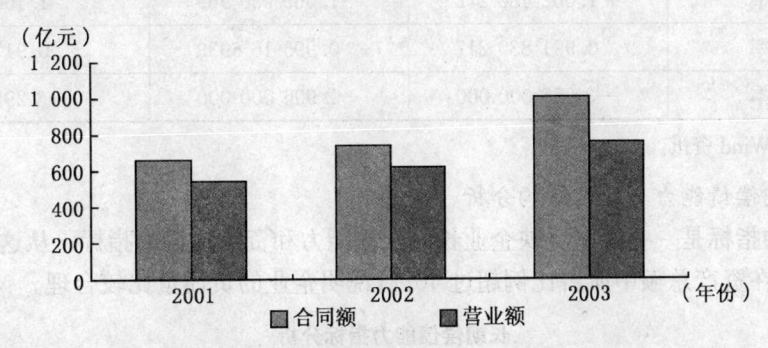

资料来源:http://www.cscec.com.cn/co_yeji.htm。

图2 中国建筑工程总公司2001～2003年合同额与营业额

表1 资产负债表简表

资产负债表	2005年	2004年	2003年
现金及现金等价物(港元)	3 147 767 000	2 617 633 000	2 369 952 000
存货(港元)	36 641 000	41 037 000	13 092 000
其他流动资产(港元)	16 099 106 000	10 099 415 000	7 814 528 000
流动资产合计(港元)	19 283 514 000	12 758 085 000	10 197 572 000
联营公司权益(港元)	225 397 000	1 297 633 000	1 196 149 000
合营公司权益(港元)	1 690 000 000	1 665 664 000	304 652 000
资产总计(港元)	25 141 940 000	24 021 353 000	16 563 676 000
流动负债(港元)	7 568 033 000	9 019 525 000	5 642 608 000
长期负债(港元)	6 793 661 000	4 570 096 000	2 835 319 000
负债合计(港元)	14 361 694 000	13 589 621 000	8 477 927 000
少数股东权益(港元)	−302 379 000		
股本(港元)	639 798 000	637 073 000	544 103 000
储备金(港元)	10 442 827 000	9 794 659 000	7 541 646 000
负债和股东权益合计(港元)	25 141 940 000	24 021 353 000	16 563 676 000

资料来源:Wind资讯。
注:由于数据搜集上的困难,这里以中国海外集团的财务数据为例。

(一)短期偿债能力分析

流动比率大于1,中国海外集团的流动资产总额连续三年大于流动负债总额。从这个意义上说,企业在短期内偿命能力较强,这为企业拓展新业务、开发新产品等等提供了有利的条件。在2005年,流动比率超过了1.1,说明企业的收益情况越来越好,资产也越来越雄厚。但在这一年,速动比率却下降了,这可能是因为企业为了拓展而实行了比较积极的财务政策,造成在短期内流动负债增加(见表2)。

表2　　　　　　　　　　　　短期偿债能力分析

	2003年	2004年	2005年
流动比率	1.062 480 272	1.069 950 969	1.100 494 536
速动比率	0.991 830 217	0.995 16 6939	0.917 088 955
营运资本	－3 365 000 000	－2 996 000 000	－3 292 000 000

资料来源:Wind资讯。

(二)长期偿债能力与资本结构分析

表3中的指标是一些能够反映企业长期偿债能力和资本结构的指标。从这几个指标可以看出,负债在资产总额中所占比例超过40%,说明企业的负债量比较合理。

表3　　　　　　　　　　　　长期偿债能力指标分析

	2003年	2004年	2005年
负债合计/资产合计(%)	0.571 224 575	0.565 730 873	0.511 838 495
长期负债/股东权益(%)	66	61.3	35.56
负债合计/股东权益(%)	142.42	129.59	114.39
负债合计/资本运用(%)	88.61	81.72	81.19

资料来源:Wind资讯。

同时,从表中的数据可以看出,虽然负债比率已处于较高位置,但是这一比率一直处于下降的态势。从资产负债表中也可以看出,企业资产和负债虽然同时都在增加,但资产增加的速度快于负债增加的规模,说明企业资产的增加有很大一部分来自股东权益的增加,即股东增资或者企业本身积累速度的加快。这一点从负债—权益比率在2005年的急速下降得到了证明。

(三)盈利能力分析

从表4和表5中我们可以看出,企业各项盈利指标在2004年突然有较大幅度的提升,之后又回到原来的水平,但销售净利却是一直往下走的。

表4　　　　　　　　　　　　利润表　　　　　　　　　　　　单位:港元

	2005年	2004年	2003年
利润表			
销售收入	6 971 346 000	8 624 475 000	7 617 970 000

续表

	2005 年	2004 年	2003 年
销售成本	4 873 102 000	7 017 808 000	6 500 523 000
毛利	2 098 244 000	1 606 667 000	1 117 447 000
营运开支	−160 804 000	81 771 000	121 013 000
营运盈利	2 259 048 000	1 524 896 000	996 434 000
非营运盈利	−210 790 000	−150 714 000	−113 583 000
除税前盈利	2 048 258 000	1 374 182 000	882 851 000
税项	407 409 000	221 172 000	119 209 000
少数股东损益	138 674 000	77 940 000	74 724 000
股东应占盈利	1 534 684 000	1 075 070 000	688 918 000
普通股股息		382 185 000	299 423 000

资料来源：Wind 资讯。

表 5　　　　　　　　　　　　　盈利能力指标分析

经营利润率(%)	25.6	32.4	20.07
税前利润率(%)	29.67	29.38	19.07
销售净利率(%)	23.68	22.01	15.61
股东权益回报率(%)	7.19	13.85	5.52
资本运用回报率(%)	4.47	8.73	3.92
总资产回报率(%)	3.03	6.1	2.51
经营利润率(%)	25.6	32.4	20.07
税前利润率(%)	29.67	29.38	19.07

资料来源：Wind 资讯。

（四）现金流量分析

从表 6 中可以看出，企业经营活动产生的净现金流入量是逐年增加的，企业的生产经营活动能够健康有序地进行，并且规模还有所放大。2004 年，可能是由于扩大规模需要或其他的原因，企业进行了大规模的融资活动，而 2005 年却是骤然下降的。

表 6　　　　　　　　　　　　　现金流量表　　　　　　　　　　　　　单位：港元

现金流量表	2003 年	2004 年	2005 年
经营活动产生的现金流入	1 375 196 000	2 420 328 000	
经营活动产生的现金流量净额	−1 658 019 000	1 160 557 000	2 359 045 000
融资活动产生的现金流量净额	1 492 846 000	3 191 389 000	−354 631 000
现金及现金等价物净增加额	537 132 000	388 075 000	338 899 000
现金及现金等价物期初余额	2 571 076 000	2 183 001 000	1 844 102 000
现金及现金等价物期末余额	3 126 381 000	2 571 076 000	2 183 001 000

资料来源：Wind 资讯。

五、研发创新能力

作为中国最大的建筑企业集团和最大的国际承包商,中国建筑工程总公司始终致力于把科技进步和科技创新作为企业持续发展的重要支撑,始终致力于把推进整个中国工程建设行业的技术进步作为企业的重要责任。通过50余年的不懈努力,中建总公司在工业与民用建筑工程建设以及大型公共设施建设等领域积聚了雄厚的科技优势,引领着中国建筑业生产力发展的潮流。迄今中建总公司共获国家科技进步奖27项,是国内获奖最多的建筑企业,并获得各类省部级科技进步奖400余项;拥有建筑施工企业惟一的一家国家重点实验室;建立了两个博士后科研工作站;建立了国内建筑业第一个由企业自主完成的《建筑工程施工工艺标准》。目前中建总公司在高层与超高层建筑设计与建造技术、高耸塔类设施建造技术、大型工业设施设计、建造与安装技术、复杂深基坑与深基础处理技术、高性能混凝土研究与生产技术、复杂空间钢结构体系研究与安装技术、新型建筑设备研究与制造技术、建筑企业管理与生产应用信息技术、国际工程总承包以及工程项目管理等多个方面在国内居于领先地位,这些优秀的成果、重要研究机构以及领先技术构成了中建总公司强大的核心技术优势。

中建总公司从科技领先展现竞争实力,在"神舟"号载人航天实验飞船工程中,其"火箭垂直总装测试厂房综合施工技术"获得国家科技进步一等奖。10余年来,公司以其核心技术、卓越管理、服务精神为世界各地的签约客户不断提供高品质、全方位、职业化的工程建造服务,在国内和海外建筑市场积累了大量工程业绩和良好的社会信誉,如纽约布鲁克林地铁站项目、新加坡南洋理工大学项目、西安国际机场航站楼、北京中国银行总部大厦、北京诺基亚厂房等等众多的地标性"作品",处处彰显着中建国际的卓越实力和品牌信誉。近三年来,公司的精品工程多次获得"鲁班奖"、"詹天佑奖"等我国建筑业内大奖,并在美国、新加坡等海外荣获了"杰出建筑工程奖"等重要奖项。2002年以来,公司还年年被授予北京市"质量信得过企业"和"重合同守信用单位"等称号,并被权威机构评为了"AAA级信用企业"。

中建一局集团依靠科技进步抢占市场竞争的制高点,形成了独具特色的专业技术优势和以技术中心为核心的技术发展体系。具有以建造规模大、技术难度高的群体工程和超深、超高工程及特殊结构工程施工技术为特点的技术体系,在各类工程的结构施工、安装施工、高级装饰施工、施工详图设计、钢结构设计制作安装、高层滑模施工、建筑模板设计与拼装、智能型楼宇自控电子设备安装、机电安装、超高层高速电梯安装、超净化系统安装等领域处于国内领先水平。在清水混凝土、绿色施工、节能技术研究等方面走在国内建筑业的前列。中国建筑一局集团具有强大的科技开发应用能力和设计能力,拥有国家级企业技术中心和国家级建筑节能实验室,建立了完备的企业施工技术方案信息库和材料价格信息库,取得了一大批有价值的科研成果。近年来,共有200多项次科研成果获省部级以上科技进步和发明奖,荣列全国建筑业科技领先百强企业第五名。

中国建筑一局集团恪守"用我们的承诺和智慧雕塑时代的艺术品"的质量理念,不断健全和完善"工程精品、动态管理、目标考核、严格奖罚"的质量运行机制和"目标管理、创优策划、过程监控、阶段考核、持续改进"的创优机制,全力倡导全员全过程"零缺陷管理"的质量文化,打造"精品工程生产线"。近年来,承建了中国国际贸易中心、全国人大会议楼、中国工商银行总行办公楼、上海中银大厦、中国国际展览中心、北京燕莎中心、北京嘉里中心、大连希望大厦、LG大厦等一大批精品工程,目前在建的工程有世界最高钢筋混凝土结构建筑同时也是欧洲第一高楼俄罗斯联邦大厦工程、中国最高钢筋混凝土结构建筑同时也是浙江第一高楼温州世贸中心工程、北京市最高建筑中国国际贸易中心三期工程、2008年北京奥运会国家游泳中心、北京地铁4号线、沈阳地铁1号线、上海环球金融中心和中央电视台新址等众多标志性工程。

六、中建总公司的人力资源和企业文化

(一)企业人员结构

中建总公司作为国内规模最大的国有建筑企业和最大的国际工程承包商,经过多年努力,逐步培育形成了一支敢于拼搏、善于管理、勇于奉献的高素质职工队伍。截至2003年底,总公司系统自有职工12.15万人,其中管理和专业技术人员为6.3万人,占职工总数的51.85%,各类中高级专业技术人员为2.71万人,占管理和专业技术人员总数的43%。拥有中国工程院院士、全国工程勘察设计大师、全国优秀勘察设计院长、享受政府特殊津贴专家、教授级高级工程(建筑)师等专家人才近600人,拥有一、二、三级项目经理、注册建筑师、注册结构工程师、注册造价工程师、注册规划师等主业人才20 000多人,拥有英国皇家特许建造师、测量师等国际化人才近100人。

为实现总公司"一最两跨"的目标,今后我们将实施人才强企战略,以凝聚人才为主旋律,坚持以人为本、贵在激活,营造管理环境,创新工作机制,优化队伍结构,提高人才素质,紧紧抓住培养、吸引、用好人才三个环节,积极开发满足企业发展需求的各类人才,重点建设好出资人代表、经营管理人才、专业管理和技术人才、思想政治工作者人才、高技能人才五支队伍,力争用3至5年时间,把总公司人才队伍建设成为数量充足、素质优良、结构合理、作风过硬的中国建筑业的排头兵。

(二)人才培养

中国建筑发展有限公司崇尚"人本管理,以人为本"的发展方针,倡导"专业化、职业化、国际化"的人才发展战略,已培养并形成了一支具有国际视野和较强知识敏感度的高素质人才队伍,现有注册员工1 997人(本科以上员工占62%),高级工程师582人,一级项目经理377人,英国皇家特许建造师14人(MCIOB),以及一大批具有丰富经验的方案设计师和估价师。

中建一局集团崇尚"留在企业的都是人才"的人才观,最大限度地开发和利用好人力资源。中建一局集团具有健全和完善的人力资源管理体系,从培养、选拔、考核、任用四个环节提高员工的业务素质和工作能力,并通过企业理念和规章制度的培训提升员工对企业的认同感和忠诚度。中建一局集团在人才结构上实施"三化"战略,即特殊人才职业化、专业人才序列化、操作工人技能化,基本完成了建筑企业从劳务密集型向技术智力密集型的转变。人才在中建一局集团能充分实现自身的才华,从而实现企业和个人价值的双赢。

(三)企业对外交流及社会活动

中建国际深信为社会多做贡献是我们的责任,1993年以来,公司积极参与了许多社会公益活动,包括对贫困儿童教育、社会慈善事业的捐助,对建筑文化活动的赞助,捐款并成为

"北京申办2008年奥运会申援团"成员。我们将通过公司和职员的共同努力,持续不断地为社会做出贡献。

多年来,中国海外集团积极参与香港公益金百万行以及其他社会公益活动。2005年,"中国海外爱心基金会"成立。迄今,"中国海外"扶贫振灾、捐资助学、襄助公益累计过6 000万港元,致力于在市场经济环境中做一个富有良知的企业公民,表现出高度的社会责任感和历史使命感。

（四）企业文化

中建总公司的企业文化见图3。

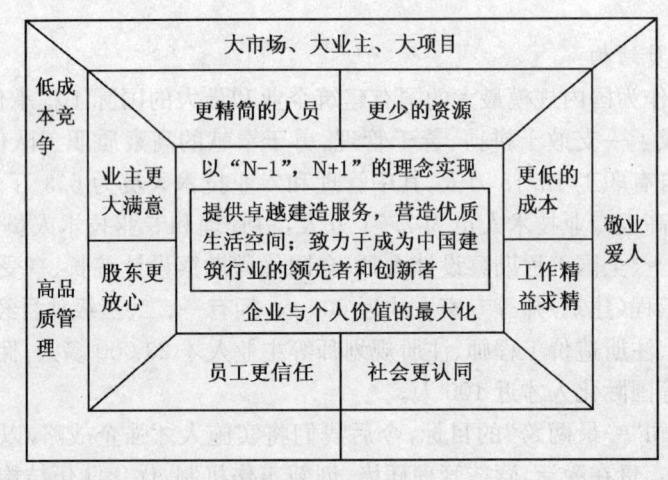

资料来源：http://www.cscec.com.cn/co_peiyang.htm。

图3　企业文化图

中国建筑发展有限公司的公司使命：提供卓越建造服务,营造优质生活空间。

战略目标：致力于成为中国建筑行业的领先者和创新者。

企业理念："N-1,N+1",激励每一位员工以"N-1,N+1"的理念实现企业与个人价值的最大化。"N",泛指目标和计划,包括满足业主、股东、员工和社会明确需求所必需的人员编制、资源消耗和成本费用目标以及岗位职责和工作计划等。"N-1"是指在人员编制、资源消耗和成本费用等方面要致力于比目标与计划降低一分。"N+1"是指要在N的基础上预见性地满足业主、股东、员工和社会的潜在需求,倡导在工作中自觉地以更高的质量、标准、效率要求自我,以发展的要求履行工作岗位不明确的职责。

市场策略：大市场、大业主、大项目。

竞争策略：低成本竞争、高品质管理。

职业精神：敬业爱人,对事业要有"忍性、韧性、悟性",对人要以"沟通为先"。对业主,公司要在全面履行合同规定的各项责任和义务的基础上,致力于为工程项目提供更为优化的质量、进度、环保、安全健康方案,寻求业主更大满意;对股东,公司要在实现股东预期投资回报的同时,致力于股东创造长期的资产增值,让股东更加放心;对员工,公司要提供有社会竞争力的薪酬福利,并致力于为员工创造更多的职业发展机会和更广阔的事业发展平台,赢得员工对公司的更深信任;对社会,公司既要遵纪守法承担法人责任,还要以企业公民的社会意识和道德良知致力于回馈社会、推动行业进步,追求社会更广泛的认同;对工作,员工不仅应按时保质地完成工作岗位明确的职责,还应根据外部环境的变化以及企业战略的需要自觉调整工作方式、工作范围。

中国建筑一局集团以诚信作为企业的核心价值观,奉行"今天的质量是明天的市场,企业的信誉是无形的市场,用户的满意是永恒的市场"的市场理念,追求"至诚至信的完美服务,百分之百的用户满意"。以一贯的高效、优质服务和重合同、守信誉的严谨作风赢得了广大客户、行业主管部门、金融机构的充分信赖,先后荣获全国用户满意施工企业、全国优秀施工企业、北京市守信企业、北京质量效益型企业等荣誉称号,长期拥有AAA级信用等级证书,是国内惟一荣获全国质量管理奖、国家质量管理卓越企业的建筑企业。中国建筑一局集团集50多年"建筑铁军"光荣传统和现代经营管理理念于一身,积极建设具有凝聚力和包容性的企业文化,注重与业主的文化交汇和感情融合,以"建一项工程,创一座精品,交一批朋友"为目标,追求在愉悦的合作中与业主共同促进,共同发展。

东风汽车公司

东风汽车公司始建于1969年,是中国汽车行业的骨干企业。经过30多年的建设,已陆续建成了十堰(主要以中、重型商用车、零部件、汽车装备事业为主)、襄樊(以轻型商用车、乘用车为主)、武汉(以乘用车为主)、广州(以乘用车为主)等主要生产基地,公司运营中心于2003年9月28日由十堰迁至武汉。主营业务包括全系列商用车、乘用车、汽车零部件和汽车装备。目前,整车业务产品结构基本形成商用车、乘用车各占一半的格局。在中国企业500强排名中,东风汽车一直位于20名左右的位置,2002年和2006年排名第22位,2003年排名第23位,2004年上升5位,升至第18位,2005年位于第20位。

一、东风汽车发展历程概述

(一)扩展路径

东风汽车经过30多年的不懈奋斗,在国家直接投资16.7亿元的基础上,东风汽车公司相继建成了十堰、襄樊、武汉三大基地,联合发展了云、柳、新、杭等企业,在上海浦东和南方开辟了新事业基地。现总部所在地十堰,因车而兴,由一个不足百户人家的偏僻小镇跻身于全国城市综合实力50强。

原名第二汽车制造厂的东风汽车公司是我国自行设计和建设起来的现代化汽车开发生产企业,从20世纪60年代末正式大规模开工建设到现在,大致经历了艰苦创业、发展辉煌、改革调整、跨越发展四个阶段。

从1969年开始建设到1985年基本建成10万辆生产能力为第一创业阶段。这一时期,采用"聚宝"的方式,荟萃了当时国内机械行业先进技术。在深山沟里,他们艰苦创业、锐意进取,建起了一座现代化汽车工业城,创造了举世震惊的奇迹,结束了中国人不能自行设计、制造汽车的历史。同时,根据企业和市场实际,东风公司在三线企业中率先调整产品结构,转军品为主为民品为主,军民结合,进行了企业发展方向的第一次重大调整,改变了中国汽车工业和发展进程。1979年,当时由于国民经济调整,尚未竣工的二汽被列为"停缓建"项目,为摆脱"欲上不能、欲罢不忍"的两难境地,二汽在十一届三中全会精神的鼓舞下,按照改革的思路,向国家提出了"自筹资金、量入为出、续建二汽"的方案。从1980年到1985年,二汽自筹资金3.3亿元进行续建和更新改造,闯过了第一个"生死关"。

从1986年到1990年,是东风公司的第二次创业阶段。与光荣创业历史相辉映的,是东风的发展辉煌。乘改革开放的强劲"东风",凭借一系列超前的改革实践,使一个面临"停缓建"的三线工厂重获新生。期间,自筹资金,在进行五吨车更新换代的同时,引进主要总成,自主开发了具有当时国际先进水平的6吨、8吨平头柴油机,并将卡车生产能力扩大到18.5万辆,东风公司生产、效益持续增长。

1993年,以开展轻、轿建设为标志,东风公司进入了第三次创业时期。在体制加速转轨、市场迅速转型和国民经济调整的大背景下,由于自身体制、机制的不适应,以及产品单一、负担沉重等矛盾日益突出,经营发生转折,1993年经营规模和效益达到了顶峰后一路下滑,企业发展步入了艰难的改革调整时期。

1999年,按照"把一个健康发展的东风带入新世纪"的总体目标,义无反顾地对内部管理体制进行重大改革。历经艰苦打拼,在进入新世纪之前,一度遭遇最大困难和挫折的东风公司,圆满完成了扭亏解困的目标,以利润增幅大于收入的增幅、收入增幅大于销量的增幅、销量增幅大于产量增幅为标志,东风的经营实现了新的转折和回升。

2000年后,在中国即将加入WTO之际,东风汽车公司全面步入了融入国际合作的新阶段,再次顺应时代发展的步伐,着眼参与国际竞争合作,按照"融入发展,合作竞争,做强做大,优先做强"的发展方略,先后与标致雪铁龙公司、本田、日产、悦达起亚全面合资重组。通过合资重组,东风的体制和机制再次发生深刻变革,按照现代企业制度和国际惯例,构建起较为规范的母子公司体制框架,东风汽车公司成为投资与经营管控型的国际化汽车集团。

(二)组织架构

东风汽车公司设总经理、党委书记和副总经理若干;职能部门有管理部、计划财务部、规划部、国际贸易部、科技开发部、审计部等;东风汽车公司下有东风汽车集团股份有限公司、东风悦达起亚汽车有限公司、东风云南汽车有限公司、东风朝阳柴油机有限责任公司等多家参股控股企业。其中,东风汽车集团股份有限公司下有东风汽车有限公司、神龙汽车有限公司、东风日产柴汽车有限公司等若干参股、控股公司。

二、东风汽车发展战略

(一)竞争环境分析

经过50年的发展,我国汽车工业已成为国民经济的支柱产业,形成了比较完整的汽车产品系列和生产体制,建成了第一汽车集团、东风汽车集团和上海汽车工业(集团)公司等大型企业集团,汽车工业产值逐年上升。

随着"入世"后我国汽车工业的逐步开放,国际大型汽车跨国公司以合资合作的方式相继进入,目前国内大型整车企业,都有与国际大型汽车跨国公司合作的背景,我国汽车工业已成为世界汽车资本、技术的重要组成部分,并正在向资本多元化、技术多样化和市场一体化的趋势发展,国内汽车市场国际化、国内竞争国际化将成为今后发展的必然趋势。

汽车企业在全球的大规模重组,不仅实质性地改变了传统的资源配置模式和产业组织结构,而且已经深刻影响和改变了国内汽车产业的竞争模式。产业竞争从生产领域的"点"竞争,延伸到从产品研发、市场营销、服务贸易和金融、保险等领域的"线"竞争;从能力和规模的竞争,拓展到对资源占有、控制和充分利用的"面"竞争。这种竞争模式的变化,将带来企业经营理念、经营模式、竞争战略、投资战略等一系列变化。

经过合纵连横、增资扩能,长安、北汽、广汽异军突起,原来"3+X"的中国汽车竞争格局正在发生微妙变化;奇瑞、江淮、吉利迅猛发展以及民营企业、民间资本的进入,给汽车行业格局未来走势增添变数;奇瑞、长安、吉利等企业自主研发能力取得突破性进展,自主品牌产品逐步获得市场认可且市场份额不断上升。中国汽车产业经过10多年的整合,特别是经过近3年的并购重组,目前的100多家汽车企业之间,差距已经拉开。近几年,产销排名前15家的汽车企业,其市场份额达到90%。

(二)总体发展战略规划

东风公司确立了"建设一个永续发展的百年东风,一个面向世界的国际化东风,一个在开放中自主发展的东风"的发展定位。公司紧紧抓住我国全面建设小康社会和国内汽车市场持续走强的历史性机遇,力争通过五年的奋斗,实现产销规模、经营效益和员工收入三个翻番,企业综合实力稳居行业领先,东风品牌跻身国际。把东风建设成为自主、开放、可持续发展,并具有国际竞争力的汽车集团。

三、东风汽车生产经营状况

(一)生产情况

东风建设35年来,累计生产汽车近500万辆,强力拉动湖北经济腾飞,东风成为推动中部崛起的中坚力量。2003年,世界重型汽车工业格局发生重大变化,东风商用车因其产销规模的迅速扩大,排名仅次于戴姆勒—克莱斯勒公司,位居世界第二位。

东风的创业者们于1975年6月建成第一个基本车型——2.5吨越野车年产2.5万辆能力后,又在1978年7月建成了第二个基本车型——"东风"5吨载货车生产能力。1978年,二汽超过国家原定2 000辆的计划,生产5 000多辆优质汽车,闯过了"亏损关",第一次向国家上缴利润279万元。1993年,东风年产汽车22.79万辆,实现利润14.94亿元,在全国工业500强中居第6位。2000年后,东风公司的经营业绩以年均30%的速度递增,不断超越自我(见图1)。2002年,东风实现盈利58.5亿元,行业三强的地位得到进一步巩固。在企业稳健发展的同时,东风又成功地在经济发达的珠三角、长三角地区拓展轿车新事业,并且完成了几代东风人的夙愿,总部迁武汉,胜利地实现了"三级跳"。2005年度,全国汽车行业同比累计呈现13.54%的增长,但受宏观调控、原材料涨价,以及产业政策新法规出台等因素影响,汽车市场尤其是商用车市场全年增长呈现0.75%的下降。但东风汽车销售却逆市而上,大大高于行业增长水平,其中轻卡增速在轻卡行业前10名厂家中位居第一,轻卡

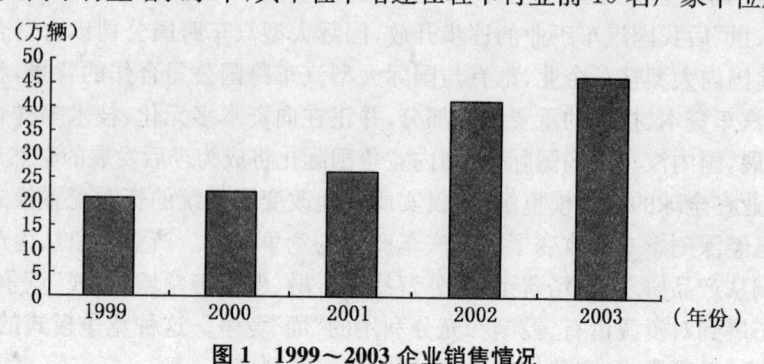

图1 1999~2003企业销售情况

行业增长贡献度第一,轻卡同比绝对增量第一。数据显示,公司 2005 年汽车销售 107 413 辆,同比增长 31.44%。

(二)产品进出口情况

1978 年,在整个中国开始把自己的目标锁定在以经济建设为中心之际,东风汽车公司也打开了通向外部世界的大门。这一年,东风汽车公司对外经济联络办公室成立了,以自己特有的方式,开始了对外交往,与国际接轨。

随着改革的深入,国家外贸体制发生了重大的变革,东风汽车公司率先获得了企业自主进出口权。1983 年,东风汽车进出口公司成立,这是中国汽车行业中第一家进出口公司。从此,努力扩大国际经济技术合作与交往,开拓海外市场,成为东风汽车公司发展战略的重要指导方针之一。

东风汽车进出口自成立 20 多年来,承接了东风汽车公司和东风汽车集团 7 亿多美元的进口业务。如今,东风汽车进出口公司的进口业务已经不仅仅局限在东风汽车公司内部。公司所具有的引进关键设备、成套设备、关键技术的能力以及良好的信誉,使越来越多的客户倾向于选择东风汽车进出口公司作为进口代理商。

随着开拓海外市场力度的不断加大,东风汽车公司的整车和零部件的出口量逐年上升。1990 年到 2003 年的 12 年内,累计出口创汇 27 186 万美元,东风汽车进出口公司连续 3 年跨入中国外贸企业 500 强行列。2000 年,东风汽车进出口公司进出口总额突破 1 亿美元。2002 年,进出口总额达到 1 亿 3 千万美元,2003 年进出口总额达到 1 亿 8 千万美元。

目前,东风汽车进出口公司已经形成了以中国东风汽车进出口公司为核心,上海、深圳、湖北、北京、武汉、海外公司相围绕的专业外贸企业的格局。其目标是逐步走向知名的综合商社。东风汽车进出口公司既是东风汽车公司不可分割的一部分,但作为独立经营、自负盈亏的外贸公司,又具有自身灵活的经营方式。一方面东风汽车进出口公司是东风汽车公司出口创汇和出口销售利润来源的创造者,另一方面其出口的产品目前已经不仅仅限于东风汽车公司所属企业的产品,也包括来自社会企业的产品。作为东风汽车公司的对外窗口,进出口公司不仅要在东风汽车公司内进行自身发展能力和素质的培养,同时作为独立法人的外贸企业还要参与到全国外贸行业的整体竞争态势中,参与到全球市场的激烈争夺和竞争中,而且,后者的影响则更加深远。

(三)品牌创建

从 1975 年 7 月东风的第一个车型——2.5 吨越野车投入生产到现在,东风商用车已形成拥有 1.5 吨、3 吨、5 吨、8 吨、12 吨、15 吨等全系列产品。东风轻卡、东风重卡已成为强国富民的主要运输工具。在轿车领域,虽然自主开发能力在过去一段很长时间内几乎是空白,但自 20 世纪 90 年代以来,东风公司却一直没有停止过创立自主品牌轿车的努力,其中,"东风小王子"、"东风新星"小型轿车的推出就是在该领域里的零的突破。尽管它在数量上还没有形成多大的"气候",但其在市场上并未销声匿迹,而是在顽强的生长着,复合材料车身的"东风小王子"小型轿车在若干地区销路一直不错。面向 21 世纪,东风公司决心做强做大,不仅使东风品牌牢牢扎根于国内市场,而且还要让它逐步走出国门,在世界上占有一席之地。

东风公司从当前的国际国内形势和汽车产业发展规律出发,提出了新时期的自主开发和自主品牌创建的基本战略安排:以汽车产业政策作为重要支持,在实施国际化战略中保持并不断增强自我地位,包括保持和不断强化独立的东风品牌、研发阵地和技术骨干队伍。在强化乘用车业务的同时,打造商用车以及装备工业的国际竞争力,力争使之率先取得突破性进展。在大规模展开乘用车发展计划时,坚持主张和推进差异化开发战略,派出人员参与产品开发,坚持各个项目公司的研发机构尽快形成车型开发能力,坚持在各个项目公司的合同章程中,保留发展东风品牌乘用车产品的可能性和空间。在全面展开企业重组、实施多元国际合作、推动各合资项目战略展开的同时,积极酝酿强化东风投融资功能的新举措,着手研究和安排自有品牌乘用车产品的技术来源、底盘资源等,推进相关车型的开发。

四、东风汽车战略重组

根据汽车工业国际国内发展的新形势东风公司确立了"融入发展、合作竞争、做强做大、优先做强"的发展战略。据此,选择排位居前的跨国公司展开战略合作,整合汽车业务,主动融入国际汽车工业的分工重组,充分发挥比较优势,借助与跨国公司的"双赢"战略合作,实现竞争力的跨越式提升。战略目标是把东风公司建设成为自主开放、可持续发展,具有国际竞争力的汽车工业集团。基本思路是:引入国际战略投资者实施战略性重组,优先考虑十堰老基地的改造和升级,盘活现有存量资产,优化资源配置,提升资产运作效率和核心竞争能力,确立东风公司在中国乃至世界汽车行业的竞争地位。导入合作伙伴的产品、技术和管理。以合资公司为平台整合资源,通过引进技术,实现中卡向重卡的技术提升。通过引进轿车产品和技术,使公司产品由以商用车为主,向商用车、乘用车协调发展,实现产品结构战略调整。

(一)多种方式引入外资

东风公司以存量资产为主要出资,通过提升合作层次、调整股权结构、拓展合作领域、逐步导入资金和利用存量资产组建新的合资公司等不同方式,引入外资扩大战略投资者。

提升合作层次,调整股权结构。东风与标致—雪铁龙集团(PSA)签署了扩大合作的合资合同,将原来与雪铁龙的合作上升到整个PSA层面,将股比70∶30调整为50∶50,共同增资10亿元,使合资公司的注册资本增加到70亿元。同时导入标致产品平台,实现双品牌、系列化混流生产,成立神龙产品研发中心,培育自主研发能力。双方共同制定的事业计划是3年左右时间,将神龙年产销量提升到15万辆,进而向年产销30万辆迈进。

拓展合作领域,逐步导入资金。东风与本田确定了"零部件、发动机、整车"三步发展的合作构想。在轿车零部件、车用发动机成功合作的基础上,东风汽车公司、广州本田公司和本田技研株式会社三方合资建立了10万辆轿车基地。东风与本田的合作开始向整车延伸。此后,东风利用原武汉万通公司的存量资产与本田合资成立东风本田汽车(武汉)有限公司,注册资本为2 800万美元,股比为50∶50,引入本田资金1 900万美元,起步产品为SUD类的CR-V运动型多功能越野车,初期规划为年产量3万辆。

利用存量资产组建新的合资公司。在利用现有的资产存量、避免重新铺摊子的前提下,东风与日产进行全面合资重组。日产以现金注入方式进行出资,引入日产资金83.5亿元,东风以现有的存量资产出资,实施了迄今为止中国汽车行业最大的一个中外合资项目,注册资本为167亿元,双方各占50%的股比。合作范围涵盖商用车、乘用车、汽车零部件在内的全系列汽车产品。东风和日产通过商用车和乘用车领域进行最广泛的长期合作,共同建立一家具有国际竞争力的综合性的汽车制造企业。

据不完全统计,近3年来累计吸引外资15亿美元,各项事业发展的资金矛盾得到很大程度缓解。

(二)合资重组汽车业务

依据东风公司汽车主业的实际,引入战略投资者,分别针对不同的合作伙伴,先后设立了东风汽车有限公司、神龙汽车有限公司、东风本田(武汉)汽车有限公司、东风悦达起亚汽车有限公司为代表的4家整车合资公司,以及东风本田零部件有限公司、东风本田发动机有限公司等为代表的近10家零部件合资公司,有效重组了汽车及零部件主营业务。通过与跨国公司在商用车、汽车零部件汽车装备及水平事业等全方位、全价值链的合作,形成利益的共同体。

与此同时,以汽车和零部件以及装备等核心业务企业的现有存量资产为基础,以合理配置、统筹规划,充分利用其资源的有效部分为原则,对生产布局进行重组和整合,实现工厂合理化。形成以十堰、襄樊、武汉和广州花都为主要生产基地的生产格局,将云南、广西、新疆、杭州等地的东风公司生产基地,纳入东风公司整体生产战略布局之中,对其主营业务进行不同程度的整合。

随着产品结构的持续调整和新事业发展,公司发展布局逐步优化。总部迁至武汉,成为辐射全集团的决策中心、信息中心、管控中心和研发中心。

五、东风汽车研发创新能力

(一)自主创新情况

东风汽车公司经过30多年的建设,拥有一个规模甚大、专业门类较全、设施比较先进的技术中心(东风汽车工程研究院),主要进行商用汽车、越野汽车、特殊用途汽车以及前沿先进技术汽车的设计、研发,也进行过某种轿车的开发,在国内汽车业界颇负盛名。在该公司与日产进行全面战略合作重组后,从事商用汽车研发的部分(包括工艺研究所、科技情报研究所等),整体进入合资公司的商用车研发中心,原来东风汽车工程研究院的框架机构依然保留,直接隶属于东风汽车公司总部。

调整后的东风汽车工程研究院(技术中心)目前拥有职工近400人,技术设施分布于十堰、襄樊和武汉(待建设)三地,主要负担特殊用途(涉及到国防、国家经济安全等)的东风牌汽车(例如普通越野车、军用越野车、军事指挥、通讯车、军民多用途车等)以及前沿技术汽车的研发、设计任务。

当前,该技术中心除承担着东风公司总部下达的多个自主开发项目外,还在积极探索建立符合市场经济规律的、具有竞争活力的、精干高效的企业研发体制和机制,更好适应激烈竞争的市场形势和为东风公司的可持续发展服务。目前,正在按照总部的战略部署,积极开展东风自有品牌乘用车的开发。

东风公司构建了完整的研发体系,在研发领域开展广泛的对外合作,搭建起全系列商用车、乘用车研发平台及其支撑系统,进一步完善了商品计划和研发流程。东风将在消化、吸收国内外先进技术的基础上不断强化自身研发能力,提升核心竞争力。

(二)专利申请情况

东风公司技术中心是企业技术创新的主体,1999年东风公司对技术创新体系进行了重大改革,在原企业技术中心的基础上建立了由公司总部直接领导的,以科技决策、科技管理和科技开发三层次为主体的企业科技体系。2002年东风公司与法国标致雪铁龙集团(PSA)达成进一步合作的框架协议,双方将在东风公司与PSA成立的合资公司——神龙汽车有限公司建立产品研发中心,双方将联合开发生产全新产品,全面提高企业技术创新能力。2003年东风公司与日产自动车株式会社合资成立东风汽车有限公司,双方将共建商用车和乘用车两个技术研发中心,纳入日产公司全球研发中心行列。

经过多年的发展和各方面资源的积累,包括对引进技术的消化吸收,对人才的大力培养,目前东风公司在中、重型载货汽车、轻型汽车、越野汽车以及部分零部件总成方面已经具备相当的开发能力,以同时进行重、中、轻、轿、微型车等车型的开发。代表性开发产品如:8吨柴油车、15吨自卸车、中型越野汽车、EQ6480客车以及东风小王子轿车等。

东风公司的专利申请工作起步很早,在专利法实施的第一年——1985年就申请了9项专利,占当年汽车行业全年专利申请量的6.1%。但是在此之后的整个八九十年代,公司的专利申请一直没有进一步发展,申请数量在低水平徘徊,2001年仅申请专利3项,占当年汽车行业全年专利申请量的0.16%。2002年东风公司的专利申请有了突破性发展,申请专利25项,是过去最高年申请量的近一倍。

六、企业营销策略

东风汽车公司营销网络覆盖全国,拥有国内第一家销售领域的合资企业——东风裕隆汽车销售有限公司。作为"中国汽车市场创新价值的领先者",东风汽车公司通过东风裕隆的营销平台,为顾客提供"易购"、"易行"服务,将覆盖全国的500多家营销服务网络营建成为顾客创造增值服务的"生态链"。

(一)企业产品销售渠道

东风汽车公司作为国有特大型企业,实行的是典型的事业部运行模式,即公司战略层主要负责战略性事务,公司的具体经营则按产品的分类以事业部的形式运作;东风汽车载重车公司是东风汽车公司专门从事东风重、中、轻、特、客等系列产品经营的事业单位,属于东风汽车公司的二级板块;东风汽车贸易公司是东风汽车载重车公司全面负责东风牌中、重型系列商用车销售、经销网络管理、仓储和技术服务的大型流通企业,属于东风汽车公司的三级单位。

(二)渠道结构与成员

当前的东风销售渠道按功能划分为经销网和服务网,分别承担产品分销和售后服务的职能,对渠道成员的管理也分别设置了两个独立的、平行运行的体系,即经销商管理体系和服务站管理体系,并分别由东风汽车贸易公司营销管理部的市场管理分部和服务保障部的网点管理分部组织、规划、管理。

东风公司的渠道成员包括三种:独立的销售商,仅能承担汽车销售的汽车贸易公司,没有售后服务能力;独立的服务商,仅能提供售后服务的维修公司,没有起初销售能力;销售服务商,既能销售汽车,又能提供售后服务的渠道成员。

七、企业人力资源与文化

（一）薪酬政策

公司根据发展战略和人力资源管理策略框架，以实现公司事业计划为目标，通过工作分析、岗位评价、薪酬设计和绩效管理体系构架，建立对内公平和对外具有竞争力的薪酬制度，吸引、留住和激励优秀人才，构建公司强大的激励机制，促进公司持续、稳定发展，努力实现员工在薪酬分配上"责任与利益一致、能力与价值一致、风险与回报一致、业绩与收益一致"的目标，承认员工贡献，并为员工提供明确的发展空间，在公司事业计划实现的基础上帮助员工个人目标的实现。

（二）培训与发展

公司倡导"以人为本"、"对员工负责"的人力资源管理理念，通过企业的可持续发展，创造更多的机会，不断提升员工的经济和社会地位。公司积极开展人力资源开发管理工作，对员工试行职业生涯规划，不断完善人才的培养、选拔、使用、考核、奖惩机制，为员工的成长发展提供各种有利条件。同时，将员工个人发展与公司发展有机结合，通过聘请知名专家讲学、推荐员工到名牌大学学习、研修，对员工进行多层次有效培训，不断提高员工的能力和素质，不断满足公司生产经营和员工个人发展需要。

（三）企业文化

30多年来，东风公司已经形成了自己的企业文化，曾经提出了"艰苦创业的精神"和"造就一流人才、生产一流汽车、提供一流服务、创造一流效益"。这些已经成为东风公司发展必须继承的企业文化精髓。面对全方位国际合作的新格局，东风公司按照"在继承中创新、在创新中融合、在融合中提升"的文化思路，积极整合多元化，着力培育更具凝聚力、感召力的母公司文化与各具特色的子企业文化相互交融辉映的企业文化。寻找中外文化融合的切入点。东风公司在继承、融合、创新的基础上提出了"关怀每一个人、关爱每一部车"的企业理念和"学习、创新、超越"的企业哲学，以及"实现价值、挑战未来"的新东风精神。并以企业形象塑造和实施品牌营销为重点，进一步构建个性鲜明、形象统一、充满蓬勃生机和创造力的东风新形象。

中国远洋运输(集团)总公司

中国远洋运输(集团)总公司(简称中远集团)的前身,是成立于1961年4月27日的中国远洋运输公司,1993年2月16日组建以中国远洋运输(集团)总公司为核心企业的中国远洋运输集团。经过几代中远人40余年的艰苦创业,依靠智慧、勤劳和真诚,带着光荣与梦想,中远集团已由成立之初的4艘船舶、2.26万载重吨的单一型航运企业,发展成为今天拥有和经营着600余艘现代化商船、3 500余万载重吨、年货运量超过3亿吨的综合型跨国企业集团。作为以航运、物流为核心主业的全球性企业集团,中远在全球拥有近千家成员单位、8万余名员工。在中国本土,中远集团分布在广州、上海、天津、青岛、大连、厦门、香港等地的全资船公司经营管理着集装箱、散装、特种运输和油轮等各类型远洋运输船队;在海外,以日本、韩国、新加坡、北美、欧洲、澳大利亚、南非和西亚8大区域为辐射点,以船舶航线为纽带,形成遍及世界各主要地区的跨国经营网络。标有"COSCO"醒目标志的船舶和集装箱在世界160多个国家和地区的1 300多个港口往来穿梭。今天的中远集团,在致力于为全球客户提供航运、物流等全球优质承运服务的同时,还能够为客户提供船舶和货物代理、船舶工业、码头、贸易、金融、房地产和IT等多个行业的服务。

中国远洋运输(集团)总公司(中远集团)在2006年中国企业500强排名22位,2005年中国企业500强排名22位,2004年中国企业500强排名21位,2003年中国企业500强排名21位,2002年中国企业500强排名17位。中远集团作为中国航运物流业最大的企业,近年来在中国企业排名中一直稳定在20名左右。

一、中远集团发展历程概述

(一)发展简史

1961年4月27日,"中国远洋运输公司"在北京宣告成立。同日,中国远洋运输公司广州分公司宣告成立。4月28日第一艘悬挂中华人民共和国国旗的"光华"号客轮,在广州黄埔港举行隆重的首航典礼。随后,"光华"轮驶往印度尼西亚雅加达港接运受难华侨回国。

1967年5月,中远广州分公司"敦煌"轮从黄埔起航,开往西欧,标志着新中国第一条国际班轮航线的开通。中国第一艘集装箱班轮、中远上海分公司的"平乡城"轮1978年9月26日从上海港启航,驶往澳大利亚悉尼港。标志着中国远洋集装箱运输经营从此正式开始。1979年3月,中远公司与日本饭野海运株式会社在北京签订雇佣中远船员协议,中远总公司劳务输出业务正式展开。这也是新中国成立后首次海员劳务外派。1979年4月18日,中远上海分公司"柳林海"轮从上海启航抵达美国西雅图港。这是新中国成立后第一艘驶抵美国港口的中国商船。从此恢复了自新中国成立即中断的中美两国海上运输航线。1988年11月29日,中远总公司收购"中好船务代理有限公司"英方股份,使之成为中远在英国的独资公司,并于1989年8月18日经交通部批准更名为"中远(英国)有限公司"。这是中远第一家海外独资公司。从此,中远开始了跨国经营的历程。

1992年12月25日,国家计委、国家体改委、国务院经贸办批准"中国远洋运输总公司"更名为"中国远洋运输(集团)总公司",同意以中国远洋运输(集团)总公司为核心企业,组建"中国远洋运输集团"(简称中远集团)。1993年2月16日中远集团在北京宣告成立。1998年3月20日,上海众城实业股份有限公司正式更名为中远发展股份有限公司,这标志着中远集团国内第一家"借壳上市"的控股公司成立。2000年1月23日至2月2日,中远集团魏家福总裁出访瑞士、德国,参加了在瑞士达沃斯召开的世界经济论坛第30届年会,在此次会议上,中远集团正式被接纳成为世界经济论坛的正式会员。也是中国企业第一次被世界经济论坛接纳为正式会员。目前中国远洋运输(集团)总公司已发展成为全球第二大综合性航运公司。

(二)扩展路径

1964年12月,中远首次按国际惯例利用银行贷款购进"黎明"号货船。这使中远成为中国首家利用银行贷款发展远洋船队的船公司。从此,中远开始按照"贷款买船,赢利还贷"模式,自力更生发展远洋船队。20世纪六七十年代是中远船队规模大发展时期。到1975年底,中远公司船队总吨位突破500万吨。这期间几乎是每年以近百万吨的巨额数字增长,受到国际航运同行瞩目。经过40余年发展,船队规模、赢利能力等方面,增长了近千倍:由一支4万余吨的小船公司,发展成为位居世界航运前茅的航运公司。中远人为国家的经济发展做出了巨大贡献。

1992年2月中远国际控股有限公司在香港联交所主板上市,它是中远集团全资子公司中远(香港)集团有限公司控股的上市公司,主要从事房地产投资与开发、船舶服务、基础建设投资等业务,这是中远集团首次进入资本市场角逐。2002年4月18日,中远航运A股在上海证券交易所开始挂牌上市交易,标志着中远集团航运核心主业正式登陆中国资本市场。中国远洋控股股份有限公司(中国远洋)作为中远集团航运主业的海外上市旗舰平台于2005年3月3日成立,2005年6月30日中国远洋在香港联交所挂牌上市。

(三)所有制结构

中远集团是一家国有的综合型跨国企业集团,其子公司在三个国家及地区共四个证券交易所挂牌上市。它们分别是:

1. 中远国际控股有限公司(简称:中远国际;股票代码:0517.HK)

中远集团全资子公司中远(香港)集团有限公司控股的上市公司,主要从事房地产投资与开发、船舶服务、楼宇建造及土木工程、基础建设投资等业务,1992年2月在香港联交所主板上市。

2. 中远投资(新加坡)有限公司(简称:中远投资;股票代码:COSC.SI)

中远集团全资子公司中远控股(新加坡)有限公司控股的上市公司,主要从事航运、修船等相关业务,1993年在新加坡证券交易所上市。

3. 中国国际海运集装箱(集团)股份有限公司(简称：中集集团；股票代码：000039.SZ)

该公司致力于为现代化交通运输提供装备和服务，主要经营集装箱、道路运输车辆、机场设备制造和销售服务，A 股于 1994 年 4 月 8 日在深圳证券交易所挂牌上市。

4. 中远太平洋有限公司(简称：中远太平洋；股票代码：1199.HK)

中远集团子公司中国远洋控股股份有限公司控股的上市公司，主要从事集装箱租赁、集装箱码头经营、综合物流及集装箱制造等业务，1994 年 12 月在香港联交所挂牌上市，香港恒生指数成分股。

5. 中远航运股份有限公司(简称：中远航运；股票代码：600428.SS)

中远集团旗下从事专业化特种杂货远洋运输的公众上市公司，2002 年 4 月 18 日在上海证券交易所挂牌上市，"上证 180 指数"成分股。

6. 中国远洋控股股份有限公司(简称：中国远洋；股票代码：1919.HK)

一家向国际及国内客户提供综合集装箱航运服务的主要全球性供货商，业务包括提供集装箱航运价值链内广泛系列的集装箱航运、集装箱码头、集装箱租赁、物流以及货运代理和船务代理服务，2005 年 6 月 30 日在香港联交所挂牌上市。

其中中国远洋控股股份有限公司于 2005 年 3 月 3 日在中国成立，是中国远洋运输(集团)总公司航运主业的海外上市旗舰平台，拥有中远集装箱运输有限公司 100% 权益、中远太平洋有限公司约 52% 权益以及中国远洋物流有限公司 51% 直接权益，并通过中远太平洋持有中远物流 49% 权益。同年 9 月，中国远洋被联交所纳入"恒生国企指数"成分股。

(四)企业组织架构

中远集团组织架构见图 1。

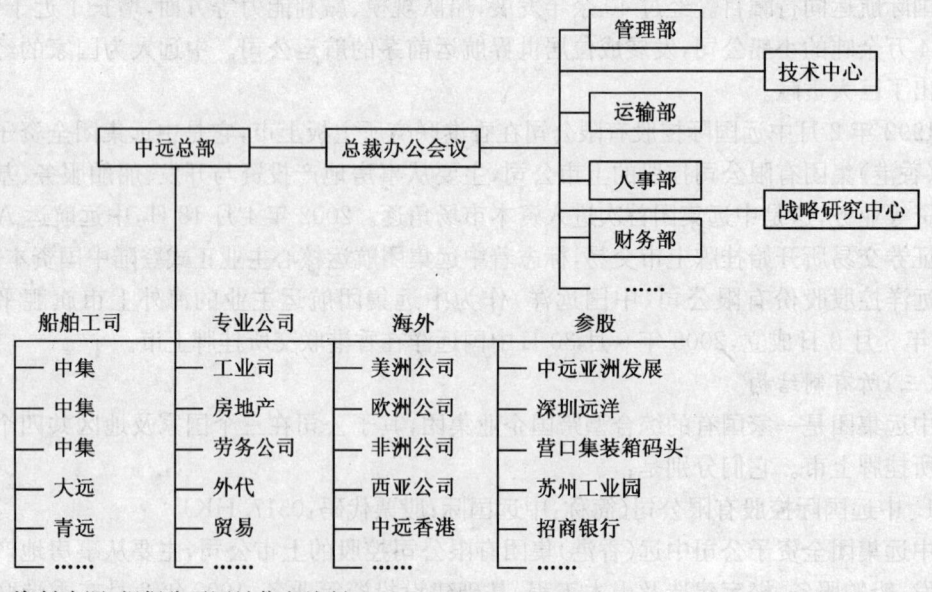

资料来源：根据公司网站信息绘制。

图 1　企业组织架构

二、中远集团发展战略

（一）竞争环境分析

近年来，中国经济持续高速的增长对全球经济产生着巨大的影响，"中国因素"已然成为影响全球经济环境的重要因素之一。这种新的变化对全球航运业影响更甚，在世界航运市场上，大量集装箱正从中国运往世界各地。随着中国制造业从强调"量"逐步向重视"质"转移，对物流及航运的需求更加多变。在未来的日子，全球航运公司必然会创新和改善服务，以求在全球竞争中满足新增的中国客户的需求。可以认为，"中国因素"使全球航运业进入新纪元。

然而，"中国因素"同时面对高油价、全球恐怖主义及贸易保护主义的挑战，2005 年至今，原油价格、人民币升值、全球航运业供求状况以及行业重组事件均引起市场对航运业前景的关注。提升运力及船运服务以满足中国市场需求、在行业中缔结全球联盟、建立与同业、政府及投资者和谐对话的氛围对航运公司更加重要。

从国内市场来看，随着我国政府"十一五"规划的具体实施，并在中国工业化、都市化及北京 2008 年奥运会等因素的带动下，可以认为中国在 2007 年将继续实现经济的高速增长，保持世界工厂的地位及进出口贸易的理想增长。根据交通部公布的《公路水路交通"十一五"科技发展规划》显示，2005 年中国港口货物吞吐量达 49.1 亿吨，集装箱吞吐量达 7580 万标准箱，连续三年稳居世界第一位。预计未来五年期间全国沿海港口货物吞吐量、集装箱吞吐量将年均增长 8.0% 和 12.2%。

可以预计集装箱航运的全球性需求，以及对集装箱码头、配套设施及服务的需求将继续增长，中远集团将面临着发展的巨大机遇和挑战。

（二）发展战略

1. 竞争战略

作为全球主要的综合集装箱航运服务供货商，中远集团正实施着提升营运效率，在竞争中取得领先的战略。集团将从提高核心竞争力入手，在业务规模、服务范围、盈利能力及客户满意度方面实施差异化战略，力求领先同业竞争者。具体措施包括改良信息系统，强化成本控制措施，同时优化集装箱船队的运力、航线、码头网络及提升"门到门"服务，致力提高客户满意度，提升盈利能力，为股东创造更大的价值。

同时，中远集团将以低成本战略应对油价上升及人民币升值带来的压力。集团计划利用燃油集中采购、期货操作等多项措施，使自己得以降低运营成本及减少油价风险所产生的不利影响。

2. 市场开拓战略

中远集团的市场开拓战略主要体现在其集装箱业务上。集装箱航运方面，集团通过开辟新航线、重新设计原有航线、调整各航线运力投放等措施进一步降低了运营风险，专注于新的市场机会的同时，也推进全球支线网络的形成，以此扩大中远在世界航运市场的份额；集装箱码头方面，集团近年来分别签署了广州南沙港二期码头、上海洋山港二期码头、埃及塞得港等重大合资、收购协议，不断扩大自己的势力范围；集装箱租赁方面，集团通过与各大航运公司、港口运营商的战略合作伙伴关系，进一步开拓租赁市场，扩大箱队实力。

3. 国际化战略

中远集团将继续全球扩展战略,在行业中缔结全球联盟,建立与同业合作的良好氛围。集团通过其下属子公司加强已成立的CKYH四方联营体(包括中远集运、川崎汽船、阳明海运及韩进海运)的覆盖面及竞争力。CKYH四方联营体将不仅在主干线合作,还将合作范围扩大至联合建立支线网络。

长期来看,中远集团将逐步确立在航运及物流业中的全球领先地位,保持与客户、员工和合作伙伴诚实互信的关系,最大程度地回报股东、社会和环境。面向未来,作为全球综合航运服务的供货商之一,中国远洋运输(集团)总公司将抓住"中国因素"所带来的机遇,领导全球航运业走向更美好的明天。

三、中远集团生产经营状况

中远集团是以航运和物流为主业的多元化经营的跨国企业集团。在致力于为全球客户提供航运、物流等优质服务的同时,还能够为客户提供船代、货代、船舶工业、码头、贸易、金融、房地产和IT等多个行业的服务。

(一)主要产品、生产及销售情况

中远集团是中国目前规模最大、历史最久的远洋运输企业,在全球拥有近千家成员企业,航运和物流是其主营业务。

中远集团拥有和经营着550余艘、近3 000万载重吨、年货运量1.8亿吨、航线覆盖全球160多个国家和地区1 300多个港口的现代化商船队。在上海、天津、广州、大连、青岛、深圳、厦门、香港和新加坡等地,中远集团拥有数支实力雄厚的专业化远洋运输船队,经营包括集装箱船、干散货船、杂货船、客货船、特种船和油轮等能够满足全球客户不同需求的远洋运输船舶。

2002年年初,中远集团整合物流资源,成立了中国远洋物流公司,标志着中远由全球承运人向以航运为依托的全球物流经营人的历史性转变,依托完善的全球海陆空联运、现代化大型仓储基地、快速准确的信息传递和高质量运输服务,迅速确立在国际国内物流业的领先地位。

1. 集装箱运输

中远集团的集装箱运输由中远集装箱运输有限公司(简称中远集运)承担,经营着120余艘、总箱位逾25万TEU的集装箱船队。其中,13艘5 400TEU超巴拿马型集装箱船是当今世界最先进的船舶,5艘在造的8 000TEU集装箱船也于2004年开始陆续下水投入运营。中远集团集装箱班轮运输实力将进一步增强。在中国本土,拥有货运机构300多个,覆盖全国铁路枢纽、公路网站、国际空港和沿海主要口岸,形成以大连、天津、青岛、上海、广州、西安、武汉等地区为支点,连接各主要交通城市的联运网络和运输服务系统。中远集装箱运输的多式联运服务业务,网点遍及欧、美、亚、非、澳五大洲,做到了全方位、全天候"无障碍"服务。

2. 干散货运输

中远集团目前拥有和控制着全球规模最大、最具实力的散货运输船队,其中巴拿马型和灵便型船队规模均居世界首位,合计达200多艘。中远散货船队能够在全球范围内为客户提供粮食、矿砂、煤炭、化肥、钢材、木材、农产品等货物的海上运输服务,航线遍及100多个国家和地区的1 000多个港口。多种不同的船型,以及精湛的船舶营运水平,能够满足客户各种不同需求。

3. 油轮运输

中远集团的油轮运输由大连远洋运输公司承担。公司现拥有和经营着包括3艘VLCC在内的油轮船舶30余艘、约200余万载重吨,是中国大陆最具实力的专业化油轮船队之一。为适应中国经济高速发展的需求和国家石油安全战略的需要,发展和建立一支国内领先、国际一流的油轮船队,是中远集团的战略目标之一。

4. 杂货及特种船运输

中远集团的特种运输船队拥有世界最先进的重吊船、半潜船、滚装船、多用途船、汽车专用船,综合实力居世界同行业第二、亚洲第一。具有高科技含量的18 000吨"泰安口"和"康盛口"半潜船,能够装运万吨以上重量的钻井平台,而且在海上安装时,其精度误差小于5cm,堪称世界第一。中远集团以全球班轮和不定期船为主要方式经营100余艘传统杂货船和特种运输船舶。航迹遍及世界140多个国家和地区的1 270个港口。近年来,中远集团杂货船队凭借雄厚的技术实力和完善的服务质量在众多竞争对手中脱颖而出,相继取得秦山核电工程、三峡水电工程左岸发电机组等大型项目的运输合同,展示了中远集团服务客户的实力。

5. 物流

确立在航运及物流业的领先地位,是中远集团的既定战略和使命。为实现这一战略目标,2002年1月成立了中国远洋物流公司,以整合内部物流资源、优化全球供应链管理,为客户提供全方位物流服务。目前该公司已跻身于中国最大的专业化物流企业之列,在国内拥有300多个业务网点。中远在细致考察市场需求的基础上,重点开拓了汽车物流、家电物流、项目物流和展品物流,为客户提供高附加值服务,并着力建设铁路运输、驳船运输、城际快运和航空运输四大物流通道。中远各海外区域公司,也通过延伸传统海运业务,为客户提供增值物流服务。

(三)其他产品生产及销售情况

1. 船舶代理

中远船舶代理业务始于1953年1月1日,是中国经营最早、规模最大的国际运输代理企业。作为国际运输公共代理人,中远在中国各开放口岸设有81家船舶代理公司,并在日本、韩国和中国香港设有办事机构,与世界上180多个国家和地区的5000多家企业建立了密切的业务联系,形成了一个为船东、货主提供优质高效服务的网络系统,成为联结船、港、货三方的桥梁和纽带。

2. 码头

中远集团是当今世界十大航运公司之一,从20世纪八十年代末就开始关注集装箱码头的发展,研究码头投资策略,并逐步参与码头投资。为适应世界航运市场的变化及自身业务发展的需要,中远集团越来越重视码头业务的经营,目前码头业务已成为中远一体化、多功能的全球运输战略的重要组成部分,已取得了一定的规模和成效。目前,中远在香港、上海、青岛、深圳等港口以及美国、意大利等地拥有34个码头泊位,年集装箱吞吐量已达到1300多万箱。根据世界知名的德鲁里航运咨询公司刚刚对全球码头经营者的排名,中远已成为世界第八大集装箱码头经营商。

3. 客运

中远集团目前共4家合营公司经营国际客货班轮航线,主要从事中日、中韩近洋客货运输业务。目前运营的船舶分别是"新鉴真"轮、"苏州"轮、"燕京"轮、"紫玉兰"轮等。

(三)海外市场拓展

作为一家以全球航运和物流为主营业务的跨国、跨地区、跨行业、多层次、多元化经营的大型企业集团,早在1988年,中远总公司就收购了"中好船务代理有限公司"英方股份,并于1989年成立了"中远(英国)有限公司",这是中远第一家海外独资公司。从此,中远开始了跨国经营的历程。

时至今日,中远集团已开辟了跨太平洋、远东至欧洲、日澳、中澳等20多条全球运输主干航线,船舶挂靠世界上100多个重要港口。在全球拥有1 000多个代理分支机构,连通五大洲各交通枢纽,辐射到全球各个角落。中远在海外共有47家,其中亚洲15家、欧洲18家、美洲9家、非洲5家、澳洲4家,并参与投资建设了中远新港码头、安特卫普码头和苏伊士运河码头。

长期的海内外经营,使中远COSCO成为中国企业中在海外网点和代理关系最多的企业。COSCO和Bank of China(中国银行)、Tsingtao(青岛啤酒)被外界并列成为中国的三大国际知名品牌。

(四)企业品牌创建

国际集装箱市场的COSCO、"中远"商标/服务标志。

中国远洋运输(集团)总公司自1961年成立以来,国际航运业务一直沿用"COSCO"、"中远"商标/服务标志,它们已成为全球航运业中最具广泛认识及知名度的品牌之一。中国远洋自成立起,便致力以加强其服务质量、提高航班班次及准班率以及实施有效的员工培训等方式,响应客户不断变化的需求,并藉此巩固"COSCO"、"中远"品牌在全球集装箱行业的领导地位,赢得广泛客户对本集团全球集装箱航运服务的信赖。

中远集团的下属公司已在中国申请注册泛亚的商标。在中国市场,以及各中日航线使用"泛亚"及"Pan Asia"品牌。

中远旗下中远太平洋的全资附属公司佛罗伦拥有"佛罗伦"品牌,中远太平洋于1994年在联交所上市前已一直使用此品牌,它是集装箱租赁业中最享负盛名的品牌之一。

(五)多元化发展

1. 工业

中远集团的工业是伴随着船队成长而发展的。目前,已形成以船舶建造、船舶修理、集装箱制造为核心的船舶工业体系,在国内外享有知名声誉。

(1)船舶修理。

中远集团下属中远船务工程集团有限公司通过实施集团化经营,以"技术领先"构建核心竞争能力,成功进入中高端改装船市场,拉开了与国内竞争对手的差距,不仅在国内主导修船市场,在国际上也有相当重要的地位。在中国船舶工业行业协会公布的2002年修船企业综合实力排名上,该公司所属南通、大连、广州三家船务公司均名列全国十强,排名分别为第一、第三和第七。

(2)船舶建造。

中远集团所属中远工业公司与日本合资建立的南通中远川崎船舶工程有限公司是中远集团造船产业的主力军,继2001年成功建造5 400TEU集装箱船后,2002年又成功建造30万吨VLCC油轮,试航一次成功,在国内外造船界产生巨大影响,其建造工时、钢材利用率和劳动生产率等主要指标已远远超过国内同行的先进水平,并已达到韩国先进水平,基本确立了中远造船在中国的领先地位。

(3)集装箱制造。

中远集团是上市公司"中国国际海运集装箱(集团)股份有限公司"的董事股东,该公司已拥有华南、华东、华北三大区域12个生产基地,自1996年以来,集装箱产销量一直保持世界第一。目前国际市场份额超过40%,其中冷藏集装箱的国际市场占有率超过50%,中集集团在集装箱行业确立了世界级地位。

2. 房地产

中远集团房地产业主要由中远房地产开发有限责任公司、上海中远三林置业集团有限公司以及各航运公司下属房地产企业构成。

中远房地产开发有限公司在2002年北京房地产企业综合实力排名中名列第五,并以成功开发都市网景、远洋大厦、远洋风景、远洋天地等知名项目闻名于北京房地产界。

上海中远三林置业集团有限公司在2002年上海房地产百强企业评选中名列第四,在上海银行业对房地产企业的综合实力与信誉评估中名列第一,并以成功开发上海中远两湾城、海南博鳌亚洲论坛会议中心等项目闻名于上海和海南房地产界。各航运公司下属房地产企业也在各自区域内享有较高美誉。

3. 金融

中远集团金融产业主要由中远财务有限责任公司和中远集团所掌控的广泛金融资源构成。中远财务有限责任公司为中远集团成员单位提供结算、信贷等金融服务,在中远集团内部对资金实行集中管理。目前,中远集团在银行、证券、保险、基金等领域拥有数十亿元的投资,是境内上市公司"招商银行"的第二大股东。通过多年的实践和探索,中远集团已在船舶租赁、股权投资、资本运营以及债券融资等领域积累了丰富的经验。

4. 贸易

中远集团的国际贸易主要由船舶贸易和燃油贸易两部分构成。

中远国际船舶贸易有限公司(中远船贸)是中远集团总公司船舶贸易的窗口。主要业务包括新船及二手船舶的买卖、租船、船用设备买卖,以及提供有关船舶技术、贸易及商业谈判的顾问服务。

中远集团船舶燃油供应服务具有很强的实力和良好的信誉。在中国大陆各港口有完善的船舶供油、供水系统,可以为远洋船舶、沿海、内河水上船舶及港口供应成品油、港口机械用油及淡水;并可利用现有的油库基地和设备,开展船用润滑油来料加工和成品油批发、仓储、运输、代理等服务。

四、中远集团资本运作

(一)融资情况

中远集团最近一次大的融资活动是于2005年3月3日成立的中国远洋控股股份有限

公司(简称"中国远洋"),该子公司于 2005 年 6 月 30 日在香港联交所主板成功上市(股票编号:1919)。中国远洋被认为是中远集团的上市旗舰及拓展平台。22.44 亿股 H 股全球发售完成后,价格区间在 4.25~5.75 港元,按照招股区间中间价 5 港元计算,IPO 集资金额在 97.36 亿港元左右,成为当年第二大 IPO,发行市盈率在 6.5~8.5 倍。

据香港媒体报道,中远集团总裁魏家福透露将倾力支持和巩固香港的国际航运中心地位,已下决心把集团的全部航运资产注入在港上市公司中国远洋(1919,HK),未来所有航运资产均将赴港上市。

目前中国远洋拥有:(1)中远集装箱运输有限公司("中远集运")100%权益;(2)中远太平洋有限公司("中远太平洋",一家于香港联交所上市的公司,股票编号:1199)约 52%权益;(3)中国远洋物流有限公司("中远物流")51%直接权益,并通过中远太平洋持有中远物流 49%权益。中国远洋目前的主要业务包括提供集装箱航运价值链内广泛系列的集装箱航运、集装箱码头、集装箱租赁、物流以及货运代理和船务代理服务。

以下是中国远洋的股权构成图(见图 2)。

```
        中国远洋
   ┌──────┼──────┐
中远集运  中远太平洋(约52%)  中远物流
```

资料来源:www.chinacosco.com。

图 2 中国远洋股权构成

近期优质 H 股回归内地市场的风气正盛,作为国内最大航运物流企业的中远集团也有意上演王者归来的好戏。据知情人士透露,中远控股回归 A 股的期限在 2007 年,将发行不超过 15 亿 A 股股份,募集资金 77 亿元左右。回归后募集的资金主要用于两部分:一是收购中远物流 51%的股份,耗资 16.8 亿元人民币;另外一部分资金用于购买集装箱船的造船款。目前中远有 4 条 1 万标箱和 8 条 5 100 标箱的集装箱船在造,除了首付资金 20%外,其余款项都由募集资金来填补,耗资约 60 亿元人民币。而中远的回归存在两种可能的实现方式:一是像交通银行 A+H 那样,中国远洋将在港的主业资产做大后,再回归与中远航运(600428)整合;二是直接红筹回归,重新增发 A 股。

(二)投资情况

1. 集装箱航运及相关业务投资

由于近年主要航线的运价低迷,燃油价格又居高不下,集团一直实施压缩成本的战略。但对于一直着力发展的集装箱船的业务,企业基于长远发展和开发新市场的需要,还是进行了大量投资,于 2006 年 6 月订造了八艘集装箱船舶,每艘运力为 5 100TEU,这些船舶将于 2009 年至 2010 年前交付;于 2006 年 5 月订租了两艘集装箱船舶,每艘运力为 3 534TEU,这些船舶将于 2007 年交付;于 2006 年 5 月订租了两艘集装箱船舶,每艘运力为 4 506TEU,这些船舶将于 2008 年至 2009 年交付。于 2006 年 6 月底,中远集团新增交付六艘集装箱船舶,每艘运力为 8 200~9 500TEU;于 2006 年 6 月底,集团已投资持有 27 艘船舶订单,运力合计 175 769TEU,这些都将是未来企业发展的坚实支柱。

2. 码头及相关业务投资

于2006年4月,中远集团投资人民币4 656 040 000元受让上海浦东码头10%的股权,所持有浦东码头的权益增加至30%;于2006年6月,集团参与合资共同组建宁波远东码头经营有限公司,将经营与管理宁波北仑四期集装箱7号泊位,并占合资公司20%股权,该码头预计于2006年第4季度开始运营;另外,2006年度分别投入人民币7 469 000元用于在建项目比利时安特卫普码头及人民币85 896 000元于青岛前湾码头。

于2006年8月,集团与泉州港务集装箱股份有限公司签署合资经营合同,共同组建泉州太平洋集装箱码头有限公司,该合资公司将管理及经营现有的4个集装箱泊位,以及投资兴建一个10万吨级集装箱泊位和一个5万吨级多用途泊位。两个新泊位预计2008年开始运营。中远码头(泉州)有限公司持有该合资公司71.43%股权。

于2006年12月,集团下属中远太平洋有限公司与川崎汽船株式会社(川崎)、阳明海运股份有限公司(阳明)、韩进海运有限公司(韩进)[CKYH航运联盟]和Europe Container Terminals B. V. (ECT)签署一项备忘录,共同商议兴建、发展和经营位于荷兰鹿特丹港Maasvlakte港区的Euromax码头。ECT将持有该合资项目51%股权,其余四方合共持有49%股权。该码头将成为CKYH航运联盟位于欧洲西北区域其中一个主要挂靠港。

另外值得注意的是,于2006年8月,中远集团与A. P. 穆勒(马士基)的附属公司APM Terminals Invest Company Limited签署一项协议,后者据此向中远集团购入持有广州南沙海港集装箱码头有限公司59%权益的中远集团附属公司中远码头(南沙)有限公司的33.9%股权。据此,竞争对手通过其附属公司成为广州南沙海港码头的间接股东。

五、中远集团财务状况

(一)资产结构

中远集团资产负债情况见表1。

表1　　　　　　　　　　　　中远集团资产负债情况　　　　　　　　　　　　单位:千元

	2006年	2005年
总资产	55 460 140	56 013 489
权益总额	27 476 708	26 925 088
总负债	27 983 432	29 088 401
总权益及负债	55 460 140	56 013 489
净流动(负债)/资产	−857 628	1 628 869
总资产减流动负债	37 264 924	40 307 088

资料来源:www.chinacosco.com。

六、中远集团营销策略

(一)电子分销渠道的发展

中远集团运用先进的信息技术,构建有效的客户服务体系。于2005年集团下属中远集运进一步完善电子商务功能,相继推出了线上订舱、线上托单对单、线上提单打印、电子提箱、线上到货通知等交互性服务功能,在中国地区推出了自助语音电话服务。上述服务功能极大地方便了全球客户,提升了公司的品牌形象。

中远集团配合业务发展,2005年重点在新兴市场和业务拓展地区推广集成业务信息系统 IRIS-2。此外,进一步完善了管理信息系统的功能,使得信息系统在改进收益管理和降低成本方面的作用得以充分体现。

(二)企业的客户关系管理

中远集团继续细分市场,在与国内对手中海集团的竞争中,避开直接的价格对决,展开差异化营销策略,努力挖掘已有客户的潜力,进一步加强与核心客户之间的沟通,积极开展关系营销,针对这部分客户制定个性化的销售策略,通过"顾客为导向"的服务水平提高他们的忠诚度。2005年中远集团全球五名最大客户约占集团总销售额的30%左右。

七、中远集团人力资源与文化

(一)人力资源

中远集团的人才观认为:员工队伍是公司业务持续稳定发展的基石,长期以来,集团一直将员工队伍建设视为最重要的长期发展计划之一。为配合集装箱航运、集装箱码头、集装箱租赁、货运代理及船务代理业务的发展,中远竭力为管理人员提供专业培训并吸纳有能力的专业人才,致力培育和谐、进取的工作气氛,达成互助、注重、互信的关系。

(二)对外交流及社会活动

2005年1月5日,中远(集团)总公司总裁魏家福、党组书记张富生将一张1 000万元人民币的支票交到全国人大副委员长、全国妇联名誉主席、中国红十字会总会会长彭珮云手中。魏家福总裁表示,这是中远8万海内外员工向印度洋地震及海啸灾区人民奉献的一片爱心。同时,他郑重承诺,只要国家需要海上运输支持,中远将随时听候命令。彭珮云副委员长对中远集团和中远职工热心捐款表示十分感谢,并代表中国红十字会总会授予中远(集团)总公司"中国红十字勋章",赠送"博爱"匾牌,还聘请魏家福总裁担任中国红十字会总会"名誉理事"。

(三)企业文化

1. 中远集团总公司方针

正确决策、科学管理、优质服务,建设和谐企业,实施全面风险管理和全球协议,实现企业价值与人文环境和自然资源的协调与可持续发展。

2. 中远集团环境保护规范

全面管理、珍爱资源、保护环境、员工有责。中远集团致力环境保护,珍惜地球资源,以一个"社会责任承担者"身份,支持和参与生态保护活动,主动改善企业的环境保护系统。中远集团质量方针:安全、快捷、优质、高效。

3. 中国远洋控股股份有限公司的企业文化

积极向上的企业文化是企业持续发展的稳固基础,集团在大力拓展业务的同时,也非常重视企业文化建设,使全体员工以"让客户满意,为股东创富"为宗旨,致力于实现"股东回报最大化"。集团本着对雇员、股东和投资者、客户、其他业务相关者及社会的高度责任感,培育"诚信、创新、成长、沟通、理解、管理、品行、服务"的企业价值观,以人为本,鼓励终身学习,在集团范围内形成了"诚信奋进,开拓创新"的工作氛围。

联想集团有限公司

1984年,柳传志带领着10名中国计算机科技人员以20万元人民币(2.5万美元)的启动资金创立了联想公司(Legend)。在以后公司发展过程中,联想勇于创新,实现了许多重大技术突破。1994年,联想在香港证券交易所成功上市;4年后,联想生产了自有品牌的第一百万台个人电脑。2003年,联想将其英文标识从"Legend"更换为"Lenovo";寓意不断创新。在同一年内,联想推出了完全创新的关联应用技术,从而确立了联想在3G时代的重要地位。凭借这些技术领先的个人电脑产品,联想登上了中国IT业的顶峰。2004年时公司已然连续八年占据中国市场份额第一的位置。

中国企业500强中,2002年联想集团有限公司位列38名;2003年位列37名,并在电子信息百强中列第三;2004年名列中国企业500强第39名,电子信息百强第二,中国民营500强第一;2005年联想在中国企业500强排名中下降至56名,电子信息百强名列第四。到2006年,联想在中国企业500强中上升至24位,电子信息百强跃居第一。总体来看,五年间联想在中国企业500强排名中起伏较大,但在电子行业中始终名列前茅,2006年的表现可谓力挽狂澜,最显突出。

一、联想发展历程概述

(一)发展简史

1984年,包括柳传志在内的11名中国科学院计算机科技人员前瞻性地认识到了PC机必将改变人们的工作和生活。他们以20万元人民币的启动资金以及将研发成果转化为成功产品的坚定决心,在北京一处租来的传达室中开始创业。公司原名"中国科学院计算技术研究所新技术发展公司",后改名为"联想"(Legend,英文含义为传奇)。在公司发展过程中,联想勇于创新,实现了许多重大技术突破。1988年首先研制成功的可将英文操作系统翻译成中文的联想式汉卡,获我国国家科技进步奖一等奖;1990年首台联想微机投放市场。联想由一个进口电脑产品代理商转变成为拥有自己品牌的电脑产品生产商和销售商;1994年,联想在香港证券交易所成功上市,此外联想开发出了可一键上网的个人电脑,其自有品牌的第一百万台个人电脑为英特尔博物馆收藏。

进入21世纪,面对新的经济形势和消费需求,联想持续坚定地大力投入发展技术,走以技术创新带动差异化竞争的道路,确立了高科技的、服务的和国际化的目标。2003年,联想推出完全创新的关联应用技术,从而确立了在 3G 时代的重要地位,登上中国 IT 业的顶峰。同年,联想将其英文标识从"Legend"更换为"Lenovo",其中"Le"取自原标识"Legend",代表着秉承其一贯传统,新增加的"novo"取自拉丁词"新",代表着联想的核心是创新精神。2004 年时联想已连续八年占据中国市场份额第一的位置。2005 年 5 月,联想完成对 IBM 个人电脑事业部的收购,这标志着新联想将成为全球个人电脑市场的领先者。2005 年,在国内电子及通信设备制造业 200 强中联想名列第二,集团子公司北京联想有限公司在北京企业 100 强中位列第五。

（二）扩展路径

联想成立至今 24 年,从创立时的 11 人,发展到今天全球 19 000 多名员工。如今联想的总部设在纽约的 Purchase,同时在中国北京和美国北卡罗莱纳州的罗利设立两个主要运营中心,通过联想自己的销售机构、联想业务合作伙伴以及与 IBM 的联盟,联想的销售网络遍及全世界。研发中心分布在中国的北京、深圳、厦门、成都和上海,以及日本的东京和美国北卡罗莱纳州的罗利。

联想公司成立之初,其业务基本依托于中科院计算所,主要从事计算机零部件的组装,代理 IBM 微机、AST 微机,以及一部分验收、维修和培训工作。24 年来,联想始终致力于打造自有品牌的微机,2005 财年联想个人电脑销售量年比年增长 11%。与此同时,联想开始涉足风险投资、房地产等行业。2004 年,联想作为第一家中国企业成为国际奥委会全球合作伙伴。

二、联想组织架构

联想成立之初,公司分设技术开发部、工程部、经营部和一个办公室。柳传志自联想成立至 2001 年 4 月任联想集团总裁,2001 年 4 月 20 日辞去联想集团总裁职务,留任董事会主席。此后由杨元庆出任联想集团总裁兼 CEO。2001 年联想成立 6 大群组,它们分别是企业 IT、消费 IT、手持设备、IT 服务、互联网、合同部件制造。2004 年 2 月,联想调整架构,原六大业务群组调整为三大业务群组:A 群组（信息产品业务群）:主要包括 PC、笔记本业务;B 群组（移动通信业务群）:主要包括移动、通信业务;C 群组（IT 服务业务群）:IT 服务业务;还有国际业务以及其他业务（见图1）。2004 年 12 月 8 日,联想集团公布了与 IBM 交易完

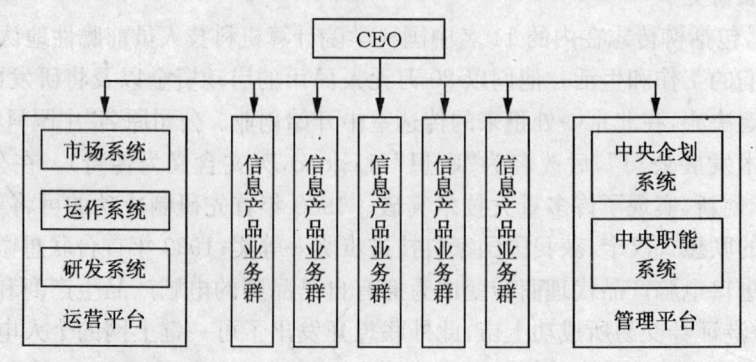

资料来源:中国计算机报网站 http://www.ciw.com.cn/News/deepstory/2005-12-31/3090.shtml。

图 1　联想集团组织结构调整后的新架构

成之后新联想的组织结构及主要管理层:原联想集团总裁兼首席执行官杨元庆将担任新联想的董事局主席;William Amelio(威廉•阿梅里奥)担任联想集团总裁兼 CEO(首席执行官);原联想高级副总裁马雪征女士将继续担任 CFO(首席财务官)。

三、联想发展战略

(一)竞争环境分析

创业初期,联想在自身产品上确实做到了物有所值,20 世纪 90 年代初的产品质量便得到了大多数消费者的好评。但随着中国电子行业的迅速发展壮大,联想也面临着来自国内外的多个竞争对手。不仅有国内的方正、曙光等,还有 IBM、HP、索尼、三星、戴尔、明基等国际品牌的竞争。这些跨国公司几乎无一例外地战略定位——中国内地市场的胜负将决定其全球公司的未来。他们几乎将其全球竞争优势资源赌注到中国内地。

竞争的激烈程度是显而易见的。联想式的"中国造"更多的是一种规模组装的优势,芯片、操作系统、主板、液晶显示屏等都不是联想的,联想的组装规模在中国最大,但相比戴尔的全球规模就相形见绌;联想能够跟戴尔一较高下的是渠道,戴尔的直销具有成本优势,而联想则拥有渠道的覆盖面的优势。现在三星、宏鹠和明基正在试图复制联想的渠道模式。因此,这种"中国制造"迟早必须从战略上突围升级。在 IT 管理服务之路上,IBM、HP 虎视眈眈;在 IT 信息内容服务,微软和索尼已经深思熟虑;在产品多元化的道路上,三星、东芝、宏鹠和明基先已运筹帷幄。而在 GE 或三星式的金融服务方向,是联想集团的辖区。

从国内 IT 行业发展情况来看,2001 财年受全球经济影响,尤其是全球 IT 产业衰退、互联网泡沫破灭影响,中国 IT 市场增长放缓,一些国际著名的 IT 企业业绩都出现了倒退,甚至亏损。2002 财年内全球及中国 IT 业仍在低谷内徘徊,全年 IT 市场总值只有 2% 的低增长,总的形势并不乐观。面对这种不利环境,联想采取了以利润率为主要目标导向的经营策略,内外兼修,积极应对。2003 财年初 IT 市场经历了 SARS 疫情的严峻考验,然而从中期开始,整体 IT 市场进一步回暖,市场需求持续提高。从 2004 财年开始,国内 IT 市场进入迅速发展时期,对行业技术提出了更高要求。联想根据市场变化,制定并实施了一系列发展战略,取得了较快的发展。

(二)发展战略

1. 年度发展战略

2001 财年(2001 年 4 月 1 日至 2002 年 3 月 31 日),面对全球经济衰退及全球 IT 市场增长放慢的影响,联想不断调整策略。首先是适应市场变化的能力。联想在组织结构和人员增长上做到了减员增效。在资源管理上不是按计划备库存,保持了良好的库存周转,没有增加呆坏账。在市场对策上没有打价格战,保持了行业的健康发展,保证了较高的毛利率和企业健康的利润。第二是技术研发的能力。在适应市场调低各方面费用的情况下,联想在技术研发上的投入却不降反升,其带来的成果也令人满意。第四是企业管理的能力。客户导向的组织架构完成转制,而且企业从各方面实现从产品导向向客户服务导向的转变,同时企业内部的信息化建设大大提升了企业竞争力。第五是收购兼并的能力。联想通过收购及合作方式不断拓展新业务。在六个业务群组中有四个都在用收购合作的方式扩展业务规模。信息运营服务与 AOL 的合资,合同制造与技嘉的合资,手持业务与厦华的合资,IT 服务投资汉普和智软,对公司总体的发展起到积极作用。

2002 财年(2002 年 4 月 1 日至 2003 年 3 月 31 日),全年中国 IT 市场总值只有 2% 的低增长。面对这种不利环境,联想采取了以利润率为主要目标导向的经营策略,在确保不丢失市场份额、不降低营业额的前提下,理性经营,不打价格战,通过积极的技术创新和服务增值来提升产品竞争力和毛利率,保持企业的健康良性增长。联想清晰地制定了业务发展战略和与之匹配的技术发展战略。在业务发展中,以客户导向为原则积极拓展三大类业务:一是信息终端产品,将在个人电脑的基础上,积极利用共享资源和成功经验拓展到掌上电脑、移动电话、外部设备等其他 IT 信息终端产品。二是后台产品,积极从服务器拓展到网络基础建设所需要的高性能服务器、存储产品和网络安全产品。三是服务,在原来的产品售前、售后服务等产品增值服务基础上,积极开展服务业务,包括面向个人的互联网服务业务、面向中小企业的 IT1FOR1 业务、面向大行业/大企业的 IT 服务业务。技术发展战略上,在终端产品中关注其关联应用,同时开发无线互联的新技术、新协议,使得各种设备之间能够互联互通、资源共享,最大限度地释放互联网的能量。在后台产品方面,将重点放在高性能计算和网络安全技术方面。在服务业务方面为了支撑未来的发展,将大力提升软件开发能力和应用方案的设计能力。

2003 财年(2003 年 4 月 1 日至 2004 年 3 月 31 日),联想深入落实服务转型和技术创新战略,通过提高自身服务和技术创新能力,使之成为集团整体核心竞争力所在,同时也满足了客户不同的需求,使客户充分享受到创新技术应用和个性化服务带来的增值。联想在商用领域注意加强大客户销售方面与渠道进行合作,在 IT 消费业务上深入落实了市场细分策略并继续推进以"关联应用"为核心的技术创新。

2004 财年(2004 年 4 月 1 日至 2005 年 3 月 31 日),联想开始实施以专注、客户导向和提升效率为主导的一系列业务变革措施。专注策略是指在落实非核心业务新机制发展的同时 保证在核心业务和重点发展业务上的专注投入。在实施以客户导向的业务模式和提升效率战略时针对细分客户提出相应对的产品。其目标有两个方面:一是更好地贴近客户、更多地获取客户,更长期地经营客户;二是业务模式和业务流程进行精细化的梳理,提高效率,降低成本。联想面对 2004 年上半年的市场价格下降情况,调整产品线结构,实施了差异化策略。12 月 8 日,联想集团宣布以 12.5 亿美元的价格并购了 IBM 的全球个人电脑业务,包括台式机和笔记本电脑,以及与个人电脑业务相关的研发中心、制造工厂、全球的经销网络和服务中心,这是集团国际化战略的重要一步。

2005 财年(2005 年 4 月 1 日至 2006 年 3 月 31 日),联想在大中华区成功推行了针对大型企业市场和主要增长市场(如教育和中小企市场,及一般消费用户市场)的交易型/关系型双经营模式,令集团在区内的综合营业额达港币 115 亿元,占集团总营业额的 37%,经营利润为港币 7.44 亿元。同时,联想的国际整体业务(不包括在大中华区)因其大力开拓中小企业和新兴市场等高增长市场战略而获得盈利。

到目前为止,联想公布了 2006 财年前三季度业绩,在前三季度中,联想开始实施一项调整计划,旨在全球各市场提高对客户要求的响应速度,加强集团的全球竞争地位,并提高运营效率。与此同时,联想集团总裁兼首席执行官 William Amelio(威廉·阿梅里奥)表示联想将专注于四项战略举措:推行交易型业务模式、提升产品竞争力、加强供应链的效能以及在全球打造强大品牌。这是联想获取增长和盈利能力、减低成本和加强效率的关键。

2. 长期发展战略

从总体来看，联想近年来的发展是以技术创新和服务转型为两大战略路线的，以客户为导向，实现高科技的、服务的、国际化的目标。

业务发展上，在2001年实施三年战略规划时，联想就将各类业务按其发展潜力及阶段，分为核心业务、成长业务及种子业务三层架构，并根据各块业务特点及成长规律制定不同的业务目标及发展策略，配置相应的资源投入，使三块业务表现出各自不同的发展趋势，成为企业稳定、健康、持续发展的三股力量。其中核心业务是指台式电脑的生产与销售，以技术创新和服务增值为手段实现利润。成长业务包括笔记本、服务器、手机、数码业务等多元化业务。种子业务是联想新构建起来的业务体系，2002财年完成布局，包括IT服务、高性能服务器、存储及网络产品等业务，与联想的核心资源具有很强的协同效应。

技术发展上，联想走的是以技术创新带动差异化竞争的道路，主推以"关联应用"为核心的技术创新。首先是关联个人信息终端，即家电、通讯、计算等多种个人信息终端通过一定的协议标准实现智能互联、资源共享、协同服务；第二是关联企业信息应用，即企业内部的应用和基础架构管理更超水平化，通过对基础架构的集中管理和动态优化达成资源的充分共享利用，基于开放式标准架构的应用软件和中间软件使得应用之间能够充分协同；最后是关联社会信息服务，即新型的IT运营服务商将通过他们遍布全球的基础架构和应用资源方便地帮助每一个企业、组织及个人实现所需的应用和服务。在"关联应用"技术发展过程中，联想实施了一系列与其他同类企业或上下游企业的战略合作计划，从广度和深度上进一步推动了该技术的发展。

并购IBM个人电脑业务充分体现了联想集团的国际化战略。并购完成后联想成为国际个人电脑市场的领先企业，其战略目标也更加国际化：开发、制造及销售先进的、可靠的、高质素的个人电脑产品，以及相关的增值服务，为全球客户提供更好的方案，去提高生产力和竞争力。

四、联想生产经营状况

（一）主要业务及销售情况

联想自1984年成立以来，生产领域涵盖台式电脑、笔记本电脑、服务器、手机、外设、信息安全、数码业务、IT服务、高性能服务器、存储及网络产品等业务，此外，涉足风险投资/房地产等行业。2006财年前三季度，企业实现综合营业额112亿美元。

图2表明联想2001～2004财年主要业务的销售收入变化。其中企业IT业务为其主要收入来源，其次为消费IT业务，分别占总收入的50%和30%以上，其他业务在总收入中份额较小。从各年数据变化来看，企业IT业务和IT业务发展较快，其他业务诸如IT服务、合同制造等业务收入略有下降，而消费IT业务收入没有很大变化。2004财年主要业务总收入相比2001财年上升17.29%。2005财年，企业台式电脑营业额达到463亿港元，笔记本电脑507亿港元，手机营业额46亿港元，比2004财年分别大幅上涨了203.58%、1 501.07%、426.36%。当然这与并购IBM个人电脑业务有密切联系。

（二）海外市场拓展

联想的跨国经营始于1988年，最初只是在中国香港设立了分部，到1991年公司已发展

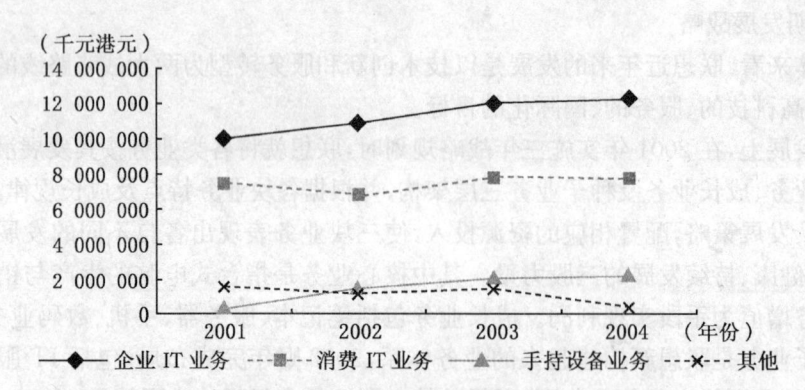

资料来源：根据联想集团2002～2005年报数据加工整理。

图2　2001～2004财年业务收入变化

成为一个全球性的跨国公司，除了包括北京联想和香港联想两大部分之外，还在美国的洛杉矶、费城、加拿大的多伦多，德国的柏林、德斯多幅，澳大利亚的悉尼，新加坡以及中国国内设有20多个分公司。1994年联想集团在香港上市，十几年间成长为一家极具创新性的国际化科技公司。如今联想的总部设在纽约的Purchase，同时在中国北京和美国北卡罗莱纳州的罗利设立两个主要运营中心。联想在全球有19 000多名员工，研发中心分布在中国的北京、深圳、厦门、成都和上海，日本的东京以及美国北卡罗莱纳州的罗利。联想的销售网络遍布全世界，其产品的全球竞争力也大大提高，比如2002年内，联想电脑在中国的市场份额达27.3%，从1996年以来连续7年位居国内市场销量第一，至2003年3月底，联想集团已连续12个季度获得亚太市场（除日本外）第一；2002年第二季度，联想台式电脑销量首次进入全球前五，其中消费电脑世界排名第三。在2003年11月16日公布的全球超级计算机500强（TOP500）排行榜中，"深腾6800"运算速度位居全球14位，这也是迄今为止中国超级计算机在这一排名中取得的最好成绩。

2001财年，联想海外营业额为11亿5 000万港元，2002财年和2003财年略有下降（2004财年海外业务间并无重大销售或其他交易）。2005财年，海外营业额达到126亿，其中中国仍然是最大的市场，占有总营业额的36%，其次为美洲，占总营业额的30%（如图3、图4所示）。

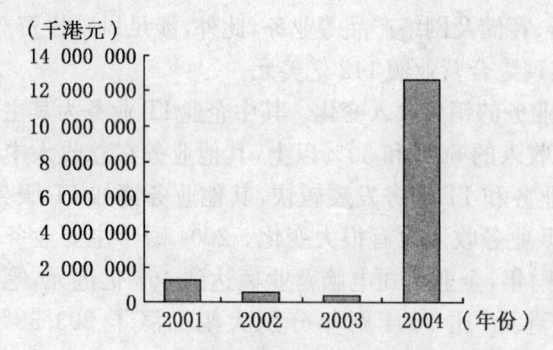

资料来源：根据联想集团2002～2005年报数据加工整理。

图3　海外市场营业额

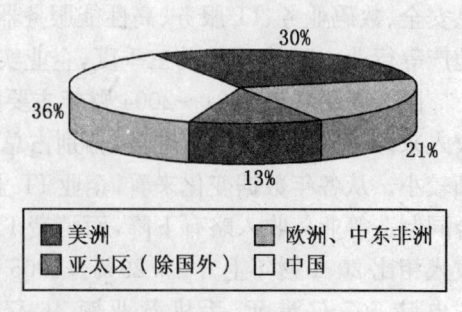

资料来源：根据联想集团2002～2005年报数据加工整理。

图4　2005财年海外营业额

(三)品牌创建

品牌在联想的成长当中发挥着举足轻重的作用,联想历来也重视品牌建设,从1984年公司创立到1990年,第一代联想人用诚信和实实在在的行动为其品牌建设打下了坚实的基础。如今,联想采用了更专业化的品牌管理和更清晰的品牌战略,使联想品牌的内涵在继承的基础上得以升华,更加明晰,为联想的基业长青打下坚实的基础。联想品牌有四大顶尖特性:"诚信"、"创新有活力"、"优质专业服务"和"容易"。联想品牌最核心的东西就是诚信,服务是联想人的DNA,创新有活力是旺盛生命的象征,推动联想积极创新,并灵活、迅速适应客户需求,不断推出先进独特的产品及服务;容易就是让客户深刻地体会到联想好用、易用的产品开发与设计理念。

为了进一步发展联想品牌,使它更好地与公司战略愿景相结合,联想在2002年开始对品牌体系做了全面的梳理,作出了建设单一品牌架构的决策,同时为了应对原有品牌英文名称"Legend"在许多国家已经被注册的情况,联想于2003年4月更换品牌标识,把品牌英文名称更换为"Lenovo",为其国际化战略做先行部署。新标识寓意为"创新的联想",更能反映联想日趋多元化的业务发展,也更能有效表达联想的品牌特性,促进公司业绩更上一层楼。

(四)多元化发展

2002财年,联想IT服务通过入主汉普,合资智软,携手中望,迅速完成了三横四纵的战略布局,构建了涵盖电信、电子政务、金融、制造等四大业务领域,涉及IT服务基础平台、水平应用及营运支持的全价值链服务体系,为联想成功实施服务转型战略奠定了坚实基础。

(五)与上下游企业合作情况

2003年7月份,由信息产业部牵头,联想与TCL等国内众多知名厂家共同发起成立了"闪联"标准组(IGRS),并作为惟一一家国内企业应邀参加了由微软、索尼、诺基亚等国际厂商发起的数字家庭标准组(DHWG)。与此同时,关联应用的推广和普及被深入推进。联想于7月底开始举办国内规模最大的科技巡展,通过主题峰会、嘉宾论坛、现场演示等多种形式,全方位展示"关联应用"战略的最新成果,目前巡展已在全国20多个重点城市成功举办,受到各地政府的广泛支持和业界的高度关注。

五、联想资本运作

(一)投资情况

图5反映了联想2001~2005财年主要投资情况。其中证券投资所占份额最小,但投资额上升较快(未获得2005财年数据),4年间投资额翻了一倍多。联营公司投资额逐年下降,2001财年为204 806 000港元,2005财年为70 672 000港元。[①] 共同控制实体投资占总投资额的比重最大,除2003财年投资额比较小外,其余各财年投资额都占到总投资的50%左右。举例来说,联想集团子公司中直接持有联想(北京)有限公司、联想(上海)有限公司;间接持有联想移动通信有限公司、汉普管理咨询(中国)有限公司等;联营公司包括北京冠群联想软件有限公司、联想金山控制有限公司等。

---

① 联想2001~2005财年年报数据。

（财务年度）

图5 联想2001～2005财年投资情况

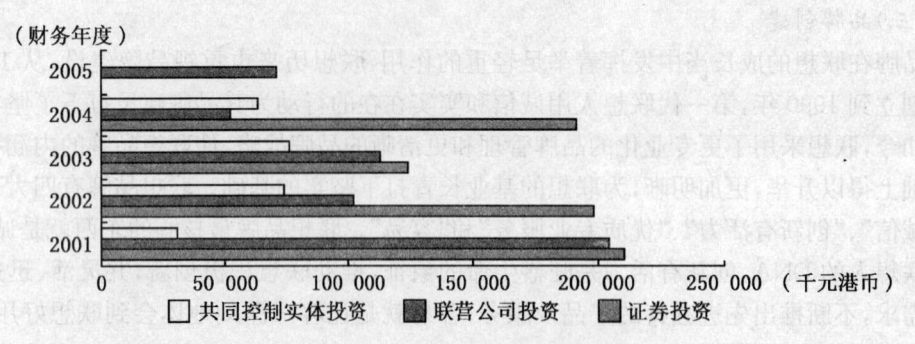

资料来源：根据联想集团2002～2005年报数据加工整理。

图例：共同控制实体投资　联营公司投资　证券投资（千元港币）

（二）并购重组情况

联想在2005年5月以12.5亿美元的高价购下了IBM旗下的PC业务，一夜之间其业务规模便暴涨了4倍，以8.6%的市场份额挤进世界PC三强之列，成为首个进入世界500强的中国民企。由于IBM现有PC部门已经处于亏损状态，业界普遍置疑这会造成原联想PC的短期利润下滑。完成并购后的未来五年内，联想可以使用IBM商标，而之后其将只拥有ThinkPad和ThinkCentre商标。IBM彻底退出，Think商标将不得不依赖于联想，留给联想的Think商标仍旧具有多少价值很难说。众所周知，个人电脑业务当中服务器、客户融资、售后服务是三个产生最大利润的部分，而此次联想收购IBM个人电脑业务恰恰不包括这三个部分。联想为了保持IBM品牌原有的高品质和优质的客户服务，就必须有偿使用IBM提供的服务器和售后服务系统（IBM Global Services）。至少在五年内，无论新联想的个人电脑业务是否盈利，其都将付出高昂的费用购买IBM生产的服务器和IBM的售后服务。而是否由IBM全球融资部门（IBM Global Financing）继续提供客户融资服务，直接影响到联想收购后IBM品牌个人电脑能否保持原有的市场占有率，至少在未来五年内联想无法离开IBM所提供的客户融资服务。

六、联想财务情况

根据中国国家外汇管理局统计数据与报告资料换算得到2001财年至2005财年港币兑人民币平均汇率（见表1）。由于联想在香港上市，因此集团各项财务指标均用港币统计，以下分析数据已折合成人民币。

表1　2001～2005财年港币兑人民币平均汇率

年　份	2001年	2002年	2003年	2004年	2005年
汇率	106.07	106.08	106.73	106.16	104.31

资料来源：根据中国国家外汇管理局统计数据与报告加工整理。http://www.safe.gov.cn/model_safe/index.html。

（一）资产结构

表2说明了联想2001～2005各财务年度资产负债的变化情况。显而易见，2005财年

的资产负债各项目较前四个财年有一个飞跃性的增长,其中资产总值年增长328%。这来源于联想2005财年在中国市场强劲的表现和收购IBM个人电脑业务的贡献。但应注意的是,仅有2005财年流动资产净额为负,即流动资产少于流动负债。并且资产净额增长率为53%,远低于资产总值年增长率。资产项目中,非流动资产主要包括无形资产、有形固定资产和投资。2001财年有形固定资产在所有非流动资产中所占比重最大,达到63%,而联想品牌的迅速成长使集团在2005财年无形资产占非流动资产的比重达到了83%。流动资产是资产总值的主要贡献者,主要包括存货、应收账款和现金及银行结余,其中现金及银行结余比重最大。负债项目中流动负债主要包括应付账款和应付税项。从表2数据可以计算出联想的长期负债几乎为零。

表2　　　　　　　　　联想集团2001财年至2005财年资产负债项目变化情况　　　　单位:千元人民币

资产负债表项目	2001年	2002年	2003年	2004年	2005年
资产总值	6 037 225	7 166 336	8 903 460	9 588 322	41 010 891
非流动资产	1 418 349	1 606 630	2 393 037	2 736 924	18 754 036
流动资产	4 618 876	5 559 706	6 510 423	6 851 399	22 256 855
流动负债	2 123 864	2 659 430	3 519 358	3 686 738	25 891 982
流动资产净额	2 495 012	2 900 276	2 991 066	3 164 660	−3 635 126
净资产	3 913 011	4 500 192	4 822 119	5 550 052	8 499 431

资料来源:根据联想2001~2005财年年报数据加工整理。

(二)营利状况

根据联想2001~2005年报数据,集团营业额、EBITDA(除利息、税项、折旧及摊销前利润)和财务收入逐年增长,其中前四个财年数据变化较小,在2005财年营业额、EBITDA、财务收入年增长分别达到351%、149%、76%。但是各项利润额在经过四个财年后于2005财年大幅下跌,税前利润额和税后利润额分别下降43%和81%,股东应占利润额甚至下降了85%。而资产回报率和股东回报率也是不断下降的。同样,销售利润率、资产净利率和净资产收益率前四个财年呈小幅下降趋势,到2005财年分别仅为0.21%、1%和3%(见表3)。

表3　　　　　　　　　　联想集团2001财年至2005财年营利状况　　　　　　　单位:千元人民币

	2001年	2002年	2003年	2004年	2005年
营业额	22 119 047	21 463 474	24 735 685	23 944 258	108 013 899
EBITDA	1 070 181	1 246 143	1 200 850	1 245 911	3 106 893
财务收入	71 449	81 929	99 652	112 187	197 131
税前利润额	1 146 822	1 091 193	1 061 806	1 196 961	687 903
税后利润额	1 122 329	1 063 593	1 083 312	1 159 610	225 113
股东应占利润额	1 108 325	1 078 995	1 123 744	1 189 149	180 702
销售利润率	5%	5%	4%	5%	0.21%
资产净利率	19%	15%	12%	12%	1%

续表

	2001 年	2002 年	2003 年	2004 年	2005 年
净资产收益率	29%	24%	22%	21%	3%
资产回报率	17%	15%	14%	13%	N.A.
股东回报率	30%	26%	25%	23%	N.A.

资料来源：根据联想 2001~2005 财年年报数据加工整理。

(三) 资金运营能力

表 4 说明了联想 2001~2005 财年资金运营情况。显而易见，流动比率与速动比率两项指标处于不断下降之中；流动资产周转率与总资产周转率两项指标在 2003、2004 财年略有降低之后于 2005 财年有所上升，但总体来说周转率偏低；资产负债率与产权比率则一直在上升，尤其是产权比率在 2005 财年增长至 383%。

表 4　　　　　　　　　联想集团 2001 财年至 2005 财年资金运营情况

	2001 年	2002 年	2003 年	2004 年	2005 年
流动比率	2.1	2.2	1.9	1.9	0.9
速动比率	1.7	1.6	1.4	1.6	0.7
流动资产周转率	N.A.	4.22 次	4.10 次	3.58 次	4.85 次
总资产周转率	N.A.	3.25 次	3.08 次	2.59 次	4.27 次
资产负债率	35%	37%	46%	42%	79%
产权比率	54%	59%	85%	73%	383%

资料来源：根据联想 2001~2005 财年年报数据加工整理。

七、企业研发创新能力

(一) 新产品开发情况

2001 财年，联想在应用开发、静音散热等品质控制技术方面表现突出的天麒天麟电脑、开天系列电脑一经推出，便大受欢迎；联想服务器产品首次进入世界十强，"万全慧"的推出，标志着国内企业在服务器领域除了 CPU 和 OS 以外的所有技术环节都掌握了自主知识产权的核心技术；新成立的高性能服务器事业部和研究院服务器研究室密切配合，于年内推出高性能集群系统 iCluster1800 系列产品，并一举中标中科院 973 项目，承接该项目的万亿次服务器的研发工作。

2002 财年，联想率先提出"关联应用"理念并推出一期成果，引导产业技术和应用发展方向。同时，联想服务器的芯片级应用开发方面推出了六款自有品牌的服务器关键部件、消费 IT 推出了全球领先的采用自主研发的数码家电操作系统 LEOS 的双模式电脑。

2003 财年，联想克服了 SARS 疫情带来的负面影响。5 月末强势推出"锋行"、"家悦"两个全新的消费 PC 品牌。手机方面，加大了投入的力度，推出 6 款含自主研发技术的手机新品，其中 G818 成为国内首创的彩信手机。另外，联想发挥 IT 优势，使数据与通讯充分融合,推出的结合强大语音及数据处理功能的联想 ET180 成为国内第一部"电脑手机"。

2004 财年,联想借助天逸 Y200 及旭日 150 等新品的上市引领市场,驱动笔记本业务市场份额持续攀升,并连续两个季度保持中国市场第一的地位。8 月推出"圆梦"电脑系列。

2005 财年,新联想推出的个人电脑销量理想,包括 ThinkPad X41 平板电脑及 ThinkCentre 台式电脑的更新型号等,针对快速增长的中小企业市场推出首部宽屏多媒体 ThinkPad 笔记本电脑"ThinkPad Z60",以及针对中国消费客户及小型企业客户推出入门笔记本"旭日 125"笔记本电脑;推出首个专为满足小型企业技术需要而研制的台式电脑系列 ThinkCentre E Series 以及"扬天"及"家悦"系列台式电脑。

(二)专利申请情况

2001 财年联想的专利申请总数达到了 551 件,新增专利 314 件,比 2000 财年增长了 153%,其中发明专利的比例由 2000 年的 8% 增长到了 2001 年的 21%。2002 财年联想集团共申请国家专利 572 件,其中发明专利占到 50% 以上,被国家知识产权局授予全国企业技术创新和拥有知识产权最多的企业。这些丰硕的技术创新成果拉动了市场销售,提高了产品竞争力和毛利率,标志着联想正在向一个技术驱动型企业逼近。2003 财年联想获得 110 项专利保护权并且第一次成为中国十大最具竞争力知识产权所有人之一。

联想并购 IBM 个人电脑事业部后,新联想的客户将从新联想卓越的研发能力中受益。新联想设在中国、日本和美国的全球研发中心为全球 PC 技术的进步做出了重要贡献。新联想获得了更多人才和资源,赢得了数百项技术和设计奖项,包括 2 000 多项专利,而且开创了多个业界第一。

(三)研发投入

联想作为一个以 IT 制造和销售为主营业务的企业,研发和创新能力决定着公司的命运。图 6 说明了联想 2001 至 2005 财年研发费用的变化。2001 财年联想研发费用达到 118 744 000 港元,占当年经营总费用的 5.9%。2002 财年研发费用投入上升 116%,达到 314 182 000 港元。2003 财年投入费用比上财年又上升 59%,2004 财年略有下降。然而 2005 财年,联想研发费用一跃至 1 489 988 000 港元,占当年经营费用的 10.9%。相比 2001 财年上升 5 个百分点。[①] 相信这与联想并购 IBM 个人电脑事业部这一举措关系密切。

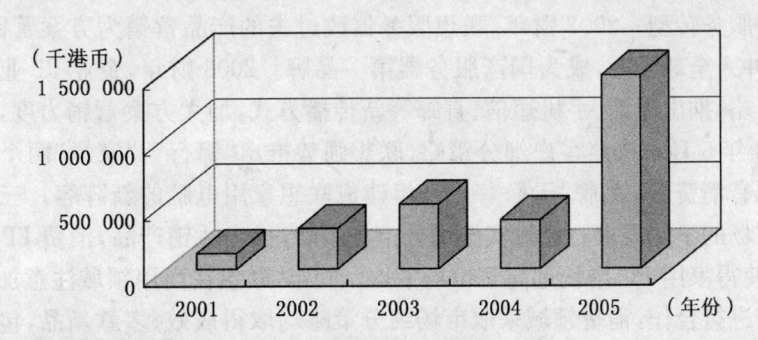

资料来源:根据联想集团 2002~2005 年报数据加工整理。

图 6 2001~2005 财年研发费用变化

---

① 根据联想 2001~2005 年报数据加工整理。

事实上，新联想的五个研发中心正在继续开发联想、ThinkPad、ThinkCentre 品牌的创新技术，持续扩展产品线。例如 2005 年 10 月，联想宣布推出首个专为满足小型企业技术需要而研制的台式电脑系列 ThinkCentre E Series。该系列是新联想推出的首个联合项目，结合了原联想研发团队和 Think 研发团队的技术。

八、联想营销策略

(一)产品销售渠道

当国内规模经济显现时，联想选择了渠道分销，利用渠道为客户提供贴身服务。20 世纪末，中国的绝大多数商用客户需要这种贴身的服务，联想的渠道以最低成本满足了扩张的需求。"任何营销模式都是优势和劣势并存，单一的直销模式或分销模式不可以一统天下。"杨元庆曾这样说。联想在二十几年的发展过程中，营销模式并非一成不变。1993 年以前的联想市场已直接面对大行业客户的直销为主，到了 1994 年，业务量不断扩张，要想将直销做大，需要增加销售队伍，但当时联想根本没有那么大的管理能力，于是联想开始改做分销。1997 年，联想变一层渠道架构为两层渠道架构，还设定了分销商。1998 年为了同时获得高覆盖率和速度优势，联想提出渠道扁平化策略，希望保证厂商和终端客户之间只有两层渠道。2001 年，联想商用市场部开始实施完整的渠道转型计划，针对大行业大客户，商用渠道的转型定为 4 个发展方向，即做应用方案、做客户服务、做物流服务和发展客户关系。而 IT 业务专注的是面向"方案分销"。在转型过程中，联想保留了分销渠道销售"标准解决方案"方面的优势，吸取了直销的长处，根据市场需求将分销内容适时灵活变通，推进了业务的开展。

(二)促销策略

联想初成立时，既缺"硬件"——销售渠道和关系，又缺软件——具备营销经验的优秀营销人才，为此联想与香港导远公司和中国技术转让公司共同成立了香港联想电脑公司。联想开始生产 286 产品时，为了提高公司知名度，采取"高质低价"的销售策略。当 286 产品被淘汰时，联想推出自己的中高档 386 和 486 微机，产品销售获得了巨大的成功。

随着近年来国内外 IT 产业的超高速发展，产品经济时代已经过渡到服务经济时代。联想也开始了服务转型。2002 财年，联想服务器改过去的产品营销为方案营销，取得突破性增长，首次冲入全球第七，成为国产服务器第一品牌。2003 财年，企业 IT 业务积极采取创新的销售策略，推出电话、手机短信、直邮等新传播方式，加大方案营销力度，直接参与客户招标。2003 年 5 月末按照客户细分策略，联想强势推出"锋行"、"家悦"两个全新的消费 PC 品牌，与原有消费 PC 品牌"天骄"一道，组建成联想家用电脑的新阵容。三大产品线分别满足消费市场的不同需求。通过实施细分市场策略，推出适销产品，消费 IT 业务取得了不俗的业绩，使得家用 PC 增长远高于市场平均。同年，联想在商用领域注意加强大客户销售方面与渠道进行合作，消费领域采取市场细分策略均取得成效；多款新品，包括针对家庭客户的天骄至尊个人电脑、天逸笔记本电脑及针对企业客户的开天二代等产品均受到市场欢迎。手机方面，2003 年内中国手机市场竞争激烈，联想继续坚持差异化竞争，致力于自主研发，手机销量增加 75%。针对市场环境的迅速变化，联想将建立更具客户导向的营销模式和组织架构以保障产品和服务更加贴近客户需求，快速反映市场变化。适应不同客户需求，联想将以不同的营销模式与之相匹配，通过混合营销模式全方位提高联想服务的能力；

联想还将统一中央市场平台,研究、识别不同类型的客户需求,指导整体市场工作。最后,区域营销管理及指挥前移,将原有七大区细分为十八分区,深耕细作区域市场。

九、联想人力资源与文化

(一)"年轻"+"末位淘汰"的人员结构

联想是一个年轻的集体,员工的平均年龄在二十七岁半,这也是技术型公司的特点,它需要创造力、全身心的投入和工作的激情,因此公司的研发人员都是直接从学校招进来的。集团每年都进行末位淘汰和人员优化,以往只在年底集中一次完成人员优化,而从2001年起,改为每半年淘汰一次,每次淘汰比例为5%。企业在不断发展的同时也要求每一位员工具有不断学习、不断总结的能力,使自身的竞争力不断提高。否则,就有被淘汰出局的危险。

(二)薪酬及福利及培训

联想员工薪酬主要由三部分构成,即 basic salary(基本工资)+绩效工资+年底红包。员工按季度考核,员工所在部门也要定期接受考核和评估,二者的考核结果与员工的收入挂钩。除了薪金,"联想"还有股票期权,职员一般工作一年之后可以得到,有良好业绩的工人经过一定时间也可以得到。此外还有完善的补充福利机制(如图7所示)。

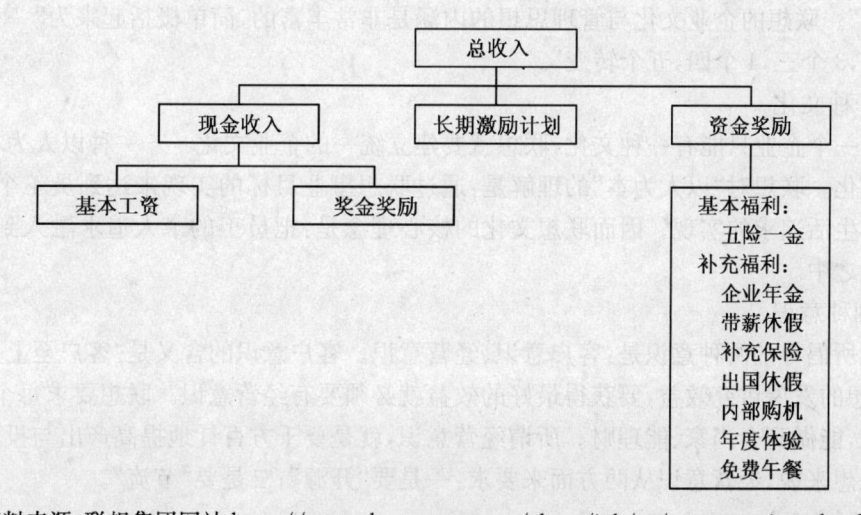

```
                    总收入
          ┌───────────┼───────────┐
        现金收入    长期激励计划   资金奖励
        ┌───┴───┐                  │
     基本工资  奖金奖励         基本福利:
                                  五险一金
                                补充福利:
                                  企业年金
                                  带薪休假
                                  补充保险
                                  出国休假
                                  内部购机
                                  年度体验
                                  免费午餐
```

资料来源:联想集团网站 http://www.lenovo.com.cn/about/job/cn/compensation.shtml。

图7 联想企业薪酬及福利

在培训方面,联想的人才培训计划从新员工入职开始,联想的培训讲师们到员工中培训,涵盖了企业文化、业务技能、交流能力和管理能力的培训,为公司新员工的业务能力、生产、技术和管理人才储备,员工知识、技能、管理能力提升提供了保证。联想企业文化的培训在集团总部的管理学院进行,下面子公司的文化称之为企业亚文化。员工除了在集团总部接受公司文化培训,在各子公司还要接受亚文化培训。联想集团管理学院不管技术培训,也不做前线销售培训。[①]

---

① http://www.91px.com/knowledge/7676.html。

(三)对外交流及社会活动

联想承诺成为一名负责和积极的企业公民,不断改善经营,为社会发展做出贡献。2003年,在中国非典肆虐的巅峰时期,联想捐款支持预防这一疾病,此外,员工也踊跃捐款。2005年,联想向南亚海啸受灾国捐款。联想还积极支持中国的体育和健身事业:1999年赞助了中国国家女子足球队,两年后,又赞助北京成功申办2008年奥运会。2004年3月联想宣布成为国际奥委会全球合作伙伴,为2006年都灵冬季奥运会和2008年北京奥运会以及全球超过200个国家奥委会独家提供台式电脑、笔记本、服务器、打印机等计算技术设备以及资金和技术上的支持。联想并购IBM全球PC业务不仅将打造一个全球PC业务领袖企业,而且有助于联想的奥运计划发挥更大的作用。IBM的个人电脑事业部向全球许多非盈利组织捐赠ThinkPad笔记本电脑和ThinkCentre台式机,其员工也为当地事业志愿工作数千小时。

(四)企业文化

"服务客户、精准求实、诚信共享、创业创新"是联想人的核心价值观,充分体现了企业文化的特点。"诚信共享"是联想文化的根本,是联想人最基本的道德准则,是制度规范、流程透明的最佳土壤。同时作为一家"以人为本"的公司,联想集团把为员工"创造发展空间,提升员工价值,提高工作生活质量"作为企业的使命。员工也把"个人追求融入到企业的长远发展之中"。联想的企业文化与管理思想的内涵是非常丰富的,简单概括起来为"一种文化,两种意识,3个三,4个四,五个转变"。

1. 一种文化

任何一个企业只能有一种文化,联想就要建立统一的企业文化——一种以人为本、客户至上的文化。联想对"以人为本"的理解是:通过联想事业目标的实现来达到员工个人理想和高素质生活追求的实现。因而联想文化的核心理念是:把员工的个人追求融入到企业的长远发展之中。

2. 两种意识

联想所倡导的两种意识是:客户意识、经营意识。客户意识的含义是"客户至上,诚信为本"。联想的发展讲究效益,要获得最好的效益就必须要有经营意识。联想要求每个人都有经营意识,能做到会当家、能理财。所谓经营意识,就是要千方百计地提高产出与投入之比。具体对联想来说,经营意识从两方面来要求:一是要"开源";二是要"节流"。

3. 三个"三"

第一个三,就是"管理三要素",即"建班子"、"定战略"、"带队伍"。第二个三是"做事三准则",在联想电脑公司,做任何工作,都要遵循三个准则:第一条,"如果有规定,坚决按规定办";第二条,"如果规定有不合理处,先按规定办并及时提出修改意见";第三条,"如果没有规定,在请示的同时按照联想文化的价值标准制定或建议制定相应的规定"。第三个三是"处理投诉三原则",第一是"首先处理好与用户的界面,给用户一个满意的处理";第二是"找到相关的责任人并分析问题的性质,进行批评和处罚";第三是"触类旁通分析问题的根源,制定改进的措施"。

4. 四个"四"

第一个四——"联想精神四个字";第二个四——"联想员工四天条";第三个四——"管理风格四要求";第四个四——"问题沟通四步骤"。"每一天、每一年我们都在进步"的境界,就必须具有"求实进取"的精神。联想天条的具体内容是:"不利用工作之便牟取私利"、"不收受红包"、"不从事第二职业"、"工薪保密"。联想的管理风格是:"认真"、"严格"、"主动"、"高效"。沟通四步骤。这四个步骤:一是"找到责任岗位直接去沟通";二是"找该岗位的直接上级沟通";三是"报告自己上级去帮助沟通";最后一招:"找到双方共同上级去解决"。

5."五个转变"

五个转变是1998财年初公司管理模式发生重大变革后,公司向全体干部员工提出的要求。这五个转变是:第一,由被动工作向主动工作转变,即由过去按照上级指令被动工作,转变为以目标为导向主动地推进工作;第二,由对人负责向对事负责转变,即由过去对上级负责,转变为对岗位职责和工作目标负责;第三,由单向负责向多向负责转变,即由过去只对直接上级负责,转变为对广义的"客户"(内、外)负责;第四,由封闭管理向开放管理转变,即由过去以部门为界限进行行政管理,转变为以目标为导向进行资源协调管理;第五,由定性管理向定量管理转变,即由过去不规范的随机管理转变为进行目标、考核、流程的精细化地定量管理。

青岛海尔

海尔集团是世界第四大白色家电制造商、中国最具价值品牌。旗下拥有 240 多家法人单位,在全球 30 多个国家建立本土化的设计中心、制造基地和贸易公司,全球员工总数超过 5 万人,重点发展科技、工业、贸易、金融四大支柱产业,已发展成全球营业额超过 1 000 亿元规模的跨国企业集团。

海尔集团在首席执行官张瑞敏确立的名牌战略指导下,先后实施名牌战略、多元化战略和国际化战略,2005 年底,海尔进入第四个战略阶段——全球化品牌战略阶段,海尔品牌在世界范围的美誉度大幅提升。1993 年,海尔品牌成为首批中国驰名商标;2006 年,海尔品牌价值高达 749 亿元,自 2002 年以来,海尔品牌价值连续四年蝉联中国最有价值品牌榜首。海尔品牌旗下冰箱、空调、洗衣机、电视机、热水器、电脑、手机、家居集成等 18 个产品被评为中国名牌,其中海尔冰箱、洗衣机还被国家质检总局评为首批中国世界名牌,2005 年 8 月 30 日,海尔被英国《金融时报》评为"中国十大世界级品牌"之首。2006 年,在《亚洲华尔街日报》组织评选的"亚洲企业 200 强"中,海尔集团连续第四年荣登"中国内地企业综合领导力"排行榜榜首。海尔已跻身世界级品牌行列,其影响力正随着全球市场的扩张而快速上升。

据中国最权威市场咨询机构中怡康统计:2006 年,海尔在中国家电市场的整体份额已经达到 25.5%,依然保持份额第一。其中,海尔在白色家电市场上仍然遥遥领先,且优势更加突出;在小家电市场上海尔表现稳健,以 16% 的市场份额蝉联小家电市场冠军。在智能家居集成、网络家电、数字化、大规模集成电路、新材料等技术领域处于世界领先水平。"创新驱动"型的海尔集团致力于向全球消费者提供满足需求的解决方案,实现企业与用户之间的双赢。目前,海尔累计申请专利突破 7 000 项(其中发明专利 1 234 项)。在自主知识产权基础上,海尔主持或参与了 115 项国家标准的编制修订,制定行业及其他标准 397 项。海尔"防电墙"技术正式成为电热水器新国家标准,海尔空调牵头制定"家用和类似用途空调安装规范"。在国际上,海尔热水器"防电墙"技术、海尔洗衣机双动力技术等六项技术还被纳入 IEC 国际标准提案,这证明海尔的创新能力已达世界级水平。

在创新实践中,海尔探索实施的"OEC"管理模式、"市场链"管理及"人单合一"发展模式均引起国际管理界高度关注,目前,已有美国哈佛大学、南加州大学、瑞士 IMD 国际管理学院、法国的欧洲管理学院、日本神户大学等商学院专门对此进行案例研究,海尔"市场链"管理还被纳入欧盟案例库。海尔"人单合一"的发展模式为解决全球商业的库存和逾期应收提供了创新思维,被国际管理界誉为"号准全球商业脉搏"的管理模式。

面对新的全球化竞争条件,海尔确立全球化品牌战略、启动"创造资源、美誉全球"的企业精神和"人单合一、速决速胜"的工作作风,挑战自我、挑战明天,为创出中国人自己的世界名牌而持续创新。表1为2002～2006年海尔集团在中国500强中的排名。图1为2002～2006年海尔集团的营业收入。

表1　　　　　　　　　　2002～2006海尔集团在中国500强中的排名

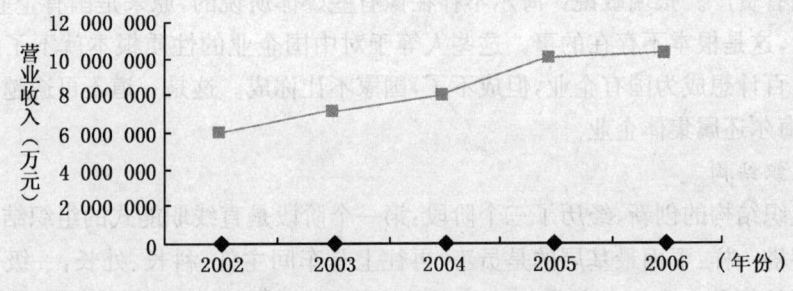

年　份	排名
2002	16
2003	16
2004	19
2005	18
2006	25

资料来源：http://www.chinaworkshops.net/news/news7.htm；
http://www.cnbidding.com/com/aricledisp_aid_a3f509ce51e50a.html；
http://economy.enorth.com.cn/system/2004/09/06/000858204.shtml；
http://economy.enorth.com.cn/system/2005/08/21/001099442.shtml；
http://economy.enorth.com.cn/system/2006/09/03/001400494.shtml。

图1　2002～2006年海尔集团营业收入

一、海尔发展历程概述

(一)发展简史

海尔集团是在1984年引进德国利勃海尔电冰箱生产技术成立的青岛电冰箱总厂的基础上发展起来的国家特大型企业。海尔集团在总裁张瑞敏提出的"名牌战略"思想指导下,通过技术开发、精细化管理、资本运营、兼并控股及国际化,使一个亏损147万元的集体小厂迅速成长为中国家电第一品牌。创业初期,只有一个产品,全厂职工不到800人,现在海尔拥有42大门类8 600余规格品种的名牌产品群,职工2万多人。海尔从引进冰箱技术起步,现在依靠成熟的技术和雄厚的实力在东南亚、欧洲等地设厂,并实现成套家电技术向欧洲发达国家出口的历史性突破。

海尔集团的发展可以概括为三个阶段：

(1)名牌战略阶段(1984~1991年),用七年的时间,通过专心致志干冰箱的过程实施了名牌战略,建立了全面质量管理体系。

(2)多元化战略发展阶段(1992~1998年),用七年的时间,通过企业文化的延伸及"东方亮了再亮西方"的理念,成功地实施了多元化的扩张。

(3)国际化战略阶段(1998至今),以创国际名牌为导向的国际化战略,通过以国际市场作为发展空间的三个三分之一的策略正在加快实施与进展。

目前,海尔已在海外发展了62个经销商、30 000多个营销点,海尔发展的目标是本世纪初进入世界500强,创出中国的世界名牌。

(二)所有制结构

集体企业和国有企业的差别在哪里呢?政府对集体企业的经营不进行干涉,与此同时也不提供资金援助,企业经营所需要的资金需要通过银行贷款等自行筹备。国有企业的利润上缴国家,集体企业的利润可以留下来再发展、再投资。

青岛海尔上市以后,青岛国资部门曾给海尔集团出过一个证明,即经过验资,海尔的资产内没有国有资产。张瑞敏说:"海尔不存在像有些媒体所说的,原来是国有企业,现在又变成集体企业,这是根本不存在的事。这些人等于对中国企业的性质根本就不了解。过去集体企业千方百计想成为国有企业,但成不了,国家不让你成。这是一道不可逾越的鸿沟。"

所以,海尔还属集体企业。

(三)组织结构

海尔组织结构的创新,经历了三个阶段:第一个阶段是直线职能式的组织结构。这种结构就像金字塔一样:下面最基层的是员工,再往上是车间主任、科长、处长,一级一级上去一直到最高层的领导。我们在名牌战略阶段基本上用的就是这种结构。这种结构最大的好处,是在人数比较少的情况下易于控制强化管理和解决混乱的局面,很多决定定下来之后,谁出了什么问题,有好的或者是不好的表现,奖励或者是处罚都可以当场定下来,反应速度快,所有的人都可以感受得到。

二、海尔发展战略

(一)竞争环境分析

1. 行业竞争概况

海尔的主要产品为白色家电,而国内市场的家电行业竞争可谓日趋激烈,各个新品牌纷纷崛起,为占据一定的市场份额采用各种竞争战略,综合来说,如今的家电行业可以说是群雄并起,百家争鸣。

2. 主要竞争对手

由于如今的家电行业群雄并起,品牌相当多,所以海尔的竞争对手也是相当多,如冰箱有伊莱克斯,空调有LG、美的、格兰仕、电脑有联想、戴尔等等。

3. 企业在市场中的竞争地位

虽然如今百家争鸣,但是由于海尔多年的苦心经营和优秀的管理,塑造了海尔这样一个国内白色家电龙头的老字号,可以说是在行业中占据领先地位。

(二)发展战略规划

1. 成本领先战略

在家电产业竞争日趋激烈的今天,产业发展可谓有以下特点:

(1)价格战从厂家转至渠道;

(2)品牌集中度进一步提升;

(3)服务营销盛行;

(4)产品趋于高端;

(5)成本领先战略。

成本领先战略是几乎每一个企业都会考虑的竞争战略,因为只有成本降低了,才能够提高企业的利润,企业盈利提高了,才能够更进一步的发展。海尔也选择成本领先战略,国内品牌想要在如今国内国外品牌交杂的市场上立足,必须消减成本,当然这里说的降低成本,并不是毫无顾忌地降低成本,降低成本要考虑到质量因素,在不影响质量的和美观的前提下减少不必要的成本,这样才能避免降低成本而带来的顾客质量问题的投诉。

在成本战略实施的方面,由于海尔有自己的生产工业园区,所以部分的原材料是它的优势所在,可以很大程度地减少成本。除此之外,海尔的纵向一体化战略也帮助了成本战略,使得海尔在压缩机上得到优势,又由于在冰箱的生产上压缩机是其主要的部件,压缩机有了优势,那么整个冰箱生产也有了相当的优势。海尔的经验也成就了它的成本战略,海尔早在20世纪90年代就已经成名了,所以累计到现在拥有相当深厚的管理生产等经验,这样就使得它的生产效率大大提高,节约了劳动力,也就是节约了生产成本。

总的来说,海尔在成本战略上做得相当不错,虽然海尔是中国首屈一指的家电大企业,但是无论企业多大,成本战略是必不可少的。

2. 差异化战略

竞争战略的另一项就是差异化战略,光靠着成本战略去和别的企业竞争肯定是不够的,还需要有差异化战略的支持。

海尔的差异化战略可分为服务差异化和产品差异化。首先服务差异化,海尔的服务质量是首屈一指的,这就是差异化的结果,争取和别人做的不一样,争取比别人做的更多更好,这就是海尔的服务。有一个很经典的例子,当年空调开始普及的时候,有一位母亲在酷暑的时候打电话购买海尔空调要求当天安装,电话中还响着婴儿因为酷暑难耐的啼哭声,当天下午当技师去安装的时候,递给了母亲一罐痱子粉,母亲当场就留下了泪水。从这个例子中可以看出,海尔的服务不仅是做好本职工作那么简单,还力争关心顾客,全心全意地为顾客服务。

产品差异,顾名思义就是产品与其他企业的产品有所不同,海尔在很多产品上都有差异化战略体现,如冰箱,冰箱的主体是压缩机,而压缩机这方面要做差异化基本是不可能的,所以海尔选择了在外观做差异化,把冰箱的外观做到给人们艺术化的享受,以满足高档次消费者的需求。当然,除了冰箱,海尔在家电的各个产品都有他的差异化战略,这里就不一一列举了。

3. 一体化战略(前向一体化)

把用户当成自己的内部成分之一,这就是用户一体化,海尔在这方面做的也很不错,尤其是海尔在外国的分公司,与用户一起开发新产品,按用户的要求安排自己的系统等。如,由于巴基斯坦人喜欢穿长袍,于是海尔便设计了能洗15件长袍的洗衣机。设身处地为客户着想,虽然这样会提高企业的自身成本,但是也提高了海尔的品牌与知名度。

三、海尔生产经营状况

(一)2005年度

1. 2005年主要财务数据

2005年主要财务数据见表2。

表2　　　　　　　　　　　　　2005年主要财务数据　　　　　　　　　　　　　单位:元

项　目	金　额
利润总额	325 772 924.78
净利润	239 126 624.02
扣除非经营性损益后的净利润	238 220 613.53
主营业务利润	1 914 427 533.11
其他业务利润	13 216 371.45
营业利润	439 324 244.81
投资收益	−133 207 763.73
补贴收入	0
营业外收支净额	−343 556.30
经营活动产生的现金流量净额	467 953 497.39
现金及现金等价物净增加额	−44 851 364.79

资料来源:青岛海尔股份公司2005年年报。

2. 公司主营业务经营情况的说明

公司主营空调器、电冰箱、电冰柜、洗碗机、燃气灶等家电产品的生产与销售。详细情况见表3和表4。

表3　　　　　　　　　　　　主营业务分行业分产品情况表

分行业或分产品	主营业务收入(万元)	主营业务成本(万元)	主营业务利润率(%)	主营业务收入比上年增减(%)	主营业务成本比上年增减(%)	主营业务利润率比上年增减(%)
空调器	766 747	682 245	10.82	0.06	0.25	减少0.32个百分点
电冰箱	554 072	485 524	12.27	22.22	28.29	减少4.05个百分点
电冰柜	128 020	112 690	11.86	17.05	22.22	减少3.84个百分点
小家电	74 160	59 764	19.11	9.96	9.40	减少0.19个百分点
其他	127 947	116 501	8.73	−4.17	−4.42	减少0.19个百分点
合计	1 650 946	1 456 723	11.60	7.91	9.72	减少1.52个百分点

资料来源:青岛海尔股份公司2005年年报。

表4　　　　　　　　　　　　　主营业务分地区情况表

地　区	主营业务收入(万元)	主营业务收入比上年增减(%)
境外	391 585	51.07
境内	1 259 361	−0.89
合计	1 650 946	7.91

资料来源：青岛海尔股份公司2005年年报。

据北京中怡康时代市场研究公司提供的中国城乡多极市场家电商情咨询的调查数据显示，海尔冰箱、空调报告期内各月市场占有率均位居同行业第一，2005年市场占有率分别为28.02%、18.56%。

(二)2006年度

1. 2006年青岛海尔股份公司主要数据和财务指标

2006年青岛海尔股份公司主要财务数据见表5。

表5　　　　　　　　　　　　　2006年主要财务数据

主要会计数据	本报告期末(元)	上年度期末(元)	本报告期末比上年度期末增减(%)
流动资产	4 013 149 888.44	3 844 586 247.27	4.38
流动负债	1 039 410 415.58	721 725 212.96	44.02
总资产	7 212 672 814.34	6 777 497 498.31	6.42
股东权益(不含少数股东权益)	5 666 188 940.80	5 598 703 943.77	1.21
每股净资产	4.74	4.68	1.28
调整后每股净资产	4.74	4.68	1.28
	报告期(1～6月)	上年同期	本报告期比上年同期增减(%)
净利润	187 132 239.33	148 315 298.39	26.17
扣除非经常性损益后的净利润	200 327 455.59	147 741 105.77	35.59
每股收益	0.156	0.124	25.81
净资产收益率(%)	3.30	2.69	增加0.61个百分点
经营活动产生的现金流量净额	500 064 669.90	42 457 464.73	1 077.80

资料来源：2006年青岛海尔股份公司半年报。

2. 公司主营业务经营情况的说明

公司主营空调器、电冰箱、电冰柜、洗碗机、燃气灶等家电产品的生产与销售。详细情况见表6和表7。

表6　　　　　　　　　　　电冰箱和空调情况表

	主营业务收入（万元）	主营业务成本（万元）	主营业务利润率（%）	主营业务收入比上年同期增减（%）	主营业务成本比上年同期增减（%）	毛利率比上年同期增减（%）
电冰箱	404 345	333 315	17.45	54.25	44.45	减少5.54个百分点
空调器	542 726	462 711	14.60	5.70	2.26	增加2.78个百分点

资料来源：2006年青岛海尔股份公司半年报。

注：报告期内上市公司向控股股东及其子公司销售产品和提供劳务的关联交易金额10 354 830 852.92元人民币。

表7　　　　　　　　　　　主营业务分地区情况表

分地区	主营业务收入（万元）	主营业务收入比上年同期增减（%）
境内	869 950	10.93
境外	255 067	48.84

资料来源：2006年青岛海尔股份公司半年报。

公司2006年上半年的毛利率为15.59%，较2005年全面增加了3.83个百分点，其主要原因是公司推出的高附加值产品的销量占总销量的比例有所提升，同时由于调整与工贸公司的销售费用率，使公司收入较调整前有所增加。

五、海尔研发创新能力

（一）新产品开发研究情况

近两年来，欧美空调市场不断掀起变频空调换代高潮。以海尔直流氧吧为代表的直流变频空调已成为欧美市场的"紧俏货"，直接导致海尔直流氧吧空调出口量急速攀升，增幅达到300%以上。

由于欧、美、日等发达国家很早就受到能源短缺等环境的制约，而直流变频具有其他变频空调所不能比拟的节能优势，因此在发达国家变频空调全面升级换代为直流变频就更显得迫不及待。

国内第一个向欧洲输入成熟直流变频技术的海尔直流变频空调凭借世界领先的直流技术在压缩机优化、电控驱动、系统控制等方面也进行了优化，使得海尔直流变频空调能效比远远高于欧美能耗标准，因而先后通过美国最高"能耗之星"认证，欧洲最高A级"节能之星"认证，成为打入全球最节能空调行列的惟一中国品牌。

（二）专利申请情况

海尔集团实施全球化知识产权战略，把知识产权作为创新战略的基础和保障，通过专利申请新产品技术创新的全方位保护，专利申请数量不断攀升，现在日专利申请达到2.5件。截至2003年底该集团已累计专利申请国内专利4 774件，国外专利169件。2003年申请量专利达730件，其中申请国内专利682件，申请国外专利48件；该集团2003年实施专利512项，创产值169.812亿元，利税5.062 2亿元，创外汇1.861 6亿美元。目前，海尔集团平均每天开发1.3个新产品，每天专利申请2.5件。

六、海尔营销策略

在"人单合一"的思路指导下,通过整合资源,围绕 T 模式优化流程,闭环优化,对创造订单、获取订单、执行订单、直销订单、优化订单的全流程进行全员、全系统的创新,全面提升产品竞争力和企业运营的竞争力,实现高增长下的高增值。

以用户需求出发,开发一系列以针对不同市场需求的差异化产品,成为实现高增值的利器。海尔冰箱一直以自身的优势引领中国冰箱行业的发展潮流,在节能理念的引导下相继开发推出厚度减半、省电一半的宇航变频冰箱,达到欧洲 A^{++} 节能标准的一系列冰箱等行业领先产品。尤其值得关注的是海尔冰箱的最新系列产品海尔鲜+变频冰箱自从推出以来,受到广大商家及消费者的推崇,在冰箱市场上掀起一股保鲜节能风暴。海尔鲜风宝空调,借全球首创的"双新风"的专利技术实现了"不用开窗,保温加氧",同时借北京奥运会惟一白色家电赞助商的东风,摘取多项桂冠。

在国际市场的开拓中,公司按照"走出去、走进去、走上去"的思路,不断取得新的突破,市场竞争力和品牌美誉度都得到进一步的提升。据美国家用电器协会(AHAM)公布的统计数据显示:在美国小容积冰箱市场,海尔已占据50%的市场,而大冰箱市场海尔冰箱销量也在逐年攀升。目前,海尔冰箱已全面进入包括 WAL-MART 和 BEST-BUY 等美国前十大连锁店。在美国空调市场,海尔推出的一款空调首次超越美国、韩国等国际知名品牌,一举成为美国最畅销型号冠军,销量是第二名的1.3倍。

在售后服务方面,公司在秉承企业生存的土壤是用户的服务理念,关注用户需求的同时,一直在不断完善内部流程机制,规范管理体系,走与国际接轨的道路。目前已正式通过了 CQC 中国质量认证中的 IS9002:2000 质量体系认证,这标志着海尔的全球服务体系已经达到了国际标准。首家推出了"安全测电,家电健身"服务新举措,基于对用户居住环境用电安全的考虑,通过排除用户家不安全的用电隐患,为用户营造一个安全的用户环境。坚持围绕用户满意度的刚性目标,对售后服务网络进行了统一的大整合,由过去的纵向按产品服务调整为横向区域制服务,形成了"集团军作战"的服务新模式,既实现了优势技术、优势人员的统一调度,又使服务的效率提高了。

发展新的利润增长点,网络家电、废旧家电环保再生等项目是结合公司实际和行业发展趋势作出的投资项目。目前海尔主导的"u-home"正是在 e 家佳标准基础上,通过网络技术、通讯技术、软件、芯片方面的自主创新,率先一步迈入了网络家庭时代,实现了人与家电之间、家电与家电之间、家电与外部网络之间、家电与售后体系之间的信息共享。更重要的是,海尔通过以制定标准为起点的自主研发,打破了阻碍网络家电迅速普及的价格瓶颈,使网络家电成为普通消费者能消费的起的普通家电。

废旧家电环保再生项目围绕欧盟制定的 WEEE 绿色技术堡垒、公司国际化战略需要开展一系列工作,承担了两项国家863和一项发改委国债项目,参与制定国家政府标准、法规制度的制定,是我国第一个研究开发废旧家电资源化综合利用技术和设备以建设可以实际运作的废旧家电资源化综合利用示范基地的单位。开发研制了一系列的废旧家电资源化处理处置的关键技术和设备,大大提升了我国废旧电子电器处理的技术水平,为我国家电业健康循环经济的发展提供技术支持。

中国网络通信集团公司

中国网络通信集团公司(以下简称中国网通)是中国特大型电信企业,中国网通的前身具有100多年的悠久历史。2002年5月16日,根据国务院《电信体制改革方案》,中国网通在原中国电信集团公司及其所属北方10省(区、市)电信公司、中国网络通信(控股)有限公司、吉通通信有限责任公司基础上组建而成。2004年11月,中国网通在纽约、香港成功上市。

中国网通拥有覆盖全国、通达世界、结构合理、技术先进、功能齐全的现代通信网络,主要经营国内、国际各类固定电信网络设施及相关电信服务。截至2005年底,中国网通的各类用户总数已达到1.35亿户。目前,中国网通正在致力于发展宽带通信,以"宽带商务"、"CNCMAX宽带我世界"以及"金色俱乐部"、"10060"为代表的各类业务或服务品牌已经家喻户晓。

中国网通将通过实施"宽带"、"奥运"、"国际化"这三大战略来逐步推进企业的战略转型,把中国网通建设成为业务种类齐全、服务质量优良、网络运行稳定、基本建立现代企业制度、全面协调可持续发展的宽带通信和多媒体服务提供商。中国网通正在不断提高企业的核心竞争力,实现建设"电信强国"战略目标,为国民经济和社会发展做出新的贡献。

中国网络通信集团公司"中国500强排名"情况见表1。

表1 中国网络通信集团公司"中国500强排名"

中国网络通信有限公司		
年份(年)	排名(名)	资产总额(万元)
2003	17	6 603 086
2004	20	
2005	20	8 049 408
2006	26	9 495 374

一、中国网通发展历程概述

中国网通发展简史及扩展路径见表2。

表2　　　　　　　　　　　中国网通发展简史及扩展路径

时间	发展简史及扩展路径
2002年5月16日	新的中国网通挂牌成立仪式在北京隆重举行
2002年5~7月	中国网通与韩国KT合作,派出6辆转播车赴韩执行世界杯通信保障任务。在国际舞台上树立中国网通的品牌形象并为大型赛事上的通信保障积累经验
2003年4月	中国网通集团发布了"宽带中国China169"网络品牌,宣布将"深入"介入宽带市场,拉开了网通大力进军宽带的序幕
2003年6月	中国网通发文宣布重组吉通
2003年8月	在中国网通集团南戴河会议上,奥运战略被确定为公司三大战略之一
2003年11月6日	网通国际公司正式挂牌成立
2004年1月9日	网通北方公司宣布挂牌成立
2004年1月15日	网通南方公司在上海宣布正式成立
2004年2月	中国网通联合IDG等多家投资公司成立九洲在线公司(后更名为天天在线),其精心打造的宽带门户网站"天天在线"同时开通,此举标志着中国网通集团的宽带增值业务正式拉开序幕
2004年6月12日~18日	中国网通参加雅典2004年奥运会TR2技术总演练
2004年7月	网通注销了北方、南方和网通国际三大公司,而代之以现代化的总分制结构,为实现上市公司对各地分公司的集中管理奠定了基础
2004年7月22日	中国网通正式成为北京2008年奥运会固定通信服务合作伙伴,签字仪式在人民大会堂北京厅举行
2004年11月16~17日	中国网通正式在纽约、香港联交所挂牌交易,成为中国第四家在海外上市的基础电信运营商
2005年2月	中国网通集团宣布以10亿美元收购香港电讯盈科20%股份
2005年3月31日	中国网通集团公司正式发布了"CNCMAX－宽带我世界"宽带业务品牌。该宽带业务品牌整合了中国网通原有的全部个人、家庭宽带业务,包括宽带接入、整体宽带内容应用以及宽带服务等,网通将宽带发展的重心从接入转移到了业务应用
2005年6月	中国网通投资2400万美元建设东亚环球光缆
2006年11月6日	中国网通与IDGVC投资九洲在线
2007年1月17日	香港上市的中国网通(香港)有限公司宣布,与母公司网通集团已经达成了有条件资产转让协议。根据这份协议,上市公司将把广东省和上海市的电信资产、债务及业务转让给母公司网通集团
2007年2月27日	中国电信和中国网通已签署一份竞争合作协议。根据协议,从3月1日开始,中国电信将停止在北方市场发展新用户,中国网通则将停止在南方市场发展新用户,今后,中国网通在南方地区仅以发展光纤数据业务为主,中国电信在北方也是如此

三、中国网通发展战略

(一)通讯业产业环境分析

1. 现有企业竞争分析

通讯业是典型的高固定成本、低边际成本的产业,某些业务领域从技术角度看存在着自然垄断,它的退出障碍和转移成本一般都较大。从制度方面来看,政府或社会对企业的投资退出有所限制。通讯行业从总体来分,有固定网络和移动网络,附带横向的相关业务。移动网络是通讯行业的主流,固定网络已经处于市场饱和的状态。总体来说,信息产业的同质化使通讯行业的竞争不断加强。

2. 潜在进入者分析

通讯业巨大的固定资产投资额要分摊在更多的产出量上才能收回投资,产出量的扩大又要建立在不断更新的基础设施上,于是形成了"投资—产出—投资—产出"的循环,使得企业规模不断扩大,形成规模效应。

而且,网络的重复建设对全社会而言,是缺乏效率的,在一定程度上只能由一个或者少数几个运营者提供服务。随着通信业务需求的增加和电信技术的发展,在产业的"下游",需要多个运营商开展竞争。对于新的进入者而言,为了能参与竞争就必须有接口,于是这些接入部分将成为进入者的瓶颈。

通讯产业经过数十年的发展,虽然每个企业都有各自的特色业务,但是从总体来看,通讯产品也逐渐趋于同质化。现有的企业在长时间的发展过程中已经积累了丰富的经验,占有了一定的市场份额,并且形成了品牌优势。对于新进入者而言,要进入一个已经具有一定结构的产业,并且创出自己的品牌和特色的产品从而占有一定的市场是非常困难的。因此,产品差异化也形成了较高的进入障碍。

3. 供应商分析

供应商是电信商的重要利益相关者,其综合研发生产制造水平,直接关系到电信商的发展与进步。"按照供应商与企业战略相关性来分析,可将供应商分为战略级,常规级,离散级。战略级供应商与省级通信企业发展战略正相关,生产规模经济性显著,自主研发能力强,具有知名品牌和自主知识产权。在长期的合作中,彼此间建立了相互信任基础,如果将买卖双方的交易关系变为战略合作伙伴关系,运营企业的价值将大为提升。"

通讯供应商在竞争中加强产品的创新和稳定性,以求占有一席之地,而在产业价值能力方面,就通讯产业供应商的集中程度来看,除了一些大型供应商外,还有众多的小型供应商,集中程度相对较高,然而通讯产业是资本密集型产业,这些大型供应商在议价时优势并不明显。

从供应商前向一体化的可能性来看,各大供应商曾有过不同的战略选择,但近几年供应商的意向趋于一致,即在供应市场中保持稳定的市场份额下,积极进入运营市场。或与现有运营商合作例如中兴与联通的强强联合,或透过控股投资运营企业来为自己的利益谋利。

4. 买方分析

2005年头三季,中国的宽带接入用户数达3 500万个,如果中国以现在的增长速度继续增长,会在2006年之前超过美国,成为世界上宽带接入用户最多的国家。在2005年的头9个月,全球宽带接入用户共增加了3 790万个。同时,DSL接入方式的宽带用户数增加了28.8%,而以电缆方式接入的用户数增长了17.9%。现在,在全球宽带用户中,以DSL方式接入的占65.9%,其他的接入方式总共只占34.1%。

截至2005年底,全国电话用户达到74 386.1万户,其中:移动电话用户39 342.8万户,固定电话用户35 043.3万户。2005年累计新增电话用户9 728.1万户,其中:固定电话新增用户3 867.7万户,移动电话新增用户5 860.4万户。2005年1到12月份,无线市话用户数占固定电话用户总数的比重逐月上升,由1月份的21.2%增长到12月份的24.1%,由此也带动了无线市话通话量在固定本地网通话量中比重的上升。2005年12月份统计数据显示,去年全年移动短信业务量达到3 046.5亿条,比上年增长39.9%。1到12月份,其占短信业务量总量的比重一直保持在90%以上。无线市话短信业务量达到239.9亿条,比上年增长1 124.1%,所占短信业务量市场份额平稳上升,1月份为5.0%,12月份达到7.3%。

以上种种因素表明,从买方需求来看,电信市场发展潜力还是很大的。

5. 替代产品分析

电信业中,替代效应体现得最为明显的就是移动业务对固话业务的替代。目前,固定电话业务正逐渐走下坡路,而移动电话的发展速度大大超过固定电话,移动用户的增长率也远远大于固定用户的增长率。近年来固定电话的年增长率仅为10%,而移动电话以50%的年增长率剧增。在欧洲,许多国家的移动电话普及率已超过了40%,其中冰岛、挪威和瑞典的移动电话普及率高达65%、63%和57%;在亚洲,日本的一项调查表明,在家中使用移动电话的用户比例高达48%,可见日本也即将进入移动通信为主的时代;在美洲,据总部设在美国马萨诸塞州的金字塔咨询公司发布的报告,截至2005年底,拉美地区移动电话用户数量已经达到8 340万家,超过了该地区8 300万固定电话用户的数量。另据欧洲通讯和视听设备研究院预测,到2010年,全球移动电话用户总量将超过固定电话。实际上,就现在而言,有些国家的移动用户数已逐渐超过固定电话用户数,有些国家的有线电话用户甚至出现了负增长。

(二)中国网通战略分析

为了应对固网运营商面临的挑战,早在2003年,中国网通就提出了"三大战略",即宽带战略、奥运战略、国际化战略。三者互相联系、互相支撑、相辅相成,其中宽带发展理念贯穿其中,是三大战略的基础和核心。2006年年初,中国网通又提出向"宽带通信和多媒体服务提供商"转型的战略目标,旨在通过要坚定不移地走自主创新之路,力争通过一到五年的时间,把中国网通建设成为国内一流乃至国际上有一定影响力的创新型企业。

1. 宽带战略

中国网通的宽带战略标志着从窄带通信向宽带通信的转变。从中国网通宽带战略的实施历程来看,可以分为两个阶段。初期基本上是以宽带接入为主,在加快建设宽带网络设施的基础上,通过ADSL、LAN、WiFi、WiMAX等接入方式来发展用户。实际上,宽带接入是宽带战略的基础和前提,有了大规模的接入端基础,才能更好地促进宽带业务的进一步发展。通过整合网络资源,目前的CHINA169和"CNCNet"两个网已经完全能够承载个人用户、商务客户的各种应用。第二个阶段就是转变经营模式,丰富网上内容。目前,宽带的发展已经从"接入为主"步入到了"内容应用为主"的阶段,单纯的宽带接入已经不能满足用户的需求,只有大力发展内容应用,才能满足用户多样化、个性化的需求,才能更好地促进宽带的发展,提升宽带网络的价值。中国网通在内容应用开发方面也取得了不错的成绩。针对个人用户和企业用户的需求,中国网通相继推出了"宽带我世界"和"宽带商务"两大品牌,促进了宽带在各类用户中的推广。2006年5月底正式上线的"CNC MAX—宽带我世界"就是我国首家全视频门户网站。这是我国互联网向宽带应用迈进的重要事件,也标志着中国网通向"宽带通信和多媒体服务提供商"转型迈出了关键性的一步。

2. 奥运战略

网通转型的亮点就是通过实施奥运战略来转型。中国网通奥运战略总体思路就是要满足北京奥组委提出的数字奥运理念,也就是说任何人在任何时间和任何奥运会相关场所都能够安全、方便、快捷、高效地获取可支付得起的、丰富的、多语音智能化的、个性化的信息服务。中国网通奥运战略通过三条线推进:第一条是保障线,顺利完成整个赛事的通信保障工作;第二条是发展线,通过奥运会带动中国网通的发展,促进宽带战略的实施,提高服务水平;第三条是辐射线,通过奥运会培养人才,建立现代企业制度,建立和谐的企业文化。同时,宽带奥运战略要实现奥运通信全方位的宽带化,是一个完整的战略体系,从高速网络、宽带接入、综合业务、丰富内容和便捷服务五个层面进行规划实施。这五个层面将形成一个有机整体,构建起一种无瓶颈的客户服务体系,实现宽带奥运的总体目标。

3. 国际化战略

国际化战略是中国网通的三大战略之一。中国网通利用已拥有的国际网络和已建立的良好的海外合作关系,继续推进"走出去"战略,积极向"区域性电信运营商"发展。

随着我国经济发展的进一步国际化,以中国为中心的亚洲区域性经济已经形成。这一变化在中国网通的国际业务量上有着明显的反映。近年来,中国网通的国际业务量不断增长,韩国、日本等周边国家和地区的业务增长尤为迅猛,国际带宽供不应求。中国网通作为"走出去"战略的先行者,面临着更加广阔的市场以及前所未有的机遇。为此,在管理体制与国际接轨的同时,中国网通通过重组和制度创新,凝聚起一支出色的国际化管理队伍,在管理、运营以及资本运作各方面,都已经显示出了深厚的经验和实力。通过不断的探索和实践,业务与网络的海外拓展工作不断推向深入,目前已经成功地建立了中国网通美国公司、中国网通(香港)有限公司电信业务部、中国网通美国办事处、中国网通欧洲办事处。中国网通还将不断开发新产品,拓展新业务,与全球各大运营商合作,提供全球一站式服务,逐步建设成为以中国为中心的、穿透泛亚洲主要城市的、具有相当影响力的区域性电信企业。

4. 网通远期战略

2006年,网通提出建设创新型企业,加速实现"宽带通信和多媒体服务提供商"的发展目标,准备实现企业转型。

中国网通建设创新型企业的总体目标:服务于中国网通发展战略,满足中国网通发展成为宽带通信和多媒体服务提供商的需要,力争通过一到五年的时间,把中国网通建设成为国内一流乃至国际上有一定影响力的创新型企业。

上述目标网通将分三个阶段实施。第一阶段(2006~2007年)的主要任务是:制定创新战略,做好创新的基础性工作,产生一批创新成果,初步建成国家级创新型企业;第二阶段(2007~2008年)的主要任务是:完善创新体系,提升重点领域创新能力,保障三大战略措施顺利实施,保障转型目标顺利进行;第三阶段(2009~2010年)的主要任务是:使技术创新成为企业的核心竞争力,实现创新的跨越式发展,使中国网通成为国内一流乃至在世界范围内有一定影响力的创新型企业。

二、中国网通生产经营状况

(一)网通主营业务

1. 宽带业务

ADSL已成为两大固网运营商中国电信和中国网通的主营业务。在中国电信的各类宽带用户中,ADSL用户占71%,而LAN等其他用户占29%;在中国网通的各类宽带用户中,ADSL用户占82%,而LAN等其他用户占18%。宽带业务一直是网通力推的企业服务,并以此制定了宽带战略,旨在进一步加强网通在宽带市场的地位,力争随着宽带市场的成熟,将网通服务遍及全国,拉动网通的可持续发展。

2. 增值业务

网通在固话、小灵通和宽带等支柱业务的基础上,加大增值业务的推广和宽带内容应用业务的发展。面向新一代家庭宽带娱乐平台的"宽带宝"业务,连接了100多个内容提供商,提供十几个栏目的实时更新;推出了面向家庭,固话与小灵通、宽带业务捆绑的"亲情1+1"业务;针对学生这一特定的用户群,推出了以大容量短信包和亲友号码为特色的"校园先锋"业务套餐;为了满足中小企业信息化的需求,建设了"宽带商务"平台。

(三)网通服务

中国网通建立了由网络、电话、营业厅以及社区经理组成的全方位服务体系,为用户提供了更加人性化、主动和全方位的服务模式。随着社会的不断发展,人们对于服务的期望也在慢慢发生变化。优质服务的概念,从早年的能够及时装上电话,再到能够为用户准确计费、提供市话详单,最终发展到以用户需求为核心,提高效率不断创新的新标准。在这样的过程中,中国网通不断地完善和提高着自身的实力,为推动整体通信产业的服务水平起到了重要的作用。

建立全面的服务体系,是中国网通服务升级一个非常重要的方面,让用户根据不同的情况,方便的做出选择。"社区经理"是中国网通服务创新的一个重要内容,该项服务全面推进以社区经理制为核心的营销体制改革,提高了综合营销能力。经过一段时间的运作,目前已实现全部覆盖北方服务区县级以上城市,部分省市向农村乡镇支局延伸,划分社区1万多个,聘任社区经理4万多名,服务用户超过5 000万户。

除了服务方式更加全面,服务深度的增加也大大方便了用户。中国网通的客服电话10060已经从基本的咨询、故障申告、投诉,升级到可以进行业务受理的功能,这使得用户足不出户的享受服务,免于奔波和排队之苦。同时,在面对商业客户时,中国网通成立了"金色俱乐部"各级管理组织,强化了"金色俱乐部"服务内容,提供了如营业厅绿色通道、积分回馈等更加快捷、更加增值的服务,深受用户的好评。经过持续不断的努力,中国网通在信息产业部组织的"全国电信用户服务满意度测评"中,已经连续四年荣获第一。

(四)网通品牌创建

中国网通自成立之日起,不仅面临着业务重组的任务,也还有品牌整合的问题。从企业经营的角度来说,业务重组是实,是内容;品牌整合是虚,是形式。"从市场传播的角度来说,品牌整合是实,是内容;品牌广告是虚,是形式。"虚实相生"是品牌战略的本质。企业品牌的市场传播效果在形式上取决于品牌广告,在内容上取决于品牌的内在统一和个性特色。"

从网通公司的品牌建设角度来看,有两个问题对品牌传播是非常重要的:品牌整合和VI运作。

1. 品牌整合

广告是塑造品牌形象的重要手段,而品牌又是广告永恒的内容。在品牌广告中品牌作为惟一的内容,独霸了能占领的所有眼球。品牌广告的效果如何主要取决于两个因素:一是广告的品牌内容;二是广告的媒体形式。其中品牌内容是决定广告效果的主要方面。对中国网通来说,其品牌广告面临的主要问题是品牌内容的整合,而非其他。

目前,网通公司品牌广告存在的主要问题是:网通公司内部的品牌混乱,需尽快加以整合。如果要对中国网通公司的品牌进行整合,最佳方案之一就是保留网通品牌,去掉通信的品牌概念,在整合业务的基础上整合品牌,以求在品牌传播中能集中火力,树立自己的金字招牌。理由如下:

(1)"网通"具有鲜明的品牌个性。

"网通"作为品牌有三大优势,一从概念上充分借用了"网络热"的天时地利,这为其品牌传播准备了得天独厚的优势。二具有独到的字号。"网络通信"虽然在概念上没有独到的个性,但是其简称"网通"后就有了明显的个性,这样"网通"作为字号就非常合适,并且个性鲜明,这正是"网通"作为品牌的最大优势。三"网通"作为有个性的字号,具有较强的传播优势。"网通"概念简洁,易于口头表达和传播。

(2)品牌策略应是先一后多。

如果从品牌多元化的角度来说,中国网通还处在起步阶段,其品牌除了"网通"有知名度和优势以外,其他子品牌作为品牌的意义就更有限。品牌的成长应该遵循自然的成长规律,对处于品牌起步阶段的企业来说,无论从资金、时间还是经验上都不具备品牌多元化的条件。为此,中国网通现在的最佳策略就是品牌一元化。先把"网通"品牌打响,再在合适的条件下推出其他品牌,从而构造一个相辅相成的品牌体系。

2. VI运作

CIS(Corporate Identity System),又称"企业形象识别系统"。它由三部分构成:MI(Mind Identity 理念识别)、BI(Behavior Identity 行为识别)、VI(Visual Identity 视觉识别)。下面对中国网通VI的三个组成部分进行分析:

(1)关于网通公司的标识。

对这个标识的含义,网通公司是这样解释的:标识中两个互动的英文字母C组成一个虚形的N,既是中国网络通信集团公司英文名称CHINA NETCOM的缩写,又是中文网字的写意形式,生动地将电信行业交流互动的特点转化为视觉形象;其圆形的轮廓象征着中国网通集团全球化的发展趋势。网通公司的企业标识像很多其他企业标识一样,试图促进企业的传播,可到头来却成了企业传播的障碍或对企业传播没有帮助。究其原因,主要是通俗性比较差。

(2)关于CNC。

CNC作为中国网通的英文缩写,比英文全称具有更强的传播优势。一是语言简洁,有利于品牌传播;二是个性鲜明,有利于塑造品牌个性。实际上中国网通的英文全称是无所谓个性的。因为从法律注册的角度说,构成全称的几个英文单词没有一个是为网通公司所独有的。大写的英文简称一旦注册和传播是比较容易建立品牌个性的。

(3)关于"中国网通"。

"中国网通"是中国网络通信集团公司全称的书面简称,如果考虑到口语的习惯,人们会继续对它简化,称其为"网通"。如果在欧美市场,人们就不会面临这样的问题了,公众会统一地读写为"CNC",发音简单,朗朗上口,具备成为名牌的潜在传播优势。

综上所述,对中国网通公司来说,第一步是整合业务,在整合业务的基础上整合品牌,最后才是对自己的品牌进行广告传播。这一切都要有战略眼光,都要从长计议。

三、中国网通资本运作

(一)融资情况

2004年11月16、17日,网通在美国交易所挂牌,并正式在香港上市交易。上市首日,中国网通的股票大幅增长19%以上,市场对价值11亿3千万美元的网通初始股的需求非常旺盛。中国网通是中国四大电信运营商中最后上市的一家,由此,中国网通从传统的国有企业向有竞争力的、以股东回报为导向且有效管理的国际化现代企业迈出了重要的一步。通过上市,中国网通的管理更规范,不仅获得了资金,更加获得了业务合作的机会,通过资本的力量,延伸了业务领域。

"根据网通招股说明书,由9名人士组成的网通董事层将获得6 840 000股期权,公司的7名高层将获得5 170 000股期权,其他440名管理人员将获得总共为146 630 000股期权。上市所融资金的一半用于业务扩展或网络升级,30%用于偿还债务,剩余部分用于开发新的应用。而在3G牌照即将发放的背景下上市,也为网通在资金上打下了良好的基础。中国网通上市的资产为是"北方六省市+南方两省市+网通国际分公司+亚洲网通公司"。北方六省市包括北京、天津、山东、河北、河南、辽宁,南方包括上海、广东两地的电信资产,这些都是网通电信资产中最精良的部分。网通此次上市,实际上和前期的融合、重组、改制是一个系统的巨大工程。

2006年7月中国网通又发行100亿短期融资券(期限一年),为3G准备资金储备。

(二)重组情况

纵观中国网通的发展历程,可以按其资产重组的次数分为3个阶段:

1. 组合成立(2002年6月～2003年3月)

2002年5月16日,根据国务院《电信体制改革方案》,中国网通在原中国电信集团公司及其所属北方10省(区、市)电信公司、中国网络通信(控股)有限公司、吉通通信有限责任公司基础上组建而成。2003年6月,中国网通发文宣布重组吉通。

2. 整合发展(2003年3月～2004年7月)

2003年3月,网通集团联合新桥投资、软银亚洲基金,以8 000万美元的价格收购了濒临破产的亚洲环球电讯海底光缆资产,并以此为基础成立了亚洲网通,随后网通从两家合作伙伴手中收购了亚洲网通49%的股份,实现了100%控股。该项交易使中国网通以极低的代价迅速进入高增长的亚洲电信市场,抢占高速增长的亚太电信市场及数据流量。亚洲网通随后被并入网通新成立的网通国际,网通国际与网通南方、网通北方作为网通上市前的

"三驾马车",拉动了中国网通赴港上市。在随后的网通整合和上市过程中,中国网通更加确立了国际化、宽带、奥运的三大战略。

与此同时,2003年3月网通(控股)公司所属北方和西南的39家分公司以约6亿人民币值融入中国网通集团,这39家分公司的收入水平仅占网通公司总收入的2%。

2003年7月,网通集团融合工作在北方各省拉开序幕,网通(控股)北方各公司开始"整编"并入当地的通信公司,网通集团为合并定出的时间表是到2003年12月31日前,北方网通公司合并完成。2003年11月,网通北方公司、南方公司和中国网通国际公司相继宣告成立,成为网通集团三大业务公司。

2004年7月,在完成了资源整合的任务后,网通注销了北方、南方和网通国际三大公司,而代之以现代化的总分制结构,为实现上市公司对各地分公司的集中管理奠定了基础。注销网通国际公司以后,将其海外业务和网络与网通集团的另一全资子公司——亚洲网通——合并,而国内关口局及落地业务交给网通集团分布于各省的通信公司来实施。另外,网通集团的国际部将负责海外业务在国内落地的协调工作。

3. 上市重组(2004年7月~2007年3月)

在2004年中国网通上市的过程中,网通集团再度对亚洲网通资产进行重组剥离,其中主要的海底光缆资产剥离给集团公司,通过海外全资子公司东亚网通持有;其提供的相应电信服务,则纳入上市公司中国网通(香港)公司范围,继续保留亚洲网通名称。

2006年6月5日,中国网通集团旗下的上市公司中国网通(香港交易所代码:0906)对外宣布,将以1.69亿美元出售其拥有的亚洲网通全部股份,收购方为国际投资管理公司Ashmore和Spinnaker组成的投资集团。在此消息公布的三天前,网通集团旗下东亚网通100%的股权,已经作价2.33亿美元出售给上述财团。而东亚网通加之亚洲网通,正是三年多前网通收购的原亚洲环球电讯的资产。

2007年1月15日晚,在香港上市的中国网通(香港)有限公司宣布,与母公司网通集团已经达成了有条件资产转让协议。根据这份协议,上市公司将把广东省和上海市的电信资产、债务等转让给母公司网通集团。资产转让将于2月底之前完成,整个转让的价格为65亿元。根据双方签署的协议,网通集团将向上市公司支付35亿元。其中,网通集团将于交易完成后的第一个工作日先期支付10.5亿元,并于交易完成后30天内支付剩余的24.5亿元。资产转让交易完成之后,网通集团还将为上市公司承担总金额30亿元的债务。

四、中国网通财务状况

2005年中国网通集团(香港)有限公司(HKSE:0906;NYSE:CN)公布的全年业绩:经营收入为人民币872.32亿元,其中包括初装费摊销收入人民币34.05亿元。剔除初装费摊销收入,公司经营收入为人民币838.27亿元,比2004年增长5.9%;EBITDA为人民币421.49亿元,比2004年增长9.9%,EBITDA率由2004年的48.5%上升至50.3%;净利润达人民币104.83亿元,每股盈利为人民币1.59元。扣除2004年固定资产评估减值因素,全年净利润增长76.6%,净利润率达到12.5%,经营效率持续增长。

2006年8月23日,中国网通(HKSE:0906;NYSE:CN)在香港公布了2006年中期业绩。上半年,公司持续经营业务实现收入431.81亿元,其中包括初装费摊销收入13.30亿元。剔除初装费摊销的影响,上半年该公司的持续经营业务收入 418.51 亿元,比去年同期增长 2.2%;EBITDA 为 229.69 亿元,EBITDA 率为 54.9%;净利润为 58.15 亿元,净利润率为 13.9%。截至 6 月 30 日,中国网通本地电话用户达到 11 941.2 万户,其中固网电话 8 963.2 万户,无线市话 2 978.0 万户,分别比去年同期增长 1.9% 及 14.1%。

五、中国网通研发创新能力

为了加快向"宽带通信和多媒体服务提供商"转型的步伐,中国网通提出了建设创新型企业的总体目标:服务于中国网通发展战略,满足中国网通发展成为宽带通信和多媒体服务提供商的需要,力争通过一到五年的时间,把中国网通建设成为国内一流乃至国际上有一定影响力的创新型企业。

通过技术创新,实现自主技术创新能力的提升,使之成为确保技术演进、网络顺利转型和持续健康运营的发动机,成为央企建设创新型企业的"领头羊"和国家信息通信领域的主力军。中国网通高度重视知识产权保护工作,先后获得了软件著作权证书 21 项,获得专利 12 项,在国内和国际标准制定中占有一定的主导权,年平均专利申请数量增长速度达到 30%;研发投入的占比居国内同行业领先水平,2008 年达到 2.48%。同时,中国网通完成了北方大部分本地网的智能化改造工作,充分挖掘原有网络潜力,向广大客户提供各种新业务;建设了覆盖全国重要城市的 IP 承载网和长途软交换网,为 NGN 和 3G 业务的开展打下了坚实基础;承担了国家发改委"中国下一代互联网示范工程(CNGI)"的建设和科技部国家科技攻关课题"奥运'城市通'综合信息服务及求助系统开发项目",全面推进下一代网络技术的研究试验和奥运通信的服务支撑与创新工作;承担了国家发改委、科技部和信产部在青岛和北京的 TD-SCDMA 规模网络技术应用试验任务;此外,还开展了 ASON、宽带无线接入等新技术试验,有计划、分步骤地推进网络演进。

通过管理创新,确保管理的持续变革成为集团高效运营、规范运作的关键,建成国内一流乃至世界级水准的现代企业管理体系,营造优秀的创新型文化,拥有一流的创新人才,使中国网通成为国内建设现代电信企业制度的典范。

六、中国网通文化

由于刚建立不久,中国网通的企业理念体系还不是很健全。目前中国网通的企业文化体系只有两部分:企业宗旨和企业精神。

(一)企业宗旨

中国网通的企业宗旨:竞合赢得市场、融合创造力量、诚信铸就品牌、服务编织未来。

(1)"竞合赢得市场"是中国网通集团以崭新的姿态参与电信市场竞争与合作的战略定位,它表明中国网通将与国内外各大电信运营商及社会有关方面在竞争中谋求合作,在合作中有序竞争,积极推进技术手段上的平等介入,做好互联互通工作,实现多方共赢。

(2)"融合创造力量"是中国网通集团改革与发展的前提和基础。"融合"包括四个方面:首先是思想观念上的融合;其次是资产的融合;再次是网络的融合;最后是业务的融合。通过"融合",达到建设队伍、开发市场、拓展业务、实现优势互补的目的,从而形成规模效应,大幅提升集团核心竞争力,为用户提供更多、更好的产品与服务。

(3)"诚信"表明了中国网通集团铸就知名品牌的立足之本。"诚信铸就品牌"表明中国网通将尽一切力量,大力提升员工素质,展现一种全新而统一的形象,以此赢得客户和合作伙伴的信任和支持。

(4)"服务编织未来"是中国网通集团经营战略的具体体现和参与未来市场竞争的基本手段,它表明中国网通将适应新形势的要求,创新服务理念,丰富服务内容,改进服务手段,优化服务流程,完善服务制度,建立健全高标准的服务体系。真正体现出与中国网通的综合实力、网络规模、技术层次相适应的服务能力和服务水平。

(二)企业精神

中国网通的企业精神信任沟通、业绩承诺、低调实干、进取热情。

(1)信任沟通:所有的网通人彼此相信,相信企业使命,相信企业产品对社会的价值,相信共同奋斗的同事与团队,相信每一个人都会认真把事情做好。只要有了良好的环境,就会做好工作。

(2)业绩承诺:以业绩为目标,以数字说话,双向承诺。在员工与员工合作之间,部门与部门之间,上级与下级之间,公司与股东之间,公司与客户之间兑现承诺。

(3)低调实干:桃李不言,下自成蹊,是我们的工作态度;踏踏实实,追求结果和实效,以公司为家,勤俭经营,不浪费。

(4)进取热情:永不满足今天,不断的挑战自我,同时乐于助人,我们激情于工作,敢于发现问题,创造性地解决问题,永不抱怨,积极面对困难和挑战,在每一个我们从事的领域里,每一个产品和服务我们都要力争上游,做到同行业的第一。

中国海洋石油总公司

中国海洋石油总公司（以下简称"中海油"）成立于1982年，是我国最大的海上油气生产商，全国第三大国家石油公司，公司总部位于北京，现有员工3.7万人。中海油拥有在我国对外合作海区进行石油勘探、开发、生产、销售的专营权，负责在中国对外合作海域开采海洋石油和天然气资源。

中海油是一家国有特大型企业。2006年，中海油销售收入9 495 374万元，在中国企业500强上排名第27位。近几年，中海油保持了快速成长的态势，2002至2005年公司的销售额分别为2 787 390万元、3 554 249万元、6 291 816万元、7 523 500万元，在当年中国企业500强上排名第40、38、29、28名。

经过20多年的发展，中海油已经从一家石油行业的上游企业发展成了一家多业务组合的企业。公司现有油气勘探开发、专业技术服务、化工化肥炼化、天然气及发电、金融服务、综合服务与新能源六大业务板块，构成了较为完整的产业链，形成了较强的综合竞争能力。

一、中海油发展历程概述

1982年，国务院颁布《中华人民共和国对外合作开采石油资源条例》，决定成立中海油，并以立法形式授予中海油在中国对外合作海区内进行石油勘探、开发、生产和销售的专营权。同年2月15日，中海油总公司在北京成立。新成立的中海油全面负责开发中国海洋石油资源的重任，从此揭开了我国海上石油资源开采与利用的伟大篇章。中海油在20多年的发展历程中坚持对外合作与自立经营并举和以经济效益为中心两大原则，海上石油产量由不足10万吨发展到2 000多万吨，取得骄人的业绩，2000～2005年增长趋势见图1。

中海油是一家国务院直属的大型国有企业。在世纪之交的1999年，为推进国有企业改革，中海油进行了较大规模的企业重组，并将经营油气项目的资产实现了海外（中国香港、纽约）上市。目前，中海油拥有三家海外（包括中国香港）上市公司的控股权：中国海洋石油有限公司、中海油田服务股份有限公司和海洋石油工程股份有限公司。2005年，这三家上市公司的总市值接近2 500亿元人民币。其中中国海洋石油有限公司连续数年被《亚洲货币》、《亚洲金融》等财经杂志评为"中国最佳管理公司"。

中海油公司基于自身专长，开展了适当的多元化战略。目前，中海油一共拥有六大业务板块，包括油气开采、专业技术服务、金融服务、综合服务与新能源、天然气与发电、化工化肥

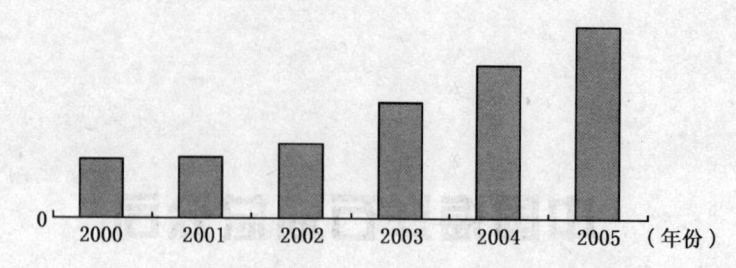

资料来源：www.cnooc.com.cn。

图1　中海油2000~2005年的销售收入情况

炼化。这六大板块围绕中海油的核心业务，构成了中海油目前的业务组合，最有效地利用了中海油的核心专长。在中海油现有的业务构成中，油气开采业务是其最主要的经营业务，主要有中国海洋石油有限公司负责。中海油的专业技术服务板块除了负责中海油油气开采的相关技术服务项目外，还广泛地承接公司外的各种相关业务。中海油的金融服务板块为中海油旗下的公司提供财务和投资支持等方面的各种服务，同时还和荷兰AEGON保险集团公司联合成立了海康人寿保险公司，积极开拓蓬勃发展的中国保险市场。

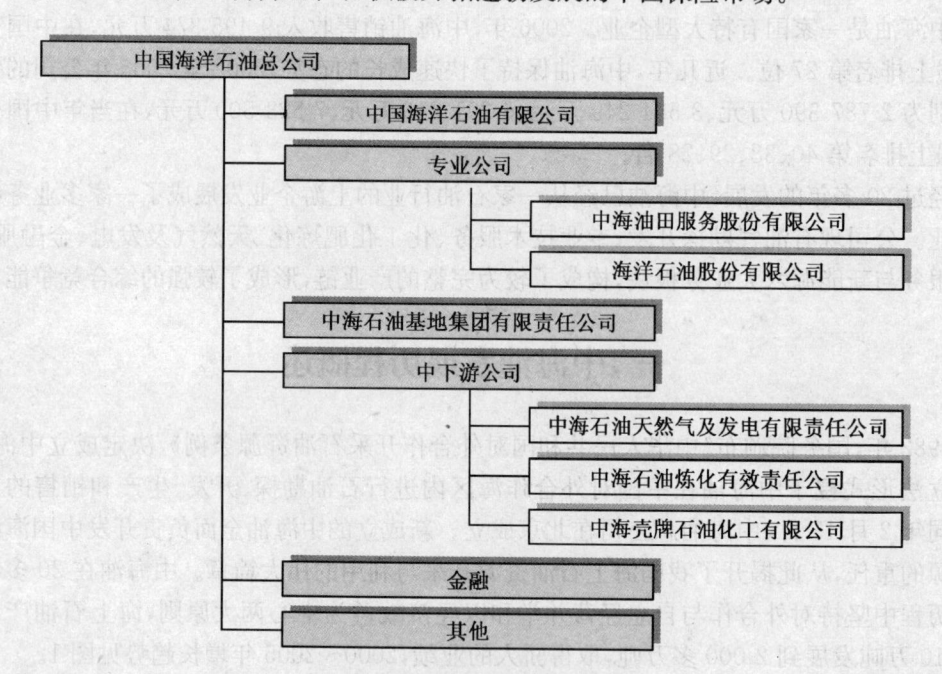

图2　中海油的组织结构图

除了油气开采、专业技术服务、金融之外，中海油的业务范围还包括综合服务与新能源、天然气与发电、化工化肥炼化。其中，综合服务和新能源部门主要指最新改组成立的基地集团。中海油基地集团的主要经营业务是为中海油提供各种物流、人力资源、配餐、通讯等服务，为中海油进入新的业务领域，包括非传统能源领域提供一个平台。天然气与发电和化工化肥炼化是中海油产业链上的重要环节，中海油依靠这两个业务板块实现了产业链向下游的扩张，从而将更多的利润留在了公司内部。

中海油的发展轨迹见表1。

表1　　　　　　　　　　　　　　　中海油的发展轨迹

年份	中海油发展过程中的里程碑事件
1982	中国海洋石油总公司在北京东长安街31号正式挂牌成立
1983	中国海洋石油总公司南海东部石油公司、南海西部石油公司、南黄海石油公司分别在广州、湛江和上海成立
1990	南黄海石油公司更名为东海石油公司
1992	中国海洋石油总公司所属地区公司重新核定名称为：中国海洋石油渤海公司（COBHC）、中国海洋石油南海西部公司（CONHW）、中国海洋石油南海东部公司（CONHE）、中国海洋石油东海公司（CODHC）
1994	中国海洋石油总公司购买美国阿科公司在印度尼西亚马六甲区块32.58%权益的合同。这是中国海洋石油总公司开拓国际市场，投资海外的第一个项目
1995	原属渤海公司的钻井、船舶、平台、海上工程公司和属南海西部公司的钻井、船舶公司，从两公司分离出来，成为直属总公司的全资子公司，名称为：中海石油北方钻井公司、中海石油北方船舶公司、中海石油平台制造公司、中海石油海上工程公司、中海石油南方钻井公司、中海石油南方船舶公司
1996	中国海油当年原油产量首次突破1 000万吨
1998	由荷兰壳牌南海有限公司和中国海洋石油总公司、广东省投资开发公司、招商局集团有限公司联合投资兴建的南海石化项目框架协议在荷兰国会大厦举行签字仪式
1999	原设计、海上工程和平台制造三家公司合并成立的海洋工程公司正式运营。中国海洋石油有限公司在香港注册并成立，注入中国海油全部油气资产。中国海油各路研究机构合并重组，中海石油研究中心正式成立
2000	中国海洋石油有限公司成功完成首期私募。中国海油首家股份制专业公司——海洋石油工程股份有限公司在天津正式成立
2001	中国海洋石油有限公司分别在纽约及香港上市成功。中海油田服务有限公司和中海石油船舶有限公司宣布正式组建
2002	中国海洋石油有限公司在美国成功地发行了10年期5亿美元全球债券
2003	中国海洋石油有限公司入选英国《金融时报》评选的新一期全球500强。中海油总资产突破1 000亿元人民币
2004	中海油南海石化炼油项目可行性研究报告正式获得国务院批准，公司正式进入国内炼油领域。中海石油基地集团有限责任公司在北京正式成立
2005	海康人寿保险有限公司的首家分公司——海康保险北京分公司隆重开业。同时海康人寿股东双方将再次增资，将目前3亿元的注册资本增加到5亿元。中海石油炼化有限责任公司在北京成立。年加工能力1 200万吨的中国海洋石油惠州炼油项目，在惠州大亚湾经济技术开发区石化工业区开工

二、中海油发展战略

（一）竞争环境分析

1. 中国油气生产行业的发展现况及未来预期

中国曾经被认为是一个贫油国，经过几代石油工作者的不懈努力，我国的石油开采事业有了极大的发展。截至2005年，我国共有探明可开采石油储量24.90亿吨，其中中海油拥有的储量为 5.27 亿吨,天然气可开采储量为 20.43 万亿立方米,其中中海油拥有的储量为 4.2 万亿立方米。充足的资源供应保证了中国石油行业的原料来源不至于过分地受制于他人。众所周知,石油和天然气都是不可再生能源,其供应总量在全球范围内都是有限的,所以在可供开采的时间范围内,几乎可以肯定石油行业将会是一个高利润行业,正因为如此,在历年的《财富》杂志世界 500 强企业中,每年都有多家公司来自石油行业。目前,由于重点产油地区政治和军事局势不稳定、全球油价持续高涨,再加上石油行业自身所特有的高进入壁垒,可以肯定,在未来的一段时间里,石油行业还是一个可以继续获取高额利润的黄金行业。

目前,中国国内有三家大型石油企业航空母舰:中国石油天然气集团、中国石油化工集团、中国海洋石油集团,石油行业的集中度非常高,形成了典型的垄断格局。随着中国经济的持续快速增长,我国居民平均生活质量的不断提高,市场对石油和天然气的需求十分旺盛(见图3)。另一方面,中国的石油企业都处于行业价值链的最上游,直接控制了原料的来源,拥有自己的油气田资源,并且都向价值链的下游做了一定程度的扩张。这两方面的原因使得石油企业在和其顾客和供应商的谈判中处于很有利的位置。同时,国家严格的行业准入政策,以及石油行业特有的进入壁垒,使得潜在进入者进入石油行业十分困难,因此现有的石油有可能获取超过正常收益的垄断利润。

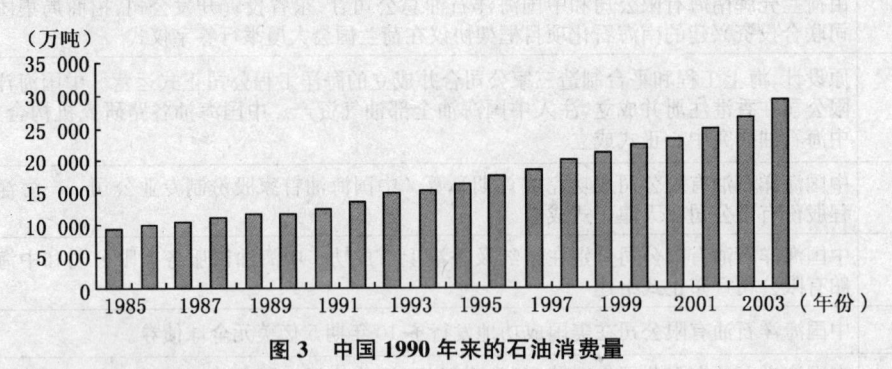

图3 中国 1990 年来的石油消费量

2. 中海油在油气生产行业的地位

中海油在中国石油行业中占据了一个独特的位置。首先,中海油是一个典型的上游企业,虽然中海油也开展一些其他业务,但是中海油的主要收入还是来自石油开采业务,因此,中海油具有我国石油企业共有的经营优势。除此之外,中海油在中国石油行业中还拥有自身独特的优势,那就是海上石油的专营权。

我国的石油资源虽然较为丰富,不过与世界富油国家相比,还是相对稀缺的。但是,我国海洋石油资源的储量相对来说比较多。在我国的渤海、东海、南海盆地都发现了大型油气田。特别是在渤海海域和珠江口附件海域的一些油气田,由于其地理位置靠近消费市场,可以节省大量的运输费用,给中海油带来了成本上的优势。中海油拥有的中国海洋石油业务的专营权,使得中海油在本来竞争就不是很激烈的市场上取得了进一步的竞争优势。中海油的行业地位见图4。

3. 中海油的劣势

海上石油开采是一个高风险的行业,这表现在:第一,油气储量的估算会有很大的不确

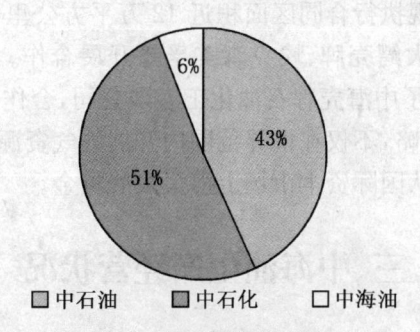

资料来源：根据 www.cec-ceda.org.cn 公布资料整理。

图 4　中海油的行业地位图

定性，不能精确地得到油气田的储量数据；第二，每打一口油井（或者气井），不出油（气）的风险较大。因此，海上石油开采对技术水平的要求很高。由于起步较晚，自有技术力量储备不足，中海油的技术水平和国际先进企业还有一定的差距，为了弥补自身技术上的劣势，中海油在自身技术力量无法实现跳跃式发展的前提下，只能采取和国外企业联合的策略，出让部分的经济利益，以市场换技术。这种情况部分地削弱了中海油地竞争能力。

（二）企业总体发展战略规划

1. 中海油的发展战略

中海油短期的战略目标是：以较快的发展速度、较强的盈利能力和较好的发展质量在2008年建成具有国际竞争力的综合型能源公司，全面建成现代企业制度。中海油的长期目标是：建设国际一流的综合型能源公司。

为了达成企业的战略目标，中海油实行了协调发展战略、科技领先战略、人才兴企战略和低成本战略。协调发展战略是为了适当降低公司的营运风险。发展主业分明、多业务经营的业务组合格局。这种多业务组合的好处是可以利用中海油在油气开采方面积累的核心能力和雄厚的资金实力，适当的扩展企业的经营边界，最大程度地增加企业的经营利润。科技领先战略是中海油最重要的经营理念，这是因为在中海油的主要经营业务，即油气开采行业中，科学技术的水平往往决定了一个企业控制成本的能力。较高水平的数据收集、处理以及在此基础上的预测能力，可以提高企业打井的准确率，从而达到降低成本的能力。人才兴企战略是企业发展的重要保障，只有具备第一流的人才储备，才可能实施科技领先战略，才能够抓住稍纵即逝的经营机会。最后，成本领先战略是企业利润的一个重要来源，在产品价格一定的前提下，成本最低的企业将获取最大的利润，因此获得一定程度上的竞争优势。结合石油行业的特殊情况，我们还可以进一步看到：低成本是石油企业应付不断波动的油价所带来不利冲击的一个重要手段。较低的成本使得石油企业即使在油价的低谷也可以获得维持自身发展所必需的利润水平。

2. 中海油的发展战略与国际化进程

从成立之处开始，中海油就开始了广泛的国际合作。这一方面是因为我国石油开采技术的落后，另一方面也缘于全球化的压力。全球化导致了中海油面临着国际一流石油公司的竞争压力，这种压力要求中海油不断扩大自身规模，以取得和竞争对手相抗衡的对等地位。目前，中海油先后与21个国家和地区的75家石油公司签订了172个石油合同和协议，目前正在执行的有32个。现执行合同区面积近12万平方公里,共建成合作油气田23个。同时,中海油还和国际石油大鳄壳牌、埃克森美孚等开展合作。如中海油和壳牌公司合资43亿美元,在广东惠州成立了中海壳牌石油化工有限公司,合作进行石油炼化业务。此外,中海油积极实行"走出去"战略,不仅在世界范围内开展油气资源的开发工作,还将公司的主营业务在境外实现了上市,从国际资本市场上筹集发展资金。

三、中海油生产经营状况

(一)企业生产概况

中海油现有的业务分为六大板块,包括油气开发、化工化肥炼化、天然气与发电、专业技术服务、综合服务与新能源、金融板块。这些业务板块在中海油内部的份额如图5所示①。

从图5我们可以看出,2000年和2005年相比,中海油的上游业务的比重在不断的下降:在销售收入中的比例从77%下降到52%,在利润中的比例从94%下降到86%,在资产结构中从71%下降到48%。这就说明中海油正在从一个上游厂商下产业链下游扩展。这一点可以从下游业务的比例的上升得到证明。

(二)企业主要产品的生产销售情况

在油气生产板块方面,中海油是全球最大的独立油气勘探及生产公司之一,在中国海域拥有渤海湾、南中国海西部、南中国海东部及中国东海四个主要作业区。借助资产并购,中海油成为了印度尼西亚最大的海上原油生产商之一,并在澳大利亚、加拿大、缅甸等地拥有上游资产。2005年,中海油国内外油气总产量达到3 900万吨油当量,比2004年增长7%。其中原油3 197万吨,天然气70.29亿方。2005年国内原油产量2 789万吨,天然气57.5亿方,国内油气总产量比去年增长11.4%。2005年,中海油在勘探方面共完成探井49口,其中自营探井35口、海外探井2口。全年,在中国近海获得14个油气勘探新发现,并在成功评价的8个含油气构造中,自营成果斐然。截至2005年底,中海油的石油和天然气净储量总计23.6亿桶油当量,其中海外探明油气储量2.5亿桶油当量。

中海油在化肥化工炼化板块一共由四个实体组成:中海石油化学股份有限公司、中海壳牌石油化工有限公司、惠州炼油项目、沥青和燃料油项目。其中,中海石油化学股份有限公司是中国产量最大、能源耗用效益最高的氮肥生产商之一,以生产、开发、销售以天然气为原料的尿素及高附加值的合成化工产品为主要业务。公司产能巨大,生产技术先进,庞大的销售网络覆盖中国20个省份。目前,公司尿素的年设计产能达到184万吨,拥有三套大型尿素生产装置。同时,中海石油化学股份有限公司还生产甲醇、复合肥、食品级二氧化碳等产品。中海壳牌石油化工有限公司是中海油和壳牌公司各出资50%组成的公司,公司总投资近43亿美元,中海壳牌石油化工有限公司投产后,每年将为中国市场提供230万吨高品位、高附加值的石化产品,并大量替代进口产品。惠州炼油项目是中海油独资建设的第一个大型石化下游项目,总投资约200亿元人民币,年加工1 200万吨海洋高含酸重质原油。惠州炼油

---

① 各板块划分情况(以纳入合并范围为准):上游业务:中国海洋石油有限公司;下游业务:油气利用、中海化学、气电公司、炼化公司、进出口公司、石化投资(含中海壳牌);专业技术服务:中海油服、海油工程;综合服务:基地公司、近海公司、研究中心;金融板块:财务公司、中海信托、自保公司、投资控股等。

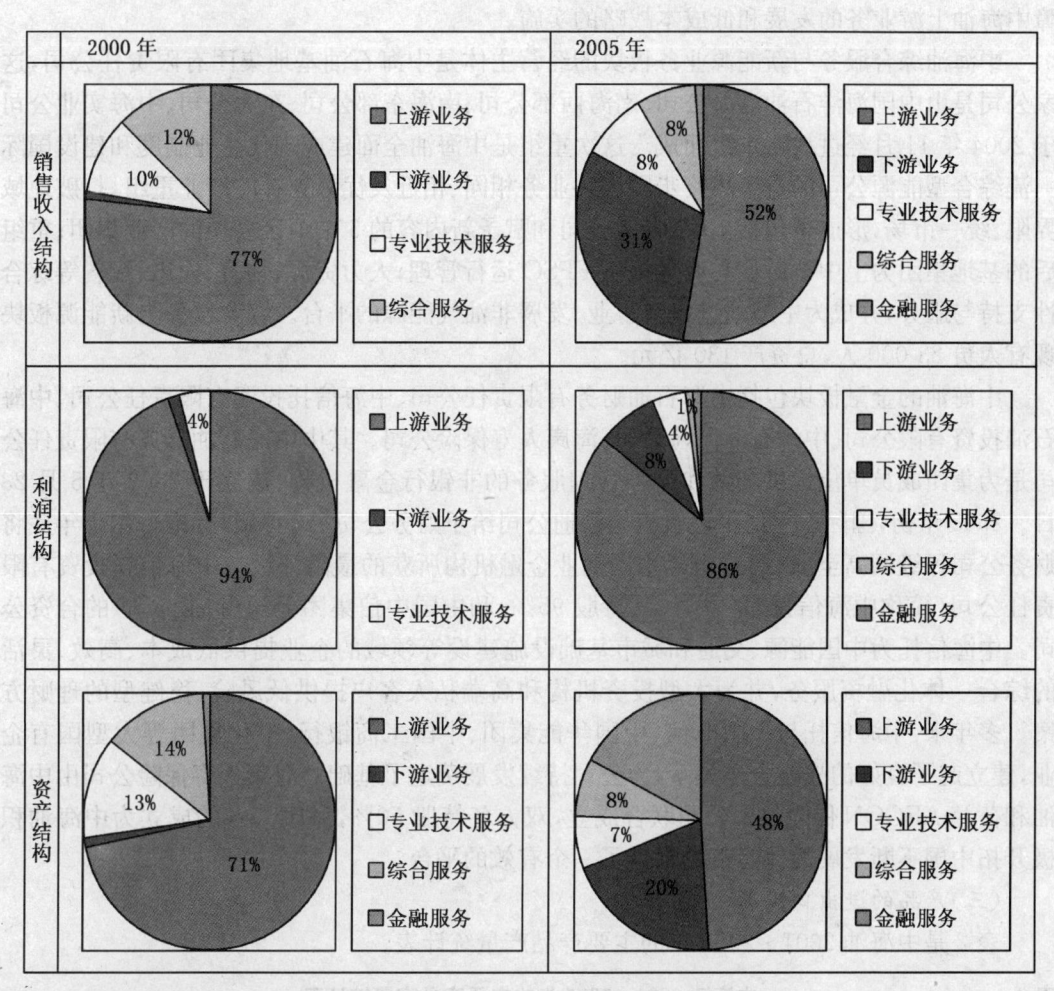

资料来源：中海油集团 2005 年年报。

图 5　中海油的业务组合图

是国际上第一个集中加工海洋高含酸重质原油的炼油厂，也是国内单系列最大的炼油厂。项目计划于 2008 年 6 月完成装置试车。项目建设内容包括 15 套主要生产装置及与工艺装置相配套的油品储运、公用工程和辅助生产设施等，主要生产符合欧洲燃料规范 III、IV 类标准的优质汽煤柴油(730 万吨/年)、乙烯裂解料(150 万吨/年)、PX(80 万吨/年)等产品。

中海油的天然气和发电板块主要是指民用天然气的经营业务以及天然气发电项目。目前，中国的液化天然气建设正处在起步阶段，中海油在这一个领域内拥有绝对的领先优势。在未来一段时间里，中海油将以 LNG(Liquefied Natural Gas)业务为主导，积极建设沿海天然气主干线，有选择地投资燃气发电、城市燃气、汽车加气及相关行业，加快推进 LNG 海上运输业务。到 2010 年左右，中海油 LNG 板块将实现年进口 2 000 万至 2 500 万吨液化天然气，将拥有 2 600 公里的天然气主干线，发电装机总容量将达 829 万千瓦。

中海油的专业服务板块包括中海油田服务股份有限公司(中海油服)和海洋石油工程股份有限公司(海油工程)两家公司，其主要业务是为上游海上油气田的开发、生产提供包括勘探、钻井、工程、油气井技术服务在内的各项专业服务，以高质量、高技术、高效率的服务，保障中海油上游业务的发展和低成本战略的实施。

中海油综合服务与新能源业务板块的经营主体是中海石油基地集团有限责任公司,这家公司是由中国海洋石油渤海公司、南海西部公司、南海东部公司、东海公司、中海实业公司于2004年11月经过战略重组而成。这次重组是中海油全面建成现代企业制度和建设国际一流综合型能源公司的重要战略步骤。将业务相同、相近及优势互补的产业重组,打破地域界限、统一市场,形成了包括10个专业公司和赋予新内容的5个地区公司的产业集团;重组后的基地集团为上中下游核心业务提供FPSO运行管理,人力资源、物流、通讯、配餐等综合性支持与服务,并成为中海油进入新事业、发展非油气能源的平台。综合服务与新能源板块现有人员23 000人,总资产130亿元。

中海油的金融板块包括中海石油财务有限责任公司、中海信托投资有限责任公司、中海石油投资有限公司、中海石油保险公司、海康人寿保险公司。其中中海石油财务有限责任公司是为集团成员单位提供金融和财务管理服务的非银行金融机构,成立于2002年5月23日。2005年初,国际著名信用评级机构穆迪公司给予财务公司A2评级,标准普尔于年底将财务公司评级调高至A⁻。这也是中国商业金融机构所获的最高评级。中海信托投资有限责任公司(简称中海信托)是中海油(持股95%)和中国中信集团公司(持股5%)的合资公司。中海信托为中国能源、交通和城市基础设施建设等领域的企业提供低成本、高效、灵活的综合一体化融资服务,并为大型投资机构和高端私人客户提供低风险、稳健型的理财方案。多年来,中海信托与中国电信、中国华能集团、中国工商银行、中化集团等大型国有企业,建立起了良好的战略合作关系,为公司持续发展奠定了基础。海康人寿保险公司由中海油和荷兰AEGON保险集团公司联合成立,双方各持股50%,海康人寿的成立为中海油积极开拓中国不断发展的保险市场提供了一个有效的平台。

(三)产品的进出口情况

表2是中海油2001~2005年的主要产品产量统计表。

表2　　　　　　　　中海油2001~2005年的主要产品产量统计表

	2001年	2002年	2003年	2004年	2005年
上游产品					
海外油气净产量(万桶)	82	1 779	2 098	1 609	1 424
国内外油气净产量(万桶)	9 540	12 652	13 021	13 962	15 480
中下游产品					
尿素(万吨)	57	59	75	142	136
沥青(万吨)	16	38	119	153	156
燃料油(万吨)	44	178	291	235	314

资料来源:www.cnooc.com.cn。

从表2可以看出,中海油2004年和2005年的国内和国外油气产量中,主要部分都是国内产量,但是,国外产量占据了一定的份额:两年分别为11.5%和9.2%。中海油近几年开始了"走出去"的战略,积极开拓国际市场,在海外获得了大量的投资机会,实施了大量的投资项目。可以预期,随着中海油开拓国际市场的步伐加快,中海油的海外业务将持续的发展。

(四)海外市场的拓展

中海油积极开拓国际市场,截至 2006 年 5 月 1 日,中国海油先后与 21 个国家和地区的 75 家石油公司签订了 172 个石油合同和协议,目前正在执行的合同和协议有 32 个,合同区面积近 12 万平方公里,共建成合作油气田 23 个。中国海油开展国际合作的理念是双赢,据此,与各国合作伙伴建立了良好的合作关系(见表 3)。

表 3　　　　　　中海油正在执行的石油合同和协议(截至 2006 年 5 月 1 日)

区块号	签字日期	批准日期	合同者
5月16日	2005 年 12 月 12 日	2006 年 3 月 9 日	新田石油中国有限公司
8月17日	2005 年 12 月 12 日	2006 年 3 月 8 日	新田石油中国有限公司
北部湾协议区油气合作框架协议	2005 年 10 月 31 日	2005 年 12 月 26 日	越南油气总公司
3月27日	2005 年 10 月 18 日	2005 年 11 月 29 日	塔克石油亚洲公司
28/20	2005 年 10 月 18 日	2005 年 11 月 29 日	塔克石油亚洲公司
25/34	2005 年 3 月 24 日	2005 年 4 月 22 日	超准能源中国有限公司 超准石油公司
南中国海协议区三方联合海洋地震工作协议	2005 年 3 月 14 日	2005 年 6 月 10 日	越南油气总公司 菲律宾国家石油公司
Nov-43	2005 年 2 月 4 日	2005 年 2 月 25 日	科麦奇中国石油有限公司
29/26	2004 年 8 月 16 日	2004 年 9 月 8 日	哈斯基石油中国有限公司
04/35	2003 年 10 月 27 日	2003 年 11 月 21 日	哈斯基中国有限公司
9月6日	2003 年 6 月 17 日	2003 年 6 月 23 日	科麦奇中国石油有限公司
40/30	2002 年 12 月 6 日	2003 年 1 月 13 日	哈斯基石油中国有限公司
台南盆地潮汕凹陷部分海域	2002 年 5 月 16 日	2002 年 12 月 20 日	海外石油及投资股份有限公司
23/15	2002 年 9 月 23 日	2002 年 11 月 12 日	哈斯基石油中国有限公司
May-39	2001 年 7 月 26 日	2001 年 9 月 6 日	哈斯基石油中国有限公司
WC13-1/2	2000 年 10 月 13 日	2000 年 10 月 24 日	哈斯基石油中国有限公司
9月18日	2000 年 9 月 15 日	2000 年 10 月 20 日	科麦奇中国石油有限公司
12月22日	1999 年 12 月 21 日	2000 年 2 月 29 日	洛克石油(中国)公司 豪信石油有限公司 帕特赛克石油公司 澳大利亚石油有限公司
秦皇岛 32-6	1998 年 9 月 18 日	1998 年 9 月 29 日	雪佛龙德士古中国能源公司
16/19	1998 年 4 月 3 日	1998 年 5 月 20 日	埃尼中国公司 雪佛龙德士古中国能源公司
15/34	1997 年 1 月 16 日	1997 年 2 月 26 日	丹文能源中国有限公司 柏灵顿资源中国有限公司
05/36	1996 年 1 月 23 日	1996 年 2 月 26 日	科麦奇中国石油有限公司

四、中海油资本运作

1999年，中国海洋石油有限公司在香港注册并成立，注入中国海油全部油气资产。2000年4月，中国海洋石油有限公司成功完成首期私募，共获四家国际投资机构投资2.1亿美元。这四家投资机构是：美国国际集团、新加坡政府投资公司、美国国际保险（香港）公司和美国国际保险（百慕大）公司。2001年2月，中国海洋石油有限公司分别在纽约及香港上市成功。中海油于2月27日在纽约证券交易所上市，每份美国托存股定价为15.40美元，首天收市价为16.12美元，较招股价跃升4.6%。2月28日，中海油在香港联合交易所上市，收市价为7.00港元，较招股价5.95港元上升17.67%。此次股票发行筹资约12.6亿美元。2002年3月，中国海洋石油有限公司在美国成功地发行了10年期5亿美元全球债券，票面利率为6.375%。

目前，中海油旗下一共拥有三家在境外上市的公司的控股权：中国海洋石油有限公司、中海油田服务股份有限公司和海洋石油工程股份有限公司。2005年，这三家上市公司的总市值接近2 500亿元人民币。

中海油利用在资本市场上筹集到资金，进行了大量的投资，增强了企业发展的潜力。上马了包括中国第一个LNG项目（广东LNG接收站和输气干线项目）、中海壳牌项目、广州惠州炼油项目、东海西湖天然气联合开发项目、中海沥青（泰州）有限公司扩建、中国最大的海上自营气田——东方1-1气田一期工程等一大批重要项目，保证了中海油的长期发展。

五、中海油财务状况

（一）盈利状况

根据图8中的数据，中海油2000至2005年的利润率分别达到34.9%、34.6%、34.1%、27.8%、30.6%、43.6%。2000年后的连续四年，中海油的销售利润率一直在下降。考虑到这几年国际油价总体上的高水平，这种情况多少显得有点不正常。这种现象也许可以从国内石油产品的价格管制和国际石油价格的矛盾得到解释。国际石油价格的高涨，带动了石油开采设备价格的上涨，提高了石油开采企业的生产成本；另一方面，由于中海油的市场主要集中在国内市场，国内石油产品的价格刚性使得中海油无法用提价的方式消化成本的上升，只能内部消化这种成本增加，从而导致了利润率的下降。

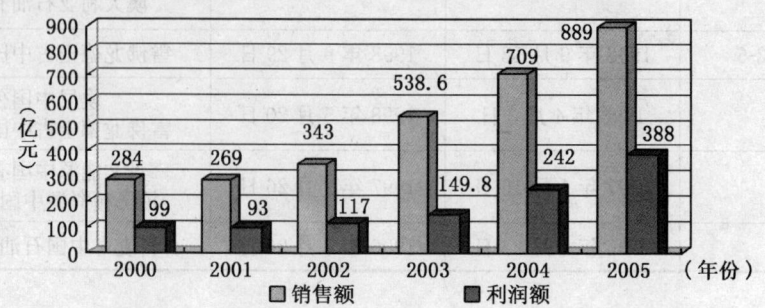

资料来源：2005年中海油总公司年报。

图8 中海油销售额和利润额

（二）资金运营能力

2005年，在中海油公司15 325 876万元的资产总额中，固定资产占50.2%，流动资产和无形资产占49.8%。流动比率3.3，速动比率3.2。根据中海油2005年年报的数据，2005年中海油报告利润38 800万元，实收资本7 760 103万元，资本收益率为5%。考虑到现阶段是中海油的扩张时期，5%的收益率是可以接受的水平。

六、中海油研发创新能力

中海油高度重视科技创新工作，奉行科技领先的战略，将科技创新视为创立国际一流能源企业的重要手段。2004年、2005年，"秦皇岛32-6海上大型油田建设工程"、"百万吨级海上油田浮式生产储运系统（FPSO）的研制与开发"分别获得国家科技进步二等奖。在科技领先战略的指导下，中海油还在一批紧贴生产、紧贴实际、紧贴需要的科研项目取得了突破。包括：

(1)渤海稠油油田提高采收率综合项目组经过两年的技术研究与攻关，在利用钻井技术、调剖注聚技术及采油工艺提高采收率技术方面获得突破，效益显著。

(2)国家"九五"863课题的成果——具有自主知识产权的ELIS测井系统现场试验取得产业化成功，形成了海洋石油第一套多功能、全系列、具有自主知识产权的测井系统。

(3)高温高压固井工艺技术获得新突破，并在南海高温超压探井临高20-1-2井应用成功。

(4)国家863课题"可控三维轨迹钻井技术"研制的国产分支井工具在埕北油田试验成功，并在南堡35-2油田得到推广应用。

七、中海油的人力资源与文化

中海油坚持人才兴企的战略方针，将员工视为企业发展最为重要的基石。为了克服国有企业常有的在人力资源利用方面的无效率，中海油建立了适应国际化标准和遵循市场化原则的人才机制，实行竞争上岗，择优录用，做到岗位能上能下，员工能进能出，薪酬能高能低。同时，为了适应企业国际化的要求，中海油一方面引进大量符合公司发展需要的国际人才，另一方面致力于人力资源本土化，在海外分支机构中大量雇佣当地员工，取得很大的成效。

（一）企业对外交流及社会活动

中海油充分意识到了自身作为一个大型国有企业肩负的责任，积极参与到了各种社会公益活动中。中海油认为：一个企业的成功不仅仅体现在经济效益上，还应体现在回报社会，与社会共享成功上。因此，中海油在高速高效发展、追求更大的经济效益的同时，始终注重社会效益的同步发展。

自2000年起，中海油对海南省陵水县、保亭县、五指山市进行定点帮扶。2002年，这个名单中又迎来了新成员：西藏自治区尼玛县。中海油同时还设立"中海油贫困大学生助学基金"，帮助贫困大学生安心完成学业。到目前未知，该基金累计发放528万元，资助贫困大学生1 762人。中海油同时积极响应由中国妇女儿童基金会提出的"母亲水窖计划"，累计投入280余万元用于四川、云南和甘肃三个省14个县(区)的29个村水窖等小型民用水利设施的建设,切实解决了当地饮水难的问题,为百姓生活带来福音。此外,中海油还大力支持中国红十字会的"健康快车"项目,出资协助"健康快车"给更多老少边穷地区的白内障患者带去光明,使他们重新获得劳动能力,耕耘新的生活(见表4)。

表4　　　　　　　　　　　　　　油2005年的社会捐助统计表

项目名称		捐助额
捐助印度洋海啸受灾国家		近290万元
"希望小学"项目		22万元
"母亲水窖"项目		120万元
"健康快车"项目		30万元
"幸福工程"救助贫困母亲行动		1.4万元
"中海油贫困大学生助学基金"项目(填补四所高校)		21万元
资助北京顺义"太阳儿童村"项目		8万元
捐赠美国"卡特里娜"飓风受灾地区		160万元
捐赠中国红十字会(援助我国遭台风"泰利"袭击地区)		200万元
捐赠海南省遭受台风"维达"袭击地区		600万元
对西藏自治区尼玛县的援助工作		1 710万元
对海南省开展扶贫工作		600万元
向江西九江地震灾区捐款		20万元
支持北京市东城区双拥工作		1万元
"温暖"行动为广西、安徽灾区、贫困地区募捐过冬物品		2 162件衣物及棉被
总计	2005年自然灾害捐款总计	约1 270万元
	2005年度捐款总额	约3 783万元

资料来源:www.cnooc.com.cn。

(二)企业文化

自中海油成立开始,公司一直秉承"安全第一、预防为主、以人为本、关爱生命"的方针。中海油视员工为自身竞争力的最大源泉,将中海油取得的成绩全部归功于企业拥有辛勤工作在各条战线上的高素质员工,并且将中海油的未来紧紧地寄托在这一支不断成长和壮大的员工队伍身上。为此,中海油专门编写了《中国海洋石油总公司员工健康手册》,指导所有员工学习科学的健康知识,进行适当的身体锻炼,保持强健的体魄,更好地工作、学习和生活。

安全生产是中海油的企业文化中另一个极为重要的构成要素。中海油已全面建立了勘探、开发作业HSE管理体系。中海石油有限公司颁布了《中国海洋石油有限公司HSE管理体系》《中国海洋石油有限公司钻完井HSE管理体系》,其他各公司也从自身特点出发,建立了相应的HSE管理体系。同时,中海油还大力抓了这些规定的执行工作。这些规定的颁布和实施对中海油的生产安全工作起到了重要的保障作用。1982年至2006年作业期间,中国海油的勘探开发没有发生重大污染事故,保持了良好的海上作业环境。

中国交通建设集团有限公司

中国交通建设集团有限公司(简称中交集团)是国务院国有资产监督管理委员会决定并报经国务院批准,由原中国港湾建设(集团)总公司和原中国路桥(集团)总公司合并重组新设成立的,为中央直属国企,2005年12月8日成立大会暨揭碑仪式在北京人民大会堂隆重举行。其注册资为45亿元人民币,拥有35家全资子公司、20家控股公司和2家上市公司,资产总额近700亿元人民币;拥有各类海事工程船舶800余艘、各类陆用工程施工机械5 600余台(套),以及各类先进的勘察设计科研设备;共有员工7万多人,其中包括3名中国工程院院士、13名国家级设计大师和近10 000名高级专业技术人员。2005年,集团新签合同额将超过1 000亿元人民币,营业额可达850亿元人民币。

2006年,中交集团将其基础设施建设、基础设施设计、疏浚、港口机械制造四大主营业务板块整体重组注入股份公司,10月8日成立中国交通建设股份有限公司,拥有全资、控股子公司37家、参股19家公司,15日在香港联合交易所主板市场成功上市。主要从事交通基础设施建设、设计、疏浚及港口机械制造业务,是目前中国最大的港口建设及设计企业;中国领先的公路、桥梁建设及设计企业;中国最大、世界第三的疏浚企业;是全球最大的集装箱起重机制造商(见表1)。

表1　　　　　　　　2002~2006年中国交通建设集团在中国500企业中的排名

年　度	公司名称	排　名
2002年	中国港湾建设(集团)总公司	59
	中国路桥(集团)总公司	99
2003年	中国港湾建设(集团)总公司	69
	中国路桥(集团)总公司	101
2004年	中国港湾建设(集团)总公司	60
	中国路桥(集团)总公司	100
2005年	中国港湾建设(集团)总公司	52
	中国路桥(集团)总公司	102
2006年	中国交通建设集团有限公司	28

资料来源:http://finance.people.com.cn。

一、中国交通建设集团发展历程概述

中国交通建设集团有限公司的前身——原中国港湾建设(集团)总公司和原中国路桥(集团)总公司,是我国水运工程和公路桥梁重点工程建设的"国家队"。新中国成立以来特别是改革开放近30年来,在国内外港口、疏浚、船台、船坞、公路、桥梁、隧道等工程的勘察设计咨询和施工,以及港口、筑路机械设备制造等专业领域业绩卓著,为我国交通建设事业作出了重大贡献。中国沿海及内河的大中型港口和航道、高等级主干线公路、大型特大型桥梁隧道等交通基础工程,绝大部分是由两大集团设计、承建的,共承建沿海和长江港口万吨级以上深水泊位500多个,以高速公路为主的高等级主干公路10 000余千米,各类独立大中型桥梁1 900座,总长度25万延米,其中跨江跨海大型、特大型桥梁100多座,几乎涵盖了所有桥型。

(一)中国港湾建设有限责任公司

中国港湾建设(集团)总公司前身是成立于1980年的中国港湾工程公司,于1997年组建为中国港湾建设(集团)总公司。2005年12月,与中国路桥合并后转制为中国港湾工程有限责任公司(英文缩写CHEC)。中国港湾从创建初始,便跻身于风云变幻的国际市场。以一体化服务为己任,历经蝶变,形成了针对不同需求和细分市场的服务阵列,以及适应经济全球化和产业快速发展变革的公司运行机制。核心事业拓展到海事工程、疏浚吹填、公路桥梁、港口机械、勘察设计五大业务领域,涉及沿海及内河的港口港湾和船坞与船台、疏浚、路桥、隧道、机场、水利、环保、市政、工民建、港口机械、航标制造安装、勘察设计、工程监理、外经外贸等多项业务。依靠中国港湾的信誉和实力,充分发挥融资功能,形成以一体化服务为基础,涉及设计总承包、工程建造总承包、BT、BOT、EPC、MPC等多种服务模式。随着业务的不断拓展,还在世界20多个国家和地区设立了分支机构,形成高效经营管理网络,业务涉及亚洲、非洲和美洲的数十个国家和地区,"CHEC"已成为国际工程业知名品牌。

(二)中国路桥工程有限责任公司

中国路桥工程责任有限公司,前身为1979年2月12日成立的中国路桥工程公司,1997年9月12日组建中国路桥集团,2005年12月8日重组中国路桥工程有限责任公司(CRBC)。主要从事工程承包、施工、设计、监理、咨询以及国际贸易等业务。公司现有5家全资或控股子公司和31个驻外机构。公司7个职能部门履行管理职能;4个事业部模拟企业法人独立运作,总资产近40亿元。中国路桥具有施工总承包资质、专业承包资质和公路工程施工总承包特级资质,种类覆盖目前所有公路建设行业现有的资质项目类别。承建了众多技术含量高、附加值大、极具影响力的"高、精、尖"公路、桥梁工程,截至2004年底,在国内外共修建各种等级公路1.478万余公里,其中高速公路6 573公里,承建各类桥梁4 405座,其中独立大中型桥梁857座,桥梁总长度为63.79万延米;隧道25座,总长度1.633 5万延米。1979年进入国际承包市场,先后在亚洲、非洲和中东地区承包工程和劳务项目500多个,完成营业额50多亿美元。中国路桥重合同,守信誉。从1985年起,连年入选美国《工程新闻记录》评选的全球最大225家国际承包公司之列,2004年名列第71位,在全球最大承包商排名中名列第56位。

（三）组织结构

图1为中国交通建设股份有限公司组织结构图：党委会、董事会和监事会为第一个层次，直接对股份有限公司负责；总裁为第二层，对董事会负责；第三层为综合管理部门、监督保障部门、业务管理部门和董事会办事机构，除董事会办事机构不经过总裁直接对董事会负责以外，其余三大部门皆直接对总裁负责；上述四大部门的下属部门为第四层，各自对自己的上级部门负责。

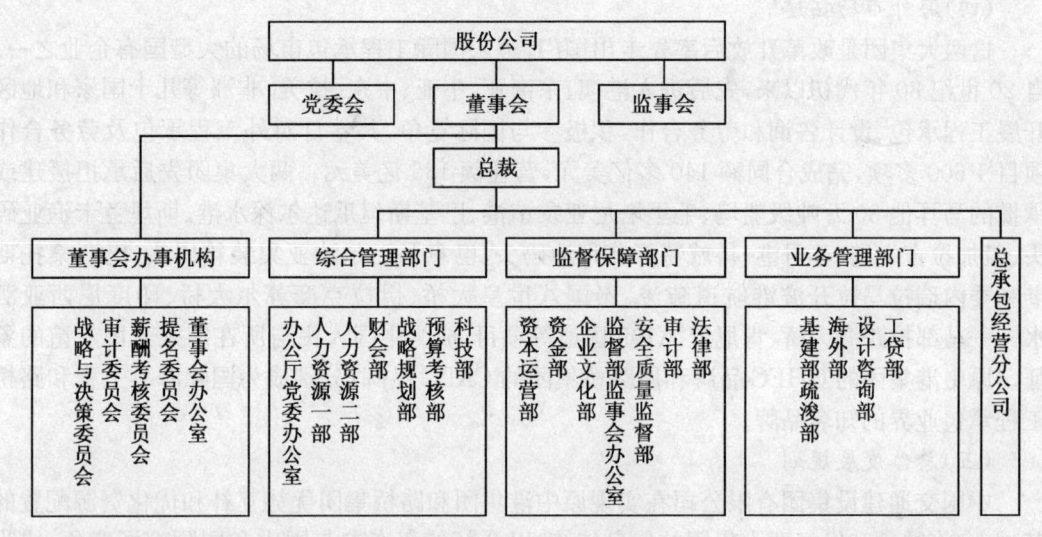

资料来源：http://www.ccgrp.com.cn。

图1 中国交通建设集团组织结构

二、中国交通建设集团生产经营情况

（一）主营业务

中国交通建设集团有限公司的主营业务为承揽大型、特大型交通基础设施建设项目的设计和施工，包括以港口码头、疏浚吹填、公路桥梁及隧道工程的勘察、设计、施工、咨询、监理为主的工程承包业，以港口装卸、筑路机械制造为主的设备制造业，以国际工程承包、劳务合作和进出口贸易为主的外经外贸业；集团及所属子公司具有港口与航道工程、公路工程施工总承包特级资质和多项工程总承包一级资质及专业承包资质。

（二）行业竞争状况

中国交通建设集团有限公司可谓是我国交通建设领域的旗舰，其疏浚能力占国内疏浚市场一半左右，集装箱起重机生产占世界市场份额的74%，连续7年稳居世界第一。在国家开放国内铁路承包市场后，中国交通建设股份有限公司参与多个铁路项目的设计和施工。

交通建设行业由于市场门槛较高，而且关系到国家经济发展的命脉，属于国有企业垄断的行业，中国交通建设集团有限公司是这个行业的佼佼者，行业地位仅次于中国铁道建筑总公司。

（三）业务规模扩展

原中国港湾（集团）总公司和中国路桥（集团）总公司两大集团在不断扩大港航、路桥等业务规模的同时,在铁路、机场、水利、环保、城市轨道交通和市政设施等领域也有着骄人的业绩;积极探索BT、BOT、EPC、MPC等多种经营模式,投资建成了包括首都机场高速路在内的一批交通设施项目;同时不断加强与金融业的战略合作,向多家银行和金融机构投资参股,形成全方位、多元化的经营格局;企业营业额连攀新高,经济效益大幅提升,员工收入逐年增长,全员劳动生产率、产值利润率、国有资产保值增值率等主要经济指标在全国建筑施工企业中名列前茅。

(四)海外市场拓建

这两大集团是改革开放后率先走出国门,迈入国际工程承包市场的大型国有企业之一。自20世纪80年代初以来,先后进入港澳、东南亚、中亚、中东、拉美、非洲等几十国家和地区开展工程承包、设计咨询和劳务合作,积极参与国际竞争,共签订对外工程承包及劳务合作项目1 500多项,完成合同额140多亿美元,营业额135亿美元。两大集团先后承担援建或承揽的马耳他30万吨级船坞、毛里塔尼亚友谊港、巴基斯坦瓜达尔深水港、斯里兰卡渔业码头、孟加拉吉大港、苏丹港、科威特舒艾拜油码头、巴拿马巴尔泊亚集装箱码头、巴西桑托斯港和委内瑞拉马拉开波港航道疏浚、泰国八世皇大桥、伊拉克摩苏尔大桥、印度尼西亚泗水——马都拉跨海大桥、肯尼亚A109国道等项目,成为中国人民与所在国家人民友谊的象征。原中港集团的CHEC品牌和原路桥集团的CRBC品牌,分别成为国际海事工程和路桥工程承包业界的知名品牌。

(五)总体发展规划

中国交通建设集团有限公司在实现原中港集团和路桥集团优势互补和优化资源配置的基础上,将继承和发扬两大集团的优良传统,以全新的姿态参与国内和国际市场竞争,成为实力强大、资金雄厚、人才密集、技术先进、主业突出,集科研、设计、施工、投融资和外经贸于一体的国有大型企业集团;将充分发挥大企业集团的战略功能和综合优势,成为对我国水运、公路交通基础设施建设行业具有控制力、影响力和带动力的重要骨干企业。同时中国交通建设集团有限公司将科学制定集团"十一五"发展规划和企业发展战略、技术创新战略、人才强企战略、市场营销战略、集团品牌经营战略;不断增强自主创新的能力,充分发挥集团人才、管理、资金、技术和设备等综合优势,全面提高集团的经济增长质量和效益,不断把集团做大做强,实现集团跨越式发展;积极贯彻"走出去"战略,充分利用国际国内两个市场、两种资源,不断增强国际竞争力特别是占领国际工程承包领域高端市场的能力,努力由跨国经营向跨国公司迈进,为跻身于世界一流建筑企业打下坚实基础,为我国社会主义现代化建设事业作出新的贡献。

三、中国交通建设集团财务状况分析

(一)短期偿债能力分析

从表2可以看出,中国交通建设股份有限公司的流动负债总额连续三年大于流动资产总额,以至于营运资本为负,从这个意义上说,企业在短期内存在一定的偿债压力,这可能是由于企业为了拓展新业务、开发新产品等等原因而实行了比较积极的财务政策,造成在短期内流动资产不足以抵偿流动负债。虽然直到2005年底企业营运资本仍然为负值,但是流动比率和速动比率已处于上升状态,短期偿债压力稍有缓解。

表2　　　　　　　　　　　　短期偿债能力分析

年　份	2003	2004	2005
流动比率	0.908 682 386	0.934 622 267	0.941 193 946
速动比率	0.833 342 58	0.864 727 447	0.874 698 543
营运资本	−3 292 000 000	−2 996 000 000	−3 365 000 000

(二)长期偿债能力与资本结构分析

表3及图2中的指标是一些能够反映企业长期偿债能力和资本结构的指标。从这几个指标可以看出,负债在资产总额中所占比例超过80%,这是一个非常高的数字,说明企业采取了非常积极的财务政策,这可能与企业所属行业有关,交通建筑行业本身就是一个对资产规模和技术水平要求很高的行业,企业为了扩大规模,拓展国内外市场而大量举债是必然也是必需的。

表3　　　　　　　　　　　　长期偿债能力指标分析

年　份	2003	2004	2005
资产负债率	0.867 536 811	0.856 357 452	0.842 560 619
股权比率	0.101 341 74	0.101 601 205	0.157 439
权益倍数	9.867 602 428	9.842 402 935	8.841 310 669
负债—权益比率	8.560 508 346	8.428 615 102	5.351 651

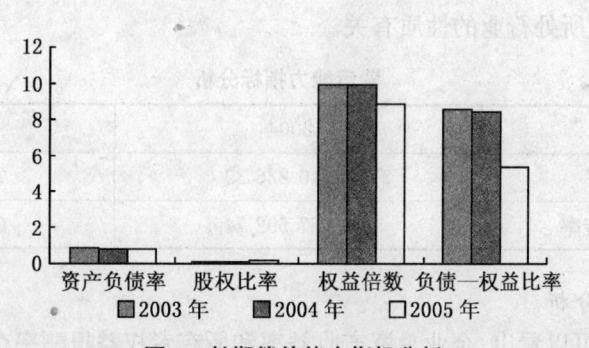

图2　长期偿债能力指标分析

同时,从表3中的数据可以看出,虽然负债比率已处于较高位置,但是这一比率一直处于下降的态势。从资产负债表中也可以看出,企业资产和负债虽然同时都在增加,但资产增加的速度快于负债增加的规模,说明企业资产的增加有很大一部分来自股东权益的增加,即股东增资或者企业本身积累速度的加快。这一点从负债—权益比率在2005年的急速下降得到了证明。

(三)营运能力分析

2003～2005年中国交通建设股份有限公司的利润见表4。

表4　　　　　　　　　　　　　　　　利润表简表　　　　　　　　　　　　　　　　单位:元

年　份	2005	2004	2003
销售收入	83 265 000 000	65 912 000 000	48 482 000 000
销售成本	75 110 000 000	59 578 000 000	43 617 000 000
毛利	8 155 000 000	6 334 000 000	4 865 000 000
营运开支	4 346 000 000	3 753 000 000	3 120 000 000
营运溢利	3 809 000 000	2 581 000 000	1 745 000 000
非营运溢利	−246 000 000	−727 000 000	−757 000 000
除税前溢利	3 563 000 000	1 854 000 000	988 000 000
税项	592 000 000	457 000 000	361 000 000
少数股东损益	776 000 000	326 000 000	192 000 000
股东应占溢利	2 195 000 000	1 071 000 000	435 000 000

数据来源:wind资讯。

这里仅分析存货周转率和流动资产周转率两个财务指标(见表5),这两个指标相比前一年都略有上升,尽管如此,相对于其他行业企业,存货的周转速度和流动资产的周转速度仍然较慢,这与企业所处行业的性质有关。

表5　　　　　　　　　　　　　营运能力指标分析

年　份	2004	2005
存货周转率	2.140 226 39	2.327 340 183
流动资产周转率	0.167 592 74	0.168 688 655

(四)盈利能力分析

从表6及图3可以看出,企业总资产收益率和所有者权益报酬率在2005年都有较大幅度的提升,总资产收益率的提高说明企业资产的获利能力增强,而所有者权益报酬率的提高代表股东的每一份投入给他们带来了更高的回报,这两个比率的提高对企业都会产生正面的影响。尽管2005年相对于2004年有所回升,然而与2003年相比,销售毛利率、销售成本利润率和销售成本费用利润率三个指标都有所下降,相反,营业成本费用利润率和销售成本利润率却有大幅度的上升。由于销售毛利率、销售成本利润率和销售成本费用利润率三个指标都只考虑了销售费用即营业费用,而另外两个指标还考虑了其他的期间费用,所以,这种背离的出现可能是由于其他两种期间费用:管理费用和财务费用相对的减少。也就是说,企业主营业务的获利能力实际上是有所下降的,企业应该采取措施增强其主营业务的获利能力以保证企业的长期健康发展。

表6　　　　　　　　　　　　　　　　盈利能力指标分析

年　份	2003	2004	2005
总资产收益率	/	0.024 001 168	0.041 422 676
所有者权益报酬率	/	0.173 110 285	0.273 875 369
销售毛利率	0.100 346 52	0.096 097 827	0.097 940 311
销售利润率	0.012 932 635	0.021 194 927	0.035 681 259
销售成本利润率	0.111 539 079	0.106 314 411	0.108 574 091
销售成本费用利润率	0.104 700 709	0.099 614 621	0.101 782 383
营业成本费用利润率	0.036 752 317	0.040 234 454	0.047 221 74

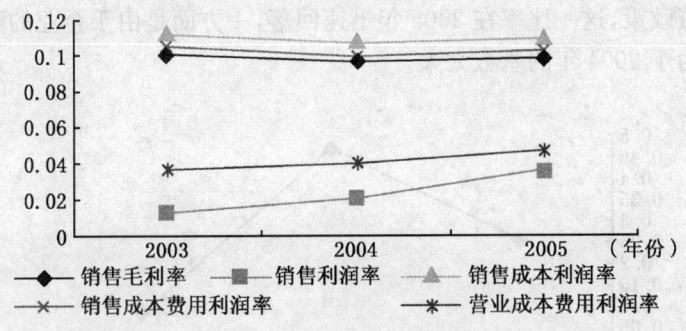

图3　盈利能力指标分析

(五)现金流量分析

从表7及图4中可以看出,企业经营活动产生的净现金流入量是逐年增加的,企业的生产经营活动能够健康有序地进行,并且规模还有所放大。2004年,可能是由于扩大规模需要或其他的原因,企业进行了大规模的融资活动,由于融资活动而产生的现金流量净增加额是2003年的近4倍和2005年的1.5倍。

表7　　　　　　　　　　　　　　　　现金流量表

现金流量表	2005 年	2004 年	2003 年
经营活动产生的现金流入	4 122 000 000	2 932 000 000	3 202 000 000
经营活动产生的现金流量净额	2 914 000 000	2 154 000 000	2 551 000 000
融资活动产生的现金流量净额	2 884 000 000	4 535 000 000	1 260 000 000
现金及现金等价物净增加额	856 000 000	3 173 000 000	1 383 000 000
现金及现金等价物期初余额	9 993 000 000	6 812 000 000	5 414 000 000
现金及现金等价物期末余额	10 797 000 000	9 993 000 000	6 812 000 000
现金及现金等价物增加率	0.085659962	0.465795655	0.2554488

数据来源:wind 资讯。

如图5所示,现金及现金等价物增加率在2004年的迅速提高很大部分原因是2004年

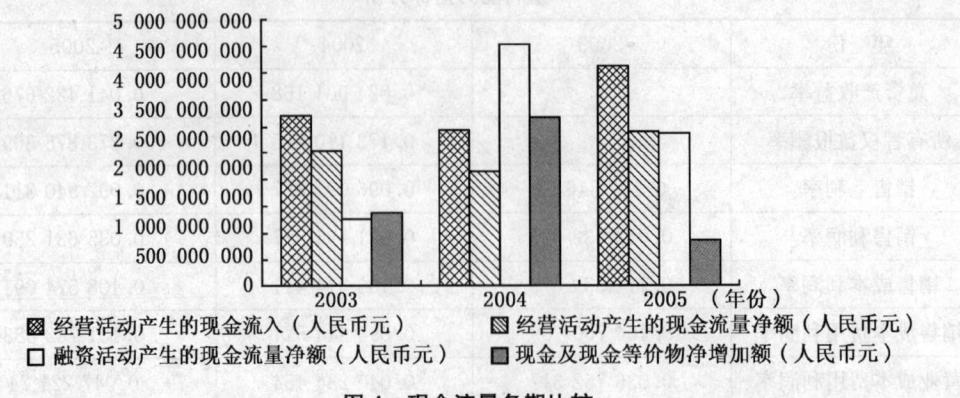

图4 现金流量各期比较

企业积极的融资政策,这一比率在2005年迅速回落,一方面是由于企业的融资规模缩减,另一方面可能是由于2004年的基数太大。

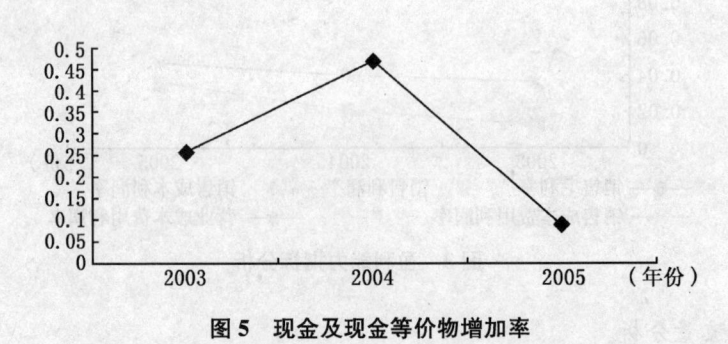

图5 现金及现金等价物增加率

四、中国交通建设集团研发创新能力

改革开放以来,中国港湾(集团)总公司和中国路桥(集团)总公司两大集团加快技术创新和设备更新改造步伐,在科研开发、技术创新中各自形成了具有品牌优势、技术优势和产业优势的拳头产品、尖端技术和核心设备。

目前企业拥有工程结构重点实验室、疏浚技术重点实验室、建筑材料重点实验室、桥隧技术重点实验室和沿途工程重点实验室五个重点实验室。

工程结构重点实验室的研究方向和主要业务为:港口工程施工力学、信息化施工监控、港口工程的结构耐久性、港口工程新型结构型式及其推广应用技术的研究、外海施工新技术。该实验室是我国华东地区港湾工程建设重要的科研机构,目前共有正式员工61人,客座专家5人,其中高级技术人员39人、中级技术人员20人,拥有各类先进的仪器设备和计算机网络系统,拥有《港工技术与管理》期刊编辑部,从事港口工程结构、海工建筑材料、地基处理以及水运工程施工技术的研究。曾获得国家级、交通部及上海市重大科技成果奖励约40项,其科研成果和产品在华东、华南沿海的港口码头与桥梁中获得广泛应用。

疏浚技术重点实验室的研究方向和主要业务为疏浚、吹填工程的工艺研究;疏浚设备与机具的试验研究;疏浚控制技术研究;取砂、吹填造陆及筑堤技术研究;环保疏浚技术与工程环境影响控制；新技术预测、跟踪及研发。实验室目前拥有总面积1 500平方米的试验大厅和检测中心及大量室内外试验分析仪器和设备，检测中心下设材料实验室、力学实验室、土工实验室。50m×5m×2m的疏浚水槽及疏浚台车系统为目前国内最大。此重点实验室为2002年新建，在基建工程中就已经开始承担相应课题的研究，包括国家863环保疏浚研究项目等十几个项目，获国家奖三项，实用新型专利4项。

建筑材料重点试验室的研究方向和主要业务为高性能混凝土及混凝土耐久性研究；特种混凝土配制、施工成套技术研究；防腐材料和防腐技术研究；工程材料产品开发研究；已建工程检测、评估和维修技术研究。目前，实验室共有人员20人，其中教授级高工3人，下设混凝土材料试验研究室、腐蚀与防护实验研究室、高分子材料试验研究室、环境工程材料试验研究室、建筑材料检验室、工程技术服务部等专业室。实验室目前拥有一大批代表着国际材料研究领域的高尖端仪器设备。1986年建立的暴露试验场是国内最早的。

桥隧技术重点实验室的研究方向与主要业务为大跨径桥梁架设技术研究；桥梁施工新技术、新工艺研究；桥梁检测、评估与加固技术研究；桥梁新材料研究；桥梁施工新设备研究；桥梁深水基础研究桥隧技术重点实验室主要是从事桥梁工程、城市隧道工程施工技术的研究与开发应用，自成立以来共完成科技部、交通部、集团及横向联系课题37项，技术服务多达100余项，取得了一系列的科研成果。目前在大跨径桥梁施工技术研究方面处于国内领先水平。自行研制开发的"自动液压爬模系统"、"特大桥施工挂篮"、"下行式架桥机"等科研成果达到国内领先水平。

岩土工程重点实验室的研究方向和主要业务为近岸海洋土和软土的工程性质研究及其与结构物相互作用研究；岩土工程现场原位试验和原位观测技术的研究；软土土结构的加固或补强技术研究；特色土的基本理论研究；岩土工程勘察、设计、施工、监测、检测、理论研究。岩土工程重点实验室在国内同行业具有较强的专业技术优势，多年来在软土地基加固技术开发、港口工程地基计算理论研究、岩土工程勘察设计、岩土工程现场测试、软土地基加固现场检测、岩土工程室内实验、土工合成材料的试验研究等方面积累了丰富的经验并取得了很好的业绩，部分成果达到国内领先或国际先进水平。在近海海洋土和软土的工程性质研究及其与结构物相互作用研究、岩土工程现场原位测试和原位观测技术的研究、软弱土结构的加固或补强技术研究等方面保持国内先进或领先水平，部分研究成果达到国际先进（或国际领先）水平。

五、中国交通建设集团人力资源与文化

(一)人力资源

1. 企业人员结构

截至2005年底，集团经营管理和专业技术人员占在册人员总数的51.6%（含一级项目经理），技能操作人员占在册人员总数的30.0%，其他辅助岗位人员占在册人员总数的18.4%。

在经营管理和专业技术人员中，按学历划分，具有本科及以上学历占47.5%；具有专科学历占29.4%；按职称划分，具有高级职称占16.6%，具有中级职称占30.5%。

2. 人才资源特点

集团初步形成了一支能够维护出资人利益、职业素养好、有较高的市场意识和协调能力、熟悉经济运行规则、善于经营管理、在生产经营和资本运营等方面具有较高造诣的出资人代表队伍。一部分专业技术骨干完成了向经营管理复合型人才的转变,一批熟悉企业经营管理、资本运作和国际工程承包业务与经济运行规则的高素质的复合型经营管理人才逐步成长起来,为集团参与国内外市场竞争和集团战略目标的实现提供了基本的人才条件。

近年来交通基础设施建设快速发展,通过大项目、大工程造就了一批科技骨干人才和管理人才,提高了项目的技术含量和企业的自主创新能力,为集团的科技进步和保持在行业的领先地位提供了人才和智力支持。

人才总量规模增加和人才队伍结构的明显改善,基本满足了集团生产经营和发展的需要。主要体现为近年来集团人才资源总量有较大幅度增长,人才密度提升较快。人才队伍学历档次提高,高职称人才年龄老化问题初步解决,人才队伍年龄进一步年轻化,人才队伍结构在学历、职称、年龄等方面得到明显改善。

集团人才资源队伍整体素质较好,并初步形成了一支熟悉企业生产经营,具有丰富党务工作和群众工作经验的思想政治工作人才队伍。

近年来企业培训理念更新,极大地推动了人才资源队伍开发工作的开展。培训已经成为企业生产经营的第一道工序,教育培训基地建设和企业自主培训工作明显加强。培训作为企业投资活动,在盘活人才存量、提高人才增量、优化人才结构、提升人才素质、加速人才资源向人才资本转变方面发挥了关键性的作用。

3. 人才战略

(1)总量增长适度。

人才资源的总量规模与企业的发展规模相适应,人才资源的适度增长与企业需求总体平衡,引进对象主要是企业紧缺的专业人才,目的是解决企业需求、优化队伍结构、提高队伍素质。按照这个要求,到2008年,集团经营管理人才和专业技术人才总量维持在员工总量的58.0%,比2005年提高6.5个百分点;技能人才队伍总量与2005年底的实际拥有量大体持平,主要是调整内部结构,提高高技能人才数量,补充紧缺工种人才,使高级技师和技师分别占技术工人队伍总量的1.6%、8.3%左右。

(2)结构配置优化。

其目标要求是:职级结构分明、年龄结构合理、专业(工种)配套。到2008年,集团高、中、初人员结构比例将从2005年底的1:1.67:3.14调整为1:1.83:2.77。年龄结构合理,就是各年龄段的人员根据工作性质,按照老、中、青的档次合理组合,有益于发挥传帮带的功能。专业(工种)配套,就是工作对象所需要的专业(工种)都能配置上相应专业的人才,满足工作对象的需要。未来三年,要适应集团拓展经营领域和资本经营的需要,在质和量两个方面完成铁路、隧道、水利、资本运营等专业人才的引进。

(3)综合素质提升。

在人才资源队伍建设中,从注重追求人才数量增加的外延发展方式转变为以提高现有人才素质为主的内涵发展方式。要大力实施人才资源开发,在提高人才的职业道德素质、科技文化素质和身体素质的基础上,尽快提高能力素质。主要包括创新能力、探索精神、团队意识、大局观念、快速反应能力、实践经验等六个方面。以适应集团发展对各类人才的能力素质需求。

(4) 核心人才辈出。

在人才资源队伍建设中突出重点,大力培养核心人才,加快年轻人的成长步伐。到2008年底,集团经营管理和专业技术人才将比2005年底增加25.28%,技能人才增加2%。解决上述人才缺口的途径,经营管理人才主要是自主培养和外部引进;专业技术人才主要是从应届高校毕业生中招聘、外部引进和自主培养;技能人才主要是从应届职业院校毕业生中招聘、自主培养和外部引进。

4. 教育及培训体系

企业拥有较为完善的教育以及培训体系,如表8所示。

表8　　　　　　　　　　　　　　　教育及培训体系

中交集团教育培训体系	集团教育培训指导委员会	各单位教育委员会
	集团教育培训常设机构	集团公司教育培训处、各单位培训主管部门
	集团教育培训配套政策、规章、制度	各单位实施细则、管理办法
	中交集团职工教育研究会	会长、秘书长、专家委员会、教材委员会、航务专业组、疏浚专业组、路桥专业组、机械制造专业组、铁路专业组
	人才培养长期规划,五年计划,年度计划	《集团专业技术人才10年规划》、《中交集团人才资源队伍建设3年发展规划》、《集团职工教育培训工程》(五年)、《教育培训年度计划》
	中国交通建设工程学院等培训实体	十个分院、九个技工学校、三个培训中心
	资质培训基地,资质认证报批系统	航务、航道非自航工程船舶船员培训、考证系统;项目经理、"五大员"等岗位资质培训基地办证系统;注册安全工程师继续教育系统;建造师培训系统;国际项目经理培训资质;职业技能培训与鉴定系统
	企业培训ISO9000质量体系程序	各单位职工教育 ISO9000 培训程序、各培训实体 ISO9000 培训程序

资料来源:http://www.ccgrp.com.cn/。

(二) 企业文化

和谐是企业文化建设的主题,"要让员工干起来,先让员工乐起来"讲的是员工与企业之间的和谐;"为干事者呼"要求干部首要以身作则带头干,就是要带领群众干成事,这是在讲干部与普通员工之间的和谐;"实施文化制胜战略,构建企业持续竞争力"讲的是企业长期发展的和谐。企业提出"深入推进精神文明建设,全力打造和谐企业"的口号,以和谐来建设企业,在和谐中壮大企业。

安全生产是企业第二张牌,"安全意识,就是一种责任意识"也是企业口号,项目部还提出不仅要树立"粗活细做,细活精做"的理念,更要有良好的安全意识。要求对分包队伍人员的安全教育常抓不懈,施工管理人员的安全技术交底直接到班组。

中国交通建设股份有限公司将始终秉承"诚信服务、优质回报、不断超越"的企业宗旨,致力于中国乃至世界交通建设事业,公司愿与各界朋友携手共赢,共同创造更加辉煌灿烂的明天。

飞利浦中国投资有限公司

作为进入中国企业500强排名前列的飞利浦中国投资有限公司,一直成为外资企业进入中国规模最大的公司之一。在中国企业五百强排名中一直处于前列2003～2006年排名都居于22～28位左右,而在电子通信设备制造业排名中一直都处于前6。

一、企业发展历程

(一)发展概况

荷兰皇家飞利浦电子公司(NYSE交易代号:PHG;AEX交易代号:PHI)是世界上最大的电子公司之一,在欧洲名列榜首。其2004年的销售额达303亿欧元。飞利浦拥有159 700名员工,活跃在60多个国家的医疗保健、时尚生活和核心技术三大领域,并在医疗诊断影像和病人监护仪、彩色电视、电动剃须刀、照明以及硅系统解决方案领域世界领先。作为世界上最大的电子公司之一,飞利浦早在1920年就进入了中国市场。从1985年设立第一家合资企业起,飞利浦就遵循长期扎根中国的承诺,将照明、消费电子、家庭小电器、半导体和医疗系统等五大业务全部带到了中国,将世界领先的技术、产品和服务同步带到了中国市场。

飞利浦现已成为中国电子行业最大的投资合作伙伴之一,至2005年底累计投资总额超过40亿美元,在中国建立了33家合资及独资企业,共有10 000多名员工。2002年飞利浦因在华营业额和出口创汇额在全国外商投资企业中双双排名第一位而获中国外商投资企业协会颁发的年度"双高企业特殊贡献奖"。2005年飞利浦中国的销售额达到30亿欧元,比2004年增长15%,占飞利浦全球销售额的10%。飞利浦是迄今在华经营规模最大的跨国公司。2002年度,飞利浦在华营业额达到67亿美元,其中2/3是出口。2003年11月底,飞利浦集团管理委员会主席柯慈雷率领委员会18名成员中的17名成员在中国进行了为期一个星期的考察和决策。飞利浦员工人数发展情况如图1所示。

在医疗保健、时尚生活、核心技术(Healthcare,Lifestyle,Technology)三大领域中,飞利浦的照明、家庭小电器、液晶显示器、医疗系统等业务在中国市场处于领先地位,并在照明、消费电子及医疗系统等领域建立了11个研究和技术开发中心。2000年在上海建立的东亚研究实验室是飞利浦在亚太地区的战略研发中心。

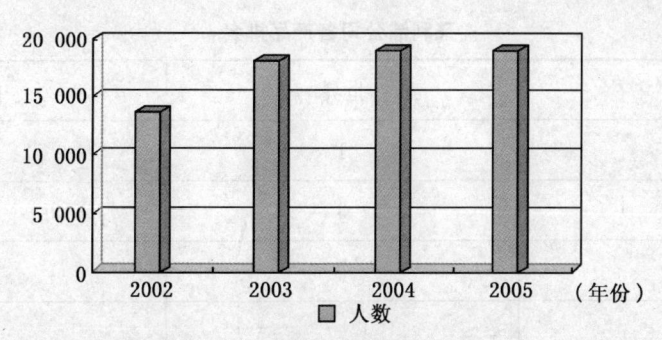

资料来源:根据中国企业发展报告中统计数据所编制。
图1　飞利浦员工人数发展情况

(二)组织和领导层结构

飞利浦公司作为2005年中国最大500家外商投资企业,其排名101位,而中国是其全球公司中的一个不可缺少的分支,其组织结构如图2所示。

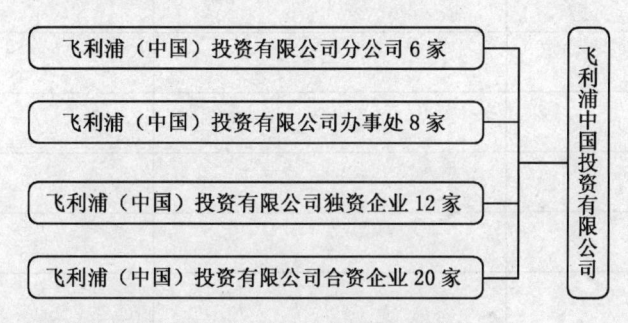

资料来源:根据飞利浦中国投资有限公司在华公司名录编制。
图2　飞利浦分支结构图

飞利浦执行管理层受管理董事会委托进行管理,管理董事会由公司总裁领导,成员不少于三名(目前为四名)。管理董事会成员共同享有权力并担负以下职责:制定策略和政策,并确保目标的实现。

集团管理委员会由管理董事会成员、产品事业部主席和一些主要管理成员组成。除管理董事会成员外的其余成员由监事会任命。集团管理委员会作为飞利浦内部最高级别的顾问团,其任务是确保业务问题及经验在飞利浦公司内得到共享,并确保一般政策的执行。

监事会监察飞利浦集团总体业务,向管理委员会提出建议,并监督其政策。根据荷兰法律,监事会结构分为两级,是独立于集团董事会的一个团体。

二、企业发展战略

(一)企业竞争环境

飞利浦的照明、剃须刀、电熨斗、显示器、移动显示系统等业务在中国市场处于领先地位;显像管、医疗系统及光储存等业务处于前三位,在照明、彩电、音响、半导体、医疗系统及移动显示系统等领域建立了13个研究和技术开发中心(见表1)。

表1　　　　　　　　　　　　　飞利浦公司各产品排名

	世界	中国
照明	1	1
消费电子	3	5
彩电	—	8
数码镭射影碟机	—	2
收录机	—	2
手提镭射唱碟收录机	—	1
男用电动剃须刀	1	1
女用脱毛器	1	1
吸尘器	—	1
空气清香器	—	1
搅拌机	—	1
蒸汽熨斗	2	1
彩色显像管	3	2
显示器	4	1
医疗造像设备	2	3
半导体	9	2
移动电话	8	6

1. 照明业竞争形势

中国照明电器业近年来得到突飞猛进的发展，2003年，中国名牌战略推进委员会评出了中国名牌产品，其中四家照明产品企业分别为厦门通士达照明有限公司、浙江阳光集团股份有限公司、广州市九佛电器有限公司、江苏鸿聊集团有限公司。

但外国大型灯具企业陆续进入我国市场，抢占国内外市场最大份额，世界三大照明公司飞利浦、GE、欧司朗先后来华合资，分别设立了南京飞东照明公司、上海飞亚公司、上海GE通用电气公司、佛山欧司朗公司四个企业；后来，日本松下公司在北京建立光源公司，东芝公司在福州设立芝光照明公司，台湾企业在广东、福建设立独资企业，到2002年全国电光源行业合资、独资企业约300余个。近年来飞利浦、GE、欧司朗更是加大投资力度，战略兼并企业，通过新一轮合资、合作和OEM加工，从而使外企成为中国灯具业的主力军。而在照明企业不断巩固拓展各自市场的同时，国内众多大型企业对照明行业也跃跃欲试，中国照明业正逐步走向规模化发展,照明业竞争日趋激烈。

2. 半导体

2005年,中国的半导体消费市场增长了32%,达到408亿元,首次成为全球最大的地区性半导体市场。市场分析公司IDC表示,未来5年,中国的半导体产业将以两倍于全球半导体产业的速度增长。从2006年初开始,中国半导体市场再一次吸引了来自全球的目光,半导体产业全球化色彩更加浓郁。

飞利浦半导体目前是中国前三大半导体供应商之一。中国市场一直是飞利浦半导体的战略重点,为此,飞利浦半导体非常重视在中国的投资。

3. 消费电子

随着全球IT制造业转移的进程加快,近年来,我国消费类电子的产品类型多样化,市场不断扩大,数码化、数字家庭、智能家电等新概念、新技术的引进为消费类电子产品附加值的提升、新产品的研发提供了市场空间。2006年,中国消费类电子继续保持了前几年的高速增长态势,在总量规模和增长速度上都取得了新的突破,有望达到6 300亿元人民币。根据市场调研公司IDC的预测报告,到2008年中国消费电子市场将达到1 000亿美元。其中,数字化、智能化技术应用成为消费类电子产品市场增长的主要动力。

4. 医疗

2005年,我国医疗器械需求量持续上升,国内医疗器械市场前景广阔,我国每年都要花费数亿美元的外汇从国外进口大量医疗设备,国内大约有近70%的医疗器械市场已被发达国家的公司瓜分,其中最为突出的是GE、西门子、飞利浦三大医疗集团。

(二)企业总体发展战略

2001年,公司高层提出了"一个飞利浦"计划,改变过去各个部门业务间的过于独立和业务过于多元化,让历史悠久的飞利浦老人重新焕发活力。2004年,飞利浦公司整体业务收入约为90亿美元,比2003年增长20%,其中,出口业务约占60%,国内销售约占40%,在华采购额达到32亿美元。中国已经成为飞利浦全球范围内仅次于美国的第二大市场。对于飞利浦今后在华业务,将专注于医疗保健、时尚生活与核心技术三大领域,并且将加大投资和在华研发力度,将在上海漕河泾高科技园区设立创新科技园,该园区投入的研发经费预计将达到4 000万欧元。对于具体业务,飞利浦尤其看好医疗保健和3G。飞利浦目前是世界三大医疗设备供应商之一,飞利浦医疗系统有非常高的盈利,是整个集团中第二大业务。目前,飞利浦正朝着其目标前进,整合三大业务,并剥离分支机构,达到最大效率的组合,皇家飞利浦电子集团日前宣布通过将其半导体部门单独上市或向金融投资者出售股份的方式,减少飞利浦所持有的半导体部门的股票进而成为小股东,同时继续评估在行业内合并的机会。皇家飞利浦电子集团总裁兼首席执行官柯慈雷明确表示:"半导体业务的进一步剥离,标志着飞利浦从一家大规模电子产品公司,正在进一步转变成为'医疗保健、时尚生活和核心科技'的以市场为导向的公司。"

三、企业业务发展状况

飞利浦业务发展情况如表2所示,中国作为其主要发展业务区域之一,其增长和盈利性都与其整体发展同步。

表 2　　　　　　　　　　　　　利浦业务发展情况

年份	地区	销售收入（百万元）	收入增长率
2002	全球	208 508.4	—
	中国	48 240	—
2003	全球	216 603.36	0.038 823
	中国	58 424.73	0.145 2
2004	全球	236 613.6	0.092 382
	中国	62 918.16	0.076 9
2005	全球	271 512	0.147 491
	中国	77 800	0.236 527

资料来源：根据中国企业发展报告 2002、2003、2004、2005 和财富 500 强统计整理。

1. 照明

1988 年飞利浦在中国闪亮登场，那年飞利浦为中国南京大桥进行范光照明设计，这也是飞利浦第一次在中国参与中国照明设计，该工程展示了国际一流照明公司的水准，也坚定了飞利浦投资中国的决心。

飞利浦在南京成立南京飞亚照明有限公司，也是第一家跨国照明巨头公司在中国设立生产企业。到 2003 年底，飞利浦在中国建立了 8 家生产企业、6 家合资企业和 2 家独资企业。

当飞利浦进入中国的时候，中国的照明市场还在处在待开发状态，城市化运作开始加速，各种各样的照明产品需求旺盛，而国内企业的产品无论技术还是质量都和国外的公司有一定差距，这为飞利浦的迅速崛起创造了条件。到 2003 年前，飞利浦每年都保持在 20% 以上的增长幅度。看到飞利浦一枝独秀，GE、欧斯朗、松下和索恩等在内的国际知名照明公司开始进入中国纷纷设厂。

2. 消费电子

消费电子部门作为飞利浦最大的业务部门，承担着整个飞利浦集团将近三分之一的业务。到 2007 年底，飞利浦消费电子中国营业额将达到 10 亿欧元（约人民币 100 亿元）。过去 3 年中，飞利浦消费电子在中国每年都以 30% 的速度增长，在电视、DVD、家庭影院、手机和显示器等主要市场的份额均有显著增长。飞利浦全球 300 多亿欧元的销售额中，消费电子的收入仍然占三分之一左右，达到 100 亿欧元。2004 年，飞利浦在华整体经营业绩为 90 亿美元，其中出口业务约占 60%。

3. 半导体

飞利浦剥离半导体业务只是飞利浦大规模转型出售资产的一部分，下一步飞利浦将可能从与 LG-飞利浦液晶以及与台积电的合作中退出，飞利浦整体战略转型计划正全面启动。皇家荷兰飞利浦电子公司总裁兼首席执行官柯慈雷里也曾表示，出售半导体部门，将使公司能更好地专注于核心业务——医疗健康和消费类电子产品的开发。飞利浦之所以将今后的主营业务聚焦在医疗保健领域，关键还是看重这一市场高额的利润以及并不激烈的竞争。

4. 医疗

据了解,在医疗保健领域,飞利浦至今已经花费了50多亿美元进行大规模收购。收购主要集中于医疗系统、照明、保健产品等领域,并为飞利浦带来了将近10亿欧元的新增收入。目前飞利浦医疗系统部门已经与通用、西门子并称为全球三大医疗系统制造商之一。

在进出口方面,中国已成为飞利浦产品的最大出口基地。自1985年建立首家合资企业以来,飞利浦在中国的30多家合资和独资企业2003年取得的销售收入近70亿美元,其中在中国市场的销售收入达25亿美元,出口40多亿美元。飞利浦公司总裁日前表示,2007年飞利浦中国公司将实现在2002年基础上销售额翻番的目标,届时飞利浦中国公司的年销售额将达120亿美元(约占飞利浦集团公司销售总额的三分之一),其中在中国生产的2/3的产品将出口到世界各地。

四、企业资本运作

飞利浦公司通过资本运作在第三个阶段的运作,改变企业战略性业务结构,是使企业获得新生的重要途径。不少人习惯于认为,飞利浦只是一家生产消费电子产品的公司。其实,其产品种类曾经极其繁杂——从一般人所熟知的剃须刀、灯泡,到手机、半导体,甚至还有塑料厕所便座等。多元化的双刃剑带给飞利浦的不只是分散风险,也分散了公司资源。一方面,一批增长缓慢的业务未能及时退出;另一方面,增长潜力大的业务又未能分配到足够的资源。面对巨大的成本压力及严重亏损,收缩产品线成为飞利浦不可避免的选择。1990年,该公司曾走到了破产的边缘,主要是由于产品线过长。1996年,出售了飞利浦旗下的宝丽金唱片公司,而宝丽金曾是媒体业务战略的核心资产。在当时手机市场美好前景的诱惑下,涉足手机行业。2000年之前,由于需求旺盛,飞利浦的手机业务还能勉强保持盈利。2001年,市场形势突变,该业务陷入巨亏。在此情形下,飞得浦公司进行了一系列资产运作手段,30种非核心业务被出售,手机和磁带录像机制造业务等被外包给其他公司,传真机业务则被出售。消费电子业务占飞利浦销售收入的1/3,但在2003年前该业务却是亏损的。在世界上最大的消费电子市场美国,飞利浦亏损长达15年。向该产品部门发出"最后通牒":如果无法在美国市场实现盈亏相抵,该产品部门将被撤消。近几年时间里,飞利浦共剥离了约6.69亿欧元的不良业务或非核心业务,削减营业成本超过9.45亿欧元。十几家工厂被关闭,几乎所有消费电子、小家电和芯片的生产被外包出去。现在,飞利浦目标是将力量集中在增长最快、利润最大的业务,与此同时,推动产品由模拟技术向数码技术转变。调整后,飞利浦的经营重点放在五大领域:照明、消费电子、家庭小电器、半导体和医疗系统。其中,医疗业务已成为继消费电子之后的第二大业务,半导体业务也由原来的亏损一跃成为飞利浦利润来源的中流砥柱。最近几年,飞利浦推出的一些新产品如Senseo咖啡壶和可刻录DVD都很成功。该公司与韩国LG电子公司合作生产的大屏幕液晶显示器的市场已取代三星,市场份额跃居全球第一。飞利浦还通过与竞争对手加强合作实现技术投资价值最大化。飞利浦与摩托罗拉和意法微电子公司在法国的格勒诺布尔成立了一个半导体研发设施,并与索尼公司在DVD刻录机方面进行合作。

飞利浦中国投资公司秉承了全球发展的模式并购和整合业务,在从2006年1月开始的12个月时间里,飞利浦一共以40亿欧元买入了七家在各个行业的知名企业,次数是前一年(2005年)的两倍以上,收购金额也创下公司的历史纪录。同时,飞利浦也卖出了包括涉及金额超过84亿欧元并占自己总收入15%的半导体和手机业务。

飞利浦买进了母婴产品供应商新安怡和美洲医疗救助企业生命线等，也卖出了包括涉及金额超过84亿欧元并占自己总收入15%的半导体和手机业务。总部位于美国波士顿的生命线系统公司，是全球最大也是最早从事24小时医疗救助的企业。生命线被整合进入飞利浦家庭保健产品事业部，"生命线系统公司的年营收增长率为15%，符合飞利浦的条件"，更重要的是生命线也为飞利浦提供了一个平台，开发和销售更多相关的产品及服务，与既有的远距医疗服务，如先进的互动医疗照护系统达到相辅相成的效果。而这种形式的并购整合，已成为飞利浦转型过程中的重要做法。在2001年飞利浦现任总裁柯慈雷接任后，柯慈雷将业务定格在医疗保健、时尚生活和核心技术，并将并购作为飞利浦提升创新的重要策略之一。

飞利浦的目标是放弃低利润行业，向高利润行业转移，专注于占有领先地位的高盈利产品，2006年是飞利浦有史以来买卖公司次数和金额最大的一年，所有企业买卖行为都适应这一目标。在对生命线收购完成后，2006年4月，飞利浦以1.65亿美元完成了对Witt生物医学公司的收购。Witt生物医学公司是血液动态监测和临床报告系统的最大的独立供应商。

2006年5月下旬，飞利浦以6.75亿欧元收购英国的婴幼儿奶瓶、母乳喂养及幼儿哺育产品供应商新安怡。新安怡被认为是全球第一流的母婴护理品牌，产品销往60多个国家，2006年营收增长率为12%，利润率为22%，享有极高的品牌知名度及领先的市场地位，新安怡被并入飞利浦的家庭小电器业务部门。2006年7月，飞利浦又收购了北美插入式电源稳压器市场排名第二的PowerSentry。这家公司的年成长率持续超过15%。此后，几乎每个月飞利浦都进行着重大的并购。在经过一系列的收购抛售后，飞利浦的利润率可以提高至少1个百分点，飞利浦的要求是6%的增长速度和12%的利润率。

对于飞利浦而言，并购的另一大好处就是能带动有效创新，在很多人眼里，飞利浦是一家技术创新能力很强的公司。但事实上，对于飞利浦来说，成功在于创新，失败也在于创新。自1891年成立以来，该公司平均每年获得的专利多达3 000项。电动剃须刀、盒式录音带、CD和DVD格式等产品和技术发明都出自该公司。然而，飞利浦的问题是没有能够有效地将技术优势转化为市场优势。这种看似怪异的情况实际上却有着某些必然的根源：飞利浦的高层大都是工程师，市场眼光不敏锐，崇尚为技术而技术。

在每年飞利浦关注的新技术中，飞利浦投资巨大却只有25%能转化为有需求的产品的可能，能成为有强劲需求的产品更少。柯慈雷已经意识到飞利浦明显的基因缺失，因此提出飞利浦PLI的企业经营理念、设计创新能力及每年25%的产品更新率。飞利浦试图从以制造为导向的公司，转型为以营销和技术为导向的公司，塑造起"生活方式和医疗卫生"的品牌形象，其目的就是要改变飞利浦的状态。

并购成为飞利浦借助外力提高创新成功率的最重要手段。飞利浦购入的公司都具有非常强的创新能力，PLI每年产品更新率达到25%，新安怡发明了世界上第一个电子蒸气消毒锅、世界上第一个模仿婴儿吸吮动作而设计的手动吸乳器，以及世界上第一个也是惟一的经临床实验证明具有防胀气功能的奶瓶。

五、企业财务状况

从飞利浦发布的2006年第二季度财报得知:第二季度销售额大幅增长至76.01亿欧元,比2005年同期增长10%,综合汇率波动和整合变化因素,可比销售额增长了11%。根据报告,第二季度财务收入与支出相抵后收入为1.27亿欧元,而2005年第二季度的开支为5700万欧元,该项改善主要归功于2.23亿欧元的TSMC现金分红的税后净收入。与去年同期的9.38亿欧元(每股0.78欧元)相比,本季度净收入为3.01亿欧元(每股0.26欧元),不算去年出售NAVTEQ股票获得的7.53亿欧元免税收入,本季度净收入增长超过30%,季度EBIT(息税前利润)增至3.67亿欧元,而去年同期为1.58亿欧元。

飞利浦2006年二季度净收入为3.01亿欧元,由于飞利浦属于生产性的外资企业,所得税率应该为15%,那么其二季度税前收入总额应该为3.54亿欧元,另外二季度EBIT为3.67亿欧元,息前税后净利润为3.1195亿欧元,偿还债务利息为0.13亿欧元,按中国近几年银行长期借款平均利率为5.73%来计算,在不考虑短期借款利率的情况下,长期借款负债额则为9.075亿欧元。

由于额外的营运资本需求的减少,营业现金流从2005年第一季度的5200万欧元增至3亿欧元。存货价值占销售额的12.2%,比去年同期降低了1.2个百分点。也就是说保持一定数额存货的情况下,在一个季度内转换为营业收入的次数为8.19次。一季度、二季度营业现金流分别为0.52亿欧元、3亿欧元,则上半年营业现金流为3.52亿欧元,长期借款额为9.075亿欧元,保守一点估计,如果保持上半年的营业现金流不变的话,那么2006年营业现金流则为7.04亿欧元,则可以计算出现金债务比为0.7758,说明企业用现金来偿还债务的能力。

与去年同期盈利8.22亿欧元相比,未列入综合财务报表附属子公司亏损1.05亿欧元,其中8500万欧元亏损来自LGPhilipsLCD公司。去年的数字还包括出售NAVTEQ股票所得的7.53亿欧元,以及来自TSMC的6700万欧元的收入。说明去年盈利主要是出售股票的投资收益所得,而营业收入所占的比例很小,只有8.15%。因此,2005年同期企业的盈利增长主要是由于出售股票所得而形成的。

2006年8月4日,皇家飞利浦电子集团公司在剥离出售了半导体事业部门80.1%的股权后,宣布了其投资分布转移意向,主要集中于医疗系统、照明、消费者健康保健等领域,总投资额将为35亿欧元。另外飞利浦将通过分红股息和股票回购的方式,于2007年底前,向其股东权益所有者们返还将近40亿欧元,这其中包括已经于2006年7月17日宣布的15亿欧元的股票赎回计划。那么飞利浦将减少其股权筹资,这也是飞利浦电子集团在调整其内在资本结构,从而把资金投资于其他投资报酬率高的领域,以达到资本成本最低,企业价值最大。

医疗设施建设是飞利浦未来发展最重要的方向之一,也是紧随中国经济政策持续发展方向。从长远角度来看,医疗保健领域将为飞利浦所有的业务部门提供良好的机遇。一个企业要保持持续发展,使新项目销售增长率达到一定的水平,必须使新项目新增的现金净流量大于零,这就要看由于新项目的技术所能产生的销售收入、付现成本、所投资资产的折旧以及期末能收回的现金,还有营运资本的投入额和新项目经营年限。具体情况如表3所示。

表3　　　　　　　　　　　飞利浦医疗保健设备行业的相关数据

市盈率	40.88倍	3个月涨幅%	10.72
市净率	1.67	6个月涨幅%	19.40
毛利率%	28.98	1年涨幅%	29.54
净资产收益率%	4.10		
主营收入增长率%	18.48	行业内公司数量	3家
净利润增长率%	350.57	行业流通市场价值	9亿元

资料来源：根据上市公司年报整理。

由于市盈率主要驱动因素是销售增长率，如果飞利浦在医疗保健行业增长速度为15%，那么飞利浦医疗保健的市盈率则可以预测为33.18倍；如果保持二季度净收入为3.01亿欧元（每股0.26欧元），那么全年净收入则为12.04亿欧元（每股净收入1.04欧元），其发行在外的流通股股数为11.576 9亿股，则每股市价为34.51欧元，所以股票筹资为399.52亿欧元。从表4中可以计算出医疗保健股的β值为－0.4，又知百科药业资产负债率为40%，所得税税率为15%；如果飞利浦的整体风险与医疗保健股的整体风险相同，又知飞利浦的资产负债率为2.22%，飞利浦的股权β值则为－0.25，无风险利率（国库券利率）为4.5%，市场系统风险的必要报酬率为15%，那么股东要求的报酬率则为1.9%，债务筹资税前成本为5.73%，资本成本则为2%。2006年二季度EBIT为3.67亿欧元，息前税后净利润为3.119 5亿欧元，如果飞利浦将在医疗保健领域的投资额为30亿欧元，年息前税后净利润按照二季度数据来计算则为12.478亿欧元，投资报酬率则为41.59%，大于资本成本，所以新项目可行。飞利浦具有一定的国际商业地位，同时积极深化在中国的可持续性发展，并为中国社会做出了一定的贡献。

表4　　　　　　　　　　　飞利浦医疗保健板块情况

年限	市场组合收益率 X_i	医疗保健股收益率 Y_i	$(X_i-\overline{X})$	$(Y_i-\overline{Y})$	$(X_i-\overline{X})(Y_i-\overline{Y})$	$(X_i-\overline{X})^2$	$(Y_i-\overline{Y})^2$
1	2.92%	0.76%	0.98%	1.57%	0.015 4%	0.009 6%	0.024 8%
2	－1.28%	0.76%	－3.22%	1.57%	－0.050 7%	0.103 8%	0.024 8%
3	2.63%	－7.45%	0.69%	－6.64%	－0.045 7%	0.004 7%	0.440 4%
4	2.43%	0.78%	0.49%	1.59%	0.007 8%	0.002 4%	0.025 4%
5	3.01%	1.08%	1.07%	1.89%	0.020 2%	0.011 4%	0.035 9%
合计					－0.053%	0.131 9%	0.551 2%

资料来源：市场组合收益率摘自国联基金，医疗保健股收益率摘自百科药业历年财务报表。

六、企业研发创新能力

飞利浦不仅很多的专利授权收入来自中国企业，越来越多的专利申请也开始由中国研发人员研发而获得。从飞利浦在中国研发图表可以看出其主要集中于高端技术。到目前为止,飞利浦在中国获得的专利共超过了11 000件,其中产生于中国的专利超过了1 500件。具体情况如表5所示。

表5　　　　　飞利浦公司在中国发明与实用新型专利申请的主要分布状况　　　　单位:件

电子信息技术	医疗系统	化学材料	照明	一般家居用品	刀具	作业	机械工程	纺织物熨烫方法及其装置
5 908	95	86	83	76	60	52	30	30

2005年,飞利浦决定投资4 000万欧元,在上海建立"飞利浦创新科技园"。在中国已有15个研发中心的飞利浦公司,将在上海建立更完善的、更具规模的、面向全球的研发基地。此后,飞利浦将在上海创新科技园持续大力开展投资,每年投入研发经费高达4 000万欧元。在飞利浦看来,一个公司投入的研发费用最终只能通过销售产品的方式获取回报。也就是说,在过去一个公司很大程度上是依靠大规模的制造确立竞争优势,但是现在,大规模的制造在欧美已经逐步变为"负资产",大量的制造已经向中国等低工资的国家转移,而企业的竞争优势也从基于生产的产业转向基于知识的产业。

首都钢铁(集团)公司

首都钢铁(集团)公司(简称"首钢"或"集团公司")是以钢铁业为基础,以高新技术产业为主体,兼营海外贸易、现代农业、房地产业、服务业、矿业、机械、建筑、金融等多种行业的跨地区、跨行业、跨所有制、跨国经营的大型企业集团,被国务院确定为全国120家试点企业集团和512家重点企业之一,被党中央确定为163家国有重要骨干企业之一。首钢集团以首钢总公司为母公司,成员单位82家,分布在国内18个省、市、自治区、特别行政区和国外5个国家、地区。2007年首钢主要经营目标是:首钢集团销售收入930亿元,实现利润18亿元,资产保值增值率103.3%,销售收入全员劳动生产率126万元/人·年,集团在岗职工平均年收入提高6%;搬迁调整项目取得新突破,体制机制改革取得新进展,和谐企业建设和党的建设取得更大成效。

目前,首钢正在按照发展首都经济的要求,进一步推进战略性结构调整和优化升级,重点发展以高新技术产业为代表的非钢产业,发展高新技术产业的主攻方向是以软件开发、芯片设计和芯片生产为重点,以现有优势为基础,扩大规模,形成软件—设计—芯片的微电子产业链,建成具有一流水平的软件基地、芯片设计基地和芯片生产基地,努力在2010年,高新技术产业销售收入达到集团总销售收入的50%以上。图1为首钢(集团)公司近5年的营业收入及中国500强排名。

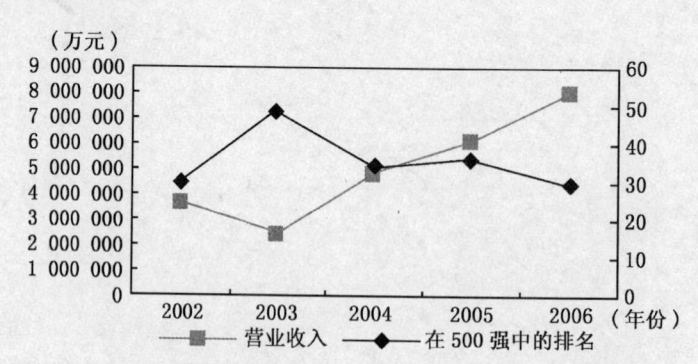

资料来源:北方网时代财经(http://economy.enorth.com.cn)的相关资料整理。

图1 首都钢铁(集团)公司近5年的营业收入及中国500强排名

2002年,首钢总公司的营业收入为3 697 902万元,在中国500强排名30位;2003年,首钢的营业收入较上年下降了31.38%,在中国500强排名也下降到49位;2004年是首钢业收入快速增长的时期,2004年实现销售收入4 791 338万元,较2003年的2 537 459万元翻了近一番,增长率高达88.82%,在500强中的排名也提升到34位;从2005~2006年,首钢以每年30%的速度发展,2005、2006年的营业收入分别为6 190 000万元和8 060 000万元,在500强中的排名分别为36位和30位。虽然首钢经过近几年的发展速度较快,但在500强中的排名没有明显提升。

首都钢铁股份有限公司是首都钢铁(集团)公司的控股子公司,集团以钢铁为主业,2005年,钢铁的主营业务收入约为2 121 802万元,占集团总收入的34.28%。由于股份公司的数据具有可获得性和准确性,本文在产品和财务等方面的定量分析主要针对首钢股份有限公司(以下简称首钢股份)进行。

一、企业发展历程概述

(一)发展简史

首钢始建于1919年9月,距今已有80多年的历史,解放前30年累计产铁28.6万吨。解放后首钢获得了新生,1958年建起了我国第一座测吹转炉,结束了首钢有铁无钢的历史;1964年建成了我国第一座30吨氧气顶吹转炉,揭开了我国炼钢生产新的一页。1978年钢产量达到179万吨,成为全国十大钢铁企业之一。

从1979年开始,国家对国有企业进行了一系列"放权让利"的改革。首钢被列为第一批国家经济体制改革试点单位,从1981年到1995年实行上缴利润递增包干,在当时的历史条件下,承包制突破了计划经济体制的束缚,扩大了企业经营自主权,有力地促进了首钢的发展。首钢相继进行了一系列建设和技术改造,二号高炉综合采用37项国内外先进技术,在我国最早采用高炉喷吹煤技术,成为我国第一座现代化高炉;通过购买国外二手设备进行技术改造,先后建设了第二炼钢厂、第三炼钢厂、第二线材厂、第三线材厂、中厚板厂、3万立方米制氧机、自备电站等一批重点项目,使首钢生产规模迅速扩大,1994年首钢钢产量达到824万吨,列当年全国第一位;同时发展成为以钢铁业为主,兼营采矿、机械、电子、建筑、房地产、服务业、海外贸易等多种行业,跨地区、跨所有制、跨国经营的大型企业集团。

1979年到2003年,首钢集团累计向国家上交利税费358亿元;资产总额从21.45亿元增加到626亿元,增长28.1倍;销售收入从15.55亿元增加到479亿元,增长29.8倍。2006年,集团销售收入实现874.7亿元,利润26.8亿元。在可以对比的37项指标中,有25项进入全国同行业前五名。

(二)企业组织架构

首钢集团的组织架构见图2。

二、企业发展战略

(一)行业发展概况

首钢集团以钢铁为主业,2005年,钢铁的主营业务收入约为2 121 802万元,占集团总收入的34.28%。公司钢铁产业主营线材等钢铁产品。据中国钢铁行业统计,首钢线材生产经营规模依然保持国内第一的水平,市场份额约为8.3%左右,公司近两年内将依然保持

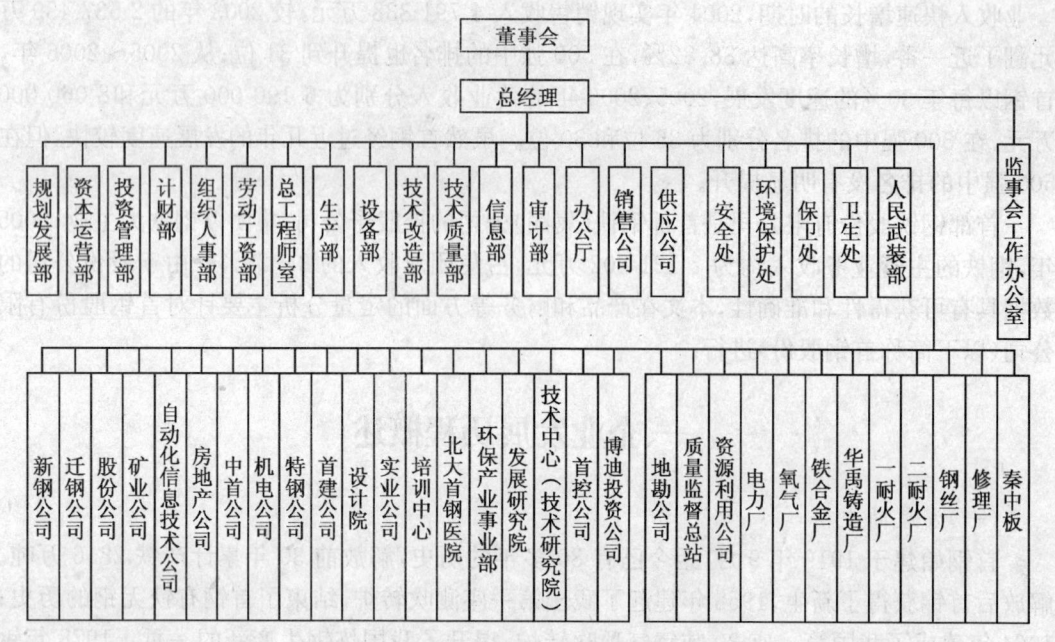

图 2　首都钢铁(集团)公司的组织结构图

在目前线材生产经营规模水平上。

2006年我国粗钢产量41 878.2万吨,同比增长18.48%,钢铁全行业实现利润1 699.5亿元,比上年增加397.58亿元,增长30%以上。2007年1~2月全国累计粗钢产量为7 425.42万吨,同比增加1 394.40万吨,同比增幅为23.10%,远高于2006年全年的同比增幅。无论从粗钢还是钢材的统计数据来看,预计2007年的总产量都将超越上年,每月的同比数据依然在上升,说明前几年的投资产能在逐步释放(见图3)。

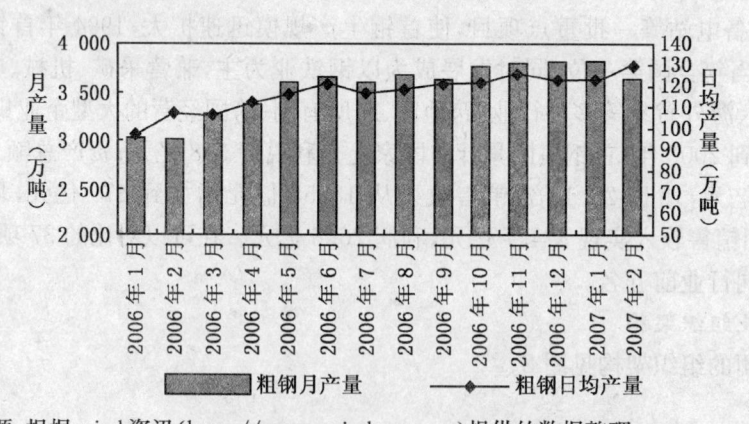

资料来源:根据wind资讯(http://www.wind.com.cn)提供的数据整理。
图3　2006~2007年2月全国粗钢月产量及日产量走势图

由于我国还是处于高速的发展阶段,GDP保持在10%以上,市场对钢材的需求依然旺盛,建筑、铁路、汽车、机械都占据着比较大的份额。再加上国家对装备制造业、铁路大发展的政策支持,预计这些行业将会高速增长,进一步消化钢材扩张的产能(见图4)。

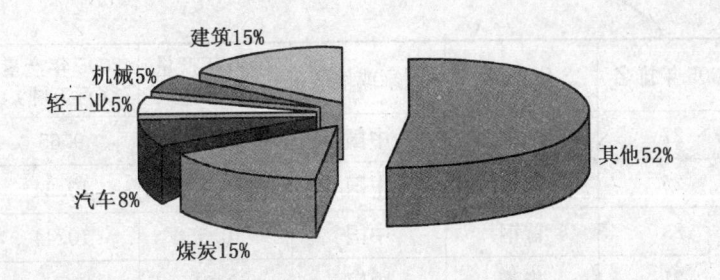

资料来源:根据 wind 资讯(http://www.wind.com.cn)提供的数据整理。

图4 我国钢材需求的市场份额

(二)主要竞争对手

北京首钢股份有限公司是经北京市人民政府批准,由首钢总公司作为独家发起人,包括钢铁冶炼、钢压延加工;铜冶炼及压延加工,焦炭,化工产品制造、销售;冶金技术开发、技术咨询、技术转让等钢铁资产,以及机械电器设备、建筑材料;设备租赁;仓储服务等非钢资产的股份有限公司。

根据2006年全球前127家钢厂的粗钢产量的统计显示,由于米塔尔和安赛乐2006年的产量没有合并统计,因而在全球粗钢产量排名中,米塔尔以6 366万吨依然排名第一,比2005年增长27.6%,而2006年的钢铁前六名的位次与2005年没有任何变化。

2006年世界前30位钢铁生产厂家中,粗钢产量超过1 000万吨的有27家,而2005年为26家,2004年为20家。中国大陆钢厂通过设备扩建,粗钢产量不断提高,2006年有10家钢厂进入前30位排名中,他们分别是宝钢、唐钢、鞍钢、武钢、首钢、马钢、沙钢、济钢、莱钢和华菱(2005年有9家入围,2006年新入围的是华菱)。中国的宝钢集团依然以2 253万吨的产量排名全球第六,而唐钢则通过重组成功从2005年的20多名跃入前9名(见表1)。

表1　　　　　　　　　　　　2006年世界钢铁生产厂家排名

2006年排名	2005年排名	公司	国家或地区	2006年产量(百万吨)	2005年产量(百万吨)	同比增长(%)
1	1	米塔尔	荷兰	63.66	49.89	27.60
2	2	安赛乐	卢森堡	54.32	46.65	16.40
3	3	新日铁	日本	33.70	32.90	12.40
4	4	JFE	日本	32.02	29.57	8.30
5	5	浦项	韩国	31.02	31.42	−0.70
6	6	宝钢	中国	22.53	22.73	−0.90
9	26	唐钢	中国	19.06	16.08	18.50
16	18	鞍钢	中国	15.00	11.90	26.10
17	22	沙钢	中国	14.63	12.02	21.70
18	16	武钢	中国	13.76	13.05	5.50
24	24	济钢	中国	11.24	10.43	7.80

续表

2006年排名	2005年排名	公司	国家或地区	2006年产量（百万吨）	2005年产量（百万吨）	同比增长（%）
25	27	马钢	中国	10.91	9.65	13.10
26	25	莱钢	中国	10.79	10.34	4.40
27	23	首钢	中国	10.55	10.44	1.00
28	31	华菱	中国	9.91	8.45	7.20

资料来源：根据 wind 资讯（http://www.wind.com.cn）和中国钢铁工业协会网站信息（http://www.chinaisa.org.cn）提供的数据整理。

值得注意的是，2006年虽然世界其他地区平均粗钢产量下降到820万吨，但主要钢厂的份额是81.4%。也就是说，2006年世界其他地区的整合步伐比中国要快。为此国内企业纷纷进入了重组、并购浪潮之中。

(三)总体发展战略规划

首钢集团是以钢铁业为主，兼营采矿、机械、电子、建筑、房地产、服务业、海外贸易等多种行业，跨地区、跨所有制、跨国经营的大型企业集团。根据2005年2月国家发改委对首钢搬迁调整方案的批复，公司面临前所未有的机遇与挑战，150万吨冷轧薄板生产线已于2005年7月2日举行了奠基仪式，2006年将进入全面建设阶段。公司将以此为契机，加强资本运营，通过资产整合实现稳步发展，实现创建自主创新型、运行高效型、循环经济型、和谐发展型企业的目标。

首钢集团发展战略总体构想是：做强做大核心产业钢铁业；大力发展具有高新技术含量和竞争能力的电子机电业、建筑业、服务业、矿产资源业等优势产业，提升拓展海外事业。每个产业中要培育自己的核心业务、核心能力，有若干个具有优势产品的骨干企业，形成海内外紧密结合，互为促进的发展格局。2005年首钢集团销售收入和职工收入比2000翻一番，力争到2010年再翻一番，把首钢建设成为在钢铁业和综合经济实力等方面处于国内一流水平的大型企业集团。

(四)战略发展的重点

1. 用先进技术改造钢铁业，实现工艺升级和产品换代

在分步压缩和转移北京地区钢铁冶炼部分的生产能力的同时，用高新技术和先进适用技术改造钢铁业，实现工艺升级、产品换代。近年来，依靠科技进步相继完成了一系列技术改造项目，最近又建成了无污染的、高附加值的彩涂板、镀锌板生产线，在河北迁安市建设了200万吨新型钢铁厂。规划建设冷轧板生产线、热轧板生产线，生产国内紧缺的高级建设用板、家用电器板、汽车用板等；开发工业用钢新产品，大力发展钢结构制造产业，为北京市发展现代制造业和建设国际化大都市服务。向北京以外地区转移钢铁生产能力，也不是简单地"搬迁"和复制，而是充分运用高新技术和现代适用技术，促进首钢和整个国家钢铁产业布局的调整和产业优化升级。

2. 大力发展具有高新技术含量和竞争能力的优势产业

首钢集团下一步的战略重点将转向技术含量较高的非钢产业，如电子机电业、建筑业、服务业、矿产资源业等产业，并不断拓展海外事业。首钢高新技术产业和非钢产业的发展具

有一定的基础,首钢与日本大企业合作,发展了大规模集成电路、工业机器人、汽车空调器等高技术产品。又与国内高科技企业合作,投资触摸电脑、钕铁硼永磁材料等。又在中国香港引进先进技术建成了世界一流水平的光掩膜项目。目前首钢非钢产业总体上还处于投入期和成长期,下一步要充分利用社会资源和首钢自身优势,整合资源,加快发展。

电子机电制造业要提高芯片设计制造和封装自主开发能力和市场竞争能力;整合电子整机产品,开发新产品;开发制造薄板坯连铸设备、冷轧配套设备、工程机械、变电设备和电站设备的配套产品;发展汽车零部件制造业。

建筑业要发挥首钢综合优势,积极参与北京奥运场馆、市政改造、城铁建设,打造精品工程。各建设公司逐步成为工程技术和工程承包的技术管理型公司,房地产业要努力打造优秀开发团队,通过广泛合作,开发新的大项目,带动首钢相关产业的发展。

服务业要发挥首都区位优势,形成社区服务、餐饮服务、宾馆服务、旅游服务、保育幼教等多种经营实体,重点发展现代物流业、物业管理、金融服务、工程技术服务、教育服务、医疗服务等。

矿产资源业要通过以矿办矿、合资合作等方式,不断扩大生产经营能力,做好矿产资源接替,提高盈利水平。同时,与国内外优势资源企业建立长期的战略合作伙伴关系,形成稳定的供应链。

提升拓展首钢的海外事业。以香港地区资源为主体,对香港上市公司继续进行结构重组和产业升级,按照资本市场的内在要求建设团队,通过优化配置资源,注入优质资产,提升上市公司的价值和拓展资本运作的能力。同时,实行科工贸结合,把中国首钢国际贸易工程公司建设成综合实力较强的工贸公司和投资控股公司。

3. 加强环境治理,发展环保产业

为改善社会环境,首钢集团将继续致力于环境治理,发展环保产业。环境治理工作重点实施四个转移:即由控制有组织排放转向控制无组织排放;由污染物的单项达标治理转向次生污染物的综合治理;由水污染达标治理转向水资源的充分回收利用;由企业内部的环保治理转向为改善社会环境做贡献。降低能源消耗,调整能源结构,实现能源清洁化;加大节水力度,进一步降低水耗;采用先进环保技术和设备,加快实施环保治理步伐,实现钢铁生产全过程清洁化。继续大力发展环保产业,消化清理城市废弃物,为改善社会环境做出新的贡献。

4. 调整产业结构,形成首钢总部经济

通过产业结构调整,在北京地区形成无污染的、高附加值钢铁业,各优势非钢产业、环保产业和研究开发体系组成的首钢总部经济,在北京形成一定规模的新的经济载体,引领首钢集团全面、协调、持续发展,为发展首都经济做出新的贡献。

三、企业生产经营状况

(一)首钢集团的总体经营情况

据预测,2007年国内钢铁产能将会继续释放,钢材市场供大于求的矛盾更加突出,公司主要产品的销售及市场价格不容乐观。由于国内钢铁产能增加,导致煤、焦炭和矿石等原材料资源紧张,钢铁产品受到钢材市场价格下跌和原材料市场紧张的双重挤压,盈利空间减小,形势严峻,这对公司提高经营生产效率、降低消耗提出了更高的要求。

面对严峻外部市场环境,公司积极应对,一是从优化炉料结构、优化产品结构、优化工艺结构、提高技术经济指标水平等方面入手,不断优化资源配置,努力实现节能降耗降成本。报告期内,公司高炉入炉焦比、喷煤比等技术经济指标打出历史最好水平。二是积极推进产品结构调整重点项目建设步伐,高等级机械用钢生产线改造项目实现年内竣工投产。三是深挖内部潜力,深入开展增收节支降成本活动,有效地降低了采购成本和生产运行成本。四是优化生产工艺,强化生产组织,确保重点工艺环节高效稳定运行。五是积极跟踪市场,优化高附加值、高技术含量产品(以下简称"双高产品")生产与销售。六是扩大产品出口。上述措施的实施确保了公司全年经营生产平稳运行和良好经济效益。2006年首钢集团销售收入实现874.7亿元,利润26.8亿元。

(二)主要产品构成

钢铁业按照"质量、品种、效益、环境"的发展方针,深入开展增收节支、扭亏增盈和对标挖潜活动,消化大量外部减利因素,每年实现利润保持了平稳增长。依靠科技进步,在现有基础上大力开发高技术含量、高附加值钢铁产品,双高产品产量2001、2002、2003年分别完成192万吨、209万吨、321万吨,三年递增率达到66.86%,2004年1~9月达到324万吨,超过了上年全年的产量。2004年8月以来,双高产品占钢材产量的比例、拳头产品占双高产品的比例,都达到了50%以上。双高产品高于普通钢材价差不断加大,特别是在国家加强宏观调控、普通钢材价格下降的情况下,双高产品成为首钢经济效益增长的有力支撑。2006年,集团销售收入实现874.7亿元,利润26.8亿元。

在逐步向北京以外地区转移钢铁冶炼生产能力的同时,用高新技术和先进适用技术改造钢铁业,做强做大核心产业。首钢集团现有钢铁综合生产能力800万吨以上,产品覆盖板、管、型、带、线、丝等,主导产品型材和线材,实物质量达到国际先进水平,在国内建筑用钢材市场占有相当的比例,具有较高的声誉。

依靠科技进步,相继完成了第三炼钢厂、第二炼钢厂、型材轧钢厂、中厚板厂等一系列技术改造,实现了转炉钢水的纯净化,中厚钢板生产向宽、厚、特、专方向发展。高技术含量和高附加值产品已占钢材产量的50%以上。船板通过了中国、美国、英国、德国、挪威五国船级社认证。获国家金杯奖产品不断增加。2002年2项,即:低碳钢热轧圆盘条、钢筋混凝土用热轧带肋钢筋;2003年4项,即:矿用高强度圆环链用热轧圆钢、碳素结构钢热轧厚钢板、优质碳素结构钢用热轧盘条、焊接用钢盘条。2004年申报4项,即:抽油杆用热轧圆钢、预应力(PC)钢棒用热轧盘条、焊接用钢盘条、碳素结构钢和低合金结构钢热轧厚钢板。钢筋混凝土用热轧钢筋成为国家免检产品。

建成了无污染的、高附加值的彩涂板、镀锌板生产线;规划建设冷轧板生产线,生产国内紧缺的高级建筑用板、家用电器板、汽车用板等,为北京市发展现代制造业和建设国际化大都市服务。在河北迁安市建成了200万吨新型钢铁厂,并规划建设中厚板坯连铸连轧生产线,以国内紧缺的薄规格热轧板卷为主,可替代进口,为冷轧生产提供原料。

对现有加工能力进行改造提升,引进国内外资金、技术,大力发展重钢和轻钢钢结构设计制造产业,在北京建设物流加工配送中心,满足北京市及国家建筑业对钢结构的需求,形成新的经济增长点。

在炼钢厂工艺升级改造的基础上,加快工业用钢新品种的开发,为北京市发展汽车业、机械业提供汽车用钢、弹簧钢、齿轮钢、模具钢等。

(三)企业主要产品的销售情况

2005年首钢股份公司的主营业务收入、主营业务利润构成见图5和图6。

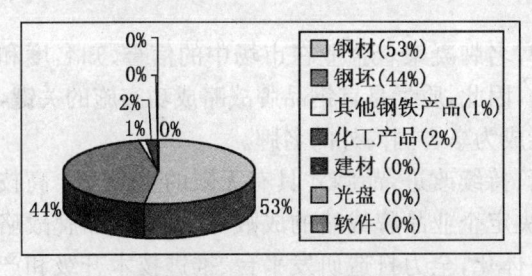

图5 首都钢铁(集团)公司的主营业务收入
资料来源:根据首都股份2005年年度报告整理。
钢材(53%)、钢坯(44%)、其他钢铁产品(1%)、化工产品(2%)、建材(0%)、光盘(0%)、软件(0%)

图6 首都钢铁(集团)公司的主营业务利润
资料来源:根据首都股份2005年年度报告整理。
钢材(72%)、钢坯(15%)、其他钢铁产品(4%)、化工产品(7%)、建材(2%)、光盘(0%)、软件(0%)

可见,首钢股份的主要产品是钢材和钢坯,对首钢总收入的贡献率为97%,其中钢材销售收入所占的比例为53%,但利润率却高达72%,说明目前钢材产品是首钢股份公司的主要利润源。

2005年首钢股份公司按地区销售的收入和利润构成见表2。

表2　　　　　　　　　首钢股份公司按地区销售的收入和利润

地区	主营业务收入(元)	比例(%)	主营业务利润(元)	比例(%)
华北地区	17 418 233 786.14	82.09	1 211 082 563.52	69.22
东北地区	33 762 809.03	0.16	1 359 413.24	0.08
华东地区	1 467 009 937.35	6.91	184 353 017.83	10.54
中南地区	143 797 927.07	0.68	13 847 034.85	0.79
华南地区	592 044 103.97	2.79	23 345 526.62	1.33
西南地区	43 528 498.42	0.21	10 083 066.59	0.58
西北地区	58 472 325.90	0.28	3 751 996.21	0.21
出口	1 461 169 909.75	6.89	301 735 424.91	17.25

资料来源:首钢股份2005年年度报告。

从销售的区域来看,首钢股份的市场主要在华北地区,占公司总销售收入的82.09%,对利润的贡献率为69.22%,表明销往华北地区的产品附加值较低;而出口产品的销售收入虽然只占总收入的6.89%,对总利润的贡献率却达到了17.52%,说明出口产品的相对利润率较高,产品附加值较大,如果能进一步扩大产品的出口比例,企业的利润可能会有大幅度的提升。

(四)企业品牌创建

2007年首钢提出"抓结构、保质量、打品种、提效益、创品牌"的目标,即创出首钢的产品品牌、技术品牌、管理品牌、文化品牌,使企业整体实力实现质的飞跃。成功实施品牌战略需要上下统一思想,坚持不懈地实行全员、全方位、全过程的推进,需要每个人都从我做起,用可能达到的最高标准把每件事情做细、做精、做实、做好。此外还需要多方面的支撑:

第一,周密制定品牌战略推进规划。推进品牌战略,是一个长期的、动态的、持续改进的过程,首钢通过系统制定品牌愿景规划、质量监督规划、品种研发规划、品牌诊断规划、产品生产规划、产品销售规划、广告宣传规划等详细规划,并随时予以调整和更新,不断提升其品牌效应。

第二,强化质量管理。创品牌就要创名牌,名牌凝聚着企业在市场中的信誉、知名度和用户的忠诚度,其基础突出表现在产品质量上,因此,质量是首钢品牌战略成功实施的关键,只有靠高质量的工作打造高质量的产品,才能成为享誉国内外的名牌。

第三,增强自主创新能力。只有不断创新、持续改进,品牌才具有无限的生命力。高技术等级的专有技术,反映企业自主创新能力,决定企业品牌战略的成败,这是实施品牌战略的核心工作。近年来,首钢通过推行研销产一体化,全力打造研发平台,推进技术升级和产品换代,取得了一定成效。在战略性结构调整的新时期,首钢将进一步强化创新意识,完善创新机制,加大研发力度,强化技术基础,努力提升自主创新能力,推进拥有自主知识产权的自主品牌建设。同时,大力推进原始创新、集成创新和消化吸收再创新,并善于将有价值的最新科技成果迅速转化为具有市场竞争力的新产品,以提高企业的市场竞争力。

第四,加强人才队伍建设。在首钢战略性结构调整和实施结构优化升级工程中,人才队伍建设愈显得更加重要。首钢围绕企业发展目标,大力加强经营管理人才、专业技术人才、高技能人才三支人才队伍的建设。广泛开展全员"大提速"培训,树立终生学习理念,通过业余自学、互帮互学、脱产培训、外出进修等多种方式,促进首钢全员大学习、大提速活动,全方位创造学习型组织,为成功推进首钢品牌战略提供智力保障。

第五,完善制度建设,培育企业的管理优势。2006年初,我国钢铁业面临严峻形势,首钢及时开展"算清品种结构效益账、算清技术经济指标账、算清炉料结构账、算清节能降耗账、算清减少费用账,精心策划、精心安排、精密组织、精细管理、精确控制"的"五算清、五精细"活动,不仅保证了经营生产的稳定顺行,而且创出了多项先进技术经济指标。近几年来,首钢逐渐形成了精益求精的管理理念,建立起一套严格的内部管理制度。首钢将继续优化管理流程,进行制度创新,不断提高管理的效率与效益,这是成功实施品牌战略的重要基础。

四、企业资本运作

(一)吸引外资项目

首钢集团努力吸引外资,注重引进国际先进技术,全面推进战略性结构调整,实现工艺升级,产品换代。近两年,首钢集团与日本、比利时、维尔京群岛、萨摩亚等国家和地区的知名企业成立5家合资企业,投资总额14 209万美元,注册资本7 293万美元,实际利用外资2787万美元,占全区实际利用外资总额的36%。目前,5家合资企业相继投产开业:(1)北京首钢超群电力有限公司,注册资本3 155万美元,其中外资1 609万美元,2003年实现销售收入39 815万元,上缴税金3 568万元。(2)北京首钢富路仕彩涂板有限公司,注册资本3 383万美元,其中外资846万美元,2003年8月投产,生产高附加值的薄规格彩色涂层钢板。(3)北京首钢嘉华建材有限公司,注册资本604万美元,其中外资242万美元,从事国家鼓励的矿渣综合利用环保项目,将高炉废料加工磨细,加入混凝土制成新型建筑材料,2004

年2月投产。(4)北京中日联节能环保工程技术有限公司,注册资本91万美元,其中日本著名钢铁企业新日铁株式会社投资54万美元,引进干熄焦CDQ节能技术,从事节能环保工程的工艺及成套设备的设计、制造,工艺技术领先于世界水平,2004年2月投产。(5)北京考克利尔冶金工程技术有限公司,注册资本60万美元,其中外资36万美元,将采用先进技术,从事镀锌板和彩涂板生产线的工艺与成套设备的设计、制造。

此外,首钢与日本安川电机合资的首钢莫托曼机器人公司,1997年投产后,产量不断扩大,2003年比上年生产能力提高一倍,广泛用于汽车生产线组装等工业领域,达到国内领先水平;首钢与日本电装公司合资的烟台首钢电装公司,生产汽车空调器,1996年投产,2004年达到年产40万套的生产能力,是目前国内技术水平最高、市场占有率最高的汽车空调器企业。2005年将达到50万套,2010年达到100万套。

(二)投资项目

首钢宜昌高磷铁矿项目于2006年6月26日正式签约。该项目总投资80亿元以上,拟开发利用宜昌境内铁矿及配套资源,兴建年产800万吨铁精矿粉和相应规模的球团项目,项目建成投产后可实现销售收入100亿元以上。

2006年12月,首钢以5子公司股权加5.2亿元现金,换购母公司首钢总公司手中北京汽车投资控股有限公司(简称北汽投)23.62%的股权,从而成为北汽投的第二大股东,间接参股北京现代汽车有限公司。该公司近3年来净资产收益率连续保持在20%左右,2006年前9月净利润4.55亿元。

为迎接2008年奥运会,并进行全市工业布局结构调整,北京市于2004年初提出首钢搬迁至河北省唐山市曹妃甸的计划。首钢涉钢产业全部迁往曹妃甸,芯片制造等非涉钢产业以及首钢总部仍留在北京。

根据国务院的批复,批准首钢关停北京地区800万吨钢铁产能、淘汰河北730万吨落后炼钢能力的同时,在曹妃甸新建钢铁大厂。京唐钢铁项目由首钢京唐钢铁公司负责建设,其中,首钢占51%股份,唐钢占49%,项目总投资677.31亿元。首钢京唐钢铁项目于2007年3月12日正式投产开工。预计到2008年底,曹妃甸精品钢铁基地将形成485万吨钢的综合生产能力;2010年底,将形成970万吨钢的综合生产能力,能生产热轧、冷轧等高端产品替代进口产品。

五、企业财务状况

2005年,首钢股份共生产生铁425.6万吨,钢515.7万吨,钢材381.6万吨,其中双高产品215.4万吨,双高产品中拳头产品为137.5万吨。钢材产品出口38.4万吨。主要财务指标情况为,主营业务收入2 121 802万元,比2004年增长0.68%;主营业务利润174 956万元,同比降低15.25%;利润总额115 578万元,同比降低27.84%;净利润79 260万元,同比降低27.12%,公司出现收入增加,但利润下滑的趋势导致每股收益和每股净资产收益率的下降,造成利润总额及主营业务利润降低的主要原因是全年钢材销售价格同比下降5.5%。但从表3中的数据看出,公司每股经营活动产生的现金流量净额0.88元,比上年增加72.54%,说明公司经营活动的现金回收率较高。总体而言,公司的财务状况、资信状况良好,负债合理。

表3　　　　　　　　　　2003～2005年首钢股份公司的主要财务指标　　　　　　　　　单位:元

指标项目	2005年	2004年	2003年
主营业务收入	21 218 019 297.63	21 074 354 799.32	15 625 016 115.72
净利润	792 604 960.92	1 087 594 165.11	820 906 113.56
总资产	15 137 364 172.14	13 979 002 802.01	12 949 738 405.01
股东权益(不含少数股东权益)	6 044 577 512.25	6 225 295 008.28	5 874 625 301.13
每股收益	0.34	0.47	0.36
每股净资产	2.62	2.69	2.54
调整后的每股净资产	2.60	2.69	2.53
每股经营活动产生的现金流量净额	0.88	0.51	0.79
净资产收益率(%)	13.11	17.47	13.97
扣除非经常性损益后的净资产收益率(加权平均)(%)	13.27	17.81	13.31

说明:由于资料收集的限制,此处企业的财务状况分析的数据为首钢股份。
资料来源:首钢股份2005年年度报告。

六、企业研发创新能力

(一)科技创新体系

首钢不断健全和完善科技创新运行体系。整合科技力量,将首钢原技术中心、技术质量部、冶金研究院重组成立首钢技术研究院(与首钢技术中心为一个实体两块牌子),实行科研开发一体化管理。总公司成立了科技创新与技术进步委员会和首钢专家委员会,由总公司和各单位领导及专家组成。分为技术研究院、子公司研究分院、厂矿技术研究所三个层次,构筑多层次、全方位、联合协作的科技创新体系。实行目标管理,把竞争机制引入科研,不断完善激励机制,使科技成果实现商品化、工程化、产业化、资本化。

加强对外交流和产学研合作。几年来,首钢加强与国内外知名企业和高等院校合作交流,先后与美国、英国、法国、俄罗斯、澳大利亚、韩国、日本等国家的企业建立了合作关系;与国家连铸中心、清华大学、东北大学、北京科技大学、西安建筑科技大学、北京航空航天大学等单位合作,与许多单位签订了长期战略合作协议,在科研开发、推广应用、技术改造、环境治理、人才培养等各个方面进行全面合作,已经取得了明显成效。

(二)科技创新成果

首钢不断追踪技术前沿,产品和技术开发不断取得新进展。首钢与美国、澳大利亚、日本四方共同出资进行熔融还原的研究,在澳大利亚运作的合营企业,首钢投入资金1 000万美元,目前已进入设备试车阶段;与墨西哥HYL公司合作,拟用焦炉煤气替代天然气,在HYL-ZR装置上实现直接还原铁的生产,可为国内富余的焦炉煤气找到更加合理的利用途径,生产出的直接还原铁可以替代紧缺废钢资源;与美国Castrip LLC公司合作进行高速连铸方式生产薄带产品,目前已达成合作意向,建立合资公司,将在首钢建设Castrip示范生产线,并在中国独家推广这一技术;首钢环星触摸电脑公司生产的触摸查询一体机,广泛用于各种公共场所的电脑查询,被国家信息产业部确定为触摸查询行业规范制定单位。

烟台首钢东星公司开发的钕铁硼永磁材料,是用于机电制造业的高附加值、高技术含量的新型材料,2004年达到500吨的生产能力,已打入国际高端市场。用永磁材料制造的稀土永磁电机,已列入国家"863"计划,在首钢电机厂成立了"国家稀土永磁电机工程技术研究中心北京中试化产业基地",与沈阳工业大学共同研制的高效节电的国内最大的高压永磁电机,已作为成熟产品推向市场。

2003年首钢在中国香港的首长科技公司,通过资本市场融资,引进先进技术团队,建成了世界一流水平的光掩膜项目。光掩膜是在高纯度石英或玻璃薄片上刻制芯片设计线路图,再将线路图转移到芯片上,是批量生产高精度芯片的关键技术。首长科技公司开发的光掩膜技术可以达到0.18~0.07微米,达到世界领先水平。

在2001~2003年期间,首钢的科技成果转化率达到93%,科技成果在生产中应用取得效益达11.65亿元;开展课题研究157项,62项通过了部市级成果鉴定,32项达到国际先进水平,34项达到国内领先水平;共申请专利108项,其中发明专利37项,实用专利71项。还有授权专利67项。2003年首钢被评为北京市专利试点先进单位和北京市专利工作示范单位。

七、企业文化

首钢始建于1919年,距今已有88年的历史。首钢在发展历程中逐渐形成"自强开放、务实创新、诚信、敬业"的企业文化精神。

自强就是要求员工有一切靠自己的自主意识;有不甘落后、迎难而上、奋发有为的精神状态;勇敢竞争、不服输、不服气、不达目的不罢休的决心和勇气,不断挑战自我、战胜自我、超越自我。

开放就是要跳出自我封闭的狭隘圈子,以博大的胸怀融入社会、面向世界;积极接受新生事物,广泛开展合作,利用一切可以利用的资源;以虚心的态度,海纳百川,博采众长,把首钢办成学习型企业。

务实就是要一切从实际出发,实事求是;讲真话,干实事,重实效;克服图虚名、重形式、走过场的不良风气。

创新就是要敢于突破,打破常规,改变因循守旧的思维,摆脱僵化落后的状态,化挑战和压力为机遇和动力,把目标变为现实。

诚信就是要忠诚老实,诚恳待人,以信用取信于人,对他人给予信任;信守合同,平等竞争,公平交易;反对弄虚作假、坑蒙拐骗、假冒伪劣的不道德行为。

敬业就是要有强烈的事业心和高度的责任感,为企业发展恪尽职守,建功立业;克服对事业不负责任、推诿扯皮的不良现象;破除"不求有功、但求无过"的思想,树立开拓进取、永不满足、追求卓越的崇高境界。

鞍山钢铁集团公司

随着钢铁工业技术进步和钢铁工业生产的快速发展,钢铁产品的质量水平、生产效率以及环境质量等诸多方面都有了极大改善和提高,钢铁产品作为重要结构材料、功能材料和重要绿色建筑材料的作用日趋明显,这进一步巩固和提高了钢铁工业在我国现阶段国民经济发展中的地位和作用。总的来讲,钢铁工业是工业、农业、交通运输业和国防工业等产业的基础,在我国国民经济中占有重要的经济地位。在我国目前的发展阶段中,钢铁工业不仅不是所谓的夕阳产业,而且在全球经济一体化的背景下,我国钢铁行业还将发展成为最具竞争力的产业之一。对于一个拥有13亿人口的大国来说,要实现工业化,钢铁工业在我国现今和将来必须保持一定的发展规模,才能满足我国整个国民经济发展的需要。钢铁工业是否能够健康稳定发展,关系着我国整个国民经济的可持续、可协调发展。目前,我国钢铁工业总体运行良好,今后我国钢铁产品数量将不再是发展中的主要矛盾,加速结构调整、转变增长方式、提高综合竞争力是钢铁工业发展的当务之急。

鞍钢集团始建于1916年,鞍钢的发展历程是我国钢铁工业发展的缩影。1948年2月鞍山解放后成立了鞍山钢铁公司,鞍钢的产品曾一度代表我国钢铁工业的最高水平。但进入市场经济后,随着宝钢等一批新兴钢铁企业的快速发展,鞍钢逐渐落后。

1992年经国家批准,鞍山钢铁公司更名为鞍山钢铁(集团)公司,并同意以鞍山钢铁(集团)公司为核心企业组建鞍钢集团。自此,鞍钢开始了"凤凰涅磐、欲火重生"的旅程。目前,鞍钢集团是一家拥有63家控股、全资子公司和直属单位的特大型国有钢铁联合企业。2006年底,集团公司拥有直属单位33个,控股和全资子公司30个,6座大型铁矿山、4个选矿厂、1个炼铁厂、3个炼钢厂、13个轧钢厂以及焦化、耐火、机械、动力、运输、建设、综合利用等辅助配套单位和技术中心、设计研究院、自动化公司等科研、设计单位。

近年来,鞍钢集团加大技术改造投入,加快产品结构调整,生产规模不断扩大,已具有年产铁、钢、钢材均超过1 000万吨的综合能力。在中国企业500强的排行榜上,鞍钢表现出一路上升的良好势头,其2004年的排名为49位,2006年便一跃为31位。鞍钢的产品在国际市场竞争力也日益提高,外汇收支总额逐年上升,2006年外汇收支总额已超过18亿美元,成为名副其实的重量级钢铁企业。

本文将通过对鞍钢的历史、企业概况、发展战略、行业背景和外部环境进行调查研究,全面分析企业内外环境,探求鞍钢发展中遇到的问题及其快速发展的原因。

一、企业发展历程概述

(一)鞍钢发展简史

鞍山钢铁集团公司是我国特大型国有企业,坐落在辽宁省鞍山市。鞍钢的发展历程,是我国钢铁工业发展的缩影,整个发展历程可分为五个阶段:

(1)鞍钢始建于1916年,前身是鞍山制铁所和昭和制钢所。

(2)1948年鞍山钢铁公司成立,翌年7月9日在废墟上开工,迅速恢复了生产,并进行了大规模技术改造和基本建设。1953年第一个五年计划开始,国家集中力量建设鞍钢,扩大鞍钢生产规模,建设大型国有联合生产企业。自此,鞍钢成为名副其实的中国第一大型钢铁基地,被誉为祖国的钢都。

(3)1992年经国家批准,鞍山钢铁公司更名为鞍山钢铁(集团)公司,并同意以鞍山钢铁(集团)公司为核心企业组建鞍钢集团。

(4)"九五"以来,鞍钢贯彻落实党中央、国务院"改革、改组、改造、加强企业管理"的要求,以建立现代企业制度为方向,不断深化企业改革,27个单位成为独立法人的全资子公司,初步建立了母子公司体制和法人治理结构;不断探索公有制多种实现形式,成立了鞍钢集团新钢铁有限责任公司,创建了鞍钢新轧钢股份有限公司,其股票在香港和深圳上市。

(5)2002年至今,鞍钢在技术革新、钢铁产量、产品结构、综合竞争力等方面取得了突破性的进展,综合竞争实力不断提升。2004年被世界最有影响力的钢铁信息服务商——世界钢动态(WSD)排列第八名,正式进入到国际先进钢铁企业行列,鞍钢的国际影响力显著增强。

如今,鞍钢正以前所未有的发展势头努力向世界一流钢铁企业看齐,进一步深化企业改革,调整、落实企业发展战略,吹响了进军世界500强的号角。

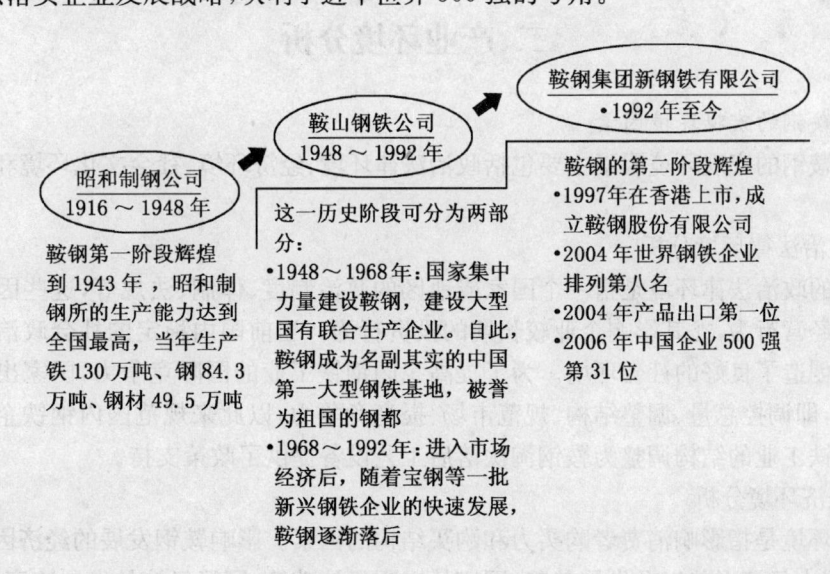

昭和制钢公司 1916～1948年

鞍钢第一阶段辉煌 到1943年,昭和制钢所的生产能力达到全国最高,当年生产铁130万吨、钢84.3万吨、钢材49.5万吨

鞍山钢铁公司 1948～1992年

这一历史阶段可分为两部分:
- 1948～1968年:国家集中力量建设鞍钢,建设大型国有联合生产企业。自此,鞍钢成为名副其实的中国第一大型钢铁基地,被誉为祖国的钢都
- 1968～1992年:进入市场经济后,随着宝钢等一批新兴钢铁企业的快速发展,鞍钢逐渐落后

鞍钢集团新钢铁有限公司 1992年至今

鞍钢的第二阶段辉煌
- 1997年在香港上市,成立鞍钢股份有限公司
- 2004年世界钢铁企业排列第八名
- 2004年产品出口第一位
- 2006年中国企业500强第31位

（二）鞍钢的企业组织架构

鞍钢集团是一家拥有63家控股、全资子公司和直属单位的特大型国有钢铁联合企业，2006年年底，集团公司直属单位33个，控股和全资子公司30个（见图1）。

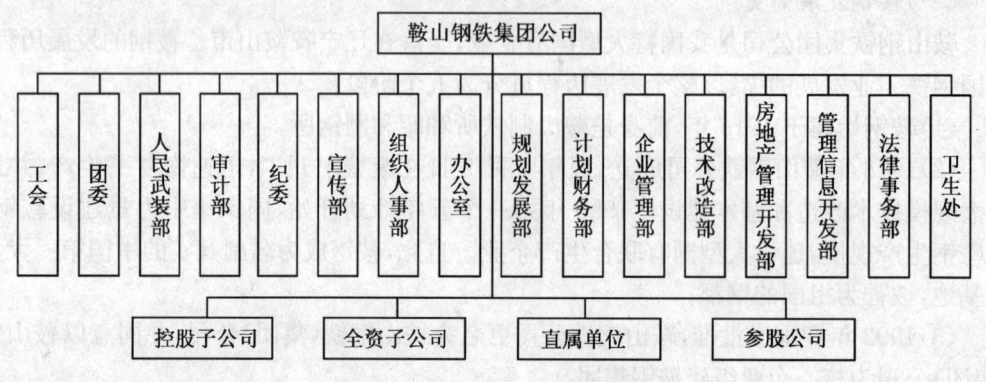

图1 鞍山集团组织架构图

控股子公司有鞍钢股份有限公司、大连华冶联自动化有限公司、鞍山冀东水泥有限责任公司、营口市鞍钢水业有限公司。

全资子公司有矿业公司、弓长岭矿业公司、国际经济贸易公司、财务有限责任公司、自动化公司、接待服务公司、耐火材料公司、设计研究院、房产物业公司。

直属单位有生产协力中心、设备检修协力中心、生活后勤协力中心、矿渣开发公司、党校、职工大学、铁路运输公司、日报社、总医院、资产经营中心、公务用车服务中心、电讯厂。

参股公司有房地产开发集团有限公司、建设集团有限公司、实业集团有限公司、电气有限责任公司、钢绳有限责任公司、重型机械有限责任公司、汽车运输有限责任公司。

二、产业环境分析

（一）鞍钢的宏观环境因素

影响鞍钢的宏观环境因素主要包括政治法律环境、经济环境、社会文化环境和技术环境等因素。

1. 政治法律环境分析

企业的政治法律环境是指一个国家或地区的政治制度、体制、法规等，这些因素常常制约企业的经营行为，尤其影响企业较长期的投资行为。当前国内稳定的社会政治形势为鞍钢的发展创造了良好的社会环境。为了提高我国钢铁工业的国际竞争力，国家出台了钢铁产业政策，即调控总量、调整结构、规范市场、提高竞争力，以此来规范国内钢铁企业的经营行为。钢铁工业的结构调整为鞍钢淘汰落后工艺设备提供了政策支持。

2. 经济环境分析

经济环境是指影响消费者购买力和购买结构的因素。影响鞍钢发展的经济因素主要包括国际、国内经济形势以及发展趋势，国家的宏观经济政策，国民经济的发展速度等。

据国际货币基金组织预测，2006年全球经济增长速度将达到3%，世界经济进入一个增长相对平稳的时期。自从美国出台钢铁201条款后，引发了新一轮的世界贸易保护主义，反倾销案件增多,钢铁产品的出口环境日益复杂多变。我国国民经济发展速度持续高位运行,2005年实现了9％的经济增长速度。据经济学家预测,2006年固定资产投资增速预计达20％以上。有研究表明GDP的增长速度与钢铁消耗量成一定的正相关关系(见图2)。

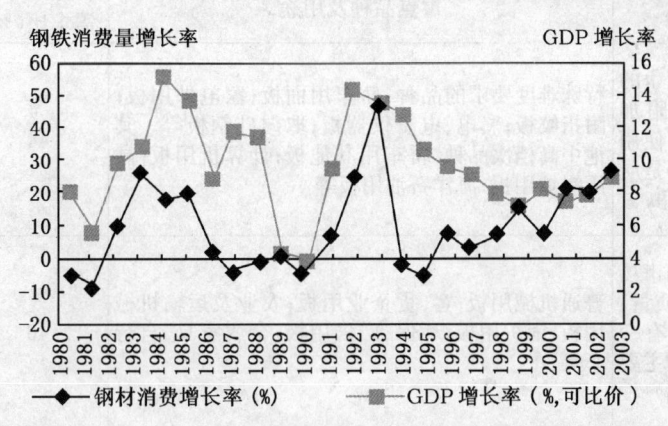

资料来源:《中国钢铁工业50年数字汇编》、《中国统计年鉴2003》、《中国钢铁工业年鉴2003》。

图2　1980～2003年中国GDP增长率与钢材消费量增长率对比图

国际经济的复苏也将有利于改善鞍钢产品的出口环境,但新一轮的贸易保护主义将增加鞍钢产品的出口难度。在扩大内需的宏观经济环境下,随着大型基础设施项目的建设以及西部大开发的深入,钢材的需求将大幅度提高,这将为鞍钢开拓新市场带来难得的机遇。

3. 技术环境分析

技术环境要素是指目前社会技术总水平及变化趋势、技术变迁、技术突破对企业的影响以及技术与政治、经济、社会环境之间的相互作用等。根据国家产业技术政策,今后5～10年钢铁行业将重点开发新一代钢铁材料等前沿技术;优化钢铁制造流程,发展节能降耗的冶炼及环保技术等;提高冶金产品质量,开发智能化技术等。先进的钢铁前沿技术对于技术装备落后的鞍钢是一种挑战,鞍钢应该通过技术改造,进行结构调整,努力实现技术的更新换代。

4. 社会文化环境分析

社会文化环境是指一定时期整个社会发展的一般状况。影响鞍钢发展的社会文化环境因素主要包括我国当前及今后的社会道德观、价值观、生态观等。鞍钢在自身发展的同时,积极支持当地经济建设,创造了大量就业机会。在治理污染、节能降耗方面,鞍钢的吨钢能耗、吨钢水耗、污染物排放指标均居行业前列。

(二)鞍钢的行业环境分析

1. 总体形势看好

我国钢铁工业改革开放后,中国钢产量迅速增加,1996年首次突破1亿吨之后,产能逐年增加,连续多年成为世界第一产钢大国。随着国民经济持续、快速、健康发展,钢材的需求量还会继续增加。

2. 需求特征发生变化

未来我国钢铁需求呈现品种分层次、多样化发展。表1列出了2006年板带质量品种(参与国际竞争、满足国内市场、替代落后品种)以及市场占有率,反映了品种在全球化竞争中的发展趋势。国内钢铁产品需求量的增加有利于鞍钢充分发挥产能优势。

表1　　　　　　　　　　2006年国内钢材品种需求预测

品种种类	重点品种及用途	2006年需求比(%)	2006年国内市场占有率(%)
第一类参与国际竞争的产品(高质量、高附加值、高技术难度、高使用要求的产品),主要是质量、性能及服务竞争	特殊难度要求的品种:轿车用面板;家电外用板;耐指纹板;彩电、电子仪器板;取向硅钢板等。其他中高档次品种:轿车用其他板;计算机用板;高压锅炉用板;海洋石油用板等	44	90
第二类以满足国内市场需求为主的产品(质量、生产技术、使用等有一定要求,一般用途,主要是价格竞争的产品)	普通机械用板;客、货企业用板;农业及运输机械用板;锅炉用板;环保、广告用板;金属家具、自行车等	46	93
第三类替代落后的叠轧薄板和窄带钢的产品	小五金、家电用板带;玩具、灯具用板带;金属家具用板带;一般民用板材等	10	93

资料来源:中国钢铁工业发展影响因素分析报告(2005)。

此外,从内在驱动因素来看,钢铁行业的产品是资本品——钢材。钢材不能直接用于最终消费,必须转移到下游行业,也就是说只有下游行业的快速发展才可能拉动钢铁业的快速发展。而钢铁的下游行业主要是建筑业和制造业(汽车、机械设备制造等),汽车、房地产等行业被认为是我国现阶段的增长性行业,这些行业的迅速发展是工业化进展到一定阶段后的必然。从图3可以看出钢铁消费的主要构成。因此,我们可以看出,工业化的进程是钢铁行业发展的内在驱动因素。

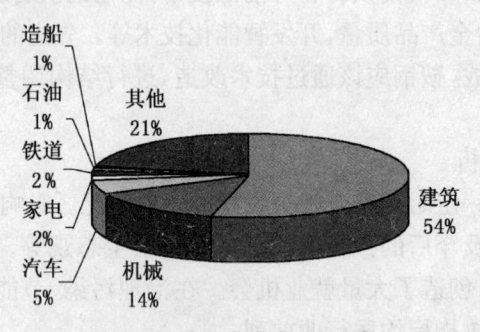

图3　钢铁需求分布(2004年)

造船 1%
石油 1%
铁道 2%
家电 2%
汽车 5%
机械 14%
建筑 54%
其他 21%

3. 行业集中度低

钢铁企业的结构,可以用产业集中度来观察。2004年主要国家钢铁工业集中度CR4前4名最大公司产量占全行业产量的比率为:巴西99.0%,韩国88.3%,日本73.2%,印度67.7%,美国61.1%,俄罗斯69.2%,中国15.7%。按照"贝恩分类法",如果行业集中度CR4小于30%,则该行业为竞争型;如果CR4大于或等于30%,则该行业为寡头垄断型;CR4大于65%,则该行业为极高寡头垄断型。我国显然是属于竞争型的。

4. 行业竞争激烈,呈现"一超多强"竞争格局据不完全统计,我国的钢铁企业总共有800多家,但是真正上规模、达到年产钢1 000万吨的企业只有8家,达到年产钢2 000万吨的企业仅宝钢1家,很多都是以低端钢铁生产为主的小钢铁厂,这对于整个产业的发展是不利的,造成了产业的低端重复建设,打价格战,使整个产业在国际上的竞争力反而下降了。整合国内钢铁业,正是我国钢铁行业的当务之急。

三、竞争力分析

2005年钢铁行业重组步伐加快,重组"幅度"和"广度"加大。现在,国内钢铁业的战略集团已经初步形成:宝钢凭借1998年的两次并购,多年来一直占据着中国钢铁业的霸主地位;武钢试图通过收购鄂钢、重钢、杭钢等扩大集团规模,产能渐渐逼近宝钢;刚刚完成搬迁的首钢、西部重点钢铁企业攀钢或是通过并购进入中国的世界最大钢铁集团印度米塔尔钢铁公司都是不容小觑的钢铁业重头力量。另外,其他一些诸如本钢、太钢、包钢等虽然规模小,但有其自身的低成本等优势,因而也在一定程度上形成了一股较强劲的行业竞争力量。

本钢

本钢已建成现代化热轧薄板生产线,正在建设现代化冷轧薄板生产线,几年以后,将能低成本生产高质量热轧薄板和冷轧薄板,满足国际和国内汽车工业、家用电器工业、造船业对高质量钢材的要求。本钢和鞍钢一样,离营口港和大连港距离较近,进口铁矿石和焦煤也很方便,生产的钢材可以采用水运运往国际国内沿海的钢材市场,会成为世界上最有竞争力的高质量热轧薄板和冷轧薄板生产厂家之一。因而鞍钢与本钢的合并不仅可以减少一个有力的竞争对手,还增强了核心竞争能力。

宝钢

宝钢是中国最大和最现代化的生产优质热轧薄板和优质冷轧薄板的钢厂,目前正在新建现代化宽厚板生产线和现代化冷轧薄板生产线。将来宝钢优质热轧薄板和优质冷轧薄板及宽厚板生产线为世界上最现代化板材生产线,能生产高质量热轧薄板和冷轧薄板及宽厚板,满足国际和国内汽车工业,家用电器工业和造船工业对高质量钢材的要求。宝钢有现代化码头,可利用水路运输铁矿石,煤炭和钢材,与国际和国内原料供应商有长期合作关系,原料供应有保障。美国世界钢铁动态(WSD)公司把宝钢评为2003年最有综合国际竞争力的世界级钢铁企业之一(位于韩国浦项钢铁之后)。宝钢是鞍钢最强有力竞争者之一。

太钢

太钢拥有自己的铁矿和炼焦炉,位于煤炭资源(尤其是焦煤资源)非常丰富的山西省,电力资源丰富,而且价格低,现正准备投巨资新建现代化不锈钢热轧薄板生产线和现代化不锈钢冷轧薄板生产线。将来太钢不锈钢产量将达到250万～300万吨/年,将会成为世界上最大的不锈钢板生产厂家之一。如果能够解决好镍和铬铁合金的供应问题,并能生产高质量不锈钢热轧薄板和不锈钢冷轧薄板,太钢将会成为世界上最有竞争力的不锈钢板生产厂家之一。

首钢

同宝钢、鞍钢一样,首钢也拥有自己的铁矿石和炼焦炉,目前正准备在河北省沿海新建现代化中厚板生产线,在北京新建现代化冷轧薄板生产线,将来还会投巨资在河北省沿海新建现代化热轧薄板生产线。河北省的煤炭资源也相当丰富,离焦煤资源丰富的山西省和内蒙古自治区距离较近。新首钢将位于沿海,进口铁矿石和焦煤也很方便,生产的钢材可以采用水运运往国际国内沿海的钢材市场。如果能够从国际国内人材市场上引进高水平,熟悉生产高质量热轧薄板、中厚板和冷轧薄板技术的专家,在不远的将来能够生产高质量热轧薄板、中厚板和冷轧薄板,新首钢也将成为具有很强竞争力的国内钢铁企业。

包钢

包钢拥有自己的含稀土金属的铁矿石,而且铁矿石含磷高,因此需外购50%左右铁矿石。包钢位于煤炭资源(尤其是焦煤资源)非常丰富的内蒙古自治区而且离煤炭资源(尤其是焦煤资源)非常丰富的山西省和河北省较近,电力资源丰富,而且价格低,新建的CSP热轧薄板生产线投产非常顺利,现正在新建现代化冷轧薄板生产线,并且计划到蒙古国合资新建铁矿石矿山。其将来的原料供给情况具有比较优势。

武钢

武钢拥有自己的部分铁矿石和炼焦炉,是中国最早生产优质热轧薄板的钢厂,目前是中国最大的硅钢(尤期是冷轧取向硅钢)生产厂,有多年生产优质薄板的经验,新建的第二条现代化热轧薄板生产线已顺利投产,现正在新建现代化冷轧薄板生产线,将来能生产高质量热轧薄板和冷轧薄板,满足国际和国内汽车工业、家用电器工业对高质量钢材的要求。

马钢

马钢拥有自己的部分铁矿石(30%左右)和炼焦炉,新建的CSP热轧薄板生产线投产非常顺利,新建现代化冷轧薄板生产线已投产。马钢是中国最早生产优质热轧H型钢的钢厂,目前正在新建第二条现代化热轧H型钢生产线,将来会成为中国最大的规格齐全的H型钢钢厂之一。优质热轧H型钢和冷轧薄板是现在市场上供不应求的产品,马钢位于经济发展非常迅速的华东地区,将来优质热轧H型钢和冷轧薄板市场前景也会很好。此外,马钢正在投巨资新建现代化冷热轧薄板生产线。

综合上述分析,根据竞争者的实力以及和鞍钢接触面的大小,鞍钢的竞争力量可分为三类:

战略竞争对手。济钢、宝钢。两家中厚板产量均接近400万吨,和鞍钢的产量相当,三家中厚板产量合计超过全国总产量的1/3。

彼此接触面较广的竞争对手。邯钢、南钢、马钢、安钢,其中邯钢、安钢在鞍钢的多个目标市场上竞争,各自的资源分配量也比较乐观;南钢、马钢与鞍钢在长江中下游市场相遇。

彼此接触区域相对较窄的竞争对手。首钢、酒钢、天津中板、秦皇岛中板。

四、鞍钢的发展战略

根据所面临的市场竞争优劣势分析和自身的实际情况,鞍钢集团制定了总体发展目标(2006~2010年):改造钢铁主体,壮大多元产业,实现结构优化,增加整体实力,将鞍钢建设成为跻身于世界先进钢铁行列的企业,形成跨地区、跨行业、跨所有制和跨国经营的现代大型企业集团。

为实现这一战略目标,鞍钢集团采用了并购和联盟战略、差异化战略及市场开发战略,来改变其自身的劣势,实现竞争优势。

(一)选择区域型战略并购

鞍钢若采取内部投资的方式,将会受到项目的建设周期、资源的获取等方面的限制,制约公司的发展速度。战略并购有利于减少竞争对手、增强生产能力,实现规模经济、提高企业的赢利水平。鞍钢通过并购的方式,可以在极短的时间内扩大企业规模;可以快速进入陌生的市场,且一并攫取当地的客户资源;能立即扩大市场占有率,从而带来利润,使企业把握时机,赢得先机,获得胜势。2005年鞍钢集团和本钢集团的合并及2007年鞍钢集团并购重组三钢闽光均源于这一战略目的。

(二)选择联盟战略

从企业要完成的战略目标角度可分为三种战略联盟:合作研究与开发联盟、联合生产联盟、市场开拓与发展联盟。

一般来说建立联盟的动机有三条:产品交换、共同学习和获得市场力量。

虽然有时公司由于工期紧、任务重,分包一部分工程给社会力量,但不是固定伙伴合作起来不顺畅。当公司市场开发成功,工程项目增加时,生产设备和核心专业人员不能满足需要。鞍钢可以配套供应所缺的资源,选择联盟战略可以克服上述困难,而且当资源短缺时,还可以利用对方的开发或地域优势,实现互惠互利。当公司拥有的市场份额增大时,联盟可以减少资源购置和人员培训上的费用,产生范围经济效益。目前,公司生产成本高,盈利能力不理想,而开发新市场通常需要大量的关于当地环境的认知,而当地的联盟伙伴可能已具备了这些知识,通过同当地公司合作,可以大大降低进入成本。可见,今后5年内适合公司战略发展的联盟方式是钢铁联合生产联盟,目标是共同开发市场、协调资源、充分利用各自的地域优势,疏通当地业务渠道,增加市场竞争力。

(三)战略选择的评估

选择战略时,企业应评价两种竞争优势:比竞争对手更低的成本,或差异化,即有能力采取一种较高的价格超过为产生差异化所付出的额外成本。比竞争对手更低的成本来自于公司能够以不同于竞争对手的方式开展活动;差异化则表明一种能开展不同于竞争对手的活动能力。通过执行成本领先或差异化战略,企业的竞争优势可以在与竞争对手在多个顾客群的竞争中获得。与此不同,通过执行集中化战略,企业所寻求的则是在一个相对集中的领域或细分市场上的成本领先或差异化优势(见图4)。通过详尽的市场分析和论证,鞍钢制定的主要竞争战略鞍钢战略规划期前三年(2006～2008年),鞍钢实施低成本战略,同时选择信息化推动战略、人才战略、顾客忠诚战略作为职能战略,以此促进经济实力的增强和研发能力的提高;战略规划期后两年(2009～2010年),鞍钢实施差异化竞争战略。

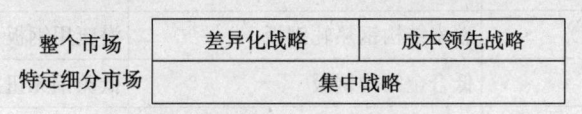

整个市场	差异化战略	成本领先战略
特定细分市场	集中战略	

图4 三种基本竞争战略

五、鞍钢生产经营状况

(一)鞍钢生产概况

鞍钢目前能够生产700多个品种、25 000多个规格的钢材产品,用于冶金、石油、化工、国防等行业。具有年产生铁1 000万吨、钢1 000万吨、钢材950万吨的综合能力。鞍钢现已通过ISO9002质量体系认证，船用钢通过九国船级社认证，石油管通过API认证，使钢材产品按国际和国际先进水平标准组织生产有了可靠保证。

鞍钢主要钢材品种包括：热轧板、冷轧板、中厚板、冷轧硅钢、无缝钢管、大型材、中小型材、线材、金属制品等，产品结构优越，板管比达到83%以上。鞍钢的产品结构和档次的变化，提升了企业的市场竞争力。目前，鞍钢的产品实物质量达到国际先进水平的比例已提高到64.76%，板管比上升到83%，其中56%以上为高附加值产品。仅去年1至11月，鞍钢就开发、试制、推广新产品169.75万吨，创效近8亿元。如今，鞍钢的集装箱板、船板、重轨、高级别管线钢、无缝钢管、冷轧硅钢等都已成为市场上炙手可热的产品。

1. 鞍钢主要产品

彩涂产品	热轧产品
冷轧硅钢产品	无缝钢管产品
镀锌产品	线材产品
厚板产品	型材产品
冷轧产品	中板产品
大型产品	

2. 主要获奖产品（冶金产品实物质量"金杯奖"）

热连轧结构用钢板和钢带	冷轧及冷成型用热连轧钢板和钢带	石油天然气输送管用热连轧宽钢带
耐腐蚀结构用热连轧钢板和钢带	汽车大梁用热轧钢板和钢带	焊接气瓶用钢板
汽车车轮辋用热轧型钢	轻轨	汽车大梁用热轧钢板
碳素结构钢热轧钢板	锅炉用钢板	压力容器用钢板（中板厂）
平式石油管、套管	冷轧低碳钢板和钢带	冷轧低碳钢板和钢带
深冲压用低碳冷轧钢板	优质碳素结构钢冷轧薄钢板和钢带	优质碳素结构钢冷轧薄钢板和钢带
冷轧低碳钢板和钢带	履带板用热轧型钢	铁路每米50公斤钢轨
铁路每米60公斤钢轨	铁路每米60公斤钢轨	船体用结构钢板（一般强度）
船体用结构钢板（高强度）	碳素结构钢热轧钢板	潜艇用钢板
优质碳素结构钢板	低合金结构钢板	低碳钢无扭控冷热轧盘条
优质碳素结构钢热轧盘条	预应力钢丝和钢绞线用优质钢无扭控冷热轧盘条	高破片率弹体用钢
矿用钢丝绳		

通过大规模技术改造，鞍钢实现了炼钢系统全部淘汰平炉；实现全转炉炼钢加炉外精炼；淘汰炼钢模铸工艺，实现全连铸；建成具有世界一流水平的1780、1700和酸洗一轧机联合机组三条生产线，使主体技术装备和生产工艺达到国内先进水平，走出了一条"高起点、少

投入、快产出、高效益"的老企业技术改造新路。在用高新技术改造传统产业过程中,鞍钢采用环保新工艺、新技术,实施可持续发展战略,加强环境治理,厂区上空呈现一片蓝天。建成了日处理能力22万吨的工业污水处理厂,每天可回收利用循环水16.8万吨。加强了矿山排岩场和尾矿坝的生态恢复治理,目前已完成矿山复垦面积155公顷,植树60万株。厂区绿化面积达到34.2%。钢铁主体通过ISO14000环境管理体系认证和OSHMS职业安全健康管理体系认证,钢材产品按国际和国内先进水平标准组织生产有了可靠保证。

(二)鞍钢的经营管理

鞍钢采用集中力量开发和生产"专、特、优"产品,迅速形成国内精品、国际知名品牌的经营战略。1995年以来,鞍钢按照"改革、改组、改造、加强企业管理"的要求,不断深化企业改革,形成母子公体制框架,现代企业制度初步建立。不断进行的大规模技术改造使得鞍钢的主体技术装备和生产工艺达到国际先进水平,鞍钢成为国内能够生产轿车面板的少数钢铁企业之一和全球最大的集装箱钢板供货企业。"建精品基地,创世界品牌",是鞍钢人在市场经济的锤炼中形成的坚定的经营理念和不懈的追求。到2006年,鞍钢形成以汽车板、家电板、集装箱板、管线钢、冷轧硅钢等为主导产品的1 600万吨钢精品板材基地。

(三)鞍钢的品牌战略与营销策略

(1)鞍钢产品的销售渠道一般分直销和分销两种,其中直销约占10%,比例很小。但近年来鞍钢积极开发直供企业,2005年全年直供企业订货量比例达到58.56%。

(2)为了成功击退潜在竞争者,鞍钢决定实施从企业制度、技术、管理创新入手,建立更加灵活高效的营销机制,形成持久的、非价格的竞争优势。

(3)针对消费者的特点,鞍钢采用新技术、新工艺,提高专用板的性能和质量,树立鞍钢产品的品牌形象,以品牌来培养忠实顾客。

(四)本集团近三年主要经营数据和财务指标

项 目	2006年度	2005年度	2004年度
主营业务收入(百万元)	54 596	26 488	23 228
净利润(百万元)	6 845	2 079	1 776
扣除非经常性损益的净利润(百万元)	7 111	2 079	1 777
总资产(百万元)	58 430	14 290	15 343
股东权益(不含少数股东权益)(百万元)	29 834	11 329	10 134
每股收益(加权平均)(元)	1.204	0.702	0.600
每股收益(摊薄)(元)	1.154	0.702	0.600
每股净资产(元)	5.03	3.82	3.42
调整后的每股净资产(元)	5.03	3.82	3.42

续表

项 目	2006年度	2005年度	2004年度
每股经营活动产生的现金流量净额(元)	1.868	0.862	0.538
净资产收益率(摊薄)	22.94%	18.35%	17.53%
净资产收益率(加权平均)	26.44%	19.52%	18.62%
扣除非经常性损益后净资产收益率(加权平均)	27.47%	19.52%	18.63%

资料来源：鞍钢2006年度报告。

六、鞍钢的研发创新能力

随着中国经济的高速发展，近10年来鞍钢也进入企业发展的高速期。在改造中，鞍钢结合自身实际加强原始创新、消化吸收再创新和集成创新，取得了一批具有自主知识产权的重大成果。自1995年以来，鞍钢共申请专利近700项，近三年来，有30项成果获省级以上科技奖项。鞍钢自主创新建成年产量为500万吨现代化、短流程、高效能、高精度、环保型的西区精品板材生产基地。ASP热连轧技术成功输送济钢，成为国内第一家实现技术转让的钢铁企业。采用世界最先进工艺技术装备的鲅鱼圈钢铁项目正在紧张建设之中。此外，鞍钢股份技术中心还聘任了自己的首席专家，这必将进一步调动广大科研人员的积极性和创造性，激励他们在未来的科研工作中加速推进鞍钢技术创新。

(一)鞍钢技术创新的基础

(1)鞍钢的整体装备水平已经达到了世界一流水平，其产品结构已经达到世界国际水准，鞍钢生产的高附加值产品也达到了80%。

(2)鞍钢技术中心(鞍钢股份技术中心)是冶金行业成立最早、实力最雄厚的企业研究开发机构之一，是国家级企业技术中心。

(3)引进世界先进技术对原有技术装备进行替代和改造，淘汰了落后的生产工艺和技术装备，建成了一批具有国际一流水平的短流程、节能环保型生产线。

(4)鞍钢拥有一大批优秀的科技工作者。鞍钢现已拥有专业技术人员25 377人，占职工总数的20.71%，其中有1名中国工程院院士、19名教授级高级工程师、2 854名高级工程师、10 250名工程师。共有博士研究生27人、硕士研究生356人、大学本科生10 425人。

(二)鞍钢技术创新成果

(1)鞍钢的1700中薄板坯连铸连轧ASP生产线，是我国目前惟一一条自行设计、自行施工并拥有自主知识产权的ASP生产线，经过生产实践表明，它的生产工艺及技术装备水平已经达到了世界先进水平。

(2)2002年，代表着轿车板用钢最高档次的IF钢在一汽试冲压成功，从而实现了鞍钢轿车板用钢零的突破。

(3)产品技术不断突破。其获得冶金产品实物质量"金杯奖"的产品技术就有21项。高强超深冲冷轧板、贝氏体钢轨、冷轧无取向硅钢、高强汽车大梁板等高技术含量、高附加值产品，形成批量生产能力，并进入重点用户市场。

(4)形成了从热轧板、冷轧板到镀锌板、彩涂板、冷轧硅钢的完整产品系列。

(5)鞍钢建立了较健全的科研管理体制和技术创新体系。目前,鞍钢已建立了以新产品开发为龙头,以新钢铁、新轧钢公司等单位为主体,以技术中心、设计研究院、自动化公司等单位为骨干,以社会高等院校和科研院所为协作伙伴的层次分明、统一协调、分工合作的技术创新体系。

七、企业人力资源与文化

(一)鞍钢人力资源概况

鞍钢是具有90多年历史的国有企业,既出钢材又出人才。截至2006年6月30日,公司拥有员工数量31 396人。其中,生产人员25 510人,销售人员750人,技术人员2 523人,财务人员298人,行政管理人员2 990人(见图4)。公司员工中,本科以上学历4 204人,占员工人数的13.4%,专科3 956人,占员工人数的15.9%,中专1 098人,占员工人数的3.5%(见图5)。

图4 公司员工岗位分布

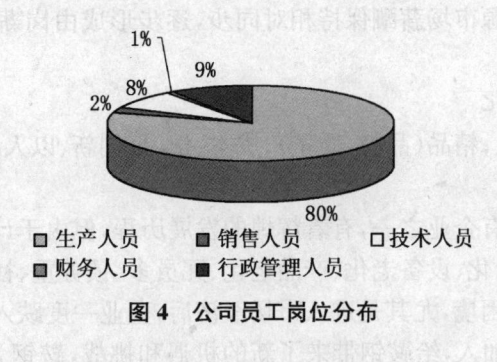

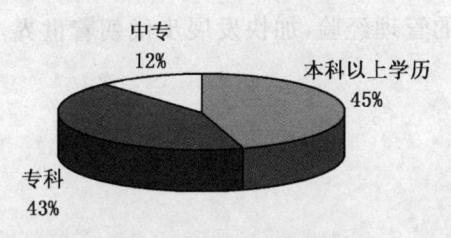

图5 公司员工学历分布

(二)鞍钢人力资源培训体制

鞍钢通过推行基础技能培训、晋级素质培训、升级发展培训三个阶梯式教育,使职工实现个人价值与企业发展目标相融合,让职工由被动性接受培训到主动适应岗位需要加强学习。事实证明,阶梯式培训教育有效促进了人才素质的提高,适应了企业基本生产、长远发展和提升市场竞争力的需要。为形成合理的人才结构,鞍钢将培训目标划分为加速高层次人才的培养、不断更新中级人员的技术知识和消除落后群体,扩大人力资源升级配置空间。将原有的直线性培训更新为层次化的培训体系,即"纵向三级培训"和"横向三级培训"。"纵向三级培训"为厂级、作业区级、班组级三级培训,厂里负责总体培训计划的制定和组织,各作业区负责计划的具体实施和员工培训实际绩效的评价,班组负责实际操作的现场培训。

"横向三级培训"为基础技能培训、晋级素质培训、升级发展培训,形成了比较完善的培训网络。明确了培训的目的、职责,减少培训遗漏点。各作业区结合具体实际,挖掘内部潜能,开展了各类特色培训,如举办专业专项技术讲座、新入厂大学生技术学习报告会、班组知识竞赛等,调动了广大员工的学习积极性。

2006年上半年,公司加强生产操作岗位人员及科研技术人员的培训,组织生产操作人员3 339人参加计算机、外语、技能等级培训,特种作业人员2 637人参加安全操作资质培训,组织专业技术人员105人到北京科技大学和东北大学参加新技术研修。通过培训,员工队伍整体素质得到较大提高,为公司生产经营提供了有力保障。

(三)关键岗位人员激励办法

对在关键岗位的人员实行期权奖励,奖励标准将随集团公司经济效益状况实行动态管理,一年一核定。经年度考核确认履行了关键岗位职责,完成了所在关键岗位工作任务的人员予以期权奖励。在现行分配办法基础上,以期权奖励方式另增加的一部分收入,或从其当期收入列出一部分,实行个人账户、分年一记账、累计计算,采用期权延期兑现的形式进行分配,将大幅度提高他们的工资收入水平,使关键岗位人才收入不低于市场价位。此举标志着该集团将与国内人力资源市场薪酬保持相对同步,逐步形成由岗薪、年薪、期薪构成的薪酬激励机制。

(四)鞍钢的企业文化

百炼千锤,品质至上;精品(品牌、质量)、成本、学习、创新、以人为本。

鞍钢是我国大型国有企业之一,有着辉煌的发展历程,但由于计划经济的影响等历史原因,鞍钢曾经处于观念老化、设备老化、产品老化、冗员多、债务重、社会负担重、机制转化难、市场竞争力逐年降低的困境,尤其是进入市场经济后,企业一度跌入亏损的边缘。知识经济时代的到来和WTO的加入,给鞍钢带来了新的机遇和挑战,鞍钢人正积极转变观念,引进先进的技术、设备和先进的管理经验,加快发展步伐朝着世界一流钢铁企业的目标阔步前进。

中国兵器工业集团公司

在2006年"中国企业500强"排名中,中国兵器工业集团以7 941 128万元的营业收入位居32位。在2002年"中国企业500强"排名中,其位居34名,2003~2005年"中国企业500强"排名中,中国兵器工业集团一直稳居32位。中国兵器工业集团公司是中央直接管理的特大型国有重要骨干企业,是中国最大的武器装备制造集团。

一、企业发展历程概述

(一)企业发展简史

中国兵器工业集团公司创建于1988年8月,前身是中国兵器工业总公司。1999年7月,兵器工业总公司撤消,成立了中国兵器工业集团公司和中国兵器装配集团公司。中国兵器工业集团公司(简称CNGC)是在原中国兵器工业总公司所属部分企事业基础上组建的特大型国有企业,是国家授权投资的机构,按国家控股公司方式运行。

至2006年底,企业资产总额近1 400亿元,主营业务收入逾千亿元,拥有研发、贸易和生产企业108家[1],并在全球数十个国家和地区建立了近百家海外分支机构,是中国最大的装备制造集团。

(二)企业发展路径

中国兵器工业集团公司成立于1988年,最早是中国兵器部,中国兵器部是从事军用产品研发的科研机构,后经中央改组为中国兵器工业总公司,总公司下主要分为"科研机构"和"工业企业"两大部门,分别从事产品的研发和制造。

1999年,中国兵器工业总公司撤消,在原公司所属部分"科研机构"和"工业企业"基础上,加入一部分其他省市、自治区的国有企业,组建成了中国兵器工业集团公司。

改组后的中国兵器工业集团公司子单位主要分为工业企业、科研事业单位、流通服务公司三大类。其中,工业企业66家、科研事业单位35家、流通服务公司7家。[2]

(三)企业所有制结构

中国兵器工业集团公司是国家所有制结构的企业。公司从创始就是由政府从维护国家

---

[1] 公司官方网站(www.cngc.com.cn)中的"公司简介"称140多家,此处108家是官方网站所列成员单位总数。
[2] 此处数据以企业官方网站(www.cngc.com.cn)列出的成员单位为准。

安全角度,以行政手段配置资源,在计划经济体制下建立的。公司在计划经济体制下,全部为国有企业。在中国经济体制向市场经济体制转变后,至今仍然是国有企业占有主导地位。

企业旗下部分生产民用产品的成员单位有合资成分。例如:1996年,由中国兵器工业集团东方数控公司和德国西门子公司共同出资组建的西门子数控(南京)有限公司。

二、企业发展战略

(一)企业竞争环境分析

1. 企业所属行业竞争概况

企业所属"兵器制造业",该行业在"中国企业500强"中共有2家企业,分别为中国兵器工业集团、中国兵器装备集团。

在2006年中国企业500强(以下简称"中国500强")中,包括中国兵器工业集团和中国兵器装备集团在内的"航空、航天与兵器制造业"中的5家企业,在2006年的营业收入为29 973 800万元(占"中国500强"的2.119 7%),利润总额为435 968万元(占"中国500强"的0.678 2%),资产总计48 251 798万元(占"中国500强"的1.172 0%),从业人数为898 920人(占"中国500强"的3.968 1%)。

2. 企业所属地区经济发展情况

表1　　　　　　　　　　中国兵器成员单位区域分布情况　　　　　　　　单位:所/家

	工业企业	科研事业单位	流通服务公司	小计
北京	4	14	7	25
重庆	1	/	/	1
河北	5	2	/	7
山西	12	2	/	14
黑龙江	5	/	/	5
内蒙古	2	/	/	2
湖北	2	/	/	2
湖南	2	/	/	2
河南	7	/	/	7
辽宁	7	1	/	8
吉林	2	1	/	3
山东	3	1	/	4
四川	1	1	/	2
陕西	7	9	/	16
甘肃	2	/	/	2
江苏	3	/	/	3

续表

	工业企业	科研事业单位	流通服务公司	小计
云南	1	2	/	3
安徽	/	1	/	1
浙江	/	1	/	1
总计	66	35	7	108

资料来源：http://www.cngc.com.cn/Members.aspx。

中国兵器工业集团公司总部位于北京市西城区，受中央直接管理。企业成员单位主要分布在北京、山西、陕西、河南、辽宁等西北、东北和内陆地区。公司总部以及成员单位所在地区由于水资源的缺乏以及天气条件的限制（北方主要表现为沙尘暴气候），地区经济以农业、制造业为主，经济发展落后于中国南部沿海地区。

3. 企业主要竞争对手

企业在"兵器制造业"中最大的竞争对手是中国兵器装备集团公司。中国兵器装备集团公司是经国务院批准组建的特大型企业集团，是国家授权投资的机构，受国务院直接管理。公司注册资本120亿元，员工18万人，拥有工业企业51家，研究院所4家、研发中心3家。在全球30多个国家和地区建立了生产基地或营销机构，产品销往世界100多个国家和地区。

表2　　　　　　　　　　2002～2006年两家公司排名和营业收入比较

年份	指标	中国兵器工业集团公司	中国兵器装备集团公司
2002	排名	34	42
	营业收入（万元）	3 557 100	2 508 482
2003	排名	32	33
	营业收入（万元）	4 261 471	3 969 218
2004	排名	32	33
	营业收入（万元）	5 218 034	5 015 909
2005	排名	32	31
	营业收入（万元）	6 406 092	6 435 475
2006	排名	32	35
	营业收入（万元）	7 941 128	7 522 203

资料来源：finance.people.com.cn, 2007-1-18。

4. 企业在市场竞争中的地位

在2006年"中国企业500强"前100名中，生产军工用品（主要包括航空、航天、兵器等）

的企业一共是5家,分别是中国兵器工业集团公司、中国兵器装备集团公司、中国航空工业第一集团公司、中国航空工业第二集团公司、中国航天科工集团公司。其中,中国航空工业第一集团公司位列38名,营业收入为6 998 920万元;中国航空工业第二集团公司位列64名,营业收入为4 110 997万元;中国航空集团公司位列65名,营业收入为4 084 784万元。其他四家在排名上均落后于中国兵器工业集团公司。

中国兵器工业集团公司由中央的经济和政策支持,在市场竞争中的地位非常高。由于兵器产业的特殊性,中国兵器工业集团公司和中国兵器装备集团公司这2家企业在"中国兵器业"拥有近乎垄断的地位。

(二)企业总体发展战略规划

1. 企业主要竞争策略

中国兵器工业集团公司主要运用的竞争策略是产品特性差别化策略。产品的高新技术含量是兵器产业中企业最重要的指标,中国兵器工业集团公司注重新产品的开发和研制。成员单位中,科研机构有35家,各类工程技术人员10余万人。企业主要生产军用产品,同时也在大力开发民用产品。所以从长期来看,中国兵器工业集团公司的主要竞争策略应以产品差别化为基础,成本领先战略为指导。

2. 市场开拓战略

短期来看,中国兵器工业总公司的产品主要供应于国家需求。这样的缺陷是,需求有限,营业收入无法弥补公司的巨大固定成本。所以,原中国兵器工业总公司亏损严重。改制集团公司后,中国兵器工业集团公司除了供给国家防务需求外,逐渐加大了开拓民品市场的力度。截至2006年,企业产品出口国家和地区有泰国、斯里兰卡、印度尼西亚、巴基斯坦、阿曼、叙利亚、蒙古、苏丹、伊朗等发展中国家。产品的大规模生产形成了巨大的规模效应。目前,除少数成员单位仍有亏损外,大部分成员单位将市场扩展到全球,已经开始有盈利。长期来看,企业应该开拓民品市场。但是,仍旧有部分企业处于亏损中。要全盘盈利,亏损企业应该积极探索用户需求。以银光化工为代表,2006年以来,中国兵器工业集团甘肃银光化工公司走访用户,掌握用户反馈信息,使公司提升适应市场能力,受到了用户的好评。

3. 产品开发战略

短期来看,由于企业兵器制造工艺技术相对较落后,应采取跟随型产品开发战略。跟随型产品开发战略可以相对节省产品开发费用。因为兵器产品的研发所需的资金流数目巨大,综合考虑我国国情和实用型军工产品开发能力,采用此战略。"跟随型"的主要缺陷是在军用产品上无法使国家处于领先、独立的地位,在民用产品上无法使产品及时适应市场需求。长期来看,在企业摆脱依赖进口加工机器设备、研发能力的实用性成熟到一定阶段、国家的经济许可的条件下,可以采用"领先型产品开发战略"。

4. 企业国际化战略

短期来看,目前企业对产品中的民品部分实施"走出去战略",而对军品部分是严格限制出口的。中国兵器工业集团公司国家化战略也初见成效,在石油、矿产等战略资源开发领域取得新突破,承揽到伊朗德黑兰地铁等一批国际工程项目,初步形成了国际贸易、国际工程、战略资源良性互动的国际化经营新格局。长期来看,军品部分也可以实施"走出去战略",因为随着全球兵器工业的成熟,军品也会和普通商品一样摆脱垄断市场而形成竞争市场,可能在关键技术上各国兵器企业会有保密措施。

三、企业生产经营状况

(一)企业生产概况

作为国防工业的基础,集团以生产防务产品为主,同时大力开发通用产品。企业在全球数十个国家和地区建立了近百家海外分支机构。国内,中国兵器工业集团公司共有员工30多万[①],工业企业66家。

(二)企业主要产品、生产及销售

中国兵器工业集团公司主要产品分为汽车及零部件、工程机械、特种化工、爆破器材、光电信息、新型材料[②]这六大类。

表3　　　　　　　　　　　　　　　企业主要产品展示

分类	主要产品		
汽车及零部件	大客车 奔驰重型汽车 铁马重型汽车 微型轿车 冷藏(保温)车 专用汽车 制动器	膜片弹簧离合器 等速万向节前驱动轴 发动机 微动制动器 消声器	微车变速器 汽车锁机构 汽车变速箱 风冷柴油机 汽车摩擦制动片 卷焊管
工程机械	大马力推土机 振动式压路机 塔式起重机 石油钻铤 挖掘装载机	三车一站 铁路车辆 火车轴 风冷柴油机	粗纱机 压力容器 石油钻具
特种化工	TDI 硝化棉 对硝基甲苯 苯胺 乙醇胺 对氨基苯乙醚	二甲基苯酚 TNT 二醋纤维丝束 聚氨酯密封胶 三氯甲烷 甲基纤维素	二苯胺 聚氨酯面漆 医药 农药 浮法玻璃 活性炭
爆破器材	DNT 导爆索 起爆具 电点火器	延期雷管 乳化炸药 胶制炸药	震源药柱 膨化硝铵
光电信息	望远镜 磁盘微晶玻璃基板	微光夜视仪 超薄镜片	激光全息模压制品 电脑刺绣机
新型材料	微晶玻璃 光学玻璃 人造金刚石 黄铜带箔		

资料来源:http://www.cngc.com.cn/products.aspx。

---

① 在企业官方网站宣传片中说是"40多万",此处"30多万"引用的是企业官方网站"公司简介"的资料。
② 此处引用企业官方网站产品展示中的分类。

2006年企业营业收入共794.112 8亿元。其中,业绩较突出的有惠安公司营业收入23亿元,凌云公司营业收入17.5亿元①。

中国兵器工业集团公司生产军用产品主要供应国家安全防务,同时也出口全球数百个发展中国家。2006年1至9月,中国兵器工业集团公司主营业务收入持续保持快速增长,截至9月底,累计实现主营业务收入744.87亿元,同比增长30.12%,完成年目标的79.24%。民品销售收入对集团公司整体经济增长作用明显,民品收入占主营业务收入的33.50%,对整体经济增长的贡献率达到40.29%,拉动整体经济增长12.14个百分点。

(三)产品进出口

中国兵器工业集团公司是国家授权投资的机构和国有资产经营主体,有进出口权。公司进口产品以制造、加工机械设备为主,如数控冲床等。除此以外,企业下属中国北方光电工业总公司也会定期进口数百台印刷设备。

公司生产的火车轴、车辆轮对、钢瓶、钻杆接头、铁路车辆零部件、卡车、活性炭等产品已出口到泰国、斯里兰卡、印度尼西亚、巴基斯坦、阿曼、叙利亚、蒙古、苏丹、南非等数百个国家和地区。其中,2006年中国兵器工业集团新华公司活性炭出口共完成16 636.7吨,其中自营出口占到62%,加上脱硫脱硝活性炭出口,已实现直接出口18 897.7吨,在中国活性炭行业出口排名第一。②

(四)企业海外市场拓展

中国兵器工业集团在全球数十个国家和地区建立了近百家海外分支机构,主要从事研发、贸易和生产。企业一直在积极扩展海外市场。2005年中国兵器工业集团北方奔驰公司与北方工业公司合作,开阔了海外重车市场;2006年中国兵器工业集团晋西车轴公司实行内销、外贸两条腿走路,将企业的车轴带到了海外市场;2007年1月,企业参加东博国际机床展,与日本制造业大买家的决策层直接交流,商讨进出口事宜。

(五)企业品牌创建

中国兵器工业集团公司是"中国兵器工业"的巨头,是中国最大的装备制造集团,是中国十大军用产品制造集团之一,在"兵器制造业"有着坚挺的品牌。部分成员单位也有其品牌创建,如内蒙一机公司依托北方奔驰,在重型汽车制造领域也有良好的口碑和坚挺的品牌效应。此外,公司热心于社会活动,多次参与帮贫扶助等公益活动,受到社会群众的广泛好评,为企业品牌创建打好了社会基础。

(六)企业多元化发展

中国兵器工业集团公司主要实行生产兵器工业产品的相关多元化。公司成员单位分为科研机构、工业企业、贸易公司,分别从事兵器工业的研发、生产和贸易。其中,工业企业是其营业收入创造的主要单位。工业企业以生产军用产品为主,主要分为汽车及零部件、工程机械、特种化工、爆破器材、光电信息、新型材料这6大系列。同时企业大力研发民用产品,目前企业在医药与医疗器械、农药等方面约有50多项科研成果。

(七)与上下游企业合作

2006年中国兵器工业集团公司着力加快产业结构调整步伐,集中力量培育重型装备与

---

① 资料来源:企业官方网站(www.CNGC.com.cn)2007年1月18日"集团公司动态"。
② 资料来源:《中国兵工报》2006年第4期。

车辆、石油化工与特种化工、光电材料与器件三大军民结合高新技术产业。围绕这三大产业，通过战略并购、前伸后延，积极打造核心产业链并见成效。

1. 上游企业

中国兵器工业集团与上游企业的合作部分通过自身成员单位的合作策略，部分通过其下属单位中国兵工物资总公司。中国兵工物资总公司面向国内外市场，以工业品生产资料贸易为主。其中，中国兵器工业集团需要的金属材料以首钢资源为依托，中国兵工物资总公司分别于2005年3月和7月在首钢取得了中厚板以及建材的一级代理资格；非金属材料由中国兵工物资总公司下属非金属材料公司自行研究、生产；化工材料来源于中国兵工物资总公司代理经营的华锦集团和盘锦乙烯各种化工产品。

2. 下游企业

中国兵器工业集团公司下游企业主要有汽车、化工等行业。由于企业本身成员单位中有各种类下游单位，能够消化工业企业的产品，所以一般而言集团公司不需要特别与下游企业进行合作，企业可以将价值链自包。另一方面，企业通过收购地方上市公司向下游延伸产业链。

四、企业资本运作

（一）企业融资概况

中国兵器工业集团公司主要融资渠道为中央拨款和股票。其中，中央拨款主要提供了中国兵器工业集团公司的起步资金，股票的发行为集团子公司的营运和扩张提供了资金。

中国兵器工业集团旗下有10家上市公司。分别为长春一东、新华光、北方股份、北方天鸟、凌云股份、晋西车轴、北方创业、北方国际、辽通化工9家A股上市公司和1家香港上市公司安捷利。截至2005年年底，9家A股上市公司总资产118亿元，净资产52亿元，在各大军工集团中列第四位；主营业务收入69亿元，列第五位；净利润3.58亿元，列第三位。2006年，企业的10家上市公司仍旧保持着良好的融资信誉并稳步增长。

上市公司作为兵器集团的产业发展平台和融资平台，已成为带动兵器集团实现跨越式发展的重要力量。

表4　　　　　　　　　　　企业9家A股上市公司大盘情况

上市公司股价—周情况表（2006.6.12～2006.6.16）								
代码	股票名称	上周收盘	本周开盘	最高价	最低价	收盘价	周涨跌幅	成交变化	
^	^	^	^	^	^	^	^	成交额（万元）	变化幅度
600148	长春一东	5.04	4.96	5.35	4.55	4.83	－4.17%	3725	－30.49%
000065	北方国际	5.31	5.31	5.77	5.25	5.73	7.91%	3398	－54.44%
600262	北方股份	11.25	/	/	/	/	/	/	/
600435	北方天鸟	8.82	8.88	10.05	6.00	6.18	－29.93%	7307	－39.77%
600480	凌云股份	3.40	33.40	3.65	3.32	3.60	5.88%	8310	－35.58%

续表

上市公司股价一周情况表(2006.6.12~2006.6.16)									
代码	股票名称	上周收盘	本周开盘	最高价	最低价	收盘价	周涨跌幅	成交变化	
^	^	^	^	^	^	^	^	成交额(万元)	变化幅度
600184	新华光	10.77	10.72	10.91	9.90	10.75	−0.19%	6 516	−41.26%
600967	北方创业	4.76	4.76	4.90	4.61	4.84	1.68%	2 868	−69.16%
600495	晋西车轴	8.55	8.53	8.68	8.30	8.65	1.17%	4 209	−65.15%
000059	辽通化工	3.98	3.96	4.38	3.88	4.33	8.79%	16 682	1.38%
1A0001	上证指数	1 551	1 540	1 574	1 513	1 574	1.49%	898亿	−45.64%

资料来源：http://www.cngc.com.cn/newsview。

（二）企业投资概况

中国兵器工业集团公司是国家授权投资的机构和国有资产经营主体，享有投资决策权。企业管理者积极地探索投资环境。2007年1月，中国兵器工业集团公司通过增资方式成为辽通化工第一大股东。使兵器集团的石油产业、特种化工产业和精细化工产业形成一个产业链，成为兵器集团新的经济增长点。兵器集团的海外石油资源优势将因为产业链的延伸和完善，而形成资源与最终产品的一体化优势，建立起自己的石化产业基地。同时，企业在以数亿元收购华锦集团旗下的全资子公司——新疆阿克苏华锦化肥公司后，成为我国最大的尿素生产企业。

除了寻找产品投资环境，各成员单位也非常重视生产的负外部性。2005年中国兵器工业集团西安惠安化工公司投资约1千万元建造污水处理工程，彻底解决公司排水污染问题，为把公司建设成为资源节约、清洁环保型企业打下良好的基础。

（三）企业并购重组概况

在石油化工和特种化工产业方面，总公司集中15亿元资金，成功完成了对华锦化工的投资并购，业务和文化快速实现了融合，使化肥年产量达到160万吨，位居全国第一。2006年3月10日，辽宁省政府与中国兵器工业集团公司在北京举行辽宁华锦化工（集团）有限责任公司改制重组合作协议签字仪式，由中国兵器工业集团公司以现金出资方式对辽宁华锦化工集团进行增资扩股重组。通过联合重组，兵工集团的海外石油资源优势将因为产业链的延伸和完善，而形成资源与最终产品的一体化优势，建立起自己的石化产业基地，促进军品与民品的良性互动。通过联合重组，华锦集团将由国有独资公司转变为国有股份制企业，实现体制和机制创新，必将为快速发展提供强有力的动力。[①]

2006年全国乡企贸洽会上，中国兵器工业集团甘肃银光化工公司与甘肃省金华化工有限责任公司签署了并购重组框架协议。银光民爆公司拥有年产2 000吨乳化炸药生产线，甘肃省金华公司是一家年产1 000吨安梯炸药和年产2 300万米工业导火索的民爆企业。银光公司对金华公司实施并购重组后，将紧紧依托银光公司的军工优势，做强做大民爆产

---

① 资料来源：www.mysteel.com 各地热点频道，2006年3月10日。

业,拉开了甘肃民爆企业整合的序幕。①

五、企业财务

(一)资产结构

中国兵器工业集团公司注册资金254亿元。截至2006年,中国兵器工业集团公司资产总额近1 400亿元②。公司是国家授权投资的机构和国有资产经营主体。同时,公司旗下有9家A股上市公司和1家香港上市公司;公司部分生产民品的成员单位与外企有合资关系,如中国兵器工业集团东方数控公司。

(二)营利状况

1. 企业销售额

2002年至2006年,企业销售额平均增长率22.244 8%,增长率级差4.160 3%。销售额增长速度较快,增长率呈递增趋势。具体情况如表5所示。

表5　　　　　　　　　　2002~2006年销售额和增长比率

年　度	销售额(单位:万元)	比上年增长百分比
2002	3 557 100	—
2003	4 261 471	19.801 8%
2004	5 218 034	22.446 8%
2005	6 406 092	22.768 3%
2006	7 941 128	23.962 1%

资料来源:中国企业联合会和中国企业家协会。

2. 利润额和销售利润率

以中国兵器工业集团公司下属北方国际、长春一东、新华光、北方股份、北方天鸟、凌云股份、晋西车轴、北方创业、辽通化工9家A股上市公司为代表。截至2005年年底,集团下属9家A股上市公司总资产118亿元,净资产52亿元,主营业务收入69亿元,净利润3.58亿元,销售利润率5.188 4%。

(三)资金运营能力

企业各成员单位发展不平衡,一部分企业仍然处于求生存阶段;一部分企业如惠安、凌云等已经能创造出上亿元利润。

成员单位资金运营能力以中国兵器工业集团公司下属北方国际、长春一东、新华光、北方股份、北方天鸟、凌云股份、晋西车轴、北方创业8家A股上市公司为例。2004年11月12日,这8家公司平均每股净利润0.12元,平均每股净资产3.383 75元。

---

① 资料来源:《中国兵工报》2006年第18期。
② 资料来源:企业官方网站(www.cngc.com.cn)"公司简介"。

表6　　　　　　　　　2004年11月12日企业8家A股上市公司情况

上市公司代码名称	总股本（万股）	流通A股（万股）	每股净利润（元）	每股净资产（元）	11.12股价（元）	主营
000065 北方国际	16 243.71	4 160	0.11	2.43	5.8	工程承包、建材销售
600148 长春一东	14 151.65	4 200	0.1	1.98	5	汽车离合器
600184 新华光	7 000	3 000	0.14	3.89	8.48	光学玻璃、光电材料
600262 北方股份	17 000	5 500	0.07	3.48	4.92	重型自卸汽车
600435 北方天鸟	9 000	4 000	0.12	5.75	7.12	电脑刺绣机
600480 凌云股份	24 000	6 800	0.18	2	5.99	汽车零部件
600495 晋西车轴	10 291	4 000	0.12	3.58	6.5	铁路车辆用各类车轴
600967 北方创业	13 000	5 000	0.12	3.96	6.13	铁路车辆、冶金机械

资料来源：《华尔街电讯》（wswire.com）。

六、企业研发创新能力

（一）新产品开发

截至2007年1月，企业科研成果共计234项，集中分布在机电（61项）、光电（35项）、精细化工/农药（50项）、安全与环保（18项）、医药与医疗器械（24项）、材料与制造（46项）六大领域。[1]

企业下属科研事业单位35家。以中国兵器工业第五三研究所为例，该研究所成立于1960年2月，是专门从事非金属材料应用研究的专业研究所。主要从事先进的弹箭材料及应用技术、装甲防护材料及应用技术、武器装备轻质化材料及应用技术、高性能密封技术及特种橡胶与联结材料及应用技术、特种涂层剂表面工程技术研究；研制有关兵器装备非金属配套件；负责建立国防特殊需要的最高化学计量的标准器具、研制标准物质、量值传递和技术业务工作；同时对外提供理化检测、商检等服务，提供高质量、高性能的抗弹、耐烧蚀材料、密封、隐身材料、工程塑料、胶粘剂等系列非金属材料、产品和技术服务。[2]

（二）专利申请

企业拥有独立的专利申请的代理机构。成立于1985年的中国兵器工业集团公司专利中心，是中国专利局指定的专利代理机构，并于2002年被国防专利局指定为国防专利代理机构。

成员单位中的工业企业和科研机构有多项新产品和技术获得国家专利。以中国兵器工业集团中南公司为例，该公司已有十项新技术相继通过国家及省部级技术鉴定，七项新技术获国家实用新型专利。

（三）研发投入

企业重视科技创新与进步，致力于高新技术的研发与运用。公司下属35家科研事业单

---

[1] 此处数据以企业官方网站（www.cngc.com.cn）列出的科研成果为依据。
[2] 资料来源：www.i53.com.cn。

位,拥有十余个国家重点实验室和一支以两院院士为核心的由数万名高水平研发人员组成的研发队伍。每年投入大量资金用于新产品、新技术,特别是绿色环保技术的开发与运用,确保产品和技术的持续创新。[①]

(四)企业创新激励模式

"科技领先,创新未来"是中国兵器工业集团公司的不懈追求。成员单位经常组织科技竞赛或参与企业间科技竞赛,以此提高广大员工的学习能力,提升了公司全体员工的创新意识。例如2006年4月至11月,西光公司以创新创效为主题,开展了以小发明、小创造、小建议、小窍门、小点子为主要内容的"五小成果"创新竞赛活动,许多小发明、小创造在生产中发挥了积极作用;2006年9月至12月,北方自动控制技术研究所举办稳定跟踪伺服控制系统设计分析仿真竞赛,以"强化理论基础、提高创新能力"为主题,促进员工成材。部分成员单位会重奖科技功臣。2006年12月27日,中国兵器工业集团新华化工公司隆重召开第三次科技工作会议,重奖技术创新功臣,其中最高单项奖金达20多万元。

七、企业营销策略

(一)企业产品销售渠道

占企业产品总量七成的军用产品直接销售到中央,另外三成民品的销售渠道分为传统渠道和新兴渠道两类。传统渠道包括实体店(含品牌专卖店)、客户上门订购等;新兴渠道包括网上销售、集团采购等。其中,集团采购是近几年才进入国内的新概念,这一渠道上,目前占销售总量的分额还比较少。

(二)企业定价策略

企业军用产品在中国市场处于完全垄断环境,企业可以左右市场价格,产品定价主要是弥补成本,所以采用成本加成定价策略。

企业民用产品在中国市场处于垄断竞争环境,企业的定价目标主要是销售导向型,由于中国军工企业的特殊性,国内十大军工集团所提供的不是完全无差别产品或技术,所以采取的是根据顾客认知价值定价策略,即用心理定价法的定价技巧。

(三)企业促销策略和售后服务

1. 促销策略

企业使用的促销策略主要是营业推广和公共关系。

(1)营业推广。营业推广主要通过针对消费者的组织展销策略和针对中间商的交易会或博览会。例如2006年10月17日,第十届中国国际纺织机械展览会在北京国际展览中心举行,中国兵器工业集团太行纺机公司参加了此次的纺机盛会。"公司参展的机型有FA4461粗纱机、FA561细纱机、FA1398条并卷联合机、FA299精梳机、FA361A、FA398A并条机等,其中FA299精梳机为新机型,围观和询问的客户不断。仅展会的第一天,公司就已签订粗纱机订货合同6台,已谈好待签合同的粗纱机50余台和精梳机一套。"[②]2006年12月,在阿联酋港口城市沙迦举行的第五届中国商品交易会上,中国兵器工业集团包头北方创

---

① 资料来源:企业官方网站(www.cngc.com.cn)宣传片。
② 资料来源:企业官方网站(www.cngc.com.cn)2006年10月24日"集团公司动态"。

业专用汽车公司盛装参展。"在此次交易会上,北方创业公司签订各类专用车外贸合同360台,累计金额1 000多万美元,达成长期合同意向近800台,16台参展样车'落户'中东。"①2006年4月20日至23日,第七届中国重庆高新技术交易会暨第三届中国国际军民两用技术博览会在重庆举办。中国兵器工业集团公司组织内蒙一机公司、内蒙北方重工公司、昆明北方红外技术公司等26家单位参展。

(2)公共关系。公共关系主要通过利用新闻宣传和企业自我宣传。例如,国防科工委新闻宣传中心是主要发布企业新闻信息的媒体之一,在公司主页发布有关于企业的各类新闻信息和产品信息。

2. 售后服务

2005年集团公司建立了售后服务体系,成立了集团公司军品售后服务办公室,全面负责集团公司军品售后服务工作,编制下发了《中国兵器工业集团公司军品服务管理规定》,组建了12支大型武器装备售后服务队,各重点装备承制单位根据要求也成立了相应的售后服务组织机构,为集团公司开展售后服务工作提供了制度、人员和体系保障。

在集团公司党组的正确领导以及各部门的密切配合下,集团公司的售后服务工作取得了显著成绩。2005年以来集团公司共进行售后技术保障服务1 400人次,培训部队1 700人次,排除故障4 000多项,有力地支持了部队训练、演习等任务的完成。

八、企业人力资源与文化

(一)企业人员结构

截至2006年12月,企业各类工程技术人员10万余人。工程技术人员的专业涉及车辆工程、工程机械、生产制造、能源矿产等通用专业和地面武器机动工程、探测制导与控制、弹药工程等军工专业。

企业在中国兵器2006年首届人才网络招聘会,面向全国为全系统百余家企业、事业单位和贸易公司公开招聘3 000余名员工,其中包括200多个中高级职位。招聘岗位中,要求本科以上学历的占2/3,硕士以上占1/3。

(二)企业薪酬、福利及培训

中国兵器工业集团下属单位新进员工收入多数在每月2 000元以上,硕士不低于2 500元,博士不低于4 000元。一些企业引进博士承诺月薪8 000元,硕士月薪5 000元,给予新进员工一次性安家费2万~3万元,并为大学生配备住宿公寓。②

企业下属人力资源开发西安中心负责对一些成员单位新老员工进行课程培训,课程有销售管理与谈判技巧、项目管理、沙盘模拟等。公司还与南京理工大、成都电子科大、川大等院校联办了MBA及各类高级人才研修班,培养高层次人才队伍。

部分成员单位实行自主培训调整人员结构。如中国兵器工业集团河南江河工业公司用3年时间让35岁以下的300多名员工完成了《计算机应用》和《法学》两个专业的学历教育,

---

① 资料来源:企业官方网站(www.cngc.com.cn)2006年12月25日"集团公司动态"。
② 资料来源:《中国青年报》中国兵器工业集团公司招聘新闻。

使员工通过培训,达到中专或技校文化程度。[1]

(三)企业对外交流及社会活动

1. 对外交流

中共中央非常重视企业的发展,中央重要领导胡锦涛、吴邦国、温家宝、曾庆红等先后视察中国兵器工业集团成员单位。

公司领导多次接待国外优秀企业,商讨合作事宜。2004年4月12日,中国兵器工业集团公司总经理马之庚、副总经理张忠会见了法国爱生比益集团公司(SNPE)董事长勒鹏先生和总经理方特纳先生一行。[2]

企业领导也十分注重与合作企业的交流考察。2004年4月16日,中国兵器工业集团标准化研究所近三十位处级领导干部到软通公司进行了交流考察,参观了该公司办公区。此次交流加强了兵器工业集团与软通动力的联系,为双方进一步加强合作打下良好的基础。[3]

2. 社会活动

企业总部及成员单位热衷于社会公益事业。东南亚国家发生地震海啸灾害后,中国兵器工业集团公司总部员工深表关切,纷纷慷慨解囊,奉献爱心。在短短的一周时间内,共捐款29 320元[4];中国兵器工业集团河南江河公司开展了送温暖献爱心集中捐助活动。截至2007年1月10日上午,共收到捐款14 279.5元,衣物40余件[5]。

在中国生产力学会主办的"2006年建设和谐社会与企业社会责任(深圳)论坛"上,中国兵器工业集团北京华北光学仪器有限公司荣获"2006年度企业社会责任建设贡献奖",以此表彰北京华光公司在企业履行社会责任方面做出的突出贡献。

(四)企业文化

作为国家控股公司,中国兵器工业集团公司坚持党的领导,定期在公司开展先进性教育活动。"中国兵器"的先进性教育活动有创新,有特色,群众满意。

集团公司党组高度重视党风建设和反腐倡廉工作,完善了集团公司纪检监察的工作体制和机制,初步形成了符合中央要求的,有集团公司特色的推进惩防体系建设的工作体系和制度体系。

企业下属单位正在创建各具企业特色的企业文化。例如下属湖光公司着重创建学习型企业,建设富有湖光特色的企业文化。同时,建立员工普遍参与企业管理机制,厂务公开,民主管理,充分发挥广大员工的积极性、主动性和创造性。下属西光公司着重打造诚信企业文化。2006年西光公司从员工、各成员单位、各层面积极推进阳光承诺行动,逐步强化全员的诚信意识;在设立"西光阳光热线"、诚信信箱的基础上,逐步建立"西光中层经营管理人员诚信档案"、"西光员工诚信档案"、"成员单位诚信档案",扩大诚信监督范围,收集和处理企业内、外部涉及对外交流、内部关系等诚信信息,并制定了诚信热线管理办法,相应加大处理力度。如今,赋有诚信属性的手机彩铃已运用到西光公司每一位管理人员的手机彩铃中,使与之接触的客户都能第一时间听到公司的阳光承诺,感受到西光公司郑重的诚信承诺。

---

[1] 资料来源:企业官方网站(www.cngc.com.cn)2007年1月4日"集团公司动态"。
[2] 资料来源:《中国兵工报》2004年第8期。
[3] 资料来源:企业官方网站(www.cngc.com.cn)2004年4月16日"集团公司动态"。
[4] 资料来源:企业官方网站(www.cngc.com.cn)2005年1月14日"集团公司动态"。
[5] 资料来源:企业官方网站(www.cngc.com.cn)2007年1月18日"集团公司动态"。

中国联合通信有限公司

中国联合通信有限公司(以下简称联通)成立于1994年,是一家从事移动通信、数据固定互联网、呼叫中心、集团客户等业务的电信投资企业。经过13年的发展,联通已形成了以世界风、如意通、新势力、联通新时空为代表的四大品牌系列,同时联通又是我国惟一的综合电信服务运营商,也是全球第二大CDMA网络运营商,目前公司已建立了比较完善的移动通信网络。截至2006年9月,公司总用户数高达1.3852亿。公司同时拥有GSM和CDMA两张网络,2006年6月,中国联通又同韩国SK电讯在CDMA移动通信业务领域开展了全面合作。在澳门特别行政区首批3G牌照的争夺中,中国联通又成为赢家之一。2007年3G牌照发放将步入倒计时,公司作为行业巨头,必将分享行业高成长所带来的巨大市场利润。2002~2006年度联通按销售收入的多少在中国企业中的地位如表1所示。

表1　　　　　　　　　　联通在中国企业500强中的排名

年　份	排　名
2002	29
2003	25
2004	27
2005	—
2006	33

资料来源:作者整理于北方网"中国500强企业"排行榜。

2005年中国联通在以投入为手段,规模扩张为特征的粗放型增长模式下,对CDMA进行了大量的前期投入,使企业整体销售收入下滑。同时2005年也是中国联通经受严峻考验的一年,这一年联通以转型为目标,开展了大量工作。主营收入稳定增长,效益水平逐步改善,各项业务稳健发展。发展模式转型取得阶段性成效,资本性开支得到有效控制,成本与收入的配比关系逐步趋好,深入开展精细化营销,把握市场能力明显提高。网络和服务支撑能力进一步增强。基础管理工作得到加强,管理体制得到进一步优化,精心化管理逐步走向深入,企业信息化取得新发展。

一、联通的发展历程

在2001年12月31日中国联合通信有限公司("联通集团")以其于中国联通(BVI)有限公司("联通BVI公司")的51%股权投资所对应的经评估的净资产出资,并联合其他四家发起单位以现金出资成立了中国联合通信股份有限公司,经批准的经营范围为从事国(境)内外电信行业的投资。

自从1994年中国联通进入电信市场,标志着我国电信业结束了一家垄断的局面,进入到竞争时代。特别是2000年中国移动和中国电信拆分后,中国移动失去了固网的优势,中国联通进入了快速发展阶段。移动通信市场在中国移动和中国联通两大运营商的竞争中快速发展,到2006年5月,我国移动通信用户已突破4亿大关。移动通信行业正面临着前所未有的发展机遇,我国移动通信市场的巨大潜力和国家政策使得移动通信产业突飞猛进。各大运营商为了各自的目标,在移动通信业务、资费、服务上竞争十分激烈。例如,中国联通日益成熟和壮大,为了和中国移动抢夺中低端用户,针对中国移动的"神州行"和"动感地带",中国联通推出了"如意通"和"新锐前沿";中国移动的2.5G网络GPRS正式投入商用,中国联通的同级别网络CDMAIX紧随其后,开展同中国移动在数据业务的竞争。同时中国电信、中国网通小灵通业务对移动通信市场的冲击,其明显的价格优势和日趋完善的技术,很受低端用户的欢迎,在移动通信低端用户市场掀起不小的波澜。如此众多的电信行业,未来在电信行业市场,联通要想走得更远,其发展战略不容忽视。

一个企业只要贯彻其中一种适合自身环境的战略,就能在市场竞争中取得竞争优势。从通信行业角度来看,过去数据业务的发展较慢,话音和一些基本数据业务(如短信息)占相当大的比重,这部分业务所含附加值较少,产品差异化不大,消费者对价格较为敏感,所以价格竞争在所难免,移动运营商不得不通过价格战来拉拢客户。但随着数据业务的发展,尤其是中国移动和中国联通分别实现自己2.5G网络的商用化(移动GPRS和联通CDMAIX),数据业务有了更好的发展平台,到2008年,数据业务收入将超过话音业务,面对业务新的发展动向,看来尽量避免价格竞争而转向以差异化竞争为主要竞争战略的时机已经出现。中国移动即将面临的市场环境会更加复杂,中国联通正从多方面向中国移动赶超过来,而中国电信和中国网通的小灵通业务也进入了移动通信中低端市场。随着3G时代的日益临近,竞争将进一步加剧。另外,按照WTO的要求,我国将逐渐开放移动通信市场,这样,国外的一些实力强劲的电信运营商也将来分吃中国移动通信这块"大饼"。本文认为,面对新的市场竞争,中国移动应该把差异化战略作为自己的主导战略,把价格竞争作为回应竞争对手的一种手段,并适时调整自己的集中战略,积极谋求产业链的和谐发展,为自己增加新的利润增长点。

二、联通的生产经营状况

中国联合通信股份有限公司通过中国联通(BVI)有限公司控股的中国联通股份有限公司在香港公布了其2007年1月份统计期内业务发展数据表,其中:2007年1月份GSM移动电话用户累计到达数为10 688.2万户,与2006年12月份相比累计净增数为100.9万户;CDMA 移动电话用户累计到达数为 3 686.0 万户,与 2006 年 12 月份相比累计净增数为 36.7 万户;2007 年 1 月份电路交换长途电话本年累计通话时长为 8.186 亿分钟,IP 电话本年累计通话时长 9.838 亿分钟。具体情况如表 2。

表 2　　　　　　　　　　　　　主营业务构成

项　目 (行业/产品/地区)	主营业务收入 (万元)	比例 (%)	主营业务成本 (万元)	比例 (%)	毛利率 (%)
邮电通信业	6 031 238.41	100.00	3 403 113.10	105.09	43.60
行业总计	6 031 238.41	100.00	3 403 113.10	105.09	43.58
GSM 业务	3 726 013.34	61.78	2 162 704.41	66.79	42.00
CDMA 业务	1 796 863.04	29.79	895 255.10	27.65	50.20
长途数据互联网业务	508 362.04	8.43	345 153.59	10.66	32.10
其中:关联交易	13 773.20	0.23	—	—	—
产品总计	6 031 238.41	100.00	3403113.10	105.09	43.58

资料来源:www.sw2000.com.cn 中国联通资料。

2006 年前三季度,联通公司收入继续保持平稳增长势头,实现主营业务收入人民币 603.1 亿元(以下财务数字均以人民币为单位),比上年同期增长 5.5%。GSM 移动通信主营业务收入为 372.6 亿元,平均每月每用户通话分钟数(MOU)为 233.4 分钟,平均每月每户收入 ARPU 为 49.7 元。CDMA 移动通信主营业务收入为 179.7 亿元,平均每月每户通话分钟数(MOU)为 274.8 分钟,平均每月每户收入(ARPU)为 66.8 元。长途、数据和互联网主营业务收入为 50.8 亿元(以上各通信专业主营业务收入是从外界顾客取得的收入减去公司内部产品间的收入与支出净额后的金额)。中国联通将继续坚持理性、务实、积极的策略,加大市场开拓力度,加快提高服务质量,加强内控管理,切实提高发展质量和综合竞争实力,增强公司的可持续发展能力。

三、联通主要资本的运作情况

中国联通的 13 年成长历程,是中国电信业打破垄断、引入竞争、高速发展的 13 年历程。1994 年 7 月 19 日,中国联通在我国电信改革的序曲中成立;联通已跻身国内 6 大运营商之列,并向国际一流电信企业迈进。

(一)以经营资本为支点

1. 红筹股上市弥补资金缺口

中国联通从诞生之日起,就担负着突破电信垄断坚冰的重任,要成为与对手旗鼓相当并独具特色的竞争主体。要建设覆盖全国的移动通信网和数据固定业务网并开展业务,2000 年前的中国联通不可能靠正常的经营积累实现,23 亿元净资产只是杯水车薪,国家投资和联通集团 15 家股东投资也都很有限。1999 年年初,国务院批准中国联通资本重组后,当时的注册资本金也只有 158 亿元,其中寻呼净资产就占了 69 亿元,投入的现金有限,难以支撑联通未来的发展。而且,当时中国联通还正在清理"中中外"项目,这是国务院和信息产业部的明确要求,也涉及到重组上市时产权是否明晰的问题。清理"中中外"项目还本付息需要支付 146 亿元,这也是一个庞大的资金缺口。当时,以原董事长杨贤足为首的中国联通决策层提出"建立新机制、建设新网络、采用高技术、实现高增长、发展综合业务"的两新两高一综合的发展战略,各种资金需求导致中国联通必须走进资本市场。

当时的中国联通也考虑过向银行举债,但其只有23亿元净资产,即使达到100%的资产负债率,最多也只能贷到23亿元资金。2000年时境内最大的A股资产发行为30亿元左右,国内资本市场也无法满足联通的资金需求。但当时国际资本市场却非常看好中国的电信业,更青睐中国联通潜在的高成长性。正是在这种情况下,中国联通抓住机遇,按照"整体上市,分步实施"的原则选择12个省市的资产于2000年6月21日、22日分别在香港、纽约成功挂牌上市,首次公开发行股票28.28亿股,筹集资金56.5亿美元。综合业务的品牌优势和移动通信业务的高速成长性,成为其最大的卖点。境外上市的成功使中国联通不仅融到了资金,改善了资本负债结构,同时也获得了国际资本市场的认可,提升了品牌和资信度,增强了贷款融资的能力。此次上市被认为是中国电信业格局初步形成的标志性事件。

2. 发行A股为CDMA融资

2001年中国联通建设CDMA网络,一期建设投资近200亿元。联通集团的优良资产注入到上市公司中,建设资金从哪里来?可以向银行举债,可单一举债并不现实,联通集团当时的资产负债率还较高。2001年以来,国际资本市场一直低迷,所以要在境外减持股份时机并不成熟。况且境外的投资者持有中国联通公众股的比例已达到22.53%,减持股份的比例也非常有限。2001年6月20日,中国联通红筹股股票(0762)被纳入香港恒生指数成分股。然而,当时国内资本A股市场的平均市盈率却在40倍左右,所以中国联通选择了在国内上市,这样还可以提升联通品牌在国内的知名度,让用户和投资者的利益统一起来。2001年国家统计局发布信息,在全国2710家企业集团中,中国联通资产规模排名第7位,实现利润总额排名第8位。

在国内用什么架构上市,成了联通最大的难题。如果联通集团上市,就是按照低于15%的发行要求,其庞大的规模市场也不能承受。将集团公司分拆上市,有违于"整体上市,分步实施"的承诺。而且这些方式都有可能引发同业竞争和大量的关联交易。着眼于未来的发展,联通集团公司、红筹公司和运营公司需要保持资产、债务和业务的一致性。因此,中国联通在国内市场的上市采取了特殊的股权处置,设立了A股公司,由A股公司控股红筹股公司,实现了境内外投资者利益的一致性。

2002年10月9日,中国联通A股在沪市挂牌交易。此前的发行中,中国联通以每股2.3元的价格发行了50亿股,融资额达115亿元。A股发行融得的115亿元资金进一步改善了资产负债结构,为CDMA网络建设提供了资金支持。此外,联通A股是国内资本市场上出现的第一只基础电信运营股,也是国内第一家红筹公司到A股市场上市的公司。至此,中国联通成为国内首家横跨香港、纽约、内地上市的电信运营商。与此同时,中国联通将受到境内外三地证券监管部门的监管,面临的监管透明度也更强。

3. 收购九公司扩张规模

为了实现"整体上市,分步实施"的发展战略,扩大网络规模效益,2002年底,中国联通红筹公司向中国联通集团收购未上市省份中经营和盈利情况较好的吉林等9省分公司的移动通信资产。采用国际资本市场公认的市盈率倍数法确定本次收购的企业价值为225亿元。收购完成后,中国联通上市公司服务区移动业务覆盖省份从12个扩大到21个省份。

收购9省移动资产大大提高了联通红筹公司的市场地位,有助于实现联通红筹公司的发展战略和发展目标,更好地为股东创造价值。通过收购,中国联通红筹公司扩大了网络规模,提高了主营业务收入,改善了财务表现,优化了收入结构,增强了盈利能力。本次用自有现金收购,避免了对原有股东的摊薄,提高了股东回报并使资产负债结构更趋合理。此外,通过收购,还减少了红筹公司与联通集团的关联交易数量和金额,降低业务和财务管理风险,提高了公司管理水平。这一系列按照国际资本市场的规范做法,大大提高了中国联通的市场地位。

（二）以转变机制为杠杆

上市带给中国联通观念和机制方面的变化才是长久的,这是一种根本性的变化。上市前的中国联通只是简单追求市场规模和企业规模的扩大,上市后中国联通追求的是企业价值最大化和股东利益最大化。中国联通董事长王建宙多次表示,上市后的中国联通将以经济效益为导向。在前不久的中国联通半年工作会上也提出,要坚持以经济效益为中心不动摇。上市后,中国联通按照建立现代企业制度的要求,建立董事会和股东会,董事会下设专门委员会,聘请吴敬琏等专业人士出任独立董事,并建立了内部绩效考核制度、审计派出制度以及期权等制度。

中国联通建立了"以效益为导向,以利润为中心"的绩效考核体系。新体系包括收支系数、资产报酬率、收入增长贡献率、利润贡献率、收入的市场占有率和利润的市场占有率六个指标。新的指标有的指向企业内部、有的针对不同地区,要求各分公司的收入和市场份额都要不断增加。联通各分公司的所有薪酬由总部按照绩效考核得分结果确定薪酬总额,这样就能拉开收入差距。比如2002年,上海联通的绩效考核得分为121.3分,贵州联通为54.9分,不同的得分就对应着不同的经济收入。除经济收入的差异外,绩效考核得分还是一种荣誉的象征,会给各分公司产生压力,各省分公司又会把这些压力向下一级公司传递分解,这样就使所有员工在这个绩效考核体系中受到激发。

2002年之前,中国联通实行总公司、省公司和市公司三级审计制度,省市公司审计部门向该公司经理负责,使审计的有效性和独立性都打了折扣。2002年中国联通的审计制度由三级变为总公司和省分公司两级,由省公司向市公司派出审计人员并直接对省公司负责。2003年中国联通取消省一级公司的审计部门,各省分公司的审计人员全部由总部派出,由总部统一任免干部、统一核拨经费。审计派出制度的实施,加强了审计监督的有效性和独立性,提高了审计队伍的整体素质,完善了约束机制。与此同时,2002年由联通总部派出的审计人员还完成了十几个比较大的课题调查。正是受公司上市后机制转换的驱动,企业才自觉地调整和增强对自己的约束机制。

为了提高企业效益,中国联通需要最优秀的人才。上市以后,中国联通总部先后两次面向境内外不拘一格选拔高级管理者(部分总部各部门负责人和省分公司负责人)。中国联通在用人机制方面的创新表现在范围广——面向境内外,开放度高——可以任省分公司正职。通过改革,中国联通建立了人员能进能出、收入可增可减、干部可上可下的人事用工制度。上市后,中国联通加强了内控制度建设,坚持完善一级法人制度,资金的投入统一决策,融资统一运作。各分公司没有总部的授权不能举债,也不能对外投资,禁止各分公司办三产。

融资只是中国联通当时上市的一个方面原因。上市以后,为了满足投资者对效益的要求,中国联通不遗余力地转变机制,增强市场竞争力,以使投资者的利益达到最大化。同时中国联通还在考虑再融资能力问题。企业再融资的能力主要靠它的发展和实力,包括企业的形象和信誉等。而要维持再融资的能力,就必须进行品牌积累、观念转变、机制转变。反过来,这些转变都会反作用于中国联通的发展,带动整体效益和发展速度的提高。因此可以说,这种机制创新和改革要比融资更为重要。2003年是联通收获的一年,联通红筹公司被《欧洲货币》评为香港及内地上市公司"公司治理"第一名。联通A股公司荣获国内上市公司"年报双榜"第二名,入选"上证180指数"。7月《福布斯》公布全球企业500强的评选结果,中国联通居第390位。9月26日,联通红筹公司在香港签署了7亿美元银团贷款协议。

(三)以抓住机遇为导向

在我国已经上市的运营商中,中国联通的资本运作无疑是非常成功的。据了解,按照中国联通"整体上市,分步实施"的战略,联通集团下属还没有上市的10家分公司将会陆续完成上市。佟吉禄副总裁表示,这10家分公司上市的时机选择主要取决于这些公司的赢利水平,能否给投资者带来新的价值,能否实现赢利增厚,不会为了上市而上市。

通过在境内外的上市,中国联通不仅改善了资产负债结构,同时在国内和国外两个资本市场开辟了融资渠道。这使得中国联通靠自身在资本市场上的信誉,向银行融资已不存在问题。对中国联通而言,目前最重要的是如何利用自身有利条件,找到一条成本比较低的融资途径。

同样,中国联通CDMA发债计划其本义并不是为了融资,只是为了降低CDMA网络建设的融资成本。后来该计划的一度搁浅,是出于此次发债计划规模过大和国家发改委协调各个产业发债计划的原因,而不是像媒体猜测的中国联通出现了财务危机和支付危机。中国联通表示,将继续充分利用境内外广阔的融资渠道,不断寻找成本更低的融资渠道,抓住资本市场的机遇,提高企业效益。2004年5月11日,中国联合通信股份有限公司(简称中国联通)召开2003年度股东大会。根据高票通过的配股方案,中国联通向境内投资者配售股份总数不超过15亿股。2004年7月20日,联通顺利完成了沪深股市有史以来规模最大的配股融资行动。此次配股总额高达45亿元,约九成的投资者参与了此次配股。

中国联通资本运作的经验表明,目前资本市场供过于求的状况随时都会创造机遇,关键在于企业能否抓得住。企业需要积极加强自身实力,因为资本市场其实很欢迎高收益、高成长的企业。

华润集团

华润的多元化道路从香港开始,先后涉足零售、地产、食品等诸多行业。依靠资金与政府背景,华润在国内大肆收购不同行业的各种企业。在房地产行业,华润先后收购了深圳万科和北京华远;在啤酒行业,华润收购了四川蓝剑和湖北东西湖;在纺织行业,华润收购了四川锦华等10多家企业;在零售业内,华润拿下了深圳万佳、深圳万方和苏果超市;在医药领域,华润剑指东北制药、和平大药房等。零售、房地产、啤酒、纺织、电力、建材、微电子、农业深加工等一系列不相关联的业务被华润尽揽其中。

从1994年并购雪花啤酒开始,十余年间,华润连续并购了37家啤酒企业,实现了啤酒行业的全国布局,与青岛啤酒一起并列中国啤酒行业的龙头。2000年,华润斥资1.1亿元连续收购了6家纺织厂。2001年9月,华润又以中国华润总公司的名义斥资1.5亿元收购四川锦华(000810)51%股份,成为其绝对控股股东。至此,华润已经拥有70万锭纱锭生产能力,年产纱线48 000吨。截至目前,华润已稳坐纺织行业老三的位置。

在内地房地产市场处于低潮时期,华润也开始"产业整合"。1994年12月,华创入股北京第三大房地产公司华远房地产股份公司(华润置地前身),并于1996年1月成功将其外方股东——北京华润置地在香港上市,形成今日华润置地有限公司的基础。华润置地坚持全国发展的战略,先后成立了华润置地(北京)、华润置地(上海)和华润置地(成都),成为中国地产行业中规模最大、盈利能力最强的公司之一。

1995年底,华润集团投资和其他多元化收益已占毛利润总额的51%,标志着华润已完成由贸易为主向多元化发展的转变,华润已经事实上成为多元化的综合性集团公司。

截止到2004年12月31日,华润集团总资产达到1 015亿港元,营业额达623亿港元,企业帝国版图初步形成。

一、企业概述

(一)集团简介

华润的历史最早可以追溯到1938年"联和行"在香港成立,1948年"联和行"更名为"华润公司"。1983年,改组为华润(集团)有限公司,总部位于香港湾仔港湾道26号华润大厦。

华润植根香港超过半个世纪,一直秉承"开放进取、携手共创美好生活"的理念。经过多年的努力,华润的基业不断壮大,商誉卓越。

华润集团已发展成为中国内地和香港最具实力的多元化控股企业之一,总资产达1 700亿港元,营业额达940亿港元。华润集团从事的行业都与大众生活息息相关,主营业务包括日用消费品制造与分销、地产及相关行业、基础设施及公用事业三块领域。

华润集团继续以香港为基地,积极发展在中国内地的各项主营行业,争取建立行业领导者的地位。借助主营行业的成功,带动华润集团整体协同发展,为企业营造更大的发展空间。

(二)集团下属上市公司

1. 华润创业有限公司

于1992年建基香港,其股份于香港联合交易所挂牌,是香港恒生指数及恒生伦敦参考指数成份股之一,股份亦以美国预托证券买卖,并可于英国交易所自动报价系统交易。华润创业的主要业务是经营在香港及中国内地的分销业务。其中核心业务包括零售、饮品、食品加工及分销、纺织。目前华润创业在香港及国内共有员工约84 000人,旗下业务主要有华润万家、华润零售、华润雪花啤酒、五丰行、华润纺织、华润石化、华创物业等。2004年,华润创业营业额为471亿港元,税后盈利16.03亿港元。

2. 华润置地有限公司

于1996年在香港联合交易所挂牌,为香港恒生综合指数成份股和恒生中资企业指数成份股。华润置地是一家综合型地产公司,主营业务为物业发展和物业出租。目前,华润置地总资产已达170亿元人民币,净资产超过80亿元人民币。华润置地坚持实施全国发展战略,下属公司包括:北京华润大厦有限公司、华润(深圳)有限公司、华润(上海)有限公司、华润置地(北京)股份有限公司、华润置地(上海)有限公司、华润置地(成都)有限公司、华润置地(武汉)有限公司和华润置地(合肥)有限公司。中国充满潜力的房地产业给公司以巨大的发展空间,华润置地将凭借诚信、务实、专业、团队、积极、创新的企业精神,继续实施差异化竞争战略和全国发展战略,持续提升地产价值链的生产力,成为中国地产行业中具竞争力和领导地位的公司。

3. 华润电力控股有限公司

成立于2001年8月27日,并于2003年11月12日在香港联合交易所主板上市,是恒生综合行业指数(公用事业)及恒生香港中资企业指数成份股之一。2005年5月,华润电力入选摩根士丹利资本国际中国企业指数成份股。

华润电力主要于中国经济发达、经济增长率高或资源丰富的省份投资、开发、建设和运营大型火力发电厂。截至2006年12月31日,华润电力共有18家运营电厂和5家在建电厂。运营权益装机容量为8 003兆瓦。在建和运营权益装机容量约10 000兆瓦,其中约95%是火力发电机组。

目前,华润电力所投资的电厂分布在河北、北京、河南、湖北、湖南、广东、江苏、浙江和安徽等省市,为所在地区经济和社会的发展提供动力。

4. 华润励致有限公司

于1994年11月7日在香港联合交易所挂牌,是恒生香港中企指数成份股及伦敦金融时报FTSE1000指数成份股。华润励致主要制造应用于消费类电子产品的集成电路、半导体分立器件及应用于住宅空调机的压缩机。旗下全资拥用华润微电子(控股)有限公司,主营集成电路和分立器件的设计开发、晶圆制造和测试封装业务,2004年年产4寸、5寸、6寸晶圆逾130万片，封装集成电路逾10亿块，是中国规模最大的消费类半导体产品开发供货商之一。由华润励致控股的沈阳华润三洋压缩机有限公司，是中国住宅空调压缩机的主要制造商之一，2004年年产旋转式空调压缩机350万台。未来，华润励致锐意发展成为中国领先的消费类科技产品制造商。①

二、华润的多元化发展战略

（一）多元化的原因

华润集团作为中国计划经济时代的产物，是中国各出口公司在香港和东南亚地区的总代理。在该公司贸易业务的鼎盛时期，其代理的进出口总额曾占到了全国的三分之一。随着改革开放后贸易体制的改革，众多内地企业纷纷获得自营进出口权，华润的外贸代理地位日益衰弱，因此，寻找新业务就成了华润谋求进一步发展的必由之路。多元化发展成为华润集团的一个选择。

华润集团具有国内并购活动中其他企业难以企及的优势，于是通过并购活动展开多元化发展成为了华润进一步发展的道路。

华润的并购优势集中体现于资金实力与政府资源两个方面。

从资金实力来看，华润集团现有资产600亿元，每年产生利润近40亿元，手中握有170亿元的现金，可支配金额达300亿元，此外每年通过股票增发亦可筹资10亿～40亿元，如此庞大的资本实力在国内几乎没有企业能够达到，这使得华润在内地的投资与其他企业完全不同，它可以通过香港这个融资平台，源源不断地为国内的并购及并购企业的再重组提供充足的资金支持，从而可以不断地展开大规模的并购活动，甚至进行整个行业的重新整合。

从这一意义而言，华润整合内地产业的过程，其实就是不断开拓国际资本流回中国传统产业的渠道，再依靠整合改造后企业的良好业绩表现，取得国际资本市场的进一步信任，将国际资本源源不断地引入内地市场的过程。

此外，与一般国际化企业不同的是，华润在政府资源上的独特优势使它可以在国内展开大刀阔斧的并购活动。华润作为前外经贸部在香港的窗口企业，同时兼有外资与国有企业的双重身份，在华润香港的管理层中有500人是曾在内地工作过的，并且大多数都有着政府官员的经历，例如其董事长陈新华就曾担任过对外经济贸易部副部长，在现任7位集团副总经理中有6位是政府官员出身。这种与政府千丝万缕的联系，使华润在并购内地的国有企业时不仅易于掌握这些企业的真实状况，也能够顺利理顺与当地政府的各种利益关系，从而大大降低并购成本。

政府资源优势还进一步加强了其融资能力。直至目前，华润虽然已在国内开展了庞大的并购活动，在内地的投资额高达200亿元，但真正来自境外的资金仅仅30亿元左右，国内的银行给了华润极大的支持。而某种程度而言，这也正是其政府资源优势的另一种体现。

正是有着强大资金实力为后盾、政府资源为基础的独特优势，华润在国内的并购活动中才能顺利展开手脚。各级政府有意从大量的国有企业中退出来，这就无形中为国内的并购活动提供了极其广泛的题材，而政府急于退出国有企业的心态也确实使得收购国有企业的

---

① 资料来源：华润集团网站。

成本往往很低。

一方面，由于国内制度环境的不规范，大量的国际资本既难以了解国内企业的真实状况，又不善于跟各级地方政府打交道，即使它们有心收购内地的国有企业，也往往被过高的交易成本所吓退，而国内的各级政府从保护国内产业的角度出发，也不愿让外资大举进入；另一方面，对于国内资本来说，其面临的主要问题是资金实力远不够强大，许多的国有企业对于它们来说太大，根本没有实力收购。

(二)做中国 GE

华润的多元化道路从香港开始，先后涉足零售、地产、食品等诸多行业；之后感到香港市场过于狭小，很快杀入内地市场，依靠资金与政府背景在国内大肆收购不同行业的各种企业，从而形成了业务庞杂的企业集团。

多年的发展中，华润集团似乎一直没有做深某个产业的情结，而是哪个产业有机会就经营哪个产业。比如进入啤酒业的初因，一直流传的说法是华润集团总经理宁高宁当时看了青岛啤酒的招股说明书，被该行业的增长前景打动所致。

不过，华润对多元化的选择，不能不说也受到 GE 的影响，GE 的极大成功与韦尔奇巨大的个人声望使华润与宁高宁都将其看做了效仿的对象。在国际成功企业的经验中，有两个正好相反的蓝本摆在华润面前：一个是由多元化走向专业化的诺基亚，另一个则是走向更广泛多元化的 GE。

华润走的正是 GE 的路子。GE 发展的关键一环是不断收购与出售资产，而华润在并购上有着自己的独特优势，并且这样的资产买卖往往使华润很轻松地获取不菲的资产转让收益。相比之下，如果选择诺基亚那样的道路，则需要对某一行业有深刻的认识与理解，并且在这一行业中最好已建立起自己独特的优势——这对于每一产业都还涉足不深的华润来说，显然难以做到。

于是，华润提出了"产业整合"战略：选择那些市场集中度较差、缺少行业领导者、没有市场标准的产业进行大刀阔斧的并购——这样的行业存在着巨大的整合机会。华润希望借资本优势，打破行业自然整合的节奏，试图快速成为行业垄断者，谋取高于行业平均利润率的回报率，并左右行业发展方向。

目前，华润的业务从第一产业到第三产业，涉及的行业非常广泛。除去一些策略性投资之外，华润的主要业务包括地产、食品、啤酒、石化、零售、纺织、水泥、电力、微电子九个大类。最能体现华润"产业整合"思路的是啤酒行业。从 1994 年并购雪花啤酒开始，十余年间，华润连续并购了 37 家啤酒企业，实现了啤酒行业的全国布局，与青岛啤酒一起并列中国啤酒行业的龙头。

此外，纺织行业也体现出了华润的"产业整合"理念。2000 年，华润斥资 1.1 亿元连续收购了 6 家纺织厂。2001 年 9 月，华润又以中国华润总公司的名义斥资 1.5 亿元收购四川锦华(000810)51% 股份，成为其绝对控股股东。至此，华润已经拥有 70 万锭纱锭生产能力，年产纱线 48 000 吨。截至目前，华润已稳坐纺织行业老三的位置。

(三)整合困境

在华润集团的九大业务类别中，能够较好体现华润"产业整合"理念的行业屈指可数。除了啤酒和纺织之外，其余的如地产、食品、零售、石化、水泥、电力、微电子等行业，华润根本无力产生真正的影响力，"产业整合"更是无从谈起。

华润的多元化战略其实是以资产组合管理为主,企业重组为辅的混合体。在资产组合方面,一方面,它依靠其特有的优势,以较低成本收购公司;另一方面,在收购完成后,华润一般会向被收购公司提供发展资金与新的管理团队,以提高公司的效率与管理水平,从而达到使公司升值的目的。在产业整合方面,华润则更多地插足公司的战略层次,将被收购公司纳入华润在这一产业的整体战略之中,以期获得高于行业平均的利润率。

从战略上来看,华润的多元化,无论是相对简单的资产组合,还是更高层次的产业整合,都有着看似清晰的盈利模式。即使是最简单的资产组合管理的多元化,华润收购的国有企业由于体制上的原因,一般管理混乱,资金匮乏,华润的进入可以带来新的管理团队,并提供强大的资金支持,这应该能明显改善公司的经营业绩。如果再考虑到华润收购成本较低这一事实。在目前的中国国情下,这类多元化战略如果执行得力,应能为公司带来较好的收益。如果再进一步考虑中国许多行业产业集中度差,急需整合的现实状况,华润对某些行业进行大规模的收购,并利用这些被收购公司间的协同效应重新整合与重组,进而取得一定的行业垄断优势,这将有望获取更高收益。

现实的情况远没有这样乐观,以整合最为成功的啤酒行业为例,华润虽坐上了啤酒行业的龙头位置,但其盈利能力却远低于青岛啤酒、燕京啤酒等竞争对手;而在零售行业情况更糟糕,万佳超市自从被华润并购以后就一直亏损,至今尚未恢复元气。华润虽在国内并购了大量的企业,但大而不强则正是业界对华润的普遍看法。事实上,正如宁高宁在2004年的总经理会议上的直言:"集团整体的盈利能力和资产回报率提高仍然较慢。从实际情况来看,很多利润中心营业额的增长不是因为自身经营能力产生,而是通过并购来实现的增长。"

华润这种大而不强的一个根本原因来自于,被收购公司往往与华润集团在行业发展战略与企业文化上存在冲突——这一类矛盾在华润有心重点发展、并积极进行产业整合的行业内表现得尤其明显。华润收购万佳超市后,由于其"未来五年内,投资50亿,实现营业额500亿,年度利润5个亿"的"四个五工程"的战略目标与万佳原有"稳扎稳打"的战略发生严重冲突,并且华润的企业文化也很难与万佳原有的企业文化融合在一些,最终导致了以徐钢为代表的万佳原有管理团队大批离去,而华润万佳也从一家业绩优异的公司陷入了不断亏损的境地。

华润产业整合另一个失败的例子是其对深圳的万科与北京华远地产的整合。这两家地产公司一南一北,是中国地产界的两家航母级企业。华润在控股这两家公司以后,非常欣赏万科的经营理念,希望按照万科的方式重塑华远,而这遭到了华远原有管理层的强烈抵制,最终以华远原总裁任志强赎回华远品牌、离开华润另起炉灶而告终结。与此同时,华润的地产业务也陷入了相对的低谷。

以上两个例子表现出了华润在产业整合中遇到的困难,并且被收购企业越是强势,这样的整合困境越为明显。

(四)管理资源稀缺

华润之所以面临整合困境,更重要的原因体现在管理资源的稀缺上。一般而言,华润收购成功一家企业后,通常做两件事,一是提供资金支持,促使其扩大规模,改进技术;二是向被收购公司注入新的管理团队,以提高其经营能力。只有这两项基础做好了,华润的收购才算初步成功,也才能展开进一步的产业整合。

不过,作为没有太多产业经验的多元化企业,在华润内部根本不可能有充足的管理人员进驻被收购企业。事实上,华润通常做法是:收购一家企业后,90%的一把手被换掉,而换上去的一般是华润从社会招来的职业经理人。这些从社会上招来的人员与华润很难有共同的文化认同。这样,被收购公司与华润仅通过资本纽带相连接,而华润收购来的各公司之间未能产生有效的沟通,难以发挥"1+1＞2"的效果。

目前的国内环境,合格的职业经理人本来已是"稀缺资源",华润要想加强被收购公司的管理水平,往往寄希望于物色到合适的管理人才,而这又往往是可遇而不可求的事情。这就导致当华润收购一家公司后,除了资金上能给予一定支持外,在提高管理水平上往往无所作为,甚至经常由于空降过来的管理者对行业及企业情况不熟悉,使得企业经营状况更为恶化。

华润母公司一样也受到管理资源稀缺的制约。这么多基本不相关的行业全由华润总部统一管理,这对于总部的管理能力提出了严峻的挑战。

华润总部主要管四样东西。一管战略,一个行业做不做,做多大,战略资源如何配置,由总部说了算;二管人事任命和评价;三管财务,除了少量必备资金,二级公司不会有存钱,不能借钱;四管预算。这其中,除了财务有相对统一管理标准外,无论是战略还是人事与预算,都与具体行业紧密联系,而要华润总部能够同时熟悉这么多行业,难度会相当大。正因为这一系列的整合困境,很大程度上抵消了华润在并购与产业整合中所获得的众多潜在收益。事实上,华润面临的主要问题便是:用什么样的适用于多元化企业的管理手段,克服其面临的整合困境,从而最大程度地获取多元化带来的诸多收益。

对于维持这样一个庞大的多元化企业,华润有着自己的方式。首先,华润提出了"集团有限度相关多元化,利润中心专业化"的战略,并且华润正致力于使每一利润中心都成为上市公司,从而使这些利润中心具备更大的自主权,向专业化方向发展。其次,对于集团而言,其对各利润中心的管理主要体现在华润所总结出的"6S管理体系"上。所谓"6S",即指"总公司主要管战略、主要人员任命、预算考核、现金与财务政策、内部协同与资源综合利用、总体形象与统一品牌",而其余的事项则由各利润中心自行决策。

不过,华润寄希望于用这样的战略解决其所面临的整合困境,却绝非易事。这一战略至多只部分解决了总部与并购来的各子公司之间的关系,但华润面临的另一严峻挑战却是如何向已购并企业注入新的管理资源以及处理被并购企业与华润在经营理念与企业文化上的冲突等,对于这些棘手问题,华润显然未能找到有效的解决办法。而即使是处理集团与利润中心的关系方面,集团要为自己并未在第一线亲自参与的各个不同行业制定战略,确定其发展方向,极易造成与现实脱节,甚至可能阻碍各利润中心的正常发展。这一系列的问题暴露出华润在有效管理一个多元化企业方面,尚面临着诸多困难。而目前来看,华润的未来命运却恰恰是在于其是否能成功解决整合困境,有效地组织一个庞大的企业集团,这是决定华润未来发展的核心要素。

三、生产经营状况

截至2005年12月31日之财政年度,华润集团业绩再创新高,总资产达到1 352亿港元,营业额达752.7亿港元,这些成绩的取得都是与华润集团近年来积极调整企业战略,不断推进专业化和加强竞争力的努力分不开的。在2005年更坚实的基础上,华润集团未来的发展将进入一个全新阶段,致力将企业做实、做强、做大和做持久,迈向理想,创新未来。

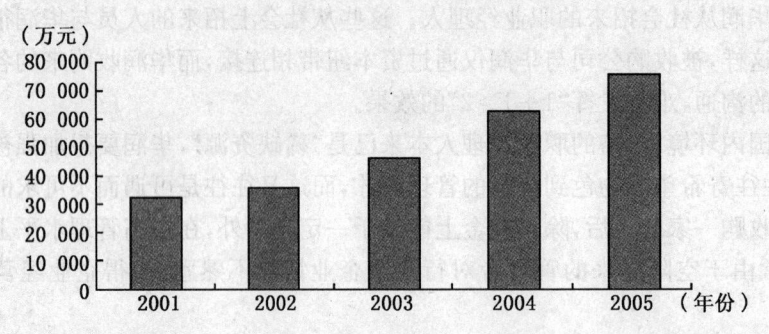

资料来源:华润集团网站。

图1 2001～2005年集团营业额增长

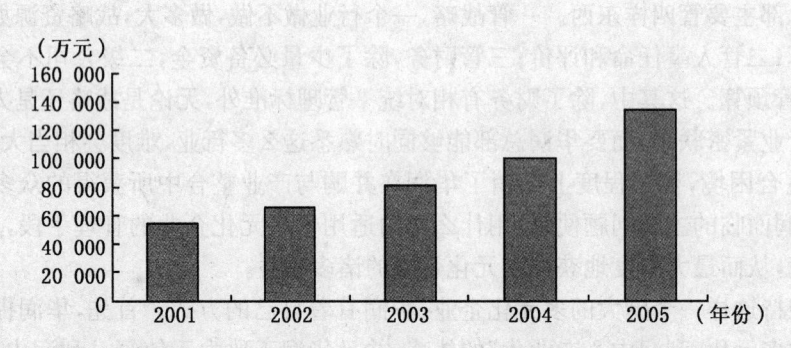

资料来源:华润集团网站。

图2 2001～2005年集团总资产增长

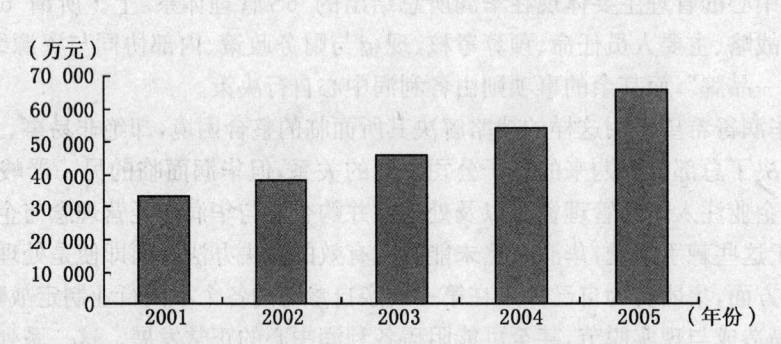

资料来源:华润集团网站。

图3 2001年～2005年集团净资产变化

(一)华润创业

2006年纯利277 600百万元,增加25%;每股盈利1.19元;已派中期息0.14元及特别股息1元,末期息将派0.26元,全部股息1.4元,对上年度则为0.38元,去年股息只增5.2%,总股息则增268%。特别股息由出售内地石化业所得分派,相当于该项交易额的84%,该交易获利51 700万元,连同投资物业重估盈余净额41 400万元。于扣除两项收入后,华润创业去年盈利应为184 500万元,以相同基准比较,增幅则为30%,每股盈利0.791元。

华润创业拟出售石油及相关产品经销业务，2005年已售出内地业务。

(1)零售业的贡献增幅最大，不计投资物业重估及出售非核心资产的影响，增长达125%，其中超市及物流更增180%，而营业额只增28.7%。2005年底，香港及内地的店铺共2 100家，与上年度相同，估计有新增店及关闭若干旧店，但直接经营店则由44%增至48%，特许经营则由56%减至52%。于各地的营业额，华东及华中区由占48.8%增至55.2%；华南区由占29.4%降至26.6%；华北区则由5.7%降至5.6%。超市整体同店增长8.2%；其中内地同店增长9.6%；华东及华中区则为10%；华南区的大型超市及综合超市的同店增长分别为11.2%及13.4%，但标准超市营业额较差，以致华南区应占营业额比重下降；而华北区营业额虽增26.3%，但主要是收购及新开店铺的贡献，部分旧店仍面对外资零售的剧烈竞争，以及周边进行迁拆影响客流，导致去年持续亏损。估计香港只能持平，超市业务仍以华东区为佳。

(2)饮品的啤酒销售量530万千升，增长34.4%，销量为全国之冠，去年作出多项收购，内涵增长亦理想。其中主要品牌雪花啤酒销售增加57.2%，至303万千升，增长91.9%。2005年底产能共760万千升，由50家啤酒厂提供。碍于生产成本上升，以及推广雪花品牌投入资金较多，盈利只增27.9%，低于销售额37.9%的增长。

(3)食品加工及经销带来净利43 000万元，扣除对上年度的出售联营公司收益后，较上年度增加22.5%。食品经销带来动力。远洋捕捞及水产加工业务有所改善，有显著增长。深圳的肉制品加工业务理想。上海肉类加工中心已营运一年，并已取得盈利。

(4)纺织业仍处于困难期，出口销售上升，售价亦涨，并已逐步转向用进口棉花替代，降低原料生产成本。但裁员引致大量支出，印染业仍然逊色，2005年9月起出口退税下调2%，使盈利下降24.7%。

(5)投资物业收益增18.1%，香港店铺新订及续订租金均有升幅，轩尼诗道物业改造后已全部租出，江门商场出租率82%，新会商场仍然在翻修中。

(6)石油产品相关业务虽已售，仍提供26%增长，至51 900万元。香港及盐田的码头业务维持稳定，其他投资亦有好进展。码头业务已计划出售，仍待实现。

(7)2006年资本支出约40亿元，2007年将增至70亿元，其中25亿元将用于收购，并已在洽商中，估计与啤酒业有关，计划于三年内把产能提升至1 100万千升，较去年增加约45%。目前啤酒业已居领导地位，必须继续发展以保持地位。至于零售亦致力发展，2006年把集团的成衣于超市出售，食品及饮品亦成为供应链的一部分。①

(二)华润置地

华润置地为少数具有管理商业物业经验，以及持有大部分投资物业的本地房产商，未来数年投资物业将占集团除税及利息前盈利(EBIT)的20%，以及占每股资产净值(NAV)的32%。

估计物业发展盈利的复合年增长达50%，该公司现有900万平方米可建楼面的土地储备，将可足够其未来5年之用，基于华润置地的NAV迅速上升，故其估值较高，该公司NAV现时10.5元，未来一年将上升至13.53元，令其成为增长快速的内地房产公司之一。②

---

① 资料来源：华润创业网站。
② 资料来源：华润置地网站。

(三)华润电力

集团首季售电量由 2006 年同期的 627.67 万兆瓦时增至 1 028.47 万兆瓦时,增幅 63.9%,其中 2007 年 3 月单月售电量较去年同期上升 58.6%,至 353.7 万兆瓦时。[①]

(四)华润励致

从 2006 年度业绩可以见到,华励已逐渐将业务重心转向半导体部门,期内半导体业务已超过压缩机业务,再加上华励去年完成并购华润上华(597),将进一步整合及完善其半导体业务。目前,国内的半导体行业只能满足中国集成电路和分立器件约 20% 的总需求,近年中国集成电路的需求快速增长,预期未来增长势头依然强劲,中国市场发展潜力庞大,是华励扩充半导体业务的大好良机。由于华励半导体业务生产的集成电路产品寿命相对较长,属于技术成熟的集成电路市场产品,并以中国为目标市场,比较以全球为目标的高端市场产品,价格波动相对轻微,半导体业务因而能够维持稳定的毛利率。

要关注的是,华励亦可享受国家优惠政策,国家早前刚将高科技产品退税率调高,而华励退税率已在 2006 年由 13% 提升至 17%,此次调整则再扩大受惠范围。华励预期国内半导体行业在过去 5 年平均增长达 28%,预期未来 5 年增长可达 20% 以上。目前,全国半导体产业规模约 5 000 亿元人民币,占全球 20% 左右,预期未来将增长至超过 1 万亿元人民币,而华励则寄望由全国最大模拟集成电路企业发展到全球 10 大之一,可见未来业务发展潜力巨大。

至于压缩机业务方面,近年中国空调机市场增长,加上目前中国空调机渗透率不高,故华励对于此项业务的长远发展充满信心,集团的压缩机业务将可继续在中国争取更大的市场份额,抓紧住宅空调机市场长远的庞大潜在需求。华励与三洋电机的安排对该集团压缩机业务与三洋电机而言均属互惠互利,产能提升后将可让集团抓紧中国需求日增所缔造的商机。随着产能增至 600 万台及进一步改善生产技术,华励的压缩机业务已成为领先全球住宅空调压缩机供应商之一;此外,三洋电机增加其于华励压缩机业务的股权,亦标志着三洋电机对该业务极具信心,也反映三洋电机作为重要策略业务伙伴的长远承诺,致力为华励的压缩机业务拓展国内及全球市场。

为避免市场巨大竞争压力,华励更专注非主流半导体业务界面,选择以模拟集成电路(Analog IC)作为定位,其优点是产业变化相对较慢,资本投入较少,反而只对技术人员工艺要求较高,有利于发挥差异化优势,该市场庞大,大概占总 IC 市场的 20%;而且主流数码集成电路必须同其配套使用,故两者增长前景无异,其中涉及电源保护电路及节能灯都属业务范围,与国家环保政策互相呼应。华励本身将集中做好模拟集成电路设计及分立器件生产,而这两个项目均是毛利率较高者,分别为 30% 及约 27%。

四、华润的并购重组

(一)谋求医药霸主地位

2001 年 3 月 24 日,华润集团和东北制药集团签订合作意向书,华润集团拟投入 15 亿元持有合资公司 51% 股份。但后来双方在财务方面存在巨大分歧,合作告终。2002 年 4 月

---

① 资料来源:华润电力网站。

华润与山东鲁抗接触,最后也因故夭折。同年,华润与上海医药(集团)有限公司、华北制药等企业亲密接触。

华润在医药行业的资产主要集中在了云南白药和东阿阿胶上。但中药一直无法作为高附加值的药品进入发达国家市场,这严重制约着单纯依靠国内市场的中药行业的发展,很难获得大规模效应,让华润丧失了医药霸主的梦想,2005年华润贱卖了云南白药一部分股权。然而华源机会的出现,重新唤醒了华润对医药行业的热情。国资委的表态中可以证实,重组后的华源将成为华润整合医药资产的平台。选择华润重组华源,国资委交给华润的任务不仅仅是消除危机,而且是带着发展的责任进入,更主要是打造中央企业医药产业的平台。希望通过这次重组,形成一个高水平的、有市场竞争力的医药产业平台。国资委的指示与华润的投资风格不谋而合,用50亿元的代价并购华源终于圆了华润的医药产业霸主地位的梦想。

(二)进入房地产信托基金产业

华润集团有5家公司在做地产,包括上市公司华润置地旗下北京、上海、成都三家分公司,华润物业、华创物业、泰国长春置地、华润深圳公司的商业地产。华润置地做住宅项目,深圳华润中心做商业地产,业务比较分散凌乱。华润集团原来计划是将所有的物业都以信托资金的方式上市,但涉及到内地、香港、泰国的物业部分,比较复杂,各地的法律都不尽相同,无奈只好放弃。2005年年底华润置地宣布从其母公司华润集团有限公司收购北京、上海及深圳的投资物业,此次收购行为涉及的金额达到31.95亿元港币。由此,华润置地成为华润集团的综合物业投资旗舰股。解决了一直让华润高层头痛的物业分散的状况,同时退出对万科的非核心投资。除了要与万科分道扬镳之外,从收购的物业种类不难看出,华润置地正在着力改善其资产类型,努力完成从原来的纯住宅发展商向综合型地产公司的转型。深入分析,华润置地正一步步朝着房地产信托基金(REITs)之路迈进。以华润置地港交所红筹的身份,通过收购其母公司优质资产实现地产信托基金上市之理想触手可及。

(三)进入啤酒三甲

华润一开始进入啤酒业就抱定了"霸主"的战略规划。"雪花"是华润在沈阳并购的第一个地方品牌,那年是1993年年底。之后又收购了大连渤海啤酒、大连棒槌岛啤酒厂,一举奠定了华润在东北的霸主地位。当时雪花在东三省有着相当的优良品牌效应。

20世纪90年代初,全球第二大啤酒公司SAB Miller成为华润雪花第二大股东后给出了很多专业化建议。在品牌战略上实施蘑菇战略,东北做一家,四川做一家,适当时候全国连成一片。蘑菇战略成为华润并购方略。在此战略指导下,华润并购了四川蓝剑建造了西南大本营后,在华中、华东加速布点,并购钱江啤酒、合资安徽龙津、6.8亿元东莞建厂,后又并购澳洲狮王啤酒、合资浙江西泠啤酒。目前华润的啤酒厂达到38个,华润投入的现金总量超过60亿元,以此为代价挤进行业前三名。下一步的目标是将雪花做成全国性大品牌,弥补华润在啤酒产业没有品牌的劣势。

(四)投资电力行业

华润电力目前已成为国内独立发电商中投产最多的公司之一,并且电力经营利润遥遥领先于华润集团其他24个利润中心,华润电力的增长带动了整个集团资产结构的变化。华润实际"身份"还是国有的,所以投资内地电力理所当然,并且这种投资行动似乎从来没有间断过。

截至2006年1月31日,华润电力参股和控股的项目有:徐州华润电力有限公司、河北衡丰发电有限责任公司、浙江温州特鲁莱发电有限责任公司、广东广合电力有限公司、湖南华润电力鲤鱼江有限公司、洛阳华润热电有限公司、华润电力登封有限公司、华润电力湖北有限公司、衡水恒兴发电有限责任公司、焦作华润热电有限公司、唐山华润热电有限公司、华润电力(常熟)有限公司、河南华润电力首阳山有限公司、宜兴华润热电有限公司、广东省兴宁市兴达电力有限公司、河南华润电力古城有限公司、湖南华润电力鲤鱼江B厂等多家火力发电企业及汕头丹南风能有限公司,包括在建及已投入商业运行的发电厂在内的权益装机容量达8 213MW,其中运营中的权益装机达到4 875MW。

利润加速了电力公司的扩张,也带来资金的渴望。2005年5月中国华润总公司董事长陈新华对外宣布,中国华润总公司正式发行30亿元企业债券。本期债券所募集的30亿元资金将全部用于江苏常熟电厂等八个发电项目,建设总规模为478万千瓦,总投资为222.3亿元。

中国兵器装备集团公司

中国兵器装备集团公司是国家的重要战略性威慑力量,是国家安全的重要保证,是中国共产党执政的重要经济基础,是中国最具活力的军民结合特大型军工集团。集团公司拥有研发、生产、贸易企业近60家,资产总额、主营业务收入分别超过千亿元,员工12万余人。中国兵器装备集团公司排名一直位于全国500强企业的前35名。

表1 中国兵器装配集团公司2003~2006年在全国500强企业中的排名情况

年 份	2003年	2004年	2005年	2006年
排 名	第33位	第33位	第31位	第35位

中国兵器装备集团公司在特种装备、汽车及零部件、摩托车、光电信息领域具有十分突出的优势。在国防建设领域,近战攻防和非核毁伤武器装备占据主导地位,机动压制、光电信息和反恐特装方面占据重要地位,产品装备我国所有武装力量,发挥着重要的基础性和战略性作用。汽车产业拥有10个整车厂,年生产能力超过120万辆,形成了包括特种车辆、多功能车、微型汽车、经济型轿车和中高档轿车完善的产品谱系,在中国汽车工业中占有十分重要的地位。摩托车年生产能力超过500万辆,拥有嘉陵、建设、大阳、济南轻骑等知名品牌,是世界最大摩托车集团。光电产业实现从零组件加工向生产整机产品转变,光学玻璃产销量世界第一。

中国兵器装备集团公司积极应对经济全球化,大力实施扩大开放战略。与美国福特、日本铃木、马自达、雅马哈等国际知名企业建立了战略合作关系,组建长安福特、长安铃木、建设雅马哈、北方易初等50多家合资企业,在全球建立了30多个生产基地和营销机构。

一、企业发展历程概述

中国兵器装备集团公司是国家的重要战略性威慑力量,是国家安全的重要保证。中国兵器装备集团公司是经国务院批准1999年组建的特大型企业集团,是国家授权的投资机构,由国务院管理,拥有长安汽车(集团)有限责任公司、中国嘉陵工业股份有限责任公司、建设工业(集团)有限责任公司等研发、生产、贸易企业近60家,拥有研究院所4家、研发中心3家,在全球30多个国家和地区建立有生产基地和营销机构,产品销往世界100多个国家和地区。资产总额、主营业务收入分别超过千亿元,员工12万余人。2005年中国企业500强评比中列第31位,制造业500强列第8位。2006年中国企业500强评比中列第35位,制造业500强列第11位。

中国兵器装备集团公司立足科学发展,着力自主创新,以"保军报国、强企富民"为使命,以"能力提升、整体跨越"为工作方针,大力推进"六年两步走翻两番"的"622战略"(即2006年工业企业销售收入在2003年的基础上翻一番,2009年再翻一番达到1 260亿元),建设具有国际竞争力的创新型集团,为构建社会主义和谐社会,为人类的和平与发展做出新的更大的贡献。

二、企业发展战略

（一）企业竞争环境分析

中国兵器装备集团公司坚持军民结合、寓军于民,促进军民良性互动,协调发展,在履行好保军报国神圣使命时,大力发展民品,为国家分忧,为民造福,增强经济实力。2006年,民品销售收入同比增长28.4%,占国防科技工业民品收入比例的20%,进一步巩固了民品收入位居第一的优势；汽车销售72万辆（其中出口2.66万辆,居国内同行前列）,同比增长14.29%,汽车市场占有率达到9.5%,居全国第四；摩托车销售393万辆（其中出口17%）,同比增长7.08%,居全国第一,国内市场占有率超过21%,世界市场占有率超过15%；光学玻璃产销量稳居世界第一。目前,中国兵器装备集团公司民品销售收入占国防科技工业民品收入的20%,居第一位；人均销售收入、人均利税居国防科技工业首位,是国防科技工业市场化程度最高、发展速度最快、民品规模最大、军民结合最好的军工集团,成为我国最具活力的军民结合特大型军工集团。

（二）企业总体发展战略规划

中国兵器装备集团公司的发展战略："以微为本、以轿为主、发展商用、进军服务、开拓海外"。"十五"期间十大成就包括：一是经济快速发展,实现了由求生存向求发展的战略转变,以"622"战略实施为标志,集团公司进入了新的发展阶段。2005年实现主营业务收入735亿元,是2000年的2.2倍,其中工业销售收入534亿元,是2000年的3倍。在2005年中国企业500强排行榜中,名列第31位,制造业500强企业名列第8位。在经济快速发展的同时,经济效益大幅度提升,从2000年亏损12.9亿元到2005年实现利润10亿元。二是研制生产了一大批高新武器装备,为国防现代化建设做出了重大贡献。特别是一大批大型复杂高新兵器装备的研制,标志着集团公司顶层设计和系统集成能力上了一个新台阶。军品科研生产年年合同履约率100%,2005年军品销售收入是2000年的2.7倍。三是初步形成了以兵器装备研究院为顶层,重点保军企业研发力量、专业研究所和联合研发中心为骨干,外部科研力量为重要支撑的开放型军品科研开发体系,自主创新能力显著提高。四是完成了军品生产能力调整任务。五是民品主业快速发展,产业结构不断优化升级。汽车形成100万辆整车生产能力,2005年销售汽车63万辆,是2000年的3.1倍,销售居全国第4位；摩托车形成500万辆生产能力,2005年销售365万辆,是2000年的2.5倍,保持全国销售第一位；光电产业升级加快,光学材料产量世界第一。六是改革脱困取得了历史性突破。七是进一步建立和完善母子公司体制,集团管控力度不断加大。八是

"龙腾工程"、"虎跃工程"取得重大突破。以汽车和零部件业务整合与资产重组为主要内容的"龙腾工程"取得重大突破,国务院批准了集团公司关于设立中国南方工业汽车股份有限公司并到境外上市的方案,已经完成股份公司的工商注册。以兵器装备集团财务公司正式挂牌成立为标志,"虎跃工程"胜利完成。九是对外合资合作取得了重大突破。成立了长安福特公司、长安福特马自达公司、南方天合底盘系统有限公司、长安伟世通发动机控制系统有限公司,并与英国SMT公司开展了变速箱技术合作。十是加强了党的建设和思想政治工作,打造执行文化。

三、企业生产经营状况

（一）企业生产概况

2006年集团公司军品科研生产任务全面完成,民品产业发展势头迅猛。全年实现主营业务收入1 010亿元,同比增长35.4%,实现利润总额25.3亿元,同比增长81.5%。实现工业企业销售收入737亿元,同比增长38.2%;完成工业增加值141亿元,同比增长37.7%;上缴税金46.3亿元,同比增长21.3%。

（二）企业主要产品生产及销售情况

中国兵器装备集团公司在特种装备、汽车及零部件、摩托车、光电信息领域具有十分突出的优势。集团公司生产的军品涉及以下七个领域:防空反导、轻武器、高效毁伤、机动突击、精确打击、信息与控制、反恐特装等。目前已经装备部队的牵引双35高炮系统、425自行高炮系统、5.8枪族、9毫米手枪等一批新的武器装备达到了世界先进水平,其中牵引双35高炮系统、425自行高炮系统在国庆50周年阅兵式上首次亮相,5.8毫米步枪首次装备驻港澳部队等。

汽车产业拥有10个整车厂,年生产能力超过120万辆,形成了包括特种车辆、多功能车、微型汽车、经济型轿车和中高档轿车完善的产品谱系,在中国汽车工业中占有十分重要的地位。摩托车年生产能力超过500万辆,拥有嘉陵、建设、大阳、济南轻骑等知名品牌,是世界最大摩托车集团。光电产业实现从零组件加工向生产整机产品转变,光学玻璃产销量世界第一。

兵装集团2006年汽车销售72万辆,比2003年增长74.8%;整车出口2.66万辆,比2003年增长727%。2006年摩托车年产能超过500万辆,销售395万辆,比2003年增长108%,产品17%出口,国内市场份额超过20%,产销量全国第一,全球市场占有率10%以上。光学玻璃产销量稳居世界第一。

（三）产品进出口情况

2004年,实施兵装集团"走出去"战略一路高歌猛进。摩托车出口42.73万辆,居全国第一。中国嘉陵集团面对出口竞争压力,主动避开价格恶战,充分利用开发优势,拉大与竞争对手的距离,利用新品种来支撑新价格底线。2005年出口、创汇均创历史最高水平,利润大幅上涨,市场结构分布合理,既有欧洲的高端市场,又有非洲的发展中市场;出口手段灵活,既有整车,又有零部件出口;既直接出口产品,又通过建立合资企业实现本土化生产;出口战略完整,既注意当前出口增长,又兼顾新市场的培育。建设工业集团在尼日利亚组建分公司,在伊朗、欧洲、非洲、东南亚等热点市场全面出击发展新的经销商,在菲律宾、美国实施渠道调整,仅半年时间就新增出口国家 17 个。LUOJIA(洛嘉)摩托车品牌知名度大幅度提升,在缅甸、老挝、多哥、布基那法索和印尼等重点市场上升为当地的第一品牌,2004 年四五月多次出现抢购现象,其境外客户群日趋成熟稳定,市场占有率稳步提高,增幅名列摩托车企业之首。成都光明仪器厂连续三年出口额以每年 40% 以上的速度增长,它们逐渐从传统产品退出,主要为数码相机、数码摄像机、带相机手机、液晶投影仪、光电读取头、背投电视等产品配套,把日本、韩国、台湾市场放在首位,加大对以色列、印度及欧美市场的开拓,取得了老市场需求扩大,新市场培育见效的"双丰收"。长安汽车出口取得重大进展,叙利亚、巴基斯坦、阿尔及利亚、美国等重点市场保持了稳定增长,并在巴基斯坦、越南、伊朗、印尼等地开始了生产线的运作。

2004 年,兵装集团"引进来"成绩斐然。"622"吸引了不少全球知名企业的眼球,点燃了合资合作者的激情。兵装集团的老朋友日本铃木株式会社、泰国正大集团、日本三国株式会社、日本雅马哈发动机株式会社、澳大利亚邱瑞斯集团公司等企业高层领导纷纷前来就加快与兵装集团公司合作发展进行协商沟通;不少新朋友,如瑞典的 HIGHLAND、美国的德尔福集团、瑞士的 DGM 公司、美国的天合公司等企业高层领导也接踵而至,洽谈合作设想、交流合作计划、签署相关协议。新建了长安福特公司、长安福特马自达公司、南方天合底盘系统有限公司、长安伟世通发动机控制系统有限公司等 15 家合资企业,引进外资 6.3 亿美元。与福特、铃木等跨国公司的战略合作不断深化,加大产品出口,2006 年出口交货值 48 亿元,比 2003 年增长 180%。

(四)企业海外市场拓展

继续推进"引进来、走出去"战略,为主业发展提供重要支撑。进一步深化与长安福特、长安铃木的战略合作,加强对合资企业的管理和指导,充分释放合资企业潜能,提升合资合作水平。筹划在海外建立汽车生产基地,在东盟、南共体等开展 CKD 技贸合作。以汽车动力与传动、底盘、汽车环境、汽车电子系统为重点,加强零部件的合资合作。抓紧实施摩托车巴西建线项目,年内建成投产。加大国际市场开发力度,扩大产品出口,完成出口交货值 50 亿元。

(五)企业品牌创建

公司现已形成特种装备、汽车、摩托车、车辆零部件、微型汽车、特种车在内的系列产品,一批汽车零部件和光电生产企业已具规模,培育出了"长安汽车"、"嘉陵摩托"、"建设摩托"、"大洋摩托"、"天兴仪表"、"冰山光学玻璃"等一批著名品牌。成功推出了蒙迪欧等一批市场热销产品,成为集团汽车产业发展的引擎,长安"奔奔"闪亮登场,自主品牌轿车研制迈出关键步伐。

中国射击队在多哈亚运会上夺得的 27 枚金牌中,就有 6 枚使用了中国兵器装备集团公司自主研发的奥运枪、弹。奥运枪、弹项目于 2006 年 5 月通过验收鉴定,具有自主知识产权,拥有 3 项发明专利,技术质量指标达到世界一流水平。

光电产业核心部件研制取得新成就,DLP 投影镜头批量试产,LcoS 光学引擎顺利投产,在全球产业链中的地位显著提升。光学玻璃产销量稳居世界第一。

(六)与上下游企业合作情况

以进入国内汽车第一阵营为目标,汽车产业不断做大做强。控股江铃,新建长安福特南京工厂,对长安铃木、长安福特、河北长安进行扩能改造,形成重庆、南京、江西、河北四大基地和10个整车厂,整车及发动机年生产能力超过120万辆(台)。成功推出蒙迪欧、福克斯、奔奔等一批市场热销产品,成为集团公司汽车产业发展的引擎。轿车销售收入占集团汽车销售收入比例超过50%,实现了"以微为本、以轿为主"的战略构想。立足建设世界最大最强摩托车集团,摩托车产业不断优化升级。收购南方雅马哈,重组济南轻骑,具备了年产500万辆的生产能力。开发600ml等高附加值产品,结构更趋合理。光电产业核心部件研制取得新成效,DLP投影镜头批量试产,LCOS光学引擎顺利投产,在全球产业链中的地位显著提升。

四、企业资本动作

(一)企业融资情况

兵装集团与国家开发银行实现战略合作,国家发展银行承诺签订在2005~2009年间授予兵装集团160亿元信用额度。

2005年1月、9月和2006年5月,中国兵器装备集团公司先后与国家开发银行、中国建设银行、中国农业银行签订了开发性金融合作协议、战略合作协议和全面合作协议,使集团公司产融合作迈上了新台阶。

(二)企业投资情况

围绕重大工程项目建设,2007年安排固定资产投资总额210亿元,其中年度投资计划45亿元以上,促进产业优化升级。

(三)企业并购重组情况

汽车及零部件业务整合按集团公司部署一一到位;与此同时,积极推进摩托车、光电业务的重组整合,为集团公司主业整合上市创造了条件。成功对光电业务进行了整合,相关产业得到延伸。北方光电科技公司、河南中光学集团、上海欣普光电、肖连丰等四家联合,对成都光明光电信息材料有限公司整体改制,共同设立成都光明光电股份有限公司,目前已注册,进入A股上市辅导期,这将是世界上重要的一支光电力量,在国际上极富竞争力。建设工业集团出资2.8亿元人民币收购南方雅马哈摩托有限公司50%中方股权,成为雅马哈在中国的最大战略合作伙伴。长安汽车集团出资5亿元,重组江西五十铃,一下扩大13万辆汽车的生产能力,80亿元的年销售收入,让兵装集团汽车产销占到了全国汽车行业第三的位置。长江电工厂成功地利用土地置换进行结构调整,企业走出了困境,实现了腾飞,国内外客商纷至沓来,并成为合作伙伴。在开放型的军品科研生产体系建设方面也取得了新的突破,成功重组了武汉滨湖机械厂,增强了集团公司军品信息化和信息产业的实力。

五、企业研发创新能力

(一)新产品开发情况

围绕重大工程项目建设,2007年安排固定资产投资总规模210亿元,其中年度投资计划45亿元以上,促进产业化升级。

第一,切实提高汽车产业市场竞争力,进一步调整重庆、南京、江西、河北四个基地的产能布局,长安福特南京工厂建成投产。加大自主品牌研发力度,推进CM5、CM9、CV8、

CV11、CB 等新项目,抢占市场先机。做好 CV9、CV6、CV7、YY5、S40 等新产品的上量或扩量。深入剖析微车现状,制定实施赶超计划,全面提高微车市场竞争力。

第二,全面振兴摩托车产业。统筹规划四家摩托车企业发展,形成合理的产品和产能布局。加快资源整合上迈出实质性步伐。

第三,实现 LcoS、DLP 的批量生产,延伸产业链,进入背投电视机和投影仪等主机领域,推动光学企业整体发展。

第四,抓住石油市场发展机遇,研究整合石油机具产业,形成系列拳头产品,提高整体竞争力。

第五,加强对土地资源的开发利用,积极稳健进入房地产领域,开辟新的经济增长点。

研究突破汽车动力技术等一批制约产业发展的关键技术。加强技术创新能力建设,增强产品开发能力,提高研发质量,缩短开发周期。新产品销售比例达到 50% 以上。

(二) 专利申请情况

中国兵器装备集团公司立足自主创新,加快创新型集团建设,创新成果迭出。2006 年,中国兵器装备集团公司提出了在中央企业中率先建成创新型集团的奋斗目标,完善落实了鼓励创新的规章制度,开展了一系列卓有成效的创新活动,创新成果不断涌现。军品充分利用社会资源,初步建立了军民结合的科研开发体系;其高新技术武器的研制能力和供给能力进一步增强。民品建成了 4 个国家级技术开发中心和 22 个省级技术开发中心,建立了欧洲、上海、重庆三个汽车研发基地,并建立了连接各中心的专线局域网和 PDM 系统,实现了异地协同设计。几年来,中国兵器装备集团有 40 多个汽车、发动机技术开发项目获得国家和省部级科技进步奖;摩托车产业正在逐步由技术引进向自主开发转变,开发和改进整车 124 种,发动机 31 种。2006 年,中国兵器装备集团总体科技投入已达 24.4 亿元,科技投入占销售收入比例达到 3.6%,新产品贡献率达 63%,同比增长 25%。2006 年 11 月,中国兵器装备集团公司首个自主品牌轿车"长安奔奔"在北京车展亮相,并荣获本次车展"最受关注的微型轿车"等 4 项大奖,成为市场追捧的热点,同时获得中国汽车自主创新成果大奖,标志着国防科技工业民品主业转型升级迈上了新台阶。2006 年,中国兵器装备集团公司获得专利授权 556 项,连续三年获得专利授权位居央企第三位。目前,中国兵器装备集团公司共拥有专利近 4 000 项,制定国标、国军标 50 余项,主持编写了摩托车第Ⅲ、Ⅳ阶段噪声法规,并正在牵头组织制订国际第一个车内空气质量标准。拥有商标 507 项,其中驰名商标 5 项,著名商标 10 项。

(三) 研发投入

一是大力建设开放型军民品创新体系。加强与 35 所高校合作,推进产、学、研结合。新增国家级技术中心 1 个,省部级技术中心 6 个,设立汽车海外设计分院。二是完善创新投入机制。将科技投入和创新能力建设纳入绩效考核体系。科技投入占销售收入比例 3 年提高 1.6 个百分点。三是确立并实施 20 个重大项目,推动技术进步。

推进产学研结合,设立产学研合作基金,促成一批项目。制定鼓励技术创新的政策措施,建立科技开发资金,设立科技创新进步奖。科技投入达到销售收入的 3.6% 以上。

(四) 企业创新激励模式

中国兵器装备集团公司建立了科技人才开发制度体系,相继出台了《科技工作管理办法》、《科学技术奖励办法》、《关于加强科技人才和专业管理人才队伍建设的指导意见》、《科技带头人制度实施办法》等一系列规章制度,促进人才创新工作不断规范化、制度化。全面落实科技人才激励政策,拓宽人才晋升通道。实施领军人才工程,2006年聘任了首批8名科技及技能带头人,经济上享受特殊津贴,并享受所在单位副总经理待遇。不少企业还设立首席设计师、首席工艺师等专业技术职务系列,享受企业同级管理岗位待遇,开辟科技人才成长的绿色通道,打破单一的"官本位"晋升通道。加强科技创新后备人才队伍建设。采用"3+1"、"4+1"等模式,结合企业实际需求培育专业人才,充实科研队伍。目前已培养200余名专业人才走上科研岗位。

六、企业人力资源与文化

(一)企业人员结构

集团公司自成立以来,大力实施"科技兴司、人才强企"战略,人力资源状况得到了逐步改善,人员总量从1999年的23.2万缩减到了13.5万,大专以上学历人员比例提高了10个百分点,技师、高级技师人员比例提高了2个百分点。但是与集团公司"622"战略目标和建设创新型企业集团的要求相比,与国内同类企业相比,在人员的知识、能力及员工队伍结构方面,还有很大差距。

人才资源能力建设是人才工作的主题,是人才培养的核心。今后几年,集团公司就是要通过实施"领军人才开发工程"、"教育培训工程"、"环境机制优化工程"三大工程,建设层次结构分明、梯次结构合理、专业技术人才、技能型人才三支队伍;力争用5年的时间,培养造就400名优秀高级经营管理人才、200名科技及专业管理带头人、300名技能带头人。

到2010年集团公司的管理人员、工程技术人员、技能人员和其他人员达到1:2:6:1,高级经营管理人员、科技人员、专业管理人员等三类人员本科及以上学历的比例,将分别达到95%、60%、45%,技术工人中,技师及以上、高级工、中级工、初级及以下四类人员比例要达到9:26:40:25。

(二)企业薪酬、福利及培训

在培训教育上,制定和实施了科技人才、技能人才等创新型人才选拔培养计划,鼓励科技人才、技能人才等创新型人才参加社会各类职业资格考试,取得相应的资质,将取得职业资格且表现突出者纳入专业骨干力量。鼓励科技人才、技能人才等创新型人才专心致志地在自己的专业领域中发挥专长,走职业化道路。

2010年职工年人均收入力争达到3.5万元。

中国华能集团公司

中国华能集团公司是经国务院批准,在原中国华能集团公司基础上改组的国有企业,由中央管理,是经国务院批准同意进行国家授权投资的机构和国家控股公司的试点。按照国务院关于国家电力体制改革的要求,中国华能集团公司是自主经营、自负盈亏,以经营电力产业为主,综合发展的企业法人实体。中国华能集团公司依照公司法,对其全资、控股、参股企业进行改建和规范,建立资本纽带关系,实行母子公司体制,逐步建立起符合社会主义市场经济要求的管理体制和运行机制。

中国华能集团公司根据业务需要,可以按照国家规定在境内外投资设立全资或控股的子公司以及分公司、办事处等分支机构。中国华能集团公司的经营宗旨是:遵守国家法律法规,执行国家政策,根据国民经济发展规划、国家产业政策以及市场需求,依法自主从事生产经营活动,坚持改革、改组、改造和加强管理,改善产业结构,发挥集团整体优势,提高经济效益,增强市场竞争力,确保国有资产保值增值;以电为主,综合发展,逐步成为实力雄厚、管理一流、服务国家、走向世界,具有国际竞争力的大型企业集团。

中国华能集团公司主要经营以下业务,业务具体情况如表1所示。

表1　中国华能集团公司2002～2006年度中国企业500强排名及升降情况

年份	名次	销售收入(万元)	收入增长率	利润(万元)	利润增长率	资产(万元)	所有者权益(万元)	从业人数(人)
2002	36	3 405 832	−1.36	334 424	31.38	14 557 074		38 644
2003	34	3 704 009	8.79	371 326	11.03	12 468 053		38 125
2004	36	4 514 087	21.87	506 352	36.36	14 605 129	5 559 747	44 745
2005	38	5 381 246	19.21	149 830	41.09	15 630 157	2 062 127	43 737
2006	36	7 363 959	36.84	133 210	−10.82	22 688 634	2 214 902	63 875

资料来源:中企联合网。

(1)依法经营集团公司及其企业中由国家投资形成并由集团公司拥有的全部国有资产(含国有股权)。

(2)从事电源的投资、建设、经营和管理,组织电力(热力)的生产和销售。

(3)从事信息、交通运输、新能源、环保、贸易、燃料等相关产业、产品的投资、建设和生产经营。

(4)经国家批准,自主开展外贸流通经营、国际合作等业务。

(5)根据国家有关规定,经国家批准,从事国内外投资、融资业务。

一、华能发展历程概述

(一)华能发展简史

华能是改革开放中诞生的产物,改革开发赋予了华能巨大的生命力。市场的需求,国家政策的扶持,使华能得以快速、健康地发展,并为促进我国国民经济建设和电力工业的改革与发展做出了积极贡献,取得了突出的成绩,成为"以电为主,综合发展"的国有独资发电集团。它控股的中外合资华能国际电力开发公司,并通过开发公司与其他发起人及境内外股东共同拥有中外三地上市的华能国际电力股份有限公司。除电力产业外,还拥有信息、交通运输、新能源环保、金融、国际贸易、资产管理等产业公司,以及在香港设立的对外窗口公司。按 2001 年底统计数字,华能拥有可控装机容量 2 576 万千瓦,当年发电量 1 133 亿千瓦时,实现销售收入 340 亿元,利润 43.5 亿元,资产总额 1 456 亿元。国家电力体制改革之后,华能的电力装机可控容量达到 3 797 万千瓦,并成为中央直接管理的国有重要骨干企业,是国务院批准进行国家授权投资的机构和国家控股公司的试点。

华能发展主要经历了三个阶段:

1985~1993 年是华能发展的第一个阶段。党中央、国务院为了缓解电力供求紧张的局面,加快电力工业的发展,做出了利用外资和集资办电的重要决策,1985 年先后决定成立华能国际电力开发公司、原华能发电公司和若干个非电产业公司,并在此基础上,于 1988 年批准成立中国华能集团公司。在国家以煤代油专项资金及有关优惠政策的支持下,华能电力产业业务得到了迅速发展。在此期间,共新增装机容量 1 124 万千瓦,约占全国同期新增发电装机容量的 11%。

1994~1999 年是华能发展的第二个阶段。为适应国家经济体制改革的需要,加大国有企业体制创新的力度和加快建立现代企业制度,改变国有企业以往单一间接融资的渠道,经国家有关部门批准,华能集团公司和华能国际电力开发公司分别选择一部分所属优质电力资产,联合国内其他投资者,共同发起设立了华能控股的原山东华能发电股份有限公司、华能国际电力股份有限公司,并成功地实现了境外上市,从国际资本市场上直接筹集资金,先后共吸引境外资金约 13.3 亿美元,为华能电力产业的快速发展提供了有力的资金保证。同时陆续对部分电力项目进行公司化改造。期间,新建、扩建发电机组容量 1 273 万千瓦,约占同期全国新增发电装机容量的 11%。

从 2000 年开始,以华能集团公司贯彻国务院关于华能系统实施内部重组的决定为标志,华能的发展进入了第三个阶段。经过努力,华能集团公司按期完成了重组的阶段性任务,进一步明确了华能"以电为主,综合发展"的战略方针,初步实现了电力企业强强联合,非电产业重新组合,优化了资源配置,扩大了电力核心产业的经营规模,增强了华能的整体实力和竞争力。

(二)华能各产业公司及其概况

目前,华能集团公司拥有 13 个产业公司。其概况见表 2。

表2　　　　　　　　　　　　　　华能集团产业公司及其概况

公司名称	成立时间	投资额	上市	经营范围
华能国际电力开发公司	1985年6月	4.5亿美元	否	投资、建设、经营电厂及有关工程，包括筹集国内外资金，进口成套、配套设备、机具等，以及为电厂建设运行提供配件、材料、燃料等
华能国际电力股份有限公司	1994年6月30日	120.55亿元（注册资金）	是	投资、建设、经营管理电厂；开发、投资、经营以出口为主的其他相关企业
北方联合电力有限责任公司	2004年1月	100亿元	否	开发、投资、建设、运营电力、热力、煤炭资源、铁路及配套基础设施项目；开展电力相关产品、设备、技术服务与进出口业务；承包本行业境外工程和境内国际招标工程，对外派遣本行业工程、生产及劳务人员；开展投融资业务
云南华能澜沧江水电有限公司	2001年2月	41.6亿元（注册资金）	否	水电开发、水力发电、发电销售上网、工程建设
华能四川水电有限公司	2004年7月	8亿元	否	水电开发、投资、建设、经营和管理；电力生产
华能海南发电股份有限公司		5.45亿元（注册资金）	否	投资建设经营各类型的发电厂、发电厂工程总承包及设备维修服务、技术咨询服务等
华能新能源产业控股有限公司	2002年11月	4.5亿元	否	水电、风电、城市垃圾发电、太阳能利用及其他新能源项目的投资、开发、组织生产、经营、工程建设；工程建设设备的销售、成套相关技术的开发、转让、培训、服务、咨询
华能核电开发有限公司	2005年12月30日	1亿元	否	核电的投资、开发、生产、上网送电；核电及相关技术的开发、技术服务
绿色煤电有限公司	2006年1月9日	3亿元	否	火电厂煤气化技术、制氧、制氢、煤气净化、氢气燃气轮机、燃料电池和二氧化碳处理、先进材料技术、仪器设备及控制技术、相关产品的利用和相关领域的技术研究、开发、推广应用、咨询服务和科研成果的技术转让；电厂的建设、生产、发电、管理
华能能源交通产业控股有限公司	2002年11月	5亿元	否	道路、港口、交通等基础设施、煤炭、石油、天然气管道等能源基础设施的投资及管理
华能资本服务有限公司	2003年12月	10亿元	否	实业投资及资产管理；资产受托管理；投资策划；信息咨询服务
中国华能集团香港有限公司	1992年8月	3.48亿美元	否	发电厂及相关能源项目投融资、进出口贸易等
华能综合产业公司	2000年12月	12亿元	否	资产管理
西安热工研究院有限公司（中国华能集团公司技术中心）	2004年7月	9 332万元	否	发电厂热能动力工程装置、工业过程自动控制系统、电厂化学与材料工程、热工计量测试、环保及节能与节水、新能源发电技术的研究与开发、技术转让、技术咨询与服务；技术工程承包与设备成套；上述相关技术领域高科技产品、设备与装置的研制、推广应用及其生产、销售（国家有专营专项规定的除外）

二、华能发展战略

(一)华能的竞争对手及竞争地位

华能集团的主要竞争对手包括大唐集团、华电集团、国电集团、中国电力投资集团等电力集团,其中新建项目最多的大唐集团对华能的地位最具威胁性。

根据中国电力企业联合会的统计数据,2005年年末,华能集团的可控装机容量是4 321.42万千瓦;大唐集团公司的可控装机容量是4 165.55万千瓦;国电集团公司的可控装机容量是3 505.65万千瓦;华电集团的可控装机容量是3 084.30万千瓦;中国电力投资集团公司的可控装机容量是2 862.46万千瓦。相比成立之初,各集团的装机容量较之分拆重组时都有了不同程度的增长,其中又以大唐集团的增长速度最为令人瞩目。

在五大电力集团中,新建项目最多的大唐集团对华能的地位最具威胁性,两者在过去的一年,可控的发电装机曾交替排在业内首位。

2006年,华能集团与大唐集团的可控装机容量均已突破了5 000万千瓦,拉开了与其他三家发电集团的差距。华能集团仍是拥有装机最多的发电集团,大唐紧随其后,华电集团与国电集团分列第三、四位,中电投集团按发电装机容量排在最后,不过其收益率则排在五大之首。

(二)华能的发展目标

华能集团以邓小平理论和"三个代表"重要思想为指导,认真贯彻党的十六大精神,以科学发展观统领公司工作全局,抓住机遇,迎接挑战,安全稳定生产,加强自主创新,推进管理革命,实现持续发展,加快把华能建成一个以电为核心,煤为基础,电煤路港运一体化的具有国际竞争力的能源集团的步伐。把公司办成实力雄厚、管理一流、服务国家、走向世界,具有国际竞争力的大企业集团。

公司"十一五"的发展目标是:到2010年,公司所有企业达到资源节约型企业标准的要求,各项能源、资源消耗指标和排放指标达到国内领先、国际先进水平;装机容量超过8 000万千瓦,总资产超过4 000亿元人民币,销售收入超过1 400亿元人民币,进入世界企业500强。

(三)华能的发展战略

为了实现上述目标,华能提出以科学发展观统领公司工作全局,努力实施"七项战略性举措",提高"七种能力",实现"七个确保"。

实施一体化战略,提高能源供给能力,确保安全稳定发电。根据国家"十一五"规划纲要的指导意见,抓紧电煤港运协调发展。加快产业结构调整,继续积极有序开发水电,优化发展燃煤发电,积极开发核电,适度发展燃气发电,加快开发风电和可再生能源。继续执行"巩固东部、增强南部、提升中部、进入西部、环绕首都、择机走出去"的区域策略。加强项目前期工作,增加项目储备。

实施节约战略,提高建设节约环保型企业能力,确保实现节能环保规划目标。优化电源结构,提高单机容量,切实运用先进成熟技术对老机组的主辅机设备及系统进行节能、节水的技术改造,努力提高机组发电效率,降低二氧化硫、氮氧化物和烟尘的排放水平。大力发展循环经济,提高综合利用率。

实施创新战略,提高自主创新能力,确保公司可持续发展。抓好我国第一个百万千瓦级超超临界燃煤机组的建设,做好开发、建设 IGCC 电站项目的前期工作,加快推进高温气冷堆核电示范电站和"绿色煤电"项目的研发和建设,构建以企业为主体,市场为导向,产学研相结合的技术创新体系。

　　实施 500 强战略,提高做强做大能力,确保国有资产保值增值。坚持"开发与收购并重"的方针,通过基本建设和收购兼并,加快扩大公司规模,增加发电装机容量,进一步提升公司规模效益和核心竞争力。

　　实施"走出去"战略,提高利用境内外两个市场、两种资源的能力,确保把公司建成以国内为主的跨国公司。加强境外能源开发与合作,创新合作开发境外能源资源的模式,大力推进海外煤炭项目的收购兼并工作,在利用国际资源方面取得突破性进展。继续在发达国家成熟电力市场中寻求电力资产的收购机会,为公司进一步拓宽国际市场创造条件。

　　实施人才强企战略,提高队伍建设能力,确保公司事业发展的人力资源。坚持人才资源是第一资源,紧紧抓住培养、吸引和用好人才三个环节,以优化人才资源结构为主线,加强高级管理人才、高级技术人才、高级技能人才三支队伍建设,打造符合公司事业发展需要、具有国内一流水平的人才队伍新格局。完善和规范公司薪酬、福利政策,形成多元化、多层面的激励约束机制。营造和谐稳定的人才成长环境,全面提高员工队伍素质,为实现公司战略目标提供强有力的人才保证。

　　实施管理革命,提高公司健康发展能力,确保建成有国际竞争力的能源集团。通过更新观念、优化结构、改进流程、健全内控,全面提高公司的决策力、执行力和控制力,促进公司又快又好地发展。

三、华能的资本运作

（一）华能集团投资目标

　　华能集团的成功与其一系列投资并购是分不开的。可以说,华能集团扩张的脚步才刚刚开始。并且,华能集团已提出"到 2010 年装机容量突破 8 000 万千瓦、总资产突破 4 000 亿元、销售收入突破 1 400 亿元"的新目标。在市场格局上,也作出调整——要按照"巩固东部、增强南部、提升中部、进入西部、环绕首都,择机走出去的区域发展方针",进行电源产业布局。

（二）华能集团投资情况

　　2003 年 1 月,华能斥资近 23.9 亿元,收购深能源 25％的股权;2003 年 8 月,华能又出资 4.15 亿元,收购控股海南火电并最终几乎完全占据了海南发电;2003 年 12 月,华能以 2.27 亿美元竞标收购澳大利亚昆士兰州两大发电厂 50％的股权,将版图扩至海外市场;2005 年 7 月,华能重金购得北方联合电力有限责任公司 51％的控股权。这一交易不但使华能进入了内蒙市场,而且使华能成为国内首家可控装机容量突破 4 000 万千瓦的发电集团;2006 年,华能集团又完成了对粤电集团的收购。

　　2006 年 12 月 31 日,华能山东里能煤电有限公司揭牌。该公司由中国华能集团公司与山东里能集团有限公司各出资 50％组建,主要从事电力、煤炭的开发、投资、建设、经营和管理。公司全资拥有并经营管理"曲阜圣城热电有限责任公司"、"山东凯赛热电有限责任公司"、"山东里能煤炭地下气化发电有限公司"三个项目公司,目前总装机容量为117万千瓦。公司远期规划包括里能煤炭地下气化资源、后续发电工程及正在筹建中的郓城电厂2×100万千瓦天然焦发电工程等,是山东省内一家独具特色的能源公司。该公司的成立,是继去年8月31日中国华能集团公司、山东里能集团有限公司签署合作框架协议后取得的实质性进展。

华能参股粤电以及华能与山东里能的合作均为中央企业与地方企业的重组行为。华能与粤电以及里能的重组无疑属于强强联合。由于双方的资产都属于比较优质的资产,因此此类重组更能够体现重组优势,加之是中央企业与地方企业间的强强联合,相信此举将有效实现央企和省属企业间的优势互补和资源优化配置,有利于提高双方的资产、财务质量和效益。

四、华能的研发和创新

(一)华能的研发

华能集团的技术一直保持国内领先,促进了国内电力工业技术水平的提高。华能集团一贯注重采用高效、节能、环保的先进发电技术,在技术上始终保持领先。华能上海石洞口二厂最早引进60万千瓦超临界燃煤机组,2002年该厂供电煤耗310.9克/千瓦时,创国内同类型燃煤电站煤耗新记录;华能珞璜电厂是集团内第一家配套引进大型火力发电厂烟气脱硫设备和环保技术的电厂;华能北京、天津杨柳青热电厂最早引进国外先进的液态排渣、飞灰复燃等技术;于11月23日投产的华能沁北电厂一号机组是首台国产60万千瓦超临界燃煤机组;华能玉环电厂项目率先在国内建设两台百万千瓦级的国产超超临界机组,"火电厂厂级运行性能在线诊断及优化控制系统"项目获2006年度国家科技进步二等奖;"循环流化床(CFB)锅炉关键技术的自主研发及应用"项目获2006年度国家科技进步二等奖。领先的技术带来了先进的指标。2003年,华能电力企业平均供电煤耗339.4克/千瓦时,比全国平均供电煤耗381克/千瓦时低41.6克/千瓦时,按2003年华能全年火电发电量计算,相当于全年少烧煤900多万吨;仅此一项,相当于节约成本约30亿元。华能高度重视科技工作,设立了专门的科技管理机构;成立了由18位两院院士组成的专家委员会;控股西安热工研究院,成为华能的一支重要科研力量;还设立了技术研究中心和技术经济研究院。

(二)华能的创新

作为国有重要骨干企业,华能在发展中认真贯彻中央关于发挥国有企业的重要作用、发展壮大国有经济、发展具有国际竞争力的大公司大企业集团的指导方针,坚持以电为主、科学发展,从无到有,从小到大,发电装机规模不断增加,服务区域不断扩大,综合实力不断增强。

华能发展的20年,锐意改革、大胆创新,创造了若干个第一:

(1)体制方面。第一个利用外资办电、联合地方、集资办电;第一个采用开发、建设、运营、管理一体化的电力开发模式;第一个在国有电力企业中发起设立股份有限公司,海外上市,并大规模开展资本运作。1985年,华能按照党中央、国务院的决定,率先利用外资、联合地方集资办电。1994年,华能首先进行国有企业股份制改造和股票海外上市。2000年华能按照国务院的要求,未雨绸缪,实施系统内部重组,积极解决发展中的问题。2003

年,在电力体制改革后,华能提出了创建具有国际竞争力的大企业集团的奋斗目标;积极实施"走出去"战略,到发达国家收购、经营管理电厂;提出了发展能源和金融两个支撑产业,促进电力主业的持续、健康、快速发展。2004年,华能根据上级关于"精干主业、减少管理层次"的有关精神,大力实施"瘦身计划",将与电力主业发展不相关的企业通过转让、划转、重组等方式进行精简。体制创新促进了华能的快速发展。

(2)技术方面。第一个引进60万千瓦超临界燃煤机组及技术;第一个建设运营国产60万千瓦超临界燃煤机组;第一个建设国产百万千瓦级超超临界燃煤机组。华能在技术上始终保持领先;华能率先成套引进35万千瓦的机组;率先在华能上海石洞口二厂引进60万超临界机组;华能承担风险,建设国产首台60万千瓦超临界机组;2004年华能开始建设国产100万千瓦级的超超临界机组;针对国内煤炭资源紧缺、环保问题突出的情况,华能率先提出了环保、高效、综合利用的"绿色煤电项目",还与中核建集团和清华大学联合建设高温气冷核反应堆示范项目。

(3)管理方面。第一个获得我国"一流火力发电厂"的称号(华能大连电厂);第一个获得"中国一流的电力公司"的称号(华能国际电力股份公司);第一个通过国际竞标在发达国家(澳大利亚)收购、运营、管理电厂的中国电力企业。华能不断地推进管理的创新。从华能大连电厂开始,华能不仅创一流的电厂,而且创一流的电力公司;不仅创一流的电力公司,而且提出创一流的电力集团。华能还率先建立的综合计划管理体系、专业化管理体系、风险管理体系、煤炭预警管理体系。在保证煤炭供应上,率先签订了长期供货合同和战略合作协议。

五、企业人力资源

(一)华能员工队伍建设和人员结构

队伍建设不断加强,为企业的长远发展提供了有力的人才保证。华能在发展中,积极推进人才强企战略,加强人才队伍建设,抓住培养人才、吸引人才和用好人才三个环节,通过华能党校进修、高校联合培养、高级人才培训中心培养和建立博士后流动站,着力打造一支高级经营管理人才队伍,一支高级专业技术人才队伍和一支高级生产技能人才队伍,使华能员工的素质不断加强,一大批中青年干部走上了重要岗位。到2003年末,华能员工总数43 805人,具有大专以上占员工总数的37%,50岁以下的占91%,40岁以下的占65%。到2003年末,华能专业技术人员共16 069人,占员工总数的37%,其中中级以上职称7 732人。通过加强人才队伍建设,为企业的长远发展和建设具有国际竞争力的大企业集团提供了坚强有力的人才保证。

(二)华能集团公司人才策略及员工激励制度

1. 华能的人才战略

华能集团的队伍建设不断加强,为企业的长远发展提供了有力的人才保证。华能积极推进人才强企战略,加强人才队伍建设,抓住培养、吸引和用好人才三个环节,通过华能党校进修、高校联合培养、高级人才培训中心培养和建立博士后流动站,着力打造一支高级经营管理人才队伍、一支高级专业技术人才队伍和一支高级生产技能人才队伍,使华能员工的素质不断加强,一大批中青年干部走上了重要岗位。

2. 华能的员工激励制度

华能集团公司对员工有着比较有效的激励制度。

华能集团公司给予子公司的年度奖金额根据以下规则计算：

如果某个子公司业绩考核为 100 分，那么总的奖金额为整个子公司工资和薪水总额的 50%；如果业绩考核超过 100 分，则每超出 1 分，总奖金额中增加工资和薪水总额的 0.5%；如果业绩考核分低于 100 分，则每下降 1 分，总奖金额中扣去工资和薪水总额的 0.5%。根据这个公式，一个子公司所能获得的最大奖金额是该公司工资和薪水总额的 65%。各子公司内部的分配则取决于其所在的组织层面和业绩等级。每个组织层面给予一定的分数，例如，高层管理人员为 4 分，中级管理人员为 3 分，监督人员为 2.3 分。将奖励基金在所有满足条件的人员所得的总分中进行分摊，从而得出每 1 分可以获得的奖金额。

对部门员工的业绩等级评定由其上级、同级和下属通过四个业绩指标来进行（括号中指明了各项的权重）：道德品质（20%）、努力程度（20%）、个人能力（20%）和工作业绩（40%）。在评定的分数中，上级的评定结果占 50% 的权重，同等级别的评定结果占 30%，下属的评定结果占 20%。在计算每个子公司总经理的奖金额时，有一个指导方针：(1) 如果公司很好地满足了所有四个标准，那么公司总经理可以获得的奖金额将是公司员工奖金额平均数的 2.5 倍到 2.8 倍；(2) 如果公司满足所有四个标准的计划数额或标准数额，那么公司总经理的奖金额将是公司员工奖金额平均数的 2.0 倍到 2.5 倍；(3) 如果公司没有满足四个标准，但是仍有赢利的，那么公司总经理的奖金额将是公司员工奖金额平均数的 1.5 倍到 2.0 倍；(4) 如果公司没有赢利，那么公司总经理的奖金额不能超过公司员工奖金额的平均数。

每个员工每年增加的报酬额中，有 65% 以增加月薪的形式发放，还有 30% 则作为一次性奖金发放。1997 年集团支付的最大一笔奖金额是人民币 30 000 元。虽然奖金的数额不是很大，但是员工们对这种奖金体系比较满意，因为这样的业绩考核制度对每个员工都是透明的、公正的。

摩托罗拉(中国)电子有限公司

摩托罗拉(中国)电子有限公司是摩托罗拉公司在中国成立的子公司,业务范围涉及无线通信、汽车通讯、宽带网络和嵌入式电子产品等。2005年摩托罗拉(中国)电子有限公司的销售总额为695亿元,占摩托罗拉全球销售额的24.4%,多次被评为中国最具影响跨国企业。在"中国企业500强"排名中,摩托罗拉(中国)电子有限公司都取得了很高的排位,分别是:2006年37名、2005年30名、2004年42名、2003年26名。

一、摩托罗拉(中国)电子有限公司发展历程概述

(一)摩托罗拉概述

摩托罗拉(中国)电子有限公司是摩托罗拉公司在中国成立的子公司。摩托罗拉公司创立于1928年,是全球无线通讯、汽车通讯和宽带通讯领域的领导者。目前,摩托罗拉在全球共有8.8万名员工,业务范围涉及无线通信、汽车通讯、宽带网络和嵌入式电子产品等。2006年的全球销售额为429亿美元。摩托罗拉公司的主要业务部门有:个人通讯事业部、全球电讯方案部、专业无线通信部、集成电子系统部和宽带通讯部。

摩托罗拉公司于1987年进入中国,首先在北京设立办事处,于1992年在天津注册成立摩托罗拉(中国)电子有限公司,目前主要产品有手机、对讲机、无线通信设备等,产品销售到中国和世界其他市场。摩托罗拉(中国)电子有限公司董事长为梁念坚先生,总裁为高瑞彬。

目前,摩托罗拉(中国)电子有限公司在中国大陆有1家控股公司、3家独资公司、5家合资企业、16个研发中心和25家分公司,员工10 000多人。2005年摩托罗拉中国公司的销售总额为695亿元。到2005年12月底,摩托罗拉公司在中国投资总额约为36亿美元,是中国最大的外商投资企业之一。其中,研发投入超过6亿美元。

(二)企业组织架构

摩托罗拉(中国)电子有限公司有三大业务集团,分别是移动终端事业部、网络及企业通讯事业部和宽带联网事业部,并拥有一个独立的研究机构——摩托罗拉中国研究院。

1. 移动终端事业部(Mobile Devices)

移动终端事业部提供引导市场潮流的个人通讯产品,并将我们熟悉的手机转变成生活中无所不在、必不可少的设备。作为多模多频通讯技术和产品的领导者,移动终端事业部设

计、生产、销售用于蜂窝系统的终端设备、便携式电子设备的能源产品、相关软件和配件。移动终端事业部还为上述产品和技术提供相应的服务。

2. 网络及企业通讯事业部(Networks & Enterprise)

网络及企业通讯事业部提供端对端基础设施、语音和数据集成通讯和信息解决方案。该部门的主要产品——关键任务安全的双向对讲机、蜂窝及无线宽带系统,可以满足全球公共安全、政府、个人、服务提供商和企业等客户的需要。该部门利用其创新性的技术解决方案来推动无缝移动通信愿意的发展,同时帮助运营商整合、优化和管理他们的网络,随时随地让人们保持联系。

3. 宽带联网事业部(Connected Home Solutions)

宽带联网事业部提供可升级的、集成的端对端系统,其宽带服务可以让广大的消费者获得丰富的信息和娱乐项目,享受信息社会相互沟通的乐趣。不论是网络运营商、业务代理、还是用户,都可以通过摩托罗拉提供的革新技术和面向未来的产品以及服务,达到双赢的最终目标。

4. 摩托罗拉中国研究院(MCRDI)

1999年11月3日,摩托罗拉中国研究院在北京成立,如今已拥有1 500多名研发人员和15个研发中心(另有4个研发中心,约200名研发人员隶属于刚从摩托罗拉公司分拆出去的飞思卡尔半导体公司),中国研究院已经成长为在华跨国公司中最大的研发机构。通过合作和参与摩托罗拉内外部项目,加强摩托罗拉在中国的科技领先地位,积极地创造和把握商业机会,有力地挖掘研究人员和团队的发展潜力,成为一个分享和学习的团体,这些是摩托罗拉中国研究院肩负的重要使命。

摩托罗拉中国研究院的主要科研领域有:先进材料研究、软件开发、个人通讯产品研发、最新移动通信解决方案、汽车电子产品的研发及人机交互技术在未来软件和硬件产品中的应用、电池及其他电子产品的附件等。

二、企业发展战略

(一)企业竞争环境分析

1. 天津经济发展情况

摩托罗拉(中国)电子有限公司于1992年在天津注册成立。天津是中国四大直辖市之一,地处太平洋西岸环渤海经济圈的中心,是中国北方十几个省市区对外交往的重要通道,距首都北京120公里,是北方最大的港口城市。

2. 手机行业竞争概况

摩托罗拉的竞争主要集中在手机行业。中国的手机行业从整体来看,手机用户数量仍在大幅增长,市场需求很大。2000年几乎达到了100%的增长率。市场的高速发展必然导致大量厂商的进入,以及手机产能的大幅增加。具体情况如表1和表2所示。

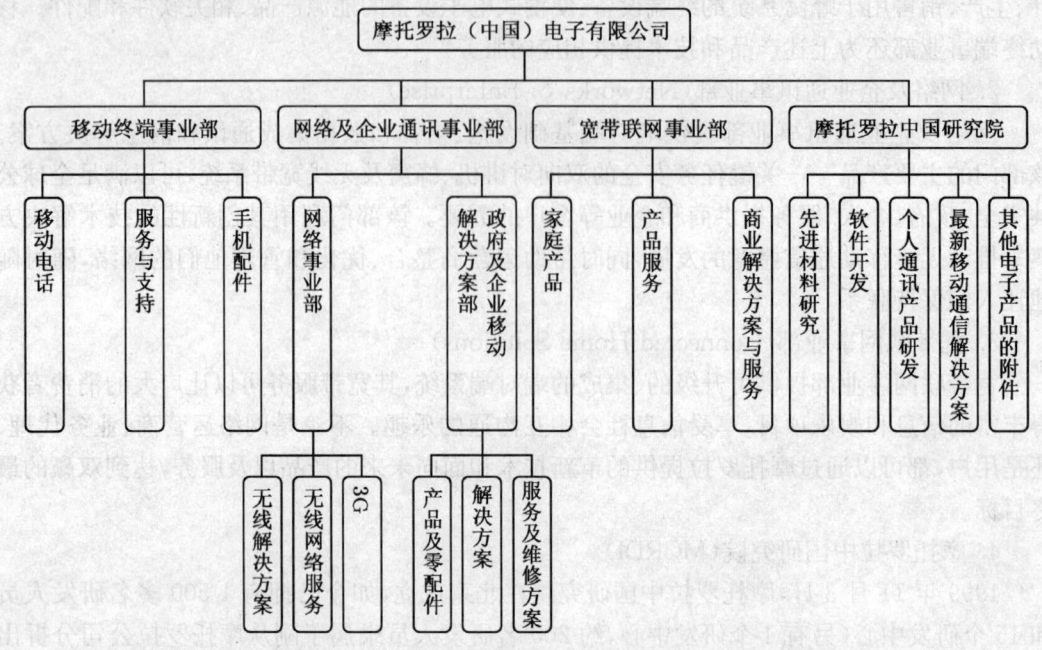

资料来源：摩托罗拉（中国）电子有限公司网站 www.motorola.com.cn。

图1　摩托罗拉（中国）电子有限公司组织结构图

表1　　　　　　　　　　　1998～2004年中国手机用户数量及增长

年　份	移动电话用户总数（万户）	增长率（%）
1998	2 498.0	88.8
1999	4 323.8	73.1
2000	8 526.3	97.2
2001	14 481.2	69.8
2002	20 600.5	42.3
2003	26 869.3	30.4
2004	33 369.3	24.2

资料来源：《2004年中国手机行业市场分析报告》，上海嘉肯市场咨询有限公司 www.CharColn.com。

表2　　　　　　　　　　　1998～2004年我国手机产业规模发展状况

年　份	1998	1999	2000	2001	2002	2003	2004
生产（万部）	830	2 300	3 851.7	8 397.5	12 000	18 644	23 344.6
增长（%）	119.6	177.1	67.5	118.0	42.9	55.4	25.2

资料来源：《2004年中国手机行业市场分析报告》，上海嘉肯市场咨询有限公司 www.CharColn.com。

但2002年在中国市场手机用户突破2亿之后，市场逐渐饱和，手机用户的增长势头有所减缓，到2004年下降到了24.2%。由于市场调节的滞后性，中国的手机产能出现了严重过剩的情况。例如，2003年手机用户增加了6 500万，而产量却为惊人的18 644万。

手机市场产能过剩使得价格战越打越激烈，为控制手机产能，国家信息产业部实施了手机牌照发放的限制，三批牌照的发放使得手机市场厂商的数量又增加 10 家左右。

随着手机的普及，2005 年度整体手机市场呈现出以下特征：

其一，手机创新功能不断。手机产品从注重外在设计转向产品功能的创新，从年初的百万像素手机到智能手机、音乐手机、电视手机等众多功能手机的兴起，产品应用以及娱乐功能发挥极至，为整体市场不断添彩。

其二，主流价位区间 2004 年与 2005 年均保持在 1 000～2 000 元之间。但 2004 年由于产品功能的增加，使得中高端价位产品的关注度出现上扬。

其三，手机产品向低一级区域市场渗透，以诺基亚、摩托罗拉为首在 2005 年度市场上刮起低价手机的风潮。

此外，手机市场关注比例呈现向大厂商集中的势头。

3. 摩托罗拉在市场竞争中的地位

摩托罗拉在手机市场上拥有很强的技术力量和许多忠实的消费者，下面将从品牌影响力和所占市场份额两方面来看摩托罗拉在手机市场上的竞争地位。

从品牌影响力来看，在中国市场上摩托罗拉的影响力仅次于诺基亚。图 3 和图 4 是 ZDC 对国内主要手机品牌做的用户关注度的调查。

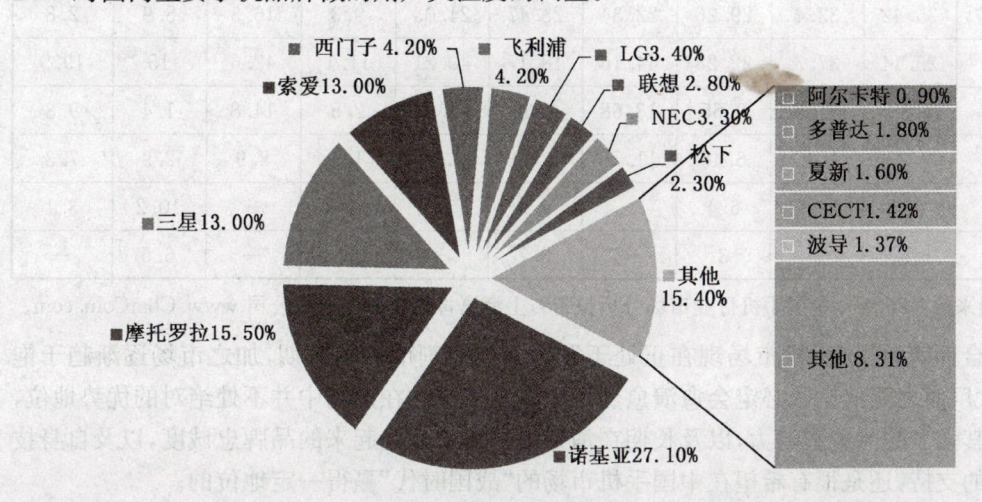

资料来源：中关村在线（ZDC）调研中心，2005～2006 年中国手机市场分析年度报告，2006 年 1 月。

图 3　2005 年中国市场最受用户关注的十五大手机品牌

据 ZDC 统计结果显示，从 2005 年品牌影响力方面来看，诺基亚以 27.1% 的关注度高居榜首，而摩托罗拉也以 15.5% 的关注度紧随其后，位居第二。并且，在大多数手机品牌的关注度都在下滑的时候，摩托罗拉依然成为了为数不多的关注度增加的企业之一。综合而言，摩托罗拉的品牌在中国手机市场上有很大的影响力。

从市场份额来看，在 2000 年到 2002 年摩托罗拉的市场份额占全国之首，但在诺基亚、西门子等外国品牌和波导、TCL 等国产品牌的冲击下，市场份额也逐渐遭到蚕食，到 2004 年市场占有量已经被诺基亚和波导超过。在供过于求，市场竞争激烈的中国市场摩托罗拉的竞争态势不容乐观。

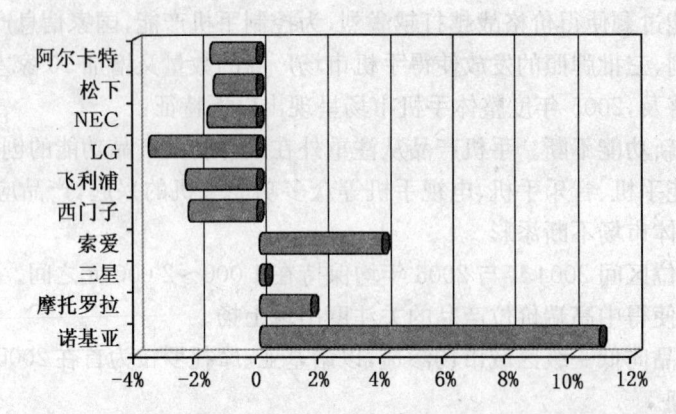

资料来源：中关村在线（ZDC）调研中心，2005～2006年中国手机市场分析年度报告，2006年1月。

图4　2005年十大国外手机厂商关注度比例总增长率

表3　1998～2004年主要品牌手机市场份额情况

单位	2000年		2001年		2002年		2003年		2004年	
	销售	出口	销售	出口	销售	出口	销售	出口	销售	出口
摩托罗拉	35.42	33.4	29.26	22.34	28.47	24.03	9.3	16.3	8.9	2.8
诺基亚	25.14	37.3	22.28	44.16	18.17	40.21	11.1	42.6	15	19.9
西门子	8.14	5.37	9.65	13.68	4.66	16.32	2.5	14.8	1.4	9.8
爱立信	9.23	10.2	6.48	11.75	2.09	7.69	1.1	8.9	2.9	7.3
波导	3.2	—	6.4	—	9.9	—	14.2	—	10.2	3.1
TCL	1	—	3	—	8.7	—	11.2	—	6.5	—

资料来源：《2004年中国手机行业市场分析报告》，上海嘉肯市场咨询有限公司 www.CharColn.com。

综合而言，中国手机市场现在正处于群雄并起分割市场的时期，加之市场逐渐趋于饱和，各大厂商之间的竞争必定会愈演愈烈。摩托罗拉虽然在市场中并不处绝对的优势地位，但凭借其强大的品牌影响力，以及长期在消费者群体中建立起来的品牌忠诚度，以及自身技术力量的支持，还是很有希望在中国手机市场的"战国时代"赢得一定地位的。

4. 摩托罗拉主要竞争对手

在手机市场上摩托罗拉最主要的竞争对手就是品牌实力最强的诺基亚。诺基亚以27.1%的比例在品牌关注度上高居榜首，且关注比例优势明显。同时，从市场份额来看，诺基亚也坐稳了中国一把手的位置，不论在销售还是出口方面较中国市场上的其他手机厂商都有较大优势。诺基亚在中国市场上获得较大的成功主要有以下几个方面的因素：其一，产品丰富、产品线广；其二，渠道渗透力较强；其三，产品定位准确。

此外三星也是摩托罗拉很大的竞争对手，在2005年中有5个月三星的关注度排名在摩托罗拉之上，两大厂商在整体市场上形成抗衡之势。但在2005年三、四季度中，摩托罗拉借助V3系列手机以及音乐手机在整体市场上将关注比例大幅度提升，最终在本年度的市场博弈中胜于三星。但从长期来看，来自三星的竞争威胁不可小视。

(二)企业总体发展战略规划

1. 摩托罗拉(中国)的长期战略

摩托罗拉(中国)电子有限公司未来的发展战略是"与中国建立牢不可破的战略伙伴关系"、"目标是成为一家地地道道的中国公司"。为了成为一家"地地道道的中国公司",摩托罗拉一直在中国努力推进本土化进程。综观摩托罗拉的本土化战略最简单的概括为:竭尽全力地"入乡随俗"。

如今,摩托罗拉在中国本土化的成功已是有目共睹。对于在中国市场上的成功,摩托罗拉毫不掩饰"始终贯彻以'双赢'为精髓的发展战略","做中国社会好公民,以中国为家,与中国人民共繁荣"。摩托罗拉在中国取得巨大成功,最根本归因于四大发展战略投资与技术转让、人才本土化、采购本土化、合资与合作。稍加留意不难看出这四大战略都是在围绕着"入乡随俗"进行的,具体战略表述如下:

(1)摩托罗拉坚持继续在华投资、技术转移,发展本地制造和研发能力,提供先进的通信解决方案。

(2)摩托罗拉在华执行人才本土化的计划,已发展和培养出了一支出色的本土管理团队。

(3)摩托罗拉发展与本地合作伙伴的合作,建立完善的供应链体系。

(4)摩托罗拉促进与中国合作伙伴的合资企业和合作项目的发展,随着中国不断融入国际市场,在中国寻找新的市场机遇。

摩托罗拉中国战略的目的是在中国建立摩托罗拉世界级的生产和研发基地。除继续巩固公司在移动终端和网络设备等领域的市场领先地位之外,摩托罗拉还致力于发展数字集群、宽带产品及相应的解决方案和服务等业务。

2. 近期战略:"无缝"移动(Seamless Mobility)通信

近年摩托罗拉正大力推进其提出的"无缝"移动(Seamless Mobility)通信的战略。"无缝"移动通信概念是运用新技术和产品,将各种移动通信产品的相关功能集合在一起,使人们在任何时间、任何地点保持与人和设备的沟通。"无缝移动"通信意味着通信水平将上升到一个更高的层次。它不仅使用户体验到蜂窝技术、无线局域网和IP语音技术的集成所带来的优势,更能运用新的先进的应用软件,帮用户大幅度降低成本实现完全移动。它的宗旨是让生活变得更具智慧、更安全、更便捷、更同步且充满乐趣,使人们在家中、在车里、在办公室及在路上随时随地享受移动通讯解决方案。该战略可以将摩托罗拉擅长的无线通讯设备、移动终端、宽带网络、汽车通讯和嵌入式电子产品进行组合并有机的连在一起,从而实现不受时间、空间和设备限制的"无缝移动通讯"。使得摩托罗拉可以为从前端到后台的所有通信领域提供全方位的端到端的解决方案。这一战略本质上是一种集中战略,不仅能够充分发挥摩托罗拉核心竞争力和技术优势,为客户提供更加专业化的、高附加值的产品和服务,而且能够充分体现摩托罗拉的比较优势,并难以被竞争对手模仿,兼顾了短期利益与长期利益。

三、企业生产经营状况

（一）摩托罗拉生产概况

摩托罗拉（中国）电子有限公司于1992年3月25日在天津经济技术开发区（TEDA）建立了生产基地，拥有员工10 000余名，该基地由移动终端事业部天津厂和网络及企业通讯事业部天津厂组成。主要生产系列无线通信产品、电子器件及元器件。目前摩托罗拉天津生产基地已经成为摩托罗拉全球最先进、产量最高的通信设备生产基地之一，已整合并建立了统一的供应链集成管理，其产品不仅供应国内市场，还远销亚太及欧美地区。

1. 移动终端事业部天津厂

移动终端事业部天津厂于1992年7月投入运营，产品主要为GSM和CDMA移动电话，是摩托罗拉全球最大的手机厂，生产引导市场潮流的个人通讯产品，将我们熟悉的手机转变成生活中无所不在、必不可少的设备。作为多模多频通讯技术和产品的领导者，移动终端事业部生产用于蜂窝系统的终端设备、便携式电子设备的能源产品等。

2. 网络及企业通讯事业部天津厂

网络及企业通讯事业部天津厂于1999年6月建成投产，主要产品为GSM和CDMA无线通讯基站，其中GSM技术从摩托罗拉英国工厂引进，CDMA技术从摩托罗拉美国工厂引进，在短时间内迅速发展成为中国地区GSM系统和CDMA系统的重要生产厂。客户包括中国、亚洲其他国家和欧美的电信运营商。2000年12月该厂通过了ISO9002质量体系认证，2002年1月成功通过了TL9000质量体系认证。

（二）摩托罗拉的主要产品

摩托罗拉主要产品包括四个领域：

1. 通讯产品：移动电话（GSM手机/CDMA手机/手机向导），手机配件，民用对讲机（Walkie-Talkie），专业无线对讲机，数字集群系统及方案解决，通信与信息综合系统集成。

2. 网络产品：全球数字移动通信系统（GSM），码分多址移动通信系统（CDMA），GPRS通用分组无线业务，无线应用/服务。

3. 集成电子产品：汽车通讯及电子系统，ICG汽车通讯事业集团（车载电话/车载信息服务系统/专业GSM模块/全球卫星定位导航系统，嵌入式计算机产品，AdvancedTCA/CompactPCI/PMC/VMEbus），Canopy™（5.8G无线宽带接入系统）。

4. 软件产品：全球数字移动通信系统（GSM），无线互联网端到端应用解决方案及Internet和电子商务，嵌入式系统软件全面解决，网络管理和系统集成，CMM®软件质量管理。

（三）摩托罗拉天津工厂生产质量

摩托罗拉天津生产基地将其所有产品、设备和管理系统都按6西格码的要求设计和执行，以符合摩托罗拉的世界标准，并通过了ISO9002质量认证和ISO14001质量认证。摩托罗拉天津生产基地还屡次荣获中国政府颁发的质量管理优秀企业和优质产品荣誉称号。

（四）摩托罗拉天津工厂环保水平

摩托罗拉在每个生产环节都注重环保，并获得了中国政府的多次表彰。摩托罗拉天津生产基地每年投入大量资金引进先进的环保设备，并投入大量的运转资金和人力保证环保设备的正常运行。从1994年至今，摩托罗拉天津生产基地连续多年获得由天津开发区管理委员会、开发区环保局、天津市政府颁发的多项环保奖。2004年,摩托罗拉被天津市环境保护局授予"天津市环境保护教育师范基地"的称号;2005年,摩托罗拉又被天津市环保局授予"天津市环境友好企业称号"。

(五)摩托罗拉与天津——战略合作伙伴关系及"双赢"的典范

自1992年摩托罗拉在天津开发区投资以来,在天津市及开发区政府的大力支持下,摩托罗拉的业务取得了突飞猛进的发展:公司从最初的1.2亿美元的投资额,几百名员工,发展到目前的36亿美元的总投资额,10 000多名员工。

摩托罗拉公司在天津投资发展的十四年,是其自身飞速进步的十四年,也是为天津发展做出重大贡献的十四年。摩托罗拉将大量世界领先的通讯和半导体技术带入天津;一大批天津本地企业为摩托罗拉公司配套,从而走向了国际市场。摩托罗拉在中国的700多名供应商中,有120多家坐落在天津,为天津培养了一大批熟悉国际规则,通晓世界管理经验和先进技术的国际人才,目前天津工厂中90%的管理层是天津的本地员工。在十多年的合作过程中,摩托罗拉已经与天津结成了牢不可破的战略合作伙伴关系。摩托罗拉与天津的合作是"双赢"的典范。

四、摩托罗拉在中国投资情况

摩托罗拉(中国)电子有限公司成立以后,在中国进行了一系列的投资,包括:1995年3月,摩托罗拉(中国)电子有限公司与乐山无线电厂合资生产分立半导体器件。随后,摩托罗拉(中国)电子有限公司还与南京熊猫电子集团公司签订了合资协议,生产基于Power PCtm微处理器的家用计算机,以及与上海无线电通信设备制造公司签订合资企业协议,生产寻呼机。1995年9月,摩托罗拉在天津建立大容量集成电路晶片制造厂的计划。该厂将在1997年之前开始生产亚微米线宽的8英寸半导体晶片。这些产品将为汽车、通信、个人计算机、外围设备和数字式消费性电子产品市场服务。

在投资方面,摩托罗拉专门成立了摩托罗拉风险投资基金,不断扩展和补充自身技术。摩托罗拉风险投资基金是面向国际通讯和电子业务的战略投资基金,每年都对多家有强大成长潜力的企业进行投资,成长金额约为1亿美元。这也是摩托罗拉接纳新科技、人才和进入市场的方法。为了补充完善摩托罗拉在家庭、个人、办公和汽车产品方面的业务,摩托罗拉风险投资基金投资于那些能通过整体解决方案并为其内部团队、客户和合作者提供多元化方案的优良初创企业。

摩托罗拉的投资范围包括无线和宽带通讯方案、移动电话软件、网络安全、用户界面技术、商业平台、智能能源解决方案、电子汽车和下一代半导体产品等等。

到2005年年底,摩托罗拉在中国的投资已经达到36亿美元。2006年,摩托罗拉在中国投资又有大手笔,它宣布将通过摩托罗拉风险投资部分别对上海联创永宣创业投资企业(联创永宣)、深圳深讯信息技术科技发展有限公司(深讯信科)和凌讯科技公司——北京凌讯科技有限公司(北京凌讯)的母公司进行投资。

摩托罗拉是联创永宣最大的投资者之一。联创永宣是一家中外合作非法人制创业投资企业,企业的总出资额为3 500万美元。联创永宣致力于投资中国的高技术型、高增长型和高潜力型公司。

摩托罗拉与深讯信科结成了战略合作关系,不仅在其母公司——中国互联网技术和服务公司有重要的投资,而且将与深讯信科在平台技术和应用等方面进行合作。通过与深讯信科结成的战略合作关系,摩托罗拉向客户提供独特的定制服务(包括企业解决方案、网络辅助 GPS 系统、位置服务、彩信、3G 应用、内容和客户端应用)的能力将得到提升。

摩托罗拉与北京凌讯的合作集中在设计、开发和生产可用于移动电视设备的调制器芯片。由于移动电视将会是 3G 时代的一大亮点,而且中国将会成为一个主要的 3G 市场,摩托罗拉期望这项投资可以帮助他们在中国未来的移动电视领域中占有一席之地。

这三家公司将成为摩托罗拉公司手机和网络基础设施以及无线解决方案的合作伙伴,在摩托罗拉未来几年在中国的发展中将起到重要作用。

五、摩托罗拉中国销售状况

表 4 为摩托罗拉(中国)电子有限公司 2000 年到 2005 年的销售额(人民币),以及摩托罗拉全球的销售额。从表中看出,除 2003 年之外,摩托罗拉中国的销售额都保持了每年较高的增长率,一方面由于中国本身市场容量不断扩大,一方面由于摩托罗拉对中国市场十分重视,不断加大投入。还可以看出摩托罗拉(中国)在摩托罗拉全球销售份额中所占的比例也逐年增加,几乎达到了全球销售额的 1/4,可见中国市场的重要地位。

表 4　　　　　　摩托罗拉(中国)和摩托罗拉(全球)2000～2006 年销售额

	2000 年	2001 年	2002 年	2003 年	2004 年	2005 年	2006 年
摩托罗拉中国公司	309 亿元	379 亿元	441 亿元	361 亿元	598 亿元	695 亿元	726 亿元
比上年增长比例		22.7%	16.4%	−18.1%	65.7%	16.2%	4.7%
摩托罗拉总公司	2 909 亿元	2 282 亿元	2 066 亿元	2 097 亿元	2 422 亿元	2 850 亿元	3 319 亿元
中国公司所占比例	10.6%	16.6%	21.3%	17.2%	24.6%	24.4%	21.9%

注:按 2007 年 3 月 8 日美元兑人民币汇率 1 比 7.7386 计算。
资料来源:摩托罗拉(中国)电子有限公司网站 www.motorola.com.cn。

六、摩托罗拉中国研发创新能力

(一)研发机构(摩托罗拉中国研究院)

1999 年 11 月 3 日,摩托罗拉(中国)电子有限公司在北京成立了摩托罗拉中国研究院。摩托罗拉(中国)电子有限公司致力于不断的技术开发与创新,研发投资达 5 亿美元,在北京、天津、上海、南京、成都和杭州 6 个城市建立了 10 多个研发中心和实验室,到 2005 年初,研发人员总数超过了 2 500 人。摩托罗拉中国研究院已经成为摩托罗拉的全球研发基地

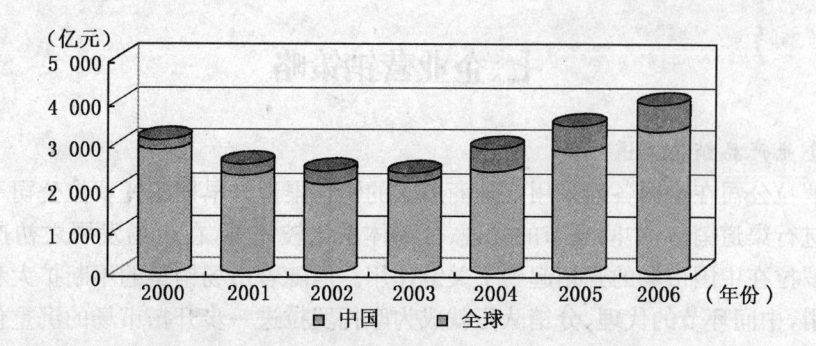

资料来源：摩托罗拉（中国）电子有限公司网站 www.motorola.com.cn。

图 5 摩托罗拉（中国）和摩托罗拉（全球）2000～2006 年销售额

之一。

摩托罗拉中国研究院的主要科研领域有：先进材料研究、软件开发、个人通讯产品研发、最新移动通信解决方案、汽车电子产品的研发及人机交互技术在未来软件和硬件产品中的应用、电池及其他电子产品的附件等。

（二）专利申请情况

摩托罗拉中国研究院到 2004 年为止已成立六个专利委员会，对员工准备提交的专利申请进行预审。这六个专利委员会分别负责不同的科研领域，包括通讯、软件、个人通讯、能源系统、先进材料等。作为研发领域的领先者与创新者，摩托罗拉一直致力于新技术的开发，从 1985 年到 2003 年之间摩托罗拉中国申请的专利项目达到 2 305 项，列中国专利申请队伍的前茅。

（三）新产品开发情况

摩托罗拉中国研究院下属包括很多分项研究部门，有个人通讯部门、摩托罗拉中国研究中心、能源系统事业部、电信系统部中国研发中心、摩托罗拉物理实现研究中心等。其几个主要的研发部门未来的研发方向如下：

摩托罗拉个人通讯部门的研发重点包括：

2G+GSM 智能电话，CDMA RUIM 电话，及 3G-WCDMA，CDMA2000 及 TD-SCDMA 等新一代智能电话产品及软件的开发与测试。

开发和认证手机预装应用程序；研究各种应用服务器，为手机预装和下载应用程序提供服务；帮助其他公司开发各种移动应用方案。

针对现有及未来手机产品的软件平台进行开发及应用设计。

从用户层面、人文因素、工业设计、绘图设计等诸多方面建立完整的用户体验。

摩托罗拉中国研究中心的研究项目集中在各种人机交互技术，如嵌入式的中文语音识别和语音产生、中文自然语言处理、中文文字识别以及用于中国第三代移动系统的多模态技术等。

位于上海的汽车电子研发中心主要负责产品开发，包括传感器、车载信息服务系统、内部电子、动力总成产品和底盘电子系统等。

七、企业营销策略

（一）企业产品销售渠道

摩托罗拉公司在全国各地采用代理商形式的销售渠道。早期摩托罗拉公司一直依靠其代理体系进行渠道销售，中间环节的代理、分销体系比较完善，在市场发展之初这种渠道结构为摩托罗拉在中国市场的开拓起到了关键作用。但随着市场销量的不断扩大和产品价格的急速下滑，中间环节的代理、分销队伍就成为摩托罗拉进一步开拓市场的沉重包袱。摩托罗拉在1996年就已经看到渠道市场中终端零售商的作用，开始积极推进专卖店、指定经销店计划。摩托罗拉最新推出的集销售、服务和用户体验于一体的摩托罗拉品牌专卖店摩托罗拉至尊专卖店和旗舰店，以助于提升自己的品牌形象和售后服务。

摩托罗拉的产品销售渠道结构如下图：

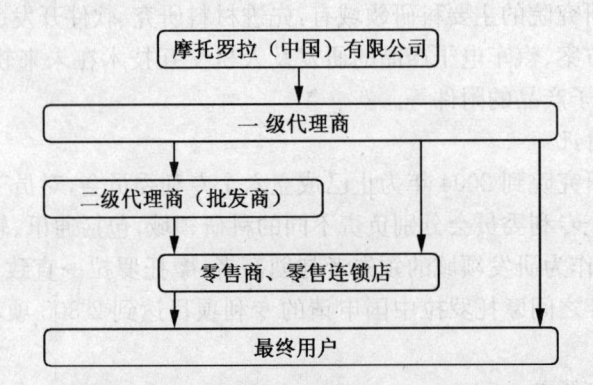

```
        摩托罗拉（中国）有限公司
                  ↓
              一级代理商
                  ↓
          二级代理商（批发商）
                  ↓
            零售商、零售连锁店
                  ↓
               最终用户
```

资料来源：《摩托罗拉公司手机产品营销战略及手段分析》，www.ccmsky.com。

图6　摩托罗拉（中国）有限公司手机销售渠道示意图

从全国布局看，摩托罗拉手机在中国市场分成东、西、南、北四个区运作，下面再分成15个分区，再往下细分成63个销售区域，已构成一个近5 000名销售人员的网络。近几年来，摩托罗拉不断扩展自身的销售渠道。2005年年末摩托罗拉与TCL移动之间达成协议，双方的战略合作将全面启动。根据协议，从2005年12月1日开始，摩托罗拉将借道TCL移动的销售渠道，在TCL移动的终端店面销售摩托罗拉品牌的手机，届时摩托罗拉产品将全面出现在TCL各大销售网点和店面中，并由TCL导购员销售。2006年摩托罗拉公司和中国最大的家电零售连锁企业国美电器宣布建立全新的战略合作伙伴关系。国美电器今年将在遍布全国的30家最大连锁店中开设摩托罗拉店中店。位于国美电器中的摩托罗拉店中店将具有更大的零售空间和更鲜明的品牌特征，为消费者提供更好的零售体验。摩托罗拉的销售渠道正在不断的扩大与多样化，给摩托罗拉在手机市场重振雄风提供了基础。

（二）摩托罗拉（中国）电子有限公司定价策略

考察摩托罗拉的产品定价策略可以从横向和纵向两个角度来看，横向考察与其他手机厂商价位的比较，纵向考察其手机在产品不同生命周期中的定价策略的变化。

横向方面：从市场上主要手机品牌的价格分部情况来看，摩托罗拉在高、中、低端市场均有产品销售，见图7。

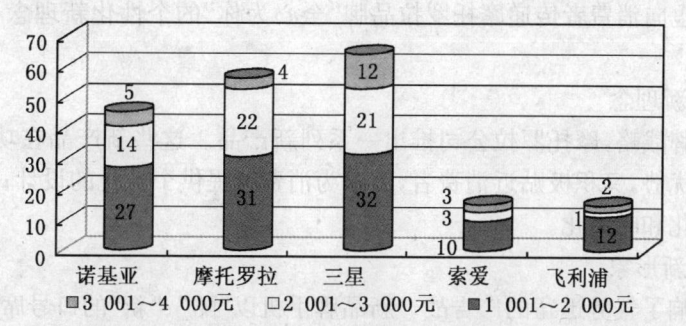

资料来源：中关村在线(ZDC)调研中心，2005～2006年中国手机市场分析年度报告，2006年1月。

图7　2005年五大国外手机厂商主流价位区间产品分布

从图7看出摩托罗拉手机在1 000～2 000元之间有31款，2 001～3 000元之间有22款，高端产品3 000～4 000元之间有4款。最为突出的是摩托罗拉在1 000～2 000元之间的产品，数量达到31款之多，此间最受关注的产品当属音乐手机E398。在此价位中，时尚娱乐的E系列、商务A系列以及V系列产品均有分布，其中V系列产品数量相对较多。从产品的角度来看，摩托罗拉V系列产品大多属于翻盖机型，在整体市场将关注度转向直板机型时，此类产品的价位迅速下跌，充实了1 000～2 000元这一价位区间。从一定意义上来看，2 001～3 000元之间的产品是摩托罗拉真正主攻的区间，这个区间的产品能较好的适应市场的主流消费能力，同时又有较大的利润空间，将成为摩托罗拉主要的利润来源。

纵向方面：从产品的生命周期方面来看，摩托罗拉手机产品生命周期的不同阶段和竞争环境，价格策略如表5所示。

表5　摩托罗拉手机根据产品生命周期定价策略

项目	营销战略	调整策略	价格策略
导入期	快速撇脂战略	培育	高价格、高促销
成长期	缓慢撇脂战略	持续	略低价格、高促销
成熟期	快速撇脂战略	改进	低价格、高促销
衰退期	缓慢撇脂战略	放弃	最低价格、低促销

资料来源：杜隆斌：《摩托罗拉手机广东区市场营销策略》，吉林大学硕士学位论文。

(1)导入期。在新产品刚刚推向市场的时候，可以通过概念炒作或市场炒作的方式进行促销，可以给予较高的定价，经销商利润空间比较大，使产品迅速摆放到零售终端。

(2)成长期。在成长期，产品已经摆放到零售终端，可以微调价格，加大促销力度，随着生产规模的扩大和制造经验的积累，使公司的单位制造成本下降。

(3)成熟期。产品的成熟期，进一步降低价格，保持促销力度，扩大市场份额。

(4)衰退期。以稍低于成本的价格迅速甩货，加快资金周转。

(三)摩托罗拉营销策略和售后服务

在营销活动方面，摩托罗拉公司把MOTO作为MOTOROLA的全新代名词，不断为MOTO输入人性与个性的品牌核心价值。用摩托罗拉自己的话说，MOTO还意味着"使消费者的生活更加简单、更聪明和富有乐趣"。它是对其品牌核心识别"智慧演绎，无处不在"

的新诠释。同时也向消费者传递摩托罗拉品牌"全心为你"的个性化新理念与新形象,其内涵包括:

1. 产品体现新理念

配合新的品牌战略,摩托罗拉公司推出一系列新产品。这些新产品在功能上既保持了固有的技术领先优势,又积极贴近消费者,力求为消费者提供个性化的设计;同时,在款式设计上也更加年轻化和时尚化。

2. 广告树立新形象

摩托罗拉打响了气势迅猛的广告战。新品牌手机以"酷"、"新"的口号席卷各大媒体,甚至聘请了获得奥斯卡提名的大牌演员和导演做宣传。首先,利用电视广告宣传 MOTO 的整体形象,让消费者认识了解 MOTO 代表摩托罗拉公司"全心为你"的理念。之后,摩托罗拉公司陆续推出以 MOTO 统领的各个新产品广告。每个广告都有独特的广告词,如:V70 的"世界因我不同",T190 的"给你表情给你颜色"。它们都是对 MOTO 精神的贯彻和丰富,让消费者从不同角度认识和理解 MOTO 精神。2006 年摩托罗拉还签约职业足球赛场上最热门的球星贝克汉姆出任全球形象大使。摩托罗拉和贝克汉姆签署了为期三年的协议。贝克汉姆将首先参加亚洲各地的各种重大活动,包括拍摄广告,参加亚洲地区摩托罗拉零售店和经销商举办的各种零售促销活动。

3. 在网络上打造品牌

摩托罗拉的网站不但是为消费者提供摩托罗拉公司的各种信息(包括公司的动态、推出新产品的情况等)媒介,还是一个为摩托罗拉俱乐部会员提供互动的、个性化的、及时的信息反馈场所。此外,俱乐部成员还可获得各种个性化的服务,可以在网上自由交流,还可以参加各种由摩托罗拉公司组织的活动,如手机试用活动,各种体育竞技活动,还有一些较大型的比赛,如"摩托罗拉 388 杯无线 JAVA 应用程序大赛"。网站给摩托罗拉消费者提供了张扬个性的空间,使消费者获得独特的体验。

4. 服务展示人性关怀

为配合 MOTO 策略,摩托罗拉公司在手机服务市场率先推出了个性化的服务策略,它力求为消费者的手机带来更加体贴的增值服务,如将手机中的通讯录、记事本等信息资料与个人电脑保持同步,手机的外型和色彩更漂亮、更与众不同等。

(四)售后服务

摩托罗拉售后服务渠道管理部门主要负责全国所有的摩托罗拉授权全质量服务中心(MOTO Service One Over-The-Counter),摩托罗拉授权全质量一站通(MOTO Service One Service Express),摩托罗拉授权全质量换机中心(MOTO Service One Replacement Center),摩托罗拉授权全质量流动服务车(MOTO Service One Remote Service Van)的管理工作。摩托罗拉将售后服务网络划分成四个区域,分别由设在北京、上海、广州、成都的分公司直接管理,由总部进行协调。对全质量服务中心、全质量一站通、全质量换机中心、全质量流动服务车统一认证标准,实行优胜劣汰的管理模式,不断优化业绩管理和考评指标,开展星级服务考评,使手机用户可以享受到星级服务。手机维修后还要进行电话回访,及时倾听用户反馈,了解用户需求,关注最终用户满意度。同时,对运营商、关键零售商、大客户等给予有力的支持。

摩托罗拉一贯强化形象管理和标准化管理,所有全质量服务中心从店面形象、装修、布置、到服务人员的着装,都有统一的形象设计和标准,服务流程和维修工单也都实现了标准化。无论走到哪里,用户都可以很容易地找到摩托罗拉全质量服务中心,享受到便捷的服务。

摩托罗拉的管理方式已经完全实现了数字化,所有售后服务政策、工作流程都可以在内部网站很方便地查阅,在管理中的问题也可以通过内部网站随时交流,提高了管理效率。

1. 摩托罗拉授权全质量服务中心

摩托罗拉公司授权全质量服务中心,是摩托罗拉公司基于 ISO9000 和 TL9000 的全质量服务标准建立的。摩托罗拉授权全质量服务中心集快速维修、配件销售、增值服务和咨询服务四位于一体,为摩托罗拉手机用户提供国际上最先进的"一站式、全方位"服务。全质量服务中心是摩托罗拉深层服务理念的体现,是对传统售后服务模式的升华;用户在使用摩托罗拉手机的同时,能享受到高品质的专业化服务。目前摩托罗拉授权全质量服务中心已建立超过 300 多家,遍布全国各地。

2. 摩托罗拉授权全质量一站通

摩托罗拉授权全质量一站通是全质量服务中心下属服务网点,主要以支持偏远城镇为主,是全质量服务中心的补充和延伸,为摩托罗拉手机用户提供快速手机维修服务和技术咨询服务。目前摩托罗拉授权全质量一站通已建立超过 300 家,遍布全国各地。

3. 摩托罗拉授权全质量换机中心

摩托罗拉授权全质量换机中心是摩托罗拉在全国范围内建立的专业服务网点,主要针对开箱坏和零售销售 15 天内出现故障的手机进行更换,同时也承担配件保修更换服务。目前摩托罗拉授权全质量换机中心已建立超过 600 多家,遍布全国各地。

4. 摩托罗拉授权全质量流动服务车

为了加强对中小城市及乡镇边远地区的手机售后服务支持,摩托罗拉推出了流动服务车作为全质量服务网点的补充。流动服务车的服务内容:免费手机检测、手机三包政策及使用常识现场咨询、现场维修服务。

八、摩托罗拉人力资源与文化

(一)摩托罗拉人才本土化

作为世界财富 500 强企业之一的摩托罗拉公司被认为是在华企业中本土化程度最高的跨国公司。公司一直信奉"最佳员工来自本地",因此力求从中高级管理层到普通员工全面实现本土化。摩托罗拉(中国)公司的员工 90% 以上是中国人,管理层中 72% 是中国人。他们还有个规定:中层管理层基本雇佣本地员工,并计划在 5 年之后实现高层人员中只有10% 是外国人的目标。

(二)摩托罗拉员工培训

在培训方面摩托罗拉(中国)电子有限公司采取了闻名的摩托罗拉大学的方式,1993年成立了中国摩托罗拉大学,致力于为公司培养世界一流的员工队伍。本着"通过学习和业绩提升手段,卓有成效地为摩托罗拉的员工、顾客、供应商、合作伙伴和其他潜在顾客带来更多的价值,建立更广泛的摩托罗拉商业生态系统,从而促进业务的增长"的宗旨。摩托罗拉大学通过提高业绩和持久的财政成果,与摩托罗拉的员工、顾客、供应商、合作伙伴和其他潜在顾客一起分享摩托罗拉同业之最的实践经验。

摩托罗拉大学与许多中国高等学府建立了合作关系。经过摩托罗拉大学认证的203名教师可以用中文讲授130门课程。摩托罗拉大学中国区的教师还有一部分由公司内部的中高层经理兼任。

摩托罗拉大学设有五个专业学院,针对客户的需求提供专业化的、一流的学习解决方案。这五个学院包括领导力和管理学院、营销学院、质量学院、供应链学院和工程学院。五个学院主持开发能力模型和培训课程,并为战略性学习方案提供专业指导。其开设的课程包括:六西格玛培训与咨询、领导力和高层管理培训、市场与销售管理培训、供应链培训、员工人际交往技巧培训、远程教育等。

(三)企业对外交流及社会活动

摩托罗拉(中国)电子有限公司开展了大量公益性的社会活动,呈现出一个社会好公民的形象。其开展的公益活动主要有:

(1)希望工程:11年间共捐款3 400万元人民币,建立75所希望小学,使13 000名失学儿童重返校园。

(2)员工志愿者服务:摩托罗拉员工累计进行了约10 000小时的志愿者服务,包括为希望工程培训教师和学生、与青年成就组织合作,在大学、中学和小学讲授商务课程等。

(3)环境保护:摩托罗拉十分重视参与中国的环保事业,发起和组织了多项环保活动,最近摩托罗拉又与中国移动通信和诺基亚在北京共同启动了由三家企业联合发起的"绿箱子环保计划——废弃手机及配件回收联合行动"。

(4)抗险救灾:2005年1月,摩托罗拉中国公司员工为东南亚海啸灾区捐款达54万元人民币。2003年5月,积极支持中国抗击非典,摩托罗拉公司向中国政府捐赠了总价值达1 180多万元人民币的抗非典设备、现金和物资。1998年,积极参加长江流域和东北地区的抗洪救灾,向灾区捐赠了总价值3 000万元人民币的物资。先后在湖北、湖南、江西和吉林建起了11所摩托罗拉抗洪希望小学。

(5)高等教育:已经累计向北大、清华等12所高校捐赠了1 100万元人民币,用于设立奖学金和奖教金。

(6)多元化——丽人商会:摩托罗拉中国丽人商会成立于2005年8月,它将进一步促进摩托罗拉的多元化。

(7)"摩托罗拉全球公益日":在2006年10月"摩托罗拉全球公益日"本着"利用摩托罗拉的资源和知识,帮助改善社区生活,激发人们的热情"的指导理念,摩托罗拉在北京、天津、杭州、南京的近2 000名员工参与了丰富多彩的社区服务活动。

(四)企业文化

摩托罗拉(中国)电子有限公司企业文化的核心是强调"对人保持不变的尊重"和"坚持完美操守",即摩托罗拉公司希望员工既有出色的工作能力,又有高尚的道德操守。摩托罗拉公司深信,只有对社会有益、有贡献的公司才能长期持续发展。摩托罗拉在坚持"对人保持不变的尊重"的基础上,建立起"顾客完全满意"的公司企业文化,在倡导"在商业活动的各个方面,秉持以诚相待、诚实守信的最高商业道德标准,竭诚为顾客、供应商、雇员、政府乃至整个社会服务;在所到任何国家和社会,均能依法行事"的同时,公司形成了"精诚公正,以人为本,跨文化管理的本土化"三位一体的核心理念。

公司确立了所有摩托罗拉人员工必须遵循的领导力标准和行为规范:"四个 E 和永恒的 E":分别是"前瞻"(Envision)、"执行"(Execute)、"激励"(Energize)和"果断"(Edge),"永恒的 E"则是"道德"(Ethics)。这一标准要求员工在激烈竞争的商业环境中,要有远见和创新精神;和领导团队达成共同的目标;迅速行动,以结果为导向;在复杂情境中勇于决策,敢于冒险;在商业活动中保持诚信,恪守职业道德,坚守道德,尊重他人。

中国航空工业第一集团公司

自1999年7月1日中国航空工业总公司拆分为中国航空工业第一集团公司(简称"中国一航")和中国航空工业第二集团公司以来,短短几年间,中国一航发生了巨大变化。2006年总收入为815亿元,是1999年的3.8倍,总资产增加了1倍多,经济效益和质量大幅度提升。中国一航与世界500强企业入围门槛值的差距在不断缩小,从1999年只相当于当年500强末位收入的27%,到2005年相当于500强末位收入的69.7%。与世界航空航天工业企业100强比,1999年为第54位,2005年为第20位,排名前移了34位。同时,航空科技进步明显加速,几十个航空重点型号实现首飞、鉴定、定型和批产,创造了许多我国新机研发史上的新纪录,使我国跻身于少数几个能够自主研制先进战斗机的国家行列,民机、燃机、机载设备和非航空产品发展取得重大进展。

作为我国军用航空业的中坚力量,中国一航在中国企业500强排名中,2002年位列第44名,2003年上升到第36名,2005年中国一航名列中国企业500强第37名,2006年排名稳定在第38名。从2002年到2006年,中国一航在航空航天制造业中一直名列前茅。

一、集团发展历程概述

(一)发展简史

中国航空工业第一集团公司(简称"中国一航",AVICI)于1999年7月1日成立,是在原中国航空工业总公司所属部分事业单位基础上组建的特大型国有企业。集团公司拥有包括沈飞、西飞、成飞等大中型工业企业53家,科研院所31个,另外还有从事航空外贸、物资供销、科技与产品开发等专业公司与事业单位20个;集团内企业员工23.6万人,科研院所员工4.5万人,资产总额1 000多亿元。

中国一航集团的历史最早可以追溯到解放初期。1951年4月,中央人民政府人民革命军事委员会和政务院决定成立以聂荣臻为主任、李富春为副主任的航空工业管理委员会,重工业部设立了航空工业管理局,这是中国一航最早的形式。在后来的岁月里,又逐步演变为中国航空工业部、中国航空航天部等。

1993年,中国航空航天部改组为中国航空工业总公司,并领取了工商局颁发的全国统一的营业执照,1998年国家设立了国防科工委主管航空工业。

1999年,全国五大军工行业总公司改组为十大集团公司,每个行业分立为两个企业集团,以保持一定的竞争性来促进发展。当时的航空工业总公司拆分为中国航空工业第一集团公司和第二集团公司两大集团,并于1999年7月1日正式挂牌成立。这次变化是一个重要的转折点,被认为是实现政企分开、走向真正的企业的实质性一步。

由此可见,中国一航的历史沿革是由政府职能部门演变而来,其下属单位分布于全国各地,形成了沈阳、西安、成都三大航空工业基地。

(二)集团发展路径

中国一航在成立之初,世界科技进步日新月异,经济全球化趋势不断加快,早已直面世界航空巨头的激烈竞争,对中国一航来说是机遇更是挑战。当时的中国一航集团组织结构设置只是政府的翻板,按原来的结构改设为公司,在管理机制上也是政企不分。

当时担任中国一航集团公司党组书记、总经理刘高倬同志提出中国一航要面向新世纪,建设大集团,要"成为一家快速成长、创造卓越的公司,跻身于世界航空工业强者之林"的集团愿景。他大力推进战略管理,提出"整合、凝聚、创新、卓越"的大集团战略,以"突出航空主业,相关多元发展"为原则,以事业部制与母子公司并存的组织结构为基础,通过资产、产品和文化三个纽带,把中国一航凝聚成坚强的整体,加快实现跨越式发展。

近七年来,中国一航发生了巨大变化,2006年总收入为815亿元,是1999年的3.8倍,总资产增加了1倍多,经济效益和质量大幅度提升。航空主业超常发展,在世界航空航天100强中排名前移了34位,航空科技进步明显加速,几十个航空重点型号实现首飞、鉴定、定型和批产,创造了许多我国新机研发史上的新纪录,使我国跻身于少数几个能够自主研制先进战斗机的国家行列,民机、燃机、机载设备和非航空产品发展取得重大进展。

如今中国一航提供了约90%的航空武器装备,累计生产了20多个型号的飞机13 000余架、发动机20种3万多台、战术导弹近万枚,为我军提供了大部分装备的航空武器装备,为国防建设和国民经济发展做出了重要贡献。

(三)集团组织架构

如上所述,中国一航集团是在原中国航空工业总公司基础上组建的特大型国有公司,其三大部分包括主要企业、研究机构和贸易公司,以下是关于中国一航集团各下属企业的列表。

表1　　　　　　　　　　　　　中国一航集团主要下属机构

主要企业		
沈阳飞机工业(集团)有限公司	西安飞机工业(集团)有限责任公司	上海航空工业(集团)公司
沈阳黎明发动机制造公司	西安航空发动机(集团)有限公司	上海航空发动机制造厂
西安远东公司	中国贵州航空工业集团公司	上海飞机制造厂
金城集团有限公司	成都飞机工业(集团)有限责任公司	合肥皖安机械厂
庆安集团有限公司	陕西秦岭航空电气公司	江汉航空救生装备工业公司
研究机构		
中国航空综合技术研究所	中国航空信息中心	上海航空技术研究所
济南复合材料特种结构研究所	中国航空计算技术研究所	北京航空工艺研究所
北京长城计量测试技术研究所	中国航空系统工程研究所	成都飞机设计研究所
沈阳飞机设计研究所	北京航空材料研究院	中国燃气涡轮研究院

续表

贸易公司		
中国航空技术进出口总公司	中国航空工业第一集团公司科学技术委员会	中国航空工业供销总公司
中国航空工业总公司通信中心	中国航空工业第一集团公司北苑管理部	中国航空发动机总公司
中国航空工业民品公司	中国航空工业科学技术总公司	中国航空工业陕西局

资料来源：中国航空工业第一集团公司主页 http://www.avic1.com.cn/Chinese/qyzc/qyzc.asp。

中国一航集团科层式组织架构中，总经理下共有六名副总经理和一名纪检组组长。然后是集团下属的各职能部门，共设有办公厅、发展计划部、人力资源部、财务部、审计部、航空产品部民品和投资管理部等十七个职能部门。

表2　　　　　　　　　　　　中国一航集团各部门的业务职责描述

部门名称	主要职责
办公厅（经理部）	机关办公，机关年度工作计划综合编制，部门年度工作业绩考核，行政管理，公司管理信息系统的建设和维护，公共关系，法律事务，保卫保密，政策调研
发展计划部	航空产品和非航空产品及第三产业的发展战略和规划，计划汇总和综合平衡，结构调整的规划、计划，重大航空技改和航空产品开发项目立项，军品国内市场的开发，签订国家指令项目总承包合同，建设工程管理，环保管理，设备采购管理，工业统计，集团公司投资项目立项
人力资源部	高级（经理、科技）人才管理，人力资源开发（含培训教育）；工资和社会保障，劳动关系，再就业服务，集团公司人事管理，机构、组织效能管理
财务部	财务管理（含集团公司和集团，下同），国有流动资产管理，投资融资，内部审计，价格成本管理
审计部	资产管理和集团工作部（体改办公室），国有资产经营、管理和监督，集团所属企业（含集团公司投资新建企业）的监督、管理，企业改制，企业破产、兼并、重组，企业管理
航空产品部	航空产品研制立项后的系统工程管理，航空产品的生产计划、生产调度，重要物资的采购管理，航空产品售后服务管理，转包生产管理，试飞管理，技安管理
市场和对外合作部（外事办公室）	国内外市场研究，现有航空产品（兼顾民用产品）、技术和设备能力的市场开发（军品国内市场除外），签订销售合同、合作项目合同、交流项目合同，合同管理，外贸经营管理，外事管理（服务）
民品和投资管理部	民品和第三产业发展计划，市场营销的组织与管理，民用产品科技开发，科技成果产业化，民品与第三产业发展有关事项与政府部门的归口联系
科技发展部（中国航空研究院）	航空预研（至演示验证）规划、计划，预研总承包，项目管理，飞机、发动机、机载（系统）专业技术发展，重点实验室管理，归口管理研究院、所（中心），科技成果转化，科技统计
质量管理部	质量策划，质量监督、审核、事故调查、处理，公司质量体系建设质量技术的研究、推广、培训，适航管理归口，（集团派驻）外贸质量代表管理
思想政治工作部	企业文化、精神文明建设、党群工会工作（按有关规定）
监察局	按有关规定
老干部局	按有关规定

资料来源：中国航空工业第一集团公司 http://www.avic1.com.cn/Chinese/ywzn/ywzn.asp。

从以上的组织架构图及各部门的业务职责表可以看出，中国一航具有典型的大型国有企业的特征,肩负着保障国家军品供应、发展国家航空工业、为国防建设服务的重大历史使命;军品、民品混业经营,计划经济与市场经济体制并存,企事业体制并存;先有子公司、后有母公司的特殊出身,以及"大而散、小而全"的治理结构。

二、集团发展战略

（一）集团竞争环境分析

和所有企业一样,中国一航的生存与发展也直接受到所处经济环境的影响,目前集团所面临的全球和中国的经济环境有如下特点:

首先,从世界范围来看,全球竞争不断加剧。越来越多的跨国公司进入中国市场,同时中国企业也将进一步走向国际市场。

其次,我国综合国力明显增强,GDP连续几年来保持稳定快速增长,这一增长势头预计将在今后数年内保持下去。

此外,随着我国逐步走向规范化的市场经济,国有企业体制改革的进一步深化,以及经过二十多年的改革开放历程,可以说我国的市场经济体制建设已卓有成效。

从中国一航所属的行业环境来看,航空工业属于国家战略性行业,是一个综合性产业,产业链条长,产业关联度高,具有强大的拉动作用。航空工业的发展将极大地促进各相关高科技产业的发展和技术进步,是制造业技术附加值最高的产业。作为中国航空工业的中坚力量,中国一航的首要任务是完成国家下达的军品指令性计划,保障国防安全。

1999年,中国航空工业总公司拆分为中航一集团和二集团两大集团,但是它们各自主要负责的机型不同。中国一航旗下的西飞国际主营国内外大、中型飞机零部件生产、西沃客车零件生产、VCM板和铝合金型材生产与销售,在大型干线客机生产销售方面具有领先优势。另一家上市子公司贵航股份则在航空发动机零部件、燃气轮机与密封条、塑铝管片式散热器方面处于主导地位。

表3　　　　　　　　航空航天制造业上市公司一览表

序号	股票代码	股票名称	具有领先(垄断)优势的产品	控股集团公司(第一大股东)
1	000768	西飞国际	大型干线客机及相关零部件	西安飞机工业(集团)有限责任公司
2	000901	航天科技	汽车电子组合仪表、车载计算机系统、工业机器人	中国航天科工集团公司
3	600038	哈飞股份	新型电子化直升机	哈尔滨飞机工业集团公司
4	600151	航天机电	汽车空调器、传感器、电机、自动天线等汽车零部件	上海航天工业总公司
5	600316	洪都航空	喷气式教练机、海燕螺旋桨飞机和农林多用途飞机	江西洪都航空工业集团有限责任公司
6	600391	成发科技	航空发动机零部件、燃气轮机	中航第二集团
7	600501	航天晨光	航天及民用专用汽车和波纹管类系列产品	南京晨光集团有限责任公司
8	600653	贵航股份	密封条、塑铝管片式散热器	贵航集团

注：西安飞机工业(集团)有限责任公司、贵航集团属中国一航集团的上市子公司。
资料来源：黄义志：《航空航天制造业上市公司研究》,《军民两用技术与产品》2002年第1期。

两大集团之间或者与其他企业集团之间虽然存在一定程度的竞争,但并不足以改变中航一集团在其最核心的业务——军用航空业务方面的垄断或寡头地位。

此外，中国一航面临的国外竞争对手包括波音公司(Boeing)、NASA、GE飞机发动机公司(G. E. Aircraft Engines)、庞巴迪集团(Bombardier. Inc)。

（二）中国一航集团SWOT分析

总结中国一航集团的优势、劣势/机会、威胁的情况如表4所示。

表4　　　　　　　　　　　　　　中国一航SWOT分析

产业关键成功要素 ＼ 企业战略要素	优势(S) 1. 技术方面拥有得天独厚的宝贵资源 2. 规模庞大、实力雄厚的特大型企业集团，有能力进行自主研发、推出新型产品负担 3. 拥有一批中国科学院、中国工程院院士和国家重点实验室及高水平的科研体系 4. 初步形成以精益六西格玛为主线，具有一航特色的先进管理平台。	劣势(W) 1. 政企不分开，产权不清晰 2. 军品、民品混业经营，计划经济与市场经济体制并存 3. 背负长期历史积淀的负担 4. 规模过于庞大不利于有效率的管理 5. 在新兴产业及高新技术方面不具备明显的技术优势，比如电子信息产业
机会(O) 1. 和平稳定的全球局势给中国一航提供了良好的发展空间 2. 20世纪90年代以来，国家对航空工业的重视和支持程度大大加强 3. 中国经济的高速增长为中国一航民品的发展提供了巨大的市场潜力 4. 国有企业体制改革的深入，为中国一航提供了更好的发展环境	SO 着眼于运用优势以利用机会	WO 着眼于克服劣势以利用机会
威胁(T) 1. 发达国家航空企业在全球市场的扩张以及一些人为的壁垒，将使中国一航面对更激烈的竞争 2. 背负历史积淀的种种问题，在未来的现代企业竞争中，中国一航可谓任重而道远	ST 着眼于利用优势以避免威胁	WT 着眼于降低劣势以避免威胁

（三）集团总体发展战略规划

在北京召开的中国一航2007年度峰会上，现任中国一航党组书记、总经理的林左鸣作了主题为《弘扬精神，放飞思想，努力建设具有国际影响力的大集团》的报告。他在报告中明确指出，中国一航2007年将加大资本运作力度，积极推进从单纯的实业经营向实业经营和资本运作并举的方向转变，推进由只关注做产品向既做产品又积极开展资本运作的方向转变，并指出了中国一航的奋斗目标、战略重点等。

集团公司的目标是：为（保）军服务、改制优化、国资增值、集团盈利。集团公司的职责是：管理国资、保值增值；航空为本、服务国防、提供装备；发展科技，促进转化；加强两翼（非航空、三产）、提高效益；统筹规划、重大决策；调整结构，整合优势；改制改革、增强活力；授权管理（事业单位）、国家鉴定（试飞试验）；造就队伍、两手过硬。发展愿景是："整合、凝聚、创新、卓越"的大集团战略。短期目标是：2007年的奋斗目标是力争总收入超过1 000亿元，利润和收益超过40亿元，拟将募集资金40亿元，力争实现四家公司首发上市。中长期发展目标是：到2010年实现总收入1 500亿元，跻身于世界500强。到2020年跻身世界航空工业强者之林,生产的主要航空装备产品达到世界先进水平并系列化,拥有自主创新能力和国际知名品牌。核心业务是:中国一航目前已经确立了九大业务板块,主要包括军用飞机、民用飞机、发动机、机载设备、装备制造、电子、金融、房地产和民品如压缩机、摩托车等业务,今后集团将在这一业务框架下逐步整合。战略重点是:要成为具有国际竞争力和影响力的大集团,必须扎扎实实一步一步地落实计划,确保完成阶段性目标。2007年要以科学发展观为统领,以落实集团公司党组关于加快全面发展的《决定》为主线,放飞思想,加速战略转型,坚持质量第一,固本兴业,做强技术、做实管理、做大产业,突出推进资本运作,突出加强自主创新,始终把军品任务作为头等大事来抓,坚决打赢民机发展的攻坚战,集中资源打好非航空民品和三产发展的攻坚战,着力加强人才队伍与文化建设,努力建设具有国际竞争力和影响力的大集团。

三、集团生产经营状况

(一)集团主要业务及销售情况

中国一航集团是中国航空工业的中坚力量之一,它继承了中国航空工业近半个世纪的发展成就。其业务主要分为三大类:

航空业务:分为军用飞机和民用飞机两大部分。军用飞机包括歼击机、歼击轰炸机、运输机、教练机、侦察机。民用飞机有中短程运输机、ARJ系列客机及与国外合作转包生产的大型干线飞机零部件。其他相关的航空产品还包括航空发动机、机载设备、武器火控系统等。

非航空业务:主要包括车辆、冷机、机械装备、电子信息和环保五大类共3 000余种产品。

三产服务业务:主要包括飞机租赁、通用航空、工程勘察设计与承包建设、房地产开发、金融、贸易等业务。

2005年中国一航总收入和工业企业销售收入是1999年的3.3倍,年均增长22%;航空收入是1999年的5倍,年均增长31%,占总收入比重从1999年的37%上升到2006年的56%;非航空销售收入是1999年的2.3倍,年均增长15%。

2006年中国一航实现总收入815亿元,同比增长16.6%;实现利润和收益35.8亿元,同比增长55%;外贸进出口总额为35.5亿美元,同比增长40.9%;资产总额达1 535亿元,同比增长17%(见表5和图1)。

表5　　　　　　　　　　　　　中国一航2004~2006年度收入情况

	2004年	2005年	2006年
总收入(亿元)	576	699	815
利润和收益总和(亿元)	15.7	23.1	35.8
外贸进出口总额(亿美元)	24.3	25.2	35.5
资产总额(亿元)	1 211.2	1 312	1 535

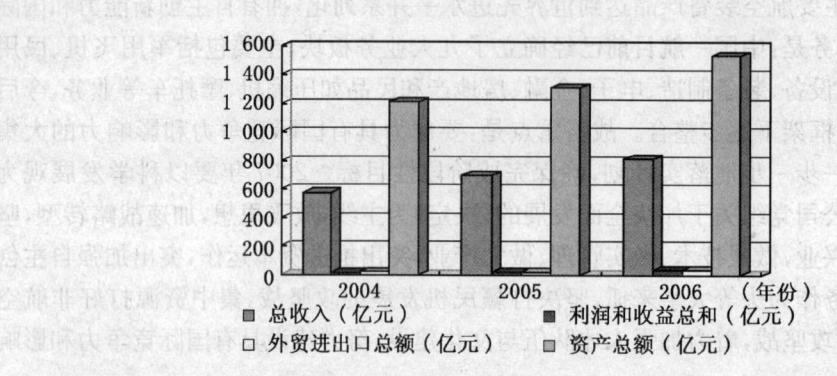

资料来源：中国一航召开2007年度峰会报告，http://www.huochepiao.com/feijipiao/info/display.asp? DirectoryID = 45717；2005年第十一届北京国际航空展览会报告，http://www.beijingaviation.com/2005/open.html。

图1　中国一航2004～2006年度收入情况

（二）集团海外市场拓展

中国一航旗下的中国航空技术进出口总公司是我国惟一以出口航空产品为主的贸易公司。中国航空技术进出口总公司（简称中航技，英文缩写CATIC）创建于1979年，目前是中国航空工业第一集团公司和中国航空工业第二集团公司共同拥有的、以从事航空技术和产品进出口为核心业务的综合性大型国有企业，总部设在北京。

中航技拥有十多个分支机构，在全世界30多个国家和地区设有海外公司、投资企业和代表处等办事机构50多个，全系统共拥有员工万余人，资产规模约为240亿元。在以航空技术和产品进出口为核心业务的基础上，形成了贸易为主、多业经营的格局。其出口的航空产品包括各类军用飞机、民用飞机及其发动机、机载设备、地面设备、维修设备和零备件等，已销售飞机逾千架，用户遍及30多个国家；非航空产品包括万吨船舶、筑路机械、食品机械、医疗设备、集装箱检测设备、汽车、摩托车、自行车及其零备件、办公用品和日用产品等，涉及国民经济的各个领域，承接的国际工程遍及亚洲、非洲、中东各个地区。

中航技还是国际认可的航空零部件承包商，承接的航空零部件包括波音和空客等飞机制造商的机头、机身、尾段、垂尾、平尾、机翼零组件、各类舱门、电缆等，GE、RR、普惠、斯奈克玛等航空发动机制造商的盘、环、轴、叶片等零组件，以及霍尼韦尔、柯林斯、泰勒斯等机载设备制造商的机载设备零组件。

2006年，中航技在5个主要经营指标上均创历史最好水平：进出口总额超过32亿美元，创历史最好；实现出口交付15亿美元，创历史最高；销售收入超过180亿元，比2003年增加100个亿，创增幅最快；实现利润总额约8亿元[①]，可比条件下创历年最多；15个地区公司和专业公司到2006年全部消灭亏损，实现了集团和中航技共同期盼的扭亏增盈、健康发展的令人鼓舞的阶段性目标。

（三）"中国一航"品牌创建

品牌是产品、企业和顾客之间的联系。客户对企业和产品品牌的认可基于对企业产品

---

① 在线国际商报，http://ibdaily.mofcom.gov.cn/show.asp? id=150251。

品质及其服务有良好的综合体验。集团领导深知没有一流品牌的企业是生命力不强的企业,要树立国际一流品牌形象必须有国际一流的产品和服务,打造品牌是集团上下与内外整体努力的结果,需要集团在战略、管理、研发、生产、销售与服务等各个环节做出正确的决策与行动。

为实施大集团战略,建设核心竞争力强、具有自主知识产权和知名品牌的大型企业集团,中国一航党组在2004年发布了《关于集团公司品牌建设的决定》,文件强调了集团公司开展品牌建设,将集团公司的品牌名称统一为"一航",集团品牌徽标沿用现集团公司的司徽。集团公司现用名称"中国航空工业第一集团公司"(英文全称 China Aviation Industry Corporation I)的全称不变,简称更名为"中国一航"(英文简称:AVICI),原中文简称"中航一集团"废止,并制订了集团公司品牌产品评价体系,进入市场的产品须经过集团品牌认证,符合集团品牌标准的产品,授予使用"一航"品牌,集团公司还专门成立了品牌委员会,承担集团公司管理职能。

(四)集团业务多元化

在北京召开的中国一航2007年度峰会上,集团重点强调了原本在军工企业中被称作处于"辅助地位"的民用产业的地位,已经将其上升到跟军工产业一样重要的地位。尽管目前集团的主要收入来源还是军品业务,但未来希望能够实现民品和军品收入相当的目标。

除了发展传统的航空产品歼击机、歼击轰炸机、运输机、教练机、侦察机外,中国一航已形成了工业燃气轮机、汽车、摩托车、制冷与环保设备等八大类3 000多种非航空产品体系。此外,集团公司还经营飞机租赁、通用航空、工程勘察设计与承包建设、房地产开发等多元化业务。

(五)集团下属单位之间存在较清晰的上下游产业链关系

中国一航的下属企事业单位是我国航空工业体系的重要组成部分,这些单位之间有着明显的上下游关系。例如,一架飞机从预研、设计到制造、试飞、维修等都可以在集团下属单位中完成。这种上下游产业关系要求中国一航要有全盘的系统思维,统筹安排各项事务,保证资源得到最优化的利用。

四、集团财务情况

中国一航共有72个二级单位、326个三级子公司(合并报表口径),分布在全国十几个省市和地区。面对跨地域、跨专业、多级法人的集团化治理结构,下属单位的性质不同,规模不同,内部的组织机构不同,产品结构不同,给集体财务管理信息的整合带来了极大的困难,而且由于军工背景和财务信息在企业中的特殊性,对网络安全、系统安全、数据保密等诸多方面有着更高标准的要求,无论从技术方面还是实施方面,较其他大型企业集团的信息化工程有着更高的难度,面临着更复杂的问题。

由于目前中国一航并未实现整体上市,其集团财务报表信息并未得到充分的披露,目前其已上市的子公司有四家:G西飞000768、贵航股份600523、中航精机002013、G力源600765。其中G西飞000768由西安飞机工业集团绝对控股,是飞机零部件制造商;贵航股份600523由贵州航空工业集团绝对控股,是汽车零部件制造商;G力源600765由贵州金江航空液压绝对控股,主要生产液压系统;中航精机002013属中国航空救生研究所,主要生产汽车零部件。

据集团总经理林左鸣介绍,中国一航必须充分借助资本市场,按照"专业化整合、资本化运作,产业化发展"的思路,实现专业化板块整体上市,进行股权置换,最终实现中国一航的整体上市。

以下是中国航空工业第一集团公司2002~2005年主要财务数据与指标。

表6　　　　　　　　　中国航空工业第一集团公司主要财务数据与指标　　　　　　　单位:人民币万元

项　目	2002年	2003年	2004年	2005年
资产总额	8 366 611.2	11 279 229.2	12 111 986.6	13 313 059
净资产	2 093 011.6	3 063 339.7	2 940 715.8	3 552 128
负债总额	5 582 108.3	7 490 199.2	8 357 271.3	9 190 316
银行借款	2 385 234.6	2 579 983.5	2 373 377.2	2 428 040
营业收入	3 001 211.8	4 457 942.5	5 805 800.8	6 844 583
利润总额	39 310.0	124 479.4	156 761.7	213 453
净利润	30 073.3	93 395.5	102 098.0	154 643

资料来源:《上海证券报》2006年4月20日,http://www.jtchina.com/view/content/jsp/xinxizs.jsp?colid=005004003003&infoid=1001813198。

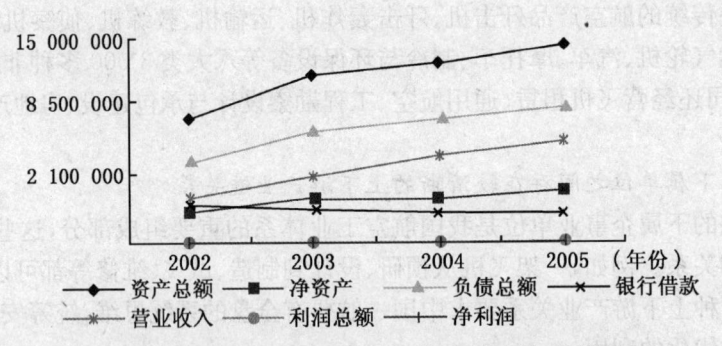

图2　中国一航2002~2005年主要财务指标趋势图

从上图可以看出在过去的几年里,中国一航集团公司经济收入高速增长,经济效益大幅提高,经济运行质量进一步改善,有力地促进了集团公司快速发展,已基本形成主业突出,具有较强核心竞争能力和自主创新能力的大型军工集团。

对中国一航已上市的主要子公司的资产结构和盈利能力状况的分析,具体情况见表7和表8。

表7　　　　　　　　　　中国一航主要上市公司资本结构状况

公司名称	资产负债率(%)					平均资产负债率(%)
	2000年	2001年	2002年	2003年	2004年	
西飞国际	21.19	23.52	19.34	14.67	23.27	20.40
力源液压	23.32	28.29	26.17	30.42	26.70	26.98
贵航股份			34.11	39.14	37.04	36.76

表8 中国一航主要上市公司资本结构与经济绩效的关系

公司名称	资产负债率	经济绩效指标(2000～2004年平均数)			
		每股收益（元）	总资产报酬率（%）	净资产收益率（%）	主营业务利润率（%）
西飞国际	20.40	0.104	1.400	1.89	16.09
力源液压	26.98	0.035	1.746	2.60	39.93
贵航股份	36.76	0.093	0.237	0.47	27.13

资料来源：汪本强、江可申：《我国航空工业上市公司资本结构与绩效的关系研究》，《工业技术经济》2005年12月。

表7和表8说明力源液压的资产负债率位于西飞国际和贵航股份之间，其总资产报酬率、净资产收益率、主营业务利润率都是最高的，从某种程度上表明资本结构与主要经济绩效指标之间存在一定程度的相关性。

五、集团研发创新能力

（一）新产品开发

从1999年至今，中国一航突破了一大批具有自主知识产权的核心技术、关键技术和前沿技术，实现了我国军机从第二代向第三代的跨越，使中国跻身于能够同时自主研制生产具有国际先进水平的战斗机、轰炸机、特种飞机、无人机、发动机、空空导弹等多种航空装备的少数几个先进国家之列。

中国一航着力创建了"金城"摩托车、"庆安"空调压缩机、"西飞"铝型材、ARJ21新型涡扇支线飞机及新舟60飞机等多个自主品牌。其中金城摩托车出口势头强劲，连续两年出口量、创汇额均位居全国摩托车行业前茅。庆安是中国空调压缩机行业中惟一的民族品牌，空调压缩机的企业标准被确立为中国空调压缩机行业标准的主体，空调压缩机销量创历史最高纪录，以及西飞集团公司先后研制、生产的"中国飞豹"、轰六系列、新舟60飞机及新支线等30余种型号的军、民用飞机。2007年3月在中国一航沈阳飞机工业集团公司交付的我国首架完全拥有自主知识产权的ARJ21新型涡扇支线飞机关键部件发动机吊挂，标志着我国民用飞机研制取得了重大突破。

（二）专利申请

2006年10月，中国一航专利申请量已达2 041项。2005年专利申请量比2004年翻了一番。2006年，中国一航共申请专利528项，其中发明专利295项。在连续两年所申请的专利中，发明专利均占到了50%以上。2006年，在中央企业拥有专利数排名中，中国一航在150多家企业里位居前列。中国一航已经建成了自己的航空知识产权状况数据库。

从拥有自主知识产权入手，中国一航加大自主知识产权研发和管理力度，开展战略研究，将获得知识产权数量作为企业经营业绩的重要考核内容之一，要求申请承担国家科研计划项目的单位必须提供知识产权分析报告。中国一航在全集团实施知识产权推进工程，"十五"期间，中国一航制定了10余项管理办法和规定，形成了完整的知识产权制度体系。

集团公司各企事业单位在完成科研生产任务的同时，在关键技术领域力争取得自主知识产权,有力地保证了企业在产品技术领域的竞争优势。一航庆安公司实施"专利—商标—标准"相结合的企业战略,在推动和主持修订国家标准"家用空气调节器用压缩机—电动机"过程中将自主知识产权的技术内容列入标准。一航导弹院在完成重点型号研制的同时,在关键技术领域申报专利45项。一航制造所在引进国外先进焊接技术专利许可权平台上自主创新,取得了多项基础研究成果。

中国一航将自主知识产权战略研究纳入集团科技发展规划。集团提出,发明专利年增长率要达到30%,到"十一五"末期,全集团年发明专利总量要达到500件以上,同时运用专利许可、技术转让、技术入股等方式,加速先进技术快速流动及工程化、产业化进程,掌握和实现知识的自主价值。

(三)研发投入

中国一航还从人才、资金等各个方面加强自主知识产权开发扶持力度。2005年,集团在国防工业领域率先设立集团级知识产权保护专项基金。在国防科技工业知识产权推进工程总结会上中国一航被评为先进单位。

根据《中国航空工业第一集团公司知识产权保护自主专项工作管理暂行办法》,集团公司20家成员单位申请的120项国防专利实施了首批资助,资助经费总额为35万余元。这是推进知识产权保护的一项新突破。

《办法》的出台极大地鼓舞了各单位科技创新和申请国防专利的热情,各单位的国防专利申请量明显增多。其中获得资助项目数排名前5名的单位分别是:一航制造所、一航材料院、一航导弹院、江淮航空供氧制冷设备公司、一航航宇和一航沈飞。

此外,中国一航还积极与西工大、北航等五所院校合作,先后签署了产学研合作协议,组建了发动机可靠性研究等四个合作中心,产、学、研合作呈现出良好的发展势头,有力地促进了集团技术进步,提升企业的核心竞争力,同时通过完善自主创新体系建设,实施专业人才培养工程,设立研发基金,加大研发投入等措施,促进集团核心竞争力的快速提升。

六、集团营销策略

21世纪初,中国一航提出了"整合、凝聚、创新、卓越"的大集团战略,希望成为一家快速成长、创造卓越的公司,在2010年进入世界500强,2020年进入世界航空航天百强的前十名,跻身于世界航空工业强者之林。

中国一航目前与世界500强和一流航空企业的差距,突出表现在营销环节。一航要想跻身世界航空工业强者之林,必须在营销理念、经营管理、产业结构、技术实力、产品质量和人员素质等各方面都有所创新和突破,才能在激烈竞争中形成集团独有的核心竞争力,立于不败之地,扩大市场份额,增加销售收入,创造品牌价值,提升品牌地位和集团公司声誉。

由于中国一航集团的产品门类多、客户各异、层次不一,因此必须根据不同门类产业需要建立满足不同需求的营销体系,制定相应的营销策略。

(一)政府产品的营销

对中国一航来说,政府产品主要是指各类军品,包括军用飞机、航空发动机、机载设备、机载武器等航空军品以及与其他军事装备配套的产品,如舰用燃机等非航空军品。

这类传统产品的营销活动是中国一航员工相对比较熟悉的,在长期的实战中培养出了一支专业队伍。但即便如此，也需要营销队伍根据市场情况的变化全面正确地认识、分析用户的需求，不断更新观念、有所创造、有所提高。航空军品营销的短板是国际市场份额不足和国际、国内军机售后服务支持和维修、备件市场的开发，这是军用航空产品营销的努力方向。

（二）市场化产品的营销

这类产品又称为"民用产品"或"民品"。民品的范围相当广泛，是市场化的产品，其营销活动符合市场产品营销的一般规律，必须掌握和遵循。同时，不同行业、不同类别的民品营销又会有其细化特征，表现为特殊规律，所以对于中国一航的民品营销，要进行认真的分类。

1. 航空民品的营销

这类产品应当包括民用飞机、民机发动机和民机机载设备。民机是一个国家的战略性产业，除具备商品的一般属性外，还具有特殊性。民用飞机是我国对外开放最早、关税壁垒最小、保护力度最弱的产品；世界民用航空工业已在20世纪后期经历了新一轮重组，形成了寡头垄断的格局。中国一航在民机产业的营销活动将直接面对世界上实力最强的对手，国内外市场营销的难度都非常大。中国一航的民机营销，ARJ21和"新舟"60是典型的范例。

ARJ21定位于技术领先与商业成功的统一，迈出了一航民机市场营销的第一步。"新舟"60飞机没有国际适航证，却在中国政府的大力支持下打入了国际市场，从找到首家国外用户实现出口"零"的突破，到实现批量出口的跨越，仅用了一年多的时间，为建设未来一航民机的服务支持体系提供了宝贵的借鉴。

民机营销必须建立完善的服务保障体系。这个体系中应该具有融资、租赁、培训、维修保障、备件/AOG等子体系或功能。航空产品一般具有较长的寿命周期。飞机的运行寿命约为20~30年，飞机运营期就是产品价值链的延长期，可获得的收入一般是飞机价值的两倍。

中国一航要发展民机产业，就要创建产品全寿命周期的营销服务体系。特别是民机要开拓市场、占领市场，就必须建立完善的销售支援和全寿命周期服务体系，提供优质的服务。全寿命周期的营销服务体系包括市场调研、市场定位、产品选位、售前宣传、合同执行、使用培训、技术咨询、资料提供、零部件供应、故障排除、修理服务、客户信息反馈等一系列内容。

2. 非航空民品

非航空民品从营销角度可以粗分为两大类，即最终客户类产品和配套类产品。这两大类产品的营销及其销售方式有着比较大的差异，即使在同一大类中，不同行业的产品的营销也有较大差异，比如在最终客户类产品中的成套设备（如地面燃机电站、高速线轧机、五坐标数控加工中心等）和家用产品（如摩托车、家用空调器等）。所以，强调专业化经营对中国一航的非航空民品的快速发展十分重要。

3. 三产服务业

纳入了中国一航"十一五"发展规划并可望得到发展的第三产业行业主要涉及金融和租赁信托业、房地产开发业、酒店和物业、职业技术培训业和医疗卫生业、咨询业等。中国一航要大力发展这些有着巨大发展前景和潜力的行业，在实践中选拔、培养和建设起一支朝气蓬勃、有创造精神和创业胆识的经营者队伍，是发展三产服务业的首要任务。

七、集团人力资源与文化

(一)集团人员结构

中国一航集团现有从业人员243 774人,其中高级经营管理人才(领导人员)936人(包括二级机构);专业技术人员86 818人,其中工程技术人员52 619人,占专业技术人员总数的60.6%,技术工人121 215人,占工人总数的77.2%。

表9　　　　　　　　　　航空专业人员分布情况

	人数	占科技人才比例	占专业技术人才比例
飞机(机体)技术	3 640	7.9%	4.19%
航空动力技术	3 728	8.09%	4.29%
机载设备技术	5 399	11.72%	6.22%
机载武器技术	1 109	2.41%	1.28%
航空共性技术	25 304	54.93%	29.15%
航空基础技术	4 220	9.16%	4.86%

表10　　　　　2000～2003年中国一航专有技术人才年龄结构

年　份	35岁以下	36～45岁	46～54岁	55岁以上	总计
2000	41 664	28 753	21 181	9 050	100 648
2001	39 777	28 489	18 405	7 708	94 379
2002	39 140	29 716	17 528	7 103	93 487
2003	37 205	28 152	14 795	7 713	86 818

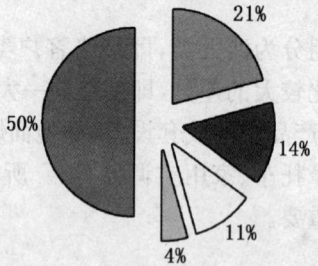

资料来源:郝景滨:《中国航空工业第一集团公司人力资源开发现状分析》,清华大学工商管理硕士专业学位论文,2004年5月。

图3　中国一航专有技术人才年龄结构

集团公司成立几年来,在人才队伍建设诸多方面取得了一些成功的经验,通过型号研制生产和对外转包生产,使人才队伍得到了锻炼,一批有才华、有学识的年轻专业技术人才成长为科技工作的骨干，人才队伍整体素质有了一定的提高，一支专业配套、素质较好的人才后备队伍已经初步形成。

（二）员工的招聘与选拔

中国一航集团的员工招聘分为内部招聘和外部招聘。内部招聘采用竞聘上岗的方式，集团从2001年开始改革管理模式。自集团总部至下属各单位的职能管理部门均打破职务终身制，逐步由身份管理过渡到岗位管理，建立公开、公平、公正、竞争上岗的新机制，全面推行岗位聘任制度，引入竞争机制，关键岗位、重点岗位的负责人实行公开招聘。

外部招聘主要是建立起了灵活多样的人才引进机制，在引进院校毕业生的同时，积极开展了多渠道引进人才的策略：一是面向社会引进人才；二是短期聘用人才；三是充分发挥确有真才实学的离退休人员的智力资源；四是聘请著名专家、学者作为企业经营管理、科技开发的常年顾问。灵活的用人机制使集团能够不断补充急需的人才，有效地解决了生产经营中的难题。

（三）集团薪酬制度

中国一航集团实行的是以按劳分配为主，效率优先、兼顾公平和积极探索生产要素参与分配等多种分配方式。集团内各单位建立了以岗位或绩效工资为主的基本工资制度，实行按岗定酬、按任务定酬、按业绩定酬的办法，其中包括在企业经营者中实行的年薪制，在从事产品研制的科技人员中推行项目工资制、技术津贴和专项科研奖，在生产工人中实行的计件工资制等多种分配方式。

（四）员工培训

集团十分重视对员工的培训，定期和不定期地组织各种专题的培训活动，下属各单位也结合自身特点组织起各种各样的岗位培训、技能培训、管理知识培训、质量管理培训等。对于因自身条件有限而无法进行的培训，集团采取"请进来、走出去"的方法，请有关方面的专家权威进来指导，将人员派到国外去参观学习。通过各种各样的学习，提高了管理人员和基层员工的素质，在此基础上加以实践与总结，极大地丰富和提升了企业文化的内容和层次，保证了集团文化建设各项工作的有效开展。

（五）集团文化

由于集团形成的特殊背景，下属各企、事业单位已在长期的实践中形成了自己企业独特的企业文化，因此集团所倡导的文化，不是仅用一个企业文化就能描述，而是一个"集团文化"，是下属企业文化的综合、提炼、升华，通过"集团文化"整合，促进集团整体的认同感和团队精神。

中国一航集团积极开展集团文化建设，最终从历史文化的积淀里，从践行新的历史使命中，提炼出"航空报国，追求第一"的集团理念和"激情进取，志在超越"的集团精神，形成核心理念。

中国一航集团企业文化部部长曾良才提出要构建中国一航创新文化体系，创新文化是指与创新相关的文化形态，即指将创新作为中国一航的经营理念，结合中国一航的实际情况和发展条件，制定出相应的创新经营战略，并将其渗透到中国一航文化中去，形成以创新为核心的中国一航文化。创新文化包括具有前瞻性的管理思想、思维方式、观念形态、发展模式、业务流程、营销举措等。

中国一航集团创新文化体系主要包括三个重点、四大内涵、六个方面。

三个重点：一是构建和倡导创新文化的价值体系；二是培育有利于激发创新活力的制度文化；三是确立创新机构的组织规范和文化风格。

四大内涵："敢为人先，鼓励探索，团队协同，甘于奉献"是中国一航创新文化体系的主要内涵。

六个方面：确立核心理念、价值观；完善创新文化建设体系；规范创新行为，强化制度建设；大力发扬团队精神；倡导良好的科学精神、科研道德；营造浓厚的创新氛围和创新环境。

可见，中国一航要营造一种适宜创新的文化氛围，树立全员创新的创新意识，用一种广博的思维视角和海纳百川的胸怀主动创新、支持创新。通过中国一航创新文化体系凝聚有竞争力的人才，从整体上提高竞争力，为建设一流中国一航提供保证。

中国冶金科工集团有限公司

中国冶金科工集团有限公司[①]是国务院国资委监管的特大型企业集团。2002～2006年间,中冶集团稳步发展,在中国企业500强排行榜上的排名逐步上升,从2002年的第54名跃升为2006年的第39名[②]。中冶集团现有资产总额803亿元,2006年集团营业收入为691.6亿元[③],是一个多专业、跨行业、跨国经营,集科工贸为一体的综合性的特大型企业集团。中冶集团不仅承担了宝钢、鞍钢、武钢、攀钢等国家主要钢铁工业基地的主要建设任务,成为中国冶金工业的开拓者和建设者,还扮演着国家基本建设主力军的角色,在钢铁、市政、交通等多个领域为国家基本建设和国民经济的快速发展做出了巨大贡献。此外,作为国际知名承包商,中冶集团在海外各地开辟了广阔市场,足迹遍及五大洲,承建了一大批具有重要影响和良好经济效益的项目,受到了项目所在国的好评和欢迎。目前,中冶集团又以崭新的面貌昂首阔步,为跻身世界500强的目标而奋斗!

一、中冶集团发展历程概述

(一)发展简史

中冶集团是由国务院国资委监管的以冶金建设为基础逐渐改革发展起来的多专业、跨行业、集科工贸于一体、跨国经营的综合性企业集团,是我国冶金工业建设和矿山建设的主导力量,是国家基本建设和海外工程承包的主力军。中冶集团成立于1994年,其前身是原冶金工业部的外经公司——1982年成立的中国冶金建设公司[④]。集团成立时,亏损较多,包袱较重。1998年集团亏损1.2亿元,在岗职工22万人。1999年中冶集团经财政部批准办理资产划转手续,开始正式按现代企业制度规范运作,并制定了第一个五年规划。原计划用5年时间完成扭亏为盈,走出困境局面,实际上全集团从2001年就开始盈利(牛香华,2004)。集团的发展呈现出蒸蒸日上的局面,经营规模迅猛增长,经济效益逐年提高(见表1)。至2004年中冶集团顺利完成了第一个五年计划,并且大大超越了原计划的目标。之

[①] 中文简称中冶集团,英文简称MCC。
[②] 2002至2006年中冶集团的排名分别为54、51、41、39、39,资料来源于各年中国企业500强名单。
[③] 数据来源网页:http://hi.baidu.com/china_top/blog/item/84a4ca167c762818962b4371.html。
[④] 从2006年5月8日起,"中国冶金建设集团公司"更名为"中国冶金科工集团公司",中冶的企业最长的已有54年历史。

后,中冶集团提出了第二个五年计划,由平移延伸式发展进入了创新提升式发展的新阶段。

作为国家大型企业集团,中冶集团把制度改革和机制转换结合起来,大力推进企业内部改革,着力进行自主创新,努力增添企业活力,优化经营结构,改进经营方式,提升经营功能,提高发展质量,企业的竞争能力和持续发展能力不断提高。如今,中冶集团已成为集科研开发、咨询规划、勘察测绘、监理设计、建筑施工、房地产综合开发、设备安装、设备制造与成套、金属资源开发和造纸、工业生产、技术服务与进出口贸易于一体的特大型企业集团。

表1 中冶集团收入及排名变化

年 份	2002	2003	2004	2005	2006
集团营业收入(万元)	1 918 286	2 476 617	3 901 207	5 377 627	6 915 933
收入增长率	—	29.11%	57.52%	37.85%	28.61%
中国企业500强排名	54	51	41	39	39

资料来源:各年中国企业500强名单。

(二)运营实力

在多年发展历程中,中冶集团创造了辉煌的历史,硕果累累。中冶集团拥有多项核心技术和六大专利技术,曾获国家发明奖20多项,国家科技进步奖130多项,省部级科技进步奖700多项,国家优秀设计工程奖100多项,省部级优秀设计奖600多项,国家优秀工程奖30多项,建筑工程鲁班奖18项,中国詹天佑土木工程大奖1项,省部级优质工程奖380多项。在中国企业500强的排行榜上,中冶集团名列前茅,而且逐年稳步提升。中冶集团在国内享有很高声誉,也凭借几代中冶人的智慧和汗水赢得了国际的认可。2005年美国ENR杂志评出的全球最大承包企业225强中,中冶集团名列第27位,其他评价排名也日益提高(如表2所示)。这些都充分显示了中冶集团的实力和地位。

表2 美国《工程新闻记录》(简称ENR)排名

时间(年)	225家最大全球承包商[①]	225家最大国际承包商	150家最大全球设计公司	200家最大国际设计公司
2000	79	134	124	178
2001	68	103	54	161
2002	58	90	119	195
2003	52	93	64	—
2004	28	98	55	—
2005	27	101	50	150

资料来源:国务院国有资产监督管理委员会网站。

(三)组织结构

中冶集团是国际知名承包商、国家重点资源类企业、技术装备制造及服务企业和大型房

---

① 2006年,中冶集团在225家全球知名承包商中排名第26位。

地产开发商,其所属全资子公司均为国家的骨干企业。集团管理经营近70家全资和控股子公司,其中包括13个国家级研究院、国家甲级勘察研究院、8个国家甲级设计研究院和数个专业科技型企业、2个国家特级、10个国家一级工程承包企业(如图1所示)。中冶集团还在中国香港、印度尼西亚、越南、柬埔寨、缅甸、巴基斯坦、伊朗、印度、菲律宾、尼日利亚、津巴布韦、南非、莫桑比克、新加坡、马来西亚、泰国、阿尔及利亚、巴布亚新几内亚、澳大利亚、巴西、美国等国家和地区设有分公司或办事处。

在1994年中冶集团总部成立之初,多数公司当时都颇具规模,并对其上面的原国家冶金部负责。总部对下面子公司的资产和人事安排都没有控制权。1998年冶金部把下面子公司的资产和领导班子的人事任免权都划归中冶集团管理。目前以资产关系为纽带的母子公司体制基本建立,增强了集团总部对子公司的管理控制。集团下属的子公司和分公司之间很多主业趋同,存在利益的分歧和冲突,在一定程度上削弱了集团的实力。这还导致了机构臃肿问题,例如中冶集团所有的12个施工企业,每个企业都具有独立的法人资格。由于各个企业现在都在进行跨地域经营,因此每个施工企业下面有十几个独立注册的工程公司,之下又有各分公司,机构重复严重,大大增加了管理成本(白昌勇,2005)。

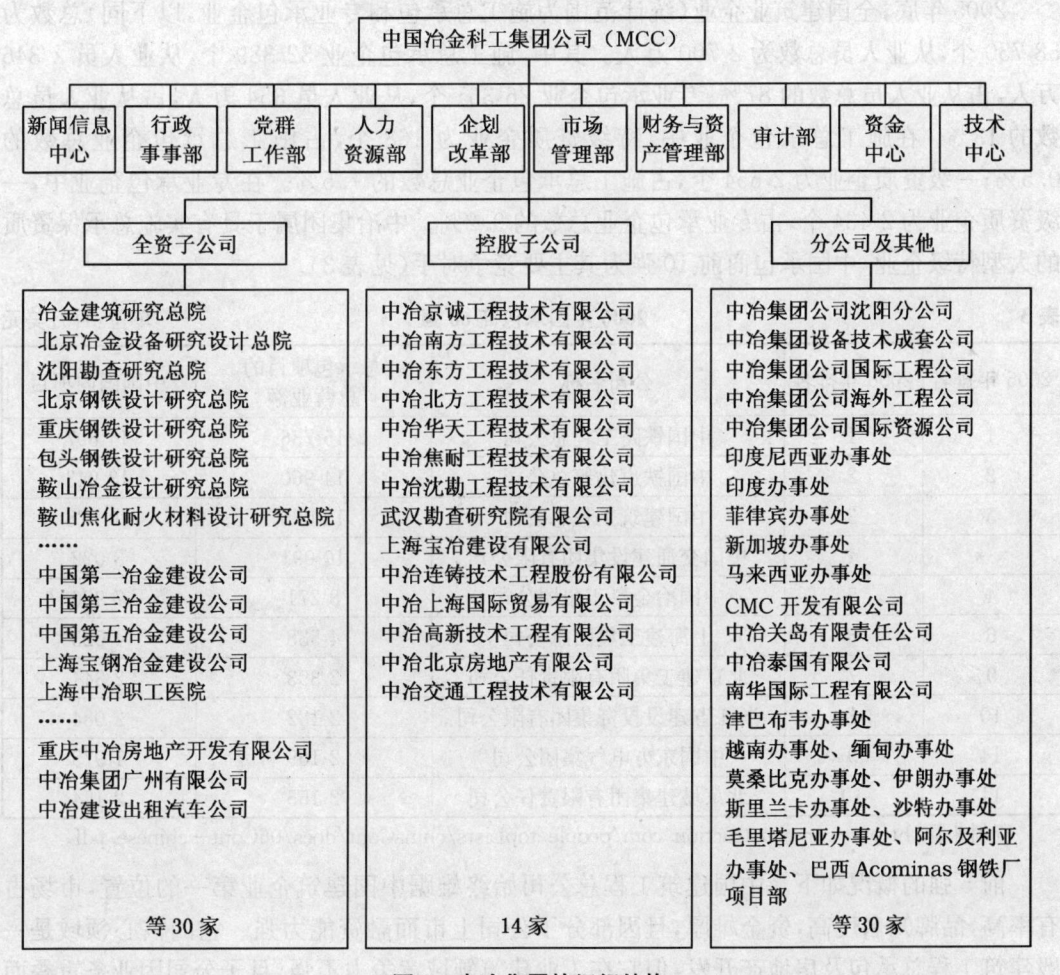

```
                    中国冶金科工集团公司(MCC)
 ┌──────┬──────┬──────┬──────┬──────┬──────┬──────┬──────┬──────┬──────┐
新闻信息  行政   党群   人力   企划   市场   财务与资 审计部  资金   技术
 中心   事事部 工作部 资源部 改革部 管理部 产管理部        中心   中心
                ┌──────────────┼──────────────┐
            全资子公司       控股子公司     分公司及其他
```

全资子公司	控股子公司	分公司及其他
冶金建筑研究总院	中冶京诚工程技术有限公司	中冶集团公司沈阳分公司
北京冶金设备研究设计总院	中冶南方工程技术有限公司	中冶集团设备技术成套公司
沈阳勘查研究总院	中冶东方工程技术有限公司	中冶集团公司国际工程公司
北京钢铁设计研究总院	中冶北方工程技术有限公司	中冶集团公司海外工程公司
重庆钢铁设计研究总院	中冶华天工程技术有限公司	中冶集团公司国际资源公司
包头钢铁设计研究总院	中冶焦耐工程技术有限公司	印度尼西亚办事处
鞍山冶金设计研究总院	中冶沈勘工程技术有限公司	印度办事处
鞍山焦化耐火材料设计研究总院	武汉勘查研究院有限公司	菲律宾办事处
……	上海宝冶建设有限公司	新加坡办事处
中国第一冶金建设公司	中冶连铸技术工程股份有限公司	马来西亚办事处
中国第三冶金建设公司	中冶上海国际贸易有限公司	CMC开发有限公司
中国第五冶金建设公司	中冶高新技术工程有限公司	中冶关岛有限责任公司
上海宝钢冶金建设公司	中冶北京房地产有限公司	中冶泰国有限公司
上海中冶职工医院	中冶交通工程技术有限公司	南华国际工程有限公司
……		津巴布韦办事处
重庆中冶房地产开发有限公司		越南办事处、缅甸办事处
中冶集团广州有限公司		莫桑比克办事处、伊朗办事处
中冶建设出租汽车公司		斯里兰卡办事处、沙特办事处
		毛里塔尼亚办事处、阿尔及利亚办事处、巴西Acominas钢铁厂项目部
等30家	14家	等30家

图1 中冶集团的组织结构

二、中冶集团的发展战略

(一)竞争环境分析

首先,宏观环境为中冶集团的发展创造了良好的机遇。近年来,国民整体经济的快速发展给建筑业发展带来了良好的契机,国家对冶金工业建设投资的增长迅速,尤其是钢铁行业的建设投资。中冶集团的主业是工程建筑总承包,作为中国冶金工业的开拓者和建设者,中冶承建了绝大部分的冶金工业建设项目,其中80%以上都集中在钢铁行业建设领域。1998年以来,中冶集团营业收入总额每年以20%左右的幅度持续增长(白昌勇,2005)。中冶集团还抓住房地产和基础设施等领域投资增长的机遇,加大对房地产和路桥等基础设施的投入力度,开拓新的发展领域,并培养其发展成为新的主业。此外,我国加入WTO也带来了机遇和挑战。一方面,更多国外资金的进入刺激了建设投资增长,关税的削减有利于建筑成本的降低,联合、联营等多种经营方式的结合有利于建筑业的国际化经营;而另一方面,国外建筑企业凭借其资金、技术、人才等优势进军中国市场,加剧了国内建筑市场的竞争。

2005年底,全国建筑业企业(统计范围为施工总承包和专业承包企业,以下同)总数为58 750个,从业人员总数为2 700万人。其中,施工总承包企业32 389个,从业人员2 346万人,占从业人员总数的87%;专业承包企业26 361个,从业人员354万人,占从业人员总数的13%。在施工总承包企业中,特级资质企业为168个,占施工总承包企业总数的0.5%;一级资质企业为2 654个,占施工总承包企业总数的7.5%。在专业承包企业中,一级资质企业为2 434个,占专业承包企业总数的9.2%。中冶集团属于具有实施总承保资质的大型特级企业,中国承包商前10强为其主要竞争对手(见表3)。

表3　　　　　　　　　　2006中国承包商60强　　　　　　　　　　单位:百万美元

2005年排名	2006年排名	公司名称	总承包项目的总营业额	中国国内项目
1	1	中国铁路工程总公司	15 736	14 897
2	2	中国铁道建筑总公司	14 960	13 943
3	3	中国建筑工程总公司	13 026	10 578
* *	4	中国交通建设集团有限公司	10 091	8 022
4	5	中国冶金科工集团公司	8 271	7 986
6	6	上海建工集团总公司	4 538	4 023
9	7	北京建工集团有限责任公司	2 393	2 344
10	8	浙江省建设投资集团有限公司	2 182	2 084
14	9	中国东方电气集团公司	2 169	1 975
11	10	北京城建集团有限责任公司	2 155	2 154

资料来源:http://enr.construction.com/people/topLists/chinaCont/docs/06Cont-chinese.pdf。

前5强的概况如下。中国建筑工程总公司始终雄踞中国建筑企业第一的位置,市场占有率高,品牌知名度高,资金雄厚,且因部分子公司上市而融资能力强。它的核心领域是一般建筑工程总承包及房地产开发,但它在工业建筑领域竞争力不强,且子公司因业务重叠而存在相互竞争。中国铁路工程总公司也是中国建筑业的佼佼者,有一定的品牌知名度和国际市场占有率,在铁路工程施工总承包方面具有明显的竞争优势。中国铁道建设总公司的优、劣势情况与中国铁路工程总公司类似,但其核心领域是铁道、桥梁及隧道的工程总承包。中国交通建设集团有限公司于2005年12月18日由原中国港湾建设(集团)总公司和原中国路桥(集团)总公司[①]合并重组而成。因此,中交集团的核心领域是港口及航道设备的制造和安装、工程承包,以及公路桥梁和隧道建设。由于强强联合而形成的中交集团,中冶集团2006年排名比2005年退了一个名次。中冶集团的核心领域是工业建筑工程总承包,在冶金工业建设领域一枝独秀,有一定的品牌知名度。但中冶在冶金工业领域外的竞争力有待提高,国际市场份额有待拓展,融资能力也有待加强。

由此可见,我国大型建筑企业都占据了各自独特的经营领域,并且在各自的核心领域中基本形成了其他公司短时间内难以模仿的核心竞争力,这是计划经济和区域经济等因素共同造成的(白昌勇,2005)。从中冶集团的角度分析,其主要竞争对手综合实力都比较强,尤其在国外业务方面,中冶集团处于相对弱势;同时,竞争对手都有自己具有竞争优势的领域,中冶集团想进入其核心领域并取得优势难度较大;在冶金工业建设领域,中冶集团则具有很强的竞争优势,因而成为行业中最重要的竞争主体之一。

(二)总体发展战略规划

中冶集团把2005~2010年定为集团转型期,提出总战略是"创新提升、做强做大、持续发展、长富久安",意味着中冶集团进入了创新提升式发展的新阶段,即以创新提升为集团发展的动力,以做强做大、持续发展为基本战略,以长富久安的共同远景为激励和引导,实现"把中冶集团由目前中国企业500强提升为世界企业500强,成为世界级的跨国公司"的发展目标。

创新提升式发展包含四个方面的含义。首先,正确的发展观是集团创新提升式发展新阶段的根本保证,是集团发展新阶段的理论基石。因此,集团发展要以邓小平理论、"三个代表"重要思想和科学发展观为指导。其次,联系实际、早抓实干是集团对创新提升式发展新阶段提出的根本要求。所谓联系实际,就是各子公司在贯彻落实集团政策时,既要了解和掌握集团整体状况,又要根据本企业的发展状况和特点采取具有可操作性的策略。要实干,人才不可或缺。人才问题也是创新提升式发展的核心问题。只有由足够数量和质量的各级各类人才组成的人才队伍,才可能实现集团发展的宏伟目标。第三,创新提升式发展的关键是抓创新,包括观念创新、战略创新、机制和体制创新、技术创新、功能创新等多个方面(杨长恒,2006)。最后,创新提升式发展的目标是要做强做大。中冶要在保持冶金建设行业竞争优势的同时,培育和发展其他主业,加快整合形成新领域的竞争力,把一个以国内工程承包为主业的中冶集团,建设成为以EPC工程总承包、资源开发、技术装备制造和房地产开发为四大主业,多专业,跨行业,集科工贸于一体,国际化的综合性大集团。

三、中冶集团的生产经营状况

中冶集团经营理念是"诚信社会为本、客户满意为荣",在冶金建设领域一直保持着明显的竞争优势,成为我国冶金工业建设的主力军。中冶集团还积极从发展科研设计到售后服

---

① 这两个公司2004年排名分别为第4和第9。

务的全供应链的经营方式,大力探索 EPC、EPCM、BT、BOT 等灵活多样的经营模式,推出低竞争力、低效益的市场,努力向用户提供高端产品,增大了利润空间。现从三个方面具体阐述中冶的新发展。

(一)中冶四大主业概况

中冶集团努力突破原来单一主业的局面,至 2005 年逐步扩展为 EPC 工程总承包、金属资源开发和造纸、技术装备制造、房地产开发四大主业,并建立起以这四大板块为支撑的发展新模式。中冶把四大主业与自身实力和社会资源有机的结合起来,追求从过去完全依赖市场发展转向自主开发、主动出击的新的发展模式上,力求增强集团更大的竞争能力与盈利能力(李万全、李文治,2006)。

工程承包是中冶集团的传统主业。随着工程建设和管理日益走向专业化,工程建设项目投资省、建设工期短、技术和质量水平高的压力越来越大,业主必然要求降低或转移投资和建设风险。工程总承包正好顺应了市场发展的必然趋势和业主的客观要求。工程总承包在国际上是一种通行的方式,有多种模式。而 EPC(Engineering Procurement Construction)要求承包商负责设计、采购、施工管理全过程服务,是目前最先进的工程承包模式。EPC 工程总承包及相关服务是中冶集团的四大主业之首,中冶集团已经承建了许多 EPC 工程,如宝钢集团有限公司、宝钢化工公司、上海南浦大桥高架、湖南谭邵高速公路等。中冶集团将以改变结构、提高科技含量和经济附加值为出发点,尽快从竞争激烈的低端市场退出,尽可能进入市场高端,提供高端产品,通过提高非钢工程比例,寻找跻身新行业的工程市场等途径进一步做大,进一步增强适应市场能力和持续发展能力(杨长恒,2006)。

资源的海外开发已成为中冶集团的第二大主业(潘斌,2006)。中冶将加大"金属资源开发和造纸"这一主业的投入,使它发展成中冶栋梁产业。目前,中冶在境外开发的金属及非金属矿山,已经拥有数十亿吨的矿产资源;在缅甸、俄罗斯投资的纸浆业,将弥补国内纸浆需求的部分缺口,同时在国内大力开拓林纸一体化项目。这一系列开发的实施,使中冶集团成为中国黑色和有色金属资源企业的龙头企业指日可待,成为我国纸浆制造的最大企业,并努力争取成为中国资源类企业的排头兵(杨长恒,2006)。

在"技术装备制造"方面,过去由于缺乏自主知识产权的核心技术,造成了"一次性制造后再无第二次业务"的尴尬局面。中冶吸取了过去的教训,力求自主开发核心技术,并努力使其产业化。中冶集团主要从事核心部件的制造、技术总成和关键的非标设备制造。这样,中冶既抓开发研制,又抓总成和成套服务,形成一条完整的供应链,如此既保护了知识产权,又推进了技术产业化,降低了成本并增强了经济附加值,提高了产品竞争力(杨长恒,2006)。

房地产开发是中冶集团 2007 年努力培育的主业。中冶借助企业在住房及其他民用建筑方面规划、设计、施工及相关服务方面的优势,并整合其他社会资源,组建了由京津唐地区房地产开发资源整合而来的中冶置业有限公司,成为集团一级子公司。随后,集团又稳步推进房地产板块全国化战略,相继组建了中冶置业(南京)有限公司和中冶置业(武汉)有限公司,上海、西南等地区房地产开发也正在稳步推进。中冶集团的目标是到 2010 年进入全国房地产前三强。

由此可见,中冶集团通过几年的努力,已初步实现了主业多元化,实现了经营结构性风险的降低和防范。此外,应当注意到,主业多元化不仅包括培育新主业,还包括原主业结构的调整。中冶的部分企业可以退出竞争激烈的工程主业市场,重新进行角色定位,调整进入其他辅业或主业。

(二)中冶的海外市场拓展

中冶集团一直致力于依托我国冶金行业的整体优势,努力开拓海外市场,向跨国经营的高层次目标迈进。1994年中冶集团的海外业务是在原中冶公司10多年不断开拓的基础上形成的。多年来,中冶集团把公司定位于国际钢铁项目合作,充分利用我国钢铁大发展的有利时机,培育市场,占领市场,在东南亚和非洲广泛地开展有效的钢铁项目合作。2005年,中冶新签海外工程合同14亿美元,同比增长62%,目前,海外业务总额已占全集团在签合同总额的30%以上,创造了历史最好水平。

从跨国投资方面来说,中冶集团在冶金技术和装备成套输出方面,以技术先进、制造成本低和诚信扩大了国际市场空间,在巩固海外传统市场的同时,又在巴西、印度和伊朗等市场立足了脚跟,打出了声誉。同时,中冶集团积极贯彻国家新的能源战略,大力开发海外包括铁矿和有色在内的金属资源,以及纸浆业,目前在海外的投资累计超过10亿美元,已成为国外投资矿业资源开发最多的中国企业和由国家指定的境外开发资源的重点企业(潘斌,2006)。

短短十年间中冶的迅速发展令人惊喜,但要实现在2010年进入世界500强的宏伟目标,还需要加快发展的步伐,其中之一就是要进一步拓展海外市场。中冶要加快"走出去"战略步伐,努力实现全球化经营。中冶"走出去"的途径有两大类:一类是EPC承包,一类是资源投资和相关贸易。工程承包从亚洲到非洲、澳洲、美洲,遍布世界各地,历史悠久,经验丰富,扩大自身的同时也为这些国家的发展做出了贡献(潘斌,2006)。

(三)塑造全新的中冶品牌

经国务院国有资产监督管理委员会同意和国家工商行政管理总局核准,从2006年5月8日起,中国冶金建设集团公司更名为中国冶金科工集团公司。"建设"与"科工"不仅仅是字面之差,它将引发一个"质"的变化。它意味着该企业的经营结构由传统、单一的工程建设向EPC工程总承包、资源开发及造纸、技术装备制造和房地产开发四大主业结构转变,中国冶金科工集团公司新名称代表了企业未来的发展方向和目标,即成为多专业、跨行业、集科工贸于一体、创新性的跨国企业集团。

杨长恒董事长强调指出,更名是中冶集团不断发展壮大的结晶,也代表了中冶集团的发展方向和目标;是贯彻科学发展观的结果,又是更好、更深入地贯彻科学发展观而采取的重大战略措施,对集团今后发展将产生重大、积极的影响。更名反映出集团正在发生的本质变化,标志着集团战略转型期正式起步并取得初步成效,在秉承优良传统和优秀中冶文化的基础上,一个新的中冶集团将全方位展示在世人面前(潘斌,2006)。更名的重大意义表现在:首先,表明中冶集团的经营结构发生了重大变化,已由单一主业向主业多元化转变;第二,表明中冶技术得到较大幅度的提升,在由劳动密集型企业向智力密集型企业转型;第三,表明中冶的经营质量得到提高,步入了创新提升式发展的新阶段;第四,表明中冶重视创新并把创新作为发展的根本动力;最后,表明中冶正在为努力开拓国际市场、为跻身世界级跨国公司做准备。

四、中冶集团的资本运作

(一)中冶集团融资概况

总体而言,目前中冶集团的融资能力不强,原因有多方面。首先,我国的融资体制仍不完善,企业融资渠道不多,主要依靠银行贷款;其次,中冶集团的资产负债率很高,一直在80%以上,且2005年之前亏损一直未弥补,自身财务风险就相当高,负债融资难以扩大;再次,中冶集团及其子公司均尚未上市,又少了一个重要的融资渠道。

中冶集团持续盈利扭亏为盈,自身财务实力增强,两次成功发行了短期融资债券。2005年10月9日,中冶集团公司2005年第一期短期融资券在银行间债券市场的发行获得了圆满成功。据统计,有效认购资金达124亿元,为募集资金的8.3倍。之后,2006年12月25日中冶集团再次在银行间市场成功发行第二期短期融资券。这次发行的短期融资券,发行额度为20亿元人民币,期限365天,采取贴现方式发行。发行当天,有效认购资金达34亿元,为募集资金的1.7倍。

如果说2005年第一期短期融资券的发行是集团融资模式创新的试验,那么2006年集团融资模式多样化、资金来源的多元化的成功运作为集团公司业务迅猛发展和"二五"规划的全面实施奠定了坚实的基础。两次融资不仅节约了财务费用,有效地降低融资成本,优化了融资结构,还拓宽了中冶的融资渠道,更重要的意义还在于提升和扩大了中冶集团公司MCC品牌的影响和冶金行业龙头企业的形象。

(二)中冶集团投资概况

中冶集团是国家确定的重点资源类企业,在海外矿山资源投资10亿美元以上,拥有铁、铜、金、镍、钴、铅、锌、铝等生产企业和大量资源。中冶集团的投资主要是各种大型建设项目投资、矿山资源投资等。

2006年至今的重大投资项目中,国内投资方面:2006年4月17日中国冶金建设集团在湘开展项目考察与洽谈,计划在未来5年内投资约50亿~100亿元,支持湖南经济发展,从而拉开央企与湖南企业对接的帷幕;7月1日中国冶金科工集团五冶投资的彭郫公路工程建设隆重开工,标志着中国五冶BT运作再续新篇;10月26日中冶(广西)马梧高速公路[①]建设发展有限公司正式挂牌,这标志着桂林至梧州高速公路马江至梧州段建设进入实质性施工阶段。

跨国经营则是中冶投资更为重要的方面:2006年5月21日,中冶集团承建斯里兰卡科伦坡高速公路BOT项目签约仪式在斯里兰卡商务部九层礼堂隆重举行。6月21日,中冶集团与中钢设备公司组成联合体,与住友金属、住友商事就住友金属和歌山钢厂2×65孔6米焦炉项目举行签约仪式。该项目是中冶集团第一个向日本出口技术的项目。2006年6月24日,中冶集团与塞内加尔国家电力公司签署《塞内加尔250MW电站工程总承包合同》。这是自2005年10月25日中塞恢复外交关系后,塞国政府与中国企业间签署的第一份项目建设合同,对中塞两国关系进一步发展具有重要的推动作用。委内瑞拉总统查韦斯

[①] 马江至梧州高速公路是国家规划西部开发八条省际公路中阿荣旗至北海公路南宁—梧州—桂林支线的重要组成路段,于2005年8月23日开工,是国家和自治区"十五"重点建设项目。

在同年8月24日至26日访问中国,并与中国冶金建设集团公司(MCC)签订意向书,将合资建设球团矿厂。同年11月3日,中冶集团投资的巴布亚新几内亚瑞木镍钴项目在巴新马当省项目地举行隆重的奠基仪式。项目总投资约8亿美元,其中中冶集团拥有85%的权益,巴新方占15%的权益。项目建设期为3年,计划于2009年投产,年产5.8万吨镍钴硫化物。2007年1月24日下午,中冶集团在北京正式签署西澳大利亚SINO铁矿项目工程总承包合同。

(三)中冶的整合战略

为了给创新提升式发展提供强有力的、十分有效的资源支持,就必须改变低效率的资源配置方式、不合理的资源存在状态和落后的资源经营水平。因此,并购重组是中冶集团改革的重要手段之一,是做强做大的重要战略措施。既要实现集团内部的资源整合,又要进行适度的对外扩张。

资源整合的范围包括生产要素整合、企业组织结构整合、专业技术整合、市场整合等,从各方面努力把中冶集团办成一个严格意义的企业集团(白昌勇,2006)。通过资源整合解决集团内部业务重叠造成的资源浪费,提高资源配置效率,实现更好的经济效益。

集团可以采用并购同类或相似行业的企业来增强自身的竞争力,也可以通过重组改制的方式改革体制,提高制度运行效率。截至2004年年底,中冶集团先后有11家二级子公司进行了改制,实现股本结构多元化,其营业收入、利润总额、利税都有显著的增加。2000年11家改制企业均为100%国有股,而2004年国有股比例(中冶集团及其子公司)降至49.5%左右,改制企业总国有权益增长28 738万元;2004年比2000年营业总收入增长550%,年平均递增137%;2004年利润总额比2000年增长近25倍,利税总额也翻了6.7倍;改制后企业的经营成本大大降低,利润率大大提高。

五、中冶集团的财务状况

(一)偿债能力分析

中冶集团现有总资产803亿元,2006年中冶集团营业总收入达到901亿元,比2005年增长30%,是20世纪末的5.63倍;净资产近130亿元,是2000年的5.65倍。中冶集团历年总资产、净资产、资产负债率和速动比率详见表4。图2和图3分别显示了各指标的变化趋势。

表4　　　　　　　　　　中冶集团资产规模及结构的变化　　　　　　单位:万元人民币

年份	2003	2004	2005	2006.6	目前
总资产	3 490 236	4 209 279	5 586 279	6 314 864	8 030 000
净资产	464 458	419 133	532 821	640 453	1 300 000
资产负债率	85.02%	88.35%	87.43%	86.53%	83.81%
速动比率	0.86	0.84	0.84	0.85	

资料来源:中冶集团短期融资券分析报告,鼎资投资研究部,2006年12月25日。

从表4可以看出,中冶集团的总规模逐年扩大,净资产也逐年增加。资产负债率始终很高,保持在80%以上,但在2003年达到顶峰后逐年降低,说明自有资本比例增加,运营风险和财务风险都得以缓和,资产结构有好转的趋势,整体偿债能力增强。此外,速动比率较大且较为稳定,说明公司短期偿债能力较强。具体情况如图2和图3所示。

资料来源:根据历年财务数据整理。

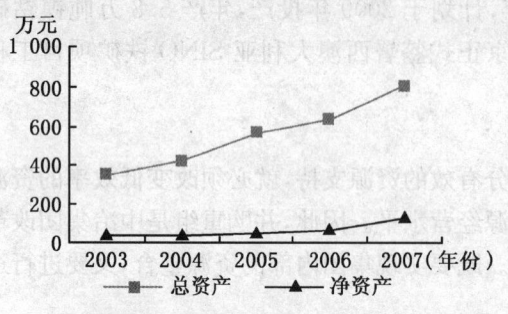

图2 历年资产规模的变化

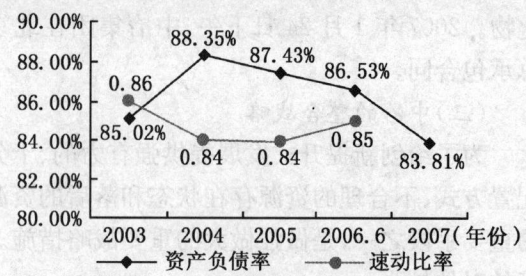

资料来源:根据历年财务数据整理。

图3 历年资产负债率和速度比率变化

(二)盈利能力分析

表5显示了历年盈利能力指标的变化,可以看出,主营业务收入和主营业务利润均先上升后下降,其中2004和2005年的增幅都非常大,2006年即使下降也仍然较高。从图4来看,2003至2006年主营业务利润率较高,一直维持在8%左右,2006年上半年甚至达到9%。可见集团主营业务盈利能力较强。2003至2005年净资产收益率有一个大幅上升,从4.01%上升到14%,2006年又有一定程度下降,到达10%的水平。中冶集团近三年来的净资产收益率表现极其出色,达到了一个较高的水平。总资产收益率2003至2005年呈上升趋势,2006年小幅下降。总资产的获利能力不是很高,但比较稳定。

表5 历年盈利能力财务指标 单位:万元人民币

年份	2003	2004	2005	2006.6
主营业务收入	3 650 707.38	5 297 300.26	6 885 784.64	3 652 504.00
主营业务利润	292 473.05	420 155.14	587 413.50	331 193.00
净利润	18 614.68	36 272.55	74 753.55	63 454.00
主营业务利润率	8.01%	7.93%	8.53%	9.07%
净资产收益率	4.01%	9.17%	14.35%	10.63%
总资产报酬率	0.53%	0.86%	1.34%	1.00%

资料来源:历年财务报表。

(三)经营能力分析

从表6和图5可以看出,2003至2006年上半年总资产周转率较低,变化趋势是先升后降,但升降幅度不大。应收账款周转率在近三年内呈上升趋势,账款回收期在缩短,账款回收能力稳定。

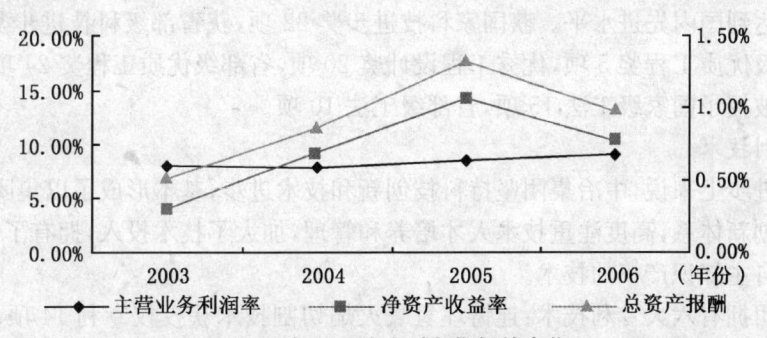

图 4　历年盈利能力财务指标的变化

表 6　　　　　　　　　　　　历年的经营能力财务指标　　　　　　　　　　　　　单位：%

年份	2003	2004	2005	2006
总资产周转率	1.19	1.42	1.40	1.30
存货周转率	8.14	9.59	8.42	3.08
应收账款周转率	4.79	6.25	6.44	2.78

资料来源：根据历年财务报表整理、计算。

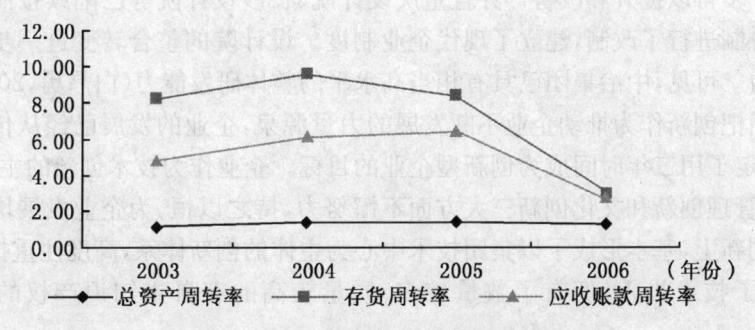

图 5　历年经营能力财务指标的变化

存货周转率则出现了较大波幅。其中，2005年出现下降主要是由于房地产作为公司主业获得国资委批准后，公司加大了土地储备，使当年存货比上年增长60.52%所致。截至2005年年底，公司存货余额为89.53亿元，其中，近一半为新增土地储备，库存商品占比为13.33%，其余为原材料和在产品。由于存货周转速度下降，2005年公司流动资产周转有所放慢，但影响程度不大，并未对公司流动资产的整体流动性带来太大影响。

六、中冶集团的研发创新能力

（一）核心技术概述

中冶集团共有核心技术390项，其中在采、焦、烧、铁、钢、轧等领域内有核心技术225项，在土建施工、机电安装、节能环保等通用建筑领域有核心技术165项。中冶集团在钢铁厂工厂设计技术、土建施工、机电安装等领域内拥有完全知识产权。在390项核心技术中，有8项达到国际领先技术水平，有152项达到国际先进技术水平，有133项达到国内领先水平,有97项达到国内先进水平。获国家科技进步奖22项,获省部级科技进步奖发明奖109项。获国家级优质工程奖5项,优秀工程设计奖20项,省部级优质工程奖24项。获授权专利141项。被授予国家级工法15项,省部级工法10项。

(二)专利技术

从技术进步上来说,中冶集团坚持科技创新和技术进步,基本形成了以集团公司技术中心为主体的创新体系,高度注重技术人才培养和管理,加大了技术投入,拥有了数量较多、技术较高的有自主知识产权的技术。

中冶集团拥有六大专利技术:连铸坯氢氧火焰切割技术获授权专利14项;八辊冷轧机是中冶的专利技术,获两项专利;炉前喷吹法脱硅技术属国内首创,获得专利权;铁水喷镁脱硫站技术国内领先,达到国际先进水平,已获得专利权;机械搅拌法铁水脱硫技术获得授权专利;带式球团工艺技术获得授权的专利一项。

(三)科研体系和创新机制

中冶集团已建立了完善的科研体系,开展各方面的科研活动。中冶集团拥有三所国家级研究院和九家国家甲级设计院,它们都拥有大量具有自主知识产权的核心技术。并先后走上了工程总承包的转型之路,即向与国际接轨的工程公司转变,成为具特色的总承包商。实践取得了很好的效果,设计院营业额中总承包比例已达到90%,而且企业的经营功能和研发能力进一步得以提升和改善。并且重庆设计院、长沙设计院等已陆续按照国际工程公司模式和股份制进行了改制,建立了现代企业制度。设计院的整合转变进一步提高了设计院的研发能力。可见,中冶集团已具有相当高水平的整体研发能力(白昌勇,2005)。

中冶集团把创新作为推动企业不断发展的力量源泉,企业的发展已经从传统型转变为创新型,并制定了用三年时间成为创新型企业的目标。企业作为技术创新的主体,中冶集团在技术创新、管理创新和文化创新三大方面不懈努力,持之以恒,为企业发展增添了激情和活力。技术创新上,基本形成了以集团技术中心为主体的创新体系,高度注重技术人才培养和管理,加大了技术投入,拥有了数量较多、质量较高的有自主知识产权的技术(潘斌,2006)。

七、中冶集团的人力资源与文化

(一)中冶的员工结构

1999年以来,中冶集团人力资源结构变化明显,在岗人数由23万人降低至9.3万人。其中,各类技术与管理人员由20%提高到50%以上,中冶集团已经从体力劳动和简单劳动市场中退出,市场的技术含量和经济附加值大幅提升。中冶集团子公司中,科技型企业越来越多,近80%的子公司属于科技型企业。即使是过去以劳动密集型的施工企业,技术含量和管理含量也大幅提升,逐渐成为技术型、管理型的新型承包企业。这为企业增强研发能力、培育核心竞争力打下了良好的基础。员工的年龄分布比较合理,40岁以下的占79%,他们正值职业发展时期,是企业发展的生力军。尽管管理及技术人员占了近50%,但硕士及以上的高学历人员仅占1.9%,明显低于国际竞争对手。同时,作业层员工的学历普遍为高中及以下,这都影响了企业的整体素质。中冶集团应多引进高级人才,提供适当培训,提高员工整体素质,这对中冶集团开拓国际市场非常重要(白昌勇,2005)。

(二)中冶的人事制度

中冶集团的人力资源战略是"以人为本、建设集团,牢固树立'人才资源是第一资源'的观念"。中冶集团深刻的意识到,无论在过去还是在现在,创新提升式发展的核心问题是人才问题,只有由各类人才组成的人才队伍,才能实现集团发展的宏伟目标。目前,中冶立足于培养和用好现有人才,积极引进外部人才;加快人力资源的结构调整和优化升级,并逐步与市场接轨;实行人力资源的分层分类管理,重点构建人力资源的激励和约束机制;利用现代管理方法,实现人力资源的科学化、信息化和规范化;还对员工进行业务培训等等(白昌勇,2005)。

为了使公司的人事管理制度化,中冶集团依据国家的有关法律、法规,结合公司的实际情况,制定了较为完善的人事制度,包括聘用、待遇、考勤、请假、考核、奖惩、培训、离职和辞职、附则九个部分。中冶集团薪酬主要制度有:公司贯彻按劳分配、以岗定薪、同工同酬的原则,实行岗薪工资制,还实行部分岗薪作为风险工资的制度。在聘任方面,公司实行双向选择、聘任上岗制度。福利方面,除了国家规定和节假问候之外,还有请假制度,包括事假、病假、工伤假、婚假、丧假、产假、探亲假、公假和休假一系列假期规定,体现了公司的人文关怀。中冶很重视人才的培养,认为员工培训的宗旨是为适应公司业务发展的需要,鼓励通过各种教育培训提高员工文化品德、业务素质和工作效率,逐步改善公司人才素质和结构。每年初,公司各单位会根据业务发展和工作需要提出培训需求,由人力资源部综合各单位的培训需求制订公司当年的培训计划,报公司主管领导批准后组织实施。培训的类别包括职前培训、岗位培训、继续教育、专项培训、特殊培训等。

(三)中冶文化

中冶董事长杨长恒指出,企业文化是决定企业发展的极为重要的资源,是具有巨大价值的无形资产,是企业克服困难不断前进的强大精神动力。中冶文化的发展历程大体可分为三个阶段(熊雄,2002)。第一阶段是从企业成立到党的十一届三中全会和实行改革开放方针以前。尽管企业文化的经济特性不明显而政治化很突出,但中冶所培育和积累的爱国主义、集体主义、遵守纪律、勤俭节约等宝贵精神财富构成了现今中冶文化的宝贵基础。第二阶段是从改革开放到1994年中冶集团成立之前。中冶文化在对原有文化"取其精华,弃其糟粕"的基础上,吸收和补充了符合市场经济要求的先进文化,还在建设以宝钢为代表的一系列现代化工业项目中和与对外合作中,吸取了许多国外的先进管理思想和方法。第三阶段是从1994年集团组建至今。此时中冶文化呈现两大特色。一是在原有企业文化的基础上,集中优良资源,改善文化结构,通过扬弃和升华,形成以共同价值观为核心、以人为本和目标取向一致的中冶文化。二是坚持中冶文化以先进的经营理念为先导,在形成中发展及提高,吸收国内外一切先进文化,努力做到与时俱进。如今,中冶文化核心是"诚信敬业、奉献辉煌",并坚持"以人为中心"的企业文化管理模式。

中冶集团采用多种方法开展企业的文化建设。一是成功举办企业文化节,使企业文化建设更加贴近员工的思想和情感;二是以实践公司管理理念和质量管理为要求,全面提高企业管理水平;三是开展以实践核心理念为主体的系列活动,促进企业生产力;四是开展创建学习型企业活动(高晓培,2006)。这一切使中冶的面貌发生了深刻的改变,取得了卓越的成效。2005年初,中冶集团成立了企业文化建设委员会并成功地举行了企业文化建设工作会议。以开展"企业文化建设全国示范单位"活动为契机,集团上下掀起了全面提升集团企文化建设新高潮。2006年12月22日集团党政联席会议研究同意,决定授予中冶集团下13家符合认证条件的子公司"企业文化建设全国示范单位"光荣称号,包括中冶京唐建设有限公司、中冶焦耐工程技术有限公司、中冶集团建筑研究总院等。

中国平安保险(集团)股份有限公司

中国平安保险(集团)股份有限公司(以下简称"中国平安")是中国第一家以保险为核心,融证券、信托、银行、资产管理、企业年金等多元金融业务为一体的紧密、高效、多元的综合金融服务集团。公司成立于1988年,总部位于深圳。

经过近20年的发展,平安保险已经从一家地方性财产保险公司,发展成为经营区域覆盖全国,以保险业务为核心,以统一的品牌向客户提供包括保险、银行、证券、信托等多元化金融服务的全国领先的综合性金融服务集团。公司拥有约20万名寿险营销员及超过4万名正式雇员,各级各类分支机构及营销服务部门约3 000个,向3 000多万名个人客户及约200万名公司客户提供多元化金融服务。2005年,平安保险实现保费收入716.09亿元,其中寿险业务实现保费收入588.49亿元,产险业务实现保费收入127.60亿元。根据中国保险年鉴的统计,按保费收入来衡量,平安寿险为中国第二大寿险公司,平安产险为中国第三大产险公司。截至目前,平安保险的收入和利润主要来源于保险行业。未来,预计平安保险将利用多渠道的优势,以保险、银行和资产管理为三大业务核心,发展成为国际领先的综合金融服务集团。

表1　中国平安保险(集团)股份有限公司2002～2006年度中国企业500强排名及升降情况

年份	名次	销售收入(万元)	收入增长率	利润(万元)	利润增长率	资产(万元)	所有者权益(万元)	从业人数(人)
2002	23	4 652 600	69.95	176 000	37.50	9 480 000		300 000
2003	19	6 202 667	33.31	182 459	3.66	14 475 646		310 000
2004	26	6 745 919	8.75	210 616	15.43	18 315 976	1 488 212	230 000
2005	33	6 325 100	−5.06	311 966	34.31	26 449 600	2 825 300	35 872
2006	40	6 459 000	2.21	426 500	35.56	31 970 600	3 352 200	43 090

一、平安发展历程概述

(一)中国平安发展简史

中国平安保险(集团)股份有限公司为香港联合交易所主板上市公司,股份名称"中国平安",股份代号2318。2007年3月1日,中国平安A股股票正式在上证所挂牌上市。股票简称为"中国平安",A股股票代码为"601318"。

公司控股设立中国平安人寿保险股份有限公司(平安寿险)、中国平安财产保险股份有限公司(平安产险)、平安养老保险股份有限公司、平安资产管理有限责任公司、平安健康保险股份有限公司,并控股中国平安保险海外(控股)有限公司、平安信托投资有限责任公司(平安信托)。平安信托依法控股平安银行有限责任公司、平安证券有限责任公司。

公司通过旗下各专业子公司共为3 700多万名个人客户及约200万名公司客户提供了保险保障、投资理财等各项金融服务。从保费收入来衡量,平安寿险为中国第二大寿险公司,平安产险为中国第三大产险公司。

中国平安是中国金融保险业中第一家引入外资的企业,拥有完善的治理架构和国际化、专业化的管理团队,公司高层管理团队超过1/2来自海外。公司拥有中国金融企业中真正整合的综合金融服务平台,实现了公司战略、企业文化、品牌传播、IT技术、人力资源、资产管理、计划管理和风险控制等集中统一,可以为个人客户和企业客户提供系列的个性化产品和服务。中国平安建设了以电话中心和互联网为核心,依托门店服务中心和专业业务员队伍的3A(Anytime、Anywhere、Anyway)服务模式,为客户提供全国通赔、定点医院、门店"一柜通"等差异化的服务。还在业内率先推出了海内外急难救助服务、保单贷款、生命尊严提前给付、客户服务节等许多增值服务。

此外,中国平安还获得了广泛的公众认同及社会荣誉,如2004年12月,荣获《21世纪经济报道》与中欧工商管理学院联合评选的"最佳企业公民行为";2005年8月,荣膺由国际著名财经媒体英国《金融时报》评选的中国十大世界级品牌,名列中国金融企业之首;2005年12月,荣膺国际著名财经杂志《欧洲货币》"2005亚洲最佳管理公司"中国区第三、亚洲保险企业之首;2006年8月,连续第三年蝉联"中国最具生命力百强企业"冠军,该评选由中华全国工商业联合会主办。

(二)中国平安组织架构

中国平安的组织架构图如图1所示。

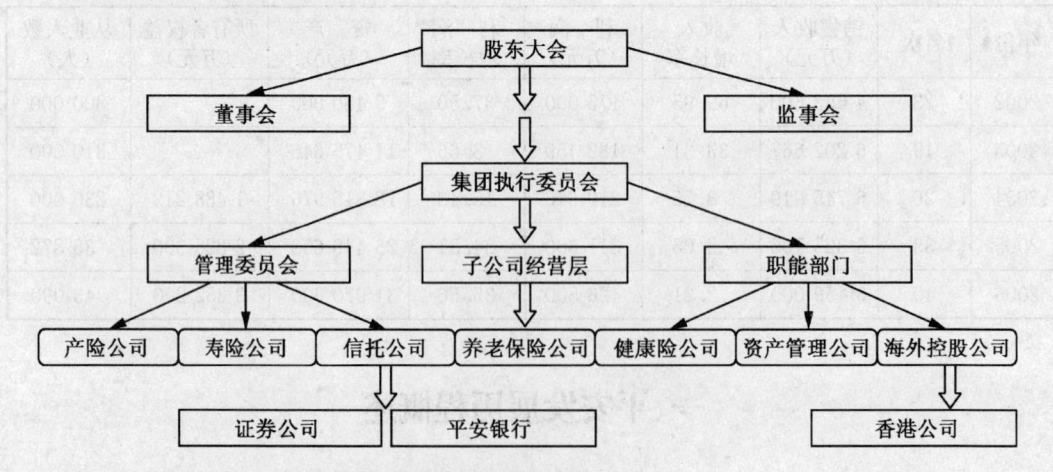

资料来源:中国平安保险(集团)股份有限公司网站。

图1 平安保险组织架构图

二、平安公司的竞争环境和发展战略

(一)平安竞争环境分析

1. 中国保险行业概况

中国保险市场是亚洲第三大保险市场,仅次于日本和韩国,是世界第十一大保险市场,同时也是全球增长速度最快的保险市场之一。

我国寿险业发展水平有限但增长迅速、潜力巨大。相对于现有的经济规模和居民收入而言,我国的人寿保险的发展程度仍然处于滞后状态,随着多层次的社会保障体系的构建、国民风险规避意识的提高以及多元化配置金融资产以提高收益率的需求,我国寿险市场将经历一个快速发展阶段。2000~2005年全国保险行业历年保费收入和增长情况如表2所示。

表2　　　　　　　2000~2005年全国保险行业保费收入和增长情况

	2000年	2001年	2002年	2003年	2004年	2005年
保费收入(亿元)	1 609	2 116	3 048	3 849	4 323	4 928
增长率(%)	11.4	31.5	44.1	26.3	12.3	14.0

资料来源:2006年中国保险年鉴。

1991~2005年,中国保险行业总保费收入从236亿元增长到4 927亿元,年复合增长率为22.45%。由GDP高速平稳增长、保险深度和保险密度明显偏低和区域的非均衡性、储蓄向投资及消费品转移、社会和政府支持力度增强等多种有利因素影响,预计未来10年中国保费收入年复合增长率为15%。作为在中国保险行业占74.32%的寿险行业,增速有望达到16%以上。

2. 中国保险行业竞争格局和市场化程度

2005年底,我国共有保险公司82家,保险集团和控股公司6家、专业保险中介机构1 800家,兼业代理机构12万家,保险营销员152万人。市场体系逐步完善。初步形成了国有控股(集团)公司、股份制公司、外资公司等多种形式、多种所有制成分并存,公平竞争、共同发展的市场格局。

3. 行业的主要企业和市场份额

2005年中国人身保险公司收入排名和市场份额,如表3所示。

表3　　　　　　　2005年中国人身保险公司收入及市场份额

公　司	收入(亿元)	市场份额(%)
中国人寿保险股份有限公司	1 609.49	44.2
中国平安人寿保险股份有限公司	588.49	16.1
中国太平洋人寿保险股份有限公司	362.01	9.9
新华人寿保险股份有限公司	210.78	5.8
泰康人寿保险股份有限公司	178.05	4.9

续表

公　司	收入(亿元)	市场份额(%)
其他	696.08	19.1
合计	3 644.90	100.0

资料来源：2006年中国保险年鉴。

2005年财产保险公司收入排名和市场份额，如表4所示。

表4　　　　　　　　2005年中国财产保险公司收入排名和市场份额

公　司	收入(亿元)	市场份额(%)
中国人民财产保险股份有限公司	659.82	51.4
中国太平洋财产保险股份有限公司	148.66	11.6
中国平安财产保险股份有限公司	126.76	9.9
其他	348.25	27.1
合计	1 283.49	100.0

资料来源：2006年中国保险年鉴。

4. 平安的市场占有率和变化情况

2005年，从保费收入情况来看，平安公司在中国是第二大人寿保险公司，第三大财产保险公司。平安公司保费收入和市场份额如表5所示。

表5　　　　　　　　2003～2005年平安公司保费收入和市场份额

	2005年	2004年	2003年
平安寿险			
保费收入(亿元)	588.49	548.77	589.59
市场份额(%)	16.1	17.2	19.6
平安产险			
保费收入(亿元)	126.76	106.44	84.18
市场份额(%)	9.9	9.5	9.7

资料来源：2006年中国保险年鉴。

5. 平安保险主要竞争对手

目前，平安公司在人身保险领域的竞争主要来自中国人寿保险股份有限公司和中国太平洋人寿保险股份有限公司；在财产保险领域的竞争主要来自中国人民财产保险股份有限公司和中国太平洋财产保险股份有限公司。

(二)平安的竞争优势和劣势

1. 平安的竞争优势

作为保险行业的佼佼者，平安以国际化为标准，先后引进了摩根、高盛、汇丰集团等外资股东，采用了国际的精算制度、国际的标准和管理体系，引进了国际化的优秀人才。这一系列创新之举使之具备了行业领先的优势。

较高的市场占有率、高品质的服务、庞大的客户群体所显示出的平安强大的竞争力,归因于其独一无二的竞争优势——优秀的公司治理、国内同行中最优秀的专业人才队伍、严格的绩效考核制度、盈利能力强的产品结构、综合性的金融服务、覆盖全国的销售服务网络、先进的信息技术系统、以价值为导向的企业文化、创新进取的市场形象等。其中最值得重点关注的有以下几方面:优秀的公司治理、先进的信息技术系统、覆盖全国的销售服务网络、注重对销售渠道的管理。

2. 平安的竞争劣势

(1)与国内保险行业的主要竞争对手相比,平安公司在网点数目、营销人员数量、客户数量、保费收入规模方面仍然存在一定的差距。

(2)随着中国加入WTO,中国保险市场将逐步向国际开放,行业竞争将日益加剧,平安公司能否在竞争中充分利用现有的广泛的网络和广大的客户基础,并迅速缩小与国际保险公司在操作、技术上的差距,对于平安公司的未来发展和继续保持市场领先的地位起到至关重要的作用。

(三)平安发展目标及战略

1. 发展目标

(1)成为以保险、银行、资产管理为核心,国际领先的综合金融服务集团之一。

平安公司目前已跻身于世界中型规模的金融服务集团之列,未来将致力于向国际领先的金融服务集团的目标迈进,在保险业务的基础上,发展银行业务和资产管理业务,构建以三大业务为支柱的核心业务体系。

(2)持续地获得稳定的利润增长,向股东提供稳定回报。

在过去的发展历程中,平安公司保持了高速的发展态势,在未来平安公司将为股东创造更高的价值。

2. 平安发展战略计划

(1)业务发展计划。强化保险业务,发展银行和资产管理业务,构建三大支柱的核心业务体系。

(2)组织计划。建立以客户为中心的组织架构,充分发挥集团整体协同优势。

(3)管理计划。建立以制度为基础,与国际先进企业看齐的管理平台。

三、平安业务经营状况

(一)平安的主营业务

平安公司1988年成立之初,主要经营深圳市范围内的财产保险业务;1992年其经营区域扩展至全国;1994年进入人身保险市场;1996年开始正式经营证券和信托业务,同年开始保险业务的海外经营。2002年,根据保险业分业经营的要求,设立平安寿险和平安产险,分别经营人身保险和财产保险业务。2003年,平安公司变更为控股公司;同年,平安公司收购了福建亚洲银行(后更名为平安银行),正式进入银行业。2004年至2005年设立了平安养老险、平安健康险和平安资产管理,以实现养老保险和健康保险的专业化经营以及保险资产的专业化管理。2006年12月,平安公司收购了深圳商业银行。

目前,平安公司已发展成为经营区域覆盖全国、以保险业务为核心的、以统一品牌向客户提供包括保险、银行、证券、信托等多元化金融服务的全国领先的综合性金融服务集团。

(二)平安主营业务的情况

平安公司以统一的品牌,通过下属子公司平安寿险、平安产险、平安健康险、平安养老险等向客户销售不同的保险产品。

1. 保险

(1)平安寿险。平安寿险通过全国35个省级分公司、各级各类分支机构及营销服务部门近2 000个,向个人和团体客户提供人身保险产品。

平安公司主要的人身保险产品包括个人寿险、银行保险和团体保险,2003~2005年和2006年1~9月平安公司人身保险产品的收入分类如表6所示。

表6　　　　　2003~2005年和2006年1~9月平安公司人身保险产品的收入　　　单位:百万元

项　目	2006年1~9月 收入	2006年1~9月 比例(%)	2005年 收入	2005年 比例(%)	2004年 收入	2004年 比例(%)	2003年 收入	2003年 比例(%)
个人寿险	41 307	79.6	46 239	78.6	40 252	73.4	37 637	63.8
银行保险	5 102	9.8	5 278	9.0	5 944	10.8	10 562	17.9
团体保险	5 492	10.6	7 332	12.4	8 681	15.8	10 760	18.3
合计	51 901	100.0	58 849	100.0	54 877	100.0	58 959	100.0

资料来源:中国平安保险(集团)股份有限公司首次公开发行股票(A股)招股说明书。

(2)财产保险。平安公司的财产保险产品主要由平安产险提供,此外,平安香港也在香港市场提供财产保险服务。平安产险是中国第三大产险公司,通过全国范围内的39家分公司,各级各类分支机构及营销服务部门超过1 300个,向客户提供财产保险产品。

(3)平安养老险。平安养老险是我国第一家专业养老保险公司。2005年8月,平安养老险获得企业年金受托人和投资管理人资格。

(4)平安健康险。2005年,平安公司成立了平安健康险公司。平安健康险公司致力于构建统一的平安健康险业务和管理平台,大力开拓新型健康保险市场,开发管理型医疗产品,建设医疗管理网络。目前,平安健康险正在建设医疗网络,并与多家大型医院和健康机构进行接触。

2. 资产管理

平安公司以保费收入获得的保险资产及自有资产进行投资,取得投资收益,以确保平安公司能够承担因承保保单而产生的有关责任,并获取利润。在法律法规所允许的范围内,平安公司通过对银行存款、债券、股票、基金等资产类别的合理配置、有效管理,使投资收益成为公司利润的重要来源之一。

3. 银行业务

在收购深圳商业银行之前,中国平安的银行业务主要通过平安银行开展。于2006年12月完成对深圳商业银行的收购后,根据股份转让协议,在符合监管部门要求的情况下,中国平安将通过深圳商业银行收购平安银行的股权或者将平安银行改制为深圳商业银行的分支机构,未来中国平安的银行业务将主要通过深圳商业银行开展。

4. 其他业务

(1)信托。近年来,平安信托经营业绩稳步增长,截至 2005 年年底,资产总额和净资产居行业第一,扣除银行及证券业务后的资产负债率远低于行业水平。平安信托不良资产比率低于 1%,而且拨备总额均超过不良资产总额,属于国内资产质量较好的信托公司之一。

(2)证券。平安证券是中国证监会认可的综合类证券公司,并于 2006 年 4 月通过中国证券业协会"从事相关创新活动证券公司"资格评审,成为国内 16 家具有创新资格的券商之一。平安证券向客户提供的服务主要包括投资银行服务、经纪服务、自营业务及资产管理服务。

(三)平安海外业务经营情况

1996 年,平安公司设立中国平安保险海外(控股)有限公司,负责其海外业务经营。平安在海外先后设立中国平安保险(香港)有限公司和中国平安资产管理(香港)有限公司。平安海外主要作为平安公司海外业务的控股公司。

平安香港是经香港保险业监理处批准注册的从事一般保险业务的保险公司,主要业务包括火险、车险、运输险、意外险及雇员赔偿保险等,销售渠道以保险中介为主。截至 2006 年 12 月底,公司员工 34 人。2003~2005 年和 2006 年 1~9 月,平安香港实现保费收入 0.82 亿元、0.87 亿元、0.84 亿元和 0.81 亿元。

另外,中国平安资产管理(香港)有限公司已经获得中国保监会的批准,将负责平安所有海外投资及管理业务,同时提供海外投资产品和第三方资产管理。

(四)平安多元化发展情况

平安的未来还有很大成长空间。随着经济发展,个人收入提升和家庭财富不断累积,保险产品需求将会更大。同时,在努力发展核心保险业务的同时,平安将在其他方面做出努力。平安会逐步加大银行和资产管理业务投入,进一步拓宽业务成长空间,未来平安的三大业务支柱是保险、银行和资产管理,争取这些业务平衡发展。

平安 2006 年成功收购深圳市商业银行,银行业务成为投资者关注的一大焦点。在投资方面,中国平安 2007 年的股票投资收益率维持在约 5%。投资收益对于平安业绩具有重大影响,平安的投资策略也引起投资者高度关注。平安资产管理公司董事长陈德贤表示,平安的投资目标是维持稳定的净投资收益,开拓新投资渠道,长远作全球性资产配置。平安目前投资于证券市场的部分,债券占 63%,基金股票占 7.8%。海外投资获批 17.5 亿美元,目前额度还未用完,主要投 H 股,后期企业债比重将增大。他还表示,新的境外投资管理办法估计很快出台,投资品种可能进一步扩大。

四、平安集团财务状况

(一)资产结构变动分析

截至 2006 年 9 月 30 日、2005 年、2004 年和 2003 年 12 月 31 日,平安公司的总资产分别为 3 328.93 亿元、2 881.04 亿元、2 389.67 亿元和 1 826.57 亿元。平安公司资产主要由长期投资、短期投资和现金及银行存款构成,其中长期投资和短期投资所占比例逐年上升,而现金及银行存款所占比例逐年下降。截至 2006 年 9 月 30 日,长期投资和短期投资、现金及银行存款分别占总资产的 60.1%和 27.3%。平安公司资产的主要构成如表 7 所示。

表7　　　　　　　　　　　　　平安公司资产主要构成　　　　　　　　　　　　单位：百万元

项　目	2006年9月30日 金额	占总额比例(%)	2005年12月31日 金额	占总额比例(%)	2004年12月31日 金额	占总额比例(%)	2003年12月31日 金额	占总额比例(%)
现金及银行存款	90 761	27.3	80 305	27.9	95 338	39.9	85 883	47.0
短期投资	18 245	5.5	16 533	5.7	4 099	1.7	5 991	3.3
长期投资	181 866	54.6	163 061	56.6	116 037	48.6	67 633	37.0
贷款	3 154	0.9	1 395	0.5	675	0.3	318	0.2
固定资产	6 326	1.9	5 832	2	5 493	2.3	5 621	3.1
独立账户资产	20 216	6.1	15 898	5.5	12 903	5.4	10 059	5.5
其他资产	12 325	3.7	5 080	1.8	4 422	1.8	7 152	3.9
资产合计	332 893	100	288 104	100	238 967	100	182 657	100

注：长期投资包括长期股权投资、长期债权投资、长期基金投资及一年内到期的长期债权投资。
　　贷款包括短期贷款、保单质押贷款和中长期贷款。
　　固定资产包括固定资产、在建工程及固定资产清理。
资料来源：中国平安保险(集团)股份有限公司首次公开发行股票(A股)招股说明书。

（二）盈利状况

平安公司2003年各年度及2006年1～9月份盈利状况如表8所示。平安公司的盈利情况连年递增，获利形势向好。

表8　　　　　　平安公司2003年各年度及2006年1～9月份盈利状况　　　　　　单位：百万元

项　目	2006年1～9月 金额	2005年度 金额	与上年度比较增减率(%)	2004年度 金额	与上年度比较增减率(%)	2003年度 金额
保险业务收入	61 415	67 383	9.6	61 496	(3.5)	63 697
保险业务支出	(28 076)	(32 058)	24.5	(25 744)	6.8	(24 096)
准备金提转差	(42 077)	(40 117)	3.2	(38 884)	(8.2)	(42 344)
投资收益	10 894	5 885	97.1	2 986	14.5	2 608
利息收入	2 704	3 800	(2.2)	3 885	4.4	3 720
保户红利支出	(977)	(1 064)	26.2	(843)	(14.7)	(988)
其他收支净额	90	(7)	(101.5)	468	303.4	116
营业利润	3 973	3 822	13.6	3 364	24.0	2 713
营业外收支净额	(63)	(66)	(55.1)	(147)	153.4	(58)
利润总额	3 910	3 756	16.8	3 217	21.2	2 655
所得税	(172)	(388)	(33.1)	(580)	10.7	(524)
税后利润	3 738	3 368	27.7	2 637	23.7	2 131
少数股东利润	(61)	(30)	3.4	(29)	16.0	(25)
净利润	3 677	3 338	28.0	2 608	23.8	2 106

资料来源：中国平安保险(集团)股份有限公司首次公开发行股票(A股)招股说明书。

(三)现金流量分析

平安公司的核心业务为保险业务,因此在日常业务经营活动中产生的主要现金流来源于保费、保单费收入和投资业务活动所产生的收入。所获得的资金主要用于:(1)提供寿险保单给付、退保及分红所需要的现金;(2)支付财产保险赔偿和有关的理赔费用;(3)投资支付;(4)支付其他经营成本等。

由于大多数现金保费收入是在保单给付和理赔前获得的,因此平安公司从经营活动中产生大量的现金流入,结合平安公司以现金和易变现的金融产品形式持有的部分投资一起,基本上就可以满足平安公司保险经营对流动资金的需求。如果平安公司出现短期融资的需要,一般通过卖出回购证券等短期借款方式作为流动资金的额外来源。具体情况如表9所示。

表9　　　　　　　　　　　　　平安公司现金流量　　　　　　　　　　　　单位:百万元

项　目	2006年1~9月	2005年度	2004年度	2003年度
经营活动产生的现金流入	61 447	69 468	64 141	64 220
经营活动产生的现金流出	(30 097)	(37 658)	(29 771)	(29 042)
经营活动产生的现金流量净额	31 350	31 810	34 370	35 178
投资活动产生的现金流入	78 729	77 229	96 561	84 502
投资活动产生的现金流出	(93 123)	(111 865)	(136 749)	(106 717)
投资活动产生的现金流量净额	(14 394)	(34 636)	(40 188)	(22 215)
筹资活动产生的现金流入	69 926	119 455	40 346	186 459
筹资活动产生的现金流出	(74 709)	(113 907)	(27 226)	(195 290)
筹资活动产生的现金流量净额	(4 783)	5 548	13 120	(8 831)
汇率变动对现金的影响额	(295)	(408)	1	—
现金及现金等价物变化净额	11 878	2 314	7 303	4 132

资料来源:中国平安保险(集团)股份有限公司首次公开发行股票(A股)招股说明书。

五、平安集团的创新能力

(一)平安的产品开发创新能力

平安公司非常注重保险产品的研究开发。平安公司是中国第一家推出个人寿险业务代理人分销渠道模式的国内保险公司,第一家提供投资连结型保险的保险公司。公司是中国第一家开发银行保险分销渠道的保险公司,并最先开发并采用综合汽车保险费率表。平安公司还在国内率先成立养老险公司,为客户提供年金服务。近年来,平安公司获批成为境内首家开展外汇人寿保险业务试点公司,并率先推出以"外币投保、外币给付"方式在境内销售的外汇寿险产品。

(二)平安的创新精神

中国平安能够在中国保险行业中拥有领先的市场地位,它的成功因素有很多。业界普遍认为,在这家刚步入成年的年轻金融企业身上,有冲劲的创新作风与成熟的综合金融战略规划、勇于承担社会责任的企业形象形成了完美的混合,建设"百年老店"的远大志向、保持基业常青的信念令人称道。

可以说,敢于创新、勇于竞争的精神是中国平安的核心竞争力。1994年引入代理人制的寿险营销模式,同年吸收摩根斯坦利和高盛为战略投资者;1996年构建综合金融架构,成立证券、信托和海外控股公司,聘请海外兵团;1997年聘请麦肯锡进行业务重组;1998年实行股权激励计划;2000年财务管理集中;2003年引入汇丰作战略投资者,收购福建亚洲银行,正式进入银行业;2004年赴香港上市;2006年全国后援中心投入运营,收购深圳市商业银行。

综观中国平安的发展史,其无论在制定公司发展战略、引进投资者还是开发产品、提供服务等,都在引领业界之先。作为中国第一家股份制保险公司,中国平安本身就是保险行业竞争时代的产儿,它先天就拥有竞争"因子"。经济体制改革研究会会长高尚全曾认为,市场竞争的真正作用就是让治理机制好的企业发展壮大,经营不善的企业退出市场。

六、平安的营销及服务

(一)平安的营销网络

平安拥有覆盖全国的销售服务网络。截至2006年9月30日,平安与中国130多个城市超过24 000家中国邮政分支机构和商业银行分行建立了银行保险合作关系,销售银行寿险产品。此外,平安还通过自身的金融门户网站和全国电话中心销售各种产品。

(二)平安的文化营销

随着国民文化素养的提高,文化越来越成为营销的重要资本。平安保险的品牌营销,处处以传播中国平安文化为先导,"中国平安,平安中国"使得无数中国人成为了平安保险的忠实客户。

(三)平安的服务

平安集团在营销、服务上不断完善自身策略。服务一直以来被认为是中国平安的"强项",为其赢得了无数的口碑。早在1996年,中国平安在同业中首创客户服务月活动,至今已持续十多年。公司还为客户提供超出保单价值的附加价值服务,在1997年首家推出了"海外急难援助服务"。中国平安在金融行业首家推出了网上理财网站——电子商务PA18网站。在2000年,中国平安全面整合服务体系,首家推出具有统一品牌管理系统和服务界面的3A(Anytime、Anywhere、Anyway)服务体系,初步建成由中国平安电话中心、互联网中心、门店服务中心、业务员直销四大体系整合而成的3A服务网络。接着又推出国内寿险业首家全国统一客户服务专线——95511,实施24小时、365天的"全年全天候无间断"随身服务。自2002年始,中国平安又斥巨资开始在上海浦东张江构建集团统一的后援中心。该中心建成后,包括财险、寿险及养老险公司后台系统将全部撤消,客户资源全部统一到后援中心,实行统一标准的服务。

上海电气(集团)总公司

上海电气(集团)总公司(简称上海电气)是中国最大的从事发电设备、大型机械设备设计、制造、销售的企业集团,总资产达到700多亿元,拥有10家上市公司,其中香港上市2家、内地8家,有134家合资企业。2002年上海电气(集团)总公司就以销售收入3 600 000万元、利润196 000万元、资产7 734 000万元位居中国500强企业第33位;2003年又以销售收入4 694 307万元、资产6 964 000万元的业绩上升到第28位;2005年上海电气在500强的排名降到第60位;2006年上海电气的排名上升到41名,销售收入6 309 488万元,比上年增长25.8%,利润达到409 134万元,增长率为50.71%,资产7 270 465万元,拥有员工8万多。

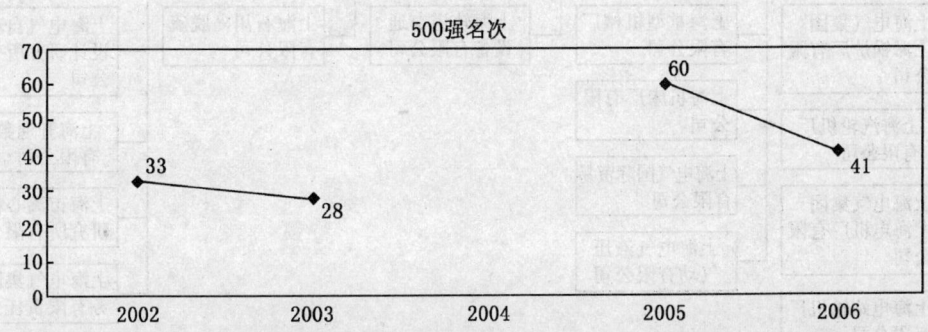

注:由于2003年上海电气集团进行资产改制重组,所以2004年上海电气并未出现在中国500强企业里。

图1 上海电气(集团)总公司中国500强排名

一、企业基本情况概述

(一)发展历程

上海电气前身可追溯到中国最早的机器电气工业。1949年后,上海主要的机器工业划归上海市重工业局(后称上海市机电工业管理局)管理。1985年成立上海电气联合公司(后改名为上海电气(集团)总公司)。1987年由上海市人民政府和当时的机械工业部推荐,由国家计委批准为计划单列集团。1996年,上海市机电工业管理局改制,并与上海电气(集团)总公司资产联合重组为上海电气(集团)总公司,注册资本为473 068万元,为国有独资有限公司,是上海市国有资产授权经营单位。2004年3月上海电气集团实行改制重组方案,成立了新公司——上海电气股份有限公司。集团公司作为主要发起人,将其核心业务——电站及输配电业务、机电一体化业务、交通运输业务、环保业务及与上述业务密切相关的研究机构——全部投入新公司。新公司的具体结构如图2所示。原上海电气(集团)总公司的四大核心产业都归在上海电气有限公司旗下,每个产业有不同的企业进行生产和运营。电力设备产业有上海锅炉厂、上海电机厂、上海输配电厂等,机电一体化产业下有上海机电厂、上海重型机械厂等,交通运输设备产业有上海柴油机有限公司、上海轨道交通设备发展有限公司,环保设备产业有上海工程环保有限公司,还有一些研究机构,其中上海机电有限公司、上海输配电有限公司和上海柴油机有限公司都是上海电气旗下的上市公司。

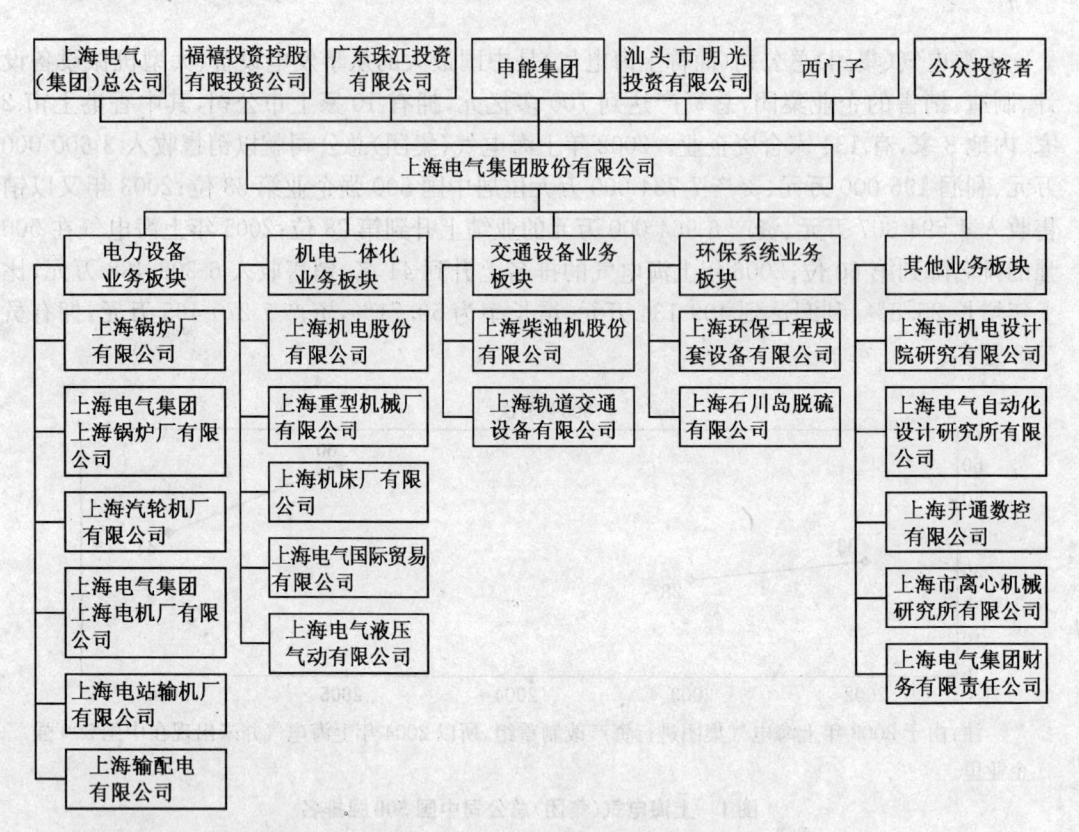

资料来源:上海电气集团网站 http://www.chinasec.com/cn/。

图2　上海电气集团企业结构

(二)组织结构

在企业组织上,上海电气的新公司依据公司法的规定,设有董事长、秘书处、监视会和预算、战略、审计和人事委员会。由总裁对公司的具体运作负责,总裁下面又依据公司业务分多个部,包括战略发展部、资产财务部、人力资源部等,还有就是各个事业部如电站事业部、配电事业部、机床机械部等,其后为各分公司或者分支机构的管理层,具体的集团组织结构见图3。

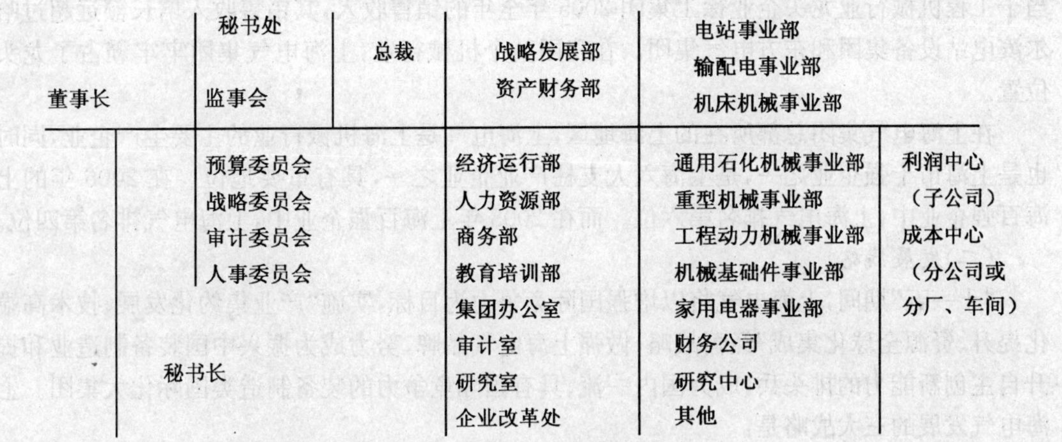

董事长	秘书处 监事会	总裁	战略发展部 资产财务部	电站事业部 输配电事业部 机床机械事业部	
	预算委员会 战略委员会 审计委员会 人事委员会		经济运行部 人力资源部 商务部 教育培训部 集团办公室 审计室 研究室 企业改革处	通用石化机械事业部 重型机械事业部 工程动力机械事业部 机械基础件事业部 家用电器事业部 财务公司 研究中心 其他	利润中心 （子公司） 成本中心 （分公司或 分厂、车间）
	秘书长				

资料来源：上海电气集团网站 http://www.chinasec.com/cn/。

图3 上海电气组织结构图

二、企业发展战略

（一）行业和区域地位

中国第一套6兆瓦火电机组、世界第一台双水内冷发电机、中国最大的12 000吨水压机、世界第一台镜面磨床、中国第一套300兆瓦核电机组等都来自于上海电气。公司集工程设计、产品开发、设备制造、工程成套和技术服务为一体，能承担设备总成套、工程总承包、产品覆盖电站及输配电产业、机电一体化产业、交通运输设备产业、环保设备产业四大核心产业。上海电气通过改革发展，核心竞争力不断增强，自主创新能力不断提高，火力发电设备产量已经居世界第一，电梯单个工厂产量世界第一，印刷包装机械、冷冻空调、数控磨床等产品国内市场占有率第一。

上海电气集团是我国机械行业百强企业之首。从20世纪90年代开始，公司销售收入一直居全国机械工业第一位。同时，公司还承担着国内外一系列重点工程任务，先后为长江三峡工程、西气东输工程等国家重点项目提供装备，并先后承包了伊朗萨汉德火电机组项目、巴基斯坦木扎伐戈电厂项目等一批标志性海外工程项目，2005年总承包了越南广宁电厂业务，合同总金额4.5亿美元。无论是在2004年还是2005年机械工业百强企业排名中，上海电气集团（总公司）都位居第一位。在2004年机械工业销售收入百强企业里，进入前三名的只有上海电气（集团）总公司，它以销售收入4 968 904万元雄居霸主之位，其主要竞争对手哈尔滨电站设备集团公司、中国东方电气集团公司分别位居第四、第六位。2005年机械工业销售收入百强企业的前三位全部被发电设备行业所垄断。上海电气（集团）总公司排列第一，其2005年的销售收入遥遥领先其他龙头企业；哈尔滨电站设备集团公司以1 956 608万元的销售收入排在第二位；中国东方电气集团公司位居第三，2005年整体销售收入达1 862 496万元。2005年，哈尔滨电站设备集团公司、中国东方电气集团公司迅速抢占了第二、第三位，这对上海电气来讲是一个很大的威胁。不过上海电气（集团）总公司的销售收入由原来的4 968 904万元上升到6 309 488万元，增长数额超过100 000万元，几近相当于工程机械行业龙头企业徐工集团 2005 年全年的销售收入，其销售收入增长额远超过哈尔滨电站设备集团和东方电气集团。在我国整个机械行业，上海电气集团牢牢霸占了龙头位置。

在上海电气集团总部所在的上海地区，上海电气是上海机械行业的主要生产企业，同时也是上海市十强企业之一，是上海六大支柱产业企业之一，具有重要地位。在 2006 年的上海百强企业中，上海电气排名第六位。而在 2005 年上海百强企业中，上海电气排名第四位。

（二）发展战略

"十一五"期间，上海电气将以增强国际竞争力为目标，实施"产业集约化发展、技术高端化提升、资源全球化集成"经营战略，做强上海电气品牌，努力成为振兴中国装备制造业和提升自主创新能力的排头兵，成为国内一流、具有国际竞争力的装备制造类国际化大集团。上海电气发展的三大战略是：

1. 产业聚焦战略，集中发展核心产业

近年来，上海电气集中智力、财力和物力等战略资源，改变"散而不精"的产业格局，重点发展电站及输配电产业、机电一体化设备产业、轨道交通及船用设备产业、环保设备产业四大核心产业板块。上海电气已经确立了新一轮发展目标，到 2010 年，电站及输配电产业——火电设备产量达到世界第一，并突破万元千瓦核电、F 级燃气轮机、70 万千瓦水电、3 000 千瓦风力发电技术；输配电设备形成 50 万伏、70 万伏及以上超高压产品系列，突破直流输电技术；扩大合资合作，实现工业自动化装置产业化。机电一体化设备——电梯、冷冻空调、印刷机械巩固国内市场占有率第一位置，产品批量进入国际市场。轨道交通及船用设备产业——建成为亚洲最具竞争力的轨道交通设备生产、维修基地之一；建成国内综合配套能力最强的船用机电设备供应基地。环保设备产业——形成具有系统集成技术的环保工程总承包能力，跻身全国同行业前列。上海电气正紧紧抓住国际产业结构调整的机遇，不断提高利用外资的水平和质量，重点做强 10 家中外合资企业，吸引了西门子、阿尔斯通、三菱、开利等跨国公司，将研发中心和制造基地向上海转移；进一步利用企业并购重组的机会，收购国外企业或者研发机构，购置先进技术装备，实施"走出去"战略以增强发展核心产业的技术实力。

2. 信息化带动战略，迅速提升产业能级

"机强电弱"是上海电气发展的"瓶颈"，集团正在努力以工业自动化为主攻方向，大力提高产品的自动化、信息化、智能化水平，提升上海电气产业能级。为突破工业自动化关键共性技术研发和应用难点，上海电气通过研究中心这一平台，组织产、学、研联合攻关，突破若干重点技术，积极孵化远程监控系统、PC 平台系统、嵌入系统等装备制造业关键技术，加快在集团内部推广应用，努力形成自主知识产权。同时，集团还通过与 GE 等外资合作，形成工业自动化装置规模生产能力。在增强产品优势、提升产业能级的发展过程中，上海电气正在大力开发自主知识产权，培育具有自主知识产权的"上海电气（SEC）"品牌。目前上海电气正在全国各省、市、自治区组建统一的 SEC 营销服务中心，实行一体化经营、一体化管理、一体化供货、一体化服务，形成完整的国内营销服务体系。到 2010 年，SEC 品牌将成为中国著名品牌之一。

3. 成套突破战略，大力拓展产业领域

成套是现代装备制造业综合实力的重要标志。近年来，上海电气以系统集成技术为基础、以成套公司为载体、以重大项目为依托、以复合型人才为保证、以服务为延伸,不断提高上海电气设备成套、工程成套能力。上海电气将实行产品制造与开发、设计、安装、调试、维修和咨询、投融资体系的联动发展。核心产业的成套能力将成为上海电气核心竞争力的重要组成部分。

三、企业生产经营状况

(一)上海电气产品

上海电气的产品涉及到电力设备、机电一体化设备、交通运输设备、环保设备等多个领域。每个领域的产品生产经营情况如下:

1. 电力设备

(1)电站。上海电气的电站设备制造涉及火电、核电、燃气轮机、水电、风电等领域。

在火电领域,上海电气的火电设备年产量位居世界前列,占全球市场份额的17%。目前,上海电气生产的600MW火力发电机组,已能自主开发不同参数、不同功率、多品种的系列化机组。上海电气的1000MW超临界机组,引进了世界上先进的锅炉和汽轮机技术,已达到国际先进水平。在核电领域,上海电气已拥有了制造船用核动力装置、300MW核电机组、600MW核电机组、1000MW核电机组、高温气冷堆实验堆和其他新堆型等的主要设备的能力。并分别在秦山核电站一期、巴基斯坦恰希玛核电站、秦山核电站二期、岭澳核电站、清华大学核能技术院、船用核动力装置等国内外核电站、舰船和实验站投入运行。机组的经济性、安全性、可靠性均达到先进水平。在燃气轮机领域,上海电气具有世界一流水准的F级V94.3A燃气轮机制造能力,V94.3A燃气轮机简单循环效率达39%、联合循环效率达58%、可用率可靠性高、生命周期成本低、建设投资回报快,能满足当今电力市场最广泛的需求。以燃气轮机为核心,还能发展成湿空气透平、燃煤联合循环、燃料电池燃气轮机混合装置等多种先进的能源动力装备。在水电领域,凭借先进的水电设备制造技术,上海电气承接了德国、巴西、日本、巴基斯坦、肯尼亚等多个国际大型水电工程合同。已为广西龙滩水电站提供了7台70万千瓦水轮机组,为青海拉西瓦水电站提供了70万千瓦的水轮机组及附属设备,为三峡工程提供世界上最大的两台70万千瓦水轮机。在风电领域,上海电气是中国最早参与大型风机制造的企业之一。已与德国著名的专业风机设计机构联合开发2MW风力发电机组,该机组针对中国沿海台风多发特点,作了抗台风设计;该机组在中国北方低温、多风沙的状况下使用,极限生存温度达零下40℃,并作了抗低温防风沙的专项设计。

(2)输配电。在输配电领域,上海电气拥有超高压及高压、中低压、工业自动化等输配电成套设备制造的生产基地,上海电气的产品供应范围广泛,覆盖变压器、互感器、断路器、气体绝缘开关设备(GIS)、隔离开关、避雷器、电力电容器、套管、继电保护与监控设备、箱式变电站、中低压开关柜、低压电器、电力电缆以及工业自动化等领域。

2. 机电一体化设备

(1)重工。上海电气拥有强大的冶炼、锻压能力,并建有亚太地区最大的热处理设施,能够独立设计、制造大型电站、冶金、水泥、锻压等设备,大型优质铸锻件,以及大功率低速船用柴油机半组合式曲轴。

(2)机床。上海电气凭借在机械设计、制造方面的百年经验,生产出一系列高质量、高性能的精密、专用机床,满足用户的不同层次需求。上海电气的机床产品包括了 CNC 车床和车削中心,数控龙门导轨磨、立式、卧式数控铣床、高精度仪表车床、组合车床自动线,以及各类品种、规格的磨床等。

(3) 印刷包装设备。上海电气是国内最大的、产品类别最齐全的印刷机械及相关设备的专业制造商之一,产品门类齐全,技术含量高,形成了单张纸胶印机、卷筒纸胶印机、切纸机械、包装机械、印后装订机械、包装装潢后道设备、特种印刷机械等十大系列。

(4) 电梯。上海电气是中国最大规模的专业电梯制造商之一,拥有 30 多个产品系列,200 余种不同规格产品,形成覆盖市场不同层次需求的产品系列,满足不同层次的需求。全电脑控制交流变压变频(VVVF)电梯和 J 型自动扶梯连续 9 年被推荐为名牌产品。

(5) 工程机械。上海电气研制和制造的一系列适用于成桩(成墙)的工程钻机和水文钻机,如 G 系列钻机、S 系列钻机、地下连续墙抓斗、深层喷射搅拌钻机、气动潜孔锤等设备,广泛应用于重点工程项目,为国家基础建设提供了有效的保障。

3. 交通运输设备

(1) 轨道交通。上海电气在轨道交通领域已形成系统集成与研发、车辆与设备制造、工程承包、维修服务、项目融资服务等能力,不断为用户提供先进的轨道交通系统全面解决方案。尤其在轨道交通车辆、牵引系统、供电系统、综合监控系统、车站设备等方面具有较强的制造、供货与集成能力。上海电气现每年可集成总装 300 辆轨道交通车辆、169 套牵引系统设备及监控系统等相关设备,并将形成每年 1 000 辆车的维修能力。已为上海市轨道交通莘闵线、杨浦线、浦东线提供 320 辆 C 型轨道交通车辆,为上海市轨道交通 1 号线北延伸续购项目提供 128 辆 A 型轨道交通车辆,为上海市轨道交通 2 号线提供 128 辆 A 型轨道交通车辆。

(2) 柴油机。上海电气不断开发和制造适应各种用途的柴油机。拥有完整的产品结构,共有 105、D114、121、P11C、J08C、135/G128 六大系列,300 多个变型产品,具有大功率、低油耗、低排放的显著特点,能够满足工程机械和车用等动力设备配套的需要和每一位用户的个性化要求。

4. 环保设备

上海电气将环境污染防治、资源循环利用、绿色能源作为环保产业的发展重点,形成了固体废弃物处理、水处理、大气治理和太阳能光伏电池等产业。在绿色能源方面,上海电气已形成太阳能组件、电池片、太阳能级硅的规模化生产能力,形成了太阳能产业链,拥有产业系统技术,具备太阳能光伏发电工程及关键装备的自主核心技术与工程承包建设能力。上海电气的环保设备主要用于:城市生活垃圾处理系统,烟雾除硫、脱硝、除尘及其他空气污染处理系统,城市、工业、饮用水系统及污水处理系统,各类固体废物处置系统,以及环境卫生服务系统。可向各类用户提供环保工程项目总承包、设备总成套服务及各类污染物预防和治理、资源综合回收利用系统的装备。

(二) 上海电气品牌

2003 年之前,上海电气下属企业多、产品多而品牌很散,集团共有 400 多家企业,企业品牌 411 个,而产品品牌更有几千个之多。从 2003 年开始,集团开始注重"上海电气(SEC)"品牌形象的树立。集团首先统一规范"上海电气"品牌视觉识别系统。对集团形象手册进行了专门设计,明确商标注册的范围,对上海电气所属企业的名称、商标、文字图案、名片、网站、电子邮件系统等，进行统一规定，体现上海电气的整体风格。同时在集团内部统一使用"上海电气"品牌。2006年，针对集团国有、合资等不同企业类型，采用单一品牌、主副品牌或双品牌模式，精简企业品牌数量，扩大"上海电气"品牌在重点企业和主导产品的覆盖率。此外，集团还加大品牌社会传播力度。通过专业媒体、大型户外广告、综合性展览会和冠名大型体育比赛等途径，宣传"上海电气"品牌，提高品牌社会认知度。与美国国家地理频道合作，以栏目冠名形式在全国电视媒体、亚洲地区卫星频道长期投播"上海电气"形象广告。"上海电气"品牌战略的实施，为上海电气赢得了越来越多的国内外订单。

（三）出口创汇

上海电气集团的普通机床、机械基础件、电站的成套设备等产品出口到印度、越南、南斯拉夫等多个国家。出口创汇能力逐年提高，如图4所示。到2001年上海电气出口创汇额达到7.44亿美元，比2000年增长12.7%，比1997年的5.5亿美元增加了两亿多。2005年出口创汇额则达到8.8亿美元，比2001年增加1.56个亿，出口创汇增长显著。

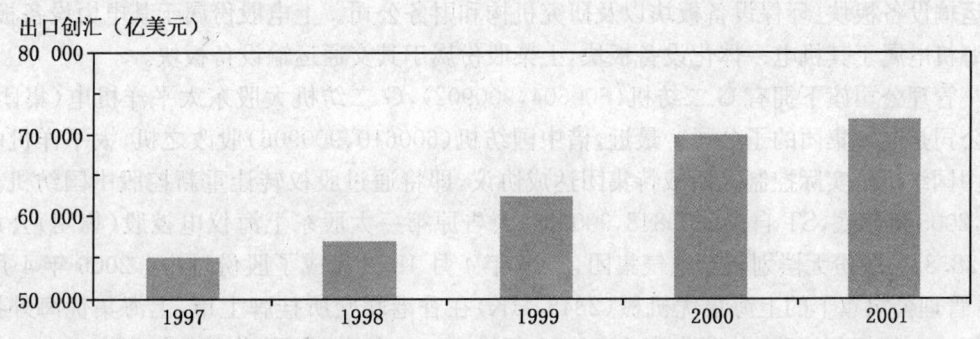

资料来源：上海电气集团网站 http://www.chinasec.com/cn/。

图4 上海电气出口创汇额

四、上海电气的资本运作

上海电气坚持资本运作促进产业发展的新模式，努力形成资本经营与产品经营并举的局面：

（一）资产重组和兼并收购

为贯彻落实十六届三中全会的精神，上海电气（集团）公司进行整体改制并设立新公司，通过资产重组、引进战略投资者、推动产权制度改革、优化资源配置、切实转换经营机制、建立符合《公司法》的法人治理结构，进一步扩大生产规模，增强公司竞争力，力争成为中国装备制造业龙头，世界装备制造业基地。2004年3月，由上海电气（集团）总公司与申能集团、珠江投资公司、福禧投资公司、汕头市明光投资公司共同发起组建了多元投资的企业——上海电气集团有限公司。同年9月，公司重新注册成为上海电气集团股份有限公司。在这个注册资本达90.11亿元的新公司中，国有资本占80%，民营资本占20%。在6个股东中，国有、民营各占3家。上海电气集团的核心产业全部转移为上海电气集团有限公司旗下，2005年4月28日，上海电气股份在香港上市，以每股1.7港元发售29.73亿股新股，共集资50.54亿港元。上海电气（集团）总公司的其余业务全部留在公司内，成立上海电气资产管理公司,并将上海电气资产管理公司中符合集团产业发展方向、经济效益好、成长性好的 17 家企业收购过来,2006 年 4 月 27 日,"集优成强"形成的上海集优机械股份有限公司(2345,HK)在香港上市。上海电气集团除加快走出去步伐之外,也在对国内企业的并购上加快步伐。除加快收购海立集团、上海白猫(集团)有限公司等上市公司外,上海电气集团还加快对国内生产制造企业的收购,如与中国船舶重工集团公司第七一一研究所"携手"重组兰州真空设备有限责任公司。

(二)整体上市融资

2003 年,上海电气(集团)总公司已经开始着手将核心产业及其载体企业打造成为"上海电气集团股份有限公司",在 2004 年 3 月 1 日进行了工商注册,2005 年 4 月 28 日登陆 H 股市场,简称上海电气(2727,HK)。而集团其余的资产则进入上海电气资产管理公司。上海电气旗下又有三家境内上市公司,分别是上电股份(600627)、上海机电(600835,900925)和 G 上柴(600841,900920)。上海电气的资产包括电力设备板块、机电一体化设备板块、交通运输设备板块、环保设备板块以及研究机构和财务公司。上电股份属于其电力设备板块,上海机电属于其机电一体化设备板块,上柴股份属于其交通运输设备板块。

管理公司旗下拥有 G 二纺机(600604,900902),G 二纺机大股东太平洋机电(集团)有限公司是电气集团的子公司。最近,借中国纺机(600610,900906)股改之机,太平洋机电已与中国纺机的实际控制人斯威特集团达成协议,即将通过股权转让重新控股中国纺机。此外,2005 年年底,ST 自仪(600848,900928)公告原第一大股东上海仪电控股(集团)公司所持 28.85% 股份无偿划转至电气集团,2006 年 4 月 18 日完成了股份过户。2006 年 4 月 27 日,管理公司旗下的上海集优机械(2345.HK)在香港联交所挂牌上市,上海集优海外招股获得 400 倍超额认购,共募集资金 12.61 亿港元。电气集团还"收编"了 G 海立(600619,900910)。此外,G 白猫(600633)的第二大股东上海白猫(集团)有限公司也进入电气集团大家庭。目前,上海电气集团旗下已经拥有 10 家上市公司,其中控股 8 家上市公司。

(三)海外并购

2002 年 1 月,上海电气集团和晨兴集团联手,以 900 万美元的价格收购了世界胶印机行业前六位之一的日本秋山印刷机械公司,改名秋山国际。2003 年底又出资控股了德国沃伦贝格公司,取得 14 项大型数控机床的专利技术。2004 年 12 月份,上海电气集团与日本专门从事小型数控机床研制的池贝机械制造株式会社达成协议,出资对其整体进行收购,第一批投资为 1 500 万美元。由此,上海电气集团从 2002 年开始,平均每三年收购一家海外企业。上海电气的海外收购,其出发点主要是看重对方的技术和品牌。海外并购不仅提升了集团的技术能力而且也提高了集团的资本运作能力。

五、企业财务状况

(一)总资产变化

上海电气(集团)总公司于 1996 年由上海市机电工业管理局改制,并与上海电气(集团)总公司资产联合重组为上海电气(集团)总公司,注册资本为 4 730 680 000 元。到 1999 年集团的总资本已经达到 742 亿元,之后由于经营管理问题到 2002 年资产只有 360 亿元,2003 年集团又进行资产重组改制,集团的总资产也迅速增加,到 2004 年底已经达到 8 442

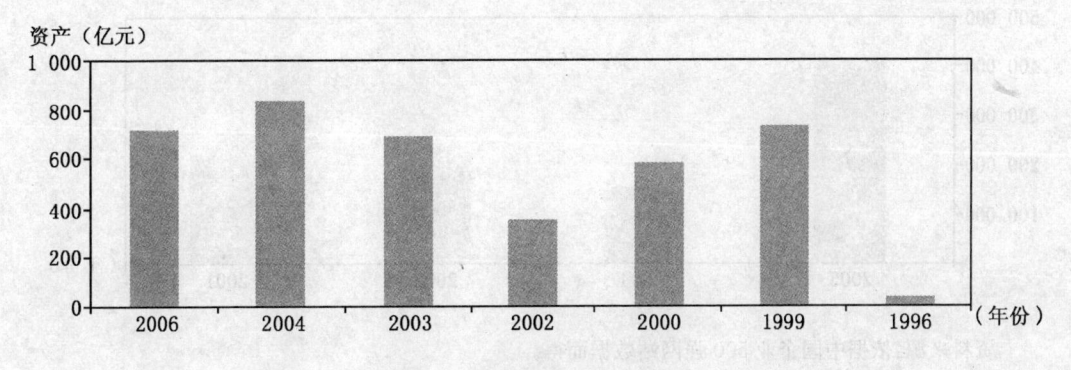

423万元。其资产的变化可由图5看出,其中1996年的数据为集团的注册资本。

图5 上海电气集团资产变化

(二)盈利情况

在销售收入方面,上海电气集团从1997年每年的销售收入都在400亿元以上,1998年、2001年、2003年其销售收入都接近或超过500亿元。2005年的销售收入更是达到6 309 488万元。上海电气集团的销售增长率也是比较高的,2001年是24.95%,2004年是27.94%,2005年是25.8%,都在20%以上,上海电气集团各年度的销售收入参见图6。

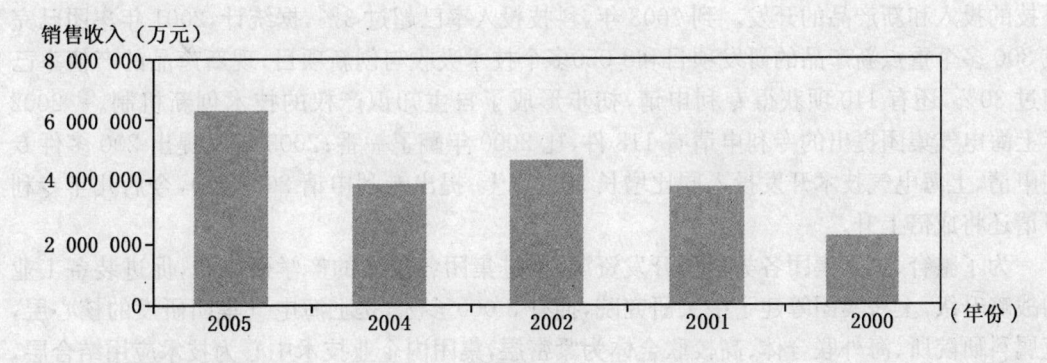

资料来源:依据中国企业500强网站数据而得,http://www.cec-ceda.org.cn/c500/chinese/ep500。

图6 上海电气集团销售收入变化

在集团利润上,2001年底利润为220 000万元,到2002年底的利润是209 005万元,2003年集团经过资产改制重组后,其利润有所下降,2004年集团的利润只有154 388万元,但比2003年仍有增长,其增长率高达72%。但是改制后的第二年,也就是2005年底,上海电气集团的利润就有了很大的增长,达到409 134万元。比改制前增长了近一倍,这说明集团的资产重组是非常成功的。集团近几年的利润变化如图7所示。

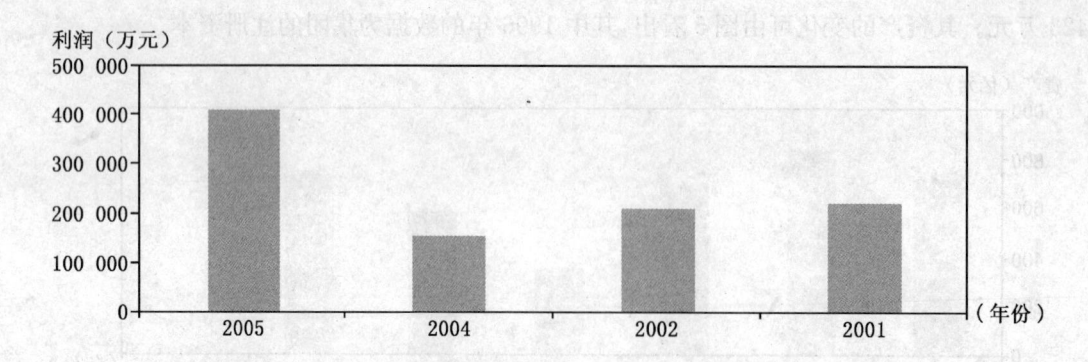

资料来源:依据中国企业500强网站数据而得。

图7 上海企业集团利润变化

六、企业研发创新能力

(一)新产品开发和技术创新

为了提高企业的核心竞争力和装备制造业的国产化率,近年来,上海电气集团加大了对科技的投入和新产品的开发。到2003年,科技投入率已超过3%,据统计,2001年集团已完成300多个重点新产品的研发项目和8 050多个技术吸收与创新项目,现新产品的产值率已超过30%,还有110项获得专利申请,初步形成了自主知识产权的技术创新机制。[①] 2002年上海电气集团提出的专利申请有118件,比2000年翻了一番;2003年又提出200多件专利申请,上海电气技术开发投入同比增长50%以上;提出专利申请200余项,今后几年专利申请还将成倍上升。

为了整合、集聚集团各类科研开发资源,推进集团各层次的产学研联合,促进装备工业的战略升级,上海集团筹建了中央研究院,拥有3 000多人,是上海电气集团研发的核心层,直属科研院所、海外联合体、高校联合体为紧密层,集团内企业技术中心为技术应用结合层,形成了产学研的有效结合。另外,上海电气集团还与中国科学院有合作协议,2001年4月,双方签署了《高技术与产业化发展战略合作框架协议》。2001年8月、2002年10月、2004年2月双方分别签署了三批36项高技术与产业化项目的科技合作协议。通过项目实施,中科院结合国家重点项目、重大技术装备的开发研制,几十项实验室的科技成果开始投入实际应用,转变为产业化的主流技术;上海电气解决了产品创新中的一批关键技术和共性技术,同时突破了一批产业化的技术瓶颈,形成了一批具有自主知识产权的重大装备,明显提高了一批主导产品的技术水平和竞争能力。通过产、学、研合作,已经取得和申请专利18项,产、学、研成果覆盖的产品销售额达100亿元,成效十分显著。2005年6月17日中科院与上海电气集团在上海正式签署第四批"高技术与产业化"合作协议,中国科学院上海微系统所、工程热物理所、电工所、金属所、自动化所、长春应用化学所、沈阳自动化所、兰州化学物理所等分别与上海电气有关企业签署了14项"高技术与产业化"合作协议。

---

① 《上海电气集团订单爆满——"脑筋"随时代"换" 产品跟市场"转"》,http://www.haojiqi.cn/news/yjdt/200609/124164.html。

（二）"产业科技带头人"制度

上海电气认为,大力振兴上海装备制造业,必须实行战略升级,实施"科技兴司"战略。依托科技英才、提升创新能力,是创新科技体制、推进战略发展的关键。为推进四大核心产业板块的发展,集团围绕重点产品,确定了"产业科技带头人"制度。上海电气集团在选拔"产业科技带头人"上引入了全新理念:不论资排辈,坚持唯才是举;不关门选拔,实行"海纳百川";不搞终身制,引进竞争机制。选拔"产业科技带头人"有明确的素质要求、专业技术知识和领导能力要求,但没有年龄限制。明确科技带头人必须具有良好的职业道德和敬业精神;具有较强的开拓创新、组织领导能力;具有系统而又坚实的基础理论知识、专业技术知识和广泛的相关专业知识;具有驾驭本行业产品开发、技术创新、技术发展的宏观思路和组织实施的才能。这些科技创新"领军人物"在组织产品开发、科技创新、技术发展等方面进行宏观指导组织实施。"产业科技带头人"机制带动了上海电气集团各个产业的科技发展,提高了应用新技术、新工艺、新材料、新设备的能力,促进了技术成果转换为生产力和强化开发能力,带动产业的开拓创新和持续发展。

中国铝业公司

中国铝业公司(以下简称"中国铝业")组建于2001年,是一个年轻的特大型国有企业。从2003年至2006年,中国铝业分别实现销售收入213.9亿元、310.0亿元、484.9亿元、630.9亿元人民币,在中国企业500强中排名分别为第63、51、45、42名,名次稳步上升。中国铝业诞生于国内国际铝材需求旺盛的时期,拥有良好的发展机遇。公司将抓住这一难得的历史机遇,不断做大做强,向世界一流铝产品制造企业的目标前进。

```
                        中国铝业
                           │
   ┌───────────────────────┼───────────────────────┐
办公厅(外事办公室)                              人事部(老干部局)
   │                                                │
  财务部                                      企业管理部(安全环保部)
   │                                                │
  投资部                                          市场贸易部
   │                                                │
科技部(军工配套部)                            党群办公室(直属党委)
   │                                                │
 行政服务部                                        研究与规划部
   │                                                │
  审计部                                           法律事务部
```

图1 中国铝业组织结构图

一、企业发展历程概述

(一)发展简史

2000年,中央决定将中央直属的几家大型铝制造企业合并,组建一个具有国际竞争力的大型铝制造企业,中国铝业应运而生。中国铝业整合了山东铝业、长城铝业、贵州铝厂、山西铝厂、平果铝业和中州铝业等多家企业,规模不断扩大。到2006年,中国铝业的氧化铝产量居世界第二位,铝加工规模居亚洲第一,在国内的电解铝市场上占据绝对优势。

中国铝业成立以来,不断地采取措施扩大公司的产能。这种产能的扩大一方面通过对企业现有的生产线升级扩容来实现,另一方面通过对国内其他的铝制造企业的兼并来实现。中国铝业先后收购了洛阳铜业、包头铝业、大冶铜板带、抚顺钛业、华宇铝电、遵义铝业、华西铝业等多家铝业企业。大规模的企业兼并使得中国铝业获得了宝贵的规模经济性,主要产品氧化铝和电解铝的生产成本得以降低:氧化铝每吨125美元,电解铝每吨1 000美元,已达到国际先进水平。

(二)组织结构

中国铝业目前拥有多家公司的控股权,其中最大的一家是中国铝业有限公司。中国铝业有限公司分别于2001年11、12月在纽约证券交易所和香港联合交易所有限公司挂牌上市,被列入香港恒生综合指数成份股和富时指数成份股及美国股市中国指数成份股。除了中国铝业有限公司外,中国铝业的子公司还包括平果铝业、贵州铝厂、中州铝厂、抚顺钛业、包头铝业等有色金属冶炼企业,此外,中国铝业公司旗下还拥有中国有色金属工业第六、第十二冶金建设公司两家实力雄厚的建筑公司,以及洛阳有色金属加工设计研究院。

在组织结构上,中国铝业目前采取的组织结构较为松散。采用这种松散的组织结构的一个重要原因是因为中国铝业成立以来扩张速度过快,尚未找到一种最适合自己的组织形式。

表1　　　　　　　　　　　　　　　中国铝业的子公司一览

氧化铝及电解铝业务板块	中国铝业股份有限公司
	山东铝业公司
	贵州铝厂
	中国长城铝业公司
	山西铝厂
	平果铝业公司
	中洲铝厂
	青海铝业有限责任公司
	西南铝业(集团)有限责任公司
	河南铝业有限公司
	包头铝业(集团)有限责任
建筑工程板块	中铝国际工程有限责任公司
	中国有色金属工业第六冶金建设公司
	中色第十二冶金建设公司
	中铝置业发展有限公司
研发业务板块	郑州轻金属研究院
	洛阳有色金属加工研究设计院
铝及其他轻金属制品	中铝瑞闽铝板带有限公司
	大冶铜板带有限公司
	中铝西南铝板带有限公司
	中铝西南铝冷连轧板带有限公司
非铝轻金属冶炼业务	山西碳素厂
	中铝洛阳铜业有限公司
	抚顺钛业公司
	陕西有色金属控股集团有限责任公司

从中国铝业的组织结构看来，中国铝业目前仍然具有典型的计划经济的企业特征，和市场的锲合程度不足，内部整合的力度需要进一步加大。此外，中国铝业的各个业务板块中的经营实体都有业务重合的情况，特别是氧化铝板块：中国铝业在这一板块中一共有九家子公司。这些企业大多都保留了独立的采购、生产和销售机构，造成了很大的资源浪费。

二、企业发展战略

（一）行业发展背景分析

中国铝业的主要产品是有色金属及金属制品，特别是铝和钛产品。由于有色金属对国防工业的重要性，在中国铝业成立之前，相当长的时间内，中国铝业的很多成员单位都是重要的国防企业，负责为国防工业提供各种零部件。随着我国国民经济的快速发展，民用部门对有色金属，特别对铝及其制成品的需求持续增加，中国铝业的成员单位的产品一直供不应求。

我国加入WTO后，国内市场的开放使得中国铝业直接面对国际铝业大鳄的挑战。目前，中国铝业面临的形势是：在国内市场上，尽管中国铝业进行了大量的收购交易，使得行业的集中度有所提高，但是市场上仍然存在大量的小规模铝冶炼和加工企业；在国际市场上，国际上的铝冶炼企业的规模都比较大，具备较强的成本优势，中国铝业面临着必然的成本压力，其中世界第一大铝冶炼企业——美国铝业是中国铝业在行业内的主要竞争对手。此外，中国铝业在国内还面临五矿集团的竞争压力，以及严重的原料供应问题。由于我国国内的铝土矿品位不高，硅铝比较高，冶炼难度大，所以国内企业每年都要从国外进口大量的原料氧化铝，连拥有自己氧化铝生产基地的中国铝业也不例外。在现有技术水平下，铝冶炼是一个高能耗行业，这种情况在短期内不太可能有所改善。中国目前的能源形势很紧张，电价有不断上升的趋势，因此中国铝业的竞争环境中充满了不利因素。

中国铝业现有的竞争优势集中在中国的市场需求上。中国宏观经济长期看好，近十多年来年均GDP增长8%以上。中国宏观经济发展的一个重要的支柱是建筑业，而建筑业对铝材的需求非常旺盛。由于中国正处在有史以来最大规模的城市化浪潮中，城市建设规模巨大，这些都决定了中国铝业的销售前景十分看好。只要采取策略得当，中国铝业从中国的这一波城市建设热潮中将受益匪浅。

冶金行业是一个典型的具有规模经济性的行业，这是因为：第一，大规模意味着可以有效地利用企业的固定资本，使得企业的产能得到充分的应用；第二，大规模意味着企业可以在和原料供应商的谈判中取得一定的话语权；第三，大规模意味着企业可以用较低的成本获取发展需要的资金。

（二）中国铝业的总体发展战略

中国铝业从成立之初确定了"创百年老店"的目标。为了实现这一目标，中国铝业开展了一系列的兼并活动，以扩大自身的规模，实现规模经济性。目前，中国铝业的资产已经从成立之初的326亿元上升为1 250亿元，整合了大量的铝制品生产企业。中国铝业下一步的目标，一是继续整合铝冶炼及铝制品行业的生产能力，另一方面是从内部的管理着手，推进现代企业制度建设，通过机制创新、管理创新和技术创新，尤其是通过集中采购，精细化管理等手段，大力提高中国铝业的管理水平，克服国有企业大而不强的缺点，为中国铝业和国际一流竞争对手的竞争积累条件。中国铝业根据行业和产品的特点,确定了成本领先战略,积极探索并推进实施以成本为中心,以"消除浪费、创造价值、持续改进"为内容的标准量化生产管理模式,将成本指标量化到各个车间、工序,形成了人人肩上有指标、全员节能降耗的氛围,使企业的基础管理工作不断夯实,生产流程配置和生产过程控制不断优化。

中国铝业的发展面临原材料短缺的问题,为了解决这个企业发展的瓶颈,中国铝业积极参与拓展国际市场,成功竞标澳洲奥鲁昆项目;获得了几内亚1万平方公里的勘探区块;越南多农氧化铝项目、巴西ABC氧化铝项目进展顺利;海外铜矿开发项目也在按计划推进。

战略管理理论认为:企业发展的最根本保障是企业的核心竞争力,包括企业拥有的核心资源和核心能力。只有当企业具有很强的核心竞争力时,企业才可能对外部出现的机会加以利用。企业的绩效可以用下面的公式来表达:

$$绩效 = 核心能力 \times 行业机会 \times 能力机会匹配系数$$

我们可以看到,企业的绩效取决于三个因素:企业的核心能力,企业拥有的行业机会,以及企业的核心能力和行业机会之间的匹配程度。要按照这个框架来看中国铝业的经营战略。中国铝业从成立之初开始,就不断地扩大企业规模,其规模扩大速度之快,在中国企业界是很少见的,并且中国铝业的扩张建立在较高的财务杠杆基础上,因此这种扩张是有一定的风险的。中国铝业之所以愿意承担这种风险,主要目的之一就是为了获取规模优势。对中国铝业这种大型冶金企业来说,规模优势是一个很重要的核心能力。规模优势的一个重要表现方式就是通过运行上的协同优势,降低产出的单位成本,所以中国铝业在经过了规模的扩大之后,大力提高企业的管理水平,充分利用规模优势。这也正是中国铝业目前大力推行以"消除浪费、创造价值、持续改进"为内容的标准量化生产管理模式的原因,即巩固企业获取的核心能力。

中国铝业面临的行业机会主要在于市场的持续高涨上,特别是中国房地产行业的持续增长给企业带来了很大的需求。不过中国铝业也面临很大的行业威胁,即原材料的供应问题。随着中国铝业的电解铝产能的不断扩大,自有的氧化铝产量已经不能满足需求,需要寻求外部的来源,而目前氧化铝的价格居高不下,对中国铝业形成了较大的压力。

中国铝业的核心能力和行业机会之间的匹配程度是比较高的。首先,市场的旺盛需求保证了中国铝业的产品可以以较高价格售出,而企业的规模优势可以以较低的成本生产,由此导致了中国铝业拥有较大的利润空间;其次,中国铝业采取了适当的前向一体化战略,介入了铝土矿开采、氧化铝生产等产业链环节,可以适当地降低中国铝业所面临的行业威胁——原料供应问题。

通过以上分析我们可以看出:中国铝业认识到了决定企业绩效的关键因素,并且采取了相应的措施来影响这些关键因素,从而使企业的绩效保持在一个比较理想的水平。

三、企业生产经营状况

中国铝业目前拥有21家下属企业,业务范围包括氧化铝、铝及其制成品、建筑工程承包、铜及其制成品、钛及其制成品等。其中铝及其制成品是中国铝业的主要产品。2005年,中铝公司共生产氧化铝780余万吨、电解铝140余万吨、铝加工材料41万吨,是全球第二大氧化铝制造商、亚洲最大的铝生产商。自企业成立以来,中国铝业的产能扩张很快,2001年中国铝业刚成立的时候,年生产氧化铝541万吨、电解铝74.2万吨,2005年这两个数据分别提高了44.7%和94.1%。中国铝业同时也是中国铝制品品种最多的企业。

中国铝业除了铝及其制品之外,还从事镁、钼、钛、铜等矿产资源的勘查、开发;镁、钼、钛、铜等矿产品、冶炼产品、加工产品、碳素制品及相关有色金属产品的生产、销售、技术开发、技术服务;自营和代理各类商品及技术的进出口业务,经营来料加工、对外贸易和转口贸易。这些业务的开展优化了中国铝业的业务构成,使得中国铝业的抗风险能力得以加强,经营业绩不至于受到铝及其制成品的价格波动的过大影响。

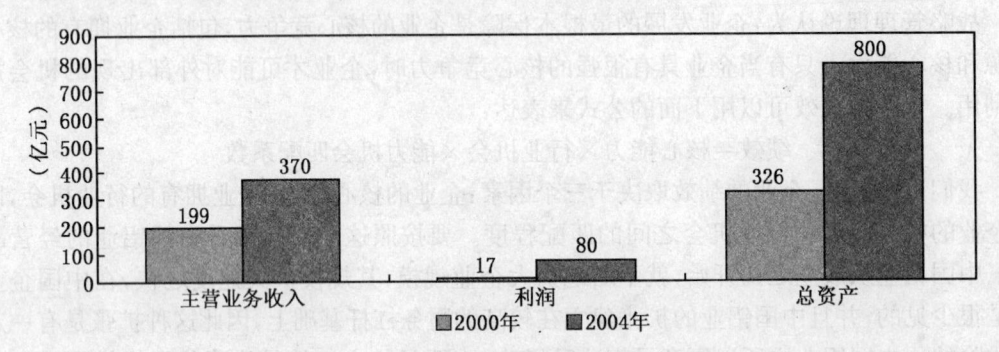

图2 中国铝业的收入、利润、资产情况图

由于国内铝冶炼行业的产能目前出现了一定程度的过剩,为了消化固定设备投资,中国铝业也在积极寻求对外出口产品,直接参与国际竞争。此外,中国铝业受限于国内原料供应不足,需要大量地进口原料氧化铝,这也给中国铝业提供了参与国际化进程的动力。

中国铝业处于一个高能耗的行业中,原材料供应和能源供应是中国铝业必须要关心的首要问题。在原料方面,中国铝业采取的是两手抓的策略:一方面,积极开拓国际原料来源,参与国际原材料的开发,另一方面,合理利用国内的资源,加紧资源勘查的力度,并且开发出工业化的"选矿拜耳法生产氧化铝新技术",使得国内大量的低品位铝土矿能够得以工业化开采。

中国铝业积极寻求和国外企业合作开发国外的矿山资源。2005年12月14日,中国铝业股份有限公司与越南煤炭集团签署了双方合作开发越南多农铝土项目的谅解备忘录。谅解备忘录的签署,标志着中越两国政府共同关注的多农铝土矿项目进入实质性推进阶段。越南多农铝土矿是中越边界上的铝土矿"金矿"的主要部分,这一巨大的铝土矿脉分为两组,分别从广西中西两侧往南延伸,会合于越南境内,呈"丫"字脉象,广西方面探明储量为10亿吨,越南方面约80亿吨。在越南的高平、谅山两个与广西接壤的北方省份,铝土储量2.07亿吨;多农铝矿位于矿区的南部地区,7个矿体总储量26.7亿吨。越南多农的铝土矿颗粒小、纯度高,是铝冶炼行业的优质原材料。中国铝业由于在开发广西平果的铝土矿过程中积累了处理与越南铝土矿类似的强伴生性铝土矿的先进技术,因此在越南多农项目上具有优势,同时,中国铝业和控制中国横断山脉水电的大唐集团达成的供电协议更增加了中国铝业的优势。

目前,中国铝业拥有几内亚共和国的一个铝土矿资源的勘探权,并在巴西、澳大利亚等原料生产地和当地企业进行了充分的合作。中国铝业目前还计划在中东开设电解铝冶炼厂,以利用当地丰富的天然气资源来降低冶炼过程中的电力成本。

中国铝业在产业链中的位置偏向上游,长期以来,中国铝业的利润和销售额主要来源于其氧化铝生产,其他业务的发展要弱于氧化铝业务,为了改变这种过分依赖一种业务的情况,中国铝业在国家实施宏观调控、限制电解铝的宏观经济形势下,采取合并现有企业的方式,扩大了自身的电解铝业务。电解铝业务和氧化铝业务形成了较好的互补关系:当上游的氧化铝产品价格下降时,下游的电解铝业务的利润空间得以扩大,而当下游的电解铝利润空间受限制时,上游的氧化铝业务使得企业可以保持适当的利润空间。在扩大电解铝业务的同时,中国铝业还加大了对铝制品、钛制品、铜制品的投资力度。目前,中国铝业有中铝洛阳铜业有限公司、大冶铜板带有限公司、抚顺钛业有限公司和中铝西南铝板带有限公司等多家处于产业链下游的企业,这些企业的存在使中国铝业抵抗价格波动风险的能力进一步增强。

中国铝业目前拥有多个国内外知名品牌,在氧化铝和电解铝方面,中国铝业行业领导者的地位使得中国铝业的品牌具有绝对的影响力。在非铝业务方面,2004 年,中国铝业与 12 个省市(区)达成了联合加快发展有色金属的合作协议,将陕西有色金属控股集团有限责任公司等有色金属企业收归旗下,很快进入钼、钛、铜等领域,形成了铝与其他有色金属产品全面发展的大格局,并且在铝业生产"三废"的综合利用、工业建筑、信息产业、新材料业等方面有了一定的作为,"长铝建"、"中新化工"、"长城信息",这些中国铝业的非铝品牌在一些省市成为知名品牌。

四、企业资本运作

中国铝业成立后的同年,即 2001 年,中国铝业整合旗下的优质资产,成立了中国铝业股份有限公司,同时在香港和纽约证券交易所上市。这就是中国铝业的"双头战略"路线。目前,中国铝业有限公司正在积极策划回归国内 A 股市场,以拓宽企业的融资渠道,获取更多资金来促进企业的发展。对中国铝业而言,仅在香港和纽约上市,令公司股票交易面临货币兑换等问题与不便,而在国内上市,这些问题处理起来便容易得多,而且也会提高公司的运营效率。

2006 年 5 月 8 日,中国铝业股份有限公司发行新股及配售现有股份获得成功,共募集资金 46.7 亿港币(约合 6 亿美元),是中国铝业有限公司在境外上市以来的最大一次融资,是今年以来亚洲(不包括日本)资本市场第二大再融资项目,同时也是 H 股公司最大的再融资项目。中国铝业本次配售规模为 6.441 亿股,其中,6 亿股是新股,0.441 亿股是全国社会保障基金理事会委托出售的股份。配售最终定价为 7.25 港币/股,达到定价区间的高点。摩根大通证券(亚太)有限公司、里昂证券有限公司及中国国际金融(香港)有限公司担任此次股票配售的联席承销商,公司发行新股所募集的资金将主要用于国内电解铝并购项目及公司一般营运。中国铝业此次股票配售吸引了大量国际投资者,仅国际投资者就认购了 21.95 亿股。

2006 年 12 月,中国铝业有限公司在银行间市场发行了 20 亿元一年期企业债券,并计划在 2007 年发行 50 亿元长期债券,募集资金主要用于公司对电解铝项目。

中国铝业以中国铝业有限公司为平台,进行了大规模的企业并购重组。中国铝业先后取得了山东铝业、山西铝厂的控股权。2006 年,中国铝业还收购了甘肃华鹭、华宇铝电、遵义铝业、华西铝业、抚顺铝业等企业,进一步扩大了中国铝业作为行业领导者的影响力,为中国铝业整顿铝冶炼行业无序竞争格局创造了很好的环境。

五、企业财务状况

2001年中国铝业成立时,资产为326亿元,当年实现利润17亿元。到2006年,中国铝业的资产为727亿元,实现利润41亿元,比2001年分别增加了123%和141%。可以说,中国铝业成立来的五年中的表现相当不错。但是从数据上看,中国铝业在经营上存在较大的隐患。资产负债率过高,2006年的资产负债比高达68.5%,资产组成结构的稳定性非常差,一旦公司的收入情况发生变化,如主要产品的价格大幅下降,那么中国铝业将面临很大的偿债压力,此时一旦企业无法维持一定的现金流入,极有可能会出现债务人竞相收回贷款的不利局面。

表2　　　　　　　　　　2003年至2006年中国铝业的资本结构　　　　　　　单位:万元

年　份	利　润	资　产	所有者权益	负　债
2003	119 000	1 041 700	数据缺失	数据缺失
2004	383 588	2 313 645	1 112 001	1 201 644
2005	439 710	5 719 970	2 299 610	3 420 360
2006	409 134	7 270 465	2 288 441	4 982 024

表3　　　　　　　　　　中国铝业的收入和利润变化情况　　　　　　　　单位:万元

年　份	销售收入	收入增长率	利　润	利润增长率
2003	2 139 600	6.06	119 000	−42.28
2004	3 100 455	49.11	383 588	399.44
2005	4 849 295	49.13	439 710	177.5
2006	6 309 488	31.15	409 134	82.06

从表2和表3中可以看出,从2003～2006年,中国铝业的资产总额增加了7倍多,近三年的收入以49.11%、49.13%、31.15%的速度增长,利润也分别增长了399.44%、177.5%、82.06%。可见,目前中国铝业的盈利能力是很强的。但是限于数据的不充分,我们没有中国铝业的现金流量表的数据,因此无法判断中国铝业的销售收入以何种形式实现,也无法对中国铝业的偿债能力和抗风险能力做过多的判断。

六、企业研发创新能力

中国铝业高度重视科技研发,特别是技术的商业化在经营活动中的重大作用。中国铝业定期召开企业科技大会并于2003年10月、2006年7月召开了第一次和第二次科技大会。自2003年10月中国铝业第一次科技大会召开以来,中国铝业以加快中国铝业发展、提高核心竞争力为目标,以科技体制创新为重点,大力实施科技兴企战略,取得了显著成效,为促进我国有色金属工业的技术进步做出了重要贡献。2003年至今,中国铝业共承担国家科技攻关、国家"863"和国家高技术产业化发展等各类项目11项;承担国防军工配套科研项目83项、条件保障项目5项;中国铝业安排科技项目771项,投入科技研发经费近21亿元。共取得科技成果295项,其中获国家科技进步奖7项;申请专利1 050件,授权专利251件。

从铝土矿开采、氧化铝制取、电解铝冶炼到铝的深加工,中国铝业已形成一整套具有自主知识产权的核心技术,主体工艺达到世界先进水平。在氧化铝工艺技术方面,中国铝业成功开发和应用了选矿拜耳法、砂状氧化铝等新工艺和新技术,使我国的水硬铝石生产氧化铝工艺技术处于世界先进水平;在电解碳素工艺技术方面,开发并转化了大型铝电解槽技术、强化电流技术、可湿润阴极及高石墨质铝用碳素阴极新材料,大幅提升了我国电解铝工业技术水平;在铝加工领域,中国铝业自主开发了全数字智能化2050毫米宽幅高精度冷轧机,开创了我国制造高精度智能铝带冷轧机的先河;中国铝业还引进、消化和吸收了"1+4"热连轧技术,成功开发了制罐料、PS版基和高档铝箔毛料的热连轧工艺,缩短了我国铝加工装备、技术水平与世界发达国家的差距。

中国铝业还加快科技成果产业化进程,努力把技术优势转变为经济优势和核心竞争力。近年来取得的重大科研成果,绝大多数实现了产业化。"强化烧结法生产氧化铝"技术实现了大幅度增产和降耗;提高电解槽寿命综合技术研究和强化电流技术开发等成果顺利产业化;电解电容器用高、中、低压阳极及阴极铝箔开发年创经济效益1 800万元;应用砂状氧化铝新工艺技术的生产示范线,成功生产出了砂状氧化铝。

中国铝业全面总结了过去科技创新的成功经验,部署了《中国铝业"十一五"科技发展规划》,并启动科技奖励长效机制。中铝已形成了以铝为主的轻金属、以铜为主的重金属和以钼、钛为主的稀有金属三大有色金属业务板块,氧化铝产能达833万吨,排名世界第二;电解铝产能达350万吨,位居世界第三;综合实力跻身于世界三大铝业公司之列。但是,中国铝业与世界先进跨国公司相比,在先进技术与核心技术特别是深加工产品方面还存在着差距。正是因为看到了这种差距,中国铝业启动了全面的科技创新规划,随着科技投入的不断增加和科研人员的不断努力,相信中国铝业在技术方面与世界上先进企业的差别将越来越小,甚至可以达到后来居上,取而代之。

七、企业的营销策略

中国铝业建立了遍布全国的营销网络(见图3)。目前,中国铝业在全国设立了18个销售部门,在主要的铝制品消耗地设立了上海中铝凯林铝业有限公司、中铝佛山贸易有限公司、中铝重庆销售有限公司三个地区销售公司,具体负责公司的市场开发、产品销售、售后服务、客户关系管理等工作。同时,中国铝业还设立了中铝国际贸易有限公司,专门负责中国铝业的国际市场开发工作。中国铝业坚持以市场为导向、诚信为本、服务至上的理念,以客户100%满意为目标。

中国铝业肩负振兴中国铝冶炼行业的重任,自觉地以整个行业的利益为重,在产品定价的时候充分考虑到了整个行业的利益。在氧化铝的价格快速上扬的时期,作为国内惟一的氧化铝生产商,中国铝业为了行业的利益,始终使自己的氧化铝产品处在低于国际价格的水平,分担了国内铝冶炼厂的成本压力,为整个行业做出了巨大的贡献。

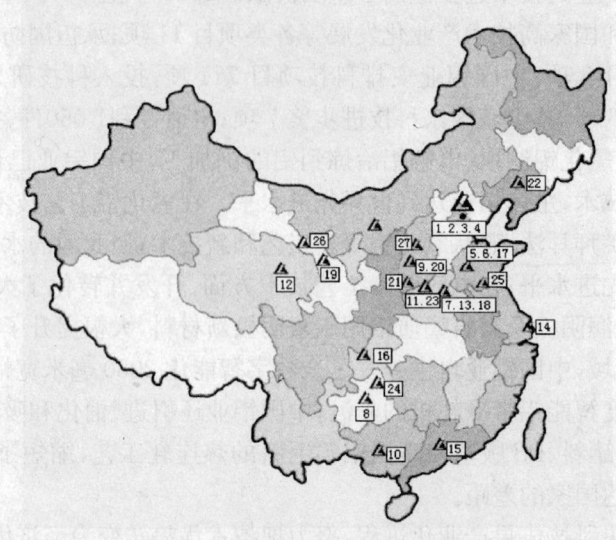

图3 中国铝业的国内营销网络图

八、企业的人力资源管理

  中国铝业始终把人才资源作为企业发展最重要的战略资源，坚持科学的发展观、人才观和正确的政绩观，大力实施人才强企战略，不断创新人才工作机制，积极探索适应企业发展要求的人才队伍建设新途径，为公司快速发展提供坚实的人力资源保障。制定了公司人才发展规划，实施"3618"人才工程，即用3年时间，培养出60名政治过硬、解放思想、实事求是、具有战略思维和世界眼光，经营管理、领导决策、开拓进取能力强，掌握现代企业管理知识，精通中国铝工业、熟悉世界铝市场、适应市场化、国际化发展要求的经营管理人才；100名思想觉悟高，科技创新能力强，精通铝工业，忠于职守，勤于钻研，不断跟踪世界铝工业前沿科技动态，了解、掌握专业领域的新理论、新工艺、新信息，国际国内有名的科技专家；8 000名关心企业，爱岗敬业，操作规范，技术熟练，知识面较宽，一专多能，技术革新能力强的一线技术工程师和高级技工。

  中国铝业将科技人员队伍建设放在公司发展的重要位置，研究制订了科技人才培养计划（科技人才发展221工程），即培育20名能够引领学科发展动向、在国内外享有较高声誉的学科专业带头人（第一层次）；培育200名专业功底深、实践经验多、应用能力强，能够为实现企业重大科技攻关、重大工艺改造做出突出贡献的技术专家（第二层次）；培育1 000名专业基础好、动手能力强、善于发现并解决科研生产难题的一线科技工作人员（第三层次）。紧紧抓住培养、吸引和使用人才这三个环节，采取"事业留人、感情留人、待遇留人"等多种方式，以科研课题和项目为载体，凝聚一批优秀科技人才，培养一大批科技创新能力强，精通业务，掌握专业领域新理论、新工艺、新信息的科技专家和学科带头人，努力建设一支有专长、有经验、有水平、有成就的科技人才队伍。公司设立科技成果奖、专利奖、技术成果转化效益挂钩奖、新产品产业化提成奖，召开科技大会，奖励有突出贡献的公司技术人员、合作单位和人员，包括国外技术人员，进一步激励了科技工作者献身公司科技事业的积极性。

技术工人队伍建设是技术水平发挥真正作用的直接保障,中国铝业致力于造就一支爱岗敬业、实际操作能力强的能工巧匠队伍。公司以成为中央企业高技能人才队伍建设试点单位为动力,以参加中央企业职工技能大赛为契机,认真开展了公司技能大赛、技能培训、劳动技能鉴定、技师和高级技师评定活动,推动了公司技术工人队伍建设。

唐山钢铁集团有限责任公司

唐山钢铁集团有限责任公司地处中国河北北部,总部位于河北省唐山市。依燕山、临渤海、接京津,享有得天独厚的资源条件和区位、交通优势。2005 年末,资产总额 581 亿元,在册职工总数 93 569 人,产钢 1 607 万吨,位居中国第二位,销售额达到 3 071 611 万元,在中企协公布的企业排行榜上,排名全国 500 企业强第 76 位,而在短短一年之内后,销售额提升为 6 173 789 万元,位于全国 500 强企业的第 43 位,是个不断增长发展的具一定实力的钢铁集团。

一、唐钢集团各子公司发展历程

（一）唐钢发展简史

唐钢是国有特大型钢铁联合企业、全国十大钢厂之一、河北省百强企业榜首。改革开放以来,以建立现代企业制度为目标,加快了整体改制步伐。1994 年 6 月,唐钢股份有限公司创立,1997 年 4 月成为上市公司,先后募集资金 20 多亿元。1996 年 1 月,唐钢集团公司依法改制为国有独资的唐钢集团有限责任公司。宣钢、承钢也是国有独资大型企业,出资人均为河北政府。2005 年以唐钢为核心,联合宣钢、承钢整合组建成唐山钢铁集团有限责任公司(简称唐钢集团)。

唐钢的前身是日本东洋纺织株式会社于 1943 年 4 月在唐山市开办的"唐山制钢株式会社",1948 年 12 月唐山解放后获得新生。唐钢被誉为"转炉的故乡",是我国碱性转炉炼钢的发祥地,也是国内最早将连铸工艺成功应用于大工业生产的企业之一。唐钢地处京、津、唐环渤海经济带,铁路、高速公路、海运条件极为优越,60 多年来,唐钢由小到大,由弱到强,已经发展成为装备齐全、技术进步,能够生产 140 个品种、400 多个规格的特大型钢铁联合企业。

宣钢位于京包线古城宣化,是京张、宣大高速公路的交汇点,地理位置优越,交通便捷。其创建于 1919 年,计划经济时期是国家定点生铁供应基地,同时为冶金行业培养输送了大批矿山开采和生铁冶炼专业技术人才。市场经济条件下,宣钢在逆境中崛起并获得较快发展,成为国家重点钢铁企业之一。特别是建国后的五十多年间,宣钢为国家建设和钢铁工业的发展做出了历史性贡献。从"九五"以来,宣钢抓机遇、攻难关、强管理、挖内潜,不断推进技术进步,铁钢材产品产量和企业经济效益创出历史新水平。而从 1998 年下半年以来,宣钢紧紧抓住国家政策支持的机遇,经过广大干部职工艰苦卓绝的奋斗,1999年扭亏为盈,提前一年实现国企三年扭亏脱困目标。宣钢扭亏之后,通过推进技术进步,内涵挖潜积累资金,加快结构调整和淘汰落后步伐,通过不间断的技术改造,实现了产业升级换代,企业规模逐年扩大,企业实力逐年增强,参与市场竞争的能力不断提高。

承钢历史源远流长,从1929年大庙钒钛磁铁矿的发现到2007年已有78年的历史,从1954年10月1日承钢的前身——热河铁矿厂的建立算起,也已经有整整53个春秋了,是1954年国家建设的156个重点项目之一。在这漫长的岁月里,几代承钢人自强不息、艰苦奋斗,使承钢由一个昔日只能生产铁矿石和钒铁精粉的小厂,发展到今天具有300万吨含钒钢、10万吨钒渣及深加工成龙配套的中国东方钒钛钢铁产业基地,并正向年产500万吨含钒钢、20万吨钒渣及深加工产品、营业额超百亿元的企业集团迈进。目前,承钢一直致力于钒钛磁铁矿资源的开发利用和相关科研成果的产业化进程,是中国钒钛磁铁矿高炉冶炼技术的发祥地和北方最大的含钒钢生产基地。

(二)唐钢集团扩展路径

加入WTO之后,面对世界级大企业的强大竞争压力和中国钢铁工业高速发展的现状,作为中国特大型钢铁联合企业、中国十大钢铁企业之一的唐钢,必须制定出长期发展战略,不断改进技术、改善产品结构、提高核心能力,方能生存、发展和壮大。

按照河北省钢铁产业发展总体思路,到2010年河北钢铁企业数量将由现在的202家整合为40家左右,排名前10位企业的钢产量占据全省总量的75%以上。全省的钢铁工业将向矿石原料资源和淡水资源比较丰富、环境容量允许的地区集聚以及向进口矿石便利的唐山沿海地区集聚,并形成曹妃甸精品板材基地和承德钒钛制品基地两大钢铁生产基地。

组建后的新唐钢集团全面进入规范化运作阶段,要切实发挥集团综合优势,在集团内部大力推进技术进步和管理创新,在做大的基础上不断做强。同时,为进一步实现更高层次的重组整合积极做好工作。

首先要有效地发挥好新集团在区域内的核心作用。

企业集团具有较强的市场组织功能,这是区别于普通大中型企业的重要标志。新唐钢集团组建是控制省内无序扩张的重要举措。新唐钢集团要切实发挥灵活的产权机制和技术导向作用;在促进生产要素合理流动、推进产业升级中发挥重要作用,做好国家产业政策与技术政策的执行者和引路人。

在对国有企业进行整合重组的同时,要加快民营钢铁企业整合步伐。近年来,河北钢铁工业散乱局面长期得不到改善,唐山、邯郸地区情况尤为突出。要想解决这一矛盾,靠行政手段是不行的,应主要依靠大型企业集团的市场组织功能来规范和引导本地区钢铁企业的发展方向。目前各企业都在制定"十一五"发展规划,如不加快集团组建后内部整合进程,各企业新的发展规划进入实施阶段后,必将形成新一轮无序扩张。

其次要有效地发挥好新集团对华北地区钢铁产业的推动作用。

华北地区是国内钢材生产加工和消费相对集中的地区,但产业集中度较低,除唐钢外,较大的企业主要有首钢、包钢、邯钢、太钢等,与华东、东北地区相比,缺少宝钢、鞍钢那样竞争优势明显的行业领头企业。曹妃甸大钢至少需要5~10年时间才能形成规模优势。新唐钢集团的组建打破了原有的格局,从现有生产规模、资源和物流条件等因素考虑,新唐钢集团在3~5年内,将成为继宝钢集团和鞍本集团之后又一家综合生产能力达到3 000万吨级的大型钢铁集团,不仅成为河北省优化钢铁工业布局、实现由钢铁大省向钢铁强省转变的主要推动者,也必将成为华北地区钢铁产业结构调整的重要组织者。

最后应有效发挥好新唐钢集团的内在优势。

有效发挥好新唐钢集团的内在优势,增强其市场竞争力,是构建新唐钢集团的出发点和落脚点。新组建的唐钢集团 2010 年综合产能将达到 3 000 万吨/年,销售收入进入世界 500 强,成为在国内外市场占有举足轻重地位的优质精品板材基地、优质结构钢生产基地和钒钛制品基地。

钢铁产业在相当长一段时期内仍然是河北省最重要的支柱产业。新唐钢集团的组建在推进河北省产业重组中能够发挥更重要作用。

(三)唐钢的组织架构

新唐钢集团的组建,尽管沿用了"唐山钢铁集团有限责任公司"的名称,但由河北省国资委出资 50 亿元重新注册了新的国有独资公司。同时,河北省国资委将所持有的宣钢、承钢的全部国有产权整体划入唐钢进行整合,组建新的唐钢集团。在实现了产权、股权完全整合后,由新集团组织对宣钢和承钢的产权改革工作。

早在 2005 年 4 月正式启动整合之前,河北省国资委就开始在唐、宣、承三家公司实行主要领导的交叉任职。唐钢分别向宣钢和承钢派去了一位董事长和总经理,从而为新唐钢集团的组建做好了组织准备。在干部管理体制上,除集团公司的高管人员由河北省委、省政府统一任免、管理外,各成员企业领导均由集团公司任免、委派或向子公司股东大会提出人事建议,河北省委、省政府对其实行备案管理,确保了集团能够有效地行使职能。在平衡中央和地方或地方与地方之间国有资产管理权限和利益分配问题上,唐钢集团采取了一个非常现实可行的做法,就是组建以不涉及地方利益为前提。组建后税收不变,干部党组织关系属地,原来各企业高层是由河北省委任命,现在相当于国资委的部分权力下放,和地方关系不变。而且,为了照顾到各方面的积极性,对原宣钢、承钢的法人队伍不予注销,依然对外独立经营,维持原有的对外联系渠道。合并后在处理与子公司的关系时,新唐钢明确规定了母公司和子公司的不同定位,按母子公司方式对被收购公司实行管理,从而避免了很多不必要的纠纷。

二、唐钢发展战略

(一)钢铁行业竞争环境分析

钢铁行业目前仍然是国民经济发展的重要基础产业。从长期来看,我国工业化与城镇化的进程远未结束,按照国际经验,一国经济发展阶段和产业结构不同,钢材消费强度是明显不同的。工业化是各国发展不可逾越的阶段,从英国、美国、日本、前苏联等几个国家工业化历程分析,工业化过程需要大量的钢铁作为支撑。从国外工业化的经验看,在完全实现工业化之前,钢材消费是一个逐渐增加的趋势。而且钢材消费达到饱和点需要三个基本条件,即基本实现工业化、人均 GDP 达 3 500~6 000 美元、产业结构发生根本性变化,第三产业达 50% 以上。

我国 2005 年底 GDP 已达到 18.2 亿元,人均 GDP 超过了 1 700 美元。从目前我国所处的经济发展阶段,以及历史上其他国家钢铁行业发展的经验来看,我国钢铁工业随着我国工业化和城镇化的进程,还将有一个比较长期的发展时期,对钢铁行业的长期发展仍可看好。然而主要由于我国钢铁行业集中度太低,因此在钢铁行业大的上升周期中屡屡出现小周期调整。但短期的调整并不影响钢铁行业的长期发展趋势。

我国钢铁工业步入高增长期已成为不容争议的事实。看一个产业是否步入高增长期,不只是看这个产业一年的增长速度,而要看增长的持续性、趋势性,以及支持这种高增长因素的持续性和稳定性。

据统计资料显示,从2001年开始,我国钢铁业就步入了高增长期,到2004年,已连续四年实现钢、钢材和钢材消费量持续高增长。2001年全国产钢15 266万吨,比2000年增加2 416万吨,增长18.80%,2002年产钢18 225万吨,比上年增加2 959万吨,增长19.38%;2003年产钢22 116万吨,比上年增加3 891万吨,增长21.35%,2004年产钢27 245万吨,比上年增加5 129万吨,增长23.19%。2005年产钢32 244万吨,比去年增长4 999万吨,增幅达18.4%。2006年全国产钢41 878万吨,比上年增加9 634万吨,增长18.48%。

我国钢产量占世界钢产量的比重也显著增长。2001年比重为18.5%,2002年比重为20.5%,2003年比重为23.4%,2004年比重为25.7%,2005年比重为30.9%。我国钢产量从1996年突破1亿吨以后,到2005年已连续10年居世界各产钢国的第一位。

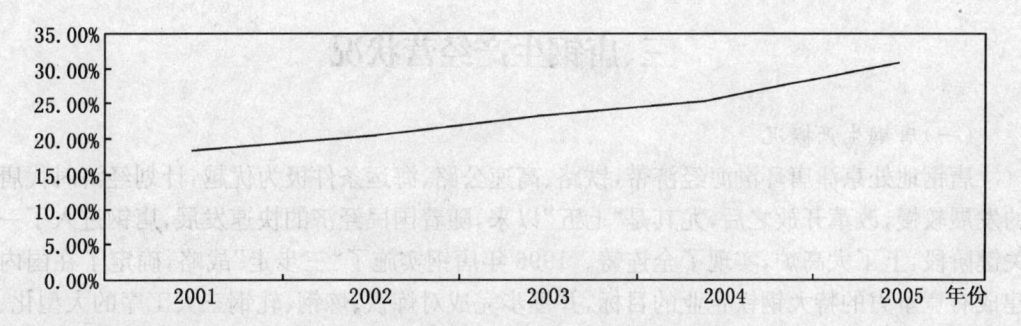

资料来源:中国钢铁工业统计月报。

图1　中国产钢量占世界比重趋势图

据国际钢铁协会发表的资料显示,2002年全球产钢超过3 000万吨的国家有7个,其中美国产钢9 237.8万吨,日本10 774.8万吨,中国18 225万吨,俄罗斯5 856.7万吨,乌克兰3 409.4万吨,德国4 500.4万吨,韩国4 539万吨。如图2所示。

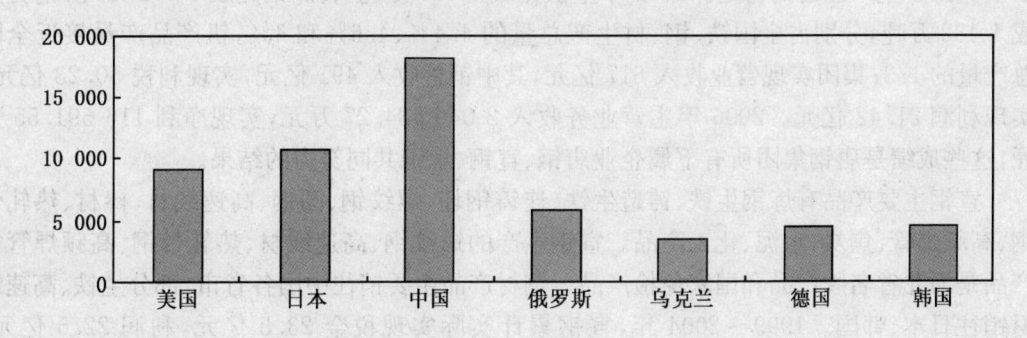

资料来源:中国钢铁工业统计月报。

图2　2002年全球钢铁七强产钢量

从图2我们发现,中国在2002年时产钢量已经位于首位,而且,除中国外上述6个国家钢增长率均在5%以下,而中国一年仅增产钢就达3 000万吨以上,并连年保持钢增长率20%左右,创造了世界钢铁发展史上的奇迹。我国钢铁工业的持续高增长,有其内在的动力和客观要求,是中国经济的高速增长和广阔的市场前景,为钢铁工业的高增长提供了发展机遇和根本动力。

(二)唐钢集团总体发展战略

2007年是"十一五"规划开局次年,唐钢集团既面临着新的发展机遇,也面临着严峻的市场考验。唐钢集团将按照省委、省政府的要求,以科学发展观和产业政策为指导,结合企业布局、装备水平、产品特点、资源条件和发展前景,转变以增加产能为主向内涵发展的经济增长方式。认真贯彻落实科技大会精神,充分发挥集团优势,坚持以自主创新为主,积极开展"产、学、研"合作,大力提高原始创新能力、集成创新能力和引进消化吸收再创新的能力,努力将唐钢集团建设成为国内第一的钒钛制品基地、中国较大的优质板材精品基地和优质结构钢生产基地。打造创新型现代化的钢铁企业集团,全面提升在国内国际上的竞争力,力争2010年钢综合产能达到3 000万吨,进入世界500强,成为国内一流、世界知名的企业集团。

三、唐钢生产经营状况

(一)唐钢生产概况

唐钢地处京津唐环渤海经济带,铁路、高速公路、海运条件极为优越,计划经济时代唐钢的发展较慢,改革开放之后,尤其是"七五"以来,随着国民经济的快速发展,唐钢进入了一个关键阶段,上了大高炉,实现了全连铸。1996年唐钢实施了"三步走"战略,确定了在国内外建成有竞争力的特大钢铁企业的目标,并逐步完成对炼铁、炼钢、轧钢三大工序的大型化、现代化技术改造和产品结构调整。目前唐钢股份已达到千万吨钢的年生产能力,钢材产品为板、棒、线、型、管、带六大类,共140多个品种、400多种规格。

(二)唐钢主要产品、生产及销售情况

唐钢的主要钢材品种有热轧和冷轧板卷、镀锌板卷、彩涂板卷、优质棒、线材、中型钢材等。唐钢集团落实科学发展观,坚持低成本和品种开发战略,深化挖潜增效,在市场激烈竞争中保持了生产经营的稳定。2005年生铁完成1 466万吨,转炉钢完成1 608万吨,钢材完成1 482万吨,分别占全国铁、钢、材生产总量的4.4%、4.6%和4%,钒产品产量接近全国总产量的1/3;集团实现营业收入617亿元,其中销售收入491亿元,实现利税50.23亿元,实现利润21.42亿元。2006年主营业务收入2 040 484.27万元,实现净利116 591.55万元,这些成绩是唐钢集团所有下属企业唐钢、宣钢、承钢共同努力的结果。

宣钢主要产品有炼钢生铁、铸造生铁、连铸钢坯、螺纹钢、圆钢、高速线材、棒材、热轧带钢、高频焊管、焦炭、水泥、化工产品。宣钢生产的螺纹钢、高速线材、热轧带钢、高频焊管等产品是河北省名牌产品和国家免检产品。钢材产品主要销往中国各省市,部分生铁、高速线材销往日本、韩国。1999~2004年,宣钢累计实际实现税金23.3亿元,利润22.5亿元。2004年,积极稳妥地推进改革改制,着力提高经济运行质量,全年生铁、钢、钢材分别完成290.93万吨、333.40万吨、325.53万吨,分别比上年增长28.23%、34.93%和38.84%,钢和钢材产量双双突破300万吨大关,实现了宣钢"一次跨越"发展的战略目标;2004年实现销售收入106.13亿元,比上年增长63.22%;实现利税10.01亿元,比上年增长20.04%,成为张家口市的利税大户,社会贡献总额达到21.42亿元,贡献率达到32.24%。

(三)产品进出口情况

唐钢集团组建后,2006年1～6月份,公司共计签订热轧板卷出口合同20万吨,到6月底实际出口热轧板卷18万吨,创汇7 100万美元。比上年同期增长120%,超过了2005年全年出口数量,创下了唐钢出口史上的新记录。

2006年初,唐钢提出了"加强出口工作,扩大出口数量及品种"的指导思想,确定了出口20万吨板材的奋斗目标。为此,公司进出口部门积极组织力量,加强同用户的联系与沟通,在进一步巩固与国外老客户合作关系的同时,不断扩大新客户群体,拓宽了出口渠道。除保持韩国、日本市场外,开辟了印度和越南等南亚市场;技术部门根据客户要求制定完善技术标准和质量保证措施;生产部门积极组织,并在生产时对出口计划给予优先安排,从而保证了出口产品按期交货。企业不仅增加了在国际市场上的占有率,而且提高了公司产品在国际市场上的知名度,赢得了良好的声誉。

随着2006年9月份唐钢集团国贸公司成立,集团公司进出口整合工作也取得了初步成果。在试运行期间,国贸公司依照集团公司的指示精神,在加快注册宣钢、承德两个国贸分公司的同时,对不锈钢公司、中厚板公司、矿业公司的进出口业务进一步整合。11月6日,不锈钢公司进出口业务人员正式到国贸公司办公,进出口业务也划入国贸公司统一运作。至此,新唐钢集团下属企业的进出口原料、钢材价格均由集团统一管理,以发挥规模优势。而且,目前唐钢集团还通过国贸公司实现境外资源集中采购。

四、唐钢集团资本运作

(一)唐钢融资情况

原燃材料价格上涨使企业成本大幅升高;与首钢联合组建的首钢京唐钢铁联合有限责任公司166亿元资本金将陆续到位;承钢、宣钢配套改造项目30亿元的固定资产投资,巨大的资金需求促使唐钢努力实现融资渠道多元化。唐钢集团在积极争取中共河北省委、省政府支持的同时,对三家直属公司资金情况进行了全面摸底,并计划通过挖潜降本、控制和收缩投资战线、新项目尽快组织达产达效等方法克服困难。

在未来的融资方法上,除了和银行进行战略合作之外,唐钢集团组建方案中明确提出,适时整合地方民营企业,吸引国内外战略投资者增资扩股。唐钢集团表示,对于民营和海外资本的进入,唐钢集团将坚持既积极又稳妥的原则,有利于增加企业活力、有利于企业发展者可以进入。前提是使国有资产保值增值,使职工的利益得到保护。这也是唐钢集团"三步走"中的第三步——股权多元化整合。除了整合地方民营企业、积极吸收国内外战略投资者增资扩股,唐钢集团还将谋求集团母公司在海外上市。与原方案相比,新的唐钢集团将拥有更大的经营自主权,并可以发挥集团优势采取重要措施整合资源,统一经营。

在整合之初,唐钢集团旗下的三家公司资产负债率都比较高,从融资实力和融资条件上讲,宣钢、承钢融资环境较差,贷款也相当困难。但是,在过去的10年中,唐钢股份的效益较好,始终保持稳定快速的增长,故此银行对唐钢股份的支持力度比较大,对唐钢股份的贷款利率甚至可以下浮10%。面对宣钢、承钢的债务困难,作为核心企业的唐钢股份不失时机地出资9亿元多元,回购了宣钢14亿元的债务,并将这些债务转为宣钢注册资本,一方面减轻了宣钢的利息压力,另一方面壮大了宣钢的资金实力。按同样的方法运作,唐钢股份又出资5亿元解决了承钢8亿多元的债务。这中间,国资委也起到了重要作用。河北省国资委将唐钢股份回购的这些股份转为唐钢股份持有的资产,这不仅有利于宣钢和承钢的发展,也促进了整合的步伐。

唐钢集团下属三大公司的基建技改、结构调整以及正常生产任务都比较重,由于自有资金不足,大量贷款导致了生产成本的提高。为此,唐钢集团在组建之初,就以集团的良好形象和规模优势,为宣钢和承钢作了大量的贷款担保(此前,三家企业已经形成了比较固定的贷款互保机制)。到2006年6月末,唐钢集团为宣钢提供了7亿元贷款担保,为承钢出具了17亿元贷款担保,目前,中国银行的5亿元贷款已经到位,农业银行的12亿元贷款也正在陆续到位。这不仅对三家钢铁公司的生产经营形成很大的支持,也意味着为承钢和宣钢争取了多家银行更多的贷款支持。

2006年5月26日,唐钢集团和中国银行河北省分行签署了授信额度为230亿元的战略合作协议。值得注意的仍是河北省政府在其中发挥的重要作用,在唐钢和中行签订合作协议的签字仪式上,河北省国资委主任赵世洪表示:"唐钢集团与中国银行的战略合作,对进一步密切银企关系,促进河北省银企对接合作,将起到良好的示范效应",并表示银企合作的空间非常广阔。唐钢集团和中国农业银行还确定了100亿元贷款长期合作的意向,另外唐钢集团还正在和交通银行、光大银行洽谈合作事宜。

对于唐钢集团后期规划发展的资金,除了三家钢铁公司所需发展的资金,唐钢集团的曹妃甸项目投资还需要166亿元。资金筹措方案是:唐钢自有资金84亿元,河北省和唐山市政策性支持19亿元,另外国家开发银行提供了64亿元资本金贷款。

唐钢集团还积极通过发行企业债券开展融资活动。目前,唐钢集团和中银国际正在就发行30亿元长期债券制定方案;唐钢集团20亿元短期债券的续发方案已经做完;宣钢发行12亿元长期债券方案已经上报河北省发展改革委待批。

(二)唐钢投资情况

除了钢铁行业的投资,非钢领域的投资工作也在开展。2006年7月19日,唐钢集团发布了《对外投资管理办法》,将集团直属公司主业定为钢铁的生产经营,集团公司则要在其他领域进行投资决策。

首先是金融领域。唐钢集团正在申报组建集团财务公司,为整个集团的资金、资本运作搭建一个平台。为此,唐钢集团正在积极对外招商。2006年上半年唐钢集团第五次董事会审议通过了投资控股河北财达证券的议案,这个方案已经获得河北省政府的批复,并已经上报证监会。控股财达证券之后,唐钢集团通过增资财达证券整合河北证券资源,获得了重要的融资平台。

其次,唐钢集团还在大规模加工领域、矿产资源等方面进行投资,如对境外矿山进行投资,控股境外矿山公司,获取稳定的资源渠道。

五、唐钢财务状况

（一）资产结构

2006年2月28日，中国第一产钢大省河北将唐钢、宣钢、承钢三大钢铁集团合三为一，正式挂牌成立河北唐钢集团。重组后的唐钢总资产576亿元，年钢产量1 607万吨，主营业务收入491亿元，一跃成为我国最大钢铁企业之一。新唐钢集团公司的建立，使企业规模显著扩大，将在加快产品和工艺结构的优化调整和资产、资源、人员的优化配置上，在提高原材料采购和终端产品销售的竞争力上，形成单个企业难以比拟的规模优势。

（二）营利状况

2007年1月份，唐钢股份公司进一步强化基础管理，深入开展对标挖潜活动，在积极推进指标优化的基础上，狠抓增产创效措施的落实，生产经营实现开门红：全月产铁101.55万吨，产钢110.61万吨，产钢材98.55万吨，分别比上年同期增长18.87%、22.65%和29.35%。铁创出月产历史最好水平。全月实现销售收入39.17亿元，比上年同期增加17.41亿元。实现利税3.06亿元，比上年同期增加2.11亿元；其中利润2.08亿元，比上年同期增加2.03亿元。

（三）资金运营能力

2006年的七八月份，唐钢资金紧张的压力已经得到缓解，开始进入资本运作阶段。组建集团，其实质功能是获得更大的效益，唐钢集团希望通过扩大规模，带来整体融资功能的增强。唐钢、承钢和宣钢都是以生产经营为主的公司，集团组建之后，河北省国资委把唐钢集团母公司定位为"投资决策中心"、"战略规划中心"、"资本运营中心"。要成为资本运营中心，需要从战略上进行考虑，2006年的五六月份，唐钢集团开始起草资本运营方案，现在总体思路已经上报河北省国资委、发改委并纳入唐钢集团"十一五"规划。

唐钢集团资本运作的核心思想是利用两个上市公司的强大融资功能来整合整个集团，目前的框架是唐钢集团下属三个直属公司：唐钢股份公司、承钢集团公司和宣钢集团公司，而承钢集团控股新新钒钛股份，所以唐钢集团将把承钢集团公司注销，直接控股新新钒钛股份，再利用这两个公司的优势整合宣钢，把宣钢也改造成股份有限公司。然后根据河北省政府和国资委的考虑，实现唐钢集团的整体上市。

承钢集团对新新钒钛控股52.11%，而承钢集团是唐钢集团的全资子公司，承钢集团注销之后，唐钢股份将直接控股新新钒钛，这个方案已经在董事会上通过。2006年6月末，新新钒钛已经做了一次增发方案，准备对社会公开发行，2006年9月1日，承德新新钒钛股份增发新股成功为企业融资9亿元，进一步降低新新钒钛的资产负债率，增强了融资功能，并实现集团内部交叉持股。

目前，唐钢集团资本运作总体思路(《"十一五"期间资本运作总体思路》)已经通过集团董事会的研究，上报了国资委。根据唐钢集团最新计划，将由唐钢股份和承钢股份整合宣钢，形成第三个上市公司，由承钢和唐钢股份共同参股，并吸收集团外资金，最终实现主业整体上市。

六、唐钢的研发和创新能力

唐钢开发的 45Si2C 调质钢筋、09MnNb 船用低合金、煤矿支护用 36U 型钢、阶梯断面角钢四项产品填补了国内钢铁企业的空白。这些产品先后用于"京秦"、"京九"、军工、煤炭等国家重点工程,并获得国家"六五"重大科技成果奖、原冶金部重要科技奖、河北省优秀新产品一等奖和国家专利。唐钢将继续跟踪国际钢铁发展趋势,发挥技术领先优势,不断研发具有自主知识产权的核心技术及品牌产品,提升核心竞争力。

"十五"期间,唐钢集团各直属公司从老企业的实际出发,积极进行技术和人才资源的整合,不断提升自主研发能力,在实施技术升级改造过程中,不断进行原始创新、消化吸收再创新和集成创新,取得了一批具有自主知识产权的重要成果。基本实现了主体工艺装备的优化升级和产品结构的战略调整,实现了装备的现代化和大型化。"十五"以来唐钢集团共完成科技成果项目540项、申请发明专利46项、授权42项、实用新型专利81项、授权76项。唐钢集团相继制定出台6项科技、知识产权管理相关办法,规范和加强集团成员单位间的技术交流与合作。将直属公司中好的管理方法在集团范围内推广、应用,有效促进了集团整体科技管理水平的提高,形成一批拥有自主知识产权的技术和产品。目前,唐钢集团拥有专利387项,是河北省拥有专利最多的企业。

七、唐钢的人力资源管理

近年来,高层次人才的流失在唐山钢铁集团公司偶有发生。高层次人才的流失,很可能同时带走一些技术秘密;留不住人才,企业多年的努力很可能为他人做嫁衣,保护知识产权就是一句空话。

2002年以来,为解决核心技术流失这一国有企业普遍面临的共同问题,唐钢着手制定、修订了保密和知识产权保护制度。在职务发明方面,公司规定,职工或者外来学习进修、临时工作人员在离开公司前,必须将有关技术资料交原所在单位或部门,并承担保密义务。对有意泄露公司发明创造技术使其丧失申请专利条件、私自转让供公司以外单位使用已授权专利,给公司造成经济损失的,按有关规定赔偿经济损失或进行经济处罚。并对直接责任者、单位主管及主要负责人给予行政处分,构成犯罪的要依法追究刑事责任。

但在市场经济的大潮中,人才的流动是不可避免的。特别在钢铁冶金领域,钢材产品的品种基本雷同,加上市场份额又有限,人才的争夺尤其激烈。近些年来,一些民营企业给炼钢炉长开出了8 000~10 000元的月薪,对高级技术人员更是高薪聘请。为应对这种情况,唐钢采取了申请专利与技术保密相结合的思路保护自主知识产权。他们将完整的技术分散控制,使同一个人不能同时掌握一套完整的技术,在一些要害部门实施分级管理,每个人都有自己的权限。这样,即使个别人员流失,也可以把损失降到最低限度。

从2003年开始,唐钢下拨专项经费用于专利授权奖金、授权实施后的酬金兑现等费用。2003年下拨146万元,2004年达到200万元。并且专门制订了人才管理办法,对获奖项目的发明人或设计人,作为评选技师、高级技师、操作能手、操作专家的条件之一,使工人也可享受专家待遇。公司高级工程师徐国伦为提高炼钢过程中的成材率和质量,带领科研小组刻苦攻关。他们的成果从根本上改变了焊条钢不能连续浇铸的局面,为公司创造了巨大效益。公司对徐国伦和他的科研组予以重奖,进一步激发了他们的积极性。

要留住人才,待遇只是一个方面,还需要一个干事业的环境。近几年来,唐钢蓬勃发展的强劲势头、良好的管理体制、重视人才的氛围,都成了吸引人才和留住人才的"法宝"。

天津市中环电子信息集团有限公司

天津市中环电子信息集团有限公司是在1995年天津市委、市政府撤消天津市电子仪表工业管理局组建天津市电子仪表工业总公司基础上,又于2000年进一步批准改制组建的。它是天津市政府授权的具有企业法人资格的国有独资性质的,既从事生产经营,又从事资产经营、管理和监督,并承担保值增值责任的大型企业集团。业务范围涉及信息、通信、广播音像、电子元器件、仪器仪表、办公自动化六大产业门类。截至2002年底该集团公司拥有控股子公司17个、参股子公司13个、全资子企业21个、全资科研企业5个、全资经营企业4个、院校3所,总资产249亿元、净资产85亿元。

天津市中环电子信息集团有限公司列天津市十大企业集团之首,在2006年中国企业500强榜单上位列第44位。从2002年至2006年度,该公司连续4年都入选中国企业500强名单,其营业收入及排名变化如表1所示。

表1 2002~2006年中环电子在中国企业500强中的排名变化

年份	排名	营业收入(万元)
2002	49	2 071 900
2003	43	2 841 240
2004	40	4 004 975
2005	未在名单之列,原因不详	不详
2006	44	6 172 972

资料来源:根据2002~2006年中国企业500强名单的资料整理所得。

由表1可见,2001年度到2006年度中环集团的营业收入呈稳步上扬的趋势,其在中国企业500强中的排名位居前列且保持稳定。

一、集团发展历程概述

天津市中环电子信息集团有限公司是天津市电子信息行业的龙头,它是在1995年天津市委、市政府撤消天津市电子仪表工业管理局组建天津市电子仪表工业总公司基础上,又于2000年进一步批准改制组建的。

集团公司按照有效剥离、资产重组、转换机制、加快发展的原则,通过投资、控股、参股的办法,加快了企业的改革调整,母子公司体制日趋完善。截至 2003 年 9 月,集团公司所属的 27 个工业公司、直属企业中已有 14 个建立了有限责任公司或股份有限公司;45 个中小企业中有 31 户通过整体改制、分块搞活等方式进行调整,改制面达 69%。"十五"期间中环电子集团有限公司进一步转换机制,完成了对国有经济的战略性调整,形成以一个集团公司、12 个有限公司为核心的企业组织结构,加快技术创新的步伐,加快实施人才战略,使电子信息产业继续成为天津工业经济的先导和支柱,成为我国电子信息产业的重要基地。

此外,集团公司长期致力于对外开放、努力发展国际经济技术交流与合作。中环集团从 1984 年建立第一家合资企业以来,到 2002 年底共兴办三资企业 160 家,协议总投资 18.3 亿美元,其中利用外资 14.5 亿美元。目前已与日本的松下、NEC、雅马哈、佳能、爱普生、阿尔卑斯、富士通,韩国的三星集团、三和电机,美国的 IBM、朗讯科技等 10 余家跨国公司进行合资合作。

集团公司经济发展迅猛,"八五"以来,每年以 20% 以上的幅度递增。2001 年同 1991 年相比,十年间工业总产值增长了 9 倍,销售收入增长了 5 倍,出口创汇增长了 25.8 倍,实现利润增长了 2.5 倍。2002 年在 2001 年高基数、高增长的基础上,主要经济指标又实现 50% 的增幅,工业总产值达到 640 亿元,销售收入 279 亿元,实现利润 11.5 亿元。2004 年,完成工业总产值 508 亿元;销售收入 501 亿元;增加值 73 亿元;出口创汇 32 亿美元;实现利润 19.7 亿元。2006 年年底,集团公司共完成销售收入 755 亿元。2007 年,预计全年实现销售收入 855 亿元,同比增长 13%;出口创汇 65.5 亿美元,同比增长 13%;实现利润 42 亿元,同比增长 14%。

在中国企业联合会、中国企业家协会按销售收入排序的 2002~2006 年中国企业 500 强评选中,中环电子集团公司连续 4 年上榜,列 40 位左右;2004 年在信息产业部计划单列的十一个大型企业集团中以销售收入 501 亿元列第一位。

集团公司通过嫁接、改造、调整,已形成规模较大、门类齐全、领域广泛的电子信息产业服务体系。中环集团目前已建成信息、通信、广播音像、电子元器件、仪器仪表、办公自动化六大产业门类。产品结构的调整促进了企业的发展,2002 年集团公司已建成年工业总产值 100 亿元以上的企业 2 家,50 亿元~100 亿元的企业 3 家,10 亿元~50 亿元的企业 4 家。目前集团公司拥有控股子公司 17 个,参股子公司 13 个,全资子企业 21 个,全资科研企业 5 个,全资经营企业 4 个,院校 3 所,总资产 249 亿元,净资产 85 亿元。

信息产业是中环电子集团公司的主要产业,主要分为硬件、软件和场地净化三部分,形成产品开发、应用开发、生产制造、经营销售、人才培养体系。主要企业有中环电子计算机公司、华雅电子有限公司、先进信息产品有限公司和中国机房设施工程公司。

天津市通信产业产品门类齐全,系统成套能力强,是国内数字程控交换机、光纤通信设备、移动通信设备的生产基地,也是国内惟一的航空电台和无线电导航地面设备生产基地。代表性企业有通信广播公司、光电通信公司、天津广播器材公司等。

天津电子元器件产业是国内重要的元件生产和出口基地。中环电子信息集团在该产业拥有领先的市场地位,中环集团在该领域有 23 家企业。

此外,中环集团还涉足于广播音像、仪器仪表、办公自动化等产业。

二、集团发展战略

(一)平稳增长的中国电子信息产业

改革开放20多年来,我国电子信息产业一直以高于国民经济3倍的速度快速增长。2004年电子信息产业增加值达到5 650亿元,占国内生产总值的4.1%,销售收入为2.65万亿元,成为仅次于美国的全球第二大电子信息产业大国;电子信息产品出口超过2 000亿美元,占全国出口的1/3左右,约占全球电子信息产品出口总额的15%。在经历了2004年高速发展的阶段后,2005年受国家宏观调控和国内外市场发展的影响,全行业经济运行增速明显放缓,整体经济呈平缓发展态势。2005年上半年,电子信息产业完成产品销售收入1 2837.7亿元,同比增长20.2%;工业增加值为2 719.9亿元,同比增长21.1%;实现利润421.1亿元,同比下降4.1%。2006年我国电子信息产业全年经济运行质量较2005年同期有了明显改善,电子信息产业收入、利润保持同步快速增长态势,经济增长质量有了明显提高。2006年我国电子信息制造业规模以上企业产品销售收入达到38 827亿元,同比增长23.5%;实现利润总额1 384亿元,同比增长28.2%。

总之,我国已成为世界电子信息产业大国,目前我国电子信息产业保持平稳发展,产业规模不断扩大,产品结构逐步升级,自主创新能力进一步增强,出口增长势头依然强劲,经济运行质量也有了明显提高。但电子信息产业仍面临着产业高速增长与核心技术长期受制于人并存、产业规模扩大与效益低下并存、外资大量进入与本土大企业缺失并存的局面,从整体上来看,我国电子信息产业大而不强。

(二)天津电子信息产业情况

天津是首批国家级电子信息产业基地之一,电子信息产业是天津工业的第一支柱产业,也是"十五"期间天津工业快速增长的重要力量。自1999年以来,电子信息产业的利税额一直占全市利税总额的30%左右。在2000年全国同业排序中,天津电子信息产业的工业总产值、增加值和利润三项指标分别位居全国第五、第三和第二位。其中销售额占全国的20.1%,利润率高出全国平均水平一倍。2002年该产业经济效益综合指数为213.3,位居全国第二位。在"十五"期间,天津市电子信息产业规模显著扩大,销售收入由2000年的669.2亿元迅速增长至2004年的1 530亿元,实现了销售收入翻番。2004年天津电子信息产业产值规模约占全国的5.8%,电子信息产品制造业利润率高达10.6%,综合经济效益位居国内第二。2005年电子信息产业销售收入为人民币1 834亿元,占天津市总收入的1/4。在我国电子信息产业发展最快、规模最大的省市中,天津电子信息产业的发展已居于前列,并成为天津市名副其实的第一大支柱产业。

天津市电子信息产业已经具备了一定的产业基础和特色,并形成了一批竞争力较强的行业。产业规模显著扩大、呈集群化发展态势、重点产业链较为完整、产业技术创新能力不断提高。经过多年的发展,天津电子信息产业已形成一批主导产品明确、竞争能力显著的优势产业,移动通信、新型元器件产业和计算机外部设备不仅在天津的工业发展中起着龙头产业的作用,而且在全国同行业中占据着领先地位,具有竞争优势。预计在"十一五"期间,天津电子信息产业销售收入年均增长率在17%左右,2010年电子信息产业销售收入可达到4 200亿元;电子信息产品制造业销售收入占全市工业总收入的比重保持在25%以上,产规模在全国同行业继续保持领先地位。

(三)中环集团总体发展战略——嫁接改造

在社会主义市场经济条件下搞好国有企业,特别是在市场经济尚不完善的特殊时期,国有企业参与市场竞争面临着诸多不利因素。与中外合资企业相比,无论是产品、技术,还是资金、机制都存在着相当大的差距。尤其是随着对外开放力度的加大和我国进入 WTO 步伐的加快,大量跨国公司进入中国,市场竞争也日趋激烈,这又无疑使国有企业的发展面临新的挑战。中环集团这样一个传统的国营企业是如何发展成为今天门类齐全的电子信息产业集团公司的?在今天激烈的市场竞争中又如何保持快速发展?中环集团的经营者勇于超越自我,敢于站在时代的潮头,瞄准世界先进水平,正确制定并不断完善企业的发展战略,才使中环集团能保持领先地位,立于不败之地。

天津市政府把电子信息产业列为第一支柱产业促其更快发展,在这一指导背景下,中环集团按照天津市"三步走"发展战略,充分发挥已经形成的产业优势,全方位、多层次、宽领域推进嫁接改造,把企业逐步建设成为国内有较强竞争力的大型集团公司。加强国际、国内兄弟省市间交流与合作,与时代同步、与巨人同行和实行双赢,是中环集团一贯奉行的方针。

1. 利用外资,嫁接改造

电子信息产业作为世界性产业,只有融入国际经济循环,与巨人同行,才能实现在较高基础上的快速发展。

到 2002 年底,中环集团共兴办三资企业 160 家,协议总投资 18.3 亿美元,其中利用外资 14.5 亿美元,占 79.2%。特别是 1994 年实施"八年嫁接改造一遍"以来,实现总投资 14 亿美元,占全部协议总投资的 76.5%,其中利用外资 12.4 亿美元,占 88.6%。目前已与日本的松下、NEC、雅马哈、佳能、爱普生、阿尔卑斯、富士通、韩国的三星集团、三和电机,美国的 IBM、朗讯科技等 10 余家跨国公司进行合资合作。

在引进资金的基础上引进并生产了一批包括彩色液晶显示器、计算机键盘、商用收款机、PDP 彩电、片式元件及器件等一批具有现代国际水平的产品和技术。同时利用合作伙伴国际化经营的渠道,促进产品出口。2002 年完成产品出口交货值 151 亿元,创汇 18.2 亿美元,出口产品占全部销售收入的 54%,一半以上的产品打入国际市场。

2003 年之后,在已有的嫁接改造的基础上,中环集团将主要按照产业链上下游的衔接,推进新一轮的嫁接改造,努力实现全方位、多层次、宽领域对外开放的新格局。同时,积极抓住加入 WTO 后跨国公司将资金、产业链向中国转移的机遇,广开渠道,主动招商。

2. 调整产品结构,提升产品竞争力

"根据市场需求,不断推出具有较强竞争力的新产品是参与市场竞争的根本所在。"这是中环集团高层达成的一致共识。

中环集团在抓好背投、等离子、液晶电视、液晶显示器、数码相机、LCD 显示器件、多层电路板等三资企业升级换代产品的基础上,充分利用 9 个市级技术开发中心的优势,开发了一批包括传真机、网络终端产品、高压硅堆及半材、投影管、异型管玻壳、军事电子、物理发泡电缆等技术含量高、达到同行业先进水平的产品,并呈现良好发展势头。

光缆终端机、摄录放机、电子琴、计算机键盘、片式瓷介电容等 8 种产品列 2002 年全国第一位。为三资企业和大项目加工配套的产业不断发展壮大,已形成 46 个企业、4.3 亿元配套资产、年配套加工收入 4 亿元的规模,贴片、注塑、冲压、装配四大加工配套基地迅速发展。

投资类、消费类、基础元器件三大类产品占全行业经济总量的比重分别达到37.4%、26.8%和35.8%,投资类产品成为第一大门类产品,产品结构更加合理。产品结构的调整促进了企业的发展,2002年集团公司已建成年工业总产值100亿元以上的企业2家,50亿元～100亿元的企业3家,10亿元～50亿元的企业4家。

实践证明,电子信息产业的发展必须走技术进步之路,加大技术改造力度,努力跟踪当代先进科技水平,增强企业技术实力,提高参与国际竞争的本领。

3. 加快改制步伐,增强企业活力

中环集团的快速发展还有一个重要原因就是抓改制,集团高层意识到只有加大改革力度、加快转制步伐,才能建立起适应市场经济要求的管理体制和运行机制,增强企业活力,促进经济发展。

近几年来,集团公司按照有效剥离、资产重组、转换机制、加快发展的原则,通过投资、控股、参股的办法,加快了企业的改革调整,母子公司体制日趋完善。

目前,集团公司所属的27个工业公司、直属企业中已有14个建立了有限责任公司或股份有限公司;45个中小企业中有31户通过整体改制、分块搞活等方式进行调整,改制面达69%。中环半导体有限公司、津京玻壳有限公司、光电技术有限公司、中环三峰电子有限公司、华翔电子机电元件公司等调整改制企业呈现良好发展势头。

在既有战略获得成功的基础上,中环集团制定了新一轮"嫁改调"的主要思路,即坚定不移地扩大吸引外资和内资,搞好增量投资保发展;通过战略东移和改造,建成一批工业园区和生产基地,提高生产集中度,为国有经济快速发展创造条件;抓住有利时机,加大对国有企业和国有资产改革与重组的力度,利用政策卸掉包袱,盘活存量,整合资源,形成规模效应,使天津市电子信息产业无论是经济技术实力,还是运行机制上都能适应市场经济的要求,成为全国重要的电子信息产业基地。

三、生产经营状况

（一）产品生产概况

中环电子信息集团有限公司通过嫁接、改造、调整,已形成规模较大、门类齐全、领域广泛的电子信息产业服务体系。已形成的六大产品门类是:以微小型计算机、显示器、网络产品为核心的信息产业;以GSM手机、光电端机、传真机、军民用移动通信、导航设备为核心的通信产业;以大中屏幕彩电、DVD、电子琴、照相机、摄像机为核心的广播音像产业;以片式元器件、玻壳及彩色显像（示）管、投影管、电子调谐器、录像机磁头、传感器、电容器、电子线缆、扬声器为核心的电子元器件产业;以自动化仪表、电子仪器、电工仪表为核心的仪器仪表产业和以复印机、绘图机和影像设备为核心的办公自动化产业。

（二）主要产品生产完成情况

据信息产业部的统计表明,在2002年全国信息产业50种重点产品生产完成情况中,天津中环电子信息集团公司的光缆终端机、摄录放机、电子琴、计算机键盘、片式瓷介电容、钽电解电容、高压硅堆、黑白玻壳等8种产品列全国第一位。其中天津光电通信技术有限公司的光缆终端机,占全国总计的36.2%;天津三星电子公司的摄录放机（含家用一体机）,占全国总计的77.55%;天津雅马哈公司的电子琴,占全国总计的97.3%;天津阿尔卑斯公司的计算机键盘,占全国总计的99.8%;天津三星电机公司的片式瓷介电容,占全国总计的42.5%;天津松下公司的钽电解电容,占全国总计的74.4%;天津半导体公司的高压硅堆,占全国总计的99.99%;天津津京玻壳厂的黑白玻壳,独家生产。此外,中环集团公司另有4种产品居全国第二位:天津三星高新电机公司的片式电阻器,占全国总计的20.6%;天津三星视界公司的显示管,占全国总计的13.5%;天津高新电机公司的行输出变压器,占全国总计的23.5%;天津三星显示器公司的显示器,占全国总计的8.1%。另外,3种产品居全国第三位:天津通广集团公司的收发合一中小型电台;天津华勤公司的调制解调器;天津三星高新电机公司的铝电解电容。中环集团下属通广公司的通信导航设备和黑白电视机,三和电机公司的铝电解电容,松下部品公司的片式电阻器居全国第四位;广播器材公司的通信导航设备、光电公司的传真机、通广三星公司的投影电视、腾梁公司的小型机居全国第五位;新艺公司的行输出、安津公司的彩玻居全国第六位;真美公司的扬声器居全国第七位;三星视界公司的彩管居全国第八位;三星通信公司的手机居全国第十三位;通广三星公司的彩电、普林公司的线路板居全国第十六位。2003年名列全国同行业生产量前三位的有:光电端机、传真机、显示器、键盘、手机、片式元件、摄录一体机等25种重点产品。

(三)产品出口情况

2001年同1991年相比,出口创汇增长25.8倍。2002年完成产品出口交货值151亿元,创汇18.2亿美元,出口产品占全部销售收入的54%,一半以上的产品打入国际市场。2003年上半年出口创汇13.7亿美元,同比增长62%;2003年1月11月出口创汇23亿美元,同比增长40.2%。2004年出口创汇32亿美元。2007年预计出口创汇65.5亿美元,同比增长13%左右。

四、集团资本运作

中环电子信息集团先后与日本的松下、NEC、佳能、雅马哈、爱普生、阿尔卑斯、住友商社、富士通天,韩国的三星集团、三和电机,美国的IBM、朗讯科技、费希尔等国际知名大公司合资合作,到2002年年底共兴办三资企业160家,协议总投资18.3亿美元,其中利用外资14.5亿美元,占79.2%。三资经济发展迅猛,已成为集团公司的骨干力量和支柱。此外,天津中环电子信息集团在"嫁、改、调"期间,共改造了40个国有大中型企业。目前,中环集团已形成了一批具有现代国际水平的产品,整个行业得到优化升级,加速了与国际经济的融合。特别是通过与三星集团的合作,使天津成为三星集团目前在中国的最大生产基地,累计投资10亿多美元,建成了录像机、彩色显示管、彩色显示器、电子元器件、手机等11个合资项目。目前,中环集团销售收入的90%、出口创汇的85%以上来自于三资企业,外向度超过50%。从1999年到2004年,生产规模平均以40%以上的速度快速增长,总量比1998年增长了4.68倍,2004年销售收入超过了500亿元,利润达到20亿元,分别比1998年增长了4.78倍和2.24倍。

2004年,中环集团以工业园和生产基地为核心的国有企业投入和改造取得突破性进展。全年新开工技改项目15项,总投资10.2亿元。为加快国有经济的发展,特别针对一批经过几年改革调整具备潜在加速发展的国有及国有控股企业和项目加大了投入,计划总投资4.5亿元,完成投资额2.2亿元,其中由集团公司筹资1.5亿元,对华苑产业区的半导体工业园、智能仪表工业园、西青微电子小区的基础产品工业园、开发区的电子元件工业园等7个项目和中环天虹微电机有限公司等4个企业进行了投资和增资。另外,又一家合资企业"天津三星视界移动有限公司"在开发区微电子小区建成,该项目投资总额2 500万美元,注册资本1 000万美元,主要生产手机显示屏;还积极推动了天津三星通信、阿尔卑斯、普林电路等企业的增资扩能,全年利用外资8 687万美元。

此外,在2004年,中环电子信息集团有限公司还完成了半导体公司的股份制改造,吸收三家法人股东,新增资本1.5亿元,并正式挂牌,进入上市辅导期。同时,初步完成了普林公司的审计和资产评估,吸纳两家新股东的增资扩股。通广集团公司通过国有控股、职工持股、经营者持大股的多元股权结构改革,成立数字通讯和"七一二"通信广播两家有限责任公司;流量仪表厂、长城电塑、中渤电子等企业采用主辅分离、转让股权等办法,实现了国有资本的全部或部分退出。又有8户企业通过拆迁改造盘活了资产,支持了企业改制、分流和打折还贷。顺利终结了微型开关厂、第十五半导体器件厂、华光电子器件厂和影像设备器材厂的计划外破产程序;利用打折还贷政策,向土地收购中心抵押所属土地,彻底解除了与工商银行的债权债务关系;还了断了6家企业与华融、信达、第一联合3家资产经营公司的债权债务关系。

可以看到,中环集团选择了"吸引外资、引进技术、以合资企业拉动国有经济的外向型发展"的道路,取得了预期的成绩,不仅使中环公司实现了投资主体多元化的转变,同时在中环集团旗下聚集起了一个合资企业群。投资主体的多元化分散了企业风险,也为企业发展形成了内部的"竞争格局"。

五、财务状况

中国企业500强的名单是以年销售收入位基数衡量的,中环电子信息集团有限公司的最高排名是第40位。尽管如此,若以其他财务指标来衡量,中环电子的排名则要靠前得多。在2003年中国500强名单上,若按利润排名,中环电子信息集团有限公司排在第五位;若按资产利润率排序,排在第2名;按营业收入利润率排序,排在第2名。按利润增长率排序,排在第3名。可见,中环集团的赢利能力和资金运营能力都非常良好。

集团公司经济发展迅猛,"八五"以来,每年以20%以上的幅度递增。2001年同1991年相比,十年间工业总产值增长9倍,销售收入增长5倍,出口创汇增长25.8倍,实现利润增长2.5倍,协议投资总额增长10倍。2002年在2001年高基数、高增长的基础上,主要经济指标又实现50%的增幅,工业总产值达到640亿元,销售收入279亿元,收入增长超过30%。实现利润11.5亿元,同比增长近1倍。2003年1～11月,累计完成工业总产值853亿元(按1990年不变价),同比增长49.76%;完成销售收入356亿元,同比增长42.2%;完成工业增加值58亿元,同比增长37.4%;实现利润22亿元,同比增长117%;出口创汇23亿美元,同比增长40.2%。2004年,中环电子信息集团有限公司系统完成工业总产值508亿元,增长29%;销售收入501亿元,增长25.3%;增加值73亿元,增长14%;出口创汇32亿美元,增长26%;实现利润19.7亿元,增长3.7%。集团公司投资控股的11户骨干企业实现销售收入14亿元,增长37.5%;实现利润2.5亿元,增长43%,显示了强劲的发展势头。工业总产值过亿元以上企业达 32 家,占集团经济比重达 94.3%,其中国有企业达 12 家,规模效应充分发挥。2005 年 2 月份中环集团实现工业总产值逾 38 亿元,较 2004 年同期增长了 18.8%,完成销售产值逾 36 亿元,较 2004 年同期增长了 18.1%,在天津市工业系统继续保持领先地位。2006 年,共完成销售收入 755 亿元,其中新产品产值占到 70% 以上。2007 年,集团公司提出做实做强集团公司、塑造中环品牌、实现产业产品升级等八项重点工作,预计全年实现销售收入 855 亿元,同比增长 13%;出口创汇 65.5 亿美元,同比增长 13%;实现利润 42 亿元,同比增长 14%,向建成国内重要电子信息产业基地的目标迈进。2007 年 1 月份,中环电子信息集团工业总产值增长 55.37%。

六、研发创新能力

天津中环电子信息集团有限公司多年来充分发挥国有大型企业在研发创新中的自主地位,形成了"点、线、面"相结合的自主创新研发体系,为自主创新提供制度、人才、资金等方面保障。

2004 年新产品试制 175 项、投产 140 项,开发了一批具有自主知识产权、技术水平高、竞争力强的新产品。集团公司市级技术研发中心认定企业达 10 家,20 个企业通过 3C 认证,天津三星电机公司已成为该系统首家通过市级认定的三资企业技术研发中心。2006 年底,集团公司围绕优势产业狠抓技术改造,完成技改投资 12 亿元,转结 10 项技改项目,新开工 22 项,申请专利 146 项,共完成销售收入 755 亿元,其中新产品产值占到 70% 以上。截至 2006 年 6 月,该集团所属中环半导体股份有限公司代表世界最高水平的自主知识产权产品——"超快恢复高压硅堆",在全球市场占有率已达 63.3%,稳居世界第一。据介绍,"十五"期间中环电子集团用于研发的资金投入达 3.05 亿元,设立了 11 家市级技术中心、16 家企业级技术中心,并与国内著名高校和科研院所共建 11 个研发机构,集团下属通信广播公司国家级技术中心正在审批当中。中环电子目前已持有 200 余项有效专利,开发了一大批具有自主知识产权的关键技术和产品。中环电子在硅单晶材料生产方面拥有多项专利技术,标志着我国在世界现代信息产业和现代微电子技术主体功能材料——半导体单晶生产方面跻身世界先进行列。中环集团自 2006 年 6 月起,决定将研发资金占产品销售收入比重(衡量企业创新能力的主要标准)从当时的 3.4% 提升到 5%。未来 5 年,每年用于创新研发的资金不少于 1.5 亿元,继续保持并提升本市在半导体硅单晶等电子信息尖端领域的国际领先地位。今后五年,中环电子信息集团有限公司计划投资 1 000 万元引进外国专家,加大与科研院所的产、学、研合作、人才引进和增加专利申请数量等方面的力度,与中科院、清华大学等科研机构及高校合作,力争建立 20 个市级技术中心,同时培育光电通信公司等企业申请认定国家级技术中心。到 2010 年力争再申请专利 300 项、授权专利 100 项,加快攻克"数字音频视频用 IC 芯片及视听设备"、"多功能传真机"、"机场导航设备"等高新技术产业化难题。

七、营销策略

面对我国 IT 市场发展迅猛、竞争激烈的局面,天津市中环电子计算机公司(以下简称中环计算机公司)构建了"营销四环扣"这一独特的市场营销战略,攻心为上,跨越成长,取得了可喜的成绩,2005年该公司工业总产值同比增长49.9%,销售收入同比增长35.1%,利润总额同比增长137.6%。

(一)营销第一环扣:知识营销,旨在交心

随着知识经济时代的来临,产品逐渐知识化,消费者对高技术含量的产品和与产品相关的科技知识的需求越来越强烈。而计算机、网络与通信技术的快速发展,更使新兴产品技术不断渗透到移动商务应用领域,带动了笔记本电脑、移动办公等个人网络应用产品的创新与普及。在这种情况下,中环计算机公司将知识作为市场营销取胜的基本因素,开始走上知识营销的道路。一般而言,非专业用户从理解、接受到购买高科技创新产品往往需要较长时间。因此,公司从用户教育和用户培训入手,采取"先教电脑,再售电脑"的营销方式,在公众了解知识的同时,培育市场。在售前、售中、售后的知识服务中,营销人员旨在交心,积极主动地与顾客及时沟通,用知识驱动市场,通过市场检验,实现新一轮的产品创新和技术创新。

(二)营销第二环扣:服务营销,动人心弦

从服务视角调整营销结构与市场推动方式。中环公司根据IT市场需求,建立了将台式计算机、网络计算机、笔记本电脑和其他多种系列代理产品并行的服务营销结构,充分挖掘专卖店、代理商的潜力,特别是与国际知名品牌DELL、NTER和IBM的合作,既扩大了市场占有率,又提升了公司知名度。同时,瞄准IT产品市场中产品维修、系统维护等服务领域的空白区域,实施以自有产品服务为起点、代维产品服务为纽带,通过专业化、系统化、快速反应、零投诉的优质服务打造中环服务品牌。2004年仅显示器维修中心就维修了不同型号的显示器2 700多台,使服务这一最具发展潜力的新兴行业成为公司新的经济增长点。

充实扩大产品领域,使经营服务形成新的增长点。数码公司在基本理顺市场营销渠道、初步实现服务转型的基础上,不断扩大代理产品的门类和代维服务的领域,以品种齐全的经营、优质服务的品牌拉动公司自主产品的销售,使中环产品切实在天津市场享有了一定声誉。

(三)营销第三环扣:关系营销,以心换心

随着我国信息化应用水平的不断提高,IT技术与应用系统已成为企业日常工作中不可缺少的基础设施。与此同时,用户关注的重心也日益转向IT与自身业务的融合、系统对生产效益的提高等核心问题上。因此,开展关系营销,与用户建立保持并加强良好关系,通过互利交换及共同履行诺言,创造买卖双方长期的相互依存关系不仅必要,而且可行。

中环公司充分利用关系营销这一新的营销力式,培育、维护并增进与顾客之间的良好关系,依靠双方相互交流和完成一系列承诺来满足各自的目标,最终创造出连续不断的、持久的顾客关系,实现了顾客的保留与忠诚。在实施关系营销过程中,公司把营销重点始终放在对顾客关系的维护和强化上,在各个阶段及时有效地加强与顾客的沟通,既培养了更多的忠诚客户,又提高了品牌忠诚度。中环计算机公司关系营销的范围涉及国内外单位客户、合作伙伴和单个顾客,都取得了良好的成绩。

(四)营销第四环扣:内部营销,心心相印

为建立和改善与以顾客为主的外部人员间的关系,首先要理顺内部关系,巩固"后防",使全体员工真正做好思想上和行动上的准备。为此,公司针对员工开展内部营销,通过营销方式进行的相互协调的人力资源管理方法来培训员工、取悦员工并与员工心心相印,促使员

工为顾客提供更好的产品和服务。只有为员工创造良好的服务氛围,建立员工对公司的忠诚,才能形成为顾客服务的热忱,赢得顾客对公司的忠诚。因此,中环计算机公司根据IT市场的特点和生产过程的需要,合理进行内部人力资源组合,以员工为"顾客",以向顾客提供一流的产品为目的。

八、人力资源管理策略

从电子信息产业自身的特点来看,作为当代高新技术的前沿和主导领域,作为知识创新、科技创新、产业创新的重要产物,电子信息产业对人才和人才队伍建设具有更加特殊的要求。中环电子信息集团发展的实践说明,人才是企业核心竞争力的最终载体,是企业加快发展的关键所在。

中环电子信息集团有限公司高度重视人才队伍建设,把人才资源作为高新技术企业的第一资源和稀缺资源,不断增强人才工作的主动性和自觉性。1999年集团公司提出开发人才资源、构筑人才高地,实施"1135"人才工程的思路,各企业根据本单位人才队伍现状制定发展规划,采取一系列措施不断加大人才工作的力度。通过实施人才开发战略,开展"希望之星"和评选授衔专家活动,使一大批企业经营管理者和专业技术的拔尖人才脱颖而出。坚持改革创新,形成推倒围墙选人才、拓宽视野找人才、想方设法揽人才、主动出击请人才的开放型引才机制。采取交任务、压担子的做法,拓展各类人才施展才华的空间,使人才资源作用得到最大限度的发挥。坚持用育结合,强化培养培训工作,加大力量抓好电子信息学院等院校的办学,人力资源能力建设不断加强,教育培训资源效益得到充分发挥。经过各个企业的艰苦努力,中环集团公司人才队伍总量、结构和素质发生了可喜变化,初步形成了一支具有较高素质的包括经营管理者、专业技术人才和高技能人才在内的人才队伍,有力地促进企业的发展。"八五"、"九五"期间全集团保持了25%的发展速度,"十五"前三年,包括2004年上半年达到了40%的发展水平。2004年,中环集团公司又制定了"2005～2010年人才工作规划和经营管理人才、专业技术人才、高技能人才三支队伍发展规划及奖励办法",提出了"222"人才发展目标,制定了保证措施,为今后较长时期的发展提供人才指导和人才储备。2004年引进各类人才1 251名,其中引进毕业生982名,包括大学文化967人、硕士生15人;从社会上招聘既有学历,又有实践经验的技术骨干269人,保证了用人之需。同时,积极选拔各类高级人才,4人获得天津市授衔专家称号,5人被评为正高级工程师,210人被评为高级工程师。组织承办了电子信息行业5个专业工种的技能比赛,258名职工进入决赛,9名技工分别获得全国和天津市技术能手称号。电子信息高级技术学校荣获国家技能人才培养突出贡献奖。更加重视对国外智力的引进,有6个单位的10个项目,引进国外专家18人,引智效果突出。截至2004年,中环电子信息集团有职工7.49万人,其中各类专业技术人员1.31万人,占职工总人数的17.5%,具有中高级以上职称人员4 890人,占全部专业技术人员的37.3%。

神华集团

神华集团的前身华能精煤公司于1985年成立,旨在开发神东矿区。1989年,神东矿区开始生产煤炭,而包神铁路亦开始铁路营运。1996年,公司的神朔铁路开始营运。1997年,大准铁路开始营运。1998年,准格尔能源公司、神华集团金烽煤炭有限责任公司及万利矿区合并至神华集团。1999年,西三局矿区并入神华集团,神华集团的全资子公司国华电力公司亦成立,以经营及发展公司的电力业务。2001年,公司的朔黄铁路开始营运。2002年,公司的黄骅港开始营运,就此完成了公司一体化的煤炭生产、铁路及港口网络的初期开发。2004年,神华集团开始扩展于胜利矿区的业务。

神华集团于2003年12月将其绝大部分的煤炭生产、运输及销售业务及发电业务,以及与煤炭业务相关的采矿权及其他相关资产、负债及权益注入神华能源股份有限公司。所以本报告相关数据主要来自于神华能源股份有限公司的年度报告。

公司的主营业务主要是煤炭业务和发电业务。2006年,中国神华煤炭业务保持持续增长,并成为中国第一、世界第二大煤炭销量的上市能源公司。神东矿区补连塔矿产量超过2 000万吨,成为世界第一大产量的井工矿。

一、企业发展历程概述

(一)发展简史

神华集团的前身是中国华能集团下属的华能精煤公司。1985年,国务院煤代油办公室出资设立华能国际电力开发公司、华能精煤公司、华能发电公司、华能原材料公司等9个"华能"公司;1995年,华能精煤公司从华能集团分出,组建神华集团。

神华集团有限责任公司(简称神华集团)是中央直管的53户国有重要骨干企业之一。在国家计划和中央财政实行单列,享有对外融资权、外贸经营权、煤炭出口权。神华集团以能源为主业,集煤矿、电厂、铁路、港口、航运为一体,实施跨地区、跨行业、多元化经营,是我国最大的煤炭企业,在国民经济中占有重要地位。

神华集团负责统一规划和开发经营神府东胜煤田的煤炭资源和与之配套的铁路、电厂、港口、航运船队等项目,实行矿、路、电、港、航一体化开发,产、运、销一条龙经营,并开展与上述产业相关的国内外投融资、贸易等业务;开发和经营房地产、物业管理以及科技开发等相关实业。

截至 2005 年年底,神华集团拥有 1.5 亿吨能力的煤炭生产基地、1 293 公里的铁路、6 500 万吨装船能力的港口、870 万千瓦装机容量的电厂,在册员工 98 351 人,资产总额 1 888 亿元。

(二)企业组织构架

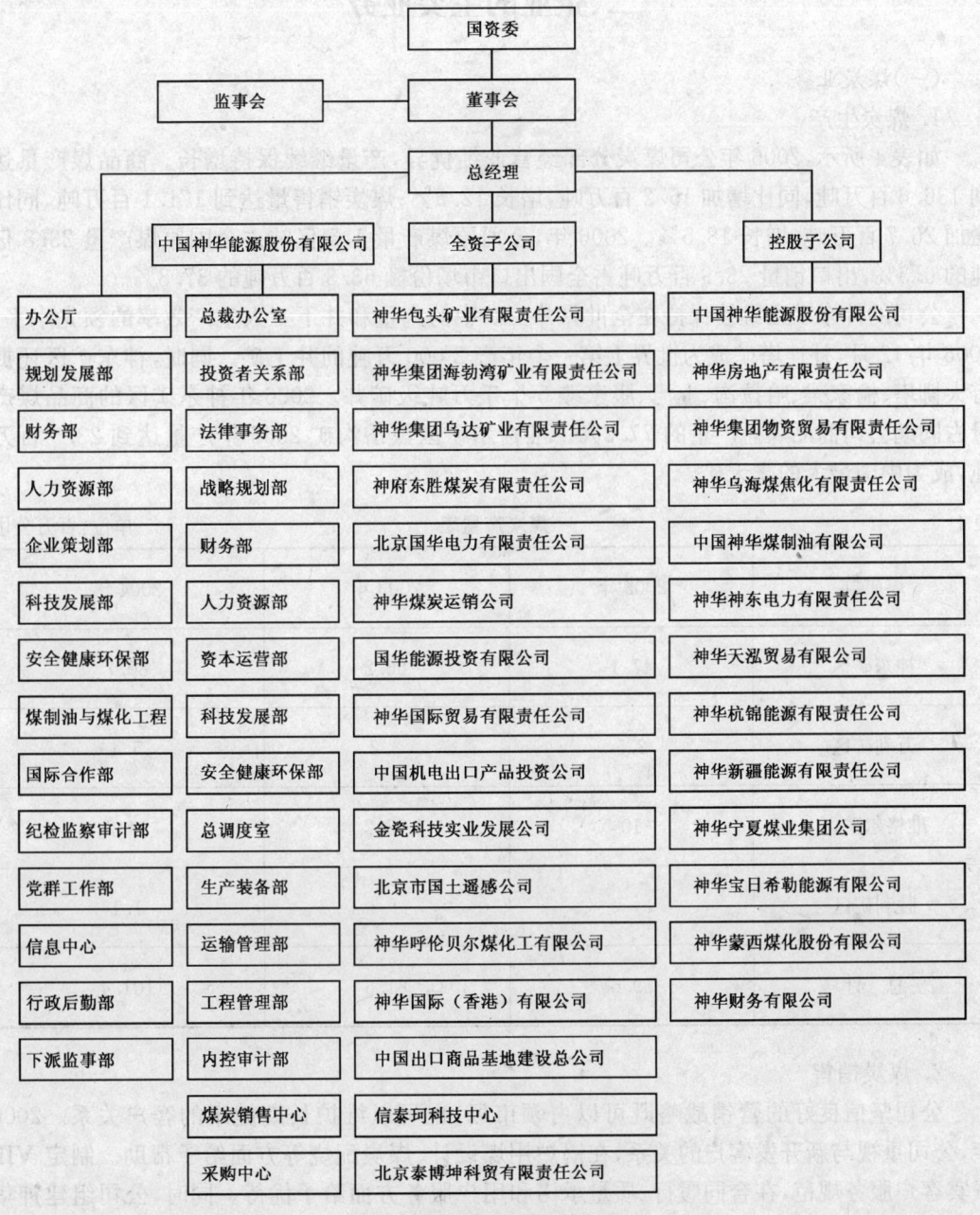

```
                          国资委
                            │
            ┌───────────────┤
          监事会          董事会
                            │
                          总经理
        ┌───────────────────┼───────────────────┐
中国神华能源股份有限公司   全资子公司           控股子公司
```

中国神华能源股份有限公司		全资子公司	控股子公司
办公厅	总裁办公室	神华包头矿业有限责任公司	中国神华能源股份有限公司
规划发展部	投资者关系部	神华集团海勃湾矿业有限责任公司	神华房地产有限责任公司
财务部	法律事务部	神华集团乌达矿业有限责任公司	神华集团物资贸易有限责任公司
人力资源部	战略规划部	神府东胜煤炭有限责任公司	神华乌海煤焦化有限责任公司
企业策划部	财务部	北京国华电力有限责任公司	中国神华煤制油有限公司
科技发展部	人力资源部	神华煤炭运销公司	神华神东电力有限责任公司
安全健康环保部	资本运营部	国华能源投资有限公司	神华天泓贸易有限公司
煤制油与煤化工程	科技发展部	神华国际贸易有限责任公司	神华杭锦能源有限责任公司
国际合作部	安全健康环保部	中国机电出口产品投资公司	神华新疆能源有限责任公司
纪检监察审计部	总调度室	金瓷科技实业发展公司	神华宁夏煤业集团公司
党群工作部	生产装备部	北京市国土遥感公司	神华宝日希勒能源有限公司
信息中心	运输管理部	神华呼伦贝尔煤化工有限公司	神华蒙西煤化股份有限公司
行政后勤部	工程管理部	神华国际(香港)有限公司	神华财务有限公司
下派监事部	内控审计部	中国出口商品基地建设总公司	
	煤炭销售中心	信泰珂科技中心	
	采购中心	北京泰博坤科贸有限责任公司	

图 1 神华集团组织构架图

如图 1 所示,神华集团是中央直管的国有重要骨干企业,是国有独资公司,国资委是企业的实际控制人。公司已经建立了完备的现代企业治理结构,设有董事会、监事会,由总经理负责公司的日常经营。从业务角度讲,公司的主要业务——煤炭、电力、运输——大部分由中国神华能源股份有限公司运营,同时公司还掌控着大量的全资子公司和控股子公司。在集团层面上,设有战略、运营、信息、人力资源、国际合作等诸多职能部门。

二、企业的主要业务

(一)煤炭业务

1. 煤炭生产

如表1所示,2006年公司煤炭分部经营业绩优异,产量继续保持增长。商品煤产量达到136.6百万吨,同比增加15.2百万吨,增长12.5%;煤炭销售量达到171.1百万吨,同比增加26.7百万吨,增长18.5%。2006年,公司原煤产量1.5亿吨占全国原煤产量23.8亿吨的6.3%,出口销量23.9百万吨占全国出口市场份额63.3百万吨的37.8%。

公司的神东矿区继续保持在全世界井工矿中的产量和井下工人生产效率的领先水平。2006年12月,补连塔矿成为世界上第一个年产2 000万吨的井工矿。同时,神东矿区还拥有大柳塔、榆家梁、哈拉沟、上湾、康家滩5个千万吨级矿井。2006年神东矿区的商品煤产量占同期公司商品煤总产量的77.2%。准格尔矿区黑岱沟矿2006年产量达到23.5百万吨,成为中国最大的露天矿。

表1　　　　　　　　　　　　煤炭产量表　　　　　　　　　　　单位:百万公顷

煤矿群	2002年	2003年	2004年
神东矿区	47.1	66.2	80.7
万利矿区	2.5	3.2	5.4
准格尔矿区	10	12.2	14.2
胜利矿区	—	—	1.1
总　计	59.6	81.6	101.4

2. 煤炭销售

公司坚信良好的营销战略既可以占领市场,也可以维护长期健康的客户关系。2006年,公司重视与新开发客户的关系,在锅炉用煤设计、煤炭配烧等方面给予帮助。制定VIP贵宾客户服务规范,在合同履行、质量承诺和用户服务方面给予优待。同时,公司组建神华煤技术服务专家组,定期拜访客户,解决燃烧神华煤中出现的问题,对燃烧的安全性和经济性提出建议。

(1)国内销售。如图2所示,2006年,公司在国内市场销售了147.2百万吨的煤炭,占公司商品煤销售量的86.0%。其中,长约合同销售119.3百万吨,占国内销售量的81.0%;

现货销售 27.9 百万吨,占国内销售量的 19.0%。

(2)出口销售。如图 3 所示,2006 年,公司出口销售煤炭 23.9 百万吨,占公司商品煤销售量的 14.0%。出口销售中约 85%通过长约合同销售进行。

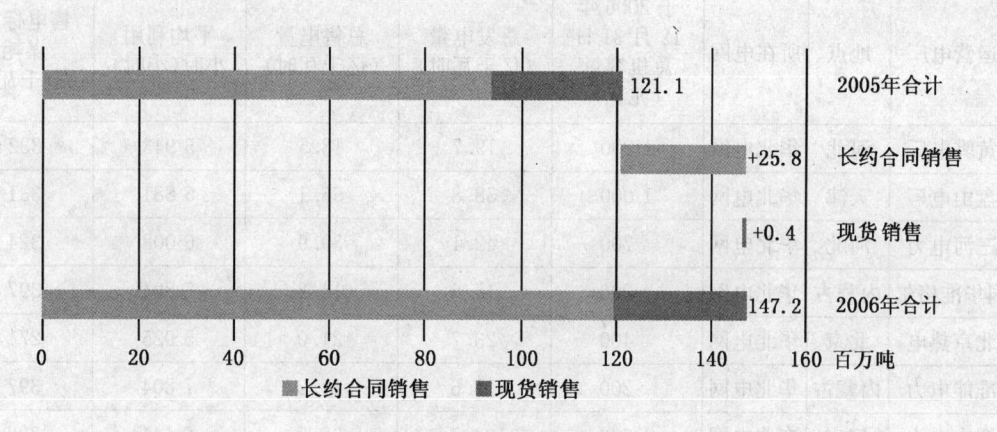

图 2 国内销售分析图

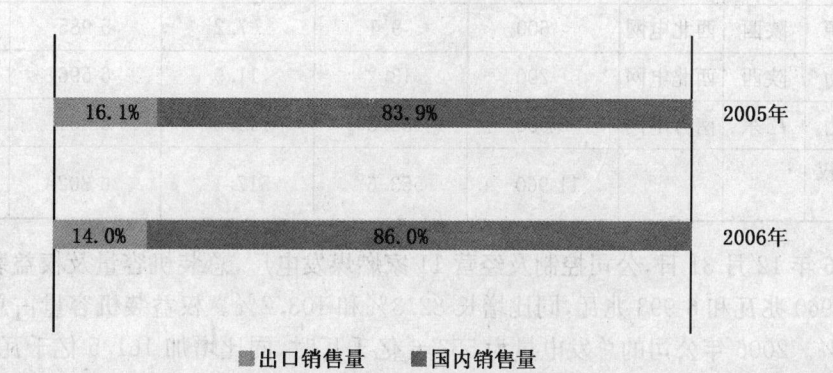

图 3 国内销售占销售量比例分析图

3. 煤炭运输

2006 年公司的煤炭运输总周转量为 1 244 亿吨公里,同比增加 163 亿吨公里,增长 15.1%。2006 年公司自有铁路的煤炭运输周转量为 990 亿吨公里,同比增加 147 亿吨公里,增长 17.4%。自有铁路煤炭运输周转量占煤炭运输总周转量的比例为 79.6%。

2006 年 10 月,黄万铁路开通,同时神华天津煤码头 3 个泊位建成并投入使用。这些工程的相继投产,为公司煤炭下水销售提供了新通道,对公司降低运输成本,提高煤炭销售利润率将发挥重要作用。

2006 年,黄骅港完成下水煤量 79.2 百万吨,同比增加 12.1 百万吨,增长 18.0%,占公司 2006 年商品煤销售量的 46.3%。

(二)发电分部

表2　　　　　　　　　　　　　神华集团控股经营的发电厂

运营电厂	地点	所在电网	于2006年12月31日总机容量（兆瓦）	总发电量（亿千瓦时）	总售电量（亿千瓦时）	平均利用小时(小时)	售电标准煤耗（克/千瓦时）
黄骅电厂	河北	华北电网	1 200	19.7	18.5	5 943	332
盘山电厂	天津	华北电网	1 000	58.8	55.1	5 881	331
三河电力	河北	华北电网	700	42.1	39.9	6 008	324
国华准格尔	内蒙古	华北电网	200	15.6	14.2	7 804	397
北京热电	北京	华北电网	400	23.7	21.0	5 925	271
准能电力	内蒙古	华北电网	200	15.6	14.2	7 804	397
绥中电力	辽宁	东北电网	1 600	104.7	99.1	6 541	328
宁海电力	浙江	华东电网	2 400	68.3	64.0	5 515	329
锦界能源	陕西	西北电网	600	9.1	7.2	5 985	345
神木电力	陕西	西北电网	200	13.2	11.9	6 596	397
台山电力	广东	南方电网	3 000	152.3	143.3	6 464	315
总计/加权平均			11 960	553.6	517.1	6 302	326

2006年12月31日,公司控制及经营11家燃煤发电厂,总装机容量及权益装机容量分别为11 960兆瓦和6 993兆瓦,同比增长82.3%和103.2%。权益装机容量占总装机容量的58.5%。2006年公司的总发电量为553.6亿千瓦时,同比增加161.5亿千瓦时,增长了41.2%;总售电量为517.1亿千瓦时,同比增加153.4亿千瓦时,增长了42.2%;机组平均利用小时数达到6 302小时,同比下降231小时,但仍然保持中国同业的领先水平。2006年公司发电业务燃煤消耗量为23.2百万吨,其中,耗用神华煤为21.8百万吨,占94.0%。售电标准煤消耗率为326克/千瓦时,燃煤效率同比基本持平。

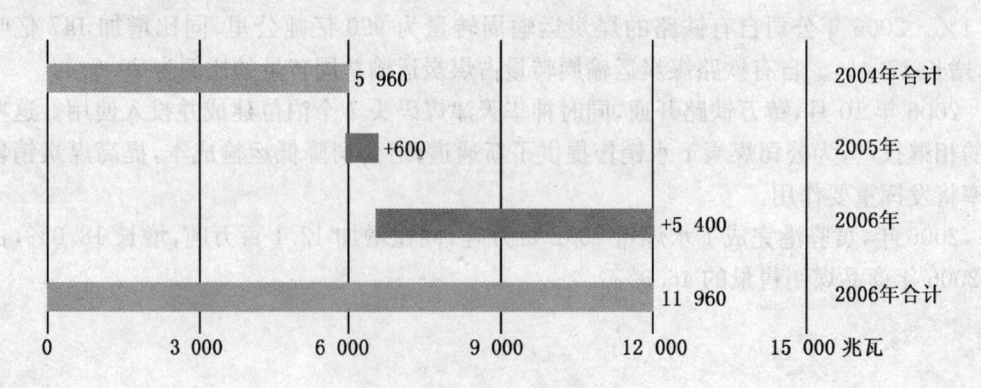

图4　总装机容量分析图

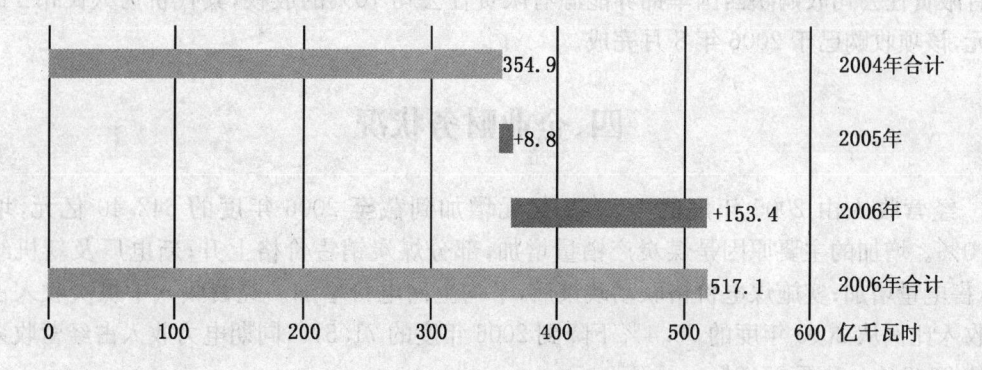

图5 总售电量分析图

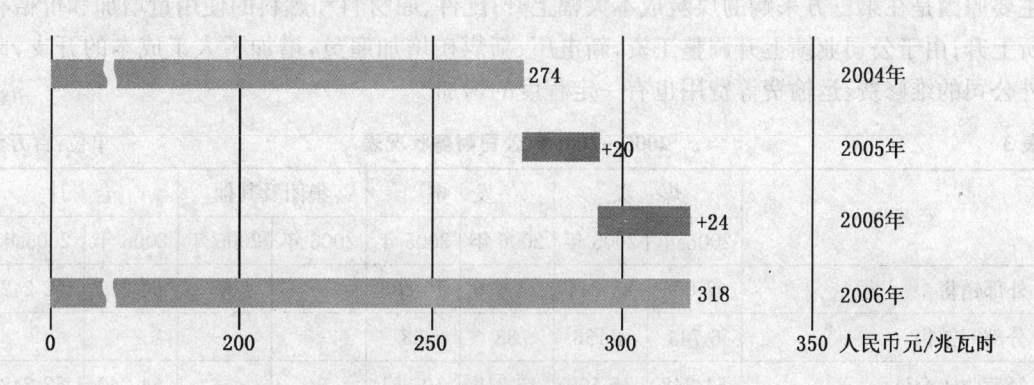

- 2004年合计：354.9
- 2005年：+8.8
- 2006年：+153.4
- 2006年合计：517.1

（单位：亿千瓦时）

图6 平均售电电价分析图

- 2004年：274
- 2005年：+20
- 2006年：+24
- 2006年：318

（单位：人民币元/兆瓦时）

三、企业资本运作

神华集团是由中国国务院直接监管的国有企业。2003年12月31日，神华集团重组神华能源股份有限公司。按照重组安排，神华集团将其绝大部分煤、电业务资产注入神华能源股份有限公司。2004年11月8日，股份公司向神华发行了150亿股每股面值人民币1.00元的内资普通股作为支付神华向股份公司注入上述煤炭开采及发电经营相关资产和负债的价款。

2005年6月，神华能源股份有限公司在全球首次公开发售股票，在香港和海外发行2 785 000 000股H股（每股面值为人民币1.00元，每股售价为港币7.50元）。另外，神华将278 500 000股每股人民币1.00元的内资普通股转为H股，并售予香港和海外投资者。股份公司于2005年6月15日于香港联合交易所有限公司（联交所）挂牌上市。2005年7月，公司行使与全球首次公开发售相关的超额配售权，以每股港币7.50元发行304 620 455股每股面值人民币1.00元的H股。此外，神华亦将30 462 045股内资普通股（每股面值人民币1.00元）转为H股，并售予香港和海外投资者。总数为3 398 582 500股的H股于联交所挂牌上市。

根据2006年3月10日的董事会决议，股份公司向一家神华的子公司——北京国华电力有限责任公司收购陕西国华锦界能源有限责任公司70%的股权,其代价为人民币11.62亿元,该项收购已于2006年8月完成。

四、企业财务状况

经营收入由2005年度的522.42亿元增加到截至2006年度的642.40亿元,增长23.0%。增加的主要原因是煤炭产销量增加,部分煤炭销售价格上升;新电厂及新机组投产,售电量增加;实施煤电价格联动政策后,平均上网电价增加。经营收入中煤炭收入占经营收入比例从2005年度的76.4%下降到2006年度的71.5%,同期电力收入占经营收入比例从20.8%上升至25.9%。

经营成本从2005年度的251.19亿元增加到2006年度的324.60亿元,增长了29.2%。主要原因是在第三方采购的煤炭成本大幅上升;配件、原材料和燃料的使用量增加和价格有所上升;由于公司业绩上升调整工资,新电厂、新煤矿增加雇员,增加了人工成本的开支;此外公司的维修费、运输费等费用也有一定程度的增加。

表3　　　　　　　　　　2005～2006年公司财务状况表　　　　　　　　　单位:百万元

经营收入	煤炭 2006年	煤炭 2005年	发电 2006年	发电 2005年	集团及其他 2006年	集团及其他 2005年	合计 2006年	合计 2005年
外部销售	47 604	41 344	16 636	10 898	—	—	64 240	52 242
分部间销售	6 744	4 156	83	53	—	—	—	—
经营收入合计	54 348	45 500	16 719	10 951	—	—	64 240	52 242
经营成本								
从第三方采购的煤炭成本	(6 777)	(4 209)	(158)	(130)	—	—	(6 935)	(4 339)
煤炭生产成本	(8 964)	(7 042)	—	—	—	—	(6 955)	(5 852)
煤炭运输成本	(11 306)	(9 673)	—	—	—	—	(9 883)	(8 869)
电力成本	—	—	(10 905)	(7 387)	—	—	(7 533)	(5 192)
其他	(1 144)	(853)	(10)	(14)	—	—	(1 154)	(867)
经营成本合计	(28 191)	(21 777)	(11 073)	(7 531)	—	—	(32 460)	(25 119)
销售、一般及管理费用	(2 611)	(2 215)	(1 336)	(877)	(219)	(219)	(4 166)	(3 311)
其他经营(费用)/收入净额	(244)	(207)	(24)	57	(50)	—	(318)	(150)
经营收益/(亏损)	23 302	21 301	4 286	2 600	(269)	(219)	27 296	23 662
营运利润率(%)	42.9	46.8	25.6	23.7	—	—	42.5	45.3

由于公司经营收入的增加幅度小于经营成本的增加幅度,导致经营收益的增加幅度仅为15.4%,由2005年度的236.62亿元增加到2006年度的272.96亿元。

国家邮政局

国家邮政局成立于1998年,具有主管全国邮政行业以及管理全国邮政企业的职能,它既是行政机构,又是公用企业,有着多重身份和职能。1998年邮、电分家后,当年中国邮政全行业亏损179亿元,自1999年开始,国家对邮政实行了"8531政策",每年分别补贴80亿元、50亿元、30亿元、10亿元,尽管如此,到2005年,邮政业依然亏损3.98亿元。近年来,随着国有企业改革的进行,邮政行业展开了主要内容是:"一分开,两改革,四完善"的体制改革,改变了初期全行业严重亏损的局面,营业收入逐年增长,业务总量和业务收入年均增长率分别达到7.2%和5.6%。

但是,随着市场经济的发展,邮政体制矛盾突出、经营机制不适应市场要求、业务发展战略不甚清晰、资源配置不够合理等问题也日渐突出。在2002年到2006年"中国企业500强"名单中国家邮政局的排名逐年下降,一场深层体制改革势在必行。

2007年1月29日,新组建的国家邮政局和中国邮政集团公司揭牌,标志着我国邮政体制改革取得重大进展,中国邮政事业步入新的发展时期。

一、国家邮政局发展历程概述

(一)发展历程

1949年11月1日,作为统一管理全国邮政和电信事业的邮电部成立,确定中华人民共和国的邮政属于国营经济组织。从那时开始,邮电部一直对全国邮电业务实行统一管理。20世纪80年代,随着改革开放的推进,邮政系统新产生了两个部门——电话局和长途电信局,与邮政局并称为邮电三大部门。

1998年4月28日,随着国家机构改革方案的实施,邮电系统开始重大变革——电话局和长途电信局从邮电局完全剥离,成立纯企业性质的中国电信,同时新组建了国家邮政局,开创了我国邮政事业发展的新时期。

2007年1月29日,新组建的国家邮政局和中国邮政集团公司揭牌,标志着我国邮政体制改革取得重大进展,中国邮政事业步入新的发展时期。

国家邮政局自1998组建以来开始肩负起主管全国邮政行业以及管理全国邮政企业的职能,它既是行政机构,又是公用企业,有着多重身份和职能。既要加强对全国邮政行业的管理职能以维护国家利益和用户利益,又负责统一建设和经营全国邮政网,承担全国普遍服务义务,还要经营和管理国有邮政企业,实现国有资产保值。

2005年7月,中国国务院原则通过《邮政体制改革方案》,要求邮政政企分开,开展邮政体制改革。其主要内容是:"一分开,两改革,四完善",即:实行政企分开,重组邮政监管机构,组建中国邮政集团公司;改革邮政主业,改革邮政储蓄;完善邮政普遍服务机制、特殊服务机制、安全保障机制和价格形成机制。重组后的国家邮政局,将全面履行政府职责,依法监管。新组建的中国邮政集团公司作为国有独资企业,将继续加快邮政主业和邮政储蓄的改革进程,在保障公民通信权利、保障通信安全的同时,做到社会效益和企业效益的共同增长。

(二)组织架构

重组前,国家邮政局内部有8个职能部门,16个直属单位,其组织结构见图1。

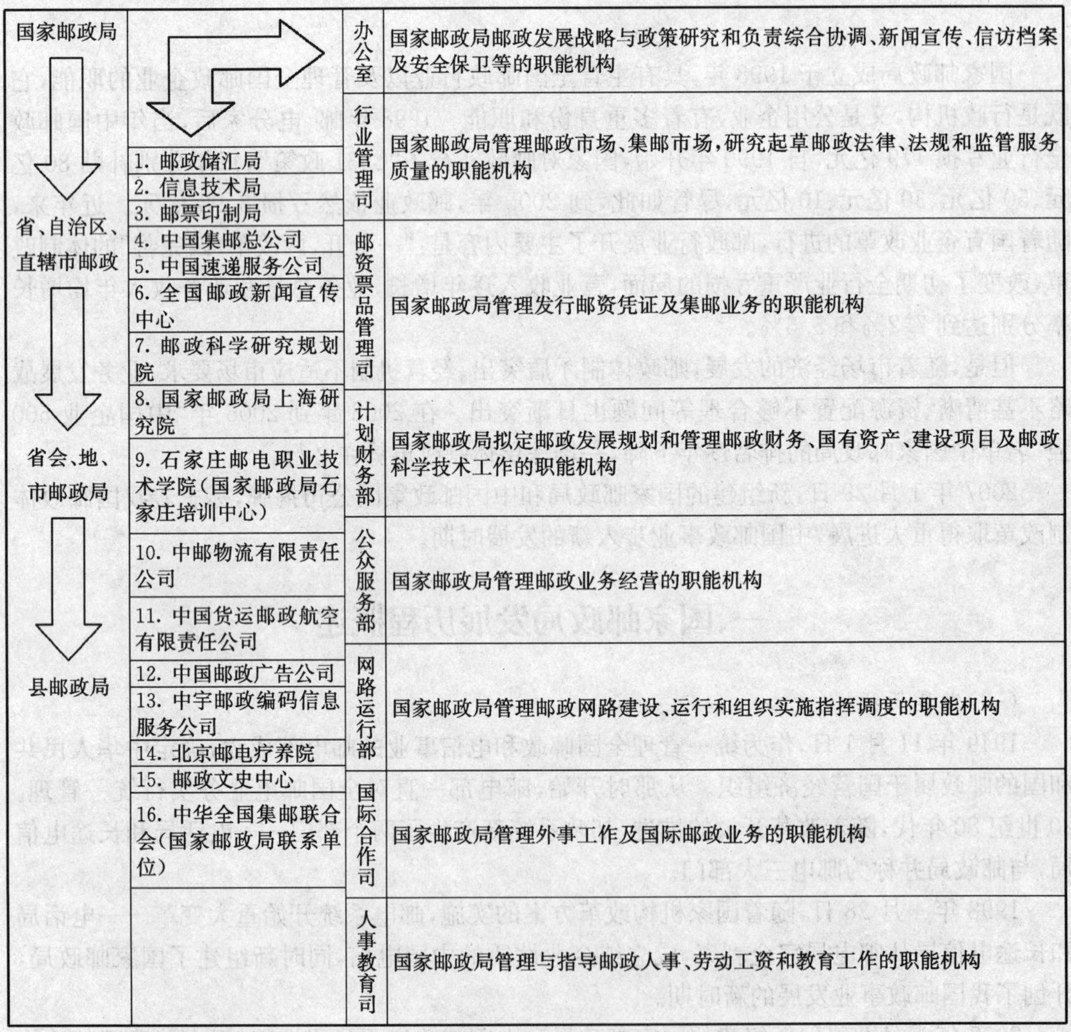

国家邮政局 ↓ 省、自治区、 直辖市邮政 ↓ 省会、地、 市邮政局 ↓ 县邮政局	1. 邮政储汇局 2. 信息技术局 3. 邮票印制局 4. 中国集邮总公司 5. 中国速递服务公司 6. 全国邮政新闻宣传中心 7. 邮政科学研究规划院 8. 国家邮政局上海研究院 9. 石家庄邮电职业技术学院(国家邮政局石家庄培训中心) 10. 中邮物流有限责任公司 11. 中国货运邮政航空有限责任公司 12. 中国邮政广告公司 13. 中宇邮政编码信息服务公司 14. 北京邮电疗养院 15. 邮政文史中心 16. 中华全国集邮联合会(国家邮政局联系单位)		
		办公室	国家邮政局邮政发展战略与政策研究和负责综合协调、新闻宣传、信访档案及安全保卫等的职能机构
		行业管理司	国家邮政局管理邮政市场、集邮市场,研究起草邮政法律、法规和监管服务质量的职能机构
		邮资票品管理司	国家邮政局管理发行邮资凭证及集邮业务的职能机构
		计划财务部	国家邮政局拟定邮政发展规划和管理邮政财务、国有资产、建设项目及邮政科学技术工作的职能机构
		公众服务部	国家邮政局管理邮政业务经营的职能机构
		网路运行部	国家邮政局管理邮政网路建设、运行和组织实施指挥调度的职能机构
		国际合作司	国家邮政局管理外事工作及国际邮政业务的职能机构
		人事教育司	国家邮政局管理与指导邮政人事、劳动工资和教育工作的职能机构

资料来源:中国邮政 http://www.chinapost.gov.cn/。

图1 重组前国家邮政局内部结构

重组后,国家邮政局内部机构发生了变化,分为七个部门,各自职责如表1所示。

表 1　　　　　　　　　　　重组后的国家邮政局内部结构及职责

部　门	职　责
综合司(外事司)	组织协调国家邮政局机关日常工作,承担会议组织、文电运转、档案管理、机要保密、新闻宣传、秘书事务以及信访、财务资产、安全保卫等行政管理工作;负责邮政应急体系的组织协调工作;拟订邮政对外合作与交流政策并组织实施,承办邮政外事工作和对台、对港澳邮政事务
政策法规司	研究提出邮政业的发展战略、发展规划和有关政策;起草邮政业法律、行政法规和规章草案;拟订邮政资源规划;拟订邮政业技术标准;承担邮政业统计工作;办理行政复议事项
普遍服务司(机要通信司)	研究提出普遍服务的标准并拟订相关政策,建立和完善普遍服务的机制,依法监督邮政普遍服务义务的履行;研究提出邮政价格服务政策和基本邮政业务价格建议并监督执行;拟订保障机要通信、义务兵通信、党报党刊发行、盲人读物寄递等特殊服务的政策并监督实施;保障机要通信安全;审查纪念邮票的选题和图案;审定纪念邮票和特种邮票年度计划
市场监管司	依法实行快递等邮政业务的市场准入制度,并对信件进行统一监管,维护信件寄递业务的专营权;依法监管邮政市场和集邮市场;拟订保障邮政通信与信息安全的政策并监督实施
人事司(另设直属机关党委)	拟订人事、教育、培训、劳动工资管理制度并组织实施,承办国家邮政局系统机构、人员编制和干部管理工作;承担机关党委日常工作;联系邮政行业的协会、机关党委负责国家邮政局的党群工作,办事机构设在人事司
纪检组监察局	负责全国邮政的纪检监察工作;对邮政监管机构贯彻执行党和国家的方针、政策及法律法规情况实施监督检查;受理对检查、监察对象违反党纪政纪行为的检举、控告及处理;受理检查、监察对象的申诉;指导邮政企业的纪检监察工作;负责邮政审计工作
机关服务中心	负责制定局机关后勤服务工作规章制度并组织实施;国家邮政局机关办公用房,职工宿舍的规划、建设、分配和管理;机关固定资产的管理,办公用品、办公家具、通信设备的配备及日常管理。承担局机关安全保卫、公务用车、接待、文印、报刊分发等日常工作

二、中国邮政业务发展状况

(一)业务总量的发展状况

从表2可以看出,从1998年改制以来中国邮政业务总量大大增加,业务总收入也取得了同程度的增长,但值得注意的是两者的增幅渐渐变缓。

表 2　　　　　　　　　　　中国邮政业务总量发展状况

	邮政业务总量(亿元)	邮政业务总收入(亿元)
1998年	166.2	287.1
增幅	14.5%	5.2%
1999年	198.4	369.8
增幅	19.4%	28.8%

续表

	邮政业务总量(亿元)	邮政业务总收入(亿元)
2000年	230.6	424.2
增幅	16.4%	14.7%
2001年	457.6	470.9
增幅	7.4%	11%
2002年	495.1	510.3
增幅	8.3%	8.1%
2003年	541	526.9
增幅	9.4%	3.2%
2004年	564.3	534
增幅	4.3%	1.3%
2005年	625.5	577.2
增幅	10.8%	8.1%

(二)各分类业务的状况

由表3可以看出,在邮政行业各分类业务中,函件、包件、集邮业务、报纸和杂志订购业务发展状况不佳,除了2001年以外几乎每年都出现负增长,而特快专递和邮政储蓄业务的发展成绩却十分显著,特快专递增幅均在10%以上,邮政储蓄增幅均超过了15%。

表3　　　　　　　　　　　中国邮政各分类业务发展状况

指标名称	2000年	2001年	2002年	2003年	2004年	2005年
邮政业务总量	230.6	457.6	494.7	541	564.3	625.5
国际邮政业务量	5.7	6	24.7	25.6	28.8	33.7
主要分类业务量						
函件	781 912	869 282.6	1 060 088.9	1 038 406.2	828 109.8	735 114.8
国内函件	775 030.5	863 299.8	1 054 864	1 033 911.3	823 502.8	731 112.5
国际及港澳台函件	6 881.5	5 982.8	5 224.9	4 495	4 606.8	4 002.4
包件	9 586.9	9 930.9	10537.9	11 029.4	9 948.7	9 531.8
国内包件	9 502.5	9 834.6	10 424.5	10 898.6	9 799.9	9 375.1
国际及港澳台包件	84.3	96.3	113.4	130.8	148.9	156.7
特快专递	11 098	12 652.7	14 036.2	17 237.8	19 771.9	22 880.3
国内同城特快专递	10 703	12 231.5	1 941.4	3 318.3	4 090.1	4 780.2
国内异地特快专递			11 647.6	13 445.8	15 138.7	17 401.4
国际及港澳台特快专递	394.9	421.1	447.2	473.7	543.1	698.8

续表

指标名称	2000 年	2001 年	2002 年	2003 年	2004 年	2005 年
汇票	22 555.2	21 398.1	21 080	20 442	17 895.4	16 052
订销报纸累计份数	1 847 234.2	1 763 121.8	1 718 653.4	1 661 262.3	1 521 909.4	1 502 669.3
订销杂志累计份数	124 975	115 437.2	113 490.3	112 667.5	106 929.8	100 314.6
邮政储蓄平均余额	4 200.9	5 252	6 579.6	8 202.6	9 917	12 123.1
集邮邮票	452 076.3	344 114	244 158.7	183 421	149 178	121 213.5
邮政其他业务	412 293.4	359 237.5	409 626.8	543 438.9	428 284.2	415 681.4

究其原因，互联网是不容忽视的一个因素。先进的网络提供给人们更便宜、方面、快捷的交流方式，如 E-mail、MSN、视频聊天、网络会议等；而网络上充斥着的丰富多样的信息和电子报纸、电子杂志的出现满足了人们获得信息的要求，减少了实体报纸和杂志的需求量。显然，互联网的普及和不断发展挤占了邮政行业函件、包件和定购报纸、杂志业务的部分市场。同时，邮政业务不尽如人意的服务和力度不足的营销更恶化了其市场的丧失。

（三）国际交流与合作

国家邮政局坚持对外开放方针，建立全方位、深层次、多渠道的对外合作格局，进一步巩固和发展了友好合作关系，为中国邮政改革和发展创造了良好的国际环境。

通过互访和业务往来，推动了与波兰、俄罗斯、蒙古、哈萨克斯坦等 10 多个国家邮政的业务合作进程，共签署 6 项双边业务合作协议，内容涉及联合发行邮票、国际邮政业务和邮政金融业务等；与澳大利亚、美国、德国、日本等邮政开展了形式多样的交流活动，学习借鉴其在改革和立法方面的成功经验。

此外，第六届中日韩邮政峰会、第四届中日韩邮政金融会议和卡哈拉邮政集团高级经理委员会会议成功在华举办，对提升中国邮政国际地位，促进速递、物流和金融业务发展，巩固和扩大区域合作起到了积极的推动作用。

目前，中国邮政已同所有国家和地区建立了通邮关系，与近 200 个国家和地区开办了速递和汇款业务。其中，建立函件和包裹总包直封关系的国家和地区达 150 多个，建立 EMS 互换关系的国家和地区接近 100 个。中国邮政建立了航空、海运和陆运等多种运输方式相结合的国际邮政网络系统，通过 56 个互换局（交换站）与其他邮政交换邮件。

为了应对日益激烈的市场竞争，中国邮政开展了多种对外合作业务，如与荷兰、德国、俄罗斯、日本、新加坡、澳大利亚等邮政的双边业务合作，与哈萨克斯坦、蒙古、韩国、老挝等周边邮政的边境业务合作，与美国、澳大利亚、香港、日本、韩国等邮政的多边业务合作等。

2005 年，中国作为邮联两会理事国，在商讨世界邮政发展战略，确定普遍服务标准和终端费政策，推动邮政改革等重大问题上，积极维护了本国和发展中国家政治、经济权益，赢得了广泛赞誉。在亚太邮联第九届代表大会上，中国再次当选为亚太邮政管理委员会成员国。

2005 年 10 月邮联行政理事会年会期间，中国邮政向邮联推出王顺友先进事迹，宣传中国邮政人忠实履行普遍服务的精神，取得了巨大成功。王顺友登上邮联讲坛，是邮联史上前所未有的，其意义不仅感动和震撼了与会代表，还创造了国际邮政间交流普遍服务精神的一种新的模式。

三、中国邮政研发创新能力

（一）邮政科技发展的总体情况

1998年邮政科技工作完成各类软科学研究、科技开发、标准规范制定等计划项目82项。邮政系统获原邮电部科技进步一等奖1项、二等奖1项、三等奖11项。

1999年国家邮政局全年共下达两批新技术开发项目计划，项目总数142项。其中软科学研究项目62项，标准及质量监督检查项目29项，计算机应用系统项目33项，设备开发项目18项。年底完成项目70余项。邮政系统获信息产业部科技进步一等奖1项、二等奖8项、三等奖19项，其中理分合一信函处理系统被信息产业部推荐参加国家一等奖的评审。

2000年国家邮政局全年共下达两批新技术开发项目计划，项目总数148项。其中软科学研究项目39项，标准及质量监督检查项目79项，科技发展项目30项。

2001年国家邮政局共完成软科学研究项目38项，科技发展项目20项，发布邮政标准66项。

2002年全国邮政第一次标准化工作电视电话会议召开，国家邮政局和各省均成立了标准化工作领导小组，标准管理和质检工作取得了突破性进展，全年新发布标准34项；全年共下达软科学研究和科技发展计划项目56项，完成43项，形成了一批对邮政技术进步和业务发展具有重大作用和影响的科技成果。

2003年全国邮政科技总投入20多亿元。国家邮政局下达新技术开发项目105项。其中软科学项目40项，标准及质量监督检查项目42项，科技发展项目23项。本年共完成课题84项（含结转项目），其中软科学研究项目15项，科技发展项目29项，发布标准40项。

2004年全国邮政科技总投入9 261.9万元。国家邮政局下达新技术开发项目84项。其中标准项目58项，科技发展项目26项。全年共完成课题67项（含结转项目），其中软科学研究项目32项，科技发展项目14项，发布标准17项，印发业务需求6项。

2005年全国邮政科技总投入9 974.45万元，其中国家邮政局科研经费投入3 384.5万元。国家邮政局2005年完成课题90项，其中软科学研究项目25项，科技发展项目32项，发布标准33项。全国邮政独立科研单位17个，从业人员1 973人，承担各类科研课题316项，其中国家级2项，国家局及省局级244项。

（二）新技术、新设备开发情况

1998年我国独立自主研制的大型设备——"扁平邮件高速分拣机"完成样机制作，并已在郑州试用；"理分合一信函处理系统"通过了原邮电部组织的科技成果鉴定，达到国际先进水平；"邮政车辆跟踪定位及指挥调度系统"经过鉴定并已在海南、新疆开通运行。

1999年圆满完成了解决邮政系统计算机2000年问题的工作；加快了全国邮政综合计算机网建设和绿卡网改造的步伐，实现了邮政综合同广域网省际间的全国联网；独立研制已拥有自主知识产权的"扁平邮件高速自动分拣系统"通过鉴定，达到了国际先进水平，现已在郑州市邮政局实际应用；"邮政编码图像处理和并行识别技术"通过鉴定，已在十几台信函分拣机上应用，在提高识别率、降低差错率方面起到了良好的作用；达到国际先进水平的国产设备"理分会一信函处理系统"，在合肥市邮政局推广应用，并被列入1999年国家级科技成果重点推广项目计划；"邮政车辆跟踪定位及指挥调度系统"正在北京、上海、广州等地推广应用。

2000年顺利完成了解决计算机2000年问题的最后阶段工作,受到了信息产业部、中国人民银行的表彰;完成了邮件容器条码标牌推广方案和给据邮件条码推广方案,为邮件标识条码化奠定了基础;邮政音像图书计算机处理及管理系统完成了系统开发,并正在全国范围进行推广;邮件集装化运输试验为解决我国邮政推广集装化运邮提供了有益的探索和经验。

2001年完成信函分拣机识别窗口信和128码条码签研究,邮资机入网认证信息管理系统、邮政业务市、县局名输入编码方法及通用计算机信息输入平台等课题的研究与开发。

2002年形成了一批对邮政技术进步和业务发展具有重大作用和影响的科技成果。其中"邮政综合计算机网总体方案论证"专项科技计划成果,回答了邮政综合计算机网下一阶段扩容改造涉及的技术体制、安全及容灾方案、物流等新的应用系统方案、工程规划等重大问题,为综合网扩容改造工程立项提供了依据;"网络分拣技术"在上海速递中心实验成功并通过鉴定。该成果开创了信息化时代邮件分拣技术的新模式,达到国际邮政领域先进水平。它利用自动阅读邮件ID条码,从信息网上搜索寄达局等信息实现自动分拣,自动打印清单、路单以及自动称重、单件资费实时稽核,真正实现了物流、信息流的融合;具有独立自主知识产权、符合我国商函发展实际的新产品"高速邮资机"通过鉴定,在商函连续高速作业领域,填补了国内空白,达到国内领先水平;"汉字识别码址校验技术研究"项目通过鉴定,达到了国内外先进水平。利用该技术可以使信函自动识别率提高到80%以上,差错率降低30%左右,具有明显的社会效益和经济效益。

(三)软科学的研究情况

1998年在软科学研究方面,完成了《中国邮政发展战略研究》、《我国通信服务质量体系的研究》、《关于邮政通信企业财务收支管理办法的研究》、《关于万国邮联实施新的国际包裹计费方法后国际包裹分组划一费率的研究》等多项重大课题。

2000年在软科学研究方面,中国邮政十五发展规划、电子邮政业务发展规划、邮政全网经济核算、中国加入WTO后邮政面临的问题及对策、中心局调整方案、综合计算机网、金融计算机网容灾中心建设方案等研究成果,均被相关部门参考使用。还完成了对国家邮政局用品用具质量检验中心的计量认证和审查认可复审工作;在中国邮政主页上开办了《科技园地》栏目,进行科技活动与科研情况的交流、网上发布急需标准;成功地举办了首届GB/T1.1宣贯会议,69名同志获得了国家质量技术监督局办法的标准化资格证书;成功地将183.com.cn域名收归我局,并组织了我局参加第四届国际电子商务大会相关活动。

2001年软科学研究对决策的支撑力度明显加大。邮件"三状"划分标准、全国邮区中心局设置调整方案、集装化运邮实施方案、物流市场和作业流程等研究课题的完成为领导决策起到较好的支撑作用;中国邮政普遍服务标准及发展态势的研究、我国邮政西部发展战略研究和中国邮政电子商务发展模式研究三项国家研究课题通过了科技部组织的评审验收。

2002年一批软科学研究成果得到应用,并取得了良好的效果。

2003年邮政软科学研究有了新的突破,特别是邮政改革、发展战略、物流和经营管理等重点项目的研究,力求研究成果实用、可操作性强,有效解决热点、难点问题。

2004年,软科学研究按照邮政改革和业务发展的要求,积极调整软科学的研究方向和重点,完成了一批支撑业务发展、财务管理改革、网路优化与调整的项目研究;并完成了《邮政2005—2006年软科学研究规划》。

2005年,软科学研究按照邮政改革和业务发展的要求,完成了一批支撑"十一五"规划编制,速递、国际、函件、储蓄业务经营,财务管理改革和网路优化调整的项目研究;并完成了科技部攻关课题《邮政行业"十一五"科技发展规划》。重新修订、下发了《邮政标准制修订程序和要求(试行)》,加大标准制修订工作的贯彻和实施,解决了全国邮政管理和生产机构代码的维护问题,有效地支撑了有关业务系统的建设。完成了邮政设备和用品用具标准的清理试点工作。

(四)标准规范的制定情况

1999年在标准规范制定方面,国家邮政局组织制定并修定了《邮件盛装容器标牌用条码》、《信盒技术条件》、《邮政集装箱》、《邮政金融计算机网络技术体制》以及《邮政金融计算机网络应用层通信协议——储蓄部分》等22项涉及邮政全程全网的重大标准规范。

2001年标准制定基本满足了生产建设和业务发展的需求。完成"全国邮政管理和生产结构代码"的编制工作,规范了全国5万余个支局所的名称,并使之有了惟一的代码;研究综合计算机网汇兑、支局、邮运、中心局、报刊5个应用系统业务需求,机要、报刊、速递、国际、中心局、邮运、邮资票品、支局8个应用系统的交换数据规范、应用层协议、联网测试规范以及应用系统开发文档规范、业务单式标准,使综合网建设的基础标准基本形成了一套完整体系;完成邮政电子汇兑系统应用层协议、邮政金融卡、邮政电子汇兑系统安全保密技术要求等标准的制订工作;贯彻实施GB/T1.1—2000标准,70余人获得了国家质检总局颁发的资格证书。

2002年,全国邮政第一次标准化工作电视电话会议召开,国家邮政局和各省均成立了标准化工作领导小组,标准管理和质检工作取得了突破性进展。全年新发布标准34项。

2003年邮政科技委成立了标准化专业组,形成了一个完整的标准化工作组织管理体系。

2004年通过建立2004年标准工作目标责任制,印发《2003～2005年邮政标准化工作规划》和标准化指导性文件等,有效地支撑了有关业务系统的建设。完成了邮政归口的15项国家标准的清理工作,完成了邮政条码袋牌等用品用具的全国统检工作。

中国大唐集团公司

中国大唐集团公司是全国五大发电集团之一,主要从事电力能源的开发、投资、建设、经营和管理,组织电力(热力)生产和销售等。在2004年和2005年的国务院国有资产监督管理委员会监管企业中均名列第18位,在中国企业500强中的排名则由2005年的57位上升至2006年的47位。

中国大唐集团公司的长期发展战略是:把集团公司建设成经营型、控股型,市场化、集团化、现代化、国际化,具有较强发展能力、盈利能力和国际竞争能力的大型电力企业集团。简称"两型、四化、三个能力"。根据集团公司发展战略,今后四年的任务是进一步把集团公司做强做大,实现又好又快发展,到2010年进入"世界企业500强"的行列。

一、企业发展历程概述

(一)发展简史

2002年年底,我国电力总装机容量达3.56亿千瓦,发电量16 542亿千瓦时,均稳居世界第二位,电力工业的突出矛盾由电力数量的短缺转变为电力工业的结构调整问题。为了在发电行业打破垄断,引入竞争机制,2002年12月29日,国务院电力体制改革工作小组按照规模相当、资产质量相当、地域分布合理的原则,把原有的发电资产进行了重组,划分为中国华能集团公司、中国大唐集团公司、中国华电集团公司、中国国电集团公司、中国电力投资集团公司5大发电集团公司。其中,分布在全国14个省(市、自治区)的94家电力企业共同组建形成了中国大唐集团公司。

四年来,在集团公司系统8万员工的共同努力下,中国大唐集团公司拥有了中国第一家在伦敦、中国香港上市,并于2006年在国内上市的大唐国际发电股份有限公司;拥有了较早在国内上市的湖南华银电力股份有限公司、广西桂冠电力股份有限公司;拥有了国内在役的最大火电厂内蒙古大唐国际托克托发电公司和最大风电场内蒙古赤峰赛罕坝风电场;拥有了大唐洛阳首阳山电厂、大唐岩滩水力发电厂、大唐韩城第二发电公司等多家百万千瓦以上容量的发电企业;拥有了正在建设中的规划规模630万千瓦的龙滩水电工程以及物流网络覆盖全国的中国水利电力物资有限公司等。在役发电资产分布在北京、天津、河北、山西、内蒙古、吉林、黑龙江、江苏、浙江、安徽、福建、河南、湖南、广东、广西、四川、云南、陕西、甘肃等19个省(自治区、直辖市)。注册资本金人民币120亿元。截至2006年年底,资产总额达到

2 266亿元。

截止到2006年年底,集团公司的装机容量达到5 405.95万千瓦,同比增长29.78%,比2002年年底组建时增加了3 021.2万千瓦,增长了127%,年均增长22.7%;发电量达到2 516.21亿千瓦时,同比增长19.95%,比组建时增加了1 342.21亿千瓦时,增长了114%,年均增长20.98%;销售收入达到703亿元,同比增长27.38%,比组建时增加了430亿元,增长了157.94%,年均增长26.73%;利润总额达到54.7亿元,同比增长50.52%,比组建时增加了33.3亿元,增长了155.45%,年均增长26.42%;全员劳动生产率达到40.13万元/年·人,同比增长25.2%,比组建时增加了23.36万元/年·人,增长了139.3%,年均增长24.55%。四年间,大唐集团实现了规模和效益全面翻了一番。

(二)企业组织结构

中国大唐集团公司是中央直接管理的国有独资公司、国务院批准的国家授权投资的机构和国家控股公司的试点,实行总经理负责制。

中国大唐集团公司实施集团化运作的体制和机制,构建了集团公司、分(子)公司、基层企业三级责任主体的管理模式。集团公司相继成立了大唐陕西发电有限公司、大唐甘肃发电有限公司、大唐黑龙江发电有限公司、大唐吉林发电有限公司、大唐河北发电有限公司5家全资子公司和湖南分公司、安徽分公司、河南分公司、山西分公司、江苏分公司、四川分公司、云南分公司7个分支机构。

中国大唐集团公司
- 总经理工作部(国际合作部)
- 规划发展部
- 计划与投融资部
- 人力资源部
- 财务与产权管理部
- 安全生产部
- 工程管理部
- 市场营销部
- 审计部
- 思想政治工作部
- 监察部
- 染料管理中心(大唐电力染料有限公司)

图1 大唐集团组织结构图

二、企业的竞争地位分析

截至2006年年底,全国发电装机容量达到62 200万千瓦,发电量达到28 344亿千瓦时,电力行业完成销售收入20 808亿元,实现利润1 446亿元。预计"十一五"末期,中国发电装机容量将接近8亿千瓦,届时水电、核电、清洁煤发电和新能源发电等清洁电力比重将超过35%。目前电力行业市场中有三类具备较强实力的集团公司,第一类是全国性的五大发电集团,即华能、大唐、国电、华电和中电投集团,它们管理着全国35%左右的发电装机容量;第二类是新兴的发电集团公司,如国家开发投资总公司、长江三峡开发总公司等正积极拓展电源建设,权益装机容量增长较快;第三类是区域性能源集团,如粤电集团等正依靠区域优势不断发展壮大。这三类集团公司具有资金、规模、技术等优势和极强的外延式扩张能力,是行业整合的中坚力量。

大唐集团是原国家电力公司分拆后组建的五大中央级发电集团之一,2006年公司的装机容量和发电量均位于五大发电集团中的第二位,而公司的主营业务收入和净利润近年来都保持了较快增长。此外,公司拥有良好的银企关系,拥有3家上市公司。大唐集团的发电装机容量在华北地区比较集中,约占公司总装机容量的1/4,对于保证京津唐电网和北京地区的安全供电发挥了重要作用。截至目前,大唐集团公司共有8家大型企业属于京津唐电网的主力电厂,总装机容量1 210万千瓦,对于确保首都供电具有举足轻重的作用。

表1　　　　　　　　　　　　　　　　　　　五大电力集团比较

	华能	大唐	华电	国电	中电投
发电装机容量(万千瓦)	5 719	5 406	5 005	4 445	3 328
同比增长(%)	32	30	29	27	14
发电量(亿千瓦时)	2 820	2 516	1 995	2 259	1 725
同比增长(%)	10	20	22	19	20
新投产容量(万千瓦)	1 397	1 240	1 124	939	408
同比增长(%)	32	30	29	27	14
销售收入(亿元)	845	703	/	580	483
同比增长(%)	16	27	/	36	27
利润(亿元)	/	55	31	/	39
同比增长(%)	/	49	73	/	93
资产总额(亿元)	2 856	2 266	/	1 880	1 812
同比增长(%)	22	24	/	42	29
计划2010年装机容量	8 000		8 000		7 000
计划2010年收入(亿元)	1 400				1 200
计划2010年资产(亿元)	4 000				3 200
旗下上市公司	控股2家、参股1家	控股3家	控股2家	控股2家	控股5家(1家煤炭公司)

三、企业的生产经营状况

(一)企业生产概况

截至2006年年底,大唐集团公司装机容量达到5 405.95万千瓦,同比增长29.78%,比2002年底组建时增加了3 021.2万千瓦,增长了127%,年均增长22.7%;发电量达到2 516.21亿千瓦时,同比增长19.95%,比组建时增加了1 342.21亿千瓦时,增长了114%,年均增长20.98%。

图2说明大唐集团公司在四年的快速发展中同步实现了机组结构的优化,资产质量和技术装备水平大幅度提高,产业升级步伐进一步加快。到2006年年底,集团公司60万千瓦级机组容量占总容量的比重由组建时的5.68%上升到36.21%;30万千瓦及以上机组容量占总容量的比重由组建时的52.99%上升到74.62%。

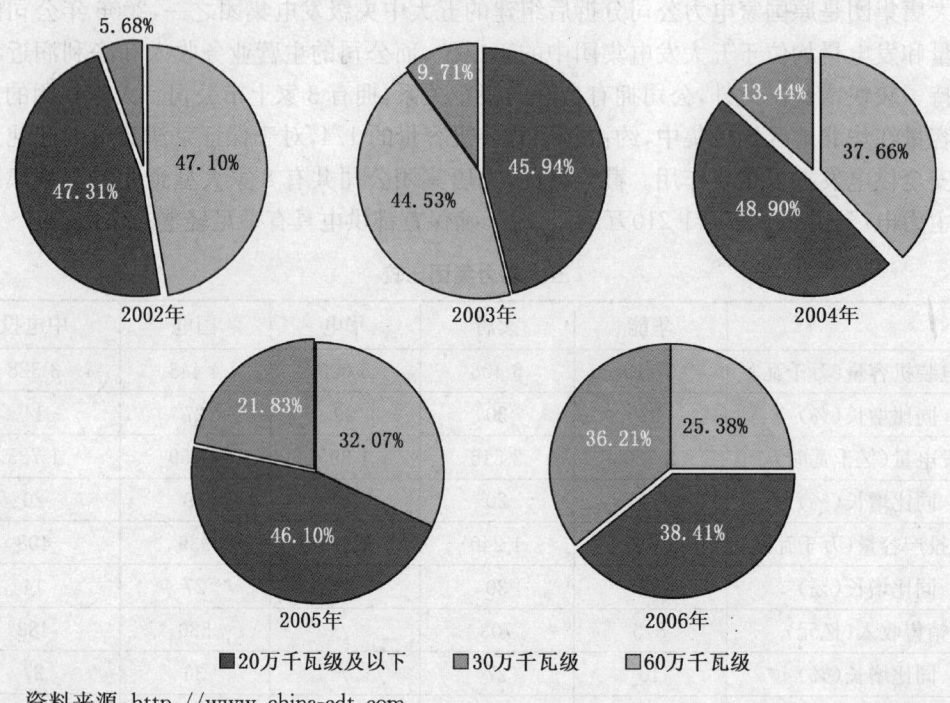

资料来源:http://www.china-cdt.com。

图2 机组结构图

(二)企业主要产品、生产及销售情况

大唐集团公司主要经营范围有:集团公司及有关企业中由国家投资形成并由集团公司拥有的全部国有资产;从事电力能源的开发、投资、建设、经营和管理;组织电力(热力)生产和销售;电力设备制造、设备检修与调试;电力技术开发、咨询;电力工程、电力环保工程承包与咨询;新能源开发。2006年8月27日,随着三门峡发电公司4号60万千瓦超临界机组顺利投运,标志着大唐集团公司实现了从成立之初的发电装机容量仅2 384万千瓦升至5 000多万千瓦的历史性跨越。至此,大唐集团以拥有26台60万千瓦级大容量、高参数、高效率、节能环保型机组,位居全国同类企业之首。

(三)企业海外市场拓展

国际化是集团公司发展战略的重要组成部分,是需要大力拓展的发展空间,是提高国际竞争力的必由之路。目前集团公司在对外交流与合作方面已经打开了局面,奠定了良好的基础,集团公司组建了大唐海外投资公司,成为集团公司对外投资的窗口;与俄罗斯统一电力公司、韩国电力公社、法国电力公司等国际知名企业的合作进一步增强,与俄方共同投资的大唐俄电国际能源有限公司的组建工作即将完成,有关项目开发也在积极推进。

(四)企业多元化发展情况

大唐集团在我国东南沿海开发大型火电项目与核电项目,在西南地区开发水电项目,初步形成了以火电发展为核心,水电、核电、风电均衡发展的多元化格局。

大唐集团用四年时间建成了国内最大的火电厂(托克托电厂,装机容量480万千瓦),仅用26个月的时间就建成了亚洲最大的风电场(赛罕坝风电场,装机容量17万千瓦)。以国家发改委对宁德核电一期工程项目开展前期工作的批复为标志,集团公司正式步入核电开发领域。此外,湖南核电项目已经通过电规总院组织的预可研审查。生物质能开发利用已经起步,安徽安庆秸秆电站项目已获核准,吉林、河南等地区的秸秆电站项目已完成可研报告审查,预计2007年可获得核准。

(五)与上下游企业合作情况

大唐集团公司与其上下游企业合作状况良好,建立了友好的战略合作伙伴关系。如集团与机组设备供货方上海电气集团有着良好的合作状况;与拥有目前国内最大的煤炭周转港口的秦皇岛港务集团就下水煤的供应运输中转达成友好协议,为即将投产的浙江乌沙山、福建宁德、广东潮州的三个电厂做好准备;此外,集团公司还与淮北矿业集团公司签订临涣煤泥矸石电厂投资协议,将煤炭洗选后的副产品中煤、煤泥、矸石,采用先进的循环流化床燃烧技术进行发电等。

四、企业的资本运作

(一)企业融资情况

随着集团公司建设规模的扩大和电力市场的变化,资本运作已成为促进企业低成本扩张、持续快速发展的重要手段。1997年3月,大唐国际股票分别在香港联合交易所、伦敦证券交易所挂牌上市。大唐国际由此成为第一家在香港上市的中国电力企业,第一家在伦敦上市的中国企业。通过两处同时上市,大唐国际一次融资36亿港币(约合人民币37亿元)。2003年,大唐国际在境外发行了1.5亿美元(约合12.4亿元人民币)可转换债,进行了一次成功的低成本融资。2005年4月,大唐集团公司30亿元企业债券首次亮相企业债券市场。2006年2月大唐集团成功发行了20亿元企业债券并上市流通,成为当年第一只上市的企业债券,发行利率也创近年新低。2006年12月20日,大唐国际回归国内A股市场并成功发行5亿股股票,募集股本金人民币33.4亿元。广西桂冠和湖南华银圆满完成了股权分置改革,"桂冠电力"送股水平为电力上市公司最低。这一系列成功的多市场、多主体、多方式融资,不仅在国际、国内资本市场上打出了大唐品牌,而且改善了集团公司的资产结构,降低了资产负债率。

(二)企业投资情况

四年间，大唐集团公司进行了大量投资。乌沙山电厂一年投产四台60万千瓦超临界机组，创造了全国电力建设新纪录；在短短两年多的时间里，风电装机规模迅速增加到34.85万千瓦，集团公司牵头的联合体中标上海东海大桥海上风电场项目，获得了国际风电单机容量最大、国内首个海上风电项目的特许经营权。

集团不仅注重经济效益，而且注重社会效益。例如在电力行业里，2006年4月，中国大唐集团公司与承德市政府签约，在围场满族蒙古族自治县分期投资建设240万千瓦火力发电厂，并对承德火电、风电、水电资源实施综合开发，项目总投资在300亿元以上。项目实施后，通过风电、火电、水电三者的相互调剂、协调发展，将大大加快围场得天独厚的风能资源开发步伐，为"绿色北京"、"绿色奥运"提供洁净能源。2006年9月，龙滩水电工程正式下闸蓄水。工程总投资达300多亿元的龙滩水电工程的建设将创造3项世界之最：最高的碾压混凝土大坝；规模最大的地下厂房；提升高度最高的升船机。龙滩水电工程尽管以发电为主，但是它集发电、防洪、生态环保、扶贫等于一体，是一个效益巨大的综合性水电工程。

(三)企业并购重组情况

电力行业具有自然垄断性，其市场竞争格局的常态是寡头竞争，但是由于历史原因，我国电源投资主体比较复杂，老、小、自备电厂较多，市场集中度很低。随着电力行业的不断发展，并购整合逐渐增多，行业整体朝着集团化方向发展，市场集中度不断提高。中国大唐集团公司资产(在役和在建)分布已由组建时的14个省(区、市)扩大到目前的22个省(区、市)，并填补了在广东、浙江、福建、重庆、四川等沿海和经济发展较快地区的空白。

2006年大唐集团积极参与了电力体制改革中预留发电资产的收购，完成了目标电厂的报价；实现了达里风电前期项目的收购；妥善解决了沧州发电厂资产人员整体划转以及广西岩滩水电站、皖能集团的资产划转和产权纠纷等问题。此外，大唐集团已经向"国网920资产出售"电监会上报了投资标的，预计2007年初将有实质性进展。

五、企业的财务状况

(一)资产结构

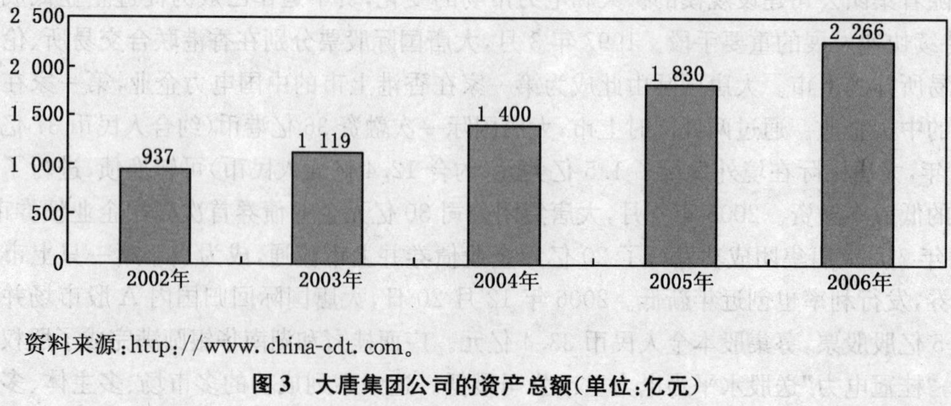

年份	资产总额(亿元)
2002年	937
2003年	1 119
2004年	1 400
2005年	1 830
2006年	2 266

资料来源：http://www.china-cdt.com。

图3 大唐集团公司的资产总额(单位：亿元)

由图3看出，截止到2006年年底，大唐集团公司资产总额达到2 266亿元，同比增长

23.8%,比组建时增加了1 329亿元,增长了141.84%,年均增长26.73%。

(二)盈利状况

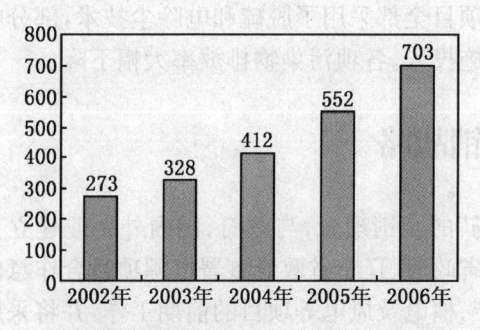

资料来源:http://www.china-cdt.com。
图4 销售收入(单位:亿元)

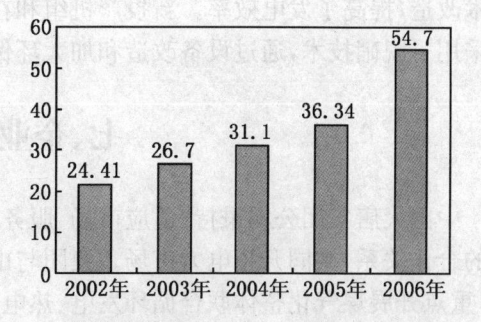

资料来源:http://www.china-cdt.com。
图5 销售利润(单位:亿元)

由图4、图5可以看出,截止到2006年年底,大唐集团公司销售收入达到703亿元,同比增长27.38%,比组建时增加了430亿元,增长了157.94%,年均增长26.73%;利润总额达到54.7亿元,同比增长50.52%,比组建时增加了33.3亿元,增长了155.45%,年均增长26.42%。

六、企业的研发创新能力

(一)新产品开发情况

组建四年来,中国大唐集团公司建成了4台60万千瓦、1台30万千瓦和2台22万千瓦直接空冷机组;建成了两台全国最大的、单机容量30万千瓦的国产循环流化床锅炉;有两台60万千瓦机组采用了海水淡化技术;投入脱硫设备的装机容量达到2 500万千瓦。通过设备改造和加大环保设施投入,单位发电量的烟尘、废水、二氧化硫、氮氧化物排放率同比分别下降了20%、21%、11%和7%,与组建时相比分别下降了45%、58%、18%和21%。粉煤灰综合利用率提高了6个百分点,部分企业实现了废水零排放。2006年12月22日,大唐太原第二热电厂六期扩建工程10号30万千瓦机组顺利通过168小时满负荷试运行,标志着我国首台30万千瓦直接空冷供热机组投产发电。该机组的投产对缺水地区的电力工程建设产生了积极影响,填补了国内30万千瓦等级供热机组应用直接空冷技术领域的空白。

(二)专利申请情况

2006年10月2日,中国大唐集团公司福建六鳌一期风电CDM项目成功获得联合国CDM执行理事会(EB)签发的22 202吨CERs(经核证的减排量),成为中国可再生能源领域第一个获得CERs签发的CDM项目,同时也是中国首个成功的单边CDM项目。

具有国内自主知识产权脱硫专利技术的大唐国际陡河发电厂8号机组烟气脱硫改造工程,于2005年3月20日18时顺利完成了168小时试运。此项脱硫改造成功投运,标志着国内大气治理关键技术装备成功实现了国产化,标志着集团公司、大唐国际的老电厂脱硫改造,减少二氧化硫排放实现了零的突破。

(三)研发投入

四年来,大唐集团累计投入694亿元建设技术先进的火电机组,使电源布局和机组结构得到明显改善。新增装机容量2 630万千瓦,占全国发电装机总容量的比例由组建初期的6.7%提高到了9%左右。大唐集团还累计投入约50亿元资金对效率低的老机组进行节能技术改造,提高了发电效率。新投产机组和在建项目全部采用了脱硫和电除尘技术,部分电厂采用了脱硝技术,通过设备改造和加大环保设施投入,各项污染物排放率大幅下降。

七、企业营销战略

　　中国大唐集团公司秉持"适应市场、服务市场"的营销理念,与政府、国内外企业建立良好的合作关系,共同开拓电力市场。集团与山东省政府、辽宁省政府签署电源项目合作意向书,重点开展煤气化整体联合循环发电、热电联产、核电及风电等项目的前期工作,并将采用先进的节能、节水、环保技术建设多个项目;与新疆维吾尔自治区政府签署合作投资开发水电、火电、煤炭项目协议书;与四川省水电投资集团建立战略合作伙伴关系;河南分公司与河南省建设投资总公司签订战略合作框架协议。集团公司先后与韩国、俄罗斯、日本、墨西哥、法国、德国等众多国外企业建立了业务开发及友好合作关系。与韩国电力公社合资建设的内蒙古赛罕坝风电场、甘肃玉门风电场和与澳大利亚塔州水电公司合资建设的吉林双辽风电场均已建成投产,建设速度、经营业绩都受到了外方的充分肯定。

武汉钢铁(集团)公司

武汉钢铁(集团)公司(简称"武钢"或"集团公司")本部厂区坐落在湖北省武汉市东郊,占地面积21.17平方公里。武钢是中国重要的板材生产基地,拥有矿山采掘、炼焦、烧结、冶炼、轧钢及配套公辅设施等一整套先进的钢铁生产工艺设备。在近50年的建设与发展过程中,武钢为中国国民经济和现代化建设做出了重要贡献,并跻身于中国500强企业之列。

武钢的营业收入逐年增加,呈现加速度发展的趋势。根据国家公布的统计数据,从武钢在2002~2006各年度中国企业500强排名来看,也是逐年提升。图1为武汉钢铁(集团)公司近5年的营业收入及中国500强排名。

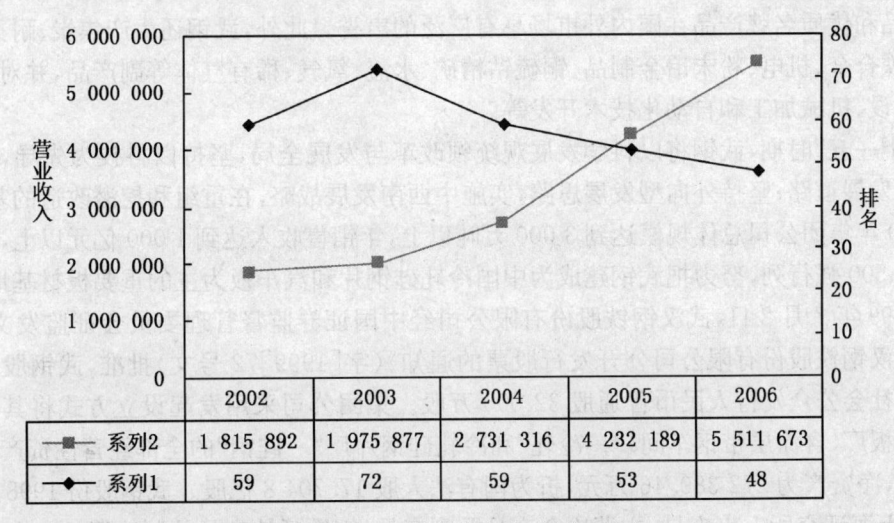

	2002	2003	2004	2005	2006
系列2	1 815 892	1 975 877	2 731 316	4 232 189	5 511 673
系列1	59	72	59	53	48

注:系列2为武汉钢铁(集团)公司近5年的营业收入,单位:万元。
　　系列1为武汉钢铁(集团)公司近5年在中国企业500强中的排名。
资料来源:北方网,时代财经(http://economy.enorth.com.cn)的相关资料整理。

图1　武汉钢铁(集团)公司近5年的营业收入及中国500强排名

武汉钢铁股份有限公司是武汉钢铁(集团)公司的控股子公司,2004年的主营业务收入为2 414 816万元,占集团公司营业收入的88.41%,2005年的主营业务收入高达4 074 603万元,与2004年相比,有了较大的增加,实现68.73%的增幅,对集团公司营业收入的贡献率达到了96.28%。可见,对武汉钢铁有限公司股份的分析基本可以反映集团公司的整体经营状况。同时,由于股份公司的数据具有可获得性和准确性,这里主要针对武汉钢铁有限公司(以下简称"武钢股份"或"公司")进行分析。

一、企业发展历程概述

　　武钢是新中国成立后兴建的第一个特大型钢铁联合企业,于1955年开始建设,1958年9月13日正式投产,是中央和国务院国资委直管的国有重要骨干企业。武钢本部现有从业人员73 000人,其中钢铁主业16 000人。集团现有直属全资子公司20家、控股公司7家、分公司4家、直属厂2家、集体企业2家、上市公司1家;集团公司出资委托二级单位管理的全资子公司12家、控股公司11家。

　　武钢是中国重要的板材生产基地,拥有矿山采掘、炼焦、烧结、冶炼、轧钢及配套公辅设施等一整套先进的钢铁生产工艺设备。在近50年的建设与发展过程中,武钢为中国国民经济和现代化建设做出了重要贡献。武钢与鄂钢、柳钢联合重组后,到2005年底,武钢累计产钢1.63亿吨,累计实现利税744亿元,其中上缴国家525.18亿元,是国家对武钢投资64.2亿元的8.18倍。

　　武钢钢铁产品主要有热轧卷板、热轧型钢、热轧重轨、中厚板、冷轧卷板、镀锌板、镀锡板、冷轧取向和无取向硅钢片、彩涂钢板、高速线材等几百个品种。其中,武钢生产的冷轧硅钢片、汽车板、桥梁用钢、管线钢、压力容器钢、集装箱用钢、帘线钢、高性能建筑用钢等"双高"产品和优质名牌产品在国内外市场享有广泛的声誉。此外,武钢还生产焦炭、耐火材料、化工、铁合金、机电、粉末冶金制品、铜硫钴精矿、水渣、氧气、稀有气体等副产品,并对外承担工程建设、机械加工和自动化技术开发等。

　　"十一五"时期,武钢将以科学发展观统领改革与发展全局,坚持以科技为先导,走质量效益型发展道路;坚持外向型发展思路,实施中西南发展战略,在重组和挖潜改造的基础上,到2010年集团公司总体规模达到3 000万吨以上,年销售收入达到1 000亿元以上,力争进入世界500强行列,努力把武钢建成为中国冷轧硅钢片和汽车板为主的重要板材基地。

　　1999年7月2日,武汉钢铁股份有限公司经中国证券监督管理委员会证监发文《关于核准武汉钢铁股份有限公司公开发行股票的通知》(字[1999]72号文)批准,武钢股份公司首次向社会公众发行人民币普通股32 000万股。集团公司采用发起设立方式将其下属的冷轧薄板厂(含涂层带钢车间)"一冷轧"和冷轧硅钢片厂"一硅钢"的全部经营性资产投入股份公司,净资产为272 380.46万元,折为国有法人股17.704 8亿股。武钢股份1998年8月3日在上海证交所上市交易,主营冶金产品及副产品、钢铁延伸产品的制造等。

　　目前武钢股份共有7座高炉,除3号高炉停用待售外,在用高炉6座,其中1号高炉容积2 200m^3,2号高炉容积1 536m^3,4号高炉容积2 516m^3,5号、6号、7号高炉容积均为3 200m^3。其中7号高炉创下国内高炉4天达产的最短纪录。调研了解到,其高炉利用系数平均在2.5以上,煤比180千克等关键技术指标均居国内领先水平,这使武钢冶炼成本优势领先于同行,可以部分弥补铁矿石与沿海钢厂高出的运费。由于目前公司后道轧制能力尚不足,目前每天有约1 000吨铁水剩余,也为武钢轧制及深加工产能扩张创造可能,为进一步规模降本奠定基础,公司目前针对铁水富余采取鱼雷罐保温技术以减少热量损失(这是日本等国先进钢铁公司减少热能损失降低工艺成本的关键技术)。

(一) 企业所有制结构

公司于 2005 年 11 月 17 日实施了股权分置改革方案。根据 2005 年度报告,2004 年公司股份总数为 7 838 亿股,其中国有法人股 5 942 亿股,社会公众股 1 896 亿股。公司完成股权分置改革后,股份总数未发生变化,但股份结构发生变化,其中原非流通股 5 468 亿股转变为有限售条件的流通股,占总股本的 69.76%;无限售条件的流通股增加到 2 370 亿股,占总股本的比例由 24.19% 上升为 30.24%。

(二) 企业组织架构

图 2、图 3 分别为武汉钢铁(集团)公司和武汉钢铁股份有限公司的组织结构图。

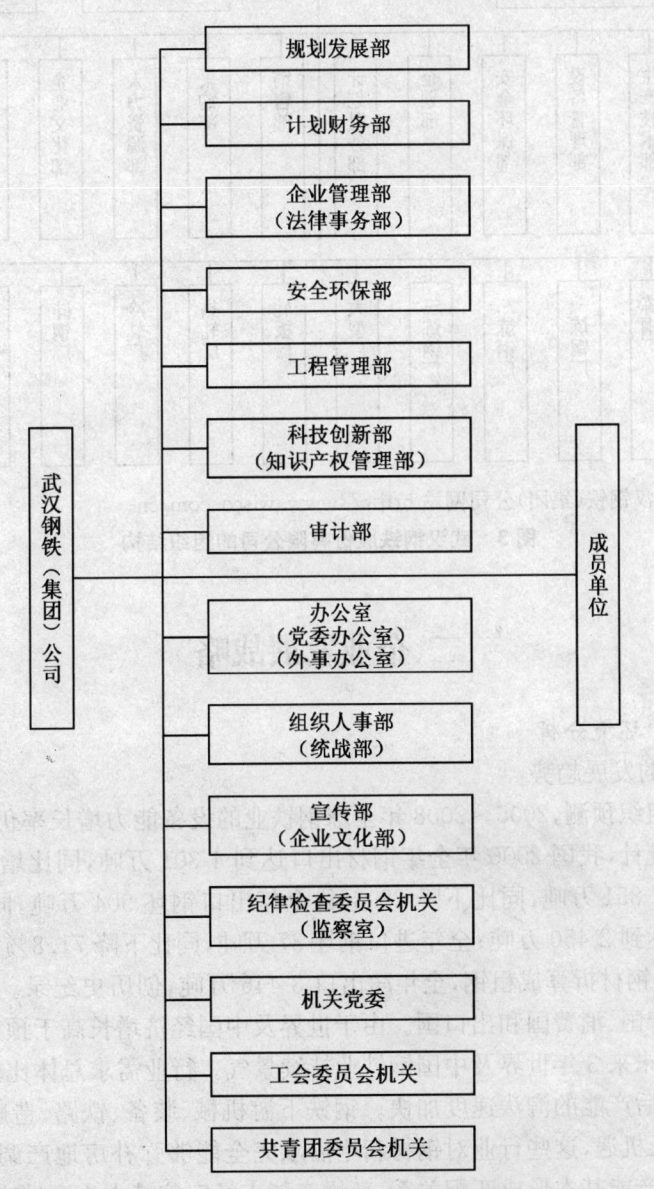

```
                        ┌─ 规划发展部
                        ├─ 计划财务部
                        ├─ 企业管理部
                        │  (法律事务部)
                        ├─ 安全环保部
                        ├─ 工程管理部
                        ├─ 科技创新部
                        │  (知识产权管理部)
武汉钢铁(集团)公司 ─────┤─ 审计部                   ─ 成员单位
                        ├─ 办公室
                        │  (党委办公室)
                        │  (外事办公室)
                        ├─ 组织人事部
                        │  (统战部)
                        ├─ 宣传部
                        │  (企业文化部)
                        ├─ 纪律检查委员会机关
                        │  (监察室)
                        ├─ 机关党委
                        ├─ 工会委员会机关
                        └─ 共青团委员会机关
```

图 2 武汉钢铁(集团)公司的组织结构

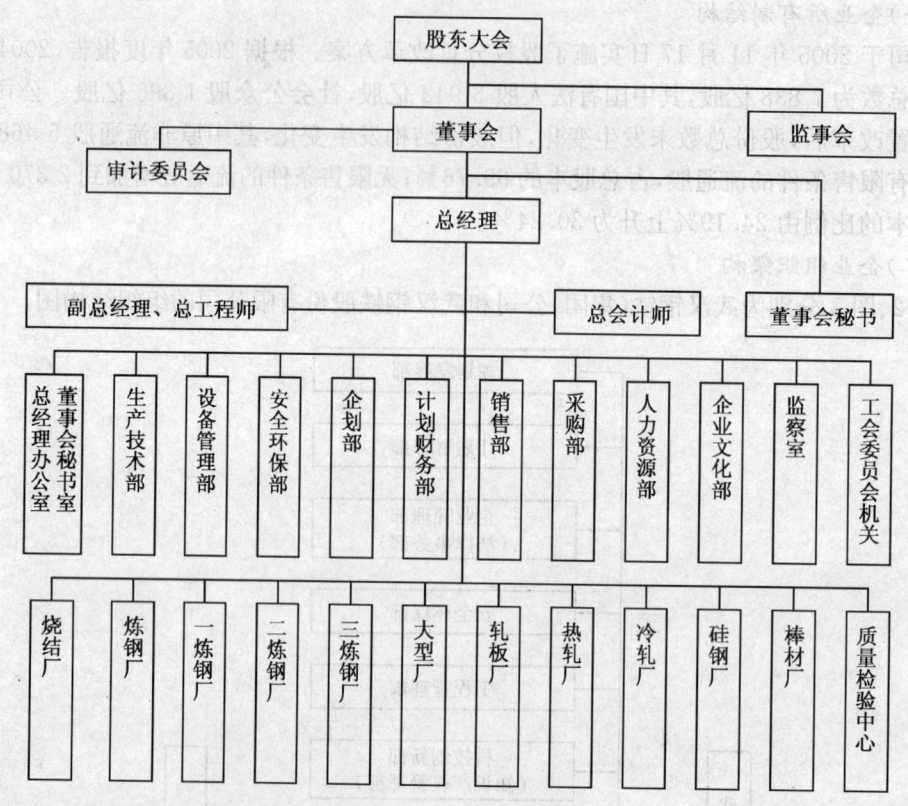

资料来源:武汉钢铁(集团)公司网站 http://www.wisco.com.cn。

图3 武汉钢铁股份有限公司的组织结构

二、企业发展战略

(一)企业竞争环境分析

1. 钢铁行业的发展趋势

据世界经合组织预测,2005～2008年全球钢铁业的设备能力增长率仍将高于消费需求增长率。据海关统计,我国2006年全年钢材出口达到4 301万吨,同比增长109.6%;2006年全年进口钢材1 851万吨,同比下降28.3%;全年出口钢坯904万吨,同比增长27.9%;全年净出口钢材达到2 450万吨;全年进口钢坯37万吨,同比下降71.8%;全年净出口钢坯867万吨。如果将钢材折算成粗钢,全年净出口3 446万吨,创历史纪录。我国现已成为世界最大的钢铁生产国、消费国和出口国。由于世界及中国经济增长高于预期,使世界及中国钢铁业持续发展,未来3年世界及中国钢铁业持续景气。行业需求总体比较旺盛;新增产能释放速度减缓,落后产能的淘汰速度加快。钢铁下游机械、装备、铁路、造船、军工等行业迎来新一轮高速增长机遇,这些行业对钢材新增需求完全能够弥补房地产调控带来的不利影响,而且与新增的产能基本形成匹配关系,新增产能市场定位基本为高端产品及替代进口。

据IMF预计,2007年世界经济增速达到5%左右的水平,而中国经济仍维持在10%以上的增幅,固定资产投资的增长速度在20%左右。世界及中国宏观经济强劲增长,支撑钢铁需求的强劲增长。2006年全球钢铁产量约为12.5亿吨,比去年增加1.2亿吨,预计2007年产量将继续上升至13.2亿吨。中国是市场增长的重要因素,世界钢铁增长60%以上来自中国。

2007年钢材市场总体趋于平衡。2006年新增钢铁产能大约6 000万~7 000万吨,受益于国家宏观调控,2006年1~10月黑色金属冶炼及压延工业固定资产投资同比下降0.9%,钢铁明年预计新增产能3 000万~4 000万吨,预计2007年产能利用率达到85%(图4列示2003~2006年中国钢铁产能及利用率),比2006年提高2个百分点。

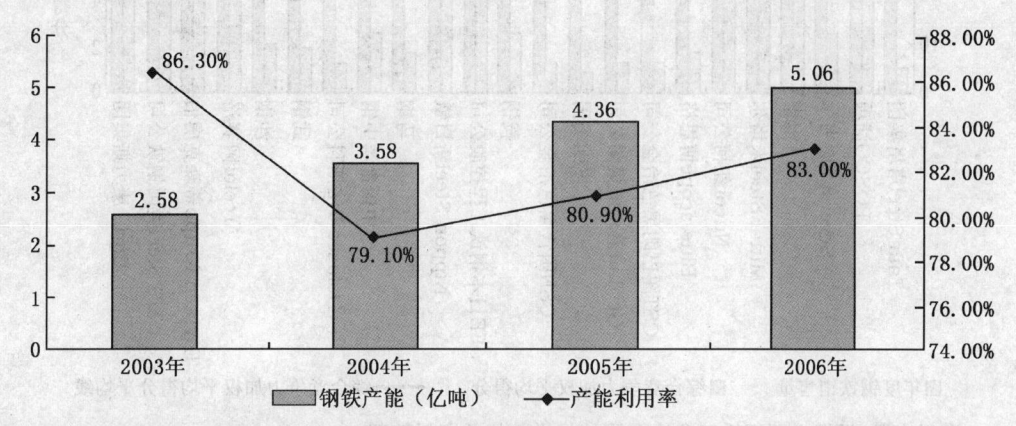

注:预计2006年粗钢产量4.2亿吨,当年新增产能预计按7 000万吨计算,鉴于淘汰落后产能步伐太慢且数据难以统计在这里没有考虑淘汰产能因素。

资料来源:根据中国钢铁工业协会网提供的相关资料整理。

图4 2003~2006年中国钢铁产能及产能利用率

外资加紧进入中国钢铁业,国际竞争对手的本土化策略已对国内的钢铁企业造成威胁。国内钢铁企业通过近几年的建设,新增产能进一步释放,国内钢铁市场竞争将更趋激烈。这将使国内钢铁市场的平稳运行存在潜在风险。

2. 企业在市场中的竞争地位

由美国钢铁信息咨询机构WSD(世界钢铁动态)发布的《全球钢铁企业竞争力排序表》是国际上评价钢铁企业国际竞争力较权威性资料,这项排名受到全世界钢铁企业的普遍关注。WSD设计的评价指标主要有各钢铁企业的现金运营成本、最近几年获利能力状况、资产负债情况、在国家/地区的支配力等20项。武钢在WSD2005年度全球钢铁企业竞争力前23名企业中排名第18位,国内排名在宝钢、鞍钢、马钢之后,位居第4位(见图5)。

(二)企业总体发展战略规划

公司的整体发展战略是以科技为先导,走质量效益型发展道路,致力于成为我国汽车板和硅钢片为主的重要板材生产基地,并建设成为绿色环保型工厂和国际一流的现代化钢铁企业。贯彻科学发展观,坚持"品种、质量、环境、效益"并举的方针,坚持以市场为导向,加速技术改造和结构调整,增加市场短缺的高技术含量、高附加值"双高"钢材品种产量,不断提升企业自主创新能力,做大、做强、做精钢铁主业。

公司在"十一五"时期要努力实现以下奋斗目标:

(1)到2010年末,形成1 500万吨钢的生产能力,劳动生产率达到1 000吨钢/人·年以

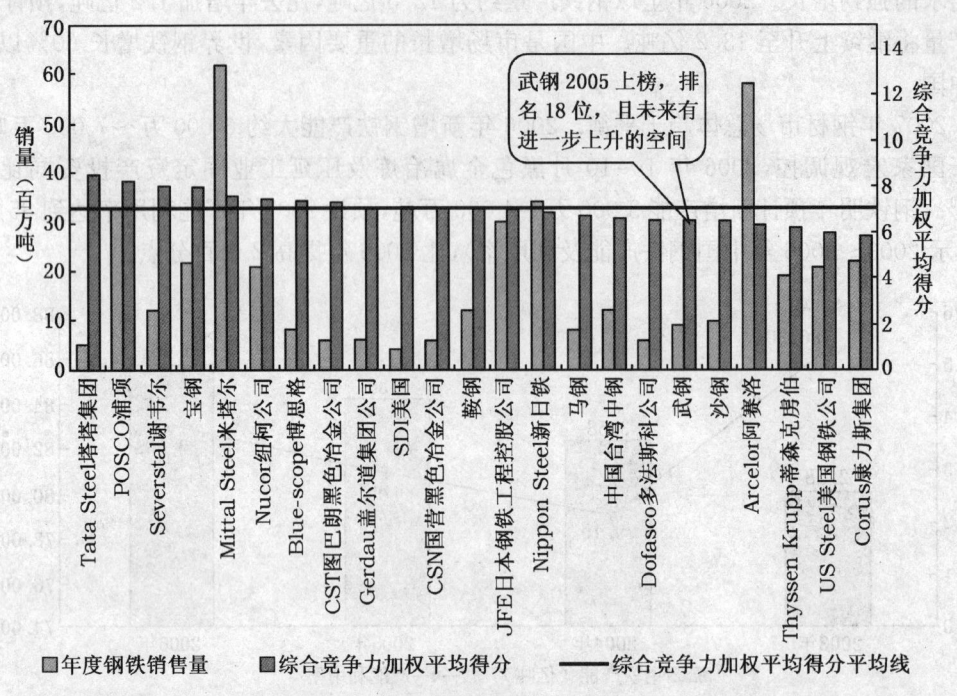

图5 武钢在全球钢铁企业竞争力排序

资料来源：根据中国钢铁工业协会网站提供的相关资料整理。

上。

(2)加快工艺结构和品种结构的调整，产品深加工比例大幅度提高，板带比达到86%以上，努力把公司建成我国汽车板和冷轧硅钢片为主的重要板材生产基地，进入世界一流企业的行列。

(3)大力发展循环经济，创建节约型企业，万元产值能耗比"十五"末下降20%，主要污染物排放合格率达到100%，新水指标控制在 $4m^3/t$ 以下，固体废弃物中的高炉渣、转炉渣实现100%综合利用。

(4)全面提高职工的综合素质，职工思想道德水平和科学文化水平达到新的高度，在生产发展和效益增长的基础上，不断提高职工人均收入。

2006年是公司"十一五"规划开局之年，工作的指导思想是：深入贯彻党的十六大和十六届五中全会精神，以科学发展为主题、以结构调整为主线，扎实推进"十一五"规划的实施，不断加大市场开拓力度，大力加强成本控制和费用管理，持之以恒地强化和创新企业管理，坚持不懈地抓好安全生产，全面夺取全年生产经营和改革与发展的新胜利。

2006年的生产经营和改革发展目标是：

(1)全年生产铁1 030万吨、钢1 060万吨、钢材971万吨；实现销售收入380亿元。

(2)调整和优化产品结构，"双高"产品占全年总产量的80%以上，全年钢材产销率100%。

(3)二冷轧、二硅钢二期工程等一批重大技改项目按期投产，一烧改造、7号高炉、轧板厂3号常化炉等项目实现达产。

(4)力争实现工亡事故为零,实现重大设备事故、重大环境污染事故、重大火灾事故、重大伤亡事故为零。

(5)理顺收入分配关系,在效益提高的基础上,提高职工收入水平。

为此,要加强生产组织协调,密切产销衔接,保证均衡有序生产;全面优化品种和渠道结构,不断扩大市场占有率;坚持科技进步和技术攻关,不断提高产品质量;加强成本控制,强力推行低成本战略;突出严管理、严检查、严考核,切实加强安全环保工作;推进企业科学管理,树立一流企业形象。

三、企业生产经营状况

(一)总体经营情况

2005年,在原燃料价格大幅上涨、钢材市场价格从下半年开始持续全面大幅下滑的双重压力下,公司直面挑战,沉着应对,努力优化生产组织,不断优化品种结构,持续开展对标、挖潜和科技攻关活动,不断提高产品质量,加强全面预算管理,严格控制成本,较好地完成了全年生产经营任务,生产铁1 015.49万吨,钢1 038.49万吨,销售钢材坯943.10万吨,其中:热轧板卷520.19万吨,冷轧及涂镀板117.37万吨,冷轧硅钢65.66万吨,中厚板70.79万吨,高速线材69.38万吨,大型材58.66万吨,棒材39.18万吨。同时"双高"产品产量达到540万吨,比例达到了57.26%。主要的65项技术经济指标,有42项超过2004年水平。公司2005年度实现主营业务收入407.46亿元,较上年增长68.73%;主营业务成本324.89亿元,较上年增长75.16%;实现净利润48.25亿元,较上年增长54.23%。武钢硅钢产品获得中国名牌产品称号,截至目前公司共有42个产品获得冶金行业"金杯奖"称号,处行业领先水平,获得了"湖北省环境友好企业"的荣誉称号。一年来,公司主要抓了以下工作:

(1)优化生产组织,调整产品结构,保持生产均衡稳定。重点品种如钢帘线、轿车板、家电板、容器钢、取向硅钢和无取向高牌号硅钢的生产均实现了历史性的突破:其中钢帘线全年产量6万吨,轿车板产量11.26万吨,取向硅钢和高牌号无取向硅钢产量分别达到13.21万吨、6.08万吨。为发挥投资效益,公司狠抓新建项目和技改项目的达产工作,其中新二烧、6号高炉、三炼钢3号转炉等项目提前实现达产;烟煤工程、二炼钢1号连铸机、二热轧、一冷轧等项目也分别实现了达产目标。

(2)强化设备基础管理,不断提高设备运行质量和预控能力。以关键设备状态受控为目标,夯实以运行管理为龙头、以检修和备件为支持的三大管理支柱,有效保证了设备的安全、可靠和稳定运行,实现了重大、特大设备事故为零。产销资讯二期设备管理信息化所涉及的工程、点检、维修、资产等九大管理子系统按期实现全面上线和试运行,标志着公司设备管理水平跃上新台阶。

(3)持续推进管理创新,各项管理不断加强。公司完成了组织机构和职能的调整,完成了综合管理体系整合工作,一次性通过了外部认证机构的认证审核。ISO/TS16949汽车板质量管理体系进入到实施阶段。

(二)产品出口情况

公司的产品出口比例加大,档次提升,出口产品在国际上的竞争力增强。2006年出口钢材125万吨,占总销量的12.62%,创历史最高水平。未来,武钢产品出口比例将提高到

15%～20%，以高端板材为主。武钢生产的建筑用钢热轧中厚板和热轧板卷于2006年10月通过英国劳氏质量认证机构的CE认证，获得出口欧盟市场的通行证，实现武钢产品在欧洲各国的自由流通。CE标志是欧洲国家强制性要求产品必须携带的安全标志，是产品进入欧洲市场的通行证。因为根据中国与欧盟关于WTO的谈判协议，2006年9月1日后，中国出口到欧洲各国的钢铁建筑用材产品必须通过第三方强制性认证。

四、企业资本运作

(一)企业融资情况

武钢股份公司成立之初，净资产为272 380.46万元，折为国有法人股17.704 8亿股。1999年7月2日首次向社会公众发行人民币普通股32 000万股，成功实现钢铁主业整体上市，共募集资金137 600万元。

2004年6月武钢股份以6.38元价格向控股股东武钢集团定向增发8.46亿股，同时向社会公众股东增发5.64亿股，共计募集资金近90亿元，收购武钢集团所属的钢铁主业资产：烧结厂、炼铁厂、三个炼钢厂、大型轧钢厂、棒材厂、高线厂、中厚板厂、一热轧及二热轧。收购后，其生产工序由原来仅拥有钢铁业务最后端的冷轧工序转变为拥有炼铁、炼钢、热轧、冷轧等一整套钢铁生产工艺流程，完善了产业链，有利于顺利开展全流程、系统的工序降本工作。2004年底具有1 100万吨产钢能力，至2006年底达到年产钢1 400万吨综合配套生产能力；产品由原有冷轧及涂镀板、冷轧硅钢片两个产品大类约200个品种，增加了热轧板卷、中厚板、大型材、高速线材、棒材等5类到7个产品大类、500多个品种。公司充分发挥已有产品"薄、专、特、精"的特点，按"人无我有、人有我优、人优我新、人新我特"的方针进一步调整产品结构，优化生产国内短缺的高附加值、高技术含量的产品。

2005年9月22日以每10股获2.5股股票、2.5份欧式认沽权证及2.5份欧式认购权证的对价方案完成股权分置改革，股改后公司总股本78.38亿股，其中限售（限售期3年）流通股54.68亿股，流通23.7亿股武钢集团向执行对价安排股权登记日登记在册的流通股股东支付4.74亿股股份、4.74亿份认沽权证和4.74亿份认购权证，执行对价安排股权登记日登记在册的流通股股东每持有10股流通股将获得武钢集团支付的2.5股股份、2.5份认沽权证和2.5份认购权证，其中每份认沽权证可以3.13元的价格，向武钢集团出售1股股份。每份认购权证可以2.90元的价格，向武钢集团认购1股股份。认购权证和认沽权证上市日为2005年11月23日。

公司"十一五"规划主要建设项目（含"十五"结转续建项目）估算总投资267亿元，资金来源：自有资金107亿元（占总投资的40%），其他资金将通过银行贷款等融资渠道解决。公司2006年固定资产投资计划安排94.27亿元，资金来源为：①2005年技改资金节余17.78亿元；②2006年公司自有资金38.60亿元，其中，计提折旧27.04亿元，企业留存利润11.56亿元；③剩余的资金用银行贷款或其他筹资方式解决。

(二)公司的投资情况

公司中长期规划的重点投资建设项目：

(1)环境治理改造项目：加大环保投入，实现清洁生产。主要规划项目有一、二原料翻车机增建除尘设施、新烧结区域噪音治理和原料车间电除尘改造工程、高炉渣处理系统改造。

(2) 新建转炉—薄板坯连铸连轧及后续热轧带钢酸洗镀锌线工程。

(3) 棒材厂搬迁改造。因棒材厂地处武汉市汉阳区，不符合武汉市区规划要求，且产品缺乏竞争力。改造以满足汽车、机械及石油工业的高级特殊钢棒材为主导产品，淘汰现有热轧带肋钢筋及热轧光圆钢筋等低附加值普通钢材品种。

(4) 新建三冷轧厂工程、新建三硅钢厂工程。

2006 年，公司投资建设的主要项目包括：

2 号高炉易地扩容大修和 4 号高炉的大修改造项目；二炼钢的易地改造项目；一热轧改造工程、大型线改造工程，主要以提高产品质量为重点进行技术改造；二冷轧和二硅钢工程建设，进一步优化公司产品结构，提高双高产品比例。

五、企业财务状况

(一) 公司的资产结构

与 2004 年相比，2005 年公司的总资产规模有了较大幅度的增长，达到 20.94% 的增幅，每股净资产也比 2004 年增加了 16.436%，呈现了良好的发展态势。

表 1　　　　　　　　　　武钢公司的资产结构变动情况表　　　　　　　　　单位：元

	2005 年	2004 年 调整后	2004 年 调整前	本年末比上年末增减(%)	2003 年末
总资产	36 771 979 255.80	30 404 848 043.32	30 404 848 043.32	20.94	7 708 109 425.23
股东权益（不含少数股东权益）	20 271 445 707.68	17 406 055 347.16	17 406 055 347.16	16.46	5 870 506 870.16
每股净资产	2.586	2.221	2.221	16.43	2.340
调整后的每股净资产	2.586	2.221	2.221	16.43	2.340

资料来源：武钢股份 2005 年年度报告。

(二) 公司主要财务指标

2005 年，公司的主营业务收入、净利润、现金流量等主要财务指标出现了快速增长的趋势，其中主营业务收入较 2004 年增加了 68.73%，经营活动产生的现金流量也较上年增加了 52.76%，有较为充裕的现金流，有利于企业的进一步发展。

表 2　　　　　　　　　　2003～2005 年公司的主要财务指标　　　　　　　　　单位：元

	2005 年	2004 年 调整后	2004 年 调整前	本年末比上年末增减(%)	2003 年
主营业务收入	40 746 033 594.16	24 148 160 506.99	24 148 160 506.99	68.73	6 806 859 856.27
利润总额	7 066 796 368.13	4 646 712 731.49	4 721 836 584.36	52.08	868 093 159.81
净利润	4 824 890 360.52	3 128 459 211.52	3 203 583 064.39	54.23	569 259 575.05

续表

	2005年	2004年 调整后	2004年 调整前	本年末比上年末增减(%)	2003年
扣除非经常性损益的净利润	4 868 495 909.21	3 129 991 877.66	3 205 115 730.53	55.54	583 487 622.49
每股收益	0.616	0.399	0.409	54.23	0.227
最新每股收益	0.616				
净资产收益率(%)	23.801	17.973	18.405	增加5.828个百分点	9.700
经营活动产生的现金流量净额	8 318 928 662.07	5 445 743 091.44	5 445 743 091.44	52.76	972 418 273.89
每股经营活动产生的现金流量净额	1.061	0.695	0.695	52.66	0.388

资料来源：武钢股份2005年年度报告。

六、企业的营销策略

公司及时调整营销策略，取得较好经济效益。及时根据市场情况开展品种赢利能力分析，适时调整品种结构，"双高"产品比例达到57.26%，部分重点品种市场份额得到巩固和提高：取向硅钢和无取向硅钢国内市场份额分别达到30.27%和10%以上，家电镀锌产品的市场开拓取得积极进展，已与海尔、美的、格力、宏图高科等知名家电厂家开始签订正式商务订单。新开发了夏利、富康、奇瑞等客户，汽车用钢客户从年初的10多家迅速增加到40多家，轿车用钢客户从过去的两家增加到15家。重点工程市场开拓继续保持较好水平，平均每月保持10万吨以上的供货水平，其中管线钢以54.5万吨的销售总量再次蝉联全国之最。全年出口92万吨，创汇金额达5.03亿美元。进一步提高了顾客满意度，公司获得了"第二届全国名优产品售后服务行业十佳单位"的荣誉称号。

（一）产品结构

公司主要从事热轧板卷、中厚板、大型材、高速线材、棒材、冷轧及涂镀板、冷轧硅钢等钢材产品的生产和销售，钢材产品涉及7大类、500多个品种，其中主要产品是热轧产品、冷轧产品和硅钢产品。2004~2006年期间，武钢公司进行了产品结构的调整，其中硅钢扮演了重要的角色，武钢在硅钢方面的领先优势成为武钢的一大特色，也是公司核心竞争力的内涵之一。到2006年中期，武钢硅钢的销售对毛利润的贡献率达到67.39%。

（二）公司产品的销售地区

公司产品区域覆盖东北、华北、华东、华南、华中、西北、西南七大区，其中华中地区的销售收入占主营业务收入的59.01%，此外，与上年相比，2005年公司在东北地区、华南地区、

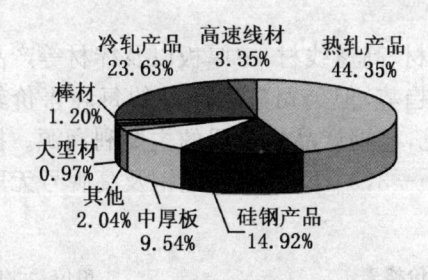

资料来源：武汉钢铁(集团)公司网站 http://www.wisco.com.cn。

图6 2004年武钢的产品结构图

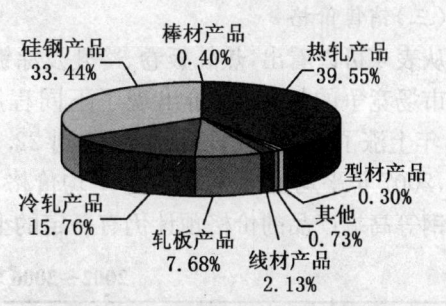

资料来源：武汉钢铁(集团)公司网站 http://www.wisco.com.cn。

图7 2005年武钢的产品结构图

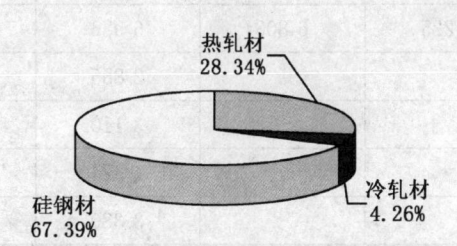

资料来源：根据公司年报整理。

图8 2006年中期武钢的产品结构图

西北地区和西南地区的销量有了大幅的增长，其中在西南地区的销售增长率高达194.80%，这表明公司的市场销售局面有了很大拓展。

表3　　　　　　　　　　　　主营业务分地区情况表　　　　　　　　　　　　单位：元

地　区	主营业务收入	比上年增减(%)
东北区	318 400 263.29	125.07
华北区	3 209 873 644.85	23.00
华东区	8 835 669 729.35	73.25
华南区	3 019 059 578.32	185.77
华中区	24 080 717 808.90	63.14
西北区	353 366 752.40	114.13
西南区	928 945 817.05	194.80
合　计	40 746 033 594.16	

资料来源：武钢股份2005年度报告。

(三)销售价格

从表4可以看出,热轧板卷、冷轧及涂镀板、大型材、高速线材、中厚板以及棒材等产品由于市场竞争的加剧,售价出现了不同程度的下降趋势,但公司硅钢产品的每吨售价较2004年上涨了1 561元,涨价幅度达到22.34%,可见,硅钢产品是公司的主要利润源。据预测,2007年平均价格在2006年平均价格波动区间[-3,3],其中取向硅钢及高牌号无取向硅钢等高端产品的价格预计仍有一定的上涨空间。

表4　　　　　　　　　　2002～2006年产品销售价格表　　　　　　　　单位:元/吨

产品种类	2002年	2003年	2004年	2005年	2006年
热轧板卷			3 944	3 804	3 333
冷轧及涂镀板	3 224	4 004	4 644	5 058	4 188
冷轧硅钢	6 225	6 803	6 986	9 724	8 547
大型材			2 885	3 019	273
高速线材			3 110	3 336	3 248
中厚板			4 324	4 564	3 846
棒材			3 380	2 832	3 162

七、企业人力资源管理

武钢围绕建设世界一流钢铁企业的战略目标,以构建科技人才高地和技术创新优势为重点,积极建设以人才资源能力建设和人才激励机制为重点的人才管理新体制,为企业的不断发展壮大提供强大的智力支持和人才保证。

(一)人力资源激励机制

武钢进一步完善人才激励机制。对406名行业专家、学科带头人和优秀科技人员,分别实行每月3 000元、2 000元和1 000元的技术津贴;成立了武钢技术创新委员会和武钢专家委员会,明确了技术创新委员会在产品研发、人才开发、激励和使用等方面的职责和义务,加强了对武钢人才资源开发工作的统一指导;进一步完善了以岗薪工资制为基础,在经营管理人员中实行风险经营承包责任兑现、销售人员中开展联销联酬、科技研发人员中进行协议工资制、新试新推产品按比例提成等机制组成的激励体系,设立2 000万元的人才奖励基金,每年对在各行各业创造显著经济效益和社会效益的突出贡献的人员分别给予1万～15万元的重奖;科技成果可连续3～5年按成果应用所创造经济效益提取1%～10%的奖励,这些措施有效地吸引和激活了人才。

同时,公司还不断完善青年人才发展的政策保障机制、表彰激励机制和培养推荐机制。逐步建立科学的青年人才评价指标体系和社会化的评选表彰体系,提高青年人才典型的代表性和权威性,形成有效激励。把青年人才开发工作纳入公司人才工作的统一规划,会同相关部门努力建立青年人才培育、考核、奖励、任用一体化的激励机制,将教育培训的结果同专业技术人员和管理人员的考核、任职、晋升直接挂钩,为促进各类青年人才的成长创造良好的环境和条件。

（二）人力资源的开发和培训

为了切实贯彻落实《中共中央国务院关于进一步加强人才工作的决定》，进一步完善人力资源发展规划，结合"十五"和"十一五"时期武钢的战略发展目标，武钢以党委文件下发的方式，推出了青年人才战略发展的规划，为武钢青年人才的未来发展指明了方向。规划的总体目标是，到2010年，要培养和造就较大规模、结构合理、素质全面，适应国际一流钢铁企业需要的高素质青年人才队伍，即以一流的思想道德、一流的技能水平、一流的岗位业绩为标准，努力培养武钢青年经营管理人才、青年专业技术人才和青年操作人才队伍。

规划指出了下一步青年人才发展的战略重点是，以能力建设为核心，以服务为着力点，紧紧抓住青年人才的培养、凝聚、举荐、配置四个关键环节。建立健全开放互联、整体推进的青年人才工作机制，多层次、多渠道、大规模地开展人才培训，建立有利于青年人才脱颖而出的有效激励机制。以青年职业生涯导航设计为整体路径，以青年素质拓展、青年技能振兴、青年英才攀登为分项计划，形成青年人才战略"1+3"的基本格局。

青年素质拓展计划鼓励武钢35周岁以下的经营管理人员、专业技术人员和操作人员加强思想道德建设。培养创新精神和提高人文素养，开展读书学习活动。鼓励青年人参加继续教育工程培训，充分发挥团属教育培训阵地的作用。努力在2010年实现青年人平均受教育年限不低于14年；100%的青年人掌握计算机和因特网的基础应用技术；50%的青年人参加公司40课时以上的各类培训；30%的青年达到国家计算机一级水平；10%的青年人达到国家英语四级水平。

在未来5年时间里，培养高技能青年操作人才仍然是工作的重点。青工"拜师学艺"作为武钢培养高技能人才的一贯做法将继续推行。在提升青工岗位操作技能中，要主动适应新设备、新技术、新工艺的要求，努力促使师徒相互学习、相互促进、相互提高。同时，继续开展青工技能培训、青工技能竞赛活动、青年"五小"科技攻关活动和做好青工职业技能的鉴定工作。

青年英才攀登计划以培养较高素养的经营管理人才和专业技术人才为重点。积极推进青年项目导师制和青年项目负责制，成立青年攻关指导小组，组织技术专家和专业技术带头人定期与青年技术人员就科技开发工作进行交流和研讨。青年参与科技攻关的比例和青年项目负责人的比例作为人才培养工作的评价指标，列入对各单位人才培养工作的评价。

建立青年英才和各级领导之间定期交流的渠道，公司领导定期与青年英才进行个别谈话或组织召开座谈会，了解、帮助解决他们在学习、工作和生活中的实际困难。

此外，武钢还注重培训具有拔尖创新能力高层次人才，分类构建高层次人才储备梯队，选派了22名高层次人才到美国俄亥俄大学攻读MBA；结合武钢二热轧、二冷轧、二硅钢等一批国际一流工艺设备的建设，选派了1 000多名科技人员到相关国家进行有计划的中、短期业务培训，以满足创建世界一流钢铁企业的需要。

八、企业文化建设

公司注重企业文化体系的建设，打造企业形象品牌。公司首先确定了"建钢铁精品基地，创国际知名品牌。跻身世界500强行列。成为自主创新能力和市场竞争力强大的国际一流企业"的战略愿景，在"以科技为先导，走质量效益型发展道路"的经营理念指导下，本着

"务实创新,追求卓越"的企业精神和"以人为本,诚信为先,追求企业效益和社会效益的共同提高"的价值观,从标识文化、环境文化建设和制度文化建设等几个层次构建企业文化建设的完整体系。如焦化公司在制度文化建设上,深入开展了"贯标"活动,规范了企业管理行为。在环境文化建设上,开展了"绿起来、亮起来、美起来"工程。还通过实施管理人员挂牌上岗,统一工装、安全帽,确定厂旗、厂徽,形成了与劳保用品、办公用品、产品包装和户外广告等形式为一体的标识文化,提升了企业知名度和美誉度。

中国海运(集团)总公司

中国海运(集团)总公司(以下简称中海集团)是直属中央的国有重要骨干企业之一,于1997年7月1日在上海成立,是一家以航运为主业的跨地区、跨行业、跨所有制和跨国经营的特大型航运集团。作为中国航运业领军企业,拥有总资产约400多亿元人民币,其主营业务设有集装箱、油运、货运、客运、特种运输五大船务;相关业务有码头经营、综合物流、船舶代理、环球空运、船舶修造、船员管理、集箱制造、供应贸易、金融投资、信息技术等陆岸多元产业体系及300余家境外企业、办事处和代理网点。拥有各类船舶440余艘,1560万载重吨,集装箱载箱位超过40万超标准箱 TEU;集团年货物运输完成量超过3亿吨、700万标准箱,是我国最大的沿海承运人,其中油运和货运在我国沿海运输市场上占有绝对优势,在国家能源和进出口贸易中起到重要的运输支撑和战略保障作用,是全球第六大集装箱班轮公司,是国家重点支持发展的国有特大型航运企业集团,在国际航运业具有较高知名度和较强竞争力。2005年在中国500强企业排行榜中名列第62位。由中国海运(集团)总公司控股的中海发展股份有限公司分别在香港(HK1138)和上海(600026)上市(中海发展),中海(海南)海盛船务股份有限公司(600896)在上海上市(中海海盛),中海集装箱运输股份有限公司(HK2866)在香港上市。

一、企业竞争环境分析

(一)行业发展背景

中国经济和对外贸易的快速发展,使得中国海运业面临着诸多发展机遇。中国还处于工业化进程,以石油、煤炭、矿石为主要对象的重点物资运输必将大幅增加。而以制造加工业为依托,特别是其中适箱产业为依托的内外集装箱运量将进入全面起飞的新阶段。据估计,未来15年内,中国集装箱运输市场发展潜力巨大,到2010年中国集装箱吞吐量将达到1.4亿 TEU。"十一五"期间我国港口建设将进入新一轮高潮,海运业的国内外航线布局、水运周转量与运输量、船舶的大型化与专业化等,将进入一个新阶段。据专家预计,到2010年中国将建成运输7500万吨进口原油的船队,2020年建成运输1.3亿吨进口原油的船队。这将极大地推动中国海运的发展。

入世5年来,我国国际贸易业务增速加快,2001~2006年,进出口总额平均以25.56%的速度高速增长。其中出口达30.2%,进口达28.65%。到2010年我国年进口铁矿石将从

2005年的2.75亿吨增至5.4亿吨,对进口铁矿石的依存度将从52.5%提高到62.9%。中国巨大的现实及潜在市场促进了世界海运业的繁荣。2006年上半年,全球好望角型、巴拿马型和超大灵便型船下水共达139艘,新增加运力1 270万载重吨,而且没有超龄船舶退役拆船。但全球海运市场在运量需求、运价、运力三个方面呈现"前低后高"的趋势。截止到2006年,全球25年船龄以上的好望角型船58艘、巴拿马型船179艘、超大灵便型船122艘。在未来的几年内,随着这些超龄船舶的陆续退出,世界航运市场将增加近2 600万载重吨的市场运输需求。世界海运市场份额逐渐向排名靠前的大公司集中,世界超大型船公司凭借其大型船舶、运费定价权等优势与近海支线航运公司展开竞争,具有明显的优势,以近海支线业务为主的航运公司面临激烈竞争、巨大挑战。随着国际贸易交易量的不断攀升,国际航运需求增长很快。

随着经济全球化进程的不断加速,国际航运业结构性发生显著变化,亚洲(尤其是东亚)所消耗的原材料和产品出口量超过了欧美,已经成为世界上最大的原材料进口地和最大的制成品出口地。据统计,2003年亚洲每天进口原油约1 500万桶,占世界原油进口量的43%,亚洲粮食、煤炭和铁矿石三大干散货种进口量超过13亿吨,占世界的57%,港口集装箱吞吐量1.52亿标箱,占世界的52%。可以说,亚洲是世界航运非常重要的一个市场。随着国际贸易及服务贸易发展程度不断加深,航运服务业和相关行业从欧美国家开始向亚洲等一些新兴国家和地区开始转移。据统计,世界前20大集装箱班轮公司和集装箱港口中,有三分之二在亚洲,超过80%船舶在亚洲制造,与航运相关的行业,如金融、保险、法律等,也随着亚洲航运中心的形成而加速集聚。在亚洲—北美和亚洲—欧洲最重要的两条干线,中国大陆和中国香港分别占60%和50%以上,中国港口成为众多班轮航线的始发港,中国成为国际班轮公司增加最快的市场之一。

(二)行业竞争情况

目前,我国从事国际航运的船公司已达231家,总运力达到2 210多万载重吨,居世界第九位。然而全球国际海运货运量52亿吨,船舶运力7.9亿吨,我国海运量占货物贸易总量的85%,我国船舶运力仅占世界海运总运力的2%,而且中资背景的外国籍船舶运力也仅占世界海运总运力的4.5%。可以看出,中国国际海运发展有很大的发展潜力和上升空间。

中国航运业有三大巨头:中远、中外运和中海集团。前两家较注重物流领域的发展建设,而中海则一直比较侧重班轮公司的发展。公司总部所在地区——上海,正积极打造国际航运中心,以服务经济为主的产业结构,这些都给中海集团带来了机遇和挑战。中海物流最大的优势资源在于拥有完善的销售网络和依托集装箱运输的班轮公司做后盾。通过不断整合发展相关物流产业,通过整合沿海港口资源,如目前有从天津、大连、连云港和营口到达南沙的内贸航线船只有6条4 500标箱,通过在南沙租赁车、船和仓库等来整合集团优势资源,从而促进中海集团的进一步发展。通过中石油签订了长年的战略合作协议,中海运输承接了东三省所有的化工产品的运输业务。

二、企业总体发展战略规划

中国海运经过近十年的发展,其航运主业特别是集装箱运输,已形成与航运主业发展相适应、高效有序、管理精干、合理布局的全球经营代理网络体系。据统计,中国海运遍布全球

85个国家和地区，设有北美、欧洲、中国香港、东南亚、韩国、西亚六个控股公司和日本株式会社、澳大利亚代理有限公司等；境外产业下属90多家公司、代理、代表处，经营代理网点超过300多个。境外员工总数已超过2 200多名，而且境外外聘员工超过2 000名。

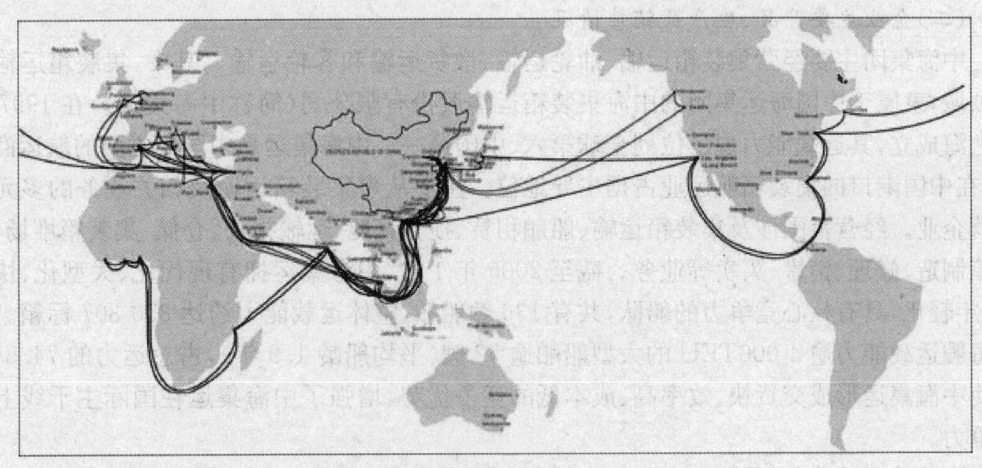

资料来源：中国海运（集团）总公司网站 http://www.cnshipping.com/。

图1 中海航队全球分布图

中海集团集装箱运输实现了跨越式发展，已形成100多艘船、20万箱位集装箱船队规模，开辟了50多条内外贸兼有的集装箱班轮航线，年运输量超过350万TEU。中海集团物流业已形成了海陆空立体综合服务功能，在全国建有八大区域公司，140家分公司和代理网点，构建了立足沿海、辐射全国、连接全球的物流供应链。

中海集团一直坚持科学发展、建设百年中海的发展理念，坚持做强、做大航运主业，积极发展相关产业的经营战略。21世纪国际港口经济和综合物流发展潜力较大，集团将依托和服务于中国海运集装箱运输等主业发展的要求，广泛寻求合作伙伴，积极在环渤海湾、长江三角洲、珠江三角洲等国内沿海经济区港口和国外重要枢纽港、中转港拓展码头投资经营及相关业务，努力建设中国海运全球十大集装箱转运中心。中海"十一五"期间的发展目标是，成为具有较强国际竞争力的国家重要骨干企业之一，建设具有世界一流水平的航运企业。

三、企业生产经营状况

（一）企业生产概况

2005年中海集团货运量、货运周转量、集装箱运量创下历史新高。当年1月份，中海集团完成货运量2 448.2万吨，货运周转量393.7亿吨海里，集装箱运量44.39TEU，分别是上年同期的110.3%、104.2%和138.9%；同时，中海集运、浦海航运和五洲航运的箱运量均创历史新高。

中海集团成立七年来，企业实现了跨越式的发展。资产规模从251亿元发展到557亿元，整体翻了一番；年营业收入从67亿元上升到477亿元，增长了7倍多；利润总额从1997年亏损1.9亿元增长到2004年的盈利84亿元；船队规模也从集团成立之初的750万载重吨发展到目前1 275万载重吨，净增525万吨。目前，中海集团拥有集装箱运输、油运、货运、特种货运输、客运等五大主营船队,年货运量超过2.6亿吨。目前,中海集装箱运输的综合实力已经跻身世界大班轮公司前十位,油轮运输和货轮运输得到了长足的发展,企业出现了稳步运行的良好局面。

(二)企业主要产品、生产及销售情况

中海集团主要经营集装箱运输、油轮运输、散货运输和客轮运输。其中,集装箱运输业务领域,隶属于中国海运集团的中海集装箱运输股份有限公司(简称中海集运),在1997年于上海成立,其运载能力现已位列全球第六、中国第一。中海集运是中国最主要的航运商之一,在中国港口的集装箱航运业占据主导地位。主要从事集装箱运输及相关业务的多元化经营企业。经营范围涉及集装箱运输、船舶租赁、揽货订舱、运输报关、仓储、集装箱堆场、集装箱制造、修理、销售、买卖等业务。截至2006年1月,中海集运拥有现代化、大型化、快速化、年轻化,具有核心竞争力的船队,共有136艘船舶,整体运载能力约达350 307标箱。其中每艘运载能力逾4 000TEU的大型船舶逾52艘(平均船龄1.9年),占总运力的74.5%。这使中海集运形成交货快、效率高、成本低的竞争优势,增强了中海集运在国际主干线上的竞争力。

在油轮运输业务领域,中海油运内外贸运输相结合,以远洋运输为重点,运输航线遍布国内外各主要港口。远洋运输方面,已在30多个国家和地区开辟了远洋航线,重点从事中东—远东,西非—远东的原油运输和环太平洋地区(包括东南亚、美国西岸及澳大利亚等)的原油、成品油运输;国内沿海运输航线则几乎覆盖我国全部沿海港口及长江南京以下各沿江港口。

在散货运输业务领域,中海货运拥有中国沿海最大的货轮运输船队。经过近几年来结构调整和优化,中海货运现已拥有门类齐全的散、杂、自卸货轮140多艘、480多万载重吨,经营航线遍及国内沿海、长江中下游港口和世界各主要港口;是中国沿海最大的散杂货运输船队,支撑着中国沿海散杂货运输的半壁江山。

在客轮运输业务领域,中国海运集团直属的中海客轮有限公司,主要承担我国沿海特别是环渤海湾地区海上客、车运输生产任务,拥有多艘大型豪华客/车滚装船、高速客轮、常规客轮。中海客运是中国最大的客滚船队,拥有先进豪华的大型客/车滚装船、豪华客轮、高速客轮和常规客轮10艘,总载客位11 393个,载车位643个,主要承担我国沿海的客、车辆及货物运输。

(三)企业海外市场拓展

集团已拥有国内沿海内贸线及外贸内支线50余条班轮航线,航线服务范围覆盖整个中国沿海、亚洲、欧洲、美洲、非洲、波斯湾等全球各主要贸易区域。主要有欧洲线、地中海线、美洲线、大西洋航线、非洲线、环球航线、澳洲线、中东线、远东—中东—美西航线等数十条国际集装箱班轮航线。其中,美国航线共投入近30艘全集装箱船进行远东—北美的班轮服务,所涉及的内陆点多达40个;中国至日本、韩国、东南亚各主要港口间航班密度大、布局广,已形成合理高效的网络运输体系;欧洲、地中海航线在国内直挂港口最多,投入运力最大;沿海内贸干支线,贯通中国南北,途径沿海30多个大小港口,在国内内贸集装箱运输市场上整体实力优势较为明显。以集装箱吞吐量计算,中海集运部分内贸航线于国内多个主要港口的市场占有率逾50%,部分港口的占有率更高达80%~90%,中海的航线分布情况见图2。

资料来源：中国海运（集团）总公司网站 http://www.cnshipping.com/。

图 2　全球中海分布图

（四）企业多元化发展情况

中海集团在经营主业的基础上，积极发展液化天然气运输、码头经营、汽车船运输、船务代理、航空空运、信息技术、贸易供应和船舶修造业等九大类。其中：

在液化天然气运输业务领域，中海集团液化天然气投资有限公司是一家从事液化天然气运输项目投资和管理的专业公司（简称中海LNG）。公司成立于2005年4月18日，为中海集团一级全资子公司。为积极贯彻国家能源发展战略、满足国内能源市场的长期需求，中国海运集团凭借自己发达的海上运输网络，一流的船员队伍，现代化的传播管理体系，先进的信息网络技术和丰富的航海经验优势，组建中海LNG，以推动中海LNG运输项目的建设和相关的咨询服务，努力提升中海集团海上运输综合能力和市场竞争能力。

在码头经营业务领域，拥有中海国际船舶管理有限公司（简称中海国际）和中海码头发展有限公司（以下简称中海码头）。中海国际是中国海运集团一级子公司。公司在整合了原上海海运、广州海运、大连海运所属的船员管理、船舶管理及教育培训资源后，于2004年12月8日成立于上海。公司在上海、广州、大连分别设有分公司，在北京拥有子公司——中海海员对外技术服务有限公司。公司获得中国海事局颁发的符合ISM、NSM两个规则，覆盖四个船种、六种船旗、九个船级社的DOC证书。公司通过了DNV认证，获得ISO9001：2000质量体系证书。公司还拥有中国商务部颁发的境外工程承包经营资格证书。公司秉承了中海集团先进的船舶管理理念，拥有遍及全球的业务网络、卓越的教育培训体系、现代化的信息管理手段，为国内外船东提供船舶管理、船员派遣、船员培训等服务。截至2005年年末，公司管理船员21 536人，为集团内外500多艘船舶配备船员；公司自管船舶57艘。

中海码头以灵活多样的投资方式，主要从事国内外集装箱、油品、化学品及散杂货等码头投资开发与经营，物流配送、仓储及陆上运输，码头设施设备租赁、港口机械设备国际贸易及相关的资本经营等业务。中海码头是中国海运码头业的主体企业。依托中国海运航运主业的整体优势,以"互惠合作、共谋发展"为投资经营理念,实现了规模化发展,现在国内外合资经营及管理12个码头公司,年集装箱吞吐能力达到1 300万TEU。中海码头重点投资经营集装箱码头业务。近年来,在天津、大连、锦州、连云港、上海、湛江、广州南沙等国内沿海港口合资经营集装箱码头的基础上,又积极加大码头实体投资力度,再建一批现代化大型集装箱码头。2005年在连云港新建了庙岭三期两个集装箱码头,形成100万TEU的吞吐能力;在锦州新建了两个集装箱码头,形成85万TEU的吞吐能力;2006年,参与投资在建的上海洋山深水港二期集装箱码头项目;又启动新建连云港庙三突堤5个集装箱码头,将形成250万TEU的吞吐能力;在大连投资建设大窑湾三期5个集装箱码头,将形成320万TEU的吞吐能力。此外,中国海运合资租赁经营美国洛杉矶5个集装箱码头,其中100号码头已成为全球惟一的大型绿色环保集装箱码头。为适应中国海运综合运输发展,中海码头积极参与投资经营相关码头项目,先后参股经营江苏长江石油化工有限公司,从事液体化工码头业务;参股投资宁波港北仑股份有限公司,经营铁矿石码头装卸业务;以战略投资方式收购厦门港务集团部分股份。

在汽车船运输业务领域,中海集团与日本川崎汽船株式会社(K-line)设立合资公司中海川崎汽车船运输有限公司,开展汽车船运输业务。

在船务代理业务领域,中海船务代理有限公司(以下简称中海船务)是中国海运(集团)总公司直属的经营内、外贸船舶运输代理业务的专业公司,总注册资本1.5亿元人民币。在中国沿海、长江沿岸及珠江三角洲一带各主要港口共设有56家经营点,从事航行国内、国际航线和中国香港、澳门、台湾地区的中、外籍各类船舶在中国港口、海域、内河及其他有关地方的船舶代理业务。中海船务依托中海、立足沿海、拓展海外、面向全球,围绕船舶代理这一主业,志在打造成为联结船东、港口、货主等各方的桥梁和纽带的服务商。目前,公司已有43家下属子公司获得国际船舶代理资质、ISO9001:2000质量体系认证以及英国皇家认可委员会UKAS证书,年代理集团外船舶超过万艘次,市场占有率稳步攀升。

在航空空运业务领域,中海环球空运有限公司(以下简称中海环球)是由国家商务部、中国民航总局和海关总署批准的国际货运代理企业。公司主要承办空运进出口货物的国际运输代理业务;海关监管厢式卡车和集装箱卡车运输业务;海关监管仓储(储运)和中转、集分拨业务;报关、清关、转关、报验业务;相关的短途运输服务及运输咨询业务;国际快递业务;国际展品、私人物品及过境货物运输代理业务等。公司以资金投入大、经营起点高为基础,以先进的管理水平、超前的发展意识、良好的服务信誉为依托,向规模化、专业化、全球化方向快速发展,创造中海环球空运品牌。公司已先后成为IATA(国际航空运输协会)、FIATA(国际货运代理协会联合会)、TT CLUB(英国联运保赔协会)三大著名国际性专业协会的成员,并于2003年2月顺利通过了ISO9001:2000质量体系认证。公司在中国各主要城市均设立了分公司,形成了以中国沿海城市和长江流域城市为中心的国际航空货运物流销售网络,国内航空货运物流销售网辐射华北、华东、华南、华中等地,并已建立中海品牌的国内运输网络;同时公司以美国、欧洲、日本和东南亚等地区为重点,逐步发展形成全球空运销售和操作网络。

在信息技术业务领域,中海集团大力发展信息技术产业,全球网络以上海为中心,覆盖国内沿海沿江主要港口城市和世界主要经济贸易国家和地区的下属公司网点。形成了全球化、网络化、数字化为特征的中海数字网、中海电子商务平台、集装箱运输管理系统、物流系统和内部信息管理系统等信息技术运用和管理体系。

在贸易供应业务领域，中海集团对外贸易以提供船舶贸易和船舶技术服务为主营业务，并开展船舶和设备融资业务。

在集装箱制造业领域，中海投资作为集团陆上相关产业的投资主体积极开拓集装箱制造业，同时致力于相关产业及半挂车项目的前期开发，填补了中海集团制造产业的空白。目前公司已启动了连云港、锦州、广州集装箱厂的布点建设，三个箱厂建成投产后总产能将达到45万TEU。

在船舶修造业领域，中海工业有限公司（简称中海工业）是中国最具规模的航运工业企业之一，是中海船队的陆上保障产业，在国内外修船界和航运界享有较高声誉。中海工业下属船厂包括立丰船厂等6家船厂，主要从事船舶修理、船舶改造和油轮特涂业务。企业在全国修船行业中，年修船艘数总量八年来保持全国第一，2005年销售收入位列全国第三，是中国船舶工业行业组织和亚洲修船组织SHIRECON的重要成员。正在加快中海长兴修船基地建设，"十一五"期间修船实力将实现新的跨越。

由中海集团控股的中海发展股份有限公司货轮公司（中海货运）经营和管理门类齐全的散、杂、自卸货轮近140艘，450多万载重吨，年运输量超过1.2亿吨，其中煤炭运输1.1亿吨，占我国沿海煤炭运输量45%以上。经营航线遍及国内沿海、长江中下游和世界主要港口，是中国沿海最大的散杂货运输船队，支撑着中国沿海散杂货运输的半壁江山。

（五）与上下游企业合作情况

中国海运（集团）总公司与中国船舶工业集团公司于2006年10月28日在北京签署建造4艘30.8万吨超大型油轮合同。同年11月2日，中海发展拟向中国海运（集团）总公司（下称中海集团）收购中海集团下属公司所有的42艘干散货运输船舶（以下简称干散货船舶收购）。双方初步确定收购价格为24.7亿元人民币。

中国海运（集团）总公司、中铁集装箱公司本着"强强联合、优势互补、合作双赢、共同发展"的原则签署了《战略合作框架协议》。依托中铁集装箱公司在国内的铁路集装箱运输网络优势和中国海运（集团）总公司遍布全球的集装箱海运网络优势，实现铁路和海运两大运输体系的有效衔接，为客户提供更加完善、优质的服务，同时促进双方的共同发展。《战略合作框架协议》主要内容是建立长期战略合作伙伴关系，以中铁集装箱上海物流中心为平台，合作开展海铁联运集装箱班列运输业务，逐步扩大双方在国内其他港口开展铁路集装箱班列业务领域的合作区域，在开通上海芦潮港站至合肥西站的海铁联运集装箱班列之后，逐步扩展到南京、南昌等国内重点城市和周边城市的海铁联运集装箱班列，充分发挥中铁集装箱上海物流中心的资源优势，促进双方海运和铁路集装箱业务的快速增长，推进海运和铁路两大运输体系的全面对接。

四、企业资本运作

（一）融资情况

中海集团成立之初，由于历史的原因和传统金融体制的影响，融资的渠道较单一。主要是通过银行间接借款，而且借款又多集中于中国工商银行。这不能满足企业发展的资金需求和有效控制财务费用。中海集团组建后，明确由总公司作为中海集团统一对外的融资窗口,负责管理整个中海集团资金筹措,通过信贷资金的集中管理和统一运作,融资成本大幅下降,充分发挥了规模优势。积极拓展融资渠道和方式,稳步扩大企业在资本市场上的直接融资比例,融资渠道呈现多元化,信贷结构趋于合理。

首先,与合作银行争取优惠利率,有效降低财务费用。中海集团成立之前,都是单个公司向银行申请贷款,借款的期限总想高于借款使用周期,唯恐资金周转不灵,出现还款困难,资金实际使用效率较低。中海集团组建后,不断加强与银行的沟通,引入竞争机制,以中海集团总公司的名义与银行签订授信合同,扩大银行综合授信额度。先后与中国银行、中国农业银行签订了战略合作协议,形成了以工行、中行、农行三大银行为主,其他中小商业银行为辅的信贷体系;目前中海集团取得银行综合授信总额达407亿元,为集团生产经营提供了强有力的资金保障。与此同时,发挥中海集团整体资金规模优势,不断争取银行优惠利率。目前,中海集团全部流动资金借款利率均为银行基准利率下浮10个百分点的底线,与银行达成利率下浮的项目融资总额已超过40亿元,每年可节约财务费用数千万元。

其次,中海集团借造船、造箱契机,积极开展境外融资。根据中海集团在海外的造船、造箱计划,主动发挥中海集团境外公司的窗口作用,积极运用银团贷款、融资租赁等境外间接融资手段,利用美元利率低谷的大好时机,借入低成本的外币借款。近几年来,中海集团境外融资总额达8.1亿美元,为中海集团的造船、造箱计划提供了大量资金支持,充分发挥了资金产业导向作用;利用资本市场,不断拓展直接融资。2004年6月,中海集装箱运输股份有限公司在香港联交所正式上市,共募集资金近76亿港币,成为全球市值第五大船运公司,中海集团的资本实力和抗风险能力显著增强。与此同时,经过精心策划和准备,在2004年底,中海集团又成功发行了20亿元企业债券,集团融资渠道实现了重大创新和突破,为中海集团节约了大量融资成本。

中海集团充分利用境内外资本市场的融资、再融资功能,先后从证券市场直接融资80多亿港元、10多亿元人民币,中海集团融资渠道已从单一走向多元,融资区域从国内面向世界,从间接融资走向直接融资,中海集团信贷资金结构更趋于合理,融资成本不断降低。

交通银行与中国海运(集团)总公司于2005年在上海签署了银企全面合作协议,交行上海分行授予该集团综合授信额度人民币7.5亿元,并拟在未来合作期内加大合作力度,给予中国海运(集团)总公司授信额度增加至人民币100亿元。根据协议,交通银行将为中海运提供网上银行、企业年金托管、委托贷款、全国银行间债券市场交易代理等方面的服务;并根据企业发展需要,实行交行境内外分支机构联动,支持中海运海外投资、跨国经营的新举措。

2007年3月,中国海运集团发行20亿元为期一年的短期债券,由中国工商银行和招商银行做主承销商。截止到2006年年末,中海集团共获得国内商业银行约590亿元的授信额度,已使用额度约85.6亿元,尚余500多亿元额度。货币资金和EBITDA对短期债务都有很好的保护。

(二)并购重组情况

目前,全球国际贸易货运量的90%以上是通过海运完成的,国际货运需求的增长直接导致国际海运服务业市场上运力供给的快速增加。国际海运业的价格竞争空间有限,为了增强竞争力必须扩大运量,因此各承运商纷纷转换经营战略,达成全球范围的战略联盟,进行兼并收购,逐渐形成各种国际性的经营联合体或领导市场的独立承运人,以求在海运市场上占有更大的份额。

近年来,国际海运企业的并购发展十分迅速。此次并购同以往有很大差异,主要表现在:以前的收购案例中被收购船公司往往经营业绩不佳,资不抵债,属于被迫出售资产的被动行为;而近几年的并购事件案例多处于海运业的繁盛期,收购方经营业绩屡创新高,而被收购方则存在主动出售优质资产的意图。在当今经济全球化的背景下,全球航运市场份额就成为各大海运公司争夺的对象。同样,经济全球化时代,企业处于一个开放性的世界市场,国际化经营势在必行。随着企业间竞争向供应链竞争转变,兼并形成大而专的跨国企业通过整合优势航运资源,提高营运效率和降低成本。中海集团将集团内部的集装箱业务合并,成立中国海运集团集装箱运输公司。国内航运企业应抓住契机,进一步实行兼并收购战略,进行资产重组,合理配置航运资源,尽量采用外部增长方式实现企业规模的扩张,适应市场需求,提高航运市场中的竞争力。从短期看,我国航运企业应加大联营力度。我国航运企业应多采取兼并收购战略,达到企业再发展的目的。航运业兼并收购已不仅仅是一种以企业行为为主的微观现象,它已上升至国家宏观层次成为增强国家竞争力的一种体现。

五、企业财务状况

(一)资产结构及管理能力

公司资产规模巨大,流动资产规模与流动负债规模相当;主营业务收入稳定增长,利润增速较快;经营现金流规模较大,EBITDA对债务有良好的保护(见表1)。

表1　　　　　　　　　中国海运(集团)总公司的资产负债情况　　　　　　　　单位:亿元

项目	2006H	2005	2004	2003	项目	2006H	2005	2004	2003
应收账款	44.5	0	0	43.9	主营业务收入	300.2	532.2	358.4	266.8
存货	27.4	17.5	10.4	8.5	主营业务利润	38.2	104.3	91.1	36.1
货币资金	79.1	100.9	113.5	60.6	利润总额	30.42	90.95	75.15	19.31
流动资产	199.1	181.6	201.2	128.5	净利润	17.66	46.38	40.76	12.56
总资产	706.5	642.3	564.1	416.1	经营现金净流入	21.6	112.1	104.3	69.6
流动负债	200.1	170.1	180.3	183.6	投资现金净流入	−55.7	−110.6	−103.5	−65.3
长期负债	146	129.4	118.2	108.1	筹资现金净流入	12.6	−12.2	52.9	18.0
总负债	346.3	299.7	298.5	291.8	现金及等价物净增加	−21.7	−12.6	52.9	22.6
所有者权益	212.3	196.3	148.4	81.3	EBITDA	33.4	124.2	106.9	50.6
短期债务	59.9	48.1	63.2	94.4	总债务	184.8	156.8	161.4	202.5
长期债务	124.9	108.6	98.1	108.1					

资料来源:中信数量化分析系统。

(二)资产管理质量

集团应收账款周转率和存货周转率略低于行业平均水平。总投资周转率较高。公司营运能力较高。公司现金获得能力较强,盈利能力较强。

表2　　　　　　　　　中国海运(集团)总公司的资产管理质量指标

	公司			所属行业		
	2004	2005	2006H	2004	2005	2006H
流动比率	1.12	1.07	1	1.52	1.56	1.14
速动比率	1.06	0.97	0.86	1.42	1.47	1.05
应收账款周转率(%)	13.24	15.58	8.05	21.65	21.88	7.84
存货周转率(%)	27.6	30.23	11.56	20.07	23	14.13
总资产周转率(%)	0.73	0.88	0.45	0.40	0.43	0.19
净资产收益率(%)	27.4	23.63	8.31	8.11	17.09	4.91
总资产现金回收率(%)	18.49	17.46	3.06	12.03	13.13	4.90

资料来源：中信数量化分析系统。

(三)偿债能力

集团流动比和速度比稍低,资产负债率中等。总债务/总资产比率不高,经营性现金流/总债务保护能力稍弱,长期偿债能力中等。总债务中短期债务所占比率不高,货币资金对短期债务的覆盖率较高,公司短期偿债能力较好。

表3　　　　　　　　　中海集团偿债能力分析表

	公司			所属行业		
	2004	2005	2006H	2004	2005	2006H
流动比	1.12	1.07	1	1.52	1.56	1.14
速动比	1.06	0.97	0.86	1.42	1.47	1.05
长期负债与营运资金比	5.66	11.17	−156.9	2.31	0.45	0.99
资产负债比	0.53	0.47	0.49	0.40	0.41	0.45
利息保障倍数	4.49	6.12	—	15.78	20.8	16.74
总债务/总资产	0.29	0.24	0.26	0.25	0.25	0.28
经营性现金流/总债务	0.65	0.72	0.12	0.68	1.22	0.31
货币资金/短期债务	1.80	2.10	1.32	4.36	4.61	6.21

资料来源：中信数量化分析系统。

六、企业的人力资源管理

中国海运按照科学发展观,全面实施"人才强企"战略,已制订并实施了《集团"十一五"人才发展规划》和《集团2006～2007年人才发展实施计划》。"十一五"期间人才发展目标是优化人员结构,增加人才数量,控制职工总量,提高整体素质,建设一支与世界一流航运企业相适应的高素质人才队伍,主要任务是培养建设好"万人工程"。

中国海运的发展为各类人才提供了施展才能的平台,在建设一流船队的同时,加快培养和造就一支与世界一流航运企业需要相适应,与一流船队和相关产业发展相适应,与中国海运全面、协调、可持续发展相适应的一流团队。一流团队主要是指企业领导人才、高级经营管理人才、高技术人才三支队伍。

中国海运历来注重船员队伍建设,重视船员人力资源开发与培养,目前已基本形成了一支满足集团船舶数量快速增长,以及船舶大型化、现代化、远程化发展要求的船员人才队伍,重点做好大型船舶高级船员的选拔和培养,并逐步建立了以人为本,公开、公平、竞争、择优的船员选拔任用机制,业绩与待遇相一致的考核激励机制,成功营造了一种尊重知识、尊重人才,有利于优秀船员人才脱颖而出的优良环境。同时,按照人才队伍建设需要,集团每年都有计划、有重点地招收航海类水上专业毕业生,作为高级船员队伍、高级管理人员培养的新生力量。

中国海运坚持科学发展、建设百年中海的发展理念;以其丰富的航运经验,先进的管理水平,优秀的人才队伍,树立良好的社会服务信誉;坚持做强做大航运主业、积极发展相关产业的经营战略。中国海运"十一五"发展目标是:成为具有较强国际竞争力的国家重要骨干企业之一,建设具有世界一流水平的航运企业。

中国海运工资分配一直向运输船员岗位倾斜。2005年集团对运输船员工资分配进行改革,建立了统一的船员工资制度,从总体上提高了船员收入,进一步调动广大船员生产积极性。改革后,船员工资标准按船舶类型、吨位大小、航区等因素确定,分为岗位工资和业绩工资。

人才强企战略是中国海运集团发展战略的一个重要组成部分,是实施企业发展战略的根本保证。目前,集团正加紧构筑人才高地,建立健全人才培养"快车道"和人才引进"绿色通道"。集团在各类高级技术干部船员、集装箱业务、国际油运业务人才、码头、物流、金融财务、IT、法律专业人才和海外代理人才等方面的需求逐渐增加。

七、企业文化

集团积极树立"爱我中海、勇创一流"的企业精神,"诚信四海、追求卓越"是集团的核心价值观,中海集团结合实际,坚持"革命化、年轻化、知识化、专业化"的标准开展人才选拔和培养工作,始终贯穿"爱中海、有思路、能干事"的总体要求。"爱中海"是人才政治品质的集中体现。中海是国有大型骨干企业,"爱中海"就是爱国家,就是爱中海事业。中海的发展为人才提供了施展才能的平台。"爱中海"就是发展中海,实现企业发展和个人价值的一致性。"有思路"是人才业务素质的集中体现。思路决定出路,正确的思路是取得成功的关键。"有思路",要求站得高,看得远,既不人云亦云,也不本本主义,善于独立思考,坚持实事求是;既有目标,又有措施,发扬创新精神,把企业带到更高层次。"能干事"是人才执行力水平的集中体现。首先是不干坏事,不干傻事,要干好事;"干好事"是指干成事,要有业绩,不能只讲不做,光开花不结果;要干有利于经营管理、有利于提高经济效益、有利于企业发展的事。进了中海的门,就是中海的人,"能干事"也是人才选拔任用的重要依据。

企业文化是企业核心竞争能力的重要组成部分,是企业发展硬实力的有力支撑。中国海运在十年改革发展中,形成的企业文化是一种敢为人先、后来居上的文化。以庆祝集团成立十周年为契机,进一步加强企业的文化建设,形成和谐融洽、充满友爱、精诚团结、蓬勃向上的氛围,彰显"爱我中海、勇创一流"的企业精神和"诚信四海、追求卓越"的核心价值观。在思想政治工作与精神文明建设方面,形成勇创一流、积极向上的文化氛围。按"简洁、隆重、激励、奋进"的原则,统筹安排集团对内对外宣传工作,形成不同阶段的宣传工作重点和亮点,进一步鼓舞、激励、引导广大干部职工立足岗位,艰苦奋斗,奋发有为,全面完成2007年各项工作任务。安全生产是航运企业永恒的主题,各级党组织要高度重视安全工作,积极支持配合企业抓好安全生产,加强企业的安全文化建设。安全文化的重要内容就是要营造一种安全文化氛围,养成一种遵章守纪的安全习惯,努力把安全体系文件变成保证安全工作的习惯。坚持激励与约束并重,以制度和机制来保证安全,来保证企业的安全发展、科学发展;加强企业执行文化建设。企业的成功,赢在执行。"爱中海、有思路、能干事"是工作要求,更要有具体的行动来体现。要进一步推行严肃的执行理念,形成创新的执行思维,养成正确的执行习惯,进一步提高企业管理的执行力;加强企业创新文化和法制文化建设。企业的改革发展需要创新,要努力加强管理创新、服务创新、技术创新、营销创新,用创新的思维,寻求企业新的发展。创新要有开放的心态、五湖四海的心态,要创造一种宽容的环境,勇于思考、积极实践,追求真理,用创新的方法落实各项工作要求;努力创造和谐发展的文化氛围。认真贯彻落实中央关于和谐社会建设的要求,坚持以人为本,关心职工,关爱船员;坚持加强宣传引导,把握政策,齐心协力创和谐。

交通银行股份有限公司

交通银行(简称交行)建于1908年,具有百年历史,是我国历史最为悠久的银行之一。交通银行拥有辐射全国、面向海外的机构体系和业务网络。分支机构布局覆盖经济发达地区、经济中心城市和国际金融中心。截至2006年年末,交通银行共有境内分行95家,包括省分行28家、直属分行7家、省辖分(支)行60家,营业机构2 628个,分布在143个城市(除95家分行外还有48家非单独核算的县级城市支行)。在中国香港、纽约、东京、新加坡、首尔设有分行,在伦敦、法兰克福设有代表处。与全球100多个国家和地区约900家银行建立了代理行关系。全行员工近6万人。在"2006中国企业500强"中排名第50位,比2005年上升了41位。2002年排名在第40位,2003年名列第53位,2004年名列第47位。

一、交行发展历程概述

(一)发展简史

交通银行始建于1908年(光绪三十四年),是中国早期四大银行之一,也是中国早期的发钞行之一。1958年,除香港分行仍继续营业外,交通银行国内业务分别并入当地中国人民银行和在交通银行基础上组建起来的中国人民建设银行。为适应中国经济体制改革和发展的要求,1986年7月24日,作为金融改革的试点,国务院批准重新组建交通银行。1987年4月1日,重新组建后的交通银行正式对外营业,成为中国第一家全国性的国有股份制商业银行,总行设在上海。

(二)扩展路径

交通银行是我国第一家全国性股份制商业银行。1986年国务院决定重新组建交通银行,交行于1987年3月30日在国家工商局注册登记成立,成为我国第一家全国性股份制商业银行。交行设立时实行总分行两级法人体制,即总行与分支行均为独立法人,交行的股东分别持有总行及分支行的股份;1994年交行由原来的总、分支行两级法人体制统一为单一法人体制,原持有交行分支行股份的股东将其所持有的股份折股,统一转为持有交行的股份。交行是中国第一家在境外上市的商业银行。在完成了财务重组和引进境外战略投资者后,交行于2005年6月成功在香港联交所主板挂牌上市,成为中国第一家登陆国际资本市场的商业银行。

作为中国首家全国性股份制商业银行,交通银行自重新组建以来,就身肩双重历史使命,它既是百年民族金融品牌的继承者,又是中国金融体制改革的先行者。交通银行在中国金融业的改革发展中实现了六个"第一",即第一家资本来源和产权形式实行股份制;第一家按市场原则和成本—效益原则设置机构;第一家打破金融行业业务范围垄断,将竞争机制引入金融领域;第一家引进资产负债比例管理,并以此规范业务运作,防范经营风险;第一家建立双向选择的新型银企关系;第一家可以从事银行、保险、证券业务的综合性商业银行。交通银行改革发展的实践,为中国股份制商业银行的发展开辟了道路,对金融改革起到了催化、推动和示范作用。

2004年6月,在中国金融改革深化的过程中,国务院批准了交通银行深化股份制改革的整体方案,目标是要把交通银行办成一家公司治理结构完善、资本充足、内控严密、运营安全、服务和效益良好、具有较强国际竞争力和百年民族品牌的现代金融企业。在深化股份制改革中,交通银行完成了财务重组,成功引进了汇丰银行、社保基金、中央汇金公司等境内外战略投资者,并着力推进体制机制的良性转变。2005年6月23日,交通银行在香港成功上市,成为首家在境外上市的中国内地商业银行。目前,交通银行已经发展成为一家"发展战略明确、公司治理完善、机构网络健全、经营管理先进、金融服务优质、财务状况良好"的具有百年民族品牌的现代化商业银行。

(三)所有制结构

交行是国有控股大型商业银行。截至2006年11月28日,交行国家股21 459 438 466股,占总股份的46.85%;国有法人股7 906 728 101股,占总股份的17.26%。其中财政部为交行第一大股东。交通银行股权结构多元化,公司治理基本制度已经确立,公司治理架构基本建成,公司治理不断走向成熟和规范。按照公众持股银行标准和境内外监管规则的要求,建立了构成高度专业化和国际化的董事会和对股东大会负责的监事会,健全了董事会和监事会专门机构,高级管理层在董事会授权下全权开展经营管理。董事会的战略决策作用、高级管理层的经营管理职责和监事会的监督职责充分发挥,股东大会、董事会、监事会和高级管理层各自发挥良好效能又相互制衡的机制基本形成。

表1　　　　　　　　　　　　　　　交行股东持股情况

股东名称	持股数量(股)	占交行总股本比例(%)
财政部	9 974 982 648	21.78
汇丰银行	9 115 002 580	19.90
社保基金会	5 555 555 556	12.13
汇金公司	3 000 000 000	6.55
合　计	27 645 540 784	60.36

(四)组织架构

交行按照相关法律规定,建立了较为完善的公司法人治理结构,设立了股东大会、董事会、监事会,制定了相应议事规则。交行实行一级法人体制,下属分支机构不具备法人资格,分支机构在总行授权范围内依法开展业务活动。

交行自2002年起,开始借鉴国际商业银行主流模式,实施以客户为中心的组织架构再造。按照以客户为中心,前、中、后台分离制约,部门职责服从业务流程的原则,将全行的业务板块按照现代商业银行的经营理念划分成九个业务板块。目前总行各管理板块经过一系列整合,已形成总体框架,并正在继续完善,分行的组织架构也进行了适度调整。在此基础上,以后台集中为主要内容的流程银行再造工程正在稳步实施推进。交行先进的管理组织架构提高了交行的营销能力、营运效率和风险管理水平,增强了交行的核心竞争力。

二、交行发展战略

(一)企业竞争环境分析

目前我国已形成了四大银行、其他全国性股份制商业银行、政策性银行、城市商业银行、城市信用合作社、农村信用合作社、外资商业银行及其他金融机构构成的金融体系,金融机构之间的竞争逐渐加剧。目前交行的主要竞争对手包括四大银行和其他全国性股份制商业银行。四大银行拥有更庞大的资本基础、更广阔的分销网络和更雄厚的客户基础。中小型股份制商业银行历史遗留的不良贷款负担相对较轻,在运作上也更灵活。在争取客户资金方面,交行与国内其他非银行金融机构(包括邮政储蓄机构、信用合作社、证券公司和保险公司)也存在竞争。此外,随着我国银行业的全面对外开放,交行与外资金融机构的竞争将进一步加剧。

(二)交行的战略目标

面对复杂的外部经营环境、日趋刚性的资本约束和逐步推进的利率市场化改革,基于深化股份制改革已取得阶段性成果、发展已经迈上新的历史台阶,交通银行从2005年开始实施管理和发展的战略转型。交通银行的战略目标是朝着"国际公众银行、创新型银行、综合性银行、经营集约化银行、管理先进型银行"的目标迈进,努力创办一流金融控股集团。

三、交行生产经营状况

(一)交行经营概况

截至2006年12月31日,就总资产、贷款和垫款总额以及存款余额而言,交行是我国第五大商业银行;交行人民币存、贷款市场份额在除四大银行外的其他全国性商业银行中均保持领先优势。截至2006年12月31日,交行的总资产、贷款和垫款总额、存款余额分别为17 162.63亿元、9 262.04亿元和14 135.67亿元。根据中国人民银行和中国银监会公布的数据,截至2006年12月31日,交行的总资产、贷款余额和存款余额分别占我国所有银行机构总资产、贷款余额和存款余额的3.91%、3.89%和4.06%。交行主要在我国境内运营,提供广泛的商业银行产品和服务。根据中国人民银行公布的资料,截至2006年12月31日,以公司贷款余额、票据贴现余额及公司存款余额计算,交行是我国除四大银行以外规模最大的公司银行;以个人贷款余额和个人存款余额计算,交行是我国除四大银行以外最大的零售银行;以2006年总交易额计算,交行是我国除四大银行以外领先的贷记卡、准贷记卡和借记卡服务。

截至2006年12月31日,交行拥有超过56万公司客户以及超过4 000万名个人客户,并通过境内2 627家分行、支行、分理处及其他营业网点的分销网络,以及通过包括一系列网上及电话银行,包括5 582台自动取款机、943台自动存款机、1 731台存取款一体机、

15 000台POS机的电子银行网络,为客户提供服务。

(二)交行主要业务经营情况

交行的经营范围是:吸收公众存款;发放短期、中期和长期贷款;办理国内外结算;办理票据承兑与贴现;发行金融债券;代理发行、代理兑付、承销政府债券;买卖政府债券、金融债券;从事同业拆借;买卖、代理买卖外汇;从事银行卡业务;提供信用证服务及担保;代理收付款项业务;提供保管箱服务;经营结汇、售汇业务;经国务院银行业监督管理机构批准的其他业务。自交行设立以来,交行的主营业务、提供的主要产品和服务未发生变化。

交行的业务包括企业银行业务、零售及个人银行业务、资金业务和其他业务。交行的企业银行业务向企业客户提供各种产品和服务,例如贷款、存款、票据贴现、结算、贸易融资、基金托管和担保。交行的零售及个人银行业务为零售及个人客户提供各类零售银行产品和服务,例如存款、按揭贷款、汽车贷款、借记卡、贷记卡、理财及外汇交易业务。交行的资金业务包括但不限于银行间货币市场交易、外汇交易、政府债券及金融债券交易和投资。截至2006年12月31日,交行的总资产为17 162.63亿元,股东权益为885.82亿元。交行2006年实现营业利润174.64亿元,净利润126.69亿元。

表2　　　　　　　　　近三年交行各项业务分部的对外交易收入　　　　　　　　单位:百万元

项 目	2006年度 金额	2006年度 占总额比例	2005年度 金额	2005年度 占总额比例	2004年度 金额	2004年度 占总额比例
企业银行业务	40 778	59.63%	33 094	61.61%	26 425	62.39%
零售及个人银行业务	7 878	11.52%	5 326	9.91%	3 737	8.82%
资金业务	19 583	28.63%	15 206	28.31%	12 014	28.36%
其他业务	151	0.22%	93	0.17%	181	0.43%
合计	68 390	100%	53 719	100%	42 357	100%

注:对外交易收入包括利息收入、手续费及佣金收入、投资收益(不含长期股权投资收益)、公允价值变动收益、汇兑收益和其他业务收入。

表3　　　　　　2004~2006年交行按业务分类向客户提供的贷款和垫款金额　　　　　　单位:百万元

项 目	截至2006年12月31日 金额	占总额比例	截至2005年12月31日 金额	占总额比例	截至2004年12月31日 金额	占总额比例
个人贷款和垫款	126 286	13.63%	104 129	13.37%	85 777	13.37%
企业贷款和垫款	799 918	86.37%	674 411	86.63%	555 656	86.63%
贷款和垫款总额	926 204	100%	778 540	100%	641 433	100%

（三）交行品牌创建

交通银行始终坚持继承与创新并重，以诚信立行，以服务取胜，在金融产品、金融工具和金融制度领域不断开拓、锐意进取，形成了产品覆盖全面、科技手段先进的业务体系，通过传统网点"一对一"服务和全方位的现代化电子服务渠道相结合，为客户在公司金融、私人金融、国际金融和中间业务等领域提供全面周到的专业化服务。交通银行拥有一批以"外汇宝"、"太平洋卡"、"基金超市"等为代表的在市场享有盛誉的品牌产品，市场份额在业内名列前茅。2006年交通银行在产品开发方面继续提速，先后推出了"沃德财富账户"、"盈通账户"、"满金宝"、"展业通"等一系列金融新品，全行产品线更趋丰富，客户服务功能继续提升，市场竞争力进一步加强。交行主要在商标、专利、域名、版权和非专利技术等领域拥有知识产权。交行以"交通银行"、"太平洋卡"及"Bank of Communications"、"bankcomm"及行徽等品牌名称及标志经营业务，交行域名为：www.bankcomm.com。

四、交行资本运作

截至2004年、2005年及2006年12月31日，交行证券投资分别为2 475亿元、3 145亿元和3 971亿元，分别占交行总资产的21.7%、22.1%和23.1%。交行的证券投资包括可供出售金融资产、交易性金融资产，以及应收款项—债券投资。交行主要投资及交易以人民币计价的证券，以实现交行资产的稳定性及多元化，保持充裕的备用流动性以满足交行的资金需求，丰富交行利息收入来源。

交行的人民币证券投资主要包括国债、央行票据、金融债券等。其中国债和金融债券为交行主要的投资品种。截至2004年、2005年及2006年12月31日，交行持有的国债占交行证券投资总额的27.9%、24.9%和25.6%；交行持有的金融债券占交行证券投资总额的41.8%、50.1%和47.0%。

截至2005年12月31日，交行长期股权投资为14亿元，较2004年12月31日有显著增长，主要是由于境外子公司2005年股东权益增加，交行按权益法核算导致长期股权投资相应增长。此外，2005年经中国银行业监督管理委员会批准，交行新增对交银施罗德的投资。交行投资性房地产由2005年12月31日的7亿元降至2006年12月31日的1亿元，主要是由于交行下属纽约分行、香港分行于2006年度处置出售投资性房地产所致。

五、交行财务状况

抓住境外成功上市后品牌和市场形象提升的有利时机，交通银行加快业务拓展步伐，经营活力充分显现，各项业务实现健康快速协调发展，综合实力日益增强，财务状况居于国内同业领先水平。截至2006年年末，交通银行资本充足率与核心资本充足率分别达到10.83%和8.52%，资产规模达到17195亿元，较上年末增长20.8%；存贷款总额分别达到14 203亿元和9 103亿元；实现税后利润122.7亿元，比上年增长32.71%；资产回报率（ROA）和股东权益回报率（ROE）分别达到0.71%和13.57%。不良贷款率为2.01%。按总资产排名，交通银行位列世界1 000家大银行的73位，按一级资本排名，交通银行位列第65位，已跻身全球银行百强行列。

(一)资产结构

表4　　　　　　　　　　　　　　　　　资产负债表主要数据　　　　　　　　　　　　　　　单位:百万元

项 目	2006年12月31日	2005年12月31日	2004年12月31日
资产总计	1 716 263	1 421 132	1 141 733
其中:发放贷款和垫款	909 083	765 880	632 842
负债总计	1 627 681	1 339 236	1 090 074
其中:吸收存款	1 413 567	1 214 465	1 024 898
股东权益合计	88 582	81 896	51 659

表5　　　　　　　　　　　　　　　　　利润表主要数据　　　　　　　　　　　　　　　　单位:百万元

项 目	2006年度	2005年度	2004年度
营业收入	43 225	35 090	28 833
营业支出	(25 761)	(21 945)	(19 788)
营业利润	17 464	13 145	9 045
利润总额	17 660	13 297	7 333
净利润	12 669	9 509	1 198

表6　　　　　　　　　　　　　　　　　现金流量表主要数据　　　　　　　　　　　　　　单位:百万元

项 目	2006年度	2005年度	2004年度
经营活动产生的现金流量净额	162 843	56 731	54 498
投资活动产生的现金流量净额	(76 426)	(52 591)	(103 442)
筹资活动产生的现金流量净额	(2 255)	21 607	47 698
现金及现金等价物净增加额	83 841	25 500	(1 176)

表7　　　　　　　　　　　　　　　　　净资产收益率及每股收益

| | 报告期利润 | 净资产收益率(%) || 每股收益 ||
		全面摊薄	加权平均	基本每股收益(人民币元)	稀释每股收益(人民币元)
2006年	净利润	14	14	0.28	不适用
	扣除非经常性损益后的净利润	14	14	0.27	不适用
2005年	净利润	12	15	0.23	不适用
	扣除非经常性损益后的净利润	11	14	0.22	不适用
2004年	净利润	2	4	0.05	不适用
	扣除非经常性损益后的净利润	12	19	0.26	不适用

（二）营利状况

2005年度与2004年度的比较由于上述因素，交行利润总额从2004年的73亿元增长至2005年的133亿元，增幅为81.3%。2006年度与2005年度的比较，由于上述因素，交行利润总额从2005年的133亿元增长至2006年的177亿元，增幅为32.8%。

交行2004年、2005年和2006年度的净利润分别为12亿元、95亿元和127亿元。交行净利息收入主要受交行生息资产收益率与计息负债成本的差额，以及这些资产和负债的平均余额所影响。这些生息资产的平均收益率和计息负债的平均成本在很大程度上受人民银行的基准利率和利率政策的影响。尤其对于人民币贷款和存款，以及低于特定金额的外汇存款，人民银行都为其设定基准利率并不定期修订。交行生息资产的平均收益率和计息负债的平均成本也受我国其他货币政策、宏观经济状况、市场竞争和资金需求状况的影响。

六、交行研发创新能力

交行的软件开发中心负责交行应用系统开发工作。软件开发中心具备大型综合性集成系统的研发能力，从2004年到2006年成功完成了交行大集中工程以及前述各个应用系统的分析、设计、开发、测试、投产和推广工作，实现了交行业务系统与汇丰银行业务系统的联动、交行业务系统的境内外联动。2006年软件开发中心通过了CMMI3级软件质量管理资质认证，按照国际通行标准组织和管理软件应用项目的研发工作。现有在建项目27个、预研项目21个，交行计划继续加大对信息化建设的投入，以保持并加强交行核心竞争力。

截至2006年12月31日，交行依法拥有60项注册商标的专用权。此外，交行已经依法在中国境内申请注册32项商标，上述申请注册的商标尚在申请核准期内。交行律师认为，该等正在申请之中的注册商标完成相关审核手续并取得相关权证后，交行可依法获得该等注册商标的专用权。截至2006年12月31日，交行已取得的外观设计专利共2项，合法拥有304个互联网域名；交行因自行开发拥有29项其他知识产权以及通过购买拥有36项其他知识产权(包括版权和非专利技术)。

根据交行与汇丰银行于2004年8月18日签订的一份《许可协议》，汇丰银行就业务单元向交行授予特许权，以使用汇丰银行拥有的若干商标，并另就业务单元授出转授特许权，从而使用汇丰银行若干联属公司拥有的若干商标。该特许权和转授特许权是以免专利费、非专属及不可转让形式授出。该等商标将用于与贷记卡和准贷记卡、文具、信纸(包括卡片)和广告，包括印刷广告(例如传张、免费样品、海报和广告牌等)、电台广告、电视广告、网络广告、邮寄广告和电话推销)。该协议自2004年8月18日起计初步为期三年，可按汇丰银行的全权决定最迟于期限届满前三个月向交行发出通知而续展两年。

七、交行营销策略

(一)销售渠道

交行充分认识到广泛的销售渠道网络对于提供高质量客户服务、增加收入来源和提高交行声誉及品牌知名度的重要性。交行的销售网络包括分支行、网点、自动取款机、24小时电话银行和网上银行平台。此外,交行于2006年开始筹建直销队伍,并开始组建全国性的直销网络。截至2006年12月31日,交行已在包括上海、北京、南京等12个大中城市建立了13个直销机构,直销人员达到570余人。目前,交行直销队伍主要采取在苏宁电器和沃尔玛等合作伙伴店内驻点销售的方式销售交行贷记卡,未来将承担交行其他零售产品的销售工作。作为交行开发和整合传统渠道和科技主导渠道的长期战略的一部分,交行通过重点开发中国经济较发达地区的销售网络,以及利用交行的科技主导渠道(例如电话银行和网上银行)为客户提供方便的服务并吸引潜在客户,促进整体经营效益。

(二)市场营销策略

1. 企业银行业务

交行对企业客户实行分级管理制度。交行将跨区域以及与交行合作密切、利润贡献较高的主要企业客户列为总行级客户,由总行直接组织销售及管理。交行协调调度全行资源共同为这些主要客户服务。交行下属分行则主要负责分行所覆盖地区的企业客户的销售和管理。

交行总行公司业务部设置业务拓展一、二、三部,业务拓展部根据不同行业和区域划分,重要职能是牵头对分管客户进行营销,组织制定并实施对重点客户的营销方案,组织推动并参与完成公司业务条线的相关业务指标,联系分管行业的上级主管部门,收集、分析、传递相关业务信息,提出产品整合、包装方案,满足客户需求。

交行主要通过客户关系经理推销企业银行产品和管理交行的企业客户。交行还设立产品经理以进行市场和产品调查、开发新产品以及为客户关系经理和客户提供技术支持。产品经理还要协助进行开发规划和基于产品和客户特性的更具针对性的营销活动的日常执行工作。客户关系经理侧重于开发和维护与本行客户的持续关系,同时利用产品经理的专业知识进行定向营销。交行把对客户关系经理和产品经理的持续培训,作为交行增强营销和销售团队生产力和专业精神的业务创新重要途径。

2. 零售及个人银行业务

2006年1月,为更好地从事零售及个人银行业务,交行在总行成立了个人金融销售服务部负责零售银行的市场营销工作。交行总行负责全行性营销策划组织推动以及全国性媒体投放等工作;由分行负责具体营销方案的制定以及地方性媒体投放,负责合作项目的集中营销配合工作;由支行负责具体营销方案的落实以及合作项目和目标客户的市场营销工作。

交行主要通过分销网络来进行市场营销和其他促销活动。交行拟通过改善产品组合和分销网络来吸引和保留更多零售银行客户。特别是,交行拟增加24小时自助服务中心的数量,以便客户在非营业时间和节假日也可以方便地享受交行的零售银行服务。此外,交行已建立了客户关系分析系统,该平台将使交行能够监控和分析客户的购买行为和客户数据,对客户进行细分以及开发定制的产品和服务,并有助于交行通过客户数据收集制定更为有效的营销策略,从而实现了更为有效的营销。

交行设立了"95559"全国统一号码的电话银行和"www.95559.com.cn"个人网上银行。电话银行和网上银行的开通,拓宽了交行零售及个人银行业务的渠道,并有利于利用先进便捷的技术手段提高服务水平。

(三)定价策略

1. 企业贷款

交行企业银行产品的定价由人民银行及其他相关监管机构监管。对于人民币贷款,自 2004 年 10 月 29 日起,交行可收取利率并无上限。但是这些利率不得低于人民银行基准利率的 90%。在 2004 年 1 月 1 日至 2004 年 10 月 29 日,对于低于一年期以及一年期到五年期人民币贷款,交行可在人民银行对应基准利率 90%～170% 的范围内收取利率;对于五年期以上人民币贷款,利率设定不受限制。在人民银行基准利率允许的利差范围之内,交行根据以下因素设定对公贷款的定价,即借款人的财务状况,包括其盈利能力、流动资金、现金流量和净值状况、可用的抵押品、贷款的拟定用途、市场状况及贷款期限等。

2. 外币贷款

外币贷款的利率不受人民银行管制。交行外币贷款的利率决定的因素与交行人民币贷款利率的决定因素相似。交行的外币贷款主要以美元为单位。

3. 企业存款

交行以人民银行规定的人民币存款基准利率为上限,可在某些情况下向中资保险公司、社保基金会及国家邮政局邮政储汇局等提供协议定期存款。此外,交行可对除金额低于等值 300 万美元并以美元、欧元、日元或港元为单位以外的外币存款自由议定其利率。交行亦可自由议定同业间及非中国居民外币存款的利率。

4. 个人贷款

交行以人民币计值的个人贷款的定价由中国人民银行监管,按中国人民银行相关利率规定执行,交行可对以外币计值的贷款自由拟定利率。

5. 个人存款

人民币个人存款利率以中国人民银行规定的人民币存款基准利率为上限,交行可自由磋商 300 万美元或以上外币存款的利率以及各种外币单位和金额的银行同业及非居民外币存款的利率。此外,交行也可自由磋商除在 300 万美元以下并以美元、欧元、日元及港元为单位以外的其他外币存款的利率。

八、企业人力资源与文化

(一)人员构成

截至 2006 年 12 月 31 日,交行按年龄、学历、专业和职称划分的境内员工总数如表 8 所示。

表 8   交行境内员工分布

类别	细分类别	员工人数(人)	所占比例(%)
年龄构成	30 岁以下	23 267	38.23
	31～40 岁	24 170	39.71
	41～50 岁	10 132	16.65
	51～60 岁	3 271	5.37
	60 岁以上	25	0.04

续表

类别	细分类别	员工人数(人)	所占比例(%)
学历构成	研究生及以上	1 599	2.63
	本科	22 853	37.55
	大中专	30 659	50.37
	其他	5 754	9.45
专业构成	公司银行业务	14 866	24.42
	个人银行业务	24 871	40.86
	资金业务	117	0.19
	财务与会计	6 123	10.06
	管理人员	4 332	7.12
	风险管理、内控合规人员	2 374	3.90
	信息科技	1 429	2.35
	其他	6 753	11.10
职称构成	高级	605	0.99
	中级	15 683	25.77
	初级	21 825	35.86
	其他	22 752	37.38
	总计	60 865	100

(二)薪酬、福利及培训

2006年,交行推行以职位、薪酬、绩效体系和员工职业生涯规划为基础的人力资源管理改革。新的薪酬制度根据"以职定级"、"以岗定薪"、"以绩定奖"的原则制定。新制度遵循以下原则:一是兼顾内部公平性和外部竞争力;二是效率优先;三是重视个人绩效与团队业绩的关联性;四是激励员工职业发展;五是规范统一、动态维护。

交行的薪酬定位与市场接轨,参照市场水平设定合理的薪酬区间,实行宽幅管理。每年根据市场水平对薪酬结构和薪酬水平进行动态维护。员工收入与全行绩效连接,年度增资根据市场目标水平、员工薪酬竞争力,以及绩效等结果决定,年度奖励考虑全行、分行、部门(支行)、团队、个人绩效,并考虑竞争力确定。新制度强调直线主管参与下属薪酬管理。此外,新制度还将提供人性化的福利制度,关心员工学习成长。

交行根据《中华人民共和国劳动法》及国家和地方政府的有关规定,已为员工办理了各项保险及其他保障,包括基本养老保险、补充养老保险、基本医疗保险、补充医疗保险、住房公积金、住房补贴等。

(三)对外交流及社会活动

交行为建设成为受人尊敬的企业,实现银行经济和社会效益的协调统一,实现企业与社会的共同繁荣进步,一直坚持以"提供更优金融方案,持续创造共同价值"作为企业公民的崇高使命,始终怀着强烈的社会责任感来经营业务,并将企业社会责任放在公司策略的重要位置。

2006年交行共向社会捐赠人民币8 400多万元,并成功获得上海2010年世博会商业银行全球合作伙伴称号,成为上海世博会惟一的商业银行赞助伙伴。同时,交行也将支持教育、投资人才作为重要社会责任之一,全行各机构通过各种方式开展帮困助学活动,帮助贫困地区修建新校舍、添置教学设备,资助失学儿童和品学兼优的贫困学生完成学业。

交行把环境保护作为企业社会责任的重点之一,明确交行决策和行动中必须符合可持续发展的要求,在信贷投向上给予环保企业重点倾斜,在环境治理、绿色工程等方面给予重点支持,积极参与公益植树和绿化宣传活动,支持环境绿化行动、积极倡导采取节约能源、使用环保用品,减少资源消耗。

交行积极倡导责任文化、依法合规、诚信经营,要求以高度负责任的态度和方式经营业务,全盘考虑社会的期望以及对风险的评估,并以此为原则贯穿于各种业务活动中,充分考虑和评估进行业务来往的企业是否会对环境产生不良影响的因素,明确规定了不支持的行业和项目,以确保交行的贷款不仅符合国家的相关要求,也符合一些国际性的原则。

交行一贯积极参与慈善活动,关怀弱势群体,扶贫赈灾,项目遍及环保、教育、扶助弱势群体、医疗、赈灾各领域。根据国务院"集中力量,加快贫困地区脱贫致富进程"的新一轮扶贫开发精神,交行在天祝藏族自治县开展定点扶贫工作,援助的医院、学校和道路、桥梁于2006年修建完工。

交行鼓励员工走进社会、走进社区,参与志愿者活动,用实际行动关怀社会弱势群体,在各地分支机构的员工积极参与多种形式的志愿者活动,包括义务献血、探访敬老院、儿童福利院、参加植树活动、濒危野生动物保护等,通过形式多样的志愿者活动提高了员工关怀社会弱势群体、关心环境保护、共创和谐未来的意愿。

(四)企业文化

2006年为将企业文化建设推向纵深,交行制定并全面落实了三年企业文化建设纲要。目前,交行已在全行内初步建立了以"责任"和"创新"为核心价值观的企业文化理念体系,全体员工对企业文化建设的现状和演进方向、对交通银行的使命和愿景进一步达成共识,各级管理部门也逐步由经验管理、制度管理向着文化管理的方向提升。在此基础上,将进一步发挥企业文化对银行经营的精神激励作用,不断提高交行的凝聚力,使每一个成员都能与之同呼吸、共命运,共同将事业推向高峰。

中国铁路物资总公司

中国铁路物资总公司(简称中铁物资)是隶属国务院国有资产监督管理委员会直接管理的中央大型企业,其前身是中国铁道部物资管理局。中国铁路物资总公司是目前国内经营规模最大的物资流通企业之一,总部设在北京。下设 21 个全资子公司(9 个流通企业、12 个工业企业)、8 个控股公司和 1 个物资管理干部学院。员工总数 1 万余人,年销售收入 230 亿元左右。9 个物资流通企业分设在北京、上海、天津、广州、哈尔滨、沈阳、武汉、西安、成都等城市,下辖 18 个储运基地,仓储面积 140 万平方米,专用线 139 延长公里,物资年吞吐能力 600 万吨。12 家工业企业分布在全国各地,均属国家大中型企业,是铁路专用器材主要生产基地和铁路工业重要组成部分。中国铁路物资总公司首批获国家钢材、非金属和机电产品一级代理商资格,总公司及下属子公司全部通过 ISO9000 质量体系认证。

中国铁路物资总公司立足铁路市场,面向国内外社会市场,充分发挥国有大型物资企业的流通主导功能,坚持内贸与外贸相结合,物资经营与发展实业相结合,大力发展代理配送制,强化连锁营销网络,增强科技创新能力,为铁路和社会各界用户提供优良的产品和服务。

中国铁路物资总公司经营范围广泛,主要经营铁路运输生产建设所需的钢轨、柴油、车轮、车轴、轮箍、机电设备、机车车辆配件、造车修车专用钢材、水泥、木材等各类物资,兼营物资仓储、配送、商品检验、信息咨询、房地产、易货贸易、办理边境口岸及进出口物资接运等业务。在工业生产方面,生产供应水泥、混凝土轨枕、弹跳扣件、防腐枕木、阻燃防火木材、竹胶板等产品。物资总公司与国内外众多厂商建立了良好的贸易伙伴关系。目前,已与 100 多家资源厂签订了代理协议,并与世界 40 多个国家和地区的厂商建立了广泛的贸易合作关系,以良好的产品质量、一流的服务赢得了国内外用户的赞誉。

中国铁路物资总公司以"满足需求、质量保证、价格低廉、供应及时"四项承诺为立商之本,将与广大国内外用户进一步开展更加广泛有效的合作,为国内外铁路事业和流通产业的发展做出更大的贡献。

2003~2006 年在中国企业 500 强中的排名分别为第 66 位、第 65 位、第 59 位和第 51 位,排名逐年上升,表明中国铁路物资总公司处于稳步发展的阶段。

一、中铁物资的发展战略

(一)指导思想

紧紧抓住国民经济持续增长和铁路实现跨越式发展的历史机遇期,坚持市场导向、优化资源配置、调整经营结构、深化体制机制改革、巩固铁路市场、扩大社会市场、拓展国际市场,快速扩张、着力做强,从根本上提高市场竞争能力和自我发展能力。

(二)远景目标

作为国内生产资料流通行业的重要企业,在未来10~15年的时间内,总公司要以贸易为龙头,在铁路物资、能源、金属等生产资料领域,构建供应链一体化运作体系,力争成为国民经济相关行业发展的重要支持力量,建成具有一定国际影响力的大型商贸流通产业集团。到2009年争取进入全国企业500强前50名,到2020年力争成为中国前40名的大型企业集团之一。

(三)战略定位

中铁物资的战略定位是以商贸、物流为主,围绕铁路市场和社会市场两条主线,以铁路物资、能源以及金属为三大核心领域,搭建网络信息与金融服务双重平台,提供以贸易、物流为核心的一体化流通服务,形成上下游延伸和国内外延伸的经营格局,建设成服务铁路、面向社会的、行业领先、国际知名大型商贸流通产业集团,最终实现中铁物资做强、做大、做久的战略目标。

在中铁物资的战略布局中,铁路物资供应是最基本的目标市场,而非铁路业务包括国际业务则是需要大力培育和拓展的新领域。近年来,中铁物资除了一直在"提高服务质量,降低服务成本,改进服务方式"上狠下功夫外,还紧紧围绕铁路跨越式发展的需要和铁路用户新的需求,在为铁路创新增值服务方面不断做出新的努力。铁路物资供应配套服务,包括进口铁路物资和装备的配送接运、铁路设备的融资租赁、提供铁路物资采购信息服务平台、建设路用物资质量跟踪系统、对新建客运专线的物资采购提供一揽子供应服务方案等。非铁路业务是指向核心业务的上下游延伸,近两年来,中铁物资加大了工业结构调整力度,取得了一定成效。除了对现有产业进行调整,中铁将重点关注与核心业务联系密切、有市场前景、对企业发展具有战略意义的新产业。

2005年11月中旬,《中国铁路物资总公司战略发展规划(2004版)》通过了国资委规划发展局组织的评审,并已获核准。审核意见认为,中铁物资的战略定位和发展方向符合国家发展规划和产业政策,符合中央企业国有经济布局和结构的战略性调整方向,符合突出主业、效益优先和可持续发展的原则。

(四)战略实施的步骤

中铁物资战略的实施有三步走的设想:第一,巩固和发展铁路市场,这是中铁物资赖以生存的基础市场。第二,走向社会。社会市场的开拓目前已有一定成效,已占中铁物资经营规模的半壁江山,但尚需进一步开发。第三,走出国门,大力发展国际市场。中铁物资真正要做强做大做久,有赖于其融入国际市场的深度和广度,从跨国经营走到跨国公司,融入全球经济一体化中。要做到这一点,必须以现有的核心业务为基础进行拓展,特别是铁路物资设备的经营更易进入国际市场。

二、中铁物资的生产经营状况

(一)企业生产概况

2005年上半年,中铁物资全系统实现销售收入253.3亿元,完成年计划的56.3%,同比增长39.6%;实现利润1.66亿元,完成国资委下达计划的72.81%,同比增长140.58%。其中,商贸系统实现销售收入244.6亿元,同比增长40.78%,实现利润1.78亿元,同比增长137.33%。总公司销售收入和实现利润创历史新高,各项工作取得良好成绩。

(二)企业主要业务情况介绍

1. 油品业务

中铁物资是铁道部指定的铁路行车用油供应商。在各铁路局、中石化、中石油各大区销售公司所在地及40多个炼油厂设有分支机构,形成了辐射全国的油品储运、配送和服务网络,与铁路用户建立了稳固的供应关系,获得了独特的市场优势。

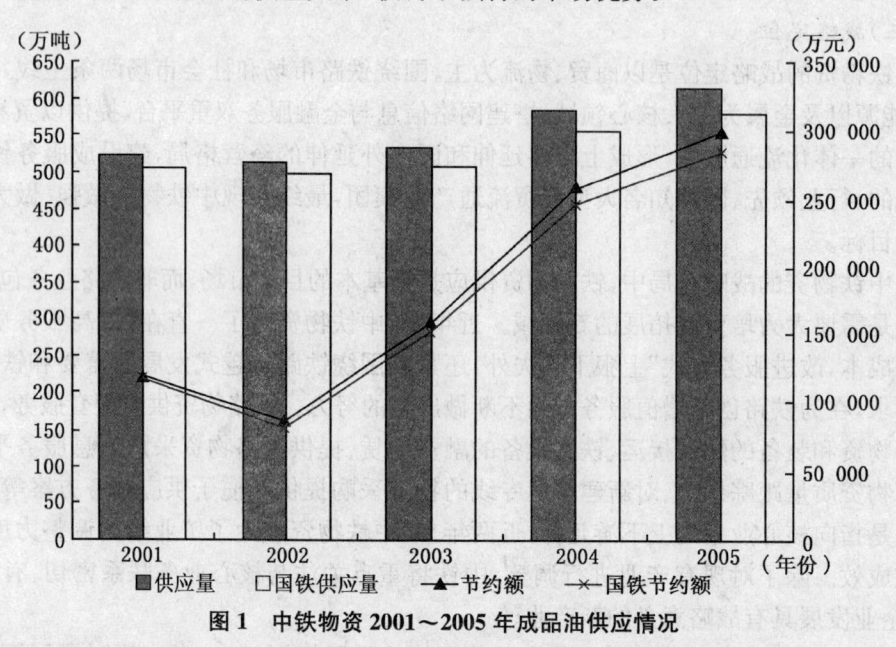

图1 中铁物资2001~2005年成品油供应情况

中铁物资具有先进的油品供应业务信息系统,实现了从需求预测、资源配置、供应调度到发运管理、结算收付的全程业务信息化;中铁物资拥有具备港口接卸、发运功能的现代化成品油仓库5万立方米。

中铁物资与中石化、中石油合资组建了专业化销售公司,大大提高了资源保障能力。与铁道部运输局联合建设的"铁路燃油配送系统"(CROSS),将实现对铁路运输企业直达工位的油品配送服务,更好地满足机车加油小批量、多频次、高质量、不间断的特殊要求,并实现铁路燃油库存资金零占用。通过优化库存结构,优化资源配置,优化供应组织等手段,提高供应保障能力,降低采购成本,实现铁路燃油供应全过程的集约化、信息化、网络化管理。2001~2005年,向铁路系统累计供应成品油2776万吨,润滑油、油脂11.3万吨。其中对国家铁路供应成品油累计2654万吨,100%满足了运输需求。2005年供应成品油625万吨。

中铁物资将积极推行资产整合和战略联营,通过创新供应模式、重组业务流程、狠抓服务增值、提高经营质量,打造完整、高效的铁路燃油供应链体系,实现与上、下游合作伙伴的互利多赢、和谐发展。

2. 钢轨业务

中铁物资是铁道部指定的铁路大维修和基本建设用钢轨供应商,并负责其质量监督和售后服务。分别在鞍钢、包钢、攀钢三大钢厂设立了驻厂质量监督站,受铁道部委托,对钢轨生产过程进行监督,对实物质量进行检测,与钢厂共同严把钢轨质量关。中铁物资专门购置了495辆平板车,组成12列专列用于钢轨运输。中铁物资已累计供应国内外钢轨2 500万吨,其中进口钢轨100多万吨,2005年供应钢轨105.5万吨。

中铁物资正在建立的物资质量跟踪系统,对每根钢轨的炉号、使用地、年限等数据进行跟踪,从而有效地保证供应物资的安全。

3. 钢材业务

中铁物资直接向铁路基础建设重点工程和机车车辆制造供应钢材,同时向国内城市建设、高速公路、机械制造等领域提供钢材,是北京奥运场馆、国家大剧院、首都博物馆、北京站台改造等重点工程用钢材的主要供应商。中铁物资已形成覆盖全国的钢材营销网络,与宝钢、鞍钢、包钢、攀钢、武钢、首钢等国内大型钢铁集团和多家优势钢铁企业建立了战略联盟和合作关系。2005年销售一般钢材600万吨,在中国钢材流通企业名列前茅。

4. 机电接运业务

中铁物资是铁道部指定的铁路电车线、承力索供应商,同时经营机电设备器材国内贸易、进出口业务代理、进口设备器材接运服务。多年来,为铁路采购机车、车辆,为基本建设项目如秦沈、六大干线提速工程等,供应了大批机电设备器材,为客户代理进口了运架一体机、焊轨机、铺轨机等大量专业机械设备,特别是参与了大型隧道掘进机、武广、西康、秦沈电化等众多大中型建设项目进口设备的接运工作。

中铁物资具有商务部批准的机电设备招标资质,先后为郑徐电化、六大干线提速工程代理招标业务。严格按照《招标法》的规定招标组织工作,拥有各类专业人才,为广大客户办理机电设备代理招标业务。

5. 物流业务

由中铁物资发起设立并控股的中铁现代物流科技股份有限公司,拥有丰富雄厚的物流资源和国内领先的物流运作能力,是国家首批5A级综合服务型第三方物流企业。中铁现代物流本着"诚信致远、客户至上、打破边界、协同发展"的企业宗旨,积极与国内外知名企业广泛合作,努力将自己打造成为在中国处于领先地位的国际化现代物流公司。依托功能强大的物流信息平台和完善的物流运作体系,中铁现代物流形成了以枢纽城市为核心、覆盖全国的物流网络。

中铁物流在汽车、医药、快速消费品、化工危险品及生产资料等诸多物流领域成绩显著,同时还在物流金融等衍生服务领域形成了自身的优势。此外,中铁物流还提供诸如一体化综合物流服务、物流金融及其他衍生服务、物流信息技术支持、物流管理咨询及教育培训等定制化物流服务。

6. 外贸业务

中铁物资依托铁路行业背景和全路专业产品集成经营能力,积极开展国际市场和国际间的合作，大力发展对外贸易。中铁物资与蒂森克虏伯、三井、伊藤忠、CVRD、西门子、VAE等许多国际知名的大公司建立了紧密的合作关系。主要贸易伙伴遍布世界各地四十多个国家和地区。

中铁物资为中国铁路进口了数百台机车和近万辆车辆、100多万吨钢轨。先后向巴基斯坦出口5万吨钢轨、巴西900辆铁路货车、土库曼斯坦价值5 000万美元的石油钻机，向纳米比亚、南非出口了4 000多万美元的内燃机车、油罐车和动车组，每年向北美铁路出口近300万美元的铁路配件等。

7. 租赁业务

中铁物资与日本欧力士株式会社共同合资组建了中铁租赁有限公司，由中铁物资控股。中铁租赁有限公司是中国第一家以铁路和城市轨道交通为目标市场的大型专业化融资租赁公司。公司将不断地吸收国内外的资本和技术，打造中国轨道交通行业最有价值的融资租赁服务平台，专注于中国铁路的跨越式发展，服务于中国的城市轨道交通建设，为中国交通事业的发展贡献力量。

8. 煤炭经营

中铁物资拥有国家发改委颁发的煤炭经营资质证，拥有铁路运输和完善的物流网络运作优势，有机衔接煤矿、铁路、港口、海运、电厂，近年来大力发展煤炭业务，已形成大批量煤炭供应能力。

9. 工业制造

中铁物资拥有9家工业制造企业，主要产品包括混凝土轨枕、铁路工务器材、水泥、木材保护产品及竹胶板等，年销售收入近8亿元。

中铁物资生产供应Ⅱ型、Ⅲ型各类铁路混凝土枕，铁路提速用各种型号的混凝土岔枕。年供应混凝土枕150万根。

中铁物资的木材保护技术在国内处于领先地位，主要产品有防腐枕木、防腐木材、阻燃防火木材、防腐剂等，年产防腐枕木13万立方米。

中铁物资年产各类弹条扣件300万套、工务器材1万吨，并批量出口；具备电气化铁道接触网零部件工业企业制造特许资质和年产50万套的能力，具备年产100万块机车车辆用高、低摩合成闸瓦的能力。拥有技术先进的1:1摩擦材料试验台，研究、试验、开发和生产技术处于国内领先水平。

中铁物资所属巢湖铁道水泥厂，拥有两条采用新型干法熟料生产工艺的生产线，年生产水泥和商品熟料150万吨，"铁鹏"水泥荣获安徽省2005年名牌产品称号。

三、产品进出口情况及海外市场的拓展

2006年上半年，中铁物资北京分公司已出口钢材已近13 000吨。在2006年国际国内钢材出现明显价差，国内钢铁生产企业和商贸企业纷纷把目光瞄向国际市场。北京分公司充分抓住这一有利时机，及时捕捉信息、疏通出国渠道、加强货源组织、加强出口部门队伍建设，使钢材出口出现了较好势头。这一点是中铁产品在国际市场竞争力的有利说明，在国际化越来越强有力的情况下，走出国门，参与竞争的意识是我国垄断企业最缺乏的，中铁物资的这种积极拓展海外业务的精神是国有企业的典范。

在2006年,中铁物资所属进出口有限公司首次出口美国型号为115RE、136RE标准钢轨1.2万吨,标志着我国的铁路产品在美国市场又增加了一个新的品种,我国的铁路产品出口工作迈上一个新台阶。美国钢轨市场是一个发达、成熟的市场,进入"门槛"非常高,对钢轨的外观尺寸公差和强韧性配合、钢轨的硬度等指标要求十分严格。钢轨出口美国市场不仅提高了中国钢轨的知名度,还为中铁物资赢得了良好的声誉。

2006年10月28日,中铁物资所属隆昌工务器材厂生产的"龙虎"牌高摩合成闸瓦顺利通过了美国AAR.TTCI(北美铁路协会运输技术中心)测试,各项性能指标均达到AAR.M926-05标准要求。隆昌工务器材厂是目前国内同行业厂家中惟一通过AAR.TTCI检测的企业。此次检测的顺利通过,为进一步拓展北美市场,实现批量出口奠定了坚实的基础。这也是中铁物资拓展海外业务的重要一环,只有产品达到了国外同行业的认可,才是提高竞争力的重要说明。

2006年8月25日中铁物资所属进出口公司与孟加拉签订出口2 800吨钢枕的合同,目前合同正在执行中,预计11月底前可以发运。

这是进出口公司继2005年成功出口孟加拉7 000吨钢轨和2 000吨钢枕后取得的又一个订单,通过此次合作进一步加强了和孟加拉在钢铁领域的联系,也为进一步开拓孟加拉及周边市场奠定了基础。

2006年中铁物资所属深圳市物润(集团)公司出口马来西亚的7 100吨UIC54钢轨在湛江港一次发运完毕。

2006年以来,中铁物资努力加强对国外资源渠道和海外铁路市场的开拓。经过近一年的市场开发,目前在马来西亚铁路市场上取得了初步的成功。中铁物资所属物润(集团)公司将以此次钢轨出口为契机,继续加强与马来西亚铁路部门的沟通与合作,站稳脚跟、谋求更大的发展,不断增加出口产品的种类,扩大出口规模。

2006年中铁物资出口纳米比亚国家运输控股有限公司成套铁路装备的出口优贷合同正式实施,首批4 700万元人民币合同预付款已于近日支付。本次利用政府优惠贷款出口铁路装备包括:大马力干线内燃机车、敞车、油罐车、硫酸罐车和罐体、起复救援设备等,合同总金额为3 000万美元。

过去以纳米比亚为中心的南部非洲地区的铁路机车车辆等基本上是从发达国家进口。近年来该地区的各个国家铁路建设发展较快,对铁路机车车辆等装备需求较大。中铁物资充分利用我国和非洲各国人民的传统友好关系,发挥国家铁路物资装备供应企业的优势,确定以纳米比亚为突破口,以南部非洲地区为目标市场进行深度开发,相继向该地区成功出口了机车、油罐车、动车组、养路机械、扣件等多种产品,极大地提升了中国铁路和"CRM"的知名度,为中国铁路装备和线上器材全面打入非洲大陆各国奠定了良好的基础。

四、中铁物资的企业文化

中铁物资总公司的企业文化建设坚持以邓小平理论和"三个代表"重要思想为指导,坚持以人为本和全面、协调、可持续的科学发展观,坚持以学习创新为动力和以爱国奉献为追求,坚持以诚信经营为基石和以共同发展为宗旨,在继承中华民族优秀传统文化和转化国内外现代管理优秀成果的基础上,形成具有行业特色的企业文化体系,保证总公司在推进改革、持续发展和保持稳定等各项工作中有强大的精神动力、智力支持、思想保证和文化支撑。

企业的经营理念：沟通产需，创造价值——通过加强联盟合作，发挥营销企业在生产和消费中的桥梁和纽带作用，为社会、用户、企业和职工创造价值。

中国铁路物资总公司VI形象识别系统包括司徽、标准色、标准字体、标准组合、事务用品、外部标识、内部标识、公关用品、广告识别等内容，使用时须严格遵照有关规定，以保持中国铁路物资总公司完整而统一的形象。

图2　中铁物资的司徽

标志醒目的M造型体现了公司的行业属性，展示了公司专注于商贸物流，以服务铁路、服务社会为己任的企业形象；两道相互辉映的弧线体现了沟通互动的视觉形象，象征着公司与各子公司之间、公司与客户之间的交流互动，合作双赢；椭圆形饼图体现了公司国际化的发展目标，也体现了价值的概念，寓意公司沟通产需、创造价值的企业使命；灵动的弧线方向感强，首尾相接，体现了公司业务的通畅顺达、方便快捷；也寓意公司顺畅美好的发展前景；标志造型简洁大气，体现了公司作为大型商贸物流企业的气质特征；深蓝色代表理性、严谨、成熟和创新，蕴寓着公司未来无限的希望。

中国中煤能源集团公司

中国中煤能源集团公司(简称中煤集团公司)是国资委管理的国有重要骨干企业,前身是1982年7月成立的中国煤炭进出口总公司。中煤集团公司是中国第二大煤炭企业,中国最大的煤炭出口商。中煤集团公司在2002年中国企业500强的排名中名列第57位,2003年为第64位,之后几年排名逐年上升,即2004年为第62位,2005年为第58位,而2006则上升到了第52位。

一、中煤集团公司发展历程概述

(一)中煤发展简介

中国中煤能源集团公司(China National CoalGroup Corp.)是国资委管理的重要国有骨干企业,前身是1982年7月成立的中国煤炭进出口总公司。1997年4月,以其为核心组建了中国煤炭工业进出口集团公司。1999年5月,国家重组中国煤炭工业进出口集团公司,将中国煤炭综合利用集团公司、中国煤炭物产集团公司、中国煤矿工程机械装备集团公司以及平朔煤炭工业公司、大屯煤电(集团)有限公司、太原煤气化(集团)有限责任公司、北京煤机厂等生产企业并入中国煤炭工业进出口集团公司。重组后的中国煤炭工业进出口集团公司成为了由中央企业工委管理的大型企业。2003年在中煤建设集团公司并入后,更名为中国中煤能源集团公司,简称中煤集团公司。国资委下达中煤集团公司的主业是:煤炭生产及贸易、煤化工、煤层气开发、坑口发电、煤矿建设、煤机制造及相关工程技术服务。

2003年年底,中煤集团公司的注册资本金45.4亿元,总资产415亿元,净资产108亿元,所属全资子公司和控股公司36个,进出口分公司6个,均股公司2户,参股企业12个,境外机构和公司8个,分布在亚洲及欧洲等地。公司旗下所有的神州股份、上海能源分别在深圳证交所和上海证交所上市。2006年8月中煤集团公司将煤炭生产、贸易、煤焦化业务和煤机装备等,与煤炭产业相关的资产整合重组成立了中煤能源股份有限公司。该公司于2006年12月19日在香港挂牌上市。

(二)中煤扩展路径

自1999年5月重组以来,中煤集团公司经过不断的结构调整和业务重组,实现了由单一贸易型企业向以煤炭生产贸易为主业的企业集团的转型,取得了持续快速发展。重组后的中煤建设集团,规模扩大、实力增强,生产经营领域得到扩展。由原来以承担煤炭基本建设任务为主,发展到施工、设计、煤炭生产、新能源开发、房地产开发、设备成套、咨询和多种经营等领域,形成综合发展的格局。工程承包延伸到各类工业与民用建筑,延伸到公路、铁路、化工、冶金和城市基础设施建设。非建筑业产值也有较大提高。目前,中煤集团公司已与世界上50多个国家和地区建立了经济贸易合作关系,构建了比较完善的国内外供销渠道和信息服务网络,初步形成了以煤炭、焦炭、煤气、电力、煤矿机械、矿产建材等产品的生产、销售、运输、进出口贸易以及技术咨询的综合性经济实体。公司的业务投资范围也已扩展到高科技、金融、建材、化工等行业,初步形成了以煤炭为主业的产供销一条龙、内外贸一体化的大型企业。公司的经营业务涉及第一、二、三产业,业务遍及全国各省、市、自治区,国际化经营发展到亚洲、欧洲、美洲、非洲和大洋洲,在国内外享有良好声誉。

(三)中煤组织框架

中煤集团公司实行的是总经理负责制。集团公司设副总经理、总会计师,根据集团公司章程的规定和总经理的委托履行相应的职责,协助总经理工作,并对总经理负责。集团公司领导班子和领导人员由国资委管理。公司总部组织机构包括16个职能部室和6个贸易业务部。中煤集团整个管理体制属于集权型,并有逐步分权的趋势。中煤集团公司对子公司的管理实行集中管理政策,人事权、投资权集中在总部。公司今后的设想是使集团内部大多数企业成为自主经营、自负盈亏、自我约束、自我发展的法人实体和市场竞争主体,按照现代企业制度,规范和改革经营体制,逐步形成核心企业控股,子公司交叉持股,国内国外互为支撑的立体组织网络结构,以有利于集团的宏观调控,实现规模经济和效益,保持竞争活力,保证集团发展目标的实现。

二、中煤集团公司发展战略

(一)煤炭行业竞争环境分析

根据2006年英国石油统计评论,中国是全球最大的煤炭生产国和消费国,而煤炭是全球最重要的能源之一,也是中国最重要的一次能源。

我国煤炭行业最近几年来增长迅速,产量和需求量不断加大。2003~2005年煤炭行业总利润经历了60.65%、122.83%、79.6%的高增长之后,随着宏观调控措施效应的进一步释放,全国煤炭市场已经由需求过旺开始转入平稳过渡期,煤炭消费需求增速逐渐趋缓,2006年的利润增长率下降到了11.8%。

图1为近九年来,我国煤炭的产量情况,可以看出,产量从2000年开始逐年稳步提升,但增长速度从2004年开始下降,主要是由于我国宏观调控的影响。

近几年来,我国煤炭业的快速发展得益于我国经济的快速发展,由于我国经济强劲增长,一些工业,如钢铁、电力、化工、汽车以及交通运输、建筑和居民生活等,用煤量相对较大,因此,也造成了煤炭需求量的快速增长,煤炭行业利润相对很高。图2为我国煤炭行业近年来的总利润增长率情况。

我国的煤炭生产按地理特征大致可分为西北地区、东北地区、华北地区、华东地区、西南地区等。由于运输通道、运输设施及远距离运输高额费用的限制,煤炭的销售具有明显的区域特征,因此煤炭竞争的区域性特征十分显著。

全国有煤炭企业3万多家,其中绝大多数是乡镇企业、个体煤矿,且比较分散,全国位于

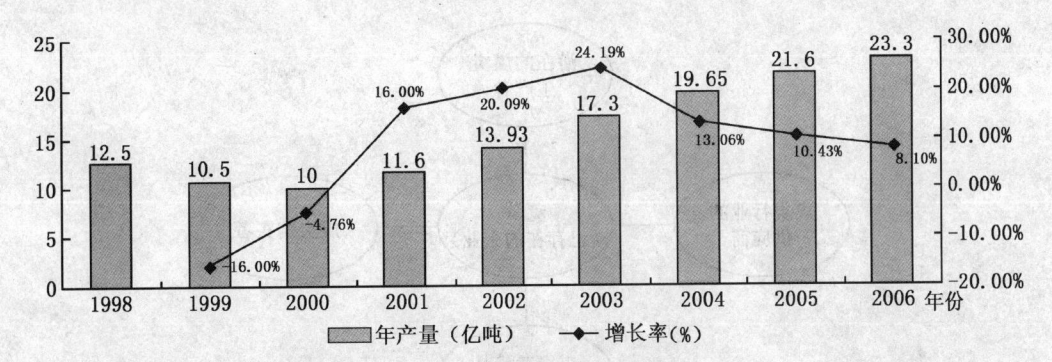

资料来源：2006年度中国煤炭行业兼并重组决策分析研究报告。

图1　1998～2006年煤炭产量

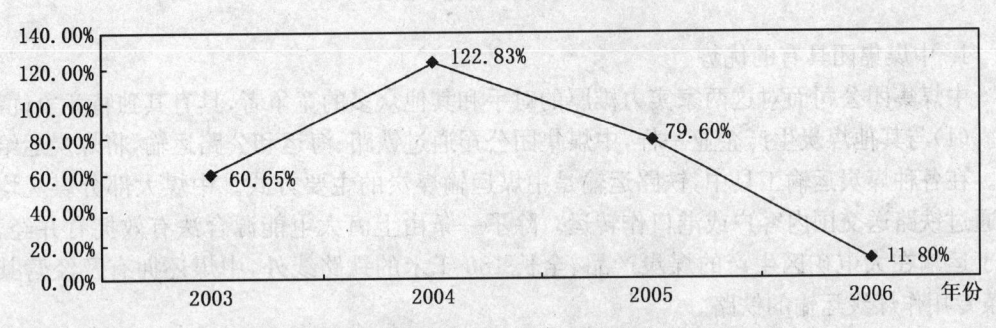

资料来源：2006年度中国煤炭行业兼并重组决策分析研究报告。

图2　煤炭行业总利润增长率

前4位的煤炭企业，在市场上的占有率不足14%，前8位的企业在市场上的占有率在20%左右。目前在我国没有哪一个煤炭企业能左右煤炭市场，我国煤炭行业所处的市场基本上是一个垄断竞争的市场。影响煤炭行业竞争力的强弱主要受五个方面的影响（见图3）。潜在进入者现在是煤炭行业面临的最大竞争对手，根据有关资料，国家将在近几年的时间内培育亿吨以上的大型煤炭企业，届时，煤炭行业的竞争格局将会发生实质性的变化。煤炭的替代产品有一次能源，如石油、天然气等；也有其下游产品，如煤成气、电力等，洁净能源也越来越成为了煤炭的替代产品，煤炭行业在能源产业里的竞争优势逐渐受到了挑战。

（二）中煤的竞争力分析

中煤集团公司目前的目标市场主要是浙江、广东及福建的电厂，现开拓中的市场还有山东、江苏等地。浙江和广东电厂，其煤炭的采购价位在国内属于高位市场，受到越来越多的煤炭公司的关注。中煤集团公司在全国煤炭工业中排名第二，行业老大是神华集团。目前全国产销量过亿的煤炭集团数量已经达到3个，神华集团依然独占鳌头，它在2006年的商品煤产量为1.366亿吨，比上年增长12.5%；煤炭销售量1.711亿吨，增长18.5%，其中出口量2390万吨，比上年增长2.6%。中煤集团再一次名列第二，据统计，其在2006年煤炭产销量达10410万吨，其中原煤产量9062万吨，比上年增长26.1%，煤炭销量10315万吨。与此同时，中煤集团实现销售收入520亿元，增长2.7%；实现利润41.3亿元，同口径增长25%。另外，同煤集团以2006年煤炭产销量10410万吨的业绩居行业第三位。

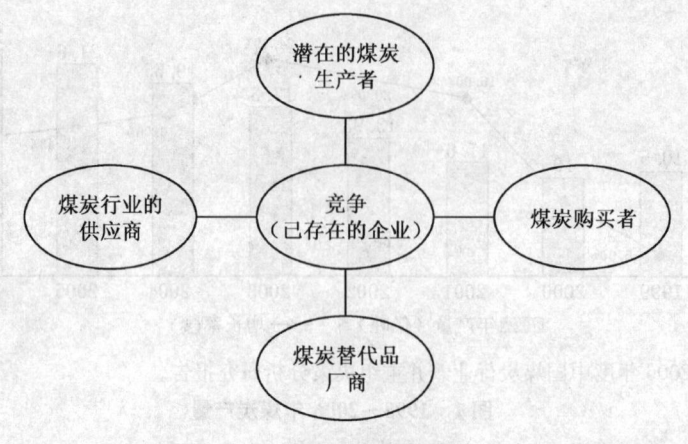

图 3 煤炭企业竞争模型

1. 中煤集团具有的优势

中煤集团公司面对这两家实力雄厚的对手和其他众多的竞争者,具有其独特竞争优势:

(1)与其他煤炭生产企业一样,中煤集团公司通过铁路、海运和公路运输,将煤炭运给客户。在各种煤炭运输工具中,铁路运输是中煤运输煤炭的主要方式。中煤大部分煤炭均主要通过铁路送交国内客户或港口作转运。除了一条由上海大屯能源合法有效拥有并经营,用于运输在大屯矿区生产的煤炭产品、全长 180 千米的铁路线外,中煤还拥有及经营其他 4 条专用作煤炭运输的铁路。

(2)中煤集团公司是一家以煤炭生产、销售和贸易为核心业务的综合型煤炭企业,中煤还从事其他相关业务的多元化组合,以辅助公司的煤炭业务。中煤所经营的焦化业务是中国最大、与炼钢厂没有附属关系的焦化业务之一。焦化业务包括生产和销售焦炭和煤化工产品。按收入计算,中煤拥有中国最大的煤矿机械装备制造业务。此外,经营辅助业务,包括煤矿设计和运输服务。

(3)中煤集团公司拥有中国 2 座最大露天矿,即安太堡露天矿和安家岭露天矿,这两座露天矿分别占中煤 2005 年原煤总产量的 32.8%及 29.9%。由于中国未来通过实施有偿使用煤炭资源计划来采取严格政策,中煤相信露天矿将体现更加巨大的经济价值。

(4)中煤集团公司是中国最大的煤炭供应商之一,中国最大的煤炭出口商。其拥有丰富的市场经验、广泛的品牌认知度和稳固的客户关系。销售和营销网络广大,供应和分销渠道稳定。

2. 中煤集团公司面对的不利因素

(1)国煤炭工业协会表示,2006 年中国煤炭产量超过 23 亿吨,2007 年可能出现过剩压力。2006 年以来电力供需紧张形势明显趋缓,电煤需求总量虽仍将继续增加,但需求趋缓,电煤需求增幅较预算的低,煤炭产能过剩压力日益明显。

(2)随着煤炭产业规模化阶段的到来,资源(矿产、资本和人才)已成为煤炭企业发展的瓶颈;电力改革和铁路改革的深化,导致利益结构的瓦解,为煤炭企业未来发展带来更多不确定性;国外能源巨头进入国内市场以及下游行业,加剧了煤炭行业的竞争。

(3)中煤能源 2006 年煤炭产量按年上升 28.5%;但受到生产成本上涨,焦煤业务盈利倒退,再加上受煤炭出口数量下跌超过 25%的影响,2006 年度纯利 41.3 亿元。中煤集团公司 2006 年的煤炭生产成本为每吨 256 元,高于神华集团的 156 元、兖煤的 158.3 元,其毛利率只有 17.2%,远低于神华的 19.9% 和兖煤的 54.6%。

(4)中煤煤炭和焦炭的出口受到出口许可证和出口配额制度的规限。2005 年和 2006 年,全国煤炭出口配额约为 8 000 万吨,其中国家发改委及商务部分配给中煤的配额为 3 820 万吨。此外,2005 年和 2006 年,全国焦炭出口配额均约为 1 400 万吨,其中商务部于 2005 年及 2006 年分配给中煤集团的配额分别为 65 万吨和 57 万吨。如果中国政府降低全国整体出口配额或者分配给中煤集团的出口配额,海外销售可能会减少,而如果未能增加国内煤炭和焦炭销售以弥补海外销售的减少,则中煤的财务状况和业绩可能会受到不利影响。

(5)截至 2006 年 6 月 30 日,中煤集团公司总借款约为 116 亿元人民币。债务可能对公司的财务表现和经营业绩带来重大不利影响。

3. 中煤集团公司面临的主要机会

(1)国家加速大型煤炭集团和十三个大型煤炭基地建设,将改变煤炭竞争格局,煤炭产业迎来了规模化阶段,未来三到五年内中国将出现四到五个能源产业巨头,而中煤集团公司凭借现在的实力完全有能力成为其中之一。

(2)国家煤炭出口政策与国内能源市场的供求紧密相关,国际煤炭与石油市场的联动效应,将使国内外两个市场、两种资源的联系更加紧密,为进行口岸整合提供了现实基础;我国以煤为主的能源格局在很长时期内不会发生根本性的变化,为煤炭企业的可持续性发展提供了政策保障。

总的来说,煤炭行业环境成熟,具有稳定、分散和区域性明显等特性。随着中国煤炭行业商业化程度日益提高,中国政府一直限制小型煤矿的发展。中煤集团公司通过多年来积累的经验,在资源控制和营销及分销方面逐渐显示出竞争优势。公司已具备综合型业务结构、整合其他国内采矿业务的能力和跨国合营及联盟的能力,以及通过提升效率和开发新增长空间增大利润的能力。公司的发展战略要有助于公司利用本身的实力,抓住中国煤炭业未来发展的机遇,拓宽公司业务的国际版图,努力提升自身的竞争力。

(二)中煤的发展战略规划

1. 总体发展目标

面对国内外激烈的竞争形式,中煤集团公司的战略发展目标如下:以发展为主题、以市场为导向、以效益为中心、以创新为手段,积极发挥自身优势、紧紧抓住良好机遇、不断培养核心竞争力、积极建立持久竞争优势、加快推动企业做强做大。经过二十年的努力,将中煤集团建设成为在中国煤炭工业占主导地位,对国际煤炭工业有重要影响,具有较强国际竞争力的大型能源企业,跨入中国前 50 个大型企业之列。

中煤集团公司在前几年,特别是"十五"时期发展的总体目标是以实现资产保值增值和全面提高企业经营效益为中心,以培育和加强企业核心竞争力为目标,以改革精神全面实施企业的重组和调整。将集团公司建成一个集煤炭贸易与生产、煤焦化、煤电铝和煤矿装备于一体的从事上述相关产业生产、贸易、加工、服务的综合性和国际化的大型能源企业集团。

2. "十一五"时期的发展目标

为实现主要发展目标和发展战略,中煤集团在《集团"十五"发展规划》中提出了"一个核心、四个板块"的战略构想,即以"煤炭贸易、煤炭生产"为核心,形成煤炭贸易与生产、煤焦化产、煤电铝、煤矿装备四个板块。

"十一五"时期,要提高中煤集团的建设水平,注重企业规模扩张的同时,重点改善企业的增长质量,大幅度提高中煤集团的整体盈利能力。进一步完善产业结构,逐步向路、港运输业渗透;做强做大煤炭生产与贸易板块,加大煤炭生产开发力度,提高煤炭生产能力;继续延伸并不断强化煤电铝和煤焦化产业链,全面提高煤焦化板块和煤电铝板块的综合实力和竞争优势;注重企业产品和服务的品牌建设,多方位提高产品的技术含量和质量,着力培养国内外名牌产品,树立全新的企业形象;积极推进煤机装备板块高产高效矿井装备本地化,以及科研设计板块和工程设计板块国际工程总承包公司的建设步伐;提高服务与咨询板块的竞争力;全面加强企业科学管理,构建完整和系统的企业管理体系,重视管理创新,拓宽管理内容,改进管理方法,完善管理程序,显著提高企业管理水平。

"十一五"末期,中煤集团初步建成制度完善、结构合理、文化鲜明、管理科学,在国内外煤炭、焦炭、电力、铝业等相关产品的生产、贸易和服务市场上具有较大影响的大型能源企业,企业综合实力得到大幅提升,国际竞争力得到显著增强,创新能力得到明显提高。到2010年,中煤集团形成煤炭生产能力14 890万吨(煤炭海外生产能力500万吨)、可控资源量16 000万吨、焦炭生产能力1 820万吨(焦炭海外生产能力300万吨)、焦炭可控资源量2 020万吨、电力装机容量1 050万千瓦、电解铝生产能力20万吨、氧化铝100万吨、煤机装备生产能力16.4万吨、科研设计收入2.3亿元、工程施工产值70亿元、煤层气32.5亿立方米。全中煤集团实现销售收入600亿元、利润40亿元。

3. 2020年的发展目标

进一步扩大中煤集团煤炭、电力、铝业、机械装备等业务的生产能力;拓展国际化经营的范围和领域,在更大范围和更深程度上积极参与国际竞争与合作;全面提高煤炭生产与贸易、煤焦化、煤机装备、煤电铝、科研设计、工程施工、煤层气和咨询服务等业务板块的国际竞争力,实现板块之间的重组,继续提高中煤集团在国际煤炭市场上的市场份额和商誉。到2020年,中煤集团将发展成为在国际煤炭、焦炭、煤矿机械、工程设计和施工以及电力等其他能源的市场上,具有较高的市场份额,对国际煤炭行业有重要影响的企业,成为具有较强国际竞争力的大型能源中煤集团,企业整体实力和赢利能力得到进一步提高,跨入中国500强企业排名中前50位。到2020年,中煤集团将形成煤炭生产能力20 850万吨(煤炭海外生产能力1 000万吨)、煤炭可控资源量22 000万吨、焦炭生产能力2 600万吨(焦炭海外生产能力500万吨)、焦炭可控资源量2 800万吨、电厂装机容量1 495万千瓦、电解铝生产能力40万吨、氧化铝100万吨、煤机装备27万吨、科研设计收入3.8亿元、工程施工产值105亿元、煤层气100亿立方米。全集团实现销售收入900亿元、利润60亿元。

为实现"十五"至2020年的主要目标与发展战略,中煤集团将实施以"一个核心、二个格局、三个层次和八个板块"为重点的管理结构和产业结构的调整。

其中,一个核心是指以煤炭生产、煤炭贸易为核心,进一步加大煤炭资源的投资力度,强化中煤集团煤炭生产与贸易经营业务的核心竞争能力。二个格局是指按照《公司法》要求,完善母子公司体制,建立科学、规范的母公司与子公司的管理和经营格局。中煤集团作为母公司,是企业战略、计划、投资、财务管理中心,运营协调中心和资本经营中心,对子公司依法行使出资人权利并承担相应责任。子公司是中煤集团独资、控股的二级企业法人,是企业的战略实施、生产经营和利润实现中心。中煤集团通过明确管理模式和合理权限配置对子公司实施规范有效管理;子公司对集团母公司负责,负有对出资人资产保值增值的责任。子公司要在集团母公司总体战略指导下,组织实施子公司发展战略,开展生产经营,为母公司创造利润。三个层次是指中煤集团母子公司结构一般控制在三个层次,即集团母公司、二级子公司和二级子公司所属企业。控制三个层次的组织结构,实行扁平化管理,可以缩短管理链条,使决策更迅捷、经营更高效、控制更具体、管理更到位。实施三个层次的组织结构调整,将采取分类指导的方式,结合中煤集团经营结构和产业结构调整,分步实施,有序进行。

三、中煤集团公司生产经营状况

(一)中煤生产销售状况

中煤集团公司2005年和2006年的煤炭销售量分别为9 220万吨和10 410万吨,原煤产量由2003年的3 320万吨增至2005年的5 010万吨,年复合增长率为22.8%。公司2003年、2004年、2005年及2006年的煤炭业务收入总额分别为人民币116.567亿元、人民币177.330亿元、人民币251.477亿元和人民币520亿元。2005年和2006年的净利润分别为33.435亿元和41.3亿元。2006年,中煤原煤产量达到9 062万吨,比上年增长26.1%,位居行业第二位;煤炭销量10 410万吨,继续保持亿吨水平;实现销售收入520亿元,增长2.7%。中煤集团公司在2007年1月份发布的业绩报告中称,中煤主要生产经营指标再创历史最好水平,经济运行质量进一步提高。从2007年煤炭产运需衔接情况看,中煤集团公司的煤炭价格涨幅将超过2006年。五大电力集团之一的一位负责人透露,神华集团下水煤每吨涨26元,新增量每吨上涨15元。而中煤集团电煤由于历史价位较低,2007年涨幅也较大。由于2007年煤炭运力依然很紧张,目前,煤炭供应偏紧,煤炭价格涨势已定。

作为我国煤炭建设的主力军,中煤集团公司施工企业产值和利润总额也有大幅度提高,并且增长幅度明显高于全国平均水平。据统计,2004年全国煤炭施工企业总产值为227.78亿元,比2003年增长了66.13亿元,增长40.91%,中煤集团公司施工企业总产值为42.06亿元,比2003年增长14.56亿元,增长52.95%。2006年中煤集团第五建设公司承建的山西寺河矿建项目荣获了中国建筑工程鲁班奖(国家优质工程奖),这是全国煤炭基建行业获得的第一个综合工程质量最高奖。

(二)中煤生产发展情况

中煤集团公司全资拥有或部分拥有或经营9座煤矿和13家选煤厂。5个矿区位于华东、华北和中国西北部,由9座井工矿及3座露天矿组成,其中两座为中国最大露天矿中的安太堡露天矿和安家岭露天矿。各座煤矿和各家选煤厂均处于交通方便位置,毗邻客户或拥有便捷的交通网络和设施。截至2006年6月30日,公司拥有可售煤炭储量30.03亿吨。公司将进一步对现有煤矿业务进行扩充和改良,把从不同渠道开发的先进技术,包括公司自行研发的先进技术,运用于煤炭生产流程。

中煤集团公司致力于进一步开拓和开发新的煤炭资源,进行新项目的建设,并对现有设施进行升级与改良,以尽量加大与优化煤炭生产。公司已着手在平朔矿区和乡宁矿区的平朔东露天矿、安太堡井工矿和王家岭矿进行建设。这些煤矿的设计年产能分别为2 000万吨、800万吨和600万吨。待这三个煤矿建成投产后,加上其他扩充项目,预期公司的原煤总产能在2010年前超过1亿吨。公司相信,通过内涵和外延的增长方式,能够使煤炭生产业务快速及持续地增长,从而满足中国和海外日益增长的煤炭需求,并实现规模经济效益。

四、中煤集团公司资本运作情况

(一)中煤近期融资情况

2006年12月19日,中国中煤能源集团公司的控股公司——中国中煤能源股份有限公司在香港成功挂牌上市,股份简称中煤能源,股份代号1898。中煤能源此次共发行322.46亿H股,发行价格每股4.05港元,公开招股和国际配售部分分别获得182倍和62倍超额认购,未行使超额配售权之前融资额为131.5亿港元。

公司在全球发售获得资金的净额,将主要用于煤矿及相关选煤厂、专用铁路线等项目建设。中煤集团公司董事长经天亮在上市仪式后表示,对2007年煤价走势充满信心,估计约有3%~5%的升幅,国内经济正处于快速增长阶段,对煤仍有强烈需求。他表示,中煤能源在香港联合交易所主板成功上市,是公司发展历程中的一个新的里程碑;上市后,公司将紧紧围绕打造具有国际竞争力的能源企业,抓住中国煤炭工业发展机遇,以进入国际资本市场为契机,提高公司治理水平,加强经营管理,增强核心竞争力,巩固市场地位,实现公司业绩持续、稳定增长,为公司股东和广大投资者创造最大回报。据联交所数据显示,中煤能源(1898)于2007年3月2日获摩根大通增持679万股H股,没有披露每股交易作价,持股量由204 755 400股(4.99%)升至211 545 400股(5.15%)。

(二)中煤并购重组情况

在政府相关政策支持下,中煤集团公司计划通过向中国政府申请兼并及收购、合资及其他合作方式进一步增加煤炭储量,增强公司的竞争力。详情如下:

1. 兼并及收购

利用政府的支持及目前有利的监管环境,公司将继续寻求机会收购及并购中国境内的小型煤矿。凭借其在煤炭生产、管理、技术、煤矿设计、煤矿机械装备制造和研发能力方面的优势,中煤集团公司可对这些小型煤矿进行技术改良和装备更新,实现煤炭资源利用最优化。

2. 合资与合作

中煤集团公司积极寻求与拥有丰富煤炭储量的省政府和国内大型煤炭生产企业和营运商建立合作关系与把握合资机会。同时,公司计划与煤炭储量丰富的国家的大型煤炭生产企业合作,以加强公司的国际化背景及开发海外煤炭储量。

五、中煤集团公司研发创新情况

(一)中煤新产品开发情况

中煤集团公司1999年重组以来,坚持科技兴企战略,以实施国家科技项目为引领,围绕做强做大主业开展科技创新工作,取得了一批科技成果。几年来,中煤集团公司及所属企业组织实施科技创新项目1 500多项;完成国家重点科技项目16项,获得省部级以上科技进步奖32项,其中国家科技进步奖2项,主要煤炭生产企业科技成果转化率达到80%。所属大型生产企业全部建立了企业技术中心,其中国家级企业技术中心两个。目前,集团公司拥有露井联采、浅埋深硬顶板硬煤层综采放顶煤安全高效开采、煤矿湖下开采、重大煤机装备研制、特厚冲积层特殊凿井、深立井快速机械化施工等一批国际领先和国内领先水平的核心技术。

中煤集团公司近期在新产品开发领域有以下一些举动：

第一，中煤集团公司将在哈尔滨建一个与神华集团规模相当、年加工180万吨甲醇的煤烯烃项目。目前正在做可行性研究。中国自主研发的MTO(以甲醇为原料生产烯烃)技术即将商业化运用，这将加速煤烯烃产业的发展。

第二，中煤集团公司控股企业中联煤层气公司承担的国土资源部2005年全国油气资源战略选区与评价重点项目——山西省沁水县端氏煤层气开发示范工程第一口水平羽状井DS—01井获得成功。煤层气羽状水平井开发技术是近几年国际煤层气领域应用的一种新技术、新工艺，可以大大提高煤层气(瓦斯)产收率，对治理煤矿瓦斯灾害，提高煤层气资源利用率作用突出。它的成功实施标志着我国煤层气开发钻井技术和工艺迈上了一个新的台阶。

第三，2006年3月18日，中煤集团公司成功建成了我国第一座露井联合开采大型煤矿项目——平朔安家岭煤矿正式投产。公司发挥产业链完整的优势，通过自主创新，在建设规模不变、投资减少一半的情况下，自行设计，自主建设，自我配套，建成了一座年生产能力1 500万吨的特大型现代化煤矿。

第四，2006年4月28日，中煤集团所属装备公司与英国FKI集团帕森斯链条公司在北京签署了帕森斯公司制链技术转让合同和设备采购合同。本次收购后，中煤集团装备公司在引进、消化和吸收帕森斯公司先进制链技术的基础上，将通过技术再创新，进一步做精做强重型刮板运输机关键部位之一的链条产品，不仅成为该矿用链条系列产品国际标准的推动者和全球最大并拥有国际知名品牌的矿用链制造商，在该系列产品国际市场上处于主导地位，而且进一步提高煤机装备的技术含量和核心竞争力，为进入世界煤炭装备业领先行列奠定基础。

第五，2006年5月4日，中煤集团所属装备公司出口俄罗斯的采煤机、刮板输送机和液压支架成功进行了联合调试，并受到了俄方用户的好评，近日将发往俄罗斯。"三机联调"的成功，标志着我国综采放顶煤成套设备和技术出口取得历史性突破。

第六，中煤集团公司所属装备公司成功研制了我国自主研发的首台首套装机功率达3×700KW、小时运量3 500吨、运距300米的重型刮板输送机以及配套大功率转载机、破碎机成套输送设备，并通过了出厂检测验收，将于近期投入使用。这套设备的研制成功填补了我国煤矿井下长度300米、采高5米以上综采工作面输送设备的空白，标志着我国煤矿重大技术设备国产化水平又上了一个新台阶，对促进高产高效矿井建设具有重要的意义。

(二)中煤研发情况展望

中煤集团公司遵循中国以利用煤炭为主要能源来源的政府政策，积极与国内外大型煤炭、化工生产商合作，开发煤制甲醇、二甲醚、烯烃等高附加值煤化工产品，进一步发展核心煤炭生产业务，并为满足中国能源需求做出贡献。公司正在加大研发投资，与国内外知名科研院所合作。通过开发适用于大型煤化工产品生产的技术，形成具有自主专利技术，并形成新的收入来源。进一步推广循环再用和再利用副产品及资源综合利用等概念，计划延伸产品链，开发甲醇、焦油、粗苯加工等煤化工产品，充分利用现有焦化业务。

中煤集团公司目前已在中国成立了大屯矿区技术中心和张家口煤机公司技术中心两个技术中心,负责采煤技术和煤矿机械装备的研究工作。大屯矿区技术中心致力于研发更具成本效益和高效的井工矿采煤技术,而张家口煤机公司技术中心承担国产煤矿机械装备开发项目,包括重型刮板运输机项目和600万吨采煤工作面成套项目。通过这些研发,能有效地降低生产成本和推出可满足市场需求的高价值优质煤矿机械装备。中煤集团公司未来将继续投资各主营业务的研发,包括成立新的国家级技术中心、培养研发人才和增加对研发经费的投入。

中煤集团公司正积极改进目前的技术和制度,提高煤矿生产效率,并努力提高资源利用率。公司同时致力于洗精煤的技术研发,大力发展洗煤和配煤技术,大力开展煤矸石、煤泥、煤层气、地面及地下水排放以及其他副产品的环保处理、利用和重点发展发电厂。公司还在主要的矿区装设环境保护设备,加强资源利用。以大屯电厂为例,其采用了循环流化床锅炉,该系统可以有效地燃烧多种不同的固体煤炭废物,于2005年处理了劣质煤720 070吨。公司计划用发电厂推广循环流化床锅炉,以提高资源利用率。同时,公司将致力于环境保护,并确保在经营的各个方面遵守相关的环保法律法规,针对所有新建、扩建项目进行环境可行性研究,并严格采用合适的污染物和废物排放和处理设施的政策。

中煤集团公司是以煤炭生产、加工和贸易作为主业的大型企业集团,有一支从事煤炭生产、加工、贸易而经验又十分丰富的队伍。面对国内外煤炭行业市场经济激烈的竞争,应尽量扬长并加快补短,从而提升竞争实力。中煤集团公司的投资方向应先行扩大生产实体的规模,尽快站稳脚跟,完善经营机制,适应市场的变化和要求。同时要抓紧对现有企业的资产重组,剥离不良资产,进行转产分流,提高效率和效益;采用先进的技术、工艺和设备,对企业进行技术改造,寻求新的经济增长点。

中煤集团公司要为实现煤炭产量2010年达到1.5亿吨,煤炭贸易、煤焦化、煤机制造、煤矿建设等规模位居行业前三名,2010年集团公司销售收入、利润总额比2005年翻一番的"十一五"发展目标而不断努力,公司正在为成为国际化大煤商而不断奋进。

国美电器有限公司

国美电器集团作为中国最大的家电零售连锁企业,成立于1987年1月1日,是一家以经营电器及消费电子产品零售为主的全国性连锁企业。该公司始终坚持"薄利多销、服务当先"的经营理念,依靠准确的市场定位和不断创新的经营策略,得以蓬勃发展。2004年以1 401 235万元的营业收入位居中国企业500强的130位;2005年的营业收入就达到2 440 090万元,上升到103位;2006年的营业收入是2005的两倍多,达到4 984 017万元,位次上升到53位。国美电器集团通过实施精细化管理,加速企业发展,2008年预计实现销售额1 200亿元,跨入世界500强行列,成为全球性的电器及消费电子产品连锁零售企业。

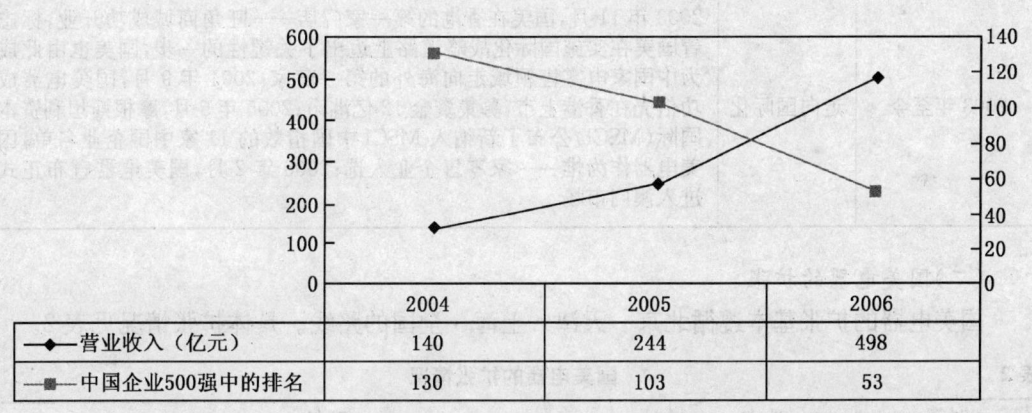

	2004	2005	2006
营业收入(亿元)	140	244	498
中国企业500强中的排名	130	103	53

图1 2004~2006年国美电器营业收入和在中国企业500强中的排名

二、国美电器的发展历程概述

（一）发展简史

表1　　　　　　　　　　　　　　国美电器发展简史

时期	发展阶段	阶段描述
1978～1992年	起步	1979年1月1日，在北京开设首间电器门店，由于经营条件有限，采用"店库合一"的经营方式和中缝广告的宣传方式，不但节约了成本，而且聚集了人气、增加了收入，奠定了"国美电器"在北京的地位
1992～1999年	连锁	1992年，国美在北京地区初步进行连锁经营，并将所有店铺统一命名为"国美电器"；1996年开始经营战略调整，由单纯经营进口产品转向合资和国产产品；积极与厂家直接合作，减少中间环节；开通800免费投诉电话，建立售后服务部，预约上门、免费服务等
1999～2006年	全国扩张	1999年7月，国美首次走出北京，在天津开设两家连锁店；当年12月，国美进军上海，实现了京、津、沪连锁的构架；其后分别在成都、重庆及西安等其他城市成立门店；至2005年7月，国美电器拥有的门店数已经超过了280家；2006年7月25日，国美电器有限公司与永乐（中国）电器有限公司宣布启动合并
2003年至今	走向国际化	2003年11月，国美在香港的第一家门店——旺角商城成功开业，标志着国美在实施国际化战略道路上迈出了关键性的一步，国美也由此成为中国家电零售领域走向海外的第一商家；2004年9月，国美电器成功借壳在香港上市，募集资金12亿港币；2005年5月，摩根斯坦利资本国际（MSCI）公布了新纳入MSCI中国指数的11家中国企业名单，国美电器作为惟一一家零售企业入选；2006年2月，国美电器宣布正式进入澳门市场

（二）国美电器的扩张

国美电器的扩张基本遵循北京—天津—上海—全国的路线。具体扩张情况见表2。

表2　　　　　　　　　　　　　　国美电器的扩张情况

时间	地点	事件
1987年1月	北京	国美电器成立
1992年	北京	开始连锁经营
1999年7月	天津	开设两家连锁店
1999年12月	上海	开始连锁店
2000年12月	成都、重庆	连锁店同时开业
2001年5月	全国	"五一"期间全国13家连锁店同期开业
2001年5月	郑州、西安	连锁店同时开业
2001年8月	沈阳	连锁店开业
2001年9月	青岛	连锁店开业
2002年1月	济南	济南国美开元商城和八一商场同时开业
2002年10月	广州	连锁店开业

续表

时间	地点	事件
2002年11月	深圳	连锁店开业
2002年12月	武汉	连锁店开业
2003年1月	杭州	连锁店开业
2003年9月	福州、宁波	连锁店相继开业
2003年10月	大连	连锁店开业
2003年11月	香港	国美在香港的第一家门店——旺角商城成功开业,标志着国美在国际化战略道路上迈出了关键性的一步
2003年11月	河北	国美在河北连锁店开业,至此国美在全国的连锁城市达20个,直营门店数量突破100家
2004年1月	黑龙江	连锁店开业
2004年2月	包头	连锁店开业
2004年9月	新疆	连锁店开业
2004年10月	南昌	连锁店开业
2005年4月	黑龙江	国美成功收购哈尔滨黑天鹅品牌及其全部零售网络,从而使得国美电器在黑龙江家电零售市场的份额达85%
2005年4月	贵阳	连锁店开业
2006年2月	澳门	国美宣布正式进军澳门
2006年7月	上海	国美电器有限公司与永乐(中国)电器有限公司宣布启动合并

(三)国美电器的组织架构

国美电器采用"正规连锁"和"加盟连锁"两种经营形态,但无论何种经营业态,均属同一

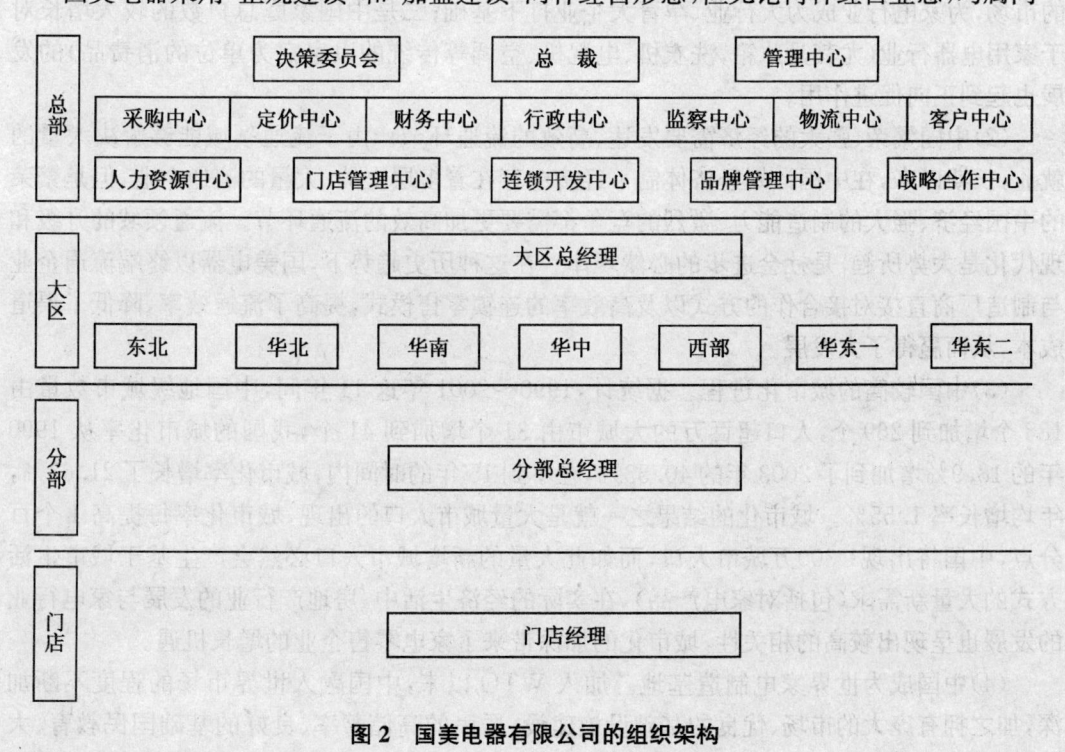

图2 国美电器有限公司的组织架构

经营系统。经营业务实行总部统一管理、统一订货、统购分销、统一形象,规模化发展策略最大限度地降低了经营成本,使费用分摊变薄,以求得更时效、更迅速地扩展国美电器的连锁之路。

国美电器连锁系统组织结构纵向设立,分为三个层次:

总部负责统一管理,实行经营方针、经营规划、工作计划、人事、培训、采购、配送、广告宣传、促销、财务、保险、法律事务、店铺的选择、设计及装修、商品配置及陈列等工作的规划、服务、调控和发展等各项管理职能。

地区分部依照总部制订的各项经营管理制度和规定,负责对该地区的各门店实行二级业务经营及行政管理,并实施对所属门店的监督、指导、服务、沟通等功能,同时接受并服从总部各职能部门的职能管理。

门店接受并服从总部及地区分部的领导和职能管理,依照总部制订的各项经营管理制度和规定,负责对本门店实施日常经营管理。基本职能是商品销售、进货及存货管理、绩效评估。

三、国美电器的发展战略

(一)国美的竞争环境分析

1.宏观环境分析

(1)中国政治稳定,经济高速发展,人口众多。国民经济的高速成长非常有利于家用电器行业的发展。另外,人口也是一个较大的影响因素:一是中国的众多人口构成了一个庞大的市场,为家电行业成为大行业、孕育大企业打下基础;二是中国家庭总户数的较大增长对于家用电器行业(尤其是冰箱、洗衣机、电视机、空调等传统的以家庭为单位的消费品)的发展也起到正向促进作用。

(2)中国繁荣、强大的经济需要发达、高效的流通环节。由于流通领域能够解决大量的就业,长期以来,在中国计划经济体制下经济中存在着多层次的、大量的流通企业,但是繁荣的中国经济、强大的制造能力、激烈的竞争都需要更加高效的流通环节。流通领域的升级和现代化是大势所趋,是社会进步的必然规律。在这种历史趋势下,国美电器以终端流通企业与制造厂商直接对接合作的方式以及高效率的连锁零售模式,提高了流通效率,降低了渠道成本,从而赢得了大发展。

(3)中国较高的城市化进程。据统计,1990～2001年这11年间,中国地级城市数量由188个增加到269个,人口超百万的大城市由31个增加到41个,我国的城市化率从1990年的18.9%增加到了2003年的40.53%,在不到15年的时间内,城市化率增长了21.63%,年均增长率1.55%。城市化的结果之一就是大量城市人口的出现,城市化率每提高1个百分点,中国将出现1 300万城市人口,而如此大量的新增城市人口必然会产生基于城市生活方式的大量新需求(包括对家电产品),在实际的经济生活中,房地产行业的发展与家电行业的发展也呈现出较高的相关性,城市化的加深带来了家电零售企业的增长机遇。

(4)中国成为世界家电制造基地。加入WTO以来,中国融入世界市场的程度不断加深,加之拥有庞大的市场、优良的基础设施建设、居民的高储蓄率、良好的基础国民教育、大量的低成本劳动者等,通过形成比较竞争优势,在世界产业价值链条分工中的制造环节占有巨大份额（目前中国家电制造份额已经超过世界同类市场的三分之一），并且形成了强大的配套产业集群。这样，国内的大型家电流通企业容易方便、快捷、低成本地获得优质、低价、品种丰富的产品。

（5）业内缺少强大的竞争对手。其一，长期以来国际上一些著名的家用电器及消费电子类产品零售商如美国的BestBuy、RadioShack、CircuitCity，以及日本的小岛、山田等由于种种原因始终固守本土，未进入中国市场；其二，与经营模式传统落后的百货商店和更加零散的电器专营店相比，国美电器是更加先进、更加专业的家电连锁企业，因此国美电器击败零散、落后的传统竞争对手是一个必然。

（6）上游缺少强大的供应厂商。从世界各国来看，家电制造部门属于集中型经济部门，具有规模经济和范围经济的特点。但在国美电器发展的早期，家电制造业和家电零售业的产业集中度相对较低，市场结构基本上属于垄断竞争类型，家电的流通领域和制造领域均缺少真正意义上的寡头型企业，而国美电器的崛起使家电零售终端的寡头化速度要远大于制造业的寡头化速度，因此国美电器在发展过程中除受到极少数厂商的严重制约之外，基本上对绝大多数厂商均具有买方优势，甚至在部分品类上成为了全国性、区域性的买方寡头。

2. 行业趋势分析

今后，渠道革新将进一步加速，以现代家电连锁巨头领衔，传统百货商场、区域家电连锁、国际零售巨头等并存的局面将在一段时间内存在，但是全国性家电连锁化发展的趋势将不可逆转。

趋势之一：专业连锁渠道将继续壮大，而上下游合理的利益分配有赖于行业规范，逐渐形成一个由制造与流通构成的产业生态系统，并且这个系统有其自然法则。一方面，产业链有进一步分工的要求，以最大程度地降低成本和提高效率。另一方面，制造商与流通渠道商一起将产品传递给消费者，两者又是互相依赖的。目前整个家电连锁销售行业仍然处于高增长阶段，市场集中度仍有进一步提升空间。从行业角度来看，专业家电连锁行业本身处于高速增长期，2004年前六名专业家电连锁商的销售额从2003年的609亿元增长到2004年的948亿元，增长率超过了50%，市场份额从13.9%增长到19.5%，但是专业家电连锁商的销售占整个家电销售的比重仍然较低。因此，要达到国外成熟市场发展程度，在3~5年内，专业家电连锁行业将会继续保持较快增长。

趋势之二：由于家电连锁业的利润很大一部分是靠对于上游家电生产厂商的压价带来的。上游厂商为了摆脱被动局面，一些家电厂商开始建设自己的零售专卖门店，如格力、TCL、创维等。但由于现在采取这种经营方式的厂商比较少，还不足成为家电连锁厂商的威胁。一个非常重要的原因就是，自建营销网点对于家电厂商来说成本太高。

3. 内部环境分析

（1）领导人具有杰出的企业家素质。黄光裕先生有远大的志向，且非常勤奋，在国美电器成长过程中做出许多有远见的战略决策。国美电器的领导集体相对稳定、团结、勤奋、敬业也是国美电器成功的重要因素之一。

（2）行动力强。国美电器具有行动力强的文化特点，总体上，各种决策通常都得以迅速贯彻。

（3）勇于创新并具有先发优势。国美电器在国内家电零售行业率先采用连锁模式、率先从厂商直接进货、率先走出北京走向全国、率先进行国际化尝试、率先上市融资，并在营销中率先使用中缝广告、率先实施"薄利多销"的低价策略、率先进行包销定制等创新行为有利于国美电器的成功,同时国美电器因处处率先而获得了竞争中的先发优势。

(4)善于借助资本市场,资金实力雄厚,具有融资优势。国美电器在资本市场上可以说"长袖善舞",加之自身多年的创业积累,在中国所有的家电零售商中,国美电器的资金实力最为雄厚,比如2004～2005年,国美电器上市后不久便轻松融资26亿港元,而苏宁IPO首发上市仅融资近4亿元人民币,永乐仅从摩根斯坦利获得5 000万美元融资。

(5)规模优势。规模是连锁零售行业精髓,只有形成规模才能获得相对于上游的谈判优势。自创立至今,国美电器始终具有经营规模上的有利优势,也就获得了厂商资源的有力倾斜并增加了本行业的进入壁垒。

(6)国美电器内部人际关系相对简单。在中国企业,人际关系的盘根错节既可能成就企业,也容易使企业自我束缚而丧失竞争力。在国美电器,人际关系相对简单,家族成员极少,对于企业运作也几乎没有形成负面作用。

4. 国美电器的SWOT分析

在分析国美电器的成功因素之后,我们再使用前面介绍过的经典的SWOT分析方法综合了解国美电器当前内外环境中的优势、劣势、机会和威胁(见表3)。

表3　　　　　　　　　　　国美电器的SWOT分析

优势: 　规模及高市场份额优势 　先发优势 　占位优势 　品牌优势 　销售渠道覆盖优势 　融资渠道及资金优势 　率先在海外开店,积累国际化经验 　政府支持 　经营风险小(业务分散化)	劣势: 　缺乏明晰的战略规划及战略沟通 　管理粗放,基础管理相对薄弱 　品牌经营粗放 　IT应用水平不高
机会: 　行业持续增长 　户均人口减少带来的家庭数量增长 　可垄断的二级市场 　IT数码产品新的消费热点 　全球化带来的海外扩张机会 　行业整合带来的并购机会 　人民币升值带来进口家电机会	威胁: 　外资家电零售企业进入中国市场 　苏宁等竞争对手的快速发展 　上游产业的集中 　更加挑剔的顾客 　电子商务的不断发展 　运营成本增加

资料来源:胡刚:《国美电器如何获得新型战略竞争优势》,MBA学位论文,第27～34页。

(二)国美战略定位

国美电器的成功之处在于依托良好的中国宏观政治经济背景之下,以"薄利多销、服务争先"为理念,使家用电器这种奢侈性耐用消费品以低廉的价格和高库存周转方式像日用品一样得以迅速普及。因此,国美电器的成功在于定位成功,下面从五个方面进行简析:

第一,市场定位。国美电器将市场定位于城市中低阶层家庭,虽然也在积极拓展高端市场,但中低端为主的定位从未改变。

第二,品牌定位。长期以来,国美电器的品牌定位主要诉求于低价,一方面,由于家用电器属于奢侈型耐用消费品,消费者对于价格的敏感程度从总体上是最高的;另一方面,鉴于目前家电零售企业店面同质化严重,因此在缺乏差异化的条件下,低价也就成为企业在市场中竞争优势的突出点。

第三,服务定位。在客户服务方面,国美电器坚持在成本可控的条件下向顾客提供完善的服务,并且形成了"彩虹服务"体系,对于顾客与国美电器进行全接触的过程进行全面的安排。

第四,库存定位。与薄利多销相对应,国美电器的库存定位是高存货周转率。

第五,选址定位。与美国国情不同,中国的消费者普遍居住于城市中,因此国美电器的选址定位通常将3 000m² 左右的门店开设于主商圈和次主商圈之中或附近。

四、企业生产经营状况

(一)国美的主营业务

1. 国美的主营产品

售卖各式各样的国际及国产品牌(包括海尔、LG、三星、索尼、松下、惠而浦及西门子)的电器及消费电子产品。这些产品可分为七大类:影音、冰箱及洗衣机、空调、通讯、电脑、小型家电和数码产品(具体产品见表4)。

表4　　　　　　　　　　　　国美电器的主营业务

产品类别	主要产品
影音类	电视机、DVD、CD、VCD、录像机、扩音器和扬声器
冰箱、洗衣机类	冰箱、洗衣机和烘干机
空调	空调
通讯类	移动电话及其配件
电脑类	台式电脑、笔记本电脑、显示器、打印机、扫描仪、传真机和类似的产品
小型电器	电饭煲、吸尘器、熨斗、热水器、微波炉、搅拌器、洗碗碟机及类似产品
数码产品	数码摄像机、数码相机、MP3、随身DVD、随身VCD和类似产品

2. 企业海外市场拓展

2003年11月,国美在香港的第一家门店——旺角商城成功开业,标志着国美在实施国际化战略道路上迈出了关键性的一步,国美也由此成为中国家电零售领域走向海外的第一商家。2006年2月,国美电器宣布正式进军澳门市场。

3. 企业品牌创建

2004年8月,国美电器出台今后5年经营和品牌建设目标,根据目标要求,国美将总部原有的七大中心组织架构调整为营运、营销、行政、财务和监察五大中心,从而进一步推动企业快速发展。

4. 企业多元化发展情况

2004年4月,国美正式对外界宣布进军音像领域,并公布了"在未来5年内斥资5亿元在全国范围内打造5 000家精品直营门店,成为中国最大的音像制品连锁零售商"的"雄鹰计划"。2005年6月,鹏润集团与爱多集团共同组建公司,研发自有品牌的家电产品。此次合作有助于提高国美的竞争实力,提供给消费者更多市场适应强、性价比更高的产品。此举并不代表鹏润集团或鹏润集团旗下的国美电器进军生产制造领域。2005年6月,鹏润集团与大连万达集团缔结战略合作伙伴关系,双方携手共同发展商业地产。

(二)国美盈利模式分析

在盈利模式上,目前在国际市场上的大型零售商主要有三种类型:一是产品进销差价;二是从上游供应商寻求利润,家乐福就是这种类型,即向供应商收上架费、咨询服务费甚至条码费等,业界将这种模式称为"家乐福模式";第三是优化供应链,降低物流成本。沃尔玛主要通过这种模式,因此业界称之为"沃尔玛模式"。国美电器的主要盈利模式属于"家乐福模式",即向上游厂商寻求利润。详细分析如表5所示。

表5　　　　　　　　　　国美电器收入分类表

项目		说明
营业收入		在中国销售电器及消费电子产品产生的毛利、商业折扣和补利三方面的收入
营业外收入	促销收入	供货商参与国美电器的促销活动而付给本公司的费用(包括市场推广费和广告位出租费收入)
	管理费收入	由供货商支付给国美电器为促销其产品而提供的管理服务费(包括管理及培训供货商的销售代表)
	场地使用费收入	可以进一步细分为进场费和上架费,均为供货商为了国美电器的门店销售其产品而支付的费用
	安装空调管理费收入	由空调安装承办商为国美电器引荐的客户提供安装服务时向国美支付的费用

资料来源:胡刚:《国美电器如何获得新型战略竞争优势》,MBA学位论文,第27~34页。

家电零售商的利润来源的本质是相同的,即销售额是本、利润是标,如果没有足够规模的销售额为基础,则根本谈不上营业外收入的问题,更直接地,来自上游的营业外收入也是因销售额而产生,其本质与进销差价是相同的。另外,家电连锁零售商向上游收取营业外收入实际上也是家电制造商维护终端价格体系的需要。由于渠道已经扁平化、渠道商规模不同,而终端售价体系又需要稳定,因此厂商从价格体系角度考虑也希望零售终端以营业外的方式与自己合作。

五、企业资本运作

(一)企业融资情况

2004年6月,国美电器在香港和北京同时召开"中国鹏润集团有限公司收购国美电器有限公司控制性股权新闻发布会"。2004年9月10日起,中国鹏润集团有限公司更名为国美电器控股有限公司。2004年9月,国美电器在香港首次成功募集资金12亿港元。

2006年2月，国美电器与美国基金公司华平投资集团达成协议。华平集团通过认购国美电器发行的1.25亿美元可转换债券及2 500万美元认股权证投资国美电器，双方建立战略合作关系。

(二)企业并购重组情况

2006年7月25日，国美电器以股权置换加现金方式并购永乐电器，并购所需花费达52.68亿港元。并购导致家电零售市场集中度明显增加，从而引起了广泛的关注。并购发生前，家电零售市场呈现寡头市场竞争格局，如表6所示，市场呈现国美电器、苏宁电器、永乐电器、大中电器和五星电器五家寡头零售企业竞争的局面。并购后，不仅参与寡头市场竞争的企业减为四家，减少了25%；而且由于国美电器与永乐电器的店面数达到所有家电寡头企业店面数的一半，家电零售市场寡头企业竞争还呈现出不对称局面，合并后的新国美电器拥有更强大的潜在市场势力。国美电器解释，并购的动机是企业优势和资源整合带来的协同效应，而不是市场势力；并购后会继续价格战，因为并购后成本降低会带来更大的降价空间。但是，竞争对手企业和消费者都对这种解释感到困惑，即究竟国美电器并购中国永乐会对家电零售市场产生什么影响？并购后的市场均衡价格会发生什么变化，各寡头企业利润相应会发生什么变化？竞争对手企业的最优应对策略是什么？这些问题具有重要的现实意义。

表6　　　　　　　　　　2005年国内主要家电零售企业销售情况

公司名称	年销售额(亿元)	门店数量
国美电器	498	426
苏宁电器	397	363
永乐电器	151	199
大中电器	/	92
五星电器	146	193

资料来源：叶泽、喻苗：《家电零售市场寡头企业并购策略及其效应研究》，《产业经济序研究》(双月刊)，2006年第6期。

六、企业营销策略

(一)"天天低价"的价格策略

做消费者的代理是国美"天天低价"的直接体现。国美打破了彩电峰会的价格联盟，把利益让渡给了消费者。2000年7月，针对彩电峰会的限价，国美代表家电流通企业率先发出自己的声音，连续数个周末在京、津、沪各门店推出特价彩电。彩电大降价后，国美低价策略指向空调，率先在全国打响了空调价格战。

(二)"彩虹服务"

"低价"是国美始终奉行的生存原则，"服务"则是国美不断发展的有力手段。1999年，国美加大服务力度，推出80公里免费送货、免抬服务，开通800免费咨询电话，建立顾客档案、实施电话回访、厂商联保等服务措施。这不但突出了国美家电专营业态的专业化服务特色,同时也极大地方便了顾客,国美由此被北京市消费者协会评为"售后服务信得过单位"。2001年11月,国美在全国各分部推出大型服务活动——"国美服务工程"。在这次活动中,国美推出一系列有创新意义的服务措施,"不满意就退换"、"神秘顾客在行动"、"投诉有奖"、"异地购物"等措施的推出,率先在家电零售领域打响了服务战的第一枪,也是国美决心打造中国商业优秀品牌,营建"百年国美"所走出的坚实一步。2003年3月,国美推出"诚信经营年"活动,在北京消费者协会设立"消费者维权保证金","先行赔付"首站在北京开始实施。2004年2月,国美启动"彩虹服务",并与海尔、海信、科龙、新科等知名家电制造企业结成服务联盟,开创了中国商业活动通过电视台直播的先例。

七、国美人力资源与文化

（一）国美人员结构

同中国大多数民营企业一样,国美电器员工的文化水平、受教育程度、素质较国有企业、外企为低。根据2004年国美电器人资的数据显示,全公司大专以上学历的员工还不到4%（截至2004年年底,国美共有员工40 000人）,随着近两年公司推行"蓄水池工程"（管理实习生计划）,大规模地招聘应届本科毕业生,从2004年到2005年共计招聘各类本科毕业生4 200人（其中,2004年3 000人,2005年1 200人）,2006年计划2 000名,才使得这一比例超过10%并接近15%。

对家电零售企业来讲,店长作为门店最高层的管理者,不仅是整个店铺活动、运营的负责人,还是门店的经营者,在整个门店的经营和管理中起着承上启下的作用,在规模与效益竞争日益加剧的今天,店长更成为了连锁经营发展的关键,门店经营的好坏直接影响到公司的发展。但国美的店长,尤其是老店长,很多都只有高中文化,还有相当一部分连高中文化都还达不到,他们是靠多年经验与对公司的忠诚被提升起来的,其结果是个人技能有余,管理方法不足,无法全面带动团队发展。

（二）员工培训体系

1. 国美《培训管理手册》

为保证公司人力资源的培训与开发制度化、规范化;增强员工知识与技能,提高人员素质与工作绩效,加速人才培养;推动企业向学习型组织转化,进而增强企业的凝聚力和向心力,国美人力资源中心特制订了《培训管理手册》。公司培训体系建设、培训方式设定、培训组织实施、培训考核与评估、出勤管理、内部讲师培养与教材档案管理等,皆依据本制度办理。

2. 国美"蓄水池工程"

国美从2003年开始实行"蓄水池工程"。"蓄水池工程"是国美在企业内部培训、培养、储备优秀管理人员的一项长期的人才培养计划;是从国内重点大学中遴选优秀的应届本科毕业生,从门店的营业员开始实习,通过1年时间在门店、分部、总部职能部门岗位的培训和培养,使其熟悉公司组织结构、业务模式,并逐步培养成为公司业务或行政的骨干力量。

3. 国美管理学院

应激烈的市场竞争和企业高速发展所需,为加速公司人才开发和储备、提高管理者的综合管理素质、强化前瞻的经营管理理念以及提升企业的核心竞争力,于2005年2月20日国美管理学院成立。国美管理学院被业界和各媒体称为中国家电连锁行业的第一家企业大学。由于没有专用校舍,没有专职的学院管理人员及讲师,只是做了一块"国美管理学院"的牌子,挂在卫戍区教导大队的大院里,偶尔有培训时借用一下部队的教室、宿舍和操场。培训组织者还是原有的培训部。因此,国美管理学院的挂牌更多被看作是有企业大学之名,无企业大学之实。无论是讲师队伍、课程体系还是基础架构都存在问题。

4. 国美"标杆店长培养工程"

从2005年9月开始推行"百名标杆店长培养方案"。"百名标杆店长工程"旨在通过选拔有良好素质和心态、知识结构合理、有提升和发展潜力的人员,对他们的开拓创新能力、执行能力、专业能力和管理能力有针对性地进行系统的培训和锻炼。国美标杆店长是经过各分部、各大区及总部层层选拔后的优秀门店管理者。经过总部国美管理学院统一培训,使他们的门店管理水平、营销策略和个人综合能力得到快速地提升。他们回到本分部后将担负着"传、帮、带"的重要岗位职责:协助卖场管理部、人资部对本分部新开和现有门店店长进行全方位的系统培训和考评;协助卖场管理部培训主管计划、组织、实施本分部各门店经理级人员的培训,提高门店管理者的整体水平;负责承接异地新开分部人员的培训工作;根据总部国美管理学院的培训内容,负责对培训课程的教案和课程根据当地分部实际情况进行完善,同时有义务建立健全门店各类考题库;完成总部及分部下达的其他专项培训工作。

(三)国美文化

1. 企业对外交流及社会活动

(1)国美的对外交流活动。2000年11月,"国美模式"高层研讨会在京举行,国家信息产业部、国家经贸委、国家贸易局、国务院发展研究中心等政府机构官员及国内众多知名学者为国美"把脉开方",研讨国美未来发展之路。

2004年2月,"2004国美全球战略高峰会"在北京隆重召开,由国美倡导的厂商之间建立"战略协同、合作致胜、共存共荣"的战略联盟观点得到了众多家电制造企业的广泛认同。

2005年3月,"2005国美全球战略合作高峰会"在上海举行,100多位全球消费电子制造企业的高层就"共荣WTO"展开广泛评论,会后,国美与众厂家共同签署了《全球消费电子产业上海宣言》,力求建立中国消费电子产业健康的经济秩序和规范、有序、和谐的市场竞争新秩序,在全球市场实现厂商、消费者和社会利益的共赢。

2005年5月,在中国社会调查所、世界华商会、中国名牌协会、中国百业社会调查活动组委会联合组织的"中国文化推动力"评选活动中,经网上投票和专家综合评定,国美报、国美文摘、国美网站(www.gome.com.cn)分别获得"中国优秀企业内刊文化推动力奖"。

(2)国美社会活动。2005年1月,国美电器出资1 000万元,与中国红十字会、国美电器、北京市青年联合会、北京志愿者协会联合主办"让世界充满爱"援建海啸受灾国孤儿计划。其中包括促销员在内的国美员工300万元捐款,其余700万元为总裁黄光裕家族捐赠。

2005年6月,国美电器联合中国红十字会、北京青年联合会、北京志愿者协会发起"风雨之后见彩虹"活动,把印度洋海啸受灾国的孤儿接到北京,通过与爱心志愿者家庭共同生活的方式,让孩子们体验到家的温暖。

2005年6月,国美电器通过中国红十字总会,向在洪灾中遇难的黑龙江省宁安市长安小学的学生家庭捐献110万元现金,用于灾后重建。

2. 国美文化氛围

十几年的发展使国美电器公司经历了从成长到腾飞的历程,企业文化建设成为企业发展的强大内在驱动力。

(1)敢为人先,贡献社会。国美始终坚持"薄利多销,服务当先"的经营理念,汲取国际上连锁超市的成功管理经验,不断挑战传统,勇于创新,已成为家电零售业的一面旗帜。在创造一个又一个商业奇迹的同时,也使国美人贡献社会、服务于人民的意识牢牢地扎根于每位职工的心中。以优质的服务最大限度地满足消费者需求,早已成为每位员工的工作准则。在这个准则衡量下,国美电器公司已建立起了一支高素质的售后服务队伍和完善的售后服务体系。国美人在用家电美化中国消费者家庭的同时,也为繁荣市场、贡献社会奉献自己的一份力量。

(2)重诺守信,诚信为本。在国美内部,守信首先就体现在对员工的守信誉上,上级对下级言出必践、总公司对分公司言出必践、分公司对各门店言出必践,同时赏罚分明;在业务上,国美电器对供货商也以诚信为本;在销售上,公司对消费者做出的每一项承诺更是严格履行,从而也赢得了较高的美誉度。

(3)以德为本,立德立人。国美电器坚持公平、公正、公开的用人原则,并将员工送往南开国美管理学院进行定期培训,又为加强员工的专业技能掌握与提高提供了条件。公司非常注重员工的公共道德和职业道德的培养,并用人格化的管理方式使员工对企业有强烈的归属感和荣誉感,这也使国美特有的文化内涵源源不断地转化为员工扎扎实实地为社会服务的精神动力。同时,公司努力营建自己的企业文化氛围,如摄影比赛、文体活动、员工图书室,为员工提供宽松的工作环境和广阔的发展空间。

(4)任人唯贤,人员本土化。在人事管理制度上,国美采取了公正、公平、公开的原则,充分发挥每个员工的聪明才智和工作热情。在人才激励机制方面,采取能者上、庸者下的制度,在门店经理和营业员中实行末位淘汰制度,最大限度地激发每位员工的能量。同时,国美在分部管理上强化制度管理而非人治,在地区人才聘用方面推行本土化策略,上至总经理,下至普通员工,都在当地招聘,并全部到总部接受为期两个月的正规化培训,以使其迅速融入国美的运营机制和企业文化中。

(5)树立品牌,注重形象。国美电器公司在长期的经营活动中,极其重视公司品牌形象的树立和维护。每年几千万元的广告投入,各类媒体高密度、全方位的宣传报道,使国美电器公司的良好商誉在消费者中广泛传播。国美电器在不断扩大规模的同时,不断加强店面形象的统一。店内销售区域规划整齐有序,POP海报悬挂统一,工作人员统一着装,构成了国美电器公司一道绚丽的风景线。《国美报》的创刊更为统一思想,增强企业内部的凝聚力,为"国美电器"这一知名品牌的推广起到了推波助澜的作用。

中国船舶重工集团公司

中国船舶重工集团公司(简称中船重工,CSIC)是1999年经过国务院批准、在原中国船舶工业总公司所属部分企事业单位基础上组建的特大型国有企业,拥有48个工业企业和28个科研院所、15个控股、参股公司,分布全国20多个省市,由中央管理,是国家授权投资的机构和资产经营主体。

中船重工是中国船舶工业的骨干力量。其中包括驰名中外的大连造船厂、大连造船新厂、渤海造船厂、山海关船厂、北海造船厂、武昌造船厂和中国舰船研究院以及中国船舶贸易公司、中国国际海洋石油工程公司等。

中船重工是我国舰船研究、设计的主要力量。现有科研人员约4万名,涵盖360多个专业,有6个国家级重点实验室和6个国家级企业技术中心。

中船重工是我国最大的海军装备制造商,可研究、设计、建造各类战斗舰艇和军辅船舶,以及各类水中兵器;开发的数百种非船舶产品应用于航天、水电、铁路、汽车、烟草、物流自动化以及市政建设等20多个行业和领域。

中船重工是中国最大的造修船基地,可研究、设计、建造、修理各种民用船舶和海洋工程,产品出口数十个国家和地区。

一、企业竞争环境分析

(一)行业发展背景

从造船行业来看,目前世界造船市场仍然是韩、日、中、欧四极争强,韩、日凭借其高水平的技术、管理能力,占据着70%左右的市场份额。根据英国克拉克松研究公司统计,韩国现代集团以1 230.1万载重吨名列2006年世界造船集团完工量第一名,占当年造船完工量16.1%的份额。

从日本、韩国、欧洲船舶业发展战略和具体措施中可以看出,在新世纪初的10~15年间,他们未来的产业发展定位和方向(见表1)。

表1 日本、韩国、欧洲发展战略综合比较

比较内容	日本	韩国	欧洲
战略定位	维持现状	关注收益	高端市场
主要战略	制约后起国家发展;强化大宗常规船市场的综合竞争力;确保技术领先	确立能带来更好业绩的产品结构;加强船舶配套业发展,扩大出口;保持和提升全面竞争优势	建立技术优势,促进国际造船竞争规则的建立
具体措施	积极参与OECD造船协定谈判,强调世界造船业供需失衡形势严峻,阻止其他国家能力扩张,防止技术外流;加强企业联合与重组,提高生产技术水平,加强管理,提高生产效率;通过IT化和自动化减少用工,同时缩短人才培养周期,大力发展船舶配套业;推进MVS-2010计划,加强研发投入,加强产、学、研以及上下游产业之间的合作,推进新的研究开发方法和知识产权保护	将竞争订单的重点放在大型集装箱船、油船、LNG船等优势产品上,积极开拓海洋工程市场,为开拓旅游船市场做准备;推进数字化造船,提高生产效率,加大研发投入,防止技术扩散与流失;加强配套业,海外建厂;加强合作,关注人力资源建设以及售后服务	加大研发补贴,加强知识产权保护,强化人才培养,通过OECD新造船协定谈判,试图建立造船业竞争规则,强调安全与环保;改善融资条件,加强产业整合
战略难点	解决员工老龄化问题	劳资问题;向新的发展阶段过渡所面临的障碍,主要体现在技术领域	增强大宗船舶市场的竞争力比较难,战略重点集中于高技术船舶、军船以及小型船市场

资料来源:《世界制造业重点行业发展动态》,第333页。

"十一五"(2006~2010年)期间,世界海洋工程装备需求逐步步入黄金期,中国造船业拥有更大的发展空间。正是捕捉到这一机遇,近年来,中央领导和国家有关部门、地方政府对船舶工业发展非常关心和重视,政策支持的力度进一步加大。

2003年12月,国家发展改革委员会制定并公布《中国船舶工业发展政策》,明确了以下中国造船业的整体布局:以集团化发展为重点,集中力量建设渤海湾、长江口、珠江口三大造船基地。到2010年形成以大型船舶工业集团为主体、以三大造船基地为依托、各类造船和配套企业协调发展的产业格局。

中国船舶工业中长期发展的总体目标是:"形成能与先进造船国家抗衡的产业基础和规模,形成以大企业(集团)为主力,规模化与专业化相结合,军民品协调发展的产业格局,产业技术、配套能力、劳动生产率和经济效益全面进步,并接近世界先进水平。"

《国民经济和社会发展"十一五"规划纲要》、《国家中长期科技发展规划纲要》和《振兴装备制造业的若干意见》,都将船舶工业列入支持重点。《国民经济和社会发展"十一五"规划纲要》指出,要壮大船舶工业实力,加强船舶自主设计能力、船用装备配套能力和大型造船设施建设,优化散货船、油船、集装箱船三大主力船型,重点发展高技术、高附加值的新型船舶和海洋工程装备。在环渤海、长江口和珠江口等区域建设造船基地,引导其他地区造船企业合理布局和集聚发展。

2006年《船舶工业中长期发展规划》正式颁布,提出到2015年使我国成为世界最主要的造船大国强国的奋斗目标,明确了相关的支持政策,贯彻落实《船舶工业"十一五"发展纲要》。国防科工委正在研究制定船舶配套规划和政策，加快突破配套业发展中的薄弱环节和瓶颈制约。在进入资本市场方面，国资委明确鼓励、支持中央企业母公司整体改制或主营业务上市，国防科工委关于军工企业民品主业改制上市的政策有望出台。

目前来看，"十五"船舶工业发展支持政策继续延续，有的更加优惠，特别是研发支持力度将进一步加大，必将促进行业更好更快更大发展。

（二）企业国内主要竞争对手

中国船舶工业已连续12年成为世界第三造船大国。从中国船舶工业行业协会的最新统计数据，2006年世界十大造船集团中，两家是韩国企业，六家是日本企业，中国船舶工业集团公司和中国船舶重工集团公司分别排名第二和第九位。

2006年全球造船完工1 778艘、载重7 440万吨，同比增长6%，再创历史新高，其中中国船舶工业造船完工1 452万吨。

中国船舶工业集团公司2006年造船完工量602万吨、新接船舶订单2 652万吨、手持订单量3 330万吨，均居世界十大造船集团第二位，分别占世界总量份额的7.9%、16.9%和11.5%，与排名第一的韩国现代集团分别相差8.2、2.8和5.9个百分点。

而中国船舶重工集团公司2006年造船完工量261.8万吨，排名第九；新接船舶订单602.6万吨，排名第五；手持订单量1 384万吨，名列第六位。

2003年中国船舶工业集团确定中长期"五三一"发展目标：2005年世界造船集团"五强"，造船能力400万吨，造船产量300万吨；2010年世界造船集团"三强"，造船能力600万吨，造船产量500万吨；2015年造船能力900万吨，造船产量800万吨，力争成为世界第一造船集团。

二、企业总体发展战略规划

2003年中船重工提出的中长期战略目标为"三步走，翻三番"，即以2005年、2010年、2020年为节点，造船能力达到"四六九"（400万吨、600万吨和900万吨）和造船产量达到"三五八"（300万吨、500万吨和800万吨），经济总量2020年在2000年的基础上翻三番，并在总体实力和核心竞争力上成为中国最强大、国际一流的船舶公司。

到2004年，中国船舶重工集团公司船舶完工214万吨，增长30%，实现主营业务收入399亿元，增长37%，承接合同金额474亿元，增长49%。手持船舶订单1 024万吨，而承接船舶订单超过600万吨，居全国之首。

经过5年的发展，中船重工与成立之初相比，资产总量、经济总量、造船产量均翻了一番，总体上由当初扭亏脱困求生存的困难阶段，逐步进入改革创新大发展的新阶段，并且跻身于世界造船集团前列。

21世纪前20年，是船舶企业必须紧紧抓住且大有可为的重要战略机遇期，面对有利的国际国内经济环境，良好的政策支持，较好的市场需求和更好的内部发展条件，同时考虑到国际国内经济存在的不确定因素、面临更加激烈的竞争和挑战，以及实现更好更快更大发展的基础还不十分牢固的实际状况，在中船重工第八次工作会议上，提出了力争到2010年主营业务收入超过1 000亿元，利润总额超过40亿元，提前实现主要经济指标翻三番。

加强生产管理，保证质量，进一步提速增效。一要采取有效措施，提高生产计划的科学性,加强生产技术准备,加强经济运行分析,及时对计划指标进行测算平衡和调整,努力实现均衡生产。二要加强重点船舶产品生产管理,进一步缩短造船周期。抓好深水半潜式平台、出口美国的 JU2000 钻井平台、出口丹麦 VLCC 后续船、出口德国 4250 箱集装箱船、烟大火车渡船、浮式生产储油船、海洋综合科考船、5 000 吨沥青船、VS 平台供应船、液化石油气船(LPG)等重点船舶的建造,协调解决生产过程中的重大问题,提高节点可控率。三要加强船厂与配套厂的协作,确保船用主机、发电机组、甲板机械、大型铸锻件、低速机曲轴等重点产品质量,确保按期供货,促进船用配套设备与造船同步发展。四要抓好非船生产和科技产业化,重点抓好蓄电池、铁路货车、液压支架、厚壁钢管、桥梁钢结构等项目按计划完成,确保首套风电设备开发成功,实现非船生产新发展。

进一步加强经营工作。一要加大民船经营力度,接船 600 万吨以上,确保环渤海造修船基地新增能力发挥作用;进一步优化船舶产品结构,重点承接液货船、散货船、集装箱船,积极开发新船型,开拓新市场。二要巩固扩大海洋工程优势,再承接一批海洋工程订单。三要加强修船经营,提高改装船和修理大型、高技术、高附加值船舶的比例,扩大修船市场份额。四要加大船舶配套领域合资合作、技术引进和消化吸收,积极开发船舶配套和二轮配套产品,提升配套设备的自给配套率,提高市场份额。五要加强重大非船项目的经营开发工作,继续做好贴息项目的筛选和论证,加快培育新的经济增长点,推动非船产品的品牌建设。

三、企业生产经营状况

(一)企业生产概况

中船重工的经营范围:包括承担以舰船为主的军品科研生产任务;经营国内外民用船舶、设备和非船舶产品的设计、生产、修理;开展各种形式的经济、技术合作,对外工程承包、劳务输出、境外带料加工、工程建筑和安装,境内外投融资以及国家授权、委托法律允许的其他业务。

中船重工拥有我国最大的造修船基地,可承担 30 万吨超大型船舶在内的各种民用船舶、海洋工程和大型水面水下战斗舰艇、各种军辅船和水中兵器及相关配套设备的研究、设计、建造和修理。自行设计、建造的上百种民用船舶、海洋工程和其他机电产品,已出口到几十个国家和地区。利用造船和军工技术开发的数百种非船舶产品已进入国内航天、冶金、轻工等 20 多个行业和领域。

(二)企业主要产品、生产及销售情况

截至 2006 年年底,中船重工集团公司手持合同金额 1 205 亿元,手持船舶订单 1 425 万吨,主要船厂基本落实了今后三年的任务量,骨干船厂任务排到了 2010 年。全年新接 VLCC10 艘、苏伊士型油船 6 艘、好望角型散货船 2 艘、4 250TEU 集装箱船 8 艘、1 800TEU 集装箱船 6 艘、海洋工程 9 座。

承接船舶订单呈现新的特点,一是承接了一批满足共同结构规范的大型油船;二是海洋工程产品档次和附加值不断提升,承接了具有国际先进水平的深水半潜式平台和新型自升式平台;三是新增造船能力实现批量接单,渤船重工新大坞订单排到 2010 年,北船重工新大坞开始接单。油船、散货船、集装箱船、多用途船等已经形成系列,近年新开发的海洋工程也开始形成系列和批量生产。骨干船厂推进造船生产专业化。

全年交工船舶267万吨。国内首座作业深度最深、技术最复杂的JU2000自升式钻井平台、首艘采用全电力推进系统的烟大火车渡船、出口丹麦的VLCC、3 000吨不锈钢化学品船、"科学三号"海洋科考船、12 000马力三用工作船等一批高技术、高附加值船舶和海洋工程产品成功交付,产品结构得到进一步优化。在船舶完工吨位同比减少15%的情况下,船舶产品销售收入同比增长27%。一批主力船型的建造周期接近国际先进水平,多数船型建造周期明显缩短。

修船总量大幅增加,以大型、改装、外轮为主,结构进一步调整优化,附加值明显提高。承接修船合同16亿元,同比增长39%;完成修船产值16亿元,创历史最好水平。发挥大坞的设施优势,成功地完成了世界最大级别的36万吨散货船的常规维修,成功地将油船改装为自卸船,将单壳油船改装为双壳油船,将汽车滚装船改装为重载船。

船舶配套快速发展,技术水平进一步提高。承接配套合同173亿元,同比增长18%;完成配套产值86亿元,同比增长24%。柴油机生产全部提前完工,全年交工775台/135万千瓦,功率同比增长35%。低速机产量迈上新台阶,中速机巩固了主机地位并批量进入船用电站领域,高速机结构调整取得明显效果,大功率高速机实现批量化生产。船用主机、甲板机械等实现批量出口。

非船产品和科技产业化呈现快速增长。全年承接非船合同163亿元,同比增长19%;完成非船产值147亿元,同比增长33%。钢结构、液压支架、自动化物流、蓄电池、齿轮箱、厚壁钢管、燃气表、铁路车辆等一批优势产品根据市场需求不断进行技术升级,进一步扩大了市场占有率。

民品经营创历史新高,民船经营生产国际化、大型化、批量化更加明显,系列化、专业化逐步形成,修船总量大幅增加,船舶配套快速发展,配套技术水平进一步提升,非船产品和科技产业化快速增长。

此外,中船重工自主开发生产了数百种非船产品,进入航天、水电、铁路、汽车、烟草、物流自动化以及市政建设等20多个行业和领域。

四、企业资本运作

(一)企业融资情况

2002年,中船重工成立了专门的财务公司,在四年多时间里,实现了从组建、发展到壮大的健康、快速、有序发展。根据中国财务公司协会2005年度统计,公司的总资产、利润总额、净资产收益率和资本金收益率均进入全国十强,其中净资产收益率和资本金收益率排名进入五强。主要经济指标在军工集团8家财务公司中均排名第一,总资产排名第二。今年前三季度,公司实现营业收入3.74亿元,利润总额1.74亿元,股本收益率达到24%,提前完成了年度计划。

1. 为集团公司的改革创新大发展提供全方位的金融服务

财务公司成立以来,通过提供存贷款、结算、贴现、投资、担保、综合授信等金融业务服务,有效地缓解了集团公司部分成员单位资金供需矛盾,基本满足了集团各成员单位的金融服务需要,有力支持了集团改革创新大发展。截至2006年9月,公司累计结算总量2 355亿元,累计为集团公司整体节约财务费用5.11亿元,累计为集团成员单位提供贷款134亿元,提供人民币担保 19 亿元,提供综合授信 507 亿元,办理保函、信用等级证明、额度授信证明和贷款承诺函等共计 553 项。

2. 准确把握服务集团与股东利益最大化的关系

截至 2006 年 9 月,当年结算量达到 855.6 亿元,较上年同比增长 79%。公司贷款业务品种不断丰富,贷款结构不断优化,贷款种类齐全。目前,公司网上电子结算系统已基本建成,将很快投入运行,从而实现集团成员单位之间的网上电子结算。同时,外汇结算业务已获银监会批准,将进一步满足集团成员单位改革发展需求。公司在满足集团公司生产经营、基本建设资金需求的情况下,认真分析研究宏观经济政策和资本市场变化,合理有效地配置资产,根据市场变化适时调整投资策略,取得较好的投资收益。公司通过政策研究和资产配置,合理安排免税收入,在政策允许的范围内统筹安排各项收入,做好税务筹划工作,2007 年 1 到 9 月净利润占利润总额的 99%。

3. 正确处理做强做大与风险控制的关系

在不断发展壮大的同时,该公司坚持"业务创新、制度先行"的原则,不断完善法人治理结构,全面防范政策执行、经营管理和操作实施中的道德风险,处理好满足客户需求和安全规范操作之间的关系,坚持实施内部控制后续评价制度,强化资产管理,加大资产风险准备提取力度,从决策、道德、操作、制度等各个层面上不断强化风险管理,建立了较为完善的风险防范系统。截至 2006 年 9 月,公司资产风险准备金累计达到了 1.23 亿元,拨备覆盖率达到了 100%,居于同行业前列。截至目前,财务公司保持着不良信贷资产比率为零、金融风险事故为零、所有手持证券类资产全部浮赢的良好风险控制记录。

(二)企业投资情况

2003 年 1 月,中船重工科技投资发展有限公司正式成立。几年来,投资公司紧紧围绕集团公司成员单位科技成果产业化及股份制改造,寻找优秀项目,做好投资工作。自投资公司成立至 2005 年年底,实现项目投资收益共计 927 万元,实现理财收益 2 704 万元。

2006 年投资公司按照董事会确立的抓住"开始一项评价、探讨一个方式、关注一项风险"三个重点,干好"稳步推进项目投资工作、全面强化项目管理、谨慎控制投资风险"三件事的工作思路,稳步推进各项工作。截至 2006 年 9 月,公司通过联合新设或增资扩股方式共设立了 19 家受资公司,项目投资总额累计 1.726 3 亿元,累计拉动投资 11.755 5 亿元。在项目投资方面,按照择优筛选、重点立项的原则,一方面吸收集团公司内部优势资源,扩充项目库。另一方面,加大投资工作力度,2006 年前三季度共计新增投资项目 4 个,原有项目增资扩股 1 个,投资额共计 1 650 万元。

(三)企业并购重组情况

中船重工的改革调整在 2006 年取得了新进展。

1. 调整重组和股改加快推进

大连船舶重工重组效果明显,全年完成工业总产值 122 亿元,实现销售收入 115 亿元,实现利润超过 2 亿元,手持订单首次跻身世界 5 强,综合实力大幅提升。风帆股份顺利完成了股权分置改革,股东大会通过了再融资方案。电机科技股份公司设立,北京乐普引进战略投资者取得积极进展。

2. 企业改革脱困取得新的成效

7 户企业终结破产程序,3 户破产微调项目已经国务院批准,山海关船厂债转股已设立新公司,10个主辅分离项目顺利实施。32所学校、2个公安机构已移交地方政府,企业办社会职能移交工作基本完成。

3. 合资合作深入推进

与天津滨海新区签署造船新区建设合作协议;与国家开发银行签署了"十一五"建设融资协议。上海瓦锡兰齐耀柴油机有限公司投产运营,低速机合资公司已经设立。大连船舶重工与香港茂盛投资公司合资组建大连船舶重工海洋工程有限公司,民船中心与美国弗莱德·高德曼联合成立海洋工程设计公司。

五、企业财务状况

(一)营利状况

中船重工集团总资产700亿元,是国家授权投资的机构和资产经营主体。盈利状况如表2所示,公司2005年和2006年的主营业务收入分别较上年增长44.8%和26.6%,而2006年的利润却增加了63.3%,大大超过主营业务收入的增长比例,表明公司产品具有较强的盈利能力。

表2　　　　　　　　　　　集团公司各年度营利状况　　　　　　　　　　单位:亿元

	主营业务收入	承接合同金额	利润
2004年	339	474	/
2005年	491	/	15.25
2006年	622	783	25

资料来源:根据中船重工公布数据整理。

(二)财务管理能力

中船重工集团成立财务公司后,其作为集团公司结算中心功能得到进一步增强。全面预算管理和成本控制收到新成效。产品销售成本、管理费用、人工成本的增长幅度均低于主营业务收入的增幅。财务费用连续第四年下降,下降幅度为16.5%。资金实力明显增强,集中调控能力进一步提升,三、四级单位开立的银行账户明显减少。

风险防范和控制能力有效加强。针对汇率变化,积极争取较高的船舶合同首付款比例,主动采取汇率保值措施,降低了汇率风险。利用在钢材经营方面的优势,发挥整体优势,锁定钢材价格、推进钢材联合统筹订货,规避了钢材价格波动的风险,有效地控制了建造成本。通过清理对集团外担保、委托理财等高风险业务,对集团外单位的担保余额由2005年的32.9亿元减少到1.49亿元。

审计监督、效能监察和法律工作进一步加强。加强重点保军单位年度财务决算、军工项目竣工财务决算、经济责任、科研经费等审计,深入开展效能监察,促进了企业管理的规范化和制度化。通过开展各类审计和效能监察,避免和挽回直接经济损失1 713万元,增收节支超过2亿元。集团公司第一次法律工作会议明确了法律工作的目标和任务,推进建立健全法律风险防范机制。

六、企业研发创新能力

科技创新是船舶工业发展的重要推动力量。近年来,中船重工及成员单位通过高技术船舶科研项目的实施,一批关键性技术得到突破,极大地提高了集团公司的竞争力。主要表现在:一是主力船型优化取得明显成绩,船舶建造国际化、大型化、批量化初步形成,系列化、专业化特色开始显现;二是船舶配套产品的制造技术取得重大进展,在许多大型关键设备研制方面实现突破,科研生产能力迈上新台阶;三是通过购买设计、联合设计到自主设计,在油船、集装箱船、散货船等方面推出了一批新船型,造船技术得到较大提高,自主设计产品的档次和水平逐步提高。

(一)提高研发创新能力的举措

集团公司第二次科技创新工作会议,根据做强做大造船主业的需要,提出了集团公司"十一五"时期加强现代造船模式建设的工作方针、主要任务和发展目标。为了实现这一目标,公司推出了以下举措:

1. 科技创新体系建设进一步加强

昆船公司被列为全国首批创新型企业试点单位;重庆地区新增1个国家级企业技术中心和4个市级企业技术中心;组建了民船中心上海分中心。截至目前,已建立国家级企业技术中心和省市级企业技术中心23个,国家重点实验室7个,国防专业重点实验室15个。

2. 积极争取国家科研支持,加大自主投入

在中船重工第八次工作会议上的报告中指出要突出抓好科技创新,把2007年作为促进创新年,加大科技投入。积极争取国家对重大科研项目的支持,进一步加大自身投入,开发有市场的产品和技术,加快产品升级换代。从2007年起,科研院所、一般生产企业和船舶总装企业的自主科研投入要分别争取达到营销收入的3%、1.5%和1%。

3. 积极实施知识产权推进工程。集团公司被评为国防科工委系统知识产权推进工程先进单位。全年新申请专利655项,其中发明专利381项,在11大军工集团公司中连续两年排名第一。4个项目获得国家科技进步奖;78个项目获得国防科技进步奖;107个项目获得集团公司科技成果奖;9项产品被评为国家新产品。

(二)新产品开发情况

国家科技部下达了2006年度国家重点新产品计划项目,中船重工共有4个单位承担的5个项目榜上有名。这5个项目是:大连船舶重工集团有限公司承担的5618TEU集装箱船和20万吨浮式生产储油船项目、七二五所承担的双曲面球型减隔震支座项目、武汉重工铸锻有限责任公司承担的大口径15NiCuMoNb5-6-4厚壁无缝钢管项目、重庆江陵仪器厂承担的全密闭蓄电池专用成套设备规模化生产线项目。

1999年至今,中船重工先后有40个项目入选国家重点新产品计划项目,其中,大连船舶重工的30万吨超大型油船、7.2万吨成品油船、3万吨多用途工作船等项目,昆船公司的自动化物流系统、出口型大叶复烤生产线等项目,风帆股份的拉网式新型免维护起动用蓄电池等项目,七二五所的新型环保材料PML-725泡沫铝等项目,在国家的财政支持下,通过研制单位坚持不懈的技术创新,研制开发工作结出累累硕果。目前,这些项目已经产生了良好的经济效益和社会效益,成为中船重工新的经济增长点。

突破了一批军品关键技术；自主研发了适应国际新规范、拥有自主知识产权的16.3万吨原油船、18万吨散货船、海洋科考船、LNG船、超大型集装箱船、超大型滚装船的开发取得明显进展；工艺制造技术的开发得到了广泛加强，确保了烟大火车渡船、钻井平台等一批高技术船舶的建造，提高了中低速柴油机等船用配套设备生产效率和产品质量；信息化建设进一步加强，提高了设计、生产、管理水平。

总装造船是现代造船模式的重要特征，中船重工始终把"转模"作为管理创新和技术创新的重要手段。2000年，集团公司第一次"转模"工作会提出了"转模"是"一把手"工程，随后，集团公司组织"转模"专家组先后开展了"建立中间产品作业体系研究"等8个课题研讨，并区别各造船企业的不同情况，进行分类指导。2002年，中船重工造船产量180万吨，平均造船周期526天，到2005年产量提高到315万吨，平均造船周期缩短为431天，缩短95天，船舶交工期平均提前两个月以上。"转模"促进了造船产量逐渐增加、建造周期不断缩短，造船生产效率和经济效益水平不断提高。

随着"转模"工作的全面推进，近年来，中船重工又适时提出了现代造船模式的内涵，即"生产设计策划，中间产品集成，均衡连续生产，节拍总装造船"。生产组织过程中"船台是安装，码头是调试"的总装造船思路得到各造船企业的认同。各船厂都不同程度地提高了设计完整性、船台（坞）完整性和下水完整性，造船周期明显缩短，造船产量大幅度提高。大连船舶重工2005年造船产量居国内第一、世界第六。原大连新船重工从1999年的造船周期平均665天（年造船4艘），缩短到2005年396天（年造船14艘），造船产量从38.2万吨提高到126.6万吨。渤船重工4.6万吨成品油船造船周期平均缩短152天，17.4万吨散货船造船周期平均缩短120天，造船总量从2001年的5.6万吨提高到2005年的50万吨。新港船厂平均造船周期从1999年的474天（年造船5艘）缩短为2005年的332天（年造船9艘），造船产量从3万多吨提高到18.39万吨。武昌造船厂动力定位供应船1号船的船台周期7个月，3号船缩短为4.5个月。这些成果表明，现代造船模式的作用已经显现。

进入"十一五"时期，中船重工"转模"将在巩固成果的基础上，将工作重心从缩短周期，转向促进造船经济增长方式转变上来。最近召开的第四次"转模"工作会议提出"十一五""转模"目标是，以中间产品为导向，以数据管理为基础，以信息化为手段，力争2010年骨干船厂基本实现总装造船。这一目标为中船重工各造船企业建立现代造船模式指明了方向，明确了任务。

诺基亚首信通信有限公司

2005年诺基亚完成在中国四大生产性合资公司的合并,成立诺基亚首信通信有限公司(以下简称诺基亚首信),因为重组的幅度大而付出不小代价,所以并没有出现在500强中。2006年诺基亚首信通信有限公司在中国企业500强中位于第55位。

一、诺基亚首信简介

1985年,诺基亚在北京设立了第一家办事处,20世纪90年代中期,诺基亚在中国建立了四家生产性合资企业,实现本地化生产,2003年诺基亚在中国的销售额达到20亿欧元,出口额为17亿欧元,2004年1月以来,诺基亚赢得中国整体手机市场第一,2005年初完成四家合资企业的合并,成立诺基亚首信通信有限公司。

诺基亚现在已是移动通信的全球领导者,推动着更广阔的移动性行业持续发展。诺基亚致力于提供易用和创新的产品,包括移动电话、图像、游戏、媒体以及面向移动网络运营商和企业用户的解决方案,从而丰富人们的生活,提升其工作效率。

根据诺基亚与首信的协议,在2004、2005年诺基亚对旗下四家合资企业进行合并,在付出高达6.5亿元的代价后收购了首信2.9%的股权,使首信的股权降到22%。诺基亚在目前的诺基亚首信公司中占有的股份超过60%,取得了绝对控制权。

为了迎接技术融合和移动性的趋势,诺基亚进行了全球性机构重组,新的组织结构于2004年1月1日起在全球和中国开始正式实施。在新的全球组织构架下,中国市场(包括内地、香港、澳门和台湾)成为诺基亚全球五大战略性地区市场中惟一的国家市场,凸显中国对于诺基亚全球战略的重要意义。

二、诺基亚首信的发展战略

(一)企业竞争环境分析

在手机制造这一领域,外国制造商是伴随着中国移动通信市场的成熟逐渐扩大在中国的业务。在这中间,最先进入中国的是摩托罗拉,俗称"大哥大"的大块头模拟机以及寻呼机的形象,伴随了中国第一代手机用户的成长。随后,更多的国际手机巨头进入中国,在中国投资建厂建实验室,寻找代理,开拓销售渠道。同时由于国家的扶持,国内数家家电企业如

TCL、熊猫等也进军手机市场,市场竞争激烈。

目前,我国手机市场有30多个品牌、生产厂商40多家,其中GSM20多家、CDMA19家。从GSM看,手机市场保持着"寡头"格局,诺基亚、摩托罗拉、三星、索爱、飞利浦等著名外资品牌占市场份额70%～75%,其余的都被联想、夏新、波导、TCL等国产手机瓜分,这些企业凭借着国家政策的支持,以及对国内销售渠道熟悉,抢占了一部分市场份额。

在这三十几个品牌中,消费者对国外品牌的认可度要大大高于国内品牌。而比较好的品牌包括诺基亚、摩托罗拉、三星、索爱等。诺基亚与摩托罗拉是开拓中国市场的领头羊,从一开始就是如此,虽然中间经过一些波折,但目前依然是这样的格局。到1997年,爱立信异军突起,成功夺去了35%的市场份额,并将诺基亚逼到第三位。一年前还占据中国70%市场的摩托罗拉只剩下了26%,诺基亚占据22%。这时出现了现在中国市场主流的GSM技术。对于刚出现的GSM数字手机,当时同样掌握此技术的摩托罗拉公司认为,GSM是介于第一代模拟制式与第二代CDMA之间的第一代半技术,并没有可观的前景。手机市场,尤其是在亚洲市场,模拟制式将延续几年,然后直接升级到更加先进的CDMA。就在摩托罗拉等待市场转机的时候,亚洲市场风向突变,GSM数字手机大行其道。诺基亚迅速发动凌厉的GSM攻势,开发大量的GSM手机,迅速吞噬了摩托罗拉的市场份额。诺基亚通过以人为本的战略选择,注重手机与电子类产品的结合,凭借强大的研发优势,发掘手机的新功能、新卖点,不断引领着手机市场的发展。通过近几年的强势发展,2006年诺基亚在中国市场份额已经达到33%,牢牢占据市场第一的位置。图1给出了2006年各手机厂商在中国的市场份额。

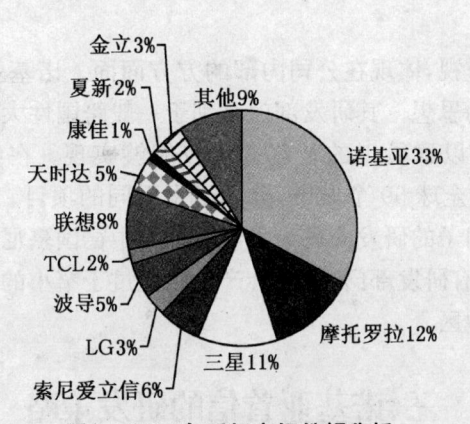

图1 2006年手机市场份额分析

(二)诺基亚的竞争战略

在更新换代迅速的移动通讯领域,创新能力是企业的制胜之道,诺基亚的基本竞争战略就是差异化战略,以持续的创新能力赢得竞争优势。强大的技术创新能力,使诺基亚可以站在行业发展的最前沿,并铸就自己品牌特有的活力。而如何确保研发成果既能充分满足市场的需要,又能在快速发展变化的竞争环境中保持领先,这也是当今高科技公司共同面临的挑战。为此,诺基亚采取了许多措施。

1. 加大研发力度

为了确保技术领先与创新,诺基亚十分重视技术开发投入,不惜投入巨额研发经费,设立诸多研发中心开发新产品。为了让自己的手机更加个性化和多样化,诺基亚专门设有外观研究的设计部门,使得个性化的设计成为诺基亚产品的精髓。诺基亚还聘请了行销专家、社会学家以及具备流行"嗅觉"的专家人士为特定族群设计不同的手机。诺基亚的设计师曾骄傲的说:在一堆手机当中,你可以一眼就看出诺基亚来。在"科技以人为本"的口号下,诺基亚不仅在技术上领先,更把准了当今市场的脉搏和消费者的需求。例如,诺基亚手机只需单手操作、前后可以随心更换彩壳、自我设定铃声、最具逻辑和适应性的用户界面,以及无可挑剔的总体外观,每一个小的改进都体现了诺基亚对消费者和市场的充分关注。正是由于诺基亚能够及时对产品功能结构做出有的放矢的调整和开发,它才能在形势严峻的竞争环境中赢得市场第一的份额。

2. 加快新品推出速度

对研发的大力投入及对市场的快速反应,使得诺基亚及时地把握住市场的脉搏,并且迅速地推出新的产品。诺基亚专门设有一个市场信息搜集网络。在中国就有300多个直属市场部的市场推广员,每一天都在市场上收集各种各样的资料和信息,并且在当天将他们的报告提交到总部,交给不同的市场分析小组进行分析和研究,然后提出解决方案,据此确定下一步研发的方向。由于这些信息的传递都是通过网络进行的,所以发现市场的需求后,确定解决方案的速度非常快。为了提高决策的速度,诺基亚打破了一般大企业通常主要依靠主管者作决定的方法,采取了不同层次的问题由不同层次的人员来作决定的方法。这样,市场反应速度明显加快。为抢占市场,诺基亚常常以最快的速度和最新的技术为用户研制出最需要的高质量产品。2002年诺基亚共推出34款手机,新机型的开发周期目前仅为3～5天,这在整个移动通讯产业内都是绝无仅有的。

3. 重视和鼓励创新

诺基亚对于创新的重视,体现在公司内部的方方面面。诺基亚组织结构的设置坚持着最大程度发挥创新能力的思想。其研发部门有别于一般跨国性大公司,组织结构分散扁平,而且组织文化激励创新,以致员工的新创意比较能够实现。在组织结构方面,诺基亚的17 000名研发人员分布于全球69个城市,分别研发不同的项目。这种地理分散的情形,与竞争者比较不同。与西门子的研发人员绝大部分都集中德国慕尼黑的做法不同。诺基亚认为,如果公司只在总部设有研发部门,可能会产生眼光过于窄小的问题,比较理想的做法是,把研发部门分设在不同地区。

三、诺基亚首信的研发策略

随着中国通信业的迅猛发展,中国已经成为诺基亚具有战略意义的重要市场。"从单纯的贸易合作,到设立生产基地,再到创立研发中心,中国越来越成为诺基亚重要的创新基地。"诺基亚中国公司总裁何庆源指出,从1998年诺基亚在北京建立第一个研发中心,到目前为止,诺基亚在北京、杭州和成都已设有六大研发机构,拥有研发人员600多人,其中60%以上为博士、硕士,90%为中国本地员工。诺基亚在中国的这些研发中心研发项目涵盖终端、基础设施、技术到解决方案等各个领域。诺基亚在研发方面非常舍得投资,并且也非常合理地分配这些费用,从产品开发预算来看,50%研发费用投到技术平台的研发上,另外一半费用则投到具体的产品开发中。

(一)诺基亚新产品开发情况

于1998年成立的诺基亚(中国)研究中心主要从事移动通信(3G,B3G/4G)技术的演进和变革;创新的用户界面概念和应用(尤其针对亚太地区);针对亚太地区的技术研发等。1999年成立的诺基亚北京产品开发中心,主要从事移动电话产品的设计和开发,诺基亚移动电话全球销量的40%由这里开发。2002年成立的诺基亚杭州研发中心重点为诺基亚3G/WCDMA网络解决方案开发软件平台。2003年10月在上海建立的诺基亚创新投资机构亚洲分支机构,将诺基亚全球创业投资经验和工具引入中国,为合作伙伴提供世界级服务。2004年6月成立的诺基亚中国CDMA研发机构主要提供CDMA软件开发和技术支持,并针对中国市场开发定制手机产品。2005年8月28日成立的成都研发中心,侧重于开发基于3G和IP多媒体子系统(IMS)平台的新型移动应用。同年9月11日在上海开业的芬华创新中心,主要致力于中国和芬兰两国间的技术合作;9月20日在浙江杭州启动的诺基亚创新软件园,以诺基亚3G杭州研发中心、诺基亚移动应用创新中心为核心,吸纳有潜力的国内外软件企业入驻园区,是诺基亚星网模式在研发领域的实践;此外,诺基亚还与中国20所顶尖大学建立了伙伴关系,通过提供大学研究基金、研究转包、捐赠及知识传授等各种合作方式,帮助中国的研究人员融入最前沿的通信科技及标准化的研究,同时也为诺基亚注入了创新活力。

诺基亚6108这一为中国研制的首款翻盖、手写输入手机就是一个很好的例子。这款由诺基亚北京产品开发中心开发的手机,洋溢着浓郁的中国风格。而其插在手机后面的手写笔的样式,灵感就来自于背负长剑的"秦始皇兵马俑"。诺基亚6108上市后仅仅四周就拿下了市场销售前十名,并且连获"亚洲设计奖"、"中国区设计奖"等国际奖项,这都证明了诺基亚中国研发部门的创新能力。

(二)诺基亚中国专利申请情况

截至2004年12月31日,诺基亚公司在中国的专利申请总量为2 311件。其中,发明专利申请为1 965件(含1142件PCT专利申请),占申请总量的84.298%,授权比例为62.44%;外观设计专利申请为364件,实用新型专利申请为2件,分别占申请总量的16.616%与0.086%。

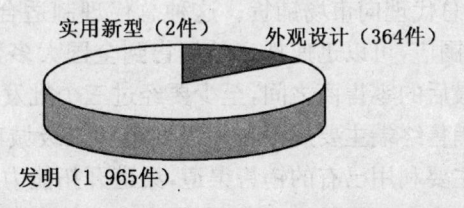

图2 诺基亚中国公司专利申请情况总体构成情况

诺基亚公司在中国的专利申请主要集中在电子信息技术领域,所占比重为99.40%,其他专利申请分布在交通领域及作业、机械工程及照明等领域,这体现了现阶段诺基亚公司在这一领域的技术积累较多,发展情况相对成熟,也反映了其主营业务的发展方向。诺基亚公司在中国外观设计专利申请主要分布在移动电话及手提电话,手机机罩、键盘、前后盖、电池、机壳、移动通信网基站等领域,尽管上述设计的技术含量不高,诺基亚公司在进行专利申请时,仍尽量囊括与其主导产品相关的各种外观设计,为产品投入市场健全相应的专利保障体系。

表1 诺基亚专利申请分布

手提电话及移动电话	手机前后盖	手机键盘	移动通讯网基站	电池
93	66	56	31	29
移动电话或无绳电话的机壳	充电器	手机罩	耳机	其他
25	20	16	6	22

(三)诺基亚创新激励模式

从招聘新员工开始,诺基亚就要求应聘者具有不断自我更新和学习的能力和愿望。诺基亚通过先进的人才评估系统,无论是专业技能还是潜能,诺基亚的评估中心都能对此进行评估。而在诺基亚公司最终做出人才选拔的决策时,起决定作用的因素不仅仅是应聘者的专业水准,还要看应聘者是否认同与符合诺基亚的价值观。这样就保证了公司人才的整体质量。

在进入公司后,诺基亚为员工提供各种相应的培训机会。诺基亚在中国、美国、欧洲以及亚太地区分别设有四所诺基亚学院,提供网上教学、跨职能指导、个人发展咨询等新的培训手段,让员工在不断的工作中成长,始终具备领先者的素质。

诺基亚内部非常提倡创新,公司设有诺基亚创新奖,每个员工都是参与者,有任何的想法,如包括产品设计技术方面等的想法,即使这是其他部门的任务,也可以上报,公司会请专业部门对想法进行评估和实现,一些好的想法经过验证,可以申请专利。所以在诺基亚,员工有着很大的发挥空间,极大的激励了员工的创新热情。

四、诺基亚首信的营销策略

(一)诺基亚手机销售方式

在2000年以前,占据市场主导地位的诺基亚、摩托罗拉等国外品牌,采用的销售渠道策略是通过一家或几家全国总代理向市场铺货。这种总代理制适合开拓新市场,没有渠道基础的厂家。好处是渠道范围广,可以迅速把产品销售到全国大多数地区的大中城市。但缺点也非常明显:从厂家到最后的零售商之间,至少要经过三个批发层次,层层都要沉淀利润,造成的渠道成本非常高;销售终端主要局限在一级城市和二级城市,农村市场无法顾及;经销商多是国有企业出身,主要利用已有的销售渠道,渠道开拓能力差。由于当时的手机普及率还比较低,购买力主要集中在一级城市,而且利润率也比较高,所以,总代理制的缺点并没有给诺基亚带来大的麻烦。

2000年以后,中国的手机用户数量开始进入一个快速增长期。2000年6月底,国内手机用户数量达到59 287万户;2001年第一季度突破1亿户;2004年10月国内手机用户已经达到3.2亿户。手机在迅速地普及,不再是一级城市中高级收入人群的专利品,二、三级城市甚至农村的普通人群,也开始成为手机的消费者。采用总代理制,面对迅速成长的二、三级市场,诺基亚已经是鞭长莫及。而国内一些手机品牌,则抓住这个机会,占领了部分二、三级市场。

2002年6月份,诺基亚开始在全国寻找省级分销商,同时推动被保留下来的几家全国总代理转型。2003年初,省级分销商已经发展了二三十家。之后,寻找省级分销商的步伐逐渐加快,到2004年年中,已经扩展到近百家。几家保留的全国总代理也成功转型,比如中邮普泰,除了在全国设立一个总部的基础上,还在全国分设了10个大区,在大区之下再在全国设立了64个分公司。这些分公司不仅可以分销来自总部的产品,同时在得到总部许可的情况下还可以从诺基亚那里拿到省级代理的业务。

从代理制到直供制 2000年以来,手机渠道还出现了另外一个新变化,即手机大卖场专业连锁店和家电连锁企业等新生力量介入。2003年以国美、大中、苏宁等为代表的家电连锁企业以零售网点规模、售后服务和客流量的优势,获得了大量消费者的认可。2003年手机专业连锁店销售手机的比例达到全部销售量的38.6%,是手机销售的主要渠道。家电连锁店的销售比例达10.8%,也成为手机销售的重要渠道之一。这些新兴力量为了在竞争中取得优势,一般都绕开代理商。直接从生产企业进货的采购形式,避免中间环节过多造成高昂的进货成本。2001年诺基亚开始直供试验,选择了上海的润讯、光大开始直供。在得到了良好的效果反馈之后,这种模式开始全面铺开。2002年,诺基亚在内部成立了一个DRP(Direct Retail Program)小组,专门负责向大的终端零售卖场供货。2004年诺基亚的直供力度进一步加大,与国美签订了全国性的直供协议,向国美所有的连锁店直供产品。迪信通、永乐、光大、苏宁、国美等家电连锁企业也从诺基亚那里得到不同程度的直供优惠。直接从诺基亚手中提货,使得家电连锁企业在销售诺基亚产品时,同样有一个较高的利润空间。混合渠道模式经过几年的努力,诺基亚第一轮的渠道变革终于在2004年完成。随着全国总代理的成功转型和省级代理商数目的增多,诺基亚可以通过他们的相互配合,渗透到以前很少能够达到的二、三级甚至农村市场。

2004年年中开始,诺基亚开始了第二轮的渠道改革计划。核心内容是名为"省级直控分销"的混合渠道模式。目前诺基亚仍未完全渗透到三线以下的城镇市场,通过全国总代理、省级代理制及对零售终端的管理的整合,诺基亚将与零售终端接触,省级分销商只扮演物流和资金流平台的角色。整合后的诺基亚供销渠道如一张巨网,诺基亚的分公司、代理商、运营商以及各大卖场连锁店成为其中主要的节点。这些节点之间既相互关联,又自成体系。将各种市场终端网尽,使得诺基亚渠道的覆盖面、渗透力都大幅增加。诺基亚产品的出货时间和市场流通时间大大缩短,畅通的渠道为诺基亚的业绩打下了坚实的基础。目前诺基亚已经在山西、湖北、湖南等省份开始了新模式的尝试。

诺基亚在渠道渗透力上的不足,一直是国内品牌取胜的法宝。当诺基亚针对中国市场调整了渠道的运作策略以后,它在产品质量、品牌等方面的优势就可以得到突显。而这方面国内品牌是难以在短时间内赶上的。同时渠道方面的强力渗透,一直都是诺基亚传统的对手摩托罗拉、三星的弱项。所以,完成渠道布局之后的诺基亚,就可以凭借产品质量、品牌等方面的优势击退国内品牌,又凭借渠道的渗透力超越摩托罗拉等竞争对手。

此外,诺基亚网上专卖店(www.shop.nokia.com.cn)已经正式上线,此举也为诺基亚手机用户提供了网上购机的最便捷通路。使用者可以享受到足不出户,轻松购物。诺基亚网上专卖店提供了专属而完备的网上销售平台。主营最新诺基亚热销机型、中高端手机产品和配件。用户可在第一时间查询详细的产品功能、配件信息、促销情报和价格,并可在第一时间以诺基亚指导销售价获得最新热销机型。此外,诺基亚进一步丰富了网上专卖店的服务内容,如推出只在网上销售的网络版本手机,以及更多样化的产品形式,用户决定购买后,可在线上下单并享受免费送货上门服务。这也是诺基亚顺应网络时代要求的举措。

(二)诺基亚手机定价策略

诺基亚通常采用以下两种方法对产品定价:

1. 产品生命周期定价法

产品生命周期定价法,就是根据产品所处的不同生命周期,制定不同的价格标准,即新产品走高价路线,二线产品走中价路线,三线产品走低价路线。对于手机这样技术更新较快的产品,由于生命期短,在上市初期就要通过高价赚取超额利润,待其他厂商追赶时继而推出新的产品,从而时时保持市场领先地位。二线产品价格下降,属于价值回归,是市场的主力军。而时间长久之后,成为三线产品,即将退出市场,价格当然是要降到最低。这种差异定价的方法,就是通过使价格随产品生命周期而上升或下调,为诺基亚取得不俗业绩。

2. 市场竞争地位定价法

市场竞争地位分为四大类,即市场领导者、市场挑战者、市场补缺者、市场跟随者。诺基亚作为中国手机市场的领导者在竞争中处于强势地位,无论市场占有率、销售额排名还是在产品技术的创新上,都是处于领先地位的。在同类产品上走高价路线,略高于市场平均价格,并与市场追随者拉开一定档次。

(三)诺基亚促销和广告策略

诺基亚多年来一直致力于品牌建设。每逢销售旺季,诺基亚总是发行新手机,希望在旺季获得最大收益。为此,诺基亚在电视媒体坚持了高端的电视媒体投放策略,持续不断地在央视投放价值不菲的新款手机广告。诺基亚还运用多种广告手段来吸引消费者的眼球,很多大片中都能见到诺基亚手机的身影,比如在电影《神话》、《新警察故事》、《童梦奇缘》中主要演员都有使用诺基亚手机的特写镜头。这些持续的广告宣传,使得诺基亚的形象深入人心。

五、诺基亚首信的人力资源与企业文化

诺基亚员工价值是每位诺基亚员工从入职起就享有的雇用原则。其包括四个基本要素,用于激发、鼓励员工,以及维护员工的满意度与表现。这四个要素是:诺基亚之道(行动准则与价值观),基于业绩的奖励,专业人员和员工培养,工作/生活平衡。

(一)诺基亚薪酬福利及培训

诺基亚认为不但要对每一个员工的工作目标,更要对员工的发展方向进行明确的界定与有效的沟通。只有这样,员工才能在完成眼前工作目标的基础上,与企业的发展保持同步,才能在企业成长的同时,找到自己更大的发展空间。而且诺基亚提倡,在这个目标确定的过程中,员工才是主动角色,而经理则应该从旁引导。据一名员工介绍,为了达到这个目标,诺基亚启动了一个名为IIP(人力投资)的项目,每年要和员工完成两次高质量的交谈。一方面要对员工的业务表现进行评估,另一方面还要帮助员工认识自己的潜力,告诉他们特长在哪里,应该达到怎样的水平,以及某一岗位所需要的技能和应接受的培训。通过这个项目,员工可以清晰地感觉到,诺基亚是希望员工获得高绩效而拿到高薪酬,并且不遗余力地帮助员工达到这个目标。这就为整个薪酬体系打下了良好的基础。

诺基亚还认为，优秀的薪酬体系，不但要求企业有一个与之相配的公平合理的绩效评估体系，更要在业内企业间表现出良好的竞争力。比如说，如果业内A层次的员工获得的平均薪酬是5 000元，而诺基亚付给企业内A层次员工的薪酬只有3 000元，这就很容易造成员工流失。这样的薪酬体系是没有业内竞争力的。然而这里又存在一个问题，如果企业员工的薪酬水平远高于业内平均水平，就会使企业的运营成本高于同行，企业的盈利能力就会削减，这同样也是不利于企业发展的。

为了解决这一矛盾，确保自己的薪酬体系具备业内竞争力而又不会带来过高的运营成本。诺基亚在薪酬体系中引入了一个重要的参数：比较率。计算公式为诺基亚员工的平均薪酬水平/行业同层次员工的平均薪酬水平。例如，当比较率大于1，意味着诺基亚员工的平均薪酬水平超过了行业同层次员工的平均薪酬水平；比较率小于1，则说明前者低于后者；等于1，两者相等。为了让比较基数——行业同层次员工的平均薪酬水平——能保持客观性和及时性，诺基亚每年都会拨出一定的经费，让专业的第三方市场调查公司进行大规模的市场调查，根据这些客观数据，再对企业内部不同层次的员工薪酬水平作适当调整务求每一个层次的比较率都能保持在1～1.2的区间内，即业内同层次薪酬水平与高于水平的20%之间。这样既客观有效地保持了薪酬体系在业内的竞争力，又不会带来过高的运营成本。

诺基亚是重要员工管理理论的推崇者，从其薪酬体系中即可明显发现这一点。例如，诺基亚的薪酬比较率明显地随级别升高而递增，在3～5级员工中，其薪酬比较率为1.05，而在更高一层的6级员工中，其薪酬比较率为1.11，到了7级员工，这个数字提高到了1.17。也就是说，越是重要、越是对企业有贡献的精英员工，其薪酬比较率就越高。这样，就确保了富有竞争力的薪酬体制能吸引住企业的重要员工，这还使得诺基亚的薪酬体系有一个特征，级别越高的员工，其薪酬就越有行业竞争力，让高层人员的稳定性有了较好保证，有效避免了企业高层动荡带来的伤害，使诺基亚的企业发展战略保持了良好的稳定性。而这对于企业的持续发展来说至关重要。

而在不同层次的薪酬结构上，诺基亚也根据重要员工管理原则作了相应的规划。其薪酬结构上有三个趋向性特征，基本工资随着等级的升高而递增，现金补助随着等级的升高而降低，绩效奖金随着等级的升高而升高。前两点保证了诺基亚的薪酬体系在稳定性方面会随着员工等级的升高更有行业竞争力，其目标在于保持高层员工的稳定性，而第三个特征则注重鼓励高层员工对企业做出更大贡献。因为高层员工的绩效对企业整体效益的影响，是数倍甚至是数十倍于一般员工的。重要员工管理理论在诺基亚薪酬体系中的嵌入，一方面保证了高层员工有更好的稳定性和更好的绩效表现，同时也给低层次员工开拓了一个广阔的上升空间。薪酬体系表现出相当强的活力与极大的激励性。

以上是先进管理的理论在诺基亚薪酬体系中的灵活应用，此外，在诺基亚的薪酬体系中还充满了本土化与人性化的元素。在诺基亚北京公司薪酬体系的现金福利部分，有一个排满中国节日的现金福利发放表。春节每个员工发放现金福利211元、元旦411元、元宵节100元、中秋节411元、国庆节300元、员工生日发放511元。

诺基亚是一个典型的跨国公司，其现金福利的发放，虽然不算一个大数目，却完全是按照中国传统的节日来设计的。其中体现出的对中国文化的理解，让中国员工有被尊重与被照顾的感觉。而员工生日现金福利的规定，更是让员工感受到细致入微的个性化体贴，在薪酬体系中表现出来的对中国文化与中国员工的尊重,使员工们"受尊重、被确定"的组织认同需求得到满足,无疑是诺基亚薪酬制度上的另一个闪光点。这也是其实现本土化的一个侧面反映。

以人为本,处处体现在诺基亚的制度上。这套先进的薪酬体系,是诺基亚文化的完美表现,它展示出诺基亚多年的成功业绩并不是偶然的爆发,而是靠着其严谨的态度和宽容的文化。

(二)诺基亚企业文化

"科技以人为本",诺基亚的这个口号代表了其企业文化的精髓,诺基亚公司也在各个方面践行着自己的口号。

1. 通过价值观招聘员工

选拔公司需要的有专业技能并符合诺基亚价值观的人才,是诺基亚成功发展的有力保障。诺基亚拥有一套独特的人才招聘方案,以确保公司吸纳到优秀的人才,不论是从专业技能上还是从职业道德上都要符合公司要求,并能够在企业文化的熏陶下为公司贡献力量,从而使诺基亚的企业文化得以发扬光大。

2. 通过文化培训员工

从新员工入职到通过三个月的试用期诺基亚会安排他们参加各种各样的培训。由于入职培训是新员工全面了解公司、接受公司价值观、感受公司文化的第一课,所以诺基亚非常重视这个环节,诺基亚会安排各个职能部门的高层领导,集中一至二天时间,与新员工交流。对新加入公司的中层以上管理人员,公司还会安排与未来工作中发生直接或间接关系的同级和上级管理人员见面,帮助其快速地进入角色,提供一个开放、互帮互助的平台,营造一个真诚接纳新成员的氛围。

3. 通过流畅的沟通稳定员工

保持畅通的员工意见反馈以及公司各层沟通的渠道,是诺基亚非常注重而且有特色的公司文化的重要组成部分,也是诺基亚价值观中"客户满意,相互尊重,追求成功,不断创新"的又一集中体现。这里的客户不仅仅指公司外部的客户。诺基亚中的每一名员工将身边的同事、有工作联系的不同部门的员工,都视为内部客户。"客户满意"是公司价值观中首要的内容,所以公司领导层对于员工对公司管理的方方面面的意见反馈非常重视,并会根据反馈意见的调查结果,改进工作方法,制定新的工作计划。每一名员工的意见反馈都会得到足够的尊重,从而激发员工追求成功和创新的动力。

广州汽车工业集团股份公司

广州汽车工业集团(以下简称广汽)是于 2005 年 6 月通过企业体制改革建立起来的股份集团,其前身可以追溯到广州汽车集团和广州摩托集团。从最早尝试与法国标致合资经营到如今与多家国际优秀汽车厂商合资合作,广汽已经建立了一条贯穿轿车、客车、专用车、汽车零部件、商贸及物流业务和专门化投资的产业链,培育了一批有影响力的品牌,在国内汽车市场占有率上不断攀升,成为了一股挑战五大传统汽车集团的新锐势力。

一、广汽发展历程概述

(一)发展简史

广州汽车工业集团股份公司由其前身广州汽车集团逐渐发展而来,曾经是国内最早的与外资合作的汽车行业公司之一,在经历了初次尝试的失败后,广汽构建了一种与外企合资发展的成功模式,在发展过程中不断优化企业组织和产权结构,利用自身的独特优势,逐步赶上五大汽车集团,并大有赶超之势。

(二)企业扩展路径

广汽在中国的发展历程以时间来划分大致可分为四个阶段:

1. 尝试阶段(1985~1997 年)

1985 年 9 月 26 日,广州汽车工业集团股份有限公司的前身——广州汽车集团公司与法国标致公司合资成立广州标致汽车有限公司,是国内最早的汽车合资企业之一,也是著名的"三大三小"中的"一小"。合资公司成立后,法国标致公司和广汽集团在车型换代和技术引进上存在较大分歧,致使广标在引进当时欧洲 20 世纪 70 年代水平的车型之后,一直没能进行更新换代。车型的落后导致了广标主要产品标致 504、505 的销售长期低迷,而依赖全盘引进国外技术的广标又没有产品开发能力。广标从 1994 年开始连年亏损,到 1997 年累计亏损已达 29 亿元人民币之巨,而当时广标的资产总值仅为 28 亿元人民币,而且实际年产量最高时才 2.1 万辆,未能达到国家产业政策所规定的年产 15 万辆的标准。同时,中法双方在一些重大问题上存在分歧,导致无法继续合作,1997 年 3 月,法国标致以一法郎的价格将所持的全部股份转让给广汽集团后撤出广标;同年 9 月,中法双方签订协议,广州汽车工业集团与法国标致汽车公司终止合作,一次大胆的尝试最终以失败结束,但是这也为广汽后来的发展之路积累了宝贵经验教训。

2. 成长阶段(1998～2004年)

1998年4月28日,广州和日本本田签署合资合同。1998年7月1日,广州本田汽车集团有限公司和日本本田技研工业株式会社各出资50%成立广州本田汽车有限公司,注册资本为11.6亿元人民币。建设之初,生产目标为年产5万辆以上,起步阶段为年产3万辆。1999年3月26日,第一辆广州本田雅阁轿车下线,同年11月通过国家对广州本田雅阁轿车40%国产化的严格验收。善攻产品策略的本田毫不吝啬地向合资公司投放了多款适销对路的车型,因抢占市场先机而大获成功的雅阁成为了中高级轿车的价格标杆,奥德赛、飞度的销量成绩在同级别车型中也是名列前茅,虽然总销量与其他大企业相比并不突出,但是较高的利润率使广州本田在业内令同行侧目。2000年2月28日,广州轿车项目通过年产三万辆的项目竣工验收,6年之后,广州本田年产能从最初的3万辆提高到24万辆。

自此广州本田合资项目顺利投产后,广汽相继与多家国际汽车制造企业合资建厂,如2000年与五十铃等签订了合资协议,成立广州五十铃,并引入五十铃大型客车,希望通过广州本田和广州五十铃、广州骏威打造从乘用车到商用车完整的产业链。2004年9月6日,由广汽集团与丰田汽车共同投资的"广州丰田汽车有限公司"正式成立。合资公司投资总额38.21亿元人民币,注册资本13亿元人民币,广汽集团与丰田公司各持50%的股份。合资公司的起步车型为新一代"Camry"轿车,起步生产能力为10万台/年。2006年5月23日国产凯美瑞下线,6月17日"凯美瑞号"飞机首航,凯美瑞全国统一上市。2005年6月,广汽集团与韩国现代签署了《广州现代商用车项目合作基础协议》,双方在广州合资兴建商用车基地。

广汽集团在合资企业的发展模式上越走越顺。

3. 自主创新阶段(2005年至今)

2005年6月28日,由广州汽车工业集团有限公司、万向集团公司、中国机械装备(集团)公司、广州钢铁企业集团有限公司、广州市长隆酒店有限公司作为发起人,以发起设立的方式,将广州汽车集团有限公司(以下简称广汽集团)整体变更为广汽股份,由张房有任董事长,曾庆洪任总经理,总股本为35亿股,每股面值为人民币1元,五个法人股东以其在广汽集团的股权认购股份公司全部股份,其中广汽集团持股91.9346%。

2005年7月10日,广汽集团成立了汽车工程研究院,专门负责自主研发,迈出了自主品牌战略实质性的第一步。

目前,广汽股份已初步建立起轿车、客车、专用车、汽车零部件生产基地、商贸及物流业务和工程技术研究开发中心,拥有目前世界上优秀的几大汽车制造企业作为合作伙伴,为下一步的协调发展打下了坚实的基础。

(三)企业所有制结构

2005年6月8日集团整体股份制改革后,广州汽车工业集团股份有限公司通过股份制实现了混合所有制:既包括公有制经济中的国有成分,其中广州市国资委作为被授权代表广州市政府履行出资人职责,管理广州市约2 500亿元的市属国有资产,广州汽车工业集团有限公司是广州市政府国有资产授权经营企业集团,是广东省、广州市重点扶持发展的大型企业集团,中国机械装备(集团)公司是中央管理的集科、工、贸、金融于一体的国有大型企业集团公司;也包括非公有制经济中的私营经济,如杭州万向集团则是国务院120家试点企业集团、国家520户重点企业中惟一的汽车零部件企业、中国第二大民营企业;旗下众多的品牌多是与外资合资的生产企业,又包含了外资经济的成分,总体上公有制占了多数,同时也充分发挥了多种所有制经济共同发展的优势。

二、广汽的发展战略

(一) 企业竞争环境分析

1. 行业竞争状况及广汽在竞争中的地位

从国际经验来看,一般来讲当 R 值达到 2 到 3 的时候就开始大规模地进入家庭,也就是车价相当于人均 GDP 的两到三倍的时候,这是一个国家轿车大量进入家庭的时期。日本在 20 世纪 60 年代初,韩国 80 年代中期 R 值达到 3,其后进入了 10 年快速成长期。

表1　　　　　　　　　　　　国外汽车工业快速发展期

国　家	快速成长期	人均 GDP(美元)	GDP 年均增速(%)
日本	1961~1973 年	2 200~14 000	9.8
韩国	1983~1994 年	2 870~8 260	8.8
马来西亚	1987~1994 年	3 890~6 478	8.2
联邦德国	1951~1955 年	2 400~4 000	9.1

根据北京地区统计数据目前居民购车均价为 7.7 万元,10 万元以下的占 70% 以上,按照这个数据,人均 GDP 在 2.5 万~3 万元的地区对轿车的需求将快速增长。考虑到城乡差别,一般城镇居民收入是农村居民收入的 2~3 倍,人均 GDP 超过 1.2 万元的地区将是快速增长的地区。目前上海、北京、天津、浙江、江苏、广东、福建、山东、辽宁、黑龙江、河北等地超过了人均 GDP1.2 万元。随着国民经济的快速发展,更多的人口将步入这一行列。这为未来汽车行业的快速发展提供了需求保障。

表2　　　　　　　　　　　　汽车巨头中国扩产情况

厂　商	新增产能
东风悦达起亚	预计到 2010 年产能将达 43 万辆
长安福特	2007 年产能达 36 万辆
上海通用	总产能已达到 48 万辆
长安铃木	2006 年 5 月底已完成 20 万辆年产能的扩建
天津一汽丰田	到 2010 年要实现产销 50 万辆
广州本田	第一工厂年产 24 万辆,第二工厂投资 22 亿元,首期生产规模 12 万台/年
广汽丰田	2006 年开始投产,起步规模年产 10 万辆,到 2010 年达 30 万辆

2. 2006 年汽车行业经济运行分析

2006 年在国家宏观经济持续良好发展形势的影响下,汽车工业重点企业(集团)经济运行始终保持产销两旺的良好发展态势。据 2006 年汽车工业重点企业(集团)经济指标快报显示,主要经济指标增速较快,企业盈利能力大幅提高,工业经济效益综合指数明显高于上年水平。2006年汽车工业重点企业(集团)经济效益综合指数为303.38,与上年252.40相比,提高了50.98个百分点。

2006年汽车行业从2005年的低迷状态中走出,产销明显增长,汽车工业重点企业(集团)产销两旺。累计完成工业增加值1 561亿元,同比增长30.53%,高于全国规模以上工业企业增加值增速水平13.93个百分点,增长额为365.15亿元,增幅同比提高38.94个百分点;累计完成工业总产值6 896.62亿元,同比增长31.73%,增长额为1 661.24亿元,增幅同比提高31.08个百分点;累计完成工业销售产值6 765.58亿元,同比增长31.11%,增长额为1 605.45亿元,增幅同比提高27.51个百分点。

2006年汽车工业重点企业(集团)产销率为98.10%,同比下降0.46个百分点。从全年各月产销率的变动趋势来看,基本在96.56%~98.22%之间,产销衔接良好。

从具体情况看,14家重点企业(集团)中,有13家企业实现主营业务收入增长率高于上年水平,且多数企业呈两位数增长。金杯公司、广州集团和重汽集团实现主营业务收入增长率在重点企业(集团)中最高,且均超过50%,分别为83.72%、52.92%和52.63%;一汽集团、长安公司和上汽集团实现主营业务收入的增长率也较高,分别为42.29%、39.27%和36.84%;昌河公司、北京公司、南汽集团、哈飞公司、东风公司、江淮集团、庆铃公司实现主营业务收入增长率依次为29.73%、20.47%、15.52%、14.26%、11.60%、11.38%和5.72%。东南公司实现主营业务收入同比下降18.26%。

从2006年汽车工业重点企业(集团)市场占有率情况看,一汽集团、上汽集团和东风公司仍占市场主导地位。2006年一汽集团、上汽集团和东风公司三大集团主营业务收入的份额分别占重点企业(集团)主营业务收入总量的28.46%、19.95%和18.14%;与上年相比,一汽集团和上汽集团市场占有率分别提高了2.09和0.73个百分点,东风公司下降了3.29个百分点。广汽集团、北京公司、长安公司的市场占有率分别为8.96%、7.68和6.20%;与上年相比,广汽集团和长安公司分别提高了1.23和0.33个百分点,北京公司下降了0.72个百分点。

从汽车工业重点企业(集团)实现利润总额的具体情况看,2006年的一个显著特点是多数企业盈利水平提升较快。而2005年则是企业盈利普遍下降,3家企业同比增长,8家企业同比下降——降多增少。2006年在14家重点企业(集团)中有8家企业实现利润总额保持较快增长,增速最高的企业同比超过了200%,增速相对较低的企业也超过了30%。其中,长安公司、重汽集团和一汽集团的增速在重点企业中为最高,实现利润增长率分别为245.72%、93.20%和70.38%;北京公司、庆铃公司、东风公司、上汽集团和广汽集团实现利润总额的增长率分别为64.53%、61.45%、44.48%、33.44%和30.24%。

3. 主要对手

表3　　　　我国汽车产销量前10位企业(集团)2003~2005年产销情况　　　　单位:辆

企业名称	生产			销售		
	2005年	2004年	2003年	2005年	2004年	2003年
全国总计	5 707 688	5 070 765	4 443 462	5 758 189	5 071 648	4 390 619
第一汽车集团	984 172	993 554	901 118	983 140	1 007 471	896 687
上海汽车工业(集团)公司	911 748	847 526	796 969	917 513	848 542	782 036

续表

企业名称	生产			销售		
	2005年	2004年	2003年	2005年	2004年	2003年
东风汽车公司	734 716	530 061	494 070	729 033	523 309	490 060
长安汽车(集团)有限责任公司	621 531	582 367	470 030	631 142	579 520	472 119
北京汽车工业控股集团有限责任公司	585 683	538 699	347 947	597 258	530 993	336 657
广汽集团	237 773	209 720	122 568	237 150	209 551	122 608
哈飞汽车股份有限公司	225 260	205 991	200 007	230 051	205 115	190 585
奇瑞汽车有限公司	185 588	79 565	101 141	189 158	86 568	90 367
安徽江淮汽车集团公司	155 359	131 300	96 368	154 340	130 795	97 078
浙江吉利控股集团有限公司	149 532	91 744	77 863	151 366	96 693	75 706
前10位企业合计	4 791 361	4 210 527	8 051 543	4 820 151	4 218 557	3 553 903

资料来源：2005年中国汽车工业年鉴。

4. 所属地区经济、产业发展状况

(1)市场消费能力强。广州是中国华南地区的中心城市，在地理位置上位于中国经济最活跃的珠江三角洲区域的"几何"中心点，与香港、澳门等形成大珠三角地区，依托华南地区辽阔的腹地，具有其他城市难以比拟的市场辐射力。广州的市场需求一方面来自1 000多万的人口，以及向周边省市经济辐射的约2.5亿人口；另一方面以广州为中心的"珠三角"是目前中国最大的轿车消费市场，汽车销售量占全国的1/4，2004年汽车拥有量达174万辆，且每年以10%的速度增长。

(2)产业基础好。2005年广州市实现工业总产值6 770亿元，与2004年同比增长15.4%，拥有全国39个工业门类中的35个，是华南地区工业门类最为齐全的城市，拥有工业门类较为齐全、综合配套能力和科技开发能力较强。广州具有很好的装备制造业基础，钢铁、化工和电子等上游产业发达。广州汽车零配件生产厂已有200家，并拥有全国最大的汽车零部件集散地。

(3)具有独特的区位优势和方便快捷的立体交通网络。广州已形成较完备的水陆空立体交通体系、通信体系，是全国最大的交通枢纽和通信中心。白云新国际机场是目前中国乃至亚洲规模最大、功能最先进的国际机场，是中国三大国际航空港之一，旅客吞吐量全国第一。

(4)具有雄厚的科研能力和高素质的人才支撑。广州地区有学科门类齐全、师资力量雄厚的大专院校。广州科技实力雄厚，汇集了广东省80%的科技人员，拥有独立科研开发机构557个。

广州约有五成汽车企业已建立了企业研发中心，其中广州汽车工业集团建立了省级汽车工程技术中心。举办了六届的中国留学人员广州科技交流会已成为中国开发高层次人力资源的平台,被誉为中国智力广州交易会。

(5)产业集群迅速崛起。目前,广州已有汽车整车企业21家,已经投产的汽车零部件企业达200家,另在建有250家。围绕本田、日产和丰田三大主车企业,广州汽车产业集群迅速崛起。形成以本田、本田(中国)、广州本田第二工厂、五羊本田摩托车新工厂以及与之配套的零部件及销售服务企业的东部产业集群;以东风日产乘用车公司为龙头,占地50平方公里的花都汽车城为中心的北部产业集群;随着丰田汽车落户南沙,一大批汽车零部件企业已进驻南沙国际汽车城,形成了南部产业集群。

(二)企业总体发展战略规划

广汽集团规划:2007年汽车产销量达到66万辆,2010年超过130万辆;销售收入2007年达到1 000亿元,2010年达到2 000亿元,并进入内地汽车企业前4名。根据广汽集团的规划,在轿车方面,广州本田2007年产量达到36万辆,2010年达到50万辆;本田(中国)2007年达到5万辆,2010年达到20万辆;广州丰田2007年达到15万辆,2010年达到50万辆。而在商用车方面,到2007年产量达到10万辆,2010年达到23万辆;摩托车整车销量达到150万辆。广汽集团将加速构建完整的商用车板块,引进轻、中、重型载货车、轻型客车和大中型客车等商用车产品。为实现零部件板块与整车板块同步发展,也将积极扩大零部件和整车的出口,成为一个国内外市场都具有竞争力的企业。

三、广汽的生产经营状况

(一)概况

广汽集团主要业务有面向国内外市场的汽车整车制造、销售及服务业务,汽车商贸及物流业务、汽车零部件业务、汽车金融业务及相关服务业务,具有真正意义上独立完整的产、供、销及研发体系。目前公司旗下拥有广州本田、广州丰田、本田汽车(中国)有限公司、广州五十铃、骏威客车、羊城汽车、广汽丰田发动机有限公司、零部件公司、中隆投资、商贸公司等数十家知名企业。主要产品有广州雅阁、飞度和奥德赛乘用车,广汽AZ系列发动机,广州GALA三种系列豪华大、中型客车,珠江牌系列大、中型客车,羊城牌轻型客车、货车、专用车,以及汽车空调、座椅、灯具、弹簧、减震器等多种汽车零部件产品。产品销往全国各地,部分产品已出口欧美亚洲等多个国家和地区。

(二)主要产品生产及销售

广汽的主要产品及生产销售状况如表4和表5所示。

表4　　　　　　　　　　　　　品牌产品一览表

轿车类	广州本田	奥德赛	
		雅阁 2.0i-VTEC　2.4i-VTEC　3.0v6-VTEC	
		Fit saloon	Fit 飞度(两厢)1.3L/1.5L
			Fit 飞度(三厢)1.3L/1.5L
		思迪 1.3/1.5L	
	广州丰田	凯美瑞 2.0/2.4L	
	本田汽车(中国)	JAZZ1.2/1.4L	

续表

客车类	广州SUZU	GALA系列：GLK6121D(SHD)　GLK6121D4(LHD)　GLK6120D(HD)　GLK6120D5(EHD)　GLK612DW(WHD)
		V系列：GLK6940H(V9)　GLK6110H1(V11)
	广州骏威	GZ6107　GZ6950　GZ6108　GZ6106　GZ6116　GZ6890　GZ6820S　GZ6120S　GZ5100XGC　GZ6880S1/GZ6880S2　GZ6112S1/SV/SV2　GZ6112S2/S3/SC/SV1/SV3　GZ6112S5/S6/S7/6113S
	广州羊城	轻型客车：欧Ⅱ柴油系列轻型客车
		中型客车：YC6790　YC6840
轻型车	YC5041	

表5　　　　　　　　　　2006年集团及集团下属主要产品生产及销售情况

生产企业/品牌	生产 本期止累计	去年同期止累计	比同期累计增长(%)	销售 本期止累计	去年同期止累计	比同期累计增长(%)
本田(中国)　爵士1.2L	10 999	6 018	82.77	11 400	5 221	118.35
爵士1.4L	13 593	5 031	170.18	13 200	4 476	194.91
合计	24 592	11 049	122.57	24 600	9 697	153.69
广州本田　奥德赛	35 836	27 788	28.96	35 777	27 544	29.89
飞度两厢1.3L	17 972	18 150	−0.98	17 913	18 169	−1.41
飞度两厢1.5L	39 685	48 057	−17.42	39 383	48 491	−18.78
飞度三厢1.3L	565	9 277	−93.91	617	9 219	−93.31
飞度三厢1.5L	1 285	13 801	−90.69	1 321	13 350	−90.1
思迪1.3L	7 377	0	*	7 327	0	*
思迪1.5L	35 047	0	*	34 575	0	*
雅阁2.0L	49 209	37 754	30.34	48 576	37 737	28.72
雅阁2.4L	74 124	75 238	−1.48	73 727	74 781	−1.41
雅阁3.0L	919	1 485	−38.11	880	1 482	−40.62
合计	262 019	231 550	13.16	260 096	230 773	12.71
广州丰田　凯美瑞2.0L	12 614	0	*	12 607	0	*
凯美瑞2.4L	48 667	0	*	48 647	0	*
合计	61 281	0	*	61 254	0	*
广州汽车工业集团有限公司	354 243	248 822	42.37	352 281	246 847	42.71

在广汽的子公司中，广州本田一直是利润较高的企业，2005年本田在中国的市场份额为9%。2006年销售收入达360亿元。在国产中高档车市场，广州本田2006年已占据了

30%的市场份额。其中,雅阁销售超过12.3万辆,飞度销售5.7万辆,奥德赛销售3.6万辆,思迪销售4.3万辆。

(三)产品进出口

2005年6月27日,首批本田(中国)生产9 698辆本田JAZZ汽车出口欧洲,出口均价达到每辆1.4万美元左右,标志着由中国制造的汽车将直接参与世界最高水平的市场竞争,中国汽车产业发展得到欧洲国家的认同,成为中国汽车史上首个产品100%出口的企业。

(四)品牌创建

广州汽车工业集团下属多家合资公司并拥有众多品牌:

(1)广州本田汽车有限公司。由广州汽车集团公司和本田技研株式会社合资建设和经营,于1998年7月1日正式挂牌成立。旗下有雅阁、奥德赛、思迪、飞度等系列产品。

(2)广州丰田汽车有限公司。由广州汽车集团股份有限公司和丰田汽车公司合资建设、经营的合资整车项目,目前主打品牌为凯美瑞。

(3)广州五十铃客车有限公司。由广州汽车集团有限公司、日本五十铃自动车株式会社投资兴建的高档客车生产企业。在短短几年内,广州五十铃客车有限公司已经成为中国高档客车的代表品牌之一,建立了以华南、华东沿海为中心,涵盖全国各主要省份的销售和服务网络。

(4)广州骏威客车有限公司。由广州汽车集团有限公司和香港骏威汽车有限公司合资组建的中外合资企业。公司主要生产骏威牌和珠江牌大、中型(7.9～12米)系列客车。

(5)广汽丰田发动机有限公司由丰田汽车公司和广州汽车集团有限公司共同出资,生产产品包括1AZ-FE2.0L和2AZ-FE2.4L发动机,专为Camry(佳美)等多个丰田车型配套。自产缸体、缸盖、曲轴、凸轮轴、曲轴箱和连杆六大发动机主要零件。

(6)广州羊城汽车有限公司。广州羊城汽车有限公司,是广州汽车集团与香港中隆投资公司合资组建的股份制公司。主营业务有生产、经营轻型载货汽车及中小型客车。

(7)广州汽车集团零部件有限公司。由广州汽车集团股份有限公司与香港骏威投资有限公司共同投资组建的中外合资企业,投资生产经营销售汽车零部件,产品主要为广州本田、广州丰田等汽车主机厂配套。

(五)与上下游企业合作

在2005年的重组中,在发起人的选择上可以看出这一思路:万向集团公司——全国汽车零部件龙头企业;中国机械装备(集团)公司,该公司原直属机械工业部,在机械制造方面具有较强优势;与汽车行业关联度较高且极具行业区域优势的广州钢铁企业集团有限公司以及广州市长隆酒店有限公司这一具有良好运作机制和市场形象的民营企业。

四、广汽的资本运做

(一)企业融资情况

广汽集团曾于2002年9月开始启动集团整体境外上市计划,但是由于当时股市不景气,加上中国汽车市场表现惨淡,该计划在2006年初全面搁置。"广汽集团将在2007年重启去年暂停的集团整体上市计划。"广汽集团董事长张房有透露。广汽集团股份的创立也表明广州汽车工业集团整体上市处于最后冲刺阶段,广汽集团股份此次将整车制造、销售及服务业务、汽车商贸及物流业务、汽车零部件业务、汽车金融业务及相关服务业务、汽车技术开发业务等全部纳入了公司业务框架,为今后规范运作和上市奠定了基础,并具备了独立完整的产、供、销及研发体系,按照计划,广汽股份将在一年内完成上市计划,上市地点有可能选择国内市场,目前广发证券正在为其作上市前的辅导。

(二)企业并购重组

经广州市人民政府办公厅穗府办函[2005]103号《关于同意设立广州汽车集团股份有限公司的复函》及广州市经贸委穗经贸函[2005]233号《关于同意设立广州汽车集团股份有限公司的批复》的批准,由广州汽车工业集团有限公司、万向集团公司、中国机械装备(集团)公司、广州钢铁企业集团有限公司、广州市长隆酒店有限公司作为发起人,以发起设立的方式,将广州汽车集团有限公司整体变更为广汽股份。

广汽股份以广汽集团2004年6月30日经审计确认后的净资产3 499 665 555.79元按1:1的比例折股,总股本为3 499 665 555股(0.79元计入资本公积金),每股面值为人民币1元,由广汽集团的五个法人股东以其在广汽集团的股权认购股份公司全部股份。

表6　　　　　　　　　　　　广汽集团股改后股权结构图表

股份 \ 股东	广州汽车工业集团有限公司	万向集团公司	中国机械装备(集团)公司	广州钢铁企业集团有限公司	广州市长隆酒店有限公司
广州汽车工业集团股份有限公司	3 217 403 529股	139 636 656股	129 169 156股	6 999 331股	6 456 883股

(三)企业投资情况

广州汽车工业集团有限公司拥有独资或控股等各类企业112家,主要有广州汽车集团有限公司、广州摩托集团公司、广州本田汽车有限公司、广州丰田汽车有限公司、本田(中国)汽车有限公司、广汽丰田发动机有限公司、五羊—本田摩托(广州)有限公司、广州五十铃客车有限公司、广州现代汽车有限公司、广州骏威客车有限公司、广州羊城汽车有限公司、广州汽车集团零部件有限公司、香港中隆投资有限公司、广州汽车集团商贸有限公司,以及广州汽车工程技术研究开发中心等。

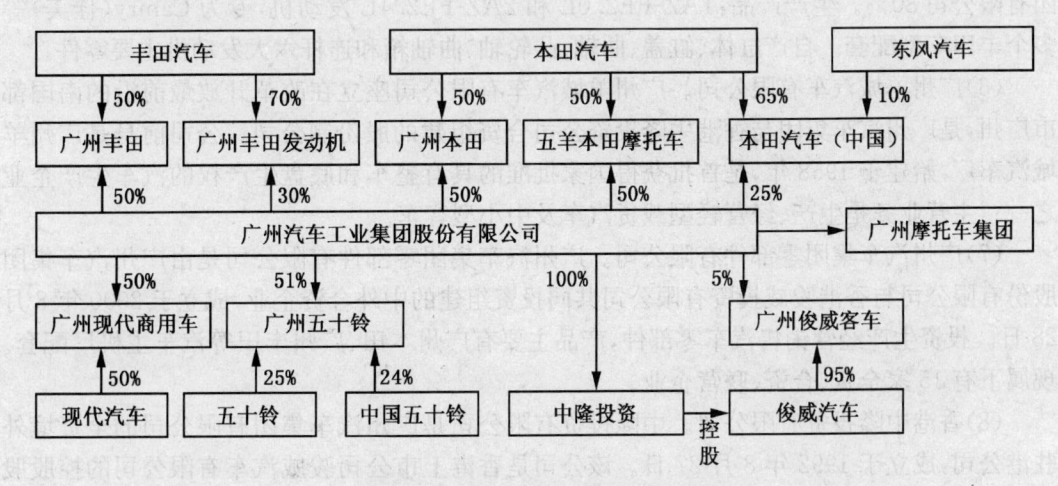

图1　集团下各合资公司持股比例

各合资与独资公司基本情况：

(1)广州本田汽车有限公司。广州本田汽车有限公司由广州汽车集团公司和本田技研株式会社按50∶50的股比合资建设和经营，于1998年7月1日正式挂牌成立。首期工程总投资22.775亿元人民币，注册资本11.6亿元人民币，合资年限30年。拥有研究开发中心、排放试验室等强大技术研发力量和冲压、焊接、注塑、涂装、总装、整车检测等先进工艺生产车间，以及物流配送中心、综合培训中心等辅助设施。旗下主要产品有雅阁、奥德赛、思迪、飞度。目前，广州本田汽车有限公司是全国十大汽车生产厂家之一。

(2)广州丰田汽车有限公司。广州丰田汽车有限公司成立于2004年9月1日，是由广州汽车集团股份有限公司和丰田汽车公司按50∶50的股比合资建设、经营的合资整车项目，投资总额38.21亿元人民币，注册资本13亿元人民币，合资年限30年。主打品牌为凯美瑞。

(3)广州五十铃客车有限公司。广州五十铃客车有限公司成立于2000年3月。是由广州汽车集团有限公司、日本五十铃自动车株式会社按51∶49的股比投资兴建的高档客车生产企业。注册资本4 680万美元，占地10万平方米。生产长度区间为9米到12米，价格范围为60万元到220万元之间的高档客车。旗下产品有6SD1、6HE1等系列柴油机。在短短几年内，广州五十铃客车有限公司已经成为中国高档客车的代表品牌之一，建立了以华南、华东沿海为中心，涵盖全国各主要省份的销售和服务网络。

(4)广州骏威客车有限公司。广州骏威客车有限公司是由广州汽车集团有限公司和香港骏威汽车有限公司合资组建的中外合资企业，注册资本2 990万美元。厂区占地面积15万平方米，现有员工1 300多人，其中工程技术人员200多人。公司主要生产骏威牌、珠江牌大、中型(7.9～12米)系列客车。2003年2月搬迁至广州市白云区进行易地改造，项目总投资1.9亿多元。

(5)广汽丰田发动机有限公司。广汽丰田发动机有限公司于2004年2月24日成立，注册资本金为11亿元人民币，位于国家级开发区——广州南沙经济技术开发区。一期工程按年产30万台发动机规划建设，其中20万台出口海外，2005年1月投产，计划总投资22亿元人民币；二期工程按年产50万台进行建设。出资比率：丰田汽车公司70%，广州汽车集团有限公司30%。生产产品：1AZ-FE2.0L和2AZ-FE2.4L发动机，专为Camry(佳美)等多个丰田车型配套。自产缸体、缸盖、曲轴、凸轮轴、曲轴箱和连杆六大发动机主要零件。

(6)广州羊城汽车有限公司。广州羊城汽车有限公司座立在改革开放最前沿的南国都市广州，是广州汽车集团与香港中隆投资公司合资组建的股份制公司。公司前身是广州羊城汽车厂，始建于1958年，是首批获得国家批准的具有整车和底盘生产权的汽车生产企业之一。主营业务是生产、经营轻型载货汽车及中小型客车。

(7)广州汽车集团零部件有限公司。广州汽车集团零部件有限公司是由广州汽车集团股份有限公司与香港骏威投资有限公司共同投资组建的中外合资企业，成立于2000年8月28日。投资生产经营销售汽车零部件，产品主要有广州本田、广州丰田等汽车主机厂配套。现属下有15家全资、合资、联营企业。

(8)香港中隆投资有限公司。中隆投资有限公司是广州汽车集团有限公司的全资境外驻港公司，成立于1992年8月27日。该公司是香港上市公司骏威汽车有限公司的控股股东，其主要职能是为广州汽车工业的发展筹集资金并参与有关的整车及零部件项目的投资。

(9) 广州汽车集团商贸有限公司。广汽商贸公司以为汽车生产企业提供高效服务,为最终客户提供优质服务为宗旨,以实现社会可持续发展、构建和谐社会为奋斗目标,努力建设新型现代化企业。现有员工1 800人,专业技术人员200人。主要业务包括机械设备进出口代理、进口钢材加工、小汽车配送物流、国产及进口小汽车销售维修、汽车租赁、汽车展览承办、汽车产业后勤服务。目前,公司投资控股、参股了20家企业,其中11家企业取得汽车品牌授权经销权。2005年营业收入超过25亿元人民币,销售汽车6 266台,利润4 522.2万元。

(10) 广州广汽产业发展有限公司。广州广汽产业发展有限公司是广州汽车集团属下的合资企业,于2004年10月在广州成立。公司主要为广州汽车产业提供相关配套服务,拟进入房地产、物流配套、通信再生资源处理等领域进行投资。公司注册资本为1亿元人民币,主要经营范围为投资、咨询及服务。

五、广汽的财务状况

(一) 企业的资产结构、资产规模和资本结构

广汽的主要财务指标如表7所示。

表7　　　　　　　　　　　主要财务指标

财务指标	企业名称	广州本田	广州丰田	广州俊威	广州五十铃
管理费用	本期止累计(万元)	88 731.5	123 226.5	5 586.1	1 912.7
	比同期累计增长(%)	10.68	—	−27.93	−36.25
财务费用	本期止累计(万元)	−22 615.3	−204.5	451.5	1 123.2
	比同期累计增长(%)	26.9	—	81.11	−14.22
利息支出	本期止累计(万元)	−22 387.9	4 817.9	442.3	1 399.3
	比同期累计增长(%)	29.48	—	88.05	5.9
应交增值税	本期止累计(万元)	189 262	82 289.3	302.1	
	比同期累计增长(%)	34.01	—	−40.08	−100
资产总计	本期止累计(万元)	1 867 219.7	551 395.2	24 426.4	34 939.5
	比同期累计增长(%)	13.21	—	−23.43	−16.59
固定资产净值平均余额	本期止累计(万元)	463 935.9	337 337.6	13 090.7	15 052
	比同期累计增长(%)	26.91	—	−4.98	−7.66
流动资产平均余额	本期止累计(万元)	1 286 757.7	198 357.8	10 098.4	19 887.5
	比同期累计增长(%)	14.52	—	−44.28	−22.29
应收账款净额	本期止累计(万元)	20 564.6	1 280.7	2 441.4	3 576.5
	比同期累计增长(%)	550.8	—	−13.1	−40.51
负债总计	本期止累计(万元)	737 054.2	371 597.5	26 164	38 044.8
	比同期累计增长(%)	37.42	—	22.35	13.45

(二)企业的盈利状况

2005年上半年,广汽股份生产汽车112 840辆,销售汽车109 825辆,实现销售收入1 884 167万元,利润总额313 318万元,各项主要经济指标的增长率在全国15家重点汽车集团中排名前列,产销增长率位居第一。

据中国汽车工业协会2006年11月9日公布的月度统计显示,广汽集团1~10月份的汽车销量为26.64万辆,比上年同期增长36.72%,在全国各大汽车企业(集团)中排名第六名。

六、广汽的营销策略

(一)企业销售渠道

广州汽车集团下属的企业中最具有代表性的就是品牌专营店形式,这种销售方式主要以汽车厂商的营销部门为中心,依靠特许或特约经销商进行专卖店直销,并集整车销售、配件供应、售后服务、信息反馈于一身。

这样不仅使得销售结构扁平化,从而减少了流通成本和中间环节,实现了营销体系与客户的直接交流,同时把制造关节中的零配件供应商也纳入售后维修环节中。

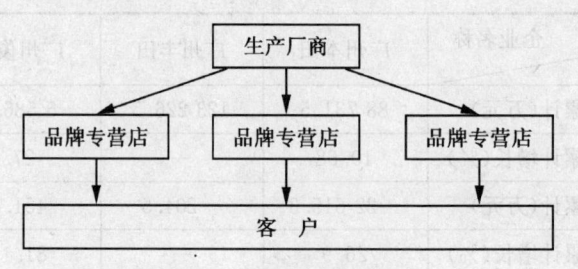

```
        生产厂商
    ┌──────┼──────┐
    ↓      ↓      ↓
 品牌专营店 品牌专营店 品牌专营店
    └──────┼──────┘
           ↓
         客 户
```

图2 广汽的销售方式

(二)企业的促销和售后服务策略

在分析广汽的促销策略、售后服务时,主要以广州本田和广州丰田为代表进行分析。

1. 广州本田的促销和售后服务策略

广州本田并没有一味追求新车型的投放,而是坚持在每年至少推出一款新产品的基础上,努力将每一款产品做到最好,不断引进先进的技术,并赋予其优秀的品质、合理的价格和周到的服务,使顾客购车用车得到最大满意。这是广本一直以来具有的自己特色的营销策略。

2005年广州本田营销策略:聚合调价格、推新车、拼服务三大法宝重磅出击。借第50万辆轿车下线的机会,新款奥德赛正式下线并宣布售价;2005款新雅阁价格全线下调2万元,并首次推出2.0手动档车型;零部件价格平均降幅10%,涉及范围达1 120种。与此同时,广本还计划进一步拓展销售渠道,将原有250家特约销售服务店扩展到280家,并在北京商务中心投入使用的基础上建立西南商务中心。

2006年,广本对于一些紧俏车型采取了"饥饿营销",有意造成"供不应求"的态势。

广本在售后服务上也多了很多构想,零部件价格的下调、销售店的扩建、西南商务中心以及系列售后服务活动的开展都表明,与先前广本在产品价格上的重磅出击相比,广本开始在稳固品牌形象上下功夫了。广州本田在实现自身发展的同时,也对关系全民的环保事业投入高度的关注,致力于成为一个有责任感的"环境友好型"企业,并以实际行动投入到对环保事业的支持中。捐资植树造林、赠车用于环境监察、建设绿色工厂、制造环保产品,广州本田不断履行着对环境的承诺,创造"人、车、环境"的和谐发展。

2005年是广州本田优质服务更加深入细致的一年,除了贯穿全年的春、夏、秋季服务双周活动,还包括"喜迎春"服务和"回家看看——盛情一夏"以及一年一度的技能竞赛活动,广州本田首先开创了全国特约销售服务店统一启动24小时紧急救援服务的活动。广州本田在国内已经拥有了近60万的用户,特约店数量达到280家,满足了用户群的售后服务需求,同时也为2006年第二工厂的产能发挥提前铺好销售服务渠道。

2. 广州丰田的促销策略和售后服务

广州丰田自诞生之日起,就以消费者的利益为根本出发点,在产品、工厂、渠道三个领域确立新的品质标准,打造"三位一体"品质。

丰田的花旦凯美瑞,从宣称"没有竞争对手",到在各大平媒的广告攻势,再到包下专机造势,凯美瑞一改丰田温水式的营销策略,开始格外"高调"。

2006年6月凯美瑞上市时,市场喊出过加价4万元提现车的行情。2006年12月,上市6个月后的凯美瑞还有加价1万多元提现车的行情。目前,市场平均价19.78万~26.98万元。

"从丰田近些年在中国的品牌营销来看,它主要着力在四个方面。"一位新华社资深记者总结丰田,"一是唤醒大家对20世纪80年代'丰田=高档车'的记忆;二是展示产品和性能优势;三是扩大量产车销售网络;四是以新产品和新科技塑造丰田汽车的品牌性格。"

广州丰田倾力打造的全新"广汽TOYOTA"渠道承担凯美瑞的销售和售后服务。"广汽TOYOTA"吸取了丰田在全球市场的成功经验,并根据我国顾客的具体需要,提炼出"Personal & Premium"(贴心的、尊贵的)概念,这一概念带给顾客触手可及的尊贵、安心、便利之感。

华为技术有限公司

华为技术有限公司(简称华为)是全球领先的下一代电信网络解决方案供应商,致力于向客户提供创新的满足其需求的产品、服务和解决方案,为客户创造长期的价值和潜在的增长。其产品和解决方案涵盖移动(HSDPA/WCDMA/EDGE/GPRS/GSM, CDMA 20001xEV-DO/CDMA20001X, TD-SCDMA 和 WiMAX)、核心网(IMS, Mobile Softswitch, NGN)、网络(FTTx, xDSL,光网络,路由器和 LANSwitch)、电信增值业务(IN, mobiledata service, BOSS)和终端(UMTS/CDMA)等领域。

目前,华为在印度、美国、瑞典、俄罗斯以及中国的北京、上海和南京等地设立了多个研究所,61 000多名员工中的48%从事研发工作。截至2006年年底,华为已累计申请专利超过19 000件,连续数年成为中国申请专利最多的单位。在全球建立了100多个分支机构,营销及服务网络遍及全球,能够为客户提供快速、优质的服务。目前,华为的产品和解决方案已经应用于全球100多个国家,以及31个全球前50强的运营商,服务全球超过10亿用户。

在2006年中国企业500强中,华为以营业收入4 696 689万元位列57位。早在2002年中国企业500强中,华为就以营业收入1 622 895万元排名67位,2003年以营业收入2 200 000万元排名60位,2005年以营业收入3 152 126万元排名72位。表1给出了华为在国内500强排名中历年的名次。

表1　　　　　　　　　　　华为历年500强排名

年份	名次	销售收入（万元）	收入增长率	利润（万元）	利润增长率	资产（万元）	所有者权益（万元）	从业人数
2006	57	4 696 689	50.02	397 287	5.98	4 506 319	1 843 689	31 353
2005	72	3 152 126		502 324				
2003	60	2 200 000	35.56	124 615	−53.05	2 150 000		22 000
2002	66	1 622 895		265 437				

一、华为发展历程概述

按时间划分,华为的发展历程可以分为三个阶段:

(一)创建阶段(1988~1992年)

华为技术有限公司创建于1988年,注册资本21 000元,公司股东为6个自然人,企业性质为民营科技企业。1991年11月,华为申请将公司性质变更为集体企业,并于次年获深圳市工商局批准。此后,华为在国内率先实行员工内部持股制度。1998~1992年,是华为的初创期,员工人数不到100人,主要业务是代理销售珠海通信公司和香港鸿年公司的用户小交换机。当时正是国内通信市场发展的初期阶段,市场竞争尚不激烈,销售利润丰厚。华为凭借其灵活的经营机制和艰苦创业的精神,在全国范围内建立销售网络,迅速成为用户交换机最大的代理商之一,完成了企业的原始积累,1992年销售额达1亿元。华为将全部利润投资到开发自己的用户交换机和局用交换机上来,从此华为从一个贸易公司转变为研发、生产、销售一体化的实业公司,走上了一条与国外跨国公司正面竞争之路。

(二)成长阶段(1993~1997年)

在华为的发展历程中,1993年是转折点。这一年,华为自行研制的第一台交换机——HJD48程控用户交换机问世,接着JK 1 000局用交换机也开始在市场销售。这两款机器虽然当时还不是很完善,但就像蹒跚学步的孩子,毕竟开始了属于他自己的第一步。当时国内电信市场是"七国八制"(七个国家的八种设备),市场基本上被国外跨国公司垄断。华为依靠自己建立起来的销售网络,通过直销把产品销售到县级,一条"农村包围城市"的道路使华为在国外产品的挤压下获得了生存空间。1994年华为第一台大型数字程控交换机和C&C08诞生,华为将C&C08设备、专利、商标一起摆到了北京国际通信展览会国际馆里,与"七国八制"设备同台竞技,从此在国内市场开始了向跨国公司的挑战。到了1996年、1997年,以华为为代表的新崛起的中国电信设备制造商,便从世界知名的巨头手中夺回了相当大部分的市场,在交换机、接入网、光网络等领域开始形成了一股"中国势力"。华为的年营业收入从1992年的亿元攀升到1997年的41亿元。

(三)全方位扩张阶段(1998年至今)

经过几年的发展,华为在国内市场站稳了脚跟,积累了实力和经验。从1997年、1998年开始,华为进行了全方位的扩展。企业规模快速膨胀,员工人数从1997年底的5 000人增加到如今的61 000多人,年营业收入由41亿元增加到2005年的453亿元;产品领域从原来是固网交换机为主全面转向3G(WCDMA/CDMA2000/TD-SCDMA)、NGN、光网络、xDSL、数据通信等几个领域。产品销售区域发展到外内外两个市场。目前,华为已在全球建立了8个地区部,55个代表处及技术服务中心,销售及服务网络遍及全球,服务300多个运营商,产品已经进入德国、法国、西班牙、巴西、俄罗斯、英国、美国、日本、埃及、泰国、新加坡、韩国等90多个国家。

从1997年起,华为开始系统地引入世界级管理咨询公司,建立与国际接轨的基于IT的管理体系。在集成产品开发(IPD)、集成供应链(ISC)、人力资源管理、财务管理、质量控制等诸多方面,华为与Hay Group、PWC、FhG等公司展开了深入合作。经过多年的管理改进与变革,以及以客户需求驱动的开发流程和供应链流程的实施,华为具备了符合客户利益的差异化竞争优势,进一步巩固了在业界的核心竞争力。

二、华为发展战略

(一)企业竞争环境分析

通信设备制造业在国民经济中起着基础性的支撑作用。2006年上半年,通信设备制造业工业产值同比增长25.7%,出口继续攀升。中国移动2006年上半年招标350万芯公里光纤光缆,中国网通招标200多万芯公里。随着近几年主流设备厂商"走出去"的发展战略,未来几年全球将有70%的光纤光缆产于中国,中国将成为世界通信设备制造业的加工中心。全球光通信传输设备市场未来几年将保持高速增长,我国光传输设备市场也将保持这一趋势。综合宽带网、3G业务、移动宽带等方面的发展,光传输设备市场未来几年将保持稳定的增长。

3G方面,未来5年国内3G网络投资规模约4 000亿元,投资高峰将在2007年出现,而3G手机销售高峰将在2008年之后出现。中国电信业"规模型、投入型"的增长模式正被"低投入、高灵活性、快回报"的新发展模式取代。电信固定资产投资占业务收入的比重逐渐下降。我国由电信大国向电信强国实现的过程中,长期看,投资占业务收入的比重还将继续降低。随着电信收入增长的放缓,国内电信固定资产投资的总量将会受到控制,变化的是投资结构。移动通信超越固话通信,数据高速发展,并将最终超越语音这两大发展趋势,预示着,未来的投资结构必将发生变化。3G、NGN等新业务投资增加的同时,2G、PSTN等传统业务的投资将相应地逐步减少。在不考虑3G投资的情况下,2006年全国电信固定资产投资将达到2 200亿元的规模。其中用于GSM网络的支出为574亿元,传输网约为240亿元。

我国信息经济和互联网产业的迅猛发展,为通信设备制造业提供了难得的发展机遇和巨大的发展空间,使其成为目前发展速度最快的行业之一。

随着近年来的迅速发展,华为在国内外市场上两处开花,已成为全球通信设备的主要供应商之一。不过华为也同时面临着激烈的竞争,不仅有国际跨国企业如思科、诺基亚、摩托罗拉、爱立信、朗讯、阿尔卡特等的竞争,而且还面对着国内企业如中兴通讯、大唐电信等的激烈竞争。

(二)企业发展战略

华为始终坚持以客户为中心的战略。为客户服务是华为存在的惟一理由;客户需求是华为发展的原动力。质量好、服务好、运作成本低,优先满足客户需求,提升客户竞争力和赢利能力。持续管理变革,实现高效的流程化运作,确保端到端的优质交付。与友商共同发展,既是竞争对手,又是合作伙伴,共同创造良好的生存空间,共享价值链的利益。

华为创业伊始,就以国际先进水平为目标,力求领先于世界。他们立足于当代计算机与集成电路的高新技术,大胆创新,取得了一系列突破。每年投入销售额10%的资金用于科研开发,装备了大量精良的开发设备和测试仪器,并与国内外一些著名大学、研究开发机构和重点实验室建立了长期广泛合作与交流,与国际上知名公司和供应商建立了良好稳定的伙伴关系。科技领先,使华为跻身于世界少数几家能够提供CAC08-STP数字程控交换机设备的巨头行列;在移动智能网、STP、移动关口局、GPRS等核心网络方面形成了领先的优势。华为的市场战略经历了公关型—推销型—营销型—管理型的几次转变和飞跃。华为非常重视发现和培养战略营销管理人才和国际营销人才,培育了一支高素质的销售员、工程师队伍与营销现场管理者队伍。目前从事市场营销和技术服务的人员占员工总数的35%,均具本科以上学历,并在全国建立了33个市场、销售办事处,35个用户服务中心。

华为在国内开拓市场时采用"农村包围城市"先易后难策略,它的国际化路径基本上延续了这种策略。1996年华为与长江实业旗下的和记电讯合作,提供以窄带交换机为核心的"商业网"产品,开始进入国际市场,并迅速扩张。之后,华为进入包括泰国、新加坡、马来西亚等东南亚市场,特别是在华人聚集的泰国市场,华为连续获得较大的移动智能网订单。1996年华为开始进入大独联体市场。1997年4月,华为在"亚欧分界线"的乌拉尔山西麓的军事重镇乌法市与当地企业建立了贝托华为合资公司,华为把合资企业作为平台,以本地化模式来开拓当地市场。1997年华为进入非洲市场。华为一边在发展中国家"蚕食",一边在发达国家逐渐扩大"战果"。对于通信领域领先的欧洲市场,华为进入的策略是首先与欧洲本土著名的一流代理商建立良好的合作关系,并借此来进入本地市场。2001年开始,以10GSDH光网络产品进入德国为起点,与当地著名代理商合作,成功进入德国、法国、西班牙、英国等发达地区和国家。1999年华为在美国的通讯走廊达拉斯开设了一个研究所,专门针对美国市场开发产品。2002年6月4日,华为在美国德克萨斯州成立全资子公司FutureWei,向当地企业销售宽带和数据产品。思科CEO钱伯斯曾声称,华为是思科在全球范围内的第四代"冤家对头"。进入对手最多和最强的美国市场,标志着华为真正进入了国际市场。

三、华为生产经营状况

(一)企业生产概况

2005年华为合同销售额达到82亿美元,实际营业收入59.82亿美元,五年间的年均增长率为27%。2005年华为在国际市场的销售额首度超过国内市场,达48亿美元,占到总合同销售额的58%,这一数据在2004年为41%。2005年华为30%的营业收入来自欧洲、中东及非洲市场。

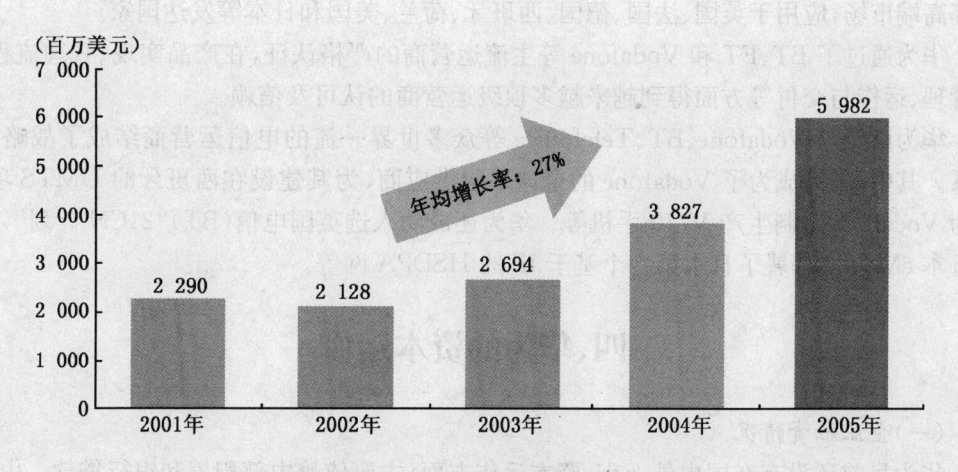

图1 华为的历年销售收入

(二)企业业务领域及销售情况

华为致力于提供基于 ALLIP 网络的 FMC 解决方案,使最终用户在任何时间、任何地点都可以通过任何终端享受一致的通信体验,丰富人们的沟通与生活。

华为业务涵盖了移动、宽带、IP、光网络、电信增值业务和终端等领域,具备面向未来转型发展的先发优势,能够为客户提供有竞争力的通信解决方案和服务。

经过 10 多年的努力拓展,华为已经初步成长为一个全球化公司。华为的产品和解决方案已经应用于全球 100 多个国家,以及 31 个全球前 50 强的运营商,服务全球超过 10 亿用户。国际市场已成为华为销售的主要来源。

(三)产品全球市场地位

经过近 20 年的努力,华为的产品、解决方案和服务已得到越来越多客户的认同和信任,市场和行业地位不断提升。

移动业务。截至 2006 年 12 月,华为在全球共获得 66 个 3G 商用合同,其中 UMTS/HSPA 合同 35 个、EV-DO 合同 31 个。GSM 规模应用于 80 多个国家,服务全球 1.6 亿 GSM 用户,连续三年出货量增长超过 95%。

核心网。华为在全球率先商用基于 3GPP/Tispan 标准构架的融合 IMS;全球软交换出货量排名第一(Dittberner. 2005);持续领跑 NGN,保持市场份额第一。

网络。光网络产品全球市场排名第二(Ovum-RHK. 2006Q2),其中长途波分全球市场排名第一(Ovum-RHK. 2006);宽带产品 IPDSLAM 全球市场排名第一(Infonetics. 2006Q2),MSAN 出货量全球排名第一(Source: Infonetics. 1H05)。

数据通信。路由器运营商市场全球排名第三(Gartner. 2005Q2)。

电信增值业务。智能网用户数全球第一(Ovum. 2004);短消息(SMS)业务量居世界第二(OVUM. 2004);彩铃服务全球 1.23 亿用户,居世界之首(IDC. 2006 年 9 月)。

(四)与领先运营商合作

华为创新的、以客户需求为导向的解决方案,为客户增加长期价值,带来潜在的增长。华为的产品与解决方案已经服务于全球电信运营商 50 强中的 31 家,进入了欧洲、日本及美国等高端市场,应用于英国、法国、德国、西班牙、荷兰、美国和日本等发达国家。

华为通过了 BT、FT 和 Vodafone 等主流运营商的严格认证,在产品实现、管理流程、质量管理、运作与交付等方面得到越来越多顶级运营商的认可及信赖。

华为已经与 Vodafone、BT、Telefonica 等众多世界一流的电信运营商结成了战略伙伴关系。其中,华为成为了 Vodafone 的全球采购供应商,为其建设在西班牙的 UMTS 项目,并为 Vodafone 定制生产 V710 手机等。华为还成功入选英国电信(BT)"21CN 计划",同时为日本 eMobile 部署了日本第一个基于 IP 的 HSDPA 网等。

四、华为的资本运作

(一)企业融资情况

华为目前还没有在国内外上市,资本运作方面,主要依赖内部积累和银行贷款。由于实行员工持股,员工大部分的收入转为公司内部股票。1998 年公司注册资本为 27 606 万元,到了 2001 年,注册资本升至 32 亿元。其中,华为技术有限公司工会占 98.8%,任正非个人占1.1%。当年华为接受财务顾问的建议,以股利8.8亿元实行增资,将华为技术有限公司工会手中11.85%的股票并入华为技术工会名下。

2003年公司扩股,面向80%员工,超过1.6万人,共10亿股,以每股2.74元的价格向核心骨干员工发售。员工出15%,其余由公司担保以个人名义向银行贷款。目前,中层以上员工大约有200万以上股权,高层员工持股大约是千万元左右。华为的员工持股还包括华为与邮电部门联合建立的27个合资公司,"通过建立利益共同体,达到巩固市场,拓展市场和占领市场之目的",这些合资公司大量吸纳邮电系统员工入股,缓解了资金匮乏的矛盾,起初放在一个虚设的新技术公司工会名下,后与员工股份放在一起,1999年后增扩2.5亿～3亿股。在总股本中,华为员工占50%以上,合资公司员工不到50%,自然人占0.01%。2006年华为总资产为4 506 319万元,所有者权益为1 843 689万元。

(二)企业并购重组情况

2001年华为通过将旗下电气部门以约7.5亿美元的价格出售给美国最老牌电气公司爱默生。2006年华为将华为3COM技术有限公司(H-3C)49%的股权,以8.82亿美元(68.69亿元人民币)的价格卖给3COM公司。

2005年3月18日,华为与西门子通信集团共同组建的全外资企业——鼎桥通信技术有限公司(简称TD Tech或鼎桥)在北京挂牌成立。TD Tech公司的总投入超过1亿美元,华为与西门子分别持有49%和51%的股份。该企业专注于TD-SCDMA技术及相关产品的研发、生产、销售和服务,并以中国市场为立足点,全力推动TD-SCDMA技术的商用成功。TD Tech目前拥有700余名员工。企业的高级管理层和中坚力量均由双方母公司抽调的资深管理人员、开发人员和市场人员构成。在产品开发方面TD Tech追求卓越的稳定性和可靠性,依托于双方母公司雄厚的开发基础,TD Tech的产品研发进展迅速而稳健。目前TD Tech主要开发和生产基于TD-SCDMA技术的第三代移动网络无线产品,包括TD-SCDMA基站(NodeB)系列、TD-SCDMA无线网络控制器(RNC)系列以及相关无线网络管理设备。

五、华为的财务状况

根据华为2005年的年度报告,华为2005年营业收入59.82亿美元,2001～2005五年间的年均增长率为27%。2005年利润为6.81亿美元,年均增长率为28%,其中经营现金流为7.08亿美元,同比上年增长78.8%,年均增长率为36%。表2给出了华为历年的财务状况。

表2　　　　　　　　　　　　　华为的财务状况　　　　　　　　　　　单位:百万美元

年　份	2005	2004	2003	2002	2001
销售收入	5 982	3 827	2 694	2 128	2 290
净收入	681	624	384	108	258
经营现金流	708	396	385	311	204
经营利润率	14%	18%	19%	10%	17%
净资产收益率	30%	31%	23%	7%	20%

资料来源:Huawei Annual Report 2005。

六、华为的研发创新能力

华为持续提升围绕客户需求进行创新的能力。从1992年起,长期坚持不少于销售收入10%的研发投入,并坚持将研发投入的10%用于预研,对新技术、新领域进行持续不断的研究和跟踪。2000年公司研发支出20.7亿元,2001年研发支出为30.5亿元,2002年为30.6亿元,2003年为38.5亿元,均列国内企业研发投入第一或第二位。目前,华为在FMC、IMS、WiMAX、IPTV等新技术和新应用领域,都已经成功推出了解决方案。

华为主动应对未来网络融合和业务转型的趋势,从业务与应用层、核心层、承载层、接入层到终端,提供全网端到端的解决方案,全面构筑面向未来网络融合的独特优势。

华为在瑞典斯德哥尔摩、美国达拉斯及硅谷、印度班加罗尔、俄罗斯莫斯科,以及中国的深圳、上海、北京、南京、西安、成都、武汉等地设立了研发机构,通过跨文化团队合作,实施全球异步研发战略。印度所、南京所、中央软件部、上海研究所通过CMM5级国际认证,表明华为的软件过程管理与质量控制已达到业界先进水平。

华为持之以恒地对标准和专利进行投入,以图掌握未来技术的制高点。华为在各项产品上均拥有自主知识产权,并最大限度地进行开发、保护和利用,以满足市场竞争、技术许可、标准制定等方面的需求。在专利方面,华为专利申请一直保持超过100%的年增长率。在3GPP基础专利中,华为占5%,居全球第五位。据国家专利总局统计:华为是中国申请专利最多的单位,其中的85%属于发明专利,专利申请连年高于100%增长,年度专利申请量突破1 000件,三年内获四项国家科技进步奖,TELLIN智能网荣获一等奖,光网络与GSM系统分获3项二等奖。

华为还广泛吸收世界电子信息领域的最新研究成果,先后和世界一流企业广泛合作,如与TI、摩托罗拉、IBM、Intel、朗讯、Sun等公司成立联合实验室,广泛开展技术和市场方面的合作。

表3　　　　　　　　　　华为的专利数量(截至2006年9月30日)　　　　　　　　　　单位:项

中国专利	14 252
PCT国际专利和国外专利	2 635
已授权专利	2 528

资料来源:http://www.huawei.com.cn。

七、华为的营销策略

《华为基本法》将华为在市场上的战略技术原则,做了精练的总结。在第二十二条"经营模式"项下这样写道:"我们的经营模式是,抓住机遇,靠研究开发的高投入获得产品技术和性能价格比的领先优势,通过大规模的席卷式的市场营销,在最短的时间里形成正反馈的良性循环,充分获取'机会窗'的超额利润。不断优化成熟产品,驾驭市场上的价格竞争,扩大和巩固在战略市场上的主导地位。"

华为将自己定位于世界最佳的通讯设备供应商,并瞄准高层次的电信营运商,除了应付必要的竞争,公司在管理导向不进行低层次的市场成本竞争,其目的是通过"大规模席卷式"的市场营销模式获得"机会窗"的超额利润。所谓"大规模席卷式"的营销模式,并不等同于单纯追求总体销售额的增长,而是强调通过市场细分去识别尽可能多的具有巨大潜力的市场机会,同时注重对每一种主导产品的市场潜力的充分挖掘。

(一)独具特色的营销网络组织

为了配合自己的市场营销战略,华为公司形成了一套独具特色的营销网络组织,即产品线和客户线相结合、纵横式的营销网络组织。在某一特定的区域,华为安排了两种类型的人员与顾客保持着非常密切的联系:一种是关系性,即进行公关活动的客户代表;另一种是技术性,即精通特定产品技术性能的产品人员。按照华为公司的比喻,前者是在松土施肥,后者是播散种子。

具体实施过程,公司的客户人员与技术人员具有非常紧密的合作关系。一个地区的客户代表主要是收集区域范围内客户的信息,建立与客户开展合作的渠道,有针对性地进行项目(或产品)引导。一个区域的客户代表相对比较固定,通过客户代表的活动,客户能够认识到华为公司的整体形象。而产品人员相对流动性较强,他的主要职责是进行产品的技术发布,向客户进行技术推广和交流,介绍产品的技术特点、业务性能和网上应用等,解答客户提出的技术问题,使客户能够对华为公司的产品有更深入和更全面的认识。这样,客户代表和产品人员各司其职,通过各自的引导,共同促进合同意向的达成。这两类人员虽然分工不同,但其总体的营销目标是一致的:公司在下达营销目标时是通过产品和区域两条线同时下达的,营销目标既要在区域上进行分配,又要在产品上进行分配,区域加总之和与产品加总之和是相同的。这样就从根本上保证了客户代表和产品人员努力方向的一致性。

为搞好客户服务,华为形成了2 100多人的市场服务队伍,全面管理合同前、合同中、合同后的有关问题,为客户提供解决方案和实施保障。目前,华为已在全国建立了35个售后服务中心和70多个备件库,技术支援体系在覆盖全国的基础上,正向亚洲和欧洲延伸,从而保证了及时快速地为用户服务。

(二)"非本地化"的营销人力资源配置

在营销人员的配置方面,在大多数公司还在采用本地化营销策略的时候,华为决定实行非本地化策略。招聘来的新员工原则上是不会被派到原籍或母校所在地拓展市场的。而且营销人员经常在全国各地调动,平均不到1年就会调动一次。这是因为在当今时代,人才在公司之间的流动非常普遍,而华为公司要建立的是公司与客户之间的长远的合作关系,而非个人与客户之间的私交,一旦某个市场人员离开了原来的岗位,由于客户所认可的不只是他个人,而是华为公司,因而继任者相对容易建立起与对方的良好合作关系。这一非本地化政策华为公司从刚开始拓展市场时就使用,并被历史证明是十分高明的。那些起初采用本地化营销政策的公司也渐渐地改为非本地化政策。华为公司的这一政策十分有助于建立公司产品的品牌形象,时至今日,华为公司与国内竞争对手相比,在绝大多数产品领域中都已确立了高质高价的形象。

八、华为的企业文化

《华为基本法》总结、提升了该公司成功的管理经验;《华为基本法》分别从华为的核心价值观、追求、员工、技术、精神、利益、社会责任、基本目标、顾客、人力资本、核心技术、利润、公司的成长、成长领域、成长的牵引、成长速度、成长管理等方面说明了华为的发展方向。

《华为基本法》第六条对华为文化作了精辟的描述:"资源是会枯竭的,惟有文化才会生生不息。一切工业产品都是人类智慧创造的。华为没有可以依存的自然资源,惟有在人的头脑中挖掘出大油田、大森林、大煤砂……精神是可以转化为物质的,物质文明有利于巩固精神文明。我们坚持以精神文明促进物质文明的方针。这里的文化,不仅包含了知识、技术、管理、情操……也包含了一切促进生产力发展的无形因素。"

华为坚持以"爱祖国、爱人民、爱公司"为主导的企业文化,发展民族通信产业。"企业家精神"、"创新精神"、"敬业精神"和"团结合作精神"是华为企业文化的精髓。

(一)尊重人的个性、发挥人的价值是华为文化的基础

华为文化强调对人的个性的充分尊重、对人的价值的充分肯定。《华为基本法》对华为员工的基本假设则是华为文化对人尊重的最好体现。其基本假设有五条:(1)华为绝大多数员工是愿意负责和愿意合作的,是高度自尊和具有强烈成就欲望的。(2)金无足赤,人无完人。优点突出的人,往往缺点也很明显。(3)工作态度和工作能力应当体现在工作绩效的改进上。(4)失败铺就成功,但犯同样的错误是不应该的。(5)员工的成绩就是管理者的成绩,员工未能达到考评标准要求,也有管理者的责任。《华为基本法》对人的假设是对华为员工最好的尊重、最大的认可,也是员工体现个人价值的重要基础。

华为文化离不开民族文化,华为管理层在号召员工向"雷锋"学习的同时,又奉行绝不让"雷锋"吃亏的原则,坚持以物质文明巩固精神文明,以精神文明促进物质文明,形成千百个"雷锋"成长且源远流长的政策。华为把实现先辈的繁荣梦想,民族的振兴希望,时代的革新精神,作为华为人义不容辞的责任,铸造华为人的品格。坚持宏伟抱负的牵引原则、实事求是的科学原则和艰苦奋斗的工作原则,使政治文化、经济文化、民族文化与企业文化融为一体。

(二)团队精神是华为文化的核心

华为人认为集体意识和团队奋斗是企业发展的内在推动力。华为公司在创业之初,就响亮地发出"越是高科技,越要集体奋斗"的口号。华为人提出的"胜则举杯相庆,败则拼死相救"的口号,真实体现了团队奋斗的精神。团队精神的核心是合作、团结、协调、参与和敬业。因此,华为人在强调尊重个性、发挥创造力的同时,提出"在集体奋斗中发挥个人才智。"华为《致新员工书》称,华为是一个着眼于大市场、大系统、大结构的高科技企业,没有责任心、不善于合作、不能集体奋斗的人,等于丧失在华为进步的机会。在华为,从无特权,大家同甘共苦、人人平等,高层领导不设专车,吃饭、看病一样排队,付同样的费用,任何个人利益都必须服从集体利益,团结奋斗、荣辱与共的精神在华为得以充分体现。

(三)机会、人才、技术和产品的"链条"使华为文化得到升华

华为人认为,机会、人才、技术和产品是公司成长的主要牵引力。这四种力量之间存在着互动作用。机会牵引人才,人才牵引技术,技术牵引产品,产品牵引更多更大的机会。加大这四种力量的牵引力度,促进它们之间的良性循环,就会加快公司的成长。因此,在公司内部从思想观念到管理机制的方方面面,都努力营造一种鼓励创新、平等竞争的氛围。1995年为了适应新的竞争环境,公司对原市场部进行了全面的改组,原市场部领导从高职位上走下来,面临重新选择的事件。由此揭开了"华为"能上能下竞争机制的序幕,其目的是要使华为员工时刻都有危机感、竞争意识,抛弃"躺在过去的功劳簿上睡大觉"的思想,激发每位员

工的工作热情。同时,将员工的投入产出与价值分配相挂钩,实行"按知分配"。按员工可持续性贡献、突出才能和品德以及所承担的风险即分利(如工资、红利、资金等),也分权(如股权、职权机会等),使知识与资本同样具有剩余索取权,从而真正让企业内最优秀的人最有权、最有资源。

中国华电集团公司

中国华电集团公司(简称"中国华电")是中央直接管理的国有独资公司,是经国务院同意进行国家授权投资的机构和国家控股公司的试点。其主营业务为电力生产、热力生产和供应,与电力相关的煤炭等一次能源开发以及相关专业技术服务等。2006年在中国企业500强排名第58位。

一、中国华电的发展历程

(一)企业概况

中国华电集团公司成立于2002年12月29日,注册资本120亿元人民币。截至2005年年底,中国华电资产总额达到1 492亿元,电源项目分布在全国21个省(市、区),发电装机容量38 814MW,拥有百万千瓦以上电厂13家。控股业绩优良的华电国际电力股份有限公司、华电能源股份有限公司、国电南京自动化股份有限公司、贵州黔源电力股份公司等上市公司;控股开发规划装机容量21 150MW的云南金沙江中游水电开发有限公司和规划装机容量8 000MW的乌江水电开发有限责任公司;拥有天然气发电机组2 730MW;拥有正在建设中的内蒙辉腾锡勒等一批风电项目,并在核电领域取得了突破。根据公司发展规划,2010年中国华电装机容量将达到80 000MW,2020年将达到100 000MW。

(二)企业所有制结构及组织框架

华电集团是国家电力体制改革后新成立的五大全国性发电集团之一,另外四家是中国华能集团公司、中国大唐集团公司、中国国电集团公司和中国电力投资集团公司。这五家电力集团都属于大型国有企业。华电集团的组织结构如图1所示。

```
                              总经理
                                │
                 ┌──────────────┴──────────────┐
              副总经理                       总工程师
                 │                           总经济师
                 │                           总会计师
                 │                              │
```

总经理办公室 | 计划发展部 | 人力资源部 | 财务管理部 | 安全生产部 | 工程建设部 | 科技环保部 | 金融管理部（结算中心） | 市场营销部 | 资产管理部 | 国际合作部 | 政治工作部 | 监察部 | 审计部 | 信息中心 | 改制重组办公室

黑龙江分公司 | 贵州公司 | 四川公司 | 湖北分公司 | 华电新疆发电有限公司 | 内蒙古分公司 | 云南公司 | 江苏分公司 | 华电福建省发电有限公司 | 华电四川发电有限公司 | 华电云南发电有限公司 | 浙江代表处 | 湖南代表处 | 安徽代表处 | 辽宁代表处 | 宁夏代表处

华电煤业集团有限公司 | 华电工程（集团）有限公司 | 华电财务有限公司 | 华电招标有限公司 | 华信保险经纪有限公司 | 华信保险公估有限公司 | 华电置业有限公司 | 华信保险代理有限公司 | 中国华电集团高级培训中心

内部核算企业 | 全资企业 | 控股企业 | 参股企业

图1　华电集团的组织结构

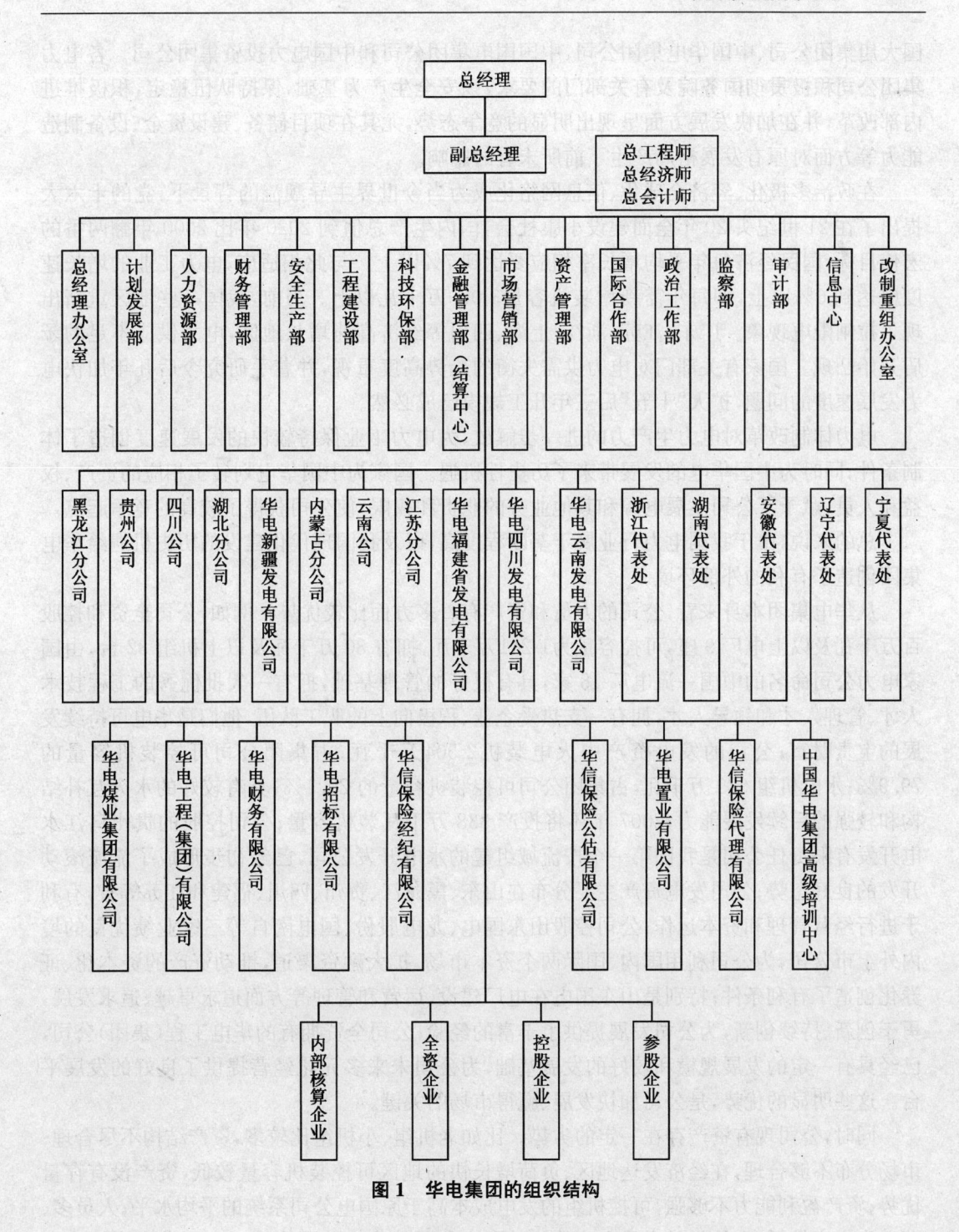

二、华电集团的发展战略

(一)企业竞争环境分析

2002年12月29日中国五家新电力集团公司正式成立，分别是中国华能集团公司、中国大唐集团公司、中国华电集团公司、中国国电集团公司和中国电力投资集团公司。各电力集团公司积极贯彻国务院及有关部门的要求,以安全生产为基础,保持队伍稳定,积极推进内部改革,并在加快发展方面呈现出明显的竞争态势,尤其在项目储备、建设资金、设备制造能力等方面对原有发展格局产生了前所未有的影响。

在政治多极化、经济全球化、信息网络化成为当今世界主导潮流的背景下,党的十六大提出了在21世纪头20年全面建设小康社会,国内生产总值到2020年比2000年翻两番的宏伟目标,国民经济每年平均增长率相应要达到7%以上。与此相适应,电力工业的增长速度应达到6%以上,即每年需新增装机容量3 000万千瓦以上。当前,我国一些地区重新出现了拉闸限电现象。广东、江苏、浙江、上海、四川等经济高速增长地区,电力供应不足的矛盾开始凸现。国家有关部门对电力供需失衡的趋势高度重视,并着手研究今后几年加快电力发展速度的问题,扩大"十五"后三年开工规模已成必然。

电力体制改革对电力生产力的进一步解放,为电力工业保持较快的发展速度创造了体制条件,同时为中国华电的发展带来了历史性机遇。国家为中国华电划转了相应的资产、权益和人员,赋予了公司发展电源和其他业务的职责和权限,使公司获得了较高的竞争起点。

总的来说,由于我国电力行业属于垄断程度高,以及我国现代化建设的历史机遇给华电集团创造了有利的外部环境。

从华电集团本身来看,公司的人员和资产有着多方面比较优势。例如,公司全资和控股百万千瓦及以上电厂9座,可控容量为1 241万千瓦,拥有30万千瓦及以上机组32台,由国家电力公司命名的中国一流电厂18家,具有很好的管理基础,拥有一大批优秀的工程技术人才、管理人才和领导人才,拥有一支热爱企业、积极向上的职工队伍,他们是华电可持续发展的宝贵财富;公司的发电资产中火电装机2 504万千瓦,占集团公司可控装机容量的79.9%;水电机组629万千瓦,占集团公司可控装机容量的20.1%,具有较好的水火互补结构和较强的后续发展能力,2007年还将投产338万千瓦装机容量;公司控股的贵州乌江水电开发有限责任公司是我国第一个按流域组建的水电开发公司,已经初步形成了流域滚动开发的良好态势;公司发电资产主要分布在山东、黑龙江、贵州、四川、福建和江苏等省,有利于进行经营管理和资本运作;公司控股山东国电、龙电股份、国电南自等三家业绩优良的境内外上市公司,为公司利用国内、国际两个资本市场,扩大融资渠道,推动资产的资本化、证券化创造了有利条件;特别是山东国电在电厂建设、运营和管理等方面追求卓越、追求发展,勇于创新、持续创新,为公司发展提供了丰富的经验;公司全资拥有的华电工程(集团)公司,已经具有一定的发展规模和较好的发展基础,为公司未来多元化经营提供了良好的发展平台。这些明显的优势,是公司加快发展、赢得市场的关键。

同时,公司现有资产存在一定的劣势。比如老机组、小机组比较多,资产结构不尽合理;市场分布不够合理,在经济发达地区、负荷增长快的地区可控装机容量较低,资产没有存量优势;资产盈利能力不够强,可控机组的发电成本高于原国电公司系统的平均水平;人员多、劳动生产率较低,人均权益容量和人均权益资产相对较少。公司在今后的经营和发展中还面临着不少困难,还有不少难点有待突破。

(二)企业总体发展战略规划

中国华电发展的总体战略是:以市场为导向,以发展为主题,以效益为中心,坚持生产经营和资本经营并重,坚持企业发展与员工发展协调,坚持走集团化、多元化、国际化、新型工业化的路子,把公司建设成为以发电为主体,煤炭、金融为两翼,国内先进、国际一流,具有可持续发展能力和国际竞争力的现代企业集团。

在短期内,华电集团以电力和热力为核心业务和主要发展方向,力争拓展全国、走向世界,坚持在做强中做大,在做大中做强,现在全国继而在世界范围内不断扩大服务和影响,体现了公司胸怀服务和回报社会、推动社会文明进步的崇高理想,并以此作为公司发展的最大意义和价值。

长期来看,公司坚持走集团化、多元化、国际化和现代化的发展道路,建设成为以电子为主体,煤炭金融两翼齐飞,实力雄厚、管理一流,具有可持续发展能力和国际竞争力的现代企业集团。公司着力提高综合实力和综合竞争力,主要产业指标达到国内先进、国际一流水平,将来跻身世界一流能源集团之列。

三、华电集团的生产经营状况

华电集团成立以来,在八万多名干部员工不懈努力下,初步形成效益规模持续增长,效益增长速度高于规模增长速度的良性发展态势。2006年华电集团经营发展取得的成绩令人振奋:国内单机容量最大的百万千瓦超超临界燃煤机组投产,装机容量突破5 000万千瓦;公司完成发电量1 995亿千瓦时,发电量增长速度位于行业前列,利税大幅提升,实现了"做大"的跨越,朝着"做强"、"做好"的方向迈进。

在电力行业,2006年12月4日,以华电国际邹县电厂四期工程首台百万千瓦超超临界燃煤发电机组投产为标志,华电集团装机容量突破5 000万千瓦,实现了公司装机容量翻一番的重要跨越,发电资产分布从成立时的14个省份扩大到21个省份,可控发电设备容量占全国总容量的比例由成立初期的7%左右提高到8%左右。邹县电厂百万千瓦超超临界燃煤发电机组从开工到投产只用了22个月19天,从开始整套启动到完成168小时满负荷试运仅用了23天,创造了国内百万千瓦机组建设速度最快、工程造价最低、调试时间最短、整体质量最优的全国纪录,标志着我国电站设备设计制造和电力工业技术等级达到世界先进水平。

在电源规模快速扩大的过程中,华电集团坚持科学发展,加快结构调整步伐,不断提升发展质量。30万千瓦及以上火电机组的比重由成立时的44.29%上升到55.31%,其中60万千瓦机组及以上机组由成立时的4台增加到11台;热电联产机组由193.3万千瓦增加到532.5万千瓦;水电在役机组达到668.51万千瓦,比成立时增加了236.81万千瓦;核电、风电建设取得进展。随着一批大容量、环保型机组投产,华电集团供电煤耗由公司成立时的369.51克/千瓦时下降到356.28克/千瓦时,累计降低13.23克/千瓦时。

资金犹如血液,"金融"一翼对华电集团经营发展所起的支撑作用日益显现。2006年,华电财务在完善现金管理网络、加强资金集中管理和监控、扎实有序地推进电煤资金统一结算的基础上,稳步拓展金融机构,完善金融运作平台,信托、基金和控股商业银行的"金融新三部曲"基本实现,与国内主要商业银行建立了战略合作关系,优化融资环境。华电财务在拓展融资渠道、优化运作金融资源和扩大效益方面不断取得好的业绩。

2006年"煤炭"一翼为保证重点电厂、新投产电厂电煤供应立下汗马功劳。5月,第一船5万吨优质煤顺利抵港,一条畅通南北的海运通道为福建可门电厂的投产新机输送了源源不断的动力。6月30日,铁道部召开了历史上第一个为电厂解决运力的广安三期用煤协调会,铁道部运输局和相关四个铁路局到会,铁道部运输局专门签发了会议纪要,广安新机煤炭资源和运力得到实质性解决。

跨过起步门槛,华电煤业迅速完成了增资扩股工作,为增强投融资能力,实现煤炭产业开发优选项目、建设大型煤炭项目提供了资金保障。目前,华电煤业的煤电化运储等项目开发取得进展。规划显示,到2015年,华电煤业将发展成为控制煤炭储量、煤炭生产能力,电力装机和储运能力等方面的煤炭行业10强企业,真正打造出华电集团的"煤炭之翼"。

如果说"煤海掘金"为华电集团注入了活力,那么成功构建物流平台就为华电的煤炭开发插上了腾飞的翅膀。2006年5月27日,海峡西岸的明珠——福建华电可门储运中心工程开工奠基,其将建设成为年储运能力超千万吨的大型能源基地。此外,通过控股组建海运公司,参股铁路专线,成立拖轮公司,华电集团除了直接获取经济效益、增强抗御煤炭运力紧张的风险外,还将华电"诚信、高效、合作、服务、环保"的企业形象带到了储运、航运、港口、铁路各个行业。

四、华电集团的资本运作

(一)企业融资情况

实施金融运作是华电集团公司发展战略的重要组成部分,对实现发展战略和奋斗目标具有重要的支撑和保障作用。与金融机构进行战略合作,组建结算中心暨建立现金流量管理网络,设立保险中介机构整合内部保险业务,以及组建财务公司,这些都是华电集团实施金融运作的重要举措。

2003年7月8日,中国华电集团公司出资控股的"华信保险经纪有限公司"与"北京华信保险公估有限公司"创立大会暨首届董事会、监事会在北京召开。

华信保险经纪有限公司注册资本5 000万元,由中国华电集团公司、枣庄天立实业有限公司、黑龙江电力股份有限公司、乌江水电开发有限责任公司、华电开发投资有限公司、中国华电工程(集团)公司六家股东共同发起设立;北京华信保险公估有限公司注册资本200万元,由中国华电集团公司、华电开发投资有限公司、中国华电工程(集团)公司三家股东发起设立。

2005年华电集团努力推进资本市场的运作,发挥上市公司融资窗口作用。抓住有利时机,实现华电国际19.6亿元A股成功上市。成功发行20亿元05华电债,并与04华电债先后成功上市。积极稳妥推进四家上市公司股权分置改革工作,黔源电力股改方案已顺利实施,另三家上市公司正在精心准备中。

(二)企业投资及并购重组情况

华电集团目前拥有的全资企业有华电开发投资有限公司、华电(北京)热电有限公司、北京华电水电有限公司等34家,拥有的控股企业有华电工程(集团)有限公司、华电国际电力股份有限公司、贵州乌江水电开发有限公司等70家,拥有的参股企业有北京京西发电有限责任公司、山东菏泽发电厂、江苏电力发展股份有限公司等21家。

2003年集团重组北方有色金属工业财务公司。2005年集团投资建设山西、陕西、河北、新疆等地区煤电一体化项目,投资建设福建可门储运中心,参股建设石太铁路专线。公司还重组成立华电煤业集团,先后与四川、内蒙古、黑龙江、山西、陕西、河南、山东等地方大型煤业集团签订战略合作协议,共同开发有关煤炭项目。

五、华电国际的财务状况

华电集团是国家电力体制改革后新成立的五大全国性发电集团之一,注册资本金120亿元,成立时总资产为835亿元,截至2006年年初总资产增至1 492亿元,年平均增长21.35%。

表1　　　　　　　　　　　华电国际历年的盈利状况　　　　　　　　　　单位:亿元

年份	营业收入	税前利润	净利润	销售利润率
2003	2 730 000	87 600	58 692	2.150%
2004	3 490 000	120 000	80 400	2.304%
2005	3 800 000	150 000	80 400	3.947%
2006	6 346 000	305 000	204 350	3.220%

六、华电国际的研发创新能力

(一)企业创新情况

华电集团的创新主要体现在技术和管理上,而创新的主体就是集团的下属公司。水电集一次能源和二次能源开发于一身,由于要在江河上建坝筑库,因此施工条件较复杂、土建工程量较大,形成水库往往还要造成相当的淹没损失,因此在同等装机容量下,水电一般较火电投资大、工期长。特别是在国家出台了新的淹没补偿标准以后,水库淹没补偿投资大幅度增加,更是明显加大了水电项目的投资压力。面临新的形势,如何降低水电枢纽投资、缩短建设工期,成为确保水电项目投资效益的关键。以集团下属企业乌江公司为例,在项目建设时,乌江公司充分发挥建设项目业主的核心作用,积极主导技术创新,大力推进所属工程的"设计、施工、进度、投资"等方面的优化工作。比如,洪家渡在20世纪90年代利用外资方案概算高达78.6亿元,随着我们国家建设面板堆石坝经验的成熟和宏观经济形势的变化,1997年乌江公司及时将洪家渡调整为全内资方式建设,将投资总额降低到49.27亿元,结合工程实际,优化施工技术,缩短工期,洪家渡将提前到2004年7月首台机组投产,在造价和工期方面将比预期更为理想;构皮滩水电站仅导流工程优化设计节约的投资就超过3亿元;索风营水电站大坝由缆机施工方案调整为公路施工方案,既降低了造价,又缩短了工期,保证了项目在"十五"期间投产。正是通过"四个优化"工作,既保证了工程建设的进度要求,又节省了工程投资,取得了显著的效益。此外,乌江公司加强技术方案优化,控制工程量和建设工期的同时,严格质量和造价管理,通过执行严格的招标制度和招标决策程序,真正择优选择了土建、安装承包商和机电制造商,既保证了工程质量,又有效地控制了工程的单价。根据乌江公司初步分析,其在建工程实施的单价平均较概算节省约20%。同样在我们华电集团系统,棉花滩水电站通过加强管理也取得了显著效益,既大幅度降低了工程造价,质量也很好,在水电行业第一个实现整体工程达标投产,使得一个以支持革命老区为侧重的扶贫工程成为集团公司质量效益型的优秀典型。反观少数水电工程,在项目开始实施时的技术经济指标相当优越,但是由于技术管理能力不足,或由于管理不够到位,结果不尽如人意,有的甚至成为亏损包袱。

正反两方面的经验告诉我们,我国面临电源竞价上网的压力,水电项目法人只有以高度负责的敬业精神,认真做好项目的前期筹划,积极开展技术创新,加强工程建设全过程、全方位的规范管理,善于学习和吸取新知识、新经验,努力提高自身素质,不断增强判断、决策能力和灵活反应能力,才能建设有市场竞争能力的优质水电工程。

(二)企业创新激励模式

创新是一个民族进步的灵魂,是企业发展的不竭动力。华电把"创新、发展"作为面向未来、迎接挑战、克服困难,取得新成绩、创造新辉煌的座右铭。大力推动体制创新、管理创新和科技创新。

在管理创新方面,华电国际不断探索安全管理、生产管理、经营管理工作的新思路、新方法,提高管理的实效性及前瞻性,提升企业管理水平,从企业获利能力、生产能力、竞争能力、技术领先、员工素质、社会效益等方面综合考虑企业管理创新。在机制创新方面,华电国际在总结公司生产、经营、管理等方面工作经验的基础上,合理配备、使用人力资源,深化劳动、分配制度改革,探索研究新形势下企业管理的新机制,进一步营造多劳多得、奖惩分明、升降有据的良好秩序。在科技创新方面,华电国际围绕保证机组安全稳定经济运行的中心目的,跟踪研究机组生产、管理先进技术,用先进的技术不断提高机组安全稳定运行水平。完善 MIS 系统综合数据处理能力和数据共享能力,使 MIS 系统成为具有集设备管理、生产数据监视、运行管理、工程管理、物资管理、市场信息管理等功能于一体的先进的管理信息系统。

为切实提高员工业务水平和实践技能,企业在月度培训模式上创新路子,推出了培训以班组为基点,班员互动式讲课的新模式。这种培训模式的具体做法是:让每位班员自己提出课题,进行认真备课,然后集中一天进行上课,并展开大讨论,从而让每位班员对授课涉及的装置或设备有较全面深入的了解。培训管理部门将每班组上课题目、时间在网络上通知,有兴趣的人可以自由选择参加学习。这种培训模式克服了旧模式枯燥性、片面性、容易走过场的缺点,使培训更系统、更生动活泼,让人在"争吵"交流中收获知识,收到了较好的效果。班员自己讲课,要在大家面前亮好相,自然要认真备课查找材料,增强了班员的参与性,提高了学习主动性。企业人才是金字塔形的,塔尖需要的复合型人才只是少数,通过各部门、各班组共同开展互动式培训,有效地夯实了"金字塔"的底部基础。

七、华电国际的人力资与企业文化

(一)企业人力资源工作概述

华电集团人力资源部坚持以"三个代表"重要思想和十六届三中、四中全会精神为指导,贯彻落实全国人才工作会议、中央组织工作会议和集团公司年度工作会、"8.28"党组扩大会精神,坚持科学发展观、人才观和正确业绩观,紧紧围绕集团公司中心工作,按照"围绕一条主线,制定一个规划,强化两个理念,建设'五支队伍',构筑四个体系,做好八项工作"的总体思路,克服困难,开拓前进,各项工作取得了新的成效,各级领导班子的凝聚力、战斗力明显增强,人才强企战略全面启动,业绩考核正式推开,制度、机制、管理创新整体推进,人员总量得到有效控制,人力资源开发管理水平和员工劳动生产率不断提高,为集团公司全面完成年度各项任务提供了有力的保障。

(二)企业福利及培训

集团为切实加强素有"电网安全哨兵"美誉的继电保护重点岗位人员的培训效果,让参训学员学习好、生活好、休养好,该公司教育培训基地积极创新培训形式,改变以往继电保护培训只开展理论培训的单一模式,变为理论与仿真教学为一体的立体实战型技能培训新形式,一方面积极完善基地教学、生活等硬件设施,加大资金投入,建成了面积237平方米的集继电保护原理培训、事故分析、判断和处理为一体的继保仿真室,配置了来自总厂最前沿的发电机、变压器、110KV线路、220KV线路保护屏,实施仿真教学,同时还配有专门的电脑教学室用于开展继保定值计算和故障点测量,形成了继电保护原理与现场事故分析、判断和处理的有机融合,极大地增强了培训效果;另一方面在课程设计上除注重新理论和新技能课程教授外,还推出了以课堂教学强化理论素养,以仿真演练深化理论知识,以音乐茶座增进学员感情,以射击、乒乓球、羽毛赛增强团队精神,以中央百条红色旅游精品线路之一的泰宁世界地质公园为人生修养实习场所,进一步增强爱国主义教育的"两化三增"的立体培训模式,得到了全体学员的热烈响应。

(三)企业文化

企业文化是企业在长期的生产、建设、经营、管理实践中逐步形成的,占据主导地位的,并为全体员工认同和恪守的共同价值观念、思想观念和行为方式。企业文化作为一种新的管理理论、管理思想、管理方法,不断为企业的管理与经营注入新的生机和活力,因此越来越受到企业界的广泛重视。

华电集团的企业文化建设贯彻"一个指导思想",实现"两个结合",坚持"三条标准",达到"四项成果",完成"五项任务",概括起来就是企业文化建设的"一二三四五"工程。

"一"是指贯彻一个指导思想,就是要在企业文化建设中贯彻以人为本的思想。

"二"是指实现两个结合:一是企业文化建设要与实施集团公司发展战略和生产经营管理紧密结合,促进和保证中心任务的圆满完成。二是集团公司的企业文化总体建设要与所属企业的企业文化建设工作紧密结合。

"三"是指坚持三条标准,即衡量一个企业文化搞得好不好,主要看三条:一是企业经济效益的贡献度;二是职工的满意度;三是社会的美誉度。

"四"是指达到四项成果:一是制订并实施了企业的战略规划,既与集团公司发展战略相呼应,又符合企业自身的实际。二是企业员工的凝聚力和团队精神,形成了企业自身独特的企业精神。三是企业的经营成果和主要的产业指标达国内先进水平,并不断提升。四是社会效益、集团效益、企业效益和员工效益不断增加,相互之间比例关系处理恰当,各方积极性充分发挥。

"五"是指完成五项任务:一是创建和推广集团公司企业精神;二是加强领导力建设;三是提炼并宣传经营理念;四是建立以激励机制为重点的管理制度文化体系;五是创建有亲和

力的人本管理。优秀的企业精神、强大的领导力、先进的经营理念、有效的激励机制、有亲和力的人本管理,就像人的"五个手指",攥紧了就是"拳头",成为无坚不摧的力量,为集团公司建设和经营成果的提升、实现"三年一小步、五年一中步、八年一大步"的变化,进而为实现2010年、2020年中远期战略目标提供强大的精神动力。

北京汽车工业控股有限责任公司

北京汽车工业控股有限责任公司(简称北汽控股)在"2006年中国企业500强"排名中排名第59位。在2003年的排名是125位,在2004年的排名是48位,在2005年的排名是47位。如图1所示,从2003~2006年,北京汽车工业控股有限责任公司的总体排名逐渐提升,只是从2005年开始有些滑坡。

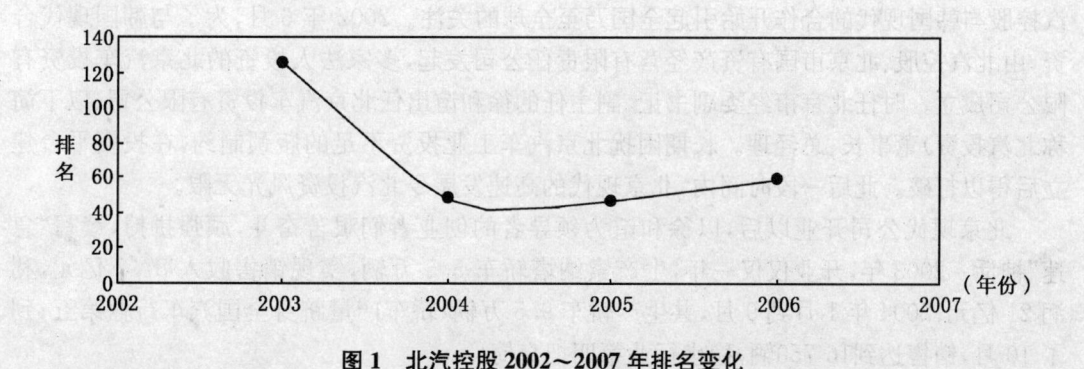

图1 北汽控股2002~2007年排名变化

一、北汽控股的发展历程概述

(一)企业概况

北京汽车工业控股有限责任公司是国有独资大型企业,拥有北京汽车工业的发展规划中心、资本运营中心、产品开发中心和人才中心,以及整车制造、零部件制造、汽车服务贸易和投资企业共32个,员工4万多人。

"十五"以来,北汽控股公司立足于我国加入WTO后汽车工业新的发展,立足于参与国际竞争,通过调整、改革和战略重组,发挥整体优势和资产优势,建立新型的北京汽车工业产业,实现了新的发展,成为振兴北京现代制造业的主导产业。

北汽控股公司积极推进与戴姆勒·克莱斯勒公司和韩国现代汽车集团的战略合作,引导支持北汽福田汽车股份有限公司、北京现代汽车有限公司、北京奔驰—戴姆勒·克莱斯勒汽车有限公司、北京汽车制造厂有限公司等汽车整车制造企业的发展,形成轿车、商用车、越野车"三大板块"的格局。2005年北汽控股公司产销汽车近60万辆,销售收入496亿元,总资产404亿元。2006年4月,北京汽车实现累计产销汽车400万辆。

目前,北汽控股公司拥有"现代"、"奔驰"、"克莱斯勒"、"Jeep"、"三菱"等国际品牌和"北京"、"福田汽车"等自主开发的民族品牌,实现了国际品牌和民族品牌的完美结合。预计到2010年,北汽控股公司将形成整车产能150万辆,当年实现产销130万辆,20%的产品进入国际市场,实现销售收入1 450亿元。北汽控股将以更加开放的姿态融入国际汽车行业的发展,力争进入世界500强。

(二)企业的发展历程

2000年9月,北京市政府正式授权北京汽车工业集团总公司经营国有资产,改制成立北京汽车工业控股有限责任公司。旗下拥有北京奔驰、北京现代、北汽福田、北京汽车制造厂等多个整车企业和零配件企业。公司成立后不久,经过反复论证,正式提出"三年大变样"战略目标。即一年调整扭亏,两年重组盈利,三年大变样。在随即开展的"三讲"学习教育活动中,公司领导班子进一步统一了"三年大变样"的思想认识,在当年9月公司第一次党代会上,"三年大变样"成为党委报告中频频出现的词汇。此后,北汽控股加大了企业的发展力度。

2002年4月29日,北汽控股公司与韩国现代公司在北京签订全面战略合作协议。北汽控股与韩国现代的合作开始引起全国乃至全球的关注。2002年6月,为了与韩国现代合资,由北汽控股、北京市国有资产经营有限责任公司发起,多家法人投资的北京汽车投资有限公司成立。时任北京市经委副书记、副主任的徐和谊出任北京汽车投资有限公司(以下简称北汽投资)董事长、总经理。长期困扰北京汽车工业投资不足的瓶颈制约,在投资平台建立后得以打破。此后一段时间内,北京现代的高速发展令北汽投资风光无限。

北京现代公司开业以后,以徐和谊为领导者的创业者们艰苦奋斗,顽强拼搏,续写"急速"神话。2003年,开业仅仅一年,生产索纳塔轿车5.5万辆,实现销售收入87.7亿元,利润21亿元;2004年1月到9月,共生产轿车9.5万辆,轿车产量跻身全国汽车行业第五;到了10月,销售达到16 750辆,稳坐行业第四把交椅。

与韩国现代合资以后不久,北汽控股又与戴姆勒·克莱斯勒展开了合作,2005年8月8日,北京奔驰—戴姆勒·克莱斯勒汽车有限公司(简称BBDC)正式成立,BBDC是北京汽车工业控股有限责任公司与戴姆勒·克莱斯勒股份公司、戴姆勒·克莱斯勒(中国)投资有限公司组建的合资合作企业。其中,北京汽车工业控股有限责任公司出资占注册资本的50%,戴姆勒·克莱斯勒一方出资占注册资本的50%,合资期限至2033年。

BBDC是一家具有世界汽车制造业领先技术与制造水平,融汽车研发、制造、销售和售后服务于一体的现代化企业,是中国汽车行业第一家中外整车合资企业。位于北京经济技术开发区,第一期建设工程30万平方米,具备年产10万辆汽车的生产能力。生产梅赛德斯—奔驰、克莱斯勒、Jeep、三菱等众多国际知名品牌的轿车和越野车,并为中国军队定点生产拥有完全自主知识产权的"勇士"第二代军用轻型越野车。

(三)企业所有制结构

北京汽车工业的结构长期被业内用"一个头、两条胳膊、三条腿"来形容:"一个头"是指北京汽车工业领导小组,领导小组内由市长任组长,常务副市长任常务副组长,副市长任副组长;"两条胳膊"是北京汽车工业控股公司和北京汽车投资公司;"三条腿"是指北京现代、北京奔驰和福田汽车。

北京汽车工业控股公司是由北京市政府投资的国有控股公司,而北京汽车投资公司却有北汽控股、首钢总公司、北京国有资产经营有限公司等9家股东,产权结构十分复杂。图2给出了北汽控股的组织结构。

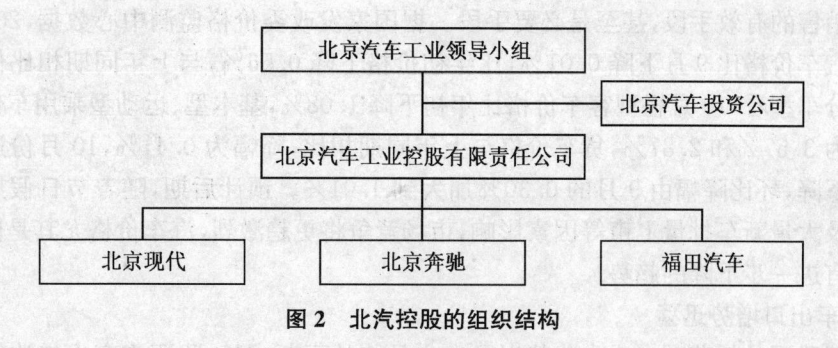

图 2　北汽控股的组织结构

二、北汽控股的发展战略

(一)2006年汽车行业运行形势分析

2006年我国汽车业延续了前几年的快速增长态势,在经济型轿车持续热销、自主品牌迅速发展、出口市场快速增长的拉动下,汽车市场明显回暖,效益也比上年有较大幅度的提高,但汽车价格仍在继续下降。

1. 汽车产销量继续较快增长,但增速逐月放慢

2005年我国汽车产量达到615.34万辆,同比增长13.0%,其中轿车产量295.84万辆,同比增长26.9%。2006年以来,随着我国城乡居民收入的较快增长以及汽车价格的进一步下降,我国汽车产销量继续保持快速增长,但增速基本呈现逐月放慢的态势,前10月我国累计生产汽车620.61万辆,同比增长25.1%,增速分别比一季度和上半年放慢11.2和2.7个百分点。汽车销售基本保持与产量同步增长,前10个月国产汽车累计销售576.58万辆,同比增长25.69%,乘用车产销增幅远远高于商用车增幅,其中轿车增幅最高,产、销增幅双双超过40%。

2. 经济型轿车成为推动汽车市场回暖的主要力量

从2006年前10个月的销售情况可以看出,1.6升排量以下的经济型轿车为车市回暖做出了很大贡献,这一方面得益于国家加大对经济型轿车的政策支持力度,另一方面也是消费者应对高油价、转变消费观念的结果。前10个月我国累计销售乘用车411.10万辆,同比增长31.68%。前11个月轿车销售达341.17万辆,同比增长38.52%,在各车型中增幅最高;其次是MPV,累计销售16.82万辆,同比增长21.95%;销量增幅最低的是交叉型乘用车,累计销售82.57万辆,同比仅增长10.45%。从排量看,1.0~1.6升黄金排量的主导地位仍然牢不可破,前8个月累计销售此排量段的轿车127.38万辆,占轿车总销售量的53.77%;其次是1.6~2.0升排量的轿车,累计销售60.11万辆,市场份额为25.37%;2.0~2.5升以及1.0升以下轿车的市场份额大体相当,各占10%左右;2.5升以上轿车的市场份额最低,不到1%。市场调查显示,绝大部分消费者选择了1.6升以下排量的车。

3. 汽车价格下降态势仍在延续

由于汽车产能的过快增长,新车上市全面加速,市场竞争更趋激烈;同时国内道路交通建设的滞后,以及油价的不断上涨,使消费者在购买汽车时更趋谨慎,这样降价就成为汽车厂商扩大销售的有效手段,甚至是必要手段。据国家发改委价格监测中心数据,2006年10月份国产汽车价格比9月下降0.01%,比年初价格下降0.56%,与上年同期相比价格下降1.32%。分车型看,10月轻型客车价格比年初下降1.08%,基本型、运动型乘用车价格同比降幅分别为3.57%和2.87%,货车价格与上年同期相比,降幅为0.41%,10月份进口汽车价格加速下降,环比降幅由9月的0.30%加大到1.01%。预计后期,随着节日假期销售旺季临近以及大量新车批量上市等因素影响,市场竞争将更趋激烈,汽车价格尤其是国产轿车的价格仍有进一步下降的趋势。

4. 汽车出口增势迅猛

得益于我国的低劳动力成本优势以及自主品牌的不断成长,我国汽车出口连续三年高速增长,平均单价也有所提高。2003～2005年我国出口整车分别达到4.74、13.66和17.28万辆,同比分别增长108%、187%和120%;整车出口金额分别为3.72、6.62和15.95亿美元,同比分别增长49%、78%和157%。2006年以来,我国汽车出口继续高歌猛进,前10个月累计出口汽车和汽车底盘129万辆,同比增长66.5%,平均出口单价2 167.8美元,同比增长14.6%。目前汽车出口市场呈现出出口经营主体数量迅速增加、出口以零部件为主、整车出口则以商用车为主、出口市场向多元化发展等态势。出口的主攻方向是非洲、中东等进入门槛较低的国家和地区,随着出口规模加大,开始转向准入门槛较高的发达国家市场。短短数年时间,中国汽车贸易就由逆差转为顺差,彻底扭转了持续几十年的纯进口状态。出口市场的快速增长,既有利于增加企业的产销量,提高设备利用率,还能获取国际市场的竞争经验,锻炼队伍。

5. 自主品牌有了长足发展

2006年自主品牌汽车呈现出快速增长的态势,产品性能和质量有了很大改善,在国内市场的地位进一步提升,这主要表现在以下三个方面:

一是自主品牌汽车市场份额上升。2006年1～10月份乘用车自主品牌累计销售近174万辆,占乘用车销售总量的42%;其中自主品牌轿车销售81万辆,占轿车销售总量的27%。2006年上半年最畅销的15个轿车品牌中,三分之一是自主品牌。上半年我国自主品牌轿车的销量以51.3%的增长率领先于合资品牌36.3%的增长率,自主品牌轿车市场份额接近25%,个别月份甚至接近30%。

二是自主品牌在我国汽车出口中处于绝对主力军地位。我国汽车出口的主力军中,国内几大汽车巨头并不是龙头,而像长城、吉利、奇瑞等自主品牌甚至一些在国内还没有轿车生产资格的小型SUV企业,充当了出口的主力,2006年上半年我国轿车出口达到34 456辆,其中自主品牌轿车出口达20 020辆,同比增长466.8%。如果加上自主品牌占主体的商用车市场,自主品牌比重会更高。

三是自主品牌企业的技术水平日益提高。长期以来,自主品牌汽车尽管外形时尚,但诸如发动机、变速箱、底盘等核心技术多数还需购买,技术落后严重制约了自主品牌汽车的发展。从2006年以来,奇瑞、吉利、华晨、长城先后推出了自己的发动机,自主"造芯"一时风光无限。国庆节前夕,作为技术要求更高的自动变速箱,吉利宣布率先研制成功并开始出口海外,标志着中国汽车在技术研发上又前进了一步。经过多年的发展,长安汽车的研发部门已经具备了包括创意设计能力、工程化设计能力、分析优化能力、样车制作能力和试验验证、评价能力,这五种能力代表了自主研发的一个完整流程,也是自主研发必需要经历的过程,其自主研发水平已达到了 S5 级。

(二)竞争对手状况

目前,国内五大汽车公司分别为一汽、东风汽车、上海汽车、长安汽车和北汽,各大汽车公司的商用车、乘用车的产销量分别如表1、表2、表3、表4所示。

表1　　　　　　　　　　　　　五大汽车公司商用车产量对比　　　　　　　　　　　　单位:辆

时间	一汽	东风	上汽	长安	北汽
2005.3	71 210	84 925	9 843	34 140	88 678
2005.5	116 040	138 212	18 729	64 604	147 127
2005.9	171 730	204 809	33 274	117 558	242 794
2006.1	12 467	16 537	5 236	11 017	25 668
2006.2	28 759	35 970	10 889	22 313	57 600
2006.3	57 306	69 876	16 860	101 299	101 299
2006.4	78 549	98 334	22 409	57 352	136 322
2006.5	95 943	119 721	27 416	74 446	163 780
2006.8	141 618	177 585	37 529	117 337	235 819

资料来源:中国汽车产业经济信息网。

表2　　　　　　　　　　　　　五大汽车公司商用车销量对比　　　　　　　　　　　　单位:辆

时间	一汽	东风	上汽	长安	北汽
2005.3	55 202	75 410	12 787	35 612	87 376
2005.5	104 460	129 590	21 694	62 517	153 181
2005.9	165 189	202 186	36 329	112 724	245 643
2006.1	8 554	15 829	4 910	12 002	16 530
2006.2	21 430	31 088	9 744	23 037	44 187
2006.3	48 587	61 414	16 788	93 795	93 795
2006.4	71 513	89 517	22 653	58 772	130 951
2006.5	89 563	112 034	27 396	72 976	160 919
2006.8	141 392	175 689	39 225	111 588	236 281

资料来源:中国汽车产业经济信息网。

表3　　　　　　　　　　　　　　五大汽车公司乘用车产量对比　　　　　　　　　　　　　单位:辆

时间	一汽	东风	上汽	长安	北汽
2005.3	159 189	81 746	172 137	119 982	55 615
2005.5	289 641	151 755	319 644	205 605	92 063
2005.9	361 583	198 707	395 966	257 040	119 238
2006.1	552 245	335 234	637 129	346 386	199 297
2006.2	72 829	43 161	92 557	43 526	25 247
2006.3	141 730	84 372	180 619	90 418	48 428
2006.4	315 337	211 057	419 774	209 646	103 529
2006.5	95 943	119 721	27 416	74 446	163 780

资料来源:中国汽车产业经济信息网。

表4　　　　　　　　　　　　　　五大汽车公司乘用车销量对比　　　　　　　　　　　　　单位:辆

时间	一汽	东风	上汽	长安	北汽
2005.3	136 813	91 702	156 204	124 984	61 183
2005.5	270 017	163 382	296 149	206 309	98 372
2005.9	336 283	108 738	378 454	262 318	125 258
2006.1	522 975	331 326	602 589	343 880	201 120
2006.2	69 492	51 890	98 627	56 806	25 473
2006.3	125 671	92 386	183 408	100 057	45 328
2006.4	302 690	210 883	409 936	208 440	106 700
2006.5	89 563	112 034	27 396	72 976	160 919

资料来源:中国汽车产业经济信息网。

(三)北汽控股的总体发展战略

为了实现北京汽车"又好又快"发展的出路,北汽控股提出了"走集团化道路,实现跨越式发展"的战略,初步形成了自己的发展构想,根据这一构想,北汽控股的发展方向是通过"十一五"时期的发展,发展成为首都经济高端产业的重要支柱和现代制造业的第一支柱产业,在国内汽车行业排名"保四争三",争取进入世界500强。为此,集团董事长徐和谊提出了实施"三四五"战略的集团化战略指导方针,即生产轿车、越野车、商用车三类产品,实现"增强战略、运营、资本控制力,实现集团化","增强研发、配套、制造、服务整合,实现产业化","增强管理体制、经营机制、运营手段的创新,实现现代化","增强对外开放合作中的自主发展,实现国际化"四个目标;构建"整车、零部件、研发、服务贸易、改革调整"五大平台。通过这些战略的实施,到2010年,北汽控股将实现汽车产能150万辆,产销130万辆,20%的产品进入国际市场,实现销售收入1 450亿元,国内同行业综合实力排名"保四争三",力争进入世界500强。

三、北汽控股的生产经营状况

（一）企业生产概况

北汽控股公司拥有"现代"、"奔驰"、"克莱斯勒"、"Jeep"、"三菱"等国际品牌和"北京"、"福田汽车"等自主开发的民族品牌，实现了国际品牌和民族品牌的完美结合。旗下各主要车型的产销情况如表5和表6所示。

表5　　　　　　　　　　　北汽控股商用车产销分析　　　　　　　　　　　单位：辆

时间	生产累计量	销售累计量
2005.3	88 678	87 376
2005.5	147 127	153 181
2005.9	242 794	245 643
2006.1	57 600	44 187
2006.2	101 299	93 795
2006.3	136 322	130 951
2006.4	163 780	160 919
2006.5	235 819	236 281

资料来源：中国汽车产业经济信息网。

表6　　　　　　　　　　　北汽控股乘用车产销分析　　　　　　　　　　　单位：辆

时间	生产累计量	销售累计量
2005.3	55 615	61 183
2005.5	92 063	98 372
2005.6	119 238	125 258
2005.9	199 297	201 120
2006.1	25 247	25 473
2006.2	48 428	45 328
2006.4	103 529	106 700
2006.5	163 780	160 919

资料来源：中国汽车产业经济信息网。

（二）与上下游企业合作情况

北京汽车工业控股有限责任公司在实行集团化战略的进程中，加大推进零部件产业发展力度。与世界著名的汽车零部件供应商美国李尔有限公司签署了在北京设立北京北汽李尔汽车系统有限公司的合资合同，新公司将在汽车座椅、线束、胎压检测及中控门锁等方面开展合作。与世界著名的美国江森自控有限公司签署了全面战略合作协议，在汽车座椅、内饰、内饰电子以及混合动力汽车电池等领域内开展合作。

"十一五"期间,北汽控股公司在全力发展整车企业的同时,将进一步提高零部件产业的整体竞争力,依托北京整车发展提供的巨大市场空间,依托国际、国内知名零部件公司的技术、产品和管理优势,不断推进合资合作项目,使北京汽车零部件产业形成立足北京四大整车企业,辐射环渤海经济圈,面向全国,积极拓展海外市场的发展格局。重点发展高附加值、高技术含量、低污染、低能耗的零部件项目,培育一批具有系统模块化供货能力的核心零部件企业,从而优化北京汽车零部件产业结构,做强北京汽车零部件产业。

四、北汽控股的资本运作

(一)企业融资情况

2002年,北京现代汽车项目获得国务院批准立项,但降生不久,它却面临资金短缺的窘境。北汽控股一度由中外股比50∶50规定的投资资金而为难。为此,北汽控股特意为北京现代项目搭建了一个融资平台——北京汽车投资有限公司(以下简称北汽投),吸引包括北汽控股、首创集团在内的近10家股东,先后两次筹得资金人民币25.7亿元。

2006年以来,在汽车行业景气、汽车股普遍被市场热捧的情况下,整体上市已经迎来最好时机。在原董事长安庆衡等人的建言和推动下北汽控股便又重新确立了整体上市的目标。按照内部说法,上市的设想是北汽控股进行股份制改造,借此完成优质资产整合打包,将优质资产上市。目前,改制计划已经送达国家相关部门报批。

(二)企业并购重组情况

2002年5月28日,北京汽车控股公司与韩国现代自动车株式会社宣布合资组建北京现代汽车有限公司,进军轿车行业。6月4日,北京吉普又与日本三菱签订帕杰罗越野车技术转让协议。

2004年5月9日,戴姆勒·克莱斯勒与中国北京汽车工业控股有限公司签署的11.9亿美元的合作协议得到发改委批准。根据协议,戴—克将在中国生产奔驰C级和E级轿车,年产量25 000辆。在达成这一合作后,戴—克还将与北汽子公司北汽福田进行重卡和其他车型及其零部件的合作,借以构筑这家跨国汽车公司的亚洲战略。

2006年12月15日,北京汽车工业控股公司与信达资产管理公司签署债务重组协议,对其历史遗留的债务进行处置,并与信达资产进行战略合作。

五、北汽控股研发创新能力

北汽控股的创新能力可通过下属三个企业的研发状况来反映,现分别介绍如下:

(一)北汽福田研发状况

自1996年8月28日成立以来,北汽福田始终坚持走自主研发的道路,自主创新的机制和体系日趋完善,建成由汽车工程研究院、海外科研分支机构、大专院校和科研院所、国外汽车研发机构、二级事业部、工厂研究所及供应链同步研发机构六个层次和方面组成的自主创新体系。近年来,北汽福田在自主创新上投入资金近30亿元,取得149项专利,自主研发投入超过销售收入的3.5%,自主研发新产品市场贡献率达到80%以上。

(二)北京现代研发状况

2006年底,北京现代总投资5.1亿元的技术研发中心建设全面启动。而作为中国汽车界的新贵,北京现代刚刚投入建设的技术研发中心尤其引人注目。

占地面积15万平方米的北京现代技术研发中心将是包括市场研究、创意造型、工程开发等功能齐全的现代化轿车研发机构。北京现代凭借对国内外汽车产业和汽车市场的深刻理解,依靠在多元化研发体系下积累的经验与能力,将逐渐实现具备全新整车的开发能力。该研发机构的设立是北京现代在国际化分工的背景下参与全球竞争的重要战略举措,将极大地提高企业的综合实力和竞争优势,并标志着北京现代从"本地化改造"向"自主设计"的转型。

据了解,作为北京现代技术研发中心的最重要部分,北京现代研究中心的建设工程分为两个阶段。第一阶段工程将于2008年4月建成,并于2010年年底总体建成。而随着研发任务的增加和技术中心的全部竣工交付使用,人员规模将逐步扩大到600人左右。届时,北京现代汽车技术中心将是包括市场研究、创意造型、工程开发、分析仿真、试验试制、项目管理、形式认证等功能齐全、设施一流、人才配套的现代化轿车研发机构。

(三)北京奔驰的研发状况

2006年北京奔驰—戴克自主研发的高端SUV——"勇士"——正式亮相。这是作为第二代军车的一款高端产品,这款车是北京奔驰自主研发的一款越野车型。这也标志着北京奔驰自主创新能力跨上了一个新台阶。

六、北汽控股的营销策略

为介绍北汽控股的营销策略,我们以其下属的三个企业为例来进行分析:

(一)北汽福田的营销策略

福田公司奉行"用户第一、经销商第二、福田公司第三"的营销准则。对于一个企业,失去了市场,就失去了发展的机会。

为进一步体现福田公司的营销思想,公司把职能部门的销售公司更名为非法人的营销公司的事业部组织,使其职能发生根本转变。公司各车辆厂生产的产品,营销公司检验合格后,按内部结算价收购,成为公司产品的一级市场,营销公司再把产品投放到二级市场——各营销分公司和各市场部,最终实现产品利润。福田公司的产品开发改进计划、质量整改计划均由营销公司提出,各车辆厂的生产计划由营销公司根据市场变化下达,并做到周计划日平衡,没有按照计划和进度生产的产品,营销公司拒绝收购。这样,公司在瞬息万变的市场上就占据了主动地位。

福田公司还对营销组织体系作了相应改革。创新后的组织体系,由三个管理层次组成,即由决策层(市场发展部、营销计划部、综合管理部)、操作层(山东销售分公司、北京销售分公司、长沙销售分公司、成都销售分公司、摩托车销售分公司)和执行层(各个市场部及其管辖的经销商)组成。

(二)北京现代的营销策略

1. 以产品争市场

北京现代的产品政策是它营销策略的关键一步。在推出索纳塔时,北京现代就采取了低价入市的政策,极具亲和力的价位再加上索纳塔时尚典雅的外观、雅致舒适的内部装饰、良好的动力性能一时间吸引了众多消费者的目光。

2. 靠文化打品牌

北京现代重视体育营销,崇尚体育拼搏精神,积极参与体育事业,赞助北京现代足球队,参与组织中国赛区的"现代汽车杯世界迷你足球锦标赛",高举北京现代大旗进军欧锦赛,为2008年北京举办第29届奥运会尽心尽力……通过一系列的体育营销不仅推动了体育事业的发展,激起中国人民乐观向上的精神,同时也扩大了自身的品牌知名度。

3. 售后服务走规模化

汽车市场的竞争是一个综合性的竞争,未来的汽车消费将越来越理智,消费者对于汽车产品售后服务的要求也会越来越高。

北京现代售后服务网络正在一步步向规模化发展,服务种类也向规模化纵深发展。其布局于全国的4S经销店已经突破100家,特约维修站42家,服务的触角正在延伸到全国各地的每个角落;一年4次免费检测、售后服务代步车计划等,为北京现代的用户提供了人性化服务。

(三)北京奔驰的营销策略

联合品牌销售模式。所谓的"联合品牌",即三菱、克莱斯勒、吉普三个品牌的联合。北京吉普的这一联合品牌销售举措受到了克莱斯勒在美国的做法的启发,只是略有变化:美国克莱斯勒的品牌合并是将旗下的不同品牌合并,而北京吉普的联合品牌销售中不仅包括克莱斯勒和吉普,而且还包括三菱。

联合品牌对经销商而言的最大好处就是可提供的产品很丰富,可以满足不同层次消费者的需求,天然地具有帮助经销商抗拒风险的能力,多品牌经营降低了运营成本,最大限度地利用资源。

然而,"联合品牌"忽略了旗下品牌的个性发展与影响力,北京吉普国产汽车同时和三菱、克莱斯勒的进口车混业经营的现象对经销商的服务提出了更高的要求,因为这三大品牌在产品定位、宣传推广和销售策略上都存在着差异。

浙江省物产集团公司

自中国企业联合会和中国企业家协会2002年首次按国际惯例评定发布"中国企业500强"以来,浙江省物产集团公司(简称浙江物产)已连续5年进入全国500强的前100位,是浙江省惟一一家进入前百强的企业。在服务业榜中2006年集团位列第24位,比上年提升了5位;另外在"综合性内外商贸及批发零售业"的同行业排名中位居第2位(见表1)。

表1　　　　　　　　　　浙江物产集团在"中国企业500强"中的排名

年　度	排　名
2002	68
2003	58
2004	46
2005	61
2006	60

资料来源:中国企业500强网站http://www.cec-ceda.org.cn/c500/chinese/。

一、浙江物产的发展历程概述

(一)发展简史

浙江省物产集团公司是1996年由原浙江省物资局成建制转体组建的大型国有流通企业,是浙江省政府授权经营管理国有资产的运营机构,是国家120家大型企业试点企业集团和20家重点培育发展的大型流通企业,以及浙江省政府确定的26家重点培育的大型企业之一。注册资本3.5亿元人民币。

浙江省物产集团公司有着悠久的历史沿革。1954年11月,浙江省成立浙江省人民政府物资供应局。1962年12月,"浙江省人民政府物资供应局"改为"浙江省物资局"。作为浙江省重点国有企业,浙江省物资局得到了政府的大力支持,组织结构不断完善,经营规模快速扩大。1993年3月,增挂"浙江物资产业(集团)总公司"牌子,到1996年3月,省物资局成建制转体为"浙江省物产集团公司"。

自1996年公司挂牌成立以来,浙江物产不断发展壮大:1997年4月列入国务院确定的

120家大型企业集团试点单位;2003年3月被授予首批"浙江省诚信示范企业";2004年4月被列入浙江省重点培育的26家大企业集团;2004年7月被国家商务部等8部委确定为全国20家重点培育发展的大型流通企业集团。

(二)业务范围

目前,集团经营范围涉及:金属材料,建筑材料,机电设备,化工轻工产品及原料(不含危险品),木材,化肥;物资仓储运输,旅游,信息咨询服务,各类生活资料(有专项规定的除外);资产经营。初步形成六大业务板块为主,其他业务为辅的多元化格局,并抓住时机培育新业务(见表2)。

表2　　　　　　　　　　　浙江物产集团在各业务领域的扩展情况

业务领域	业务成熟时间点	年销售规模	主要成员公司及其成立时间
金属材料	1996	超过320亿元,钢材实物量超过650万吨	浙江物产金属集团有限公司(1996) 浙江物产国际贸易有限公司(1999) 浙江物产元通机电(集团)有限公司(1996)
汽车业务	1996	销售新车约10万辆	浙江物产元通机电(集团)有限公司 浙江物产国际贸易有限公司
能源供应	1996	煤炭1 000万吨,油品60万吨以上	浙江物产燃料集团有限公司(1996) 浙江物产石化有限公司(物产金属旗下)
化工产品	2005	超过40亿元,各类化工产品50万吨	浙江物产化工集团有限公司(2005) 浙江物产森华集团有限公司(2006) 浙江物产民用爆破器材专营有限公司(1998)
国际贸易	1999	进出口贸易超过13亿美元	浙江物产国际贸易有限公司为主,物产金属、元通机电、物产化工、物产民爆和物产森华补充
现代物流	2003	—	浙江物产物流投资有限公司(2003)为主,物产金属、元通机电补充
林木农矿	2006	—	浙江物产森华集团有限公司
其他业务	—	—	—

资料来源:浙江物产集团公司网站及集团旗下各业务集团网站的数据经整理所得。

(三)所有制及组织架构

到目前为止,浙江物产集团公司仍为国有独资企业,经浙江省人民政府授权经营管理集团范围内的国有资产,是省级国有资产运营机构,注册资本金未曾变化。

目前,浙江物产已经建立了较为完善的公司治理结构,董事会、监事会、经理层运作较为规范。从公司的管理结构看,一方面,浙江物产集团建立了较为规范的母子公司管理体系,集团总部主要负责研究和确定公司未来的发展战略规划设计以及对各子公司行使投资、股权管理等职能,并按照决策权、执行权与监督权三者分立原则通过股东会对子公司履行出资者权利,各子公司的人事、财务以及具体项目的投资开发均独自负责。另一方面,集团按照产权多元化与经营产业化的原则,采取准事业部制管理方式,分离出流通部、实业部和物流部三个职能部门,负责公司各业务板块之间的协调工作。

2006年,浙江物产经组织架构的战略性调整后,重新设置了"10+3"的组织架构(见表3)。目前有10家控股企业、3家参股企业和1所下属学院。

表3　　　　　　　　　　　浙江物产集团下属成员单位

控股企业(10家)	参股企业(3家)	下属学院(1所)
浙江物产实业控股(集团)有限公司	浙江物产实业发展有限公司	浙江经济职业技术学院
浙江物产金属集团有限公司	浙江物产国际货运有限公司	
浙江物产元通机电(集团)有限公司	浙江东茂宾馆有限公司	
浙江物产国际贸易有限公司		
浙江物产燃料集团有限公司		
浙江物产化工集体有限公司		
浙江物产民用爆破器材专营有限公司		
浙江物产物流投资有限公司		
浙江物产置业有限公司		
浙江物产森华集团有限公司		

资料来源：浙江物产集团网站 http://www.zjmi.com.cn/index.php?id=118。

二、浙江物产的发展战略

(一)竞争环境分析

任何企业都是在特定环境中活动和竞争的，必须遵循"物竞天择，适者生存"的规律，接受环境的选择。当企业的活动安排与环境特征和发展趋势一致时，企业就容易获得生存和发展，当企业的活动与环境要求相悖时，企业就很难生存下去。因此，了解环境、根据环境条件选择所从事的业务和活动方式，是企业战略管理过程的关键环节。

按对企业影响的直接程度，我们可以从企业所属地区经济发展情况、企业所属行业竞争概况、企业的行业地位和竞争力三个层次对浙江物产集团公司的竞争环境进行分析。

1. 浙江省经济发展情况

(1)浙江省区位发展状况。浙江省位于中国东南沿海、长江三角周南翼，北与中国最大的城市上海以及经济发达的江苏省相邻，是我国较早实行改革开放的省份之一，区位优势明显。

浙江省整体经济实力比较雄厚，近年来经济发展保持良好态势，地区经济竞争力居全国前列，浙江省市场化程度高，民营经济发达，民营经济实现的工业总产值、销售总额、社会消费品零售总额和出口创汇额连续八年居全国第一。浙江省工业生产增长较快，其中规模以上工业所占比重继续加大，重工业化程度继续提高。同时浙江省商品交易市场延续了稳步发展的趋势，位居全国前列。

浙江地区经济发达，商业环境良好，这为浙江物产集团成为全国为数不多的发展较好的物资流通集团奠定了基础。

(2)浙江省流通业发展规划。浙江省经济进入重要转型期，为流通产业的发展带来了难得的机遇。随着工业化、城市化、信息化进程的推进，城乡二元经济将向农村与城市互动发展的现代社会经济结构转变，经济改革将从放开搞活向建立和完善新的市场经济秩序转变，消费结构将由满足基本需要向满足多层次需要转变,流通企业的发展也将由数量扩张型向提高竞争能力的质量效益型转变。与此同时,浙江省委、省政府提出了"八八战略",打造先进制造业基地,发展三大经济产业带和培育现代服务业。先进制造业基地建设及其空间布局,包括环杭州湾、金衢丽高速公路、温台沿海三大产业带和建设10个左右全国性制造中心、20个左右全国重要产业基地,结合三大产业带建设,在块状经济的基础上培育发展产业集群,提升产业层次和竞争力,扎实筹划上一批重化工业(包括临港重化工业)投资项目。

浙江省流通业的发展规划将给钢材、煤炭等生产资料带来较大的市场需求,有利于浙江物产集团的发展。浙江物产可以继续发挥流通主渠道作用,主动服务于地方产业结构调整和经济发展,积极通过完善在省内的分销服务网络,努力面向浙江省及省外交通、能源、房地产、制造业等领域的企业提供从原材料采购、仓储、配送直至产品销售和金融等多方面的供应链服务,为先进制造业基地建设提供原材料基础保障,缓解经济发展的瓶颈制约问题;发展与众多生产企业专业化分工协作的产业链,组织具有比较优势的产品出口,拓展新客户、新领域,促进浙江产业的结构调整和产业升级。

同时,浙江物产提出现代流通产业化发展道路,加快实施品牌战略,构筑现代分销服务网络,发展连锁经营、物流配送、电子商务等现代流通业态,与浙江省发展现代服务业的目标是相一致的。

2. 生产资料流通行业分析

(1)生产资料流通企业的改革与发展。传统国有物资流通企业是随着计划经济体制的建立而发展起来的,曾经是生产资料流通的主渠道。经过20多年改革开放,无论经济体制和经济增长方式,还是流通渠道和流通方式都发生了翻天覆地的变化。特别是我国社会主义市场经济体制确立以来,传统物资流通企业脱胎换骨,分化重组,转轨变型。经过10多年的改革,原来自成体系的全国物资流通行政管理体系已经不复存在,以市场为主导的流通体制基本确立。地县一级原来的国有物资经营管理单位基本上转轨变型,大多数县级及以下单位已经改制为民营企业或退出原来的行业。省区市一级经过深化改革,并购重组,一部分走上新的发展道路;一部分正在重组整合;还有部分企业仍处于生存探索当中。从总体上来看,原来的经营管理体系已经打破,多种所有制流通企业迅速发展起来,以市场配置资源的模式基本建立,我国生产资料流通领域出现了新的局面。

但是,流通渠道和经营方式的变革,并没有改变生产资料流通快速发展的总趋势。10多年来,原有国有物资企业市场占有率逐步下滑,而各种类型的生产资料市场和工业生产企业的直销蓬勃发展,多种所有制流通企业的经营规模迅速做大。年销售钢材上百万吨、销售汽车上千辆的民营生产资料流通企业不断出现,发展势头迅猛。在流通主体和渠道发生重大变化的同时,代理制、配送制、连锁经营、电子商务等新的营销方式得到较快推广,生产资料流通的规模、速度、效益、效率、服务和质量都提高到新的水平。

在生产资料流通行业翻天覆地的变化之时,一批原来的物资流通企业通过深化改革,转轨变型,走出了新的路子,规模越做越大,竞争力越来越强。据统计,纳入2002年重点统计的33家企业,销售收入同比增长24%,比同期全国生产资料市场销售总额增长13.8%高出11.2个百分点;2004年10月,47家重点生产资料流通企业销售收入同比增长35.4%,高出同期全国生产资料市场销售总额增长幅度13.9个百分点。

(2)2006年我国经济发展和生产资料流通企业发展情况。2006年是我国经济平稳快速发展的一年，全年我国GDP绝对数接近21万亿元，同比增长10.7%。

在宏观经济取得良好发展的同时，生产资料流通企业的经营成果也十分显著。重点生产资料流通企业经营规模也继续保持快速增长，经济效益也有明显改善。2006年1~8月份全国31家重点生产资料流通企业实现销售额1 300亿元，同比增长31.6%，比同期全社会生产资料销售额23.3%的增长水平高出8.3个百分点；实现商品销售利润24亿元，同比增长24.7%；以浙江物产集团为代表的主要企业销售总额已经超过200亿元。

3. 浙江物产集团的行业地位和竞争力

浙江物产集团是全国大型商业企业，浙江省最大的进出口大型企业集团，被列入全国20家现代流通企业试点单位，综合实力较强。集团各成员企业同上下游关系良好，在各自领域市场地位较高，如子公司浙江物产金属集团有限公司为全国最大的钢材流通企业之一，在浙江省排名首位。

浙江物产集团的经营规模、经济效益和综合实力等主要指标一直位居全国同行前位。2006年实现经营规模589.8亿元，进出口总额11.19亿美元，利税总额10.86亿元。2002~2006年分别列中国500强企业的第68位、第58位、第46位、第61位、第60位，2006年列入中国服务业500强，位居24。这一系列数据说明浙江物产集团的行业竞争力很强，集团在各业务领域的竞争力情况分析见第三节。

(二)发展战略规划

1. 浙江物产的发展目标

浙江物产的企业远景是：追求卓越，打造具有国际竞争力的一流的现代流通企业集团。根据这一远景，它制定了"十一五"发展目标(见图1和图2)：到2010年集团销售收入比2005年翻一番，统计口径下销售收入达到1 000亿元人民币，财务合并报表口径销售收入达到880亿元人民币，主业占96%；所有者权益比2005年翻一番，达到55亿元人民币；总资产规模250亿元，资产负债率低于75%；到2010年利润总额不低于14亿元，比2005年增加2倍；销售利润率1.5%，净资产收益率18%以上。

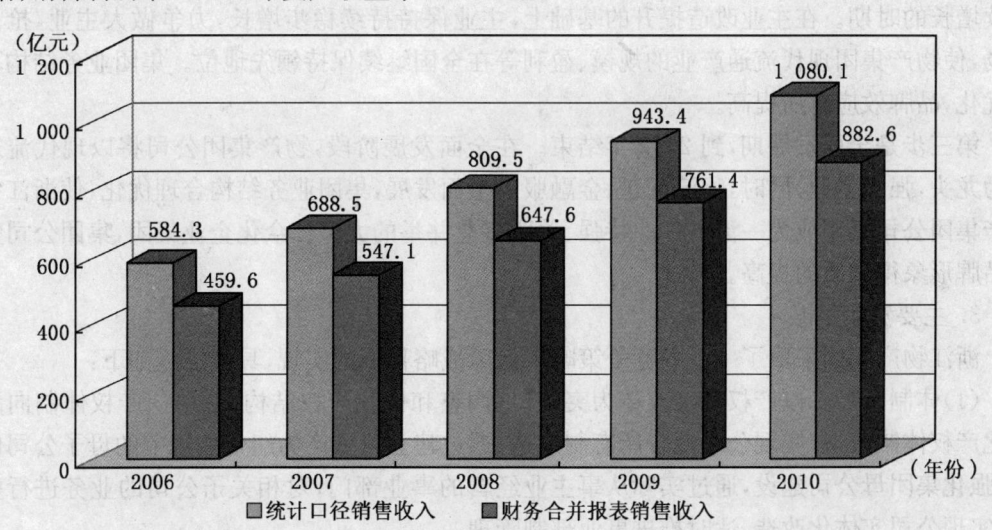

资料来源：浙江物产集团网站 http://www.zjmi.com.cn。

图1 销售收入增长图

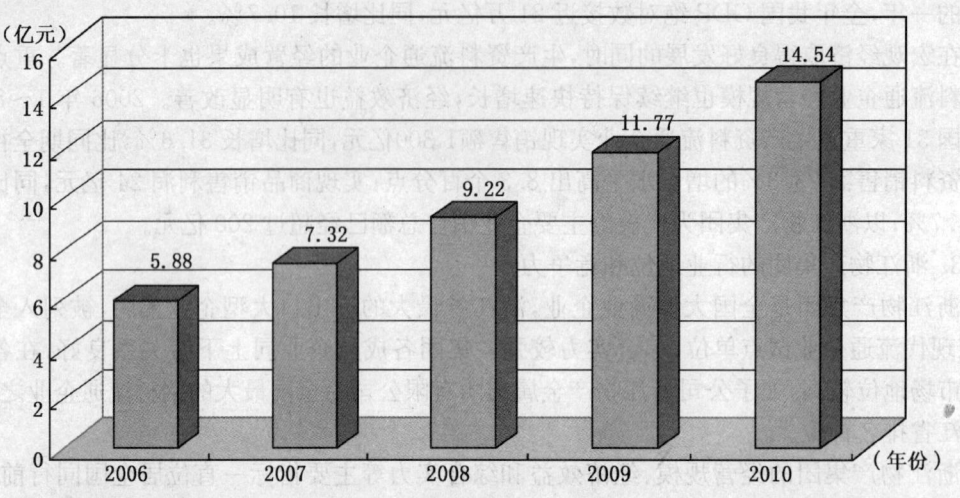

资料来源：浙江物产集团网站 http://www.zjmi.com.cn/index.php?id=112。

图2 利润总额增长图

2. 浙江物产的战略

为实现"十一五"发展目标，浙江物产集团公司采取"十年三步走"的战略步骤：

第一步是转型增长期，到2006年底结束。在此期间，集团公司以体制改革为先导，对现有的资产与业务结构进行必要的重组与调整，以夯实进一步发展的基础，在坚持和巩固贸易主业的前提下，积极推进主业改造提升，通过发展现代流通产业，使主业保持惯性快速增长，同时积极启动金融服务功能。到本阶段末，基本完成集团主业的改造提升任务，初步发展成为一家以现代物流产业、金融服务、信息管理为支撑的大型现代流通企业集团。

第二步是持续增长期，到2009年结束。在完成了主业改造与提升之后，物产集团进入持续增长的时期。在主业改造提升的基础上，主业保持持续稳步增长，力争做大主业，抢占市场，使物产集团现代流通产业的规模、盈利等在全国继续保持领先地位。集团业务结构不断优化，品牌效应有所提高。

第三步是全面发展期，到2012年结束。在全面发展阶段，物产集团公司将以现代流通业为龙头，强大主业，同时，物流配送、金融服务全面发展，集团业务结构合理优化，使浙江省物产集团公司真正成为一流的一业特强、关联多业并举的大型公众化企业集团，集团公司整体品牌形象得到质的提高。

3. 主要竞争策略

浙江物产集团采取了一系列竞争策略来保障战略目标的实现，具体措施如下：

（1）体制保障。以产权制度改革为突破口，调整和优化产权结构，从单一产权体制向多元化产权体制改造，实现公司混合所有制改造；通过建立以资产为纽带的规范的母子公司体制，强化集团母公司建设，通过实际从事主业经营的事业部门，对相关子公司的业务进行整合，实现公司实体化改造，适时推进事业部制管理。

（2）强大主业。坚持流通主业，以"两个一体化"（内外贸一体化、工贸一体化）为依托，上控资源、中联物流、下建网络，强化供应链管理，延伸产业链，发展以"金属材料、汽车、能源、国际贸易、化工、现代物流、林木农矿"为七大主业板块的专业化、集约化经营,逐步形成拥有强大分销网络和分销能力,基于价值链管理和具有强大物流配送能力,商业与金融资本融合和完善信息系统的商务模式。

(3)管理提升。管理提升是浙江物产实现改革与发展目标的必要支撑,在战略规划期内,物产集团在完善集团公司法人治理结构的前提下,进一步加强基础管理,针对公司发展战略规划的产业改造提升的要求,系统地进行人力资源管理,实施稳健的财务政策,强化战略管理、预算管理、风险管理,增强资源配置能力,提高资产运行质量。同时,顺应管理发展的趋势,加强学习型组织建设和企业文化建设,提升集团整体素质和水平。

三、浙江物产的生产经营状况

(一)浙江物产集团生产概况

一直以来,物产集团坚持企业改革不停步,坚持流通主业不动摇,坚持提高素质不松懈,不断开拓,努力进取,一直不断向上发展。

2006年浙江物产各项主要经营指标均完成或超额完成年度预算目标。据统计,2006年集团经营规模突破500亿元,达到了创纪录的589.8亿元,比上年增长21.15%,超额完成全年545亿元的预算目标。集团经济效益也进一步提升,实现利润总额5.94亿元,同比增长32.29%,创历史最好水平。另据财务快报,2006年集团净资产收益率、销售利润率、流动资产周转率等主要财务指标也都比上年有较大幅度提高,费用水平、资产负债率等比上年有所下降,均完成或超额完成年度预算目标,集团整体运营质量进一步改善,实现了量的扩张和质的提高的同步协调发展。

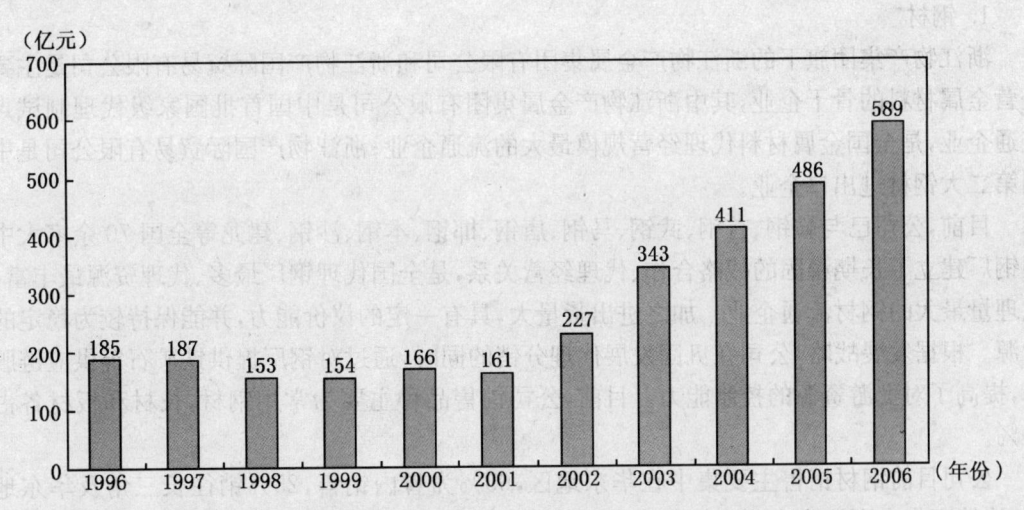

资料来源:浙江省物产集团网站 http://www.zjmi.com.cn/index.php?id=110。

图3 浙江物产集团 1996～2006 年经营规模图

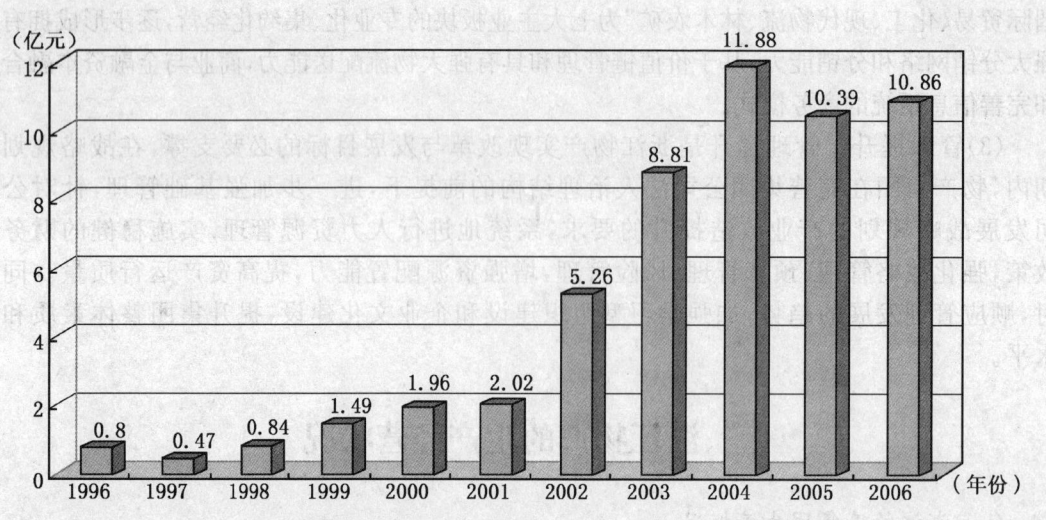

资料来源：浙江省物产集团网站 http://www.zjmi.com.cn/index.php?id=110。

图4 浙江物产集团1996～2006年实现利税总额图

（二）主要产品、生产及销售情况

在浙江物产集团的七大专业板块中，生产资料的主业经营规模占到整个集团规模的98%左右。公司主要业务由下属专业公司专业经营，其中物产金属、物产元通、物产国贸、物产燃料、物产民爆的经营规模都处于全国同行领先地位。据2005年浙江省物产集团公司信用评级报告中的数据显示，在主要业务板块中，钢材、汽车和煤炭三大类主要经营品种的销售收入占比78%，而2006年，三者的销售实物量达到674.6万吨、86 021辆和927.01万吨，分别比上年增长19.9%、22.0%和34.0%，对公司业务运营起到主要支撑作用。

1. 钢材

浙江物产集团旗下的浙江物产金属集团有限公司和浙江物产国际贸易有限公司是主要经营金属材料的骨干企业，其中浙江物产金属集团有限公司是中国首批国家级代理制试点流通企业，是全国金属材料代理经营规模最大的流通企业；浙江物产国际贸易有限公司是中国第二大钢材进出口企业。

目前，公司已与鞍钢、首钢、武钢、马钢、唐钢、邯钢、本钢、沙钢、建龙等全国70余家大中型钢厂建立了长期稳固的战略合作、代理经营关系，是全国代理钢厂最多、代理资源最丰富、代理量最大的钢材流通企业。加之进出货量大，具有一定的议价能力，并能保持较为稳定的货源。根据发展战略，公司在巩固发展代理分销的同时，通过对钢厂提供铁矿石等供应链服务，提高了对上游资源的控制能力。目前，公司销售品种主要为常用钢材，长材和板材各占50%。

公司目前钢材销售主要集中在华东地区，65%为省内销售，25%销往长三角及华东地区，连续五年在浙江省内的市场占有率居第一。在下游网络建设方面，集团主要通过建立自有品牌的连锁经营店扩大销售规模，目前集团已在省内建成以杭州为中心，连接绍兴、宁波、台州、金华、嘉兴一级网点的5家销售网点（嘉兴网点在建中），并将深度开发二级网点，覆盖全省11个地市和数十个县区。同时通过向下延伸供应链，发展直接用户，提供增值服务，提高企业的利润空间。目前，集团已经在浙江永康的中国五金城建立30万吨的剪切加工基

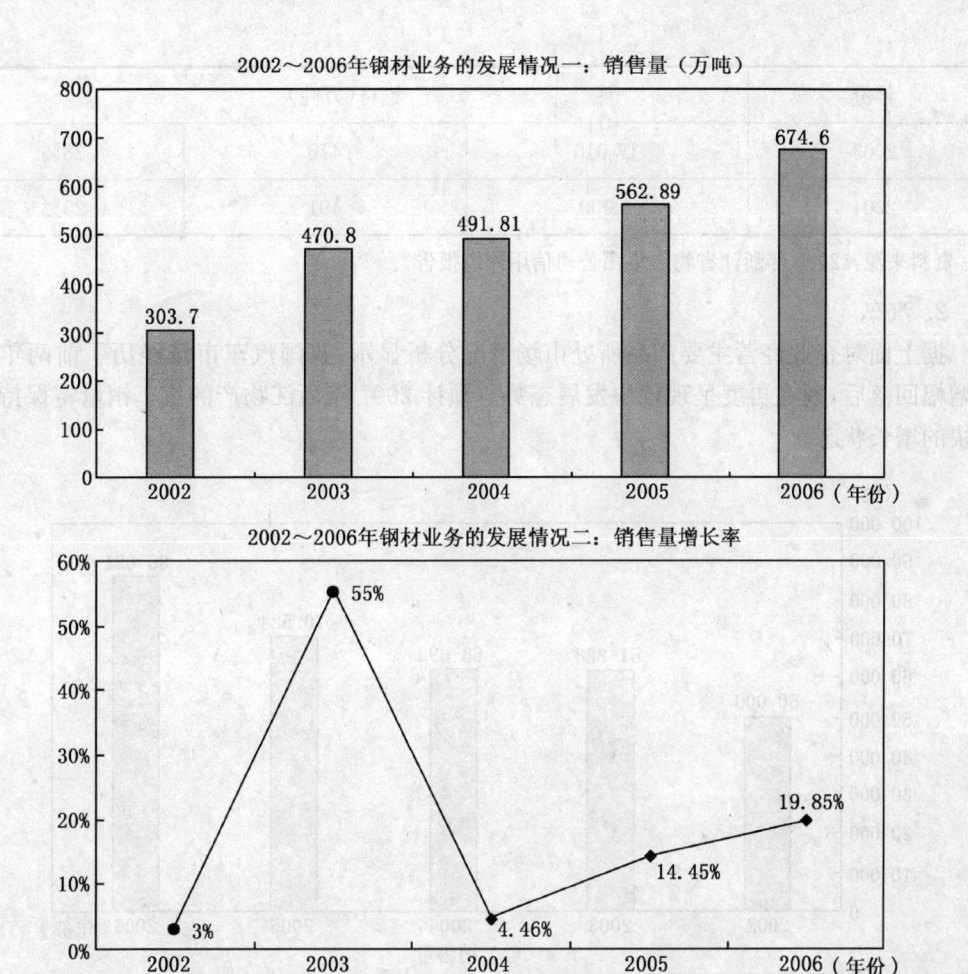

2002～2006年钢材业务的发展情况一：销售量（万吨）

年份	销售量（万吨）
2002	303.7
2003	470.8
2004	491.81
2005	562.89
2006	674.6

2002～2006年钢材业务的发展情况二：销售量增长率

年份	销售量增长率
2002	3%
2003	55%
2004	4.46%
2005	14.45%
2006	19.85%

注：2002年钢材销售量303.7万吨、2002～2003年的销售量增长率是经《2005年浙江省物产集团公司信用评级报告》中的数据估计得出。

资料来源：浙江物产集团网站公布的数据、东方网新闻。

图5　2002～2006年钢材业务的发展情况

地，经过初步加工的钢材将比传统的直接销售价格上涨500～1 500元/吨。同时，公司利用钢厂代理的资源优势，为重点企业客户和重点项目直接配供配送，与终端客户建立长期的供应链服务合作关系。公司还取得了申嘉湖、杭徽等高速公路所需钢材、水泥等配供配送权，并且与浙江省地质勘探局签订了战略合作协议，对其下属公司进行配供配送。截至2005年9月，公司的终端客户的比例已经由2004年的16％增加到35％，钢材销售利润率也从2.7％增长至3.99％。随着经营业态的转变，公司钢材销售的利润空间还会有所上升。

表4　　　　　　　　　　2002～2004年集团钢材销售省内市场占有率

年份	钢材（万吨）		
	全省	集团	占有率
2002	1 500	307	20％

续表

年份		钢材(万吨)	
2003	17 010	470	28%
2004	2 000	491	25%

资料来源:《2005年浙江省物产集团公司信用评级报告》。

2. 汽车

据上面对企业经营主要产品所处市场情况分析显示,我国汽车市场经历了前两年的产销增幅回落后,现在再度呈现较快发展态势。预计2007年浙江物产的汽车销量将保持一个较快的增长状态。

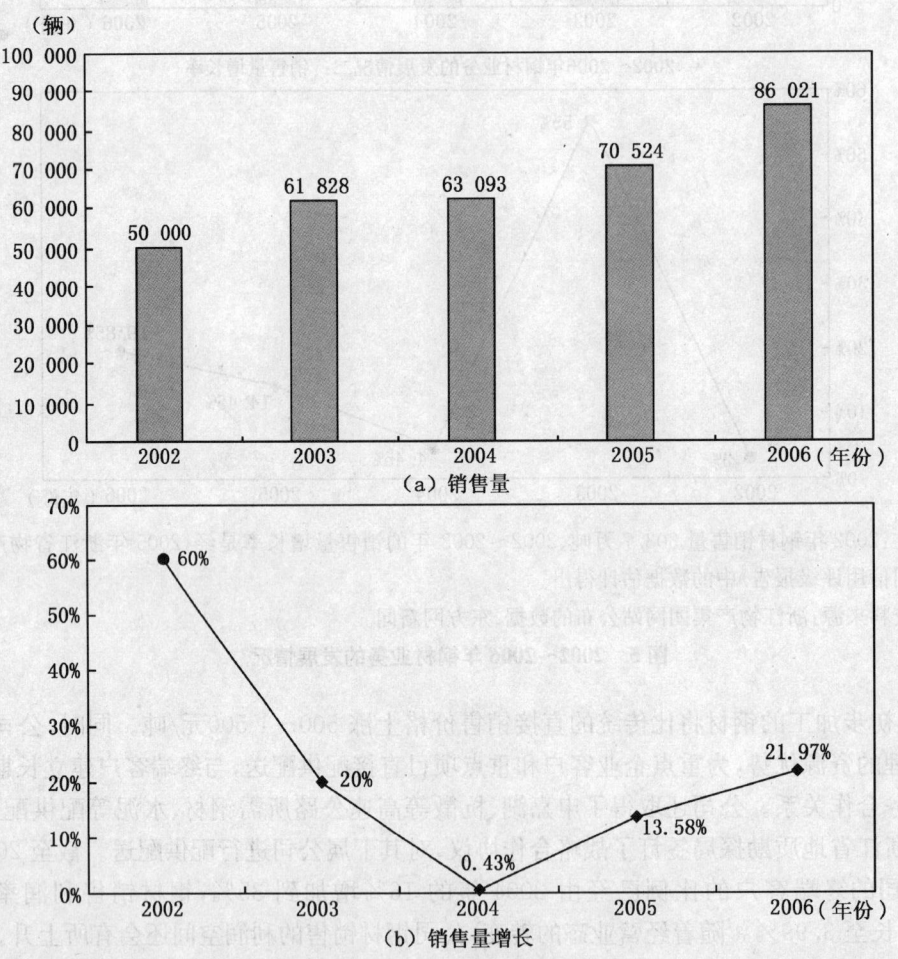

(a) 销售量

年份	2002	2003	2004	2005	2006
销售量(辆)	50 000	61 828	63 093	70 524	86 021

(b) 销售量增长

年份	2002	2003	2004	2005	2006
增长率	60%	20%	0.43%	13.58%	21.97%

注:2002年汽车销售量50 000辆、2002~2003年销售量增长率是经《2005年浙江省物产集团公司信用评级报告》中的数据估计得出。

资料来源:浙江物产集团网站公布的数据、东方网新闻。

图6 2002~2006年汽车业务的发展情况

目前,浙江物产集团先后被美国通用、日本丰田、瑞典沃尔沃、一汽大众、上海大众、上海通用、东风日产、北京现代、戴克—三菱等近60家国内外知名汽车品牌授权为特许经销商，集团已建成近100家集产品销售、配件供给、维修服务、信息反馈于一体的国际化4S汽车销售服务店，已累计销售各类汽车60万辆，约占浙江省新车上牌量的16%。

表5　　　　　　　　　　　　集团主要合作汽车集团及4S店数量

汽车集团	4S店数量
上海汽车集团	12
第一汽车集团	10
第二汽车集团	6~7

资料来源：《2005年浙江省物产集团公司信用评级报告》。

集团汽车板块顺应汽车产业发展规律，整合内外部资源，创新经营业态，通过价值链后向延伸，汽车销售网和后服务网两网对接互动，前网带后网，后网促前网，实现资本运作区域扩张，铸造优势服务品牌，形成汽车品牌销售、延伸后服务和资本运作互为支撑、联动发展的业务格局，成为一个覆盖浙江、湖南两省，辐射华东、华中市场，布点全国重要地区的中国第一品牌大型汽车综合服务提供商。

表6　　　　　　　　　　　2002~2004年集团汽车销售省内市场占有率

年份	汽车（万辆）		
	全省	集团	占有率
2002	31.17	5.32	17%
2003	38.17	6.18	16%
2004	38.3	6.21	16%

资料来源：《2005年浙江省物产集团公司信用评级报告》。

集团正努力发展二手车交易市场。目前国内二手车市场仍处于发展初期，相关政策还需进一步完善，并且二手交易的利润率较低，主要是通过售后服务的增长提高盈利。根据发达国家汽车业的发展规律，行业利润的35%来自于服务业务，而目前我国的汽车服务与直接销售的利润比例不足1:10。预计未来我国汽车服务业的发展空间较大，公司也将通过继续发展汽车用品、租赁等服务进一步提高盈利水平。

3. 煤炭

浙江物产燃料集团有限公司是浙江物产集团旗下经营煤炭为主的专业公司，是浙江省最大的生活市场用煤流通企业，拥有丰富的资源优势和发达的营销网络。在杭州、宁波、乍浦、金华、富阳、秦皇岛、绍兴等地拥有15万平米的仓库用地、铁路专用线和分公司；在北京、上海等地及天津、青岛、连云港、锦州等主要中转港设有办事处。物产燃料将依托强大的资源优势和终端网络优势，不断向煤炭资源缺乏区域延伸，为区域经济建立稳定的煤炭资源基地，成为煤炭资源缺乏区域制造业的煤炭供应商，以及区域经济与煤炭生产企业的中间商。

对企业经营主要产品所处市场情况分析显示，我国煤炭资源供需都将面临快速增长的趋势。预测2007年集团煤炭的销量仍将保持30%左右的增长幅度。

(万吨)

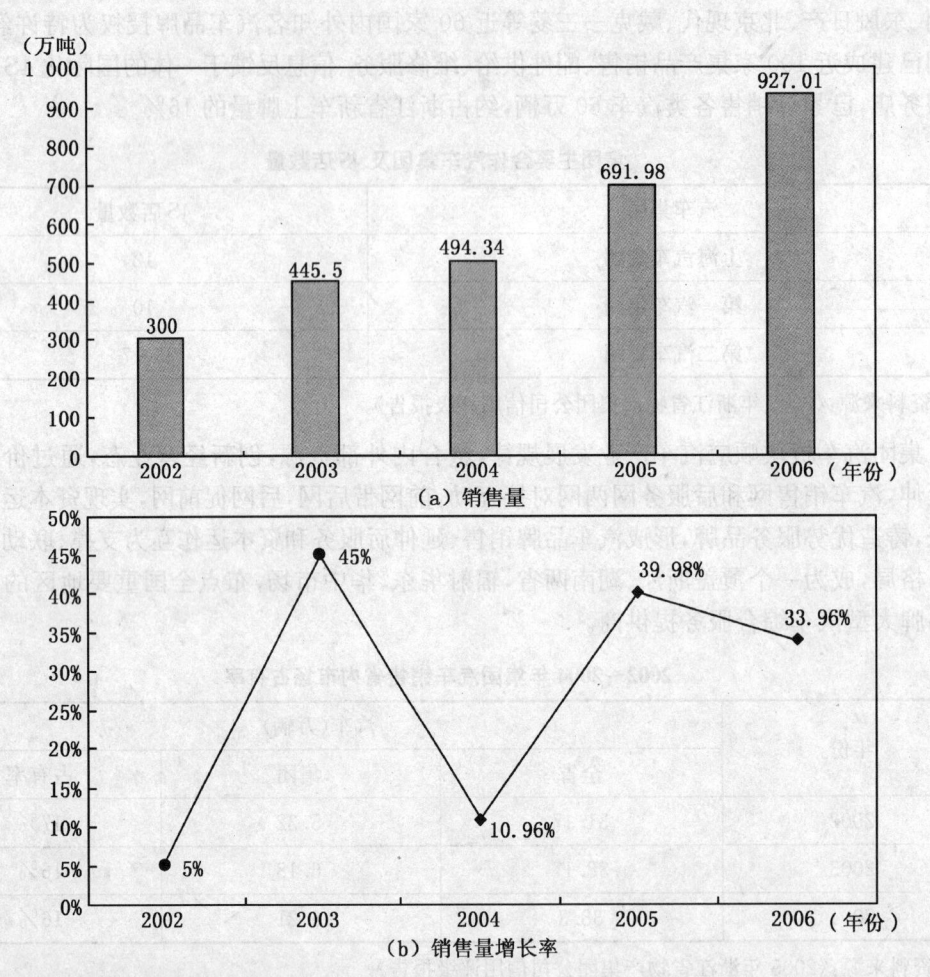

图 (a) 销售量：2002年 300；2003年 445.5；2004年 494.34；2005年 691.98；2006年 927.01

图 (b) 销售量增长率：2002年 5%；2003年 45%；2004年 10.96%；2005年 39.98%；2006年 33.96%

注：2002年煤炭销售量300万吨、2002～2003年销售量增长率是经《2005年浙江省物产集团公司信用评级报告》中的数据估计得出。

资料来源：浙江物产集团网站公布的数据、东方网新闻。

图7　2002～2006年煤炭业务的发展情况

(三)产品进出口情况

浙江物产集团的产品进出口构成了集团的国际贸易板块。这一业务板块已经形成以浙江物产国际贸易有限公司专业外贸企业为主导，浙江物产金属集团有限公司、浙江物产元通机电(集团)有限公司、浙江物产化工集团有限公司、浙江物产民用爆破器材专营有限公司和浙江物产森华集团有限公司五家互为补充的企业集群，其业务特色显著。

集团的业务特色为内外贸一体化经营，经营范围包括钢铁及其相关产品、汽车、燃料油、化工、机电、木材、纺织、轻工艺品等产品进出口业务和加工贸易，主要进口国包括美国、欧盟、日本、俄罗斯、韩国、印度、澳洲等国家和地区，主要出口国包括美国、欧盟、日本、拉美、东南亚、中东、非洲等国家和地区，并与这些地区的外商有着广泛深入的贸易合作。目前集团进出口贸易超过13亿美元，连续多年列浙江省省级外贸集团首位。

(四)海外市场拓展

浙江物产国际作为流通业的领先企业,很早就开始了国际贸易,拓展海外市场。现在,集团的国际贸易网络遍及亚洲、欧洲、美洲、非洲、大洋洲的30多个国家和地区。公司与诸多国际知名钢铁、机械、汽车、油品供应商开展长期合作,业务规模持续提升,贸易网络稳步扩张。

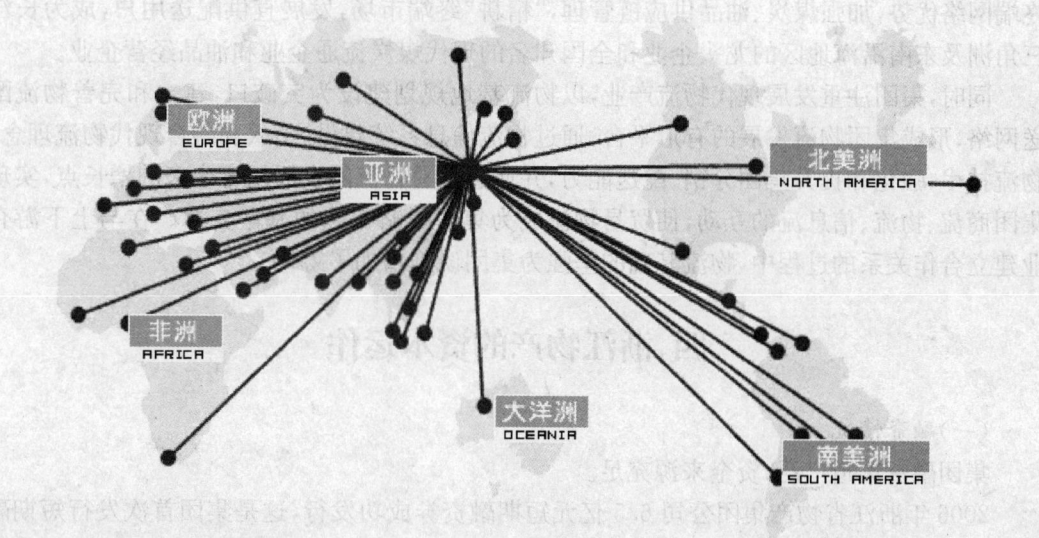

资料来源:浙江物产国贸网 http://trade.zjmi.com/index.php?id=121。

图8 浙江物产国际集团的国际贸易网络图

(五)浙江物产的品牌创建

浙江物产集团由原先的"浙江省人民政府物资供应局"(1954)改名"浙江省物资局"(1962)再改制转体为"浙江省物产集团公司"(1996),到现在经历了50多年的风雨。这样的历史沿革造就了浙江物产强硬、可靠、稳重的品牌精神。集团创建的下属子公司均以"浙江物产"命名,形成统一的品牌风格,具有显著的品牌效应。

(六)企业多元化发展情况

浙江物产集团的业务扩展历史也就是企业的多元化发展历史。公司从挂牌成立开始,就已形成以钢铁、汽车、煤炭为核心主业,机电(设备)、纺织贸易等其他业务相结合的多元化产业格局。随着企业的扩展、流通行业的进步,浙江物产先后形成国际贸易、现代物流、化工产品的新新业务板块。现已初步形成金属材料、汽车服务、国际贸易、能源供应、化工产品、现代物流六大主业板块,2006年又开始全力培育林木农矿新业务板块,兼有机电产品贸易、期货交易、房地产、物业、宾馆餐饮等多元化的补充部分。浙江物产正朝着具有国际竞争力的一流的现代流通企业的目标迈进。

(七)与上下游企业合作情况

浙江物产集团通过与上下游企业的战略合作,不断加强企业的快速响应能力,提高服务质量,增强企业的竞争力。

以集体的能源业务为例。目前,企业在煤炭方面与山西煤炭进出口、晋城煤业、中煤科技、兖州煤业、潞安煤业、榆林煤业、大同煤业、内蒙伊泰等,在油品方面与中石化、中石油等大企业集团建立了稳固的资源渠道,并与中海集团、青岛正和、宁波天盛等大中型运输企业建立了合作关系,拥有港口、铁路、水运等多种物流渠道,建立了面向终端的配供配送分销服务网络体系,年销售煤炭1 000万吨、油品60万吨以上。

集团能源板块按照前端建立资源联盟、后端健全分销网络、中间联合物流网络的模式,不断调整和完善自身销售体系,建立与供应商的战略合作伙伴关系,依托强大的资源优势和终端网络优势,加强煤炭、油品供应链管理,"精耕"终端市场,发展直供配送用户,成为长江三角洲及东南沿海地区的龙头企业和全国知名的现代煤炭流通企业和油品经营企业。

同时,集团注重发展现代物流产业,以物流基地规划建设为突破口,建立和完善物流配送网络,形成集团物流发展的有形平台;通过物流信息系统建设,引入和融合现代物流理念、物流技术,强化和提升集团分销、配送能力,并通过贸易物流的发展培育未来的增长点,实现集团商流、物流、信息流的互动,使贸易物流成为集团战略实施的基本支撑。在与上下游企业建立合作关系的过程中,物流基础的坚强为集团谈判增加了筹码。

四、浙江物产的资本运作

(一)融资情况

集团融资渠道广泛,资金来源充足。

2006年浙江省物产集团公司6.5亿元短期融资券成功发行,这是集团首次发行短期融资券。此前短期借款全部为银行流动资金贷款。截至2005年9月底,集团公司的短期借款总额度509 204万元,全部用于补充公司内部的流动资金。

表7 2006年浙江省物产集团公司短期融资券第一期交易各要素公布情况

债券名称	2006年浙江省物产集团公司短期融资券第一期	债券简称	2006浙物产CP01
信用评级	A-1	评级机构	中诚信国际信用评级有限责任公司
债券代码	0681036	发行总额	6.5亿元
债券期限	365天	票面年利率	3.35%
计息方式	利随本清	发行日	2006/03/20
起息日	2006/03/21	债权债务登记日	2006/03/21
交易流通起始日	2006/03/22	交易流通终止日	2007/03/16
兑付日	2007/03/21		

资料来源:中金在线网站公布,http://bond.cnfol.com/060323/106,1371,1753882,00.shtml。

(二)并购重组情况

2006年5月11日,集团旗下的浙江物产国际贸易有限公司在长沙同湖南华菱钢铁集团有限公司及湖南物产集团下属的湖南同力投资有限公司、湖南同力金球置业发展有限公司共同签署了《关于南方建材股份有限公司的股份转让协议》。浙江物产国际以1.73元/股的净资产价格从上述三方受让其所持有的南方建材共计50.5%约1.2亿股的股份,从而成为上市公司"南方建材"(证券代码:000906)的绝对控股股东。

通过这次收购,浙江物产集团以南方建材为纽带,实现了与华菱集团的工贸结合和供应链合作,切实推进流通产业化发展;并以湖南市场为立足点,通过与湖南物产的全面合作,抓住"中部崛起"的有利时机,大力拓展中西部地区广阔的市场。

五、浙江物产的财务状况

(一)资产结构

浙江省物业集团公司总体实力较强,资产规模较大。2002~2004年年末的总资产分别为74.54亿元、97.38亿元和110.29亿元,2003、2004年的增长率依次为30.64%和13.26%,增长稳定。作为流通企业,本公司的主要资产为存货、预付款和货币资金。由于近几年市场需求旺盛,公司这三项资产占比较高,且规模不断扩大。公司净资产三年年末分别是16.0亿元、15.7亿元和17.4亿元,实现了国有资产的保值和增值。

流通行业特征决定了公司债务基本上为流动负债。随着运营规模的快速增长,公司流动负债规模也不断上升,2003、2004年增长率分别为39.44%和10.88%。

公司短期负债以短期借款和应付票据为主,2004年短期借款为21.91亿元,占短期债务的比例为41%;应付票据为31.63亿元,占比59%。2002~2004年公司的资产负债率比较稳定,2004年为77.68%,处于行业较好水平。

表8   2003~2006年集团财务数据概况

浙江物产	2003年	2004年	2005年	2006年6月
货币资金(亿元)	12.60	19.43	20.81	17.77
所有者权益(亿元)	15.70	17.36	16.97	18.04
总资产(亿元)	97.38	110.29	123.97	135.65
短期债务(亿元)	40.14	53.54	65.68	65.35
总债务(亿元)	40.15	53.72	66.18	66.29
主营业务收入(亿元)	229.76	319.30	376.56	230.67
净利润(亿元)	1.18	1.61	1.53	1.02
EBITDA(亿元)	4.76	7.31	7.57	4.64
经营活动现金流(亿元)	-2.22	4.32	-3.95	1.65
所有者权益收益率	7.50	9.27	9.01	5.65
资产负债率(%)	79.40	77.68	79.90	80.55
速动比率	0.74	0.75	0.68	0.69
总债务/EBITDA	8.44	7.34	8.74	14.29
EBITDA/利息支出	6.24	5.44	3.93	3.69

资料来源:《2006年浙江省物产集团公司短期融资券信用跟踪评级报告》。

(二)盈利状况

2002年以来,浙江省物产集团公司主要利润指标均呈现强劲增长之势。

在2003年销售增长率高达71.06%的基础之上,公司2004年销售增长率为38.97%,主营业务收入达319.3亿元。公司主业比较突出,其中钢材、汽车和煤炭销售收入占比达78%,构成公司基础收入来源。

公司2004年营业利润达4.1亿元,比去年增长99.91%。公司营业利润大幅度增长主要得益于公司主营业务利润的较大幅度提高。

公司2004年利润总额为4.9亿元,比2003年提高51.34%。2002~2004年公司的净利润分别是0.7亿元、1.2亿元和1.6亿元,保持了不断增长的态势。

2004年下半年,集团公司整合集团内部化工业务资源,利用物产实业控股公司经营平台,在短时间内成立了化工分公司,加入了中石化、中石油的营销体系,公司经营规模快速扩张。化工板块的发展为公司提供了新的利润增长点,公司盈利水平有望进一步上升。2002年以来,浙江省物产集团公司主要利润指标有良好表现,2004年主营业务利润率比前两年有所提高。由于主营业务板块利润率较低,本公司整体净利润率维持在0.51%上下。不过,公司的净资产收益率呈现明显的上升趋势,2002~2004年三年分别为4.36%、6.81%、9.73%。预计随着利润率较高的煤炭等业务的增长,以及公司产业链向化工板块的延伸,盈利水平将会进一步上升。

表9　　　　　　　　集团2003~2004年盈利能力和偿债能力的主要指标

项目	2002年	2003年	2004年
主营业务利润率	2.56%	2.25%	2.64%
净利润率	0.52%	0.51%	0.51%
净资产收益率	4.36%	6.81%	9.73%
流动比率	1.01	1.01	1.05
资产负债率	74.64%	79.40%	77.68%
应收账款周转率	56.83	77.25	81.28
存货周转率	16.76	14.27	13.05

资料来源:《浙江省物产集团公司短期融资券(2006年第1期)募集说明书》,2006年3月13日。

(三)资金运营能力

近几年来,浙江物产成员企业紧紧抓住国内经济持续快速增长和2003年下半年市场需求旺盛的有利时机,积极开拓市场,主业经营实现了跨跃式发展,2002~2004年经营性活动产生的现金流入分别达到159亿元、254亿元、382亿元。

不过由于钢材市场行情上涨,市场需求旺盛,公司支付大量预付款给上游生产厂商,在2003年的经营活动净现金流为负值。2004年公司经营活动产生的现金流净额较上年有明显改善,达到4.32亿元。

公司2002~2004年来投资活动产生的现金流量净额分别为-1.90亿元、-0.21亿元和2.74亿元。2004年由于公司收回了1.53亿元短期委托理财投资及部分股权投资,因此当年的投资活动产生正的净现金流。

公司2002~2004年筹资活动产生的现金流入与流出均逐年上升。2004年公司筹资活动为负值,主要原因为公司融资结构产生了一定变化,银行承兑汇票较年初有较大的上升,

2004年末公司应付票据较年初增加了11.7亿元,在一定程度上降低了公司的财务成本。

总体来看,2002~2004年公司现金流情况比较合理,不存在异常情况。公司保持着良好的现金流结构,公司财务管理合理,经营净现金流未来呈现稳步增长趋势,为进一步发展打下了坚实基础。

六、浙江物产的营销策略

浙江物产是一个多元化的大型流通企业,企业的产品销售渠道、定价、促销和售后服务等营销策略因产品而异。在企业的营销策略组合中,最值得关注的是分销网络建设,因为它是流通中的各项服务具有竞争力的保证。

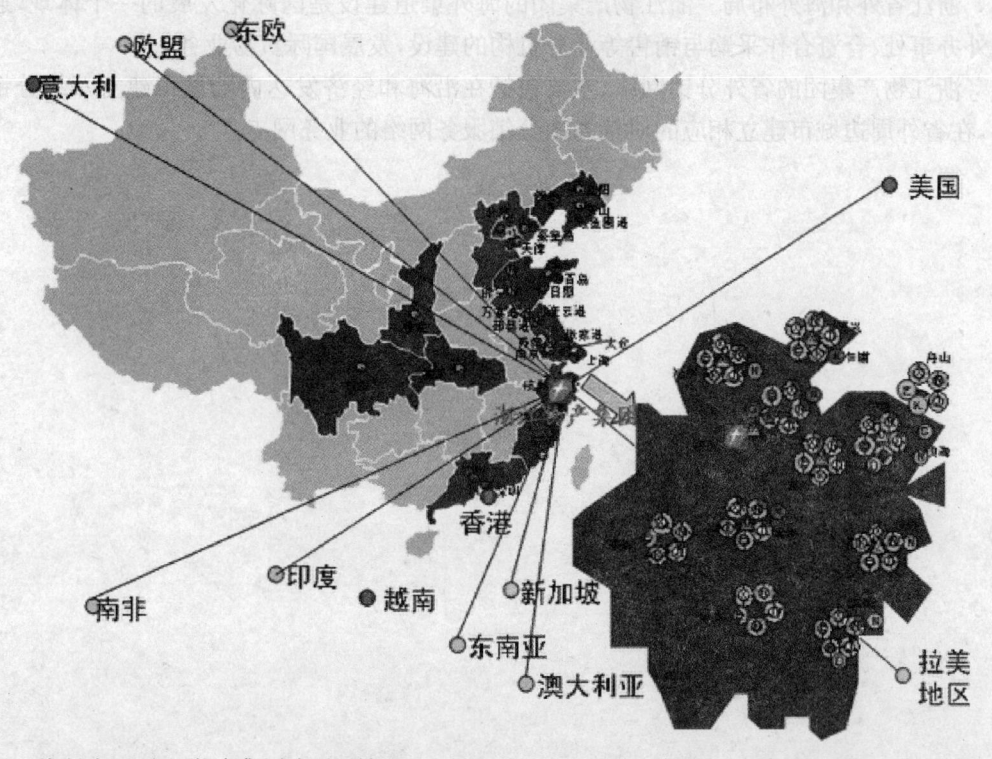

资料来源:浙江物产集团公司网站,http://www.zjmi.com.cn/index.php? id=122。

图9 集团全球的流通网络图

根据发展战略规划,浙江物产集团将在十年内建立起一个基于强大分销网络、物流配送能力和信息处理能力,立足浙江、辐射长三角、布点全国主要经济区、连通世界的分销服务体系,从而促进传统流通向现代流通产业化发展的转化。

总体目标。以点连线,结线成网,紧紧围绕重点区域与重点发展领域,逐步有序地建立覆盖浙江、辐射全国、连通全球的分销服务网络,提高核心竞争力,促进流通主业进一步做强做大:在省内建立覆盖全省、直控到地市级的分销中心;在国内主要经济区域的重要港口城市和内陆集中的生产、消费集中地建立一级分销网点;在国外结合集团内外贸一体化战略,在进出口业务目标区域设立销售办事处,逐步连接国际市场;根据分销业务拓展,首先在省内建立与完善物流配送基地和重要节点,形成完整的物流配送体系;主要通过资本、品牌、信息以及连锁等手段掌控整个分销服务网络。

浙江省内布局。浙江物产集团现代分销服务网络省内布局的核心部分将由3大物流线、5大物流基地、11个地市级一级分销中心及物流节点等组成:海运线,充分利用航线与港口,构成上达生产厂商或供应商、下联接卸港或其他物流节点的海上运输、中转的配送能力;运河线,利用丰富的运河资源,构成相关业务板块产品的接卸、中转、短驳配送体系和能力;铁路线,由煤炭、金属等产品生产地经由各铁路线发至浙江,确保运输畅通。5大物流基地(即杭州、浙北、浙东、浙中、浙南)是浙江物产集团金属、煤炭、化工,以及汽车的汽配件、饰品材料等仓储、加工、配送服务基地。11个地市级分销中心及物流节点构成浙江物产集团相关板块产品分销中心和物流配送节点。

浙江省外和海外布局。浙江物产集团的海外渠道建设是国际化发展的一个体现,通过海外办事处、合资合作采购与销售等业务机构的建设,发展国际贸易业务。

浙江物产集团的省外分销网络,主要包括在沿海和经济发达内陆城市建立一级分销中心,在省外周边城市建立相应的对接省内分销服务网络的业务网点。

珠海振戎公司

珠海振戎公司是经国务院、中央军委批准同意,于1994年7月成立的军办企业,当时直属原国防科工委。公司成立的最初目的是通过原油进口的形式收回一些国家拖欠我国防军工部门巨额军贸欠款,同时为新的军贸出口提供货款回收渠道服务。1999年珠海振戎公司因其对国家,特别是国防科技工业和能源安全的巨大贡献,遵照中央指示,直接转为中央直属骨干企业。

一、珠海振戎的历程概述

(一)发展简史

杨庆龙是珠海振戎公司的创始人、总经理,他创造性地提出了以伊朗、伊拉克等中东国家富含的石油资源来冲抵巨额军贸欠款(即军品易油)的方案。1995年10月,军品易油方案经党中央、国务院、中央军委领导签字批复后正式生效,并在原国防科工委领导下开展运行。多年来,杨庆龙同志带领振戎公司,在国家没有投入一分钱资本金情况下,克服一无编制、二无机构、三无资金,人力、物力都极度匮乏的种种困难,坚持以军品易油为业务龙头,稳健经营、笃守信誉、大胆创新、不断开拓,完善了多层次、跨领域的国际、国内贸易,使公司成为原国防科工委系统军办企业中效益最好、上缴利润最多的公司,其年度贸易额在原军办企业中位列第一。党中央、国务院、中央军委领导也对振戎公司的工作做过多次重要批示,给予了充分的肯定。

(二)企业业务范围和组织构架

公司主营业务为政府项下的原油进口业务。除主营业务外,还涉足石油产品的贸易业务,包括燃料油、成品油的进口贸易,液化石油气的进口及批发零售业务;同时,公司还涉足高新技术领域,如通讯软件开发应用、咨询服务等。

公司总部设在北京,内设十多个部室,下设广东振戎能源有限公司、北京振戎融通通讯技术有限公司、北京康巴拉科技有限公司、北京帅府饭庄及境外的西萨摩亚振戎有限公司、香港振戎国际石油有限公司、香港天宝能源有限公司、与中石化合资组建的中石化振戎云南石油化工有限公司,以及驻伊朗、伊拉克办事处等十几个子公司和办事处。

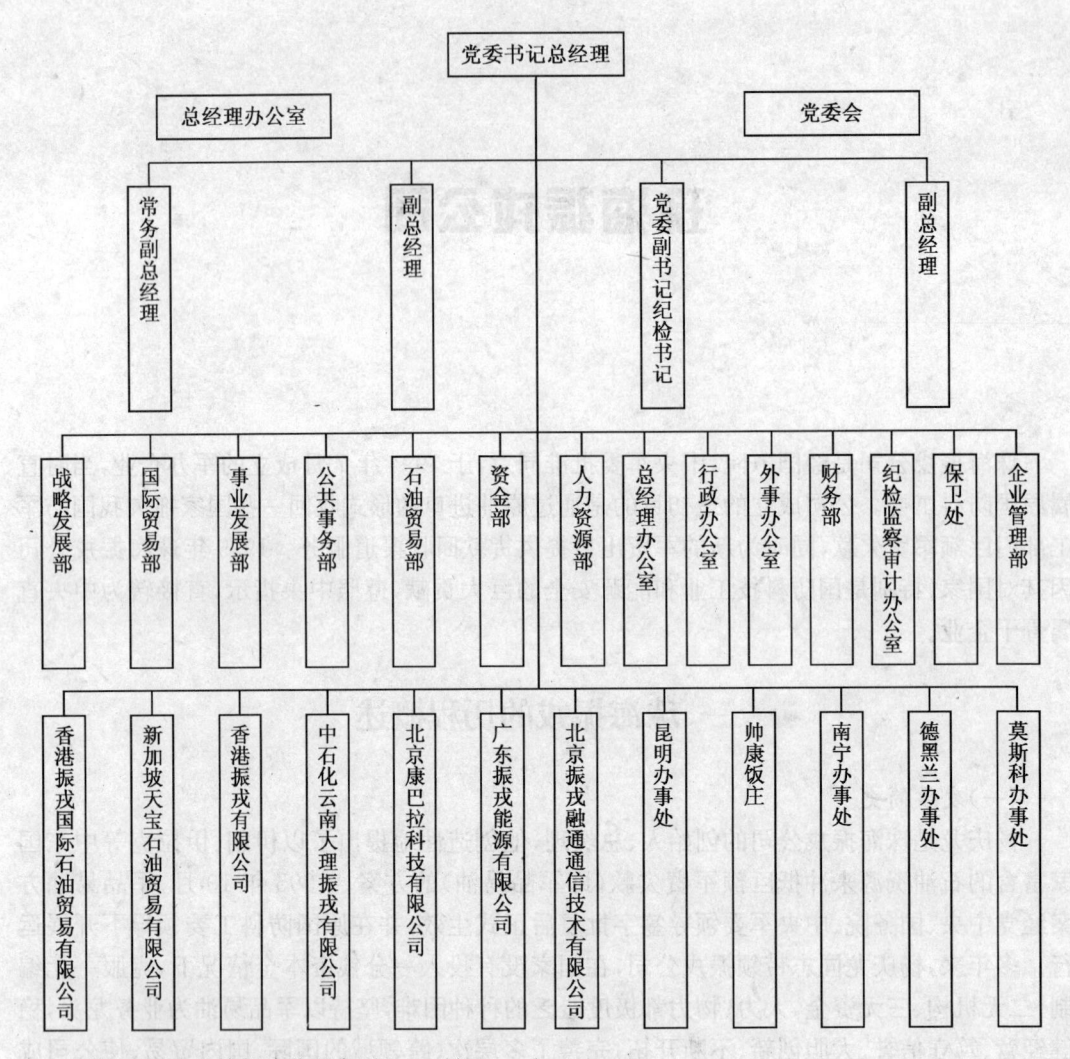

资料来源：珠海振戎公司主页 http://www.zhzr.cn。

图1 珠海振戎组织结构

二、珠海振戎的发展战略

（一）企业一般环境分析

1. 自然环境分析

世界石油分布是极不平衡的，仅中东地区就占68%的可采储量，其余依次为美洲、非洲、俄罗斯和亚太地区，分别占14%、7%、4.8%和4.27%。2000年全球石油消费为34.6亿吨，消费地主要在发达国家，约占世界消费总量的80%，其中北美占30.2%（仅美国就占27%），欧洲占27%，亚太地区（不包括中国）占22%，而非洲仅占3.3%，南美占6.3%，中东占6%。世界石油工业历经近150年的发展，到20世纪末形成了以北美、亚太、西欧为主的世界石油消费区域构成格局和以欧佩克等为主的世界石油储产量区域构成格局。目前，北美地区是世界最大的石油消费区,亚太地区位居第二,西欧第三。这三个地区占世界石油消费总量的近80%,其石油剩余探明储量仅占世界总量的22%。欧佩克的石油消费量不到10%,但这些国家却占世界石油探明储量的2/3。世界石油的消费区域构成与资源区域的构成严重错位和失衡,使全球围绕油气资源的争夺一直非常激烈,也使对原油进口依赖程度较高的国家一直面临着压力。

2. 政治环境——当前世界石油地缘政治格局分析

进入21世纪,能源资源匮乏进一步成为国家之间竞争与冲突的重要根源。在所有的能源类别中,石油目前是全球消费比例最高的能源。近10年来,石油消费量占所有能源消费量的比例一直在40%左右。而且石油在可预见的未来还将是世界上最重要的能源。由于石油在世界经济中的决定性地位,目前还没有哪一种资源能比石油更有可能引起国家之间的冲突。

虽然世界大国对石油的争夺受各自的生存与发展需求驱动,但在一定程度上可以说国际石油争夺战是因美国的石油战略变化而起。在对世界石油资源的争夺中,美国是首要角色。美国争夺石油不仅在于确保自身需求得到满足,更有控制这一战略资源进而维护其世界霸权地位的长远意图。美国副总统曾明确讲,谁控制了波斯湾石油的流量,谁就有了不仅对美国的经济,而且"还对世界其他大多数国家的经济"的"钳制"力。未来学家托夫勒也曾指出,控制了中东地区的石油,美国就捏住了向其主要竞争对手供应石油的输油管口。"9·11"后美军进驻中亚,同样具有明显控制里海石油的战略考虑。近年来,能源出口一直占俄GDP的20%以上和外汇收入的50%~60%,俄罗斯经济增长的近90%也都得益于能源出口的拉动。因此,普京政府对能源出口给予了极大关注,并力求对国际石油战略格局施加更大的影响。可以说,在丧失与美国的核战略平衡后,石油正成为俄罗斯维护大国地位的"战略武器"和额外的政治砝码。

3. 经济环境——当前世界石油市场的新变化

近年来,全球石油供需格局开始发生重大变化。从石油生产方面看,中东仍是石油产量最多的地区。中东地区平均每天生产石油达2 000多万桶,占世界日均总产量的近1/3。而且相对于原油储量来讲,中东又是全球石油产量最少的地区,西欧地区的相对产量最高,北美地区次之。也就是说,按照目前的日产油量,中东地区石油可开采的时间也是全球最长的,而西欧的石油会最快枯竭。从世界石油消费情况的分布看,则与产量分布迥然不同。北美地区是世界上石油消费量最多的地区,占据了全球30%以上的石油消费,消费量超过其产油量的1.5倍。而产油最多的中东地区,石油消费量仅多于非洲地区,其消费量占全球的约6%,只相当于其产油量的1/5。然而,目前石油缺口最大的地区并不是北美地区,而是亚洲地区。亚洲是世界上石油消费增长最快的地区,近20年来其消费量增长了一倍,石油需求量由占世界石油消费总量的10%已上升到25%,成为与北美、欧洲石油消费量基本相当的重要地区。在这一地区,消费量增加最多的国家是中国,其次是韩国和印度,但韩国和印度的增长速度要快于中国,近两年均增长了2.5倍左右。与亚洲和大洋洲截然相反的是,东欧和前苏联国家的石油消费量则呈现不断下滑的趋势。与之对应是,这一地区的石油产量也出现了急剧减少的趋势。

未来世界石油市场各种利益矛盾的交织将使市场的角逐更为激烈而残酷。欧美国家为获取发展本国经济所需的世界石油资源控制权的争夺、俄罗斯为通过石油霸主地位的确立发展本国经济重塑大国形象的争夺、欧佩克国家为确保其丰厚的石油收入所进行的维护其油价政策和市场份额的争夺等,都是激化世界石油市场矛盾、促进不同利益集团进行重新组合的主线。国际石油市场的秩序、国际油价的定价机制将面临新的选择。

4. 我国国内消费需求环境

由于发电量的快速增长,以及机动车数量的迅猛增加,我国对石油的需求正在迅速上升。2003年我国已超过日本,成为全球第二大原油消耗国,仅次于美国。

国际能源署的估计显示,2003年我国的石油日消耗量达546万桶,日本则为每日543万桶。2004年中国与日本之间的石油消耗量差距进一步扩大。目前,美国的石油日消耗量超过2 000万桶,遥遥领先于其他国家,仍是全球最大石油消耗国。

最新的数据突出表明,为了推进工业革命,中国对自然资源的需求正日益增大。数据还证实,中国经济正变得越来越依赖能源进口,主要是来自中东地区的进口。

中国海关的数据显示,2003年进口了创纪录的9 100万吨原油,比2002年激增31%。中国同时也出口石油与成品油,但到2030年,中国的石油净进口预计将达到每日1 000万桶,满足其需求的逾80%,而2000年,中国的石油进口仅占需求量的35%。就在10年前,中国还是一个石油净出口国。而在今后短短几年里,中国将可能成为煤炭的净进口国。根据瑞银的数据,煤炭占我国主要能源消耗的70%。

中国国家发展和改革委员会能源研究所(ERI)资深专家预计,中国今年将消费石油2.8亿吨,或折合每日574万桶,同比增长7.7%。该所副所长韩文科同时称,作为世界第六大经济体,中国2006年消费石油2.6亿吨,约每日534万桶。韩文科同时预计,中国交通运输领域的燃料油需求到2020年将达到2.6亿吨,相当于2003年全年的全部消耗量,交通运输领域包括载重车、卡车和私人轿车等。他说,受到中国快速的工业化和城市化的拉动,预计2020年中国会拥有1亿辆轿车,而稍早的预计是7 000万~8 000万辆,但是目前看到的速度远快于此。中国有四到五个和北京相若的大城市,各自有400万~500万个家庭,预计到2020年,户均拥有两辆车。

(二)波特五要素分析

1. 产业竞争强度分析

石油业在我国属于垄断性极强的行业,珠海振戎作为我国国有石油进出口企业,是除石油三巨头之外,中国仅有的一家拥有原油进口资格的企业。目前,珠海振戎作为从伊朗进口原油和燃料油的主要买家,运作了几乎全部的伊朗原油进口,每年中伊贸易额的2/3是通过珠海振戎公司完成的。拥有只有少数企业特有的国家特许的进出口原油许可证,从这方面讲,珠海振戎具备进口方面的优势。

2. 供应方分析

2006年之前,阿拉伯国家是中国最大的原油供应地。2005年1~11月份,中国从阿拉伯国家进口原油5 052万吨,占原油总进口量的44%;进口原油金额189.7亿美元,占原油总进口额的44%。据海关数据显示,2005年1~11月,中阿贸易额达463.8亿美元,同比增长39%。阿拉伯国家已成为中国第八大贸易伙伴、第七大出口市场和第七大进口来源地。

2006年之后,海关的最新数据显示,安哥拉已超越沙特成为我国最大的进口原油供应国。与此同时,我国石油进口贸易来源地多元化趋势也更加明显。据海关方面统计,我国2006年1~10月份从安哥拉的石油进口量达到1 959万吨,占进口总量的16.3%,这一数字与一年前相比增长了42.6%。而来自包括安哥拉在内的非洲产油国的进口量更是达3 675万吨,约占31%的进口市场份额。

此外,2006年以来,来自委内瑞拉和哈萨克斯坦的原油进口量骤然增加。2006年前10个月,委内瑞拉对华原油出口量增加了2.6倍,达到380万吨。而中哈输油管投产后,来自哈萨克斯坦的原油进口量增加了1倍多。尽管如此,中东地区仍是我国进口原油的主要来源地,2006年前10个月来自沙特阿拉伯、伊朗和阿曼等中东国家的进口量为5 446万吨。但业内人士认为,我国对中东地区的依存度由一年前的49%降到了45%。

珠海振戎公司是中国从伊朗进口原油的主要代理商,同时也是伊朗燃料油的主要买家之一。珠海振戎公司是中国批准的四大国有原油进口商之一,伊朗是目前仅次于沙特阿拉伯的中国第二大原油供应商。

伊朗已探明的石油储量约1 000亿桶,占世界总储量的10%,居世界第五位;天然气储量约26万亿立方米,约占世界已探明储量的16%,居世界第二位。目前,伊朗是世界第四大石油生产国,日出口额约占全球贸易量的5.4%。在2005财年,550亿美元的石油创汇约占伊朗GDP的1/4、出口收入和政府财政支出的80%。

近年来,中伊石油贸易逐渐变成主打产品,而且有望成为进一步深化合作的强大动力——从1998年到2005年,中国进口的中东原油占总进口量的51%,其中从伊朗进口的原油占13.6%,年增长率为16.5%,均排第二位;2006年1月,中国进口伊朗原油190万吨,同比上涨75%,伊朗首次超过沙特和安哥拉,成为中国的头号供油国。

截至2006年2月,中伊之间共有包括大连LNG精炼厂在内的六七个石油中下游合作项目和3个正在运作的上游项目,即亚达瓦兰油田、南帕斯气田和北阿扎德甘油田。其中,南帕斯气田根据已有协议将从2008年开始往中国输送液化天然气;北阿扎德干油田开发项目正在吸引中石油和中石化等中国公司参与,而珠海振戎公司此前已签下了1 200万吨原油进口大单。

3. 买方分析

买方主要为国内大型炼油厂。

4. 潜在进入者分析

中国石油业庞大而坚固的垄断堡垒,正在悄悄打开一条门缝。

包括民营资本在内的各投资主体在进入中国石油业时将有章可循、有法可依。而在可预见的未来,中国将出现除三大国有石油集团和陕西省延长石油集团之外的第五、第六家乃至更多拥有勘探和开采资质的石油公司。

近年来,包括民营企业在内的社会各路资本对石油领域的投资热情有目共睹。除了已经先行一步的新疆及东北等地的民营油企,很多与之不相关的企业也纷纷摩拳擦掌,这其中甚至包括家电企业和娱乐业中的环球嘉年华公司。

5. 替代品分析

2004年来国际原油价格一路飙升,到2006年年中更是突破70美元/桶大关,达到了历史最高点。近期油价虽然有所下跌,但依然在60美元左右徘徊。据预测,未来数年内油价依然将处于高位,因此世界各国都加快了开发可替代能源的步伐。

随着经济的快速发展,我国对能源的需求也是飞速增长。由于国内能源供应不足,近两年原油对外依存度均接近50%,高昂的油价也使得我国更迫切需要寻找替代能源。

在诸多传统的石油替代能源中,风能、太阳能、核能等研究较早,技术比较成熟,也都有了一定规模的应用。就石油化工行业而言,通常所说的替代能源主要是指燃料乙醇、生物柴油、甲醇、二甲醚等。

燃料乙醇和生物柴油均属于生物燃料。2005年全球生物燃料乙醇的总产量约为3 000万吨,生物柴油总产量约220万吨。近年来,我国燃料乙醇和生物柴油发展非常迅速,但相比其他国家还有一定差距。

(三)企业发展战略规划

1. 发展战略——"走出去"的战略

一个国家的能源政策,若不站在全球的角度去考虑,其能源政策可能就不是一种切实可行的方案。珠海振戎公司同样如此,因为现在所有国家都是整个全球市场的组成部分。中国石油安全危机的解决之道可以说关键就在于"走出去"三个字:不仅走出国门,更要走出过份依赖石油的单一能源结构误区。"走出去"不仅是单纯进口石油,还要到国外办厂,甚至开采、加工,充分利用他国的资源。如可以利用我们的技术、资金到非洲、南美等国家去开发石油,赚取外汇,然后拿这些外汇去购运输风险比较小的石油,从而减少运输风险。只要我们有充足的海外石油产量,就可以赚取足够的外汇,就可以很大程度上抵消石油高价位对经济的冲击。据有关专家预测,非洲将是世界各国竞相开发的地区,西非地区石油钻井成功率高达35%,远高于10%的世界平均水平。未来5年内,非洲探明储量将至少增加150亿桶。国际市场上新增加的来自海湾以外的石油中,将至少有1/4产于非洲国家。这应该为中国的石油战略创造新的机遇。

目前我国对海外石油资源的利用,除了由政府指定的企业在国际市场上进行期货及现货贸易外,也包括在勘探、开采等领域与外方进行合作。我国和国外很多合作项目都采取"份额油"的方式,即中国在当地的石油建设项目中参股或投资,每年从该项目的石油产量中分取一定的份额。这样做有利的一面是,由于中国拿到手的是实物,石油进口量不至于受价格波动太大。可以预计,三大公司将继续海外扩张的步伐,然而,这些努力却仍然不足以从根本上扭转中国石油安全从困境向危境的逐渐滑坠,因而建立石油战略储备,增加安全系数仍然非常必要。有了资源地,也有了储备基地,两者间的运输链将成为"生命线"。石油运输除管道外,最重要的就是海上运输。然而,内地进口石油运输存在的问题,不仅仅是远洋油船吨位不足。现在,内地进口石油的80%以上由国外航运公司承运。但与此同时,以招商局为代表的中国船东的90%运力,却是在为国际市场服务。这种矛盾现象的背后,是我国的油公司与船公司之间缺乏长期战略合作的关系。政府应该鼓励并出面协调油公司和船公司在双赢的前提下达成合理的价格公式,以长期租约的形式来稳定双方利益,使石油运输这条"生命线"更安全可靠。

2. 国际化战略

珠海振戎公司作为中国批准的四大国有原油进口商,与伊朗的原油进口业务有着长期的合作关系。珠海振戎公司从1995年开始在伊朗经营原油进口业务,进口量从最初的几十万吨增加到现在的1 200万吨,已成为伊朗最大的原油进口商之一。

2002年12月,珠海振戎公司与伊朗国家石油公司达成定期合同供应协议,2003年将从伊朗进口346万吨燃料油,进口量比2002年增长四成,2002年进口量估计为250万吨。

2004年3月,经过多次协商沟通,珠海振戎公司与伊朗国家天然气出口公司于日前正式签署了关于合作进口液化天然气的《框架协议》。据此协议,从 2008 年起,振戎公司将每年从伊朗进口 250 万吨的液化天然气,2013 年起,进口量将增加至 500 万吨/年,期限为 25 年。协议称,伊朗国家天然气出口公司(NIGEC)已将伊朗国家石油公司(NIOC)液化天然气(LNG)项目下的对中国出口工作列为重中之重。此项目的工程设计业已完成,标书也已分发至竞标人手中。此项目的预估投产期将在 2008 年。振戎公司已经锁定相关消化 LNG 的方案并正在与中国市场下游用户落实销售协议。

3. 多样化战略

北京振戎融通通信技术有限公司成立于 2003 年初,是基于珠海振戎和中国联通在数据增值业务的战略合作。它是属国资委监管的 189 家重点骨干企业之一,作为国家指定的四家石油进出口经营企业之一,珠海振戎进军无线增值业务领域是公司多元化发展的重要步骤。振戎融通是整合旗下涉及通信、软件开发、系统集成等企业的资源,并引入相关的先进技术和优秀人才而组建的。公司的主营业务定位于移动终端核心层软件的开发和数据增值服务。振戎融通公司是中国联通惟一推荐的 UniJa 产品的提供商,振戎融通不遗余力地支持和帮助 UniJa 技术产业链的各个环节;包括为手机生产商提供手机终端 Java 平台的全面解决方案,包括 UniJa-VM 产品及 DRMAgent 产品、测试、移植等服务;为运营商提供 DRM 全面解决方案和服务;为应用开发商提供开发工具包并对增值应用服务提供测试,从而迅速广泛地将 Java 技术推向中国联通营造的 CDMA1X 移动宽带数据网。

4. 一体化战略——前向一体化

经过三年多的发展,广东振戎在所经营的领域已经具备了较强的实力,实现了较高的市场占有率,并获得了原油、成品油非国营贸易进口经营资格、钢材进口指定经营资格、天然橡胶进口指定经营资格等特殊经营资质。

广东振戎在广州液化石油气市场掌握着全部 3 个内河码头、36 个加气站、100 多个瓶装液化气经营门市,形成了完整的、布局合理的液化气经营网络,液化气年销量超过 40 万吨,年销售额达 15 亿元,占广州市民用液化气市场的 70%。公司拥有完善、规范的国际采购,LPG 内陆专用码头和充装气站,覆盖全市范围的零售门市,专业的配送车队、售后维修服务、报警抢险等经营运作体系。在广州市十区二市范围内总计拥有 36 个三级瓶装充装站,150 多个零售配送门市,230 万户瓶装气终端用户及三个二级 LPG 专用码头(二个 3 000 吨级、一个 2 000 吨级),总储贮能力达 1.1 万吨。公司通过三十多个液化石油气充装站以及遍布广州市各个区域的销售门市,源源不断地为广州市民提供质优量足的进口液化石油气。

公司还在广州周边的东莞、肇庆等地设立了液化气经营网点。在巩固现有市场的基础上,广东振戎将通过开展品牌战略,建立统一的信息处理系统、物流配送系统,发展门市连锁经营等低成本扩张手段,将经营网络延伸到直接用户,进一步扩大市场,增加效益,并在时机成熟的时候以成功的经验拓展其他城市市场。

广东振戎能源有限公司是中央大型国有企业,由在世界贸易组织备案的中国四大原油进口国营贸易公司之一的珠海振戎公司绝对控股,于 2002 年初在广州成立的经营液化石油气、成品油等大宗能源、资源性产品和与能源密切相关的公用事业的公司。受珠海振戎公司委托,广东振戎能源有限公司以珠海振戎公司名义开展航空煤油、柴油、燃料油等成品油的国营贸易进口,同时以自身名义开展原油、成品油非国营贸易进口业务。截至 2003 年年底,成品油进口累计超过 120 万吨,经营额累计达 3 亿美元以上,上缴关税、增值税等税收超过 3 亿元。此外,广东振戎还开展钢材、有色金属、天然橡胶、化工产品的进口和国内贸易业务,均取得了较好的业绩。

5. 合资战略

2004 年初,在香港上市的石油贸易公司泰山石化集团有限公司与珠海振戎合资成立原油运输公司,双方分别持股 90.01% 和 9.99%,由此获得每年 1 200 万吨原油进口的运输大单。

2004 年底,泰山石化集团有限公司与中国珠海振戎公司签订了为期 1 年的协议。该协议将使泰山石化获得 300 万吨交易用伊朗产燃料油,协议金额为 6 亿美元。根据该协议,泰山石化将负责从伊朗运输上述燃料油,然后与珠海振戎公司共同销售这批燃油。珠海振戎公司是根据与伊朗 National Iranian OilCo. 签订的协议购买这些燃料油。泰山石化和珠海振戎的协议到期后可续签。

三、珠海振戎的生产经营状况

(一)企业生产概况

公司主营业务为政府项下的原油进口业务。除主营业务外,还涉足石油产品的贸易业务,包括燃料油、成品油的进口贸易、液化石油气的进口及批发零售业务;同时,公司还涉足高新技术领域,如通讯软件开发应用、咨询服务等。

(二)产品进出口情况

珠海振戎公司是经国家批准,于 1994 年成立的执行国家专项任务的国有重点企业,现由国务院国有资产监督管理委员会管理,2003 年公司共完成进出口贸易额近 26 亿美元,位列全国进出口 500 强第 22 位,并以营业收入排名全国 500 家大企业集团第 52 位。2004 年公司完成进出(转)口贸易额近 38 亿美元,再次位列全国进出口 500 强第 22 位。截至 2005 年年底,公司共进口原油超过 8 000 万吨。贸易额超过 180 亿美元,不仅为国防科技事业和国家能源建设做出了重大贡献,还在伊朗等中东国家创建了一个长期稳定的原油供货渠道,并带动了国内相关产品对这些国家的出口。

在刚刚过去的 2006 年,珠海振戎是以营业收入排名的 500 强企业中资金周转率最快的企业。

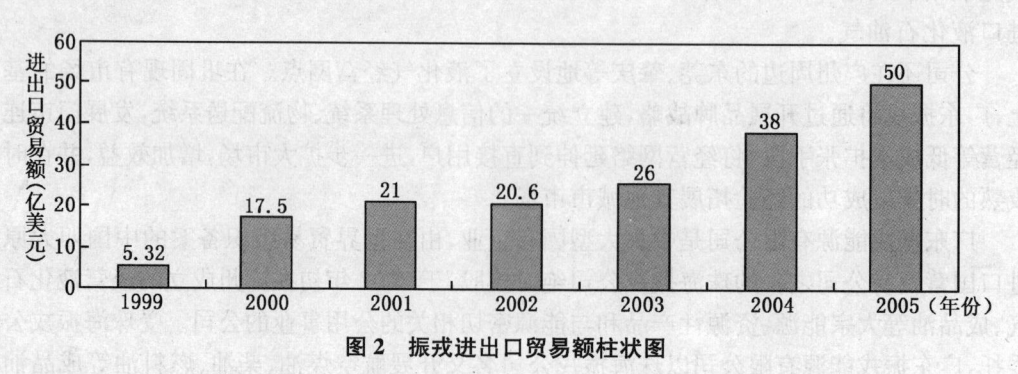

图 2 振戎进出口贸易额柱状图

(三)企业海外市场拓展

珠海振戎公司作为中国批准的四大国有原油进口商,与伊朗的原油进口业务有着长期的合作关系。公司从1995年开始在伊朗经营原油进口业务,进口量从最初的几十万吨增加到现在的1 200万吨,已成为伊朗最大的原油进口商之一。2002年12月,珠海振戎公司与伊朗国家石油公司达成定期合同供应协议,2003年将从伊朗进口346万吨燃料油,进口量比2002年增长40%,2002年进口量估计为250万吨。

(四)企业多元化发展情况

公司主营业务为政府项下的原油进口业务。除主营业务外,还涉足石油产品的贸易业务,包括燃料油、成品油的进口贸易、液化石油气的进口及批发零售业务;同时,公司还涉足高新技术领域,如通讯软件开发应用、咨询服务等。

公司总部设在北京,内设十多个部室,下设广东振戎能源有限公司、北京振戎融通通讯技术有限公司、北京康巴拉科技有限公司、北京帅府饭庄及境外的西萨摩亚振戎有限公司、香港振戎国际石油有限公司、香港天宝能源有限公司、与中石化合资组建的中石化振戎云南石油化工有限公司,以及驻伊朗、伊拉克办事处等十几个子公司和办事处。

(五)与上下游企业合作情况

2004年12月,新加坡石油贸易公司ViewSino OilLtd.与两家国有进口商分别签署航空燃油直接供给协议,将向珠海振戎公司(Zhuhai Zhenrong Corp.)和上海浦东国际机场分别提供30 000公吨和20 000公吨航空燃油。该交易非同寻常,因为以往此类交易通常要由中国航油来充当中间商。

四、珠海振戎的资本运作

2005年8月,由振戎公司与黑龙江省斯达集团、安富莱投资基金共同投资,在哈尔滨成立黑龙江振戎斯达投资有限公司,共同投资俄罗斯赤塔州阿玛扎尔的年产60万吨纸浆厂项目,以俄罗斯最丰富的落叶松、樟子松为原料,采用连续蒸煮硫酸盐法生产本色浆,木浆全部返销国内。项目注册资金5.85亿元人民币,其中振戎占45%、斯达占30%、安富莱占25%。一期工程涉及年产20万吨纸浆,采伐森林200万平方米,一期总投资约29亿元,珠海振戎公司投资13.5亿元。

五、珠海振戎的营销策略

(一)企业产品进口渠道

珠海振戎公司是中国从伊朗进口原油的主要代理商,同时也是伊朗燃料油的主要买家之一。珠海振戎公司从1995年开始在伊朗经营原油进口业务,进口量从最初的几十万吨增加到现在的1 200万吨,已成为伊朗最大的原油进口商之一,珠海振戎公司是中国批准的四大国有原油进口商之一,伊朗是目前仅次于沙特阿拉伯的中国第二大原油供应商。

(二)企业产品定价

随着我国加入WTO,石油的消耗量越来越大并大量地依赖进口,油价的制定与波动与国际上油价紧密联系。珠海振戎公司进口的是280厘斯燃料油,价格为中东180厘斯燃料油现货报价加每吨1～2美元贴水。

1998年之前,中国的石油价格基本上是由政府自行决定的。1993年中国成为石油净进口国,无法继续游离于国际价格之外自行定价,迫使中国在1998年推出与国际挂钩的定价模式,用运价贴水等变量的相关公式进行计算。2000年在上一次改革确定的定价机制运行了仅仅两年之后,决策部门又推出了新的定价机制。这一机制的核心是国内油价不直接与国际油价挂钩,在国际油价上下波动5%～8%的幅度内保持油价不变,并且从与新加坡交易市场一家挂钩变成与新加坡、鹿特丹、纽约三地市场价挂钩。

随着2004年成品油进口配额取消,中国将对内资完全放开成品油市场,允许所有经济成分进入,提前引入竞争机制。现行的石油定价机制将会随之变动,两年内可能会放开定价,实行成品油价格听证会制度

六、珠海振戎的企业文化

公司的精神是"团结、自强、人格、奉献",它主张与客户、合作者之间结成利益共同体。公司经营策略的制定首先不是如何击败对手或赚取多少利润,而是如何用不懈努力来满足市场日益增长的公众需求、创造独特的产品价值与服务价值,在此基础上赚取最大利润。振戎的企业精神由振戎同仁共同的价值准则、经营观念、道德规范和生活信念汇聚而成,是振戎人成功的基石及必备的基本素质。振戎提倡内部共同目标体系下的有序竞争。振戎人不因自身的不足而贬低周围的人,只有奋发进取,超越别人,才是成功的惟一途径。

振戎人提倡积极思维,即凡事都要向积极的方面思考、拥有积极向上的人生态度,以开发员工对事务的承受能力与理解能力、分析能力及调节能力,特别强调在逆境中的自我控制能力。振戎提倡员工要保持对事业热忱,对他人无私、真诚,常保笑容和乐观情趣,每时每刻激发好奇动机,猎取攀升目标,开发知识潜能,增长人生智慧,增加生活、工作的活力。在事业的追求及在个人的利益实现上,提倡运用积极思维方式来制订阶段性的激励目标。

振戎人所牢记的一句话就是"要认识自己"。一个渴望成功的人要用坚韧不拔的毅力、克服困难的勇气、百折不挠的精神,在自我的认识中,寻找自己征途中的闪光点。振戎主张高效益的员工,要做时间的主人。在因与果、努力与收获之间存在着不平衡的关系,振戎不希望80%的努力而获得80%的收获,更不能获取20%的收获,而应是以20%的努力去获取80%的收获。用20%的投入获取80%的结果,而80%的成绩应归功于20%的努力。

中国国电集团公司

2002年国家电力公司（以下简称国电集团）以4 003.954 7亿元的营业收入在中国企业500强中排在第一位，当年企业利润为81.258 1亿元；2004年中国国电集团公司营业收入为261.269 7亿元，利润为2.853 3亿元，排名67位；2005年以333.436 8亿元的营业收入，2.644 2亿元的利润排名69位，2006年跃升至62位。

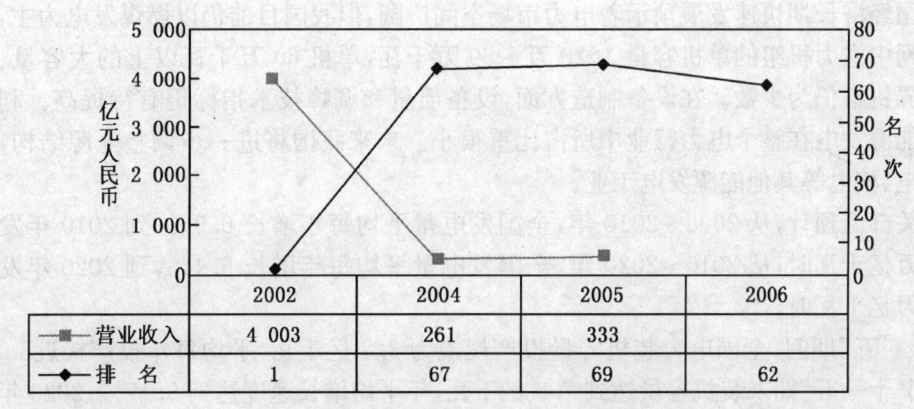

	2002	2004	2005	2006
营业收入	4 003	261	333	—
排名	1	67	69	62

资料来源：根据中国企业联合会、中国企业家协会历年公布的中国企业500强数据整理。

图1 中国国电集团营业收入及中国企业500强排名

一、国电集团发展历程概述

中国国电集团公司是在原国家电力公司部分企事业单位基础上组建的国有企业，是电力体制改革后国务院批准成立的五大全国性发电企业集团之一，是经国务院同意进行国家授权投资的机构和国家控股公司试点企业，注册资本金120亿元人民币。

中国国电集团公司从事电源的开发、投资、建设、经营和管理，组织电力（热力）生产和销售；从事煤炭、发电设施、新能源、交通、高新技术、环保产业、技术服务、信息咨询等与电力业务相关的投资、建设、经营和管理；根据国家有关规定，经有关部门批准，从事国内外投融资业务；经国家批准，自主开展外贸流通经营、国际合作、对外工程承包和对外劳务合作等业务；经营国家批准或允许的其他业务。

中国国电集团公司实行两级法人、分层授权、垂直管理的管理体制，目前设立了华北、东北、华东、华中、西北、川渝、山东、云南、贵州、广西10个分公司。拥有国电电力发展股份有限公司、国电长源电力股份有限公司两家国内A股上市公司。

截至2005年年底，中国国电集团公司拥有3个全资企业、25个内部核算单位、65个控股企业和12个参股企业。集团公司控股装机容量为3 506万千瓦，资产总额1 328亿元，在全国22个省（自治区、直辖市）拥有电源点，加上在建和规划项目，则在全国29个省（自治区、直辖市）拥有电源点。

二、国电集团的发展战略

（一）企业环境分析

就电力行业来说，2005年全国电力工业依然保持快速增长态势。截至2005年年底，全国发电装机容量达到50 841万千瓦，同比增长14.9%，2005年全国发电量达到24 747亿千瓦时，同比增长12.8%。目前中国发电装机容量和发电量均已居世界第二位，但人均用电水平与世界平均水平仍有较大差距。

中国经济长期快速发展预示着电力市场空间广阔，但我国目前仍以燃煤发电为主，在各主要电网中主力机组的单机容量为20万~60万千瓦，单机60万千瓦以上的大容量、高参数超临界机组仍为少数。在设备制造方面，设备质量和调峰技术指标仍有待提高。利用其他洁净能源发电在整个电力行业中所占比重很小。未来我国将进一步调整电源结构，积极发展风电、核电等其他能源发电工业。

有关部门预计，从2006~2010年，全国发电量平均每年增长6.9%，到2010年发电量为3.3万亿千瓦时；从2010~2020年，全国发电量平均每年增长5.4%，到2020年发电量为5.7万亿千瓦时。

"十一五"期间，全国电力装机容量投产规模为2.8亿千瓦，平均每年投产接近6 000万千瓦，到"十一五"期末装机容量达到7.8亿千瓦，年平均增长速度达到9.17%；2020年全国装机容量达到12.9亿千瓦，年均投产5 000万千瓦，年平均增长5.02%。

（二）企业竞争优势

在电力需求迅猛扩大的大环境下，国电集团做了充足的准备。它的主要控股公司国家电力，在以下几方面具有独特优势：

1. 发电机组有优势

公司在建和拟建机组在2006~2010年间每年都有新机组投产，2010年公司投资装机容量与2005年相比将实现翻番。新增装机容量带来发电量的持续增长，从而推动业绩稳定增长。

2. 发电成本相对较低

煤电二次联动后，国电电力上网电价上调幅度最高，但电价水平在我们研究的主要火电上市公司中为较低水平，仅高于G蒙电。公司较低的上网电价水平使得公司可能从未来的电价上调中获利，也为将来的竞价上网留下了较大的空间。

3. 电源结构合理

初步预计2007年全国电力供求达到平衡状态，在电力供求平衡的状态下，预计竞价上网得以全面实行。国电电力水电和坑口电站占电源结构比重大,部分机组属于西电东送骨干机组,在未来的竞价上网中具有竞争优势。

截至2005年年底,国电电力已投产机组中17%是水电(按权益容量计算),包括四川大渡河龚嘴水电站和辽宁太平哨、桓仁电站。随着大渡河瀑布沟330万千瓦项目投产,到2010年公司水电比例将逐步增加到27.3%。

水电运行成本低、上网电价低、毛利率高,且在电力市场竞价上网初期不参与竞价,因此水电比例的增加能补偿部分火电机组的竞价上网风险,且公司机组中55%为坑口电站,燃料成本相对较低,在竞价上网中同样具有竞争优势。

四川大渡河瀑布沟项目是国家"十五"重点项目,西部大开发标志性工程,四川目前在建最大水电站,也是"西电东送"主要项目,无论是上网电量和电价都具有保证,增加了公司收益的稳定性。

"十一五"期间,国电电力选择煤炭资源丰富、电力环境优越、经济发达的山西大同、云南宣威、辽宁庄河等地区重点建设几个300万~500万千瓦装机规模的大型电力生产基地。通过集约化管理、规模化经营提高企业竞争力。积极推进大渡河流域水电开发,到2020年,大渡河干流装机容量将达到1 500万千瓦。届时,国电电力水火比例将达到4:6,成为水火并重、结构合理的大型发电公司。国电电力还将适度开发风电和秸秆发电项目,提高清洁能源在公司电源结构中所占的比例。

(三)企业发展战略

中国国电集团公司的发展战略构想是:以改革和创新为动力,以市场需求为导向,以安全生产为基础,以经济效益为中心,坚持以电源建设和运营为核心竞争力,重视发展电力关联产业,适度开展多元化经营,积极开拓电力市场,大力开展资本运作,多方筹集发展资金,积极走向国际,把中国国电集团公司建成要素组合合理、资源配置优化、经营状况良好、综合实力较强、管理机制先进的复合控股型、规模效益型、集团化、市场化、国际化的现代企业集团。

三、国电集团的资本运作

国电集团在成立之初就接管了国家电力公司的优质资产,注册资金达到120亿元,经过几年的发展,集团较好地完成了国有资产保值增值的任务。集团旗下有两个上市公司,分别是国电电力和国电南瑞。

针对2007年初有媒体猜测国电将借入股东辽宁电力整体上市的说法,国电电力(600795)于2月18日发布澄清公告称,公司大股东国电集团正在参与公司第二大股东辽宁电力所持有的公司股权收购工作,但目前尚无明确结果。国电集团将认真履行在公司股改中的承诺,实现以公司为平台全面改制的战略,但目前尚无具体方案和时间表。

四、国电集团的财务状况

2004年国电集团内部进行财务改革,国家电力公司信息中心选用了金蝶集团财务管理解决方案,实现企业财务管理信息化。此举可以解决长期以来困扰该中心的财务信息滞后、资金利用效率低下的问题,真正做到资金流、信息流、物流和工作流的四个统一。应用至今,取得了良好的经济效益。

2006年国电公司在西安召开财务人才课题研究及综合财务管理工作座谈会上,国电公司财务部副主任方明英结合国电系统财务综合管理工作的实际,对今后财务综合管理工作提出了六项基本任务和两点要求。这六项基本任务是:一是积极培训、培养复合型人才;二是财务综合管理信息化、现代化;三是抓好基础工作,制定健全的财务制度;四是搞好课题咨询和研究,积极为财务部门保持管理理论的先进性;五是强化综合财务管理意识,系统构建财务综合管理的职能,树立综合财务管理人员良好形象;六是注重综合财务管理人员的业务知识、职业道德以及综合素质的提高。两点具体要求,一是对日常财务管理工作要耐心细致、精益求精,做好电力改革的协调工作,保证信息数据、档案管理的安全性,坚持组织纪律,继续组织财务人员的培训,加快信息化、现代化步伐;二是积极搞好课题研究,为管理服务;各网省公司要相互交流、相互借鉴,努力做好综合管理工作。

五、国电集团的研发创新能力

国电集团在研发上投入很大,2006年有三个项目获得国家认证并产生巨大的经济效益。

我国首台(套)国产600MW超临界机组自动控制设备技术进步示范工程启动。2006年4月29日,国电庄河电厂2×600MW超临界发电机组国产自动控制系统合同签字仪式在北京人民大会堂举行。

国电大连庄河发电厂2×600MW超临界发电机组国产自动控制系统项目是国内首台国产600MW超临界机组的自动化控制系统,是我国在工业自动控制领域打破国外垄断的重大技术突破。国家发改委对这个项目的实施给予了高度重视,将其确定为落实"国务院关于加快振兴装备制造业的若干意见"的首个技术进步示范工程。它的启动,是国电集团"实施自主创新、以科技进步促进可持续发展"战略的重要体现。

自动控制系统是振兴我国装备制造业的重点,是重大技术装备的"大脑"。经多年努力,国产自控系统虽然取得了很大进步,但是高参数、大容量、工况复杂的现代工业重大装备需要的高档自动化控制系统仍被外国公司垄断。在电力行业,我国已经建成的40多套600MW及以上火电机组全部采用国外自动化控制系统。国电大连庄河发电厂2×600MW超临界发电机组国产自动控制系统项目是我国在工业自动控制高端领域打破国外垄断的重大突破,对改变我国重大技术装备的"大脑系统"被外国公司控制的局面具有重要影响,标志着我国自动化控制技术已达到国际一流水平。

为了推动自主知识产权的自动化控制系统尽快在电力行业大型火电机组上推广使用,国电集团在发改委的支持下,深入研究开展了600MW及以上大型火电机组自动化控制系统和仪表自主化的主要措施,并积极进行工程实践。北京国电智深控制技术有限公司是专门从事自动化控制系统设计、研发、制造、服务的公司,经过长期的努力,在引进、消化、吸收国外先进技术的基础上,自主研发了完全自主知识产权的EDPF系列分散控制系统,并已在国内400多台火电机组上得到应用。

2007年1月,智深公司在大连庄河发电厂一期2×600MW超临界机组主、辅系统一体化控制项目工程招投标中,以其自主知识产权产品 EDPF-NT 自动化控制系统产品性能价格比较高的综合优势,战胜了多家著名自动控制系统厂商,一举中标主、辅系统一体化控制项目,打破了国外厂商在这一领域一统天下的垄断局面,实现了几代自动化人的梦想。

自动化控制系统实现国产化后,不仅可以提高我国重大工程自控系统自主化水平,满足重点建设工程技术装备高度自动化和智能化要求,还可以大大降低工程建设投资及运行维护费用。国产自动化控制系统设备建设投资比进口的设备低 30% 左右。通过对已运行的自动化控制系统的统计,国产设备的备品备件费用仅是进口设备的十分之一。

国家发展和改革委员会领导对自动化控制系统国产化表示了极大的关注,对中国国电集团和国电智深公司对自动化控制系统国产化所做的贡献给予了高度评价。

中国国电集团公司党组书记、总经理周大兵在仪式上指出,科技环保产业已经成为国电集团的一大特色,集团公司拥有一批具有较强科技实力和良好发展前景的高科技企业,形成了相当规模的科技产业,具备了较强的核心技术竞争能力。围绕电力行业的重大技术难题展开攻关,填补了多项国内外电力技术空白点,拥有了大量具有自主知识产权的专利技术。国电集团将以此项目为契机,在"资源节约、环境保护、信息化与自动化、新能源"等领域开展新一轮科研攻关,建设以企业为主体、市场为导向、产学研相结合的技术创新体系,依靠自主创新掌握一批先进的核心技术和关键技术,为把我国建设成创新型国家做出更大的贡献。

国电科技环保集团有限公司"石灰石/石灰—石膏湿法烟气脱硫工艺及推广应用"、"大型燃煤电厂袋式除尘应用技术和设备研究"分获"中国电力科学技术二等奖"。两项技术均为在引进国外技术消化吸收的基础上,自主创新形成了一套完整拥有自主知识产权的专有技术。

"石灰石/石灰—石膏湿法脱硫技术"由科环集团环保工程分公司承担,各创新点已经陆续在多个工程中成功应用,共申请了 14 项国家专利,各项成果的主要性能指标均优于引进技术,效果完全达到甚至超过了国际先进水平。"大型燃煤电厂袋式除尘应用技术和设备研究"由国电环境保护研究所、南京龙源环保有限公司共同承担,大胆改进国外除尘技术弊端,成功地在电厂应用,除尘效果和价格明显低于同类技术产品。

2006 年,随着国电宿迁热电有限公司渣水处理系统的顺利投运,一项国内罕见的渣水处理难题迎刃而解。此系统的投运,不仅实现了该公司两台炉渣水的零排放,且年节省环保、水资源等费用可达 200 万元以上,其环保与节能效益显著。

国电宿迁热电两台 135MW 机组炉型不同于常规的 135MW 机组炉型,是以 300MW 机组炉型为基础设计制造的与国际标准接轨的先进炉型,在国内尚属首次投产使用。机组投产后,锅炉本体、锅炉除渣系统中捞渣机、渣仓等辅助设备运行状态良好,但自锅炉本体落入捞渣机渣井中的炉渣中含有大量的灰份,其中部分灰份随溢流水进入溢流池中形成粘稠状灰水混合物,致使溢流水池快速充满,并进一步堵塞水工下水管道及厂外干渠,影响了灰水达标排放。针对这一常规 135MW 机组并不存在的国内罕见的渣水处理难题,国电宿迁热电公司高度重视,在经过反复可行性研究论证之后,于 2005 年 10 月份开始投资约 250 万元上马渣水处理系统改造项目,此系统于 2006 年 2 月底顺利竣工投入使用,并顺利通过了市环保局组织的专项验收。

据了解,此系统的顺利投运,使该公司渣水处理形成了独立的闭式循环,彻底告别了类似常规 135MW 机组锅炉灰渣水的开放式排放。在试运行期间,该公司组织专业技术人员对河水处理效果进行了三次检测,检测结果表明,水中悬浮物指标仅为49毫克/升,比国标150毫克/升下降了101毫克/升,酸碱度仅为7~7.5之间,优于国标值9,渣水品质远远优于达标排放标准。据初步估算,通过对渣水的回收再利用,按冷渣水最大设计需水量计算每天可回收利用废水1 440吨,年节省水资源费100万元以上。

六、企业营销策略

以辽宁省国电公司制定的营销战略为例,我们可以看出国电营销思想和方向,其中主要有以下几个方面:

1. 营销战略的总体思想

坚持以市场为导向,以满足用户的需求为各项工作的出发点;坚持以灵活的价格、优质的电能和高标准的服务,引导和满足全社会日益增长的用电需求;坚持以需求侧管理为手段,推进电能的有效利用;坚持积极的营销策略,针对不同的用户制订相应的策略,提高电能在辽宁地区能源消费市场中的比例和竞争能力;坚持以技术创新、管理创新和制度创新为依托,不断更新观念,建立起适应社会主义市场经济发展要求的具有开拓、竞争、创新能力和现代化水平的电力营销体系。

2. 制定市场营销战略应遵循的基本原则

市场营销战略(Maketing Straegy)是指企业在市场营销活动中,在分析外部环境和内部条件的基础上,为求得生存与发展而作出的总体和长远的谋划,以及实现这样的谋划所应采取的行动。一般市场营销战略是由若干子战略或营销组合策略构成。在学习、总结国内外电力市场营销策略的经验、教训的基础上,应遵循以下原则:

(1)营销策略必须遵循市场经济的规律,适应改革与发展的需要,满足全社会对电力日益增长的需求,保障国民经济持续、健康、稳定地发展。

(2)营销策略必须坚持以市场为导向,有利于发现、引导和创造用电需求,有利于稳定和发展用电市场,引导用电市场有序运作。

(3)营销策略必须坚持客户至上,以方便、快捷、满意的服务,满足不同类别用户的电力需求。

(4)营销策略必须符合国家电力公司的电力营销战略总体部署,坚持竞争和发展的原则,有利于保护环境和可持续发展。

3. 市场营销组合策略

现阶段可采取的电力市场营销组合策略有形象营销策略、服务促销策略、价格促销策略、引导需求策略、能源替代策略、需求侧管理策略和管理创新策略等。

4. 形象营销策略

形象营销策略就是从加强企业形象建设和宣传电能商品优越性入手,确立全心全意为用户服务的企业形象;确立电能的方便、经济、洁净、可靠的产品形象。

(1)设立专门机构负责企业的形象宣传。对电力有限公司及所属各级供电企业的形象进行包装设计,利用广播、电视、报纸、杂志、因特网等各种传播媒体宣传供电企业的各项便民服务措施和各项用电优惠措施,宣传电能商品优越性,增强知识性、趣味性,使全社会能充分地了解和认识电力商品的特点,形成品牌和累积效应。

(2)积极支持国有大型企业的改革和发展。尤其是对政府确定的对地区国民经济发展有重大影响的重点企业,应保证供电,尽力降低供电成本,支持企业多用电、用好电。

(3)对社会关心和反映的热点问题,要注意研究和积极解决,如农村、企业和居民用电的电价、电费问题,故障报修问题,电费交纳方式问题,服务态度和服务质量问题等。

(4)定期开展企业形象调查。企业形象调查应委托社会调查部门进行,认真地听取社会意见和要求,及时改进和加强工作,有针对性地开展重塑企业形象活动。

5. 服务促销策略

服务促销策略就是在营销过程中,为客户提供方便、快捷、优质的服务,通过高水平、高质量的售前、售后服务来促进电力销售,增强国电在辽宁地区能源市场中的竞争力,扩大电力市场,从而达到提高企业经济效益的目的。

(1)各级供电企业的领导和职工要迅速转变观念,打破"皇帝女儿不愁嫁"的思想,尽快树立"用户第一"、"用户是上帝"的意识,全面提高服务质量和服务水平,吸引用户多用电。

(2)尽快建立完整、科学的市场营销体系,全面提高营销人员的素质。强化营销人员的市场意识、服务意识、竞争意识和营销技能,对现有人员要加强培训,实行竞争上岗,优胜劣汰,同时要不断补充高素质人员。

(3)加强营业窗口和营业网点建设,使营业网点布局合理、服务设施齐全。要简化办电手续和工作程序,加快办电速度,提高办事效率,缩短报装周期,保证用户在办电、购电、用电各环节都能得到满意的服务。

(4)提高科技水平,开发应用先进的服务设施和服务手段。要建立先进的计算机营销管理信息系统,使营销业务的全过程实现计算机化和自动化,最终实现使用户可以足不出户,坐在家里利用电话和计算机网络等手段进行办电、购电、报修、咨询等业务,实现利用银行计算机网络、IC(信用)卡、Internet等手段的电费自动划拨。

(5)加强电网建设,提高供电可靠性,保证电网安全运行,做到连续、稳定、安全供电。合理安排检修时间,最大限度地减少检修停电的次数和时间,并建立快捷的抢修服务队伍,对故障处理提供全天候、全过程、全方位的快速服务。

6. 价格促销策略

当前的电价水平与一些用户的承受能力比还相对较高,尤其是大工业用户和电费占成本较高的高耗电企业,由于电费负担较重,还有许多用电能力未能发挥,另外由于未能全面实行峰谷分时电价,商业、饮食业及居民生活巨大的用电潜力也未能发挥。因此,现阶段在充分做好市场调查和电力销售成本盈亏分析的基础上,实行积极的价格促销政策是非常必要的。可采取下列措施:

(1)在发电侧实行竞价上网,用竞价上网产生的低价电量,作为鼓励用户多用电的优惠电量。也可在保本微利的基础上实行让利销售。

(2)对新建电气化小区和城乡电网改造期间居民生活新增用电容量免收贴费。

(3)对居民生活用电实行梯级优惠电价,用电越多越便宜。

(4)对包括居民在内的所有用户实行峰谷分时电价,鼓励用户使用低谷电,利用价值规律,提高电网负荷率,充分利用电网资源。

(5)对国有企业和日用电量30万千瓦时以上的重点用户,以及符合国家产业政策的高耗电用户,在确定电价盈亏平衡点的基础上实行增量用电优惠的办法。

7. 引导需求策略

引导需求策略就是通过传播媒介和各种营销活动，大力宣传电能的优越性。

(1)充分利用各种媒体搞好广告宣传工作，供电企业要有广告策划的专门机构和人员，每年要在销售收入中列支广告专项费用。

(2)在各营业窗口和营业网点开办用电产品和节电产品展销柜台，大力推广节电、蓄能新产品和新技术，免费培训客户，采用比较、视听和亲身参与相结合的方式，让客户从多层次多角度体验电能的优越性。

(3)建立电气化示范小区，制定电气化小区标准。通过试点转变传统的用能观念，倡导现代化生活方式，提高生活质量，推动居民家庭生活电气化进程。

(4)实施后向一体化策略，即供电企业不但经营销售电能，而且还要研制开发和生产销售用电产品，尤其是那些具有市场潜力，现在还没有被人们认识和接受的产品更需要供电企业来引导。后向一体化策略如果能够成功，不但可以促进电力销售，而且还可以在销售用电产品方面获得丰厚的利润。

8. 能源替代策略

能源替代策略就是依据国家和地方政府颁布的有关能源和环保方面的法律法规，辅之以用电方面的一些优惠政策，积极征得政府的支持，开展电能替代其他能源工作。

(1)积极支持和配合各级政府和环保部门治理大气污染，引导用户调整用能结构，推广以电代煤、以电代油、以电代柴、以电代气的能源替代工程。当前主要是要做好推广电锅炉、电暖气、电空调、电热水器、电炊等可替代其他能源的用电产品。

(2)支持和帮助企业进行油炉、煤炉改电炉工程和其他改造用电工程，供电企业不但要在办电和技术咨询方面做好服务，而且还要在用电价格等方面给予优惠。

(3)对能耗高、污染严重的企业自备电厂和地方小电厂，一方面要呼吁和支持地方政府采取行政手段进行关停并转，另一方面供电企业要制定专门的优惠政策吸引其使用电网电。

9. 需求侧管理策略

电力需求侧管理是当今国际上比较先进的能源管理技术。它采用有效的激励措施，引导用户改变用电方式和时间，削峰填谷，使电力资源得到优化配置。电力需求侧管理是一项由电力公司、客户、政府和制造商共同参与、共同受益的活动，具有很高的社会效益，是走可持续发展道路基本国策的具体体现。

(1)电力需求侧管理的重点应放在提高电网负荷率，削峰填谷和移峰填谷上。要制定有利于引导客户减少或转移高峰需求和鼓励客户在电网低谷时段用电的各种电价政策。要尽快争取国家批准对全省所有用户执行峰谷电价。

(2)要与科研单位和生产厂家合作，积极开展各种蓄能技术和蓄能产品的研究开发，对成熟的技术和产品要大力推广。

(3)要充分发挥现有负荷管理系统的作用，对用户可以减少或转移的高峰负荷进行直接控制，一方面减少对用电高峰需求，另一方面增加电网低谷时的用电。

10. 管理创新策略

管理创新是企业降低成本，提高效益的重要途径，也是适应市场，改善服务，提高竞争力的必由之路。

(1)模拟市场的实施调动了供电企业职工的积极性，在降低供电成本，提高服务水平和促进电力市场开拓等方面取得了很大的成效。应认真总结和完善,并进一步研究和探索,要尽快建立起能够适应市场需求变化的供电企业新机制。

(2)要尽快建立起以市场为导向、以效益为中心,分层高效运转,功能齐备,具有较高服务水准和强烈竞争意识的,充满市场活力的市场营销新体系和机制。

(3)要大力推广应用以计算机为代表的新技术、新手段,尽快建立起为市场营销服务的商务信息支持系统,实现信息采集、处理、传输的自动化。要加大对营销工作的人才和资金投入力度,要确定固定的人才和资金投入渠道,确保实现营销工作现代化。

(4)要强化依法经营的观念,依据《电力法》、《合同法》、《价格法》等法律,公正计量,依法收费,杜绝各种违法行为,依法保护电力企业的经营成果和用户的合法权益。

美的集团

广东美的集团股份有限公司(简称美的集团或美的)成立于1992年8月,其前身为顺德县美的家用电器公司。美的集团现有总资产50亿元,净资产15亿元;占地450 000平方米,员工8 600多名,其中专业技术、管理人员超过2 000人。美的集团坚持"以家电制造为主,在培植和提高企业核心竞争能力的基础上,实施相关多元化"发展战略。美的集团每年自行开发100多种新产品,新产品的销售占了整体销售的65%。美的集团一直重视营销体系的建设,目前,在全国设立了24个商务代表处及1 500多个售后服务网点,负责协调美的产品的销售、服务和形象推广。美的同样重视海外市场的开拓,已建设了一个较好的海外销售网络,产品行销40多个国家和地区。美的产品出口量自1992年以来一直雄居家电行业第一。2002年在中国500强企业排名中美的位于106位,其营业收入为1 059 383万元,收入增长率为20.31%,利润为42 333万元,利润增长率为—14.88%,资产为818 097万元,从业人数14 986人。2003年美的在中国500强企业中排名93位,营业收入1 504 872万元,收入增长率为42.05%,利润为50 185万元,利润增长率为18.55%,资产894 715万元,从业人数为20 200人。2004年美的在中国500强企业中排名101位,营业收入为1 753 375万元,收入增长率为24.46%,利润为30 826万元,利润增长率为—10.49%,资产为934 407万元,从业人数为300 043人,所有者权益为325 872万元。

一、美的集团发展历程概述

(一)发展历史

创业于1968年的美的集团,是一家以家电业为主,涉足房产、物流等领域的大型综合性现代化企业集团,是中国最具规模的白色家电生产基地和出口基地。

1980年美的集团正式进入家电业;1981年开始使用美的品牌。目前,美的集团员工近8万人,拥有美的、威灵等十余个品牌。除顺德总部外,美的集团还在国内的广州、中山、安徽芜湖、湖北武汉、江苏淮安、云南昆明、湖南长沙、安徽合肥、重庆、江苏苏州等地建有生产基地;在国外的越南平阳基地已建成投产。美的集团工业基地占地面积超过700万平方米。美的集团在全国各地设有强大的营销网络,并在美国、德国、英国、迪拜、日本、我国香港、韩国、加拿大、俄罗斯、巴拿马、法国、马来西亚、越南等地设有13个海外机构。

美的集团主要产品有家用空调、商用空调、大型中央空调、冰箱、洗衣机、电饭煲、饮水机、微波炉、洗碗机、电磁炉、风扇、电暖器、热水器、灶具、吸油烟机、消毒柜、电火锅、电烤箱、吸尘器等家电产品和压缩机、电机、磁控管、变压器等家电配件产品,拥有中国最大最完整的空调产业链和微波炉产业链,拥有中国最大最完整的小家电产品群和厨房家电产品群。

(二)企业的组织架构

1. 产品部门化的组织结构形式

美的事业部大致分为以下几个部门:空调事业部、厨具事业部、生活电器事业部、饮水设备事业部、风扇事业部、微波炉事业部、洗碗机公司、冰箱公司、日用电器公司。

2. 组织管理机构

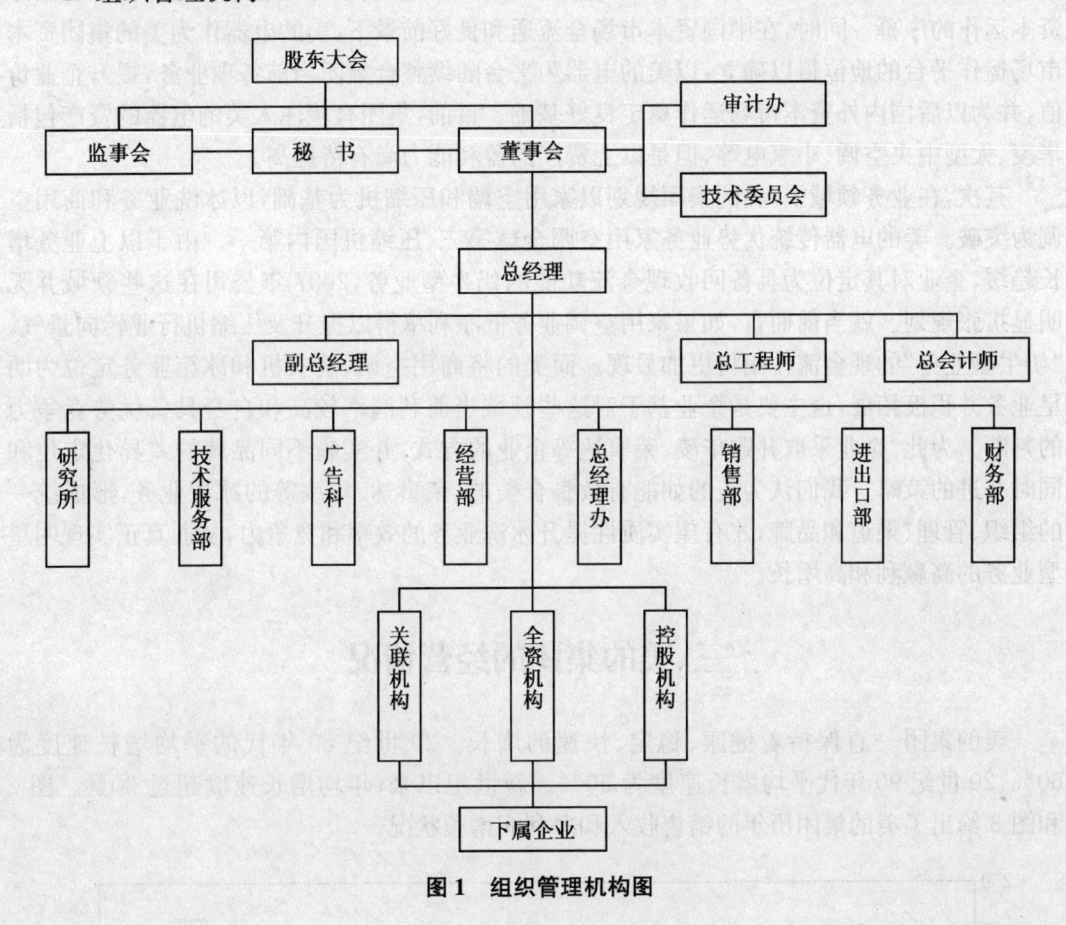

图1 组织管理机构图

二、美的集团的发展战略

(一)多元化白色家电发展战略

美的集团明确将公司打造成白色家电旗舰,使得公司成为具有国际竞争力的白色家电制造商,目标在 2010 年进入国际白色家电企业前 5 位。目前,美的电器包括压缩机、家用空调、商用空调、冰箱、洗衣机等业务。产量方面,压缩机居国内第一位,家用空调居国内前三位,商用空调居国内企业的第一位,冰箱与洗衣机产能各达 100 多万台。业务规划方面,目标在2009年成为本土冰洗制造企业前两位,而空调也将由家用向工程化、商业化方面发展。

(二)战略举措

为了实现企业的发展战略,美的采取了主营业务和资本市场共同推进的战略举措。

首先,在资本市场上,美的集团与高盛结成战略伙伴,并以上市公司美的电器为资本运作平台。为此,公司拟增发股权与国际顶尖投行公司高盛建立战略合作关系,期望借助高盛的经验和网络拓展企业国际化道路,特别是资本融资、投资等方面。一旦通过证监会批准,高盛将占有美的电器10.71%的股权,并随后进驻美的电器开展实质合作。随着中国在空调等电器领域的竞争优势逐步显现,国内企业走向国际化,引进高盛意味着美的拉开了国际资本运作的序幕。同时,在中国资本市场全流通和良好前景下,美的电器作为美的集团资本市场运作平台的地位得以确立:以美的电器为平台陆续整合集团当前各项业务,提升企业价值,并为以后国内外资本市场运作奠定良好基础。目前,集团有望注入美的电器的资产包括华凌、大型中央空调、小家电等,但是以上资产的盈利能力尚有待提高。

其次,在业务领域上,美的集团规划以家用空调和压缩机为基础,以冰洗业务和商用空调为突破。美的电器传统优势业务家用空调全球第三、压缩机国内第一。由于以上业务增长趋缓,企业对其定位为具备回收现金流功能的奶牛型业务,2007年公司在这些领域并无明显扩张规划。就当前而言,如果家用空调业务低净利率得以提升及压缩机行业转向景气,"奶牛型业务"的现金流作用将更加显现。而美的将商用空调、洗衣机和冰箱业务定位为明星业务并积极拓展,这主要是企业基于对这些领域当前利润率较高和自身具备优势竞争力的判断。为此,企业采取并购华凌、荣事达等企业的方式,并实施不同品牌的差异化定位和同时并进的策略。我们认为美的如能有效整合美的、荣事达、华凌等的冰洗业务,形成统一的组织、管理、渠道和品牌,才有望实质性提升冰洗业务的效率和竞争力,从而真正实现明星型业务的高赢利和高增长。

三、美的集团的经营情况

美的集团一直保持着健康、稳定、快速的增长。20世纪80年代的平均增长速度为60%,20世纪90年代平均增长速度为50%。新世纪以来,年均增长速度超过30%。图2和图3给出了美的集团历年的销售收入和净利润增长状况。

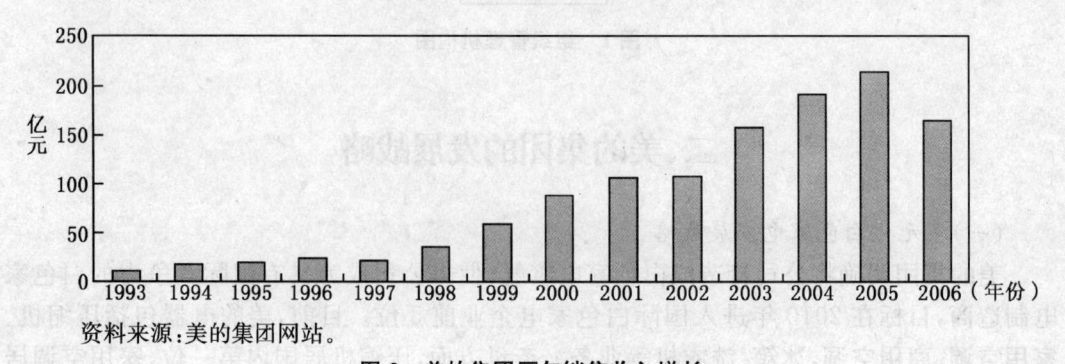

资料来源:美的集团网站。

图2 美的集团历年销售收入增长

图3 美的集团历年净利润增长

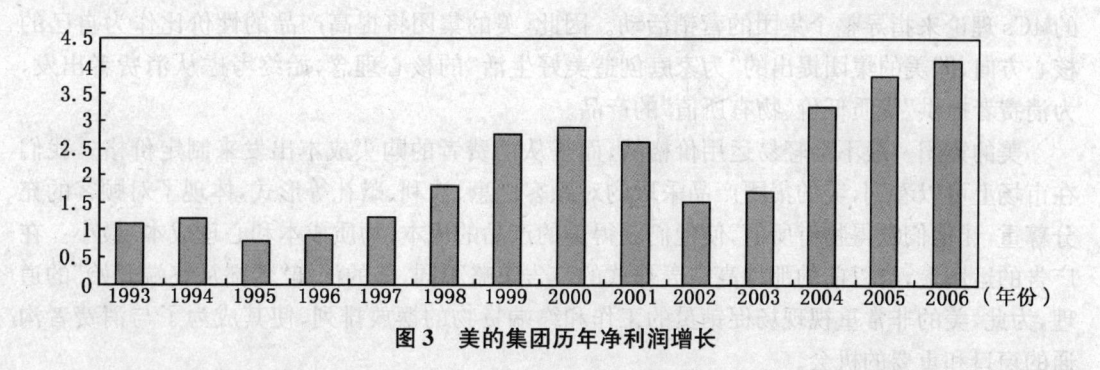

2006年美的集团整体实现销售收入达570亿元,同比增长25%,其中出口额22亿美元,同比增长25%。在"2006年中国最有价值品牌"的评定中,美的品牌价值跃升到311.90亿元,位居全国最有价值品牌第七位。

2006年6月,由广东企业联合会、广东省企业家协会评定的"2006广东企业100强"中,美的集团名列第四位。2006年7月,国家统计局公布的"中国最大500家企业"美的集团排名第53位。2006年9月中国企业联合会、中国企业家协会第五次向社会公布了中国企业500强年度排行榜,美的集团位列第63位。

在保持高速增长的同时,美的集团也为地方经济发展做出了积极的贡献,从20世纪90年代至今上交税收超过近90亿元,为社会福利、教育事业捐赠接近9 000万元。

美的集团在发展过程中,也遇到过一些波折,如集团的小家电原先以OEM为主,在管理、品质、技术研发等方面都不能适应家电行业的迅速发展,在质量和物流方面也存在管理隐患,因此,尽管规模较大,但是当时处于亏损,影响了美的品牌的形象。由于需要进行大的调整计划,为了不影响上市公司盈利和股东利益,2005年作价2.5亿元剥离了小家电,进一步明确将美的电器发展成白色大家电龙头企业的战略,发挥公司在空调和压缩机方面的优势。

之后集团采取的动作包括:调整机构和人员,整合各个事业部,再造业务流程,转变经营模式等。彻底转变OEM模式,2005~2007年集团做了大量投资,每年投资约10亿元,在一定程度上扭转以OEM为主的模式,形成自己生产为主、OEM为辅的经营,这样保证产品品质,注重品牌,提高市场反应速度。随着行业发展,目前小家电经营情况有所好转,实现了盈利。

四、美的集团的市场营销策略

家电业市场竞争非常激烈,厂家的利润也非常微薄。但是,20年间美的却从一家5 000元钱起家的镇办小厂,发展成年销售额150亿元的世界著名家电企业。《财富》中文版首次推出的"2001年中国上市公司100强中"广东美的集团股份公司以88.05亿元的收入排在第26位,而在2002年度的排名中,美的收入为105.23亿元,名次上升到第21位。100强企业代表了21世纪初叶中国最大的与最好的企业,形成了中国现代经济的支柱,同时也成为国内与国外投资者所青睐的上市公司。

在营销管理和营销战略上,美的集团进行了以市场为导向的组织紧缩与变革,用营销中的4Cs理论来指导整个集团的营销活动。因此,美的集团将提高产品的性价比作为自己的核心方向,即美的集团提出的"为家庭创造美好生活"的核心理念,始终考虑从消费者出发,为消费者提供"优质低价、物有所值"的产品。

美的集团一般不会轻易运用价格战,而是从消费者的购买成本出发来制定价格。我们在市场上可以看到,美的集团产品采取的对顾客优惠、让利、赠礼等形式,体现了对顾客的充分尊重,让他们觉得物有所值,使他们获得美的产品的成本(物质成本和心理成本)最小。在广告的运用上,与以前的那种高空轰炸式的广告策略不同,美的深知"传播从终端开始"的道理,为此,美的非常重视现场促销员的工作和终端货物的摆放排列,使其成为了与消费者沟通的窗口和重要的机会。

五、美的集团的人力资源管理

(一)美的的人力资源管理概况

在美的人力资本被看作是与货币资本并列的重要资源,是企业发展壮大的决定性因素。为与全球化的经营目标相适应,美的从2000年起开始世纪人才工程,引进国外资深管理和技术专家8名、海外归国人员20多名,并选派骨干人员出国深造,加速了人才国际化进程。目前,集团已经形成较为合理的人员结构。如图4、图5、图6所示。

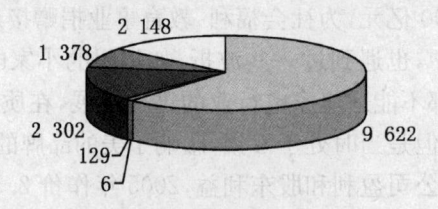

图4 美的集团人员的学历构成
(其他2 148;博士6;硕士129;本科2 302;大专1 378;中专9 622)

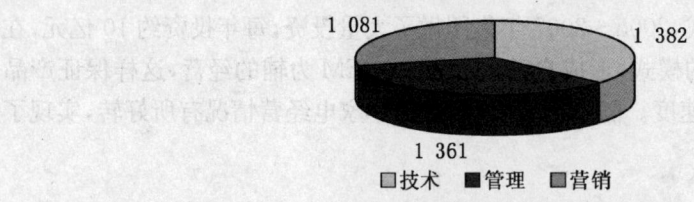

图5 美的集团的专业人才构成
(技术1 361;管理1 081;营销1 382)

图6 美的集团人员的年龄构成
(30~40岁11 941;40~50岁89;50岁687;20~30岁2 864)

为了使自己的员工队伍保持合理的结构,美的采取了如下措施:

1. 人才吸纳及培养

美的招聘的重点已转为接收应届毕业生,2000年美的共在各大高校接收的应届毕业生人数占同期招聘人员总数的80%以上。同时还批量招聘部分海外留学归国人员,目前已有来自新加坡、中国香港、马来西亚、新西兰、美国等国和地区的高层次人才约30人。美的在人才结构上向国际化迈进了重要的一步。在人才的培养方面,美的针对新进人员以毕业生为主的现状,对应届毕业生的报到、试用、考核、职业生涯发展、培训等方面有明确的规定。同时也实行了后备干部制度,规定主要从应届毕业生中选拔。这就为广大的毕业生提供了广阔的发展空间。

2. 人才选拔

美的在人才的选拔上,特别是在中高层干部的选拔上,一向注重实绩。提倡在公开、平等的基础上公平竞争,在选拔中特别注重员工的发展潜力及综合素质。在干部选拔的形式上,美的对空缺的岗位基本上已实现了公开竞聘,并制定了《干部竞聘办法》,真正做到了机会开放,岗位开放,为员工提供一个公平竞争的机会。美的在人才选拔上强调干部的年轻化。美的明确规定,中层干部任职时的年龄不得超过35岁,高层不得超过40岁,为广大年轻的员工创造了良好的发展机会。目前美的中高层干部的平均年龄为34岁,而新聘干部的平均年龄目前降至30岁以下。仅美的1997、1998、1999年三年接收的毕业生中,已有50多位走上中高层管理岗位,占同期新聘干部总数的20%。

3. 人才使用

美的给各级管理人员充分放权,使他们在工作中更快的成长。在人才的使用上,美的强调专才专用的原则,为每一个管理人员制定相应的职业生涯发展规划,对企业高层人员全面实行职业经理人制度,对中层以下管理人员提出专业化发展方向,提倡一专多能。在人才的使用过程中还一直强调责、权、利三者的统一和对等,使各级管理人员特别是中高层管理人员,在承担相应经营管理责任的时候也享有相应的待遇。在约束机制方面,制定了相应的制度,通过干部的年度考评、审计、监察、责任事故处罚等机制,形成统一的干部使用运行体系。在人才的使用过程中十分重视人才在实践中的培养,出台了《员工轮换制度》,从制度上规范了人才在美的各单位内部及各单位之间合理有序的流动。加强了单位之间及单位内部的流通和交流,培养了人才,提高了工作效率。

4. 员工淘汰

为促进员工的合理流动、更新和竞争,保持员工队伍的活力,对员工实行淘汰机制。美的一直努力与员工建立一种在契约基础上的自由雇佣制的新型劳动关系。一方面,对因知识、年龄等原因不适应企业发展要求的中高层干部予以一定的补贴。放宽干部离职补贴要求,另一方面,对一般管理人员制定了《裁员规定》,规定每年对工作表现最差的5%的员工裁员。通过裁员,使美的员工的整体素质不断提升,提高了美的整体竞争能力。同时通过员工间合理的竞争,也提高了整体的工作效率和水平。目前美的管理人员每年的流动率约为8%~9%。

(二)"美的"的分配及激励机制

1. 全面推行以分类薪点制为基础的职能工资制

从2008年开始,美的将打破以往以行政职务序列为基础的职务与职能相混合的工资体系,对中层以下管理人员全面推行建立在职务说明书基础上的分类薪点制职能工资。全面引入国际上通用的职位分类办法,将员工的岗位按其性质及重要程度分为管理类、研发类、营销类、IT类、辅助类及生产类。同时制定详细的职位说明书,对各个岗位的任职资格、工作内容、职责权限及薪资标准等方面明确规定,并根据岗位的性质、重要性、责任大小、工作难易程度制定各类人员的薪点起止标准。制定有关标准时,充分考虑员工的需求,给予员工薪酬晋升空间,这就彻底打破了以往在部分员工中存在的"官本位"思想。此外,制定有关薪资标准时,还努力打破平均主义,完全按照市场价格确定有关岗位的薪酬标准,拉大不同能力及水平员工之间的薪酬差距,对中高层管理人员实行高薪政策,使广大水平高、能力强的员工能够通过自身努力,取得与个人贡献相当的薪酬待遇。

2. 职业经理人实行差异化年薪制

美的将对职业经理人的年薪制作进一步完善,将根据职业经理人承担的经营管理责任、压力、风险及市场前景等方面按年收入、年利润的不同制定差异化的序列年薪标准。

3. 分配及激励形式的多样化

中高层管理人员的分配采用短、中、长期激励相结合的形式。其中,短期激励主要包括岗位薪酬(年薪)和利润分红;中期激励主要包括认股权或期权,购买流通股;长期激励主要包括内部员工持股制。通过形式多样的分配及激励形式,改变了以往在少数员工中存在的短期行为,使员工特别是作为企业核心的中高层管理骨干与美的形成了一种建立在利益共同体基础上的命运共同体。

中国航空工业第二集团公司

中国航空工业第二集团公司(以下简称中航第二集团)作为中国航空工业的主力军之一,是新中国第一架飞机、第一台航空发动机、第一架直升机、第一发海防导弹的诞生地,于1999年7月1日正式成立。其在中国企业500强排名中,2002、2003年皆为第46名,2006年为第64名,其中2002年的营业收入为2 120 714万元,2006年的营业收入为4 110 997万元。

一、中航第二集团发展历程概述

(一)集团发展简史

中航第二集团起源于1951年4月成立的重工业部航空工业管理局,以后逐渐于1952年8月发展为第二机械工业部第四局,1958年2月更名为第一机械工业部第四局,1960年9月、1963年9月和1967年5月又分别更名为第三机械工业部第四局(管理总局)、第三机械工业部军事管制委员会和第三机械工业部革命委员会,1982年4月变更为航空工业部。1993年6月,航空工业部解散,成立了中国航空工业总公司,是国务院直接管辖的惟一的航空工业制造商,1999年7月中航总公司再次分拆成为中航第一集团公司和中航第二集团公司。

(二)集团所有制结构

中航第二集团公司是经国务院以国函(1999)58号批准,在原中国航空工业总公司所属部分企事业单位基础上组建的特大型国有企业,是国家授权投资的机构,并由中央直接管理,也是中国为适应社会主义市场经济的发展而成立的特大型国有企业。公司为国家授权投资机构,按国家控股公司方式运作,由中央直接管理。

(三)集团组织架构

中航第二集团公司的企事业成员单位包括直升机、飞机、发动机、航空机载设备等工业企业54个,科研院所3个,其他直属公司事业单位22个,并拥有中国航空技术进出口总公司、中国航空工业供销总公司各50%的股份。划入的资产有哈飞工业、东安集团、昌河集团、洪都集团四大集团和一部分企业。

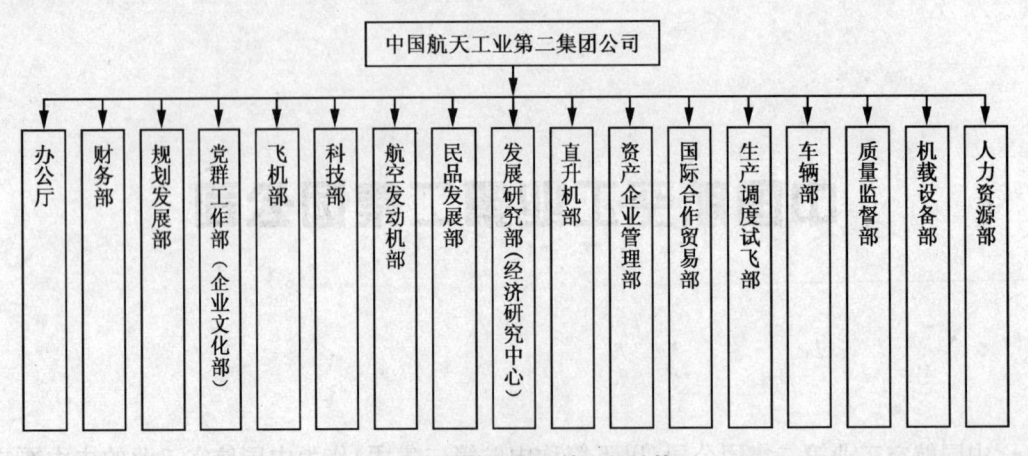

```
                        中国航天工业第二集团公司
    ┌────┬────┬────┬────┬────┬────┬────┬────┬────┬────┬────┬────┬────┬────┬────┐
    办   财   规   党   飞   科   航   民   发   直   资   国   生   车   质   机   人
    公   务   划   群   机   技   空   品   展   升   产   际   产   辆   量   载   力
    厅   部   发   工   部   部   发   发   研   机   企   合   调   部   监   设   资
            展   作       动   展   究   部   业   作   度       督   备   源
            部   部       机   部   部       管   贸   试       部   部   部
                （       部       （       理   易   飞
                企               经       部   部   部
                业               济
                文               研
                化               究
                部               中
                ）               心
                                 ）
```

图 1 中航第二集团的组织结构

二、中航第二集团的发展战略

（一）集团发展环境分析

市场经济大大促进了中国航空工业的发展，但随着市场化改革的深入，中国航天两大集团在实践中发现，航空产业独特的运行机制，远远不是仅仅依靠投资多元化和运营市场化就能完全理顺的。

我国整个航空工业的运作，依然带有浓厚的旧体制色彩，仍然属于一个弱势产业，还属于产品范畴，没有进入到一个真正在市场经济中运作的产业范畴。与世界航空产业发展趋势还有许多不对接的地方，尤其是面对新的世界航空工业发展格局，怎样来发展这个产业，路径有很多，但如何选择一条最符合我国航空工业改革和发展长远利益的路径，仍然是我国航空业面临的最大挑战。

中国的航空工业将重点发展支线飞机，同时在政策上为国产支线飞机制造业的成长创造条件。具体就是原中国航空工业总公司在1999年7月1日，重组为中国航空工业第一集团公司和中国航空工业第二集团公司。前者主要是以研制战斗机为主，后者以研制直升机为主。

（二）集团总体发展战略规划

中航第二集团公司坚持以我为主，积极开展多种层次、多种形式的国际合作，主要面向国内市场，同时做好国际市场开发工作；坚持以市场需求为导向，追求项目商业成功，积极推进技术进步、型号开发和技术研究协调发展。中航第二集团公司未来的发展目标是：将航空产业做大做强，军品做优、做精，技术储备做深、做厚，构筑坚实的科技支撑体系和基础能力保障，为航空产品和产业升级提供发展平台，提高集团公司在直升机、教练机、运输机、特种飞机、导弹、无人机、中小型发动机和复合材料等方面的应用研究能力，在型号研制水平和产业化能力上跨上新台阶。

近期发展目标是：以支线飞机为重点，研制生产具有市场竞争力的新型涡扇支线飞机，同时积极开展技术研究，突破支线飞机、发动机以及部分机载设备研制的关键技术，积极推动民机转包生产形成专业化和规模化,并对现有运输机、通用飞机和直升机进行市场适应性改进、改型和产业化;进一步巩固和扩大市场占有率。另一方面,加大市场开放,加强行业管理,鼓励地方企业、私人企业和国外企业以合资、合作等多种方式与国内航空工业企业联合发展中国的民机制造业。

三、中航第二集团生产经营状况

(一)集团主要产品生产及销售情况

经国务院批准,中航第二集团经营范围包括:所投资企业的相关国有资产和国有股权;直升机、运输机、教练机、强击机、通用飞机、无人驾驶飞行器等军民用航空器和相关发动机、机载设备等航空产品;汽车、摩托车及其发动机、零配件;燃气轮机、风力发电;纺织、制药、医疗、环保设备及其他非航空产品;飞机租赁、通用航空服务、工程勘察设计、工程承包建设、房地产开发、中介服务等第三产业项目;航空产品、其他产品和技术进出口业务;航空产品和项目的国际合作、联合研制生产;航空产品转包生产、对外工程承包、招标投标、劳务输出、境外带料加工等业务。

中航第二集团公司所属企业建国以来累计生产各种飞机6 155架(其中直升机667架)、发动机23 630台、战术导弹10 006发。其所属单位研制生产了除运7系列飞机外的几乎所有国产民机,先后研制生产了运5、运8、运11、运12、农5A、直8、直9、直11及其系列飞机和地效飞机等多种民用航空产品,其中多种机型批量出口多个国家。近五十年的发展形成了较为完善的科研生产体系,现有的民用飞机型号中,多数产品具有很好的销售记录和市场前景。例如,哈尔滨航空工业股份有限公司自行设计制造的运12系列19座轻型多用途飞机,是我国惟一取得美国FAA、英国CAA适航证的国产飞机。所属的中国直升机设计研究所设计、昌河飞机工业公司制造的新型直11MB1型直升机,12月24日在京获民航型号合格证书。

除了飞机生产以外,集团旗下的哈飞工业拥有哈飞汽车微型汽车项目,昌河集团也和日本铃木合资生产昌河微型车,两家企业拥有"松花江"、"昌河"两大微型车品牌。2002年两大品牌产销量占据中国微型车市场的40.9%。

(二)集团产品国际合作情况

中航第二集团公司自组建以来积极开展国际合作与对外贸易,取得了不少突破性进展,与世界上50多个国家与地区建立了合作关系,通过拥有50%股份的中国航空技术进出口总公司(CATIC)和中国航空供销总公司,为中外客户提供满意服务。并且一直致力于扩大航空工业国际合作范围,加深合作内涵,并以转包生产、合资合作、联合设计等多种国际合作模式,汲取国外在航空产品研制和商业运营方面的经验;逐步掌握发展民用飞机的关键技术,建立深厚的技术储备平台,用最短的时间突破民用飞机发展中面临的技术瓶颈,同时探索按照国际商业规则开发航空产品的有效途径。

直升飞机作为中航第二集团公司的主要业务,在中国的工业界一直走在前列,不少成功的国际合作项目已成为中国航空工业走国际合作道路的范例。近年来,在国际合作项目中积累了丰富的经验,科研生产、制造技术等基础能力得到了全面提升,进一步赢得了波音、空客、巴西飞机工业公司等国外大型民用飞机制造商的信赖。2002年6月国务院批准立项,

12月中航第二集团公司和巴西航空工业公司签署了合资生产ERJ145支线飞机的合同,与巴西航空工业公司进行了ERJ145喷气直线飞机合作生产项目得到了中、巴两国政府的大力支持,是一个按照双方共同投资、共担风险、共享市场、联合研制、联合生产、联合销售的原则进行的国际合作项目。这一机种被美国《飞机经济》杂志评为世界先进的、经济性最好的50座级涡扇支线飞机。

2003年12月,仅用短短一年的时间,就实现了首架飞机下线并成功首飞,生产出了适合我国民用航空市场需求的50座级ERJ145涡扇支线飞机,并形成小批量生产能力,在较短时间内形成和提升了我国支线飞机的制造能力。截止到2005年9月,中航第二集团公司已与南方和东方航空公司共签订了16架机的销售合同。目前南航的ERJ145机队运营状况良好,东航刚刚在2005年8月底也接受了首架订购的ERJ145。目前ERJ145飞机在国内的装配工作基本实现了本土化,大约94%的装配工作都是由中国技术工人完成的。2005年6月2日,中航第二集团所属的哈尔滨飞机股份有限公司与波音公司在北京正式签署了波音787飞机翼深整流罩的转包生产合同,合同总价值近8 000万美元。至此,哈飞股份首次正式进入了波音公司的供应商体系,成为波音787飞机项目全球团队的一部分。这也标志着中航第二集团在国际合作领域又迈出了坚实的一步。2005年7月21日,空中客车公司(北京)工程中心在北京天竺空港工业区正式挂牌。中航第二集团已同空客签署协议,将以合资的形式参加工程中心。该中心的成立是空中客车公司与中国航空工业参加空客飞机研发、设计、制造的全过程,并使中国逐步从部件转包生产商发展为风险合作伙伴。

表1　　　　　　　　　　　　中航第二集团与国外合作的机型

机型	说明
K-8	中国、巴基斯坦合作研制,出口埃及、孟加拉等多国,市场前景很好
Y-12	已出口19个国家和地区,累计88架,市场前景良好
Y-8	已出口6个国家和地区,累计16架,市场前景良好
Z-9	已出口马里,有着良好的市场前景
EC-120	中国、法国、新加坡合作研制
S-92	中国、美国、日本等合作研制
ERJ145	中国、巴西合资生产涡扇支线客机

资料来源:中航第二集团网站 http://www.avic2.com.cn/。

(三)集团多元化发展情况

中航第二集团公司与中国航空工业第一集团公司、昌河飞机工业(集团)公司、西安飞机工业(集团)公司、成都飞机工业(集团)公司、贵州航空工业(集团)公司、成都发动机(集团)公司、哈尔滨航空工业(集团)公司、金城(集团)公司、天津天利航空机电公司、中航技深圳公司10家国有特大型企业共同投资组建了中航公关广告公司。1995年公司注册资本1 358万元。经过十年奋斗,公司快速成长,总资产已超亿元。主要从事企业咨询、营销策划,媒体广告代理、户外广告、影视、平面广告创意和制作,展览展示、旅游会务,公关策划、执行等,可为客户提供一条龙全面服务。

四、中航第二集团的资本运作情况

（一）集团融资情况

推动我国军工产业市场化的动力包括两方面：一是武器高科技化必然要求技术进步；二是国家军费投入有限，成本降低是必然要求。引进非公有资本进入军工领域，上市是最好途径，一方面可以改善军工企业股东结构，另外对企业经营的目标会有所改善。

中航第二集团公司积极进行资本运作，成效显著。目前已拥有东安动力、洪都航空、哈飞股份、昌河股份、成发科技，南方摩托六家上市公司，是中国第一家主营业务完成股份制改造的大型军工企业集团。

以中国航空工业第二集团公司为主成立的中国航空科技工业股份有限公司（中航科工）已于2003年5月18日挂牌，并在海外上市。这标志着中国航空工业第二集团公司成为我国第一家主营业务完成股份制改造的大型军工企业集团。2003年2月7日，中航第二集团与中国民生银行股份公司在北京正式签署30亿元的综合授信协议，同时中国民生银行股份公司将为保定惠腾风力发电项目提供两亿元贷款支持。双方银企合作协议的签订，将使民生银行成为中航第二集团长期战略合作伙伴和合作银行。

除了在资本市场寻求发展以外，中航第二集团还与各金融机构建立了密切的伙伴关系。如与中国民生银行股份公司建立长期稳定的金融合作关系。根据协议，民生银行将按照国家相关政策及中航第二集团的发展规划，提供综合授信及全面的创新金融服务。中航第二集团将根据"十一五"发展规划战略，充分发挥集团化整体优势，向民生银行推荐民品业务合作需求和重点建设项目。双方还将在密切合作的基础上，稳定和增加贷款份额，完善企业信用建设，扶持优势项目，使每一分资金都取得最大的效益。

此外，中航第二集团公司与中国工商银行签署银企全面合作协议。根据协议，工商银行将按照国家经济、金融政策以及中航第二集团的产业发展规划和"十一五"（2006～2010年）发展规划，积极为其实施的经济结构调整和产业升级、国际贸易等，提供包括存款、贷款、结算、电子银行、中间业务等在内的综合化的金融支持。

银企双方优势的结合，将有助于共同建立和推进支持航空工业发展的投融资平台，不断提高中航第二集团的核心竞争力。

（二）集团并购重组情况

按照《中共中央关于国有企业改革和发展若干重大问题的决定》的精神和国务院《关于组建发展具有国际竞争力的大型企业集团指导意见的通知》，为应对加入WTO后的挑战，组建主业突出、核心能力强、有竞争力的大集团，中航第二集团公司决定在其部分企事业单位基础上通过资产重组于2003年4月30日联合中国华融资产管理公司、中国信达资产管理公司、中国东方资产管理公司共同发起设立一个主营业务突出，管理架构科学，符合现代企业制度要求的股份有限公司——中国航空科技工业股份有限公司（以下简称中航科工）。主要成员单位包括三个全资企业和两个控股企业。

根据国务院和国家经贸委批准的重组方案，此次重组范围涉及中航第二集团公司6个成员单位，即哈尔滨东安发动机（集团）有限公司、哈尔滨飞机工业集团有限责任公司、江西洪都航空工业集团有限责任公司、昌河飞机工业（集团）有限责任公司（含这四个企业控股的四个A股上市公司的权益)、中国直升机设计研究所和北京维思韦尔航空电子技术有限公司。

具体资产范围包括:哈尔滨东安发动机(集团)有限公司控股的东安动力70.01%的权益;哈尔滨飞机工业集团有限责任公司控股的哈飞股份59.63%的权益及其他与民用航空、汽车制造有关的资产、权益;江西洪都航空工业集团有限责任公司控股的洪都航空54.75%的权益及其他与民用航空制造有关的资产、权益;昌河飞机工业(集团)有限责任公司控股的昌河股份63.88%的权益及其他与民用航空、汽车制造有关的资产、权益;中国直升机设计研究所与直升机研发相关的资产;中航第二集团公司持有的北京维思韦尔航空电子技术有限公司51%的权益。

五、中航第二集团研发的创新能力

中航第二集团公司组建以来,直升机工业通过引进技术、改进改型、联合设计、共同开发,不断提高发展能力和技术水平,构建了一套完整的科研生产体系,发展了一批成熟的系列化产品,造就了一支高素质的专业科技人才队伍,逐步走上了"生产一代、研制一代、预研一代、探索一代"的良性发展道路。同时公司结合中国国情,有选择地发展民机技术和民机型号,逐步建立和完善自己的民用飞机技术体系,研制有自主知识产权的民用飞机,并逐步实现民用飞机、发动机和机载设备的协调发展。

(一)新产品开发情况

"十一五"期间,中航第二集团将加大自主创新与产业结构调整步伐,加快航空武器和民用直升机、民用飞机等航空产品以及优势民用产品的发展。

2002年3月29日,公司与南京航空航天大学共同创建的航空电源配电系统技术研究发展中心在南京航空航天大学成立。航空电源配电系统技术研究发展中心成立后,将新型航空电源研究与开发成果注入到企业产业化基地,从而加速科研成果转化过程,为型号工程研制插上翅膀。

2003年1月,RDM集团与南昌的洪都航空工业股份有限公司正式签约,将MD直升飞机的装配以及今后的零部件国产化业务委托洪都航空工业股份有限公司转包生产。此外,由中国航空工业第二集团公司洪都航空工业股份有限公司与洪都MD直升机有限公司合作生产的首架MD600N型直升飞机在南昌完成总装。MD600N直升机是荷兰RDM集团洪都MD直升机有限公司的产品。这是一款性能优良的直升飞机带有全数字式发动机控制系统,乘员8人。由于采用高新科技,其飞行时比同类型直升飞机噪音低50%,最大外挂重量1 361千克,最大允许速度282千米/小时,最大巡航速度248千米/小时,最大飞行高度6 100米,航程703千米,续航时间约4小时。该机能够广泛用于空中游览、公务、新闻采访、空中医疗等领域,是最快速、机动的通用型直升飞机。根据合同和工作计划,合作双方将力争在5年内达到年产100架不同型号直升飞机的能力。同时,保证直升飞机生产经营稳步发展,不断降低生产成本,2005年将开始零部件中国本地化制造。

此外,中航第二集团与欧洲直升飞机公司签署了关于联合开发一种新中型直升飞机的谅解备忘录。该机将满足我国及世界市场的需求。新机拟在2010年投入使用。新机将为7吨级,介于5吨级的EC155与10吨级的NH-90之间,研制费将达6亿欧元。新机可能采用欧直公司与中航第二集团为5.5吨级直升机设计的新主旋翼系统,具备军用潜力。

(二)专利申请情况

中航第二集团公司研制生产了我国大部分的民用机型和出口机型,运12、农5A、运8F、直9、直11等民用航空产品已先后取得中国民航CAAC的型号合格证,特别是运12Ⅱ和运12Ⅳ型飞机还是我国惟一分别取得了英国CAA、美国FAA、法国DGAC颁发的型号合格证的国产飞机,填补了我国民用航空器国内国际适航取证方面的多项空白。

在复合材料结构件设计和制造领域,中航第二集团研制生产的大量复合材料产品应用到飞机主承力部件和动部件上,不仅添补了国内空白,而且得到国际著名飞机制造商的认同,技术水平达到了这些公司的要求。

(三)集团创新激励模式

作为高新技术的数控加工技术成为衡量当代飞机制造企业科技水平和能力的重要标志,提高数控加工效率是数控加工的关键,发挥科技人员的积极性和创造性是集团发展的最终动力,集团为真正的人才创造良好的环境,加强预先研究和技术基础建设。集中力量攻克重大关键技术,掌握核心技术,形成自主知识产权;加速航天科技队伍建设,构筑航天人才优势。采取有力措施,培育航天人才。

集团同时加强科学管理,提高质量和效益。针对航天活动投资大、风险大、技术密集、系统复杂等特点,运用现代管理方法,加强科学管理,提高系统质量,降低系统风险,提高综合效益。促进空域管理科学化。积极培育通用飞机和直升飞机市场,促进低空空域管理更加科学化,提高空域资源的利用率。集团从成立初期就开始宣传和倡导企业推行"5S"、六西格玛、"改善"、TPM等管理方法,把管理创新作为改进质量工作的途径。2005年初,集团公司做出了《关于推行六西格玛管理的决定》,决定从2005年开始,在集团公司范围内,全面推行六西格玛管理,并提出了推进六西格玛管理的"十一五"总体目标。

集团建立新的运行机制和人才激励机制,积极推动企业在民机研制生产中建立符合市场经济规律的运行机制。鼓励新上项目采取股份制方式运作。精化民机科研队伍,提高科研人员待遇,重视管理和市场营销队伍建设,吸引优秀人才投身民机事业。2004年下半年,在整个集团公司范围内广泛开展了以危机感、紧迫感、责任感为中心的"三感"教育活动。

中国航空集团公司

中国航空集团公司是以中国国际航空公司为主体,联合中国航空总公司和中国西南航空公司等企业组建的特大型国有航空运输集团公司,是经国务院批准、国家授权的投资机构和国家控股公司,于2002年10月11日正式成立。目前,中国航空集团公司拥有包括中国国际航空股份有限公司(以下简称国航)在内的二级企业8家,三级以上企业130多家。作为以航空运输业为主、相关服务业为辅,集生产经营和资本运营为一体的企业集团,其经营业务涵盖航空客货运及销售地面服务、飞机维修、航空物流、机场管理、航空旅游、金融理财、基本建设开发、传媒广告等相关产业。员工总数4万多人,总资产767.5亿元人民币。

从2002年到2006年,中国航空集团公司或中国国际航空公司都是中国企业500强,而且都是在100强之内。2002年中国国际航空公司是76名,2003年中国国际航空公司是55名,2005年中国航空集团公司是63名,2006年中国航空集团公司是65名。除2004年未参加评选外,几年来一直都位列在100名之内。

一、中国航空集团的发展历程

(一)发展简史

中国航空集团公司组建之后,在较短的时间内完成了各公司领导班子和集团总部机关组织架构,以机队和市场整合等工作为突破口,航空运输主业顺利实现一体化。2003年7月28日,民航总局向新国航颁发了一体化合并运行合格证书,率先成为完成实质性一体化的航空公司。同时,集团主辅分离,各专业公司的整合工作也顺利推进。中航集团成立以来,一直把主业的股份制改造和股票上市作为完善法人治理结构、转换经营机制的突破口。2004年9月30日,中国国际航空股份有限公司正式成立,同年12月15日,股票在香港和伦敦证券交易所成功挂牌上市,在认购倍数、溢价水平、融资规模等方面,创造了世界航空公司多项股票发行之最。本次融资一次募集资金102亿元,国有资产溢价129%,使企业资产规模由2001年的380多亿元增加到635亿元,资产负债率由96%降至72%,企业盈利能力大大增强。

短短的三年多时间,集团战略定位进一步深化,发展思路逐步清晰,产业布局边界开始明确。围绕精干主业、减轻主业负担以及专业公司突出专业化经营等目标,稳步推进了集团内部的结构调整,市场、经营和生产等结构趋于合理,各企业专心致志做自己最擅长、最出成效的事情。尤其是国航,为适应企业和机队规模不断扩大对组织结构、管理思路、管理手段的新要求,逐步探索组织管理模式向系统化转型,中国国际货运航空有限公司、公务机分公司、工程技术分公司和商务委员会等先后成立,组织转型工作全面启动,使国航的规模效益与效应开始显现,核心竞争力明显提高。目前,国航的综合实力已进入世界航空运输企业前20位。集团及国航重视国际国内市场等结构的均衡发展,推进北京等机场的枢纽战略,做强网络、抓中转联程旅客市场等,国航年均复合指数以15.8%的速度增长,利润年均以倍数增长。三年多来,中航集团尤其是国航在经营上实现了"三大步"跨越:2001年摆脱了以前连年亏损的困境;2003年克服"非典"困难,在上半年亏损额高达19.2亿元的情况下,紧抓市场逐步恢复的机遇,下半年盈利20.1亿元,全年实现净利润6 200万元,成为当年惟一盈利的国内航空运输大公司;2004年所创造的利润占到全国航空运输企业利润总额的57.6%。2005年上半年,在全球油价持续高企的情况下,国航是国内航空公司中惟一盈利的大公司,集团2005年全年盈利总数位居国内航空公司之首。2003年集团控股民航快递有限责任公司。2004年国航成为2008年北京奥运会航空客运合作伙伴;集团顺利成为山航集团第一大股东;成功持有成都双流机场股份公司25%的股份;国航西藏分公司与上海基地成立;与韩国三星生命保险株式会社合资的中航三星寿险有限公司按期开业;与德国汉莎航空公司新的一期Ameco合资协议如期签订;北京、上海、广州、成都、杭州等国内主要机场的基地建设及国航机队扩张等工作也有了新的进展。联合为中航集团的发展创造了条件,三年多的一系列重组整合,更为中航集团做强做优打下了基础。

(二)企业扩展路径

中国航空集团公司在企业的扩展路径是"围绕主业做辅业,做强辅业助主业,做强主业促辅业",在战略上走航空相关配套服务专业化发展的道路。以中国国际航空股份有限公司为核心,做强做大主业。目前,国航拥有完善的国际国内航空运输网络,初步形成了以北京为枢纽,以长江三角洲、珠江三角洲、成渝经济带为战略重点,连接国内干线、支线并对国际航线形成全面支持的全球航空运输网络。国航在国内76个城市和国外67个城市设有营业处;实际运营航线238条,其中国际和地区航线70条,国内航线168条,通航城市达到103个。与此同时,国航与国内外航空公司进行了内容广泛的合作,已经和德国汉莎航空、港龙航空、全日航空等19家航空公司实行代码共享,与84家外航签订了SPA合作协议,与上海航空等国内航空公司实行代码共享合作,从而使国航以密集的国内航线对众多国际航线形成有效连接,为广大中外旅客架起了方便快捷的空中桥梁。截至2005年年底,国航股份从业人数18 447(不包括控股公司、合营公司),资产总额682亿元,共拥有飞机176架,其中B747、B767、B777、A340等大型飞机48架,综合实力为中国民航第一。

在做强做大主业的同时,中国航空集团公司不断整合辅业,先后在集团公司内成立了中航资产管理公司、中航旅业公司、中航传媒公司和中航建设公司等全资子公司和控股的民航快递公司。目前,这些经过整合成立的子公司都业绩不菲。

(三) 企业组织架构

1. 企业集团的构成

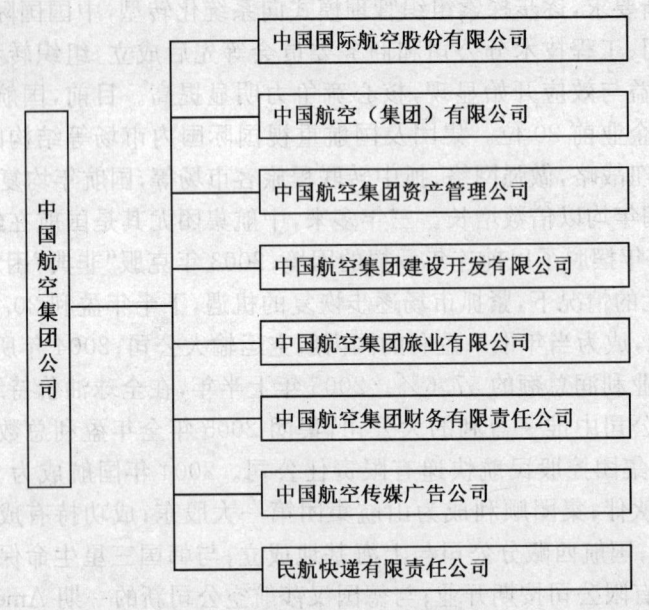

```
                            ┌─ 中国国际航空股份有限公司
                            ├─ 中国航空（集团）有限公司
                            ├─ 中国航空集团资产管理公司
中国航空集团公司 ────────────┼─ 中国航空集团建设开发有限公司
                            ├─ 中国航空集团旅业有限公司
                            ├─ 中国航空集团财务有限责任公司
                            ├─ 中国航空传媒广告公司
                            └─ 民航快递有限责任公司
```

图 1　中国航空集团公司的构成图

2. 集团公司组织结构

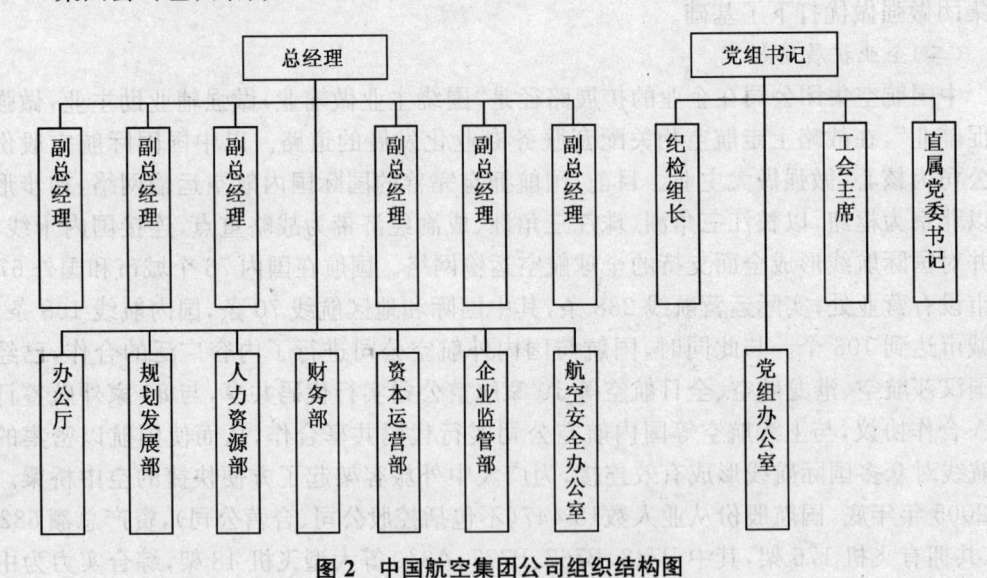

```
         总经理                              党组书记
           │                                    │
 ┌────┬────┬────┬────┬────┬────┐      ┌────┬────┬────┐
 副   副   副   副   副   副           纪   工   直
 总   总   总   总   总   总           检   会   属
 经   经   经   经   经   经           组   主   党
 理   理   理   理   理   理           长   席   委
                                                   书
                                                   记
 │    │    │    │    │    │    │              │
 办   规   人   财   资   企   航             党
 公   划   力   务   本   业   空             组
 厅   发   资   部   运   监   安             办
      展   源        营   管   全             公
      部   部        部   部   办             室
                              公
                              室
```

图 2　中国航空集团公司组织结构图

二、中国航空集团的发展战略

(一) 企业竞争环境分析

改革开放以来，我国经济一直快速增长，已成为举世公认的经济发展较快的国家。根据国务院发展研究中心最新研究报告显示,"十一五"期间中国经济将继续快速增长,年均经济增长速度将保持在8%左右。与此同时,我国民航运输将继续保持快速增长的势头,航空市场处于历史繁荣期。2000～2005年,我国航空运输总周转量年均增速达16.2%,在所有交通运输方式中位居第一。2006～2010年,我国航空总周转量年均增速为14.2%,超过同期飞机运力的年均增速12.9%,客座率水平将继续上升。到2010年全国民航运输飞机总量将接近1 600架,比2005年净增700架左右。民用机场的总量将达到187个,比2005年增加40多个。民航全年飞行将超过460万起降架次。其中,北京首都机场、上海浦东和虹桥机场、广州白云和深圳宝安机场,预计高峰日航班飞行将超过1 500架次,步入世界繁忙机场的行列。依照国航的"十一五"规划,国航的机队规模将达到304架,其中宽体客机68架,窄体客机217架,货机19架。

中国航空集团公司的主体中国国际航空股份有限公司拥有北京首都机场这个极具竞争优势的航空枢纽基地,以及均衡互补的国际国内航线网络。目前,国航在国内最繁忙的20条航线上占有最高的市场份额,在国际航线上占有50%以上的市场份额,随着2008年北京奥运会的举办,国航市场份额有望继续稳步提升。而作为第一个已经完成经营合并的航空公司,国航的规模和整合优势逐步显现。国航拥有均衡互补的国际国内航线网络、广泛的国内外合作伙伴、高质量的客户基础、卓越的品牌优势、突出的盈利能力与经营效率和显著的成本优势等。2004年公司利润总额占中国全部航空公司总利润的50%以上;2005年利润总额占中国全部航空公司总利润的比例超过100%,净资产收益率为8.62%,高于国内其他上市航空公司。同时,国航客座率、货运载运率、飞机日利用率、人均销售收入贡献均名列中国三大航空公司之首。

(二)企业总体发展战略规划

战略规划事关全局、基础和长远,中国航空集团公司充分认识到战略规划的重要意义。坚持"以人为本、以市场为向、突出主干、统筹配套、量力而行"的原则,体现企业的核心竞争力和盈利能力,确保主业平稳、持续、健康发展。中国航空集团公司及国航股份有限公司提出了四大战略目标即"做主流旅客认可、中国最具价值、盈利能力最强和具有世界竞争力的航空公司"。

"主流旅客"是指商务旅客,这是国航的市场定位。衡量是不是得到主流旅客认可,主要的指标是商务旅客市场份额。国航的目标是吸引商务旅客,与对手在市场份额上拉开差距,成为以提供高端产品为特征的航空公司,并能促成商务旅客有效识别国航的产品。衡量一个上市公司价值的关键性指标是市值,"做中国最具价值的航空公司",就是要长期保持市值第一的位置。"盈利能力最强"是不跟其他航空公司比飞机架数、航线条数,而是比盈利。"具有世界竞争力"就是到2010年,跻身世界15强,进入欧亚大航空公司之列。

面对国际航空巨头纷纷加速挺进中国市场,航空市场的一体化,国航与海内外航空公司多方合作来应对竞争和加速其全球化的扩张,并且通过资本的介入使联盟稳定性提高。与国泰航空公司的交叉持股、与东方航空公司联合成立中国货运航空公司共同切分国内航空货运市场就是举措。通过加入星空联盟及与英国维珍航空公司等国外航空公司的合作以扩大海外网络和市场。

与国泰的合作,使国航将在现有的北京枢纽上再增加一个香港枢纽,作为其通向国际市场的另一大门户,从而实现双枢纽战略。

据有关方面预计,国航加入星空联盟后,公司的整体联程收入可以增加3%~5%。

目前,以上海为中心的长三角地区因其便利的地域优势、丰富的吞吐量,已经成为国内外货运航空公司争夺的腹地。中货航货运量虽然一直在增加,但市场份额却越来越小。而国货航由于在上海没有基地,处境还不如中货航。作为国内两家最大的航空货运公司,国货航和中货航加起来的市场份额也只有30%。而上海货运市场的竞争已经日益激烈。在新加坡航空通过与长城集团合资成立长城航空曲线进入上海的货运市场后,上海的另一家基地航空公司上海航空也拿到了民航总局的"通行证",成立了上货航以拓展从上海出发的国际货运市场。

三、中国航空集团的生产经营状况

(一)企业生产概况

作为服务型企业,航空公司的生产经营,不同于一般的产品制造企业,安全、正点、服务以及航线网络规模与结构、航班时刻、飞机机型和客舱设备等,都是航空公司的"产品"。

2006年中国航空集团公司及国航持续不渝地在提升服务品质上下功夫,安全形势总体平稳,经济效益继续保持较快增长,旅客运输量达3 150.4万人次。中航集团以408.48亿元的营业收入列中国企业500强第65位,是民航系统排名最高的企业。中国民用航空协会用户工作委员会举办的2006年度"旅客话民航"用户评价活动中,中国国际航空股份有限公司荣获年旅客运输量1 500万人次以上组"用户满意优质奖",这是国航自2004年以来连续第三年摘取这一活动的最高奖项,并因此被授予"用户满意优质服务金奖",国航再获殊荣就是广大旅客对国航服务品质和国航品牌的认可和肯定。

(二)企业主要产品、生产及销售情况

中国航空集团公司的主要产品是航空运输,主要是由其控股公司——中国国际航空股份有限公司经营。

中国国际航空股份有限公司拥有完善的国际国内航空运输网络,初步形成了以北京为枢纽,以长江三角洲、珠江三角洲、成渝经济带为战略重点,连接国内干线、支线并对国际航线形成全面支持的全球航空运输网络。国航在国内76个城市和国外67个城市设有营业处。实际运营航线238条,其中国际和地区航线70条,国内航线168条,通航城市达到103个。与此同时,新国航与国内外航空公司进行了内容广泛的合作,已经和德国汉莎航空、港龙航空、全日航空等19家航空公司实行代码共享,与84家外航签订了SPA合作协议,与上海航空等国内航空公司实行代码共享合作,从而使新国航以密集的国内航线对众多国际航线形成有效连接,为广大中外旅客架起了方便快捷的空中桥梁。

在确保安全飞行的同时,2005年国航股份主要生产经营指标达到了历史最好水平,共实现运输总周转量74.4亿吨公里;旅客运输量2 769万人;货邮运输量73.3万吨;主营业务收入353亿元,利润24.06亿元,利润总额在国内航空公司中位居第一。

表1　　2006年中国国际航空股份有限公司经营业绩

统计指标	当年实际完成数	上年完成数	增长率(%)
一、载运量			
1. 收费吨公里(百万)	8 676.8	7 440.0	16.6
其中：国内航线	3 668.5	3 220.2	13.9
国际航线	4 766.8	4 003.5	19.1
港澳航线	241.5	216.3	11.7
2. 收费客公里(百万)	60 276.4	52 404.8	15.0
其中：国内航线	32 938.6	28 891.1	14.0
国际航线	25 361.2	21 765.6	16.5
港澳航线	1 976.6	1 748.1	13.1
3. 收费货运吨公里(百万)	3 288	2 759.6	19.1
其中：国内航线	722.8	636.6	13.5
国际航线	2 499.8	2 062.8	21.2
港澳航线	65.4	60.2	8.6
4. 旅客运输量(千人)	31 485	27 694.7	13.7
其中：国内航线	25 233.3	22 170.7	13.8
国际航线	5 252.7	4 641.9	13.2
港澳航线	998.9	882.2	13.2
5. 货邮运输量(吨)	843 987.7	732 995.1	15.1
其中：国内航线	488 022.3	431 436.2	13.1
国际航线	324 881.2	273 040.1	19.0
港澳航线	31 084.2	28 518.8	9.0
二、运力			
1. 可用吨公里(百万)	13 266	11 422.1	16.1
其中：国内航线	5 380	4 803.6	12.0
国际航线	7 494.3	6 252.2	19.9
港澳航线	391.7	366.3	6.9
2. 可用座位公里(百万)	79 382.8	70 661.5	12.3
其中：国内航线	42 861.1	38 395.4	11.6
国际航线	33 706.1	29 570.4	14.0
港澳航线	2 815.6	2 695.4	4.5
3. 可用货运吨公里(百万)	6 121.6	5 062.6	20.9
其中：国内航线	1 522.5	1 348.0	12.9
国际航线	4 460.8	3 590.9	24.2
港澳航线	138.3	123.7	11.8
三、载运率			
1. 客座率(%)	75.9	74.2	1.8
其中：国内航线	76.8	75.2	1.6
国际航线	75.2	73.6	1.6
港澳航线	70.2	64.9	5.3
2. 货运载运率(%)	53.7	54.5	−0.8
其中：国内航线	47.5	47.2	0.2
国际航线	56.0	57.4	−1.4
港澳航线	47.3	48.7	−1.4
3. 总载运率(%)	65.4	65.1	0.3
其中：国内航线	68.2	67.0	1.2
国际航线	63.6	64.0	−0.4
港澳航线	61.7	59.1	2.6

资料来源：中国国际航空股份有限公司网站2007年2月27日。

(三) 企业海外市场拓展

中国航空集团公司开拓海外市场主要是通过其控股的中国国际航空股份有限公司实施。主要是通过四个方面的措施进行的：

1. 牵手国泰打造京港双枢纽

尽管是国内三大航中最晚登陆资本市场的航空公司，但国航在国际化的道路上却走得最远。2004年12月，国航登陆香港联交所前就引入国泰作为策略性股东，由后者持有国航10%股份。2006年6月，国航、国泰、中信泰富等多家相关企业终于达成了协议，经过一系列理顺股权关系的步骤，国航与国泰的关系更进了一步：两家公司交叉持股，并在经营上进行一系列的合作。通过这些合作，国航将在现有的北京枢纽上再增加一个香港枢纽，作为其通向国际市场的另一大门户，从而实现双枢纽战略。

2. 加入星空联盟扩展国际网络

在与国泰合作的同时，国航没有停止向国际市场进一步探索的脚步。就在2006年5月份，国航与星空联盟签署了谅解备忘录，从而完成了加入联盟的实质性步骤。而有关方面预计，国航加入星空联盟后，公司的整体联程收入可以增加3%~5%。

3. 代码共享方便快捷

新国航与国内外航空公司进行了内容广泛的合作，已经和德国汉莎航空、港龙航空、全日航空等19家航空公司实行代码共享，与84家外航签订了SPA合作协议，与上海航空等国内航空公司实行代码共享合作，从而使新国航以密集的国内航线对众多国际航线形成有效连接，为广大中外旅客架起了方便快捷的空中桥梁。

4. 建B2C网站差旅自助服务

通过建立美国网站us.fly-airchina.com和加拿大网站ca.fly-airchina.com，国航在北美地区将拥有基于互联网的新销售模式和销售渠道。这种直接面对消费者，互动灵活的销售方式将为乘客提供更方便、快捷的自助旅行服务。今后国航还将陆续开通欧洲、澳大利亚和日本的B2C网站，为全球旅客提供一站式的差旅自助服务。

5. 企业品牌创建

2002年10月，国务院刚刚宣布成立三大航空运输集团和三大航空服务保障集团后不久，新国航就以加快主业一体化为主线，实现了"五统一"：首先是统一形象标识、航班号、空勤制服、服务标准、名称航徽；其次是统一市场营销，整合运力安排和航线管理；三是统一信息系统，整合了运行管理、机组管理、常旅客、订座、离港、货运等各项信息系统；四是统一安全运行标准；五是统一企业文化。2003年7月28日，民航总局向新国航颁发了一体化合并运行合格证书，标志着新国航率先成为完成实质性一体化的航空公司。联合重组的规模优势，为提升国航的品牌价值，进一步创造了条件。

这几年来，国航内外并举，国际带动国内，国内支撑国际，追求国际国内市场等均衡发展，大力推进北京等机场的枢纽战略，做强网络，借力发展，并与40多家外航签订了合作协议。美国联合航空、德国汉莎航空、日本全日航空等世界知名航空公司已成为国航代码共享的合作伙伴。选择先在香港、伦敦同时上市，再发行A股，选择国泰作为国航的战略投资者，选择日本全日航空和新加坡淡马锡集团作为财务投资人入股国航，竞标成为北京2008年奥运航空运输合作伙伴等，都是国航围绕树立国际化的国航品牌形象而运作的，并且收到了良好的效果。

2006年6月16日,世界品牌实验室在北京人民大会堂召开了世界品牌大会,会上发布了2006"中国500最具价值品牌"。"民航快递品牌"榜上有名,又荣获2006"中国500最具价值品牌"。"民航快递品牌"从2004年获得"中国500最具价值品牌"以来,到2006年中国航空集团公司属下的民航快递公司已连续三年获得"中国500最具价值品牌"殊荣。

　　2006年9月11日至13日,首届亚洲品牌盛典,在香港会展中心举行。中航集团公司荣获"亚洲500最具价值品牌奖",国航股份位列"亚洲品牌500强排行榜"第141名,中航集团总经理、国航股份董事长李家祥荣获"亚洲品牌创新年度人物"大奖。此次"亚洲品牌500强排行榜"航空类排名中,国航与国泰、日本、新加坡航空共列航空类品牌前4名。李家祥位列"亚洲品牌创新年度人物"第3名。

　　中国国际航空公司多年来推进"放心、顺心、舒心、动心"的"四心服务工程",坚持突出旅客需求为中心的改进服务工作,在打造民族品牌上迈出了坚实的步伐。2006年9月12日,在人民大会堂举行的"2005年中国自主品牌建设高峰论坛暨最有影响力的知名品牌与推进人物宣传推评活动"的颁奖大会上,国航获得"中国最受公众喜爱的十大民族品牌"奖,国航董事长李家祥获"中国自主品牌建设十大领军人物"奖。

　　2006年12月21日,在香港召开的由世界品牌实验室、世界经理人周刊和蒙代尔杂志联合主办的世界经理人年会上,中国国际航空公司(以下简称国航)荣获世界品牌实验室(WBL)颁发的2006年度"中国品牌年度大奖(航空)"。

6. 与上下游企业合作情况

　　自2007年1月1日起,国航首家中国大陆酒店集团合作伙伴金陵连锁酒店与国航知音常旅客计划正式合作,从此与国航建立良好合作关系的非航空合作伙伴达53家之多。国航与众多合作伙伴继续发挥各自行业领域内品牌、资源和服务优势,共同开发并提供更为个性化、人性化的旅游、商务延伸服务,为会员带来更多的选择和优质的服务。

　　2004年1月14日,中国航空集团公司副总经理孔栋与广东省机场集团公司总裁张春林签定了《关于在广州(新)白云国际机场建立中国航空集团运营系统的合作意向书》。从而使国航的航空枢纽合作伙伴又增加了一个。

　　2004年9月13日,中国航空集团公司与三星生命保险株式会社签署了合资设立人寿保险公司合同。中航三星人寿保险有限公司的成立使中航的旅客又多了一份安心。

四、中国航空集团的资本运作

(一)企业融资情况

　　2004年12月15日,国航股份股票成功地在香港、伦敦挂牌上市,创造了"三个之最":一是世界航空公司近17年来首次公开上市募集资金最多,共融资12.4亿美元,折合人民币102亿元;二是近期航空股上市中溢价最高,上市前国航股份的每股净资产1.39元人民币,H股发行价格为2.98元港币,折合3.17元人民币,发行价格比发行前每股净资产溢价129%;三是成为机构投资者认购倍数最高的中国海外上市国企之一,机构配售部分的认购部分的认购倍数为19倍,香港公开发行的认购倍数为83倍。国航股份开盘当天即上涨8.2%。

　　中国第一家在香港、伦敦、内地三地上市的航空公司——中国国际航空股份有限公司

2006年8月18日顺利着陆A股市场。国航本次A股发行16.39亿股,采用向A股战略投资者定向配售、网下向询价对象询价配售与网上资金申购定价发行相结合的方式,其中向A股战略投资者定向配售35 000万股,占本次发行数量的21.35%,锁定期为18个月;网下向配售对象配售46 950万股,占本次发行数量的28.65%,锁定期为3个月;网上发行81 950万股,占本次发行数量的50%,无锁定期。引入了外运发展、中国财险、中国船舶重工集团、中国通用技术(集团)控股、中国电力财务、长江电力、三峡财务公司七家大型国有企业全部成为国航的战略投资者。这次国航预计发行27亿股,融资80亿元。

2005年3月15日,国家发展和改革委员会批准集团公司发行企业债券30亿元。

成立四年来,在三次融资中共融入资金189.45亿元,集团负债率从86%下降到59%,净资产从67亿元上升到379亿元。

(二)企业投资情况

2004年2月28日,集团公司与山东经济开发投资公司和山东航空集团有限公司举行了股权转让与合作签字仪式。据此,集团公司持有山航集团48%的股权,同时持有山东航空股份22.8%的股权,成为山东航空股份实际上的第一大股东。

2004年7月30日,国家工商行政管理总局向AMECO颁发营业执照,国航和汉莎航空公司合资经营AMECO的时间自1989年8月1日至2029年7月31日。国航继续持有60%的股份。

2004年10月18日,中国航空(集团)有限公司与四川省机场集团有限公司等五家公司共同发起设立成都双流国际机场股份有限公司,中国航空(集团)有限公司持股25%。

2004年12月,国航登陆香港联交所前引入国泰作为战略性股东,由后者持有国航10%股份,国航持有国泰的股权达到17.5%,是以17.5%的股权合作,实现50%的业务合作,放大了股权合作的能量。

A股募集资金陆续用于购置20架空中客车330-200飞机、15架波音787飞机、10架波音737-800飞机以及首都机场三期扩建工程国航配套扩建项目。

中国国际航空股份有限公司于2005年3月至2007年初,投入6.88亿元人民币,对6架空客340、9架波音747客机的头等舱、公务舱座椅及客舱环境进行全面改造。截至目前,国航已经在北京—法兰克福、上海—法兰克福、北京—纽约、北京—洛杉矶、北京—旧金山等中美、中德航线全面升级两舱硬件设施及服务。

五、中国航空集团的财务状况

(一)企业经营状况

审计署驻京津冀特派办于2006年12月对中国航空集团公司进行的审计结果表明,中航集团成立4年来,业绩遥遥领先,共实现净利润104.75亿元,负债率下降到67.69%,步入了良性发展道路。据审计署京津冀特派办有关负责人介绍,中航集团业绩遥遥领先,体现在以下几个方面:一是在全球行业内的地位提升。主业公司中国国际航空股份有限公司机队由重组时的118架增加到目前的208架,在全世界航空公司的排名由2000年的第32位上升到第12位,利润排名上升到第9位。二是连续盈利。2005年,国航全年平均客座率74.2%,其中公务乘客比例高达71%,居国内首位,客运收益率达0.59元/客公里,均高于国内其他主要航空公司。2006年上半年,国航是中国大陆惟一盈利的大型航空公司。三是安全效益全面发展,连续两年被国资委评为行业内惟一A级中央企业,安全运行指标位居业内先进水平,创造企业历史上最好水平。四是"四心服务"被社会广泛认可,品牌价值提升。国航获得了2008年奥运合作伙伴资格,2006年被世界品牌实验室评为中国最具价值品牌公司之一,并获得2006年度中国品牌年度大奖;中航集团走上良性发展轨道的经验是,集团不再提把主业做大,而是强调做强做优,不再走过去盲目投资扩张的老路。撤消了与主业关联不紧密的38家企业,将原来的42个二级机构削减为27个;凭借收益管理、电子客票、加强直销等手段,实现了市场占有和主营业务收入同步持续增长;拿出两架飞机,成立了全国民航企业第一家飞行训练大队,200多名飞行领导干部参与一线飞行,等于多出近60名机长,增加3亿多元利润;采取批量采购飞机、节约油耗等措施,降低成本,目前,国航吨公里运营成本居同行业最低水平。

（二）企业债务结构与盈利能力

国航负债2005年是454.50亿元,其中67.88%为美元。在人民币不断升值的条件下,减轻了国航的还债压力。据测算,2005年人民币每升值1%,国航就有1.86亿元利润入账。

国航2005年国内航线的收费客公里为217.74亿元,国际航线为288.84亿元,国内和国际相当均衡,与南航和东航重国内轻国际不同,为国航的盈利打下了很好的基础。

随着首都机场客运量的飞速增长,2005年客运量达到4 100万,总部在首都机场的国航也在随之飞速发展。在首都机场内,外国航空公司的地面服务,大部分是由国航来提供的。国航可以从中获得超过40%的首都机场外航服务费,分享了首都机场不断增长的国外航班收费盈利。

在航空公司的各项费用中,除了飞行费用,成本占大头的其实是航空器的维修费用。而各个飞机制造商的维修又自成体系。机型越多维修的成本就越高。国航只拥有空客和波音两种飞机,南航和东航都拥有空客、波音、麦道、ERJ等多种机型,造成维护成本和人员成本居高不下。2005年国航是飞机大修费用最少的,为13.41亿元,比2004年下降52%,而南航和东航的维修费用为45.89亿元和13.83亿元,分别上升32%和61%。

人机比例是衡量航空公司效率的另一重要指标,以反映平均每架飞机对应的员工数量。国航为105∶1,南航为132∶1,东航为163∶1,国航在这一块成本上优势很大。

由于国航是惟一载国旗飞行的航空公司,有品牌上的优势,国航的载运率比其他两家高出近5个百分点。

在飞机日利用率上,国航分别比南航和东航高出0.83和1小时,广发证券的航空分析师卓越表示:南航和东航一年将因此少飞73 000小时(按200架飞机计算),经济损失相当巨大。

航空公司总运营成本中航油是仅次于航材的第二大成本,达30%～40%,所有航空公司的利润预期很大程度上取决于未来的航油价格。在现在的供油体系中,全国所有的航空企业用油几乎都要从中国航空油料集团处进货。在现有体制下,国内航空企业只能被动承担航空油料价格上涨所带来的风险和损失。而资料显示,国外航空公司航油一般只占成本的8%～12%,远低于国内同类公司。所以,国航的业绩为同行所关注。赵坤猛介绍说,2006年国航的保值量达总耗油量的40%。2006年国航消耗航油约为270万吨,其中国外航线航油消耗量占总量的30%,国内航线航油消耗量占总量的70%。2006年9月22日,在法国兴业银行集团金融衍生工具论坛上，中国国际航空股份有限公司（下称国航，601111.SH）企业管理部副总经理赵坤猛公开了国航2006年1至8月的累计保值收益成果：燃油衍生工具收益约3.3亿元人民币，这相当于同期接轨价格现货采购量90万吨（约合710万桶），每桶减少成本支出5.9美元。国航H股2006年半年报显示，燃油衍生工具收益净额（未经审核）3.38亿元人民币，而上年同期仅为5 500万元人民币。通过燃油衍生工具最重要的不是可以省多少钱，而是从一开始就将成本锁定，这对油价异常敏感的航空公司来说至关重要。

六、中国航空集团的创新能力

创新服务丰富品牌。国航各单位以客户需求为牵引，飞行、客舱、地面、市场各部门将"四心"要求落实细化到日常的各项服务举措之中，综合服务水平大大提高。客舱服务部门深化"四心"服务战略，摸索出了一套较为系统、切合实际的管理工作六步方法，促进客舱服务工作的系统、协调发展；提出"我们关注您的感受"的服务理念，各项服务进一步到位。在10条航线上，推出"两舱"旅客餐食地面预定服务，让每名顾客在购票时就可以按照菜单点餐。

"简化商务"是世界航空运输业推出的旨在通过信息技术来节约产业成本、提高服务质量和效率的新业务，范围涉及电子客票（ET）、旅客自助值机服务系统（CUSS），其中机票电子化将是"简化商务"的重中之重。近几年来，国航在电子商务方面下大力气，狠抓落实，自2003年7月推出第一张电子客票以来，积极拓展电子客票业务，重点建立国航电子商务的支付平台，与全球各主要GDS进行联接，强力推广扩大电子客票B2C的销售模式。开通主要国际航线（中德、中英、中日、中新、中澳等）的电子客票，实现与主要航空公司国际电子客票的联运。据统计，国航2006年1~10月共销售国内电子客票1 000多万张，销售额达到80多亿元，国内电子票比例已超过60%。国航国内所有的BSP代理人均开通了BSP电子客票销售。70个通航点开通了电子客票业务，46个机场可为旅客提供行程单。实现了与山航、上航等5家国内航空公司的电子客票联运，完成了与国泰航空、中华航空国际电子客票在港澳航线的联运。结合公司对电子商务的迫切需求，2006年建立了北美网站、欧洲网站，在北京成立了电话销售服务中心。国航西南呼叫中心、欧洲呼叫中心、欧洲网站正在筹备过程中，不久即可投产使用。2006年国际航空运输协会（简称IATA）"简化商务"表彰大会在海南三亚举行，国航获得"简化商务"杰出贡献奖。

在北京2008年奥运会的21家合作伙伴中，国航率先在市场中推出了"奥运开/闭幕式产品"用于"预热市场"。

中国航空集团旗下国航股份携手中航旅业自2006年7月1日起正式面向国航350多万常旅客会员推出的航空延伸服务产品预订网——里程旅行网，其服务宗旨和服务理念与国航常旅客俱乐部一脉相承，即满足并服务于会员的商务出行需求。

国航在全球范围内推行网上打印登机牌服务，以方便更多的旅客出行。此外，持有国航电子客票的旅客还可在首都机场候机楼内国航提供的10台自助值机上自行办理乘机手续，目前使用该系统办理手续的国航旅客每天已超过3 000人次。

国航商委会市场部与VISA国际组织合作，向高端旅客推出"新两舱"商务旅客产品。

为了满足高端旅客的需求,国航在北京—纽约、北京—法兰克福、上海—法兰克福航线上陆续投入了"新两舱"飞机运营。VISA 国际组织作为国际上知名企业,全球平均每 10 名持卡人中就有 8 人持有 VISA 卡进行储蓄和消费。为了进一步开发客源市场,国航市场部与 VISA 国际组织合作,针对 VISA 金卡、白金卡和无限卡会员客户群,在北京—纽约、北京—法兰克福、上海—法兰克福 3 条航线上,推出了小型公商务(2 人以上)团队产品,即按公布价格购买国航以上航线指定航班的 F/C 舱机票的 VISA 金卡、白金卡和无限卡持卡人,可以为其经济舱的旅行同伴办理免费升舱,享受较高舱位等级的服务,共同拥有一段愉快的商务旅行。

七、中国航空集团的营销策略

(一)产品销售渠道

中国航空集团公司的主要产品销售渠道是通常的销售点或销售窗口,目前国航在国内外设有 102 个营业部、10 000 个独立销售代理人,在国内有 3 000 个独立销售代理人,还发展了 2 105 家直销客户、115 家销售网点,构成强大的销售网络。

为加强市场营销力度、使销售渠道更加多元化,建立面向旅客的统一销售窗口,拓展销售渠道,给旅客提供更加优质便捷的全方位服务,国航于 2006 年 8 月 26 日同时开通 4008-100-999 国航销售服务中心服务热线和 4006-100-666 国航知音会员服务中心服务热线。服务终端共设立 220 个座席,提供中英文服务。国航此次推出的两部服务热线,是面向全球开放的电话语音平台,能够在全球范围内,支持包括座机、手机、小灵通在内的所有电话呼入。现在,拨打国航的两部服务热线号码 4008-100-999、4006-100-666,就能够获得来自国航更加全方位的专业服务两部热线的开通,是国航整体战略发展规划的有机组成部分,标志着国航已经初步建立起基于先进电子商务模式的销售渠道,其组织结构、业务流程和服务标准日趋明晰。

国航与招商银行联手推出电话支付在线购票服务,从 2006 年 10 月 26 日起正式开通电话支付业务,只要旅客拨打国航电话销售服务热线 4008-100-999,便能够得到 7×24 小时方便、快捷、放心的购票服务。电话支付是国航拓展销售渠道和服务模式的重要举措之一。这次与招商银行的合作,是中国最大发卡银行和中国最大航空公司之间的合作。强强联手,使国航在销售和服务上又得到一个新的提升。

(二)企业促销策略和售后服务

"冬春季产品推介会"是国航从销售、地面到空中服务等各环节进行联合包装,在内容上遵循推陈出新的原则,从销售手册更新部分、新开航线、新增航班、新运价查询系统、联盟事务、地面服务产品、新两舱空中服务产品、常旅客计划、电子客票结算以及在销售过程中应注意的问题,特殊业务处理流程等方面进行介绍,是凸显国航品牌形象的整体推介活动。此种推介会旨在从产品推广和服务推广两个方面,真正体现出国航作为 2008 年奥运航空客运合作伙伴高水平的服务能力。推介会通过加强与代理人的沟通,使其不但了解国航的销售产品,更能深入了解国航专业化、国际化、品牌化和市场化的综合实力,为销售工作提供有力帮助,最终达到双赢。

开展"新两舱"旅客迎奥运纪念品回馈活动。通过赠送奥运纪念品的方式,在销售淡季吸引更多的客户购买新两舱客票,在国内对新两舱服务进行新一轮的宣传,突出电话销售服务中心的新两舱服务平台和特色服务。

八、中国航空集团的人力资源与文化

(一)企业人员结构

中国航空集团公司目前员工总数4万多人,其中国际航空股份有限公司员工23 000人。

国航有一支思想作风过硬、飞行技术精湛、执行规范严格的飞行员队伍,共有飞行员2 700多名,其中有安全飞行2万小时以上的功勋飞行员130多人,安全飞行16 000小时以上获金质奖章的飞行员550多名。在机务维修队伍和运行签派队伍方面,国航同样把他们作为保证飞行安全的主要力量。

从事客舱服务的3 200名空中乘务员,包括服务于本公司的日本籍、韩国籍、德国籍乘务员,多数拥有大学专科以上学历,具有良好的职业素质和敬业精神,是旅客在旅程中最好的朋友。她们持续推进让旅客"放心、顺心、舒心、动心"的"四心服务"工程,服务品质一直受到广大旅客的赞赏。

国航在首都机场的地面服务业务包括旅客进、出港服务,特殊旅客服务,要客、"两舱"旅客服务,旅客行李服务,航班载重平衡服务,航班离港系统服务,站坪装卸服务,客舱清洁服务等,共有三大类13个服务项目。承担这项任务的国航地面服务部现有员工2 900余人,青年员工占55%以上,有大专以上学历的员工近40%,拥有的500余台地面设备和特种车辆,资产约2亿元人民币,是中国民航规模最大、保障能力最强的航空地面服务机构。

(二)企业薪酬、福利及培训

为了建设北京枢纽,公司把联程销售业绩纳入绩效考核。把员工薪酬待遇与企业战略目标联系起来,这种思路源于国航人对组织转型认识的深化。中国航空集团公司及新国航成立以来,围绕组织转型把企业战略解码,落实到每一个岗位、每一个部门的绩效上,使战略无论从制定到实施到落实,都有严密的保障。

随着国航生产规模的扩大、员工队伍新人的增多,服务工作上反映出的问题也呈现多样性。针对这种情况,国航从过去就事论事向把握规律、按照规律解决问题进行转变,强调必须从对一线操作层面的关注,逐渐延伸到对整个系统的关注,从对服务问题表层的认识,逐步关注对问题产生根源的铲除。处理好服务的前台与后台的关系,有效地配置各种服务资源,提高员工的工作主动性和创新能力。

对飞行人员实施严格的培训是确保飞行安全和高品质服务的保证。国航培训部下设的飞行训练中心是国内最早使用全任务飞行模拟机和计算机基础训练器开展飞行员培训的教学训练机构,已经具备了围绕波音系列主要机型,开展飞行员转机型训练、定期复训和飞行检查的综合培训能力;基地设在天津滨海国际机场的飞行训练大队拥有两架波音737-300飞机,专门用于飞行员本场训练。下设的乘务训练中心是中国首家培训空中乘务员的大型多功能训练基地,中心教员具备高级乘务员职称,具有国际航协教学资格,以及国际航协CRM训练认可的教员资格,除了负责国航乘务员的系统培训外,已为国内外近40家航空公司培训学员8万多人次,还为慕名而来的邮政、饭店、铁路、公路运输、银行、医院、保险、电信等行业提供了培训服务。

国航进一步突出《运行手册》的权威作用,努力营造"法制安全"的环境氛围;着力抓好飞行、机务、运控三支队伍的建设,设立运行执行官,建立检查员队伍,加强计算机安全信息系统建设,为安全打下坚实基础。51年来,国航飞机的航迹遍及100多个国家和地区,共安全飞行500多万小时,运送旅客超过4亿多人次,执行党和国家领导人专机飞行5 000多架次,精湛的飞行技艺博得广泛赞誉。国航不仅创造了堪称世界一流的安全飞行纪录,而且在飞行难度举世公认、曾经被国际民航界视为"空中禁区"的成都—拉萨航线上创造了安全飞行40年的优异成绩。

这几年来,国航把抓各级班子建设放在队伍建设重中之重的位置,对班子建设明确提出了三方面的具体要求:一是班子要有思路,没有思路单位就没有出路;二是班子要有眼力,没有眼力就不能识人断事;三是班子要有基础,没有群众的拥护和上级班子的认可,权利就失去了基础。同时,要求各级班子建机制、搭平台,选拔人才、培养人才;要求各级领导干部要按照"日常会服务,思想会引路,矛盾能消解,关键能把住"的要求提高自身素质。无论是总经理还是书记,要求他们做好领导工作要善于从做概念上出工作思路,善于把大道理讲小,小中见大;把深道理讲浅,深入浅出;把虚道理讲实,以实见真,让员工觉得可亲、可近、可信。

(三)企业对外交流及社会活动

企业作为经济组织,承担着多种使命和责任,实现着多种功能和价值。其中最为核心的,一是创造社会财富,二是承载国民就业。中航集团成立以来,在这两方面都做出了重要贡献。在由中央电视台、北京大学民营经济研究院、《中国企业家》杂志社、中国企业社会责任同盟联合发起,并由中央电视台、北京大学民营经济研究院、《环球企业家》杂志社主办的"2006中国企业社会责任调查百家优秀企业"调查活动中,中国国际航空股份有限公司榜上有名。调查活动的调查标准以北京大学民营经济研究院新近完成的科研成果《中国企业社会责任调查评价体系与标准》为依据,对企业的股东权益责任、社会经济责任、员工权益责任、法律责任、诚信经营责任、公益责任、环境保护责任等指标进行量化比较。

此外,国航还加入"牵手行动",成为央视经济频道和中国青少年发展基金会联合成立的"牵手行动基金"合作伙伴,帮助父母进城的农民工子女筹集助学善款、改善他们上学条件,使他们拥有一个平等的上学和成长机会。国航资助的由成都市对外文化交流协会牵头组织的"全球大熊猫恳亲之旅"奔赴欧洲、北美洲和亚洲6个国家圈养大熊猫的动物园,看望在国外生活的大熊猫宝宝,并举行系列友好交流活动。

几年来,中航集团履行各种社会责任,支持社会公益事业总价值约4.36亿元。它在支持社会公益事业的同时,也为自己树立了良好的口碑。

(四)企业文化

中国航空集团公司的核心价值观是:和合力行,积健为雄。

在企业文化建设中倡导和合思想,是为了把和合作为价值观和一种战略思维、辩证思维的独特价值。和合的本质在于统一多种因素的差异与协调。从战略思维、辩证思维的高度看,和合思想坚持了四个原则。一是整体和谐原则。和合思想认为,整个物质世界是一个和谐的整体,宇宙、自然、社会、精神各自的大和谐,基于这种大和谐之间的有机的和谐,就是"太和"。"太和"蕴涵无限的生机和活力,有一种整然的法则性存在。二是有序对称原则。"凡物必有合","合"就是对立、对称、交合。整个世界不仅是和谐合理的,而且是有序对称的。有序表现为事物发展变化的规律性、规则性,对称表现在总体结构上,包含了差异和矛盾的对称。三是和合协同原则。从整体上说，天地自然万物处于平衡、和谐、有序的状态，这是大自然自己的运动和自组织和自协调的结果。中国航空集团公司的企业文化建设，就是这样从我国优秀的历史文化传统中汲取丰富的营养，并在内容和形式上积极创新。并且把它作为集团文化建设的基调和底色，并且提出了要从形上（形而上）和合、道德和合、人文和合、工具和合、目标和合、社会和合等方面加强集团和合文化建设。和合境界的实现不能脱离人们投身现实、奋发进取的努力和作为。这种投身现实、奋发进取的努力和作为就是力行。和合是力行的前提和基础，力行是和合的推广和延伸。建设集团文化，不断发扬光大传统文化，同时用"入世用世"的积极人生态度，认定目标，脚踏实地，锲而不舍，发奋进取，在实践中一步一步地建设着中国航空集团公司的企业文化。积土成山，积水成渊，积善成德，积健为雄。员工和企业的成长、境界的提升，是一个不断发展的递进过程，只有自始至终持续不断地努力修身养成，探索实践，才能最终完成这个过程。坚持积健为雄的理念，展现了中国航空集团公司求真务实、开拓进取建设发展集团的胸襟和韬略。

中国航空集团公司的企业精神即"凤凰精神"：集美聚善，引领群伦。

"凤凰"是远古传说中的一种祥瑞之鸟。在远古的时候，凤凰以中华民族先民图腾的形式存在。秦汉以后，凤凰不仅仅是一种图腾象征，而愈来愈变成一种宗教哲学中的抽象崇拜和艺术美感所寻求形式表现的造型符号。在我国传统文化中，凤凰文化气势恢宏，光彩夺目，深入人心，成为激励中华民族继往开来，创造辉煌，屹立于世界民族之林的精神动力和智力支持。长期以来，"凤凰"作为中国航空集团公司主业企业的商标而存在，由此可见，中国航空集团公司与"凤凰"有很深厚的历史渊源。

从企业文化建设的实际需要和中国航空集团公司文化的个性特征出发，中国航空集团公司将其所要倡导的"凤凰精神"的基本内涵提炼为"集美聚善，引领群伦"八个字。

从集团CI标识来看，也充分体现了以企业核心价值观为代表的企业文化。该集团的CI标识是由图形和集团中英文简称组成。该标识融原国航的凤凰图形、原中航总的中文字体和原西南航的色彩为一体，蕴涵集团企业的渊源与重组后文化整合的统一性。集团英文简称"AIR CHINA"，中文简称为"中国航空"，言简而意赅。凤凰是太阳之精、光明使者。传说中的凤凰集美聚善，引领群伦，是人间祥瑞的象征。该标识以凤凰为主设计元素，突出了航空运输主业在整个集团完整产业链中的地位，具有明显的行业识别性。同时，祈愿凤凰这一神圣的生灵及其美丽的传说，带给人们无限的吉祥与幸福。标识中的弧线，代表数字"一"，演绎"一生二，二生三，三生万物"、"从一而始，至于无限"的哲理思辨。标识中的弧线，还象征地平线。凤凰飞跃地平线，寓意企业不断超越自我，积极向上，自强不息的精神风貌。红色凸显热烈与激情，是集团事业蒸蒸日上的写照；深蓝色昭示理性与厚重，与集团作为一个国际化大企业所拥有的雄厚综合实力相契合。整个标识庄重稳实，大气优美，内涵深邃，极具视觉表现力，勾勒出溢彩流光的生命轨迹和生生不息的律动意象。

通过积极倡导以"和合力行，积健为雄"为核心内容的价值观体系，以"集美聚善，引领群伦"为基本内涵的"凤凰精神"，中国航空集团正通过艰苦卓绝的不懈努力，打造着世界级的领先企业。

江苏沙钢集团有限公司

江苏沙钢集团(以下简称沙钢)位于长江之滨张家港市沿江经济开发区。企业临江近海,拥有 7 公里长的长江深水岸线,高速公路四通八达,区位优势得天独厚,现拥有总资产约 510 亿元,职工 13 000 余名;具有年产铁 1 500 万吨、钢 1 800 万吨、材 1 800 万吨,不锈钢板 100 万吨的生产能力,是目前国内最大的电炉钢和优特钢材生产基地、江苏省重点企业集团、国家特大型工业企业,全国最大的民营钢铁企业。企业先后荣获"中国企业管理杰出贡献奖"、"全国质量效益型先进企业"、"全国用户满意企业"、"全国优秀企业(金马奖)"、"江苏省环保先进企业"等荣誉。它在"2006 中国企业 500 强"排名中居于第 66 位,而在 2002~2006 各年度"中国企业 500 强"排名中的升降情况如表 1 所示。

表 1　　　　　　　　　　　沙钢在"中国企业 500 强"中的排名

年度	2002	2003	2004	2005	2006
排名	96	97	86	75	66

一、沙钢发展历程概述

(一)企业发展简史

沙钢是 1975 年靠 45 万元自筹资金创办的钢铁企业。32 年来,沙钢定位国际先进水平,坚持科技创新、机制创新和管理创新,走上了全面、协调和可持续发展之路。沙钢的发展,与改革开放的步伐是一致的,大致可以分为三个阶段:

第一阶段是 1984 年前,沙钢坚持一个中心两个基本点,积极完成了企业内部的配套建设,锭、坯、材实现了一条龙生产。

第二阶段是 1989 年以前,沙钢保持了持续发展的好势头,实现了以热轧窗框钢为主导产品的批量化、专业化生产,从 1989 年起,热轧窗框钢产量、销量、实物质量和市场覆盖率达到四个全国第一。企业先后通过了计量、能源、档案管理一级企业的评审验收。企业整体素质明显提高。

第三阶段是 1989 年以后,沙钢瞄准国际先进水平,加快了与世界经济接轨的步伐。1989 年沙钢投资 3 090 万美元,从英国比茨顿钢厂引进全套设备建成的永新钢铁有限公司,拥有我国第一台超高功率大电炉,采用全连铸、全连轧的短流程生产线,它的建成,使沙钢一跃成为国内冶金行业引进先进工艺和设备的一块样板,被冶金部专家誉为中国钢铁行业第三次革命浪潮的典范。1993年沙钢又投资2.2亿美元,引进国际20世纪90年代最先进的炼钢、连铸、轧钢设备和电气自动控制设备,建成润忠钢铁公司,主体设备——90吨超高功率竖式电炉和9atLF精炼炉由德国福克斯公司制造,六机六流小方坯弧形连铸机由瑞士康卡斯特标准公司制造,轧钢加热炉由美国戴维公司制造,26机架平立交替、无扭控冷高速线材轧机由美国摩根公司制造,整个生产线的自动控制电气设备均为德国西门子公司产品,润忠的建成又使沙钢跃上了一个新的台阶。1996年沙钢又与世界第二大钢铁集团——韩国浦项综合制铁株式会社合资兴建张家港浦项综合工程,分别是年产能力为12万吨的冷轧不锈钢工程、年产能力为10万吨的镀锌板工程、年加工各种钢板能力为14万吨的晓沙钢材加工厂、可停靠万吨级货轮的浦沙钢铁码头,4个项目总投资2.9亿美元,至1999年1月份止,已先后全部正常生产。

(二)企业的企业所有制结构和组织架构

经过3年的酝酿,沙钢于2001年成功改制,改制后的股权结构中,张家港市市属的工业公有资产经营有限公司持股25%,沙钢职工持股会持股23%,在自然人所有的52%股份中,沈文荣以17.2%的股份排在第一,但他出任的职务仍是由张家港市委任命的。

沙钢的组织架构如图1所示。

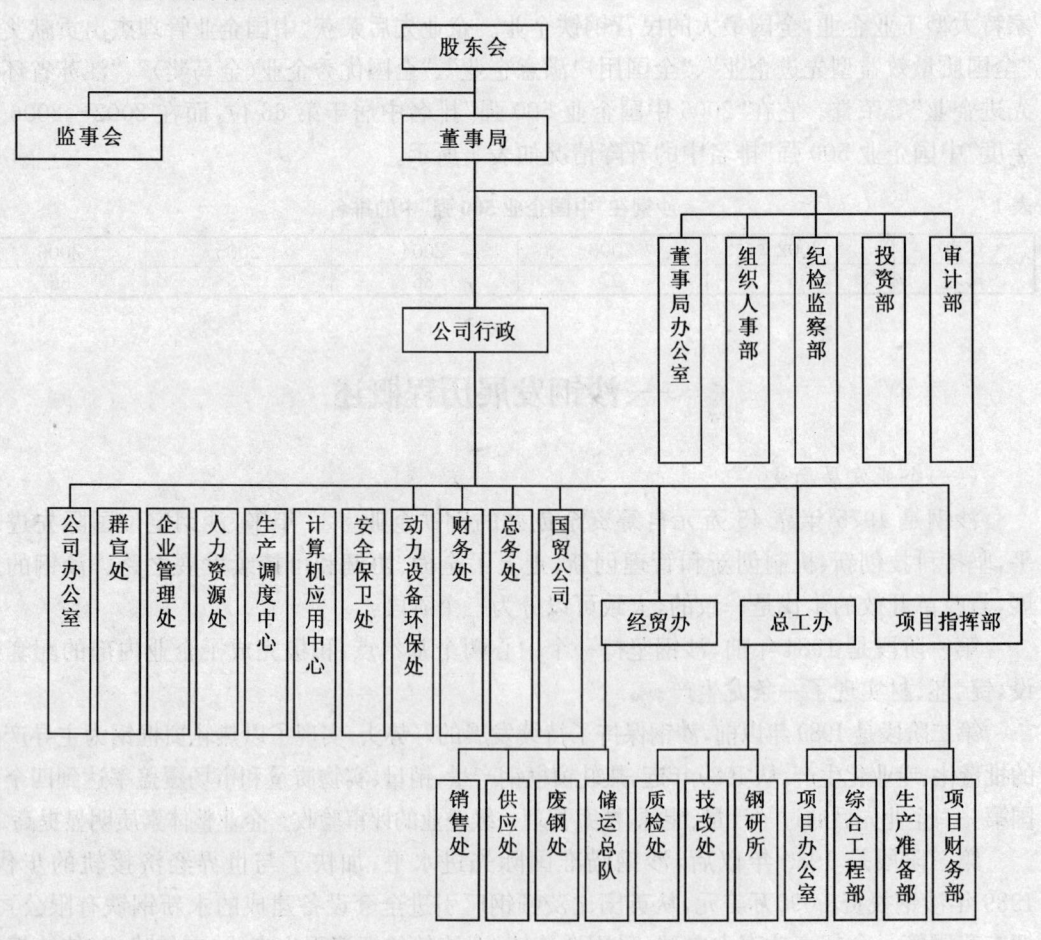

图1 沙钢的组织架构图

二、沙钢的发展战略

(一)沙钢面临的竞争环境分析

2006年12月12日国家发改委发布通报称,钢铁行业生产运行面临三大新问题:国家宏观调控政策的效应将进一步显现,将减缓钢材的实际需求;钢铁企业年内还将陆续投产产能,使国内市场钢材供大于求的压力不能得到真正的缓解;企业在生产经营中面临成本控制、结构调整、节能与环保改善以及价格频繁波动等更大的难题。

当前,沙钢集团生产产品主要为线材产品,国内不管是国有钢铁企业还是民营钢铁企业,在建生产线多条,而且很多原非钢铁主业的民营企业,在经历了2003年国内钢铁市场的良好形势后,纷纷投资建设钢铁项目。由于线材轧机相对板材轧机投资小,建设周期短,成为进入钢铁业的项目建设首选。另外,国外很多钢铁企业也纷纷利用独资、合资等形式在国内兴办钢铁制造企业。但是,由于钢铁行业的投资成本特点,使得短时间内,新进入者很难形成较大的规模,加之钢铁行业的规模经济性,造成新进入者的竞争力相对较弱、威胁较小。

(二)企业总体发展战略规划

沙钢集团在建厂30周年、钢产量突破千万吨之际召开了发展规划汇报会,会上提出了"十一五规划"和"十年框架"发展战略目标:打造精品基地,建设绿色钢城,年销售收入要超千亿元,努力跻身世界500强。

三、沙钢的生产经营状况

(一)企业生产概况

沙钢集团主要产品有:"沙钢"牌高速线材、热轧带肋钢筋、热轧圆钢、热轧窗框钢、冷轧不锈钢板、热镀锌钢板等,其中,"沙钢"牌高速线材、热轧带肋钢筋、热轧窗框钢等产品均荣获"冶金产品实物质量达到国际先进水平金杯奖"、"全国用户满意产品"称号,并被列为江苏省重点保护产品和省重点名牌产品,2001年3月,"沙钢"牌热轧带肋钢筋被国家质量技术监督局授予国家质量免检产品。目前,"沙钢"牌高速线材有十大系列一百多个钢种,规格为直径D5.5—D16mm,产品具有盘重大、同卷强度差小、尺寸波动小、精度高、包装精美等特点,"沙钢"牌混凝土用热轧带肋钢筋规格有直径D10—D40mm,产品具有化学成份、力学性能、公差尺寸稳定,塑性、冷弯性能良好,表面光洁等特点,为国家建设部推荐用材。冷轧不锈钢板有三大类18个品种,规格为厚0.3—3um,产品具有表面干净、美观、耐腐蚀性优、耐磨损性好、硬度高等特点。"沙钢"牌热轧带肋钢筋(HRB335.400级)广泛应用于上海南浦大桥、三峡工程、江阴长江大桥等一大批国家重点工程建设。"沙钢"牌优质线材销往包括晋亿实业、东风二汽、贝卡尔特、法尔胜等320多家金属制品企业,同时出口欧美,被美国国际品证认证委员会认证为"商品质优产品"。

2006年沙钢共完成铁、钢、材的产量分别为1 141万吨、1 463万吨和1 272万吨,比上年分别增长45%、40%和65%;完成销售收入588亿元,同比增长45%;出口创汇8亿美元,同比增长11%。

(二)产品进出口情况及海外市场拓展

自2006年以来,在国际钢材市场瞬息万变、原料价格上涨、出口市场壁垒重重、国家政策控制力度加大的情况下,沙钢集团进出口处积极开拓市场,认真收集市场信息,做好市场分析,实现出口产品多元化;坚持市场与用户稳定性的原则,做到细分用户,定位市场,并针对不同的产品特点和市场特点,采取不同的合作方式,抓牢了一批最终用户,尤其是一些高附加值产品的用户;同时还积极抓住国际市场行情看涨的有利时机,适时加大出口订单的落实力度,在最高价位时锁住订单,落实了一批中东、东南亚客户,2006年1至10月份,沙钢进出口处出口创汇6.22亿美元,完成指标的155%,同期增长9.3%。

在开发热卷板市场方面,沙钢集团坚持市场最大化原则,通过小批量试用,逐步提高出口量。特别是抓住了欧洲市场热卷板市场需求大、价格高的有利局势,及时落实订单,使沙钢热卷板顺利进入欧洲市场,在出口总量、出口效益上获得了双丰收。他们还实现了线材市场多元化,通过试用订单,让新客户认可公司产品,逐步增加订单数量,2006年主要新开发了哥伦比亚市场、欧洲市场,并发展了东南亚的多家新用户。

(三)与上下游企业合作情况

沙钢是国家特大型工业企业,随着650万吨炼铁炼钢连铸钢板工程项目的投产,已形成千万吨级钢铁联合企业的生产能力,对铁矿石、废钢、焦煤等原辅材料的需求量逐年大幅度增长。面对钢铁生产原辅材料资源紧张、市场变化频繁的新情况,公司近几年坚持内外并举,不断创新物流采购机制,畅通物流渠道,充分发挥企业品牌和地处长江之滨的区位优势,树立社会化、国际化的理念,全方位拓展国内国际资源市场,有力地保证了企业生产经营水平的稳定提高。以下是对其采取的应对措施的具体说明。

沙钢通过加强市场调研加紧打造资源平台。确立以规模型企业为主、长期合作的原则,在国内选择几十家经营信誉良好的大供应商,建立稳固的中长期战略合作伙伴关系。在煤炭组织采购上重点选择山西、河南、东北、山东的大企业集团作为合作基地,通过参加全国煤炭会议及订货会,分别与20多家大型煤矿攀亲结缘,规避了市场价格变动频繁、质量参差不齐的困难,保证了炼焦和高炉喷煤的基本需要。

沙钢还在江苏、浙江、上海、广西等地选择优势企业作为铁合金、废钢、焦炭等资源的主要供应商,近年来创新机制,采用投资合作、补偿贸易等多种形式,在国内新建焦化、白云石矿等物资供应基地8个,形成了门类比较齐全的物资采供网络体系。2004年,在资源普遍紧张的态势下,沙钢采购的废钢、焦碳、铁合金同比上年分别增长10%、61.8%和77%左右。

拓展视野,开展国际经贸合作,拓展资源领域是沙钢又一成功之举。沙钢位于长江之滨,具有7公里长的深水岸线以及年吞吐能力3 000多万吨的自备货运码头,具有运输成本低、装卸便利,物资可以大进大出的独特优势。多年来,通过商务谈判,先后与澳大利亚必和必拓(BHP)公司、哈默斯利公司以及巴西淡水河谷(CVAD)公司等结成长期合作关系,2004年进口优质铁矿粉500多万吨,还从美国和日本等进口废钢80多万吨。2005年的矿粉进口量将会进一步扩大。

沙钢一手抓资源组织,一手抓物流运输畅通。面对陆路运输日趋紧张的压力,沙钢在矿石、煤炭等大宗原材料的调运上,充分发挥通江达海的区位优势,专门与港口结成紧密业务联系,设立稳定的煤炭储存中转港口7个,还开辟了张家港港务局码头作为煤炭中转堆场,同时加强与中国海运公司、长江航运公司等的战略合作关系,签订中长期合作协议,同时根据运输市场行情的变化,适时引进社会船舶参与运输,缓解了运力紧张的矛盾,保证了物流畅通,促进了生产增长。2004年沙钢的销售收入和实现的利税同比猛增了47%和38%,创出历史最好水平。

(四)企业品牌创建

沙钢在生产上付出了艰苦的努力,也创下了自己的品牌。1998年沙钢牌高速线材通过了ISO9002质量保证体系认证,产品荣获"冶金产品实物质量金杯奖",并被江苏省列为重点保护产品,受到国内汽车制造、金属加工等行业用户的青睐。1999年岁末,沙钢牌高速线材又获殊荣,被全国质量协会授予"全国百家用户满意产品"称号。现在,沙钢牌线材产品已打入国际市场,远销韩国、美国。

四、沙钢的财务状况

表2列出了沙钢2001~2005年的一些财务情况。如表2所示,从2002~2005年,沙钢集团的财务状况是日益趋好的,它的排名由2002年的第96名上升至2005年的第75名,其营业收入也是逐年增加的:2002年仅1 129 809万元,至2005年已经上升至311 265万元,将近为2002年的3倍。其中,2004年、2005年的增幅最大。相应地,2004年、2005年的收入增长率明显高于以前的年度,2005年已上升至52.29%(如表2所示)。

从利润增长率来看,2003年和2004年的增长率要略低于2002年的26.11%,而2002,2003年分别为22.91%和23.64%,两者相差不大。

从资产上看,沙钢的状况同样也是节节攀升的。2002年为1 019 209万元,2005年为2 645 268万元,在短短的三年内增加至将近2.6倍之多,可见其发展速度还是很快的。

表2　　　　　　　　　　沙钢2002~2005年的财务状况

年　度	排名	营业收入(万元)	收入增长率	利润(万元)	利润增长率	资产(万元)	从业人数
2002	96	1 129 809	35.56%	64 995	26.11%	1 019 209	7 893
2003	97	1 451 197	28.45%	79 888	22.91%	1 447 053	8 941
2004	86	2 040 198	40.59%	78 378	23.64%	2 140 174	9 853
2005	75	3 112 365	52.29%	(不详)	(不详)	2 645 268	9 800

五、沙钢的研发创新能力

沙钢以调整结构为主线,加强产品创新,2006年用于科研和新工艺、新产品开发的资金投入将超过5 000万元。总工办、钢研所也及早拟订新产品开发和质量优化工作方案,与销售部门、生产车间"三位一体",联合开展各项攻关活动,瞄准市场需求,全力开发X52管线钢、热轧无取向硅钢、焊接钢等高性能钢板以及金属制品行业急需的SWRS82B镀锌钢绞线用钢、80级高强度钢帘线用钢和C70DA、C82DA橡胶骨架钢材等高科技含量、高附加值新品种共14个,组织专业化生产,扩大了产品门类,抢占国内外市场高地。2006年上半年,沙钢高科技含量、高附加值的优质线材和热卷板等产品在国内市场上供不应求,同时蜚声海外市场,钢材出口量近80万吨。

沙钢集团在加大科技创新投入的同时,还出台了鼓励"四新"技术应用、攻关和合理化建议等10项激励制度和实施细则。对完成的各类科技成果、论文实行按等级给予技术人员奖励的制度,激励广大技术人员投入企业科技进步的热情;在实行奖励的同时,对那些工作平淡、无技术成果或论文的专业技术人员,采取降低或取消内定职称等方式,对内部技术职称实行动态管理,规定技术职称津贴高于同级行政职务津贴,鼓励科技人员竞争和自我发展。

六、沙钢的营销策略

沙钢不断创新营销机制,培育和壮大市场竞争优势。经贸部门进一步完善合同管理体系,细分市场用户,建立重点用户档案,形成共进双赢的利益共同体,千方百计促进销售,围绕市场需求,与生产、技术等部门紧密衔接协调,实行专业化生产,各种规格配套供应,全方位满足用户需要;同时充分发挥驻外办事处的职能,不断扩大钢材的直销量,形成办事处、代理商和储运仓库"三位一体"立体化的营销新格局,还建立市场信息收集、汇总、分析的快速反应机制,科学判断市场走向,适时制定销售策略,合理价格定位,增强对市场的调控能力,求得最大的销售效益。例如,2006年针对产品价格波动频繁的情况,沙钢制定液氧、液氩、医用氧等气体十天一定价,硫酸铵、煤焦油、粗苯等焦化产品半月一定价,高炉水渣等一年一定价的制度,1～9月份,仅焦化副产品的销售收入就达4.3亿元。

沙钢还开展营销优质服务,稳定老客户,拓展新客户,在市场搏击中,沙钢的优质线材、板坯、热卷板等产品始终保持比较稳定的国内市场占有率,并且蜚声国际市场,产销率达100%,优质线材生产总量和出口量双双位居全国第一。

七、沙钢的人力资源与企业文化

(一)企业人员结构及培训

从创业之初的乡镇企业职工,到逐步培养引进人才,经过20多年的发展,沙钢初步形成了职工培养体系和职工队伍。目前拥有职工约13 000余人。在职工素质上,普通操作者主要以当地转岗工人、农村富余劳动力、培养起来的年轻技术工人为主,技术人员方面有沙钢自己培养的技术人员,也引进了一部分其他钢铁厂的技术骨干。管理人员方面主要通过内部提拔培养、市场招聘等方式建立了管理人员体系。

从总体上讲,沙钢已经具备了基本的职工队伍,基本能满足沙钢当前发展要求,但是与沙钢的目标所要求的人才体系仍然存在一定的差距,特别是高层次人才仍然缺乏。21世纪的竞争是人才的竞争,建立创新型企业,人才是第一资源,尤其创新型科技人才。抓紧并持之以恒地培养造就创新型科技人才,是提高自主创新能力、建设创新型企业的必然要求。沙钢始终把培养创新型科技人才作为实施科技创新的战略来抓,建设了一支宏大的创新型科技人才队伍。沙钢深入开展职工培训活动,目的就是为了提高职工的业务水平和创新能力,增强了职工队伍素质与科技创新互相促进的关系。

沙钢除了在企业内部展开的职工培训活动外,还非常注重在对外交流活动中培训员工,一方面派员到国内外同行处交流考察,另一方面不惜重金,从海外引智。沙钢于1999年开始聘请国外技术专家担任技术顾问,如美国的冶炼专家鲁道夫先生、法国冶炼设备与工艺专家米歇尔先生、日本钢铁冶炼专家江见俊彦教授,每年定期来厂进行技术指导和讲座。"十五"期间沙钢组织的高水平讲座和技术交流超过 100 场。事实证明,海外引智在培养人才方面起到了积极的作用,沙钢技术人员通过海外专家的技术讲座,或与其共同进行难题攻关,拓宽了工作思路,在分析问题和解决问题方面都有了长足的进步。

(二)企业文化

从一个自筹资金建办的小型轧钢车间到现在的特大型钢铁企业,沙钢在走过的艰辛道路的同时,努力营造良好的企业内部氛围。通过多年的改进发展,沙钢初步拥有了"自力更生、艰苦奋斗、勇于创新、不断攀登"的企业精神,"科技领航,科技是取之不尽的资源"的沙钢理念,"团结勤奋　严谨求实"的厂风,"质量第一、信誉至上、面向全国、走向世界"的企业宗旨,"忠于职守、团结向上、求实创新、乐于奉献"的职工宣言等企业文化体系。这一企业文化体系是沙钢能够克服苦难、发展壮大的力量源泉。

上海埃力生(集团)有限公司

上海埃力生(集团)有限公司(以下简称埃力生集团)是由中国中轻工业集团为投资主体组建的特大型跨国企业集团,资产实力雄厚。集团业务涵盖工业、进出口、房地产和金融投资等行业,拥有石油化纤、石油化工、石油钢管、铜、锌、铅、双向拉伸聚苯乙烯(BOPS)、真丝立绒等制造业,引进欧美先进生产设备,业务拓展全球。

公司总部位于上海外滩的埃力生国际大厦,同时在北京、深圳、宁波、青岛、杭州、大连等城市拥有26家控股、参股公司,其中下属的上海埃力生进出口股份有限公司和科威股份的股票即将发行上市。2004~2006年,上海埃力生集团在全国500强企业中的排名分别为第79名、第66名和第67位。

一、埃力生集团的发展历程

(一)企业发展简史

上海埃力生(集团)有限公司是一个集工业生产、商业贸易、金融投资和房地产开发为一体的跨行业、跨部门、跨地区、跨所有制的综合性企业集团。于1997年6月组建,成立之初集团总资产为58亿元人民币。

上海埃力生(集团)有限公司总部最初位于上海金山区埃力生高科技工业园内,工业园占地38公顷,已建成投资1.2亿美元、一期工程年产30万吨高频直缝焊石油钢管的生产装置,国外同行业要三年才能建成的项目,埃力生只用一年建成投产。从试生产到取得API及509002两个证书,只用了6个月,而同行业企业至少需两年以上,从而创造了"半年一个样,一年大变样"的埃力生速度。总投资1.5亿美元年产50万吨的石油钢管二期工程也在紧张建设之中。到2000年,一个国际一流的现代化大型钢管生产基地在上海金山迅速崛起。

上海埃力生(集团)有限公司正在积极筹备上市,到2006年,集团公司年销售收入超过500亿元。集团将不断地"追求卓越,携手共进",努力跻身于世界级公司行列,为发展民族工业,为上海、为国家的经济发展做出积极的贡献。

(二)企业组织结构

上海埃力生(集团)有限公司是由中国中轻工业集团为投资主体组建的特大型跨国企业集团。埃力生集团坚持"以工业为基础、进出口贸易为龙头、房地产为利润增长点"的发展战略,目前在北京、深圳、宁波、青岛、杭州、大连等城市拥有 26 家控股、参股公司,分别属于工业、贸易和房地产三个行业,其中包括:上海埃力生石油化纤有限公司、上海联兴进出口有限公司、上海埃力生钢管有限公司、上海金水源进出口有限公司、上海三城真丝绒制品有限公司、浙江埃力生进出口有限公司、宁波中轻包装材料有限公司、青岛埃力生进出口有限公司、安徽池州有色金属(集团)有限公司、上海意达房地产开发经营有限公司、上海埃力生(集团)有限公司国际贸易部、宁波埃力生房地产开发有限公司、上海埃力生进出口股份有限公司、北京埃力生房地产开发有限公司、北京埃力生进出口有限公司、上海洛克双喜国际投资有限公司、天津埃力生科技有限公司、上海埃力生物业管理服务有限公司等。上海埃力生(集团)有限公司的组织结构如图1所示。

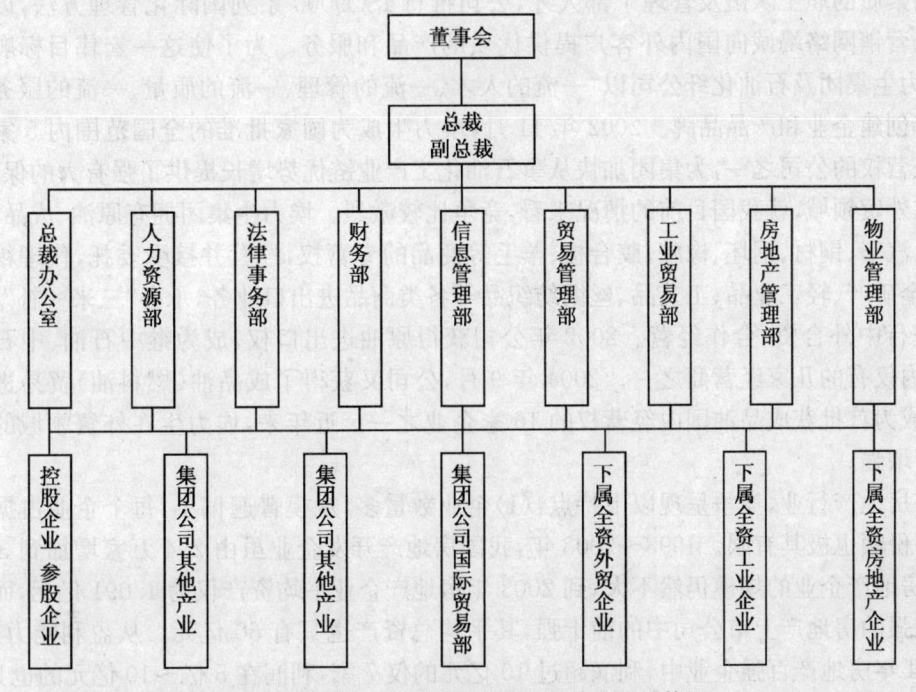

图1 上海埃力生(集团)有限公司的组织结构图

二、埃力生集团的发展战略

(一)企业总体发展战略规划

在短期,"追求卓越、携手共进"的埃力生人将秉承"诚信创新,求真务实"的作风,坚持以"工业为基础、进出口贸易为龙头、房地产为利润增长点",通过不断提升产业能级,增强集团的竞争能力和抗风险能力。

在长期,埃力生人以"产业国际化、管理国际化、人才国际化、品牌国际化"为主题,通过集聚和整合全球资源和要素,力争将埃力生建设成为具有国际竞争能力和地位的综合性跨国集团公司,把"ALISON"打造成为具有良好声誉和巨大价值的国际知名品牌。

(二)企业竞争优劣势分析

经过多年的发展,埃力生集团涵盖工业、外贸、房地产和金融投资等行业,以中国入世为契机，根据国际、国内市场变化和公司发展现状，埃力生适时将产业结构调整为以"工业为基础、进出口贸易为龙头、房地产为利润增长点"，以适应市场，追求效益、利润的最大化。

在工业领域埃力生集团主要涉足石油、化工、化纤、钢铁和有色金属行业。石油、化工、化纤行业属于垄断程度较高的行业，竞争不太激烈，中国石化、中国石油作为领导者占有绝大部分市场份额。埃力生在石油、化工、化纤行业也具有比较雄厚的实力，尤其是近年来，随着埃力生的不断发展，其在化工、化纤行业的竞争优势凸现。

同时，埃力生石油化纤工程的建设与投产将会使埃力生石化无可争议地成为世界级的石油化纤生产基地。从石油化纤项目立项之前，高素质、专业化的人才引进就得到了公司高层领导的高度重视。公司聘有国内石油化纤行业的高级专家和最优秀的管理人才，并拥有一支高素质的职工队伍及管理干部人才，公司推行 ISO9000 系列国际化管理方法，以现代的市场营销网络竭诚向国内外客户提供优质的产品和服务。为了使这一宏伟目标顺利实现，埃力生集团及石油化纤公司以"一流的人才、一流的管理、一流的质量、一流的服务"，始终坚持创建企业和产品品牌。2002 年 11 月，埃力生成为国家批准的全国范围内 5 家拥有原油经营权的公司之一，为集团加快从事石油化工产业链优势增长提供了强有力的保证。

在外贸领域，就我国目前的情况来看，竞争比较激烈。埃力生集团拥有原油、成品油(燃料油)、汽车、钢材、钢坯、橡胶、胶合板、羊毛等商品的专营权，经营并接受委托，代理粮油食品、五金矿产、轻工业品、工艺品、丝绸纺织品等各类商品进出口业务，承办"三来一补"业务，以及进行中外合资、合作经营。2002 年公司获得原油进出口权，成为继中石油、中石化之后、国内仅有的几家经营商之一。2004 年 9 月，公司又获得了成品油(燃料油)贸易进口经营权，成为首批获成品油国内经营权的 16 家企业之一。近年来，埃力生在外贸领域的竞争力有所增强。

在房地产行业，竞争呈现以下特点：(1)企业数量多，规模普遍偏小，每个企业占据的市场最高份额也极其有限。1998～2003 年，我国房地产开发企业虽由 2.4 万家增加到 3.7 万家，但房地产企业的规模仍然不大，到 2003 年房地产企业平均资产仅为 1.091 亿元，而作为实力较强的房地产上市公司中的前十强，其平均总资产也只有 60 亿元。从盈利能力来看，在 2004 年房地产百强企业中，利润超过 10 亿元的仅 7 家，利润在 5 亿～10 亿元的也只有 8 家，3 亿～5 亿元的有 13 家，在 1 亿～3 亿元的多达 43 家，更有 29 家利润总额不足 1 亿元。从市场份额来看，内地市场化程度较高的上海、深圳排名前 10 位的开发商的市场占有率分别为 23% 和 20%，而香港前 9 位的房地产商的市场占有率达到 80%。在全国范围内，2002 年万科在全国的市场占有率仅 0.94%，而美国前三名的房地产企业的市场占有率达到 45%。可见，我国房地产市场集中度比较小。(2)房地产东西部发展不平衡。东部地区在企业规模和投资、开发规模方面均大大超过西部地区，而东部又主要集中在广东、上海、北京、江苏、浙江五省市。以 2003 年为例，五省市的年开工面积和年销售面积均超过全行业的 38%，占全行业 33.15% 的企业数实现的营业收入超过了全行业总收入的一半，利润达到了行业总额的 88%。

在房地产行业，实力雄厚的房地产商主要有：世茂集团、合生创展、珠江投资、富力地产集团、雅居乐地产控股、绿城集团等，这些都是埃力生集团在房地产领域强有力的竞争对手。目前，埃力生集团的房地产业务已在上海、北京和浙江等地取得了良好的发展，虽然在首都北京的国际机场旁以及上海和浙江，埃力生集团投巨资建设的房地产项目取得了巨大的成功,受到社会的普遍关注,但是相对于以上实力雄厚的房地产开发商,埃力生集团仍处于竞争劣势。

三、埃力生集团的生产经营状况

(一)企业生产概况

埃力生集团经过多年的发展,其业务主要涵盖工业、外贸、房地产和金融投资等行业。在每一个领域,集团都拥有很多颇具实力的控股、参股公司。在工业生产领域,有上海埃力生石油化纤有限公司、上海埃力生钢管有限公司、上海三城真丝绒制品有限公司等控股公司;在贸易领域,有上海埃力生进出口股份有限公司、北京埃力生进出口有限公司、天津埃力生科技有限公司等控股公司;在房地产领域,有上海意达房地产开发经营有限公司、宁波埃力生房地产开发有限公司、北京埃力生房地产开发有限公司等控股公司。

经过数年发展,埃力生集团已经发展成为拥有石油化纤、石油化工、石油钢管、铜、锌、铅、双向拉伸聚苯乙烯(BOPS)、真丝立绒等制造业技术,业务向全球拓展的大型工业集团。

(二)企业主要产品及其生产、销售情况

埃力生集团在工业领域打下了雄厚的基础,通过同国内外的合资、合作,强强联手,产业规模不断拓展,已经发展成为以石油化纤、石油化工、石油钢管、有色金属等产品为主,向全球拓展业务的大型工业集团。

作为集团主要产品之一的钢管,1997年3月通过了美国石油学会(API)和挪威船级社(DNV)的认证,获得API会标使用权证书和ISO9002证书。产品主要用于制造输送石油、天然气、水、煤气、化工物料、煤浆等中高压管道以及建筑结构架、桥梁结构架、集装箱用管等。产品60%以上出口,销往美国、英国、加拿大、挪威、马来西亚、新加坡、日本、中国香港等国家和地区。2002年钢管公司在与美国的反倾销官司中胜诉,并且在原材料平均每吨涨价1 000元的情况下仍能大幅度盈利,产品产量超过国内同类产品总量的50%,占据了70%的国内市场。

在石油、化工、化纤行业,集团的主要代表产品主要有:涤纶熔体、BOPS膜片、真丝立绒等。尤其是真丝立绒系列产品,其绒面丰满细腻、抗倒伏、抗静电、色彩清新自然、光泽赏心悦目、品质高贵典雅,深受美国、欧洲等上流社会人士和中东皇室的喜爱,宝洁公司和本田汽车公司也使用了公司的系列产品,出口率为100%。

在石油化工行业,公司力争50%以上的产品出口海外,埃力生石油、化纤工程的建设与投产将会使埃力生石化无可争议地成为世界级的石油化纤生产基地。

(三)产品进出口情况

经出口贸易是埃力生集团的主营业务之一,现在集团已是国内主要的进出口贸易公司之一。在集团贸易管理部的统一管理下,已组建了北京、上海、天津、广州、集团本部的国贸部以及浙江、青岛、联兴、金水源等9家外贸公司,且均拥有进出口贸易经营权。集团还在国内外设立了数十家外贸子公司和办事处,形成了辐射全国、面向世界的外贸网络。

集团拥有原油、成品油(燃料油)、汽车、钢材、钢坯、橡胶、胶合板、羊毛等商品的专营权,经营并接受委托、代理粮油食品、五金矿产、轻工业品、工艺品、丝绸纺织品等各类商品进出口业务,承办"三来一补"业务,以及中外合资、合作经营。2002年,公司获得原油进出口权,

2004年9月,公司又获得了成品油(燃料油)贸易进口经营权。

集团外贸公司与5大洲的70多个国家和地区、数千家客户建立了长期的贸易关系,并成为众多世界500强跨国企业在国内的代理商,与国外商业界、金融界和产业界一直保持着良好的合作关系和贸易往来。集团的进出口贸易业绩进步骄人。2004年,公司的进出口以及来料加工额达35亿美元,被评为全国500家拥有最大出口额的企业之一。

(四)企业海外市场拓展

埃力生集团的工业产品大部分销往北美、欧洲及亚洲其他地区,在海外市场上具有较强的竞争力,并且与客户建立了长期的关系。集团还将积极加大海外拓展步伐,在巩固原有的欧美市场的同时,拓展拉美、东欧等国家市场。这些国家在经济结构和产业结构上与我国的差异使我们在经济贸易上有很大的互补性,因此开拓这些国家市场、积极推进双边贸易的前景十分广阔。

(五)企业品牌创建

埃力生将"优秀的品牌是埃力生追求的生命"作为集团的经营理念之一。集团工业产品在生产工艺及内在质量上已达到了世界先进水平,所有的工厂均拥有ISO9002、API等国际认证证书。集团在工业领域的代表性优秀品牌产品主要有:石油钢管、涤纶熔体、BOPS膜片和真丝立绒。

四、埃力生集团的资本运作

(一)企业投资情况

房地产业务作为埃力生集团的主营业务之一,也是其投资的主要方向。在房地产领域,集团有下属公司—上海埃力生物业管理服务有限公司。在北京、上海、浙江,埃力生集团建设的房地产项目均取得了巨大的成功。其中,公司在北京开发的房地产项目达30万平方米;在上海,集团目前已拥有5幢5A级国际化的高标准大厦。上海黄浦江两岸的综合开发,给埃力生带来了无限商机,集团投巨资在上海外滩建设的"埃力生国际大厦"已正式启用,成为黄浦江沿岸一道亮丽的风景线。上海轻工国际大厦、上海康宁大厦项目的运作成功,为埃力生在上海房地产领域的发展奠定了坚实的基础。

在新世纪新的发展时期,房地产已成为埃力生集团的经济增长点,2004年全集团开工建设的房地产面积达30万平方米。

在工业领域,2002年,由上海埃力生(集团)有限公司规划投资120亿元建造的聚酯化纤项目,可年产280万吨石油化纤产业链产品,其中180万吨为聚酯产品的主要原料之一PTA,100万吨为涤纶熔体直纺产品。项目共占地2 680亩,按照国家及上海市产业总体规划要求,180万吨PTA项目建在国际一流的上海化学工业区内;100万吨熔体直纺产品建在奉贤分区内。项目分两个阶段,四期工程,规划在五年内完成。

目前,上海埃力生集团聚酯化纤项目已经建成,该项目的建成,将在国内外同行业中产生较大的影响。据统计,目前世界人造纤维总消费量年约3 500万吨左右,其中聚酯纤维占56%,而人造纤维的消费量又与人均GDP有直接的关联。该项目的建成投产,在加快我国聚酯工业快速发展的同时,对提高我国国民生产总值,使之进入国际先进国家的发展行列,将起到积极的推进作用。

（二）企业并购重组情况

集团于2004年2月收购重组了安徽池州有色金属（集团）有限公司，整个收购价大约在5亿元左右。安徽省池州有色金属（集团）有限公司的前身是池州铅锌冶炼厂，始建于1958年，具有40多年的重有色金属冶炼历史，是安徽省50户重要骨干工业企业之一，是目前全国最大从事矿产铜、铅、锌综合冶炼的地方国有企业，拥有粗铅、电解铅、电解锌等多种有色金属的生产能力。集团公司主产品包括电解铅、电解锌、电解铜，年产铅、锌、铜16万吨、硫酸16万吨，同时综合回收金、银、锑、铋、硒、钴、镉等稀贵金属。

重组后的池州有色金属集团是中国最大的有色金属生产和冶炼基地之一，依托埃力生集团资源整合和资本运行的实力，到2006年，将力争把池州有色金属集团打造成为世界级的有色金属综合冶炼和深度加工的基地。

五、埃力生集团的研发创新能力

（一）新产品开发情况

埃力生认为产品周期日渐缩短，一代产品已经获得的竞争优势无法保证下代产品的领先地位，为了长期保持成功，公司必须不断加快技术创新的步伐，通过创新来满足用户未来的需求，同时，必须加快新技术在运营和产品服务周期上的运用。因此，集团本着"先进、实用、可靠、合理"的原则，十分重视产品研发及技术革新，每年都有巨额的资金投入研发。

2002年埃力生集团有史以来投资最大的、规划建设100万吨熔体直纺和180万吨PTA项目的埃力生石油化纤公司正式破土动工了，这一系列工程的建设和完工将使埃力生石油化纤公司无可争议地成为世界级的石油化纤生产基地。此外，埃力生集团同时投资高科技项目，创建埃力生数码公司。该项目与国际电器巨头合作，采用世界最先进的技术生产TFT产品——液晶显示屏、液晶电视等，年产量达150万台，产品的80%出口到欧美市场，出口额将达2亿美元左右。2003年埃力生集团从国外引进一条目前国内管径最大的螺旋埋弧焊接钢管生产线。

目前，埃力生集团所开发的代表性产品主要有：双向拉伸聚苯乙烯（BOPS）、真丝立绒以及涤纶熔体等。

（二）企业创新激励模式

很难想象一个缺乏创新精神的企业能够在商业洪流中保有领先地位，从而实现企业的可持续发展。创新能力是企业驾驭变化并保持持续发展的根本能力，是企业发展之灵魂。没有一成不变的市场，没有恒定不变的环境，企业只有通过创新才能适应各种变化，才能争取竞争主动，才能满足发展要求。创新是企业可持续发展的硬道理。

埃力生在过去十几年中发展成为跨地区、跨行业的集工业、贸易、投资、房地产于一体的特大型企业集团，埃力生的每一步发展都离不开创新。在刚过去的2004年，集团实施了一系列创新的科学管理体系，包括ERP、六西格玛管理和平衡记分卡考核等。在业务方面，集团的各分、子公司也充分运用创新思维，拓展经营。钢管公司利用与钢厂的战略合作关系，掌握原料资源的优势，捕捉商机，转变思路开展原料贸易。池州有色金属集团仔细研究铅、锌、铜的行业发展周期规律和市场情况，适时对扩建项目和产品结构进行调整。化纤公司积极探索差别化、高附加值产品的市场。埃力生外贸公司纷纷开拓新市场、探索新机遇，业务蒸蒸日上。这一切充分体现了埃力生求新求变的企业特质和勇于进取、锐意创新的魄力和能力。2005年,集团在面临新的形势、新的挑战和任务的情况下,为了实现年初制定的经济目标,埃力生在管理和战略上实行了三个创新转变:第一,企业由以业务为核心转化为以管理为核心;第二,由基础产业向高附加值产业转变;第三,由国企化运作向国际化运作的转变。

通过大力弘扬创新精神,在经济全球化背景下,埃力生集团放眼全球,锐意进取,确保了集团的持续、快速发展。

六、埃力生集团的营销策略

埃力生的销售监控管理制度包括如下内容:

1. 以财务为核心的销售监控组织

企业的财务部门,是反映监督企业经济活动的职能部门。为了监控业务部门及各地分支机构的销售情况,应建立独立、有效的监控组织,并以财务为核心。财务部一般由总经理直接领导,通过财务会计工作,对收集的大量经济数据,加以整理分析,可以使总经理取得确实、可靠的资料。在组织形式上,大的分支机构设立专职的财务人员,由公司财务部门聘用,向公司财务部门负责并报告工作。另外,监控并不能排除管理部门固有的服务功能,事实上,监控本身也可以视作服务功能的延伸,能够保证业务部门的销售行为规范化,力求少出错,不出错。

2. 客户档案的建立

客户档案是销售经理了解市场的重要资料,通过客户档案,可以全面、连续地了解客户的购销规律、规模等系统信息,有利于企业掌握市场基本动态,对市场实绩作出正确判断,以采取相应措施。客户档案资料,由客户基本情况和经济往来资料两部分组成。客户基本情况是客户管理的起点和基础,主要通过销售人员进行客户访问收集而来;而经济往来资料是在与客户发生经济业务中取得的。

销售经理会同销售员和财务人员,根据客户档案对各客户进行信用评估,以采取相应的销售策略。由于客户情况不断变化,所以对客户资料也要不断地加以调整补充,定期进行分析,制定新的销售政策,提高监控效率。由于客户众多,企业运用分类的方法,根据信用程度将客户划分为A、B、C、D等几类,钢管公司就采用了这样的分类方法,对于新发生业务的单位和贸易商等D类企业,一律带款提货,而信誉度较高的A类企业,销售形式和结算方式均灵活多样,效果是事半功倍的。原先为了扩大市场,对客户一律采取"让"的态度,特别是对贸易公司等某些中间商实行赊销政策,导致了坏账的发生,教训深刻。避让风险是市场经济的必修课,从事购销业务的人,应该有强烈的风险意识。

3. 健全的销售合同管理

根据经济合同法,企业间发生购销业务,除即时结清者外,应当采用书面合同,也可以通过书信、传真等形式订立。销售合同是为了实现一定经济目的,明确相互之间权利义务关系的协议。销售部门对于每笔赊销业务均应慎重对待,并根据各种商品库存、生产周期等资料,与计划部门平衡后才能签订销售合同,对于违反合同的客户,应在客户档案中进行记录。对其信用进行重新评估,并调整类别。

4. 严格的退货控制

商品退货应根据合同处理，但生产企业为了保持与客户的关系，往往采取退让政策。但这一政策不应是销售员个人的行为，必须有退货审批制度来控制，并对商品退货进行记录，据以分析和考核。

5. 应收账款限额制度

应收账款限额包括最高欠款额和货款最长回笼期两部分组成。制定应收账款限额，可以控制债权和回款期，保证企业现金流量预算或资金计划得以落实。应收账款限额和回款期可以在应收账款明细账的起页和摘要中详尽记录，以便有关人员对其进行控制、分析和反馈，防止发货部门没有按规定执行或业务员没有如期收回货款。

对于到期未能收回货款的客户，应即根据客户档案进行分析。发现暂时无力偿还货款的，可以要求对方制订还款计划并抓紧催讨，对于恶意赖账的，要及时提起诉讼。

6. 销售分支机构库存商品限额制度

库存商品不仅占用了有限的资金，而且增加了仓储成本，如不及时处理，随着市场的变化，还会发生跌价损失，对企业影响很大。对于遍及各地的分支机构，库存商品更应该严格设定限额，并根据销售情况不定期更新，但不能搞一刀切。

7. 销售员台账核对制度

销售员是将企业的实物资金转变为货币资金，并实现企业财产保值增值的直接操作人员。销售员台账，不能简单地理解为销售台账，它比销售台账更宽泛，涉及的项目更多，不仅包含销售台账的所有内容，还包括客户基本信息，每笔业务的往来过程、合同履行记录、特殊情况的处理经过等等。建立台账，是企业内控制度的重要组成部分，它记录的数据应与财务部门的有关数据相稽核，便于确定与客户相一致的应收账款余额。完善的台账记录，不仅能准确及时地反映企业的财务状况，也可减少由于人员调整、岗位变动带来的负面影响，保持工作的连续性。

销售监控要形成制度化，力求实效，不能浅尝辄止，做表面文章。经过长期积累，一定会形成一种既能提高企业管理水平，又能不断适应市场竞争的良好局面。

七、埃力生集团的人力资源与文化

(一) 企业人员结构

埃力生集团强调"以人为本"，要成为世界级的公司，必须要有世界级的人才。以"靠得住、有本事"作为用人的准则，公司通过多个渠道广纳贤才。近年来，一批优秀的人才加盟埃力生，为公司的超常规、可持续发展提供了强大的人力资本保证。目前，集团内既有国家级的优秀工程技术专家、来自世界知名公司的高级管理人才、熟悉国内外市场的出色的销售工程师，又有技术娴熟的操作工人，形成了一支搭配合理的人才队伍，埃力生为他们提供了人尽其才、才尽其用的运作平台，他们也已成为各公司、各部门的骨干力量，用行动实现着自己的人生价值。

(二) 企业人力资源开发状况

埃力生认为员工满意度调查对公司来说，就是一个很好的沟通和交流工具。通过调查，管理层能够有效地诊断公司潜在的问题，了解公司决策和变化对员工的影响，以对公司管理进行全面审核,保证企业工作效率和最佳经济效益,减少和纠正低生产率、高损耗率、高人员流动率等紧迫问题。

上海埃力生集团成立八年来,一直处于飞速发展之中,集团已走过了以生存为重点的创业期(整合的初期),进入规模快速扩张的整合期(规范初期),并即将跨入以持续稳定成长为重点的整合后期(规范期)。在这三个时期,与之对应的培训发展所历经的三个阶段为:了解学习阶段、引入课程阶段和资源建设阶段。

通过与各个层面人员的交流与沟通,集团人力资源部认为集团人力资源部必须要在整个集团内创建起统一的、正确的培训概念。这需要用制度、用具体的培训课程不断地宣导和推动,使所有员工理解培训,意识到培训的重要性,在员工培训与发展上达成共识:没有培训就没有发展;使各层管理人员意识到培训不仅仅是人力资源部门的事,所有管理人员都是培训的第一负责人。此外,公司特设培训经理一职,并将建设一个现代化的培训中心,以期把第二和第三阶段的培训工作逐步地开展起来。

(三)企业对外交流及社会活动

埃力生致力于"绿色化工"、"环保企业"的精心打造,高度关注对环境和生态的保护,严格遵照与国际接轨的环保标准和要求,营造环境优美、空气清新的绿色生态工业园。

埃力生具有强烈的社会责任感,"为员工谋取福利,为社会创造财富"是集团孜孜以求的价值标准。奉献社会、奉献国家是埃力生义不容辞的职责:在长江流域发生特大洪涝灾害时,集团公司集体、个人捐款、捐物以及捐助"希望工程"达1 000多万元;2000年埃力生出资200万元设立了"上海十大杰出青年"埃力生基金,2002年埃力生在"蓝天下的至爱"慈善义演晚会向上海市慈善基金会捐款100万元,同时出资30万元捐助西藏"希望工程";2003年非典期间,集团积极向上海市民政局捐款,共同抗击非典;2005年还为东南亚海啸灾区捐款数万元,积极弘扬了国际互助精神。

(四)企业文化

"以人为本、团队合作"的理念是埃力生企业文化的核心内容。埃力生独具特色的企业文化,也伴随着埃力生事业的发展而不断成熟和完善。并鼓舞着埃力生的员工们,为埃力生事业的不断发展而"团结、奉献、高效、创新","追求卓越、携手共进"。这就是埃力生企业文化的精髓和特色。

埃力生信奉"团结、奉献、高效、创新",以"半年一个样,一年大变样"的埃力生速度创造了一个又一个奇迹,连续两年荣登中国500强企业集团之列;在上海激烈的市场竞争中,埃力生脱颖而出,先后获得"上海市争创工业新高地优秀企业"、"上海市最佳工业企业形象优秀企业"和"上海市文明单位"等荣誉称号。埃力生坚持"以人为本"的方针,坚信一流的人才是埃力生最大的财富,尊重、吸引、培育和激励人才,高瞻远瞩地引进了一批具有国际视野和国际战略眼光的海外留学人员和曾在世界知名企业任职的高级管理人员,注重员工的培训,致力于营造学习型的埃力生团队。埃力生崇尚科学的经营理念,坚持"优质的产品是埃力生生存的基础,先进的管理是埃力生发展的保障,不断的创新是埃力生制胜的法宝,优秀的品牌是埃力生追求的生命",以市场化为导向,国际化为标准,建立了遍布全球的埃力生产业链条,致力于打造国际一流的埃力生品牌。

苏宁电器股份有限公司

苏宁电器股份有限公司成立于1996年5月15日,属于五金、交电、化工零售业,以综合家用电器的连锁销售和服务为主营业。经营范围包括家用电器、电子产品、办公设备、通讯产品(卫星地面接收设施除外)及配件的连锁销售和服务;计算机软件开发、销售、系统集成;互联网信息服务(按许可证规定的范围经营);百货、自行车、电动助力车、摩托车、汽车(小轿车除外)的连锁销售;实业投资;场地租赁、柜台出租;国内商品展览服务;企业形象策划;经济信息咨询服务;人才培训;商务代理(国家有专项规定的除外);网上购物。苏宁电器是中国3C(家电、电脑、通讯)家电连锁零售企业的领先者。截至2005年12月底,苏宁电器在中国27个省和直辖市,90多个城市拥有近300多家连锁店,员工人数70 000多名。据商务部统计数据显示,2006年苏宁电器销售额近400亿元(见表1)。

苏宁电器是国家商务部重点培育的"全国20家大型商业企业集团"之一。2004年7月21日,苏宁电器(002024)在深圳证券交易所上市。2005年8月4日,苏宁电器股权分置改革方案获公司股东大会通过,苏宁电器高票进入G股时代。2005年上半年在国家商务部统计的"中国连锁三十强企业"中,苏宁电器销售额达178亿元,位列前三强,见图1。

表1　　　　苏宁电器2002～2006年的营业收入及在中国企业500强中的排名情况

公司名称	年份	营业收入(万元)	中国500强中的排名
苏宁电器集团	2002	480 211	239
苏宁电器集团	2003	841 843	167
苏宁电器连锁集团股份有限公司	2004	1 231 272	148
苏宁电器连锁集团股份有限公司	2005	2 210 764	117
苏宁电器集团	2006	3 971 841	68

资料来源:根据公司年报和中国企业联合会网站整理。

	2002年	2003年	2004年	2005年	2006年
营业收入（万元）	480 211	841 843	1 231 272	2 210 764	3 971 841
中国500强中的排名	239	167	148	117	68

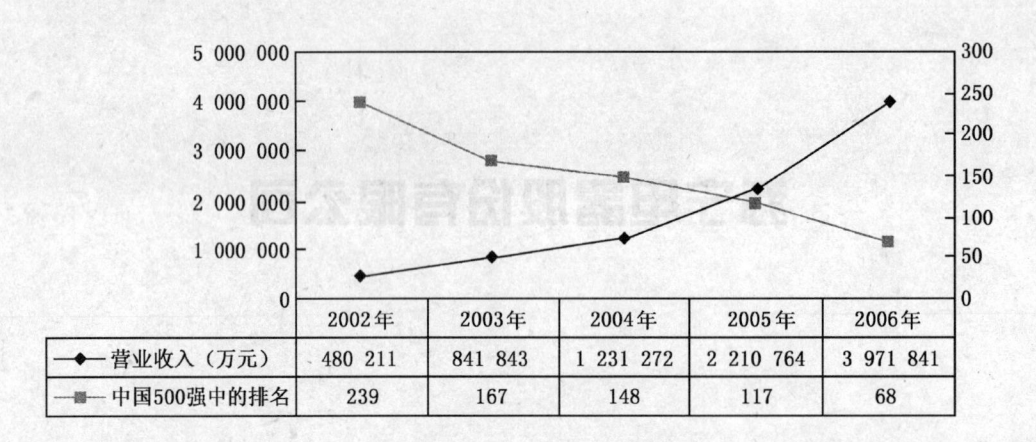

图1　苏宁电器集团5年来的营业收入和在中国企业500强中的排名情况

一、苏宁电器的发展历程概述

（一）发展简史

苏宁电器股份有限公司的前身是成立于1996年5月15日的江苏苏宁交家电有限公司，2000年7月28日，江苏苏宁交家电有限公司经江苏省工商行政管理局批准更名为江苏苏宁交家电集团有限公司，2000年8月30日，经国家工商行政管理局批准更名为苏宁交家电（集团）有限公司。2001年6月28日经江苏省人民政府苏政复[2001]109号文批准，以苏宁交家电（集团）有限公司2000年12月31日经审计的净资产为基础，按1：1比例进行折股，整体变更为苏宁电器连锁集团股份有限公司，股本总额68 160 000.00元，公司于2001年6月29日领取营业执照，注册号为：3200002100433。2005年11月8日公司名称由"苏宁电器连锁集团股份有限公司"变更为"苏宁电器股份有限公司"。

（二）扩展路径

2001年经江苏省人民政府批准，江苏苏宁交家电有限公司整体变更为股份有限公司。2004年7月7日公司成功实现首次公开发行A股，7月21日公司股票在深圳证券交易所上市交易。公司主要从事综合电器的销售和服务，致力于在全国发展专业连锁。经营范围涉及空调、冰箱、洗衣机、彩电、音响、碟机、小家电等传统家电，以及手机、电脑、办公设备、数码等信息家电，涵盖300多个品牌，10万种规格型号的3C电器产品，为广大消费者提供充足的选择和专业的服务。

截至2004年9月底，公司在南京、北京、上海、广州、杭州、西安、深圳、合肥、福州、长沙等地设有36家子公司、建立68家直营连锁店。此外，公司在华东、华北、东北、西南等地区发展了部分特许连锁店。2003年年度公司销售规模达到60.34亿元，2004年1～9月实现销售66亿元。

2005年是苏宁电器连锁主业加速发展的一年，而稳健快速发展则是公司2006年发展的主题。公司按照这样的原则，在积极拓展连锁店的同时，在后台平台建设上进行了较大投入，升级管理系统，建设物流中心与整合现有物流网络，加大人才引进培养。在后台的强力支撑下,公司实现了年初既定目标,在行业整合变化的情况下,极高地提升了品牌形象和市场占有率,并为公司未来的发展进一步夯实了基础。报告期内,公司新进入3个省份、29个地级以上城市,新开连锁店136家,置换连锁店9家。截至2006年末,公司已在全国90个地级以上城市,开设351家连锁店,店面数量较上年同期增长56.70%,连锁店面积达到142.22万平方米,较上年同期增长48.66%,单位面积主营业务收入同比增长5.22%。

(三)所有制结构

苏宁电器2001年经江苏省人民政府批准,江苏苏宁交家电有限公司整体变更为股份有限公司。苏宁电器股本结构如图2所示。

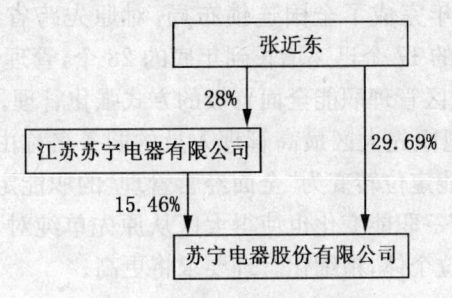

图2 苏宁电器所有制结构

(四)企业组织架构

2006年2月8日,苏宁对总部工作职能关联度较大的各大中心进行了重新整合,在总裁办统一管理的基础上又形成了四大管理总部:营销总部、连锁发展总部、服务总部和财务总部,以加强苏宁总部的管理力量和能力。人力资源管理中心、集团办公室以及战略规划部作为总裁办直属部门独立运营。

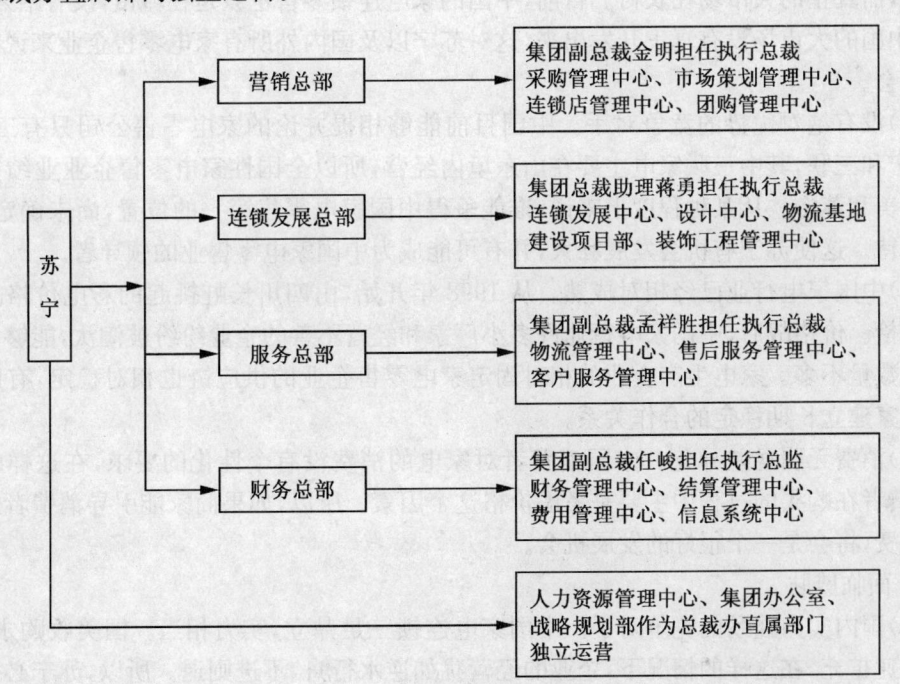

图3 苏宁电器的组织结构

在苏宁的最新组织架构中,又出现了新的"地区管理总部","地区管理总部"的层级位于原先的总部和大区之间,作为苏宁电器总部的派出机构,负责所辖区域内苏宁连锁体系的日常经营管理的指导工作,其中有相当一部分是原先苏宁电器总部各中心所承担的职责。苏宁首批将建立华北地区管理总部和华东二区管理总部,前者覆盖了包括北京、天津、河北、山西和内蒙古,后者则覆盖了上海、浙江、福建、江西地区。其中,原上海大区总经理凌国胜任华东二区管理总部执行总裁。苏宁划分的8个地区管理总部除了上述已成立的两个以外,还包括华东一区、华南、西南、西北、东北以及华中,这6个地区管理总部也将逐步分批成立到位。

此外,由于苏宁2005年完成了全国连锁布局,对原先跨省的大区进行了细分,致使2005年苏宁的大区由年初的17个迅速增长到年底的28个,管理的地区、跨度进一步加大。苏宁此次也将采用28个大区管理职能全面晋级的方式强化管理。

在此基础上,苏宁将把原先大区最高管理人员的职务名称由总监改为总经理,由原先"总部派出监管人员"的职能定位转变为"全面经营管理"的职能定位,其业绩将完全取决于其所在地区的经营状况,这一职能变化也使得大区从原先单纯对下属分公司的管理定位晋级成为一个独立经营的单位个体,精细化管理要求将更高。

二、苏宁电器的发展战略

(一)外部机会和威胁

1. 外部机会

(1)国内庞大的大市场。中国是拥有十多亿人口的大国家,得到充分开发的只是城市的小市场,而真正的大市场在农村。目前,中国的家电连锁零售也只是在城市,没有踏入农村,所以,中国的大市场没有真正开发出来,这对苏宁以及国内外所有家电零售企业来说都是一个好机会。

(2)没有绝对优势的竞争对手。中国目前能够相提并论的家电零售公司只有三家:国美、苏宁和三联,其中三联家电主要在山东境内经营,所以全国性家电零售企业业绩突出的只有国美和苏宁。从某种程度上来说,谁能争得中国家电零售第一的位置,尚未确定,还需拭目以待。这使苏宁有机会发展壮大,并有可能成为中国家电零售业的领导者。

(3)中国家电行业已经相对成熟。从1998年开始,由四川长虹挑起的彩电价格战一发不可收拾。价格战后,中国家电行业许多小厂家和经营不善的企业纷纷被淘汰,能够幸存下的企业数量不多。家电生产企业的相对固定家电零售企业的供应链也相对稳定,有助于商家与厂家建立长期稳定的合作关系。

(4)消费无明显差异化。中国消费者对家电的消费没有个性化的要求,在这样的情况下,消费者在购买的过程中主要是考虑价格这个因素。所以,如果商家能引导消费者进行个性化消费,将会是一个很好的发展机会。

2. 面临威胁

(1)国内实力强劲的竞争对手。中国家电连锁三足鼎立,实力相当。国美收购永乐后,规模迅速扩充,在这样的情况下,企业的经营犹如逆水行舟,不进则退。所以,苏宁必须稳固自己的根基加快发展,不然则很容易被竞争对手吞掉。

(2)国外零售业的进入。国外零售大鳄不管是管理还是实力都比国内的商家强得多,若他们进入家电零售业,中国的家电零售也将面临巨大的威胁。

(二)内部优势和劣势

1. 优势

(1)全国范围内较高的品牌信誉度和知名度。从1996年苏宁建立到近期,十多年的时间,苏宁电器连锁店分布在全国二十多个省、市和地区。苏宁在向全国扩张时,所到之处都必将引起家电价格战,已经名扬南北。而在消费者的心目中,苏宁是全国家电零售的巨头,其产品物美价廉,质量有保证,售后服务到位。因此,苏宁不仅受到业界推崇,也是消费者购买电器首选的地方。在全国范围内,苏宁电器无论是知名度还是美誉度都是较高的。

(2)与生产厂家保持良好的合作关系。苏宁努力整合自己的价值链,与供应链的上游厂家协同竞争,实现资源的集中整合优势。当整个家电零售行业都在实行先货后款,并且有的商家长期占用生产厂家的资金时,苏宁奉行的是先款后货的采购方式,从而受到厂家的欢迎。苏宁与生产厂家的协同发展,使苏宁在市场中更具有竞争力。

2. 劣势

(1)管理人才缺乏和管理不完善。我国连锁经营始于80年代中期,只有十多年的时间,就整个行业来说都缺乏管理经验。苏宁电器连锁也同样存在这样的问题,在它不断扩大规模的过程中就已经暴露出来。例如,在济南开新店的抽奖活动,秩序混乱而且被公众认为缺乏公正性,被《济南时报》曝光。随后又出现了怀疑苏宁恶意收购《济南时报》的事件。类似问题的出现会影响苏宁的形象、降低其美誉度。

(2)无差异化经营。无差异化经营使得同行之间竞争激烈,致使"价格战"越演越烈。虽然连锁经营可以实现大单采购并降低运营成本,但是价格战使利润越来越低。在这样的情况下,售后服务和商品质量难以保证。

(3)特许加盟连锁经营。苏宁与国美、三联不同之处就是采用了特许加盟的经营方式,苏宁建店思路是:统一品牌,统一资源,统一管理,不统一利益主体。虽然特许加盟可以在加快扩张速度的同时又节约资金,但是,这样的经营方式并没有降低风险,反而对连锁经营管理的要求提高了。因为利益主体不同,加盟店有可能违反总公司的规定,不服从管理,损毁品牌形象,这将是很危险的事情。

(三)总体发展战略规划

随着经济发展的强劲势头,家电市场容量预计将继续稳步上升,竞争层次也将进一步提升,公司将在全面总结前期经验的基础上,积极提升企业核心竞争力建设,主动积极的应对市场,把握机遇,综合利用公司资源,进一步保持持续、稳定、高速的发展。深化、完善连锁标准,注重对连锁规划的把握,细化连锁选址标准,连锁筹建更加科学;利用前期在各地已经建立的区域管理、服务、人力资源平台,同步推进各区域内连锁发展工作,连锁网络稳步拓展;在连锁发展过程中,注重旗舰店的建设和改造,全面提升连锁发展质量。进一步理顺和规范采购合同,通过与供应商在市场、信息方面的全面对接,对产品进行深入研究,有效整合供应链;通过与三星、中国移动等战略伙伴的创新合作,建立新型工商关系;网上商城维护、联名卡推广、会员制实施取得阶段性进展,多渠道销售稳步增长。精心打造3C+旗舰模式,配套连锁发展过程中的旗舰店、中心店建设,强化终端销售推广能力,有效提升店面的经营质量。继续推进"1200工程"、"梯队工程"、"百名店长工程"、"千名蓝领工程"等人员引进、培养项目,为公司的快速扩张提供了丰富、扎实的中层管理人员。SAP/ERP平台平稳上线,为公司未来的营销创新和管理创新提供了强大的信息技术支持。

1. 组织体系

按照资源整合、提高效率的方式进一步优化组织结构;进一步完善内控,优化KPI(关键业绩指数)指标体系,加强绩效考评。

2. 连锁发展

公司在合理规划的基础上,稳步提升连锁发展速度,通过强化对北京、上海、广州、深圳重点区域、重点城市的建设,进一步完善布局,带动地区的整体发展;进入海南、宁夏2个空白省份,在合理的物流规划推进的同时,适度加快二级市场发展;进一步深化、完善连锁标准,在规范标准、固化流程的基础上,通过常设、专职的筹建队伍,强化连锁发展质量;依托核心商圈多开高质量店面,突出旗舰店、中心店建设,进一步优化店面质量;延续完善3C$^+$模式,新开、改造一批3C$^+$旗舰店;围绕购置店、自建店等发展目标进行连锁发展形式创新,解决商业地产租金不断提高的问题。

3. 创新营销

进一步梳理和规范供应商合同管理,整合供应链资源,合作共盈;深化采购合作模式,借助B2B系统,结合商品特点,加强商品品类分析和商品规划研究,采取差异化的营销采购策略,通过大单采购、包销、定制、OEM等手段,提升公司综合毛利水平;加强企业的品牌形象和内涵建设,以会员管理为纽带,创新消费者关系管理,扭转以往简单、直接的营销方式,逐步向文化营销、品牌营销方向发展;全面强化终端培训、考核机制,通过合理有效的数据分析,优化资源配置,切实提升终端销售、服务能力;进一步拓展工程团购、网上购物等销售渠道,通过客户的差异化,体现多渠道营销的自身价值;通过服务的差异化,塑造多渠道营销的品牌影响,有效提升规模。

由于经营定位准确、品牌管理独具特色,2005年8月,世界品牌实验室(World Brand Lab)评定"苏宁"品牌价值64.55亿元;2001年、2003年先后两次被中国企业联合会评选为"中国最具影响力的十大企业";2005年9月,国家统计局在人民大会堂举行"第五届中国大企业集团信息发布会"上发布的"2004年中国1 000家最大企业集团"的名单中,苏宁电器排名92位,成为惟一进入前百强的家电连锁企业。

4. 服务体系

物流方面,协同采购体系统一规划物流网络布局,完善运作模式;强化日常运作管理,提高基础作业执行力度,提高配送效率;售后服务方面,进一步加大综合产品安装、维修、家电回收业务的开发;持续开展蓝领与梯队工程,提高管理队伍人员素质和技术人员作业技能;客户服务方面,通过集中式统一受理平台的建立,继续以服务营销、提高客户满意度为主线,重点强化投诉处理、服务改善,提升服务质量。

至真至诚、苏宁服务。苏宁电器致力于为消费者提供多品种、高品质、价格合理的产品和良好的销售与售后服务,强调"品牌、价格、服务一步到位"。苏宁电器目前经营的商品包括空调、冰箱、彩电、音像、小家电、通讯、电脑、数码八个品类,近千个品牌,20多万个规格型号。苏宁电器一直坚持"专业自营"的服务方针。以连锁店服务为基石,每进入一个地级以上城市,苏宁都配套建设了物流配送中心、售后服务中心和客户服务中心,为消费者提供方便快捷的零售配送服务,全面专业的电器安装维修保养服务,热情周到的咨询受理回访服务,苏宁电器竭诚为消费者提供全程专业化的阳光服务。

"做百年苏宁","国家、企业、员工,利益共享",是苏宁的企业价值观。苏宁创建10多年来,累计纳税10多亿元,社会公益捐助数千万元。近年来,苏宁先后为抗击非典、社会福利、教育事业、体育事业、环境保护等捐资,承担起一个企业对社会发展应尽的职责。

服务是苏宁的惟一产品,提供最优质的服务,赢得顾客、员工、社会满意是苏宁前进的动力源泉,苏宁将朝着"打造中国最优秀的连锁服务品牌"的目标而不懈努力。

5. 财务管理体系

苏宁重视企业内部资源整合,以组织流程的再造与优化带动资源在全国范围内的合理配置,推动企业规模化、集约化发展,挖掘成本管理潜力,提升规模效益;不断挖掘SAP/ERP功能,为企业精细化、高效率管理提供先进手段,加强信息安全管理,完成数据中心建设。

6. 人力资源

苏宁通过外部招聘和内部提拔相结合的手段引进人员,在一定程度上满足公司快速发展过程中的专业人才需求;通过脱岗培训和在职培训相结合的方式,加强专业人才梯队建设,有针对性地满足企业各岗位人员培训、培养需要。

三、苏宁电器的生产经营状况

(一)主营业务范围及其经营情况

1. 主营业务的基本情况

公司主营业务范围为综合电器的连锁销售和服务。报告期内公司主营业务收入、主营业务利润的构成情况如下:

(1)主营业务分行业、产品情况

表2　　苏宁电器2006年的主营业务和主营产品的财务状况

分行业	主营业务收入(万元)	比上年增减(%)	主营业务成本(万元)	比上年增减(%)	毛利率(%)
零售业	2 492 739.5	56.42	2 232 971.9	55.14	10.42
分产品					
彩电、音像、碟机	692 068	75.75	632 623.4	73.77	1.04
通讯	421 591.3	54.79	380 974.5	49.09	3.46
空调	416 496.3	30.65	372 010.1	28.66	1.38
冰箱	397 102.8	68.23	355 990.3	66.91	0.7
小家电、厨卫	293 772.3	53.21	251 041.4	54.14	−0.51
数码、IT	244 533.3	58.69	230 176.8	57.75	0.56
安装维修业务	24 224.9	4.74	9 119.1	11.14	−5.37
其他	2 950.5	111.54	1 035.2	188.16	−9.33

资料来源:根据苏宁电器有限公司2006年年报整理。

(2)苏宁电器主营业务分地区情况。

表3　　　　　　　　　　　苏宁电器主营业务分地区情况

地　区	主营业务收入(万元)	比上年同期增减(%)
华东一区	698 599.2	27.62
华东二区	569 551.4	51.94
华南地区	327 877	56.52
华北地区	376 467.9	59.91
东北地区	171 484.5	92.28
西部地区	244 507.1	218.11
华中地区	104 252.5	72.45
合　计	2 492 739.5	56.42

资料来源:根据苏宁电器有限公司2006年年报整理。

(3)产品主营业务收入及利润构成。公司连锁经营规模不断扩大,2006年实现主营业务收入24 927 394 919.64元,主营业务利润2 552 753 217.02元,主营业务利润占主营业务收入的比例为10.24%,与2005年度相比上升了0.7个百分点。实现其他业务利润1 268 095 249.21元,其他业务利润占主营业务收入的比例为5.09%。2006年公司综合毛利率(主营业务利润和其他业务利润合计占主营业务收入的比例)为15.51%,比2005年同期上升0.11个百分点。

公司彩电、通信、空调、冰洗、小家电等几大主导产品的主营业务收入及主营业务利润占比均达到10%以上,产品结构更加均衡。

继2005年彩电、音像、碟机产品成为公司销售规模第一的品类后,2006年公司有效利用了平板电视等高端产品普及的契机,在彩电、音像、碟机产品方面的销售及终端服务能力进一步提升,此类产品销售收入的增长速度在所有品类产品中排名第一;同时随着销售规模的进一步扩大,产品毛利率较上年同期也相应提升。

2006年苏宁通过进一步加大产品定制、包销、买断比例,同步强化终端销售人员培训,提升终端销售推广能力等措施,通讯产品在销售增长保持稳定的基础上,毛利额增长141.51%,毛利率比上年同期提升3.46个百分点。

冰箱、数码、IT类产品在与供应商加深合作层次,整合产品资源的基础上,综合毛利、销售规模较去年同期进一步提升;特别是冰箱产品在毛利率稳步提升的基础上,主营业务收入增长也保持在较高的水平,利润贡献率进一步提升。

受全行业增长速度放缓的影响,加之公司销售重点区域主要分布于国内一级城市和相对富裕的二级城市,空调产品在上述市场增长速度放缓;同时,2006年空调销售旺季的气候对公司的空调销售也产生了一定的负面影响,由此导致公司空调产品增长速度较公司平均水平相对较慢;此外,报告期内公司空调安装业务平均单台结算单价也略有下降,由此导致安装维修收入比上年同期降低4.74%。

对于数码、IT类产品,公司加强与部分供应商进行产品直供合作,销售规模稳步提升,但公司此类产品的规模仍然较小,占市场份额较低,因此单品毛利率相对较低,市场尚需培育,采购还需逐步整合,市场发展空间巨大,是公司未来的经营提升重点。

综上,公司通过不断挖掘自身管理潜力,加强产品研究,在消费类电子产品上实现质的突破,全年彩电、通讯、数码、IT产品的主营业务收入占比超过50%,基本完成向3C综合家电零售商的转型。同时,通过采购创新、终端强化和新型工商关系的建立,稳步提升综合毛利率水平,实现各产品线的均衡盈利。

2. 管理信息系统

2006年4月1日,苏宁电器成功进行SAP/ERP系统平台升级,随着公司规模的进一步扩大,SAP/ERP系统未来将对公司管理精细化的加强、管理效率的提升有着深远的影响;随着信息系统的全面升级,4月11日起,公司会员制度进一步完善,苏宁电器实现全会员销售;在ERP平台更换以后,B2B平台的建立和快速推进,完成了摩托罗拉、索尼、三星等全球性供应商的订单和结算直联系统,完成与上千家供应商的订单和结算的间接互联。

3. 苏宁电器多元化发展情况

(1) 房地产业务。苏宁电器的母公司苏宁集团本身有一个苏宁房产公司,由苏宁集团总裁张近东的兄长苏宁集团董事长张桂平兼任总经理。2002年6月,苏宁集团联合南京金盛集团等8家会员企业,持股52%合资成立浦东公司,张桂平兼任董事长。9月,浦东公司斥资6.35亿元购买长江北岸南京浦口区4 350亩土地,兴建大型地产项目"威尼斯水城";花费5 700万元获得浦口区泰山镇中心广场130亩土地,开发商住小区。同年3月份,苏宁电器曾通过有关联的江苏万泰实业集团以6.36亿元竞标拥有了玄武区紫金山麓的3 020亩土地,规划兴建一座高尔夫球场和占地1 000亩的别墅区。

(2) 制造业业务。苏宁曾经与熊猫电子集团共同投资6 000万元成立南京熊猫电器设备有限公司,共同生产白色家电,还与美国飞歌国际合资成立飞歌空调(南京)实业公司,整个项目投资为1亿元,苏宁电器集团的持股比例约为50%。

(二) 经营中出现的问题与困难及解决方案

1. 优质店面资源的稀缺以及租金水平上升对公司连锁发展的影响

随着公司连锁经营的不断发展和开店标准的逐步细化,符合公司连锁发展标准的优质店面资源相对稀缺,同时,商业地产租金水平的客观上升也使得公司新开连锁店经营场地的租金水平随之上升。这些因素给公司连锁发展的店面选址工作及后续经营带来了一定的压力。针对这一问题,公司将采取以下措施:在店面选址阶段,公司将加强对备选商圈的研究和分析,保证选址工作的顺利进行,以化解优质店面资源稀缺的矛盾。在谈判过程中,公司将会对备选址的单位租金水平、经营面积大小与销售额预测进行全面的投入产出分析,严格控制整体租金费用占预计销售额的比重;公司还将通过优化连锁店面的产品出样和陈列布局,拓展、延伸连锁店经营品类以提高店面单位面积利用率,合理控制连锁店面租赁面积;此外,公司还将进一步加大部分店面闲置面积招商、转租力度,减少连锁店面积冗余。提前较长时间洽谈续签房屋租赁合同,尽量延长新店的房屋租赁期。从未来长远发展考虑,公司还将采取超前投入、长期投入的方式,在充分论证的基础上,通过购置店面、自建店面的方式丰富店面选址组合,实现突破。

2. 物流平台建设相对滞后对公司资源整合、盈利能力、采购及配套服务的影响

2006年公司新进入29个二级市场以上城市,连锁店面分布进一步分散。只有通过物流平台的建设,才能以采购整合为核心带动相对区域范围的资源整合,发挥连锁的边际效

益,为二级市场开拓发展提供条件。同时,物流建设将会进一步提升配送服务水平,提升品牌形象。2007年公司将进一步加强后台物流建设:利用已经建成的杭州物流基地,进一步整合周边二级市场的物流网点。不断总结经验,形成成熟的物流平台操作模式与建设、作业标准。2007年2月,公司北京物流基地已投入使用,公司将推进北京周边二级市场物流平台整合。力争在2007年内,完成江苏物流基地的建设。对于其他区域,公司将抓紧物流基地的选址工作,在充分论证的基础上适时推进物流基地建设。

3. 专业管理人才缺乏。随着公司连锁经营规模的逐步扩大,专业管理人才的缺乏情况仍然存在。为此公司将从内部培养及外部招聘两方面来缓解人力资源的需求压力。一方面加大内部人才培养的力度,培育核心团队,另一方面引进社会优秀人才,丰富人才结构,同时公司还将推行与供应商、部分大专和职业学院联建学院、委托培养的机制,为店长及终端岗位人员建立长期持续的人才补充基地。

四、苏宁电器的资本运作

(一)融资情况

2006年5月24日,公司召开2006年第一次临时股东大会,审议通过《关于公司2006年非公开发行股票方案的议案》;经中国证监会证监发行字〔2006〕21号文核准,公司于2006年6月20日以非公开发行股票的方式向证券投资基金等特定投资者发行人民币普通股(A股)2 500万股,发行后公司股本为36 037.6万股。2006年5月22日,苏宁电器入选深圳成份指数,成为入选该指数的第一家中小板公司。

(二)资产结构

表4　　　　　　　　　　苏宁电器财务状况及经营成果

财务指标	2006年底(万元)	2005年底(万元)	同比增减(%)
总资产	885 182.3	432 720.8	104.56
股东权益	308 436.7	116 904.7	163.84
	2006年	2005年	同比增减(%)
主营业务利润	255 275.3	151 956.1	67.99
净利润	72 030	35 063	105.43
现金及现金等价物净增加额	114 100.8	—12 502.7	—

资料来源:根据苏宁电器有限公司2006年年报整理。

(三)盈利状况

表5　　　　　　　　　苏宁电器的近3年来的盈利状况

指　标	2006年(万元)	2005年(万元)	本年比上年增减(%)	2004年(万元)
主营业务收入	2 492 739.5	1 593 639.1	56.42	910 724.7
利润总额	112 194.6	55 001.1	103.99	28 699.7

续表

指　标	2006年 （万元）	2005年 （万元）	本年比上年 增减（%）	2004年 （万元）
净利润	72 030	35 063	105.43	18 120.4
扣除非经常性损益后 的净利润	72 016.1	35 336.9	103.8	18 378.1

资料来源：根据苏宁电器有限公司2006年年报整理。

（四）资金运营能力

表6　　　　　　　　　苏宁电器的近3年来的资金运营能力状况

指　标	2006年（万元） （股本72 075.2万股）	2005年（万元） （股本33 537.6万股）	本年比 上年增减（%）	2004年（万元） （股本9 136万股）
每股收益	1	1.05	−4.76	1.95
净资产收益率	23.35	29.99	−6.64	21.81
扣除非经常性损益后 净利润为基础计算 的净资产收益率	23.35	30.23	−6.88	22.12
每股经营活动产生 的现金流量净额	0.21	0.45	53.33	1.3
指标	2006年12月31日	2005年12月31日	本年比上年增减（%）	2004年12月31日
每股净资产	4.28	3.49	3.49	8.92
调整后的每股净资产	3.89	3.89	2.69	7.69

资料来源：根据苏宁电器有限公司2006年年报整理。

五、苏宁电器的营销策略

（一）创新营销

2006年1月，南京、北京、上海、广州、深圳等地开通网上商城业务，进一步拓展公司营销渠道。9月12日，交通银行和苏宁电器正式签署协议，联合推出全国性的电器行业联名信用卡——"交通银行太平洋苏宁电器信用卡"，将苏宁电器的全会员制度和交通银行太平洋信用卡有机地结合。11月14日，中国移动、苏宁电器在南京签署战略合作协议，在终端建设、产品联合定制、市场共同推广、数据共享分析、服务项目开发等多个方面建立新型合作关系。为适应营销采购模式的变革，按照区域配送集中的原则，物流体系二级市场城市配送中心的整合已取得初步成效。

（二）"5315"服务工程

全员营销、全员服务是苏宁一贯的宗旨，服务体系是苏宁经营管理的重要组成部分，苏宁把服务当作企业惟一的产品。为此，苏宁实施了服务营销和营销服务等一系列服务设计、服务创新以及服务创收工作。随着苏宁服务平台建设工作进一步升级，苏宁服务平台对公司品牌建设和利润贡献将进一步加大。

2005年3月15日,在国际消费者权益保护纪念日到来之际,全国家电连锁巨头苏宁电器宣布,将启动为期3年的"5315"服务平台建设工程。这一工程是苏宁电器阳光服务的升级行动,核心是实现苏宁电器服务平台的标准化、连锁化、规模化和信息化,以强大的连锁服务平台支撑连锁店面和销售规模的迅速扩张。这是苏宁电器在近五年来连续保持连锁倍增的基础上,第一次提出服务升级的计划,苏宁由此成为家电流通领域率先提出专业自营服务连锁化扩张的企业。

苏宁电器"5315"服务平台建设工程的具体内容是在全国建设500个服务网点、30个客服中心、15个物流基地。服务网点与连锁店形成一定的配比关系,服务网点建设的投入有网点开办、维修检测设备、作业工具、安装维修配件材料以及服务人员培训等方面。在全国省会级城市建立30个客服中心,重点以CRM管理系统为核心,建设呼叫中心、VIP会员管理、短信平台、监控系统、网上销售等信息平台。物流基地在全国15个大区级城市建立物流配送平台,升级仓储管理(WMS)和配送管理(DMS)两大系统。

苏宁电器连锁的体系采取的是连锁店、物流中心、售后中心、客服中心四大终端同步推进策略,目前苏宁全国拥有大型3C连锁店130余家,售后服务网点200多个,第一代物流配送中心50个,总部客服中心一个,四大终端作业人员45 000人。正在建设中的第二代物流基地有北京、杭州和南京三个地区。苏宁电器总裁孙为民介绍了苏宁电器今后连锁店面发展和服务平台建设协同推进的计划。在每30到50万人口的地区,至少建立一家普通店,在50到70万人口的地区建立一家管理店。与店面建设相配套,在5公里半径、约半小时自行车车程内建立一个售后服务网点。以省会级城市为基本管理单位,建立一个客服中心。大区物流基地兼具城市配送和区域调拨功能,支撑40亿左右的销售规模。"5315"服务工程是一项长期的工作,是与连锁店面建设同步配套的连锁基础建设。家电连锁作为一种专业的连锁业态,后台服务能力将直接影响前台销售、企业运营成本和顾客满意度。

目前家电行业存在的大量服务问题都是由于基础投入不足、服务平台偏弱造成的。延时送货、安装困难、重复维修等问题不能仅从端正服务人员的态度上来简单解决,必须要有服务的物质条件。以苏宁电器目前的发展为例,每年发生1 500万人次的销售、1 000万人次的配送、2 000万人次的售后作业、5 000万人次的客户回访、500万人次的电话受理,这么大的服务业务量,没有充足的硬件服务平台支持是不可想象的。

六、苏宁电器的人力资源与文化

(一)人员结构

截止到2006年12月31日,公司共有在册员工3 490名。

1. 按专业结构分

表7　　　　　　　　　　2006年苏宁电器员工专业分类结构

分　工	人数	占员工总数的比例(%)
采购体系人员	254	7.28
销售体系人员	98	2.81
财务体系人员	271	7.77
职能体系人员	556	15.93

续表

分 工	人数	占员工总数的比例(%)
服务体系人员	128	3.67
终端体系人员	2 183	62.55
合 计	3 490	100

资料来源:苏宁电器有限公司2006年年报整理。

2. 按教育程度分

表8　　　　　　　　　**2006年苏宁电器员工教育程度分类结构**

学 历	人数	占员工总数的比例(%)
本科以上	759	21.75
大专	771	22.09
中专/高中	1 281	36.7
其他	679	19.64
合计	3 490	100

资料来源:苏宁电器有限公司2006年年报整理。

(二)企业文化

1. 企业基本法

以市场为导向,持续增强企业盈利能力,多元化、连锁化、信息化,追求更高的企业价值;以顾客为导向,持续增强企业控制能力,重目标、重执行、重结果,追求更高的顾客满意;矢志不移,持之以恒,打造中国最优秀的连锁网络服务品牌。

2. 企业理念

企业管理理念:制度重于权力,同事重于亲朋。企业经营理念:整合社会资源,合作共赢,满足顾客需要,至真至诚。

3. 企业价值观

企业的价值观:做百年苏宁,国家、企业、员工,利益共享;树家庭氛围,沟通、指导、协助,责任共当。企业的人才观:人品优先,能力适中,敬业为本,团队第一。企业的服务观:至真至诚,苏宁服务。服务是苏宁的惟一产品,顾客满意是苏宁服务的终极目标。企业的竞争观:创新标准,超越竞争。企业精神:执着拼搏,永不言败。

4. 企业道德和行为准则

企业员工职业道德:维护企业利益,严禁包庇纵容,上交往来礼物,严禁索贿索酬,做人诚实守信,严禁欺瞒推诿,做事勤俭节约,严禁铺张虚荣。营销人员行为准则:待人热情礼貌,切忌诋毁同行;谈吐有理有节,切忌独断独行;交往互敬互惠,切忌损人利己。管理人员行为准则:管理就是服务,切忌权力本位;制度重在执行,切忌流于形式;奖惩依据结果,切忌主观印象。服务人员行为准则:微笑发自内心,切忌虚情假意;服务细微入致,切忌敷衍了事;技能精益求精,切忌得过且过。

莱芜钢铁集团

莱芜钢铁集团(以下简称莱钢)始建于1970年,原名莱芜钢铁总厂,经过30多年的发展建设,现在已经成为控股29个子公司,拥有总资产340亿,具有年产钢1 000万吨以上的综合生产能力的特大型钢铁联合企业,是国家重点扶持的520家企业之一,是中国冶金行业中首批通过ISO9002质量体系、ISO4001环境管理体系和OHSAS18001职业安全健康管理体系国家认证的企业,荣获国家重合同守信用企业、全国质量管理先进企业、国家再就业先进企业、国家技能人才培育突出贡献奖、山东省管理创新优秀企业、山东省AAA级信誉企业等荣誉称号,主要产品有H型钢、热轧卷板、宽厚板、螺纹钢、特殊钢、热轧带肋钢筋等系列。近年莱钢在全国企业的排名有了明显的提升,成为中国钢铁行业十大企业之一,2005年在中国企业500强排名中位列第78位,见表1。

表1　　　　　　　　莱钢历年在中国企业500强中的排名

年　份	2002	2003	2004	2005
莱钢排名	173	186	135	78

一、莱钢的发展历程

(一)发展概况

莱芜钢铁集团的前身为莱芜钢铁总厂,1970年成立,后依据《公司法》改建为莱芜钢铁集团有限责任公司。莱钢作为国家重点扶持的企业,近些年发展十分迅速,通过集团并购,现在已经发展成为控股包括莱钢股份在内的29家子公司的大型集团公司。在资产规模扩大的同时,莱钢利用规模效应,强调科技进步,发展循环经济,注意节水节能,使得莱钢钢产量增幅连续三年列全国第一,年产钢量达到1000万吨以上,成为钢铁行业中举足轻重的企业。

(二)所有制结构

莱钢集团于1999年5月改制为有限责任公司,是莱芜钢铁集团的核心企业。2001年12月31日,中行、工行、建行三家商业银行对莱钢部分债权转为资产管理公司股权,注册资本312 269.33万元,其中,山东省人民政府出资284 478.47万元,出资比例为91.10%;中国东方资产管理公司出资 13 970.87 万元,出资比例为 4.47%;中国华融资产管理公司出资 8 820 万元、出资比例为 2.83%;中国信达资产管理公司出资 5 000 万元,出资比例为 1.60%。2006 年 7 月,莱芜钢铁集团有限公司通过回购其他三家金融资产管理公司的股份已经恢复成国有独资有限公司。

(三)组织架构

莱钢积极地实行了公司制改制,形成一个大型的钢铁集团公司,现在已经组建了莱钢股份有限公司、鲁碧建材有限公司、莱芜矿业有限公司、鲁南矿业有限公司、矿山建设有限公司、商业有限公司、万和建材有限公司、新泰铜业有限公司、淄博锚链有限公司、济南经贸有限责任公司、冶金建设有限公司等 29 个子公司,还包括自动化部、动力部、运输部、生活城房部、医院、党校培训中心、离退休职工管理服务部、教育处等 10 个直属单位。

二、莱钢的发展战略

(一)竞争环境分析

莱芜钢铁集团处于钢铁行业,是以能源为基础的行业,也是我国竞争较为激烈的一个行业。进入到 2006 年,我国钢材的进口量大量下降,出口量迅猛增加,建筑、机械等行业增长速度放缓,使得国内钢铁的需求量降低。2007 年,钢铁行业发展形势依然严峻,表现在下面几个方面:一是国家将继续加强和改善宏观调控,企业发展的门槛逐步抬高。新建项目将严格控制,钢铁初级产品和低附加值产品出口退税率将不断降低,甚至被取消,高能耗、高污染和资源性商品出口将加大关税征收力度。二是钢材市场供大于求的矛盾日益突出,国际市场将是高附加值产品的竞争,国内市场将是品种、质量、价格、服务全面升级的竞争。三是预计明年钢材市场不会大起大落,但价格也不会太高,加之受资源市场的影响,钢铁产品的利润空间将会进一步被压缩,企业经营压力依然很大。四是行业联合重组由强弱走向强强,企业之间的档次逐步拉大。所以 2007 年钢铁行业的竞争依然激烈,而且上海宝钢集团公司、首钢、鞍山钢铁集团、武钢、沙钢、济钢、马鞍山钢铁以及邯郸钢铁等都是莱钢强有力的竞争对手,特别是上海宝钢集团,无论从资产实力还是产钢量上来讲都是中国钢铁行业中实力最强的企业。

当前莱芜钢铁集团虽然跻身中国十大钢铁企业之一,但是它地处山东莱芜,无论是从经济环境还是地理环境上,莱钢都不具有特别大的优势。莱钢人自身也认识到莱钢要真正发展成为钢铁行业中龙头企业、成为世界知名企业都需要更长的时间。

(二)总体战略发展规划

虽然莱钢已经具有年产量可以达到 1 000 万吨的综合生产能力,已经在我国钢铁行业中占据非常重要的一席之地,但是也应该清晰地看到莱钢同国际的大型钢铁企业,甚至是宝钢之间都存在一定的差距。莱钢上下都充分认识到这一点,知道自身在工艺装备和产品结构、管理体制、运行机制、人员素质、研发能力、营销体制等许多方面不适应千万吨级企业管理的要求。莱钢人确定了要建设"科技莱钢"、"数字莱钢"、"生态莱钢"和"人文莱钢"的目标,主打循环型经济,实现莱钢发展的阶段性战略转移。即:实现由以规模扩张为主向以品种质量效益为主的阶段性战略转移。按照调整、优化、完善、提高的总体要求,加快实施差异化和低成本战略,打造比较优势,在优化提升中做强,在低成本扩张中做大,力争用 3～5 年的时间,把莱钢打造成为装备先进、结构合理、管理优良、机制灵活、环境优美的现代化钢铁企业。

三、莱钢的生产经营情况

(一)生产概况

莱芜钢铁集团大部分的生产能力用于生产钢铁产品,技术创新,开发冶金高科技;同时集团公司还实行多元化经营,旨在多个经营领域中寻求发展,建立一个多元化的大型钢铁企业。莱钢主要是经营黑色金属冶炼、压延、加工;铜、焦及焦化产品、建筑材料的生产、销售等,其分支机构还经营物业管理等其他产业。莱钢集团经过这些年发展已经形成钢铁产业和非钢产业两大产业。钢铁产业现有转炉钢和电炉钢两个生产系统,包括矿山采选、烧结、炼铁、炼钢、连铸、轧材及相应的动力、运输、机械、维修等部门的钢铁产业;非钢产业主要产品有钢结构、粉末冶金及其制品、碳纤维、聚乙烯工程塑料等,占集团比例大约25%,同样是莱钢集团一个重要的组成部分。

(二)主要产品及其生产销售情况

莱钢生产的H型钢和热轧带钢荣获"山东免检产品"称号,热轧H型钢、热轧带肋钢筋、热轧带钢、轴承钢、齿轮钢、船用锚链钢6种产品获"山东名牌"产品荣誉称号;热轧H型钢、热轧带肋钢筋、轴承钢、齿轮钢4种产品获国家冶金产品实物质量"金杯奖",其中热轧H型钢还荣膺"中国名牌"称号,这也是全国冶金行业首批、山东省冶金行业第一个钢材类的中国名牌;20CrMnTiH齿轮钢产销量全国第一,并依靠过硬的质量打入一汽集团、东风汽车和美国福特汽车制造企业。我国改革开放以来,构建了大量的基础建设,对钢铁等材料的需求量十分庞大,从一定程度上繁荣了钢铁行业。在这些有利条件下,莱钢迅速发展起来,钢产量年年有较大的增幅,近几年更是蝉联了钢产量增幅第一。整个集团公司的收入也有大幅度的增长,其历年营业收入如图1所示。

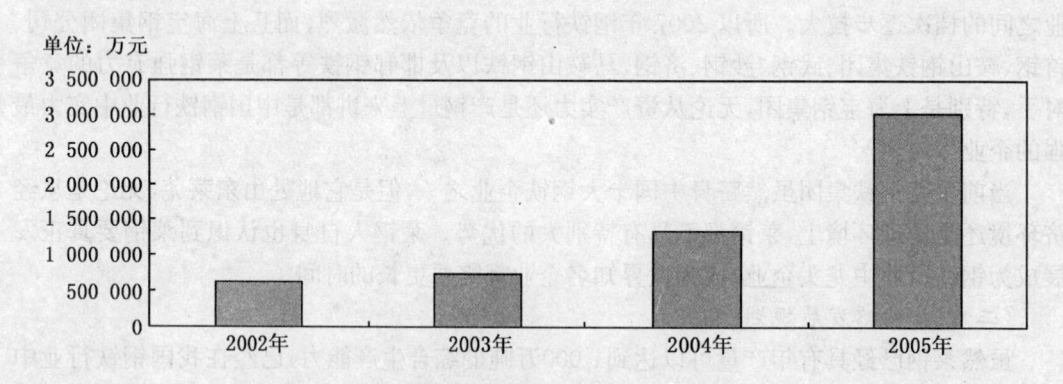

图1 莱钢历年主营收入对比柱状图

(三)海外市场拓展

为了拓展产品的海外市场,进军国际舞台,莱钢联合其他的投资主体于2001年8月共同出资兴建了山东莱钢国际贸易有限公司(简称莱钢国际)。作为莱钢集团对外贸易的核心板块,莱钢国际主要承担集团所有的外事、外经、外贸业务,是一家集国际融资、跨国资本运作、国际经济技术合作、钢铁原材料贸易、钢铁产品贸易、成套设备引进、涉外项目及外事管理、社会资源以及非钢贸易、国际国内现代物流于一体的综合性贸易公司。莱钢贸易主要是把原来局于一隅的业务提升到"引进来、走出去"的大的经贸格局中,为莱钢集团建立遍及几十个国家和地区的客户网络。2005年莱钢国际更是有了突飞猛进的发展,国际贸易总量达到1 266万吨,国际贸易总额达到13.67亿元。

莱钢集团上下并不以此自满,他们深知只有国际销售网络和销售渠道是不够的,要真正意义上成功开拓海外市场、实现跨越式发展,产品的质量和科技含量是其中的关键所在。同时高质量、高技术含量的产品也是培育莱钢国际核心竞争力的重要条件。莱钢贯彻"把世界引进莱钢、把莱钢推向世界"的经营宗旨,在生产中注重要求品质,不论是在钢铁主业还是非钢铁主业中都提供优质的产品和服务。莱钢人对品质的注重使得莱钢的多个产品被评为省级、国家级的优质产品、可信赖产品,部分产品更是取得了部分其他国家的认证,例如锚链钢获得了除我国以外包括英国、日本、美国、德国、挪威等在内的七国船级社认证。集团的初轧方坯、连铸坯、圆钢、螺纹钢、锻件等产品分别销往美国、日本、泰国、韩国、新加坡、中国香港和中国台湾等国家和地区,真正意义上拓宽了海外市场,为莱钢"做大做强"给予了有力的支撑和推进。在莱钢人国际化战略的引导下,莱钢的国际化运作步伐加快,国际贸易量和出口创汇能力都大大提高了。2006年仅前11个月,莱钢就已经出口钢铁产品118万吨,创汇4.7亿元,同比分别增长了38%和50%,而且成为国内H型钢和螺纹钢出口量最大的企业。

四、莱钢的资本运作

(一)融资情况

企业进行融资通道有内源融资和外源融资两种。内源融资包括企业利润留存和在股票市场上募集资金,外源融资则是通过向银行借款以及发行债券来取得资金。2005年莱钢有资产301.5亿元,其中所有者权益为94.3亿元,负债207.3亿元,债权融资是莱钢集团资金筹集的重要手段。另外,为了防止负债率过高,财务风险过大,莱钢同时在我国证券市场上进行股权融资,作为独家发起人,通过募集设立方式组建了莱芜钢铁股份有限公司。莱钢股份在上市之初募集到5.216亿元,后来又通过1999年和2002年两次配股,从资本市场上累计筹资11.176亿元。

(二)投资情况及并购重组情况

迄今为止,莱钢集团共组建投资了29个子公司,同时每年都有资金用于研发以及技术改进。进入到2006年后,钢铁行业中出现了联合重组打造大型钢铁行业的发展趋势,而山东有关部门也意图对济钢和莱钢进行整合,整合后年产量将达到3 000万吨,成为钢铁行业中的三大航空母舰之一。山东省政府确定了山东钢铁行业重组两步走的方案:第一步,成立国有控股的山东钢铁集团有限公司,将济钢和莱钢两大集团资产全部划转归名下,其控股两个上市公司仍分别属于两个集团,法人地位不变;第二步,山东钢铁围绕两个集团的优质资产进行调整,实行主辅分离的改革,由山东钢铁有限公司直接控股两股份公司,并在原材料采购、产品销售和战略布局上逐步统一,形成合力,最后再以山东钢铁集团的名义对省内的其他小的钢铁企业进行整合。根据重组方案,莱钢实行主辅分离、主业重组、辅业改制。2006年下半年,莱钢下属的非钢铁产业公司国有股均开始陆续挂牌出让,来减轻重组的压力。以铜业公司集团揭牌为标志,主辅分离改制迈出了实质性的一步,资产重组和资源优化配置稳步前进。

五、莱钢的创新研发能力

(一)重视技术创新的历史

技术创新、技术改造历来是莱钢人发展莱钢经济的重头戏。莱钢人深知技术在生产发展过程中的重要作用,自"八五"以来,莱钢掀起了扩建配套技术改造建设的高潮,开始莱钢人的第二次创业。

1986年莱钢利用外资总投资41.34亿元用于扩建项目,主要建设项目包括矿山、炼铁、炼钢、轧钢和公用辅助设施,总共进行了30多个单项工程,对钢、铁的重点程序以及焦化、运输、动力、机械等辅助配套设施进行了全面系统的改造。通过这次全面的技术改造,莱钢集团发展成为一个现代化的钢铁企业,拥有国内先进水平的工艺基本配套设施以及技术装备,摆脱了老莱钢的"缺钢少材、工艺不全"的旧局面。莱钢的主体设备达到国内的先进水平,部分设备甚至可以达到当时国际钢铁行业的先进水平,实现了莱钢技术的跨越式发展。

(二)科技创新的基础

科技创新是企业发展的不竭动力,是企业发展的永恒主题。莱钢深切认识到只有在科技上领先对手,才有可能在竞争中彻底战胜他们,而技术创新又来自于良好的创造环境,莱钢于1994年组建了莱芜钢铁集团公司技术中心。莱钢技术中心设有4个职能管理科室、7个研究所、测试中心、中试基地和1个企业博士后工作站。技术中心现有职工98人,其中专业技术人员84人,高级工程师26人,工程师42人,博士2人,硕士10人,在站博士后6人。该技术中心设备先进,拥有一批国际九十年代先进水平的理化监测设施,如荷兰的飞利浦扫描镜、日本理学X射线仪、X荧光光谱分析仪等,还有国内先进的热处理和物理性能检测设备等,还建成了烧结球团试验室、焦化试验室、中试基地。当前莱钢还具有完备的信息网络系统并取得了省级查新检索代理资质;编辑出版《莱钢科技》为公司内外的技术人员进行技术交流提供了一个平台。无论是仪器设施还是人才队伍,莱钢都有足够的研发创新能力。

(三)专利技术与成果情况

集团最近几年在新技术、新材料、新工艺等方面都取得了很大的成绩。莱钢正确地定位了自主创新的概念,即自主创新并不是否定排斥外来先进技术,而是在现有技术的基础上进行再创新。莱钢通过多年的努力优化了工艺结构、产品结构,提高了技术经济水平,全面提升了莱钢冶金生产的技术含量,提高了资源综合的利用率。在焦炉干熄焦技术、高炉干法除尘技术、转炉干法除尘技术上有了长足的进步,在长期制约我国冶金行业污染治理效果的关键技术上获得重大突破;在钢产量连续几年列全国钢铁产业增幅第一的情况下,实现了增钢不增水、不增污、不增废。

2004年莱钢度获省部级表彰项目共102项,其中中国钢铁工业协会、中国金属学会冶金科学技术奖项目5项,获山东省科技进步奖项目15项,获山东省冶金科技进步奖项目58项。

2005年获得山东省科学技术进步奖10项,获中国钢铁工业协会、中国金属学会冶金科学技术奖项目4项,山东省冶金技术进步奖项目40项。

(四)新产品的开发情况及新技术的引进

当前莱钢有多项新产品正在研发当中,并且取得了一系列进展,其中包括:

(1)2005年莱钢技术中心研发,轧钢厂成功轧制出两种规格的塑料膜具扁钢P20。P20有称3Cr2Mo,主要是用于塑料膜具的加工制作,是高技术含量、高附加值的产品。此次试轧的成功说明莱钢已经具有生产这种产品的能力,填补了山东省该项技术的空白。

(2)莱钢还研制开发成功了一种齿轮钢新产品——20CrMnTiH5,该项产品成分命中率达100%,淬透性稳定控制在5HRC以下,各项指标达到国际先进水平。

(3)莱钢股份有限公司特殊钢厂成功生产出15CrMoG高压无缝钢管圆管坯,并已将其轧制成直径圆钢,该产品的氧含量全部小于17ppm,夹杂物检验符合标准要求,完全满足有关标准和用户的要求。

(4)技术中心与特殊钢厂共同成功开发了重汽高性能前轴与平衡用新钢种——SCM440和SCM822H,对于提升产品技术含量和质量档次,优化产品结构,提高产品附加值和市场竞争力有重要的意义。

莱钢在自研技术的同时十分注意对国际新技术的引进,通过购买国际领先设备,使莱钢站在巨人的肩膀上,实现莱钢技术的又一跨越。2006年8月28日,莱钢集团与澳大利亚力拓集团在北京钓鱼台宾馆签署了《莱钢—力拓HISMELT设备工艺许可协议》。这项协议的达成,标志着我国有了世界第二座、亚洲第一座清洁、高效、低成本的新型炼铁工厂。HIsmelt直接熔融还原炼铁技术是澳大利亚力拓集团HIsmelt公司历经二十余年研究的结晶,属世界最前沿、最先进的炼铁技术。这一技术的诞生标志着钢铁冶炼工艺一场新的革命的开始。和传统的炼铁相比,该技术不需要高炉、焦炉、竖炉、烧结机等关联设备,将大大降低投资成本。无论是对莱钢的技术改造还是中国炼铁技术的革命都起了巨大的示范和推进作用。此外,近几年莱钢深刻地认识到发展循环型经济对于钢铁企业的重要性,因此,莱钢从搞好节能降耗、环境保护、资源及废弃物的综合利用等方面入手,取得了显著的成效。

六、莱钢的营销策略

(一)销售理念

莱钢人坚持"共赢共享、直到永远"的营销理念。所谓的"共赢共享"是指莱钢人在销售中不是一味的追求自身利益最大化,要同时考虑客户的利益,把莱钢的自身利益同客户利益结合起来,使客户在交易中信赖莱钢,真正实现共赢。所谓的"直到永远"是指要与客户建立长期的战略合作伙伴关系,在业务中不局限于当前的蝇头小利,要注意维系同客户的关系,提高客户对莱钢的忠诚度,形成牢不可破的销售链条。"共赢共享,直到永远"是莱钢人在市场同客户打交道中长期坚持的基本准则,始终伴随着莱钢的发展。每个莱钢人都尽可能的落实这种态度,以高标准的工作、高质量的服务为客户服务,从而扩大自己的销售网络,增加市场占有率,使莱钢保持长久旺盛的生命力,为莱钢及其合作伙伴带来长久的双赢。

在"共赢共享、直到永远"的理念的指导下,以销售部门为导向,确立了销售的龙头地位,完成了由生产导向型向市场用户导向型的战略转移。同时,莱钢人也养成了一小时内必有答复的营销作风,体现了他们以客为主的服务态度以及高效满足客户需求的工作能力。

(二)商品的销售定价策略

莱钢的定价销售策略是普通产品区域化、高端产品品牌化,全面推行合同化管理,实施终端市场价格销售。这里把产品分为普通产品和高端产品,充分考虑到产品的品种及其成本、销售的地域、渠道等方面,规范销售行为,抓源头订单,抓订单源头,实行灵活的营销策略,把握终端客户。

(三)售后服务

莱钢人注重同客户建立持续、长期的合作伙伴关系,以良好的售后服务满足客户的不同需求,与合作伙伴保持良好的关系。莱钢人把每次交易都视为一种长期的合作,积极主动地向客户提供服务信息,全程跟踪和关注客户在产品使用、销售过程中的要求,最大程度上满足客户的需求,建立有效的机制来解决客户提出的问题。莱钢人注重售后服务还表现在一旦获得信息反馈,将立即着手解决客户的问题,以最短的时间为客户提供服务,赢得合作伙伴的信任。

七、莱钢的人力资源与文化

(一)人力资源政策

莱钢把竞争引入人员培养训练中,制定了竞争的人力资源政策,形成人员竞争上岗、能进能出的用人机制以及择优录用的制度,促进企业内部人员合理有效流动,实现内部人力资源的最优配置。莱钢集团2002~2005年从业人员变化如图2所示:

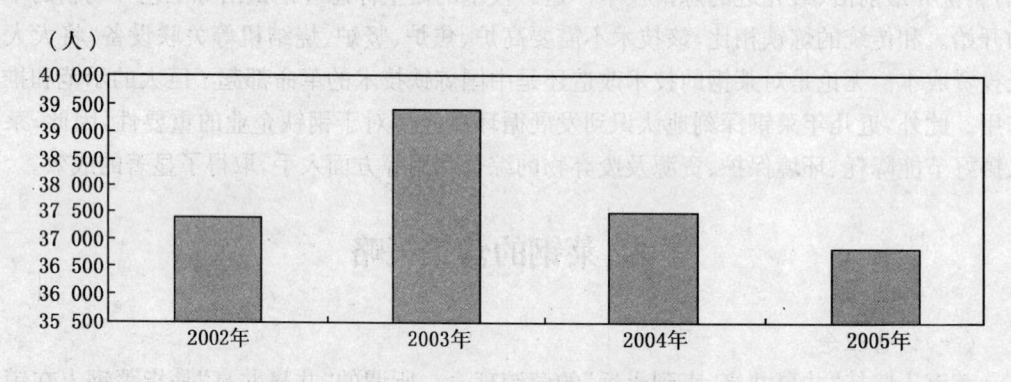

图2 莱钢历年从业人数变化情况

在确定内部人员配置的同时,还建立了完善的毕业生优惠引进政策。针对研究生,根据需求和急需专业情况,硕士研究生可给予2万~3万元的奖励,博士研究生可以给予4万~6万元的奖励。针对本科生,根据需求与生源状况,针对个别急需专业给予不超过1万元的奖励,省级优秀毕业生可给予不超过1万元的奖励。同时制定了《博士后科研工作站暂行管理办法》,现在莱钢已有4名博士后科研人员,同时为每人配备了2~4名助手,提高了莱钢的科研能力。

(二)薪酬、福利及培训

莱钢为了吸引和留住人才制定了丰厚的薪酬政策:博士后年薪10万,提供两室一厅的住房,博士毕业生年薪不低于40 000元,硕士毕业生年薪不低于30 000元,本科生毕业生月薪1 500~2 000元。严格按照国家规定执行各种劳动和社会保障制度,包括"五险一金"及其他福利待遇。

莱钢按照"十五"职工教育计划,平均每年安排20 000人次以上的职工培训,结合"十五"干训规划的实施情况和目前干部建设的实际,要求进一步加强干部的教育培训,提出5年内将在职干部轮训一遍的目标。同时考虑到管理人员在集团内部的特殊性,莱钢利用清华远程教育设施对管理人员进行全面的培训,充分利用各种渠道和方法对管理人员进行管理知识培训,拓展管理人员的知识,将经验和理论有机结合,满足莱钢对管理人才的需求,目前已经有5 000多人接受培训并且结业。

为充分调动优秀技术技能人才的工作积极性和能动性,莱钢制定了优秀技术技能人才的选拔办法:每两年选拔一次,分技术专家、专业技术带头人、优秀技术员和优秀技能人才,共613人月享受5 000、3 000、1 000、500~1 200元不等的特殊津贴,实现管理、技术要素参与收益分配,使优秀技术技能人才的经济收入同市场价位接轨。同时还制定了首席优秀技师选拔办法,每四年选拔一次,首批30位技师月享受津贴1 500元,并具有优先推荐省及以上技能人才的评选资格。对于在职研究生,莱钢也给予了支持和奖励,在职学习报销学费75%,外出学习的交通费、住宿费给予报销,取得学位后给予一定的奖励,这些办法提高了职工学习工作的积极性,当前毕业和在学研究生已达693人。在重点培养高技术人才的同时,莱钢还十分注意培养青年技师,开展"金蓝领"试点培训,全脱产培训,以理论培训和实际操作技能训练为主,侧重现场工艺,聘请高校教授和现场工程技术人员、高级技师授课。

(三)企业文化

莱钢在30多年的发展实践中,积蓄、培育、创造并沉淀了丰富的企业文化,自发形成了具有自身特色的价值理念,其中包括以下内容。

1. 企业愿景:全员学习型企业、绿色生态型企业、持续发展型企业

莱钢人要打造全员学习型企业,通过全体莱钢人的学习激发职工的智慧和潜力,促进莱钢经济的成长和发展,从莱钢对人才培训的重视程度中也可以反映这一点。而所谓的绿色生态型企业是指莱钢人在生产中重视环境保护,采用无废生产工艺,综合利用能源、原材料。莱钢上下主打循环型经济,在生产注重节水节能,改变了钢铁企业高耗低产的生产现状。所谓的永恒发展是指在发展莱钢经济时要注意培养核心竞争力,使企业立于不败之地,保持企业的长期的发展,减少短视行为,执行长期发展战略,把莱钢建设成为一个"百年老店",真正成长为一个大型企业。

2. 企业精神:学习、超越、领先

学习是企业愿望中学习型组织的精髓,强调"终生学习"、"全员学习"、"全过程学习"以及"团体学习"。通过全员不断的学习保持莱钢的活力和创造力,促进职工在思想方式、思维方式以及管理方式上进行全面的创新,建立一个能够激发职工潜能的有效机制,形成团体智慧。

超越包含两个含义,一个是超越自己,另一个就是超越对手。在当前激烈的市场竞争下,企业要想做大、做强,一定要能清醒地看到自己的长处与不足,在不断学习和竞争中发展自己、超越自己。超越对手则表明当前市场是激烈竞争的,不是闭门造车就可以有所发展的,必须了解自己的竞争对手,然后不断成长,超越对手。一个企业只有保持超越的理念才能不断地进步发展壮大。

学习的目的是为了领先,超越的必然结果也是领先。既要在技术和管理效益指标上的领先,又要通过发挥比较优势而领先。

3. 企业信条:共赢共享、直到永远

"共赢共享、指导永远"是莱钢在市场中与人交往信守的准则,是莱钢在经营活动中形成的具有现代意识的经营理念,是莱钢企业文化的核心理念,也是莱钢经营思想成熟的标志之一。首先共赢共享体现出企业增强竞争力与协作竞争有效结合的理性思考。这里不是把市场和竞争看成必须分出高下、输赢的赛场和竞赛。这里的共赢认为市场竞争不是在市场上进行恶性竞争,造成两败俱伤,而是与对手共赢。其次共赢共享体现出自身利益的追求与消费主体地位有效结合起来的互惠互利,指的就是营销作风中的"共赢共享",与客户建立长期的战略合作伙伴,通过利益的共享,来保持客户对莱钢的忠诚度。

"直到永远"是指这个理念不是一时的选择,而是长期坚持的行为准则,将始终伴随着莱钢的发展,落实到每个莱钢人身上就是,高标准的工作、高质量的产品和高水平的服务,通过大家真诚的、创造性的服务,为莱钢及其合作伙伴创造良好的经济效益。

4. 企业宗旨:为小康社会铸造钢铁脊梁

这里表明企业存在的目的完全是为了国家的富强,民族的兴旺。"为小康社会铸造钢筋铁骨"包括两层含义:一是莱钢主业的核心产品是 H 型钢,它是新兴的绿色环保建筑用材,代表了建筑的发展方向。其非主业也主要是依托主业的钢结构以及房地产开发,而这些都与小康相关;二是国有特大型企业有责任成为国民经济支柱,成为民族工业的栋梁。

5. 企业形象:让同行信服、让世界瞩目

"让同行信服、让世界瞩目"是要把企业做大做强,让企业的知名度、美誉度和社会影响力都获得体现。莱钢通过提高企业的核心竞争力来切实做大作强,成为国内同行中龙头企业,进而在国际钢铁行业中占据一席之地,是莱钢真正走出中国、冲向世界的必经之路。

6. 企业哲学:系统思考、创意无限

系统思考是从全局上把握企业的发展,运用系统思考,解放思想,转变观念,在真正意义上实现自我超越。创意无限同样也是系统思考的结果,通过无限的创意来克服"自我满足、停滞不前、潜力挖尽"的心态,提高莱钢的核心竞争力,进行技术创新、管理创新。

攀枝花钢铁集团公司

一、攀钢发展历程概述

(一)发展简史

攀枝花钢铁(集团)公司是一家现代化大型钢铁钒钛企业,是我国西部最大的钢铁生产基地,是中国最大的铁路用钢铁生产基地、品种结构最齐全的无缝钢管生产基地、最大的钛原料和钛白粉生产基地,也是中国最大、世界第二大的钒制品生产企业。2004年攀钢以339.54亿元的营业收入位居我国500强企业第67位,名列国内钢铁行业第5位,是四川省内惟一跻身100强的企业,2005年实现营业收入406亿元,具体情况见表1。

表1　　　　　攀钢在2002~2006各年度"中国企业500强"排名情况

年　份	2002	2003	2004	2005	2006
排　名	115	105	63	67	70

(二)攀钢扩展路径

攀钢从1965年至1980年开始一期建设和创业。于1965年春开工建设,1970年出铁,1971年出钢,1974年出钢材,1980年主要产品产量和技术经济指标达到或超过设计水平,形成了150万吨钢的综合生产能力。1981年至2000年,攀钢开始建设二期工程,规模迈上新台阶,品种结构实现调整,是实现从"钢胚公司"到"钢材公司"战略性转变的重要历史时期。攀钢二期工程新建了四号高炉、板胚连铸、板材等三大主体系统,总体装备水平达到20世纪80年代末、90年代初的国际先进水平,新增铁、钢、胚、材各100万吨,后经挖潜达到年产400万吨钢的规模。2001年至今,攀钢开始建设三期工程,实现"材变精品"的战略性转变,开始建设具有国际竞争力的现代化大型钢铁钒钛企业集团。攀钢坚持依靠科技进步深度开发钒钛磁铁矿资源,在中国钢铁工业中具有独特地位和优势,特色显著。攀钢主要下属公司如表2所示。

表2　　　　　　　　　　　　　　　　攀钢集团主要下属公司

企业名称	成立日期	企业类型	主营业务
攀钢集团重庆钛业股份有限公司	1990年9月4日	股份有限公司（上市）	金红石型、锐钛型钛白粉及其副产品、铁系颜料、油漆、工业化学品等
攀枝花新钢钒股份有限公司	1993年3月27日	股份有限公司（上市）	铁、钢、钒冶炼及加工；钢压延加工；氧气、氢气、氩气、氮气、蒸汽制造；冶金技术开发、咨询、服务
攀钢集团北海钢管有限公司	1993年8月26日	合资经营	生产焊接钢管、空心型钢、板卷、带钢、横切钢板，销售自产品
攀钢冶金材料有限责任公司	1994年3月28日	国有独资	耐火材料、陶瓷制品、保温材料、建筑材料及设备、金属结构、切削机械、锻件、机械零件、矿山设备、金属管道建设等
攀枝花钢铁有限责任公司	2000年12月22日	有限责任公司	钢、铁、钒、钛、焦煤冶炼；钢压延加工；金属制品、机电设备、建筑材料、工业气体、无机盐制造；金属非金属矿采选
攀钢集团成都钢铁有限责任公司	2002年5月22日	有限责任公司	钢铁冶炼、轧制，其他黑色金属冶炼及压延加工、生产、销售
攀钢集团锦州钛业有限公司	2002年9月26日	有限责任公司	无机卤化物、氧化物及钛产品研制、生产、销售；经营本企业自产产品及相关技术的出口业务
攀钢集团国际经济贸易有限公司	2003年12月29日	有限责任公司	经营和代理各类商品及技术的国内贸易和进出口业务；按国家对外贸易经济合作部产品目录开展进出口业务等
攀钢集团矿业公司		全民所有制	矿石、建材开采；炸药及火工产品、管道、机械设备、橡胶制品、塑料制品、钛白粉、钛渣、生石灰、玻纤制品制造等
攀钢集团冶金建设公司		国有经济	矿山剥离；水泥制品、金属结构、金属制品、管道、油漆、涂料、机械设备、五金、电器设备制造；矿石、砂石开采等
攀钢集团昆明钢管公司		联营	生产和加工钢管、冷镀锌管、冷弯型钢、销售
攀钢集团修建公司		国有经济	工业设备修理；压力容器、起重设备、电器设备安装、修理及检测
攀钢集团财务公司		国有经济	主管部门及本集团内部成员单位间的人民币存贷款、投资、信托贷款；金融租赁等
攀钢集团金山耐火材料股份有限公司		股份有限	耐火材料、耐火原辅材料、砖模等
攀枝花攀钢集团设计研究院		有限责任	甲级工程设计；乙级建筑及市政工程设计，甲级环境污染治理设计等
攀钢集团成都彩涂板有限责任公司		有限责任	钢材及其深加工产品的生产销售，钢材加工设备的设计、制造、销售等
攀钢集团成都地产有限公司		中外合资	房地产开发
攀钢集团攀枝花钢铁研究院		国有经济	冶金工艺及相关工艺、冶金资源综合利用的技术开发、转让、咨询和服务等

(三) 攀钢所有制结构

攀枝花钢铁(集团)公司于1993年经攀枝花市工商行政管理局批准改建成立,为国有独资企业,受国务院国有资产监督管理委员会的直接管辖和领导。

(四) 攀钢组织架构

攀钢集团组织架构如图1所示。

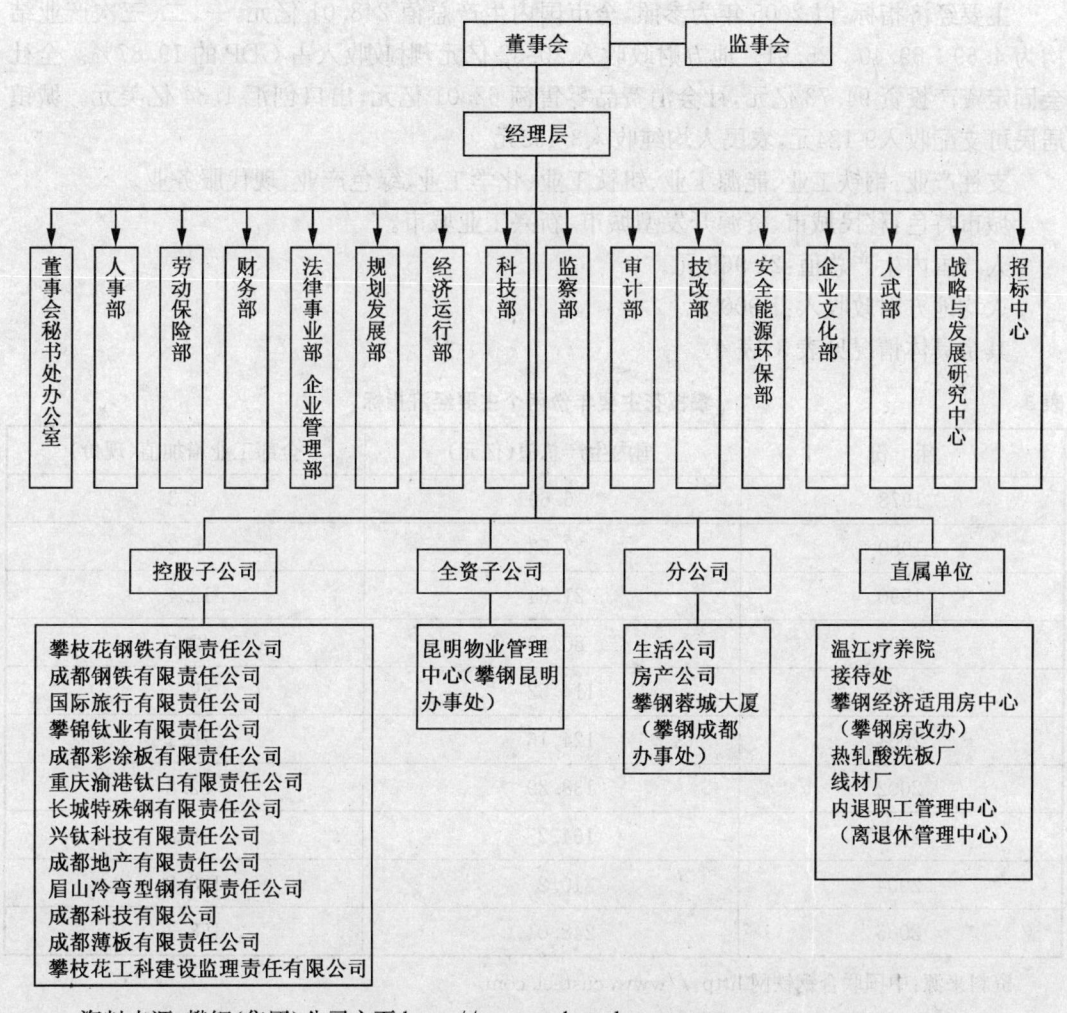

```
                           ┌─────────┐      ┌─────────┐
                           │  董事会  │──────│  监事会  │
                           └─────────┘      └─────────┘
                                │
                           ┌─────────┐
                           │  经理层  │
                           └─────────┘
```

经理层下设：董事会秘书处办公室、人事部、劳动保险部、财务部、法律事业部/企业管理部、规划发展部、经济运行部、科技部、监察部、审计部、技改部、安全能源环保部、企业文化部、人武部、战略与发展研究中心、招标中心

经理层下辖：

控股子公司：攀枝花钢铁有限责任公司、成都钢铁有限责任公司、国际旅行有限责任公司、攀锦钛业有限责任公司、成都彩涂板有限责任公司、重庆渝港钛白有限责任公司、长城特殊钢有限责任公司、兴钛科技有限责任公司、成都地产有限责任公司、眉山冷弯型钢有限责任公司、成都科技有限公司、成都薄板有限责任公司、攀枝花工科建设监理责任有限公司

全资子公司：昆明物业管理中心(攀钢昆明办事处)

分公司：生活公司、房产公司、攀钢蓉城大厦(攀钢成都办事处)

直属单位：温江疗养院、接待处、攀钢经济适用房中心(攀钢房改办)、热轧酸洗板厂、线材厂、内退职工管理中心(离退休管理中心)

资料来源：攀钢(集团)公司主页 http://www.pzhsteel.com.cn。

图1 攀钢(集团)公司行政组织机构图

二、攀钢发展战略

(一) 攀钢竞争环境分析

1. 钢铁行业总体概况

以2006年为参照,全国生产粗钢41 878.2万吨,生产生铁40 416.7万吨。2006年国产钢材国内市场占有率上升到95.82%,比2005年提高了2.61个百分点,是历史最高水平。

同时全年出口钢材4 300.7万吨,比2005年增长了109.58%,出口钢坯903.55万吨,比2005年增长了27.83%。

2. 所属地区(攀枝花)经济发展情况

攀枝花市全市总人口107.98万人,辖区总面积7 440.4平方公里,城市建成区面积42平方公里。

主要经济指标:以2005年为参照,全市国内生产总值248.01亿元,一、二、三次产业结构为4.69:69.40:25.91。地方财政收入20.52亿元,财政收入占GDP的19.87%。全社会固定资产投资94.73亿元,社会消费品零售额62.01亿元,出口创汇1.34亿美元。城镇居民可支配收入9 124元,农民人均纯收入3 463元。

支柱产业:钢铁工业、能源工业、钒钛工业、化学工业、绿色产业、现代服务业。

城市特色:移民城市、资源开发型城市、新兴工业城市。

人均国内生产总值:21 969元。

人均地方财政收入:1 900元。

其余具体情况见表3、表4。

表3　　　　　　　　　　攀枝花主要年份两个主要经济指标

年　份	国内生产总值(亿元)	全部工业增加值(现价)
1978	6.69	4.3
1980	7.53	5.2
1990	21.64	12.4
1995	80.93	42.5
2000	114.52	69.7
2001	124.16	76.1
2002	138.89	82.8
2003	164.27	98.3
2004	210.2	128.2
2005	248.01	158.3

资料来源:中国联合钢铁网 http://www.custeel.com。

表4　　　　　　　　　　2005攀枝花工业总产值分行业构成

钢铁	能源	钒钛	化工	其他
62%	20%	9%	4%	5%

资料来源:攀枝花市统计局,攀枝花市统计年鉴2006(总第8期)。

3. 国内钢铁行业竞争情况

我国钢铁行业的竞争概况如表5、表6所示。

表 5　　　　　　　　　　　2005 年全球钢铁企业产量排名（前 50 强）

2005 年排名	2004 年排名	企业名称	2005 年产量(百万吨)	2004 年产量(百万吨)	同比%
6	6	宝钢集团	22.73	21.41	6.17
18	18	鞍钢集团	11.9	11.33	5.03
22	30	沙钢	10.46	7.55	38.54
23	25	首钢	10.44	8.48	23.11
24	35	济钢	10.42	6.87	51.67
25	38	莱钢	10.34	6.58	57.14
26	29	唐钢	10.07	7.66	31.46
27	26	马钢	9.65	8.03	20.17
31	31	华菱钢铁集团	8.45	7.13	18.51
34	36	邯钢公司	7.34	6.8	7.94
36	46	包钢	7.02	5.43	29.28
42	40	攀钢	6.19	5.98	3.51
46	47	安钢	5.8	5.24	10.69
47	64	酒钢	5.65	3.7	52.7
49	52	太钢	5.39	4.64	16.16

资料来源：中国联合钢铁网 http://www.custeel.com。

表 6　　　　　　　　　　　2005 年全国钢铁行业钢材产量排序（前 30 强）

排名	企　业　名　称	产量 本年累计	产量 04 年同期	比较 数量	比较 %
	合　　计	25 050.92	21 629.47	3 421.45	15.82
1	上海宝钢集团	2 380.89	2 195.71	185.18	8.43
2	唐山钢铁集团有限公司	1 482	1 235.99	246.01	19.9
3	武汉钢铁(集团)公司	1 200.88	1 054.32	146.56	13.9
4	鞍山钢铁集团公司	1 142.58	1 082.79	59.79	5.52
5	首钢总公司	923.47	819.01	104.46	12.75
6	马钢(集团)控股有限公司	894.96	747.86	147.1	19.67
7	济南钢铁集团总公司	806.85	556.38	250.47	45.02
8	华菱钢铁集团有限公司	784.39	687.48	96.91	14.1
9	莱芜钢铁集团有限公司	776.78	616.55	160.23	25.99
10	江苏沙钢集团有限公司	771.84	702.46	69.38	9.88
11	邯郸钢铁集团有限公司	696.06	653.13	42.93	6.57
12	包头钢铁(集团)有限公司	654.21	529.2	125.01	23.62
13	攀枝花钢铁(集团)公司	555.7	542.64	13.06	2.41
14	本溪钢铁(集团)有限公司	554.48	454.87	99.61	21.9
15	酒泉钢铁(集团)有限公司	536.86	364.22	172.64	47.4
16	南京钢铁集团有限公司	454.53	486.43	−31.9	−6.56
17	安阳钢铁集团有限公司	447.26	381.01	66.25	17.39
18	太原钢铁(集团)有限公司	423.7	392.29	31.41	8.01
19	广西柳州钢铁(集团)公司	412.51	303.65	108.86	35.85
20	唐山建龙实业有限公司	400.45	366.56	33.89	9.25
21	昆明钢铁集团有限公司	379.45	266.25	113.2	42.52

续表

排名	企业名称	产量本年累计	产量04年同期	比较数量	比较%
22	新余钢铁有限责任公司	367.65	293.91	73.74	25.09
23	萍乡钢铁有限责任公司	348.07	235.94	112.13	47.52
24	韶关钢铁集团有限公司	339.15	289.53	49.62	17.14
25	北台钢铁公司	316.04	200.21	115.83	57.85
26	唐山国丰钢铁有限公司	314.03	280.58	33.45	11.92
27	广州钢铁集团有限公司	312.64	320.99	−8.35	−2.6
28	青岛钢铁控股集团有限公司	300.42	215.86	84.56	39.17
29	福建三钢(集团)有限公司	298.73	248.75	49.98	20.09
30	通化钢铁集团有限公司	294.14	235.28	58.86	25.02

资料来源：中国矿业资源网 http://www.chinaore.cn。

(二)攀钢总体发展战略规划

1．攀钢竞争策略基本内容

(1)完善销售网络。攀钢慎重选择条件成熟的大中城市设立销售分公司，增设联销处或办事处，加强对分公司、联销处的管理，以点带面，形成以百家直供用户、销售分公司为主体，联销处、代理商为补充，立足西南、辐射全国的直销网络。

(2)规范销售渠道间的关系。攀钢合理划分处在同一区域的销售分公司与代理商的市场，统一协调销售价格，避免产品在同一地区的无序竞争。

(3)加强代理商的管理。攀钢坚持代理等级评定制度，定期召开代理会议。对代理合同坚持滚动执行，保证货、款的安全，力争做到代理不欠款，使代理工作步入良性循环。

(4)实行一条龙服务。在售前耐心介绍攀钢产品，培育用户使用攀钢产品的信心；售中让"方便"于用户，积极协调从生产到发运各环节的关系，按合同保证质量、数量、交货期；售后及时跟踪走访，及时提供技术指导和咨询，及时处理异议。

(5)灵活、高效、科学地制定价格。攀钢与会计处紧密配合，及时、准确地根据市场情况和其他生产厂同规格产品销售价制定合理的价格，以稳定老用户，开拓新市场。

(6)围绕销售目标，做好商情信息工作。攀钢围绕销售的热点、难点，深入市场，开展调查研究，积极组织人员对特定区域、特定行业进行专项调查，发现新市场，挖掘新用户，并为及时作出进入区域市场、行业市场的决策提供有力、可靠的信息支持。

2．攀钢的产品开发战略

(1)新产品开发战略：领导高度重视新产品开发；牢固树立市场观念；树立自力更生的精神；采取有效的组织形式；建立有效的激励机制。

(2)重轨产品策略：攀钢始终如一地抓住重轨，开发高附加值产品，二十多年间开发了多种新品种。攀钢生产的离线全长淬火轨，满足了铁道部高性能的要求，是攀钢的垄断性产品，但生产成本高、定价高，因此虽然性能好，但销售量小。攀钢随后开发了在线余热全长淬火轨，解决离线全长淬火轨成本高、价格高的问题，成功开发在线余热淬火轨，并批量生产，市场前景乐观。

(3)钛产品策略：攀钢目前钛产品主要是钛精矿和钛白粉，目前市场行情看好。但加入WTO后，国外钛产品会冲击攀钢现在主要的钛产品。钛白粉虽然用途较广，但它是初级产品,仅作为原料和添加剂使用,产品附加值较低。因此攀钢的策略是像钢铁产品一样,走钛产品深加工之路,开发钛合金产品。一方面钛金属在国防工业上具有重要应用,另一方面攀钢是利用钢铁工业选矿所废弃的尾矿开发钛产品的,这既是对环保的巨大支持和贡献,又对攀钢具有重要的战略地位。因此攀钢有充分的条件来争取国家政策和资金方面的大力支持。

(4)钒产品策略:攀钢是全球第三大产钒地,产品主要出口国外供冶金企业使用。攀钢的策略是在坚持生产钢铁企业炼钢用的钒铁产品,提高质量和品种范围,满足不同用户需求的同时,开发钒添加剂,如碳化钒、氮化钒和碳氮化钒等,增加新的品种满足市场需求。

攀钢从2006年钛材一期工程建设开工起,开始实施"做大钒钛"战略,计划加快钛产业规模扩张,实现钛精矿到钛材、钛合金产品链延伸,打造国内最大"钛合金基地"。钛材生产线项目是攀钢"十一五"规划的重要项目之一,总体规划年产钛锭约1.3万吨、钛材1万吨,其中钛合金3 000吨;工程分两期建设,一期工程建成后,可实现年产钛锭约5 000吨、钛材3 000吨,年增销售收入约11.5亿元,年增利税总额约1.06亿元。

三、攀钢生产经营状况

(一)攀钢生产概况

攀钢近年的生产概况如表7、表8、表9所示。

表7　　　　　　　　　　　　攀钢集团钢材产量三年统计对比表

单位		本年累计(万吨)	累计比去年同期增减量(万吨)	累计比去年同期增减比例(%)
2006年		597.44	41.74	7.51
其中	攀钢集团有限责任公司	390.24	41.18	11.8
	攀钢集团成都钢铁有限责任公司	182.42	14.96	8.93
	攀钢集团四川长城特殊钢有限责任公司	48.67	−2.13	−4.19
2005年		555.7	13.06	2.41
其中	攀钢集团有限责任公司	349.06	20.02	6.08
	攀钢集团成都钢铁有限责任公司	167.46	6.57	4.08
	攀钢集团四川长城特殊钢有限责任公司	50.8	−6.93	−12
2004年		542.64		
其中	攀钢集团有限责任公司	329.04		
	攀钢集团成都钢铁有限责任公司	160.89		
	攀钢集团四川长城特殊钢有限责任公司	57.73		

资料来源:中国钢铁产业网 http://www.ttssteel.com。

表8　　　　　　　　　　　攀钢2000年以来铁、钢及钢材产量情况表

产品	2000年	2001年	2002年	2003年	2004年	2005年	2005年比2000年增长(%)
铁(万吨)	406.23	400.94	495.81	537.17	519.91	566.94	39.56
钢(万吨)	359.50	357.50	500.37	533.63	598.20	619.27	72.26
钢材(万吨)	264.61	254.56	419.13	416.73	542.64	555.7	110

资料来源：中国钢铁产业网 http://www.ttssteel.com。

表9　　　　　　　　　　　攀钢2000年以来主要效益指标情况

指标名称	2000年	2001年	2002年	2003年	2004年	2005年	2005年比2000年增长(%)
工业总产值(亿元)	56.70	59.47	92.64	170.78	250.54	310.32	
销售收入(亿元)	100.34	100.40	141	178.38	252.94	321.39	220
利润总额(亿元)	3.62	3.41	5.46	7.36	11.53	12.74	252
出口创汇(万美元)	18 573	12 292	9 928	13 815	22 835	33 300	79.3

注：工业总产值2000年至2002年为90年不变价，2003年及以后为现价。
资料来源：中央企业网 http://www.sasac.gov.cn。

2006年攀钢钢轨产量、销量、出口量均为国内第一。其铁、钢、材产量分别达到693.94万吨、677.42万吨、597.44万吨，板带钢比、钒钛钢比分别达到70%、40%以上，高技术含量、高附加值的新产品产值比重大幅度提高，实现了"材变精品"的历史性跨越。

另外，攀钢(集团)有限公司还制定了2007年奋斗目标：主营业务收入340亿元，利润10亿元，产品成本降低率5%以上。产量以铁720万吨、钢700万吨、钢材600万吨、钒制品(以V205计)2万吨、钛白粉8万吨为目标进行调控组织。吨钢综合能耗降低5%以上，污染物综合排放合格率达到95%以上。

(二)攀钢主要产品、生产及销售情况

1. 综述

攀钢依托资源和工艺技术优势，开发出独具特色的产品，形成了以重轨、工字钢、310乙字钢等为代表的大型材，以管线钢、汽车大梁板、热轧酸洗板、冷轧镀锌板、IF钢等为代表的板材，以V205、V203、高钒铁、钒氮合金、钛白粉为代表的钒钛制品，以无缝钢管、高频焊管为代表的管材及优质棒线材等"五大系列"产品。高速铁路重轨、V_2O_3、高钒铁、钒氮合金等是全国独家产品。高速铁路用钢轨和在线余热淬火轨的国内市场占有率分别达到60%和100%。重轨国内市场占有率达40%，钒制品国内市场占有率超过80%，国际市场的市场占有率为18%。攀钢产品遍销国内30多个省、市、自治区，并出口日本、东南亚、欧美等20多个国家和地区。

表10　　　　　　　　　攀钢2000～2005年重点产品产量完成情况表

产品	2000年	2001年	2002年	2003年	2004年	2005年	2005年比2000年增长(%)
连铸坯(万吨)	181.29	195.30	318.48	357.48	529.90	569.9	214.36
重轨(万吨)	44.55	50.66	49.37	42.10	56.80	63.27	42.02
热轧板(万吨)	135.18	161.44	180.24	165.03	239.03	255.89	89.3
冷轧板(万吨)	76.50	81.03	75.21	73.04	108.90	121.82	59.24
钒渣(万吨)	13.91	12.99	11.54	12.13	13.25	15.98	14.88
FeV80(万吨)	0.2350	0.1412	0.098 0	0.28	0.300 3	0.357 4	52.09
FeV50(万吨)	0.098 9	0.189 9	0.200 9	0.21	0.157 7	0.200 2	102
V_2O_3(万吨)	0.326 7	0.336 8	0.295 0	0.383 1	0.529 9	0.498 6	52.61
钒氮合金(万吨)	0.001 7	0.002 1	0.010 3	0.056 2	0.175 7	0.130 3	7 700
钛精矿(万吨)	15.69	18.73	19.49	20.61	22.29	25.52	62.65
钛白粉(万吨)	0.720 6	1.21	1.47	2.62	5.44	5.82	700
无缝钢管(万吨)	41.61	50.48	54.97	56.74	67.04	68.07	63.59

资料来源：中央企业网 http://www.sasac.gov.cn。

2. 攀钢重点品种的主要竞争对手分析

(1)在铁道用材方面,攀钢主要品种是重轨,主要竞争对手是包钢、鞍钢和武钢。

(2)在普通大型材方面,攀钢主要生产方钢,但不是重点对抗品种。攀钢方钢对手主要为马钢和邯钢。西部区域内,重钢与攀钢在普通大型材上有一定的竞争。

(3)在普通小型材方面,攀钢普通小型材产品在购并成钢后达到40万吨。从西部竞争看,压力主要来自以生产螺纹钢为主的威钢、达钢、昆钢、酒钢、兰钢和八一等钢铁企业。

(4)在薄板方面,西部钢企中生产薄板的只有5家,但由于产能的限制,尚不能对攀钢板材产品形成较大压力。攀钢的热轧板、冷轧薄板承受的市场压力仍然来自区域外的鞍钢、本钢、太钢和武钢、宝钢,镀锌板的竞争主要在攀钢、本钢、武钢和宝钢间展开。

(5)攀钢无缝所生产的40多万吨的无缝管将面对全国范围内的竞争,如天管、衡管等的竞争。

3. 攀钢的产品进出口情况

针对近年国内钢材供大于求的局面进一步加剧,市场争夺更加激烈,多数厂家采取非常措施争夺市场的情况,攀钢采取了各项措施。

在稳固国内市场销售的同时,攀钢加强对国际钢铁、钒钛市场研究,大力开拓国际市场,提高有竞争力产品的国际市场占有份额;按照效益最大化原则,适时协调、优化配置国际国内市场资源;强化客户服务,按照国际先进客户服务规范的要求,完善新型顾客服务体系,以更深层次的合作和更优质的顾客服务,巩固与重点用户的战略合作,提高客户的满意度、忠诚度。生产系统增强快速应变能力，提高对销售工作的保障能力，千方百计在品种质量、交货期和技术规范等方面满足客户要求，从而确保了攀钢产品在国际市场上需求的不断增加。

以2006年为例，攀钢产品出口量、创汇额均创历史最好水平。攀钢全年出口创汇达4.84亿美元，比2005年增长了45.2%，在四川全省大型钢铁企业中名列第一位。

表11　　　　　　　　　　　　　攀钢2006年出口统计

	无缝钢管	板材	钢材	钒铁	钛白粉
出口额(万吨)	13.8	23.07	57	0.2437	1.89
同比增长(%)	90.65	73.49	88.5	42.93	11.17

资料来源：搜狐成都网 http://chengdu.sohu.com。

4. 攀钢海外市场拓展

(1)各海外市场的出口情况。美洲市场：攀钢的热轧板卷、焊管、冷轧板卷、钒铁等从20世纪90年代末开始出口美国，但在2000年遭到美国的反倾销起诉。最终在2002至2004年相继得以重返美国市场。之后，攀钢的镀铝锌产品成功叩开美国市场的大门。紧接着在2006年攀钢钢轨出口美国，成为第一家进入美国的国产钢轨。同年由攀钢生产的钢轨出口到巴西，这是攀钢钢轨产品出口首次销往南美国家。

欧洲市场：攀钢钢轨于2003年出口南斯拉夫，攀钢钢轨首次进入欧洲市场。之后，攀钢自主创新研发的"绿色钢板"——限制有害物质热镀锌钢板于2006年出口欧洲市场。

中东市场：攀钢钢管于2004年进入了中东地区，该地区因盛产石油而对攀钢的钢管有大量需求。

(2)攀钢出口策略。攀钢不断调整出口产品结构，开发特色新品。从"九五"以来，攀钢每年开发的新品超过20万吨。在原来出口重轨、钒制品、锻钢件等产品的基础上，将板材、钢球、钢管、钒氮合金、钛制品等新品类推向国际市场，扩大出口产品的品种及数量。

5. 攀钢多元化发展情况

攀钢(集团)公司下属控股子公司5个，分别是：攀枝花钢铁有限责任公司、成都钢铁有限责任公司、国际旅行社有限责任公司、攀锦钛业有限责任公司、成都彩涂板有限责任公司；全资子公司1个；分公司3个；直属单位3个。攀枝花钢铁有限责任公司是攀钢实现债转股后，由攀钢(集团)公司、国家开发银行、中国信达资产管理公司三家共同组建的有限责任公司，攀钢(集团)公司所持攀枝花钢铁有限责任公司的股权额为49.96亿元，持股比例52.93%；下属全资子公司9个，控股子公司6个，分公司5个，直属单位14个。攀枝花新钢钒股份有限公司是攀枝花钢铁有限责任公司控股的上市公司，下属炼铁厂、炼钢厂、轨梁厂、线材厂、动力厂、热电厂、氧气厂、热轧板厂、攀宏钒制品有限责任公司、北海特种铁合金公司、废钢厂等11家单位。

四、攀钢的资本运作

(一)攀钢融资情况

1. 总体概述

攀钢集团计划未来实现整体上市，但目前尚无时间表，同时集团也在准备和国内其他钢铁企业进行合作。攀钢集团与一些国际钢铁厂商有一些技术方面的合作,但以资本为纽带的合作目前还没有开展。

目前攀钢集团旗下拥有新钢钒、攀渝钛业和长城股份等多家上市公司,其中新钢钒是攀钢集团的钢铁业主体上市公司。

2. 关于新钢钒

自上市十年来,新钢钒已累计分红18.8亿元,借助资本市场取得了长足的发展。公司于2003年发行16亿元可转债,并在2006年发行了32亿元分离交易的可转换公司债券这一创新金融产品,更多地带有循环经济、资源综合利用的特征和钢铁整体上市的趋势,为公司规范、快速、协调发展奠定了基础。

(二)攀钢投资情况

攀钢投资战略可归结为:"有限、相关、多元、持续",其投资理念与战略制定过程如图2、图3所示。

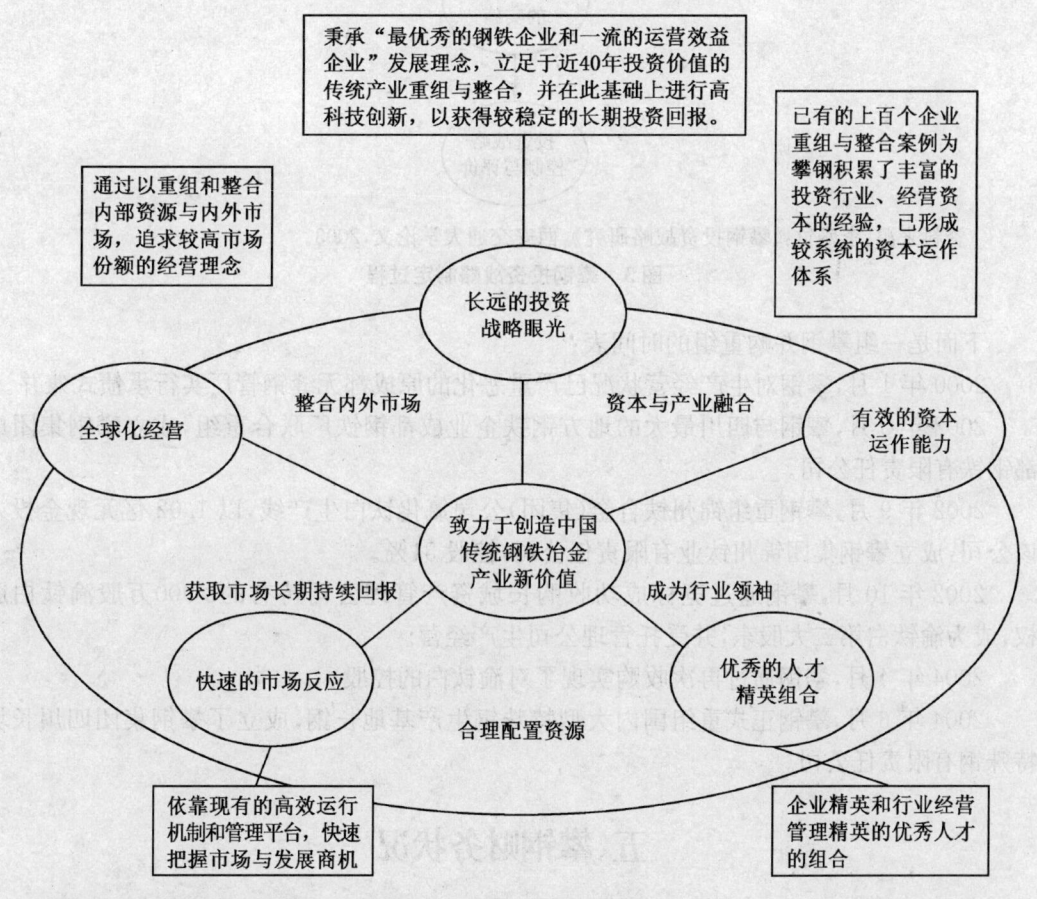

资料来源:李盛竹:《攀钢投资战略研究》,西安交通大学论文,2003。

图2 攀钢经营与投资理念图

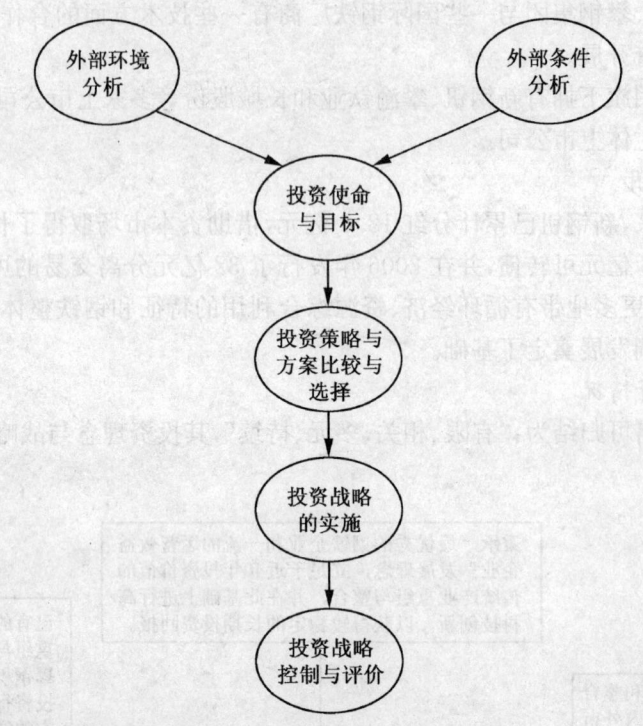

```
    外部环境              外部条件
     分析                 分析
       ↓                 ↓
        投资使命
        与目标
           ↓
        投资策略与
        方案比较与
         选择
           ↓
        投资战略
        的实施
           ↓
        投资战略
        控制与评价
```

资料来源:李盛竹:《攀钢投资战略研究》,西安交通大学论文,2003。

图3 攀钢投资战略制定过程

下面是一组攀钢并购重组的时间表:

2000年1月,攀钢对生产经营状况已严重恶化的原成都无缝钢管厂实行承债式兼并。

2002年5月,攀钢与四川最大的地方钢铁企业成都钢铁厂联合重组,成立攀钢集团成都钢铁有限责任公司。

2002年9月,攀钢重组锦州铁合金(集团)公司氯化钛白生产线,以1.02亿元现金投入该公司,成立攀钢集团锦州钛业有限责任公司,控股51%。

2002年10月,攀钢通过竞标成功收购长城资产管理公司持有的3 900万股渝钛白股权,成为渝钛白第二大股东,并受托管理公司生产经营。

2004年4月,攀钢通过再次收购实现了对渝钛白的控股。

2004年6月,攀钢正式重组国内大型特殊钢生产基地长钢,成立了攀钢集团四川长城特殊钢有限责任公司。

五、攀钢财务状况

(一)攀钢资产结构

公司注册资本为人民币49.087 68亿元。

截至2005年12月31日,攀钢集团持有本公司股份5 580万股,占公司已发行股本总额的29.81%。

表12　　　　　　　　　　攀钢资产对比（人民币）

	总资产（元）	净资产（元）
2003年	34 467 053 195.84	6 900 822 777.79
2005年	46 559 873 892.27	7 708 781 461.18
增长率(%)	35.09	11.71

资料来源：搜狐财经网 http://business.sohu.com。

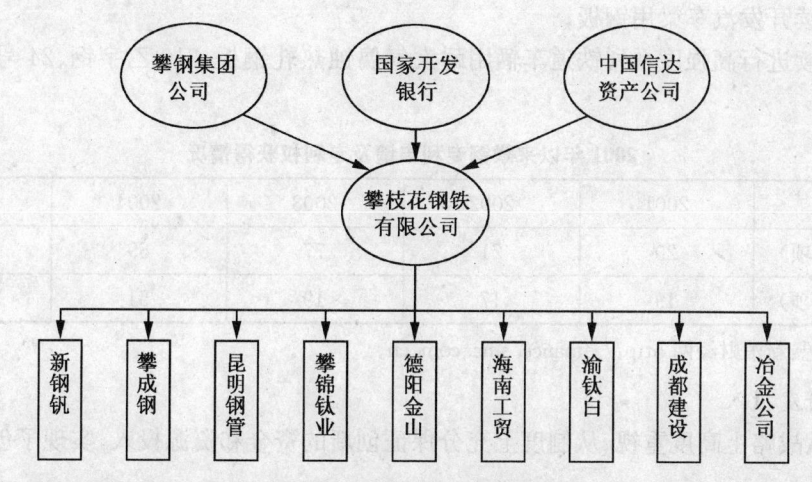

资料来源：陈亚平：《攀钢大型材市场营销策略诊断与研究》，重庆大学，2001。

图4　攀钢主要股权结构图

（二）攀钢盈利状况

表13　　　　　　　　　　攀钢营业收入情况对比

	主营业务收入（元）	主营业务利润（元）	净利润（元）
2003年	17 837 793 397.88	3 115 912 546.10	306 032 953.97
2005年	32 389 241 913.13	4 690 189 975.09	593 411 877.93
增长率(%)	81.58	50.52	93.90

资料来源：搜狐财经网 http://business.sohu.com。

六、攀钢研发创新能力

（一）新产品开发情况

1. 攀钢2006年新产品开发7个重点突破项目

(1)铁道车辆用高强耐候钢板、大方坯轧乙字钢、热轧高强汽车钢板开发；

(2)限制有害物质的高表面质量热镀锌钢板开发；

(3)高档电脑机箱板开发；

(4)轴承钢形成批量生产能力；

(5)N80高钢级非调质钢管开发；

(6)高速重载钢轨开发及出口钢轨生产技术；

(7)1号热镀锌线连退线改造后，开展低碳铝镇静钢过时效工艺研究以及冰箱侧板或调质板产品开发。

2. 2005年新产品开发项目

(1)2号镀锌线冲压系列、薄型有机涂层系列产品开发工作；

(2)作为耐指纹板升级产品的自润滑板的实验室研究；

(3)开发更高级别的超深冲热镀锌钢板DX56D；

(4)继续开发汽车梁用钢板；

(5)继续进行高强度系列铁道车辆用耐大气腐蚀热轧钢板、310乙字钢、24号槽钢的生产开发。

表14　　　　　　　　2001年以来攀钢专利申请及专利权获得情况

年　份	2001	2002	2003	2004	2005
专利申请(项)	20	21	77	59	58
获得专利(项)	19	17	19	51	55

资料来源：新浪财经网 http://finance.sina.com.cn。

(二)研发投入

攀钢从战略上高度重视、从制度上充分保证创新的资金和资源投入，实现了创新效益最大化。

首先，保证经费投入的支持力度和投入效果，坚持做到每年对自主研发费用的投入不低于上年度销售收入的1%。一方面积极研究利用国家鼓励技术开发投入所给予的财政优惠政策，另一方面加强与国际、国内的技术交流和合作，争取国家基金、政府项目及其他政策支持。

其次，加强技术中心建设。引进并完善实验室条件和中间试验手段，建成了连铸模拟试验、高炉还原过程模拟试验、钛白研究等20余个实验室，与长虹共同组建了产品应用研究联合实验室；整合兼并重组企业科技力量，设立攀钢技术中心分部等等，从整体上提升了攀钢的持续创新能力和科技竞争优势。

攀钢集团已经与清华大学、四川大学等20余所高校和研究院所开展了联合科技攻关。另外，攀钢集团还在成都投资5亿组建了技术中心。

(三)攀钢创新激励模式

攀钢制定的系列措施：

(1)按新产品开发所产生的经济效益，提取1%~2%作为有关人员的奖金。其中1/3给有关生产厂，其余由攻关队进行分配。主创人员不低于60%。

(2)对一些中长期的项目，允许其主要研究人员2年内在没出成果的情况下，按较高的奖金系数提奖。

(3)攀钢建立了三种基金，即科技创新基金、科技成果基金和成果转化基金。

(4)在工资待遇方面，在攀钢工作的"两院"院士、博士、硕士等高层次的技术、业务人才，分档次制定更高、有吸引力的工资标准。根据科研(或工作)成果论功行赏(包括住房和高额奖金等)。

(5)在住房方面,攀钢房改实行商品化后,向在攀钢工作的"两院"院士、博士、硕士提供低息、长期的购房贷款。

(6)对毕业后回攀钢工作的在职研究生给予一次性奖励,并在工作三年后报销其学习深造期间由自己承担的学杂费等有关费用。

(7)鼓励优秀的攀钢在职干部攻读研究生,培养各个领域熟悉攀钢情况、能解决攀钢问题的自己的专家。

济南钢铁集团总公司

一、企业发展历程概述

2002年济南钢铁集团公司(简称济钢)在中国企业中排名第58位,2003年第38位,2004年第48位,2005年第87位,2006年第71位。

(一)发展简史

济钢始建于1958年,职工3.128万人,资产总额377亿元。公司产品以中板、中厚板、热轧薄板、冷轧薄板为主。2006年生产钢1 124万吨、钢材1 092万吨,分别比上年提高7.9%、35.4%;实现销售收入443亿元、利税44亿元、利润21.8亿元,分别提高14%、29%、14%;出口钢铁产品158万吨,创汇6.6亿美元,进出口贸易总额14.7亿美元,分别提高21.5%、30.9%、33.9%。济钢股份公司进入了全国上市公司最佳运营绩效50强,获中央电视台2005年度"最具价值上市公司最佳投资回报奖"。各项指标均创历史最好水平,实现了"十一五"的良好开局。

近年来,济钢坚持以结构调整为主线,认真落实科学发展观,走新型工业化道路,积极推进工艺装备的大型化、紧凑化、现代化,形成了中板、中厚板、热轧薄板、冷轧薄板、镀锌板、彩涂板等现代化生产线,为顾客和社会创造价值的能力明显提升。以信息化加快企业现代化的进程,建设了ERP、MES、SPC、OA、能源控制中心等管理信息系统。坚持以市场为导向,不断优化产品结构,开发满足顾客个性化需求的新产品,高技术含量、高附加值的品种板比例超过了80%,锅炉容器钢板被评为中国名牌产品,造船用钢板、碳结中板、钢筋混凝土用热轧带肋钢筋、锅炉容器钢板和球墨铸铁管等主导产品获得冶金产品"金杯奖",差异化竞争优势明显增强。

坚持自主创新、资源能源高效利用,探索形成了以"以价值创新为核心,以观念创新为先导、技术创新为支撑、管理创新为保证,实施资源化治理、分布式治理、系统化治理,实现资源高效利用、能源高效转化、代谢物高效再生,追求企业效益、环境效益、社会效益和谐统一,建设资源节约型、环境友好型企业"的钢铁企业发展循环经济模式。全国人大常委会吴邦国委员长、中纪委吴官正书记、国务院曾培炎副总理、全国人大常委会王兆国副委员长、顾秀莲副委员长、全国政协徐匡迪副主席等上级领导先后视察济钢,给予了热情鼓励和充分肯定。济钢被确定为全国第一批循环经济试点单位和国家"十一五"规划重点建设的循环经济示范单位。

济钢坚持管理与国际接轨,引入卓越绩效管理模式,2003年荣获全国质量管理奖。先后通过了质量、安全、环境管理国际认证,并在全国冶金行业率先实现了三体系整合和营销服务体系认证,计量管理通过了ISO10012认证。建成了国家级技术中心、国家级实验室和博士后科研工作站,技术中心获得国家认定企业技术中心成就奖。造船板获得中、英、法、日、德、美、挪、韩、意9个国家船级社认证。产品出口到30多个国家和地区,出口产品总量、创汇额在全国冶金行业处于前列,出口中厚板连续保持第一。

"十一五"期间,济钢将坚持建设国内一流、国际先进的板材精品基地的发展方向,全力推进精准、高效、和谐发展的战略,站在新起点,实现新发展,把济钢建设成为决策更加科学,管理更加精准,运营更加高效,资源利用更加充分,内外关系更加和谐,职工生活更加富足,发展后劲更加强大的中国一流、世界知名的现代化钢铁企业。

(二)企业组织架构

济钢是特大型钢铁联合企业,采用典型的直线职能制的组织结构。济钢现有处级单位90个,其中钢铁主业单位25个,子公司26个,分公司8个,集团公司职能处室27个,社会公益单位4个,如图1所示。

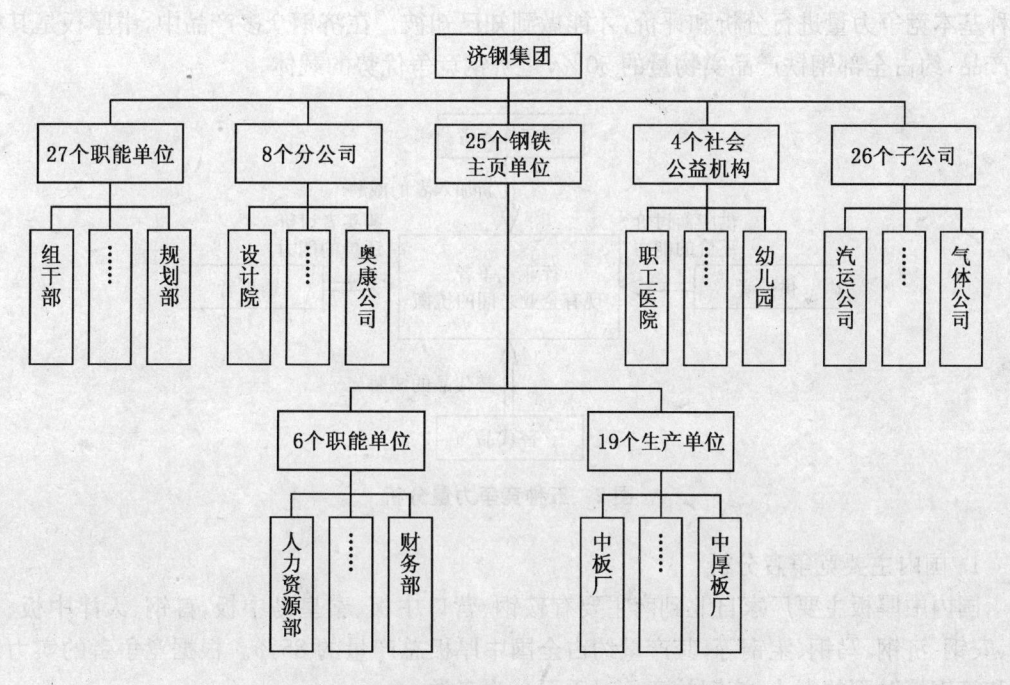

图1 济南钢铁集团总公司组织结构图

济钢实行集中管理和分散管理相结合的管理模式,即根据产品生产工艺的不同,对上下工序之间生产要素联系密切,物流、信息流要求程度较高的部门实施统一集中管理,以发挥整体优势,减少管理层次,提高工作效率;对于相对独立性较强的单位,实行子分公司管理,便于调动各单位的积极性和主观能动性。

济钢现行的直线职能制的组织结构,属于传统工业时代典型的科层制度,它是和大规模生产相适应的。随着经济全球化、市场一体化、信息网络化的发展,规模定制将逐步替代规模生产,小批量、多品种、快节奏的柔性生产将取代大批量生产,因此,济钢现行组织结构所存在的内部纵向之间信息沟通渠道长,信息传递效率低,横向之间缺乏协调、合作的弊端,将成为济钢发展的"瓶颈"。济钢要在与实力强大的国内国外钢铁企业的较量中取胜,就应该通过组织创新,建立精干高效、快速响应型、集科层与网络组织优势于一体的组织架构。

二、企业发展战略

(一)企业竞争环境分析

迈克尔·波特提出,一个产业的激烈竞争不是事物的巧合,其根源在于内在的经济结构。任何一个产业都存在五种基本竞争力量:潜在加入者、替代品的威胁、购买者讨价还价能力、供应者讨价还价能力以及现有竞争者的抗衡,这五种基本竞争力量的状况及其综合强度,决定着产业的竞争激烈程度和获利能力,如图2所示。企业高层管理者如果不能识别产业中存在何种竞争力量,衡量彼此的相对优势,并且对产业的整体竞争结构有深刻的理解,是不可能制定获胜的竞争战略的。因此,济钢在制定和实施发展战略时,应该对钢铁行业的五种基本竞争力量进行分析和评价,才能做到知己知彼。在济钢众多产品中,中厚板是其核心产品,约占全部钢铁产品实物量的50%,是济钢竞争优势的载体。

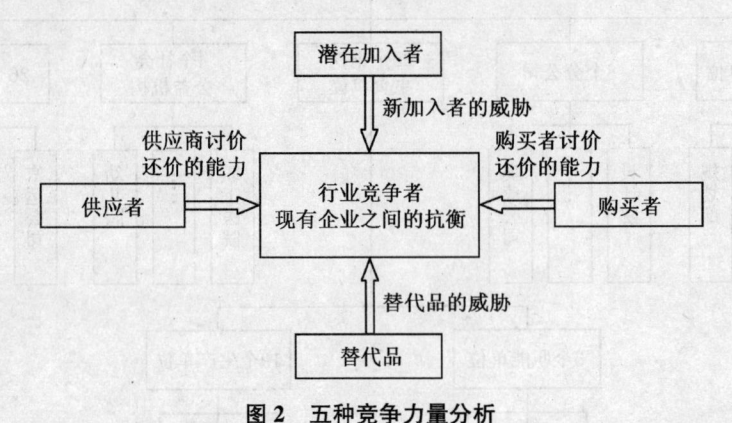

图2 五种竞争力量分析

1. 国内主要竞争者分析

国内中厚板主要厂家自北到南主要有鞍钢、营口中板、秦皇岛中板、首钢、天津中板、邯钢、安钢、济钢、马钢、宝钢等,其产量约占全国中厚板总产量的85%。根据竞争者的实力以及和济钢接触面的大小,济钢的竞争对手可分为三类:

(1)战略竞争对手:鞍钢、宝钢。两家中厚板产量均接近200万吨,与济钢的产量相当,三家中厚板产量合计超过全国总产量的1/3。

(2)彼此接触面较广的竞争对手:邯钢、南钢、马钢、安钢,其中邯钢、安钢在济钢的多个目标市场上竞争,各自的资源分配量也比较乐观;南钢、马钢与济钢在长江中下游市场相遇。

(3)彼此接触区域相对较窄的竞争对手:首钢、酒钢、天津中板、秦皇岛中板。众多的中厚板生产厂家加大了中厚板市场的竞争强度,济钢应该认清自己的优势劣势,发现竞争对手的长处短处,以便用己所长攻对手之短。

2. 潜在加入者分析

随着中厚板生产技术的日益成熟和普及,生产成本的降低,中厚板市场的进入壁垒降低,加上国内中厚板良好的盈利前景,将会吸引更多的钢铁企业加入中厚板生产行列。民营企业以其灵活的经营机制将成为济钢潜在竞争者。在专用板领域,南钢加大投资力度,计划建成船板基地,由于南钢的船板比济钢的船板具有优势,因此南钢将成为济钢潜在竞争者,另外,随着济钢专用板比例的提高,重钢、武钢也将成为济钢潜在竞争者。济钢要成功击退上述潜在竞争者,应该从企业制度、技术、管理创新入手,建立更加灵活高效的运营机制,形成持久的、非价格的竞争优势。

3. 替代品分析

铁器时代特别是工业革命以来,钢铁一直是人类使用的主要结构材料和产量最大的功能材料,人类的任何进步都与钢铁工业的发展紧密相联。自 20 世纪 60、70 年代起,因高技术材料不断涌现,钢铁在材料中的地位受到了严重挑战。但截至目前,在所有材料中,还没有哪一种材料在资源、可回收程度、价格、适用性及性能与价格比等方面能同钢铁材料竞争。根据西方发达国家钢铁工业的发展历程,钢铁工业的发展要经过增长期、高产期到稳定期三个阶段,我国钢铁工业正处于增长期,预计能持续 30～50 年高产期。所以,钢铁产品的地位是无可替代的。

4. 消费者行为分析

中厚板属于生产资料,是中间产品,其特点是大多数产品按照统一标准生产,产品的外形、质量、内在成份、相关性能等都十分接近。

中厚板用户为下游行业的生产商(如:汽车、家电、造船等)、流通企业和个体工商户。这些用户往往具有丰富的专业知识和经验,拥有丰富的产品信息,因而具有较强的谈判能力。由于用户少而集中,订货量大,在产品质量和性能基本接近的情况下,这些用户往往不重视生产商的身份。就普板而言,由于存在多家生产商的竞争,因此用户具有谈判优势。对于专用板,由于性能复杂,专业性强,技术服务要求高,所以专用板用户首先重视产品的质量和性能。只有在技术成熟时,他们才关注价格。同时,为了保证自己生产的稳定性,专用板用户比较稳定,对生产商的忠诚度较高。总之,就谈判优势而言,专用板用户不及普板用户。

5. 供应商分析

济钢的供应商主要是大宗原、燃料的提供者,分国内和国际供应商。国内供应商主要提供燃料(煤、焦炭)、铁料(矿粉、矿石,矿石占主要部分)、小铁料(生铁、钢坯)、合金(硅铁、锰铁、硅锰合金)和耐火材料、废钢、石子、熔剂等,其中燃料、铁料和废钢为主要原、燃料,占济钢 2002 年国内采购总价值的 95.2%。主要供应商有:铁料方面,鲁中矿山公司、淄博华联、青县。燃料方面,山西焦煤集团、石家庄贸源公司、济宁煤气化公司、太原煤气化公司。济钢和上述供应商的关系是契约关系,供应商的谈判能力随着供求状况变化而不同。近年来由于炼焦煤的国际市场坚挺,供应紧俏,吸引国内出口增加,导致国内炼焦煤市场供不应求,价格上涨;炼焦煤供应紧张增加了焦炭生产成本,再加上炼铁和铸造业的需求拉动,焦炭价格也呈上涨趋势。所以,济钢的供应商都具有较强的讨价还价能力。

(二)企业总体发展战略规划

通过以上五个方面的分析,济南钢铁集团总公司利用 SWOT 矩阵得出了自身的优势和劣势,并在此基础上制定了公司的战略目标体系,如表 1 所示。

表1　SWOT矩阵分析

	优势(Strength)	劣势(Weakness)
内部条件	①高层管理者较高的抱负,是制定和实施前瞻性发展战略的前提。 ②高昂的团队士气。员工的理解支持、"一团火"的团队士气是制定和实施前瞻性发展战略的精神支柱。 ③勇于创新。不断超越自我是制定和实施前瞻性发展战略的必要条件。 ④较高的管理能力,是济钢持续发展的保障。 ⑤顾客满意的产品质量、服务系统是实现战略目标的源泉。 ⑥低成本是济钢获得竞争优势的来源。 ⑦济钢与马来西亚合资的中板厂为济钢国际化经营搭建了跳板。	①整体工艺装备水平低,制约济钢产品的竞争能力。 ②产品结构低级化,缺乏市场竞争力。 ③人力资源整体素质偏低,高层次、复合型人才较少,制约济钢研发和创新能力的提高。 ④资金紧张,成为济钢生产和建设的"瓶颈"。 ⑤信息化建设相对滞后,影响济钢的后发优势。 ⑥缺乏具有自主知识产权的无形资产,造成济钢发展潜力小。 ⑦尚未建立起从产品研发到售后服务的完整市场营销体系,影响济钢市场竞争力的提高。 ⑧济钢的结构调整尚未完全到位,还不能满足顾客的多样化需求。
	机会(Opportunity)	威胁(Threat)
外部条件	①中国加入WTO有利于济钢产品出口。 ②中国加入WTO有利于济钢降低国际采购成本及开展跨国经营。 ③中国加入WTO有利于济钢引进资金、技术和管理经验。 ④国内经济持续健康增长有利于济钢开拓新市场。 ⑤山东省经济的高速发展,有利于济钢巩固并扩大市场份额。 ⑥国家对重大技改项目给予贴息贷款支持,有利于济钢筹措资金,进行结构调整。 ⑦顾客的个性化需求日益突出,生产商希望与钢厂建立直供关系,有利于济钢提高直销比例,稳定销售。 ⑧中厚板、薄板带等良好的需求前景是济钢成为精品板材基地的市场基础。	①入世后全面开放国内钢铁市场,竞争加剧。 ②入世后济钢在国际市场价格竞争中处于不利地位。 ③济钢以初级产品为主的出口产品结构易遭到进口国的反倾销诉讼。 ④随着国内钢铁企业结构调整和新一轮技术改造的完成,主要钢铁企业经济规模和产品结构趋同将加剧市场竞争,济钢的市场地位特别是山东市场日益受到竞争者的挑战。 ⑤随着国内节能降耗技术的推广,济钢的低成本优势越来越受到威胁。 ⑥钢铁产品上、下游行业集中化程度越来越高,成寡头竞争之势,势力日趋强大,济钢在采购和销售方面讨价还价能力降低,盈利空间下降。 ⑦国家关于钢铁行业关、停、并、转的结构调整政策使济钢面临巨大的装备改造压力。

到2008年,济钢将初步建成国内一流、国际先进的精品板材基地,形成年产钢1 500万吨、钢材1 200万吨(其中板材1 000万吨)的能力,2010年全面建成精品板材基地,专用板比例将达到80%。战略目标体系如下:

1. 市场目标

(1)产品目标:到2008年,实现销售收入600亿元,利润40亿元。中厚板形成以DH级、EH级为代表的造船板、锅炉板、压力容器板、以JT为代表的矿山与机械用板、桥梁用板、汽车大梁板、以X6080为代表的管线钢等七大板材系列,专用板比例达到70%。

(2)渠道目标:发展战略用户,建立直供关系,提高直销比例,争取由目前的10%提高到50%以"信用管理"为核心,选择资信好、业务覆盖面广、经营能力强的经销商建立利益共享、风险共担、长期合作的战略伙伴关系,利用经销商的营销渠道,来发展济钢的营销渠道,实现"双赢"。

(3)沟通目标:通过开展顾客价值创造,提高顾客满意度,培养和增强顾客忠诚。如:通过各种媒体向目标顾客宣传济钢的战略思想,使他们对济钢的战略选择产生认可;定期回访顾客,召开用户座谈会,了解顾客需求;深入到顾客的价值链中,和顾客一起研究如何提高顾客价值。

2. 创新目标

(1)制度创新目标:探索公有制的多种实现形式,引入民营机制,通过多方参股入股、合资合作等形式,实施产权多元化改造。逐步建立以岗位工资为主,技术、管理等要素参与分配的收入分配制度。主要通过建立基础岗效工资制或者搞活岗位工资分配,使分配向对企业贡献大的岗位倾斜。

(2)技术创新目标:一是面向世界,跟踪世界钢铁工业的前沿技术、先进技术,博采众长,进行高起点的学习创新,并将其转化为现实生产力;二是面向市场,把市场竞争力作为济钢技术创新能力的最终裁决指标,实现产学研、产销研一体化,不断开发适合市场需求的高技术含量、高附加值的新产品,保证产品具有国内一流、世界先进水平的实物质量,建立良好的客户关系;三是面向未来,抢占钢铁技术的制高点,进行自主创新,发展具有自主知识产权的核心技术、拳头产品。

(3)管理创新目标:学习当代先进的管理理念和管理思想,再造管理流程,减少管理层次,控制管理幅度,形成具有传统科层组织和现代网络组织优点的适度扁平化的学习型组织。优化济钢的价值链,加快实施ERP,构建信息化的供应链系统、财务管理系统、生产管理系统、商务智能系统、决策支持系统,以信息化促进济钢组织体系的改革,最终形成以客户为中心的快速反应、高效运作机制。

3. 盈利目标

(1)生产资源目标:到2008年,实物劳动生产率达到650吨钢/人;全部产品成本进入全国先进行列,主要产品成本创全国第一,普碳中厚板同行业第1位;资源综合利用、环境保护治理技术分别达到国际先进水平,固体废弃物综合利用率达到98%,吨钢综合耗新水7吨,工业水重复利用率达到96%,吨钢综合能耗低于750kg/t,吨钢可比能耗低于610kg/t,外排废水实现"零排放",粉尘排放量每年消减5吨,厂区生活区的大气质量达到国家环境空气质量二级标准。

(2)资本资源目标:济钢在战略规划期内将建设中薄板坯连铸连轧工程、两座120吨转炉、两座1 750立方米高炉工程等15项重点工程,估算投资103亿元。为保证建设资金的足额到位,除了申请国内银行贷款外,还通过申请国家财政贴息贷款、境外融资、合资、股票上市吸纳民间资本等方式筹措项目资金。

4. 社会目标

(1)公共关系目标:公共关系活动是树立企业形象的重要手段,是企业与公众之间的润滑剂,能够减少企业与公众之间的摩擦,促进双方和谐。济钢通过实施CIS战略,组织开展各种社会活动,利用赞助促销、专题促销、展览促销等活动来展示济钢的社会责任感、高质量的产品以及强大的技术实力,塑造良好的企业形象。精心营造济钢的生态链,密切和供应商、顾客、经销商、竞争者、社区、金融机构以及和政府的关系。

(2)社会责任目标:主动参与当地经济建设,贡献社会,富裕职工。积极治理环境,采用环保新技术、新设备,把济钢建成同行业中的节能型、生态型、清洁型文明示范企业,使济钢成为空气清新、天蓝水碧、草木葱茏、繁花似锦、社区配套齐全的工业生态园。

(3)政府关系目标:服从山东省及济南市政府的领导,认真执行上级部门关于经济社会发展的各项决策,和当地政府形成一种融洽的政企关系。

三、企业生产经营状况

(一)生产情况

济南钢铁集团总公司2006年大力调整产品结构,努力转变增长方式,全年生产钢1 124万吨,比上年增长7.86%;销售收入达到440亿元,自2003年以来年均增长100亿元;实现利税44亿元,比上年净增14亿元,增幅29%,取得了不俗的业绩。

2005年济钢产量历史性地突破1 000万吨。为保持企业又好又快的发展,济钢站在新起点,确立了精准、高效、和谐的整体发展战略,不追求产量和规模的过度扩张,将发展的重心放在调整优化结构、发展循环经济、提高经济增长质量上。他们将2006年确定为质量品种年,致力于打造质量品种新优势。全公司紧紧依靠技术创新、管理创新,突破了制约品种钢冶炼、轧制的各种瓶颈,高技术含量、高附加值的品种板和高等级专用板的比例分别达到80.65%、53.44%,同比分别提高17个百分点和22个百分点,产品盈利水平大幅度提高。高端产品市场扩大,差异化竞争优势明显增强。济钢牌锅炉及压力容器用钢板被评为中国名牌产品,市场占有率全国第一;造船板产销量超过60万吨,比上年提高1倍多,市场占有率上升到第五位;管线钢板、油罐钢板和模具用钢板实现了零的突破;高强度板占到全国煤机行业40%的市场份额。在出口产品中,吨钢创汇额从387美元提高到423美元,实现了出口结构的最优化和出口效益的最大化。

作为国家首批循环经济试点单位,济钢在2006年加快了循环经济项目的实施,燃气—蒸汽联合循环发电二期4套机组、150吨干熄焦、铸管公司高炉燃气—汽轮鼓风机等工程相继竣工,全年利用余热余能发电10.9亿千瓦时,比上年增加4.4亿千瓦时。济钢还不断深化能源环保工作,全公司17个主要生产工序有15个达到了特等工序能耗标准,消灭了二等及二等以下工序,两个炼钢厂实现了负能炼钢。全公司万元增加值能耗达到6.316吨标煤,比上年降低3.6%,全年节能总量达25万吨标煤,超额完成与省政府签订的全年节能13.33万吨标煤的责任目标;吨钢综合耗新水降到3.61立方米,降低0.26立方米。全年可比产品总成本降低3.7%,降低额7.6亿元。济钢还积极履行社会责任,利用烧结工艺环保处置济南裕兴化工厂的铬渣,破解了困扰济南市近50年的环保难题,受到了社会的高度评价。济钢投入巨资治理烟尘粉尘污染,极大地改善了空气质量,创建国家环境友好企业,通过了国家环保总局组织的技术核查。

近日,国家发展改革委核准了济南钢铁集团总公司"十一五"发展规划。济钢规划将淘汰350立方米及以下高炉11座,40吨及以下转炉6座,关闭靠近市区的二厂区,共淘汰炼铁能力约325万吨,炼钢能力约480万吨,轧钢能力约180万吨。建设3座1 750立方米高炉、3座120吨转炉、1 700毫米热连轧机、冷连轧、燃气蒸汽联合循环发电机组等循环经济项目,以及配套的公用辅助设施。规划总投资173亿元。济钢规划实施后,吨钢综合能耗降低到630千克标煤,吨钢可比能耗降低到600千克标煤,吨钢耗新水降低到3.5立方米,吨钢烟粉尘排放量降低到0.65千克,吨钢SO_2排放量降低到0.85千克,自供电占总用电的比率提高到80%以上。

(二)企业主要产品、生产及销售情况

济钢主要有中板、中厚板、圆钢、螺纹钢筋、槽钢、角钢等钢材产品,另外还有焦化产品、水泥、金属制品、耐火材料等,共13大类、152个种类、2 650个规格。先后有22个产品分别获得国家、部、省级优质产品称号,船板、热轧带肋钢筋、碳素结构钢板获实物质量金杯奖。A、B、AII级船板通过了中、英、法、日、德、美、挪威、韩、意等九国十个船级社的认证。

(三)企业海外市场拓展

1. 马来西亚建厂

1993年济钢(马)钢板有限公司在马来西亚奠基,开创了济钢海外投资建厂的先河。目前,该公司年产30万吨中厚板产品,生产经营稳定,公司效益十分可观。迄今为止,该公司是中国在马来西亚最大的合资项目,受到了中央政府和省级领导的亲切关怀。

2. 越南合资项目

2006年济钢与合作伙伴一起,在越南胡志明市郊建立了鲍亨钢铁(越)责任有限公司,主要业务为钢材的深加工。另外,在越南合资建立大型钢铁厂的计划正在实施中。

3. 海外工程

济南钢铁集团总公司拥有商务部批准的对外承包工程经营权。有资质承包境外冶炼行业工程、境内国际招标工程以及海外工程的勘探、咨询、设计和监理。全资的山东省冶金建设开发公司(以下简称冶建公司)拥有建设部授予的"冶炼工程施工总承包、钢结构工程专业承包、炉窑工程专业承包等壹级"资质,济钢二级单位济南济钢设计院(以下简称济钢设计院)拥有建设部授予的"冶金行业设计甲级"资质。

"十五"期间,济钢累计完成各类项目方案设计、建安465项,并积极自主开发和采用新技术、新工艺、新设备。在马来西亚自主建设济钢(马)钢板有限公司,使得济钢的工程建设走向了海外。第三炼钢厂项目的完成则标志着工程建设能力极大提高。一期工程于2003年3月1日正式投产,一次试车全线贯通,设计年产钢能力130万吨,2004年该厂达到了年产154万吨的好水平。它的顺利建成和投产是济钢结构调整,做强做大、实现跨越式发展的里程碑,同时也标志着济钢具备了单独建设大型钢铁冶金企业的能力。

济钢将积极落实商务部和山东省人民政府加快实施"走出去"战略的政策,调动和发挥济钢及其下属子分公司的整体优势,加强海外工程项目的整体组织协调管理,树立海外工程品牌,为济钢和世界的建设与发展做贡献。

(四)产品进出口情况

2007年3月1日,济南钢铁集团总公司与日本新日铁签订CDMA协议。根据联合国二氧化碳减排放协议《东京议定书》,经双方友好协商,新日铁公司购买济钢干熄焦余热发电项目减排的二氧化碳量,该项目进入具体实施阶段。

2006年出口钢铁产品158万吨,创汇6.6亿美元,进出口贸易总额14.7亿美元,吨钢创汇同比提高36美元,实现了出口结构的最优化和出口效益的最大化。

四、企业研发创新能力

到2000年底,济钢技术中心共有研究开发人员1 793人,占公司职工总人数的4.82%,高中级职称人员占总人数的40.77%。技术中心一级开发机构有研究开发人员932人,其

中高级职称人员123人，占一级开发机构总人数的13.20%；中级职称人员376人，占一级开发机构总人数的40.34%。二、三级开发机构有研究开发人员861人，其中，高级职称人员59名，占6.85%；中级职称人员173名，占20.09%。济钢技术中心固定资产达到1.4亿元。现有研究开发试验设备、仪器和仪表1 093台套，资产原值1.05亿元，占济钢固定资产总额的2.10%。

1. 研发投入

(1)资金投入。济钢重视技术开发资金投入，制定了"济南钢铁集团总公司技术开发经费管理办法"，从制度上规范技术项目的计划、制定、审查、设计、实施、管理及技术开发资金的来源、运用和有关政策的利用、考核等。济钢技术开发资金主要从企业销售收入中提取，小部分国家技术创新贷款、财政补贴及冶金局和山东省电子计算机应用贴息贷款。近几年总公司技术开发费的投入力度逐年加大，1997年、1998年、1999年、2000年技术开发经费均大于3%，总额呈逐年增加，有利于技术创新的开展。

(2)技术投入。技术是企业技术创新的根本手段，技术创新是在企业现有技术基础上形成发展的，创新过程就是技术变化及其实现的过程。公司自1985年5月申请第一件专利起到2001年16年中，共申请专利43件，年平均申请量只有2.7件，并且35项专利(申请)基本上没有得到推广，还需要对其进行深入的研究和开发，使之实用化后才具有现实价值。

2. 科研成果

1996年以来先后自主开发了120多项节能清洁工艺技术，形成专利117项，共获得省部级以上科技进步奖77项，其中国家级科技进步二等奖2项，完成科技成果42项。济钢鼓励创新，允许失败，宽容失误，为职工们搭建了宽广的创新舞台，近五年累计对创新成果的奖励达到1 731万元；设立科技创新突出贡献奖，先后对四位年轻的技术人员奖励10万～50万元。

济钢燃气—蒸汽联合循环发电是热能资源高效综合利用的大型技术创新项目，目前已有六套机组并网发电，剩余两套机组将在2007年一季度投产。届时，济钢利用富余煤气发电的装机容量将达到543MW，年设计发电量313亿千瓦时，年可节约标煤96万吨，减少煤气放散量50立方米，实现煤气"零"放散。济钢还建成了国内第一套采用高温、高压自然循环锅炉、规模最大的干熄焦发电装置，实施了高炉TRT发电、炼钢余热蒸汽发电、烧结机余热发电等，2006年余热余能发电量10.9亿千瓦时。

五、企业营销策略

(一)济钢钢铁产品的定价策略

1. 折扣定价策略

(1)数量折扣。数量折扣是生产企业为鼓励顾客集中购买或大员购买所采取的一种策略。按照购买数量，分别给予不同的折扣比率，购买数量愈多，折扣数最愈大。数量折扣又分为累计数量折扣和非累计数量折扣两种形式。累计数量折扣规定顾客在一定时间内，购买产品若达到一定数最或金额，则按其总量给予一定的折扣，其目的在于鼓励顾客经常向本企业购买，与可信赖的老客户建立长期稳定的购销关系。非累计数量折扣规定顾客一次购买某种产品：达到一定数量或余额，则给予折扣优惠，其目的在于鼓励顾客大批量购买，促进产品多销、快销,从而降低企业的销售费用。

(2)功能折扣。功能折扣又称交易折扣,是指生产企业针对经销其产品的中间商在产品分销过程中所处的环节不同,其所承担的功能、责任和风险也不同,据此给予不同的价格折扣。功能折扣的比例,主要考虑中间商在销售渠道中的地位、对生产企业产品销售的重要性、购买批量、完成促销功能、承担的风险、服务水平、履行的商业责任以及产品在分销过程中所经历的层次和在市场上的最终定价等等。这种策略鼓励中间商大批量订货,扩大销售,争取顾客,并与生产企业建立长期、稳定、良好的合作关系。同时对中间商经营的有关产品成本和费用进行补偿,使其得到相应的回报。目前在济钢的销售政策中,只是简单地给予代理商和联销商10元的代理费和20元的仓储费,应当分出级别,细化完善。

(3)现金折扣。现金折扣是企业对顾客迅速付清货款的一种优惠,是对在规定时间内提供付款或用现金付款的顾客所给予的价格折扣。其目的在于鼓励顾客尽早付款,加速资金周转,降低销售费用,减少财务风险。现金折扣一般根据约定的时间界限来确定不同的折扣比例,要考虑三个因素:折扣比例,给予的折扣时间限制,付清全部款项的时间。银行承兑汇票的性质是种短期银行贷款。

(4)季节折扣。生产企业为了调节供需矛盾,实现均衡生产,把产品的储存分散到销售渠道或顾客手中,便采用季节折扣的方式,鼓励其在淡季提前进货。季节折扣比例的确定,应考虑成本、储存费用、计价和资金利息等因素。

季节折扣有利于减轻库存,加速商品流通,迅速收回资金;促进企业均衡生产,充分发挥生产和销售的潜力,避免季节需求变化所带来的市场风险。钢铁产品尤其是建筑钢材,季节性较强,旺季淡季区分明显。在济钢的销售政策中没有给出这方面的政策。销售政策的相对稳定是必要的,但也应当根据实际情况予以调整,尤其对于规律性的变化,如季节变化,在淡季应当给予更多的价格优惠政策,给予经销商以更大的利润空间,以利销售,从而确保物流通畅,利于均衡生产。

2. 地理定价策略

(1)分区定价策略。各地区的挂牌价格应充分考虑当地市场行情,各个地区的市场价格水平受当地不同的供求关系影响,应当是有差别的。采用这种定价策略可避免产地交货定价所引起的运费负担悬殊,也避免了统一交货定价的远近一律拉平。但相邻价格区边界的顾客,尽管相距不远,也会有价差。当然,随着交通运输业越来越发达,市场信息的传递越来越快,各地区市场价格的差别也正在不断缩小,价格水平也越来越接近。分区定价与其他定价策略应当有机配合,保证成交价格的地区匹配,注意地区间的冲突,适度压缩其利润空间,避免渠道内部相互压价销售。

(2)减免运杂费定价策略。济钢所制定的各地区挂牌销售价格,实际是济钢产品运到各地区销售的"到岸价"。在这一价格之内包含了济钢产品运至该地区的运杂费用,还包括了在当地租赁仓库的费用。由代理商订货销售的,还包括了应付给代理商的代理费用和给予代理商的价格优惠。对于设在各地区的直销站点,济钢还承担仓库租赁费用。因此,济钢在对各地区销售业务的管理中,在各地区代理商按各地区挂牌销售价格订货的基础上,实行减免运杂费的定价策略:在结算时从价格中扣除运杂费、仓储费、代理费,而给予各地区代理商的价格优惠幅度则是完全相同的。

3. 新产品定价策略

济钢新开发出的高附加值的产品品种附加值高、废次品多、成本高、效益低。刚进入市场时,济钢一般实行完全的补偿,执行保本价格,成本导向过于严重,较少考虑市场状况。

所以,对于新产品的定价,不能草率行事,应当充分考虑自身的实际情况和目标市场上竞争者的情况,尤其是其受到进攻时的反应,包括反应模式、反应速度、反应速度。新产品的定价比一般产品更为重要,更要慎重也要很好地把握价差的度的问题,这是科学与艺术的结合。一般地,采用渗透定价策略比较妥当。

(二)销售渠道

价格对渠道的选择有一定的影响。渠道通过销售费用对价格产生影响。稳定、顺畅的销售渠道是价格策略实施的保障。价格策略是稳定销售渠道的手段。就钢铁行业而言,低价格策略只能是钢厂参与市场竞争的策略之一。且在制定目标市场防御和进攻策略时,要以建立自己稳定的销售渠道和销售网络为前提,统筹兼顾,合理布局,同时更要加强钢厂间的相互协调。当然,协调不是回避竞争,而是为了防止无效竞争,避免不正当竞争,尽量不要挑起价格战。钢铁产品价值高、数量大、难以搬运,对中间商的要求比较高,须有一定的资金实力和吊装运输装备,因而,一般采用选择性分销。渠道的长度影响销售费用,销售费用影响价格的形成。多一层中间商会多一层加价。因而,选择渠道非常重要。

在济钢的营销实践中,代理商十分难寻。代理商既要有实力、有信誉,又要有一定的市场把握能力、影响力和仓储能力、运输能力等。

济钢在寻找、选择和培养代理商方面做了大量工作,付出很大努力。当前,济钢选择代理商的基本原则是:不分企业性质,不看招牌大小,不看管理体制,只要具有经济实力,同意济钢所确定的代理制操作办法,能够提供预付货款的,都可以考虑选择为代理商。在确定为代理商后,济钢给予全方位的服务,派出人员协助运作,开辟市场;并统一价格政策,享受价格优惠。具体做法如下:

(1)在各市场区域选择和确定钢材销售代理商,一般是在一个市场区域确定一家。

(2)在该市场区域由代理商按方便钢材销售的原则确定一个铁路运输指定到站和专用线,济钢承担钢材发至该指定到站和专用线的铁路运费,同时承担下站后的仓储运输费用,给予代理商一定的代理费用。

(3)济钢和代理商在共同对市场价格进行调查后,共同确定结算价格,济钢拥有最终的决定权。

(4)实行代理商预付货款订货办法,规定代理商首批订货不低于300万元,在代理商预付货款后,济钢按照订单发货。

(5)在代理商所在市场区域的市场价格发生波动时,济钢及时予以调整结算价格,对于代理商尚未销售出的库存钢材也给予一定处理。

济钢在四个大的区域市场设立了直销公司,在当地租赁仓库,派驻人员,就地销售钢材。与代理制相比,其主要缺点是销售费用较高,回款速度较慢。近年来,开始在各驻外地销售点的现款购买大户中发展二级代理商。主要做法是:二级代理商由各直销点管理,在各直销点预付货款订货,执行各直销点的结算价格。各直销站点提报计划生产,由总公司直发二级代理商指定的铁路到站和专用线。这样,节省了直销点的仓储费,从中提取二级代理商的代理费。目前,在各驻外直销点发展了一批月销售钢材在5 000吨以上的二级代理商,其节约费用、加快周转和回款的效果都非常明显。

济钢的联销方式主要是在各地市场选择联销合作商,双方按当地市场价格联合销售,济钢承担运费和仓储费,并给予联销商一定费用,钢材销出后货款返回济钢。由于联销方式是先发货,后付款,因而风险较大,回款较慢,周转期较长。济钢已在联销方式中采取了中间商提报订单,济钢按照订单发货,凡是货发到联销站点达3个月仍不能卖出的,由中间商购买并付款。通过这种办法对联销商进行初步约束,以减少企业所承担的风险,并逐步实现联销方式向代理制方式的过渡。

(三)促销策略

促销策略主要通过促销费用对价格产生影响,促销费用是变动成本的重要组成部分。其他条件不变,促销费用的减少为产品降价提供了基础,促销费用的增加必然减少利润空间,从而增加了价格上升的压力。

价格对促销的影响在于,价格本身是种有效的促销手段,可以通过价格的变动和定价的技巧来促进产品销售。同时,价格的高低还会制约企业的促销功能与促销费用。一般地,低价对制造商的促销功能与促销费用有一定的约束。对中间商较低的折扣与折让意味着制造商要承担更多的促销工作,较高的折扣则意味中间商要相应承担一定的促销任务。

六、企业人力资源与文化

(一)企业人员工资结构

济南钢铁集团历来重视薪酬分配工作,现行的薪酬分配制度主要是由从1992年9月实行的岗位技能工资制度,经过10多次的整体调整而形成的。在薪酬调整过程中,职工的综合薪酬收入随着企业经济效益的增长有了较大幅度的提高,特别是1998年以来,职工的基本工资收入在较高水平上短期内实现了翻番,至2003年,人均工资收入已突破2万元,达到21 133元,在全国同行业中位居前列,达到济南市职工平均工资的1.8倍。

近年来,济南钢铁集团的薪酬改革力度明显加大、加快。其中该公司在1998年制定了职工工资二次分配的实施方法,对在岗位技能工资制基础上实施搞活工资分配进行了积极的探索。2002年10月,该公司又制定了调整岗位工资标准的方案,将调整工资的重点放在调整岗位工资标准上,第一次将岗位工资标准分为两个系列,适当拉开了分配差距,为实施工资分配向关键岗位倾斜和今后实施薪酬分配改革在一定程度上打下了基础。

济南钢铁集团的工资制度主要分为岗位工资和技能工资两大块,另外还有年功工资、各种补贴、奖金等作补充,如图3所示。

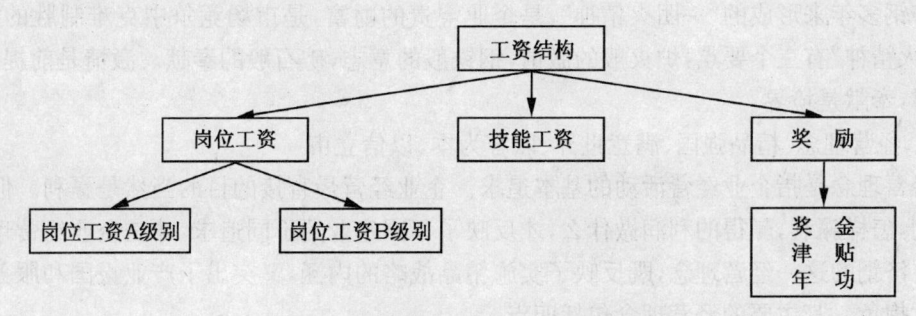

图3 济南钢铁集团公司工资结构

(二)企业人员的福利制度

济南钢铁集团的福利制度,如同别的传统国有大型企业一样,比较全面,也比较琐碎。而且最近几年变化不是很大,调查中发现,无论是公司中高层管理人员还是一般的员工,对福利的观念都有些淡薄。该公司的福利基本上都是按时发放的,诸如各种保险金,不同的津贴,节假日以及逢年过节发放的各种生活用品福利等。公司的员工对这些福利早已习以为常,他们认为这些都是公司应该给他们的,很少有员工清楚公司究竟每年给员工发放了多少福利,以及为了给员工发放这些福利究竟付出了多少成本。这一点表明济南钢铁集团的福利实施不是很成功,应该尽快改变目前的这种比较"混沌"的福利发放状态。图4是济钢公司的大体福利情况。

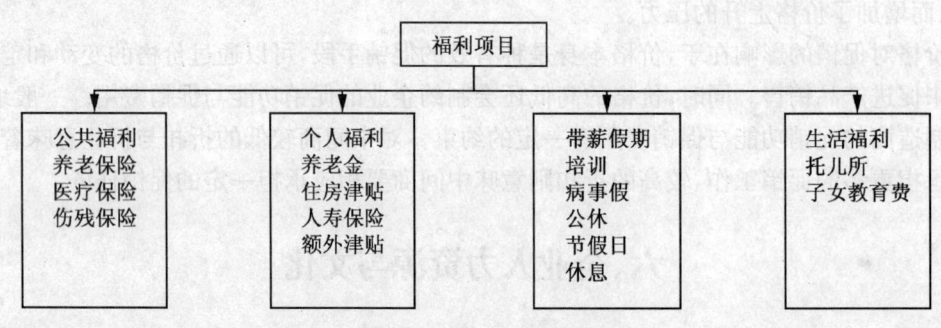

```
                        福利项目
        ┌──────────┬──────────┼──────────┬──────────┐
    公共福利      个人福利    带薪假期      生活福利
    养老保险      养老金      培训          托儿所
    医疗保险      住房津贴    病事假        子女教育费
    伤残保险      人寿保险    公休
                  额外津贴    节假日
                              休息
```

图4 济南钢铁集团公司的福利项目

(三)济南钢铁文化

1. 基本理念

企业核心价值观:可尊、可信、共创、共赢。核心价值观是整个企业经营管理所追求的最高境界和价值判断的基本标准,也是每个员工敬业爱岗乃至为人处世的最高价值取向。在实践中,人企是合一的,每个人的价值观是靠企业价值观来规范和提升的,企业的价值观又是靠每个员工的价值观来实现和体现的。就这种意义上讲,企业的核心价值观,也就是企业员工所共有的核心价值观。它集中体现了企业人格化的诉求。

"可尊"是做可尊敬的企业,做可尊敬的人。"可信"是做可信任的企业,做可信任的人。"共创"是企业全体员工的和谐共创,企业和相关方和谐共创。"共赢"是企业和员工共同受益共同发展,企业和各相关方共同受益共同发展。

2. 企业精神——团火精神

济钢多年来形成的"一团火精神",是企业宝贵的财富,是市场竞争中克难制胜的法宝。"一团火精神"有三个要点:炉火般的激情,钢铁般的意志,矿石般的奉献。激情是前提,意志是支撑,奉献是境界。

3. 经营理念:精品强国、满意世界、以客为本、以信立市

经营理念是指企业经营活动的基本追求。企业经营最直接的目的当然是赢利。但为什么赢利,怎样赢利,赢得的利润做什么,才反映了不同企业的不同追求,才是企业经营理念的实质。济钢的这一经营理念,既反映了实施精品战略的内涵,又突出了产业报国和服务世界的远大抱负。其主要的经营理念包括四点。

"精品强国",反映了济钢的基本经营战略——精品战略。济钢生产的产品必须是精品,

以此提升自己的市场竞争能力,求得企业的生存和发展。"强国"首先是指企业自身要强,企业靠精品而强,强到成为一个"精品企业"、"精品之国";"满意世界"是济钢经营的广阔视野,不仅要使国内的顾客、用户满意,还要使世界各国的顾客、用户满意,这就是济钢要达到的经营境界。"以客为本"就是要把顾客作为一切经营活动的根本。企业只有把产品卖出去,才能够正常运转,才能够盈利。没有销售,企业在此以前的一切活动都变得没有意义,甚至成为负功。"以信立市"就是以信誉赢得人心,以人心赢得市场。企业经营不仅要提供良好的产品和服务,还要树立企业以"信"为基础的良好的形象。企业的良好形象是企业的重要的无形资产,是企业在市场竞争中立于不败之地的坚强支柱。

市场竞争的核心是争夺顾客,而争夺顾客的基础手段是满足顾客的需求。满足顾客的需求不是向顾客推销厂家生产的东西,而是生产顾客需求的东西。企业必须随时关注市场,而关注市场的核心问题是关注顾客的需求。顾客需求就是机遇,是订单,是宝贵的资源和财富。因此,对顾客需求的关注,不是被动地去了解,而是应当作为工作的重心,改进的方向,应该被当作坚定不移的追求目标。

4. 质量意识:重顾客、重改进、重创新、重品牌

市场竞争是产品竞争,产品竞争是质量竞争。质量是企业的生命。质量是管理出来的,质量也是经营出来的。质量意识要从"质量管理"的水平提升到"质量经营"的水平。

"重顾客",顾客的需求就是我们的追求。市场竞争的核心是争夺顾客。"重改进",就是把质量看成一个动态过程。一时的好质量,不代表永久的好质量。随着时代的进步,不断提升的质量,才是我们追求的好质量。"重创新",出色的质量工作,不仅要满足顾客和市场已有的需求,还要能够创造顾客和市场新的需求。这就需要重视创新。"重品牌",就是重视自己品牌的打造和提升。产品竞争是质量竞争,但质量竞争在很多情况下是通过牌子竞争来实现的。品牌是企业无形资产的"账号",是企业市场竞争能力的综合表现。

5. 管理理念:科学决策、从严管理、高效求赢

"科学决策"是管理的灵魂。决策是管理,是企业最高层次的管理,我们称为"战略管理"。战略管理包括战略选择、战略实施、战略调整。决策失去科学性,就会导致战略失当,战略失当就会导致管理全局的失败。济钢建立了比较完整的战略管理体系,并制定和实施了总战略和六大分战略。

"从严管理"是对管理的基础性要求。战略决策要达到预期目的,必须经过严格执行。它应该包括严密的制度、严谨的措施,严格的监督。制度就是规矩,"没有规矩、不能成方圆"。措施是执行制度的办法,没有恰当的办法,制度不能落实。监督是保证,监督不严就会责任不清,责任不清就会赏罚不明,就会使制度虚设、措施落空。

"高效求赢"是管理的目标。科学决策,从严管理,都是为了实现高效,都是为了提高工作效率、生产效率,为了提高劳动生产率、原料利用率、资金周转率、资本利润率。有了比别人更高的效率和效益,在市场上获得胜利和成功就是必然的了。

6. 管理要义:人和、物和、利和、心和

"人和"是企业动力之本。所谓"人和"就是员工和企业、员工和员工之间的和谐关系。实现"人和",需要宏观和微观、集体和个人两个方面的结合。

"物和"是企业效益之源。所谓"物和"就是重视企业生产经营活动中各种物态之间的和谐关系。努力实现"原料(能源)—产品—废料"这三种物态之间的良性循环。这种良性循

环,体现为经济效益和环境效益的统一。节能降耗,保护环境,企业才能持续发展。

"利和"是企业环境之根。所谓"利和"就是重视各相关方之间利益的和谐关系。这种和谐关系主要体现为经济效益和社会效益的统一。实现"共赢"才能为企业创造稳定的好环境。

"心和"是企业运营之魂。所谓"心和"就是人们在理念上的和谐关系,就是文化理念和实际操作之间的和谐关系。实现文化管理才是高层次的管理。理念上的和谐是多样化基础上的统一。实现了这些"和","顺"就是必然的结果了。

7. 资源观念：创意无限,资源无限

"创意无限,资源无限"。这是对我们资源观的归结。我们曾说,"资源有限,创意无限",其目的也是要说明,如果我们的"创意无限",也就会达到"资源无限"。搞企业不能被资源的有限性所束缚,而产生消极悲观、无所作为的想法。这里强调的是发挥人的主观能动性,不断利用新的创意；一方面挖掘已有资源的潜力,创造新的资源利用方式,一方面发现新资源和开拓利用新资源的空间,以此突破资源有限性的制约。这就是"创意无限,资源无限"的含义。如果这种创意不局限在一个企业,而是扩展到全人类,就更是如此了。

8. 人才观念：让合适的人干适合的事

全面的人才观应该解决三个问题：真诚尊重人才,充分使用人才,细心培育人才。"让合适的人干适合的事"的人才观,是既注重于群体又重视差别的人才观,是既尊重现状又着力于提升的人才观,是既唯物又辨证的人才观。它是能够解决上述三个问题的一把钥匙。

"让合适的人干适合的事"首先就是对人的尊重。我们不是离开人的具体情况,对他做出主观的安排,提出僵硬的要求,"牛不喝水强按头",而是把"识人"放在"用人"、"要求人"的前面。对人的认识决定对人的使用。不是"哪壶不开提哪壶",而是给他适合的事,给他一个能够发挥自己优势的舞台。

"让合适的人干适合的事"是既承认差别又重视群体作用的人才观。只有承认差别,正确对待差别,才能"人人都是人材"。从体制看,企业有三个经济角色：所有者、经营者、劳动者。这是差别。从个人看,先天素质、后天努力、社会机遇不同也造成了人的差别。让合适的人干适合的事,就是承认差别,并在这个基础上做到"各就其位,各行其道,各尽其职,各得其所"。济钢按照三条线管理和培育人才,一条线是专业技术人才,一条线是操作技能人才,一条线是经营管理人才。每条线都设计了自己的"位"、"道"、"职"、"所",体现了承认差别又注重群体效应的精神。

天津市物资集团

天津市物资集团总公司是一家以生产资料经营为主业的大型国有流通企业集团。2006年该集团在中国企业500强中位列第72位。而在2002年,它的排名是第119位,2003年列第111位,2004年列第89位,2005年列第77位,集团排名稳定上升。天津市物资集团主要经营钢材、汽车、化工、木材、煤炭、机电产品、燃料油、矿产品、棉花等。通过营销创新,集团已形成代理、专卖、配送、连锁、拍卖、租赁等多种营销业态,并且已取得国内五大钢厂的国家级代理资格,并成为八大汽车制造厂、五大化工厂的销售代理企业,建立了遍布全国的近千家销售网点。集团所属的6个总公司被国家确定为商品流通一级代理商。在金属材料、化工轻工材料、工业和民用洁净煤、木材、各类机电设备等产品品种的加工配送领域确立了重要的市场地位。

一、企业发展历程概述

天津市物资集团是经市委、市政府批准,于1994年1月1日由物资管理局整建转制而成的。集团实行母子公司体制,其核心企业是天津市物资集团总公司。天津市物资集团是按照现代企业制度和法人治理结构规范运作的大型国有独资现代物流产业集团。天津物资集团下属有22家公司,见表1。

表1 　　　　　　　　　　　　天津物资集团子公司

天津市浩通物产有限公司	天津市物资综合贸易中心
天津港保税区瀚通国际贸易有限公司	天津市商品包装总公司
天津市煤建集团有限公司	物资房地产开发公司
天津市木材总公司	天津市物资集团浩通物流发展有限公司
天津市机电设备总公司	天津天资棉纺织品物流有限公司
天津市化轻贸易有限公司	天津市物资招商有限公司
天津市金属材料总公司	教育中心物资贸易学校
天津市生产资料有限公司	天津进口物资供应公司
天津市物资经销总公司	天津市外资企业服务公司
天津市燃料油公司	天津市金属材料陈塘庄储运公司
天津经济技术开发区机电设备公司	天津市浩信信用担保有限责任公司

该集团经营领域在原有钢材、化工、汽车、煤炭、木材等产品经营的基础上,又开发了铁矿砂、燃料油、焦炭、棉花等基础资源;形成了贸易、实业、物流、房地产四大产业支柱和九大业务板块;经营区域从国内贸易发展到内外贸并举,从地区性公司发展成为经营网点遍布全国,经营触角涉及22个国家和地区。

二、企业发展战略

(一)企业竞争环境分析

1. 行业竞争概况

天津物资集团所属的零售业是一个竞争性行业。随着经济日益全球化和贸易自由化,跨国商业巨头疯狂进入,占据中国市场,使得中国的零售业面临着更加激烈的竞争。为了通过树立自己的主导企业来引导市场,使国企按照现代企业制度进行经营运作,使民营商业发展得更快,适应连锁发展的客观要求,提高规模经济水平,2004年国家商务部和有关各部委公布了我国拟重点培育的20家大型流通企业集团名单。天津物资集团就是这支"零售国家队"中的一员。有关部门在设定评审标准时主要是考虑企业的业态、销售额和全国性,即要选取那些全国性的、在整个国家市场上占有相当地位的大型流通企业,最后还考虑了行业、地域分布和实力等综合因素,因此,像天津物资这样一些地区性的企业也入选其中。天津物资集团的众多竞争对手包括上海百联集团、国美电器、北京物美、北京王府井等知名商家。

天津物资集团在中国零售业中的领先地位十分稳固,具有较大的优势。在中国企业家联合会、中国企业家协会发布的中国企业500强排名中,天津物资集团荣列2005年服务性企业中的第37位;列2006年中国服务业500强的第28名,比上年上升9名;列生产资料内外贸易批发、零售业第1名,连续两年保持全国第一。

2. 地区竞争概况

天津物资集团是一个地区性的物资集团。它所在的天津市是中国社会治安环境最好的地区之一。改革开放以来,特别是近十年来,天津实施"三五八十"四大奋斗目标[1],启动了规模宏大的海河两岸综合开发改造工程,国民经济持续、健康发展,经济实力显著增强。天津经济已经形成快速发展的大好局面。2006年天津物资集团在天津百强企业中排名第4[2],2005年排名第3,2004年排名第4,且都是零售业企业中的第一名。天津市物资集团系统的生产资料经营在天津本地的市场占有率达到25%,仍占据着主渠道地位。应当说,在全国物资系统市场占有率平均不到7%的情况下,天津物资集团取得这样的成绩是很不容易的。

(二)企业总体发展战略规划

天物集团的总目标是成为千亿集团。集团党委书记刘地生透露了未来的发展目标:到

---

[1] "三五八十"是天津市委、市政府1994年提出的四大奋斗目标:"三"即提前3年实现国内生产总值翻两番的目标,1996年提前一年完成"五"即用5~7年时间基本完成市区成片危陋平房的改造任务。"八"即用8年左右时间把国有大中型企业嫁接、改造、调整一遍。"十"即用10年左右时间,基本建成滨海新区。目前四大目标已基本完成。

[2] 2006年,天津百强企业排名中,中国石化销售有限公司华北分公司以9 227 972万元的营业额列第一,摩托罗拉(中国)电子有限公司以7 260 000万元列第二,天津市中环电子信息集团有限公司以6 172 972万元列第三。

2010年,将集团打造成为跨行业、跨地区、跨国界、跨所有制,具有国际竞争力的大型现代流通产业集团,集团经营规模达到1 000亿元。

天津市物资集团确立了"贸易+物流"的总战略思路,既狠抓主业,做大规模,又加大物流发展力度。从1999年起,由过去一卖一买的传统贸易,向发展物资代理和加工配送转变,初步形成了贸易加物流的发展模式。通过开展准时化配送、信息服务,把原来只是简单的流通到用户的供应关系,发展成涵盖生产、金融、信息、物流服务等多环节的全方位配送服务。与此同时,集团还积极探索"上伸下延、整合资源、优势互补、强强联合、多方共赢"的供应链式经营管理模式,从而给集团带来新的效益增长点和活力。

天物集团以贸易、物流、资产经营、实业为四大支柱产业。通过深化改革,调整重组,实施大集团战略,充分发挥集团集约经营优势,实现规模经济,发展壮大了浩通物产有限责任公司、天津港保税区瀚通国际贸易有限公司等优势企业群。集团还加快发展现代物流和第三方物流企业的步伐,建成北辰、西青、珠江道和滨海新区四大配送中心。运用现代电子商务,改造传统的物流营销方式,实现商流、物流、资金流、信息流的统一。寻求多种形式、多种渠道,使集团优势企业实现上市。集团实行可持续发展战略,在主营业务不断壮大的同时,涉足高科技产业和教育产业,目前集团已与南开大学等高等院校进行全面合作,实现科教兴企,以人为本,达到永续经营。

为了实现跨越式发展,迎接经济全球化和我国加入WTO的挑战,集团制定全球化发展战略,向着跨地区、跨行业,与国际接轨,成为有较强实力的现代物流产业集团目标进军。集团党委书记总结了天物集团应对入世挑战的四点体会:第一,实施国际化发展战略,积极应对入世挑战。第二,做强比较优势,提高企业核心竞争力。第三,坚持内外贸并举,增强企业国际竞争力。第四,全面提升企业素质,打造现代流通产业集团。

三、企业生产经营状况

(一)企业的生产及多元化发展情况

天物集团以贸易、物流、资产经营、实业为四大支柱产业。

1. 贸易

2002年销售主要物资:钢材355万吨,约占总量的65%;机电产品16亿元(其中汽车18 500辆),约占总量的13%;化工产品20万吨,约占总量的7%;煤炭470万吨,约占总量的9%;木材11万立方米,约占总量的4%;其他约占2%。销售额达150亿元,同比增长30%以上。

2. 物流

集团现有仓储面积127万平方米,主要分布在天津河西区、北辰区、东丽区、西青区、塘沽、汉沽、大港、保税区。其中库房面积达12万平方米,各类大型车辆和装卸设备130余台(套),铁路自备列3列,铁路专用线22条,1.8万延米。年均存储量616万吨,运输量达到156万吨。

依托贸易,充分发挥集团的规模、网络、设施、品牌服务等得天独厚的优势条件,积极运用先进的物流理念和科学的管理技术,以整合系统内部资源为切入点,以开发全方位社会资源为方向,领先培育供应链竞争优势,大力发展代理、配送、连锁、拍卖、电子商务等新型营销业态,高起点的构建物畅其流、高效便捷、追求双赢的社会化、专业化、现代化物流服务体系,形成以现代物流为核心竞争力的全国大型物流产业集团。

集团根据天津市经济发展的规划布局,从长远发展战略考虑,将采取资产联合、存量置换等多种形式,对集团现有的大宗土地和仓库重新进行规划和调整,加快物流配送中心的基地建设。初步建立起按生产、生活区域合理分布,铁路、公路、航空、水路等运输方式有机结合,储存、运输、配送、分拣和加工功能合理配置的陈塘、南仓、塘沽三大商品物流中心。

3. 资产经营

房地产资源情况:集团系统现有房地产资源占地面积332万平方米,建筑面积63万平方米。

土地转让情况:自1997年以来,集团共转让开发土地141万平方米,协议土地转让补偿金8.55亿元,获得房产补偿3万平方米(其中商业用房2.8万平方米,其他建筑0.2万平方米)。

土地自行开发情况:自1997年以来,集团自行开发土地面积13万平方米,建成新建筑物15万平方米,获得2万平方米的自有商业用房,同时获得房地产开发收益800万元。

正在实施的开发项目:目前集团共有五项正在实施的房地产开发项目:(1)紫东温泉花园二期项目,占地面积3.3万平方米,建筑面积4.8平方米;(2)塘沽区洞庭路塘沽木材公司项目,占地面积16.8平方米,建筑面积17.5万平方米,预计开发收益3 200万元;(3)河东区卫国道汽车专卖店项目,占地面积6.67万平方米,建筑面积7 800平方米;(4)塘沽区河南路汽车专卖店项目,占地面积8 674平方米,建筑面积3 800平方米;(5)塘沽区福建路住宅插建项目,占地面积1 800平方米,建筑面积3 829平方米,预计开发收益70万元。

房地产出租情况:全集团每年出租房地产收益约1 700万元。

4. 实业

集团实行多元化经营,全方位发展。集团工业主要是木制品和煤制品的生产加工。

集团所属木材总公司拥有人造板、集成材、地板三个系列十多个类型的产品。其中,"福津牌"细木工板、"美耐美牌"三聚氰胺板、"王室牌"地板等产品,分别通过了ISO9002、JAS质量认证,在国际、国内市场均有很高声誉。该公司拥有雄厚的生产加工能力,5家合资企业分别由德国、芬兰、意大利引进具有国际先进水平的加工成套设备120余套,形成9条木制品生产线,年生产能力达30万立方米,在国内外建立了广泛和稳定的客户群体。

集团所属的燃料油公司现有三个煤制品生产加工企业,108个零售连锁网点,民用煤制品年生产能力为40万吨。自1999年8月注册"泰友"商标以来,该公司发挥自身资源优势,狠抓蜂窝煤、煤球等产品质量,确保煤制品在品牌、价格、服务和质量上达到全市统一,从而以诚信、优质的服务保证全市民用煤供应。

(二)企业品牌建设

企业致力于品牌建设,目前集团拥有的产品品牌有:"福津"细目板、"王室"木地板、"泰友"煤制品;代理品牌有:本钢钢材代理、鞍钢代理、盈通线材代理;服务品牌有:浩物金杯汽车专卖、浩物捷达汽车专卖;房地产品牌有:"紫东"住宅小区;配送品牌有:瀚通配送。

(三)与上下游企业合作情况

天物集团积极探索"上伸下延、整合资源、优势互补、强强联合、多方共赢"的供应链式经营管理模式。"上伸",即抓好源头性的资源开发,牢牢把握资源配置的主动权,目前集团已先后开拓了铁矿砂、焦煤、木材、棉花等紧缺资源,把流通上伸到企业生产的前沿;"下延",即与生产企业的生产环节紧密结合,通过为企业生产加工配送实现高附加值,并把流通延伸到产品的销售及信息服务上,从而给集团带来新的效益增长点和活力。

天物集团真正实现了产品和服务的有效链接,使上、下游企业形成网链结构,打造出一条非常完整的供应链。在打造这条供应链的过程中,天物集团吸引了银行参与,得到金融业的全力支持,还引进了保险公司等,真正实现了钢材的资金流、商流和物流的有机结合,获得了巨大成功。

(四)企业海外市场拓展

天物集团瞄准国内国外两个市场,在美国等六个国家和地区建立了分支机构,并与十多个国家和地区开展贸易往来。如集团下属的福津木业有限公司,它是全国最大的木材加工企业,并且在海外投资办厂,成为跨国经营的企业集团。它在木材产地巴西、秘鲁收购了两家企业并获得相应的林地开采权,使福津有了原材料基地。

四、企业资本运作

(一)企业融资与投资情况

天物集团的钢材供应链模式吸引了银行的注意,目前,工商银行在考虑每年给天物集团10亿~20亿元的授信,农业银行给予的授信额度是每年是9亿元,浦东发展银行、招商等银行每年也有几个亿。一些银行主动与天物集团合作,愿意出资金,由天物集团找项目投资。由于天物集团有能力获取盈利,并通过提高贴现利率给予银行利益,这种合作很受银行欢迎。天物集团获得的另一种支持是,钢材供应链的形成吸引着各方"诸侯"。一种做法是天物集团进口钢坯供应钢厂,钢厂的产品由天物销售。另一种方式是天物集团在钢厂初创时给予全力支持,等钢厂创立后,天物集团再锁定产品价格进行销售。

2003年由天津市保税区天保控股公司、天津物资集团公司和美国裕田国际控股公司三方共同投资5亿元在空港物流加工区开发建设的"天津空港国际汽车园"项目,在保税区正式运作。天津港保税区经过12年的发展,成为全国最大的汽车贸易与物流中心,聚集国内外众多的汽车营销巨商。"天津空港国际汽车园"是国内规模最大,功能和服务设施最为完善的现代化国际汽车贸易精品的商城之一。该项目建成后,对于推动汽车消费,建设全国最大的汽车交易市场,有效地服务京津地区,辐射中国北方发挥了应有的作用。

2006年由天津市汉沽区政府和天津市物资集团合作建设的大型综合物流服务园区在汉沽区破土动工,双方签订了建设滨海新区综合物流服务区战略合作协议。整个园区将按照现代物流发展标准进行规划、设计、施工,总投资10亿元人民币,建设期为5年。园区采用国际先进的供应链理念进行管理运作,该园区全部建成后将集商贸流通、保税仓储、多式联运、加工配送、金融借贷、信息服务等多种功能为一体,年交易规模达700亿元,成为我国较有影响力的钢材、矿石、燃料油、汽车、煤炭、化工品等生产资料产品的综合集散地。

(二)企业改革重组情况

早在由物资局向物资集团转变的过程中,集团党委率先对旧的管理体制进行了大刀阔斧的改革,机构设置由原来的30多个处缩为14个,人员由230人精简到80余人。各子公司与集团对应的机构也在很短时间内建立起来,子公司的管理人员由原来的1 200多人减到400多人。按照"抓大放小"的原则,天物集团系统至今已经撤消258户劣势企业,对暂时不能退出的劣势企业实行停业,分别交由以总公司为单位的专门机构统一管理。对暂时不能退出的续存"壳体"企业,建立若干"统一管理中心",实行资产、人员、费用、债权债务和法律纠纷的统一管理。天物集团清理、整顿了国企存在的各种弊病,将能改制的、市场前景不太好的企业,按"关、停、并、撤"的方针实施,一年之内撤了200多家,人员从4万人减到5 000人。曾濒于破产的天津胶合板厂,与台商合资组成了福津木业有限公司。这家由津方控股的合资企业不仅摆脱了困境而且通过兼并租赁、委托经营使十六家不景气的国有及集体企业全部扭亏为盈。

天物集团在深化改革、资产重组、结构调整过程中,大力推行三优工程,即优质资产、优势项目和优绩人才。改革初期组建的浩通公司,就是三优工程的一个很好例子。浩通越做越大,从开始时的一个部门变成一个公司,最后成立了一批集团控股的子公司。

五、企业财务状况

(一)资产结构与营利状况

天物集团总资产172亿元,拥有土地351万平方米,仓储面积191.4万平方米,拥有各类大型车辆和装卸设备130余台(套),铁路专列3列,万吨散装货船一艘,铁路专用线22条,1.7万延米。

天物集团在业内一直处于领先地位。2002年营业收入917 417万元,收入增长率42.98%,利润2 092万元,利润率126.13%。2003年营业收入1 327 444万元,收入增长率44.69%,利润2 865万元,利润率36.95%。2004年营业收入1 950 473万元,收入增长率46.93%,利润8 084万元,利润率387.58%。2005年,营业收入3 044 823万元,收入增长率56.56%,利润18 823万元,利润率132.84%。2006年,营业收入3 823 408万元,收入增长率25.57%。其发展趋势如图1、图2、图3、图4所示。

资料来源:根据《中国企业报告》(2002~2006)[①]整理所得。

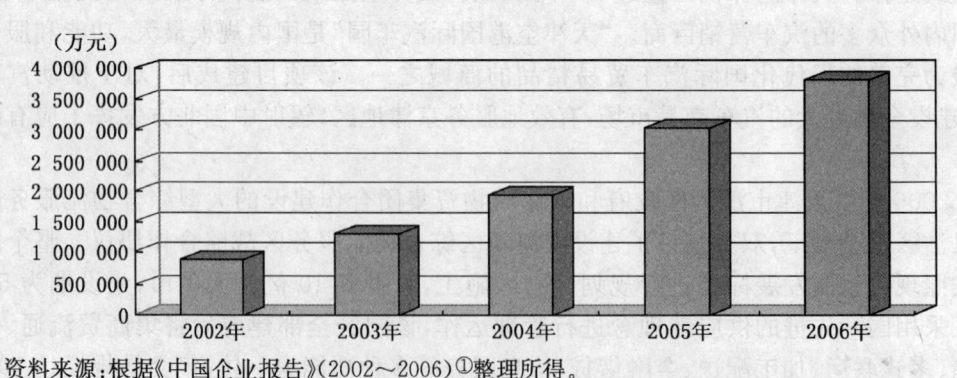

图1 营业收入

---

① 中国企业家联合会,中国企业家协会主编:《中国企业发展报告》,企业管理出版社,2002~2006年版。

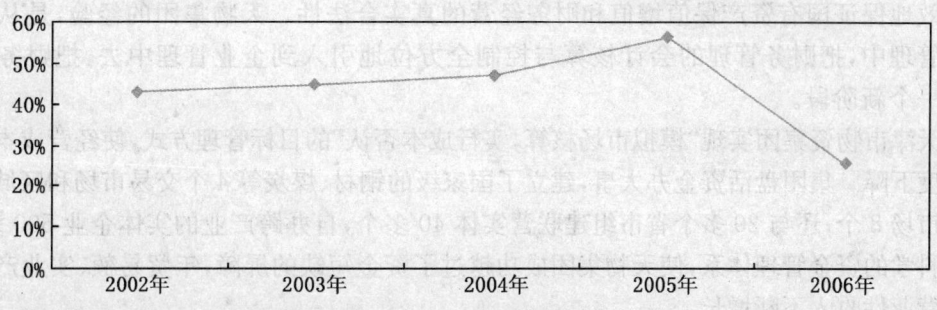

资料来源：根据《中国企业报告》(2002～2006)整理所得。

图2 收入增长率

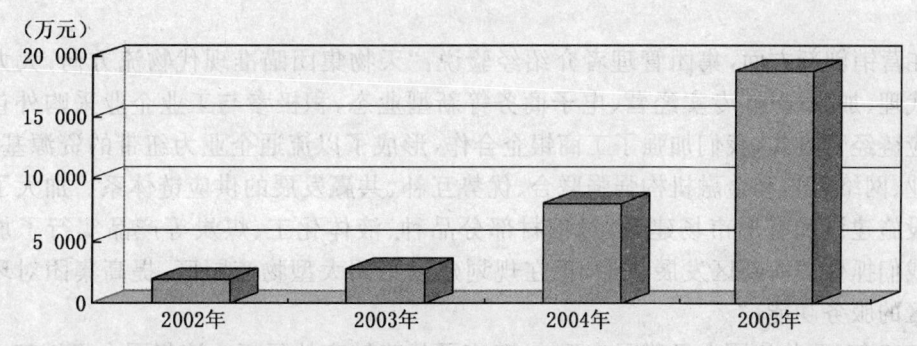

资料来源：根据《中国企业发展报告》(2002～2005)整理所得。

图3 利润

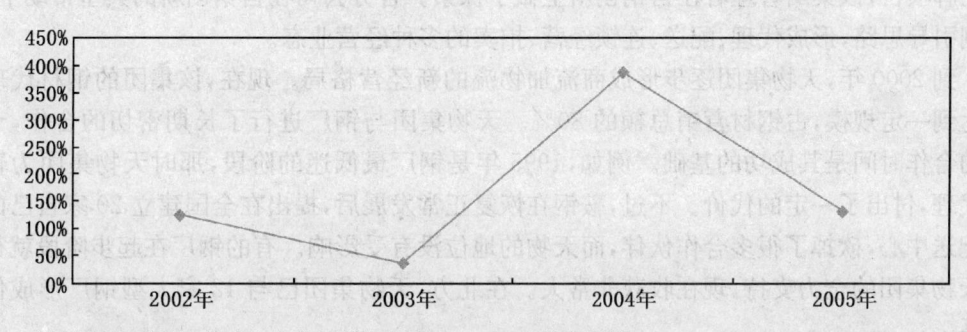

资料来源：根据《中国企业发展报告》(2002～2005)整理所得。

图4 利润率

（二）财务管理情况

财务管理贯穿于企业经营的各个方面，它的好坏直接关系到企业的生存和发展。在激烈的市场竞争中，天津市物资集团勇于创新。如集中集团的优秀人才、优秀业务、优良的资产组建天津市浩通物产公司，使浩通公司成为国际贸易与国内贸易相结合，代理制与代理配送相结合，业务优势与资金优势相结合，优秀人才与现代薪酬制度相结合的现代物资流通企业。在实现跨越式发展的同时，公司依据现代企业制度，制定严格的管理制度，除国家综合管理部门监管外，公司监事会每半年对浩通公司的经济效益和资金占用进行审计，并请会计师事务所和税务咨询所定期对财务状况及基础工作进行审查，从而有效地保证国有资产保值增值和财务经营的真实合法性。天物集团的经验,是从现代财务管理中,把财务管理的会计核算与控制全方位地引入到企业管理中去,把财务管理推向一个新阶段。

天津市物资集团实现"模拟市场核算,实行成本否认"的目标管理方式,使经营成本连年大幅度下降。集团盘活资金办大事,建立了国家级的钢材、煤炭等4个交易市场和区域性的交易市场8个;还与20多个省市组建联营实体40多个,自办跨产业的实体企业500多家。一套科学的资金管理体系,使天物集团成功越过了资金短缺的屏障,年贸易额、实业产值和各类营业性收入不断增长。

六、企业营销策略

在营销创新方面,集团管理者介绍经验说:"天物集团瞄准现代物流方向,大力发展销售代理、加工配送、专卖经营、电子商务等新型业态,积极参与工业企业采购外包。按照供应链经营方式,我们加强了工商银企合作,形成了以流通企业为纽带的资源基地、加工企业、网络客户和金融机构强强联合、优势互补、共赢发展的供应链体系。加大了现代物流设施建设和有形市场建设,对钢材部分品种、液体化工、煤炭等产品实行了加工配送。我们抓住滨海新区发展机遇,正在规划建设集团大型物流园区,提高集团对环渤海经济区的服务功能。"

1997年,天物集团在经营困难面前,确定了战略转变的目标。该集团在经销五大类生产资料的基础上,把最主要的战略目标确定为钢材代理。钢材代理成为天物集团打翻身仗的王牌项目,该集团管理者在营销创新上做了探索。各分公司在营销创新的典型带动下,以案例引导思路,形成代理、配送、连锁经营、拍卖的多种经营业态。

到2000年,天物集团逐步形成商流加物流的新经营格局。现在,该集团的钢材代理已经达到一定规模,占钢材营销总额的80%。天物集团与钢厂进行了长期密切的合作,十几年的合作时间是其成功的基础。例如,1995年是钢厂最低迷的阶段,那时天物集团为鞍钢做代理,付出了一定的代价。不过,鞍钢在恢复正常发展后,提出在全国建立20家自己的产品配送中心,砍掉了很多合作伙伴,而天物的地位没有受影响。有的钢厂在起步阶段就得到了天物集团的全力支持,现在收获非常大。在北方,天物集团已与12家大型钢厂形成代理关系。

除钢材之外,天物集团还成为5个化工厂的代理商,汽车代理发展了8个厂家、10个品牌。

在配送加工等物流业务上,天物集团则大力发展"门到门"的配送业务,以及"钢水配送"等独特的配送项目,努力实现商流与物流的有机结合。目前,钢材的配送量已经达到该集团钢材营销量的50%,对这个业绩,天物人并不满足,正在向配送量占70%的配送目标迈进。2002年钢水配送就达到100多万吨。此外,天物集团开展了开卷和木材深加工等业务。

通过发展相关的物流业务,天物集团"贸易+物流"的业务模式得到确立。贸易是导向,物流是基础,这个模式让天物集团发展的道路越走越宽。

七、企业人力资源与文化

（一）人才理念

天物集团非常重视人才，它的人才理念是：人才是当今世界经济和社会发展最宝贵的资源，拥有了人才，企业发展就有了重要保障；人才是生产力中最具活力的因素，抓住了人才就把握了生产力发展的关键；人才是科学技术的第一要素，占领了"人才高地"就把握了未来发展的主动权。

集团党委敢于冲破老观念、老印象、老关系，大胆提拔"有本事、靠得住"的优秀年轻干部，不断优化班子结构。近年来，集团党委不断加大选拔优秀年轻干部工作的力度，目前全系统处级干部中35岁左右的很多都是近年来提拔的。为适应改革不断深化的需要，集团党委先后调整了很多公司的领导班子，提拔中青年干部，对经过组织考核、群众评议不称职的干部就地免职。调整后的公司领导班子的年龄结构、文化结构有了很大完善。

在优化班子结构的同时，集团抓紧后备干部队伍建设，建立了各公司后备干部、财务干部、营销队伍和科技人才等四个人才库，为企业的长远、持续发展积蓄了后备人才。

（二）企业培训

集团拥有一所物资贸易学校作为教育中心，集团也有专门的培训中心，让公司员工能在工作之余也加强对理论知识的系统把握。在各类物流杂志中，经常可以看到天物人的文章。

为帮助青年员工加强学习，不断拓宽视野，最近集团团委在浩通、天资、招商等单位的支持和配合下，选派了5名优秀青年随团市委城区战线青年学习考察团赴香港、澳门进行了为期6天的学习考察。2005年9月27日，天物集团团委、天物集团增强团员意识教育活动领导小组办公室举办全系统增强团员意识教育工作培训。来自天物集团系统各基层单位的团组织负责人和负责教育活动具体工作的35名团干部，以及天物集团团委委派的4名增强团员意识教育活动督导员参加了培训。

（三）企业活动

天物集团经常开展各类丰富的活动，内容包括体育、文艺、专业技能等各个方面。

"我与集团共发展——天物集团财务（审计）岗位青年员工论坛"活动得到了全系统青年财务（审计）人员的积极参与，共有140多名青年财务人员报名参加，经过各基层单位团组织和财务部门的推荐，集团团委和集团财务部遴选确定了6名青年财务（审计）人员做典型发言。他们围绕全面预算管理、资产管理、资金管理、财务基础管理、应收账款问题、内控问题等六个方面，结合自己的工作实际，畅谈了自己对财务管理各项工作的认识，并为提高财务管理水平提出了一些思考性的建议。

除此之外，"盈通杯"游泳比赛、"化轻杯"乒乓球比赛、"陈塘储运杯"羽毛球赛、"经销杯"保龄球赛、"燃料杯"华牌赛也得到了大家积极的参与，这些活动让集团内部员工之间更加和谐，企业文化更加丰富，也让天物集团吸引着更多热情的人。

为更好地继承和发扬党的优良传统，深化增强团员意识教育活动，集团团委组织集团系统部分团干部赴革命圣地延安进行考察学习。集团领导和团干部们先后参观了延安枣园纪念馆、宝塔山、杨家岭党和国家领导人故居等爱国主义教育基地，聆听了讲解员对延安革命历史的详细介绍，缅怀了老一辈无产阶级革命家英勇事迹和丰功伟绩。

（四）企业文化

企业文化是非常重要的，集团领导人到日本和韩国考察时，看到日本和韩国的企业把西方管理和我们中国的"孔孟之道"结合起来，形成了一种特有的企业文化。他们意识到集团传统的那套管理方式已经不太适应今天企业的发展，必须有所创新。

天物企业精神是"团结、拼搏、务实、创新"。天物经营理念是"为客户提供诚信、增值、多赢服务"。天物企业价值观是卓越第一、创新创效、永远学习。

天物企业文化建设三步构想分别是：第一步，致力于天物企业文化创建；第二步，挖掘天物企业文化底蕴；第三步，构建天物企业文化模式。天物企业文化建设主题是培育企业精神，讲求经营理念，打造天物品牌，树立企业形象，为加快天物集团发展提供强大企业文化支撑。

天物企业文化建设原则是以"三个代表"为指导、大集团战略旗帜为引导、营销文化为先导、领导干部为主导。形成"以我为主，博采众长，融合提炼，自成一家，与时俱进"独特的企业文化。

天物企业文化建设要求是要体现以人为本、以企业精神为核、以创新为魂；要体现硬件建设与软件建设相结合，企业文化建设与政治思想工作相结合，要体现企业文化力、政治力、经济力相互促进。天物企业文化建设领导是党委书记挂帅，总经理主导决策，工会具体实施，宣传、团委通力合作。

中国电力投资集团公司

中国电力投资集团公司(以下简称"中电投")在2004年和2005年度"中国企业500强"的排名分别为第67位和第80位。在"2005中国企业500强"总资产和所有者权益排序前100名中分别位列第38位和41位。

电力工业是国民经济发展中最重要的基础能源产业,是关系国计民生的基础产业,是世界各国经济发展战略中的优先发展重点。作为一种先进的生产力和基础产业,电力行业对促进国民经济的发展和社会进步起到重要作用。

一、企业发展历程概述

(一)发展简史

中国电力投资集团公司组建于2002年12月,是在原国家电力公司部分企事业单位基础上组建的国有企业,是经国务院同意进行国家授权投资的机构和国家控股公司的试点。集团公司注册资本金人民币120亿元,集团公司实行总经理负责制,总经理是集团公司的法定代表人。经过几年的发展,截至2006年10月底,集团公司资产总额1 707亿元,可控装机容量为3 580.62万千瓦,权益装机容量为2 669.12万千瓦;其中火电机组可控装机容量2 581.11万千瓦,占72.09%;水电机组可控装机容量864.43万千瓦,占24.14%;核电机组可控装机容量135.08万千瓦,占3.77%。

中国电力投资集团公司包括169家成员单位,集团公司的公司组织结构为3级,除公司本部外,二级单位27家(其中区域分公司8家、全资控股子公司15家、专业分公司3家、直属机构1家),三级单位142家;另有参股单位15家。集团公司的从业人员为84 527人。

(二)企业扩展路径

2002年底,实施厂网分开时,将原国家电力公司的资产拆分为电网资产和发电资产以及辅业资产,并相应划分给9大公司。这一次分离,仅实现了中央层面的主辅分离,而原国家电力公司系统内网省层面的辅业仍保留在电网企业,这项工作涉及企业150家,职工27万人。中国电投资集团公司在电力体制改革资产重组过程中,接收了6家空壳电厂,7 488人,占原国电公司系统空壳电厂总人数的58%,23家小火电厂职工人数达到了中电投职工总数的9.16%。资产质量上,中电投单机平均容量仅为10.65万千瓦,运龄超过20年以上的机组占运行容量一半。中电投面临着资产质量差,人员包袱重,机组能耗高,企业主辅不分,结构不合理等诸多矛盾和问题。摆在中国电力投资集团公司面前的惟一出路,就是通过改革创新,谋求和谐发展。

目前,集团公司现有资产分布在全国23个省、市、自治区。在香港注册的中国电力国际有限公司和中国电力国际发展有限公司,搭建了集团公司境内外资本运作和国际化发展的平台,所拥有的"中国电力"红筹股业绩优良。上海电力股份有限公司、山西漳泽电力股份有限公司和重庆九龙电力股份有限公司健康发展。集团拥有在电力设备成套服务领域中业绩突出的中国电能成套设备有限公司,拥有流域开发的黄河上游水电开发有限责任公司和湖南五凌水电开发有限责任公司,拥有12个已建成的1 000MW以上的大型电厂,拥有原国家电力公司全部的核电资产。

二、企业发展战略

2004年全国的发电量达到21 870亿千瓦时,比2003年增长14.8%,增速与2003年相比回落了0.4个百分点。其中,水电发电量为3 280亿千瓦时,同比增长16.6%;火电发电量18 073亿千瓦时,同比增长14.5%;核电发电量稳步增长,全年发电量501亿千瓦时,同比增长14.1%。2004年我国电力消费始终保持强劲增长态势。全国全社会用电量达到21 735亿千瓦时,比2003年同期增长14.9%。其中第一产业用电量612亿千瓦时,同比增长2.7%;第二产业用电量16 258亿千瓦时,同比增长16.4%;第三产业用电量2 435亿千瓦时,同比增长15.2%;城乡居民生活用电量2 430亿千瓦时,同比增长8.2%。2005年上半年,全国发电量累计达11 286.32亿千瓦时,比2004年同期增长13.2%。其中,水电发电量为398.56亿千瓦时,同比增长21.8%;火电发电量9 406.34亿千瓦时,同比增长11.8%;核电发电量259.19亿千瓦时,同比增长15%。

总体看来,电力产业的发展前景依然良好,行业整体的增长速度减慢,意味着其向着稳定、健康的方向发展。2005年以来,电荒还在继续,电力工业改革将进入一个新的阶段,电力行业投资过热的警告声不绝于耳,由于市场、政策等原因,行业经营的风险加大。但是,行业进入壁垒正在降低,行业的利润率仍大大高于国民经济增长率,部分细分行业,如环保电力、节电项目等仍然充满机会。

(一)企业竞争环境分析

随着我国国民经济的持续、健康和快速发展,电力需求有较大幅度的增长。2003年全国发电量、售电量同比增长超过了15%。2004年的用电形势更加严峻,已有24个省区拉闸限电。2004年全国用电量达到2万亿千瓦时,同比增长10%以上,电力供需仍将持续紧张。当前,煤、电、油的供需紧张已经成为制约中国经济快速健康发展的瓶颈。电力需求的高速增长,为电力工业的持续发展带来了机遇,创造了条件,也为集团公司加快电源开发、壮大主营业、扩大市场份额提供了广阔的发展空间。目前,中电投初步规划的电源项目近70个,总容量约1亿千瓦,其中正在开展前期工作的项目57个,总容量约5 678万千瓦,在建和进入施工准备的项目31个,总容量近2 000万千瓦。

2002年,我国实施以"厂网分离、主辅分离、引入竞争、竞价上网"为目标的电力体制改革,将原国家电力公司重组为国家电网公司、南方电网公司两家电网公司和中国华能集团公司、中国大唐集团公司、中国国电集团公司、中国华电集团公司、中国电力投资集团公司五家发电公司以及中国电力工程顾问集团公司、中国水电工程顾问集团公司、中国水利水电建设集团公司三家辅业公司,共十家大型企业。近几年来,我国电力工业进入了快速发展时期,电力工业不断跨越新的台阶,至2004年底,全国发电装机容量达到4.4亿千瓦,发电量21 870亿千瓦时,位居世界第二位。"十五"前四年,全国新增发电装机1 210万千瓦,年均增长8.4%;新增发电量8 158亿千瓦时,年均增长12.4%。人均装机由2000年的0.252千瓦提高到0.339千瓦。电源结构逐步改善,水电装机1.082 6亿千瓦,占总装机容量的24.55%;火电装机3.249亿千瓦,占73.7%;核电684万千瓦,占1.55%;新能源发电约50万千瓦。电网建设得到加强,资金投入逐步加大,电源结构性矛盾逐步缓解。电力工业进入了优化资源配置、实施全国联网的新阶段。2004年跨地区电量交换达到1 410亿千瓦时,西电东送能力超过2 000万千瓦。2004年全国全社会用电量为21 735亿千瓦时,"十五"前四年年均增长12.7%,人均用电量达到1 672千瓦时。改革开放以来我国的电力工业飞速发展,供用电状况也得到飞速发展,从1985年的年供电量3 027亿千瓦时增加到2004年的28 000亿千瓦时。虽然我国供用电状况发展比较快,但人均用电量只有1 455千瓦时,还不到世界人均水平的一半,与发达国家相比差距更大,这说明我国目前暂时的电力供需平衡还是低水平的,电力发展还存在巨大空间。

中国电力投资集团公司作为经国务院批准成立的五家发电集团公司之一,是进行国家授权投资的机构和国家控股公司的试点企业,在电力行业中具有举足轻重的地位。随着电力体制改革,投资主体日益多元化,中国电力市场竞争日益激烈。电是一种产、供、销一体化的特殊商品,由于其差异性小,电力市场实行竞价上网后,发电成本成为决定市场份额的主要因素。省地方电力投资公司、大唐集团公司、华能集团公司等一些拥有60万千瓦机组的公司,装机容量大,发电直接成本较低,有着较大的降价空间,未来5年,将会成为中电投的主要竞争对手。

竞争对手方面,国家电网公司成立于2002年12月29日,是经国务院同意进行国家授权投资的机构和国家控股公司的试点单位。公司作为关系国家能源安全和国民经济命脉的国有重要骨干企业,以投资建设运营电网为核心业务,为经济社会发展提供坚强的电力保障。公司注册资本金2 000亿元,经营区域覆盖26个省、自治区、直辖市,覆盖国土面积的88%以上。公司实行总经理负责制,总经理是公司的法定代表人。截至2005年末,公司资产总额11 767亿元,资产负债率61.96%,共有220千伏及以上输电线路195 899千米,变电容量61 664万千伏安,直接管理员工150.2万人,直接服务客户1.28亿户。2005年,公司售电量14 646亿千瓦时,主营业务收入7 214亿元,利税604亿元,利润总额144亿元。公司2004年收入位列2005年《财富》杂志公布的全球企业500强第40位。

2004年上半年中国电力的单位煤炭成本增加17%,优于华能(0902-HK)的26%,但逊于大唐发电(0991-HK)的-1.5%及华电(1071-HK)的13%。

表1　　　　　　　　　　　　　　2005年公司业绩表

公司	名次	平均营业收入(万元)	利润(万元)
中国电力投资集团公司	80	2 893 283	38 559
国家开发投资公司	170	1 475 233	78 025
北京首都创业集团公司	422	566 584	24 779
平均		1 225 414	40 180

资料来源:根据《中国企业发展报告(2005)》数据整理。

(二)企业总体发展战略规划

中电投结合自身的实际情况和具体特点,提出并全面实施了"三三二三"的发展战略思路,按照党中央和国务院关于改革的一系列部署,积极推进体制和机制创新,制定并实施了"精干主业、主辅分离、辅业改制"的总体改革方案。

1. 企业战略(思路)——"三三二三"战略

三大发展重点:以电力为核心产业、稳步向相关产业延伸、积极寻求海外发展。

三力:竞争能力、盈利能力、可持续发展能力。

二型:控股型、经营型。

三化:集团化、现代化、国际化。

2. 差别化战略

中国电力投资集团公司实施差别化战略,企业的经济效益得到保障,电力企业和谐发展就有了物质基础。企业差别化战略在学术上叫做"蓝海战略",是相对于"红海战略"而言的。"红海战略"侧重于企业竞争过程当中的成本控制和成本领先,"蓝海战略"侧重于企业发展过程当中的产品差异、项目差异,甚至包括理念和文化的差异。中国电力投资集团公司率先提出要实现电站服务产业化发展,这是其有别于其他发电集团的四大差别战略之一。

第一大差别战略——电站服务产业化。该战略不仅在电力体制改革——主辅分离中,体现了其战略保障作用,而且在其企业差别化战略中也占据重要地位。电站服务产业化发展战略是中国电力投资集团公司实施"走出去"战略的方向和目标。中国电力投资集团公司总经理王炳华,曾就多元化经营和核心竞争力问题在香港与李嘉诚先生当面探讨。李嘉诚说:"我涉足这么多的领域和行业,它都可能出问题,但是我的核心产业是绝对不能出问题的!其他产业可以不赚钱,核心产业必须赚钱!"未来的电站服务业是中电投的核心产业,一定要有经济效益!

第二大差别战略——核电。中国电力投资集团公司一直把发展核电作为集团公司的重中之重。2005年中国电力投资集团公司与中广核签署了协议,共同控股开发辽宁红沿河一期2×100万千瓦核电项目;同时,参股秦山二期等四个新建、扩建核电项目,"十一五"期间核电参股权益容量将达210.7万千瓦。中国电力投资集团公司力争到2010年前形成在建2个核电项目、4台机组的规模,初步建立起核电工程建设、设备采购及监造、核电人才培养、核电机组检修、核电环保的专业化配套支持体系,为"十二五"期间核电投产规模的形成打下坚实的基础。

第三大差别战略——两大流域的水电。两大流域就是黄河上游和长江最大的支流沅水。到2010年,集团公司的水电装机将达到1 700万千瓦以上。中国电力投资集团公司正加快黄河上游水电资源开发。2005年"西电东送"北部通道骨干电源点之一的黄河上游水电开发有限责任公司公伯峡水电站3号、4号分别投产发电。拉西瓦水电站是黄河上游龙羊峡至青铜峡河段规划的第二个梯级电站,是中国电力投资集团公司最大的在建项目,安装6台70万千瓦混流式水轮发电机组。

第四大差别战略——霍林河、白音华两大煤电基地。这两大煤电基地2005年将向中电投提供8亿多的利润,成为其不可忽视的利润增长点。中国电力投资集团公司的原煤产量将突破2 000万吨,2006年将突破2 500万吨。

三、企业生产经营状况

(一)企业生产情况

集团公司经营范围：

(1)依法经营集团公司及其有关企业中由国家投资形成并由集团公司拥有的全部国有资产(含国有股权)。

(2)从事电源的开发、投资、建设、经营和管理,组织电力(热力)生产和销售。

(3)从事电能设备的成套、配套、工程建设与监理、招投标、物资经销、设备检修、科技开发以及房地产开发、物业管理、中介服务等电力相关业务。

(4)根据国家有关规定,经有关部门批准,从事国内外投融资业务。

(5)经国家批准,自主开展外贸流通经营、国际合作、对外工程承包和对外劳务合作等业务。

(6)经营国家批准或允许的其他业务。

中国电力联合会公布的2006年上半年的全国电力工业生产情况显示：全国发电量15 191.04亿千瓦时,比去年同期增长12.1%；火电发电量12 674.85亿千瓦时,同比增长12.5%；水电发电量2 180.46亿千瓦时,同比增长11.2%。在全国新增电力产能中,水电为526.52万千瓦,火电为3 650.44万千瓦。前7个月,全国规模以上工业累计完成增加值46 957.26亿元,比去年同期增长17.6%。其中,7月份完成增加值7 199.84亿元,同比增长16.7%。发电量保持两位数的增长本身说明电力企业与去年同期相比已发生较大的变化,企业从低谷期向上运行的态势明显。

(二)企业海外市场拓展

目前,中电投的国际化发展处于起步阶段,其国际化发展阶段的现状包括两方面的内容,一方面国内经营的国际化,通过引进先进技术设备和管理经验,采用多种形式利用外资进行电力项目建设。另一方面通过各种渠道走出国门,使中电投的外经贸业务以及多双边合作等不断扩大。中电投把拓展国际业务作为三大发展重点之一,公司把中电国际作为境内外融资载体、国际化发展的平台。截至2004年底,中电投境外资产总额19亿美元,所有者权益8.5亿美元。2003年中电国际成功收购澳门电力6%的股份。2004年中电国际发展有限公司在香港以红筹股方式成功上市,筹资3亿美元。中电国际在拉美的开曼群岛、英属维尔京群岛成立了海外项目部。中国电能成套设备有限公司在国际化方面的业务有：设备承包业务和设备进出口代理,为尼泊尔加德满都城网改适项目提供设备承包。国际招投标,先后中标总额超过1亿美元,通过国际招标组织电力设备成套项目5 000多万千瓦,设备总价值约为600亿元人民币。上海电力于2003年与新加坡胜科公用事业私人有限公司成立中外合资公司,上海电力共出资28 764万元,上海电力公司先后从GE公司、BVI公司、BVC公司及HTC等国外公司进口成套设备,累计21 901万美元。上述是中电投在国际化方面的具体项目,近两年集团公司还开展了多种形式的国际交流活动,先后与法国、日本、韩国就核电安全建设与安全运作等方面开展信息和技术交流、人员培训及现场考察,扩大了中电投在核电方面与国际一流公司的合作。

(三) 企业品牌创建

优质服务是占领市场的根本保证,在新的形势下,中电投转变观念,真正把用户作为客户对待,作为"上帝"对待,围绕客户需求开展用电优质服务,创建企业的品牌文化。

(四) 企业多元化发展情况

多元化战略的实施主要表现在以下几点:第一,创建电力检修公司和运行公司。开展发电设备运行、检修等相关业务,实行技术和劳务输出。第二,开发利用电厂粉煤灰。随着房地产市场的不断开发,电厂粉煤灰作为一种优良的水泥添加剂,使电厂的粉煤灰在市场中供不应求。目前,建筑行业和水泥行业已完全接受了这种质优价廉的新型原料,市场容量在不断增大,粉煤灰综合利用前景看好。第三,联合制造纯净水。在火力发电企业生产过程中,为了防止水中的杂质对汽轮机及锅炉等的金属材料的腐蚀,对锅炉给水的品质要求特别严格,要求水中的有机物和无机盐的含量降低到规定的标准。发电厂在化学水处理方面具有的优势,恰好满足了现代社会对生活饮用水品质日益提高的要求。

四、企业资本运作

(一) 企业融资情况

资本市场提供了新的电力建设资金来源。改革开放以来,我国先后经历了国家独资办电和集资办电的发展阶段。目前,通过资本市场间接融资已成为电力发展重要的资金来源,电力企业直接融资和间接融资并举。最近十年来,我国先后有40多家电力企业进入国内外资本市场,融得资金400多亿元,有效地缓解了电力建设资金紧张的压力。由于改革进一步放宽了发电市场的资本准入,电力企业资产重组的空间很大。同时,许多国内外机构投资人根据我国市场经济的发展走势,普遍看好中国电力在海内外资本市场的融资上市,把电力当作继电讯开放之后的第二块"肥肉"。这为电力企业通过股份制实现和资本市场的对接提供了依据。现在是进一步深化改革,做大做强的最佳时期。

加强股权受让,发挥海外、国内上市公司的融资功能,依托与国内四大银行建立的良好银企合作关系,取得高额授信额度,做好电力债券发行等工作,加大融资力度,为企业发展提供可靠资金保证。2003年7月,中电投和国家开发银行签署合作协议,标志着双方的战略合作关系正式建立。中电投在未来的发展中,面临着巨大的市场机遇和对电力投资的资金需求,国家开发银行授予中国电力投资集团公司"AAA"级信用企业称号并提供500亿元人民币的授信额度,用于支持集团公司电力项目的建设。

2006年11月9日,中国电力配股融资17.4亿港元,11月3日发布了收购上海电力25%股权的公告。中国电力抓住有利的市场时机,快速操作,于11月9日以"先旧后新"的方式成功完成发售4.7亿股股票,融资17.4亿港元。这是中国电力在2004年10月15日上市后的第一次资本市场融资活动,不但突破公司原有融资规模计划的12.5%至15%,且配售股价的折扣只有3.9%,低于投资银行报价的最低水平。

(二) 企业投资情况

2007年1月23日,中国电力表示,将与广州电力企业组建合资公司,共同发展广东电力市场,合资名为"广州中电荔新热电有限公司",其首次注册资本为6 000万元人民币,双方各持股50%,共同开发广州新塘两台300兆瓦燃煤热电机组项目。该项目属新塘漂染工业环境保护综合治理的配套项目,是以解决新塘地区漂染业造成的大气污染,以及为解决东江水资源污染问题而建设的环保项目,有关项目有待国家核准后开工建设。

（三）企业并购重组情况

2006年以来,中石化系统内以及中国铝业行业内的公司并购、整合等在资本市场频繁出现,行业整合力度加强,扬子石化、山东铝业等因此表现较好。2006年10月,电力龙头股长江电力也拉开了电力企业并购帷幕。2006年10月10日,A股市场的电力龙头公司——长江电力成为广州控股的战略投资者。长江电力首次以市场化方式收购外部资产,成为股改后中央国有资本与地方国有资本利用资本市场优化重组的范例。A股市场经历股权分置改革以及国家相关并购管理办法的出台以后,为目前五大发电集团凭借自身丰富的电力资源,不断整合下属发电资产以实现全国范围的战略布局奠定了基础。同时,五大发电集团很可能通过获得新建电源项目实现增量扩张和吸收合并其他各类性质的优良发电资产实现存量扩张,扩张范围覆盖全国。

2005年12月23日,中国电力完成收购事项,经调整购买价后,以5.93亿元人民币收购神头一厂,该发电厂的总装机容量为1 200兆瓦。神头一厂的原先收购价为5.6亿元人民币。

五、企业财务状况

（一）资产结构

2004年底,中国电力国际以红筹股形式在香港上市,全球发售9.9亿股,上市后国电通过自行兴建及从母公司收购电厂来逐步扩张。国电的母公司是中电投集团,原属国家电力公司。而国电则是根据中国2002年电力行业重组而成立的5家国家发电集团之一,总装机容量3 000万千瓦,电厂分布在全国17个省市地区,也是中国惟一有权在中国全国范围内开发、建设、管理及经营电厂公司及惟一在中国境外注册成立的上市公司。

国电现有两座煤矿坑口发电厂,计划兴建三座发电厂,预料将于2007至2009年落成,其中两座邻近已投产的煤矿坑口发电厂,而另外一座接近铁路运输系统,上述计划落成后总装机容量为3 600兆瓦,集团占其中3 468兆瓦权益。除了本身业务外,国电亦代表母公司管理6座总量提供达3 322兆瓦总装机容量的发电厂,并获授权收购25%上海电力(600021.CH),2003年上海电力净利润4.02亿元人民币、净装机容量为2 809兆瓦。

（二）营利状况

2005年是中国电力上市后的第一个完整的财务年度。集团贯彻公司董事会的战略思路,抓住中国电力市场发展机遇,收购神头一厂发电资产,不断寻求扩充机会,在2005年实现净利润人民币661 904 000元,净资产收益率为9.71%,全年总发电量按年增长28.27%,发电量达201.44亿千瓦时,净发电标准煤耗率为345.25克/千瓦时。经过2005年上半年的技术改造及检修,机组容量得以增加,公司进一步加强生产运营管理,积极完成发电计划。中国电力拥有神头一厂、姚孟电厂及平圩电厂等三座发电厂100%权益,并拥有常熟电厂50%权益,总装机容量为4 870兆瓦,权益装机容量为4 255兆瓦。管理层将2008年前将权益装机容量扩大至1万兆瓦的预期设为最低目标。

(三)资金运营能力

集团近年的经营业绩及资金负债表如图表2、表3所示。

表2　　　　　　　　　　　　集团2004年、2005年经营业绩　　　　　　　　　　　单位:万元

	名次	营业收入	收入增长率(%)	利润	利润增长率	资产	所有者权益	从业人数	行业代码
2004 中国电力集团公司	67	2 612 697	0.00	28 533	0.00	7 526 859	1 280 658	76 305	20
2005 中国电力投资集团	80	2 893 283	12.33	38 559	−8.77	10 297 228	2 452 285		

资料来源:根据《中国企业发展报告(2004)》、《中国企业发展报告(2005)》数据整理。

表3　　　　　　　　　　　　　　　资产负债表　　　　　　　　　　　　　　　　单位:千元

报告期	2005	2004	2003
非流动资产	8 223 452	5 003 596	4 361 503
流动资产	3 485 097	4 046 025	889 031
流动负债	1 762 527	1 668 617	754 350
净流动资产/(负债)	1 722 570	2 377 408	134 681
非流动负债	3 126 589	1 153 000	1 093 000
少数股东权益−(借)/贷	11 044	2 726	—
净资产/(负债)	6 808 389	6 225 278	3 403 184
已发行股本	3 323 100	3 323 100	2 226 000
储备	3 485 289	2 902 178	1 177 184
股东权益/(亏损)	6 808 389	6 225 278	3 403 184

六、企业研发创新能力

(一)管理创新

集团公司组建不久就提出了工程建设委托管理的改革设想,意在改变过去长期实行的工程建设管理方式,结合集团公司的管理特点,在集团公司工程建设管理中实行委托制管理模式,并于2003年的11月18日成立了工程建设管理分公司。这一改革举措在我国的电力建设管理方面是一个新的举措。实施工程建设委托管理制度,是培育新型发电企业的需要,是对传统的工程建设体制的重大改革和创新。今后,集团公司的火电新项目原则上均要按照精干、高效的原则组建经营管理班子,项目的建设、电厂的运行、检修和后勤服务均通过市场化的方式由专业公司承担,从而实现电厂的集约化、专业化管理,这样将有利于大幅度提高企业经济效益和劳动率水平,实现各种资源优化合理配置。

电站服务产业化,是中国电力投资集团公司主辅分离的战略突破口。中国电力投资集团公司组建以来,对发电企业管理模式进行了重构,成立了专业化的工程公司和发电运行公司,所有新建电厂实行工程委托和运行委托制管理,实现了新建发电企业的专业化、集约化

管理。以此为发端,中国电力投资集团公司积极打造包括工程咨询、设计、电站建设、运行、检修等环节的电站服务产业链,其中还包括电站设备成套、招标、监造、燃料、物流等管理服务体系,逐步形成了设计、工程建设、监理、运行、检修等专业构成的电站服务产业链条,为系统内外发电公司、境内外发电公司提供电站服务。2004年开始,中国电力投资集团公司在全面发电企业体制改革的基础上,陆续成立了10个具有独立法人资格的区域检修公司,让他们直面市场,寻找成长空间;同时决定,3年内中国电力投资集团公司的检修市场对外敞开大门。2005年,中电投主业和辅业、发电厂运行和检修的体制性分离工作全部完成,发电企业从"大而全"的企业变为经营型公司。

2006年1月到9月份,中国电力投资集团公司的电站服务业实现产值23亿元,实现利润1.5亿元,发展势头良好。电力服务运行专业化不仅提高了运行管理水平,并且使运行分公司在精干主业、分流老厂人员、提高新机运行水平等方面发挥了重要作用。他们通过招聘把老电厂运行人员充实到发电运行分公司,缓解了老电厂运行人员多的压力,避免了改革改制中将员工推向社会。电站服务业的快速发展成为中电投的一个利润增长点,还提供了新的岗位,比如中国电力投资集团公司系统巴公发电厂关停后,100多名关停机组人员都进入到区域检修公司,没有把一个员工推向社会,保证了社会、企业和员工生活稳定。

加强信息化管理。集团公司对于管理信息系统的建设极为重视,专门成立了信息化建设领导小组,通过引进国际先进软件,同时针对我国工程管理的特点,自行开发了很多工程管理系统,从而促进了工程建设管理水平的提高。

(二)技术创新

中电投不断加大在环保设施方面的投入。在烟尘治理方面,先后进行了贵溪发电厂和阜新发电有限公司等多台锅炉的电除尘器改造。在废水治理方面,神头第一发电厂和通辽发电总厂等都进行了以废水"零排放"为目标的废水综合治理改造工程。在环保治理改造中,中电投各发电公司(厂)注重依靠科技进步,采用先进并且可靠的新技术和新工艺。江西分宜电厂建成了10万和20万千瓦具有自主知识产权的循环流化床机组,并已开始进行具有自主知识产权的30万千瓦循环流化床机组的前期工作。上海电力股份外高桥发电公司今年6月份完成了国产30万千瓦机组锅炉低氮燃烧改造,为今后低成本控制燃煤机组氮氧化物排放提供了技术支撑与工程示范。

七、企业人力资源与文化

(一)企业薪酬、福利及培训

中国电力投资集团公司人才培训正在形成一个完整的网络。如今,中国电力投资集团公司正加大对现有培训基地——上海高培中心的投资力度,培养高端管理人才;抓紧建设中国电力投资集团公司北方培训基地,培养高素质的技术人才和技能人才;在南、北方建设两个高级焊工的培训基地,加快电站电压焊接人才的培养;在山东烟台建设国际水平的核电人才培养基地。

中国电力投资集团公司强调每一位员工的培训,而不仅仅是集团公司管理干部的培训。中电投要求财务部在做全年预算平衡的时候必须把培训费用和科技创新费用(即技术攻关费用)单独地列出科目。中电投还在内部建立了统一的人才培养和使用平台,进行聘用和交流。集团公司认为,行业和行业之间,专业和专业化公司之间的人才不能隔离,要在一个平台上进行交流。中电投认为要把每名员工的职业生涯都设计好,如运行公司的项目经理,干好了同样可以到其业主单位去当副总经理,当总工,甚至可以当总经理。中电投的规划是集团公司人力资源部要做到能随意调出任何一名员工的当年培训计划,对员工培训进行随时监督;要求每一个员工都有培训计划的安排,有培训费用的列支,三级单位也不能例外。

集团全面实施双向选择、竞争上岗,建立岗位管理,切实降低工程造价,提高市场竞争力;全面实行劳动合同制,规范劳动合同管理,建立企业与员工稳定、和谐的劳动关系;完善工资总额与经济效益挂钩的分配机制,合理拉大分配差距,强化薪酬的激励功能,实现聚集高端人员、稳定骨干人员、流动通用人员,充分调动员工的工作主动性、积极性和创造性。

(二)企业对外交流及社会活动

2005年1月4日,中电投集团公司领导和本部全体员工一起为东南亚海啸灾区捐款共64 200元。海啸无情人有情,作为"地球村"的一员,集团公司本部员工主动自觉地加入到这场国际人道主义援助之中,为救灾和灾后重建工作贡献自己的力量。

(三)企业文化

电力企业作为一个垄断行业,长期处于养尊处优的状态。随着我国加入WTO,中电投面临危机,也面对竞争和挑战。中电投从以下方面树立企业文化。第一,实施理想信念教育。统一的企业理念、企业精神是渗透到企业各种岗位上的员工的精神动力。增强内部凝聚力,并增强企业在市场上的竞争力和开拓力。中电投建立企业信息化网络,使职工可以自由地发表对企业、对价值观、对改革等各种看法,提高思想工作的效率。第二,注重以人为本的企业管理文化。企业文化建设突出以人为中心的管理思想,注重在管理上造就一种亲密、友善、信任的组织氛围,有效地避免了从政治视角或从经济视角实施企业管理的负效应。

太原钢铁(集团)有限公司

太原钢铁(集团)有限公司地处中国山西省太原市,毗邻京津,属于环渤海经济圈,具有丰富的煤、电、矿产等资源优势,是我国特大型钢铁联合企业和全球产能最大、工艺技术装备最先进的不锈钢企业,目前已经形成年产300万吨不锈钢的能力。2006年产钢626万吨,实现销售收入518亿元,实现利税67亿元。2006年太原钢铁(集团)有限公司在中国企业500强中的排名已经上升到第74位,而在2002~2005年度其相应的排名分别是第90位,第108位,第83位,第79位,可以看出,太原钢铁(集团)有限公司已具备了较强的实力和竞争力,发展势头强劲。太原钢铁(集团)有限公司在中国企业500强中的名次明显前移,标志着太钢作为核心企业在全国的位置越发重要。

一、企业基本情况概述

(一)发展简史

太原钢铁(集团)有限公司(以下简称太钢)的前身——西北炼钢厂,1932年由西北实业公司筹建,1934年破土动工;1937年10月,初步形成小型钢铁联合企业。1937年11月8日,太原陷落,西北炼钢厂更名为太原铁厂。1945年日本投降,恢复原名。解放前年产钢最高仅为1.6万吨。

1949年4月24日,太原解放,西北炼钢厂更名为西北钢铁公司。1952年9月,该厂炼出我国第一炉不锈钢;1954年轧制出我国第一张硅钢片。1958年8月,国家156项重点工程之一的太钢1 053m³高炉、1 000mm初轧机、自备电厂工程装备从前苏联引进并投产。同时,该厂更名为太原钢铁公司,逐步发展成为以生产特殊钢为主的钢铁企业。1978年基本建成100万吨钢的大型钢铁联合企业。1983年10月,中国第一台18吨AOD炉建成投产。1985年11月,中国第一套不锈钢立式板坯连铸机投产。1991年9月,50吨转炉国内自行研发建设投产,并引进德国KOBM不锈钢冶炼技术。

1996年1月,西北钢铁公司改制为国有独资公司——太原钢铁(集团)有限公司。1998年10月,太钢不锈股票成功上市,兼并临钢,实施大集团、大公司发展战略。2003年12月,不锈钢全线优化,形成年产100万吨的生产能力。2004年9月,国家核准新建150万吨不锈钢工程,并开工建设,工程已于2006年底竣工投产。

2005年7月31日上午,国家领导人胡锦涛到太钢考察;8月31日,中国人民银行正式发行2005年版第五套人民币,其中的1角硬币全部选用太钢生产的不锈钢铸造;10月12日,中国第二艘载人飞船"神州六号"发射成功,太钢生产的三类四种产品随"神州六号"遨游太空。2006年6月1日,太原钢铁(集团)有限公司钢铁主业整体上市;9月6日,"太钢牌"不锈钢材获得2006年中国名牌产品称号;9月29日,太钢新不锈钢工程顺利竣工,太钢成为全球产能最大的不锈钢生产企业;11月4日,太钢不锈钢股份有限公司荣获"全国质量奖"。

期间,山西太钢不锈钢股份有限公司系经山西省人民政府晋政函(1997)125号文批准,由太原钢铁(集团)有限公司为独家发起人,以其拥有的从事不锈钢生产、经营业务的三钢厂、五轧厂、七轧厂、金属制品厂等经营性资产重组发行A类上市股票,募集设立。经批准,公司于1998年5月25日,向社会公众公开发行每股面值为1.00元人民币普通股23 000.00万股,另向公司职工配售每股面值为1.00元人民币普通股2 000.00万股,使公司总股本增加25 000.00万股,总股本增至62 800.00万股,其中太钢集团公司持股37 800.00万股,占60.19%的股权。2006年3月,由于股权分置,太钢不锈钢股份有限公司总股本增加到129 140.4万股,2006年6月太钢增发股票,使得总股本增加到266 040.4万股。

(二)企业所有制结构和组织架构

太钢属于国有控股企业,国家持股比例为54.70%。太钢的组织结构和我国大多数大型企业相似,设有董事会和监事会,下面设有董事会秘书处和经理层,最后按职能和性质来划分各个部门,而形成了如图1的组织架构。采用这种方式来划分部门的优点是显而易见的:它有利于同类技术人员之间的沟通协作,减少摩擦,提高效率;部门管理人员只需熟悉相对较窄的技术职能,从而降低管理难度;符合专业化原则,将同类专业人员放在同一部门中有利于共享专业资源;另外,这种组织结构有利于确保高层管理者的权利和威望。

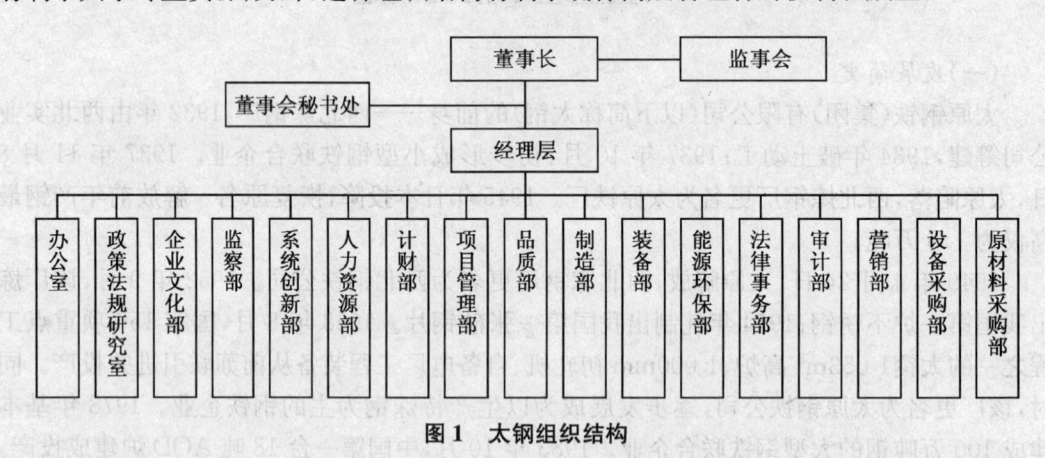

图1 太钢组织结构

二、企业发展战略

(一)太钢竞争环境优势分析和精细化管理

环境是关系企业本身存亡的一个关键因素,任何企业都不可能脱离其所处的环境而封闭、孤立地存在。企业的生存和发展必然会与环境发生千丝万缕的联系。分析太钢所处的内外环境可以看出,良好的内外部环境给太钢带来了其他同类企业所不具备的优势。在外部，太钢具有明显的区位优势和延伸加工优势；在企业内部，太钢由于节能降耗所积累的技术优势又使它更具发展潜力。而需要说明的是，这些仅仅是太钢众多环境优势中的几个代表。

在区位优势方面，太钢所在的山西省位居中国中部地区，具有承东启西、连接南北、辐射全国的区位优势。国家西部大开发、振兴东北和中部崛起等重大战略的实施，都为太钢的加速发展提供了良好机遇。

太钢地处资源大省，所需煤、电均从省内获取；自有铁矿均在省内，铁精矿粉实现管道直接输送。优越的资源环境奠定了太钢的资源优势和成本优势。

在延伸加工优势方面，太钢不锈钢工业园距原料供应基地太钢2.5公里，距山西大运高速路口2公里，距太原武宿国际机场25公里，有专用铁路线两条，太原——北京高速铁路与园区相邻。太钢为园区开辟了供货"绿色通道"，免包装费、免运输费。投资企业可不受数量、品种限制，优先订货，交货周期为现货3小时，期货7个工作日，价格上享受太钢最低出厂价。满足个性化设计的工业厂房、花园式住宅区、商务酒店等齐全的设施任由投资者和入住者选择。

太钢不锈钢工业园是山西省七项重点调产项目之一，享有国家级不锈钢工业开发区的优惠政策。银行入驻园区，为投资者提供信贷金融服务。建立保税物流中心，提供出口税收优惠及报关服务。现已形成年转化不锈钢材20万吨的能力。2010年将形成年转化50万吨钢材的能力，实现销售收入150亿元。最终建成不锈钢生产、加工、配送和贸易为一体的不锈钢产业基地和全国最大、世界知名的不锈钢生态工业园。

在节能降耗技术方面，太钢在建设全球最具竞争力的不锈钢企业过程中，坚持清洁化生产，走可持续发展的道路，经济效益和综合竞争能力显著提高。在增加钢产量的同时，公司的耗水量却大幅度下降，吨钢耗水由最高时的44.5吨降到2005年的8吨，2006年又降到5.68吨的新水平。经过不断的努力，太钢已经实现水资源的完全循环利用，吨钢耗水量进入全国的先进行列。在此过程中，太钢积累了丰富的节能降耗技术优势。在财务方面，仅此一项一年就降低生产成本一千多万元。

太钢是用水大户，最多时年耗水达15 000万吨，吨钢耗水44.5吨。但太钢又处在太原市这样一个缺水城市；这种情况决定了对太钢来说，水十分弥足珍贵。每年一到夏季，太钢就因为缺水影响到生产，情况严重时，一刻也不能停产的高炉也要休风，轧钢厂甚至一些辅助单位也经常停产。作为我国最大的不锈钢企业，太钢瞄准了世界500强的目标。为了增加效益，节约用水，改善环境，太钢开始了艰难的降水耗工程。

为此，太钢进行大规模的技术改革。冷轧厂要增加两条生产线，轧机需要高质量的冷却水，如果按照传统的方法扩大软化水供应量，每天就需要消耗新水4 000多吨，而这仅仅一次性缴纳的供水增容费就达3亿元，还要排放高浓度的含盐污水。这显然与太钢要降低新水用量和改善环境的目标是相违背的。经过努力，我国目前最大的工业污水膜处理设施在太钢建成投产，这项总投资为4 800万元的工程完成一级处理后，年获1 200万吨除盐水，此举对我国的工业污水处理具有示范意义，不仅标志国内的膜处理技术达到了一个新的水平，而且表明太钢向水资源的循环利用迈出了重要的一步。

太钢在节能降耗工作上不断取得实质性进展。在此过程中，值得一提的是，这种进步不仅得益于企业开发的技术优势，还得益于精细化管理在公司各单位的扎实推进，同时也是精细化管理在太钢发展进程中重要作用的彰显。

刚刚过去的2006年,是太钢实现"十一五"目标的开局之年,同时也是太钢面临严峻挑战的一年。为实现公司2006年发展目标的顺利完成,节能降耗成为公司全年工作的重要任务。精细化管理作为企业快速发展的平台,在太钢内部的各项工作中扮演着越来越重要的角色。公司各单位在把精细化管理推向深入的同时,也用精细化管理为节能降耗找到了准确的落脚点。把精细化管理与节能降耗结合起来,太钢发现节能的潜力很大,由于精细化管理的融入,节能降耗不再是一句口号、一个愿望、一个计划,而是变成了具体的管理细则、切实的节能措施和实实在在的执行力。通过实施精细化管理,公司能源管理的漏洞得到有效扼制,能源管理体系建设走向完善,节能新技术得到推广和应用,水、电、煤气、煤炭等重要能源消耗得到有效控制,能耗指标呈现出下降趋势。

2006年太钢节能降耗取得的显著成效,一方面使企业顺利完成全年奋斗目标的信心更加坚定,另一方面也使太钢看到,精细化管理是节能工作的不竭动力。管理无止境,在企业运用六西格玛、卓越绩效管理模式等先进管理方法提升企业管理水平的同时,还需通过精细化管理这一有效途径,挖掘节能的更大潜力。

(二)企业总体发展战略规划

对于每一个企业而言,它都面临着变幻无穷的环境所带来的挑战和机遇,尤其是那些在市场经济中生存与发展的企业。若不能清醒地知己知彼,不能及时分析、了解和适应环境的变化,不能对企业进行较长时间跨度的战略性思考,不能扬长避短、利用优势、抓住机会,那么营运的风险将随时会让企业付出沉重的代价,甚至危及企业生存。因此,战略目标在企业的发展过程中起着极其重要的作用,它为企业的长远发展指明了方向。

太钢的战略目标是建设成为全球最具竞争力的不锈钢企业。"十一五"期间,太钢将继续以科学发展观为指导,进一步推进精细化、信息化和国际化,走出一条"更精、更特、更省、更快、更新"的发展之路,加快实现战略目标。"十一五"末,年销售额达到1 000亿元以上;通过资本运作,做强、做大主业;实施"走出去"战略,构建战略供应链和销售网;同时,向金融、证券、保险、贸易等方面发展,进入世界500强。

太钢的战略目标可以概括为不锈钢战略目标,对这个战略目标总体的一个描述就是每年生产300万吨不锈钢,实现销售收入500亿,在成为全球产能最大、工艺装备最先进的基础上,使太钢成为全球最具竞争力的不锈钢生产企业。这里所讲的最具竞争力可以这样来描述,它有几方面含义:第一是品牌;第二是新型投资优势;第三就是成本控制,成本控制不是指最低的成本,当成本达最低的时候,质量和成本就会有一种矛盾;第四是战略供应链,当前世界钢铁企业、中国钢铁企业和太钢本身面临的竞争最终是供应链的竞争,太钢认为做一个战略它应包含这项内容;第五是国际化,就是国际资源、国际化资源的有效运用,国际化人才有效聚集;第六企业自我的资本积累。这如果不包含在战略里,企业战略无法实现,同时也不能表述战略的有效性。这就是太钢不锈钢战略目标的主要内涵。

三、企业生产经营状况

(一)企业生产概况和主要产品

太钢拥有独创的以铁水为主原料的冶炼—精炼—连铸—热轧—冷轧全流程不锈钢生产

线,形成了包括板、管、棒、线在内的不锈钢产品系列,具有很强的国际竞争力。太钢的主要产品有不锈钢、冷轧硅钢片(卷)、碳钢热轧卷板、火车轮轴钢、合金模具钢、军工钢等。其中,不锈钢、不锈复合板、电磁纯铁、火车轮轴钢、花纹板、焊瓶钢市场占有率国内第一,烧结矿、炼钢生铁、连铸板坯、中板、热轧卷板制造成本竞争力行业第一。图 2 为太钢的主要产品及其相互关系。

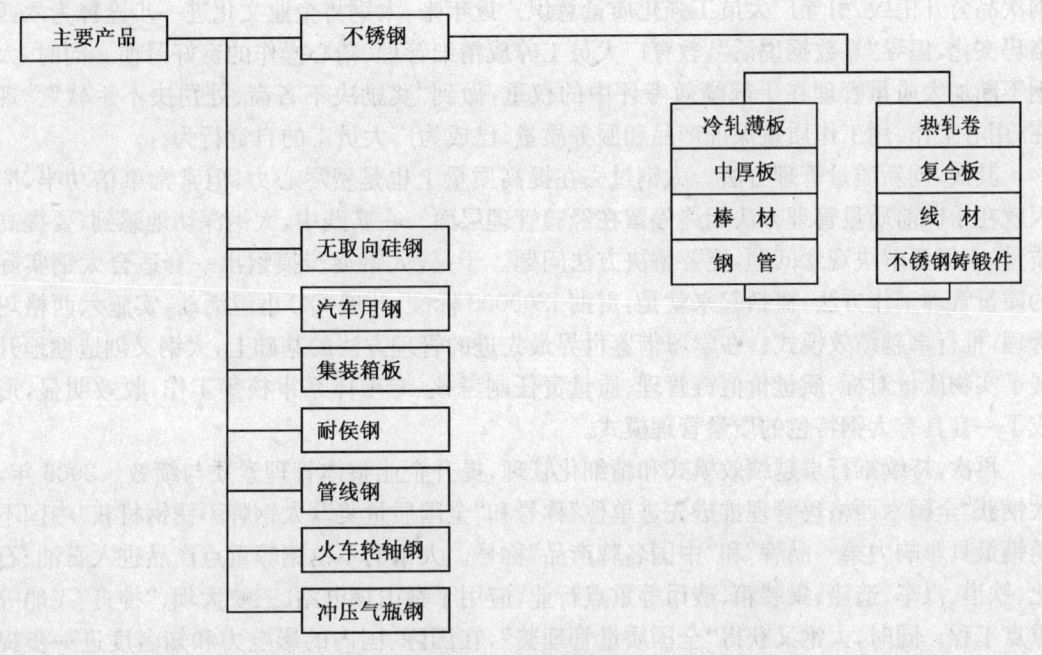

图 2 太钢主要产品

(二)企业海外市场拓展和品牌建设

太钢正在加快推进国际化经营,不断扩大与上下游企业的合作,力图构建起安全、稳定的战略供应链;同时,不锈钢深加工快速发展,欧美等众多知名企业投资踊跃,太钢已经同美、德、法、英、日、韩、澳大利亚等 30 多个国家和地区建立了经济贸易关系,不锈钢等重点产品在国际市场受到广泛好评。

世纪交替之际,太钢就已经确立了"建设全球最具竞争力的不锈钢企业"的发展战略,决心瞄准国际一流水平,把太钢办成世界顶级的不锈钢厂。在工作实践中,太钢深切体会到,为了实现这一战略目标,关键在质量。因此,太钢把提高质量作为实现目标的重点,引导广大员工以"不干则已,干就干出一流"的决心,发扬不畏强手的"亮剑"精神,以国际上产品质量最好的不锈钢企业为标杆,在质量上赶超国际领先水平。同时,太钢制定并加紧实施"实物质量赶超 5 年规划",力争做到既目标高远,又扎扎实实,推动产品质量每年上一个新台阶。

提高质量既要有强烈的责任意识和先进的文化理念,又要有科学的方法和现代化手段;既要有学习、超越强手的进取心,又要有脚踏实地、坚韧不拔的恒心。只有这样,才能把质量理念、质量意识、质量文化、质量目标转变成千万人的具体行动,打造全球最具竞争力的不锈钢企业的目标才能实现。

首先,提高质量,文化先行。管理粗放、操作随意,是太钢过去质量水平不高的重要原因。为了医治这个顽症,太钢突出质量这个主题,加强企业文化建设,把"用户至上、质量兴企"纳入企业核心价值观,广泛开展"建设全球最具竞争力的企业要从小事做起"、"提高执行力,实现精细化"等活动,不断强化"质量是企业的品格"、"质量是企业的生命"、"精益求精,奉献精品"等一系列质量理念。2002年太钢把270多吨、价值数百万元的不锈钢和冷轧硅钢次品公开销毁,引导广大员工强化质量意识。近年来,太钢将企业文化进一步诠释为六西格玛文化,倡导"靠数据说话",教育广大员工养成精细管理、精心操作的良好习惯。同时,太钢不断加大质量管理在干部绩效考评中的权重,做到"奖励决不吝啬、处罚决不手软"。现在,用心工作、用工作质量保证产品和服务质量,已成为广大员工的自觉行为。

其次,创新质量管理方法。太钢过去在提高质量上也是费尽心力,但常常事倍功半,原因就在于以前质量管理方法始终停留在经验管理层面。在实践中,太钢深切地感到,要提高质量,不但要解决观念问题,更要解决方法问题。于是,太钢逐步摸索出一套适合太钢实际的质量管理工作方法,概括起来就是:贯彻ISO9000标准,开展QC小组活动,实施六西格玛管理,推行卓越绩效模式。在学习借鉴世界最先进的管理方法的基础上,太钢又创造性地开展了实物质量对标、质量价值链管理、质量责任制考核、专项体系审核等工作,收效明显,形成了一套具有太钢特色的质量管理模式。

再次,持续推行卓越绩效模式和精细化管理,提升企业整体管理素质与绩效。2006年,太钢获"全国六西格玛管理推进先进单位"称号和"全国质量奖",太钢牌不锈钢材获"中国不锈钢最具影响力第一品牌"和"中国名牌产品"称号。太钢的不锈钢等重点产品进入石油、石化、铁道、汽车、造船、集装箱、造币等重点行业,应用于秦山核电站、三峡大坝、"神舟"飞船等重点工程。同时,太钢又获得"全国质量管理奖",在国际、国内的影响力和知名度进一步提升。

太钢实施品牌战略,严格贯彻ISO9000质量体系,引入六西格玛管理理念和方法,坚持走高质量、高附加值、高效益的精品之路。多类不锈钢产品批量进入国家重点行业、新兴领域和知名企业。

（三）与上下游企业合作情况

太钢与上下游企业有着良好的合作关系,建立了从原材料采购到成品输出的一体化体系。表1和表2分别说明了太钢的前五名主要供应商和客户以及太钢对它们的采购金额和销售金额等基本情况。

表1　　　　　　　　　　　　　　前五名供应商　　　　　　　　　　　　　单位:千元

	采购金额	所占采购总额比例(%)
太原钢铁(集团)有限公司	7 108 201.58	37.90
金川有色金属公司	1 719 902.61	9.17
山西新临钢钢铁有限公司	1 265 691.30	6.75
太钢国际经济贸易总公司	914 173.82	4.87
五矿有色金属公司	605 795.38	3.23
总　计	11 613 768.69	61.92

表2　　　　　　　　　　　　　　　前五名客户　　　　　　　　　　　　　　单位:千元

	销售金额	所占销售总额比例(%)
山西临汾钢铁有限集团公司	1 367 356.40	5.75
烟台东方不锈钢有限公司	1 153 604.76	4.86
太原钢铁(集团)有限公司	844 673.04	3.55
天津市丽兴京津钢铁贸易有限公司	742 316.42	3.13
中国矿产有限责任公司	700 294.15	2.95
总　计	4 808 244.76	20.24

四、企业财务状况

(一)资产结构

太钢于2006年初进行股权分置改革,其改革前后的资产结构如表3所示。

表3　　　　　　　　　　　　　太钢基本财务指标一　　　　　　　　　　　　　单位:万元

	2006年9月30日	2005年
流动资产	1 289 314.21	664 231.18
固定资产	2 224 128.07	515 247.99
总资产	3 538 292.54	1 184 406.17
流动负债	1 367 344.36	477 469.02

(二)盈利状况

2005年集团的净利润相比2004年有所降低,原因在于:2005年受国家宏观经济政策和钢材供需关系变化的影响,全球钢铁市场先扬后抑,从二季度开始,钢材价格一路下滑,而原材料价格仍处于高位,公司主要产品的盈利水平有所下降(如表4所示)。

表4　　　　　　　　　　　　　　太钢基本财务指标二

	2006年9月	2005年	2004年	2003年
主营业务收入(万元)	2 488 354.74	2 375 077.37	2 241 043.92	1 656 281.39
净利润(万元)	137 434.65	77 670.39	100 847.53	61 054.46
股东权益(万元)	1 225 793.70	540 571.48	488 570.15	413 214.37
每股收益(元)	0.52	0.60	0.78	0.47
每股净资产(元)	4.61	4.18	3.78	3.20
净资产收益率(%)	11.21	14.37	20.64	14.78

(三)成长能力分析

看一个企业的前景如何,可以对其进行成长能力分析,这主要体现在该企业的主营收入增长率、净利润增长率、股东权益增长率等方面。太钢在成长能力方面的各个指标如表5所示。

表5 成长能力分析

	2006年9月30日	2006年6月30日	2006年3月31日	2005年12月31日
主营收入增长率(%)	36.347 3	14.230 9	−15.755 6	5.980 8
净利润增长率(%)	95.035	30.744 3	−49.785 5	−22.982 4
总资产增长率(%)	173.148	167.359 8	7.820 5	7.034 3
股东权益增长率(%)	129.881 6	124.690 1	7.318 8	10.643 6
主营利润增长率(%)	118.281 8	53.144 8	−34.895 9	−6.064 7

从上表中可以看出,由于2006年3月的股权改革和6月的股票增发,各种增长率都有很大的提升。

五、企业研发创新能力

(一)新产品开发和专利申请情况

为了适应市场经济的要求,太钢对组织和流程实施再造,围绕重点品种、重点行业、重点工程和重点客户群,在企业生产、技术、营销等方面,把职工和用户紧密结合起来,形成一个个战略经营单位(SBU),围绕用户关注的焦点,不断改进质量。近年来,太钢成功研发出LNG钢、高性能耐热不锈钢、高等级管线钢等一批战略产品,有效替代了进口产品,满足了经济建设的迫切需要。专用不锈钢板材、高牌号冷轧硅钢、车轴钢、热连轧专用品种钢等重点产品的质量稳步提高,批量进入石油、化工、造船、铁路、航天、集装箱、造币等高端领域,市场占有率显著上升。

2006年经国家发改委核准的我国最大的新建不锈钢工程——新不锈钢工程顺利投产,使太钢具备了生产超宽、超厚、超薄系列产品的条件,也使太钢有条件、有实力突破原有的质量"瓶颈",抢占质量竞争制高点。目前,新不锈钢生产线生产的特色产品拓展了国内外的新市场,创造了新价值,形成了新优势。

太钢不锈钢工程是太钢落实国家调整产业政策,满足国际国内市场对不锈钢需求,提高太钢市场竞争力的希望工程。该工程包括不锈钢炼钢和轧钢系统及其配套工程4 350m³高炉等项目,采用了当今世界最先进的工艺和技术装备。项目建成后,太钢不锈钢产能从100万吨跃升到300万吨,位居世界第一,太钢已成为全球产能最大的不锈钢企业。

与此同时,太钢与国内、国际著名的高等院校和科研院所开展了"产学研"合作,先后与西安交通大学、天津大学、北京科技大学、东北大学、上海大学、内蒙古科技大学等院校签订了校企合作协议,建立了联合实验室,与钢铁研究总院、洛阳耐火材料研究院、哈尔滨焊接材料研究所等科研院所联合开展课题攻关,增加了企业的技术创新能力。太钢近两年来获得29项省部级以上科技成果奖,"高质量不锈钢板材技术开发"、"太钢含氮不锈钢生产工艺及品种开发"两项成果获得国家科技进步二等奖;拥有80余项专利和700余项具有自主知识产权的专有技术,其中100余项核心技术具有国际先进水平。

（二）研发投入

太钢拥有国家级的技术中心和以不锈钢为主要研究方向的博士后科研工作站，研发力量雄厚。2003年从功能定位、机构设置、研发机制、能力建设等方面，太钢对技术中心进行了全方位再造，投入1.6亿元完善科研、试验手段，研发能力进一步提升。2004年10月，太钢技术中心荣获国家发改委、科技部等部委联合颁发的"国家认定企业技术中心成就奖"。太钢技术中心现有研发人员434人，其中博士7人，硕士35人，教授级高级工程师2人，高级工程师61名，各类专业工程师105人，并长期聘任33名国际、国内知名的专家学者。同时，实施"515"人才战略，不断加大人才引进和培养力度，选送优秀科研人才赴韩国、德国、美国等著名大学进修、深造或到国内重点科研院校实习，培养了一批理论水平高、实践经验丰富的高素质科研人才。

目前，太钢技术中心已拥有700多项以不锈钢为主的核心技术。在2005年全国332家国家认定企业技术中心中，太钢排名第11位，在山西省名列首位。

六、企业营销策略

对于任何一个企业来说，其目标的实现，归根到底取决于其产品销售情况，而产品销售必须依靠合适的营销策略。由此可见，企业的营销策略对企业目标的实现十分重要。

太钢营销部通过不同地域、不同销售渠道、不同消费层次的不同消费需求，采取"三维度市场细分法"为顾客提供个性化服务，保持了较高的顾客满意度。

首先，细分不同地域的不同消费需求。针对国外顾客在交货条件、市场准入条件和定价条件等方面的特殊要求，太钢进行相关的技术标准研究和认证，以亚洲和北美为主要目标市场。根据国内不同经济区域的发展状况、消费水平和物流网络的成熟程度，确定了不锈钢和碳素钢的目标市场，设立加工配送网点，发现不锈钢新兴市场，培育新的市场需求，延伸不锈钢产业链。

其次，细分不同销售渠道的不同消费需求。将行业集中度高、需求稳定、采购量大的顾客确定为公司的直销对象，扶植帮助终端顾客发展。将使用分散、采购频次多、批量小、劳动密集型顾客（如餐具加工业）确定为分销对象，在强调合作共赢的同时，对分销商进行有效的管理与引导。

再次，细分不同消费层次的不同消费需求。重点关注战略顾客和重点顾客的需求，并从价格政策和服务方式上给予优惠待遇。

通过"三维度市场细分法"工作的开展，近几年顾客满意度水平逐年提升。2006年公司自我调查结果显示，与国内标杆企业进口产品比较，太钢的不锈冷板、不锈中板满意度水平名列前茅，其他产品满意度水平也不同程度地好于往年。

目前，太钢的顾客投诉平均结案周期缩短到9.5天，在快速响应、受理速度和处理结案方面达到行业领先水平，赢得顾客好评。

为继续保持和提升顾客满意度，太钢根据《2006～2010年营销战略规划》，进一步补充和完善了营销管理制度，在服务用户方面制定了《顾客需求调查管理办法》、《顾客走访、来访管理办法》、《顾客信用评价管理制度》、《顾客流失管理办法》等制度，并加强了相应记录的管理，以此推动营销整体管理水平再上新台阶。

七、企业人力资源与文化

(一)企业人才政策

太钢的快速发展,很重要的一个原因就是企业高层领导高度重视人才的作用。他们提出要抓紧造就具有国际水平的管理人才、技术人才和操作人才,提高企业的核心竞争力,并且采取有效措施,加快实施"515优秀人才工程"(即培养50名高级管理人才、100名高级技术专家、500名高级技术工人),强化人力资源开发,推进人才贡献价值化,激发了队伍活力,提高了队伍素质。经过不懈努力,太钢目前已拥有工程院院士1名、享受国务院政府津贴专家34人、新世纪百千万人才工程国家级人选1人、中央直接掌握联系的高级专家2人、冶金行业专家70人、山西省优秀人才55名。太钢始终在努力完善人力资源管理体系,努力吸引人才、留住人才、用好人才,打造一支高精尖的专业技术人才队伍、复合型的经营管理团队和精细化操作的员工队伍,为建设全球最具竞争力的不锈钢企业提供强大的智力支持。

太钢积极完善内部选拔及竞争机制,优化人才结构。太钢在长期的发展中聚集了众多人才,如何有效地挖掘内部人才是太钢面临的首要问题。2003年以来,太钢坚持以岗位业绩为主要选拔标准,以钢铁主线单位的一线人员为选拔对象,以公开、公平、公正为选拔原则,自下而上地选拔优秀科技人才和优秀操作能手。到2006年末,已选拔出优秀科技人才142名、优秀操作能手296名。其中,40岁以下的占到55%,拥有大学本科学历的占80%,具有高、中级专业技术职务的占90%。

与此同时,太钢改革干部任用制度,坚持任人唯贤、德才兼备、群众公认、注重实绩的原则和"四化"标准,认真选拔优秀的管理人才。太钢引入竞争机制,试行中层管理人员公开竞聘制,先后拿出13个厂(部)长职位进行公开招聘。经过选拔,一大批政治素质高、业务能力强、懂经营、善管理、勤奋敬业、开拓创新、廉洁自律、德才兼备的优秀管理人才走上了各级管理岗位。目前,全太钢厂部级管理人员的平均年龄为45.1岁,具有本科及以上学历的占到73.56%,中专及以下学历所占的比例仅为2.03%,年龄结构、知识结构趋于合理。

太钢还扎实地推行全员竞聘上岗制度,努力实现内部人才的市场化配置。2004年以来,集团管理总部600多个管理人员以及各岗位陆续出现的数百个缺员,全都通过公开内部招聘来补充。人才的合理流动,不仅优化了人力资源结构,而且为职工找到适合的岗位。

此外,太钢也十分重视扩大对外交流合作,积极引进各级各类人才。为适应人才国际化的趋势,太钢坚持不求所有、但求所用的原则,多渠道引进适用人才。近年来,太钢引进国外知名钢铁企业技术专家11人,通过技术服务、技术合作等方式聘请200余名国外专家常年在太钢工作,2006年还面向全国公开招聘法律事务部部长,满足了企业发展对高层人才的需求。

太钢还通过"产、学、研结合"等方式实现"借脑"发展。太钢建立了以不锈钢、冷轧硅钢为主要研究方向的博士后科研工作站,聘请中国工程院徐匡迪院长等7名专家教授担任太钢博管会的顾问,并与一批具有雄厚科研实力的高等院校、科研院所开展了卓有成效的合作。2006年太钢又聘请5名清华大学博士生提供技术服务,邀请清华大学教授来太钢开展学术交流活动,并达成新的合作意向。着眼于未来发展,太钢高标准做好大学毕业生录用工作。按照从全国专业排名前5名院校中招聘优秀毕业生的原则,认真做好宣传工作,有效吸引青年优秀人才加盟太钢;还按照"谁使用、谁选拔"的原则,组织用人单位对新引进人才进行量化评分和综合评价,保证人才引进的质量。

太钢还注重发挥离退休专业技术骨干的作用,返聘38名离退休专家继续从事专业技术工作。这些老科技人员在解决关键技术难题,培养年轻技术人员等方面发挥了重要作用。

(二)企业薪酬、福利及培训

在对员工的培训方面,太钢2002年成立了职工教育培训中心(简称教培中心)。它拥有广泛的教学资源和雄厚的师资力量,主要承担太钢在职职工的岗位文化、技能和素养培训,同时,利用和发挥教育资源优势开展学历教育。教培中心组建以来,发展了太钢职工教育培训事业,面对新的历史条件和公司生产经营实际,锐意创新,持续再造,直接有效地为公司的生产经营、技术改造和企业文化建设服务。教培中心确立了"以服务公司长远发展战略和当前生产经营建设为导向,以提高职工技能、纪律、素养为目标"。坚持"知人施教,教人以博,诲人不倦、育人求精"的教培理念;开拓思路,深化改革,建立和完善科学的培训体系,不断提高培训质量,努力为公司实现战略目标提供智力支持和人才素质保证"的指导思想;引导和促进职工养成"在工作中学习,在学习中工作"的终身学习气氛,鼓励和推动职工岗位成才、岗位奉献,持续为太钢发展输送经营管理人才、专业技术人才和高技能操作人员。近年,太钢投巨资再造教培中心,每年举办400多个班次的各类培训班,培训职工2万人次以上;建立员工学习奖励制度,鼓励职工自主参加继续教育。公司邀请法国、德国、澳大利亚、日本等国家的专家为太钢技术和管理人员就信息技术、现代管理知识、不锈钢工艺技术、耐火材料等进行专题讲座。太钢着眼于培养全员的组织纪律观念、团队精神,开展了全员军训和企业文化培训,有效提高了职工的整体素质。

太钢通过校企合作、对外交流等方式培养高层次的管理和技术人才。近年来先后选拔110名优秀人才到上海交通大学、西安交通大学和天津大学研修工商管理,攻读工程硕士;选派260名管理、技术人员到清华大学、北京大学、天津大学、北京科技大学、西安交通大学和山西财经大学等进修学习;选派10名业务骨干到韩国、美国、德国等进行6个月至2年的研究生研修及攻读学位;选派30多名技术骨干赴韩国浦项制铁、德国蒂森克虏伯等国际一流钢铁企业进行短期培训学习。近两年,太钢还组织1 974人次赴美国、德国、韩国、意大利、瑞典、俄罗斯等国家和地区进行项目设计联络(审查)、设备考察、项目培训、参加国际相关会议,组织1 884名业务骨干到宝钢、武钢、马钢等国内先进企业培训学习。

另外,太钢始终落实激励政策,确保人才队伍的活力。太钢积极推进人才价值的市场化,对优秀人才进行有效的激励。对优秀人才实行年薪制,确保其收入达到人均水平的2～3倍,关键人才达到5倍以上。设立3 000万元的科技奖励基金,对做出突出贡献的科技人员给予10万～20万元的奖励。努力提高新引进人才的待遇,博士生和硕士生的基薪分别为4 000元/月和2 500元/月,此外根据本人业绩确定绩效薪酬;大学本科毕业生试用期内最低薪酬为1 800元/月,试用期满后,执行所上岗位的岗薪待遇。同时对新引进人才发放一次性安置费。

近年来,太钢先后投资近一亿元改善年轻科技人员的住房条件。目前,优秀专家、博士后加入太钢后可得100m² 左右住房一套;新录用员工入住设施齐全、功能完善的科技公寓,研究生一人一间,大学本科生两人一间。

(三)企业文化

太钢的企业文化理念可以用20个字来概括,即"以人为本、用户至上、质量兴企、全面开放、不断创新"。

以人为本,就是以人为太钢生存、发展之本。重点是"以人才为本、以人才为宝"。坚持人才战略,坚持理解人、尊重人、关心人、爱护人、培养人、凝聚人,构建和谐企业,实现人与企业共同发展。

用户至上,就是要始终把满足用户需求放在第一位。重点是"以用户为中心",时时处处都要考虑我的用户是谁,用户需要我做什么,我为用户做了些什么,我还能为用户做些什么,把太钢办成用户满意加工厂。

质量兴企,就是要牢固树立质量是企业生命的观念,明确质量是企业生存和发展的决定因素。重点是"走高质量、高附加值、高效益的精品之路"。坚持质量品牌战略,努力提高以质量为核心的综合竞争力。

全面开放,就是要打破一切封闭僵化状态,实现对内对外全方位开放。重点是"吸收借鉴一切先进成果,提升太钢整体素质"。坚持对标挖潜,在更高层次和更大范围内参与国际竞争与合作,实现精细化、信息化、国际化。

不断创新,就是要与时俱进,改革一切不适应市场经济和国际化竞争的观念、体制和方法。重点是"提高组织的学习能力,不断超越自我"。坚持科学发展观,走新型工业化道路,不断提高观念创新、管理创新、技术创新和产品创新的能力。

提到太钢的企业文化,太钢人以"李双良精神"引以为豪。李双良是太钢加工厂渣场原负责人,早在20世纪50年代,他就以"工业炉渣爆破能手"闻名全国冶金行业。1983年他退休以后,主动请缨,带领渣场职工,把堆积了半个世纪的一千万立方米的渣山搬掉,创造价值1.4亿元,使原来污染严重的渣山变成美丽的花园,为消除太钢生产重大隐患,改善环境,造福后代,促进太钢可持续发展做出了突出贡献。他先后荣获全国"五一劳动奖章"、"全国劳动模范"和"全国优秀共产党员"等光荣称号,联合国环境规划署授予他"全球500佳金质奖章",列入"保护及改善环境卓越成果全球五百佳名录"。太钢聘任他为治渣顾问。江泽民同志1990年1月视察太钢时题词:"学习李双良同志一心为公、艰苦创业的工人阶级主人翁精神,把太钢办成第一流的社会主义企业"。李双良同志的事迹为世人瞩目,李双良精神是太钢工人阶级优秀品质的集中反映,是太钢几代人优良传统和时代特征相结合的典范。李双良精神的核心是主人翁精神,李双良精神的实质是"把太钢的事当作自己的事",李双良精神主要体现在:想企业所想、急企业所急,主动为企业分忧解难的敬业精神;不怕困难、艰苦奋斗,为企业发展勇挑重担的创业精神;团结一致、精诚协作、高效执行的团队精神;遵循规律、珍惜资源、实现人与环境和谐发展的科学精神;与时俱进、挑战自我、精益求精、奉献精品的创新精神。

在三晋大地,一批极具规模的循环经济试点项目已经开始向人们展现魅力;煤—电—建材,煤—电—铝,煤—电—化,一大批纵向延伸产业链条项目已经起步;焦化污染防治以及节水型社会建设等一系列专项规划已上报国家发改委,一批重点项目列入了国家规划。太原钢铁(集团)有限公司,仅用3年的时间,就以其如虹气势,确立了世界不锈钢行业新的领军者地位。在不久的将来,太钢人打造全球最具竞争力的不锈钢企业的目标必能实现。

红塔烟草集团

位于云南玉溪的红塔烟草集团(以下简称红塔集团)在2002年至2005各年度"中国企业500强"的排名依次为:2002年是35位、2003年为39位、2004年为58位、2005年为68位,排名逐年下降。在2005年"制造业企业500强"中,红塔位列第26名。红塔集团还入选了2006年"中国最具影响力创新成果百强企业"前十名。

烟草业是中国的传统民族工业,烟草加工业每年给国家创税1 000多亿元,是我国最大的税源之一。云南的烟草业也不例外,以红塔集团为首的云南烟草业,是云南经济的支柱,不仅为云南的经济发展作贡献,也为我国的经济发展发挥了重要作用。玉溪卷烟的发展,从手工卷烟到机制卷烟,大致经历了60年左右的历史。玉溪卷烟厂,由1979年年产卷烟30万箱,利税不足亿元的企业,发展成世界著名的烟草企业——红塔集团。

红塔集团创立于1956年,从一个小规模的烟叶复烤厂到名列中国第一、世界前列的现代化跨国烟草企业集团,红塔集团的发展史,就是一部中国民族工业不断求新图变、追赶世界先进水平的演进史。近年来红塔集团坚持"以主业为主,提质创新,增强企业核心竞争力"的工作思路,以消费者为导向,以科技创新带动产品品质不断提高,其主要品牌红塔山连续七年蝉联中国最有价值品牌第一名,红塔山、玉溪、恭贺新禧、阿诗玛、红梅在中国烟草行业36个名优品牌中占有五席,并与国宾、美登、人民大会堂等一起入选国家烟草专卖局全国卷烟百牌号行列。

一、企业发展历程概述

(一)发展简史

红塔集团的前身是玉溪卷烟厂,创立于1956年,成立之初是一个烟叶复烤厂。1959年第一包"红塔山"卷烟问世。1981年红塔集团引进第一台先进的卷烟包装机,并开始一系列强有力的改革措施。1995年玉溪红塔烟草(集团)有限责任公司成立,一跃成为位居中国第一、世界前列的大型烟草集团公司,一直到1998年,它始终保持着快速增长的态势。这一时期的红塔集团所获得的成功经验,被专家概括为"九年走活三步棋",即:"第一次大型技改"、"公司+农户"模式、"三合一体制"。红塔集团的崛起和高速发展,被中国经济学界认为是"一个奇迹、一个谜",被称为"红塔山现象",并被国家体改委的专家誉为"中国民族工业的一面旗帜"。从1999年到2002年,在抓好主业的同时,红塔集团较多地涉足了多元化领域的投资。在此期间,红塔集团投资、参股并纳入统计的企业共计69家,累计对外投资147.9亿元人民币。至2000年底,集团已发展成为拥有七个卷烟企业(厂),五个市、州烟草公司,四个专业职能公司,两个国际烟草贸易公司,共十八个企业组成的大型综合性企业集团。集团总资产达692.53亿元,固定资产原值172.02亿元,净值114.91亿元,在册员工22 600余人。红塔集团已发展为以烟草经营为主,辅以其他产业的多元化经营的大型烟草集团公司。从2002年开始,红塔集团新一届领导班子提出了"以主业为主,提质创新,全面增强企业核心竞争力"的战略发展思路,通过树立"以市场为第一车间"的管理思路、构建和谐发展的企业文化、继续深化内部改革等一系列重大举措的实施,向未来再一次迈开了大步。2005年红塔集团卷烟产销量为265万箱,实现销售收入228亿元,实现利税175亿元,呈现出持续健康、稳步和谐的发展态势。现在,其经济实力和生产规模已在亚洲烟草行业中排名第一、而在世界上已居于第五位。

(二)企业扩展路径

众所周知,云南烟草的龙头企业是玉溪红塔烟草(集团)有限责任公司。该公司成立于1995年9月19日,是由玉溪卷烟厂改制而成的。玉溪卷烟厂则创建于1956年,至今已有五十多年的历史。当初成立时,它仅仅只是一个卷烟复烤厂,1958年12月初,在复烤的基础上扩建卷烟生产。1959年,第一包"红塔山"面世时,每包价格为1.18元人民币。玉溪卷烟厂于1979年至1991年迎来了一个快速发展时期,通过打基础、调结构、创名牌等措施,玉溪卷烟厂迅速崛起。从20世纪80年代初到1990年,在总投资上完成了"玉烟"争创全国烟草行业第一企业的技术改造;1991年玉溪卷烟厂三喜临门:晋升为国家一级企业,被授予"全国思想政治工作优秀企业"的称号,"红塔山"牌卷烟获国家质量金奖的三项成果。到1999年,"红塔山"品牌价值已达353亿元,并成为中国第一名牌;直到2001年,"红塔山"品牌价值高达460亿元,连续七次蝉联"中国第一品牌"。在大集团、大企业、规模化、集约化的发展成为当代世界经济发展趋势和潮流的情况下,红塔烟草集团的诞生,标志着云南烟草业在更大规模、更高水平上展开了激烈的市场角逐和集约化生产经营。同时,从一个厂发展成为一个集团,标志着烟草企业从工厂制向公司制的转化。

(三)企业所有制结构

红塔集团的体制改革,要追溯到20世纪。1995年红塔集团按照公司法进行了改制,从工厂制改为公司制。但是,由于历史的原因,改制后的玉溪红塔集团虽然形成了一个大的集团公司,但公司章程很不完善,还没有真正按照现代企业制度和法人治理结构来运作。

从2002年开始,红塔集团在把完成红塔的恢复性增长,特别是把品牌的市场竞争力的恢复和提高作为集团发展的重要任务的同时,在理顺体制关系上做了很多工作,可以分为三个阶段。

第一阶段:2002年红塔集团对体制、机制做了大的调整。在这次调整当中,有的企业退出红塔集团。集团对剩下的两个企业(大理卷烟厂和楚雄卷烟厂)按照母子公司体制进行了理顺和规范,把董事会和总裁班子各自的职能进行了修订和补充。

第二阶段:在国家局提出"深化改革,推动重组,走向联合,共同发展"的战略目标后,红塔集团抓住时机,提出了适当扩张的思路。为了保证扩张以后新成立的企业能够有效运作,红塔集团按照现代企业制度,以股份制的形式,先后在海南和辽宁建立了由红塔控股的有限责任公司。这两个企业是红塔集团和中烟实业公司一起严格按照法人治理结构组建的,中烟实业公司和红塔集团作为国有资产的股东,行使出资人的权利,董事会、监事会、经理各司其职,这也是对烟草行业按照法人治理结构组建企业的一个有效探索。总的来讲,这一模式是成功的,而这一模式的成功也反过来对红塔集团整体的体制改革起到了促进作用。

第三阶段:2004年12月,红塔集团取消了大理卷烟厂和楚雄卷烟厂的法人资格,完成了产供销、人财物的一体化运作。又对公司章程进行修改,按照新的章程,云南省中烟工业公司作为出资人的代表组建红塔集团。目前,董事会中,云南省中烟工业公司派出6人,红塔集团派出5人,组成董事会。董事会聘任总裁,总裁提出副总裁人选,组成总裁班子,总裁班子人数比过去有所减少。以云南省中烟工业公司的派出人员为主组成监事会。

(四)企业组织架构

红塔集团组织结构再造,一是要大力争取省政府的政策支持,运用财政手段补偿和平衡企业所属地方的利益,得到这些地方政府的理解和配合;二是要大胆推进制度创新,充分运用资本运营手段,在集团内部建立起以资本股权为纽带的紧密型的组织体系,从而形成集中统一领导的管理体制。同时,通过此管理体制的运作,对集团内部各种资源重新进行优化配置,特别是对卷烟生产指标资源进行优化,使资源得以充分地统一运用。通过内部挖潜,不仅可使红塔集团经济效益产生新的增长动力,也为集团实施新世纪总体发展战略奠定了坚实的组织管理基础。在近期和中期内,红塔集团仍然围绕卷烟产业为主体,应建立集中统一领导的组织管理体制;在长远来看,随着集团的多元化快速发展,其他产业也成为与卷烟产业并重的企业支柱产业,此时,应参照国外烟草跨国公司的组织架构,采取事业部形式对卷烟产业和非烟产业分离管理。

它的决策指挥系统分为三个层次:一是决策层,即董事会和总裁办公会;二是管理层,即集团的各职能部门和下属公司;三是作业层,即各个科室。对下属工厂和子公司(长春卷烟厂和楚雄卷烟厂除外)实行高度集中化的管理,各下属单位的人、财、物、供、产、销都要服从集团公司的统一调度。

二、企业发展战略

在国家烟草专卖局和中国烟草总公司的宏观调控和管理下,目前,全行业共有卷烟生产企业187家,2041家商业企业。2000年共销售卷烟3338.7万箱,实现工商利润297.4亿元。平均单箱卷烟税利达到3284元。国家对烟草行业实行了专卖专营的保护政策,烟草行业不仅与自身相比发展很快,同其他行业相比,也取得了巨大的经济成就。从1987年开始一直到现在,烟草行业一直是全国税利第一大户,而且多年来其经济效益在39个行业中也是名列前茅的。

(一)企业竞争环境分析

1. 宏观环境分析

我国目前吸烟人口约为3.03亿,占全国人口的24.5%,卷烟消费总量约为3764.4万箱,约占世界烟草市场消费总量的31%。据2000年国家烟草局市场与产品结构课题组的权威分析,未来10年中,我国卷烟消费市场将呈现逐步扩大的趋势,每年的需求增长率约为3.1%。目前我国卷烟企业众多,共有卷烟工业企业15家(1999年末数),生产经营十分分散。以国际通行的衡量市场占有率的"四厂商指数"衡量,仅为16%(最大的四家企业的生产量占全行业生产总量的比重)。中国第一品牌"红塔山"的市场占有率为2%,而世界第一品牌"万宝路"的市场占有率为61%,且前者的年产量还不到后者年产量的10%。这说明我国卷烟企业的规模程度仍然偏低,今后产业内部大规模的组织结构优化调整势在必行,同时将给整个产业带来相当的发展空间。从全球来看,烟草产业正处于其生命周期的成熟阶段,表现为产业稳定且具有一定的发展前景。从国内来看,整个产业仍处于成长期或者说处于成长期到成熟期的过渡阶段,表现为产业内仍具有高速成长的内在动力和发展空间。优势企业在竞争中将占据有利地位,可望大规模扩张。

2. 入世因素

入世后,红塔集团将直接面对与菲利浦·莫利斯公司、英美烟草公司、日本烟草公司等世界烟草巨头的竞争。全世界的卷烟年销售量大约是1亿箱,亚洲占5 000万箱,而中国的销售量达3 400万箱,约占全世界的1/3,中国卷烟市场将是这些公司势必力争的最大的一块市场。现在美、英、日等国的跨国烟草公司已在中国开办了70多个办事处,每年的有关促销费用超过亿元,其目的只有一个,就是为了谋求进一步扩大其产品在中国市场的份额。在丧失价格优势和市场壁垒的情况下,洋烟对以红塔集团为首的众多国内卷烟企业的巨大冲击将不可避免。

2003年12月初,红塔集团与全球第四大烟草公司——英国帝国烟草通过联手云南红塔,率先获得在中国生产并销售其"威斯"品牌烟的权利。此举被视为国际巨头进军中国烟草市场的一种尝试。帝国烟草在中国只有两个合作伙伴,一个是中国烟草总公司,一个是玉溪红塔集团。帝国烟草与红塔签署了10年的生产和经营合同,帝国烟草在玉溪卷烟厂生产其"威斯"牌卷烟并通过红塔集团的销售网络进行销售,双方将按照红塔占60%、帝国烟草占40%的比例进行分配。

3. 国内同行业竞争对手情况

目前,我国有180多家卷烟企业,上千个卷烟牌号,规模效益参差不齐。红塔集团目前的规模效益在世界上已居于第五位,亚洲第一位,在国内更是连续多年名列第一。红塔集团在国内众多竞争者中,处于行业内无可争议的龙头地位,享有很高的企业知名度。不过,近几年,部分省市加大了对卷烟的投入,湖南、浙江、山东、河南、上海等省市杀出而形成"战国七雄",卷烟市场的竞争态势日益严峻,2005年中国企业500强收入利润率最高的企业是上海烟草,达到31.82%。红塔集团的龙头地位日渐受到冲击。红塔集团目前在国内的竞争对手主要是像上海烟草集团、青岛颐中烟草集团、长沙卷烟厂等一些国内的大型烟草集团和企业,经过多年的快速发展,他们已拥有雄厚的经济实力和技术实力,其产品在市场上主要与红塔集团的产品形成竞争,具有较强的竞争能力。具体情况见表1~表9。

表1 2002年国内主要竞争企业经营业绩比较

分 布	地区	营业收入(万元)	利润(万元)	收入增长率(%)	资产利润率(%)
玉溪	云南	3 419 812	361 034	−21.52	
上海烟草	上海	1 487 460	304 121	10.37	17.18
昆明卷烟厂	云南	732 238	67 938	20.26	5.60
湖南长沙卷烟	湖南	726 597	82 944	7.40	11.19

续表

分布	地区	营业收入(万元)	利润(万元)	收入增长率(%)	资产利润率(%)
云南红河卷烟	云南	540 750	77 859	27.87	11.91
颐中烟草(集团)有限公司	山东	519 368	32 740	−42.84	4.19
常德卷烟厂	湖南	518 465	33 349	18.74	8.02
将军卷烟厂	山东	349 821	17 306	−22.03	3.17
贵阳卷烟厂	贵州	313 682	2 540	0.80	0.47
广州卷烟二厂	广东	298 757	59 742	20.68	27.38

资料来源：根据《中国企业发展报告》数据整理。

表2　　　　　　　　　　国内部分竞争对手历年经营业绩

	名次	资产利润率	营业收入(万元)	收入增长率(%)	利润(万元)	利润增长率(%)
2004 昆明卷烟厂	183		988 493	20.08	122 176	34.72
2003 上海烟草	88	23.67%	1 630 992	9.65	502 804	65.33
2004 上海烟草	110		1 617 335	−0.84	424 437	23.53
2005 上海烟草	137		1 932 700	19.63	61 500	44.91
2003 湖南长沙	179	9.69%	787 970	8.45	79 677	49.80

资料来源：根据《中国企业发展报告》数据整理。

表3　　　　　　　　　　2002年全国大型工业企业名单

	名次	销售收入(万元)	资产合计	从业人数
2002 玉溪	25	1 513 749	3 610 843	4 018
2003 玉溪	46	1 656 037	4 266 628	6 889
上海烟草	34	1 418 864	2 063 104	5 586
昆明卷烟	72	826 103	1 119 996	4 891

注：大型工业企业的具体标准是：从业人员2 000人及以上，销售额3亿元及以上，资产总额4亿元及以上。

资料来源：根据《中国企业发展报告》数据整理。

表4　　　　　　　　　　2002年中国企业500强平均资产利润率

	名次	平均资产利润率
2002 烟草加工业	3	8.31%
2004 烟草加工业	2	8.61%
2002 平均数		1.17%
2004 平均数		1.12%

资料来源：根据《中国企业发展报告》数据整理。

表5　　　　　　　　　　2003年中国500强企业分行业主要指标

	企业数(个)	营业收入(亿元)	利润总额(亿元)	资产总计(亿元)	从业人数
2003烟草加工业	14	1 010	144	1 303	62 907
2004烟草加工业	13	1 087	125	1 456	62 980
2005烟草加工业	16	1 588	1 858	1 885	76 005

资料来源：根据《中国企业发展报告》数据整理。

表6　　　　　　　　　2003年中国500强企业各行业平均收入利润率排序

	名次	收入利润率
2003烟草加工业	1	14.21%
2004烟草加工业	1	11.53%

资料来源：根据《中国企业发展报告》数据整理。

表7　　　　　　　　　　2004年营业收入利润率前100名排序

公司	名次	收入利润率(%)
上海烟草	3	26.24
南京卷烟厂	23	13.21
昆明卷烟厂	26	12.36
湖南长沙卷烟	40	9.91
玉溪	45	9.59
平均		3.52

资料来源：根据《中国企业发展报告》数据整理。

表8　　　　　　　　　　2004年资产利润率排序前100名排序

公司	名次	资产利润率(%)
上海烟草	15	16.39
杭州卷烟厂	16	16.13
南京卷烟厂	21	15.27
常德卷烟厂	36	11.90

资料来源：根据《中国企业发展报告》数据整理。

表9　　　　　　　　　　2004年利润率增长率前200名排序

公司	名次	利润率增长率	利润(万元)
将军烟草	43	305.98%	19 897
贵阳卷烟厂	54	227.09%	18 376

资料来源：根据《中国企业发展报告》数据整理。

（二）企业总体发展战略规划

1. 归核化战略

2002年红塔归核化战略正式启动,红塔集团果断地对产业结构进行了调整。回归烟草主业的系列动作成效明显,2002年集团效益减缓下滑速度;2003年止住跌势,企业呈现初步恢复性增长的良好势头;2004年红塔归核化战略取得突破性成果,产、销、效同步增长,为其全面实现恢复性增长打下坚实基础。

2. 实施差异化战略

在口味趋同的状况下,红塔品牌立足于清香型的产品目标和风格定位,把握未来几年市场消费的脉搏,形成强势品牌的市场主导权和引导力。围绕消费者需求,细分市场、创新产品。2005年以来,红塔集团加大新产品研发力度,先后推出以年轻人为消费主体的"红塔山·新势力"和以忠实消费者为对象的"红塔山·经典1956"。以华东市场为重心的"红塔山·几为峰"使"红塔山"品牌在去年持续增长的基础上,2006年上半年又增长12万箱,销量占集团三大品牌的30%。红塔集团还推出大众型的"红梅";推出服务于高端消费层次的"和谐玉溪",实现高端品牌的快速成长。2005年以来,红塔集团在国内外累计推出9个新产品,扩展了主力品牌的强势影响力。

3. 技术创新战略

在知识经济来临的新世纪,"科技兴烟"、技术创新比以往任何时候都更为迫切和重要。红塔集团依托建立在本企业内的国家级烟草技术研究开发中心,在开发新产品、引进新制造技术、改进烟叶原料品种和种植技术、开辟新市场和控制原材料供应来源等方面加大创新力度,同时保持R&D每年不低于集团销售收入的3%,保证红塔集团拥有强大的技术动力源和雄厚的技术储备,使其逐渐成为红塔集团在未来竞争中的一种核心竞争能力。

4. 多元化战略

目前,红塔集团多元化发展已实现了跨国、跨地区、跨行业、跨所有制经营,在瑞士、香港、北京、上海、深圳、珠海、黄山、重庆、成都等地设立了公司,在省内的玉溪、昆明、大理、思茅、曲靖、临沧等地进行了投资,形成了以云南省为主的跨地区经营格局,实现了从单一的国有经营向多种所有制经营的发展。2000年获得自经营以来最好的投资回报,公司本部利润连续两年上了5亿元的平台,为红塔集团新世纪多元化的发展奠定了良好的基础。

三、企业生产经营状况

(一)企业生产情况

根据世界烟草业的演进历程和中国烟草的发展趋势,以玉溪、红塔山、红梅高、中、低不同价位档次的三大主力品牌来满足不同层次消费者的多品牌发展战略,是具有红塔特色的符合科学发展观的云南烟草品牌发展的必然选择。在这当中,"红梅"是产品金字塔结构的塔基,"红塔山"是塔身主干部分,而"玉溪"无疑是塔尖。集团先后推出"红塔山"(12mg金装2000)、"玉溪"(11mg金装)、"恭贺新禧"(硬盒)、"红梅"(硬盒)等新产品投放市场。1999年虽然卷烟市场形势严峻,集团仍生产卷烟1 956 435箱,实现工商税利171亿元。2003年红塔集团经济效益开始恢复,"玉溪"、"红梅"品牌的销量实现了大幅增长。但作为集团形象的"红塔山"销量并无大的起色,"红塔山"从1996年的销量高峰90万箱锐减至1999年的30万箱后,一直盘整在30多万箱。据同一口径统计资料显示,2001年至2004年销量分别为30.9万箱、27.5万箱、33.4万箱、32.5万箱。2006年1至7月,红塔集团产销与2005年同期相比,卷烟生产增长 4.29%,销售增长 5.03%,税利增长 13.38%。其中"玉溪"销量增长 32%,"红塔山"增长 60%,"红梅"增长 18%。三大主力品牌累计增长 12.7%,占集团同期总销量的 66%。三大名牌鼎立,红塔集团品牌战略大见成效。

(二)企业主要产品、生产及销售情况

表 10　　　　　红塔集团部分核心卷烟生产企业近几年主要经营业绩

指标项目	玉溪红塔烟草公司				曲靖卷烟厂				红河卷烟厂			
	1997 年	1998 年	1999 年	2000 年	1997 年	1998 年	1999 年	2000 年	1997 年	1998 年	1999 年	2000 年
卷烟产量(万箱)	218	222	214	220	78	79	82	84	46	49	57	61
销售收入(亿元)	193	195	170	173	27	27	30	37	17	19	25	27
实现税金(亿元)	107	117	112	111	17	16	18	22	11	11	14	15
实现利润(亿元)	61	56	39	34	4.8	3.5	5.6	6.8	1.4	3.5	2.6	3.5
劳动生产率(万元/人)	314	348	213	224	67	70	85	128	50	59	74	96

资料来源:国家烟草专卖局:《烟草系统统计年报》,1997~2000 年。

(三)产品进出口情况

红塔集团按照国际流行的口味和消费者的需求,调整品种结构、目标市场,先后开发出多个适销对路的新产品,"玉溪"、"红塔山"、"阿诗玛"、"新兴"、"三塔"、"美登"、"MARBLE(马宝)"、"PLAZA(天堂)"、"ESTON(伊斯顿)"、"BRASS(金钟)"、"STRAND(海岸)"等卷烟产品畅销缅甸、韩国、马来西亚、美国、新加坡、巴拿马、南非、澳大利亚等 10 多个国家和地区,受到海外消费者的青睐。

2005 年 1 至 7 月,红塔集团的进出口总量上升到了中国烟草第一位。此时期红塔出口 15 万件,今年全年将达到 40 万件。其中 Marble 已成为在国内加工出口最大的卷烟品牌。从 1 至 6 月份,红塔国际公司实现商品进出口总值达 3 614 万美元,比去年同期增加 315 万美元,同比增长 10%。在东欧及周围区域,今年销售可达 30 万件的红塔瑞士主打品牌"MARBLE",已成为在国内加工出口海外的最大品牌。

2005 年 12 月,红塔集团与(英国)帝国烟草集团签署了全球部分免税市场的合作意向书,红塔主要产品借此可利用帝国在美洲、西欧等地区的免税市场、有选择性地进行推广销售。2006 年下半年,"玉溪"即可通过帝国销售网络投放北美免税市场。而双方更于今年 10 月以"最受华人欢迎品牌"为市场拓展理念,将"铂金红塔山"通过帝国当地销售网络投放到英国有税市场。

2006 年 1~9 月,云南红塔进出口有限公司经济运行质量不断提高,经济效益稳步增长,呈现出持续稳定健康发展的良好态势。截至 9 月底,实现进出口总额 3 247 万美元,其中出口额 2 783 万美元,进口额 464 万美元。出口卷烟 10.58 万件,比去年同期增长 27.7%,出口烟叶 1.5 万吨,出口产品覆盖美国、德国、意大利、埃及、巴拿马、俄罗斯、澳大利亚、缅甸和中国香港等 25 个国家和地区。实现销售收入 32 818.95 万元人民币,比去年同期增长 102%,实现利润比去年同期增长 122%,实现税金比去年同期增长 162%。由于红塔卷烟产品口味对路、质量稳定、价格适中,受到海外消费者的青睐,产品很快进入非洲、亚洲、美洲、欧洲和中东等34个国家与地区。其中,在科索沃、伊朗、马达加斯加、冈比亚、塞内加尔等国家和地区,红塔产品走势日益见好。

(四)企业海外市场拓展

为顺应全球经济一体化,谋求国际发展空间、参与国际市场竞争,自20世纪80年代开始,红塔就开始了与国际烟草的合作,通过引进设备,技术创新及实施名牌战略,为企业的发展和腾飞注入了强大的动力,造就了以"红塔山"为代表的一批强势卷烟品牌。目前,面对新的市场机遇与挑战,红塔将继续加强与国内外烟草同行间的合作,以烟草主业为主,整合优势资源,以"提质创新、增强红塔核心竞争力、提升红塔品牌竞争力"作为企业的发展目标,整合、联合、重组企业,推行一体化战略,推进品牌扩张,打造大品牌和国际名牌,努力开拓国际市场。

(五)企业品牌创建

红塔自其前身玉溪卷烟厂建厂以来,共创造了7个省部优以上名牌产品,1997年红塔山的品牌价值已高达353亿元,是中国各种商品从未有过的品牌价值,荣膺"中国驰名商标"、"中国第一品牌"称号。红塔创造的15个卷烟产品牌号中,有3个省优、4个部优和1个国优金奖。"红塔山"自1997年以来连续3年被国家工商局认定,在由北京名牌资产评估事务所发布的品牌研究报告公布中,连续3年荣登中国最有价值的品牌榜首。1997年品牌价值高达353亿元,1998年升至386亿元,1999年又升至423亿元。这个品牌价值遥遥领先于中国其他名牌产品价值的品牌,是红塔人二三十年精心创造的众多奇迹般数字的集中成果。2003年红塔山品牌价值460亿,2004年度"中国最有价值品牌"——红塔以469亿元高居第二。

红塔集团不断把企业的价值观、经营理念、人文关怀注入到产品中,进一步丰富红塔品牌文化的内涵。2004年4月10日至28日,"2004环球中国小姐"在昆明行中国区总决赛,"阿诗玛"的品牌名称在整个大赛过程中醒目地出现,"阿诗玛"这一卷烟"自然方成大美"的品牌理念在短时间内深入人心。6月18日至20日,"红塔"集团独家冠名举办"2004迈克尔·波特战略论坛"。红塔坚信,准确定位并全力维护和宣扬品牌核心价值,是许多国际一流品牌的共识,在品牌致胜的时代,香烟出售的是文化。

(六)企业多元化发展情况

早在20世纪80年代,红塔集团就开始了多元化经营的探索,多元化经营主要集中在配套卷烟生产的轻化工产业。到90年代中期,在国内卷烟市场的日趋饱和、各地区封锁情况日渐严重的形势下,红塔集团卷烟主业已进入相对缓慢的发展时期,为了充分利用企业雄厚的"闲置资本",红塔集团开展新一轮大规模的多元化投资。到1999年底,累计投资突破100亿元,投资项目63个,已投产41个,全年实现产值36.62亿元,销售收入36.79亿元。通过联合、重组、独资、融资、参股等经营形式,发展了能源、交通、轻工、金融、汽车、建材等16个行业的62个经营项目。2006年3月,红塔集团还开通了工业旅游线路,游客可亲临参观国内最先进的卷烟生产线,也可了解红塔集团发展史、烟草科技、烟草文化等。这也是云南省第一个工业游项目。在云南,38元游红塔已成为云南各大旅行社的一句响亮的宣传口号。

多元化经营涉及的行业主要有轻化工行业、房地产业、金融证券保险业、旅游业等。在轻化工业方面,从1985年开始,集团围绕配套卷烟主业,对一批涉及滤嘴棒、白卡纸、盘纸、水松纸、铝箔纸、纸箱、商标印刷、油墨等的生产企业进行资本投入,到1999年为止,投入轻化工行业项目共16家,投入资金137 334.81万元,基本上形成了卷烟生产的集群体系,成为与集团卷烟生产配套的重点盈利行业。建材木业行业：红塔在该行业投资建立了8家企业,其中,思茅红塔木业和昆明红塔木业在激烈的市场竞争中已站稳脚跟,在行业内质量优良,树立了红塔品牌。在房地产行业方面,1996年在广东中山市和昆明市设立了两家房地产公司,开始向房地产行业进军。到1999年底为止,累计投入6.65亿元,完成建筑面积20多万平方米。在金融证券保险行业方面,1999年,红塔集团成立北京红塔兴业投资公司,为红塔集团打开了向资本运作领域发展的窗口,红塔先后以21%的股权参股"云白药"成为了"云白药"的第二大股东；出资5.2亿元,持股20%,成为了国信证券的第二大股东；出资1.3亿元,持股65%,成为了云南省首家风险投资公司红塔创新投资公司的第一大股东。2000年以上企业均有不俗表现,分别实现利润6 000万元、9.16亿元和8 500万元。此外,红塔还斥巨资3亿元增持交通银行、太平洋保险公司等的股份。在酒店旅游行业方面,早在1993年,红塔集团就开始涉足旅游行业,在玉溪建设星级酒店,在昆明设立旅游公司,在北京、上海等大城市布点,在旅游方面,主要是投资酒店项目,目前有在建的五星级酒店一家、四星级酒店一家,已建成营业的三星级酒店四家,到1999年底为止,累计投入7亿元。另外,为推动云南省体育事业的发展,红塔还出资近5亿元在昆明设立昆明红塔体育中心有限公司,为社会公众提供一个健身、娱乐、休闲的好去处。另外,红塔在其他行业还有部分零星投资项目,如汽车、投资咨询、贸易、材料等投入4.12亿元。1997年,该集团又以占股30%的投资,与一汽车集团联合组建了一汽红塔云南汽车制造有限公司；同年,在深圳成立亿成贸易发展有限公司,负责集团主业生产所需进口配件的供应工作；1998年在北京设立了一家投资公司——北京红塔兴业投资有限公司,从事投资项目的考察评估、咨询论证、方案设计及资金运营等工作,为公司开展更大规模的资本运作进行实践。

（七）与上下游企业合作情况

红塔在20世纪80年代市场尚处于供不应求的情况下,就想到抓质量不单单是从生产线上开始而是要盯住上游的原材料。1984年玉溪烟厂制定"第一车间"发展战略,即卷烟生产要从原料抓起,把烟田作为企业第一车间,彻底改变在原料上给什么"米"吃什么"饭"的被动局面,确立在原料上相对于竞争对手长远的比较优势。首先是实行了烟草公司、专卖局和烟厂三位一体的体制改革,把过去管理体制下人为地割裂经济内在关系的情况,再重新通过这种体制改革把它有机地结合起来。其次是建立企业加农户的经济体制,把农村当作生产第一车间,把农民作为编外职工对待,与烟农组成利益共同体,确定了"以工补农"的方针,在资金、技术、政策上实行"三投入"。十几年来,玉溪烟厂对这个"车间"投入资金20多亿元进行科学种烟,烟叶原料生产逐步实现了从育苗、栽培、田间管理、采摘、收购,直到烟叶烘烤的整个过程的规范化和区域化。目前,玉烟的"第一车间"已经发展为130万亩烟田。全省已有21万户农民在为玉烟种烟,这是年产30万箱优质卷烟所需原料的供给量。通过"三合一"体制的形成和优质原料生产基地的建设,从根本上奠定了红塔集团长期竞争优势的基础。

四、企业资本运作

（一）企业投资情况

红塔始终坚持经济效益与社会效益双赢的原则。目前，红塔投资参股69家企业，累计对外投资147.9亿元，实现工业总产值88.7亿元、投资收益28.7亿元，投资企业从业人数达16 500余人。2004年红塔多元化投资实现税利22.37亿元，在企业提高盈利水平的同时，为社会创造了更多就业岗位，形成地方经济新的增长点。

改革开放20年来，红塔集团的核心企业玉溪卷烟厂——一个名不见经传的小厂，创造了被国内经济学家、理论家和企业界同行以及政府主管企业官员称之为"红塔山现象"的奇迹。红塔集团提供的税利占云南省财政总收入的55%，集团利用留成利润支撑着一大批重大工业项目的建设，如，1994年即以88.75亿元参股投资建设大朝山水电站，又投资7亿多元参建阳宗海火电厂，投资11亿元参与昆玉高速公路建设，投资20亿元兴建了12家与卷烟配套的轻工项目，投资10亿元在昆明、上海兴建了3家旅游酒店，投资7亿多元兴建了3家水泥厂及纤维板厂等，这些投资对支持云南工业的发展起到了重要作用。

（二）企业并购重组情况

2001年以后，国家烟草专卖局提出了全力推动"大市场、大品牌、大企业"的战略，提出把"深化改革、推动重组、走向联合、共同发展"作为全国烟草工作的主要任务。行业内联合兼并重组的形势，为红塔的再创辉煌提供了难得的契机。2002年红塔集团与海南省烟草公司共同组建海南红塔卷烟有限公司，在我国烟草行业首次以股份制方式进行合作。2003年7月，红塔集团对海南红塔进行了股权转换，由49%转为51%控股，红塔对海南红塔有了决策权。2003年12月，红塔集团与辽宁烟草合作。2004年的红塔，在国内已拥有楚雄、大理、长春、辽宁、海南等子公司。红塔集团将逐步取消成员企业的法人资格，实施集团化战略，逐步形成四个强有力的中心：战略决策中心、研发创新中心、资本运作中心、监督制约中心。

国家烟草专卖局将在2~3年内组建10个左右的烟草集团。2005年烟草行业实现工商利税超过2 400亿元，比去年增长14%，同时全国卷烟生产牌号325个，比上年减少169个。据悉，目前具有法人资格的卷烟工业企业已经减少到44家。红塔集团达到320万的规模，昆明卷烟厂和曲靖卷烟厂联合组成的红云集团以及白沙集团规模在200万箱左右。

五、企业财务状况

（一）盈利状况

1997年红塔的利税为193.3亿元，1998年为204.5亿元，增幅仅为5.7%。从1999年开始，红塔的利税开始下降，到2000年降为164亿元，2001年降为127亿元。

表11　　　　　　　　2002~2005年中国企业500强利润前100家企业

公司	名次	平均利润（万元）	利润增长率（%）
2002红塔	12	61 273	
2003红塔	15	423 096	

续表

公司	名次	平均利润(万元)	利润增长率(%)
2004 红塔	20	262 028	0.65
2005 红塔	26	317 998	21.36
2003 平均		70 944	
2004 平均		63 853	24.47
2005 平均		106 478	44.25

资料来源:根据《中国企业发展报告》数据整理。

表12　　　　　　　　　　2002营业收入利润率前100家企业

公司	名次	收入利润率(%)
2002 红塔	46	10.56
2003 红塔	32	12.59
2003 平均数		5.03

资料来源:根据《中国企业发展报告》数据整理。

表13　　　　　　　　2002～2005年中国企业500强总资产排序前100名

公司	名次	资产总额(万)
2002 红塔	38	5 724 145
2003 红塔	44	5 882 463
2004 红塔	54	5 189 442
2005 红塔	69	5 039 113
2002 平均数		5 206 339
2003 平均数		5 472 681
2004 平均数		5 679 761

资料来源:根据《中国企业发展报告》数据整理。

(二)资金运营能力

表14　　　　　　　　　2002～2005年红塔集团经营业绩表

年份	名次	资产利润率(%)	营业收入(万元)	收入增长率(%)	利润(万元)	利润增长率(%)
2002	35		3 419 812	-7.51	361 034	-21.52
2003	39	7.19	3 359 589	-1.76	423 096	17.19
2004	58		2 733 621	-18.63	262 028	0.65
2005	68		3 361 811	22.98	317 998	21.36

资料来源:根据《中国企业发展报告》数据整理。

六、企业研发创新能力

（一）新产品开发情况

作为中国烟草的领军企业，红塔集团近年来在烟草生产和包装的环保上一直走在业界的前列。在烟草辅料方面，选择达到国际先进水平的供应商，最大限度地降低有害成分在辅料中的含量。红塔不仅提前两年实现了国家烟草专卖局提出的焦油含量降至15mg/支的目标，还进一步达到8mg/支的新水平。代表红塔"绿色环保"烟叶品质和红塔集团实力的高档烟"铂金红塔山"和"铂金玉溪"获得了市场的肯定。2004年红塔集团推出的新品中，新品软包新红塔山在业内首创并率先采用卷烟用抑菌接装纸（水松纸），具有抑菌功能的水松纸，其抑菌技术性能达到国家标准，具有抑菌效果显著、抑菌谱广、抑菌持久、耐热性良好、耐光性好、安全性高等六大特点。这一关注公共卫生和消费者健康的科研成果，极好地诠释了红塔集团"山高人为峰"的以人为本的经营理念。

（二）研发投入

早在20世纪80年代初，玉溪卷烟厂就制定了"大规模、高水平地引进使用国外先进的烟机生产设备，使企业烟机水平处于国际领先地位"的企业经营战略。从1981年开始，玉溪卷烟厂在国内率先进行过三轮共六次大规模的技术改造。这些年，随着生产装备不断更新换代，不仅使企业的生产效率、产品质量和经济效益不断全面提高，而且在国内同行中始终保持着生产技术的领先地位。

为应对"入世"以后的国际竞争，集团加大了科技创新力度，投资3亿元创建技术中心，该中心已被认定为国家级技术中心。还设立了企业博士后科研工作站，科研领域涉及30个学科。目前已拥有博士、硕士科研人员和专业工作人员100多人，分设原料、生理生化、产品开发、工艺研究、烟草化学等七个科研机构，能模拟大生产工况条件的多功能中试生产线和高精度的烟草分析、检测仪器，为更深层次的产品开发研究提供了基础，增强了我国烟草业的科技水平和国际竞争能力。在2005年的国家级评估中名列烟草行业第一。2005年集团投资数十亿元实施第三次大型技改项目竣工，实现红塔技术的第三次跨越。

七、企业营销策略

（一）企业产品销售渠道

红塔集团在国内虽然已拥有一定规模的销售网络，但只集中部分省份的大中城市，网络的覆盖面和覆盖深度远远不能满足今后竞争和发展的需要。因此，红塔集团今后的市场营销主要是围绕建设市场销售网络开展，充分发挥属地管理优势，加快建设和完善覆盖本省市场的销售网络，奠定坚实的后方根据地，在已有网络基础上逐步扩展省外销售网络规模，积极运用资本运营等手段进行有关流通领域的多元化发展，藉此在全国范围内逐步建立和完善卷烟销售网络。

（二）企业定价策略

红塔系列产品定价情况见表15、表16。

表15　　　　　　　　　　玉溪与芙蓉王同类产品价格对比

品牌	进货价	销售价	毛利率(%)
玉溪	160.00	190.00	15.79
芙蓉王	192.00	208.00	7.09

表16　　　　　　　　　　红塔山与白沙和云烟对比

品牌	进货价	销售价	毛利率(%)
红塔山(84软)	62.50	65.00	3.85
红塔山(新84硬)	68.00	77.00	11.69
红塔山(红84硬)	65.00	71.00	8.45
红塔山(10mg铂金)	102.00	111.00	8.11
白沙精品二代	78.00	88.00	11.36
白沙(银世界)	90.00	96.00	6.25
云烟(精品紫)	70.00	85.00	17.65

通过上面两个表格的分析,可以看出:四款红塔山在销售上与同价位的白沙、云烟(精品紫)具有一定的价格优势,但其毛利率整体水平偏低。

(三)企业促销策略、售后服务、广告等

"红塔山"品牌的发展是红塔集团崛起壮大的核心力量,是中国烟草发展过程中最值得关注和记忆的品牌。由于"红塔山"与"红塔集团"有着非常高的品牌关联度,所以消费者往往认为"红塔山"="红塔集团",宣传"红塔集团"实际上就等于宣传了"红塔山"品牌,"山高人为峰"的企业核心理念的成功传播必然大大加强和提升了"红塔山"品牌的美誉度,使得"红塔山"品牌成功借势赞助"重测珠峰"而引起的舆论热潮,从而有效地促进了"红塔山"的销售。"人为峰"红塔山是红塔集团以消费者为导向,以在全国各地进行的消费者调研测试结果为基准,历经多次调试,精心为高端消费者量身开发的高品质、高档次卷烟新产品;"新势力"红塔山则突出个性化、年轻态,分别是从地区和年龄上细分市场从而有效进行差异化营销。此外,红塔集团还通过赞助重测珠峰活动进一步提升品牌美誉度。这一系列营销举措引起了业内外的广泛关注。由《南方都市报》和《新京报》主办的"2005年度中国十大营销事件/人物"评选活动将红塔山营销案例列为十大营销事件之内,并请专家对该营销事件进行了精彩点评。

八、企业人力资源与文化

(一)企业人员结构

2002年年底,红塔集团积极探索竞聘上岗、干部考核等人力资源管理新模式。在改革中,红塔打破了在长期行政化管理中形成的人浮于事、人事分离、效率低下等弊端,大胆精简机构,全员竞争上岗,对机构和人才结构进行优化改革。

（二）企业薪酬、福利及培训

红塔集团适应品牌发展的人才资源储备,加强中高层管理人员培训力度,派出30名青年业务骨干到美国培训半年,派出120名营销人员到北京国家行政学院学习、英国帝国烟草培训。红塔发展到一定程度之后,很多人才都必须从社会中选拔,而不是只从企业内部提拔,在机构、人事、用工方面进行了三次制度改革,着手建立符合现代企业制度要求的法人治理结构,对现有的组织结构进行精简优化调整;进行人事制度改革,中层管理干部实行竞聘上岗,完善竞争激励机制,并实行技术职务评聘分开,引入技术职务竞争机制;进行分配制度改革,建立合理的激励机制。

（三）企业对外交流及社会活动

20年来,玉溪卷烟厂及后来组建的烟草集团,除了依法向国家缴纳巨额税费外,还从自有资金中,力尽所能地直接奉献给社会各方面,热忱支持文化、教育、卫生、扶贫、艺术、体育等各项公益事业的发展。1999年,红塔集团为昆明世界园艺博览会捐资8.5亿元。2005年夏季,红塔集团投入490万元,用于玉溪各级党委、政府的抗旱救灾活动。2006年5月17日至18日,红塔集团提供赞助的"2006第三届玉溪杯北京高尔夫邀请赛"在北京天安假日高尔夫俱乐部举办。据不完全统计,从1985年至2004年,红塔累计为各项公益事业捐款超过4亿元人民币。

（四）企业文化

红塔集团一直以来都很重视企业形象的树立与维护。从1999年3月开始,玉溪红塔集团便聘请世界著名的企业形象策划公司兰德(东京)公司进行企业形象设计,并于2002年8月与云南最大的广告公司风驰广告公司合作,全力投入到企业新形象的推广工作中。2003年8月,红塔在产品中第一次启用了全新产品标识"龙马宝塔",把产品标识与企业形象标识严格区分,表明了红塔在产品标识和企业标识的使用上逐渐走上了规范化、科学化管理的道路。红塔很注重发展企业的战略文化。早在2002年红塔就成立了战略发展研究室,一位经济学博士成为了该室主任,这预示着红塔对企业战略重视程度的升级。

红塔新领导班子上任不久即召开企业文化研讨会,力图提升和提炼新的企业核心理念。于是一种更加人性化、更注重关注市场、关爱消费者的新红塔理念应运而生,并且被提炼为简洁、顺口的五个字"山高人为峰"。它凸显了红塔"以人为本"的管理理念,"关爱健康,科技领先,超越自我"和"视消费者的满意为企业最大追求"的经营理念和价值取向,大大丰富了红塔企业文化的内涵,推动了红塔的发展。

"山高人为峰"理念主要包括：

"市场是第一车间"理论——一个优秀的企业,要善于审时度势,企业成功的关键因素在于根据时势需要及时调整发展战略。

红塔的使命——员工是红塔最大的财富。能否让消费者满意取决于我们能否以真正的以人为本的态度对待员工,从而激发出员工的创造性和活力。以红塔自身的高度,托起消费者的成就感。

红塔的价值观——人的价值高于物的价值,共同的价值高于个人的价值,消费者所看重的价值高于企业的利润价值。

红塔的核心竞争力——致力于建设成为一个学习型组织,打造出别人偷不走、复制不了、不能转移的核心竞争力。

迈步国际化,红塔人以"天外有天"的境界,以"山高人为峰"的企业核心理念,在红塔核心品牌的不断释放中,展现出红塔人不断挑战自我、超越自我的红塔形象。

山,快马加鞭未下鞍;山,倒海翻江卷巨澜;山,刺破青天锷未残。以红塔山商标驰名全球的红塔集团,以字国瑞为班长的万余红塔人,在市场竞争更趋激烈的新世纪,正以更加雄伟的气魄,更加昂扬的步姿,更加具有凝聚力和创造力的面貌,去攀越一座又一座高山,去抢占世界市场的一个又一个制高点。

沈阳铁路局

沈阳铁路局诞生于东北解放战争的炮火之中,随着中国革命和建设事业的逐步发展壮大。往前推溯,从京奉铁路20世纪初通车算起,沈阳铁路已有百余年历史。新中国成立后,作为国有企业,沈阳铁路局在中国的社会主义建设中发挥了重要作用,焕发出勃勃生机。改革开放又为其插上腾飞的翅膀,它现已发展成为一个国有特大型铁路运输企业。在中国企业500强名录中,沈阳铁路局最近四年在榜上的排名一直保持在前100名以内,其中2003年第71位,2004年第85位,2005年第71位,2006年第76位。

一、企业概述

沈阳铁路局为全民所有制企业,注册资金为人民币1 111 712万元,是国内最大的铁路局之一,拥有33.6万全民职工和16.2万集体职工,年旅客发送量约占全国铁路的1/6,货物发送量约占全国铁路的1/9。

作为运输企业,沈阳铁路局主要经营铁路客货运输业务。经营范围主要有:铁路客货运输、装卸、仓储;铁路运输设备、器材、配件制造、安装、维修;建筑项目及建筑工程勘测、施工、发包。全局客运系统共有营业站733个,每日开行快速、特快、旅游、直快和普通旅客列车182.5对;货运系统共有营业站613个,主要办理整车、零担、集装箱货物运输业务,随时可根据货主需要开办货运代理、联运联营、直取送达、保价理赔、特需特约和"订单式"服务等项目,同时还可组织大宗货物直达列车运输和"五定班列"运输。客货运输工作在地方经济繁荣和旅游事业发展中发挥了积极的推动作用。

沈阳铁路局下设沈阳、长春、大连、锦州、通辽、吉林、通化七个分局(公司),管辖33条铁路干线、23条铁路支线,线路总延长18 008.28公里,营业里程9 299.1公里。纵贯辽宁、吉林两省全境及黑龙江、内蒙古、河北省(区)的部分地区:东至边境城市丹东、集安、图们,与朝鲜接壤;西跨山海关,达隆化,入河北省境内;南抵海滨城市大连,越海路与世界各国相通;北与黑龙江蔡家沟、泰来、鹿道与哈尔滨铁路局接壤。吸引区内共有212个市(盟)县(旗),总面积达60多万平方公里。

二、企业发展战略

(一)竞争环境分析

1. 交通运输行业概况

我国地域辽阔,人口众多,资源分布不均,地区经济发展不平衡。因此,铁路长期以来在中国交通运输体系中一直起着骨干作用,而且由于铁路的技术经济特性,铁路事业的发展对中国当前实施可持续发展具有重要意义。仅从1990年至1996年,全国铁路营业里程增加了7 129公里,达到6.49万公里,其中包括合资铁路3 043公里,地方铁路5 210公里,国家铁路复线为18 423公里,电气化铁路为10 082公里。

中国铁路是国民经济的支撑行业,它作为联结全国城乡的纽带,为改变中国资源分布、工业布局以及地区间社会经济发展的不均衡性发挥了巨大的作用,为拉动经济、扩大内需、带动相关产业的发展做出了重要贡献,如表1所示。由于铁路具有节约资源、污染少、适应中国能源结构的特点,铁路运输具有大运量、高密度、连续性强、规模集约、安全可靠的技术经济优势,铁路对中国经济来讲,将会有非常广阔的发展前景。但是,中国铁路体制和运行机制不适应市场经济的要求,在长期计划经济体制下形成的铁路传统管理模式仍然束缚着企业活力;粗放经营问题比较突出;客货服务质量、市场营销等方面存在的问题也制约着铁路的发展。

表1　　　　　　　　　　　　　　国家铁路与国民经济

项　目	单位	2000年	2001年	2002年	2003年
1. 国内生产总值与铁路货运量					
国内生产总值(按当年价格计算)	亿元	89 404	95 933	10 239.8	116 898
铁路货运量	万吨	165 498	192 580	204 246	221 178
每万元国内生产总值的货运量	吨	1.85	2.01	1.99	1.89
2. 全国人口与铁路客运量					
全国总人口	万人	126 583	127 627	128 453	129 227
铁路客运量	万人	101 847	105 155	105 606	97 260
全国平均每人乘车次数	次	0.8	0.82	0.82	0.75
3. 铁路运量占现代化运输比重					
全国货运量(不含远洋)	亿吨	134.21	137.36	145.28	152.74
铁路货运量	亿吨	16.55	19.26	20.42	22.12
铁路占全国比重	%	12.4	14	14.1	14.5
全国货物周转量(不含远洋)	亿吨公里	27 378	26 718	28 811	31 554
铁路货物周转量	亿吨公里	13 336	14 575	15 516	17 247
铁路占全国比重	%	48.7	54.6	53.9	54.7

续表

项　目	单位	2000年	2001年	2002年	2003年
全国客运量	亿人	147.86	153.37	160.77	158.75
铁路客运量	亿人	10.2	10.52	10.56	9.73
铁路占全国比重	%	6.9	6.9	6.6	6.1
全国旅客周转量	亿人公里	12 262	13 148	14 119	13 811
铁路旅客周转量	亿人公里	4 415	4 767	4 969	4 789
铁路占全国比重	%	36	36.3	35.2	34.7

资料来源：中国铁道年鉴编辑部：《中国铁道年鉴》(2000～2003年)，铁道部档案史志中心，2000～2003年版。

2. 主要竞争对手分析

铁路的竞争包括两个方面：一是与其他交通运输方式的竞争，二是铁路系统内部产生的竞争。

(1)与其他交通运输方式的替代性竞争。中国的交通运输业经过50年的发展，已经在全国范围内初步形成了由铁路、公路、水运、民航、管道五种运输方式组成的综合运输网络。伴随着经济结构调整，居民消费层次和生活水平不断提高，运输需求结构多样化趋势十分明显。消费者对交通运输的安全性、舒适性、时效性、便利性等方面提出更高要求，各种运输方式竞争日趋激烈，铁路发展面临严峻挑战。近10年来，虽然铁路客货运输总量一直在稳步上升，但运输市场份额却在逐年下降，尤其是客运表现得更加明显。据1998年的统计数据显示，铁路客、货运量占全社会运量的比重分别从1988年的15.1%和14.8%降至6.8%和12.7%，铁路客、货周转量占全社会周转量的比重分别从1988年的52.5%和41.5%降至35%和32.5%。

(2)铁路系统内部的竞争。在积极参加与其他交通运输方式竞争的同时，近年来，中国政府采取一些改革措施，在铁路系统内部引入了一定程度的竞争。①合资铁路的发展，实际上是向地方政府和其他经济实体有限度地开放了铁路建设和经营权，打破了铁路"独家建设，一家经营"的旧格局。②合资铁路、地方铁路与国家铁路开办直通运输，实际上是向其他运输经营者开放了通路权，在同一路径上产生了不同经营者之间面对面的竞争。③允许私人企业租用国家铁路的机车车辆和线路开行行包专列。

以上竞争机制的引入，虽然对促进中国铁路建设和经营效率起到了一定的促进作用。但是总的来讲，铁路系统内部还没有建立起一种有效的(市场内)竞争机制，国家铁路仍然占据铁路运输的主导地位。

(二)地区经济发展概况

辽宁地处中国东北地区南部和东北亚经济圈的中心部位，临近韩国、日本和俄罗斯，是中国东北地区对外开放的门户，地理区位优势十分明显。全省土地面积14.8万平方公里，是国家确定的13个重要粮食主产区之一。辽宁还是东北地区的沿海省份，海岸线长2 920公里，在国内各省中海岸线最长，近海水域面积6.4万平方公里，有六个沿海城市，有700～800公里海岸线适合建深水港口，有大片适合发展旅游业和养殖业的沿海滩涂。辽宁现有14个省辖市，总人口4 210万人，其中有54%的人口居住在城市，是中国内地城市化水平最高的省份之一。省会沈阳是重要的地区经济、文化、商贸、金融中心和交通枢纽。以沈阳为中心,由鞍山、抚顺、本溪、辽阳和铁岭组成的辽宁中部城市群,是中国最大、最密集的城市群之一。这个城市群向南延伸到大连,构成了沈大经济带。而大连则是北方国际航运、贸易、金融的中心和著名的旅游城市,以大连为龙头,丹东、锦州、营口、盘锦和葫芦岛等沿海城市构成了沿海经济带。

辽宁是中国重要的老工业基地,经过50多年发展建设,已经形成了门类比较齐全、具有相当规模的工业体系,现有500万元以上规模的工业企业6 581家,拥有固定资产净值4 125亿元。以石油化工、冶金为代表的原材料工业,以数控机床、专用设备、汽车、船舶和飞机制造为代表的机械工业,在国内占有举足轻重的地位。原材料工业中,辽宁的钢铁工业综合实力排名全国第二,全国十大钢铁联合企业中,辽宁有2个;辽宁的原油加工能力居全国第一,全国大型炼油厂中,辽宁有7个;辽宁的石化工业全国综合排名第三。机械工业中,辽宁的装备制造业158种产品中有58种产品居全国前列。辽宁省同时还是中国最早对外开放的沿海省份,开放型经济保持良好的发展势头。目前,辽宁累计批准外商投资企业2.8万家,合同外资额631亿美元,实际利用外资289亿美元。美国的通用、辉瑞、杜邦、固特异,法国的道达尔、米其林,德国的蒂森、宝马、巴斯夫,日本的三菱、松下、三洋、东芝、佳能,韩国的现代、LG等100多家世界500强企业已在辽宁投资办厂。辽宁的贸易伙伴遍及世界177个国家和地区。去年,全省实际利用外资56亿美元,增长43%;进出口总额达到266亿美元,增长22%。

近年,沈阳经济出现了4个明显变化:一是经济结构得到优化。农村经济总量、民营经济和第三产业增加值在国内生产总值中所占的比重越来越大,改变了沈阳单一的重工业结构。二是经济质量明显提高。高新技术产业实现产值263亿元,用高新技术改造传统产业取得良好效果。三是外向型经济快速发展。固定资产投资的1/3、技术改造投入的2/3、出口创汇的45%,均来自外商投资企业。四是国有大中型企业加快改革和脱困步伐。全市完成工业总值1 310亿元,国有大中型企业通过转换机制、利用外资嫁接改造,正朝着好的方向迈进。1998年末,世界银行评选出41座全球最具竞争力的城市,中国的北京、上海和沈阳位列其中。

沈阳铁路局的管辖范围就是以沈阳枢纽为中心,北面临哈尔滨铁路局,东南与朝鲜民主主义共和国接轨,东北方向与北京铁路局衔接的中国东北经济区。这一区域的铁路网涵盖面包括东北三省及内蒙古自治区东部,面积124.0万平方公里,是中国能源、钢铁、木材和粮食生产基地。铁路营业里程14 075公里,占全国铁路营业里程的18.9%,路网密度113.5公里/万平方公里,其中滨洲—滨绥、哈大和沈山组成"才"字形主通路,加上平齐、大郑、沈吉、长图、哈佳、京通、京承锦、集通、通让等30多条干线,路网结构基本完善。但东北地区不少主要干线能力紧张,相关线路强化改造前期工作正紧张进行,仍然有着良好的发展空间。

三、企业生产经营情况

(一)生产概况
1. 客货运输

沈阳铁路局一直承担着东北地区经济发展的运输职责,客货运量都很大。多年来,货物运输保持稳步增长的主要因素：一是主要装车货物品类有所增长。煤炭、金属矿石、水泥、食盐等运量一直保持增长趋势。二是高附加值货物运量有增长。钢铁、化工、农副产品、饮食品、烟草制品等高附加值产品，随着市场需求量的增加，运输量也在增长。三是进关装车增加。

为适应运量增长，沈阳铁路局加强了集装箱运输组织：一是使用20英尺集装箱装运汽车。长春南、沈阳东两站针对轿车、面包车流失到公路的实际，多次走访，反复测算，下浮运价，使用20英尺集装箱运输，从公路、水路争夺一部分货源。二是大力组织可装箱货源纳箱运输。2000年锦州分局组织锦州电焊条厂的焊丝可装箱货源纳箱运输，增加集装箱收入244.7万元。

在客运方面，主要挑战来自春运时期的客运压力。由于春运工作的特点是学生流、民工流、探亲流、旅游流交织在一起，形成居高不下的高峰，同时持续低温也为运输带来不便。沈阳铁路局本着"灵活调配车体，灵活调整运行图，灵活调整售票方案"的原则，实现效益最大化。同时，在客流疏导方面，利用空送车体办理客运业务；加速车辆运用，提高客车利用率；灵活运力配置，增加运输能力，做到"临客及时开，列车不空线，围着市场转"。图1、图2、图3节选了沈阳铁路局从1998年到2003年间的数据来说明上述客货运输情况。

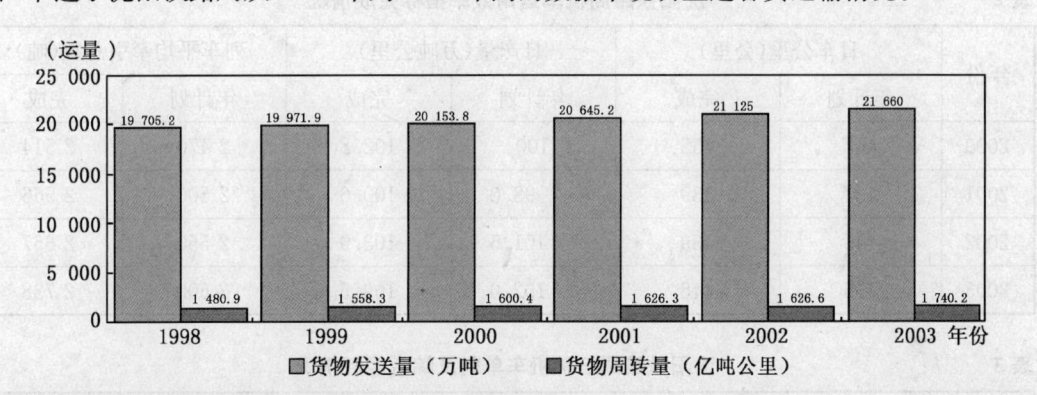

年份	货物发送量（万吨）	货物周转量（亿吨公里）
1998	19 705.2	1 480.9
1999	19 971.9	1 558.3
2000	20 153.8	1 600.4
2001	20 645.2	1 626.3
2002	21 125	1 626.6
2003	21 660	1 740.2

资料来源：铁道部财务司运价收入处统计资料。

图1 货运量比较分析

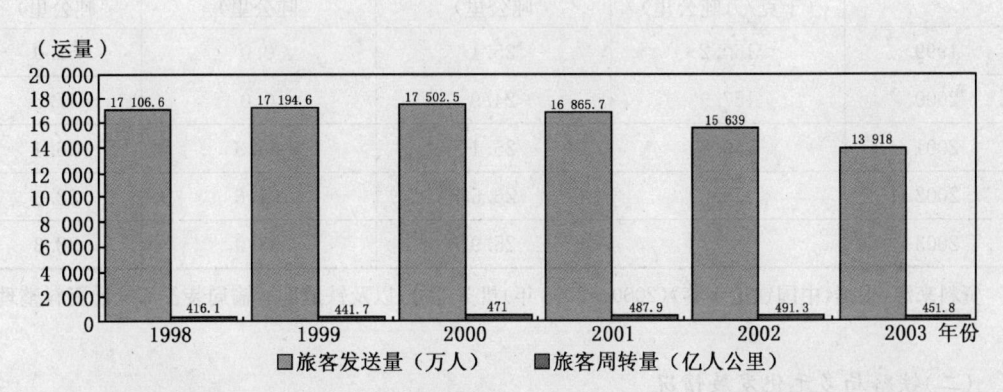

年份	旅客发送量（万人）	旅客周转量（亿人公里）
1998	17 106.6	416.1
1999	17 194.6	441.7
2000	17 502.5	471
2001	16 865.7	487.9
2002	15 639	491.3
2003	13 918	451.8

资料来源：铁道部财务司运价收入处统计资料。

图2 客运量比较分析

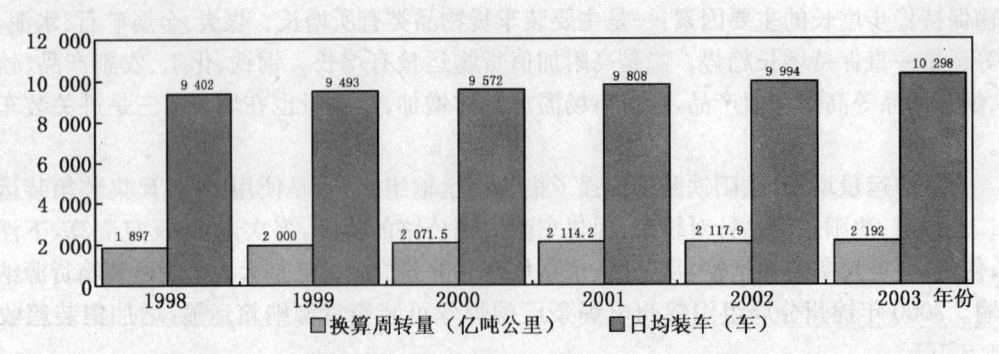

资料来源：铁道部财务司运价收入处统计资料。

图3 日均装车比较分析

2. 机车运转情况

作为铁路最主要运输工具，机车的运转情况和能源消耗状况可以综合反映一个铁路局的生产经营情况，具体情况见表2和表3。

表2　　　　　　　　　沈阳铁路局机车运用效率指标完成情况

年份	日车公里（公里） 年计划	日车公里（公里） 完成	日产量（万吨公里） 年计划	日产量（万吨公里） 完成	列车平均牵引总重（吨） 年计划	列车平均牵引总重（吨） 完成
2000	447	455	100	102.8	2 470	2 514
2001	431	439	98.0	100.6	2 500	2 566
2002	445	439	101.5	103.9	2 550	2 657
2003	436	445	102.0	109.5	2 600	2 738

表3　　　　　　　　　沈阳铁路局三种机车单耗及综合能耗情况

年份	蒸汽 煤耗（千克/万吨公里）	内燃 油耗（千克/万吨公里）	电力 电耗（千瓦时/万吨公里）	综合能耗（千克/万吨公里）
1999	160.2	25.1	0.0	52.0
2000	157.9	24.9	0.0	47.6
2001	150.8	25.1	65.3	36.4
2002	473.2	26.5	91.6	38.3
2003		25.9	98.9	38.3

资料来源：根据《中国铁道年鉴》（2000～2003年）机务部分，以及铁道部运输局装备部统计资料整理而成。

（二）铁路局多元化发展情况

作为特大型国有企业，沈阳铁路局的主营业务是铁路客货运输业务，同时兼营运输代理业、物流配送业、旅游业、广告业、房地产业、商贸流通业、外经外贸业、高新技术产业、制造业、建筑业等多种业务。例如，成立于1998年的吉铁化工运输有限责任公司，总资产3 800

万元,净资产800万元,主营石化产品经销和自备车租赁,为沈阳铁路局吉林分局直属的多元经营企业。各种多元经营企业在配合运输业务的同时,也为沈阳铁路局带来了可观的经济效益,如图4所示。

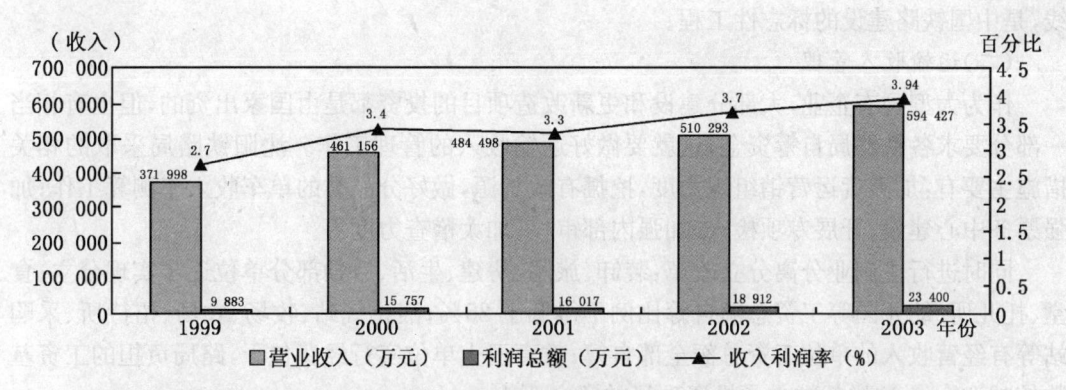

资料来源:根据《中国铁道年鉴》(2000～2003年)铁道部多元经营中心统计资料整理而得。

图4　多元经营指标

(三)海外市场

沈阳铁路局管内有北方著名的国际联运、贸易港口大连,也有较长的中朝边境线,有良好的国际联运条件。2001年,丹东口岸、集安口岸、图们赴朝旅游客车,中朝国际联运进出口运量113.4万吨,其中进口30.9万吨,较2000年增加15.2万吨;出口82.5万吨,增加30.4万吨。国际联运运费、境外货车使用费及修理费等国际联运收入13 021万元。

在集装箱班列运输方面,沈阳铁路局扩大国际级集装箱铁路运输的市场份额,组织开行集装箱运输班列,创名牌效益。在巩固原有站、港的基础上,开行新的集装箱班列,提高国际集装箱周转速度,吸引国际集装箱货源。半年内增加集装箱发送量24 712CTU(一个CTU相当于一个10吨箱)。

四、企业的资本运作

(一)融资、投资情况

在铁道部的支持下,沈阳铁路局积极进行基本建设和更新改造,仅在2000年到2003年四年中,由铁道部和路局投入的各项建设资金就达1 200 000万元以上,如图5所示。

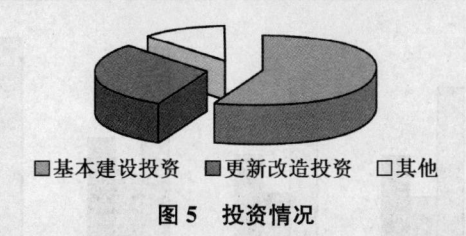

图5　投资情况

重点工程主要有哈大线(哈尔滨至大连)电气化改造。1994年,该工程正式动工;1999年5月,全线开始牵引工程施工;2001年11月30日,全线开通,至此,结束了东北地区无电气化铁路的历史。到2000年,工程累计投资888 324.5万元。该工程是中国铁路第一次全面系统地引进德国铁路的技术、设备和管理,对缓解东北地区铁路运力紧张局面,改善运输条件,减少环境污染,具有明显的经济意义和深远的政治意义。另外,2002年,秦沈客运专线工程基本建成并开始试运行。这是中国自行修建的第一条双线电气化高速铁路客运专线,是中国铁路建设的标志性工程。

(二)运输收入管理

作为大型国有企业,大部分建设和更新改造项目的投资都是由国家出资的,但也有相当一部分要求各铁路局自筹资金,这就要做好运输收入的管理工作。沈阳铁路局采取的相关措施主要有:加大货运营销组织力度,挖掘有效货源,做好分品类的单车收入率测算工作;加强票务中心建设;开展专项检查,加强内部审核;加大稽查力度等。

同时进行主副业分离分立改革:装卸、旅服、房建、生活、后勤部分单位逐步实现分立;食堂、托儿所、幼儿园等工资总额自筹比例不得低于25%;液化气站、牧场、农场、招待所、采购站等有经营收入的单位工资总额全部自筹;教育卫生单位实行经费包干,路局负担的工资基数核减20%。这样就减少了投资项目的资金压力。

五、企业财务状况

(一)资产结构

沈阳铁路局的资产结构如表4所示。

表4 固定资产

年份	固定资产原值(万元)		固定资产净值(万元)	
	年初	年末	年初	年末
2000	5 077 338	4 813 829	2 875 548	2 687 227
2001	4 810 263	5 162 771	2 685 800	2 912 103
2002	5 163 506	6 421 319	2 912 687	4 024 731
2003	6 402 187	8 297 082	4 013 474	5 755 686

资料来源:《中国铁道年鉴》(2000~2003年)附录。

(二)盈利状况

随着铁路建设、电气化改造、高新技术的运用,以及积极的运输营销策略和管理机制改革,沈阳铁路局的营利一直保持稳定增长趋势,如图6所示。

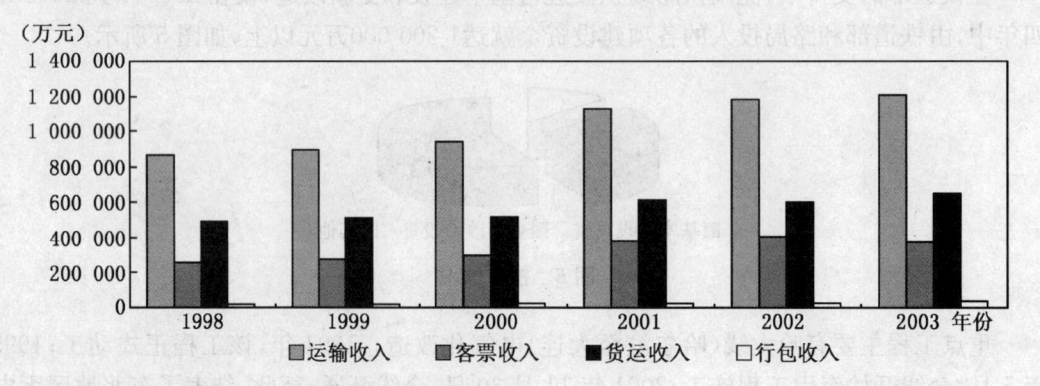

资料来源:铁道部财务司运价收入处统计资料。

图6 收入情况

(三)资产经营责任制考核结果

每年铁道部都会对下属各铁路局下达资产经营责任制考核指标,以考察各铁路局的生产经营及营利情况。图7为沈阳铁路局在2000年到2003年间该指标的完成情况。

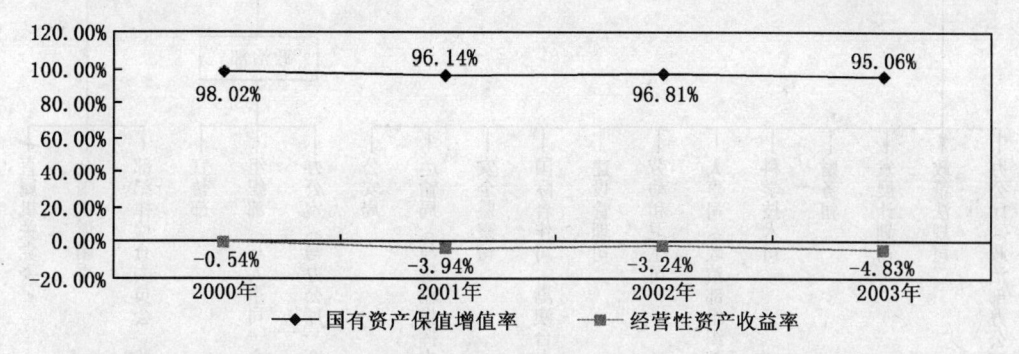

资料来源:《中国铁道年鉴》2000年,80页;2001年,97页;2002年,112页;2003年,91页。

图7 经营性资产收益率

六、企业的研发创新

沈阳铁路局是中国铁道部的下属分局之一,在多方面有其特殊性,多数创新研发工作是由铁道部科学技术司统一进行的,再将相关成果运用到铁路运输的各个方面。主要的科研机构有中国铁道科学院和多所相关高校(北京交通大学,西安交通大学,大连铁道学院等等)。铁道部机关机构设置如图8所示。

与此同时,沈阳铁路局也进行自主科技研发和科技成果推广,2003年,完成3项铁道部级科研项目和82项路局级科研项目,总经费545万元;推广应用道岔电热除雪装置、便携式补票机等科技成果119项,成交额13 196万元。

七、企业的营销策略

(一)运输定价策略

每年铁道部都会向下属各铁路局发出运价政策的相关规定,这些规定是经由国家计委、价格听证会、市场调查结果等作出的。例如,2002年,铁道部有关规定指出"春运软席票价最高可上浮30%、硬卧票价最高可上浮25%、硬座票价最高可上浮15%"。

(二)铁路营销方式

1. 货运营销

沈阳铁路局首先在"高附加值"和"远运程"上下功夫,贯彻效益最大化原则,实施车站在提报请求车时,同时报告单车运费收入额的制度,为路局、分局日间计划审批提供了依据,做到了优先计划审批,优先装车,提高货运产品"含金量"。其次,加强市场开放,挖掘潜力,增收节支。例如,针对锦州分局敞车、棚车等主型车不足问题,组织山海关周边地区的水泥货源,使用排空平车顺路装运,改进平车水泥装载方案,降低相关费用,争夺公路货源,既增加了运量和收入,又减少了营运支出,同时还解决了回空平车运输的安全问题。2000年全年

```
                                    ┌─────────┐
                                    │ 铁道部  │
                                    └────┬────┘
            ┌──────┬──────┬──────┬──────┬──────┬──────┬──────┬──────┬──────┬──────┼──────┬──────┐
            │      │      │      │      │      │      │      │      │      │      │      │      │
                                                                                ┌────┴────┐
                                                                                │ 政治部  │
                                                                                └────┬────┘
                                                                        ┌──────┬────┴────┬──────┬──────┐
```

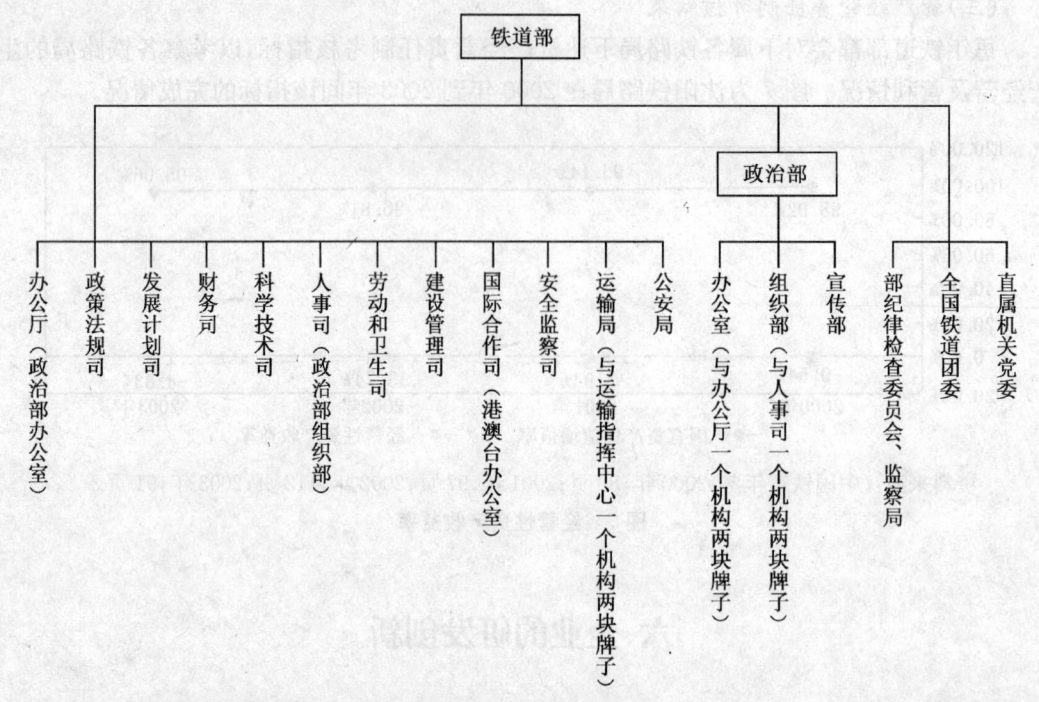

办公厅（政治部办公室） 政策法规司 发展计划司 财务司 科学技术司 人事司（政治部组织部） 劳动和卫生司 建设管理司 国际合作司（港澳台办公室） 安全监察司 运输局（与运输指挥中心一个机构两块牌子） 公安局 办公室（与办公厅一个机构两块牌子） 组织部（与人事司一个机构两块牌子） 宣传部 部纪律检查委员会、监察局 全国铁道团委 直属机关党委

注：铁道部机关编制外另设有离退休干部局、中华全国铁路总工会。

图 8 铁道部机关机构设置

使用平车装运水泥 33 万吨，增加收入 1 860 万元，节省支出 44 万元。再次，用足价格调节机制，吸引货源，增运增收。充分利用回空车方向顺路装车，实行对装往路局管内、哈局矿建和集装箱等货物运价下浮的优惠政策，组织新增和攻抢公路货源。2000 年全年组织货源 619.7 万吨，增加货运收入 18 595 万元。

2. 假日经济开发

抓住春运、"五一"、暑运和"十一"这四个黄金时段开发假日经济，准确预测，提前准备，人员和运力配置到位，收到可观的效果。四个黄金时段加挂客车、开行临时客车和旅游专列，增加主业收入数百万元。

3. 应对突发状况

2003 年由于受"非典"影响，沈阳铁路局运输欠账最高时达 6.4 亿元。面对困难，全局实施"以货补客"和"客货双赢"的营销策略。货运营销方面，加强市场调查分析，实行双向承诺运输，有效吸引货源；加强与重点厂矿企业合作，保持与公路竞争的绝对优势；运输组织上，狠抓卸车，确保粮食、煤炭等重点物资运输。客运营销方面，非典过后快速反应，及时恢复编组，适应旅客需求；抓住春运、暑运、"十一"等黄金机遇，实现客运增收；加强售票组织，整顿客车秩序等。

4. 营销渠道和品牌创建

在通过广播、报纸等各种传统新闻媒体宣传客票信息的同时，还充分利用网络资源，进行网上售票以实现增运、增收。

创建沈阳北、长春、大连、山海关等"品牌车站"，全面提升客运服务质量。

八、企业的人力资源与企业文化

面对激烈的市场竞争,减员增效是包括沈阳铁路局在内的各铁路局采取的主要改革手段之一。主要措施是多元经营分流、鼓励外出劳务、内部退养、轮岗培训、复退军人入技校、技校毕业生入中专、卡死职工总量进口、竞争上岗、内部下岗、支线轮岗、精简机构、调整生产布局、贯彻行业定员标准、优化劳动组织、改革乘务制度、改革维修体制和作业方式、清理整顿临时性用工等。

经过一系列的调整,在旅客发送量逐年减少的情况下,营销部门千方百计提高每张客票的含金量,不断提高企业内人均收入率。2001年全年人均客票收入率23.89元,比年计划21.97元增加1.92元,比2000年多收5.93元。提高部分超收3亿元。

沈阳铁路局认真贯彻"科学技术是第一生产力"的思想,坚持以人为本,尊重知识、尊重人才,并始终重视青年大学毕业生和青年科技人才的培养,把吸引和培养人才作为强局的一个重要战略。积极为他们创造学习深造机会,开展培养青年学科带头人和高级管理人才等培养工程;不断改善他们的工作和生活条件,逐步提高各项待遇;鼓励和支持开展专业研究,大力选拔优秀大学毕业生担任各级领导职务;注意加强青年干部的岗位锻炼,使一大批青年人才在铁路的改革发展中大显身手,创造了辉煌的业绩。

面对市场经济的深入发展,沈阳铁路局坚持"客户至上"的经营理念和务实创新的进取精神,大力改革管理体制和经营机制,调整产品结构,推出运输精品,保安全、正路风,"竭诚为每一个新老客户服务"是企业一直坚持的理念。

上海建工集团

上海建工集团是国务院和上海市政府重点扶持的大型企业集团,下辖全资、控股企业300余家,拥有总资产238亿元,国家所有者权益48亿元;具有建设部核发的国内最高等级的房屋建筑和市政公用工程总承包双特级资质,同时还具有外经贸部核准的进出口经营权和外交部授权的因公外事审批权;集团近年来形成了建筑主业、工业、房产、投资四大发展板块。

有着近50年发展历史的上海建工集团,是世界百强和中国最大的建筑企业集团之一。过去的数十年,上海建工始终把"创造一流"作为企业发展的不懈追求。从流光溢彩的东方明珠,到气势磅礴的浦江三桥;从高耸入云的金茂大厦,到贯通东西南北的地铁隧道;从蜿蜒回转的城市高架,到博物馆、大剧院、体育场等一系列超凡脱俗的历史文化殿堂式建筑,上海建工人在80%的上海重点工程和标志性建筑中留下了光辉的足迹,以超人的智慧和惊人的速度创造了一个又一个拓展时空的经典之作和城市建筑发展史上的神话。今天,上海建工在经济全球化的潮流中,正积极融入世界建筑市场,凭借日益壮大的综合实力、敢为人先的企业团队和不断创新的核心技术,努力塑造一流的企业,精心培育一流的队伍,不断开发一流的技术,争取为城市的发展、国家的建设和社会的进步创造更多一流的传世精品。

上海建工集团近几年在中国500强中的排名是:91名(2002年)、56名(2003年)、66名(2004年)、73名(2005年)、77名(2006年)。可以看出,该公司在中国500强中排名基本保持稳定。

一、企业发展历程概述

(一)企业发展概述

上海建工集团于1994年由原上海市建筑工程管理局改制组成,1997年被列入国务院重点扶持的全国120家大型企业集团试点单位,1998年作为全国14家企业和单位之一,受到国务院的表彰。上海建工集团是以国有资产授权管理经营为基础,资产联系为纽带的法人联合体。它是具有国内外工程总承包、房地产开发经营、建筑施工、设备安装、建筑机械制造、物资供销、工程监理、教育培训、医疗保健、商业贸易等综合功能的跨地区、跨国经营的大型建设企业集团。集团还在海外完成了越南国家体育场、赞比亚政府大楼和中国驻纽约总领馆等工程,在国外树立起了"上海建工"的品牌形象。在该集团的发展历程中,特别是在上

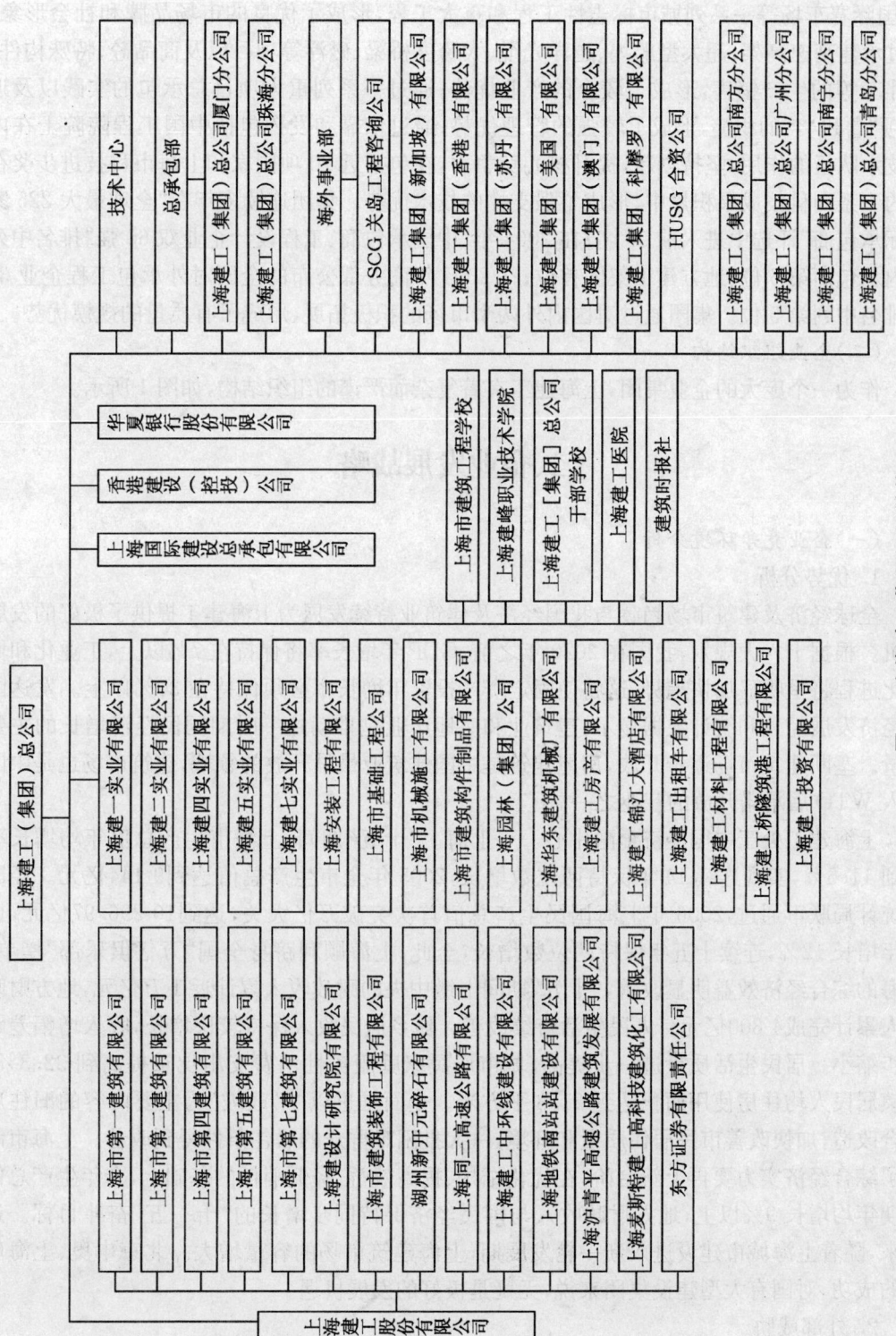

图 1　上海建工集团组织结构

上海建工（集团）总公司下属机构：

技术中心
总承包部
上海建工（集团）总公司厦门分公司
上海建工（集团）总公司珠海分公司
海外事业部
SCG关岛工程咨询公司
上海建工集团（新加坡）有限公司
上海建工集团（香港）有限公司
上海建工集团（苏丹）有限公司
上海建工集团（美国）有限公司
上海建工集团（澳门）有限公司
上海建工集团（科摩罗）有限公司
HUSG合资公司
上海建工（集团）总公司南分公司
上海建工（集团）总公司广州分公司
上海建工（集团）总公司南宁分公司
上海建工（集团）总公司青岛分公司

华夏银行股份有限公司
香港建设（控投）公司
上海国际建设总承包有限公司

上海市建筑工程学校
上海建峰职业技术学院
上海建工[集团]总公司干部学校
上海建工医院
建筑时报社

上海建工股份有限公司下属：
上海市第一建筑有限公司
上海市第二建筑有限公司
上海市第四建筑有限公司
上海市第五建筑有限公司
上海市第七建筑有限公司
上海建设计研究院有限公司
上海市建筑装饰工程有限公司
湖州新开元碎石有限公司
上海同三高速公路有限公司
上海建工中环线建设有限公司
上海地铁南站站建设有限公司
上海沪青平高速公路建筑发展有限公司
上海麦斯特建工高科技建筑化工有限公司
东方证券有限责任公司

上海建一实业有限公司
上海建二实业有限公司
上海建四实业有限公司
上海建五实业有限公司
上海建七实业有限公司
上海建安装工程有限公司
上海市基础工程有限公司
上海市机械施工有限公司
上海市建筑构件制品有限公司
上海园林（集团）公司
上海华东建筑机械厂有限公司
上海建工房产有限公司
上海建工锦江大酒店有限公司
上海建工出租车有限公司
上海建工材料工程有限公司
上海建工桥隧筑港工程有限公司
上海建工投资有限公司

海建设四个中心的进程中,上海建工集团通过承建金茂大厦、上海科技馆、卢浦大桥、磁浮、F1国际赛车场等一系列城市标志性工程和重大工程,形成了优良的市场品牌和社会形象;通过承建高速高架、超大型船坞、越洋光缆、大跨度桥梁、磁浮等项目以及商品砼、特殊构件、泵拌车等的生产销售,形成了较全的产业优势;通过一系列重大项目总承包的实践以及近60项"鲁班奖"的积淀,形成了较强的管理优势;通过依靠和发挥包括中国工程院院士在内的技术队伍的作用,坚持创新,提升核心竞争力,在包括近70项国家和上海市科技进步奖在内的一系列科技成果积累中,形成了强支撑的技术优势。集团连续多年在"全球最大225家国际承包商"评选中进入前50名;在2004年"中国承包商、工程设计企业双60强"排名中列国内承包商第6位、地方建工集团首位;在2004年商务部公布的全国对外承包工程企业30强排名中列第5位。集团通过对国内外两个市场的积极拓展,形成了有质量的规模优势。

(二)企业组织结构

作为一个庞大的企业集团,上海建工有着复杂而严谨的组织结构,如图1所示。

二、企业发展战略

(一)企业竞争环境分析

1. 优势分析

全球经济及建筑市场趋暖与我国经济及建筑业持续发展为上海建工提供了极好的发展契机。根据十六大规划,我国在2020年之前,GDP年增长率将保持在7%以上,工业化和城市化进程将呈明显加快趋势,这将使固定资产投资年增长率必须保持在30%以上。发达国家经济发展经验和统计数据显示,建筑业和房地产业是推动这一时期国民经济增长的主要力量。垄断建筑市场逐步开放,房屋建筑是中国建筑业最早开放的领域,建筑市场也是中国加入WTO后承诺开放的产业之一。

上海建工处于中国经济金融中心——上海。"十五"期间,上海市生产总值年均增长率达到11.5%,实现连续14年保持两位数增长,2005年全市生产总值达到9 144亿元。经国家统计局联审通过,2006年上海国民生产总值首次突破万亿大关,达到10 296.97亿元,比上年增长12%,连续十五年保持两位数增长,至此,上海顺利跻身全国"万亿俱乐部"榜单。上海的综合经济效益明显改善,"十五"期间上缴中央的财政收入累计近1万亿元,地方财政收入累计完成4 800亿元。人民生活持续改善。城乡居民收入保持较快增长,收入增幅差距逐步缩小。居民生活质量进一步提高,城市居民家庭服务性消费支出比重提高到32.3%,城镇居民人均住房使用面积达到21.3平方米。全面推进以"平改坡"为主要内容的旧住房综合改造,加快改善市民居住质量和环境,一大批困难群众的居住条件得到改善。上海市制定了综合经济实力要再上新台阶,在优化结构、提高效益、降低消耗的基础上,全年生产总值预期年均增长9%以上,地方财政收入与国民经济保持同步增长的"十一五"奋斗目标。近年来,随着上海城市建设进入新一轮发展期,上海建筑市场的容量增大。北京申奥、上海申博的成功,对国有大型建设集团来说,无疑是极好的发展机遇。

2. 外部威胁

上海建工集团的外部威胁主要表现在中国建筑业和房地产业市场高度竞争与企业无法按照市场规律运作的矛盾上。中国建筑业的进入门槛较低,主要是资质限制,这造成了建筑业市场成为中国竞争最充分的领域之一。上海建工集团面临"前有虎(即将进入的外资建筑业巨头)、后有狼(快速成长的地方国有和民营建筑企业,参见表1)"的空前激烈竞争局面。但与此同时,建筑业市场环境又极不完备,突出表现就是建筑工程款的拖欠、投资主体的错位和科学招投标体制的缺失。如,目前施工企业拖欠的工程款累计已经相当于建筑业年施工总值的38.5%,建筑业的市场集中度过低。建筑业市场招投标的不规范和投资主体的错位,造成当今国际通行的总承包、BOT等竞争模式在中国内地迟迟无法建立、实施。

表1　　　　　　2003年度入选225家国际承包商中国内地前五强公司比较

名次		公司名称	2003年营业额(百万美元)		2004年新签合约额(百万美元)
国内排名	国际排名		国际市场	国际国内	
1	17	中建总公司	1 954.6	8 113.1	11 503.5
2	36	中国港湾公司	846.7	3 328.4	3 821.9
3	37	中机装备公司	736.0	1 002.0	2 200.0
4	48	中铁工	556.0	5 828.0	12 743.5
5	50	上海建工	518.9	3 319.0	3 407.4

(二)企业总体发展战略规划

为了抓住战略机遇期,进一步求得发展,上海建工集团作了充分的准备。同时,该集团也清醒地看到,每个地区的建设是有周期性的,总有个起伏的过程。面对市场的机遇,一方面要抓住机遇,加快发展;另一方面要居安思危,未雨绸缪,眼光不能仅盯在一个地区的市场上,更重要的是要把市场的触角延伸到包括国内、国外多个市场上,培育新的市场增长点。而我国加入WTO后,国内建筑市场的竞争已日趋激烈。上海建工集团完全可以充分发挥自身的优势,特别是发挥管理成本较低以及技术工人的技术熟练程度相对较好的优势,在国际建筑工程项目的竞争中处于有利地位。要积极参与国际竞争,必须对国际建筑市场有深入了解。只有逐步熟悉国际惯例,才能在竞争中提高国际竞争能力。近5年来,上海建工集团主动参与竞争,尤其是在国际工程总承包方面的竞争中,获得了一批项目。由于精心施工,质量优良,受到当地政府和业主的好评,也逐步扩大了"上海建工"品牌在国际建筑市场上的影响,从而也加快培养了一支熟悉国际建筑市场惯例的队伍。

上海建工集团根据自身实际情况,制定了"十一五"战略规划。其总体思路为:一手抓市场,通过重大项目的实施进一步打造"上海建工"品牌,增强综合实力;一手抓内部,针对发展中的问题,积极探索解决问题的途径和办法。具体说来,上海建工集团将重点抓以下五个方面:

(1)增强核心竞争力,占领市场制高点。首先要形成强有力的技术优势,通过技术创新实现前沿技术、核心技术和应用技术领域的突破;二是在市场营销上,要拥有覆盖面广的客户网络,确立全力以赴的服务理念,并逐步走向国际化;三是要不断提升总承包能力,并按照现代企业要求再造业务流程;四是要建设先进的企业文化,使之成为企业发展的内在动力。

(2)延伸产业链,转变经济增长方式。从"大建设、大市场"的理念出发,延伸产业链,重点发展预拌混凝土,开发石矿,生产高品质预制构件和砼掺加剂;同时积极融资,投资开发房地产和以BOT、BT形式投资公路建设,以资产经营带动生产经营。

(3)积极走出去,跻身国内、国际市场。要以大集团"走出去"的战略眼光和思路去拓展国内外市场,要从承包工程项目发展到区域性市场布局,引入新机制,用政策和机制鼓励"走出去"。

(4)实施产权制度改革。坚持把产权制度改革同做强做大、培育具有国际竞争力的大集团的目标结合起来,在两级公司产权制度改革中确立三个基本点:产权制度改革必须保持和增强"上海建工"的综合实力;产权制度改革必须比较彻底地解决企业的历史遗留问题;产权制度改革必须对企业经营者和骨干形成强有力的激励作用。

(5)培育企业文化,营造和谐、创新的良好氛围。坚持科学发展观,在内坚持以人为本,营造互相尊重、能说真话、勇于拼搏、团队合作的工作氛围;对外讲究诚信双赢,树立不断创新、追求卓越的企业形象。

三、企业经营情况

上海建工集团把做强主业作为集团发展的重要方面,为了做强主业,上海建工集团努力拓展发展空间,由过去承建房屋建筑安装工程为主,向承建土木工程、市政工程和水工工程等领域全方位拓展(参见表2)。承包方式从施工承包、专业承包向工程总承包、项目管理总承包转变。

进入20世纪90年代以来,集团在站稳上海市场的同时,确立了进军国内市场、跻身海外市场的发展战略。近5年来,上海建工集团注重发挥整体优势,树立"上海建工"品牌。一方面积极参与上海新一轮的城市建设,完成了一大批重大工程和城市标志性建筑的建设,经营规模不断扩大,综合实力不断增强,2004年综合营业额达到315亿元;另一方面,认真贯彻落实党中央、国务院提出的"走出去"战略,主动参与国际建筑市场的竞争,在开拓海外建筑市场方面也取得了一定的成效。近5年完成海外工程合同额15.8亿美元,完成海外工程产值11.5亿美元。已先后在新加坡、美国、苏丹、朝鲜、孟加拉、贝宁、越南等10多个国家及香港、澳门地区承接了包括市政道路、宾馆、办公楼、住宅、文体设施、使领馆等在内的30多项工程。目前有1 000多名员工在海外工作。上海建工集团已连续多年进入美国《工程新闻记录》杂志评选的"全球最大225家国际承包商"排行榜前50位,在中国对外承包公司群体中位列第4名,2005年被中国对外承包商会评为"2003～2004年对外承包工程优秀奖",还多次被评为上海市外经系统"走出去"先进企业。以实施我国经援项目和驻外使领馆项目为契机,熟悉当地建筑市场,延伸经营触角,不断拓展国际承包工程市场,这是上海建工集团实施"走出去"战略的一个重要方面。积极与国内外知名企业加强合作,优势互补,联合竞标,风险共担,增强拓展国际承包工程市场的能力,这是上海建工集团实施"走出去"战略的另一个重要方面。"银企携手",取得国内银行的金融支持,提升竞争能力和履约能力,这是上海建工集团实施"走出去"战略的再一个重要方面。

表2　　　　　　　　　　　　　　　上海建工集团主要工程业绩

工程名称	工程位置	建成日期
上海F1国际赛车场	嘉定区马陆镇漳浦村	2004年5月
上海市公共卫生中心	金山区山阳镇	2004年8月
上海东方艺术中心	浦东新区丁香路425号	2004年12月30日
中国残疾人体育艺术培训基地	漕宝路1688号	2003年2月22日
卢湾体育场整体改造及青少年活动中心	卢湾区建国西路135号	2004年10月28日
明天广场	黄浦区黄陂北路287号	2003年10月
上海外滩金融中心	延安东路222号	2002年9月15日
交银金融大厦	浦东新区东园路158号	2002年8月30日
来福士广场	西藏中路268号	2003年10月
震旦国际大楼	浦东新区陆家嘴富都路99号	2003年9月25日
上海瑞吉红塔大酒店	浦东新区东方路889号	2001年7月28日
上海四季酒店(原上海南洋大酒店)	威海路500号	2002年10月
复旦大学附属中山医院门急诊医疗综合楼	徐汇区枫林路100号	2004年8月25日
轨道交通一号线南站站改建	上行线于2004年10月30日	
上海国际汽车街道赛项目	浦东新区陆家嘴地区	2004年7月16日
江桥生活垃圾焚烧厂工房(101及101-1厂房)	绥德路800号	2002年9月30日竣工
上海市第一竹园污水处理厂工程	浦东新区外高桥地区	2004年2月26日
金茂大厦	浦东陆家嘴金融贸易区	1998年8月28日
东方明珠电视塔(上海广播电视塔)	浦东陆家嘴金融贸易区	1995年8月25日
上海浦东国际机场航站楼(一期)	浦东新区	1999年8月
上海科技馆	浦东新区花木行政文化中心	2001年6月20日
上海博物馆	人民大道201号	1996年10月30日
上海大剧院	人民大道300号	1998年10月25日
上海城市规划展示馆	人民大道100号	1999年9月
上海图书馆新馆	淮海中路1555号	1996年12月20日
上海体育场(八万人体育场)	徐家汇天钥桥路666号	1997年9月
恒隆广场(一期)工程	南京西路1266号	2001年7月25日
中远两湾城(二期东、西块)	中山北路、中潭路口	2002年6月15日
上海通用汽车有限公司(SGM)冲压、车身车间及扩建工程	浦东新区金桥申江路1500号	2000年9月15日

续表

工程名称	工程位置	建成日期
上海华虹微电子有限公司(909工程)	浦东新区金桥路179号	1999年1月10日
磁悬浮营运示范线	地铁二号线龙阳路站至浦东国际机场	2002年10月25日竣工
延安中路高架道路	延安东路外滩至虹桥国际机场	1999年8月31日
共和新路高架道路	内环线共和新路立交至蕴藻北桥	2003年10月21日
地铁一号线	莘庄至上海站	1995年4月10日
地铁二号线	中山公园至张江高科技园区	2000年
轨道交通三号线(明珠线一期)	上海南站至江湾镇	2000年12月26日试运行
地铁一号线北延伸段	上海火车站至外环线泰和路站	2004年12月28日建成通车
轨道交通五号线(莘闵轻轨)	地铁一号线莘庄站至闵行	2003年11月25日试运行
卢浦大桥	黄浦江上	2003年6月28日建成通车
徐浦大桥	黄浦江上	1997年6月24日
南浦大桥(主桥)	黄浦江上	1991年11月19日
杨浦大桥(主桥)	黄浦江上	1993年10月23日
江阴长江大桥	江苏省江阴市与靖江市间	1999年5月
同三国道(上海段)	安亭至金山区新农镇	2002年12月27日
上海中医药大学附属曙光医院迁建工程	浦东新区张衡路528号	2004年12月
崇明县中心医院改造工程(病房楼、门厅连廊)	崇明县城桥镇南门路25号	2004年10月
杨浦区中心医院门急诊、病房综合楼	杨浦区腾越路450号	2003年4月25日
仁济医院二期外科病房大楼	浦东新区东方路1630号	2004年12月25日
上海市肺科医院结核病房楼	杨浦区政民路507号	2004年10月15日
上海市公安局办公指挥大楼	静安区武宁路128号	2004年9月22日
上海市普陀区公安局、检察院办公楼	普陀区北石路609号	2005年4月14日
九百城市广场	南京西路1618号	2005年4月28日竣工
上海海洋水族馆	银城北路158号	2002年1月31日
上海交通大学电子信息楼群	闵行东川路800号	2005年4月30日
上海市高级人民法院审判法庭办公楼	肇家浜路308号	2004年3月31日
花旗集团大厦	浦东陆家嘴花园石桥路33号	2005年2月3日
上海嘉华中心	淮海中路1068号	2004年12月15日
上海市卢湾区110地块商办综合楼发展项目	顺昌路38号	2005年4月29日

续表

工程名称	工程位置	建成日期
黄浦区 104 地块总部大楼	西藏中路 168 号	2005 年 6 月 30 日
上海精神卫生中心总部改扩建工程	宛平南路 600 号	2005 年 4 月 30 日
闵行体育场馆主体育馆	闵行区新镇路 288 号	2005 年 4 月
长宁区机关办公楼及证件楼	长宁区 593 号	2005 年 11 月 1 日
上海深水港商务广场配套业务楼一期工程	南汇临港新城顺通路 5 号	2005 年 11 月 24 日
上海交通大学生物药学楼群	闵行东川路 800 号	2005 年 8 月 12 日

四、企业资本运作

上海建工集团积极探索适合建筑企业生产力发展的所有制结构。它先是在 6 家改制企业中进行了经营者群体持股的试点，6 家企业经营者群体的股份占这些企业总股本的比例平均达到 25％以上；接着，又在已改制的企业中出让部分国有股份给经营者，并尝试了运用期股的方式；而对于小型企业则更多地采用股份合作制形式。目前，全集团 75 家有限责任公司中，既有国家出资的公司，又有职工持股会出资的公司，也有经营者或经营者群体出资的公司；在资产的组合上，既有"国有股＋职工持股会或经营者群体"模式，也有"国有股＋职工持股＋经营者群体持股"的模式；在建立的 40 家股份合作制企业中，已有 11 家企业的资产被职工买断经营，初步形成了风险共担、利益共享机制。上海建工集团通过对中小企业所有制结构的调整，使国有资产配置在流动中得到了优化，在全集团改制企业 4.2 亿元的总资本中，已吸收社会法人资金、自然人资金和职工入股资金达 1.9 亿元，也就是说，2.3 亿元国有资本控制着 4.2 亿元总资本，有效地提高了国有资产的控制力和支配力。

上海建工集团已开始从单一的生产经营向生产经营与投资基础设施转变，形成新的利润来源，提高集团抗风险能力。集团积极稳妥地投资城市基础设施，跳出单纯依靠承包经营求得发展的模式，学会"用钱生钱"。近几年，上海建工集团从"大建设、大市场"的理念出发，主要是延伸产业链，转变经济增长方式，在产业链的上游，重点抓两条：一是发展建材供应，重点发展预拌混凝土，2004 年生产了 1 202 万立方米，同时开发了两座石矿，并生产品质的预制构件和混凝土掺加剂；二是积极参与房产开发和投资城市基础设施建设。投资开发商品房，以 BOT、BT 形式参与城市基础设施建设，上海建工集团有过一些较成功的实践。近几年，投资了延中高架、沪青平高速公路、同三高速公路、地铁车站、中环线等城市基础设施建设，资产经营与生产经营互为促进，取得了一定的成效。上海建工集团力图通过若干年的努力，使集团形成三块利润来源，即主业建筑施工，利润较薄，但市场覆盖面大，品牌信誉高；房地产开发，利润较高，风险也高；城市基础设施投资为主要形式的资产经营，利润稳定，风险也少。经过这样的利润结构调整，能大大增强集团的抗风险能力。

五、企业财务状况

上海建工集团的近几年财务状况可以由表3、表4中的数据清晰地显示。

表3　　　　　　　　　　　　　上海建工集团股份占有情况

	数量	比例(%)
国家持股	405 738 000	56.41
人民币普通股	313 560 000	43.59
股份总数	719 298 000	100

资料来源：2006年年度报告。

表4　　　　　　　　上海建工集团2004～2006年度主要会计数据和财务指标

主要会计数据	2006年度	2005年度	2004年度
主营业务收入	21 002 447 173	18 285 552 415	14 165 463 959
利润总额	318 145 144	286 320 707	249 734 790
净利润	253 500 327	231 102 185	208 424 080
扣除非经常性损益的净利润	253 837 877	230 962 371	210 647 576
经营活动产生的现金流量净额	1 942 557 007	1 621 216 834	582 516 103
	2006年末	2005年末	2004年末
总资产	13 686 984 169	11 403 412 556	9 662 420 443
股东权益(不含少数股东权益)	3 357 767 258	3 225 901 060	3 120 676 025
主要财务指标	2006年	2005年	2004年
每股收益	0.35	0.32	0.29
净资产收益率(%)	7.55	7.17	6.68
扣除非经常性损益的净利润为基础计算的净资产收益率(%)	7.56	7.09	6.75
每股经营活动产生的现金流量净额	2.70	2.25	0.81
	2006年末	2005年末	2004年末
每股净资产	4.67	4.48	4.34
调整后的每股净资产	4.67	4.48	4.33

六、企业研发创新能力

上海建工集团在技术领先的发展战略上，坚持"有所为有所不为"的原则，明确发展方向，择定重点目标。

首先是开发能顺应建筑施工的高科技发展趋势的新技术。比如顺应发展趋势，集团及时将计算机技术革新建筑施工工艺上的广泛应用作为攻关的重点课题,形成了一整套计算机同步控制技术和工艺。从"东方明珠"电视塔400吨的钢天线成功整体提升到468米的高度,到虹桥机场机库2.5万平方米的大型钢屋架的整体吊装到位,一直发展到在浦东国际机场航站主楼"海鸥"状3万吨大型钢屋盖吊装,集团已能采用自己开发研制的新一代计算机控制液压智能化牵引系统,施工技术人员只要坐在控制室的电脑屏幕前,按击键盘,就可实现几千吨、上万吨的大型钢结构整体安装,使超大型钢屋盖在高重心、不平衡状态下区段整体滑移。

其次是开发能发挥科技进步水平的领先优势的技术。比如集团在发展预拌混凝土方面起步早,形成了集中浇拌的专业化领先优势。为保持这一优势,集团把发展高性能混凝土作为重点,结合重大工程需要,组织科研攻关,并集中力量开发高性能混凝土,包括投资建优质石矿,开发配套的高性能外加剂等,使混凝土初凝的时间延长至十多个小时,确保了重大型构件、大型深基础混凝土浇捣的质量。目前,一级泵送混凝土最高能达到380米;一次浇捣大体积混凝土最大达到2.5万立方米;最快的浇捣强度达到每小时400立方米;结构混凝土应用强度达到C80。

再次是开发能带动集团拓展新的发展领域的项目。比如在上海大规模展开市政基础设施建设初期,面对挑战性工程,以承建一般工业与民用建筑为主的集团,实施以科技为先导的产业结构调整战略,先后组织100多名工程技术人员对大型斜拉索桥梁、地铁、高架等施工技术、工艺进行联合攻关。结果,在全国性的招标中,先后中标承建完成了黄浦江上四座大桥和地铁一号线、二号线约一半的车站、隧道及部分高架道路等工程,以后又承建了江阴大桥悬索主桥等工程,从而确立了集团在建造大型斜拉桥、悬索桥、钢拱桥、地铁等施工领域的技术领先地位。

(一)在技术领先的发展模式上,坚持自主创新与引进技术相结合的原则,注重体现创新的整合优势

集团既重视技术引进和吸收,更强调自主创新,在引进技术本土化和二次创新的基础上,力争搞出自己的首次创新,获取有自主知识产权的技术与产品,从而实现首次创新、二次创新与综合创新的有机结合,充分发挥创新的整合优势。如在新型模板与脚手架研究方面,集团坚持自主创新,注重体现不断创新的整体优势。在东方明珠电视塔直筒体施工中,集团采用自行研究的以升板机为动力的内筒外架整体提升模板脚手技术,使直筒体超高空施工速度达到每天1米,清水混凝土平整光洁,垂直精度达到了万分之一以上。而在八万人体育场96根巨型斜柱施工中,集团又采用自行研制的新型模板和脚手,既满足了进度,又保证了质量,降低了造价。当遇到金茂大厦主楼核心筒高达333.7米的钢筋混凝土筒体施工难题时,集团的模板技术已发展到形成了可转换的整体式自升模板体系,通过配备计算机自动调平钢平台,提升时处于同步平整状态,确保了钢平台和模板的安全。在核心筒施工中,自动调平钢平台模板系统充分显示了其速度优势性,曾创一个月施工13层的纪录,创造了超高层建筑施工的新速度,并在塔楼核心筒施工中,实现了平台模板空中解体和组装,跨越了三道外伸钢析架,为国内首创。

(二)在技术领先的组织实施上,坚持集中力量办大事与走市场化路子相结合的原则,切实加快技术创新步伐,提高技术创新的效率

比如在承建"东方明珠"电视塔时,面对其优美造型和复杂结构对建筑施工提出的十大

难题,集团在内部组织参建企业相关专业的近百名工程技术人员,组成10个攻关课题组,开展技术攻关。同时,对其中的整体提升钢天线的技术工艺研究,则引进和吸取当时的成熟经验,形成了一套"集群钢绞索承重、液压提升器提升、计算机同步控制"的整体提升钢天线方案,技术创新的整合优势,终于攻克了十大施工难题,并实现了采用电脑控制、液压电气机械统一协调进行施工的重大突破。结果"东方明珠电视塔施工工艺和设备成套技术"研究成果荣获国家科技进步二等奖。而在建造"中华第一高楼"金茂大厦时,集团组织参建企业进行联合攻关,先后解决了深基础、上部结构和总承包管理等方面遇到的一系列难题,并使集团的金茂大厦工程研究成果"超高层建筑施工技术研究"荣获国家科技进步一等奖。

七、企业人力资源与文化

作为一个庞大的企业集团,截至2005年末,上海建工的公司在职员工为8 815人,需承担费用的离退休职工为2 862人,员工的结构如表5、表6所示。

表5 专业构成情况

专业构成的类别	专业构成的人数
工程技术	4 564
经济人员	1 446
会计人员	524
其他	472

表6 教育程度情况

教育程度的类别	教育程度的人数
研究生	73
本科	1 491
大专	2 004
中专	1 638
其他	3 609

上海建工集团在劳动、人事及工资管理等方面独立,公司总经理、副总经理、董事会秘书和财务负责人等高级管理人员没有在控股股东单位任职的情况,并且均在本公司领取报酬。公司高级管理人员向董事会负责,由董事会实施考核评价。董事会制定的各项年度生产经营指标经股东大会批准后作为考核目标,董事会对公司高级管理人员进行年度考评和激励。

近几年来,上海建工在推进集团企业文化建设过程中,坚持求真务实,从企业的实际需要出发,在实践中注意不断认识和处理好企业文化建设与企业战略发展的关系、企业核心理念的"虚"与"实"的关系、弘扬企业精神和培育企业品牌的关系、集团统一文化建设与成员单位工作特色的关系等问题,使集团企业文化同企业发展齐头并进,取得了较好的效果。

(一)明确企业文化在企业整个战略发展中的目标定位

如何认识和明确企业文化在企业整个战略发展中的定位和目标,是搞好企业文化的重要前提。在每年召开的企业文化建设专题会议上,由集团领导对企业文化建设的阶段目标作专题报告,使企业文化建设得到了普遍重视。

(1)大力加强企业文化建设,是集团应对入世挑战,抓住发展机遇,增强核心竞争力的重要发展战略。重视企业文化的作用,已成为当今的世界潮流。企业文化已成为企业核心竞争力不可或缺的重要因素。没有企业文化的支持,企业可能获得一时的成长,但绝不可能取得长久的繁荣。

(2)坚持先进文化的前进方向。建设具有自身特点的优秀企业文化是贯彻落实"三个代表"重要思想的具体体现。

(3)培育统一的企业理念和价值观,是建成国际知名大型建设集团的内在要求。要建设国际知名大型建设集团,作为一个大型企业集团要维持庞大的企业的统一,要形成数万员工的整体感,重要的是靠共同的价值理念、共同的企业目标、共同的企业传统,也就是要培育积极向上的企业文化。

(4)大力加强企业文化建设,也是加强企业思想政治工作、推动集团精神文明建设上新台阶的需要。企业文化建设在增强思想政治工作的针对性、实效性、主动性和时代感方面,在拓宽与职工沟通的渠道方面,在促进思想政治工作同企业管理的结合方面都有其独特的作用。

基于上述认识,上海建工确定了集团企业文化建设的目标,即通过若干年的努力,逐步把集团的理念识别系统、行为识别系统、视觉识别系统整合为一个立意更高、内涵更深刻、形象更完善的系统。在观念层次上,通过研究国内外优秀企业成功的管理经验及其发展趋势,研究市场发展的规律,逐步形成有时代特征、有建工特色的企业理念、企业精神,完成企业文化从现代理念、思维行事方式的提升。在制度和行为层次上,通过经营者的率先垂范将企业理念渗透到企业的制度和经营活动之中。围绕建立和完善现代企业管理制度目标,通过改革和重塑组织体制框架,推进集团体制、机制创新。完善员工的行为规范,倡导各类学习型组织的建立,形成更为科学的管理模式和管理制度。在物质层次上,以工程形象、产品形象、窗口形象、服务形象为主要展示实体,进一步完善企业的形象标识,发挥品牌工程和产品的宣传包装效应。丰富和拓展企业文化产品,使它们成为企业理念的物质载体,全方位展示企业形象。在具体实施中,采取了"分步推进,先易后难和项目化操作"方法,做到既要有总体目标,又从实际出发,有重点地推进。

(二)注重企业理念对实际工作的具体指导作用

在构建集团企业文化理念系统的主体架构中,集团注重企业理念对实际工作的具体指导作用。为了使企业理念更具有指导意义,集团注意以企业战略需要与实际存在的不适应性为切入点,使提炼归纳出来的企业理念更贴近企业实际,更具有现实性和超前性,努力达到企业理念与管理规范的统一,企业理念与员工思想行为的统一,企业理念与员工形象的统一,企业理念与经营效益的统一。

上海建工的企业理念是"和谐为本,追求卓越"。现已成为企业运行中总的指导思想,用于指导企业的行为,在集团和业界也具有较高的认同感。其中一个重要的原因,就是注意较好地处理了理念的"虚"和"实"的关系。

(1)"和谐为本,追求卓越"理念具有统揽全局的深刻内涵。"和谐"不仅仅是局限于人际关系,它是从处理各种制约企业生存和发展的基本关系入手,强调摆正和理顺企业内外占主导地位的各种关系,统一协调各种利益和价值,强调充分调动一切积极因素。因而,它能够从更深层次上来解决企业的经营和发展等一系列问题,从而最大限度地提升企业的综合竞争力。

(2)"和谐为本,追求卓越"理念是对中国传统文化精髓的继承发扬,同时又体现了与时俱进的先进文化的要求。对内,倡导和谐融洽的人际关系;对外,强调了对业主讲究诚信融洽,对社会,讲究人与环境的和谐相融,体现了企业的义利统一的价值观、道德观,体现了社会主义道德要求,是"以德治国"方略在企业文化核心层面的具体体现,对推进集团的两个文明建设具有指导意义。

(3)"和谐为本,追求卓越"理念是对上海建工传统文化特色的总结归纳,反映了上海建工50年发展中,企业独特的人文环境和优良传统。长期以来,上海建工作为国有大型建筑企业,"敢于打造中国之最",承担了一系列国内外知名的标志性建筑的建造任务。在生产经营过程中形成了顾大局、讲协作,坚持国家至上、集体为先的优良传统,同时,不断转变观念,适应市场,做到稳健发展,避免大的波动。可以说,"和谐为本,追求卓越"理念集中概括了贯穿企业近五十年来优秀文化传统的最鲜明的特点。同时,它也融入了市场经济条件下企业理念的创新成果。

(4)"和谐为本,追求卓越"理念反映了大集团发展的必备条件。首先,"追求卓越",强调了发挥主观能动性,与时俱进,敢于创新,敢于做前人没有做过的事,表达了集团对建筑业中龙头地位和世界知名建设集团的目标追求;其次,提出了发挥大型建设集团整体优势的重要途径,就是有序竞争,共赢共存,也就是"和",而不是你死我活,或者两败俱伤。这体现了集团内企业间共存共荣、互惠互利的发展观和竞争观。

为了使企业理念更好地渗透到企业制度层面,我们把"和谐为本,追求卓越"理念的内涵细化为20个字,即互信互补、互惠互利、互助互爱、义利统一、共存共荣。它包含了正确处理人与物、个人与整体、企业与社会、生产与赢利等各种关系的基本处事原则,即企业发展以协调互补求和谐;对不同文化以兼容求和谐;对社会以服务求和谐;对业主以诚信求和谐;集团内部以互信互利求和谐;企业对员工以关爱求和谐;员工对企业以尽责求和谐;员工与员工之间以互助求和谐。

上海建工把"追求卓越"作为价值导向,作为动态的目标追求,具体概括为四个方面,即企业改革发展不断设置新的目标;企业综合实力不断创出新的水平;企业文化建设不断注入新的活力;企业品牌塑造不断达到新的境界。"追求卓越"最根本的就是"创新"、"一流"四个字,就是要敢试、敢闯、敢于创新。"追求卓越"应该体现在集团的具体规划之中,体现在各个具体岗位上。无论是做事、做人、做产品都要追求卓越,做到创新永无止境。

(三)重视企业品牌建设和企业精神培育的有机结合

上海建工品牌凝聚了建工几代人的心血,也是几十年来上海建工追求卓越,精心打造传世建筑精品的成果标志。2000年上海建工企业标志正式注册为商标。以后,上海建工商标又获得上海市著名商标,成为获得该称号的首家建筑企业。建筑企业的商标不同于一般的产品商标,它与标志性工程、名牌工程的联系十分密切。"SCG"商标已经成为"上海建工"理念、品质、服务的外在表现形式。为此,上海建工一方面将"SCG"商标作为集团重要的知识产权,制订了"SCG"商标的使用管理办法,对商标的注册、许可、使用、投资、转让、监督等作了规定。另一方面,在归纳和宣传企业精神中,将上海建工企业精神与企业注册商标统一起来,将上海建工企业精神归纳为"科学(Science)、合作(Cooperation)、进取(Gumption)",简称"SCG精神"。"科学(Science)"代表崇尚科学、敢于创新的精神,博采众长、勤于学习的精神,精益求精、追求一流的精神。"合作(Cooperation)"代表顾全大局、乐于奉献的精神,诚信融和、团结协作的精神。"进取(Gumption)"代表艰苦奋斗、敢为人先的精神,永不满足、与时俱进的精神。"SCG精神"既反映了南浦大桥、金茂大厦等重点工程建设者的精神以及企业的优良传统和员工的精神风貌,又反映了集团今后发展需要倡导的精神,对集团员工以及企业各个层面的工作具有示范激励作用。

企业精神同企业注册商标使用匹配,使企业精神宣传和企业形象推广相得益彰。它既有利于发挥施工流动分散、地域分布广的特点和优势,更好地传播企业形象。同时又增强了企业员工光荣感、责任感,鼓舞着集团员工创建更多的名牌工程。

(四)运用统一文化的力量增强企业整体优势

作为一个大型企业集团,如何发挥统一的文化的力量来发挥整体优势,是集团企业文化建设中的一个重要问题。随着我国加入全球经济一体化的进程加快,国家要培育一批大集团。上海市国资委把上海建工集团列为重点扶植的十个集团之一,集团也把"建设具有国际竞争力的建设集团"作为奋斗的目标。

(1)从历史因素看,有统一的文化传统背景。50多年来,不论行政体制和企业组织体制怎么变化,上海建工所属的成员单位始终都是一个紧密的群体,有着亲密的"血缘关系"。这与一些由多个单位归并重组的企业集团有很大的不同。多年来,不管是推行项目管理,还是三层次企业剥离改制、民营试点等都是统一部署的,因此,上海建工的各成员单位在实践中有着共同的理念思路和工作语言。上海建工实际上就是在统一的企业文化传统的熏陶下不断发展壮大起来的。

(2)从行业特点看,有统一的行业文化特征。集团成员单位绝大部分是同处于一个行业的,绝大部分成员单位有着共同的精神物化产品——建筑产品。这也决定了在思考方式、管理模式等方面有同一性。尤其是在急、难、重的国家重点工程和上海标志性建筑的施工建设中,各单位艰苦拼搏,发挥集团整体优势,集中体现了共同拥有的基本理念、精神作风和基本行为准则。

(3)从品牌优势看,共同创建并拥有"上海建工"品牌。在长期的实践中,特别是在激烈的市场竞争中,集团各成员单位共同创造出了"上海建工"品牌。积极培育发展"上海建工"品牌作为集团重要的发展战略,成为各成员单位的共同目标。在激烈的市场竞争中,各子公司都有共享"上海建工"品牌资源的愿望和要求。这就需要共同维护好,统一使用好"上海建工"的品牌,打响"上海建工"的品牌。

(4)从制度层面看,有整合各种资源、发挥整体优势的要求。集团要完善现代企业制度,需要在对现有的制度进行文化反思的基础上,不断完善、统一包括企业体制机制、企业形象在内的企业制度建设。只有不断把反映先进生产力要求的制度文化进行总结,由点到面推广,才能发挥好集团的整体优势。

(5)从产权改革要求看,需要有统一的文化模式版本。无论是历史上,还是近几年在企业产权的重组中,上海建工始终坚持"以我为主,兼收并蓄",企业文化不断得到充实和升华。随着集团做强做大的过程和今后产权重组调整的趋势,管理输出、品牌输出将成为一种必要的手段和无形资产。这就需要有较为规范、统一的文化模式版本。

因此，在加快统一的企业文化建设中，上海建工注重把近几年来在企业文化核心层面所取得的成果，特别是"和谐为本，追求卓越"的企业理念渗透到集团各层面的工作中去，要求各成员单位做好集团统一的核心理念和统一形象的推广工作。在强调集团企业文化统一性的同时，并不否认集团成员单位实际存在的文化差异。鼓励集团成员单位有创造性地开展好企业文化建设的各项工作，鼓励不同管理风格所形成的工作特色，重点要求做好培育和提炼归纳重大工程建设者精神的工作，形成不同专业管理制度文化和不同工种特点的岗位操作规范，根据企业传统开展的各种文化活动等等，使各单位在企业文化建设中，既有统一的集团核心文化背景，又有自己的工作空间，营造良好的企业文化建设氛围。

北京铁路局

北京铁路局在2006年"中国企业500强"排名中位列第78位,营业收入达到3 624 032万元。2002年至2006年间,它在"中国企业500强"排名逐年下降,如图1所示。

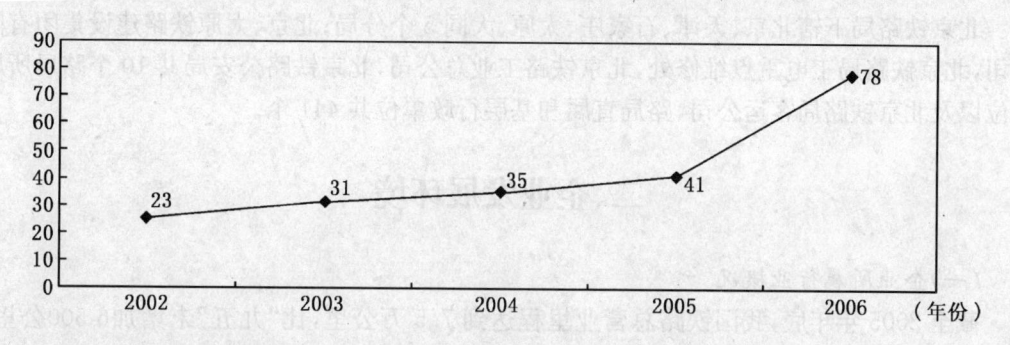

资料来源:中国资讯行(www.chinainfobank.com)。

图1 2002~2006年北京铁路局"中国企业500强"排名

北京铁路局(Beijing Railway Board)简称"京局"或"北京局",成立于1953年1月1日,是中国铁道部直属的最大铁路局,是地处中国首都的国有特大型运输企业,经营北京、天津两市,河北、山西两省以及山东、河南部分地区的国家铁路。在全国500家最大服务行业企业中的排名列交通邮电业之首,用占全国铁路1/9的铁路营业里程,承担了全国铁路约1/3的煤运量、1/4的货运量、1/5的运输收入、1/6的周转量、1/7的客运量。全局注册资金208亿元人民币,职工人数38万人,货运量占全国的20%以上。截至1999年底,全局固定资产原值735.26亿元,固定资产净值526.6亿元,铁路营业里程全长7 432.2公里。

一、企业概述

(一)发展简史

北京铁路局管内最早的铁路是1881年修建的唐(山)胥(各庄)铁路,全长9.67公里。十九世纪末帝国主义列强在北京铁路局辖区内兴建了京山线、京汉线、石太线、津浦线,同时,清政府拨款兴建了京包线铁路。20世纪30年代,山西晋绥兵工筑路总指挥部修建同蒲铁路。"九·一八"事变后,日本侵略军修建锦承铁路。1937年北京铁路局辖区形成了有

7条干线的铁路网络。1945年国民党统治区的铁路运输大部分中断或被破坏摧毁,晋冀鲁豫边区政府修复了邯郸—磁山铁路。至1949年底各主要干线修复通车。中国人民革命军事委员会铁道部决定设天津、北京铁路管理局,1952年两局合并为天津铁路局,1953年局机关移至北京。在第一、二个五年计划时期,新建丰(台)沙(城)线、丰沙二线、(北)京原(平)线,太(原)焦(作)线,介(休)(孝)西线等;京广、石太(石阳段)、津浦(部分区间)等线修建双线;南同蒲米改为准轨;京山线双线及天津北—万新三线;北京、天津、石家庄、太原、大同枢纽建设;新建北京客站等。同时,北京局运输设备大有改善,在全路首先使用内燃机车,成立了第一个内燃机务段,1957年4月,中国第一条12路载波电话线路在北京—郑州间开通;1955年1月,中国第一个自动闭塞信号试点区段在京山线贵庄—新河站间试验成功;在北京—门头沟支线第一次试铺长钢轨和钢筋混凝土轨枕。从1978年中共十一届三中全会以来,北京局进行了整顿和管理体制及经济体制改革,铁路建设、客货运输以及经营管理等各方面都有了长足的发展。

(二)企业组织架构

北京铁路局下辖北京、天津、石家庄、太原、大同5个分局;北京、太原铁路建设集团有限公司,北京铁路局工电重点维修处,北京铁路工业总公司,北京铁路公安局共10个路局所属单位以及北京铁路局客运公司,路局直属和基层行政单位共441个。

二、企业发展环境

(一)企业所属行业概况

截至2005年年底,我国铁路总营业里程达到7.5万公里,比"九五"末增加6 500公里,增长9.5%;其中复线2.5万公里,电气化线路2万公里,分别比"九五"末增长18.6%和35.7%。2005年,我国铁路超额完成各项运输生产指标,其中发送量、货运总发送量、货运总周转量等多项主要运输生产指标再创历史最高纪录。我国铁路完成的旅客周转量、货物发送量、货运密度和换算周转量等主要运输指标位居世界第一。2005年全国铁路旅客发送量完成11.54亿人次,同比增长3.3%;直通旅客发送量达到43 452万人次,同比增长6.9%。旅客周转量达到6 034.56亿人公里,同比增长5.6%。2005年,全国铁路货物发送量完成26.95亿吨,同比增长8.2%;货物周转量完成20 733.95亿吨公里,同比增长7.5%。2005年全国铁路运输煤炭12.94亿吨,同比增长10.8%;运输石油1.53亿吨,同比增长7.5%;运输粮食1.18亿吨,同比增长2.1%,实现煤炭、粮食、石油等重点物资运量大幅增长。

(二)企业所属地区经济发展情况

北京铁路局铁路经济吸引区,东临渤海湾,西靠太行山,北抵长城,向南延至鲁、豫的北部边沿,跨京、津两市,冀、晋两省,覆盖约有60万平方公里,1.2亿人口,是中国改革开放以来发展的最快地区之一。北京是中国政治经济、科技文化和交通的中心,与天津、石家庄构成国内旅客最大的集散地。北京的故宫、河北承德避暑山庄、大同云岗石窟等旅游胜地吸引着国内外广大游客,构成了北京铁路局载客量的重要组成部分。区域内河北、山西盛产糖、棉、油,且矿藏丰富,由此形成了一大批传统的采矿、冶金、发电、化工、轻纺、制药、机械制造等产业基地。近年来,京津等地作为改革开放的前沿,国内外高新科技企业数量不断增加,再加上原有的中科院、工程院吸引了一大批产业科技院所转制为企业或产业化,一大批航空航天、生物工程、核工业、信息产业、建筑工程以及相适应的服务支持行业迅速兴起,物资流通急剧增长,所有这些孕育了巨大的客货运输资源和潜力。

(三)相关行业的发展概况

1. 公路运输行业

截至2005年年底,2005年公路运输行业客运量168.37亿人,客运周转量9 241.72亿人公里,分别比上年增长3.4%和6%,货运量131.38亿吨,货运周转量8 475.81亿吨公里,分别比上年增长8.3%、11.2%;公路运输运力结构进一步优化,截至2004年年底,全国拥有载客汽车439.09万辆,载货汽车628.09万辆,普通载货汽车604.93万辆;另外,近年来我国交通基础设施和运输装备不断改善,为2006年公路运输市场的快速发展创造了有利条件。尤其是2006年,我国公路建设主要抓好国家高速公路网建设、加大国省干线公路改建力度,提高路网技术等级、加强红色旅游公路建设等重点工作,更是给公路运输行业开路护航,在这些方面,公路运输将进一步加大与铁路运输的竞争力度。作为竞争行业,公路运输行业的迅速发展抢占铁路运输的市场份额,其灵活性特点更是给铁路运输带来很重的竞争压力。

2. 水路运输行业

内河航运方面,"十五"期间,我国共改善内河航道里程4 146公里。截至2005年年底,全国港口拥有万吨级以上生产泊位1 030个,内河航道通航里程12.3万公里,其中等级航道6.1万公里。我国相继建成投产集装箱、原油、矿石、煤炭等专业化码头泊位920个,其中万吨级以上泊位188个。港口货物吞吐量和集装箱吞吐量年均增长率分别达17.3%和26.4%,分别是"九五"期间的1.3倍、1.7倍和2.1倍。海运方面,我国2005年沿海港口建设完成投资1 313亿元,新扩建泊位129个,全年港口完成吞吐量49.1亿吨,同比增长17.7%,新增港口吞吐能力1.9亿吨;完成集装箱吞吐量7 580万标准箱,增长23%。我国的港口货物吞吐量和集装箱吞吐量已连续3年位居世界第一。截至2005年底,我国共有10个港口跻身世界亿吨大港行列。因为水运发展形势主要是受港口运输方面的影响,与铁路运输行业的竞争不是特别激烈,所以水路运输形势对铁路运输行业的影响不是很大。

3. 航空运输行业

2005年我国航空运输行业运输总周转量、旅客运输量和货邮运输量达到259.2亿吨公里、1.38亿元人和303.5万吨,分别比2000年增长111.6%、105.3%和89.2%,五年平均增长16.2%、15.5%和13.6%,比"九五"时期(1996～2000年)增长率高出4.8,9.9和低0.6个百分点。截至2005年底,全行业共有运输飞机863架,比2000年净增336架。2005年以来,我国民航在进一步放松经济性管制政策、进一步扩大航权开放的同时获得迅速发展,全年全行业运输总周转量、旅客运输量、货邮运输量三项主要指标同比增长均将超过10%。民航业的迅速发展确实对我国铁路运输行业造成了负面影响。长途客运也给铁路运输业造成很大的竞争压力。

三、企业生产经营状况

(一)企业生产概况

北京铁路局2002年全年运输收入304亿元,比2001年增加14.89亿元,增幅5.2%;运输利润63 888万元,超过铁道部定的指标,第四次成为全路资产经营责任制考核的优秀企业;完成货运量45 905万吨,比2001年增长4.0%;换算周转量3 592.48亿吨公里,比2001年增长3.38%;客运量14 765万人,比2001年增长1.3%;客运收入103.43亿元,比2001年增长7.2%;大秦线运量完成10 231万吨,比2001年增运1 251万吨;多元经营销售收入163.17亿元,比2001年增长16.6%;实现利润9.42亿元。

（二）企业资产状况

北京铁路局是中国铁道部直属的最大铁路局,注册资金208亿元人民币。如图2所示,从1999年至2004年,北京铁路局的固定资产原值与固定资产净值都呈现逐年增长的趋势,其中,固定资产原值从1999年的7 352 632万元增长至2004年的9 259 240万元,增长了25.9%;固定资产净值从1999年的5 266 025万元增长至2004年的6 476 152万元,增长了23.0%。

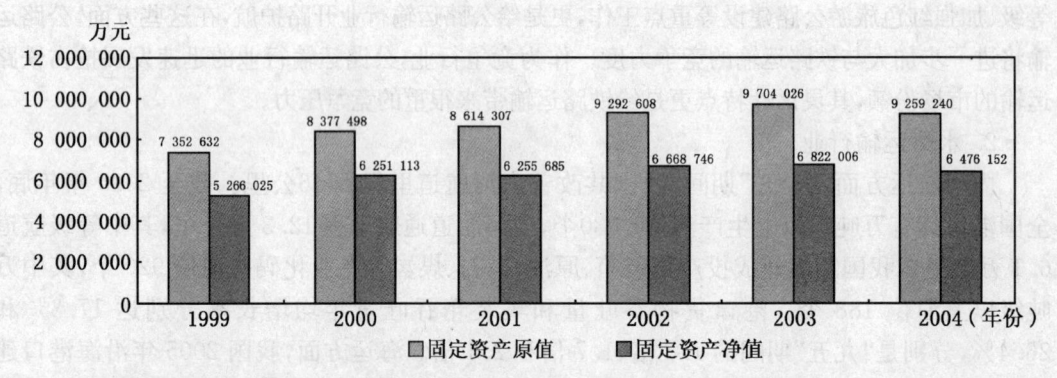

年份	固定资产原值	固定资产净值
1999	7 352 632	5 266 025
2000	8 377 498	6 251 113
2001	8 614 307	6 255 685
2002	9 292 608	6 668 746
2003	9 704 026	6 822 006
2004	9 259 240	6 476 152

资料来源:中国资讯行 www.chinainfobank.com。

图2　1999年至2004年北京铁路局固定资产统计

（三）企业多元化经营

北京铁路局的多元化经营是推动其发展的强大力量。从1998年的56.38亿元到2002年的163.17亿元,北京铁路局多元经营产业的收入在短短五年中增加了两倍,五年总利润39.5亿元。1999年至2003年,北京局多元化经营系统投资100万元以上的项目有78项,总投资9.77亿元。

通过培养骨干企业和支柱产业,北京铁路局多元化经营在重点行业增长势头十分明显,对外经济合作业、施工业、旅游业的收入分别同比增长137.45%、34.5%、44.6%,房地产业、施工业、对外经济合作业的利润分别增长6.9倍、1.8倍和36.4%。北京铁路局多元化经营产业主要包括旅游、运输代理、工业、商业、种植养殖、饮食服务、工程、房地产、外经贸、广告信息、劳务经营、运输延伸服务12个支柱产业,涉及物流、仓储、制药、房地产、石油开采和高科技等多个行业。京铁快送、京铁国旅、京铁深圳公司、京铁海南公司等企业都在各自的行业领域内具有很高的影响力和声誉。

（四）海外市场拓展

目前北京铁路局已经与32个国家和地区建立了经贸往来关系,2002年签订进出口合同78项,完成贸易额近2 000万美元。目前北京铁路局的各多元化经营企业与越南、泰国、蒙古、东帝汶、朝鲜等国家和香港地区正在商谈和跟踪的项目有十多个,涉及新线建设、既有线维修改造、通信信号、住宅及饭店建设装修等领域。

四、企业资本运作

(一)企业投资情况

2002年多元化经营系统新开发实业项目33个,投资总额22 216.5万元。北京铁路局产值超亿元的多元化经营企业37个,利润超千万元的企业24个,"双超"(产值超亿元、利润超千万元)企业20个。产业结构调整效果显著,运输及延伸服务业比重下降到13.6%,比2001年下降4%。亏损企业比2001年减少5个,减亏2 549.6万元。

2002年与外商签订进出口合同总金额1 067万美元。完成基建投资249 385万元,为铁道部下达年度计划的99.3%,其中大、中型项目完成235 772万元,为年计划的100%。更新改造投资205 169万元,为年计划的99.0%。全局线路大修换轨819公里,更换混凝土轨枕87.3万根,大型机械维修4 000公里,大、中修清筛1 500公里,更换普通道岔260组。

(二)企业并购重组情况

为进一步优化资源配置,整合资金、人才和市场优势,推动骨干企业继续发展壮大,北京铁路局开始深入开展资产重组工作,成立了中国铁道旅行社(集团)公司,河北冀铁建安(集团)公司、晋太集团等一批整合了各相关企业优势力量的新企业,为北京局多元化经营的企业专业化、规模化打下了坚实基础。其主要资产重组的方式如下:

1. 按企业专业类型进行资产重组

从1999年开始,北京铁路局开始按照主营业务和主要优势进行内部资产重组。首先将原局直属的27个多元化经营企业和铁道部划交北京铁路局的5个公司,重组为京铁多元化经营发展中心、京铁对外经济技术合作有限公司和京铁国际旅行社有限公司三个集团公司,三个集团公司分别以运输商贸、外经外运和旅游饭店为主营业务。

2002年北京铁路局又组建了中国铁道旅行社(集团)公司。北京铁路局将中国铁道旅行社、北京京铁国际旅行社有限公司、海南京铁实业贸易开发总公司、天佑丰顺宾馆、瑞尔威饭店、火车头广告公司进行资产重组,成立了中国铁道旅行社(集团)公司,该(集团)公司现已更名为华运旅游发展有限公司。三个集团公司2002年共完成营业收入19.57亿元,与2000年的12.17亿元相比,增长了60.8%。

部分分局也采用了按专业类型进行资产重组的方式。天津分局将天津铁路分局经济技术开发总公司原有的18个二级公司进行资产重组,成立了津铁科贸发展中心、分局经济技术开发总公司、车辆公司三个分局直属公司,分别从事商贸类、物流类和运输服务三大产业。其中,由8个经营商贸业务的二级公司组成的津铁科贸中心,在资产成功融合后,形成了规模优势,具备了做大做强的能力,其实力远远超过了原来8个公司的总和;经济技术开发总公司由货代、物流、旅游等7家公司组成,主要发展方向瞄准仓储和物流业,这种明确的目标业务领域能有助于企业集中经济实力在具有优势的领域,进而加速发展;原属分局开发总公司的车辆公司,在铁道部自备车政策调整后独立出来,由分局直接管理,积极探索企业经营转型思路,开发新的经营领域。

大同分局将纺织、采掘、旅游、广告等行业的12个二级公司进行资产重组,组建大同铁联实业有限责任公司;将从事煤炭运销、加工等业务的13个公司重组到万通公司;将印刷、服装加工等6个公司重组到通宝公司。重组完成后,大同铁联实业有限责任公司参与市场竞争,水平一体化,形成了多元化经营模式;万通公司充分利用运输优势,以从事煤炭加工、运销为主,形成加工与运输结合的特色模式,相对于煤炭加工企业具有运输优势,相对于运输企业具有丰富的货源,也较少了交易成本;通宝公司稳定队伍,增强企业活力和发展后劲,也在印刷与服装加工领域有所成就。2002年分局直属多元经营企业完成收入8.36亿元,实现利润9 200万元,收入和利润分别占到分局多元化经营收入、利润的57.7%和66.02,骨干企业的规模优势初步显现。

2. 按专业类型与网络经营相结合的方法进行资产重组

北京铁路局主要采用专业类型与网络经营相结合的方式对其下属的运输代理企业进行资产重组。铁道部要求,各分局对管内运输代理企业进行资产重组,应按照规模化经营、专业化发展的思路,对运输代理网络及资源实行统一经营,将分局运输代理资源与站段多元化经营相关业务进行重组,采取设立分公司或经营网点的形式,发展运输代理。目前,北京铁路局五个分局各有1家运输代理企业,共有分公司29个,经营网点21个,包括路局两家从事运代业务的企业,全局运输代理企业年度创收能力达到5亿元,创利近5 000万元,运输代理成为北京局多元化经营的支柱产业。

3. 按专业类型与区域经营相结合的方法进行资产重组

太原分局将直属八个多元化经营企业重组到晋太实业(集团)有限公司,将分局北方运输代理公司和南铁集团货物运输代理公司进行重组。到2003年上半年,分局直属一级多元经营企业只剩下四家,分别为主要在原太原分局管内开展业务的普太集团,主要在临汾地区开展业务的南铁集团,专门从事运代业务的北方运输代理公司和劳动服务总公司。晋太集团总资产从2002年3月的4.45亿元,增加到2003年6月的5.6亿元,增加264%;北方运输代理公司总资产从2 885万元,增加到7 727万元,增加167.8%;南铁集团的总资产增加了3 169万元,企业市场竞争力进一步增强。2003年上半年,太原分局多元化经营系统完成收入15.4亿元,同比增长38.7%,列五个分局之首;实现利润7 444万元,同比增长4.8,列五个分局第二位。

大同分局对部分站段的多元化经营企业也采用了专业类型与区域经营相结合的方法进行资产重组。大同分局将管辖区域内的工务、电务、供电、水电、房建等18个站段的多经施工企业进行资产重组,组建了大同路兴工程有限责任公司,注册资金3 200万元,成功获得铁路工程施工总承包和房屋建筑总承包二级资质。此后,大同分局又增加投费5 000万元,使大同路兴工程有限责任公司具备了对外承揽4亿元规模工程的资格。大同路兴工程有限责任公司承揽了20项各类工程,工程造价近6亿元。

4. 按企业上下游产业链进行资产重组

石家庄分局将河北冀铁集团所属建筑安装公司、房地产开发公司、嘉华家具有限公司和石家庄基建工程段、勘测设计所的资产进行重组,组建了净资产达6 117万元的河北冀铁建安有限公司,资产重组后的河北冀铁建安有限公司注册资本超过了5 000万元,达到建筑企业一级资质的行业标准,形成了以房地产开发为龙头,建筑安装、勘测设计、工程施工、新型建材、装饰装修互为依托,共同发展的产业链。重组后的河北冀铁建安有限公司在2002年完成营业收入2亿元的基础上,2003年完成收入2.5亿元。

五、企业研发创新能力

(一)研发投入

2002年北京铁路局科研投入资金1 049万元、开发项目111项;新技术示范性推广项目10项,投入资金426万元;完成202个车站的综合管理信息系统建设任务;完成京九、京山、京沪线路局管内及北京、天津、石家庄枢纽的铁路分局调度综合管理信息系统和75个车站的车号自动识别系统的建设;完成427个车站、675个制票点的货票管理信息系统建设和127个车站客票预发售系统升级工作。

(二)专利申请情况

自1985年以来,北京铁路局共申请专利137项。从图3可以看出,其中1996年北京铁路局申请专利数最多,达到19项;1985年至1996年期间北京铁路局申请专利数目较多,1997年后专利申请渐渐趋于减少并稳定下来,如图3所示。

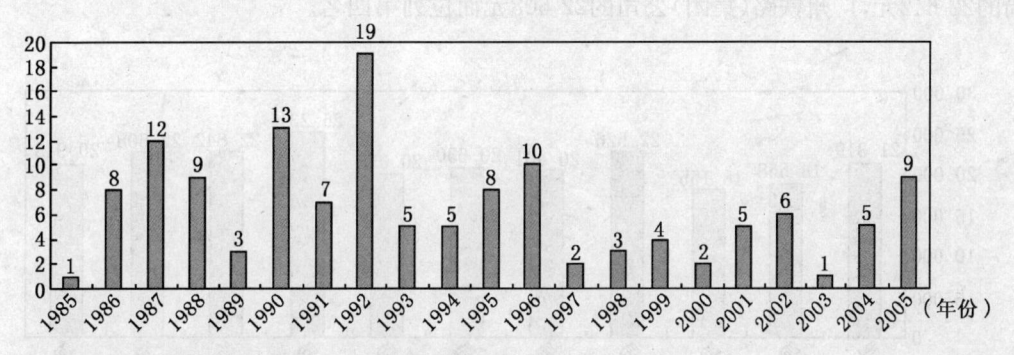

资料来源:根据中国专利全文数据库数据整理。

图3 1985~2005年北京铁路局专利申请数量

北京铁路局所申请的137项专利中,实用新型占了较大的比重,占北京铁路局申请专利数的85%,发明专利和外观设计所占比重较小,分别占北京铁路局申请专利数的11%和4%,如图4所示。

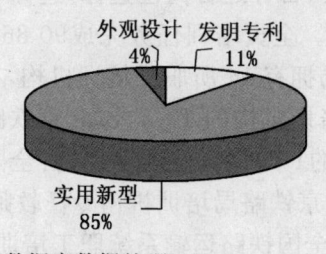

资料来源:根据中国专利全文数据库数据整理。

图4 1985~2005年北京铁路局专利申请类型

六、企业人力资源与文化

(一)企业人员结构

截至2002年底,全局职工总数为354 480人,其中干部总数71 208人,正、副局级27人,正、副处级1 644人,正、副科级17 317人。专业技术干部47 595人,高级职称2 470人,中级职称16 682人。北京铁路局坚持以人为本,在企业的发展中高度重视各类人才,先后出台多项政策,提高知识分子、工程技术人才和经营管理人才的待遇,吸引了大批有志于铁路事业的人才。

(二)企业薪酬及培训

2004年全局在岗职工平均收入22 526元,较2003年全局在岗职工平均收入19 249元增长了17%。从图5可以看出,2004年北京铁路局在岗职工平均收入高于行业平均收入21 319元,在我国最大的铁路机构中也位列前茅,仅次于上海铁路局的25 231元,南昌铁路局的22 642元,广州铁路(集团)公司的22 608元而位列第四名。

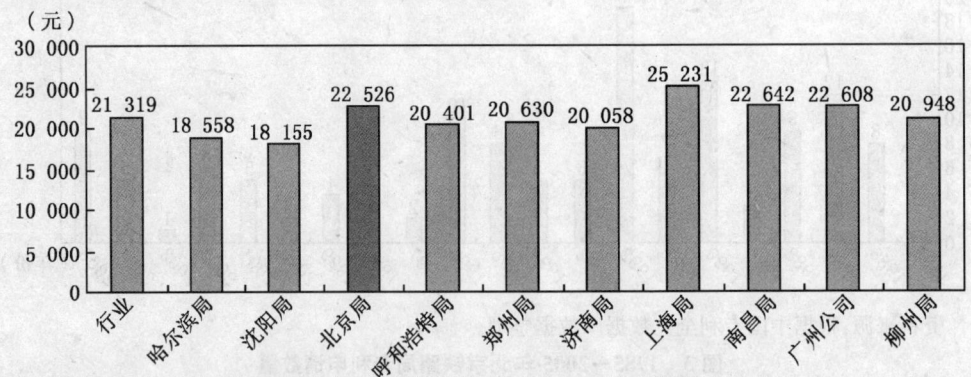

(元)

行业	哈尔滨局	沈阳局	北京局	呼和浩特局	郑州局	济南局	上海局	南昌局	广州公司	柳州局
21 319	18 558	18 155	22 526	20 401	20 630	20 058	25 231	22 642	22 608	20 948

资料来源:中国铁道年鉴编辑部:《中国铁道年鉴(2005)》,铁道档案史志中心。

图5 中国2004年铁路各单位劳动报酬统计

北京铁路局为员工提供了丰富的培训机会。教育系统深化"三个百分之百"(百分之百生产人员、百分之百应知应会、百分之百岗位达标)达标考核,完成培训考核165 531人,达标164 397人,达标率99.3%。全员培训任务完成90 862人,为年计划的105%。从表1可以看出,2001年北京铁路局拥有14所职工培训机构,在全国大型铁路机构中位列第一,占全国铁路运输系统职工培训机构的17.7%;北京铁路局培训机构教职工总人数达到1 459名,仅次于郑州铁路局的1 495名,位居第二,占全国铁路运输系统职工培训机构教职工人数的17.4%;同时,北京铁路局培训机构专任教师人数达到571名,仅次于郑州铁路局的678名,位居第二,占全国铁路运输系统职工培训机构专任教师人数的15.9%;此外,2001年北京铁路局的培训覆盖率,特别是适应性培训,也在各大铁路局中比较显著。

表1　　中国2001年铁路运输系统（局、分局）职工学校（培训中心）基本情况统计

	所数	教职工总人数	专任教师	规范化培训人数	适应性培训人数
哈尔滨铁路局	8	816	406	11 327	
沈阳铁路局	10	976	440	2 531	8 415
北京铁路局	14	1 459	571	1 439	8 921
呼和浩特铁路局	3	265	107	424	25
济南铁路局	4	213	62	702	585
郑州铁路局	6	1 495	678	5 958	19 472
上海铁路局	7	665	242	1 646	8 800
南昌铁路局	2	40	10	176	354
广州铁路(集团)公司	8	342	185	825	48 431
柳州铁路局	2	93	35	223	1 027
昆明铁路局	1	156	128	2 985	1 865
成都铁路局	6	841	272	2 337	6 318
兰州铁路局	6	919	410	4 799	4 463
乌鲁木齐铁路局	2	97	48	233	1 755
合　计	79	8 377	3 594	35 605	110 431

资料来源：中国铁道年鉴编辑部：《中国铁道年鉴(2002)》，铁道部档案史志中心，2002年版。

黑龙江北大荒农垦集团总公司

我国经济发展已经进入了国际化的新阶段，北大荒农垦集团总公司（以下简称集团）是国家大型农业企业集团和重要的商品粮基地，面临的挑战是紧迫的，带来的机遇是难得的。在严峻的入世挑战面前，北大荒集团将充分发挥比较优势，从整体上提高竞争能力，有效应对严峻挑战，加快北大荒率先实现农业现代化的进程，在国际农业竞争中肩负起神圣的历史使命。集团在"2006中国企业500强"排名中位列第79位。

一、企业发展历程概述

（一）发展简史

黑龙江北大荒农垦集团的前身是黑龙江农垦系统，创立于1947年。经过三代人半个世纪的艰苦奋斗，在昔日人迹罕至的亘古荒原上，建起了中国耕地规模最大、机械化程度最高的国有农场群，成为全国最大的商品粮生产基地。1998年3月经国务院批准，成立黑龙江北大荒农垦集团总公司，组建北大荒农垦集团，进入全国120家大型企业集团试点行列。同时，发起设立了北大荒农业股份有限公司。

集团总部设在哈尔滨市。下属9个分公司、104个农牧场、1136家工商运建服企业、16家科研开发机构、4所普通高等学校、3所成人高等学校、2所普通中等专业学校、138所普通中学、140所小学、126家医院、90个卫生防疫站、70个妇幼保健站、71座电视转播台、111个有线电视台、1个日报社。集团2004年生产总值为236.1亿元。

（二）企业扩展路径

集团所拥有的"完达山"、"北大荒"、"九三"等品牌的知名度、美誉度不断提高；九三油脂公司、北大荒米业公司、完达山乳业公司、北大荒麦芽公司、九三丰缘麦业公司等一批重点龙头企业不断壮大，牵动能力不断增强。已经建立并不断地完善"龙头＋基地＋农户"产业化经营模式。随着龙头企业的发展壮大，对基地的反哺和牵动作用增强，104个农牧场、22万个家庭农场、2.3万个市县农户直接从产业化经营中获益，有力地牵动了垦区和地方经济的发展，未来牵动地方经济发展的作用将更加突出。

（三）企业组织架构

集团的组织架构概括起来，可以归结为以下三点：

1. 集团采取了集中统一的管理体制

垦区农场大多创建于荒无人烟的地区,没有社会依托,农场不得不自办社会事业,从而形成了垦区特有的区域性、社会性、综合性等特征。20世纪50年代后期形成了军垦高潮,如1956年铁道兵1.7万名复转官兵开赴三江平原,建立了一批军垦农场。1958年10万转业官兵中有8万人奔赴"北大荒",大规模建场、扩场,垦区所属农场领导体制和生产经营体制基本上是按照部队建制管理。1968年东北农垦总局与部分省属农场合并,组建黑龙江生产建设兵团,实行准军事化管理,培养了垦区职工高度的组织纪律性。1976年,黑龙江生产建设兵团撤消,成立了黑龙江省国营农场总局。1996年改为黑龙江省农垦总局,一直保持着高度集中统一的管理体制。黑龙江省委、省政府和省人大授予了垦区除税收以外的所有行政和社会管理职能,形成了垦区集企业、政府、社会管理职能于一体的体制格局。这种体制能够及时、有效、大范围地在全垦区集中人力、物力、财力,在率先实现农业现代化建设中,实现资源要素的优化配置和经济调控的宏观战略目标,为保证垦区社会稳定、促进经济发展起到了重要作用。

2."大农场套小农场"的双层经营机制

垦区自1984年兴办家庭农场以来,经过20多年的探索和实践,"大农场套小农场"的双层经营机制得到不断完善,农场的内部组织结构随之发生了很大变化,大农场与小农场的经济关系越来越明确。家庭农场真正成为"两自理、四到户"的主体,承包土地长期固定,并逐步向种田能手集中,向着集约化和农业产业化规模经营发展。大农场按照市场经济的要求,转变行政职能为服务职能,建立起与之相适应的管理机构和服务体系,形成了组织管理网络、信息指导网络、科技和营销服务网络,强化了市场运作的组织领导职能,指导家庭农场按照市场需求进行生产经营,发育了市场化管理服务的功能,为家庭农场提供有效的产前、产中、产后服务。

3.集团化经营的农业产业化组织形式

为了加强龙头企业与基地的连接,处理好龙头企业与基地的关系,垦区在不断探索、实践的基础上,采取"外部联合"的农业产业化组织形式,指导农业生产者同其产前、产中、产后相关的企业(公司)在经济上和组织上或紧或松地结为一体,实现联合与合作。其组织载体的核心是以技术先进、资金雄厚、规模较大的企业(公司)为龙头,以家庭农牧场生产为基础,利用市场或契约形式把基地生产与加工企业、经销公司结合起来,主要有"加工企业+家庭农牧场"、"经销公司+家庭农牧场"等形式,实行集团化、产业化经营,并在"风险共担、利益共享"的连接方式上进行不断调整和完善,如宝泉岭肉业、完达山乳业、九三油脂等。这种集团化经营的农业产业化组织形式在带动家庭农牧场和农产品进入市场起到了很大作用,在一定程度上降低了交易费用、稳定了供销渠道、提高了农业的比较效益。同时,垦区各农场积极探索,发展行业协会、专业协会,把家庭和农牧场组织联合起来,共同协调生产资料供应及产品的加工销售、提供技术及信息服务等,延伸了农业产业化组织形式。

二、企业发展战略

(一)企业竞争环境分析

预计到2015~2030年,我国的人口总量将分别达到14.5亿和16亿。随着我国居民收入水平的不断提高,肉、禽、蛋、奶、鱼等动物性食品的需求量将不断扩张,饲料用粮、工业用粮等间接粮食消费量也将大大增加。按照我国特色的食物营养结构,要满足小康生活的基本需要,人均占有粮食必须达到400千克~420千克。考虑到粮食的特殊性和必须立足国内解决的方针,到2005年、2015年、2030年我国粮食的综合生产能力必须达到5.5亿吨以上、6亿吨以上和6.5亿吨以上,以确保人均占有粮食400千克以上。

据联合国有关机构预测,在2000~2030年期间,世界人口将增加27亿,年均增加近9 000万人,超过1950~1990年的年均增加7 000万人的水平。而与此同时,世界农业总产量的增长速度却在放慢,已经由20世纪60年代的年均增长3%,70年代的年均增长2.4%,80年代的年均增长2.2%发展到90年代的徘徊不前。预计21世纪前10年,世界农业总产量的增长速度仅为1.8%。国际粮食市场有可能从买方市场转为卖方市场。

我国农村人口众多,农业的发展受到诸方面因素的制约:一是我国人多地少,人均耕地资源少,干旱缺水日渐加剧,农业生态环境恶化的势头没有得到有效遏制。农业生产规模小,大多靠手工生产,劳动生产率低。农业基础设施脆弱,抗灾能力不强。农村经济结构不合理,不能适应市场需求的矛盾比较突出;二是农业科技应用总体水平不高,创新能力比较弱,科研和市场脱节,成果转化效率低,推广机制不活;三是随着农业对外开放程度提高,特别是加入WTO以后,我国农业生产和农产品贸易的竞争压力将会增大,农业发展面临新的挑战。

农业的发展速度与发展水平直接关系到国家的稳定与强盛。为应对未来人口增长和国民经济发展对农产品需求的巨大压力,从我国农业现状出发,国家十分重视在开放市场中保护农业和农民利益,强调农业在支撑国民经济持续健康发展和国家稳定与国家安全中的突出作用。今后几年,我国将会在政策上继续大力扶持农业特别是粮食生产:一是将继续坚持按保护价敞开收购农民余粮政策,以切实保护农民利益和种粮积极性;二是国家在风险基金补助、粮库建设、增加中央储备粮规模等方面重点照顾主产区;三是加强粮食主产区的农业基础设施建设,切实增加投入,搞好农业综合发展,稳步提高粮食生产能力;四是加快农业产业结构调整。

这种趋势将使对目前已经具有高度机械化、规模化及农业产业链条化的北大荒在将来的行业竞争中处于更加有利的地位。北大荒作为重要的商品粮生产基地,在粮食生产和发展产业化方面具有显著的企业优势和良好条件,必将在推动农业发展、满足不断增长的农产品数量和质量的需求、保障国家粮食安全中,受惠于国家的产业政策,得到国家的大力支持。

面对挑战,集团已经具备了独特的竞争优势:

一是具备经济实力优势。经过50多年的开发建设,资产总额已达500亿元,全口径年销售收入206亿元,企业销售收入达到118亿元。2001年实现国内生产总值160.7亿元,比上年增长11.4%,人均国内生产总值达到10 171元。实现全口径利税34亿元,其中企业利税8.4亿元,分别比上年增长30.8%和25.4%。农场职工家庭人均纯收入达到3 650元,比上年增长9.4%。

二是具备资源优势。北大荒自然条件优越,气候适宜,耕地面积大且集中连片,土壤有机质含量高,有利于农产品的规模化、机械化生产。

三是具备规模优势。人均占有耕地19.5亩,是全国人均占有耕地的16.25倍。粮食直接成本低,劳动生产率高。人均生产粮食5 728公斤,相当于意大利、德国和英国的水平。主要农产品实现了专品种生产、收获、仓储和销售。

四是具备机械化优势。北大荒农业装备水平在全国领先,有大中型拖拉机2.28万台,大型联合收割机7 519台(其中具有世界先进水平的分别占12%和45%),喷灌机2 602套,挖掘机369台,水稻插秧机1.78万台,农用飞机22架。农机总动力已达351万千瓦,农业综合机械化程度达95%以上。

五是具备科技优势。北大荒拥有17个科研院所,9个技术推广中心,103个农业技术推广站,各类科技人员10万多人,农业科技贡献率达63%,科技成果转化率达67%。

六是具备基础设施优势。北大荒近些年完成水利建设投资34亿元,大江大河防洪能力为20年一遇标准。人工林总面积达到674万亩,基本实现农田林网化。现有粮食处理中心178座,种子加工厂57个。具备了抗御大的自然灾害和粮食优质化的处理能力。

七是具备生态优势。北大荒地处世界三大黑土带之一,开发时间短,工业污染少,生态环境好,为生产绿色、有机农产品创造了极为有利的条件。已建立国家重点绿色食品生产基地2个,有效使用绿色食品标志的产品达8大类100多个,分别占全省的38%和全国的5%。

八是具备产业化优势。完达山乳业集团和九三油脂集团已成为国家重点产业化龙头企业,省级产业化龙头企业已发展到13家,具有一定规模的各类龙头企业和集团已达到40多家。

(二)企业总体发展战略规划

正是基于这一系列的优势,面对环境的挑战和机遇,集团将战略定位在"大厨房主导战略"(或精厨主导战略)上,很符合集团的实际情况和优势地位。为此集团制定了相应的战略重点,即:大力发展高科技农业、工业、流通业。以国内外市场需求为导向,以科技为支撑,追求经济效益、生态效益、社会效益的最大化。精心实施"田园+餐桌"——农业产业化战略,实现"五精",即精炼的组织、精良的技术、精准的工艺、精美的食品、精益的效果。

在未来3~5年内,公司的发展战略是:实施现代农业装备工程,建立优质农产品基地,稳定提高粮食生产能力,扩大无公害、绿色、有机食品的生产比重;实施以龙头企业为牵动力的产业化经营,使龙头企业成为公司利润增长的强大支柱,工业企业的销售收入突破百亿;实施大招商、大流通及资本运作,创造公司利润增长的新亮点,经过努力奋斗和拼搏,使公司年销售收入突破150亿元,实现利润8亿元至10亿元。

北大荒集团的长期发展思路和战略目标是:以建立现代企业制度为前提,以"两高一优"农业为基础,以农畜产品精深加工业为主导,以科技和管理为支撑,把垦区建成国内最重要的商品粮基地、农畜产品加工基地、面向国内外大市场的食品供应基地,在国内农村地区率先实现农业现代化、工业化、城市化,以垦区为依托,建成世界级的现代化的超大型企业集团。

三、企业生产经营状况

(一)企业生产概况

集团主要经营水稻、大豆、小麦、玉米等粮食作物的生产、精深加工以及销售,化肥的生产与销售以及与种植业生产及农产品加工相关的技术、信息及服务体系的开发、咨询和运营。采取以统一经营为主导、家庭农场承包经营为基础的统分结合的双层经营体制:公司制定经营目标、管理办法和技术措施,提供产前、产中、产后服务,保证收取生产承包费的稳定和提高;农工承包土地,按照统一要求安排生产,定额上缴,超收全留,欠收自补。该集团认为这种模式既有利于调动农工的积极性,分散风险,又有利于发挥机械化、大规模、技术密集的优势,具有经营稳健、管理稳健、效益稳健的显著特征。

集团以粮食生产为主,一、二、三产业综合经营。现有经营性总资产274.4亿元,其中所有者权益51.8亿元。1998年实现国内生产总值141.0亿元(现价),其中第一产业增加值82.6亿元,第二产业增加值22.8亿元,第三产业增加值35.6亿元,一、二、三产业比重为58.6%、16.2%、25.2%;创利润总额2.88亿元,上缴税金6.0亿元。

集团工业已具备比较雄厚的发展实力。现已形成农产品加工、食品、农机、化肥、医药、建材制造和原煤、黄金采选等工业体系,各类规模的工业企业及生产单位已达到651个。粮食、糖料、鲜奶年加工能力分别达到330万吨、120万吨、40万吨。完达山奶粉、北大荒白酒等产品已成为国内名牌产品。

(二)企业品牌

5年前,在哈尔滨的各大超市、商场里,能被摆在显眼位置的集团的产品只有"完达山"奶粉,产品种类、数量寥若晨星。而今,冠以"北大荒"、"完达山"、"九三"、"丰缘"、"多多"等知名商标的北大荒绿色特色系列产品在国内各大连锁商场超市中随处可见,部分名牌产品已跨出国门,成为北大荒牵手世界的"使者"。

近年来,垦区抓住大量国有资本退出中小企业的机遇,以打造驰名品牌为核心,大力度实施大项目牵动战略。仅2005年,垦区建成的超亿元大项目就有9项,总投资17.2亿元。通过整合资源、优化布局,垦区大手笔重组了稻米、油脂、面粉、麦芽、乳品、肉类等农产品综合加工企业,结束了低水平重复建设、品牌过多过滥的历史,打造了一批在全省乃至全国具备领军地位的大龙头企业集团。九三油脂、完达山乳业、北大荒米业、北大荒丰缘麦业、北大荒麦芽5家企业已成为国家级重点产业化龙头企业,北大荒肉业、北大荒种业、多多集团等7家企业成为省级产业化龙头企业。

目前,黑龙江垦区品牌战略显现勃勃生机。龙头企业在"做大"的同时,还着力在"做强"上下功夫,企业每年用于产品研发的投入达到企业销售收入的2%以上。通过自主创新,引进、消化和吸收再创新,不断提升企业的产业层级,推进农产品由初加工向精深加工转变,由单一产品向系列产品转变,拓宽和延长了产业链条。九三油脂大豆加工已形成"4个梯度、5大系列、36个品种"的产品格局。完达山乳业的乳制品生产已拥有6大系列91个品种。目前,垦区企业已拥有大豆异黄酮、维生素E、乳珍、冻干粉针等20多项领先的核心技术,企业核心竞争能力明显提高。

"北大荒"作为垦区农产品总的整合品牌,由北大荒集团总公司作为集体商标注册并宣传。各企业从实际情况出发,将现有的品牌进行整合,作为"北大荒"品牌下的分品牌,如乳业的"完达山"品牌。

集团实行系列化品牌策略,在一个品牌下,有多项承载体,将这一品牌的覆盖面延伸到其他产品上。垦区的"完达山"品牌就是通过这样的发展策略,将"完达山"全国知名商标作为企业的系列产品品牌名,即从"完达山"牌奶粉延伸到多种产品,不仅节省了新品牌的开发费用,而且凭借着"完达山"品牌在市场上的良好信誉,使新产品很快打开了销路。

如今的北大荒,彻底告别了原字号农产品销售时代。北大荒米业生产的北大荒牌"绿色大米"、"有机大米"享誉全国;九三油脂集团生产的天然维生素 E 和大豆异黄酮等大豆深加工产品,科技含量达到世界领先水平。北大荒丰缘麦业推出的"丰缘"牌中高档民用粉精致小包装进入了国内各大连锁商场超市;完达山乳业生产的牛胎盘胶囊、乳珍等具有高附加值的新产品,成为市场上一道亮丽的风景线。

2005 年黑龙江垦区有 5 个产品获得"中国名牌产品"称号,占全省的 1/4;24 个产品获得"黑龙江省名牌产品"称号。2006 年 1 月 13 日,黑龙江省政府对新获得"中国名牌产品"称号的完达山乳业股份有限公司、龙王食品有限责任公司和状元食品有限责任公司进行了重奖,每家企业获奖金 100 万元。由世界品牌实验室和世界经济论坛联合组织评审发布的 2005 年"中国 500 个最具价值 AAA 牌"排名中,"北大荒"、"完达山"分别以 19.65 亿元和 19.55 亿元的品牌价值名列第 305 位和第 306 位。

(三)企业合作情况

集团主要在五个领域与其他企业展开了合作。

1. 在产业化龙头企业改组改造方面

北大荒集团所属产业化龙头企业,国有产权比重较大,急需引进战略投资者,加强与跨国企业的合资合作。通过出让国有产权、增资扩股、合资合作等方式,实现产权多元化,建立现代企业制度,引进先进技术和管理机制,提高企业外向度和国际市场竞争力。

2. 在无公害产品、绿色产品、有机农产品精深加工方面

充分利用北大荒集团优良的生态环境和全国最大无公害产品、绿色产品、有机农产品生产基地的独特优势,引进跨国企业,进行多领域的合作开发和深度加工。既可以进行技术、科研等方面的合作,也可以合资、独资建设农产品和食品精深加工项目,提高技术装备和工艺水平,以进一步延长产业链,增加产品科技含量和附加值,使企业获取更大的经济效益。

3. 在农产品生产方面

北大荒集团是全国最大的农业企业,农业生产组织化、集约化、规模化程度高,农产品生产具有较高的稳定性和品质一致性,可以成为跨国企业农产品加工和食品工业稳定的原料、半成品供应商。特别是在非转基因大豆、大米、小麦、大麦、饲料等品种方面,可以联合进行生产基地建设和国际市场开发,开展大批量和长期稳定的贸易合作。

4. 在运用当代信息技术推动工业化进程方面

北大荒集团正在加快推进信息化建设并具备了较好的基础,与跨国企业的软件服务商进行合作,进一步提高市场监控、生产工艺、财务管理和物流配送等关键环节的信息化程度,努力开发和运用电子商务,实现全流程在线管理和决策,加快新型工业化的进程。

5. 在农垦小城镇建设方面

北大荒集团正在加快农业劳动力转移和小城镇建设步伐。垦区现有 140 座小城镇已初具规模。随着产业结构调整,龙头企业建设,文教卫生等社会事业发展,农垦小城镇建设已经走在全省前列,成为投资置业的热点,是房地产开发、中介服务、食品加工等产业的理想投资场所,具有广泛的发展前景和发展潜力。

四、企业资本运作

农垦集团与一般集团资本运营相比有以下四个不同的特点:

1. 资本主要组成是土地等资源性资产构成的资本

经过多年的开发建设,黑龙江农垦拥有了相当面积的耕地资源。到1997年末,耕地总面积已达到202万公顷,林地78万公顷,牧草地34万公顷。这块资源性资产构成的资本对农垦集团的资本运营方式具有决定性意义,即决定了构成农垦集团资本的主体是资源性资本,决定了农垦集团的收入主要来源于土地资源,决定了农垦集团的产业结构是以农业和以农产品为原料的加工工业为主体。所以,研究农垦集团的资本运营,不可能把资源性资产排除在资本范畴之外。

2. 资本非流动的局限性使之与人力资源配置高度结合

集团的资源性资本,既不可能空间转移,也不可能通过兼并等方式扩张,只能通过向现有耕地资源追加智力、科技等技术要素,以内涵扩大再生产方式扩张生产能力。这一局限性决定了通过合理配置人力资源或运营人力资本将技术要素与资源要素有机结合,是使非流动性资源资本充满活力的主要途径。

具体表现:一是通过股份化并不能完全实现这种人力资源运营方式;二是在市场机制作用下,较强流动性的人力资源与非流动性的土地等资源互补与重构,从而充分调动土地资源管理者与经营者、劳动者的潜力,促进资源性资本在每个生产周期得到保值、增值;三是运营土地等资源性资本对人力资源的需求也符合收益递增、递减规律,适量地投入人力资源,既能促进生产力的发展提高,又能避免具有高智潜能人力资源的浪费和无效投入;四是土地资源性资本只有在追加人力等技术要素后才会增值,其增值部分不再表现为土地等资源形式,而是体现为通常意义上的资本,即转增为农垦集团净资产。

3. 资本运营营利功能与产业组织功能合一

一般集团的资本具有较高的流动性,为获得财富,随时可以把资本配置到投资报酬较高的部门及企业。而农垦集团是一个拥有514万平方公里和156万人口的巨大地理区域,这一基本特征决定了集团资本将主要投入到农垦区域内,发展若干个具有较强竞争优势的产业部门。从长期竞争战略出发,集团的资本轻易不能从这些领域退出,而转向垦区外投资。因为,第一,农垦集团不可能长期依赖于土地等资源性资产单一地向大自然索取财富,为获得更大的收益必须大力发展加工业,特别是以农产品为原料的加工业等产业。如果农垦集团能把这块增值拿到手,将给集团带来丰厚的收益。第二,农垦集团为增加竞争力,必将强化资本的产业组织功能。立足于黑龙江农垦的地缘、资源、历史沿革等具体实际,较长期地致力于发展农产品加工等产业。农垦集团同样也会遵循市场法则,不断引进新技术,以新产品替代老产品,以及鼓励集团内企业间的兼并、重组,以确保农垦集团运营的资本充满活力,增强集团整体竞争力。第三,农垦集团也是黑龙江垦区这个社会区域内发展产业融资的主要力量。1997年黑龙江垦区完成全社会固定资产投资23.5亿元,来源于农垦集团系统以外的固定资产投资总额仅1.1亿元,占垦区全社会固定资产总额的4.7%。而从农垦集团系统融资高达18.5亿元,占全社会固定资产投资的78.4%,是国家预算内投资的4.6倍,今后依靠集团向外融资将更加重要。

4. 农垦集团核心企业的性质是专司国有资本运营的国有控股公司

根据国家有关部门的批复意见,农垦集团核心企业的主要职责是为了出资者的利益,通过全资、控股、参股等方式兴办企业,发展具有黑龙江农垦特点的产业组织,使所控制的国有资产有效运转,取得最大经济效益,实现保值增值的目标。控股公司运营资本的手段包括决定重大发展战略、决定重大投资、管理国有股权(含资本收益)、人事控制和资产监督五大方面,由此农垦集团与一般的企业集团相比表现为以下几个方面特征:一是集团核心企业对其紧密层成员和松散层成员投资可以超过净资产的50%;二是集团的核心企业不从事生产经营;三是集团核心企业的权利义务不仅受《公司法》的调整,还要受即将出台的国有资产法的调整。

五、企业财务状况

截至 2004 年 12 月 31 日,集团公司注册资本 60 亿元人民币,总资产 374 亿元人民币,总负债 249 亿元人民币,总收入 164 亿元,净资产 85 亿元人民币,资产负债率 66%。近年情况如表 1 所示。

表 1　　　　　　　　　　北大荒集团三年主要财务数据　　　　　　　　　单位:万元

项　目	2002 年	2003 年	2004 年
1. 资产总计	3 529 433	3 821 119	3 745 979
其中:流动资产	2 097 620	2 168 939	1 827 833
2. 负债合计	2 475 251	2 669 281	2 492 449
其中:流动负债	2 043 681	2 221 488	2 083 350
3. 所有者权益	1 046 520	1 142 535	1 204 826
4. 主营业务收入	1 521 847	1 604 067	1 648 039
5. 利润总额	46 622	36 743	46 656
6. 净利润	42 492	38 024	37 352

六、企业文化

集团创造了具有农垦特色的、内涵丰富的企业文化,即人们通常所说的北大荒精神:艰苦奋斗、勇于开拓、顾全大局、无私奉献。北大荒精神的核心是创业和奉献,是以大批复转官兵为核心,以知识分子、知识青年、支边青年为骨干,加上其他社会成员组成的农垦大军,经过长期艰苦卓绝的不懈奋斗,开拓和创立了伟大的农垦事业,同时也铸就了北大荒精神。分析一下农垦的地理位置和自然特点,就会知道当初的开发难度有多大。在这样艰苦的条件下开发农垦事业没有一点精神是不行的。在北大荒精神的熏陶下,这些龙头企业善于学习,锐意创新,与时俱进,使企业文化呈现出了丰富多彩的特色。

九三油脂、完达山乳业、北大荒米业等已经跻身全国知名企业和品牌行列,为垦区经济发展做出了辉煌业绩。

首先,在企业文化建设上把握和升华了"北大荒精神"。这种文化是在"北大荒精神"这片沃土上产生和发展起来的,它不但秉承了"北大荒精神"的精髓,而且在形成过程中,其文化结构不断稳定,文化理念有所创新,文化模式逐渐凸现。

其次是企业文化存在的基础比较广泛。企业文化不但植根于分布在全省的一百多个农场和企业,还不同程度地影响着全省广大农村。因此,龙头企业文化已经包容、渗透和塑造了介于城市和农村之间、富有特色的农垦文化。

同时,企业文化是一种历史沉淀文化和现代管理文化的结晶。集团在其企业文化形成过程中,始终紧跟时代步伐,吸纳中外成功企业的诸多先进因素,使企业文化丰富多彩。因此,龙头企业文化呈现出多元文化共存、相互包容的多样性特点。

沟通交流、信息共享,增强团队的凝聚力。

天津汽车工业(集团)有限公司

天津汽车工业(集团)有限公司在2006年以3 558 415万元的营业收入位列由中国企业联合会、中国企业家协会所评选的"中国企业500强"的第80位,进步是非常快的。本文就是对该企业的一个全面的介绍。

一、企业发展历程概述

20世纪80年代初期,天津汽车行业处于散乱状态,几十个配套企业小而分散,形不成专业化,既没有形成生产规模,经济效益也很低。1983年天津市人民政府批准天津汽车行业实行企业化管理,明确了天津汽车工业的独立的产业地位。面对当时划小核算单位、租赁承包的改革热潮,天津汽车公司明确提出天津汽车工业要发展,必须改革旧的工业发展规律,走大批量、专业化和联合的道路,并从治散入手进行一系列改革。按照"产权清晰、权责明确、政企分开、管理科学"的目标,积极创建现代企业制度,组建了天津汽车工业(集团)有限公司,初步形成了转机改制的基本框架。经过十几年的改革,形成了今日的规模。

天津汽车工业(集团)有限公司(以下简称天汽集团)是我国百户建立现代企业制度的试点单位之一,是集科研开发、生产销售、融资、外贸、服务一体化并进行资产经营的国有特大型汽车生产企业。

天汽集团现有国有全资子公司17家、集体企业7家,中外合资、合作公司25家,股份公司1家和有限公司2家,并设有销售有限公司、物资有限公司、进出口公司、产品开发中心和职工培训中心等。其中在天津最重要的两家汽车生产商——天津一汽夏利股份有限公司和天津一汽丰田有限公司中都占有股份。2002年6月,天汽集团所属的天津汽车夏利股份有限公司与中国第一汽车集团完成了时为中国汽车工业史上最大、最具影响力的联合重组"天一重组",即中国第一汽车集团公司与天津汽车工业(集团)有限公司在北京人民大会堂签署重组协议。一汽集团受让了原由天汽集团持有的公司50.98%的股份,对公司拥有控股权,而天汽成为夏利的第二股东,从而形成了天汽集团、一汽集团和丰田公司共同合作的战略体系及做大做强天津汽车产业的新格局。

2003年9月,由中国第一汽车集团、天津一汽夏利股份有限公司以及丰田汽车公司、丰田汽车(中国)投资有限公司成立了天津一汽丰田汽车有限公司。而这一年,是天津汽车的里程碑式的一年,在这一年,天津汽车业取得了飞速发展,生产轿车总销售量164 622辆,创历史最好水平。其中,天津一汽夏利股份公司共生产夏利系列轿车117 186辆,销售117 335辆;天津一汽丰田汽车有限公司生产 VIOS 威驰系列轿车49 534辆,销售49 457辆。

天汽集团通过技术改造促进企业发展,大体经过三个阶段。一是内涵挖潜,滚动发展。在最初发展的几年,天汽靠自身的积累,走上一条内涵挖潜的道路。在基本上没有国家投入的情况下,利用天津市委、市政府的倾斜政策,产品上"以老养新,以新带老,新老结合,滚动发展",即由原来具有一定基础的轻型汽车起步,用轻型车挣来的钱发展微型车,然后再用微型车挣来的钱去发展经济型轿车。与此同时,改革管理体制,调整改组企业,改变重复、分散的资产布局,并对各厂产品进行合理分工,拉长短线生产能力,提高专业化水平。

二是国家支持,贷款改造。从"八五"中期开始,集团先后贷款37亿元,实施了10万台发动机和15万辆夏利轿车扩建以及10个零部件配套项目的技术改造。产品开发中心也初具规模;与天津大学合作办学和建成的职工教育培训中心,形成了不同层次的人才培养体系。

三是引进外资,融资上市。为进一步优化资产布局,结合企业改组、改造,近年来天汽集团把优化企业资产分布结构、企业组织结构同优化投资结构有机结合,引进外资,嫁接改造了25家工厂,利用外资3.25亿美元。

天汽集团致力于实现资产多元化,增强企业竞争实力,通过优良资产重组,成立了天津汽车夏利股份有限公司,并于1999年7月在深圳以A种股票上市,为天汽集团的发展注入了新的活动。

天津汽车工业(集团)有限公司是集团式的公司结构,下属众多子公司和机构,其总公司的组织结构如图1所示:

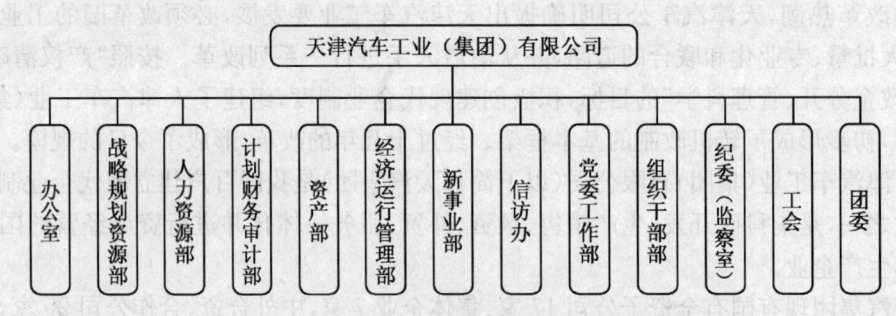

图1 天津汽车工业(集团)有限公司组织结构图

二、企业发展战略

(一)企业环境分析

1. 经济环境

首先来看整个汽车行业的经济环境。对于整个汽车行业来说,宏观经济环境是非常有利的。这几年,汽车的产销量一直在大幅度增长,从2003年的444.37万辆和439.08万辆到2006年双双突破727.97万辆和721.60万辆,增长幅度之大,令业界一片欣喜。在宏观经济向好的大背景下,汽车行业仍将保持持续增长。2007年国民经济会继续和谐、平稳、高速发展,GDP增幅仍会在9%左右,汽车市场全年增幅预计不会低于15%,汽车产销量将会再跃上800万辆台阶。其中,经济适用型的中低档轿车增长量会更大,而天汽集团恰恰就是生产这类轿车的主要生产厂家。因此,这一点对天汽也是非常有利的。从2000年到2005年,我国的汽车销售量如图2所示。

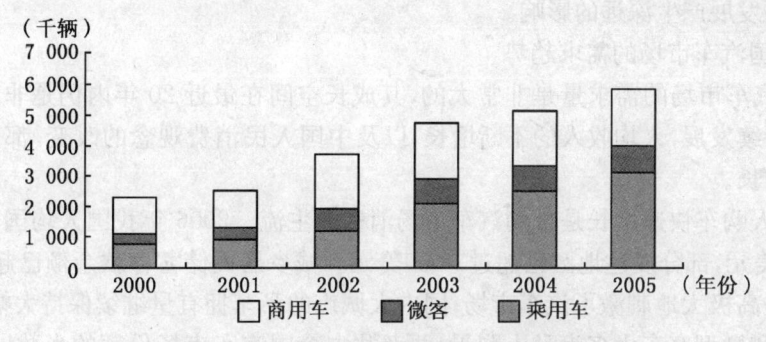

图2 2000~2005年中国汽车市场销售

然后,再看天汽所在地天津地区的经济发展状况,2005年全年实现全市生产总值(GDP)3 663.86亿元,按可比价格计算比上年增长14.5%。全市人均生产总值达到35 457元,约合4 328美元,增长12.8%。第一产业完成增加值109.42亿元,增长4.3%。第二产业完成增加值4 050.34亿元,增长17.5%。第三产业完成增加值1 504.1亿元,增长11.4%。"十五"期间,全市地区生产总值年均增长13.9%,超出"十五"计划目标3.9个百分点,高于"九五"时期平均增速2.6个百分点。其中三次产业年均分别增长5.7%、16.5%和11.6%。全年城镇单位从业人员人均劳动报酬23 929元,增长13.2%。城市居民人均可支配收入12 639元,增长10.2%;农村居民人均纯收入7 202元,增长10.4%。居民生活水平继续提升。2005年城市居民人均消费性支出9 653元,增长9.7%。其中衣着、医疗保健和交通通讯支出分别增长了11.9%、20.9%和26.7%。农村居民人均生活消费支出3 590元,增长8.9%,其中衣着、交通通讯支出分别增长23.1%和12.0%。城乡居民生活质量继续提高,年末城市居民每百户家庭拥有移动电话122.1部、家用电脑51.1台、微波炉74.3台、热水器86.5台、轿车3辆。由此可见,天津地区在我国仍属于经济较为发达的地区,居民平均生活水平较高,并且天津地区的经济发展趋势也较好,基础设施建设也不断投入。而天汽的产品在天津地区是占有地区优势和垄断地位的,因此,天津地区的经济良好发展势必会给天汽带来发展的良好契机。

2. 政治和法律环境

在政治法律方面,由于天津汽车工业(集团)有限公司,是整合了天津市的轿车、客车、小型货车以及汽车零配件等生产厂商而组建的,在天津整个经济中占有很重要的地位,是天津市的支柱产业,天津汽车工业的发展,是被列入天津"十一五"规划的重点发展产业;因此,天汽集团拥有相当好的政治优势,会得到政府的大力扶植,来维持其竞争优势。在整个国家的大环境中,近几年,随着汽车市场的快速增长,汽车支柱性产业地位的确立,政府明显加快了汽车行业各项规范性政策的研究和制定,特别是2004年6月新《汽车产业政策》颁布实施后,围绕该政策的各项配套政策陆续出台。2005年几部广受关注的政策如《构成整车特征的汽车零部件进口管理办法》、《汽车品牌销售管理实施办法》、《汽车贸易政策》、《二手车流通管理办法》和进口车落地完税政策等分别在4月、8月和10月相继实施。另外,《道路车辆外廓尺寸、轴荷及质量限值》、《乘用车燃料消耗量限制》等行业技术标准性措施也相继推出。这些政策和措施分别从生产和流通领域对汽车行业做出了规范，有些短期内对市场可能会产生一些冲击，但长远来看，将对加强我国汽车产业的整体竞争力，促进汽车交易市场的健康有序发展产生深远的影响。

3. 中国汽车市场的需求趋势

中国汽车市场的需求量是非常大的，其成长空间在最近20年内仍是非常可观的。国民经济的持续发展，人均收入的不断增长，以及中国人民消费观念的改变，都会大大拉动汽车消费的增长。

(1) 私人购车快速增长是带动汽车市场消费的主流。2006年我国人均国内生产总值已达到1 000美元，部分发达地区已超过3 000美元。城乡居民储蓄存款余额已超过8万亿元。购买力的提高极大地刺激了汽车市场；国内大城市的私车拥有量继续保持大幅增长的趋势。目前，轿车和微型客车大多为私人购买，两者共占全国汽车市场份额的半数以上(54.1%)，充分表明私人购车已成为当今汽车市场消费的主流，其快速增长是汽车市场活跃的带动因素。

(2) 公路建设的投入更促进了汽车行业的发展。目前，我国公路在客运量、货运量、客运周转量等方面均遥遥领先于其他运输方式的总和。根据交通部规划，到2010年，公路总里程要达到210万至230万公里，全面建成"五纵七横"国道主干线，目前人口在20万以上的城市高速公路连接率将达到90%，高速公路总里程达到5万公里。2004年新增公路通车里程7万公里，其中新增高速公路3 500公里，到年底全国公路通车总里程达到188万公里，高速公路里程达到3.3万公里，新改建农村公路10万公里。2005年，我国的高速公路增加到3.5万公里。而公路通乡率由99.5%提高到99.8%，使687个不通公路的乡通公路；公路通行政村率由93%提高到96%，使49 000多个不通公路的村通公路。而2006年公路建设更是处于鼎盛时期。城市之间的高速公路建设是重中之重，而在此后一段时间，更要完善公路交通。公路建设行业是一个经济体的基础产业，所以它不仅对国民经济的发展起至关重要的作用，还带动着一大批其他产业的发展，尤其是汽车产业的发展。

(3) 客运旅游市场扩大。我国的城市化快速发展保持着持续强劲的势头，中国正在进入城市化发展的转折时期。这使得我国客车市场急剧扩大，公路客运、旅游客运、城市公交客运量逐年增长。在公路客运方面，以往在综合运输体系中占主导地位的铁路客运让位给公路客运，在旅游客运方面，国内外旅游人数逐年增加，目前，国内旅游市场的人数居世界第一位，旅游市场的发展，带动了旅游汽车更新、新增速度加快；在城市公交客运方面，随着城市化进程的加快，客运量也呈飞速发展态势，目前公交车和电汽车的载客量为341亿人次；而城市建设规模的扩大，进一步增加了运营线路，这些都导致公交市场出现了从未有过的兴旺。这些因素带来对大中型客车及其他种类车型的需求。

(4) 信贷消费拉动车市。据估计，今年我国个人汽车贷款有望达到2 000亿元，是仅次于个人房贷的第二大个人信用市场，积极的汽车信贷消费政策激发了人们的购车热情。入世后，中国的汽车信贷消费政策不断调整。央行宣布允许外资非金融机构进驻中国汽车消费信贷市场，并加快步伐制定汽车信贷消费政策。工商、中行、交通和招商银行的北京分行都将汽车贷款利率下调了20%。2003年10月3日，期待已久的《汽车金融公司管理办法》颁布实施。这意味着我国汽车消费信贷从此迈进多元化、专业化发展的时代，这种对汽车信贷的支持无疑也会拉动车市的增长。

如图 3 所示,我国轿车市场的销量增长速度是全球增长最快的国家。

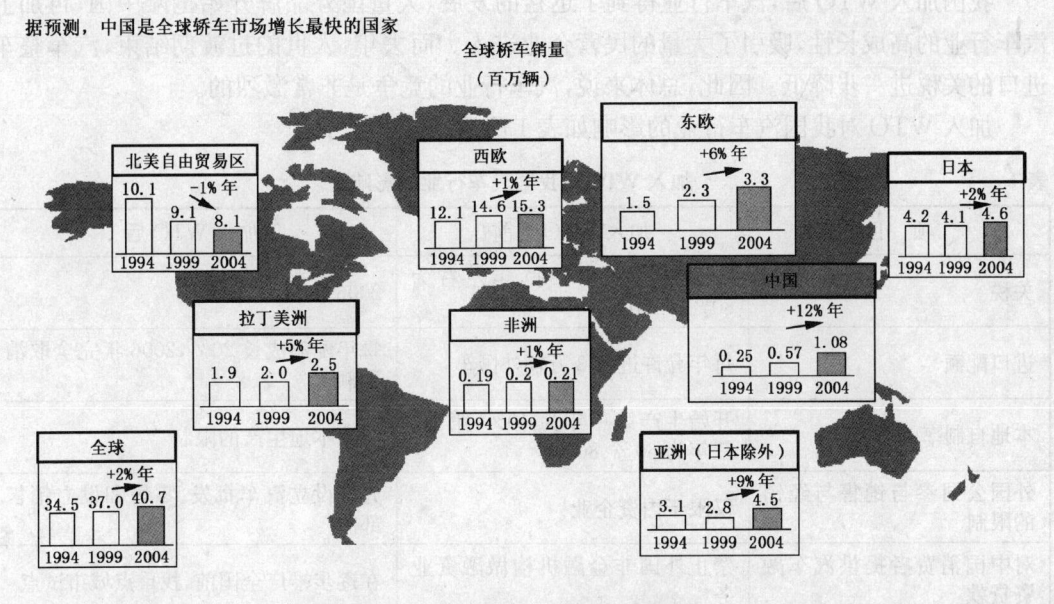

图 3 全球汽车市场的增长速度

3. 汽车市场的发展趋势

第一,从车型投放来看,2007 年肯定又是一个新品大战年,消费者的选择余地大为拓宽。克莱斯勒 300C、凯迪拉克 SLS 赛威、上汽荣威等都抢在北京车展前发布,这还仅仅是高端品牌,中、低端车型的投放密度及投放速率则更加突出。日产轩逸、华晨尊驰、华普海炫、奇瑞 QQ6 等许多新车有的刚刚热市、有的眼都还未看热,北京车展又将亮相一大批新车。长安带来了奔奔、陆风"CV7"、星晴以及长安福特马自达"S—MAX"和长安铃木"天语(天语新闻,天语说吧)SX4"等 5 款新车;哈飞也带来了赛豹 V 系、赛马 07 款、路宝 1.3L 及民意 M408、哈飞九等 5 款新车……与以前人们争着买捷达、普桑的情况不同,现在的企业不怕你不动心,只怕你挑花眼。

第二,从出口形势看,2006 年全年整车出口有望突破 25 万辆,随着海外网络的健全及品牌的成熟,2007 年出口的形势将更为乐观,成为整车增量的有效补充。

第三,降价风潮难以平息,2007 年年初、年中及秋季会有至少三轮冲击波拉动消费。一是目前国内车价仍未和国际接轨,仍有很大的下降空间,随着规模的扩张,常态降价有了基础保障;二是从目前到 2010 年将是国内车企发展最关键的几年,在目前的竞争格局下,不拼也得拼,不降也得降;三是很多企业仍然坚持高位定价,新车型定价普遍虚高,而且是有意为之,其实质就是为降价作准备,这样对一些产品较少、车型较老的企业将形成直接冲击。

第四,消费观念转变加快,汽车作为非奢侈家用品的观念正在逐步普及,一些家庭将小轿车作为嫁妆或作为青年人事业起步时的礼品相赠的事例越来越多,而年轻一代贷款消费的观念正在强化。此外,2006 年重启的消费惯性仍在起作用,跟风消费热潮仍在继续。还有一个因素不能忽略,城市交通的恶化表面看抑制了汽车消费,但恶化到一定程度时,实际上又会迫使更多的人买车,因为"有车堵,没车更苦",北京就是一个典型,而低油耗、小排量车的投放规模加大，又与"代步"消费潮形成了良性互动。

(二)天津汽车工业(集团)有限公司的竞争状况

我国加入WTO后，汽车行业得到了迅猛的发展，大量国外品牌开始抢滩中国，再加上汽车行业的高成长性，吸引了大量的民营企业进入。而去年，入世的过渡期结束，汽车整车进口的关税进一步降低。因此，总体来说，汽车行业的竞争是非常激烈的。

加入WTO对我国汽车行业的影响如表1所示。

表1　　　　　　　　　　　加入WTO对我国汽车行业的影响

项　目	加入WTO之前	加入WTO后
关税	1980年200%；1990年左右为80%~100%	2006年后为25%
进口配额	每年允许进口3万辆外国车	每年配额成长20%，2006年完全取消配额
本地自制率	开始生产第一年为40%，第二、三年为60%、80%，	取消本地生产的限制
外国公司参与销售与经销的限制	仅限于内资企业	允许设立汽车批发、零售和设立销售部门
对中国消费者提供汽车融资贷款	禁止外国非金融机构做融资业务	在逐步推广全国前，找重点城市试点

从上表可以看出，随着我国加入WTO的程度进一步加深，行业开放程度不断加大，外资有实力的企业会更深入地参与到国内的竞争中去。竞争逐渐由从汽车制造方面的竞争，演变为整体的销售、服务方面的竞争，以及对物流方面的竞争。如何在新的阶段，面对新的问题，迎接挑战，是摆在企业面前的一个重要问题。

目前，在我国众多的汽车厂家中，一汽、上汽和东风为第一梯队，他们占领了我国汽车市场的大部分版图，其产能、销量和研发实力都把其他企业远远甩在后面，属于寡头垄断地位。在这几方面，天汽是无法相比的。此外，北汽和长安属于汽车行业的第二梯队。这五家共占了国内2/3的市场。当然，天津汽车工业集团有限公司，自从2002年和一汽重组之后，在很多地方都处于一汽的战略同盟地位。

在整个汽车类产品中，天津一汽夏利的经济适用型轿车是一直居于行业领导者地位的。据悉，在2006年里，天津一汽的夏利系列轿车以16万辆的销量继续保持经济型车的主导地位。当然，夏利良好运营受益最大的自然是一汽集团，但作为第二大股东的天汽自然也是收益颇丰。事实上，随着天汽原本的优质资产夏利和华利出让给一汽，其旗下的优势产品不多，在整个汽车行业尤其是轿车行业，并没有处于优势地位。而其旗下的大马力拖拉机和汽车零配件等业务，倒是在市场中处于不错的地位。

在整个汽车行业，随着众多汽车厂商的调整改制，以及对技术研发的重视，市场集中度也逐渐降低，市场力量更加均衡，如图4所示。

(三)天津汽车工业(集团)有限公司的发展战略

1. 方向性战略

通过提高和发挥核心竞争力，坚定不移地捍卫天汽集团在经济型轿车的霸主地位，同时进行与核心竞争力相关多元化发展。按照"微型轿车—普通型轿车—中级轿车—核心零部

(a) 2000年各大汽车公司在华市场份额

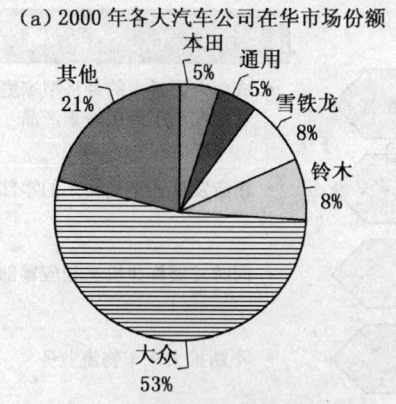

本田 5%
通用 5%
雪铁龙 8%
铃木 8%
大众 53%
其他 21%

(b) 2005年各大汽车公司在华市场份额

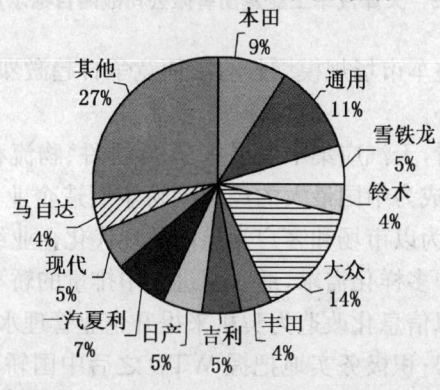

本田 9%
通用 11%
雪铁龙 5%
铃木 4%
大众 14%
丰田 4%
吉利 5%
日产 5%
一汽夏利 7%
现代 5%
马自达 4%
其他 27%

图4 2000年和2005年各大汽车公司在华市场份额对比

件—微型客车—中高级轿车"的优先顺序进行投资扩张的优化组合,同时坚决剥离无关或非核心业务,以集中资源发展支柱产业,致力于成为中国最大的经济型轿车制造企业。

2. 内部保障机制

面向市场,重组机构：天汽集团在重组前各管理层的职责性质没有清晰的定位。应将这种缺乏明确授权的组织运作模式进行重组,形成以相关产品为基础设立的事业部形式的组织结构,大力加强市场营销,协调和取得公司功能部门和各系统的资源的支持。同时集团应强化和完善功能管理,包括人力资源、财务、市场营销支持、战略规划和信息技术开发等功能。通过组织结构的重组,让天汽集团更直接与市场接触,使天汽集团的各个部门都能充分"以市场和客户为导向"。而目前随着"天一"重组的完成,已经基本解决了这些问题。

清晰定位,加强营销：能够清晰地进行定位是天汽集团取得成功的关键。在2002年以前,"夏利"是作为出租车和低端产品的品牌推向市场的,而随着经济的发展,已经不能满足私人车用车和高端产品的要求。夏利一改过去"重生产,轻营销"的状况,强化品牌意识,适时推出新的品牌。根据天汽的现状,发展私家车品牌已成为当务之急。

天汽集团的战略目标是非常明确的,如图5所示。

3. 天汽在新世纪的战略总结

第一,天汽集团应坚持做大做强经济型轿车的方向性战略,并建立以市场和客户为导向的内部保障机制。

天汽集团的整车业务	天汽的战略目标
天汽集团的整车业务	• 成为中国最大的经济型家庭用车的制造企业，兼顾发展中高级轿车产品
零部件业务	• 相应发展经济型轿车的零部件
拖拉机业务	• 同时发展拖拉机和相应零部件
物流业务	• 不断扩大汽车物流业务

图5　天津汽车工业集团有限公司战略目标示意图

第二，由于原有低端整车市场规模增长有限而竞争日趋激烈，天汽必须向上延伸拓展产品结构，进入轿车市场重心。

第三，从整个集团来看，天汽应集中发展整车、零部件、物流和拖拉机四大支柱产业。

第四，天汽的使命是：成为中国最大的经济型轿车制造企业，同时发展具有竞争力的关键零部件系列。尽快转变为以市场和客户为导向的现代化企业组织，快速响应市场变化；丰富现有产品系列，满足客户多样化需求，适时引进大中排量的轿车产品；加强品牌营销，完善和发展销售与服务网络；以信息化改造为契机来提升企业管理水平和运作效率，全面提高产品质量，确立成本竞争优势；积极务实地把握WTO之后中国轿车市场的发展方向，进一步拓展与汽车相关的新兴服务领域。

三、企业的生产经营情况

（一）企业主要产品、生产及销售情况

2003年天汽集团完成工业总产值227.95亿元，比上一年增长91.03%；生产汽车166 727辆，比上一年增长76.62%，其中生产夏利轿车99 409辆，比上一年增长31.68%；销售汽车162 295辆，比上年增长59.42%，其中销售夏利轿车96 859辆，比上一年增长15.41%，实现销售收入161亿元，比上一年增长116.2%。完成工业增加值35亿元，比上年增长10倍以上。出口创汇28 237万元。据中国汽车工业协会统计，1~2月，轿车销量排名前五位的品牌依次是桑塔纳、凯越、捷达、夏利、凯美瑞，销量分别达到3.05万辆、2.96万辆、2.45万辆、2.44万辆、2.41万辆。夏利位居第四。而作为夏利的第二大股东，天汽的大部分营业收入都是来自于夏利系列轿车。

天津汽车具备了年产45万辆汽车的生产能力，自1982年至2005年底，天汽集团已累计生产汽车217.86万辆，其中夏利系列轿车135.56万辆，市场保有量超过100万辆，畅销全国31个省市自治区。天津汽车工业年总产值已占到全市工业总产值的6%左右。

按照天津汽车未来发展规划，至2010年汽车工业总产值将达到1 210亿元，汽车总产量80万~100万辆，形成轿车高、中、经济型档次齐全；微型、轻型客车成系列；高、中档豪华客车形成规模的多品种、系列化的产品格局。

公司销售的产品主要有：夏利系列产品，"威"系列产品（威乐、威志和威姿），威驰、花冠、皇冠和锐志系列产品，美亚系列产品，三峰牌系列旅行客车，铁牛牌拖拉机和汽车发动机等各种汽车、拖拉机的零配件。其中，夏利和威系列属于天津一汽夏利股份有限公司生产，而威驰、皇冠、花冠和锐志则属一汽丰田生产。美亚则是由天汽集团的全资子公司天津美亚汽车制造公司生产。三峰系列旅行客车则由天津市三峰客车股份有限公司生产。铁牛牌拖拉机则由天津拖拉机厂生产。

天汽在2000年的销售收入构成如图6所示。

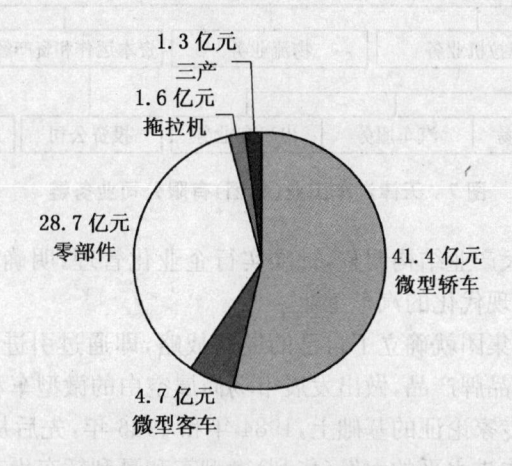

图6 2000年天汽的销售收入

从1986年到现在，夏利汽车的总销量已经超过了130万辆，并且连续20年蝉联自主品牌销量的冠军。特别是2005年，销量达到了20万辆，一举获得了单一品牌、自主品牌和经济型轿车销量的三个第一，其中夏利新N3轿车荣获了CCTV 2005自主品牌年度车型大奖。而处于小型车高端的威系列（威姿、威乐、威志）产品总销售量也达到了近4万辆，以同比增长200%的佳绩占到了企业整体销量的18%。

而一汽丰田则在2006年实现销售22.3万辆，比2005年全年销量增长了42%。同时，其在全国乘用车市场新车销量排名也由2005年的第11位提升到了第7位。一汽丰田销售公司也在北京首次公布了未来三年的公司发展计划，今年销售目标为26万辆，明年35万辆以上，2009年的销售量将突破45万辆。

此外，天汽的全资子公司美亚汽车则在SUV型汽车和皮卡类汽车上一直都处于重要位置，在这两种类型车的销售上，其业绩也是非常可观的。天汽集团美亚汽车制造有限公司生产的182辆整车出口南非，迈出了车辆出口的重要一步。而铁牛牌拖拉机不仅在国内占有重要地位，目前，也出口印尼，产品开始迈出国门。

而今，天津汽车工业集团有限公司已经不仅仅局限在汽车生产和销售行业，开始进行以汽车为中心的多样化经营，逐步扩展到其他行业，如图7所示。

（二）公司的企业品牌创建

天津市从1965年开始小批量生产汽车，此后的20年中，虽然4次产品结构调整，但是一直没有能形成独立的汽车工业产业群体。几十年来，配套企业小而散，形不成专业化，由于产品方向不确定，既没有形成生产规模，经济效益也很低。1982年天津市人民政府对天

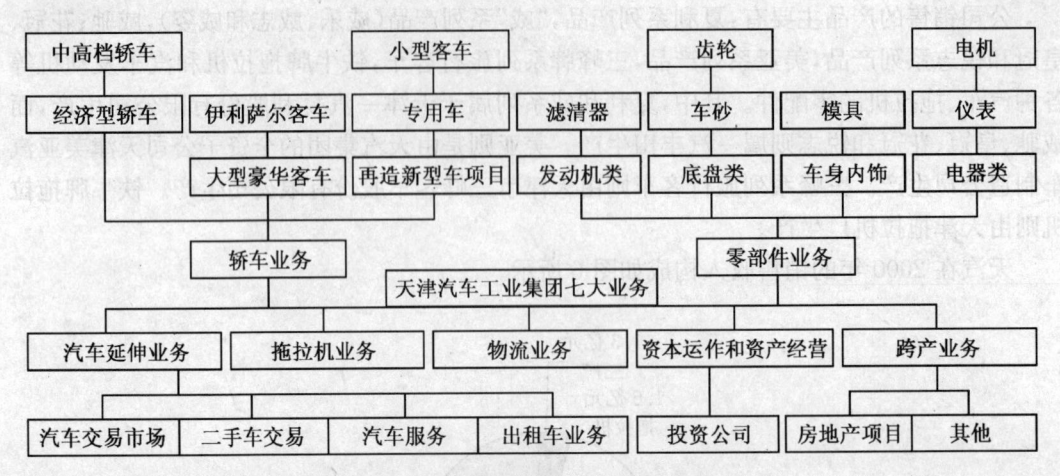

图7 天津汽车工业(集团)有限公司业务链

津汽车工业再次进行重大产业结构调整,批准实行企业化管理,明确了其支柱产业地位,从此,天津才开始逐步形成现代化的汽车工业。

公司组建初期,天汽集团就确立了自己的经营战略,即通过引进、消化吸收国外汽车工业先进技术,创立自己的品牌产品,做出发展市场尚属空白的微型车和经济型轿车的重大决策。在多方考查调研和专家论证的基础上,1984年和1986年,先后从日本大发公司引进具有20世纪80年代中期先进水平的大发(华利)微型车和夏利轿车生产制造技术。生产上从CKD方式起步,通过不断的技术改造,努力消化吸收引进技术,逐年提高国产化水平。到1996年底,华利微型车和夏利轿车国产化率分别达到98%和93.3%,形成了以夏利轿国和华利微型车为主导产品的四大汽车产品系列,两个主导产品年总产量的比重逐年增加,在国内出租车市场的占有率超过50%,成为天津市两大著名品牌,"夏利"商标还被国家工商局商标局认定为驰名商标。

与此同时,各项经济技术指标也逐年提高,如销售收入平均每年110亿元,汽车产量平均15万辆。通过创立品牌,带动了企业的整体发展,目前天汽集团已经形成有全资产公司17家,集团企业7家,中外合资、合作企业23家,股份公司1家和有限公司2家,并设有销售总公司、物资供应公司、进出口公司、产品开发中心和职工培训中心,拥有职工六万人的国有特大型汽车生产企业。产品形成夏利牌系列轿车、华利牌系列微型汽车、三峰牌系列施行客车、雁牌系列轻型载货汽车四大产品系列,几十个品种,还生产各类专用汽车、铁牛牌大中型轮式系列拖拉机、汽车发动机和各种汽车、拖拉机零部件、产品遍及全国30个省、市、自治区,部分产品有少量出口。

四、企业的并购重组

2002年6月14日,天汽集团董事长张世堂在人民大会堂与一汽集团的总经理竺延风签字拥抱,将其麾下夏利公司股本的50.98%和华利公司的全部股权有偿转让给一汽。至此,中国汽车史上的最大一次重组完成了。这无疑将对天津汽车的发展产生深远的影响。要分析此事对天汽的影响首先要对各方的利益加以分析。

首先,对于丰田来说,作为亚洲第一大和世界第三大汽车厂商,在中国市场与天汽的合作并不愉快。天汽在产品开发与推广、生产管理、盈利能力等各方面都不能令人满意,难以实现其逐鹿中国轿车市场的雄心,在这一点上丰田不仅不能与大众和通用相比,而且与同为日本的另外两家厂商日产和本田也无法相比,日本丰田因此急于寻求在中国的更为强大的合作方,天汽与一汽的重组,正可成就日本丰田的心愿,一汽将为日本丰田提供一个在中国迅速扩张的机会。

对一汽来说,此次收购目的主要有三个,一是利用丰田制衡大众;二是学习丰田的管理和售后服务的先进经验,或许可以利用丰田的技术改造一汽的"红旗"轿车生产线;三是通过收购天津汽车和华利汽车进入经济型轿车生产领域。天津汽车已有15万辆轿车的生产能力,直接收购可以大大缩短进入经济型轿车领域的时间。在经济型轿车发展迅速的今天,一汽选择收购夏利无疑是一个明智的选择。

对天津汽车集团来说,一汽集团的入主使得公司股权结构更为合理。入主后公司董事会进行了改选,四名新董事来自一汽集团,总经理一职也由一汽集团的人担任。此举将有利于公司进一步完善法人治理结构;同时,也可促进天汽在经营工作中充分借鉴和利用一汽集团成熟的管理经验、技术开发、资金和政策等方面优势,实现资源共享,对公司改进管理、降低成本和持续快速发展产生积极有益的推动作用。

另外,对天汽影响最大的莫过于和丰田的合资企业天汽丰田了,并购完成以后,天汽丰田变成了实际上是由一汽和丰田合资的汽车厂,天汽在其中起桥梁纽带的作用。由于丰田已经在天津建立了强大的零部件供应基地,未来的中高档轿车生产基地非天汽丰田莫属(从后来天汽丰田第二期工程的开工,丰田的皇冠轿车推出可看出)。按照一汽、天汽与丰田三方的规划,从2002年至2010年,将投入巨资在天津建立一座年产15万辆、排量为2.5~3.0升的中高档轿车的生产基地;建立一座年产15万辆至20万辆的微型、多功能车的生产基地;确保天津丰田NBC1至NBC5轿车达到年产15万辆的目标。这一蓝图如能实现,天汽有望成为中国最大的轿车生产基地之一。

五、企业的研发创新情况

随着大家对环境保护的重视程度日益增强以及能源的紧缺,未来汽车技术必定要向着节能、环保和安全三大方向发展。这势必对汽车行业的发展有着深远影响,谁能生产出更节能、更环保的汽车,谁就能更好的占领市场。在中国,一旦有新产品出现,通常会引起大家的广泛关注,都能够取得不错的市场业绩。为增强企业竞争力,适应汽车市场新品争天下的消费需求,天汽集团将每年向市场投放2~3个新产品。通过新一轮研发,将形成经济型轿车、中高档轿车、轻型车和大型客车四大生产基地,以皇冠轿车、花冠轿车、NBC系列轿、夏利牌系列轿车为主导产品,包括多功能商用车(SUV)、豪华大客车、轻型车在内,1.0升~3.0升全系列的梯次型产品结构。在技术改造上,2004年,行业全年累计完成投资额20亿元,比上一年增长4.78倍。相继完成了天津丰田汽车公司的扩能改造项目,年产能力达到了12万辆;完成了皇冠轿车建设项目,形成年产能力15万辆的规模;完成了阿斯莫公司西移建厂项目并已正式生产;完成了模具公司车身模具生产线新建项目和扩能技改项目;完成了汽车灯厂产品技改项目;丰田合成公司也进行了增资扩产。

六、企业的市场销售体系

经过多年的市场建设,天汽集团以所属销售总公司为主经销商,建成了多层次的立体经销网络,在全国设有三家销售分公司,36家控股的销售有限公司和100余家的专业代理商,这些销售公司严格按照天汽集团的要求,即整车销售,配件供应,维修服务,信息反馈"四位一体"的模式建立和运营,天汽集团在全国消费者中树立了良好的形象。

以服务促销售是天汽集团开拓市场的主要措施之一。首先是售前服务,对产品的使用说明、维修和保养都有详细的文字讲解,出版了培训教材,维修指南等书刊,编制了产品维修、保养及有关性能说明的录音带和录像带,这些资料在用户使用中发挥了重要的指导作用。其次是售后服务,天汽集团1999年推出金牌服务工程,强化了许多服务措施,包括设立热线电话、24小时全天候服务、送修上门、跟踪服务、配件免费安装、培训维修人员、对用户质量承诺,在一些大城市实行维修服务车上路服务,24小时巡回,发现故障车辆给予及时维修,为用户排忧解难,给用户带来了极大的方便。集团还着手建立和完善维修服务网络。

目前,天汽集团在全国已经建立特邀维修站达到260多家,服务半径小于200公里。由于采取上述措施,保障了用户的合法权益,同时也提高了天津汽车产品的知名度和信誉。

魏桥创业投资集团

在中国企业联合会、中国企业家协会发布的中国企业500强排名中魏桥创业投资集团（以下简称魏桥集团）2004年位居第154名，2005年名列第109名，较去年前移45个位次；2006年跃居第81位，首次进入百强名单，上升28个位次。

山东魏桥创业投资集团有限公司位于鲁北平原南端，紧靠胶济铁路和济青高速公路，占地1 000公顷，现有总资产135亿元；银行信用等级AAA，海关信用等级AA，纳税信用等级A；是一个集棉纺、织造、印染、服装、热电、铝业于一体的特大型综合企业集团；技术装备居国内一流水平，生产规模和经济效益连续6年居全国棉纺织行业首位。魏桥创业投资集团是目前世界上纺织能力最大的棉纺织企业，是中国企业500强和山东省26户特大型企业之一。

一、企业发展历程概述

（一）企业发展简史

魏桥的前身是邹平第五油棉厂，起初仅有60多名职工，由于国家对棉花控制紧，企业的主要业务是在旺季收购棉花，进行简单加工，经营效益不佳。

集团现任董事长张士平上任后，企业在棉花加工行业中第一个走出去收购大豆、花生、棉籽加工油料，到1984年利润跃居全国棉麻行业第一，引得各地棉花加工厂竞相学习仿效。

此后魏桥上马毛巾厂项目，1986年建厂，当年实现利润25万元。

1989年魏桥涉足棉纺时，已经建成万吨纱锭，之后又筹资6 000万元建成3万多枚纱锭的棉纺厂和336台织机的织布厂，到1992年企业年利税已达1 260万元。

1993年到1997年，棉纺织市场两次跌入低谷，全行业连续亏损6年，但在这一时期魏桥先后投资3.3亿元，使棉纺织能力扩大到28万锭。

到1997年亚洲金融危机爆发时，魏桥的利税已突破1.5亿元，比1992年增长10倍多，年均增长64%，出口创汇年均增长82.7%。

1999年兼并滨州一棉时，企业已拥有纱锭33万枚，一跃成为全国最大的棉纺织企业。此时魏桥没有停步，在5年内投入170亿元，将纱锭从33万枚增加到500万枚，织机从4 000台发展到42 000台，使得各项指标以年均50%以上的速度迅猛增长。

1997年到2003年，魏桥出口创汇年均增长71.5%。

2003年9月,魏桥纺织在香港成功上市,次年5月在港首次配售成功,两次总计募集资金30亿港币,到2004年集团销售收入已达231.25亿元,跃居全省第九。魏桥集团各项指标连续7年稳居全国同行业首位,并跻身中国工业企业百强、中国出口企业百强和全球最大棉纺企业。

2005年,山东魏桥创业集团面对紧缩的宏观环境和严峻的市场形势,克服了重重困难,圆满完成了年初制定的奋斗目标。全年共实现销售收入355.1亿元、利税40.5亿元、利润21.0亿元。

(二) 企业所有制结构

山东魏桥创业集团有限公司成立于1998年4月,由其前身邹平魏桥棉纺织厂改制成山东魏桥纺织集团有限责任公司,2003年10月更为现名。公司是由集体资本和管理层股东共同出资设立的非国有企业,公司有邹平县供销合作社联合社和管理层股东共同出资设立,其中邹平县供销合作社联合社投资占注册资本的89.99%。在发展壮大的过程中,集团先后成立了多家合资企业及控股子公司,2003年9月,其下属公司魏桥纺织在香港成功上市。

(三) 企业组织架构

魏桥集团日常经营管理由总经理负责,总部内设9个业务和职能部门,分别为原料采购部、销售公司、行政管理部、劳资部、财务部、物资供应部、企业管理部、生产技术部和技术改造办公室,各部门都有一名副总经理分管。除股份公司外,各职能部门对下属公司的对应部门进行统一管理、统一调度。在集团总部与子公司、分公司的关系设置上采取了高度集权的组织控制模式,特别是在战略规划、物资采购、生产计划、管理标准、财务、销售等方面实行高度统一的管理体制,加强了集团总部的控制力,保证了企业在经济全球化、市场一体化的格局下快速抢抓机遇、高效配置资源,在商机把握、市场开拓、风险规避、资源整合等方面都形成了快速高效的魏桥特色。魏桥创业投资集团下属企业有魏桥纺织股份有限公司、滨州魏桥热电有限公司、滨州魏桥铝业有限公司、山东魏联印染有限公司、山东魏桥服装有限公司、山东魏桥宏源家纺有限公司等多家子公司。

其中魏桥纺织股份有限公司于2003年9月在香港成功上市,图1为其股权架构图。

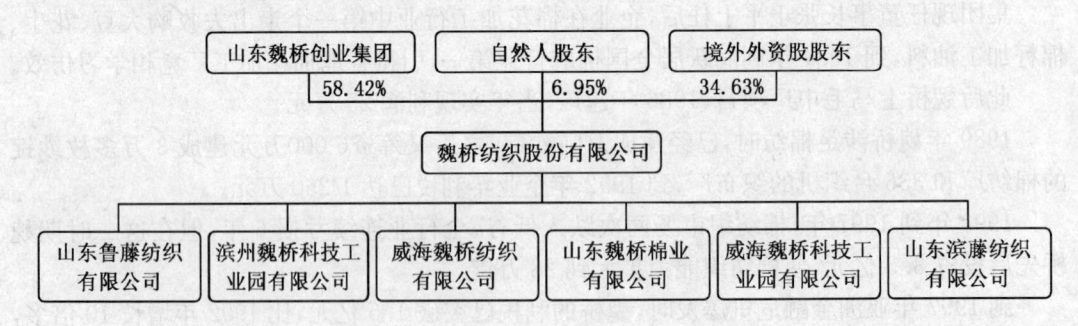

图1 魏桥纺织股权架构图

二、企业发展战略

(一)企业竞争环境分析

1. 棉纺织行业

置身于整个国际纺织工业的大环境下,我国纺织工业经历了从自我满足到进口替代再到出口导向三个政策阶段;而从行业本身发展特质看,依照经典的"里兹模型"(根据生产量、国际贸易量、生产能力、产业策略、产业结构、国内经济政策以及国内市场等7个因素把纺织工业划分为7个阶段,依次为维生阶段、起飞/早期工业化、快速成长阶段、发散/整合阶段、产业发展量质具增阶段、高弹性低整合阶段、创意独具实质整合阶段和产业发展新型态阶段),我国纺织工业应该是完成了第三阶段正在进行第四阶段进程,纺织工业进程见表1。

表1　　　　　　　　　　　我国纺织工业进程

阶　　段	维生阶段	起飞阶段	快速成长	发散整合
时期	19世纪末到20世纪中	1950年到1979年	1980年到2000年	2001年到以后
时间长度	70年左右	30年	21年	5~10年
年均增速	<5%	8%	12%	

资料来源:中国纺织工业协会。

表2　　　　　　　　　1998~2002年纺织业销售与生产收益情况

年　份	销售收入(亿元)	销售成本率	销售费用率	管理费用率	财务费用率	营业利润率
1998	6 536.26	88.5	2.3	6.1	3.7	−0.3
1999	7 071.79	87.7	2.3	5.7	2.9	1.5
2000	8 339.38	87.5	2.2	5.2	2.1	3.1
2001	8 663.59	89.1	2.3	4.8	1.8	2.5
2002	10 100	88.4	2.3	4.5	1.6	3.3

资料来源:国家统计局。

我国产业调整效果明显,全行业连年盈利,2002年规模以上企业盈利额就达到338亿元。作为传统部门,纺织更是在吸收就业、维持社会稳定方面起到重要作用。2002年全行业从业人数大约有1 500万人,其中规模以上企业的从业人数789万人。纺织工业从业人数占全国制造业从业人数的18.70%,在全国规模以上工业企业中,纺织工业职工占14.03%。同时,我国纺织服装业成为全球纺织服装供应链中的重要环节,并且已成为世界纺织加工基地和全球纺织采购中心,纺织产品几乎覆盖了国际消费市场的各个层面,质与量均逐年提高,市场竞争力不断提升。

表 3　　　　　　　　　　　纺织代表产品历年国际竞争力稳步提高

年　份	1993	1995	1997	1999	2000	2002	2003
棉纱	0.43	0.11	−0.25	−0.29	−0.42	−0.4	−0.23
棉布	0.37	0.39	0.24	0.23	0.23	0.34	0.41
印染布	0.24	0.30	0.16	0.18	0.18	0.32	0.40
服装	0.98	0.92	0.93	0.93	0.94	0.94	0.95

资料来源：国家统计局。

从表 3 中我们可以明显看出，我国的纺织服装工业在 20 世纪 90 年代初期，曾经经历了竞争力下降的情况，但自 2000 年后，我国的棉纱、棉布、印染布及服装的竞争力系数都有不同程度的提高。从纺织产业的生产链的角度看，从棉纱到服装的系列中，国际竞争力系数越来越高，这说明我国在纺织业的下游产品方面更具国际竞争力。

2. 电解铝行业

电解铝业是国家的重要的基础性产业部门，随着我国工业化、现代化进程的加快，铝的主要消费领域，如汽车工业、建筑及房地产、电力工业、机械工业、交通工业、包装业等都长期处于增长阶段，对铝的需求量也将长期增长。预计到 2010 年，中国铝的需求量将达到 1 050 万吨，与铝相关的行业在未来存在着巨大的市场空间。

我国电解铝产量从 1999 年的 261 万吨迅速上升至 2001 年的 341 万吨，增长速度也从 1999 年的 8％提高到 2001 年的 19.3％。2002 年以后，我国电解铝产量明显大于需求量；2003 年我国电解铝产能达到 834 万吨，远高于同期需求量，电解铝投资明显过热。电解铝生产能耗高，有一定污染，资源依赖性强。由于电解铝行业产能增长过快、能力闲置，同时电力供应出现紧张，国家近年来加大了宏观调控的力度。经过宏观调控，技术落后的自焙槽已基本淘汰，电解铝行业的产业集中度明显提高，产能增长速度得到抑制。2004 年，全国电解铝产量为 667 万吨，但仍高于 600 万吨的需求量。目前制约行业发展的主要因素是铝土资源和电力供应的不足。未来宏观调控将本着"有保有压，区别对待"的原则，对电解铝的出口给予一定的限制，对技术先进、具有资源优势的企业给予扶持，压制规模较小、技术落后、环境污染严重的企业。

3. 邹平经济发展情况

2005 年邹平完成地区生产总值 230.3 亿元，同比增长 47.5％；实现财政总收入 22.5 亿元，其中地方财政收入 10.03 亿元；城镇居民人均可支配收入 10 323 元，农民人均纯收入 4 465 元；全社会固定资产投资 133.2 亿元；引进县外资金 138.8 亿元，其中实际利用境外资金 1.67 亿美元；实现规模以上工业总产值 564.3 亿元、增加值 151.8 亿元、利税 54.9 亿元。邹平在全国综合实力百强县排名中位居第 89 位，在全国县域经济基本竞争力百强县排名中位居第 62 位，在全国中小城市综合实力 100 强中列第 38 位。邹平的地方财政收入在全省 142 个县（市、区）和 30 个经济强县中名列第 12 位和第 8 位，被授予"国家卫生县城"荣誉称号。

邹平县坚持"超常规、高速度、跨越式"发展思路，把工业发展作为全县经济工作的重点。全县已经形成了以纺织印染服装、食品医药、制造冶炼、化工、造纸为主导产业的工业体系，培植了一批骨干企业和名优产品。邹平县积极发展高新技术产业，把生物工程及制药、信息等作为新兴产业，重点发展。目前，邹平县已经成为全国最大的纺织工业基地，全省最大的农副产品加工基地，全区最大的食品工业基地，县级热电、重工、冶金工业基地。该县的乡镇企业进入良性发展轨道,明集镇成为全国闻名的帆布之乡;青阳镇成为中国北方最大的废旧橡胶集散地和重要的轧钢基地;长山镇的有色金属加工业名扬华夏;临池镇的建材产品畅销全国。

4. 企业主要竞争对手

企业主要竞争对手如表4、表5所示。

表4　　2003年中国200强企业中的纺织服装类企业(不包含服装及纺织批发企业)

企业集团名称	行业小类含义	企业地址
华芳集团有限公司	棉、化纤纺织加工	江苏
雅戈尔集团	防止服装制造	浙江
万杰集团	涤纶纤维制造	山东
上海申达(集团)有限公司	棉、化纤纺织加工	上海
江苏阳光集团有限公司	毛纺织	江苏
江苏三房巷集团有限公司	涤纶纤维制造	江苏
南山集团	绢纺和丝织加工	山东
红豆集团有限公司	纺织服装制造	江苏
浙江桐昆集团	涤纶纤维制造	浙江
海澜集团公司	毛纺织	江苏
浙江远东化纤集团	涤纶纤维制造	浙江
宁波维科集团	棉、化纤纺织加工	浙江
广东省开平涤纶集团公司	涤纶纤维制造	广东
杉杉集团	纺织服装制造	浙江
内蒙古鄂尔多斯羊绒集团有限责任公司	毛针织品及编制品制造	内蒙
浙江恒逸集团	涤纶纤维制造	浙江
上海协通(集团)有限公司	其他纺织制成品制造	上海
无锡庆丰集团有限公司	棉、化纤纺织加工	江苏
江苏综艺集团	纺织服装制造	江苏
上海龙头(集团)股份有限公司	棉、化纤针织品制造	上海
上海华申国际企业(集团)有限公司	棉、化纤纺织加工	上海

资料来源:中国企业评价协会:《中国大型企业(集团)发展报告(2004~2005)》,上海财经大学出版社2005年版。

表5　　2003年纺织业(棉纺织)竞争力前十名企业

企业名称	企业名称
山东魏桥创业集团有限公司	华芳集团有限公司(江苏)
安徽华茂集团公司	鲁泰纺织股份有限公司
广东溢达纺织有限公司	山东华乐实业集团公司
黑牡丹(集团)股份有限公司(江苏)	潍坊市棉纺织有限公司
兰雁集团股份有限公司(山东)	无锡市第一棉纺织厂

资料来源:中国纺织工业协会。

5. 企业在市场竞争中的地位

魏桥作为全球最大棉纺企业,在棉纺织领域处于绝对的市场领导者地位。近年来魏桥创业却通过巧借外力打开了资金通道,先后开工合资企业8家,不但直接利用了外资,而且提高了技术档次,拓展了国际市场,并将魏桥创业的产业链条延伸到色织、印染、服装等深加工领域。

(二)企业总体发展战略规划

1. 经营策略和竞争优势

集团实行拓展产品组合,扩充生产能力,实现迅速增长的发展战略。魏桥扩展市场,巩固强化国内市场及积极渗透亚洲及欧美等海外市场,以建立更广阔和稳固的客户基础;加强研发,建立研发中心,研发新的产品及提高生产技术。

(1)经济规模:魏桥凭借集团具备的庞大生产能力,达到经济规模,使得集团在节省件工的固定生产成本和采取更灵活的定价政策上更具竞争优势。

(2)高质量的产品:集团产品的质量,在全球的棉纺织行业颇具声誉。集团生产的棉纱均为无接头纱,可达到2001乌斯特统计值5%~25%的水平。坯布产品能按客户的特定要求达到四分制标准。

(3)准时批量交付高质量产品的能力:生产周期短对纺织行业显得越来越重要。集团拥有齐全的产品系列,产品种类多达2 000多种。凭借庞大的生产能力,集团有能力按时大量生产高质量的产品,这种能力有助于集团在海外市场竞争上取得成功,并将继续成为日后扩充业务的关键动力。

(4)有效的客户网络:集团已在全球最大的纺织及成衣生产国——中国建立起广阔的客户网络,遍布中国超过30个省市,海外市场伸展至全球各地超过20个国家和地区。

(5)富有远见的管理层:集团管理层人员大部分在棉纺织行业拥有丰富的工作经验,对市场环境有深刻的了解。集团亦拥有一支高效率,勇于拼搏及稳定的员工队伍。

2. 魏桥集团坚持"创新型发展、集约型发展、节约型发展"三大发展战略

魏桥的节约型发展战略,不仅指其高度集权的组织模式、组织控制带来的节约型管理,还有以降低生产成本而兴建的热电联产经营。为降低生产成本,魏桥于1999年投资1.2亿元,兴建了年发电2亿千瓦时的自备热电厂。第二年,热电厂二期工程——45万千瓦机组运行发电。自建电厂不仅很好地保障了企业发展的电力需求,更成为魏桥不断扩张的保障。在全国普遍电力紧缺、电价不断上扬,一些地方还出现拉闸限电的情况下,魏桥不但没有受到影响,而且其工业用电只有0.35元/千瓦时,不到同行电价的1/2,仅这一块就比同行在成本上大大领先。仅用电一项,魏桥每年将减少一笔巨大的开支。这是魏桥集团的一个超前决策。魏桥进行集权控制,可以在战略规划、项目决策、技改工程、能源供应、物资采购、市场营销、生产计划、人力资源、财务及信息化管理等方面实现效率最大化、成本最小化。魏桥以技术取胜,别人倒下了,自己活得更好;以成本取胜,别人举步维艰,自己阔步向前;以规模取胜,别人只能简单再生产,自己却可用银行贷款滚动发展。

3. 外向型战略

张士平认为,魏桥的成功主要得益于中国的入世。入世后市场的开放与全球化进程的推进,使魏桥可以充分利用国际国内两个市场、两种资源。从此以后,魏桥的发展也开始进入"跳跃性增长"阶段,使其迅速成为世界纺织行业的巨人。

入世后，中国纺织产业的迅速发展以及配额取消后海外市场的释放，拉动了对纺织品需求的增长。市场的扩大，为魏桥的规模扩张提供了前提，而国内棉花市场的放开，更使魏桥能够从国际国内市场配置资源。他们实施了外向型发展战略，不断提升企业的国际化经营水平。集团通过大搞加工贸易，在开拓国际市场方面积累了丰富的经验，产品在日、韩等20多个国家和地区的市场有着很高的知名度和竞争力。2001年企业自营进出口额只有1.91亿美元，到2005年，该数额达14.4亿美元，其中加工贸易出口额达7.1亿美元，位列全国纺织行业第一位。与此同时，魏桥几乎从没间断过投资，纺纱规模从2001年的60万锭，迅速发展到2006年的700万锭，同时布机也增加到50 000台。人们在惊叹魏桥产业发展速度的同时，更惊叹其建设速度，他们几乎都是当年立项，当年上马和投产，产业滚雪球般地急剧扩张。规模的扩张需要资金的支持，在国内宏观调控银根紧缩的环境下，魏桥将资本的触角伸向了海外。2003年9月24日，魏桥纺织在香港成功上市，当年募集资金达24.41亿港币，并一举创下H股历史上的三个之最；2004年5月28日在香港首次配售融资6.53亿港币；今年3月2日又配售融资8.31亿港元，累计在香港证券市场已融资39.38亿港元，折合人民币41.53亿元。

三、企业生产经营状况

（一）企业生产概况

2006年魏桥创业集团以提高产品质量、档次和附加值为基点，积极调整产品结构，扎扎实实地推进技术创新，新产品开发取得累累硕果。全年成功开发试织棉布新品种787个，新工艺试纺上车1253次。棉布生产趋向高支高密，生产了经纬密之和在350～760根以上的各类平纹、斜纹、缎纹、提花品种；棉纱逐步向多纤维、高支数发展，生产的新纤维品种包括棉、粘胶、天丝混纺、蚕丝混纺、锦纶混纺、竹节弹力等，纯棉纱达到180支。这一年，魏桥牌"高支高密纯棉坯布"系列产品被评为中国名牌产品；生产的"全棉染色超柔平布"、"全棉高支高密系列织物"、"抗菌＋潮交联全棉贡缎"，在"全国棉纺织、色织、印染产品开发年会"产品评比中，分别获得优秀设计奖和优秀创新奖；生产的"纯棉牛仔布靛蓝、特深蓝"两种产品，在"全国牛仔布行业年会"产品评比中获得优秀新产品奖。

（二）企业主要产品、生产及销售情况

魏桥纺织位于中国第三大产棉省——山东省，生产规模庞大，共有四个生产基地，分别为魏桥生产基地、滨州生产基地、威海生产基地和威海魏桥科技工业园有限公司及邹平生产基地。截至2005年12月31日，用作生产的总楼面面积约为310万平方米，雇用员工超过140 000人。生产区每日24小时轮班工作。2005年，集团产量约659 000吨棉纱、1 441 000 000米坯布及124 000 000米牛仔布。强大的经济规模使魏桥纺织处于有利位置。此外，作为一家综合棉纺织生产商，集团以本身生产的棉纱，制造坯布和牛仔布并进入家纺、服装等深加工领域。魏桥销售总公司销售网络庞大，集团的产品种类齐全，有超过2 000种，均以知名的"魏桥"商标在海外和国内销售。

表6　　　　　　　　　　　　　魏桥主要产品情况

产品(大类)	2005年生产产量	种类
棉纱	659 000 吨	约800种
坯布	1 441 000 000 米	约1 000种
牛仔布	124 000 000 米	约400种

(三)产品进出口情况

表7　　　　　　　　　　　　2003年全国纺织出口企业前20名

名次	企业名称	名次	企业名称
1	广东省丝绸有限公司	11	宁波申洲针织有限公司
2	中国华源集团有限公司(上海)	12	华芳集团有限公司
3	雅戈尔集团股份有限公司	13	内蒙古鄂尔多斯羊绒集团有限责任公司
4	东莞福安纺织印染有限公司	14	维信集团有限公司(香港、内蒙)
5	山东魏桥创业集团有限公司	15	大杨集团有限责任公司
6	浙江永通染织集团有限公司	16	广东溢达纺织有限公司
7	东莞德永佳纺织制衣有限公司	17	山东德棉有限公司
8	宁波微科集团股份有限公司	18	互太(番禺)纺织印染有限公司
9	南山集团公司	19	晨风集团股份有限公司(江苏)
10	东莞沙田丽海纺织有限公司	20	鲁泰纺织股份有限公司(山东)

资料来源:中国纺织工业协会。

(1)企业海外市场拓展。2003年,以棉纱及坯布的出口总值(中国棉纺品进出口商会数据)计算,魏桥纺织名列全国第一。截至2005年12月31日,集团拥有中国超过30个省市近5 800名客户,及逾20个国家及地区约600名海外客户,其中包括伊藤忠、福田实业集团和德永佳集团等纺织业内的市场领导者,分别较2004年年底增加21%和20%。

(2)企业品牌创建。该集团在企业内部积极推行严格的管理,不断完善各项管理措施,其重点是做到三个"推行"。一是推行质量管理。他们按照国际标准建立了质量保证和监测体系,先后投入400万元更新了质量检测设备,购进了具有国际先进水平的乌斯特条干测试仪,建起了中心试验室。在质量责任制上,他们坚持"总经理挂帅、各厂厂长分级负责、有关部门全力配合"的制度,实行"一票否决"、"二个不准"、"三不放过"的考核办法,确保出厂产品质量。目前,该集团棉纱质量全部达到国际乌斯特公报的水平,一等品棉布的入库率达99%,产品出口商检合格率达100%。二是推行成本管理。他们将成本管理贯穿于生产经营的各个环节,各项消耗指标都参照国际最新标准和企业历史最好水平来制定,有效地控制了各项成本费用的支出。1999年,魏桥纺织集团的吨纱固定费用同比平均下降了1 000多元,百米布固定费用同比平均下降了20多元,吨纱耗棉在1.06吨以下,三费支出比国内同行业低10个百分点;纺部万锭用工和织部百台用工分别为110人和87人,管理人员仅占员工总数的1.2%,每年仅在用工和购物两方面就可节省资金5 000多万元。三是推行人本管理。自1998年以来,他们相继开展了"抓管理、反浪费、上质量、增效益"和"减员增效促管理"的活动,将质量观念、效益观念、成本观念融入每一个员工的思想之中,加大了对"拼搏进取、求实创新、快速高效、勇争一流"企业精神的教育和宣传力度,增强了员工的责任感和使命感。魏桥多年来始终坚持"两比":在成本上看印巴,在质量上瞄日韩。张士平认为,只要做到了这两点,魏桥纺织在亚洲乃至世界上就是最强的。集团的产品种类齐全,有超过2 000种均以知名的"魏桥"商标在海外和国内销售。

(3)与上下游企业合作情况。坚定"为国创业,为民造福"的信念,将企业继续做大做强。实现这个理想要通过两种途径:一是棉纺织领域要在做大的基础上,向下游发展,延长产业链,进入家纺、服装等深加工领域。魏桥纺织产品的质量要瞄准日本、韩国;成本运作不能高于印度、巴基斯坦、印度尼西亚。魏桥已经建立了棉纺织样板车间,要用国际最先进的设备武装棉纺织厂,不断提高企业的产品质量,提高企业盈利能力,最终提升企业在国内外市场的竞争力,使魏桥集团在未来发展中更加强大。二是在发展棉纺织业的基础上,以热电为纽带,向海洋化工和铝材深加工领域拓展。两年后,铝业、电业的利润将大大超过纺织业,集团可以用铝电业反哺纺织业,保证15万职工的工作稳定、生活稳定、收入提高,促进纺织业的快速发展。以后的魏桥创业集团不论是盈利能力、管理水平、产品质量、品牌知名度,还是市场竞争力、抗风险能力都会有更大的提高。

四、企业资本运作

(一)企业融资情况

1981年魏桥起步之初,上榨油厂项目时靠职工集资10万元才买了两套榨油设备;上毛巾厂项目时职工又集资89万元买了52台织机。1992年下半年,国家采取了适度从紧的财政金融政策。魏桥创业巧借外力打开了资金通道,先后开工合资企业8家,不但直接利用了外资,而且提高了技术档次,拓展了国际市场,并将魏桥创业的产业链条延伸到色织、印染、服装等深加工领域。

魏桥创业与银行的关系十分和谐,以兼并滨州一棉为例,此前几年滨州一棉合计亏损额高达6 000万元,拖欠贷款达3 800万元。但魏桥将银行债务全部承揽下来,兼并当年盈利2 000多万元,次年盈利4 000万元,魏桥也由此赢得了银行的信任和厚爱。

2003年9月,魏桥股票在香港成功上市,次年5月在港首次配售成功,两次总计募集资金30亿港币。为了保证发行和配股成功,集团积极与跨国投资巨头交流沟通,并邀请他们来魏桥实地考察50多次,大大增强了他们连续增持魏桥股份的信心,其中仅摩根大通持股比例就高达12.49%。这一系列努力不但使魏桥纺织配售获得13.8倍的市盈率,而且直接推动了国际银团的长期再融资贷款。仅2003年9月至次年上半年,魏桥就融通外资5.15亿美元。

(二)企业投资情况

魏桥创业的投资情况如表8所示。

表8　　　　　　　　　　　　　魏桥集团投资情况汇总

时间	投资情况
2006年3月	魏桥纺织按每股12.05港元的价格,配售共计68 936 500股新H股,而配售所得款项净额合计共约为829 237 000港元
2004年6月	魏桥纺织完成配售57 447 000股新H股,每股H股的配售价为11.6港元,总集资额约为653 000 000港元
2003年9月	滨州工业园全面投产,第三生产区亦能提供全年贡献,并在研发高附加值产品的基础上配合使用了更多新型原料,优化了本公司的产品结构
2003年9月	魏桥纺织股份有限公司在香港成功上市,集资额约24.41亿港币
2002年9月	注入第二生产区、第三生产区及工业园,并合资组建鲁藤纺织,为集团进一步提升产能,拓展业务迈出了重要的一步
2001年5月	购入第一生产区的织布业务,同年7月成立威海魏桥以供应南韩市场,加强了与海外市场的联系
1989年	利用企业的600万元积累,共筹集1 000多万元,建成了1.6万纱锭的纺纱厂,这是魏桥的真正起步,现在魏桥纺织管理层的大部分骨干力量,就是当年入厂工作的普通员工

(三)企业并购重组情况

1999年魏棉兼并濒临倒闭的老字辈国企——滨州一棉,纱锭数量达到33万。一年后,由于滨州一棉共享了魏棉的销售渠道,其销售收入和利税分别增长了59.6%和44倍。1994年滨州市首家合资企业——魏桥纺织集团与香港余华企业公司合资的"山东余桥纺织有限公司",这家合资企业的成立,标志着企业彻底冲破了"一大二公三纯"的所有制结构,拉开了企业产权制度改革的序幕。1994年魏桥集团又成功运作了与香港另一家企业合资成立的"山东魏桥染织有限公司",自此,企业初步形成了棉花加工—棉纺—织造—染整的完整产业链条。1998年在集团董事会的领导下,企业积极稳妥地开展招商引资工作,站在企业长远发展的高度,创造性地提出了"引资引智相结合"的招商工作思路,为魏桥创业借助外力加快国际化进程提供了重要的战略依据。2002年5月,集团成功运作了日本伊藤忠株式会社、香港安泰集团、香港保恒丰公司、香港中亚集团落户魏桥创业集团的一系列合资项目,引进了具有当今世界先进水平的卡摩纺生产线和氨纶包芯纱生产线,主持创办了山东鲁藤纺织有限公司、山东滨藤纺织有限公司、山东魏桥服装有限公司三家合资企业,这三家公司总投资达3 000万美元。目前,这些合资项目有的正在紧张建设中,有的已经投产达产,优质项目大大提升了魏纺集团的技术水平,成为企业进军国际市场、参与强手竞争的有力武器。特别是与伊藤忠合资的卡摩纺和氨纶包芯纱两条生产线,成为强强合作的典范,技术水平居世界领先水平。

五、企业财务状况

(一)资产结构

集团的资产结构如表9、表10所示。

表9　　　　　　　　　　　　　　　　　　资产规模

年份	2002	2003	2004
总资产(万元)	753 373.27	1 498 640.62	2 350 363.17
流动资产(万元)	279 852.44	625 605.87	838 143.33
非流动资产(万元)	473 520.83	873 034.75	1 512 219.84

表10　　　　　　　　　　　　　　　　企业资本结构　　　　　　　　　　　　　　　单位:万元

企业数据	2002年	2003年	2004年
货币资金	86 601.47	231 957.75	332 669.81
存货净额	114 238.89	225 363.35	74 555.23
短期债务	110 318.74	355 603.83	605 880.25
长期债务	232 574.93	272 787.88	529 264.39
总负债	486 225.50	878 848.33	1541 779.84
所有者权益	247 282.41	558 520.3	736 568.57
主营业务利润	81 657.02	120 705.87	230 207.90
投资收益	37.38	363.70	407.53
资产负债率(%)	64.54	58.64	65.60
总债务/总资本(%)	56.21	50.34	58.40

注:利息支出由财务费用代替。

（二）营利状况

集团的营利状况见表11以及图2、图3、图4。

表11　　　　　　　　　　　　　魏桥集团营利状况(2002～2006)

年份	销售收入	销售收入增长率	利税	利税增长率	利润	利润增长率	自营出口创汇	自营出口创汇增长率
2002年	60亿元	48%	8亿元	36%	5亿元	36%	2.6亿美元	73%
2003年	114.3亿元	88%	15.1亿元	84%	8.56亿元	75%	4.39亿美元	66%
2004年	2 312 462.6万元	102.34%	253 110.3万元	67.57%	151 268.3万元	76.68%	58 347.7万美元	32.85%
2005年	3 551 273.7万元	53.57%	405 378.1万元	60.16%	210 565.2万元	39.2%	76 151.6万美元	30.51%
2006年	500亿元	40.8%	60亿元	48.1%	33亿元	57.1%	8.8亿美元	15.8%

（三）资金运营能力

集团在证券市场已累计融资39.38亿港元,折合人民币41.53亿元。在自营进出口方面,集团公司总经理张红霞坚持市场多元化战略,逐步形成了大进大出的良好格局,2001年完成自营进出口额1.91亿美元,2002年完成3.85亿美元,2003年完成8.77亿美元,2004年完成12.76亿美元。可以说,魏桥创业集团的发展已经进入了扩大利用外资和扩大进出口的良性循环阶段,如表12所示。

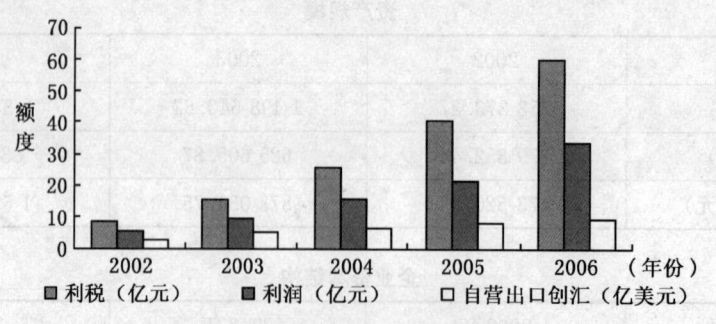

图2 利税、利润、自营出口创汇统计

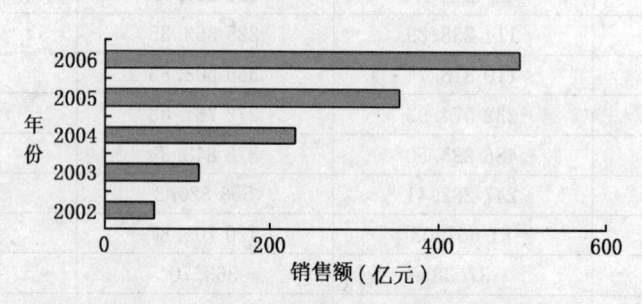

图3 销售收入统计表

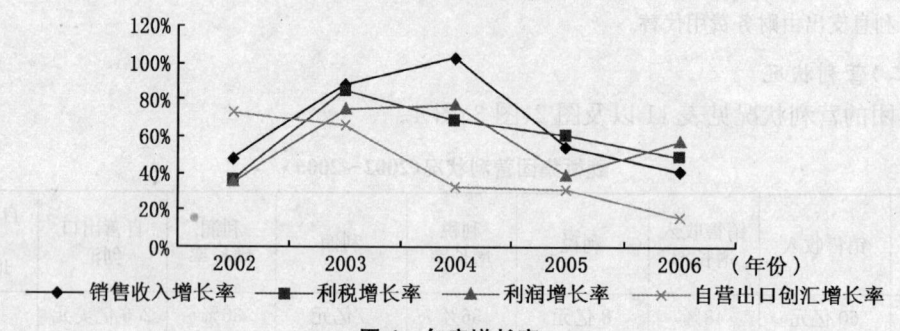

图4 年度增长率

表12　　　　　　　　　　　　　　资金运营能力表

年　份	2002	2003	2004
流动资产周转率	2.90	2.52	3.16
应收账款周转率	22.59	27.31	35.49
存货周转率	8.22	6.01	7.72

六、企业研发创新能力

(一)新产品开发情况

企业积极推进新产品开发战略,为了使产品开发适应市场要求,该集团于1996年成立了新产品开发部,将工作重点放在提高产品科技含量和优化产品结构上。

2006年魏桥创业集团以提高产品质量、档次和附加值为基点,积极调整产品结构,扎扎实实地推进技术创新,新产品开发取得累累硕果。集团全年成功开发试织棉布新品种787个,新工艺试纺上车1 253次。棉布生产趋向高支高密,生产了经纬密之和在350~760根以上的各类平纹、斜纹、缎纹、提花品种;棉纱逐步向多纤维、高支数发展,生产的新纤维品种包括棉、粘胶、天丝混纺、蚕丝混纺、锦纶混纺、竹节弹力等,纯棉纱达到180支。这一年,魏桥牌"高支高密纯棉坯布"系列产品被评为中国名牌产品;"全棉染色超柔平布"、"全棉高支高密系列织物"、"抗菌+潮交联全棉贡缎",在"全国棉纺织、色织、印染产品开发年会"产品评比中,分别获得优秀设计奖和优秀创新奖;"纯棉牛仔布靛蓝、特深蓝"两种产品,在"全国牛仔布行业年会"产品评比中获得优秀新产品奖。

魏桥创业集团是全球最大的棉纺织企业,其技术装备水平和纺织工艺创新能力均居世界领先地位。该集团采用超高分辨率相机采样,经高倍放大精细处理,通过严谨的工艺不断探索,又反复试用科学的织物组织手法,最终将传世名作《清明上河图》搬上了织机。魏桥创业集团设计开发的《清明上河图》全图大提花布卷全长4.8米、宽0.36米,是在进口大提花织机上,采用特殊的工艺设计,用纯棉和纯棉交织或纯棉和涤纶长丝交织而成。布卷将图画内蕴表现得淋漓尽致,景物依稀可辨,层次错落有致,布面风格栩栩如生,画面四周加缀绫子花型图案,给人以视觉良好的效果,合理的加柔、丝光、漂白或染色等后期处理手法的注入,更是使布卷锦上添花。

(二)研发投入

1995年该集团成立了技术开发中心,该中心配备了各类技术人才,目前它已成为魏桥纺织集团技术创新的主体。1999年,技术开发中心共推出各类技术研究成果30多项,其中有21项已应用于生产,有效地解决了一些生产方面的难题。技术创新为企业带来勃勃生机。目前,魏桥创业集团高技术含量的布类产品比重达80%,无卷化率达70%,无梭布比重达70%,无结头纱比重达100%,精梳纱比重达85%,远远高于全国同行业平均水平。1999年他们相继开发研制出了氨纶包芯纱、精梳58支合股丝光烧毛用纱、精梳32支提花布、普梳40支斜纹布等六大类119个新产品,其中投产率达80%,全年新产品创效率达40%。在该集团产品规模扩张的同时,魏桥始终坚持技术进步与技术引进、技术创新相结合,大力实施"三无一精"为主的技术改造,加大先进技术装备与信息化技术的投入。仅2004年集团就从日、美等国引进喷气织机、剑杆织机等顶尖设备近4 000台(套)。目前,企业棉纺织设备基本达到20世纪90年代末期国际先进水平。集团无接纱比重100%,精梳纱比重85%,无梭布比重达70%,远远高于国内同行业先进水平,成为全国最大的无接纱、精梳纱和无梭布的生产基地。

集团紧盯纺织新技术的发展动向,多次派技术人员参加行业召开的各种技术质量研讨会,在公司内部举办了多期专题技术培训班。集团在生产中大胆采用新工艺、新技术,逐步实施了纺织行业最新推行的重定量、大牵伸高效工艺,优化了设备工艺参数,大大提高了生产效率。生产技术部门大力推行工艺管理负责制和工艺员绩效评估制度,工艺员工的工资与新品种试纺、试织及技术攻关情况挂钩,各试验室对试纺、试织和上车的新品种全过程跟踪,及时与车间技术人员解决在试验过程中出现的问题。公司定期召开质量分析交流会,组织技术、生产部门总结经验、查找不足,不断改进质量管理方法;积极探索行之有效的新工作法,规范统一了操作培训和测试要求,使整体操作水平不断提高,对产质量的全过程控制更加完善有效。

(三)企业创新激励模式

魏桥坚持技术改造与技术引进相结合,大力实施"三无一精"为主的技术改造,加大先进技术装备和信息化技术投入。在纺织工序,引进了清梳联合机、精梳机、紧密纺细纱机、自动络筒机等先进设备,形成了全国比重最大的无结纱、精梳纱生产基地;在织造工序,引进了具有国际先进水平的喷气织机、剑杆织机等先进设备,形成了全国最大的无梭织造生产基地。2006年集团投资3亿多美元从日本、美国、德国等国家引进了1万多台(套)先进设备,在无结纱100%的基础上,向着无梭布100%的目标迈进。公司经常组织举行设备比武,举办各种设备技术培训班,大力开展小改小革活动,确保了设备高效运转。

魏桥创业加强新产品的开发试产和高难品种的攻关,产品结构不断优化。各生产单位积极创新质量管理方法,在各工序间建立了"内部顾客链",形成了环环相扣、人人参与的全员、全过程质量管理网络。制定技术革新奖励措施,对取得实效的技术革新项目给予奖励并进行推广,充分挖掘了员工的创新潜能。通过开展劳动竞赛,组织技术练兵,广大职工的技术素质不断提高。

七、企业营销策略

(一)企业产品销售渠道

1. 构筑营销体系,拓宽市场空间

多年来,集团按照开拓新市场、发展新客户、开发新产品的"三新"战略目标,不断拓展营销市场,努力做到三个"到位"。一是观念到位。全厂上下牢固树立起生产围绕销售转的思想,从总经理到每一个基层员工都对保证产品供应有着强烈的紧迫观念,使销售工作在企业经营中真正起到了龙头作用。二是方法到位。他们根据产品市场的分布情况,在全国各地建立办事处,配备了精干的营销人员,并多次举办营销培训班,以提高营销人员的综合业务素质,他们在营销工作中还采取了灵活多样的手法,如在货款结算中采用T/T付款方式、远期信用证付款方式等,这样既方便了客户,又保证了货款的及时回笼。在开辟市场的过程中,他们坚持以诚待人,做到交单准时率、合同履约率、一单证准确率为100%,在客户中树立了良好的企业形象。三是手段到位。他们先后投入400万元建起了信息网络,联入了国际互联网、中国纺织信息网、中国电子商务网,通过网络及时了解各种市场信息,为准确地预测市场行情提供了依据。同时客户也可以通过这些网络查询他们的产品和价格等信息。目前,该集团的产品已覆盖国内大部分省市和日本、韩国、美国及我国香港等20多个国家和地区,产品产销率多年保持100%。自1998年"两纱两布"获得自营出口权以来,该集团的出口创汇额不断攀升,1999年达到了5 832万美元,居全国纺织行业自营出口创汇首位和山东省工业企业自营出口创汇第二位。

2. 完善营销手段、拓展国内外市场

在国际市场,集团拥有超过300名海外客户,覆盖超过20个国家和地区。集团的客户包括全球纺织行业的市场领导者(例如福田实业集团及德永佳集团),以及知名的贸易商(例如伊藤忠商事株式会社、日绵株式会社及丸红株式会社)。在国内市场上,集团拥有近2 000名国内客户,其中很多是位于华南及华东地区的公司,当地有很多大型纺织和制衣公司,表13为魏桥销售总公司销售网络情况。

表13　　　　　　　　　　　　魏桥销售总公司销售网络一览表

	负责人	地址
集团销售处	张士德	山东省邹平县经济开发区魏纺路(集团总公司驻地)
销售点名称	包含办事处	
省外一部	佛山办、顺德办、天津办、中山办、东莞办、广州办、南昌办、虎门办、江门办、南海办、大连办、深圳办、汕头办、北京办、普宁办	
省外二部	上海办、宁波办、绍兴办、诸暨办、金华办、海宁办	
省外三部	无锡办、吴江办、常州办、温州办、萧山办、江北办	
省外四部	江阴办、常熟办、南京办、福建办	
省外五部	石狮办、晋江办、福州办、山东办、山西办、鲁中办、威海办	
综合部	青岛办、临沂办、泰安办、枣庄办、潍坊办、滨州办、天津办、大连办、宁晋办	
出口业务部		
进口业务部		

(二)企业售后服务

在产品创新工作中,魏桥创业坚持以市场为导向,客户为中心,逐步形成了"市场调研—产品开发设计—生产制造—销售—售后服务—市场调研"的良性循环"市场链"。集团经常组织生产技术部门及生产单位的管理人员走访客户,了解产品信息,对一些高支高密品种积极接单,由计划部门及时调整,生产部门抓好落实,着力提高高档次、高附加值产品的市场占有率。营销人员准确把握市场动向,努力把新产品推向市场。售后服务部门针对客户要求,制定出相应的售后服务标准和措施,对客户提出的问题及时给予解决。通过这些做法,树立了良好的名牌形象,提高了产品的市场竞争力和企业的市场信誉。

八、企业人力资源

(一)企业人员结构

魏桥纺织位于中国第三大产棉省山东省,生产规模庞大,共有四个生产基地,分别为魏桥生产基地(第一、第二及第三生产区)、滨州生产基地(滨州工业园第一生产区及第二生产区)、威海生产基地[威海魏桥纺织有限公司("威海魏桥")和威海魏桥科技工业园有限公司("威魏工业园")]及邹平生产基地(邹平第一工业园和邹平第二工业园)。截至2005年12

月 31 日用作生产的总楼面面积约为 310 万平方米,雇用员工超过 140 000 人。生产区每日 24 小时轮班工作。集团管理层人员大部分在棉纺织行业拥有丰富的工作经验,对市场环境有深刻的了解。集团亦拥有一支高效率、善于拼搏的稳定员工队伍。

(二)企业员工薪酬、福利

魏桥的成功主要得益于两个因素:一是受惠于棉花体制改革,棉花经营权的放开,让魏桥的快速发展有了原料保证;二是纺织行业作为最重要的利农产业,只有靠纺织行业的拉动才能真正增加农民的收入。因此要解决"三农"问题,构建和谐社会,要让农民富起来,就要办工业,办适合农民的工业,而纺织行业恰恰就是这样的工业。

当地人都知道,正是魏桥创业,让当年一个贫穷落后的农村小镇,变得富强繁荣,在全国乃至世界闻名。共有 15 万名员工在这家企业工作,其中 95% 来自农村,而当地人至少有 10 万左右。近十年来魏桥累计向国家上缴税金 90 亿元,集团所在地邹平县财政收入的 70% 来自于这家企业。不仅如此,魏桥还拉动了集团及园区所在地的经济建设和发展,带动了与之相配套的一、二、三产业 30 万人就业;魏桥职工近十年来人均收入过万元,今年将突破 1.5 万元,相当于向农村转移资金 20 亿元。

在邹魏工业园区,一片片整齐漂亮的住宅小区,这是魏桥为职工建设的职工宿舍,已婚职工都可以以成本价购买住房。魏桥已经建立和完善了职工住有所居、病有所医、老有所养的安居、医疗和养老保障机制,在这里农民工变成了产业工人,并转变为真正的城市居民。

山西省煤炭运销总公司

山西省煤炭运销总公司主营煤炭及煤制品运销,20年来销售煤焦20亿吨,产品行销全国26个省市及国外主要煤炭消费市场,是我国最大的煤炭运销企业。公司还控制了山西煤炭销售的半壁江山,拥有2 792万吨的煤炭生产能力,是仅次于神华与中煤两家中央企业的中国第三大煤业公司。2006年总公司系统经销铁路、公路煤炭18 896万吨,产品辐射全国26个省市、五大区域、四大重点用煤行业。山西省煤炭运销总公司依托山西丰富的煤炭资源优势,按照建设"产能5 000万吨、销售1亿吨"的企业集团的目标,牢牢抓住货源基地建设、产品结构调整、现代企业制度建设、创新运作机制、巩固提高非煤产业等五个关键,坚持与时俱进、加大改革力度,在体制改革和资本运营上不断实现新的突破,为山西和全国的经济建设做出了重要的贡献。公司最近几年的排名也稳步上升,2002年荣获中国煤炭行业优秀企业称号并跻身中国企业500强第128位,2003年荣登全国煤炭企业100强第3位、中国企业500强第94位,2004年荣登中国企业500强第106位,2005年荣登中国企业500强第98位。具体情况见表1。

表1　　　　　　　　　山西省煤炭运销总公司2002～2006年的排名

年　份	中国企业500强排名	升降位次	中国服务业企业500强	升降位次	中国煤炭工业100强	升降位次
2002	128					
2003	94	+34			3	—
2004	106	−12			3	—
2005	98	+8	45		3	—
2006	82	+16	31	+14	3	—

一、企业发展历程概述

(一)发展简史

山西省煤炭运销总公司是经山西省人民政府批准,于1983年10月25日成立的具有进出口经营权的国有大型一类企业。总公司下属11个分公司,98个县区公司,拥有煤矿92

座,年生产能力2 786万吨,以及一大批煤炭加工转化企业和多种经营实体。总公司下设253个铁路煤炭发运站、264个公路煤焦营业站、43个公路出省煤焦管理站、29个企业用煤管理站、61个煤炭运输队等。这样,总公司形成了多层次、全方位的集煤炭生产、加工、存储、发运为一体的铁路、公路销售体系和面向全国的煤炭销售网络,并与全国26个省市的煤炭用户保持着长期稳定的贸易合作关系。

目前,总公司系统拥有职工4万余人。直属单位有太原煤炭交易市场、省外煤焦有限公司、国贸公司、北源公司、汛潮公司、汽运公司、服务公司、"愉园"物业公司和四星级的"愉园"大酒店、忻州"愉园"度假村,还有秦皇岛、天津、青岛等省外煤炭运销公司和北京联络处、郑州办事处两个驻外机构,另外还有10个控股企业和11个参股企业。公司坚持煤与非煤并重的发展战略,积极调整产业结构,促进产业多元化发展。目前已形成煤炭生产业、煤炭加工业、煤炭运输业、煤炭焦化业、高新技术业、轻工产品业、旅游服务业、金融业和信息业等协调发展的格局。

山西煤运在发展的过程中,以体制改革稳步推进企业发展。在竞争激烈的煤运行业中,其经历了一系列的跨越式发展:由收费型向经营型方向的转变,从基金管理型向企业实体化发展的过渡,从分散经营向集中管理的转变,见图1。

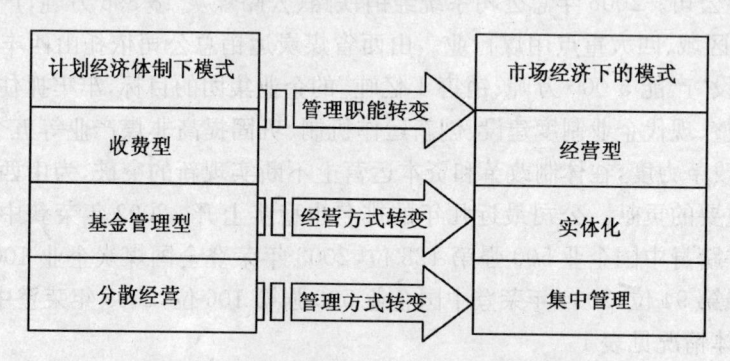

图1 山西煤炭运销总公司体制转变过程图

(二)企业扩展路径

1983年10月,山西省煤炭运销总公司成立,主要任务是对全省各类地方煤矿生产的煤炭实行"五统一"管理。1986年受省政府委托,煤运公司利用统一与用户结算的环节,代为收取煤炭专项基金。1996年省煤炭领导小组颁发的《山西省地方发煤站行业管理办法》明确了省煤炭运销总公司的行业管理职责。2004年12月,在保留山西煤运总公司的基础上,改制为山西煤运集团有限责任公司。2007年山西省煤炭运销总公司将改组为山西煤炭运销集团有限公司,并计划实现境外上市。总体过程如图2所示。

(三)企业组织架构及业务流程

企业的组织架构及业务流程如图3、图4、图5、图6所示。

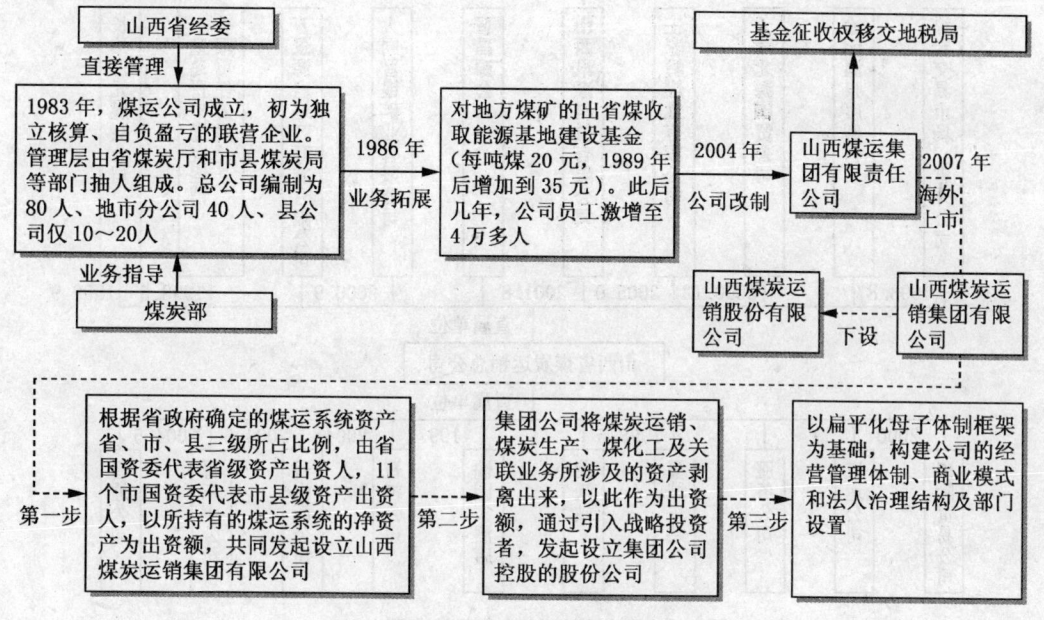

图 2　山西煤炭运销总公司发展过程图

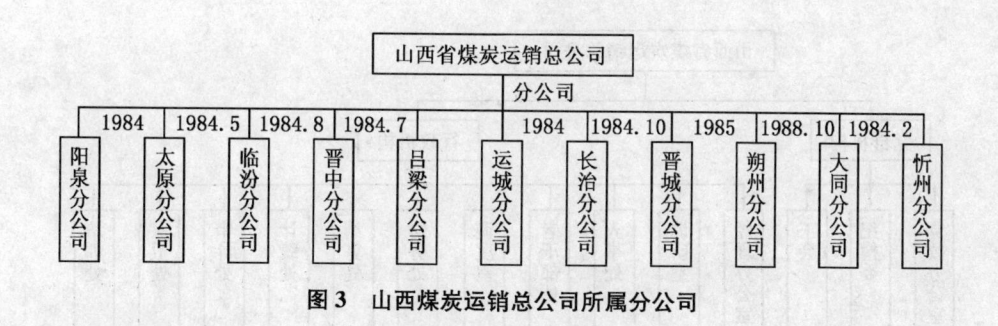

图 3　山西煤炭运销总公司所属分公司

二、企业发展战略

(一)企业竞争环境分析

1. 行业发展前景

目前,全国各类煤炭企业2.8万余家,其中相当一部分矿井生产能力不足3万吨,产业集中度十分低下。即使在煤炭生产大省山西省,现有的生产矿井平均规模也只有16万吨/年,而数量超过3500多座的乡镇小煤矿平均规模仅10万吨/年左右。

按照已公布的"十一五"规划要点,我国将有序发展煤炭业,建设大型煤炭基地,鼓励煤炭企业联合重组,引导形成若干个产能亿吨级的企业,鼓励有优势的煤炭企业实行煤电联营或煤电一体化经营,调整改造重组中小煤矿。

继两年前提出规划建设13个大型煤炭基地构想后,今后我国政府将着力推进这一规划的实施。根据规划,13个煤炭基地涉及全国14个省区,总面积超10万平方公里,涵盖40多个主要矿区煤田,保有储量高达6908亿吨。到2010年,13个大型煤炭基地产量将达到

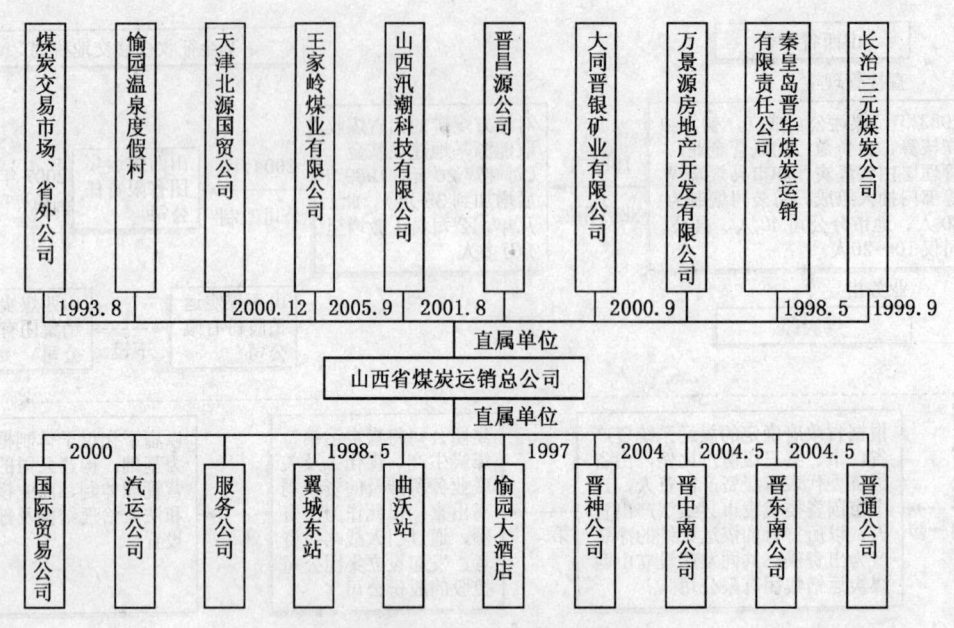

图4 山西煤炭运销总公司的直属单位

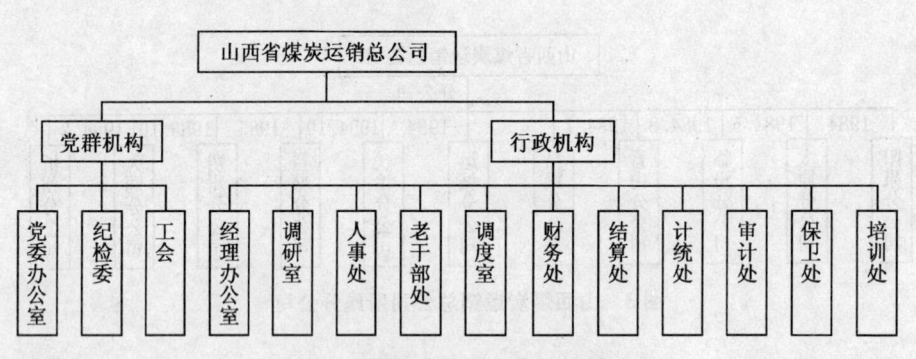

图5 山西煤炭运销总公司的组织

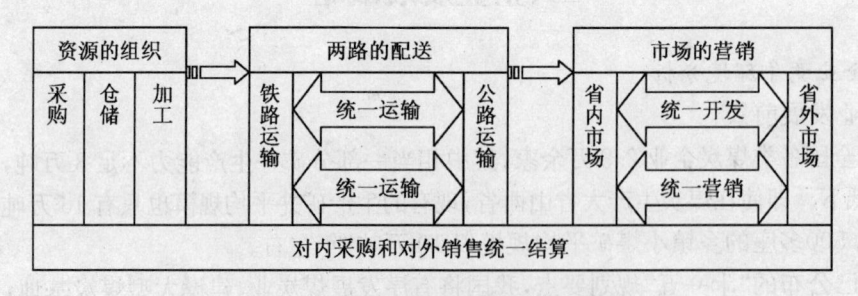

图6 山西煤炭运销总公司的业务流程

17亿吨,占全国总产量的比重要达到80%左右;形成5～6个亿吨级产能的特大型煤炭企业集团和5～6个5 000万吨级的大型煤炭企业。

实际上,2005年山西省已经开始在煤炭生产行业实施"三大战役"。第一战役,2005年9～12月,开始对非法煤矿进行依法关闭;第二战役,2006年1～6月,主要用经济的手段辅之必要的行政手段,把已经合法批准、年开采能力小于9万吨的煤矿淘汰掉1 300～1 400个。同时,对20万～30万吨的中型煤矿进行技术改造,提出新的准入标准,达不到标准的,2年后关闭;第三战役从2006年下半年启动,主要是培育大型煤炭企业集团。三个战役之后,山西省的煤矿总数要减少到3 000个以内。到"十一五"末,要将山西省的煤矿总数进一步减少到2 500个以内,从根本上改善分散、混乱的煤炭生产格局。而山西煤炭运销总公司正是重点培育的大型企业集团之一。

国家以及地方政府对煤炭生产开发重点做出战略调整,意在调整中国煤炭行业的产业结构,提升竞争力,提高抗风险能力。这对于山西煤运这样的大型煤炭企业来说,是一个不可多得的机遇。

2. 企业发展的资源基础

山西是我国第一产煤、输煤大省及能源重化工基地。煤炭资源优势得天独厚,储量大、分布广、品种全、质量优。山西省含煤面积6.2万平方公里,占全省国土面积的40%。119个县(市、区)中有90个县(市、区)地下赋存有煤炭资源。截至目前,山西省查明保有煤炭资源储量2 652.84亿吨,占全国10 210.56亿吨的26%。山西的炼焦煤资源占全国同类煤炭资源储量2 758.60亿吨的61.4%;无烟煤资源储量则占全国30%。2006年,山西煤炭总产量达到5.81亿吨,占到全国的24.98%。具体数据如表2所示。

表2　　　　　　　　2003～2006年山西省煤炭产量及其占全国的比重情况

年　份	全国(亿吨)	山西省(亿吨)	占全国比重(%)
2003	17.28	4.5	26.04
2004	19.56	4.93	25.2
2005	21.13	5.65	26.74
2006	23.8	5.81	24.98

数据来源:国家煤矿安全监察局调度中心。

山西目前煤炭外运已形成以铁路运输为主、公路运输为辅的路网体系。近年铁路年出省运量已达2.2亿吨以上、公路出省量已达6 600万吨/年。晋煤铁路外调量占全国省际间铁路净调出量的75%左右。

山西煤炭除供应国内28个省(市、区)外,还远销亚洲、欧洲和拉美等20多个国家和地区。山西省煤运总公司作为经销地方煤炭的大型国有企业,2006年的煤炭外销总量就达到2.18亿吨,占全省煤炭外销总量的46.7%,占全国煤炭销量的9.87%。

3. 基于五因素的企业竞争力分析

(1)新进入者的威胁。国家及地方政府的煤炭资源整合思路是"关小、改中、上大"。考虑到可持续发展,国家将控制煤炭开采量和销售量,不再增加新矿井审批。同时,作为国有大型煤炭企业,山西煤运公司在资源、生产、市场、资金、人才、技术、营销网络等方面具有规模优势,会利用自己的优势排挤新进入者。

(2)替代品的威胁。水电和太阳能热水器已成为比较成熟的产业,风力发电发展的条件已经具备,水电企业的调节作用加大,太阳能发电、生物智能利用等技术也具备了一定基础。

(3)供应商讨价还价的能力。在市场机制作用下,大型煤炭企业兼并改造中小型煤矿,煤炭资源将进一步整合,实行集约化开发经营。山西煤炭企业的规模和实力明显提高,煤炭企业的定价能力非常强,煤炭销售企业处于被动地位。

(4) 购买商讨价还价的能力。虽然山西"十一五"煤炭产能是"零"增长,电力用户需求的持续增长,煤炭的市场供求关系依然没有改变。但电力改革步伐加快,电力购买已经集团化采购,煤炭运输的"瓶颈"趋于缓解,用煤企业讨价还价的能力正逐步增强。

(5) 竞争对手分析。从山西煤炭行业发展来看,由于供需矛盾的加剧,神华集团、中煤集团、兖矿等国有大型煤炭企业凭借其规模、资金、人才、技术、品牌等优势大举圈占山西的煤炭资源,这种发展格局无疑对山西省现行的煤炭产运销体制构成极大的冲击,煤炭资源的重新整合,意味着谁控制了资源,谁才有话语权,神华集团、中煤集团的实力一直在山西煤炭运销总公司之上,而且其增长速度也很快,这对山西煤运集团的销售煤源构成极大的威胁,如表3、图7所示。

表3　　　　　　2003~2005年我国煤炭企业四强排名(按销售收入)　　　　　　单位:万元

名次	企业名称	2005年	2004年	2003年
1	神华集团有限责任公司	6 123 839	4 480 296	3 444 501
2	中国中煤能源集团公司	5 067 763	4 055 136	2 645 275
3	山西煤炭运销总公司	3 490 495	2 522 131	1 633 388
4	山东兖矿集团有限公司	2 642 030	2 319 013	1 526 213

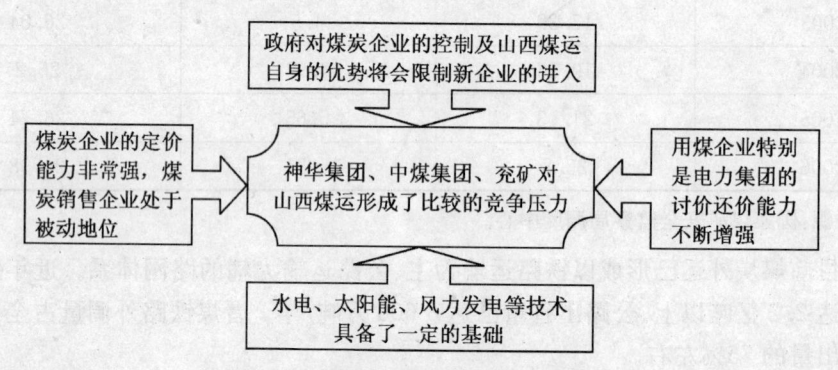

图7　山西煤炭运销总公司的竞争力分析图

(二) 企业总体发展战略规划

山西煤运的战略定位:建设以煤炭销售为主,集煤炭生产、洗选加工和煤化工产业为一体的现代大型煤炭物流企业集团;壮大煤炭生产能力,为山西地方煤矿构建煤炭统一运销的桥梁,成为代表全省地方煤矿利益的特大型煤炭物流经济实体。

发展思路:按照山西省建设"新型能源和工业基地"的总体战略部署,通过改制、资产重组、理顺产权,在海外上市,实现企业生产经营与管理收费的逐步剥离,成为山西地方煤炭产需的总代理商和总供应商;通过树立晋商品牌,打造煤炭物流航母,成为以煤炭销售为主,集煤炭生产、洗选加工和煤化工产业为一体的在全国乃至世界占有一席之地的现代大型煤炭物流企业集团。

1. 企业外部因素分析

(1)机会。国民经济持续快速增长拉动强劲,"十一五"期间国内煤炭需求继续稳步增长。大型企业仍是煤炭供应的主渠道。铁路、电力市场化改革步伐加快。国内培育和发展大型煤炭企业集团风起云涌,山西实施中部崛起战略,进行煤炭资源整合,着力构架煤炭工业大集团战略格局。煤炭优质加工技术取得重大突破。国家鼓励大型煤炭企业与电力、钢铁、化工、建材、交通运输企业联营,建设煤炭、电力、煤焦化工、建材等多产业协调发展的新型煤炭基地。这些都为山西煤运提供了难得的发展机遇。

(2)威胁。以往归煤炭运销总公司征收的能源基金转变为可持续发展基金,且征收主体不再是煤炭运销总公司。外资进入煤炭行业,行业管理逐步规范化。省外和省内大型煤炭集团圈占地方煤炭资源。西电东送、西气东输和三峡工程等能源项环保对煤炭质量提出了更高要求,市场份额逐步变小。

2. 企业内部因素

(1)内部资源及能力优势。集团公司的核心优势主要集中在运销资源和能力方面,这是其他煤炭企业都不具备的。所以,集团公司的主业应定位在煤炭运销上,向上下游的扩张、延伸,必须以增强运销主业的竞争力为目的,不能无节制的盲目扩张和延伸。

(2)内部资源及能力劣势。集团公司在扬长避短的同时,还必须扬长补短。煤运系统资源及能力劣势的根源,在于体制和机制,解决体制和机制问题必须从产权着手,引进外部投资主体,建立多元化、开放式的现代产权结构,建立完善的公司法人治理结构。

3. 山西煤运集团的 SWOT 分析

(1)SO 战略。山西煤运集团要抓住这些大好的发展机遇,充分发挥自身的优势,利用具有的雄厚经济实力和煤炭储装运能力形成的上联煤矿、下联用户的市场营销资源和培育的品牌价值、无形资产,积极推进企业的集团化改制重组。

(2)ST 战略。面对市场的激烈竞争,充分利用煤运的资金、规模、网络、资源等优势,积极引进战略投资者,实现战略扩张,把企业做大做强。通过后向延伸,进行煤电一体化发展,实现煤电企业的优势互补,共赢发展。同时,针对煤炭市场周期性波动大的特点,为分散市场风险,对集团内的非煤产业,要利用集团的经营优势,通过与优势企业的合作,引进资金、技术、管理方法,提升企业竞争力。

(3)WO 战略。要在整合煤炭资源的基础上,积极延伸产业链,通过煤炭深加工,不断提高煤炭附加值,把煤炭变为洁净能源。

(4)WT 战略。要实施后向一体,通过紧紧抓住省政府实施"三大战役"整合煤炭资源的历史机遇,采取兼并、收购、控股、参股、托管和签订长期购销合同等形式,积极整合地方煤炭资源,扩大对地方煤炭销售资源的占有和控制。

4. 山西煤运集团发展战略

根据山西煤运集团 SWOT 分析,从山西煤运集团的整体发展来看,应采取整合系统内资源,实施企业集团化战略;产业结构调整升级,提升企业竞争力,应实施前向一体化、后向一体化、多元化战略、洁净化战略以及横向一体化战略(见图8)。

(1)实施企业集团化战略。按照山西省建设"新型能源和工业基地"的总体战略部署,以组织创新为手段,以提升企业核心竞争力为中心,以整合省内地方煤炭货源(资源)为基础,以壮大煤炭生产能力、搭建统一销售平台为切入点,整合系统内资源,构建供应链系统,形成覆盖国内煤炭主要消费地的配送网络,创建全国最大的现代煤炭物流集团。

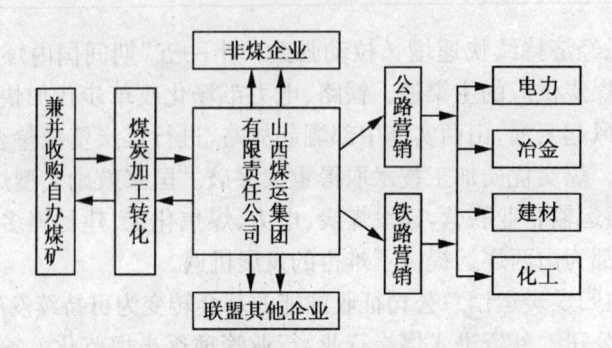

资料来源：张根虎：《山西煤运集团发展战略研究》，山西财经大学 MBA 论文，2006年。

图8 山西煤炭运销总公司的发展战略框架示意图

(2) 实施产品洁净化战略。根据国家能源产业发展取向，从用户物流配送的需求出发，凭借山西省地方煤矿产量大、品种全的优势，在更大的范围内分散洗选、集中配煤，通过加快煤炭洗选加工项目和煤化工产业的发展步伐，以高质量、清洁化、多元化产品适应多元化需求，稳步提高市场占有率，增加产品附加值，大幅度地提高煤炭综合效益。

(3) 实施产业多元化战略。以"科学的发展观"为指导，以"服务主业、分散市场风险、培育特色产业"为原则，以非煤产业的健康有序发展为目标，加速产业整合力度，培育新型产业。

(4) 实施后向一体化战略。以整合省内煤炭资源为基础，搭建统一销售平台为切入点，开展对地方煤矿的收购、兼并、控股、托管、承包（租赁）经营以及买断销售权等，用多种形式建设煤炭生产基地。

(5) 实行前向一体化战略。推进煤电一体化经营对于煤炭和电力来说是双赢的选择。煤炭价格的市场变化，促进了其下游企业的联合，主要体现在做好与电厂的联合，加强与大集团的合作，与电力企业联合发展坑口电厂三个方面。通过资本渗透的方式规避市场风险，从而对电力市场的价格也起到稳定的作用。

(6) 实施横向一体化战略。进一步加强与神华、国电、浙电、华润、中煤等大集团的合作，通过产销联合、资本融合、管理互助等方式，促进双方的合作，不断提高合作双方的管理水平，同时降低生产成本，提高双方的市场竞争力。

5. 山西煤运集团战略实施的路径

2007年山西省煤炭运销总公司将改组为山西煤炭运销集团有限公司。改组后的山西煤炭运销集团有限公司将完全按照现代企业制度的商业运营模式从以下两个方面进行经营管理。

一是集团公司的商业运营模式将以存量资产为基础，以拥有的行政管理职能为手段，以市场化、企业化运作为导向，以内部资源整合为支撑，通过对上市公司主营业务的拓展和孵化，进一步培育优势企业，不断推进集团公司逐步进入上市公司，在发展壮大上市公司的同时，使自身发展成为国内乃至世界有重要影响的大型现代煤炭物流集团，早日实现跨入世界500强的目标。

二是上市公司的商业运营模式将以煤炭运销为主业，以煤炭生产、加工和煤化工产业为支撑，以资本运营为手段，以构建现代煤炭物流体系为导向，参照神华和中石油的商业运作模式（按照生产流程划分模块，并以提供一个完整的价值链为指向，设计商业运营模式），即以主管业务的横向合并(即公路运销和铁路运销整个经营业务进行合并,实现统一经营和管理)和纵向分开(即对煤炭运销业务在销售、运输和采购环节上进行分开)为基础,建立依托一个市场、建设一个平台、实施两路配送的市场营销模式,实现建立现代大型煤炭物流企业的目标,使上市公司真正成为山西地方煤矿乃至全省煤炭生产企业和市场用户的总代理商和总供应商。改制后的山西煤炭运销股份有限公司要争取实现境外上市,集团公司在"十一五"期间,要实现年煤炭销售总量达 3.5 亿吨,销售收入达到 800 亿～900 亿元,发展成为全国最大的现代煤炭物流集团。

三、企业生产经营状况

(一)企业主要产品、销售及盈利情况

山西省煤炭运销总公司拥有的煤种十分齐全,中国煤炭分类国家标准(GB5751—86)中的 14 类其都具备。2006 年煤运集团在改革中实现又快又好的发展。全年煤炭外销总量达到 2.18 亿吨,同比增加 335 万吨,增长 1.6%;全系统总的销售收入实现 628 亿元,同比增长 11 亿元,增长 1.8%;能源基金实现 43.6 亿元,同比增加 6 352 万元,增长 1.3%;利税实现 55.5 亿元,同比增加 10 亿元,增长 22.2%;煤炭产能达到 2 077 万吨,同比增加 577 万吨,增长 38.5%。2005 年山西省煤炭运销总公司的总资产为 1 642 265 万元,所有者权益 625 310 万元。主要产品及销售情况见表 4、图 9、图 10、图 11。

表 4　　　　　　　　　　山西煤炭运销总公司的主要产品

类别	符号	包括数码	Vdaf%	GRL	Y%MN	PM%
无烟煤	WY	01,02,03	10			
贫煤	PM	11	>10.0~20.0	≤5		
贫瘦煤	PS	12	>10.0~20.0	5~20		
瘦煤	SM	13,14	>10.0~20.0	>20~65		
焦煤	JM	24	>20.0~28.0	>50~65	<25.0	
		15,25	>10.0~20.0	>65		
肥煤	FM	16,26,36	>10.0~37.0	(>85)	>25	
1/3 焦煤	1/3JM	35	>28.0~37.0	>65	<25.0	
气肥煤	QF	46	>37.0	(>85)	>25.0	
气煤	QM	34	>28.0~37.0	>50~65	<25.0	
		43,44,45	>37.0			
1/2 中粘煤	1/2ZN	23,33	>20.0~37.0	>35~65		
弱粘煤	RN	22,32	>20.0~37.0	>30~50		
不粘煤	BN	21,31	>20.0~37.0	>5~30		
长焰煤	CY	41,42	≥37.0	<5		
褐煤	HM	51	>37.0	<5~35		<30
		52	>37.0			>30~50

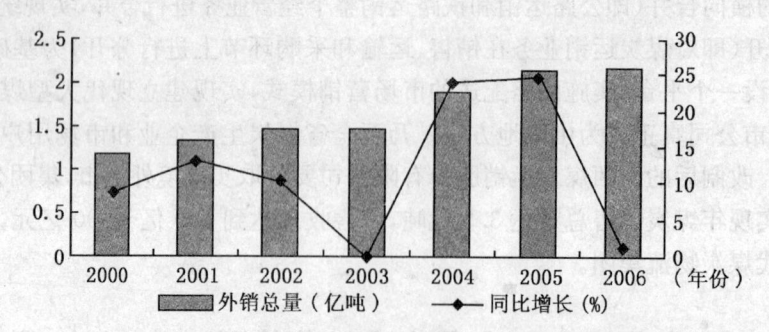

图9 2000~2006 山西煤炭运销总公司煤炭外销情况

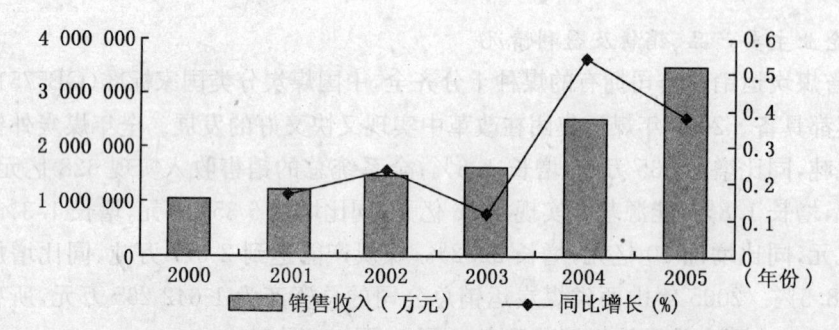

图10 2000~2005 山西煤炭运销总公司销售收入情况

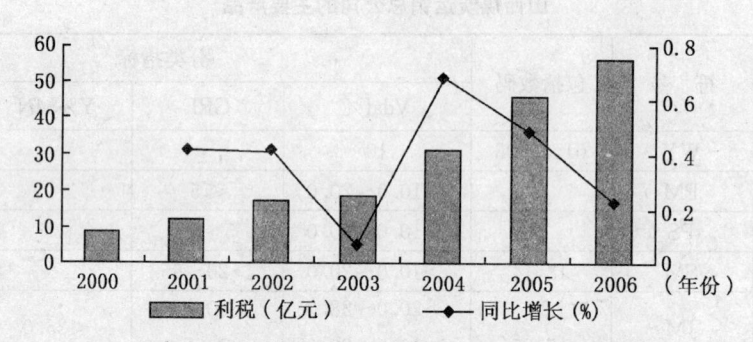

图11 2000~2006 山西煤炭运销总公司利税情况

(二)企业兼并重组及战略合作情况

山西煤运总公司按照"三大两强",做实煤运总公司的发展战略,探索出了一条既符合山西煤炭产业政策,又有利于做实做强煤运公司的发展之路。

(1)存量整合,纵向做实。一是以产权改革为突破口,加快全系统资产战略重组。在充分调研、专家咨询、集思广益的基础上,按照"产权清晰、权责明确、政企分开、管理科学"的现代企业制度要求,制定了《山西省煤炭运销总公司集团化重组改制方案》。在基本思路得到了省领导及各有关部门的认可后,为使方案进一步与国家煤炭及能源产业政策接轨,与入世过渡期后国际煤炭及能源战略的对接,2003年8月14日在北京召开了"山西省煤炭运销总公司改革与发展研讨会",对集团化重组改制方案进行了修改完善。11月份注册成立了以资本为纽带的山西省煤炭运销有限公司。按照集团化建设母子孙体制框架构建方案,已完成了晋城、长治、阳泉、晋中、太原、临汾、吕梁7个子公司,27个重点产煤县孙公司的资产评估工作,以及晋城、太原等7个子公司和15个孙公司的注册登记工作;完成了上述7个子公司向集团母公司的增资扩股工作,使集团母公司的股本总额在原有基础上翻了一番。基本形成了以资本(产)为纽带,产权清晰,符合现代企业制度和现代产权制度要求的集团公司母子孙体制雏形。

二是打破全系统企业组织结构,对阳泉、太原、临汾、晋中、吕梁、运城、长治、晋城8个分公司的铁路煤炭运销业务进行了整合,组建了跨地域、跨行业、跨所有制,集团公司控股,吸收用户、煤矿、铁路、港口参股的投资主体多元的集团公司晋中南、晋东南两个区域性铁路煤炭销售公司。2004年两公司所辖8市的铁路煤炭销售取得了运量、价格、效益同步提高的好成绩。全年共完成铁路外运煤炭3 000多万吨,同比增加近300万吨,增长9.9%。两公司吨煤平均综合售价257元,同比提高80元,增长45%。为进一步抓住煤炭市场旺销的机遇,继续推进两个公司的实体化经营、规模化发展,2005年6月,对两个公司进行了增资扩股。通过增资扩股,两个公司股东单位由18个增至41个,公司股本金由1.7亿元增加到7.8亿元。

三是按照"打造一个平台,构建三级配送体系,形成四大网络"对公路煤炭运销资源进行整合,做实公路煤炭销售。

打造一个平台,就是建立全省公路煤炭物流信息平台。以"公路煤炭物流信息网站"为依托,通过整合公路出省站计算机管理局域网、出省票据计算机管理和县区公司全面经销计算机管理网络,引入供应链管理,增加服务功能,提高科技含量,搭建公路煤炭物流配送信息平台,为构建公路煤炭物流体系,提供信息化手段。

构建三级配送体系,就是在集团母、子、孙体制框架基础上,建立三级公路煤炭物流配送体系。总公司通过整合全系统公路煤炭运销资源和业务,推进公路运销转型,实现流程再造,构建起公路煤炭物流配送信息网络、销售资源网络、客户管理网络和公路运输网络,逐步形成全系统公路煤炭物流配送的统一调度、指挥和控制中心。各分公司通过区域范围内的整体运作,构建起区域性公路煤炭物流体系,逐步对电厂用煤、上站煤和出省煤实行物流配送。同时,组织协调各县区公司进行货源基地建设、煤炭加工和配送。组织协调各县区公司进行货源基地建设、煤炭加工和配送服务,进而推进各类公路站点转型,逐步形成区域性公路煤炭物流配送的利润控制中心。各县区公司作为物流配送的操作执行主体,主要负责煤炭采购、储存和加工,按照总体规划建立储煤场或储配中心,按照上级配送系统的指令,完成配送任务,形成成本控制中心。

依托三级物流配送体系,构建覆盖全省的四大网络,形成对全系统公路煤炭物流配送体系的支持。一是建立公路煤炭物流配送客户管理网络。二是建立完善公路煤炭销售资源网络。三是建立公路煤炭运输服务网络。四是建立公路煤炭物流配送信息网络。

(2)增量扩张,横向做强。抓住能源市场需求旺盛的有利时机,积极引进与企业主业相关的战略投资者,特别是注重围绕延伸产业链条,拓展企业的发展空间。

一是以大项目为载体,积极开展与国内大公司大集团的战略合作。2003年,公司与神华集团在煤炭开采、加工转化、储运和销售等领域达成了战略合作框架协议,2004年10月,双方共同出资组建了由山西煤炭运销总公司控股的山西省晋神能源有限公司,并拟定以晋神能源有限公司为平台,开展在山西境内沿神黄铁路的煤炭开采、洗选加工、运输和营销的全方位合作。2005年双方共同投资对河曲县9座小煤矿的煤炭资源进行整合,建设一座大型现代化矿井项目——沙坪煤矿。

公司与国电燃料有限公司合作建设的保德县王家岭矿区项目,2004年4月完成了地质勘探工作,10月,地质报告通过了国土资源部组织的评审,并取得了国土资源部的资源认证书,目前该项目的开工准备工作正在加紧进行,预计年内即可开工建设。

公司与泰国正大集团就共同建设晋城沁水东大煤矿园区800万吨矿井、洗煤厂、煤化工、煤气层开发和4×60万千瓦坑口电站等的一揽子合作项目正在全方位推进。

与此同时,公司还先后与中煤能源集团公司就煤炭资源开发利用、煤炭市场销售签订了战略合作框架协议,就共同出资建设刘家口洗煤厂项目,共同开发阳泉无烟煤出口业务达成意向;以天津南疆1 000万吨仓储配煤项目为基地,与浙江电力集团建立了战略合作关系。

二是以产权制度改革为突破口,以发展国有资本、集体资本和非公有资本等相互参股的混合所有制经济为目标,与上游煤炭生产企业、下游运输企业、港口、煤炭用户形成以资本为纽带的利益共同体。

三是对优势企业重组、上市融资,开辟多种融资渠道。为加快以三元煤业为核心的大型贫瘦煤基地建设。2004年,进行了以总公司控股的长治三元煤业为核心,对周边墨镫、王庄、马堡等煤矿进行兼并、重组,并在香港证券市场上市的工作。公司计划通过上市融资,对周边三只岭、王家峪等地方煤矿进行兼并、提升改造,在下霍煤田建设一座年产300万吨的大型现代化矿井。再通过增发股票和配股融资,对周边地方小煤矿进行提升改造、建设大型集约型洗煤厂、坑口中煤和矸石发电厂,把三元煤业建成煤炭生产能力2 000万吨,集煤炭洗选,坑口发电为一体的大型贫瘦生产基地和加工转化基地。目前,对第一批小煤矿的兼并重组工作已基本完成,公司取得了下霍煤田的资源勘探权,上市工作已完成了在省内的所有审批手续,省政府向中国证监会发出了《关于同意山西三元煤业股份有限公司发行股票并在香港上市的函》。

目前,煤运总公司已与交通银行、光大银行、中冶集团、国家五大电力集团、中化集团、神华集团、中煤集团、铁路、港口等世界500强和国内500强企业的15家建立了战略合作关系。通过横向联强,引进战略投资者,共同组建多元股份制公司,不仅实现了2.2亿元的企业资本,筹集到了38亿元发展资金,而且获取了一批先进的生产技术和各类复合型管理人才。

附录:2006年以来公司体制改革大事记

2005年岁尾年末,省委书记张宝顺同志在全省经济工作会议上,就包括省煤运总公司在内的国企改革提出了明确要求。

2006年3月24日,在省煤运总公司2006年的工作会议上,主管副省长靳善忠进一步要求,省煤运总公司应尽快由管理收费型向生产经营型企业转轨,以理顺产权为基础,加快建立现代企业制度的步伐。省煤运总公司总经理张根虎在会上向全系统正式提出要建设现代大型煤炭物流企业集团的奋斗目标。

2006年4月19日,国务院133次常务会议出台了《关于在山西省开展煤炭工业可持续发展政策措施试点》的意见。党中央、国务院对山西煤炭工业的巨大关怀,为山西煤运企业的改制带来了千载难逢的政策机遇。

2006年5月,省煤运总公司集中全系统部分高级管理人员赴中国浦东干部管理学院集中培训。省煤运总经理张根虎发表的《更新观念思改革找准定位谋发展》的深刻演讲,中国浦东干部管理学院教授们超前的发展意识以及上海企业对外改革开放的实践经验,都极大地为全公司高级管理人员解放思想、改制重组、海外上市奠定了思想基础。

2006年6月22日,从长江三角洲的沪洽会到珠江三角洲的港洽会,省煤运高层领导穿梭于中国改革开放的最前沿,挺进海内外市场招商引资,积极为公司改制重组引进战略投资者。7月27日,在港洽会上,共签订投资总额56.6亿美元的合约,引进资金21.4亿美元。值得一提的是,省煤运总公司在港洽会上与贝尔斯登签订了《企业改革、资产重组及海外融资战略合作协议》,从而为海外上市找到了战略合作伙伴。

2006年11月2日,山西省人民政府正式向国务院呈报了《关于在山西建立中国太原煤炭交易市场的请示》。2006年11月12日,"中国生产力学会"组织省内外专家学者主持召开了"中国太原煤炭交易市场建立方案"论证会,该方案上报后,得到了国务院和有关部委领导的高度重视,由国家发改委牵头,有关部委同意组建"中国太原煤炭交易中心",并给予支持。

2007年1月17日,省政府94次常务会议,省政府批复省国资委(2006)133号文件同意山西省煤炭运销总公司改制重组为山西煤炭运销集团有限公司。

2007年1月21日,省煤运系统召开"全省煤运系统改制重组海外上市动员大会"。酝酿多年的煤炭流通体制改制重组终于进入实质性的全面实施阶段。

中国航空油料集团公司

中国航空油料集团公司成立于2002年10月11日,是以中国航空油料总公司及所属部分企事业单位为基础组建的国有大型航空运输服务保障企业,是由国务院国有资产监督管理委员会直接管理的中央企业,是国务院同意进行国家授权投资的机构和国家控股公司的试点。

集团公司负责经营集团公司及其投资企业中由国家投资形成的全部国有资产和国有股权,主营业务包括:在国内外从事航空油料及其他成品油的批发、储存和零售业务;航空油料、各种航油供应设备及与航油供应有关的特种车辆等进出口经营业务;工程设计、承包,供油系统工程及其他配套项目建设的监理业务;上述经营范围的技术咨询、技术服务、培训业务;经有关部门批准,从事国内外投融资业务;经营国家批准或允许的其他业务等。

集团公司初成立时包括中国航空油料有限责任公司、中国航油集团陆地石油公司、中国航油集团海天航运有限公司在内的全资、控股子公司11个,参股公司6个,并在美国设有驻外办事处。2004年中国航油新加坡公司期权亏损事件后公司重组,现中国航油集团下属主要企业有中国航空油料有限责任公司、中国航油集团陆地石油公司、中国航油集团海天航运公司、中国航油(新加坡)股份有限公司等11个全资、控股公司,以及7个参股公司。

作为中国最大的航空运输服务保障企业,中国航油集团的核心业务是为中外航空公司提供航油供应服务。截至2006年8月,中国航油在全国近百个机场拥有油库159座,总储油能力166万立方米,年供油能力达1 500万吨以上;拥有遍布全国的油品码头、铁路专用线、场外输油管线以及加运油车等完备的供油设施和油品中转、配送体系;同时稳步拓展其他成品油和航运业务,初步形成了区域性油品配送体系和销售网络,在新加坡、中国香港、美国设立了公司,开展国际油品贸易和航油销售业务。中国航油集团已成为世界第七大航油供应商,也是国际航空运输协会(IATA)、英国石油协会(IP)、美国石油协会(API)、国际航煤联合检查集团(JIG)成员。集团积极拓展其他成品油和航运业务,已经逐步形成了集资源采购、油品配送和营销于一体的完整价值链。其综合功能和服务效能均达到较高水平。中国航油集团2006年末的总资产为197亿元人民币,销售油品1 140万吨,实现销售收入536亿元人民币。

2006年度国家统计局公布的中国最大1 000家企业集团名单中,中国航空油料集团公司以营业收入34 781 510 000元、资产总计14 570 580 000元排名第68位。

表1　　　　　　　中国航空油料集团公司 2002~2006 年中国 500 强排名

年　份	名　次	营业收入(万元)
2002	48	2 083 170
2003	76	1 860 560
2004	76	2 388 681
2005	111	2 268 167
2006	83	3 473 794

一、企业发展历程概述

(一)中航油集团公司发展简史

我国航油供应管理体制大体经历了如下三个阶段：

第一阶段，军队建制阶段。从新中国成立初期至 20 世纪 70 年代末，我国民航一直归属军队建制，当时通航机场少，供油量小，航油供应难以形成体系，由各机场的机务部门代管。

第二阶段，分散管理阶段。从 1980 年起，我国民航从军队建制改为国务院建制，开始实行企业化管理，民航总局在物资司设立了油料处，各地区管理局、省局也相应地设立了油料处（科），航油的资源配置与行业管理开始由总局负责，油料的人员和财务管理由各地区管理局和省局负责。

第三阶段，集中管理阶段。从 1987 年起，我国民航实行简政放权改革，原管理局一分为三，分别设立航空公司、机场和地区民航管理机构。1990 年 2 月，为了适应民航体制改革的需要，经国务院批准正式成立中国航空油料公司，1992 年 5 月公司更名为中国航空油料总公司，并在国家工商局登记注册。1993 年底，民航各省局油料部门全部划归中国航油集中管理，成为民航总局直属的大型航空运输服务保障企业，形成了集航空油品采购、运输、储存、检测、销售、加注一体化，同时兼有部分行政管理职能的航油供应管理体制。

2002 年 10 月 11 日，在中国航空油料总公司基础上组建成立了国有大型航空运输服务保障企业——中国航空油料集团公司（简称中国航油集团公司，英文缩写为 CAOHC），中国航空油料总公司改组成为中国航油集团公司的成员单位。集团公司设有办公室、战略发展部、投资管理部、财务部、人力资源部、监察审计部、企业文化部、党群工作部等多个部门，包括中国航空油料有限责任公司、中国航油集团陆地石油公司、中国航油集团海天航运有限公司在内的全资、控股子公司 11 个，参股公司 6 个，并在美国设有驻外办事处。

2004 年中航油新加坡公司巨亏事件发生后，集团公司进行了企业重组，现中国航油集团下属主要企业有中国航空油料有限责任公司、中国航油集团陆地石油公司、中国航油集团海天航运公司、中国航油（新加坡）股份有限公司等 11 个全资、控股公司，以及 7 个参股公司。

(二)企业扩展路径

企业集团的扩展一般通过四种路径，业务活动、资本运作、组建方式以及空间扩展。图 1 为企业扩展路径的四维模型。

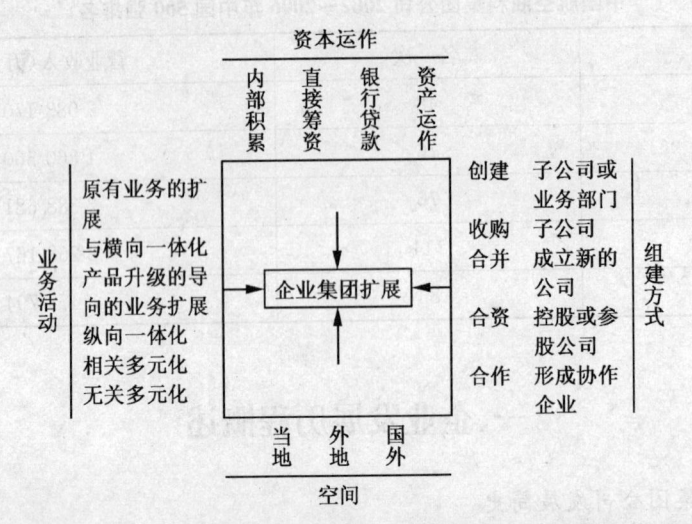

```
                      资本运作
              内  直  银  资
              部  接  行  产
              积  筹  贷  运
              累  资  款  作
    ┌─────────────┬─────┬─────────────┐
    │ 原有业务的扩 │     │ 创建  子公司或 │
    │ 展           │     │       业务部门 │
业  │ 与横向一体化 │     │                │ 组
务  │ 产品升级的导 │ ┌─────────┐ │ 收购  成立新的 │ 建
活  │ 向的业务扩展 │→│企业集团扩展│←│ 合并  公司     │ 方
动  │ 纵向一体化   │ └─────────┘ │                │ 式
    │ 相关多元化   │     │ 合资  控股或参 │
    │ 无关多元化   │     │       股公司   │
    │              │     │ 合作  形成协作 │
    │              │     │       企业     │
    └─────────────┴─────┴─────────────┘
              当  外  国
              地  地  外
                  空间
```

资料来源：毛蕴诗，汪建成：《大企业集团扩展路径的实证研究——对广东40家大型重点企业的问卷调查》，学术研究，2002年第8期。

图1 企业扩展路径四维模型

利用此四维模型，中国航空油料集团公司主要扩展路径可以由表2来说明。

表2　　　　　　　　　　中国航空油料集团公司扩展路径

扩展维度	路径选择
业务活动维度	战略联盟和相关多元化
资金运作维度	内部积累、银行贷款及上市筹资
空间维度	国内为主、积极开拓国际市场
组建方式维度	创建、合资控股、参股为主

（三）企业所有制性质

集团公司在中国航空油料总公司及所属部分企事业单位的基础上组建。组建集团公司所涉及成员单位的有关国有资产（含股权、土地使用权）实行无偿划转。集团公司主辅业分离，主营业务及相关资产重组为集团公司控股，中国航空集团公司、中国东方航空集团公司、中国南方航空集团公司三大航空集团公司参股的有限责任公司或股份有限公司，同时，吸收国内石油、石化企业参股，实现产供销各方和最终用户的利益共享、风险共担；辅助业务和相关资产重组为中航油开发有限公司等辅业公司，由集团公司统一管理。

二、企业发展战略

（一）我国航油供应产业竞争状况

依据波特的五力模型，可以从现有竞争对手、购买商、航油生产商、航油供应潜在进入者，以及替代品五方面分析我国航油供应产业竞争状况。由于中国航空油料总公司是中国航油市场的最主要供应商，根据国家政策，一直具有垄断经营优势，并一直处于航油供应的支配地位；多年的无故障运行，也为其在国内建立了一定的品牌优势，具有一定的品牌影响力。作为航油市场的垄断者和行业内的最主要企业，中航油多年来的政企合一的组织架构和对业务的熟悉使得其对国内的航油行业政策制定具备较大影响力。另外航油作为特殊的航空用品，由于技术以及其他因素存在，可以说很难有替代产品。因此我们主要从以下三个方面进行分析：

1. 作为购买商的航空公司

中国航空运输业已步入微利时代。目前我国社会平均利润率在10%以上，一些高增长产业如汽车制造业的利润率最高可达35%。世界航空运输业历史利润率平均仅1%至2%（按资产利润率ROA计算），以销售收入利润率计，世界100家最大航空公司平均为5%。国内公司按中国南方航空公司2001年报数据，以营业利润14亿计算，资产利润率仅4%。可见航空运输业始终在平均利润率水平以下经营。其原因一方面是航空运输业资本高度密集，导致资本利润率降低；另一方面是航空公司在利润最大化和市场占有最大化之间往往选择后者，以牺牲盈利为代价去谋求市场占有率。微利经营使航空公司对成本波动显得尤为敏感。

由于航油系统的体制性原因，加上航煤在石油产品中的比例很小，使航空公司的采购部门面临卖方市场，航空公司成为垄断高价的被动接受者，航煤市场规模较小也使航空公司成为航油价格波动的被动接受者（因为航煤在石油产品中的比例远低于其他产品如汽油，所以国际市场航煤价格的主要决定因素是石油的供给曲线而不是航空公司对航空煤油的需求曲线）。因此整体来说，作为购买商的航空公司并不具备很强势的讨价还价能力。

2006年9月，民航总局全面推行《航空煤油销售价格改革方案（试行）》，不同机场将根据供油成本和用油总量实行不同油价，而航空公司拥有了与中航油砍价、确定航油进销差价的权利。民航总局依据供油公司的供油成本、市场供求状况、航空公司的承受能力等，确定进销差价基准价，在基准价的基础上，航空公司与供油公司在上下浮动8%的幅度内协商确定最终的进销差价。这一方案将有可能提高航空公司的议价能力，但由于航油供应的垄断性，其8%的价格幅度权利也有可能大打折扣。

2. 作为供应商的两大石油集团和其他供应商

航空油料集团的供应商是寡头产品垄断的"二大石油公司"。中国石化和中国石油总共供应将近90%的中国石油需求，负责国内航空煤油的生产。并垄断了除航油以外所有原油的交易，以及几乎所有的石油产品。

中航油总公司在全国25个炼厂设有驻厂代表处，负责监督航油质量和采购工作。但多年来，由于国产原油品质下降，数量不足，进口原油品种的数量越来越多，加之国内一些炼厂受设施设备、加工技术和工艺等因素的影响，出现了航煤油产出率低、质量不稳定的情况，造成国内航煤油供给不足。另外，两大集团所属炼厂生产的航空煤油不仅要直供民航，同时还要确保军队和其他部门用油。因此民航每年用油都存在缺口，使得中航油不得不上报国家有关部委申请进口航油，以弥补供需缺口。

目前，中国每年需要800万吨的航油，其中1/3是进口的，由于中国经济的急速扩张，加上个人财富的增加，航油需求以两位数的幅度增长。中航油进出口公司已于2002年5月经国务院批准，成为国内第五家获得航油进口许可证的企业，并于当年11月正式拿到航油进口许可证。而在此之前，拥有航油进口许可证的只有中国化工进出口总公司、中国联合石油公司、中国联合化工公司、珠海振戎等四家国有进出口公司。中航油每年在得到国家经贸委发放的进口配额后，必须通过这四家公司代理进口，而在整个航油进口业务中，中航油总公司则是惟一的买方，中化等进口商则按照合同交易总额的0.6%收取手续费。

3. 潜在进入者分析

潜在进入者是国内外的石油公司和航空公司，石油公司的目的是争夺石油终端销售市场，航空公司的目的是降低成本和降低航油价格。

目前，中航油是中国民航系统的独家航油进口商，包揽了全国100%的航油进口业务，也是国内惟一一家集航空油品采购、运输、储存、供应、销售于一体的企业。2002年1月18日，国家经贸委发文，允许民营企业有权申请航空燃料进口配额，这意味着民企有可能成为国内航空公司供油体系中的一员，使得中航油统天下的局面出现了一丝松动。

卖方市场方面，"二大石油集团"垄断产品供给，航油公司虽有部分进口油指标，但不足以成为和石油公司进行价格谈判的筹码。

航空公司参与航油市场供应，具有直接可操作性。目前，国内大的航空公司都表示，他们对油料部门较熟悉，愿意参与投资供油业务。航空公司参与航油供应的比比皆是，如日本的JAL在国外市场直接供油；东航参与中航油股份等等。

在两大石油集团进入国际资本市场，海外上市取得成功后，在国内市场首先是抢夺终端销售市场，并且已经开始利用航空业重组的机会，准备快速进入国内许多航空加油终端市场。

跨国石油公司已经全面进入中国市场。中国成品油市场在中国加入WTO后三年开放零售市场，成品油进口关税降至6%，5年后有条件地开放批发市场。这些跨国公司在中国入世前多采取与中国公司合作进入市场的方式（比如中航油的"蓝天"公司模式），而在中国加入WTO后，其进入中国市场的方式已经有了变化，就是愿望更迫切、行动更迅速、手段更直接、投入更大胆。一是利用两大集团股份公司海外上市的时机，大肆购买其股票，通过资本市场的优势，间接控股和占有中国终端市场。在资本市场上，英国BP阿莫科集团用70亿美元购买了中国石油20%的股票，与中国石油合资创建一家汽油营销公司，收购了100多个地面加油站，并考虑要尽快进入中国的润滑油和航油业务。壳牌公司也于2000年10月同中国海洋石油总公司签订了40亿美元的当年最大的中外合资项目。而同时，石油业巨头：埃克森—美孚、英荷壳牌和BP阿莫科集团又出资18亿美元收购中国石油化工集团10%的股份。二是通过各种方式直接进入油气开发领域和终端市场。比如，除BP外，另几大跨国公司也在中国沿海、沿江乃至中西部地区通过几种方式建立了400多家地面加油服务站。一旦政策允许，这些资本实力强大的跨国公司将直接对中航油集团公司产生巨大的威胁。

(二) 中航油集团发展战略规划

中航油集团的企业战略目标为：以航油业务为核心，积极开展相关多元化业务，面向国际，通过资本运作、资源整合、品牌经营和集团化运作，实现持续、快速、健康增长，用五年时间将中国航油建设成为具有国际竞争力的跨国航油集团。

中航油集团以市场份额为主要目标，重视持续创新，大力降低运营成本；通过专业化经营、客户关系管理等建立品牌优势，以维持国内航油供应的绝对领导地位，并努力成为亚太地区航空燃料解决方案的标准制定者。

未来五年，集团公司以巩固和提高航油市场占有率为目标，积极培育贸易、物流及资本运营能力，加快实现战略转型，用5~10年时间发展成为具有国际竞争力的大型航油商贸流通集团。到2010年，力争实现销售收入1 000亿元，提高集团整体盈利能力、资源控制力、运营效率和抗风险能力，成为具有国际竞争力的大公司、大集团，名列中央企业排名前80名。实现1 000亿元销售收入、进入中央企业排名前80名，这里主要包含几层含义：一是集团要实现规模化，无论资产规模、销售收入、盈利能力都要达到国际同类企业的先进水平；二是集团的业务结构要均衡，业务组合能够产生战略协同效应，经营的相关产品要持续增长；三是要有较强的资源控制力，实现资源渠道的稳定化、多元化；四是要延伸产业链，上游掌握资源，下游掌握营销网络；五是国际化程度要高，要在国外资源、国际业务收入、国际化人才的比例上有明显提升；六是要和谐发展，相关业务拓展与资源配置要匹配，职工素质与企业发展及薪酬水平要协调。

2007年集团公司经营工作的主要预期目标是：销售收入612亿元，利润10.6亿元，人均销售收入750万元；力争实现销售收入676亿元，利润13.6亿元，人均销售收入828万元。安全管理实现零事故、零伤害、零污染。

三、企业生产经营状况

(一)中航油集团经营概况

中国航油集团公司主要经营航空油料及其他成品油的批发、储存和零售业务，航空油料、航油供应设备及与航油供应有关的特种车辆的进出口业务，供油系统工程及其他配套设施的工程设计、施工业务，国家批准经营的其他业务。这些业务主要包括全国100多个机场的供油设施的建设和加油设备的购置，为中外100多家航空公司的飞机提供加油服务(包括航空燃油的采购、运输、储存直至加入飞机油箱等)。截至2006年8月，中国航油在全国近百个机场拥有油库159座，总储油能力166万立方米，年供油能力达1 500万吨以上；拥有遍布全国的油品码头、铁路专用线、场外输油管线以及加运油车等完备的供油设施和油品中转、配送体系，中国航油集团已成为世界第七大航油供应商，也是国际航空运输协会(IATA)、英国石油协会(IP)、美国石油协会(API)、国际航煤联合检查集团(JIG)成员。

中航油集团成立以来经历了高速的发展。表2为集团近十余年销售增长情况以及企业主要产品、生产及销售情况。

表2　　　　中航油各年销售油品及为航机加油架次情况(2004年加油架次数据未得)

年　份	销售量(万吨)	增长率(%)	加油架次(万架)	增长率(%)
1990	102		15	
1991	130.8	16.58	18	20.00
1992	166.5	27.29	23	27.78
1993	213.7	28.35	29	26.09
1994	246.5	15.35	36	24.14
1995	293.1	18.90	45	25.00

续表

年　份	销售量(万吨)	增长率(%)	加油架次(万架)	增长率(%)
1996	333.7	13.85	50	11.11
1997	361.4	8.30	56	12.00
1998	392.8	8.69	62	10.71
1999	409.6	4.28	65	4.84
2000	467.9	14.23	71	9.23
2001	506	8.14	79	11.27
2002	547.5	8.20	88	11.39
2003	575	5.43	96.2	9.32
2004	789.1	37.23	—	—
2005	975.2	17.8	131	—
2006	1 140	16.90	151	15.27

资料来源:根据历年《中国航空油料总公司统计年鉴》整理。

2006年,集团公司全年共销售油品1 140万吨,其中:销售航油1 039万吨,比2005年增长15%;其他成品油101万吨,比2005年增长30%。实现销售收入563亿元,比2005年增长62%;实现利润9.88亿元,比2005年增长27%。在2006年159家中央企业排名中,集团公司销售收入位列第38位,利润位列第58位,中国航油的企业形象和竞争力、影响力得到明显提升。

航油进出口业务也取得了很大进展,2006全年组织进口航油488万吨,比2005年320万吨增长52%。其中,进口一般贸易航油150万吨,比2005年37万吨增长305%。

(二)中航油海外市场拓展状况

中国航油实施"走出去"发展战略起步较早,近年海外经营实现了跨越式发展,国际贸易和实业投资突飞猛进。集团公司充分发挥新加坡公司海外桥头堡的作用,集中战略资源实现其快速整合、扩张,在纵向整合石油产业方面有突破性进展。在境内,中国航油先后成功地与BP、壳牌等跨国石油公司开展了合资合作项目;在境外,中国航油在国际贸易、石油仓储设施、航运、投融资等诸多领域与欧盟企业也进行了有效合作,仅2003年一年的国际贸易额就达到了28.5亿美元。2003年公司海外利润首次超过国内业务,成为集团最大的利润来源,尤其是新加坡公司的利润,公司国内业务仅占利润总额的19%。中国航油对西班牙石油设施企业CLH公司的投资,成为中国在西班牙的最大投资。此外,中国航油与荷兰的VOPAK和德国的OILTANKING两家欧洲著名的石油设施公司保持着良好的合作关系。中国航油与欧盟企业之间的合作,创造了商机,实现了共赢。公司准备从五个方面加强努力进行跨国经营。一是发挥国际资本经营平台功能,通过该平台进军石油相关业务,力争完成经国家发改委批准的收购海外石油公司项目;二是寻找新的投资机会,争取与跨国公司合作共同开拓国内或国际市场;三是努力扩大油品贸易量,确保盈利水平继续增长;四是积极寻找机会,投资建立具有一定规模的石油仓储设施和国际航运力量;五是在保证新加坡公司实现集团公司利润来源的基础上,尽快促进其将国际资源、经验、经营模式、人才等移到国内。

(三)集团多元化发展取得突破

中航油多年来致力于多元化的发展,集团公司一面巩固中国航油在国内市场的行业主导地位,做强、做精、做大航油项目,保持现有市场,锁定现有客户,积极争取潜在客户,突出航油集团公司的核心竞争力。另外在此基础上,积极实施相关多元化发展战略,主动开辟新的利润增长点。一是充分利用国务院赋予集团经营其他成品油资质的有利条件,结合中国航油现有的销售网络和技术、设施优势,加大进入其他成品油市场的力度,组建专业化公司,争取其他成品油业务有实质进展。二是航运业务。我国每年大约有700万吨油品要依靠油船运输,集团公司拟采取合资的方式收购重组现有的船运公司,承担起全系统的航油运输任务,适机拓展产品线,开展其他油品运输,力争用二到三年的时间使这项业务逐步成熟,成为集团公司新的利润增长点,以通过不断改善集团公司的利润结构,提高中国航油利润来源的稳定性,形成持续增长的动力源。

(四)加强与上下游企业合作

与上游供应企业的合作主要表现在:主要以签订长期供油合同、结成战略合作伙伴等方式加强合作的深度和广度,并根据上游资源布局不断完善其供油网络。比如与中国石油、中国石化进行战略联盟,建立战略合作伙伴关系;推进了与中海油、延长集团等上游企业的战略合作,与中海炼化有限责任公司签署战略合作协议,改善华南地区航油供应的紧张局面,拓展资源渠道等。

与下游购买商即各机场等的合作主要表现在:与首都、上海、广州白云机场集团签订了战略合作协议,维护集团公司在三大机场集团所属机场供油设施建设的投资主体地位。积极开拓新市场,接收9家支线机场,签订西藏航油供应合资合作框架协议,获得控股西藏地区机场供油业务经营权等。

四、企业资产状况

(一)资产规模不断壮大

近年来,中航油集团公司资产规模不断壮大。2006年集团公司营业收入34 781 510 000元、资产总计14 570 580 000元,位列2006年度国家统计局公布中国最大1 000家企业集团第68位。从表2我们可以看出集团公司历年销售额等发展状况。集团销售额、利润等都呈逐年增长态势。2003年,公司实现销售收入216亿元人民币,利润3.6亿元,截年末,总资产为141.26亿元人民币。2005年集团公司全年为飞机加油131万架次,转输油品1 911万吨,销售油品975.2万吨,销售收入344亿元,比2004年的226亿元增长44.5%。2006年中航油的税后净利润达3.69亿新元。中航油2006年度的业务收入将近30亿新元,远远超过2005年度2 100万新元的营业收入。

(二)主要控股参股公司的股权状况

除集团公司全资公司之外,集团拥有多个控股参股公司。以下为集团主要参股控股公司的股权状况。

中国航空油料有限责任公司(以下简称"有限公司")前身为中国航空油料总公司,由中国航空油料集团公司、中国石油销售有限责任公司以及中国石化销售有限公司三方改制重组而来。三方持有的有限公司的股权比例分别为51%、20%、29%。

中国航油(香港)有限公司的前身是中航油料(香港)有限责任公司,成立于1998年5月,由中国航空油料总公司与中国航空(集团)有限公司共同投资组建,总投资额300万美元,其中注册资金600万港元币,双方各持股50%。2003年8月5日中航油料(香港)有限公司更名为中国航油(香港)有限公司,股东双方的持股比例变更为中航油集团持有80%的股份,中国航空集团持有20%的股份。

2005年12月5日,中国航油(新加坡)股份有限公司(下称"中航油新加坡公司")的股权重组后,母公司持股51%,BP、ARANDA分别持股20%和4.65%,小股东持14.35%,债权人持10%。

五、企业营销策略

(一)集团公司控制我国主要航油销售渠道

由于航运的特殊性,为了保证飞行的安全,国家对进入民航的各类企业要求较高,审核较严,市场准入条件由国家制定,民航总局实施。对要求进入民航机场提供航油分销业务的企业,民航总局统一进行经营许可的审核。由于中国油品市场未完全放开,航油分销实行高度集中的经营体制,一般新机场供油公司都要求中航油控股或参股。因此,中国航油集团公司在国内航油供应市场处于绝对垄断地位。其在全国近百个机场拥有159座油库,拥有遍布全国的油品码头、铁路专用线、场外输油管线以及加运油车等完备的供油设施和油品中转、配送体系,这些构成了其区域性油品配送体系和销售网络。

(二)航油定价受国家价格管制

一直以来,国家对航油价格实行管制,航油供销实行国家定价,具体体现在中国航油的采购价格和销售价格两个方面。从国内采购的航油,中国航油支付的价格(出厂价)由原国家计委负责制定。进口航油的价格主要是进口完税价格,其计算方法与国内出厂价的计算公式相仿。中国航油的航油销售价格由于航油的用户不同,在出售航油时使用两种定价方式:对于国内航空公司,中航油采用由民航总局制定的销售价,航油销售价格主要由国产航油出厂价加上航油进销差价构成,出厂价和航油进销差价都由政府统一定价;对于国外航空公司,中航油相对拥有定价自主权,根据民航总局制定的销售价,中航油进行适当调整。

2006年9月,民航总局全面推行《航空煤油销售价格改革方案(试行)》,不同机场将根据供油成本和用油总量实行不同油价,而航空公司拥有了与中航油砍价确定航油进销差价的权利。内地航空公司国际及港澳地区航班的航油进销差价由政府定价改为市场调节价。根据改革方案,各机场航油统一销售价的状况被打破,内地航空公司的航油进销差价由政府定价改为以政府指导价为主。民航总局依据供油公司的供油成本、市场供求状况、航空公司的承受能力等,确定进销差价基准价,在基准价的基础上,航空公司与供油公司在上下浮动8%的幅度内协商确定最终的进销差价。内地航空公司国际及港澳地区航班的航油进销差价由政府定价改为市场调节价。

六、企业人力资源与文化

(一)创建和谐的公司文化

集团公司重视企业文化的建设,努力构建充满和谐的大公司文化。如集团自2006年启用的新标识系统,由旋转的三条弧线围绕油滴构成圆形图案,标识色彩是国旗红和国旗黄,标识的整体设计理念源于中国传统文化"三生万物"、"圆满和谐"的思想,寓意着中国航油作为中央企业,对国家和社会承担着重要责任,以及中国航油欣欣向荣、自强不息,为社会贡献不竭的动力源泉。

在公司文化的具体落实和体现上,集团将企业的理念明确表述为"应对市场的竞争文化,面向国际的开放文化,开拓进取的创新文化,令行禁止的执行文化,与时俱进的学习文化,卓越品质的服务文化,精益控制的成本文化,规范科学的安全文化"这八项文化的建设。

(二)集团重视人力资源开发

中国航油集团的集团公司共有员工7 000余人,其中具有大学专科及以上学历的占员工总数的54.2%,具有初、中、高级专业技术职务的各类专业人员占员工总数的35.6%,集团广泛开展包括航空油料加油员、保管员、特种设备修理员在内的七大特有工种职业技能鉴定工作,生产岗位员工通过鉴定的达90%以上。

中国航油集团致力于"领导干部队伍"、"后备干部队伍"、"专业技术人才队伍"、"技能操作人才队伍"四支人才队伍建设。人才开发培训采用"送出去"、"请进来",举办专业讲座、开办学历教育班等多种形式,对员工进行政治理论教育,开办普法培训班,组织参加EMBA课程学习等,努力培养具有较高政治理论水平、现代企业管理理念和较强经营管理能力的干部队伍和后备干部队伍。集团通过开办人力资源管理、外事管理知识、国际项目管理、信息管理等课程,以及油料储运与管理学历教育班、会计方向工商管理第二学位教育班等,来提高员工的专业理论和专业技能水平,同时大力开展专业技术职务评聘和职业技能鉴定工作,培养能参与国际交流合作的高技能的专业人才队伍。积极开展各级管理人员与员工等的对外交流培训和学习活动,如组织"油库主任技术交流团"赴美考察培训,组织"加油站站长技术交流团"对中国航油所属地区公司副总经理以及油料系统各加油站站长及主要负责人进行培训,以了解美国机场航油设施设备、航油运输、加注运作方式以及油品质量管理等。

集团公司积极开展员工培训和交流,以帮助其开拓视野,更新观念。如为落实集团公司实施"科教兴业"和"人才强企"战略,集团公司组织成员企业人员参加了"首届中国民航油料储运员职业技能大赛暨民航油料储运员技师选拔活动"。另外,各成员企业积极进行交流活动,促进互助提高。同时,集团还积极参与国际航空油料专业组织的工作。目前,中国航油已经加入了国际航空运输协会航空油料组(IATATFG)、国际检查集团(JIG)、美国试验材料协会(ASTM)等组织,成为其正式会员;同时积极参与国际标准的制定工作,从国际标准的追随者逐步向参与者过渡。

集团公司对成员企业实施与效益指标、管理指标相结合的业绩考核制度,与企业负责人签定经营和安全管理责任书,实施工资总额与经济效益挂钩的工资总额分配管理办法以及与经济效益和管理指标挂钩的企业负责人年薪核算办法,充分发挥薪酬的激励作用,激发员工的积极性和创造性。

中国机械工业集团公司

中国机械工业集团公司是 2005 年 11 月 8 日由中国机械装备集团公司更名而来的,其简称"国机集团"保持不变。1997 年 1 月 28 日,由原机械工业部下属的 70 余家核心企业组成的一家大型企业集团——中国机械装备(集团)公司,即现在的中国机械工业集团公司是我国装备工业的代表性企业。它在短短 10 年间发展成为我国最大的工程承包和进出口贸易企业之一,同时,也是我国重大技术装备的科研开发基地。目前,中国机械工业集团公司旗下拥有 43 家子公司,4 万多名员工,业务遍及机械、电子、汽车、冶金、建材、交通、船舶、矿山、航空航天等国民经济的重要领域。其各项经济指标成倍增长,经营额由 1997 年的 104 亿元,增加到 2006 年的 550 亿元,增长了 5 倍;主营业务收入由 89 亿元增加到 465 亿元,增长了 4 倍;利润总额由不到 1 亿元增加到 14.5 亿元,增长了 14 倍多。

从 2002 年到 2006 年,中国机械工业集团公司(中国机械装备集团公司)都进入了中国企业 500 强,而且都在前 100 名内,2002 年是 74 名,2003 年是 85 名,2004 年是 84 名,2005 年是 90 名,2006 年是 80 名。

一、企业发展历程概述

(一)发展简史

1997 年 1 月 28 日,原机械工业部下属的 70 余家核心企业组成了一家大型企业集团——中国机械装备(集团)公司,即现在的中国机械工业集团公司。中国机械工业集团公司沐浴着改革的春风应运而生,在市场竞争的风浪中成长壮大,在我国机械工业的发展中正日益发挥着重要的作用。国机集团既有在承包大型工程项目中积累丰富经验的、具备相当实力、享有国际盛誉的内外贸企业,又有在科研开发和勘察设计领域具有雄厚实力的研究院所,还有从事金融、房地产、展览及广告等多元化业务的精英公司。国机集团已经构筑了比较完善的遍及世界五大洲的信息、销售、服务网络,在国内外市场树立了较高的知名度,为促进我国机电产品进一步走向世界,参与国际市场竞争打下了良好的基础。

(二)企业组织机构

集团的组织机构如图 1 所示。

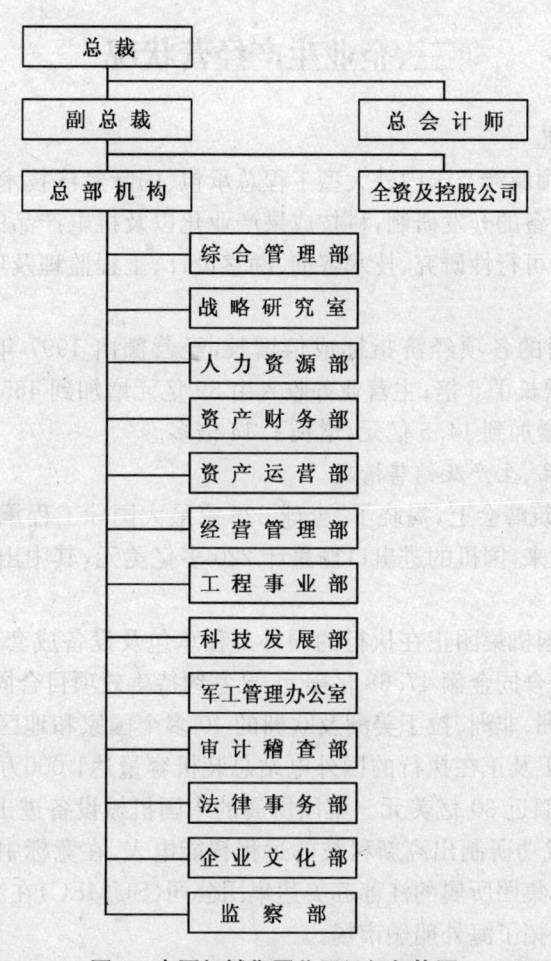

```
        总裁
         │
    ┌────┴────┐
  副总裁    总会计师
    │         │
 总部机构  全资及控股公司
    │
    ├─ 综合管理部
    ├─ 战略研究室
    ├─ 人力资源部
    ├─ 资产财务部
    ├─ 资产运营部
    ├─ 经营管理部
    ├─ 工程事业部
    ├─ 科技发展部
    ├─ 军工管理办公室
    ├─ 审计稽查部
    ├─ 法律事务部
    ├─ 企业文化部
    └─ 监察部
```

图1 中国机械集团公司组织架构图

二、企业发展战略

在2000年，国机集团对于未来10年的发展制定了发展思路：一个目标、两个阶段、三个任务。一个目标就是通过10年的努力，把国机（集团）公司构造成为机械工业领域全国最大的工程承包企业和高新技术产品开发与产业化的重要基地。两个阶段就是，从2000年到2005年为第一阶段，突出抓好结构优化，高新技术产品产业化和现代化企业制度建设三大任务；2006年到2010年为第二阶段，进一步加大对外联合重组的力度，促进科工贸结合，形成八大支柱企业，实现跨国经营，建立与完善集团投资与金融功能，增强综合实力，全面实现战略定位与战略发展目标。

2004年国机集团制定了三年发展规划，提出了"一体两翼"的新业务构架，"大力发展工程承包，逐步形成以工程承包为主体，以国内贸易、高新技术产品开发与生产为支撑的'一体两翼'业务发展格局"经过多年的调整、整合，目前已经初具规模，呈现出"'一体'携'两翼'并进、'两翼'助'一体'齐飞"的良好局面。到2020年，国机集团将以每年大于15%的速度发展。

三、企业生产经营状况

（一）企业生产概况

国机集团的业务领域涉及国内外大型工程总承包、国际经济技术合作和机电产品进出口；高新技术和重大装备的开发研制，科技成果产业化以及机电产品的研制、生产和销售服务；国内外建设工程的可行性研究、技术咨询、勘察设计、工程监理及项目管理；汽车服务贸易等。

十年间，国机集团的各项经济指标成倍增长，经营额由 1997 年的 104 亿元，增加到 2006 年的 550 亿元，增长了 5 倍；主营业务收入由 89 亿元增加到 465 亿元，增长了 4 倍；利润总额由不到 1 亿元增加到 14.5 亿元，增长了 14 倍多。

（二）企业主要产品、生产及销售情况

2006 年在全球建筑峰会上，揭晓了"全球 225 家最大国际工程承包商"的名次，国机集团名列第 47 位。十年来，国机的进出口额累计 220 多亿美元，其中出口额累计 140 多亿美元。

截至 2006 年末，国机集团正在执行的国外工程承包及设备成套项目合同总金额 60.4 亿美元，新签国外项目合同金额 47.68 亿美元，已签约待生效项目合同总额近 70 亿美元，这些项目主要分布在亚洲、非洲、拉丁美洲及欧洲的 40 多个国家和地区。国机集团名列我国电站出口第一。已完工及正在执行的国外电站总装机容量达 1 000 万千瓦。正在执行的电力项目 62 个，项目金额近 30 亿美元。集团所属的中国机械设备进出口总公司（CMEC）与国内企业联手开发，成功研制出高新科技的远程智能电表，在竞标中击败了西门子等大公司，进入意大利市场。集团所属的江苏苏美达集团公司（SUMEC）在激烈竞争的造船业中，不断战胜强手，迅速开拓了海外船舶市场。

由中国机械工业集团公司所属的中国机械设备进出口总公司（CMEC）总承包的我国在中美洲加勒比海地区最大国际工程承包项目——特立尼达和多巴哥（特多）ALUTRINT 铝厂项目自去年年底签约后，工程进展顺利，日前已完成工程前期的岩土工程勘察工作。

（三）产品进出口情况

国机集团坚持"走出去"的发展战略，成功实施了包括孟加拉全国数字通讯工程、马来西亚燃煤电站、缅甸蒂洛瓦船厂、比利时 18500T 化学品船等在内的一大批国际工程承包项目，市场领域不断扩大，承包范围也由传统的机械行业扩展到了电力、交通、汽车、通讯、轻工、纺织、石油、化工、矿山和环保等行业领域。十年来，集团取得了突出业绩，进出口总额累计 215 亿美元，其中出口总额累计 137 亿美元，有力地带动了我国机电设备、劳务、服务和技术的输出，促进了国内研发制造水平的提升。

在美国权威杂志（ENR）评选的 2006 年度世界最大 225 家国机工程承包商排名中，国机集团列第 50 位，在国内处于前 3 位。集团在国际 200 强工程咨询设计公司中列第 97 位。连续 5 年位居"中国进出口额最大的 500 家企业"前 50 位，2005 年，完成进出口总额 34.27 亿美元，居第 28 位。连续 5 年位居"中国出口额最大的 200 家企业"前 50 位，2005 年完成出口额 21.09 亿美元，居第 25 位。

除致力出口贸易规模的扩大外，国机集团尤其重视出口贸易方式的转变和贸易质量、产

品档次的提升,实现"走出去",向更高层次、更高水平的转化。尤其在机电产品出口方面突出强调以客户需求为导向、以科研院所为研发和生产基地,着力培育和加强自身的研发生产能力,成功地实现了业务升级。在加工贸易方面,以 ODM 方式进行的出口业务有了很大发展,在自主研发产品的出口上也实现了明显的增长。

四、企业资本运作

(一)企业融资情况

在企业发展过程中,国机集团与中国银行、中国进出口银行、中国工商银行、中国出口信用保险公司等众多金融、保险机构建立了密切、稳定的合作关系,具有良好的商业信誉,融资能力持续增强。十年来,国机集团累计获得授信额度达 594 亿元,并于 2006 年 5 月成功发行 14 亿元短期融资券,有力地支持了工程承包、进出口贸易和科研开发的发展,使国机集团的主营业务不断做大做强。

2004 年 6 月 29 日,洛阳轴研科技股份有限公司被批准股票上市首发,这将是国机集团所属的首家股票上市发行的公司,为集团公司推进上市工作迈出了关键的一步。洛阳轴研科技股份有限公司是由洛阳轴承研究所改企转制后发起成立的高新技术企业,专门从事滚动轴承及相关技术的研究、开发、生产、销售和对外贸易。该公司按照建立现代企业制度的要求,对传统管理模式进行了大刀阔斧的改革,实行法人治理结构,以市场为导向,在科技成果产业化上狠下功夫,不断做大做强主营业务,公司利润连年大幅增长。

2004 年 11 月 25 日,国机集团所属的天津工程机械研究院(天工院,现为中国工程机械总公司)成为中外建发展股份有限公司的控股股东。2005 年"中外建发展股份有限公司"更名为"鼎盛天工工程机械股份有限公司",其股票简称鼎盛天工。

中国机械工业集团公司所属中国工程与农业机械进出口总公司为主发起人发起设立的中工国际股份有限公司 6 000 万股股票于 2006 年 6 月中旬在深交所上市。

(二)企业并购重组情况

十年来,国机集团把推进实施战略重组、建立现代企业制度作为重要战略任务,取得了可喜的成果。通过外部兼并和内部重组,国机集团强壮了核心主业,完善了产业链条,并在推进所属企业主辅分离、辅业改制方面进展顺利,启动了核心企业的改制上市工作,一批骨干企业已经或正在筹划发行股票,并大步进入国内外资本市场。通过重组改制,国机集团减小了管理幅度,提高了集团公司的管控能力,改善了资源结构,对提高资源的使用效率和经济效益以及促进所属企业转化经营机制起到了重要的作用。

国机集团先后重组了中机国际工程设计研究院(原机械工业部第八设计研究院)、中国进口汽车贸易中心(中进汽贸)、中国电工设备总公司(中电工)与哈尔滨电站设备成套设计研究所(哈成套所)、中国汽车总公司所属的六家企业,即中国汽车工业进出口总公司、中汽对外经济技术合作公司、中国汽车零部件工业联营公司、北京西岭宾馆、中汽汽车及配件销售职业培训服务有限公司、中汽人才交流中心。沈阳仪表科学研究院(沈阳仪表院)先与杭州照相机械研究所重组之后,又与秦皇岛视听机械研究所(秦皇岛视听所)进行了重组。中国工程与农业机械进出口总公司和中国空分设备公司进行了重组。

五、企业财务情况

(一)资产结构

截至2005年底,公司合并资产总额326.79亿元,所有者权益43.18亿元,少数股东权益13.39亿元。2005年实现主营业务收入净额342.36亿元,利润总额9.53亿元;经营活动产生的现金流量净额11.81亿元,现金及现金等价物净增加额4.24亿元。截至2006年6月底,公司合并资产总额399.02亿元,所有者权益48.82亿元,少数股东权益13.69亿元。2006年1~6月实现主营业务收入净额186.10亿元,利润总额6.28亿元。截至2006年6月底,公司本部资产总额76.45亿元,所有者权益49.92亿元。

国机集团的资本保值增值率逐步上升,2004年期初的所有者权益为31.30亿元,期末的所有者权益为36.27亿元,资本的保值增值率为115.88%。2005年的期末所有者权益为43.18亿元,资本的保值增值率为119.05%,这说明该公司的资本的保值增值情况良好,并在逐步提高。

(二)经营状况

国机集团近年的发展,有如一辆疾速行驶的列车,一日千里,令人振奋:经营额从1997年的104.9亿元到2001年199.2亿元,实现了第一次翻番;从2001年的近200亿元到2005年突破400亿元,仅仅用了4年的时间,实现了第二次翻番。2006年经营额达到550亿元。利润额从1997年的1亿元到2006年的14.5亿元,增加了14倍。2003~2005年的数据发图2所示。

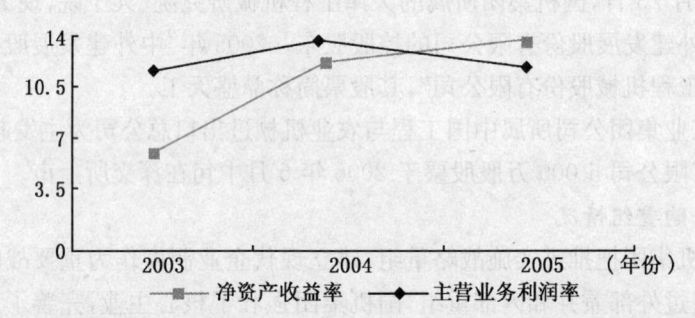

资料来源:周杰:《国机集团短期融资分析报告》,鼎资投资公司,2007年1月11日。

图2 2003~2005年主营业务利润率和净资产收益率

经营工作是企业发展的第一要务。近年来,国机集团始终围绕经营这个中心,不断调整经营布局,创新经营模式,狠抓市场开拓,经营规模不断迈上新台阶。目前,经过多年的调整和整合,国机集团"一体两翼"的业务架构初具规模,呈现出"'一体'携'两翼'并进、'两翼'助'一体'齐飞"的良好局面。尤为可喜的是,集团公司科技产业的发展有了突破性进展,科技型企业的经营工作已初具规模,连续三年保持了30%以上的增长,主营业务收入占集团公司的比重不断上升,利润总额占集团公司年利润30%。

与此同时,集团公司非实体经营工作继去年取得突破性进展后再上新台阶。"非实体经营"是国机集团独有的经营理念。这一理念是指,从国机集团的实际出发,充分发挥国机集团的整体优势,利用国机集团的品牌和其他无形资产,积极承揽国内外大型综合性业务,并组织国机集团所属企业协同实施,带动企业共同发展。在此基础上,把所属的工贸企业和科研院所按照完善产业链的方式连接在一起,形成强大的凝聚力及市场影响力。从2003年底的第一个非实体经营项目——菲律宾北吕宋铁路项目一期一段合同签署至今,国机集团的非实体经营已经初步形成了滚动开发、梯次执行、可持续发展的良好态势。

（三）资金运营能力

2003年9月,按照战略发展需要,国机集团发动内部成员企业共同注资,并经银监会批准成立国机财务有限责任公司(国机财务)。该公司是一家为集团公司成员单位技术改造、新产品开发及产品销售提供金融服务,并以中长期金融业务为主的非银行金融机构。其业务范围包括内部转账结算、存贷款、证券投资、票据承兑、贴现、代理发行企业债券及对外担保等13项业务。成立三年来,国机财务累计为集团公司成员单位完成结算的资金流量达415亿元,2005年、2006年两年就为国机集团节省财务费用5 650万元,2006年实现利润5 000万元,在为集团公司成员单位提供优质、安全、快捷的金融服务的同时,国机财务也获得了良好经济效益。

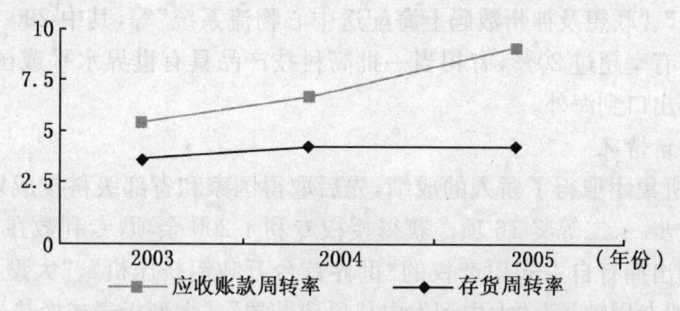

资料来源:周杰:《国机集团短期融资分析报告》,鼎资投资公司,2007年1月11日。
图3　2003～2005年存货周转率和应收账款周转率

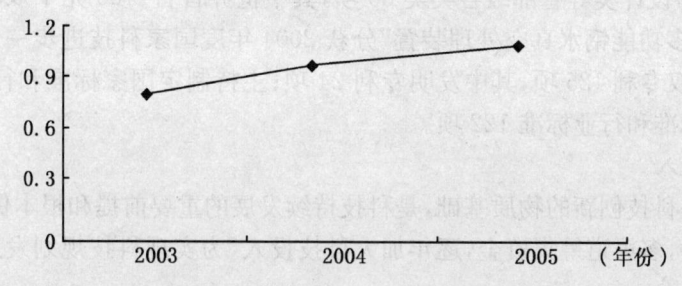

资料来源:周杰:《国机集团短期融资分析报告》,鼎资投资公司,2007年1月11日。
图4　2003～2005年总资产周转率

图3是2003年到2005年,国机集团的应收账款周转率和存货周转率的变化曲线,从图上看,集团的存货周转率比较稳定,在3.1左右。2005年存货周转率3.3,存货周转天数为110天,周转能力略有提高。应收账款周转率明显提高,其中2005年应收账款周转次数8.39次,平均周转天数为43天,较2003年和2004年有很大的改善。表明了集团应收账款较强的变现能力。图4是2003年到2005年,国机集团的总资产周转率的变化曲线。总资产周转率逐年提高,2003年为0.85,2004年为0.92,2005年达到1.05。充分反映了国机集

团良好的经营状况。

六、企业研发创新能力

（一）新产品开发能力

国机集团是我国高新技术和重大装备开发研制的重要力量，所属的20家研究所均为机械工业的骨干研究所。国机集团现有25家国家一类科研院所，拥有国家和部级工程技术研究与技术中心17个、质检中心43个、生产力促进中心6个、全国标准化委员会21个和博士后科研工作站9个，承担了大量的国家重点科技攻关、科技开发、重大技术装备研制项目。国机集团成功开发研制出一批产业化程度很高的名牌产品和科技含量高的集成项目，包括"世界首台万吨铝挤压机"、"宝钢2号RH多功能钢水真空处理装置"、"大型板坯连铸成套设备"、"神舟系列飞船专用轴承"、"大型沥青摊铺机"、"大型环保设备"、"大型板壳式换热器"、"谷物冷却设备"、"数控冲床"、"多功能集成差压传感器"、"广州白云国际机场南航基地货运站物流系统"、"联想及神州数码上海配送中心物流系统"等，其中200多项高新技术产品的国内市场占有率超过20%，有相当一批高科技产品具有世界水平或国内领先水平，一些技术和设备还出口到海外。

（二）专利申请情况

十年间，国机集团取得了骄人的成绩，先后取得国家和省部级科技成果3 000余项，其中获国家科技进步一、二等奖16项。获得授权专利1 200余项，专利数在中央企业中名列第四。成功研制出拥有自主知识产权的"世界首台万吨铝挤压机"、"大型板坯连铸成套设备"、"神舟号飞船专用轴承"、"大中型发电机励磁装置"、"大型板壳式换热器"、"大功率整流电源产品"等一系列高新技术产品，为国家的科技进步做出了重要贡献。

近两年，集团广大科技工作者积极进取、拼搏奉献，共获得国家和省部级科学技术奖103项，全国优秀设计奖等省部级各类奖60项，其中世界首台"100兆牛双动力铝挤压机"、"宝钢2号RH多功能钢水真空处理装置"分获2004年度国家科技进步一、二等奖；申请专利178项，已授权专利125项，其中发明专利24项；主持制定国家标准和行业标准406项，参与制定国家标准和行业标准122项。

（三）研发投入

科技投入是科技创新的物质基础，是科技持续发展的重要前提和根本保障。十年来，国机集团审时度势，多渠道筹集资金，逐年加大科技投入，为实现科技规划发展战略目标提供必要的保障。

积极参与国家重大科技攻关项目的开发，使国机集团获得了国家更多的政策和资金支持。目前，国机集团承担国家科技、军工配套研制和技术改造项目近150项，国家重点科研、技改、军品配套等项目总金额近12亿元，对国机集团科技经费的投入起到了有效的补充作用，而这些项目也有力地推动了国机集团科技创新能力的提高。特别是军工技术研制和军品生产，带动了集团公司的科技进步，增强了核心竞争力，已逐步形成了国机集团新的经济增长点。

近三年，国机集团所属企业在科技方面的投入年平均达到主营业务收入的2.45%，其中科技和生产型企业的研发资金投入已占到该类企业主营业务收入的12.81%，是国家500

强企业年平均科技投入的1.4倍。

国机集团每年从资本收益中提取10%作为科技发展基金,全部用于引导和支持所属企业、院所的科研开发。几年的实践表明,科技发展基金有力地引导了所属单位加大科技投入,增强了科研开发的积极性,每年都以1:10左右的比例带动所属企业进行科技投入。许多支持项目目前有了较大的成效,产生了较高经济效益。

国机集团还在2006年申请发行总额为14亿元人民币的一年期融资债券,所得的资金主要用于对科技开发和产业化的资金支持以及相关业务的开展;同时与多家政策性银行进行合作,为国机集团所属企业的自主创新与产业化项目提供信用支持。

国机集团还积极支持具备条件的科技型企业通过股票上市、发行企业债券或利用外商直接投资等方式筹集资金,用于技术开发、新产品研制以及继续扩大企业生产规模和生产能力。

(四)企业创新激励模式

一年评选一次的"中国机械工业集团科学技术奖"是在原国机集团科学技术奖的基础上提出设立的,并报国家科技部和国家奖励办注册登记,于2004年10月由国家科技部批准设立,国机集团因此也成为被国家科技部、国家奖励办纳入可以直接向国家推荐科学技术奖的企业集团。该奖项的设立旨在推动机械工业科技发展,调动科学技术工作者的积极性和创造性,促进我国机械工业的技术进步。所有在科研开发、技术创新、勘察设计、工程承包、工程施工、高新技术产业化等科技工作中做出突出贡献的科技人员和单位都有资格申请该奖项。

"中国机械工业集团科学技术奖"分设特等奖、一等奖、二等奖、三等奖。奖金金额分别为10万元、4万元、2万元、1万元。该奖设立以来,共奖励81项优秀成果,给科技人员提供了一个展示才华的舞台,有力地调动了所属单位和广大科技人员开展科技创新的积极性,提升了国机集团的影响力。同时,"中国机械工业集团科学技术奖"的设立,开通了直接推荐国家科学技术奖的渠道,为加速优秀成果的推广和转化,激发企业的自主创新积极性,营造尊重科学、尊重人才的良好环境创造了条件。

全面贯彻落实人才、专利、标准三大科技战略,不断深化科技体制改革,强化自身在技术创新中的主体地位,大力推进以企业为主体、市场为导向、产学研紧密结合的技术创新体系建设,建立了国机集团科技创新可持续发展的工作机制,逐步形成了国机集团科技创新之路。

七、企业人力资源与文化

(一)企业人员结构

截至2005年底,公司在职员工34 529名。按教育程度分类,硕士及以上学历员工占2.40%,大学本科及大专学历员工占44.23%,中专及以下学历员工占53.37%;按员工年龄构成分类,30岁以下员工占33.41%,30~50岁员工占52.98%,50岁以上的员工(含50岁)占13.61%;按员工岗位构成分类,管理人员占21.42%,销售人员占6.00%,工程技术人员占37.29%。公司员工文化素质较高,年龄结构比较合理,但管理人员比例比较高。公司在国内外承揽一系列重大项目的过程中,培养锻炼了一批既掌握专业知识,又熟悉国际运作模式的综合性人才;在科研开发中形成了一批既有理论基础又有丰富实践经验,且在行业中具有较高知名度的专家、教授;在生产实践中形成了一大批生产、施工经验丰富的熟练技术工人。

科技创新,人才为本。国机集团为了实施"人才强企"战略,切实加强科技人才队伍建设,几年来,在制订人才规划、建立激励机制和营造成才环境方面做了卓有成效的工作。目前,国机集团拥有一支以院士为代表的机械行业知名专家组成的高水平科技队伍,各类专业科技人员近1.8万人,占科技型企业总人数的近50%。科技人才优势是国机集团的一个重要优势。在国机集团科研开发、成果转化和产业化进程中造就了一批既有深厚的理论基础又有丰富实践经验,且在行业中有较高知名度的专家、大师。在日前公布的2006年"新世纪百千万人才工程"的国家级人选中,国机集团总部任洪斌、国机集团所属洛阳轴承研究所赵滨海、合肥通用机械研究院杨铁成3人入选。

截至目前,国机集团已有13人入选"新世纪百千万人才工程"国家级人选及其前身"百千万人才工程"第一、二层次。

(二) 企业薪酬、福利及培训

人是企业的重要资源,国机集团非常注重人才的开发和培养,通过建设学习型组织,提倡企业与员工共同成长,努力使国机成为"吸引、凝聚人才,培养、锻炼人才,拓展、成就事业,员工都乐于工作的品牌企业"。国机集团的培训以岗位评估体系和员工绩效管理体系为基础,各级各部门分工负责,分层实施,有计划地对员工进行企业文化、专业知识、岗位技能和综合素质的培训。国机集团不仅有健全的内、外训体系,而且已经建立起一整套较为完善的课程体系,并根据企业内外部环境的变化不断予以充实和完善。

(三) 企业对外交流及社会活动

十年来,国机集团在取得自身快速发展的同时,肩负起振兴中国机械工业的历史使命,积极承担企业公民的社会责任,成为中国机械工业的杰出代表和领跑者。在企业发展过程中,国机集团坚持走创新、可持续发展的道路,关注环境保护,关心职工权益,积极参与扶贫助学等社会公益活动,树立了良好的企业社会责任形象,彰显了高尚的社会责任感。

根据国家扶贫办的安排,国机集团从2002年起定点扶持河南省固始县,坚持每年为该县培养5名大学生,每两年组织一次县、乡两级干部考察学习。同时,积极参与"中国儿童慈善活动日"等社会公益活动,国机集团广大干部职工积极捐款资助失学儿童。2003年以来,国机集团先后在河北、江西等地捐助了4所希望小学,为各地的学校捐款、捐物共计700多万元。2005年,国机集团资助困难职工695人,并成立了国机集团"爱心基金",专项用于企业内部困难职工的生活、就医及其子女上学。

2006年底,由于在承担企业社会责任方面的突出表现,国机集团在首届中国企业社会责任调查活动中荣膺"中国最具社会责任企业20强",国机集团总裁、党委书记任洪斌同志被评为"最具人文关怀企业家"。

(四) 企业文化

坚持以人为本,构建"和"文化体系,是企业文化的重要内容,也是关系企业改革发展的一项战略。深深植根于中国机械工业50多年发展沃土之中的国机集团传承中国机械工业严谨求实的优良传统,把"引领机械工业前进方向,创新机械工业发展道路"作为自己的企业使命。当前,国机集团正在构建以"和"文化为核心内容的文化生态体系,努力创造尊重人、理解人、关心人的和谐氛围,创造企业内部组织与组织之间、人与人之间,企业与社会、企业与自然之间的和谐关系和发展环境,用符合时代要求的企业文化来统一集团公司员工的思想和行动,逐步形成具有自身特色的、系统的企业文化体系,激励全体员工为实现自身价值,实现企业目标而努力拼搏。

　　中国机械工业集团公司文化的核心是创新。它是在国机集团多年发展历程中产生和逐渐形成特色的文化体系。国机集团文化以观念创新为先导、以战略创新为方向、以组织创新为保障、以技术创新为手段、以市场创新为目标,伴随着国机从无到有、从小到大、从大到强、从中国走向世界,国机文化本身也在不断创新、发展。员工的普遍认同、主动参与是国机集团文化的最大特色。当前,国机的目标是创中国的世界名牌,为民族争光。这个目标把国机的发展与国机员工个人的价值追求完美地结合在一起,每一位国机员工将在实现国机世界名牌大目标的过程中,充分实现个人的价值与追求。

中国航天科工集团公司

中国航天科工集团公司(China-Aerospace Science and Industry Corporation)是国有特大型独资企业(以下简称集团公司),为中国十一大军工集团之一,2006年位列中国企业500强第85名。

中国航天科工集团公司具备航天及高科技产品开发生产能力、系统工程决策能力和管理经验,研究、设计、生产、试验体系完备,技术实力、技术储备雄厚;拥有多个国内乃至国际一流的实验室,在制导与控制、探测、信息、小型化和系统总体等方面形成了自己的特色和优势;在计算机应用、信息安全、工业过程控制、通信、汽车零部件、医疗器械等方面有很强的研制、开发、生产能力和技术实力。

创建以来,集团先后为国家提供了大量不同类型、性能先进的导弹武器系统,极大地提高了我国国防实力和部队装备水平;以成功发射"航天清华一号"卫星为标志,集团公司在微小卫星、固体运载火箭领域取得了长足进展;各类性能优良的航天产品成为在长征运载火箭、载人航天工程中不可替代的重要组成部分;以航天金税、金卡和金盾等为代表的高科技产品,对推动经济建设、提高人民生活质量发挥了巨大的作用。

一、企业发展历程概述

(一)航天科工集团的发展历程

中国航天事业先后经历了五次重大的管理体制改革与调整,即国防部第五研究院(1956～1965年)、第七机械工业部(1965～1982年)、航天工业部(1982～1988年)、航空航天工业部(1988～1993年)、中国航天工业总公司(1993～1999年),1999年7月1日,中国航天工业总公司改组为中国航天机电集团公司和中国航天科技集团公司。2001年中国航天机电集团公司更名为中国航天科工集团公司。

由于依靠行政纽带联系、多种业务并存、权力分散的管理体制不适应建立现代企业制度的要求,甚至成为集团公司发展的深层制约因素,航天科工集团公司对此进行了大胆改革。一方面,对那些长期亏损、资不抵债、扭亏无望的企业,实行兼并、破产、关闭,现已破产、关闭了12户企业,选择了事业部体制作为集团公司管理体制改革的目标模式,即在军民品管理分离分立的基础上,进一步精干军,实施总体上升,强化骨干专业所,将集团公司系统内的企业按相同基业和主业合并,分别组成以宇航信息技术、防御技术、飞航技术、运载技术为基业主业的四个事业部,在基业上形成四大方面军,集中力量壮大基业,迅速提高企业竞争力。另一方面,民品以资产为纽带按相同专业跨事业部联合,成立多元投资主体的股份公司,积极培植有市场发展潜力的技术、产品,使其成为企业的核心技术和核心业务。目前,航天科工集团公司已基本形成了以集团公司、研究院(基地、总公司)、厂(研究所)三级行政管理模式为主,直属企事业单位、控股和参股公司、联营合资等多种管理模式并存的组织结构。三级组织基本都实行行政首长负责制,与这种领导体制相适应,管理方式也基本上以行政管理为主。

为了适应新时期国防现代化和市场经济的要求,满足国务院关于组建中国航天科工集团公司的要求,针对集团公司产业多、产品复杂、生产周期长、分布地域广的情况,中国航天科工集团公司(母公司)的目标是把集团公司建成以资产和产品为主要纽带的母子公司,现已联合成立了航天信息公司、航天固体运载火箭公司、航天清华卫星公司、航天北控卫星应用公司等十多家股份公司,通过募集上市或买壳上市拥有了航天科技、航天信息、航天晨光、航天通信、航天长峰和深圳中兴通信等上市公司;建立起适合基业、主业和辅业各自发展需要的管理体制和运行机制;建成具有持续创新能力,国内外市场竞争能力和抗御风险能力的大型企业集团。近年来,集团经济运行呈快速增长态势,主要经济指标年均增幅均超过两位数,整体实力不断增强。表1为集团公司2002年以来在中国500强企业中的排名状况。

表1　　　　　　2002~2006年度航天科工集团在中国500强企业中排名状况

年　份	名　次	营业收入(万元)
2002	81	1 336 600
2003	57	2 267 111
2004	—	—
2005	82	2 823 504
2006	85	3 400 548

(二)航天科工集团的双重职能

航天科工集团是由国家出资设立的特大型国有独资企业,是国家授权投资的机构和资产经营的主体,按国家控股公司方式运行,由中央直接管理。

除了作为国家资产授权经营的控股型公司外,航天科工集团还作为国家军工企业承担着为国防提供尖端武器装备和航天产品,如火箭、卫星、飞船等,进行科研生产的重要使命。因此,集团不仅要对所属投资企业的国有资产进行依法经营、管理和监督,承担国有资产保值增值的责任,即行使出资人权利;还要确保国防武器装备和航天产品科研生产、研制的系统性、各部门环节的协调性、零部件工艺的配套性、产品的高质量性和交货时间上的准时性、程序上的衔接性等,对所属事业部、子公司等军品和航天产品部分进行经营、计划、管理。

性质上的双重性决定了集团在职能上也具有双重性,即一方面作为资产授权经营控股公司行使出资者的资产经营管理职能;另一方面,作为承担国家军工科研生产的集团公司,通过母公司对子公司内部产权的控制,又具有对所属子公司行使计划和管理的职能。所以航天科工集团实质上是一种兼有资产运营与计划管理职能的混合型控股公司。

二、企业发展战略

(一)航天科工集团的战略规划

中国航天科工集团总体发展战略规划为:"到2010年,将中国航天科工集团建设成为具有国际影响力的航天防务公司,将中国航天科工集团建设成为具有一定国际竞争力的大型企业集团;到2020年,将中国航天科工集团建设成为国际一流的航天防务公司,集团要成为具有国际竞争力的大型跨国企业集团。"

集团围绕以上规划,构建了相应的具体战略目标体系:

1. 中短期战略目标

(1)"十一五"发展目标。2010年,将中国航天科工集团建设成为具有国际影响力的航天防务公司,将中国航天科工集团建设成为具有一定国际竞争力的大型企业集团。主要指标是:营业收入达到700亿元,其中民用产业(含服务业)营业收入400亿元;培育2个百亿元左右的产业,确保3项主要产品的市场占有率进入国内前三名,做强8个年营业收入超过20亿元的企业集团。

(2)国际化经营目标。到2010年,集团将新建10个境外企业,规划分布在南美、北非、东盟、澳洲等地区,建成2个年创汇能力为5 000万美元以上的出口基地,完成组建"中国航天工业控股集团公司"(暂名)并争取实现在香港或美国上市。待"中国航天工业控股集团公司"境外成功上市后,再利用募集的资金对6家上市公司在境外的资产和贸易机构进行整合,建立全球各主要大区地区总部,形成国际化经营格局,并利用上市和发行债券所募集的资金重点开展对海外宇航、卫星等相关产业的企业资产的收购和兼并,形成生产要素的国际化配置。

2010年前争取使集团的海外营业收入占集团总收入的10%,发展成为在国际上有一定竞争能力的高科技企业集团。

2. 长期战略目标

(1)2020年的远景目标。2020年力争成为国际一流的航天防务公司,成为技术创新能力强、市场开拓能力强、经营管理能力强、抗御风险能力强、规模经营效益好、基业巩固、主业突出的具有国际竞争力的大型跨国企业集团。主要指标是:年销售(营业)收入达到2 000亿元,其中民用产业1 500亿元;形成8个年营业收入超过100亿元的控股公司。

(2)国际化经营目标:拥有国际知名品牌,实现国际化经营。到2020年,集团海外营业收入在1亿美元以上企业达到3个,5 000万美元以上的企业10个;建成集团公司金融控股集团并形成国际化金融服务网络,集团公司海外营业收入达到集团公司总收入的25%以上。集团公司成为以海外研发中心和生产基地、全球产品销售网络与国际化金融服务为主体的国际经营体系,拥有集研发、生产、贸易、金融、服务于一体的全面参与国际竞争的实力,跻身于世界一流跨国公司之列。

(二)航天科工集团战略竞争环境分析

1. 产业竞争情况

国家的航天产业发展与维护国家政治稳定、保持外交地位、促进经济增长和带动科技进步都有着密切的联系。从这个角度上来说,航天产业的竞争更多的是国与国之间的竞争。

航天工业一般可以分为两部分,即军用工业及民用工业。对于军用工业来说,由国家统一规划领导,并未实现真正的竞争。由于涉及到一国的命脉——国防建设,军用航天工业领域的国家政策壁垒非常高,而且国家是军用产品的购买者,产品价格和需求都较为稳定。

在民用航天工业产品领域,1999年7月1日,十大军工集团成立后,被逐步推向市场,以促使军工企事业单位提高产品质量、降低产品成本、缩短研制周期、增强国防实力。由于民用航天工业产品不涉及国家机密,参与生产者没有强制性进入壁垒,而且各类型企业获取资源的途径不再有国家保证,产品也不再由国家包销,因此,民用航天工业品市场的竞争程度远远高于军用领域。

2. 主要竞争对手

中国航天工业主要有两大集团,即中国航天工业总公司分立出的中国航天科工集团和中国航天科技集团。它们均为由国家控股的国有独资企业集团,统归中央直接管理,在国家政策的引导下,形成合作和竞争的关系。

航天科技集团拥有7个大型科研生产联合体,主要从事运载火箭、人造卫星、载人飞船和多种类战略、战术导弹武器系统的研究、设计、试制、生产和试验。

三、企业生产经营状况

航天科工集团以导弹武器系统为基业,以军民两用信息技术、卫星与卫星应用、能源与环保以及成套设备和航天产品为主业,兼营机械、电子、化工、通讯、计算机及其应用、卫星应用、交通运输设备、医疗器械及建筑等多种民用产品;同时开展对外经济技术交流与合作以及对外工程承包、招标采购、劳务输出等业务。其主要产品涉及民用航天与卫星应用信息技术产品、能源与环保类、成套设备类、特种车及零部件、医疗机械、雷达设备以及其他等类别。

自集团公司成立以来,航天科工集团初步形成了以专业外贸公司、上市公司为主,院、基地外贸公司协调发展的格局。在经历了连续四年快速发展,平均增长速度高于国家对外贸易增长速度的情况下,2004年全年,集团对外贸易实现进出口总额3.5亿美元,其中出口2.1亿美元,比2003年同期增长59%;自营出口1.3亿美元,同比增长36%;机电产品出口1.2亿美元,同比增长49%;对外贸易的产品集中度进一步提高,出口额过百万美元的产品达到15种,一些新的经济增长点已经显现,如航天磁作为目前集团公司外销的主导产品,主要出口到美国、法国、德国、荷兰、俄罗斯、乌克兰、土耳其、墨西哥、西班牙、韩国、印度等国家。按大地域来分,出口产品的地理方向及出口比例大致为:欧洲48%、美洲41%、其他地区11%。出口产品品种有两大类——扬声器磁体和电机磁体。两类产品2004年出口的数量为4 111吨,出口总额为701万美元。另外,出口产品还包括晶体震荡器、齿轮、铝工业设备等。

然而企业集团进出口产品存在一些问题,如出口发展不平衡、产品出口分布不均等。在集团公司出口的机电产品中,自营产品的出口额占总出口额的比例较小,需增加自营产品的出口额。科技附加值高的产品出口额、机电产品出口额、原材料类产品出口额、传统产品出口额的比例还不够合理,前两类还没有占主导地位,外销产品的结构调整还没有到位。集团公司所属各企事业单位的出口发展不平衡,一些科研生产实力比较强的单位的机电产品出口工作还未打开局面,与其综合实力很不相称。而从产品出口的国家和地区分布上看,基本还是东南亚地区以及非洲、拉美、东欧和中东地区的一些国家,这是由集团公司的科技与工业的基础和水平所决定的。集团公司的机电产品要进入美国和西欧的市场并非易事,但从中国航天走向世界的战略全局考虑,集团公司国际化经营必须逐步进入西欧和美国,提升中国航天国际化经营的水平,真正融入世界经济,参与国际市场的竞争。

表2　　　　　　集团公司2003年与2004年重点对外贸易企业出口情况对照表　　　　单位:万美元

序号	单位名称	03年出口额	04年出口额	递增值(%)	净增加额	出口产品
01	深圳集团	6 134	9 207	50	3 073	电机、电表、DVD、自行车
02	航天通信	6 787	8 975	32	2 188	通讯器材、电子器件、服装
03	航天晨光	552	653	18	101	软管、补偿器
04	061基地	173	652	276	479	电机、铝加工设备、齿轮等
05	066基地	174	436	150	262	卫星器材、脚轮
06	068基地	510	702	37	208	磁材
07	二院	622	652	5	30	医疗器械
08	三院	34	256	652	212	防静电地板
09	物资中心	12	24	50	12	元器件

集团公司总资产超过500亿元,旗下有6家上市公司及众多产业。2004年,集团公司民用产业收入增长10%,民用产品发展总体形势良好。2005年集团公司完成的工业总产值较2004年增长28.6%,总收入同比增长30.5%,其中集团公司民用产品总收入比2004年增长22%。2006年集团公司完成工业总产值同比增长33.2%,实现总收入同比增长18.4%,实现利润总额同比增长20.3%。

在民用航天领域,集团公司积极组织和参与了伽利略项目的合作和运营,作为中国伽利略卫星导航公司的董事长单位,积极拓展集团公司的民用航天产业空间;与欧洲防务公司等签订2008年北京奥运会安防合作项目,承揽奥运会自行车场馆设计项目等;圆满完成2004年珠海国际航展的参展工作,引起了国内外媒体的广泛关注和报道,该事件被评为2004年国防科技工业十大新闻之一。

航天科工集团公司一直积极开拓海外市场,进行国际化经营,并不断取得进展。如集团公司与法国等一些欧洲国家的企业建立了良好的合作关系,公司所属企业在欧盟具有数量众多的合作伙伴,出口到欧洲的产品已初具规模。2005年1月至9月,航天科工深圳公司对欧盟的出口额已达1 000万美元。

从集团公司目前的国际化状况来判断,集团公司要实现真正意义上的跨国公司的战略目标,尤其是成为具有较强竞争力的高科技跨国公司,仍有很长的路要走。

尽管对外贸易额在不断增长,但集团公司国际化程度仍停留于初级阶段即间接出口或直接出口产品阶段,具体表现在出口能力差、出口规模小、出口市场单一等方面。出口产品技术水平不高,经营地区以周边发展中国家和地区为主。企业国际经营手段单一,仍局限于企业产品出口经营的国际经营的理念。在利用外资方面,明显偏好合资经营、以港澳资本为主,且规模不大;其他国际经营或投资形式,如技术出口、国外各种合同安排、设立海外合资合营企业、设立海外子公司和分公司、购买国外技术专利、补偿贸易、租赁贸易、成为外国公司的子公司或分公司等，均未有开展。

导致这种状况的原因众多，一是由于多年来的计划经济体制下军工企业管理模式的影响，航天企业长期奉行封闭性的"产品经营"，而游离于市场之外，缺乏市场意识，更缺乏国际化经营意识，导致国际化经营营销管理水平较低；二是因为管理体制与运行机制不适应国际化经营的要求。尽管集团公司成立以来实施了多方面的改革与结构调整，取得了一定效果，但是，目前管理体制与运行机制仍然不适应国际化经营的要求，仍有待深化；三是因为集团公司集团化管理水平不适应国际化经营的要求，集团公司国际经营决策系统建设、国际营销体系建设和出口产品国际品牌建设等严重滞后；四是因为在利用外资的方式不适应国际化经营的要求，企业普遍缺乏利用外资项目的评价与管理能力。这些因素是导致集团公司国际化经营工作目前单一进出口贸易形式的缘由所在。

近年来，航天科工集团还逐步进军金融等行业，通过开展对外经济技术交流与合作以及对外工程承包、招标采购、劳务输出等业务进行多元化的经营。2005年11月，集团以较高持股比例入主久联证券，久联证券重组后正式更名为航天证券。这标志着航天科工集团在产业金融结合的道路上迈出了重要一步。此外，集团公司还收购了久联证券公司、河南信阳车辆厂等，培育出了新的经济增长点，拓展了集团公司民用产业的发展领域。

四、企业的研发创新能力

中国航天是我国高科技的象征，在高新技术上具有较强的竞争力。集团公司拥有较高的航天技术研发生产能力，公司在机电、系统集成等制造行业或产品技术方面具有明显的生产优势，在计算机软件、航天等高科技领域中有许多方面已赶上或超过世界先进水平。2006年集团公司科研生产任务再创历史新高，重点任务取得突出成绩，飞行试验捷报频传，成功率创历史最高水平；预先研究和自主创新工作取得实质进展，科技成果喜获丰收。集团公司2006年已获得国家科技进步奖2项，获得国防科学技术奖88项，其中特等奖2项，一等奖8项。

五、企业的人力资源与文化

(一)航天科工集团人力资源管理概况

集团公司领导借鉴发达国家的先进管理模式和管理经验，结合中国企业特色创立了"人制管理"理念，系统地对企业中的人才与制度做出了全新的设计，并将"人制管理"理念的精髓"用能人、建新制"成功运用到集团公司，为集团公司取得快速发展提供了有力的支持。

中国航天科工集团秉承疑人可用，用人不疑；就事论人，因事用人；因人制宜，区别对待；知人善任，用养并重的基本原则。赋予了"能人"全新的概念，"能人"是指德才兼备的人，也是指具有一技之长的人；是指集团的经营者，也是指集团的普通员工。"能人"不论年龄大小、男女性别、学历和地位高低，只要对集团的发展有能力做贡献，就是确保事业发展的第一资源。航天科工集团公司需要企业创业类型的能人和企业高级管理类型的能人，需要技术创新带头人，需要智囊型能人，需要公关、营销方面的能人，需要各种各样的能人，他们只要在这些方面具备特长,同时本质不坏就可以被录用。企业对能人的这种全新概念为更多的员工提供了更大的发展空间。

为保证识人、选人、用人的科学性,中国航天科工集团建立了一套科学的用人机制,将"用能人、建新制"作为集团公司发展战略的核心措施,这其中包括竞争机制、激励机制、约束机制等,为使人才的流动更有序,更合目的性,在企业内部有必要推行职业生涯设计。职业生涯设计本质上是对人员流动的战略性安排,目的是要使每个人尽可能发挥其最大的潜力。有了不同阶段的目标,员工才会在各个时期都不浪费任何时间和机会,主动努力地为企业做出贡献。企业领导积极培养下一代企业管理者和接班人,大胆启用年轻干部,实现人才的新老交替。

目前,航天科工集团的人力资源管理还存在如下问题:一是人力资源管理部门定位不准。目前公司的人力资源管理部门把自己定位于权力部门,并时时处处维护其至高无上的权利和不可侵犯的地位。二是政策及待遇吸引性不足,稳定骨干队伍难度较大,人力资源开发滞后,人才密度和水平尤其是高层次人才满足不了航天科技工业发展的需要。三是考核目的不明确,评估往往流于形式。目前公司的考核缺少明确标准,而且评价结果反馈延时的情况较为普遍,这就无法达到评价和提高个人能力以及为激励提供依据,从而提高公司业绩的目的。四是评估体系主要以经验判断为主体,规范化、定量化分析不够。虽然公司也尝试采用定量式方法进行企业人员的评价,并据此考核结果作为收入分配依据,但航天科工集团公司的组织结构庞大、产品类型众多,如何把握评估体系的公正、公平及有效性对企业领导者来说是个难题。五是缺乏长期有效的激励手段,激励缺乏针对性和公平性。六是员工培训、开发工作不够规范:培训计划流于粗放,仅有具体的人次计划,没有培训的人员标准、培训周期、培训内容等方面的详细规划,也缺乏培训效果的检验标准;没有结合企业成功、成熟的经营管理经验总结出一套实用的企业培训内容和方法;不注意新员工的上岗前培训,尤其是科技研发人员,主要以传、帮、带为主;没有将已经上岗的员工培训和教育纳入正常轨道。

(二)航天科工集团的企业文化建设

中国航天科工集团公司在企业文化建设过程中,以集团公司改革发展的实际需求为依据,在继承和发扬航天优良传统的基础上,以"面向市场,航天为本,科技创新,质量制胜"为指导思想,秉承"图强、变革、诚信、团队"的公司精神,以"用能人、建新制、精干军、拓展民、科技创新、多种经营"为发展思路,以人为本、以制理事,建设"决定的事就要快干、干成、干好"的工作作风。

近几年来,航天科工集团一直把企业文化建设作为一项重点工程来抓。主要体现在以下几个方面:以视觉识别系统为切入点和突破口,以统一标识和名称为重点,设计、推广了一整套视觉识别系统,实现各种视觉传递信息形式的统一,树立集团公司整体形象;以培育共同价值观为核心,确立具有时代特征和集团特色的理念识别系统,利用各种文化手段在企业内部形成健康向上的文化氛围,以增强集团公司的整体合力;将内部建设与对外传播有机结合,内铸精神,外树形象,经济与文化良性互动,协调发展,以文化促管理,加速经济发展,增强竞争实力;以制度建设为载体,规范企业和职工行为,创造最佳工作与生活的环境。

通过企业文化建设,集团树立了良好的企业形象,从而增强了企业的综合实力,为企业的发展提供强大的动力,增强了企业职工的凝聚力,吸引了更多的优秀人才加盟。

马钢(集团)控股有限公司

马钢(集团)控股有限公司(简称马钢)是我国特大型钢铁联合企业之一,是安徽省最大的工业企业。经过50年的自我积累和滚动发展,马钢形成了铁、钢、材800万吨配套生产规模,总资产近300亿元,拥有世界先进水平的冷热轧薄板生产线、高速线材生产线、我国最先进的热轧大H型钢生产线和亚洲最大的车轮轮箍专业生产厂,形成了独具特色的"板、型、线、轮"产品结构,按国际标准组织生产的钢材产品达到钢材产品总量的80%,产品出口到48个国家和地区。

在"2006中国企业500强"排名中,马钢(集团)控股有限公司名列86位,与2005年度"中国企业500强"的排名保持不变,但是相比2002年的106位,2003年的113位和2004年的105位,马钢在"中国企业500强"的排名有所上升。

一、马钢发展历程概述

马钢公司创建于1958年。1991年2月,马钢建成了国内第一条H型钢生产线,结束了中国冶金史上轧制H型钢的空白历史。同年底,其固定资产原值已达32亿元人民币。1993年9月2日,马钢作为我国首批九家规范化股份制试点企业之一,成功地进行了股份制改制,重组后马钢分立为马鞍山马钢总公司和马鞍山钢铁股份有限公司,马鞍山钢铁股份有限公司分别在香港联交所和上海证券交易所上市,一举募集64亿元人民币,为企业发展提供了雄厚的资金。在1994年公布的全国500家最大的工业企业中,按利税总额计算,马钢排名第13位;按销售收入计算,马钢排名第27位。1998年,马钢总公司改制为马钢(集团)控股有限公司。

20世纪90年代后期,是马钢历史上最困难的时期之一。市场上,钢材价格连续多年在低谷运行,钢铁企业面临严酷的市场竞争。马钢内部的有效合同严重不足,资金回笼困难,几乎每个月都在亏损线上挣扎。更严重的是,经营管理上的不规范使得人心涣散,违纪违法的现象也屡有发生,一项投资巨大的重点基建项目中出现了严重的腐败现象,使企业干部职工的工作积极性受到了严重挫伤。

从1997年起,马钢实施了一系列调整措施。先后对能耗高、亏损严重的硅铁、硅锰两条生产线以及四座80立方米的炼铁高炉实施停产,此举当年就为马钢降低成本5 500万元。1999年马钢关停了一批落后工艺设备,为企业累计降低成本3 500万元,并调动全部资源培育、壮大主打产品,打造出了企业的核心竞争能力。

进入21世纪以后,根据"十五"发展规划及追加调整计划,马钢投资150多亿元,淘汰一批落后工艺和设备,新建、改建20多个重点工程。这些重大项目的改造和建成投产,使马钢在2003年的钢产量一举跃上了600万吨的新水平,实现销售收入167.9亿元,税后利润27.9亿元,位列我国钢铁行业前三名。

马钢集团公司已逐步实现了从生产经营为主到资本经营为主的母子公司体制转变。股份公司将形成以高质量的车轮轮箍、H型钢、冷热轧薄板、线棒材为主的四大产品系列。集团公司将从事矿业、钢材深加工、服务钢铁主业的协力公司、建筑和房地产开发、餐饮、宾馆旅游等多元化经营。马钢集团将形成一业为主、多元发展的经营格局。

母公司在集团中处于主导地位,是马钢集团的投资决策中心,各全资、控股子公司为利润中心,各全资、控股子公司下属厂矿或分支机构为成本中心。母公司主要行使资本收益权、重大决策权、经营者选择权。股份公司将通过主辅分离、经营机制转化、结构调整、管理现代化和科学化,建立富有效率的扁平化和"哑铃型"的企业组织结构,并通过全面整合企业资源,培养企业核心竞争能力。

提高股份公司的科技开发能力和市场营销能力以及集团公司的资本运作能力,是未来一个时期内马钢集团要解决的关键性问题。

二、马钢的发展战略

(一)马钢的战略规划

早在1997年,马钢就明确提出把股份公司做强的工作思路,1999年,又确立了"做大做强钢铁主业,重塑马钢股份上市公司形象"的指导思想。2000年公司研究制定了《2001～2010年马钢发展纲要》,提出了"做强钢铁主业,发展非钢产业,建立现代企业制度"的战略方针,把低成本、差异化作为基本竞争模式。

"十五"期间,马钢紧紧围绕国家的产业政策,根据《2001～2010年马钢发展纲要》,以产品结构调整为主线,坚持高技术起点,采用世界先进的生产工艺和技术装备,以最快的速度、最好的质量、最省的投资、最优的环境建成高炉、炼钢、钢包精炼、冷热轧薄板等重点工程,提升马钢市场竞争力。强化战略实施的控制,所有工程的工期、投资、质量、安全、环保等目标都做到了控制有效,新投产项目边调试边生产,建设、生产取得了有机结合。通过"十五"结构调整,钢铁主业形成了1 000万吨的规模,经济技术指标大幅度提高。入炉焦比、高炉利用系数、转炉炉衬寿命、吨钢综合能耗、生产规模及品种质量等指标均处于行业先进水平。其中,吨钢综合能耗由1997年的1 342千克标煤下降到现在的750千克标煤。

马钢在推进战略实施中,坚持做好年度计划和战略规划的结合。要求战略规划有可操作性。年度计划是当期的,具有很强的操作性,强调年度计划和战略规划的结合。马钢在制定3～5年滚动战略规划时,包括最近一年的年度计划,年度计划根据滚动战略规划的分目标来制定,并说明具体的完成时间和主要的责任人。

(二)企业竞争环境分析

近些年国内外大型钢铁企业基本采用加大科技投入、开发核心技术、实施知识产权的发展战略,巩固其在国际竞争中的地位。以技术创新为主要特征的提升企业核心竞争力的模式,已成为工业化国家在国际竞争中领先的主要手段。

我国钢铁工业主要依靠技术引进,已具有当代世界最先进的工艺装备,目前正在致力于引进技术的消化吸收,发挥先进装备优势,开发具有竞争力的产品。

2004年中国产钢2.74亿吨,连续第九年钢产量居世界第一位。我国占有了全球钢材消费增长量的3/4,占世界钢材消费的31%。我国钢铁行业集中度分散,产品结构不合理,缺乏专有技术,原料资源日益紧缺,环境负担重等,这些因素都将制约我国的钢铁工业的发展,并缩短目前的繁荣期,提前使其进入萧条期。

因此,我国钢铁工业的发展必须充分利用现有环境,在用技术创新提升企业核心竞争力上下功夫,及时做大做强,以应对即将到来的激烈竞争。

目前在我国A股市场上市交易的钢铁类公司共30家,其中生产普通钢的公司21家,生产特殊钢的公司9家,表1展示了这30家公司的概况。

表1　　　　　　　　　　　　　　　我国钢铁类上市公司概况

	序号	股票代码	股票简称	公司地址	上市日期	总股本(万股)	流通股(万股)
普通钢	1	000629	新钢钒	四川攀枝花市	1996.11.15	125 284	52 935
	2	000656	重庆东源	重庆市	1996.11.28	20 582	7 370
	3	000709	唐钢股份	河北唐山市	1997.4.16	195 498	56 603
	4	000717	韶钢松山	广东韶关市	1997.5.8	83 820	37 020
	5	000761	本钢板材	辽宁本溪市	1998.1.15	113 600	52 000
	6	000898	鞍钢新轧	辽宁鞍山市	1997.12.25	296 231	164 331
	7	000932	华菱管线	湖南长沙市	1998.8.3	176 538	45 000
	8	000959	首钢股份	北京市	1999.12.16	231 000	35 000
	9	600001	邯郸钢铁	河北邯郸市	1998.1.22	148 655	49 000
	10	600005	武钢股份	湖北武汉市	1999.8.3	250 858	38 400
	11	600010	钢联股份	内蒙古包头市	2001.3.9	125 000	35 000
	12	600019	宝钢股份	上海市	2000.12.12	251 200	187 700
	13	600102	莱钢股份	山东莱芜市	1997.8.28	92 227	20 280
	14	600126	杭钢股份	浙江杭州市	1998.3.11	64 534	16 575
	15	600231	凌钢股份	辽宁凌源市	2000.5.11	52 390	21 379
	16	600282	南钢股份	江苏南京市	2000.9.18	50 400	14 400
	17	600307	酒钢宏兴	甘肃嘉峪关市	2000.12.20	72 800	20 000
	18	600569	安阳钢铁	河南安阳市	2001.8.20	134 549	27 500
	19	600581	八一钢铁	新疆乌鲁木齐	2002.8.16	49 123	15 600
	20	600808	马钢股份	安徽马鞍山市	1994.1.6	645 530	233 293
	21	600894	广钢股份	广东广州市	1996.3.28	68 618	16 169
特殊钢	1	000569	川投长钢	四川江油市	1994.4.25	69 514	14 793
	2	000708	大冶特钢	湖北黄石市	1997.3.26	44 941	16 704
	3	000825	太钢不锈	山西太原市	1998.10.21	129 140	58 500
	4	000961	大连金牛	辽宁大连市	2000.3.1	30 053	13 000
	5	600092	精密股份	陕西西安市	1997.6.26	26 120	13 310
	6	600117	西宁特钢	青海西宁市	1997.10.15	58 222	16 000
	7	600399	抚顺特钢	辽宁抚顺市	2000.12.29	52 000	12 000
	8	600665	沪昌特钢	上海市	1993.7.9	72 010	14 700
	9	600748	上实发展	上海市	1996.9.25	58 754	15 697

来源:钢铁产业及中国钢铁行业上市公司竞争力分析。

由上表可以看出，我国钢铁上市公司的代表性很强，几乎所有的大型钢厂均有上市公司。

在这些上市公司中，竞争力最强的公司，即获取营运效率高、财务健康状况好的公司有：武钢股份、杭钢股份、凌钢股份、酒钢宏兴、安阳钢铁、八一钢铁；较具竞争力的公司有：宝钢股份、钢联股份、莱钢股份、南钢股份、韶钢松山、首钢股份、新钢钒、本钢板材。

（三）与上下游企业合作情况

钢铁企业竞争力的首要因素是获得长期稳定、安全低价的原料、燃料、材料供应。马钢重视资源的战略整合，加强供应链管理，保证供应链安全，降低生产成本。马钢建立了供应商管理系统，对原料、燃料、材料、备品、备件统一建立了供应商准入、评级、淘汰机制，提高了资源采购质量，降低了采购成本。它先后在河南济源、山东枣庄合资建立焦化厂，与淮北、淮南煤矿建立战略伙伴关系，使一些和马钢患难与共、合作多年的供方，在跌宕起伏的市场环境下，一如既往地相信马钢，保证了主流炉料的稳定供给。

三、马钢的生产经营状况

（一）生产概况

马钢在钢铁产品生产上坚持规模化、专业化、低消耗的生产组织管理方式，提升产品价值。

生产规模化方面，马钢在满足市场需求的条件下组织大规模批量生产，优化工艺技术和设备管理，提高产出效率，降低固定费用，提升生产规模和劳动生产率，实现铁、钢、材1 000万吨的配套。

产品专业化方面，马钢通过延长产品线，实行产品线合理分工，实现产品专业化生产，形成多品种、小批量、产量大、产品配套的生产方式实现产品专业化生产，有效地解决了规模化生产与多品种、小批量的矛盾，实现了生产的低成本。

消耗低成本方面，马钢始终把技术进步作为节能降耗的重要工作来抓，在淘汰落后工艺和装备、不断优化工艺结构和产品结构的基础上，全面实施节能降耗、低成本战略。近年来，不断加快"对标挖潜"的步伐，找出自己与同行在各项分解成本上的差距，使主要技术经济指标大步上台阶。

"十五"期间，马钢的铁、钢、材产量全面翻番，由400万吨提升到1 000万吨钢配套生产规模；销售收入实现翻两番，由83亿元跃升至336亿元；5年累计上缴税金98.5亿元，实现税后利润98.2亿元；职工年人均收入实现翻番。

（二）主要产品

马钢全部产品通过ISO9001-2000质量管理体系认证，其中车轮生产质量保证体系获得AARM-1003认证，船用钢板通过英、德、美等六国船级社认证。其H型钢产品系列，先后开发了海洋石油平台用钢、铁路车辆用H型钢、55C钢板桩、耐候、耐火H型钢以及开发出超设计能力的H800系列的超大规格的H型钢产品。其中马钢的高速车轮、海洋石油平台用耐蚀耐候H型钢和硅钢片三个项目列入国家"863计划"；具有自主知识产权的冷镦钢，被应用于"神州五号"和新型核潜艇上。

四、马钢的研发创新能力

创新已融入了马钢的灵魂,马钢的每一次快速发展都被打上了创新的烙印。

在技术创新上,经过"九五"、"十五"结构调整,马钢目前已拥有了当今世界上最先进的冷热扎薄板、彩涂板、热轧H型钢、高速线材、高速棒材生产线和车轮轮箍生产线,形成了独具特色的"板、型、线、轮"产品结构。目前马钢具有国内先进水平的生产线产品产量达到总产量的80%以上,产品出口到48个国家和地区。马钢人深知,核心技术是企业发展的命脉,科技创新能力是一个企业参与国际竞争的决定性因素。只有拥有自主知识产权,拥有强大的科技创新能力,才能实现从"马钢制造"到"马钢创造"的跨越。

观念创新带来的是对市场经济的深刻认知。1997年,在生存危机面前,马钢从解放思想、转变观念入手,开展了声势浩大的思想解放大讨论。大讨论带来了广大干部职工思想观念从计划经济到市场经济的一次升华。市场观念、竞争观念、成本观念和效益观念深入到了每一个人心里。经过努力,马钢很快走出了困境。

管理创新创造了马钢模式。"十五"期间,为了加快产品结构调整,马钢实施了大规模技术改造和结构调整,150亿元投下去,二十多个大型项目同时开工建设,要在两三年时间内全部完成。投资规模大、工期紧、实施难度大。这种情况下,根据不增加管理部门和人员,又能保证二十多个项目同时开工建设的总体思路,马钢建立了以项目为核心,纵向上以项目经理部(项目所在单位、基建技改部)为项目管理实施单位,横向上以基建技改部及相关职能部门进行业务管理的矩阵式管理模式。运用这一新的项目管理模式,实现了工程项目所涉及的专业技术与设计、投资计划、招投标、造价、合同、财务、档案资料等业务管理工作的有机结合,大大提高了工程项目的组织与实施效率,保证了重点工程建设的规范和有序推进,使得马钢"十五"结构调整得以提前一年完成,创造了工程建设的"马钢速度"。

生产方式创新开启了循环经济之门。马钢以3R(减量化、再利用、资源化)为原则,以低消耗、低排放、高效率为基本特征,推进生产方式创新,走发展循环经济之路。现在,吨钢综合能耗已由2000年的1 068公斤标煤下降到756公斤标煤,能源费用占制造成本比例由31.23%下降到23%。

五、马钢的人力资源与文化

(一)人力资源管理

从目前管理水平的现状和未来市场竞争需要看,马钢的人才管理目标是增加企业经营管理人才(企业管理专家、财务税务专家、金融专业专家、商贸专业专家)。通过大力推进技术创新,增强马钢的技术创新能力,要着力培养一批技术创新人才,力争到2010年培养20名在国内外有影响的知名专家,200名马钢优秀专家,500名马钢高级技师,2 000名各类专业技师。

为加大人才的引进力度,吸引更多的外部智力资源为马钢技术创新服务,为马钢新一轮跨越式发展提供有力的智力支持。通过几年调整,马钢的分配制度逐步完善,初步形成了较为完整的体系。

1. 建立了以岗位绩效为主体的基本工资制度

岗位绩效工资制度是以岗位劳动为主体,以岗位责任、技术要求、劳动强度、劳动条件等基本要素为尺度,以劳动实绩、兼顾公平为原则,结构更为合理,机制运行灵活的新型基本工资制度。它主要由四个单元组成:岗位工资、积累工资、奖金和津补贴。突出以岗定薪、考核分配、竞聘上岗和岗位业绩考核的思想。新岗位工资是体现职工劳动要素的单元,仍然设置了三个岗位系列(操作维护岗位系列、技术业务岗位系列、管理岗位系列),共设置28个岗位级别,岗位最低系数为1.0,最高为4.6,高低倍数为4.6倍,并对每个岗位系数设置了一定的区间,将员工的岗位系数与工作业绩挂钩浮动考核。

2. 以经济责任制考核作为增资的主渠道

分配制度的改革,是近年来马钢成功的决策之一,这一制度的转变,在一定意义上打破了以往的平均主义,提高了广大职工的积极性,促进了机制转变,也是公司经营目标完成的动力。1998年,公司实行了新的经济责任考核制度,进一步打破工资与奖金的界限,加大分配中活的比例,对二级单位实行工资总额与成本挂钩浮动的办法,明确了以降本增效作为增加工资额的主要渠道,从政策上引导各单位和职工苦练内功,下大力气降本、减亏、创利。马钢的经济责任制不仅仅是传统意义上的考核制度,更是一种分配手段,是新的分配制度的基础。

3. 对中层管理人员实行模拟年薪制度

为了促进领导干部的积极性,增强干部责任感,充分体现风险和利益共担的原则,从2000年开始,马钢对公司所有在职的中层管理人员实行了模拟年薪制,年薪基数按照公司每年完成效益的状况和一般职工的工资水平来确定,保证年薪的平均水平为一般职工收入的3～5倍之间,并根据各单位完成公司下达的经济责任制考核指标的完成情况进行调整,制定了相应的操作办法和实施细则。

4. 对特殊人员给予津贴

为充分调动广大科技人员的积极性与创造性,奖励有突出贡献的科技人员,在政策上、事业上、感情上、待遇上留住人才、吸引人才,激励科技人员在工作岗位上建功立业,2001年,公司出台了《优秀科技人员津贴制管理办法》,对优秀科技人员设立四个等级的津贴。

另外,为了充分发挥营销龙头作用,激活营销机制,调动营销人员积极性,对销售公司实行"六挂一保"的考核模式,即保销售基价,保销售量,保现款回笼率,保应收账款,保坏账准备金,保销售费用,工资总额与"六保"挂钩浮动,上不封顶,下不保底。马钢的薪酬制度改革是一个循序渐进的过程,是结合马钢"三支"队伍的建设来进行的。马钢的薪酬制度能进一步促进管理人员在实践中掌握新知识,积累新经验,提高管理能力;能进一步促进工程技术人员提高创新能力,造就一批马钢技术权威乃至整个行业的知名专家;能进一步培养岗位操作能手,培养造就一支技术精湛、素质优良的知识型工人队伍。当然这一目标的实行还需要进一步的完善。

(二)企业文化建设

马钢的文化建设包括了由浅及深的4个层次:首先是表层的,即物质的,主要是一些标识;其次是浅层的,即行为文化,如目前已经形成的《马钢员工行为规范》;第三层是中层文化,即制度文化;最后是深层文化,即精神文化。

2002年以举办马钢企业文化论坛为标志,马钢把诚信作为主要内容,打造"诚信马钢",

全面启动马钢精神和企业价值观的提炼工作，把推行《马钢员工行为规范建设》与打造"信用马钢"、开展职业道德建设结合起来，与开展现场整治结合起来，结合工作实际，开展了"诚信服务"活动，提出了"诚信有我"的活动口号和"创诚信窗口、建诚信岗位、做诚信员工"的活动目标。各厂矿紧紧围绕这一主题开展工作，树立诚信守信、规范客户服务（包括上道工序服务下道工序）的理念。

海信集团有限公司

海信集团是特大型电子信息产业集团公司，成立于1969年，先后涉足家电、通讯、信息、房地产、商业等领域，旗下有多家控股公司。海信集团有限公司在2002～2005年度"中国企业500强"的排名情况为：2002年排名第69位，2003年排名第74位，2004年排名第78位，2005年排名第89位。

目前，通过收购科龙，海信已经拥有海信电器（600060）和科龙电器（000921）两家在沪、深、港三地的上市公司，同时成为国内惟一一家持有海信（HiSense）、科龙（Kelon）和容声（Ronshen）三个中国驰名商标的企业集团，全部产品都被评为国家免检产品。但是，由于行业竞争激烈，相对其他百强企业，海信集团的排名处于相对下降趋势。

一、企业发展历程概述

1969年12月，海信的前身——青岛无线电二厂成立，职工10余人，生产半导体收音机。1970年8月，该厂研制出山东省第一台电子管式14英寸电视机；1971年，开始生产台式收音机；1976年9月，9英寸全塑机壳晶体管黑白电视机问世，填补了国内空白。1977年，为了保证产品质量，该厂建立了产品老化实验室，大大提高了产品质量。1978年，该厂电视机总产量达到6 375台，名列全省第一。1979年2月，青岛电视机总厂正式成立，并被国家确定为电视机定点生产厂。

1981年，青岛电视机厂的年产值达到2 500万元，职工总数达到835人。企业产品供不应求，进入快速发展时期。1984年，引进了日本松下彩电技术和设备，生产彩色电视机。1985年4月，其主要经济指标列山东省电子业、全国电视业第一位，企业实现了第一次腾飞。同时，由于实行内部经济承包责任制，严把质量关，产品的质量、信誉和生产规模都有了很大幅度的提高，企业焕发了新的生机，进入了蓬勃发展的时期。整个20世纪80年代，通过引进技术、更新产品，海信进入了全国电视机生产五强行列。

20世纪90年代，海信产品的质量、信誉和生产规模都大幅提高。1994年，海信集团公司成立。作为典型的国有企业，在海信集团的发展中，它同样面临着扩大规模和资本不足的困难，从20世纪90年代初开始，海信集团积极进行资本运营，企业规模不断扩大。1997年4月，海信电器股票上市，给海信带来了新的发展机遇。2002年5月，海信控股北京"雪花"，建立了完备的冰箱生产基地。2002年7月30日，海信住友组建合资公司，拓宽海外市场渠道。2002年11月18日,海信、日立携手进军商用空调领域。2004年6月28日,贵阳工业园正式启用。2005年5月8日,海信在浙江湖州设立的变频空调生产基地,开始正式批量生产。2005年8月4日,海信全球第十三个生产基地——海信新疆工厂在新疆喀什正式开工投产。2006年4月24日,海信以6.8亿收购科龙。从海信集团的组织结构图(见图1)也可以看出,集团公司把资本运营作为企业的战略来抓。

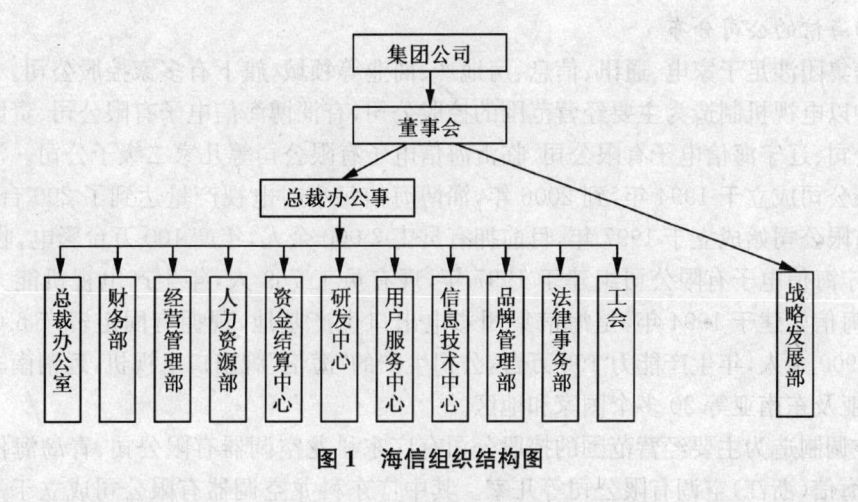

图1 海信组织结构图

二、企业发展战略

(一)海信的发展战略和总体战略目标

海信坚持总的发展战略为"高科技、高质量、高水平服务、创国际名牌",以优化产业结构为基础、技术创新为动力、资本运营为杠杆,快速成长,迅猛发展,率先在国内构架起以家电、通讯、信息为主导的3C产业结构,主导产品为电视、空调、计算机、移动电话、冰箱、软件开发、网络设备。海信的总体规划目标为"到2010年,销售收入超过1 000亿元,跻身世界工业强手之林。"

(二)海信的战略规划体系

在总战略指导思想下,海信集团提出了有海信特色的"六年一代"的发展战略规划。

在1.0时代,即1994~2000年,海信在第一个六年中,一直坚持先强后大:通过资本运用的方式成功并购了淄博、临沂、辽宁金凤、贵阳华日电视机厂,将电视机产业从小做到了大,同时通过技术孵化产业的模式涉足了IT、家电、通讯,完成了当时称之为"家电、通信、信息"的3C产业结构。由单一的电视机发展到现在的多媒体、家电、通讯、IT关联产业,实现产业的清晰构架。

在2.0时代,即2001~2006年,海信在第二个六年中,一直强调稳健、安全、大中求强:先后收购了北京雪花、浙江先科,到收购科龙,通过六年的时间实现了产业规模上的大。成为中国第一家在沪、深、港三地拥有两家上市公司的电子信息产业集团。

2007~2012年,也是六年,海信将在现有产业的基础上大幅度提升技术能力、制造能力、营销能力,追求研发深度、创造成本优势,全力打造整个集团的核心竞争力,提高赢利能力,成为中国最受尊敬的企业。简言之,3.0时代海信"做强"和"做大"的标准就是使制造、研发、品牌三头并进,走上研发驱动、品牌拉动、成本互动的健康发展之路。其阶段目标是利润率翻番增长,为下一个六年真正成为国际一流企业打好基础。

三、企业的生产经营状况

(一)海信的公司分布

海信集团涉足于家电、通讯、信息、房地产、商业等领域,旗下有多家控股公司。

其中以电视机制造为主要经营范围的控股公司,有淄博海信电子有限公司、贵阳海信电子有限公司、辽宁海信电子有限公司、临沂海信电子有限公司等几家二级子公司。淄博海信电子有限公司成立于1994年,到2006年,淄博海信每小时电视产量达到了200台;贵阳海信电子有限公司始成立于1997年,目前拥有员工2 000余人,年产100万台彩电,收入逾16亿元;辽宁海信电子有限公司组建于1997年,现有员工769人,年生产电视机能力105万台;临沂海信始建于1994年,是海信集团彩电出口生产基地,现拥有固定资产6 000多万元,职工900余人,年生产能力100万台,公司生产的"海信"牌出口电视机,远销南非、东欧、澳洲、中亚及东南亚等30多个国家和地区。

以空调制造为主要经营范围的控股公司有广东科龙空调器有限公司、青岛海信空调有限公司、海信(浙江)空调有限公司等几家。其中广东科龙空调器有限公司成立于1992年,年产能400万台;青岛海信空调有限公司成立于1996年,拥有员工2 000余人,设计年产变频空调500万套;海信(浙江)空调有限公司成立于2005年,设计年产变频空调200万套,是继海信平度家电工业园之后,目前国内的第二大变频空调生产基地。

以冰箱制造为主要经营范围的控股公司有广东科龙冰箱有限公司、营口科龙冰箱有限公司、成都科龙冰箱有限公司、海信(北京)电器有限公司、西安科龙制冷有限公司、扬州科龙电器有限公司、杭州科龙电器有限公司、海信(南京)电器有限公司等。其中广东科龙冰箱有限公司成立于1984年,是海信旗下最大的专业公司,亦是海信冰箱产业的龙头,目前顺德本部有员工近5 000人,大小冰箱年产能力逾300万台;营口科龙冰箱有限公司成立于1996年,主要生产无氟节能电冰箱及出口冰箱,年设计能力70万台;成都科龙冰箱有限公司成立于1997年,目前年产电冰箱能力为50万台,二期工程完成后,年产能达100万台;海信(北京)电器有限公司成立于2002年,是海信集团与北京雪花集团合资组建的电冰箱制造企业,现有员工1 000人,设计年产电冰箱60万台;西安科龙制冷有限公司成立于2002年,是西北地区规模最大的无氟冰箱(冷柜)压缩机生产基地,年生产能力达180万台;扬州科龙电器有限公司成立于2003年,设计年生产电冰箱300万台;杭州科龙电器有限公司成立于2003年,是由广东科龙电器股份有限公司、杭州西泠集团有限公司、香港科龙发展有限公司共同出资兴建的中外合资企业,设计产能60万台;海信(南京)电器有限公司成立于2005年,是海信(北京)电器有限公司和南京苏宁电器集团合资组建的电器制造企业,设计年产电冰箱100万台。

另外,海信于2002年9月9日注册成立了中国第一家拥有独立品牌的第三方专业家电服务商赛维家电服务产业有限公司,公司目前在北京、上海、南京等重点城市建立了40多个分公司,600多个驻外分支机构,5 000多家服务合作网站,服务网络覆盖全国。公司在全国设有8个培训中心,目前中高级专业服务工程师超过3 000多人。

在模具制造加工方面,海信于1996年9月成立了青岛海信模具有限公司,公司拥有注册资金2 175万元,现有员工1 000余人。

此外,海信集团还涉足房地产行业,1995年7月成立的青岛海信房地产股份有限公司,是中国著名大型企业集团,主要从事房地产投资、开发、管理。

海信一直坚持在海外拓展市场,已在南非、匈牙利、法国、巴基斯坦等拥有生产基地,在美国、欧洲、澳洲、日本等地设有销售机构,产品远销欧洲、美洲、非洲、东南亚等100多个国家和地区。表1给出了海信两家重要的海外公司简介。

表1　　　　　　　　　　　　　海信匈牙利公司和南非公司简介

公司所在地	海信(匈牙利)公司	海信(南非)公司
年生产能力	30万台/年 · LCD:100 000台 · PDP:30 000台 · CRTTV:270 000台	350 000台 · ColourTV:250 000台 · DVD/DVDHOMETHEATRE:100 000台
员工人数	工程师:4人 管理人员:4人 工人数量:100人	工程师:5 管理人员:18 工人数量:180

海信的发展路径是立足家电,向通讯、电脑领域扩张。首先以彩电起家,利用变频技术迅速实现了在冰箱、空调等领域的强势扩张,同时又立足于技术创新,实现了对电脑、手机等多个领域的渐进式发展,表现出了3C融合化扩张的多元化路径。

(二)海信的品牌创建

1. 品牌的核心竞争力提炼

1994年,从原"青岛"更名为"海信——HISENSE",并第一次诠释品牌的内涵为"海纳百川、信诚无限",突出企业以博大胸襟和无限诚信渴望成长的强烈愿望,从泛核心竞争力意义上说,这是海信品牌第一次核心竞争力的提炼。这种文化性核心竞争力的强大涵盖力,使海信在1994~1998年间的资本运作和多元化经营取得了巨大成功。

然而,这种泛哲学取向的品牌核心竞争力在品牌林立的市场中有一个致命缺陷,即特征模糊,与产品和行业特点结合甚少,致使企业大量的广告费用起到普及性告知作用后就白白浪费了。于是,海信开始了第二次品牌核心竞争力的提炼。1999年海信开始明确品牌核心竞争力为"创新科技",整合宣传,优化品牌形象。海信在各种媒体上逐步统一声音,并在2000年品牌VI修正之后,集中到"创新科技、立信百年"上,无论是涉足新产业还是"科技使价格让步",在将创新技术和消费者利益的捆绑中,准确传达了品牌的核心竞争力。

2. 共用品牌与产品品牌兼收并蓄

在品牌运作上,海信坚持"空中飞"和"地上走"兼收并蓄的做法,即集团层面上对"海信"品牌负责,负责它的规划、推广、规范和监督;各产品公司则具体负责"海信"品牌与产品特性的结合。在共用品牌约束下建设、维护自己的产品品牌,塑造共用品牌内涵之中各产品品牌的独特个性,重点在产品而非"海信"。这种双向负责制的品牌管理思想在海信的品牌建设中是富有成效的。

3. 多品牌战略的启动

2006年9月海信集团正式推行多品牌战略。对于海信集团而言,收购科龙,纳入"容声"和"科龙"两大品牌是集团多品牌运作的实现和开始。海信科龙对海信、容声和科龙3个品牌产品进行差异化市场推广,在市场渠道方面采取相互促进的方式。海信集团将把包括冰箱、空调、洗衣机在内的所有白色家电工厂和营销资源注入科龙,由科龙顺德总部统一管理运营,从而发挥更大的整合效益。海信所期待的互补优势已经凸现。这种互补优势首先体现在产能的充分利用上。海信和科龙还实现了冰箱和空调产品互相贴牌生产,在海信基地生产部分科龙空调和容声冰箱,科龙基地生产海信相关产品,以此来提升科龙生产线的生产效率,降低科龙运营成本。2007年,各个品牌之间的合作还将延伸到提供售后服务等多个层面。

四、企业的资本运作

海信提供了中国较早的包括投资控股、改制上市、债转股、异地划拨、内部重组等多种形式的资本运营的成功案例。自1993年集团化改造开始,海信先后重组了淄博海信、青州海信、临沂海信、贵阳海信、辽宁海信,经过一系列大手笔的资本运营,以不足3亿元的流动资金盘活了30亿元的国有存量资产,海信彩电的生产能力也由几十万台扩大到目前的400多万台。2000年10月,海信收购韩国大宇在南非的工厂,海信彩电现在已占据南非10%的市场份额;2002年5月,海信收购了北京家电名牌雪花冰箱厂,开始进军冰箱市场。2006年4月24日,海信又以6.8亿收购科龙,通过盘活科龙,为企业增加了新的融资窗口。

海信在资本运作中从不盲目追赶潮流、单纯求大,为获得某项优惠政策或片面依靠行政捏合,而是在并购行为符合集团发展战略的条件下,对并购企业的环境、资产状况特别是财务状况有了准确判断后才决定是否实施。

五、企业的研发创新能力

(一)海信集团重大技术开发和专利申请情况

1970年8月,成功研制山东省第一台14英寸电视机。

1976年9月,成功研制9英寸全塑晶体管黑白电视机问世,填补国内空白。

1983年,成功研制出中国第一台22寸彩电。

1997年,HK—588HPOS收款机获得国家科委重点新产品证书。

1998年,成功研制中国第一台纯平面彩色电视机,攻克纯平电视关键技术;独立设计开发完成CIMS工程;成功研制出MMTV99系列家用多媒体电视。

1998年,海信SK38R型Ku波段卫星接受平面天线、金色回归98多媒体计算机、TC2959TNP彩电、KFRP—35GW变频空调器、TC2939N大屏幕彩色电视机等5项新产品被评为国家经贸委重点新产品;ER—350F税控收款机、MT2117型多媒体彩色电视接收机、HS—PM200OA办公机、TC3439DNP型彩电、TC2801D—100彩色电视机五个产品被列入国家科技部重点新产品;高清晰度电视芯片及其典型系统应用列为国家863计划项目。

1999年,海信基于模糊控制的全直流调速空调器入选国家火炬计划;自主研制开发的HPC掌上电脑中标国家863计划项目。

2000年,海信KFR—36GW/ABP型分体式变频空调获得2000年国家经贸委重点新产品证书;手持个人计算机(HPC)、超大屏幕液晶背投终端列入国家火炬计划;第三代计算机网络防火墙开发列入国家重点技术创新计划项目;KFR-50LW/BP2匹变频落地式冷暖空调器列入国家重点新产品计划项目;国家863项目"数字化家庭信息系统"顺利通过专家组验收,并被选为"国家863十五周年成果展"的重点项目。

2001年8月,推出中国第一台彩屏CDMA手机C2101,并成为联通CDMA网络的测试基准手机。

2001年,海信高清晰度数字电视接收机、海信HK-588收款机、KFR-(25G+45L)W/BP变频空调器入选国家火炬计划;CDMA20001X手机技术的开发入选2001年国家重点技术创新计划;HS2000-C彩色微型手持计算机、LD-100型15英寸TFT液晶显示器、卫星数字电视接收机DB-318S、DP2988F型大屏幕网络视讯多媒体终端入选国家经贸委国家重点新产品试产计划;FW3010AG防火墙列入国家经贸委"九五"国家技术创新优秀项目、M2TV99型多媒体计算机列入国家经贸委"九五"国家技术创新优秀新产品。

2002年,海信集团申请专利122项。

2002年4月30日,海信研究开发的智能公交系统首先在青岛公交旅游线路501上试运营,之后还将逐步在青岛市其他线路上推广,并最终实现青岛市公交的全面智能化。

2003年,海信获得国家多项重大产业化基金项目。海信CDMA1XgpsOne移动定位终端和混合交通优化控制系统获得信息产业部的国家电子发展基金资助项目;6个重大产业化项目列入国家高技术产业化等国家计划,获得基金资助1 500万元。

2003年,海信集团申请专利239项;共完成新技术、新产品研发230项,其中高端产品95项。

2004年8月21日,以海信研发中心为载体的山东大学海信研究院挂牌。这是我国首家高校和企业共建,在人才、项目、技术等方面实现共享的研究院,开创了我国产学研深度结合的崭新模式。

2004年底,海信集团与中国电子科技集团公司第41研究所合作完成的两项成果通过专家鉴定,并达到国际先进水平。双方合作进行了高清数字电视生产线的前端设备仪表、检测仪表和调试仪表的研究,生产出具有国际先进水平"MPEG-2码流监视仪"和"高清数字电视码流录播仪"两款产品样机,并获得国家软件著作版权登记证书4项;双方联合投标的国家电子信息产业发展基金招标项目《数字电视专用信号源开发及推广应用》,通过专家评审和答辩,获得200万元经费资助。

2004年11月27日,海信第一款芯片"数字视频处理器芯片VPE1X"完成MPW流片,获得成功。

2004年,海信集团共申请专利340项,其中发明专利53项。

2005年6月,海信集团研制的数字视频芯片正式通过信息产业部鉴定,这是我国第一款具有自主知识产权的数字电视芯片。

2006年10月18日,全球首款超薄双网双待手机D806在海信研制成功。

(二)海信集团的研究发展中心

海信集团研究发展中心(Hisense R&D Center)是五部委联合认定的国家级企业技术中心、国家863产业化基地、国家火炬计划软件产业基地,海信内部称其为技术孵化园(源自海信的技术孵化产业模式)。海信研发中心是海信产学研合作与联合的研发实体,同时又是大企业与重点大学全面合作——"山东大学海信研究院"的载体。

近年来,海信通过不断完善研究开发和创新体系的建设,向创建世界水平研发中心的目标迈进。其研发中心现已建成国内较为完善的研发平台体系,包括应用基础研究中心(数字多媒体技术重点实验室)、产品开发中心、公共研发支持平台(检测中心、中试中心、数据信息中心、技术培训与学术交流中心)、博士后科研工作站等。海信研发中心设有数字显示技术、智能多媒体技术、数字电视技术、光学投影技术、智能家电技术、移动通信技术、智能交通技术、网络安全技术、计算机技术、光电子通讯技术等研究机构,是海信3C产业技术研究与发展中心,担当着海信核心技术与前端技术的研发、新产品的开发与产业升级,产品结构调整的重任。

海信集团历来重视研发投入,每年投入的研究与发展经费占产品销售收入的5%以上。在国内率先建立了第一家基于企业内部网(INTRANET)基础上的无纸化开发系统,拥有联网微机2 000多台,CAD工作站50多台。先后组建了家电综合实验室、空调综合实验室、通讯技术实验室、数字显示技术实验室、计算机实验室、网络技术实验室、智能研究实验室、工艺设计实验室、工业设计实验室、性能评测室及电路CAD机房等,实验室内配备各种先进仪器仪表几百余台套,许多仪器仪表居于国际领先水平,满足了电视、空调、计算机、通信、冰箱、网络等各种产品的开发、实验、检测需求。

通过信息共享和资源综合利用,海信研发中心为研发人员提供了一个具有国际先进水平的开发实验环境,为海信的技术创新打下了坚实的物质基础,使海信集团的技术水平始终处于国内同行业的前列。研究中心每年承担数十项国家级项目,共有专职技术开发人员数2 000多人,其中一半以上人员拥有中高级职称,高级专家和博士近50多人,硕士300多人,90%以上的科研开发人员为40岁以下的青年人。到目前为止,中心已申请专利2 000多项,2006年共完成新技术、新产品研发537项,其中2/3以上达到国际领先水平或国际先进水平。

(三)海信集团创新的激励模式

1. 建立技术创新决策与管理系统

为保证技术创新决策的科学性与权威性,海信建立了一个由决策层、决策咨询层和管理执行层构成的技术创新决策与管理系统。决策层就是由集团经理班子成员及相关职能部门的负责人组成的技术委员会,负责重大技术创新问题的决策、指导与检查监督。决策咨询层是从山大、青大、西安交大等高校和有关研究开发机构聘请部分专家组成的专家咨询委员会,负责技术创新的决策咨询及重大项目的评估等。管理执行层由集团技术质量推进部、技术中心及各子公司的总工程师、技术管理职能部门组成,负责技术创新的日常管理工作。整个系统从组织与管理体制上保证了技术创新的高效、有序运行。

2. 构建面向市场的研究开发系统

海信技术中心是集团公司科技进步与技术创新的辐射源与技术供给中心,是集团公司生存、发展与市场开拓的主力军。因此,强化技术中心创新主体的作用及其建设是提高企业技术创新能力的关键。

海信对技术中心采取了许多特殊政策:①每年根据企业发展需要确定课题项目和管理方式,并根据持续课题和新开课题确定投入的费用,由各子公司和集团公司拨付款项,保证开发费用的支出。②有意识地让技术中心成为集团新技术与产品的孵化器。当涉足一个新产业时,均先在技术中心成立研究所,技术、人才成熟后,再裂变出公司。③使技术中心成为集团的"特区",努力培植有利于技术创新和技术人才成长的小环境。另外,其对外开放,广开产学研合作渠道等措施,也在很大程度上完善和补充了研究开发系统的建设。

3. 市场拉动与目标拉动机制

这一机制就是用技术创新定位集团的事业发展与市场拓展,使每一个技术创新项目都有一个明确的目标定位,以目标拉动发展高新技术产业,而且带动产业结构的调整和升级。为强化技术创新市场效益标准,缩短与市场的距离,海信还在技术中心内部设立了市场部,以提高市场占有率及获取商业利润为目标,不断去寻找市场空间,去创造新的市场卖点。

4. 动态管理与风险约束机制

在研究开发、技术创新项目管理上,确信注重项目实施的过程管理。一方面,对于项目实施过程中出现的需要协调处理的问题,技术质量推进部协同有关部门及时做出处理;另一方面,密切关注有关技术领域的成果及其法律状态,对于他人已经取得成果并申请专利的,及时进行调整,以免导致更大的风险。项目实施过程中,由技术质量推进部定期对项目的进展情况进行评估与检测。采取有效的调控措施,纠正存在的问题,提高研发的效益。实际工作中,海信允许有30%左右的项目下马或失败,以鼓励创新。

5. 引进、联合与自主创新相结合的机制

和大多数国内同行一样,海信在创业初期,也是靠走出去实施技术"拿来主义",即靠引进技术起家。但在引进世界一流技术的同时,海信注重联合创新,先后战略性地与英特尔、东芝、飞利浦等外国知名跨国公司和国内10多所大学、研究开发机构建立了密切的技术合作关系。如分别在山东大学、西安交通大学、美国的硅谷等地设立了主部分中心;与中国科学院、北京航空航天大学、清华大学等建立了长期技术合作关系。几年来,海信技术引进与创新费用之比达到了1:5,部分项目达到了1:15,大大增强了自身技术的造血机能。

六、企业的营销策略

(一)广告策略

1. 强势媒体

海信根据产品、市场和目标消费群体特点,选择收视率高、传播范围广的中央电视台、凤凰卫视、东方卫视、广东卫视、湖南卫视、山东卫视等强势电视台,形成高空全面覆盖。并选择收视率高的段位展示品牌形象,如央视"天气预报1+1"时段等。海信还在广东卫视做系列专题报道以提升在南方的品牌形象。

2. 数字出击

科学调查表明,人对数字最敏感,尤其对于技术型产品,数字最有说服力。海信大部分广告对产品功能点进行提炼,将数字的魅力发挥得淋漓尽致。如:海信电视,8项指标,6项领先,7个项目,4个冠军;海信空调,8成认变频,7成选海信;海信冰箱,3倍保鲜,节能7成。这些数字简洁明了,在消费者心中留下很深印象,有效达到产品宣传目的。

3. 技术宣传

海信产品销售坚持打"技术牌"。电视行业重点宣传高清晰、节能环保的特点。以1080P为例,总部宣布"顶级格式数字高清彩电研发成功",掀起全国媒体的热潮;然后选择中央、地方强势媒体的新闻、家电版进行多角度传播。卖场海报突出技术强势，使市场推广与舆论宣传相得益彰。而空调领域咬定"变频、节能"，通过专家学者的权威论断，使消费者认识到节能、舒适的特点。产品推广不仅得到国家支持，而且得到消费者认可。

（二）产品策略

1. 质量管理专家

"质量不能使企业一荣俱荣，却可以让企业一损俱损"——海信始终坚信质量是取得竞争优势和赢得消费者的第一要素。质量控制不仅涵盖生产过程，而且延伸到研发、采购、物流和营销过程中，形成以精益化生产为中心的质量控制体系，使产品可靠性达到甚至超过国际水准。企业的研发、生产和销售必须全部以顾客满意为中心，在顾客中设立"用户监督员"，建立反馈网络，随时听取消费者的反应，并建立信息中心专门接受和分析用户意见和建议，以求不断改进。

2. 技术为先

没有核心技术，企业就无法掌握自己的命运。海信始终坚持技术为先，在高端领域不断获得突破。高清数字视频处理芯片现正进行批量装机试验，CDMA 终端设计与 3G 终端产品研发在国内处于领先水平，并通过信息产业部测试，打破了一直被国外公司垄断的局面。数字电视与新显示技术不断发展，大屏幕液晶和等离子数字高清平板电视的研发也走在行业前列。变频空调技术与国际水平同步，拥有世界一流的实验室和生产线以及一流的研发队伍和品质管理系统。

3. 产品差异化

在产品同质化越来越严重的情况下，差异化已成为企业生存发展的必备武器。海信产品以高科技为根基，以创新为动力，集性能、外观差异化于一体，给消费者带来全新的使用感受，这使海信在激烈竞争中游刃有余、不断前进。海信的变频空调、数字平板电视、彩色直流冰箱等都是差异化策略的典型代表。如海信的环保电视不仅节能，而且低辐射，它准确抓住消费者追求健康的心理，被中国商品协会作为绿色产品推广，并赢得了菲利普·科特勒营销案例奖。

4. 3C 战略

3C 融合一直受到社会各界的普遍关注，中国未来十年的相关市场规模将超过 2 000 亿美元。海信是国内最早明确定位于 3C 融合市场并健康发展的企业。目前，其通信产品获得业界广泛认可，是参与信息产业部 3G 测试的两家国内厂商之一；电视产品先后推出普通显像管、背投、等离子、液晶等四大系列 60 多款数字高清产品；数字机顶盒获得大量海外订单，是其领先的领域之一；商业导航和智能交通软件均进入全国前三强。

（三）品牌策略

1. 品牌识别

海信的品牌识别策略可以用"出位"来形容，在其旗下各产品的"另类"定位基础上树立"追求科技、不断创新"的品牌个性。环保电视消除多种辐射伤害，悉心呵护老人、小孩、孕妇及其他弱势群体的身心健康。互动电视让所有向往自由的人有了"边看电视边游网络"、随心所欲点播收看的空间。数字冰箱让讲求生活质量的人从冰箱里也能吃到"原汁原味"的新鲜食物。变频空调更是创造"室内舒适气候"的专家。智能热水器提供精确无误的水温和流量，可根据个人喜好选择不同的沐浴方式。这些都形成了海信"出位"的品牌识别，成功地塑造了品牌的独特风格。

2. 品牌管理

海信品牌管理实行双向负责制。集团负责对"海信"品牌的规划、推广、规范和监督,各公司具体负责与产品特性结合,在共用品牌约束下建设、维护产品品牌。如电视公司塑造环保科技、关爱生命的高科技产品形象。同时颁布三部品牌管理"宪法"。其中,《海信品牌管理手册》涵盖共用品牌核心价值、构架、组织保障、延伸原则、实施基本规范和未来发展规划,指导、约束所有使用共用品牌的产品公司的品牌推广行为。

七、企业的人力资源与文化

(一) 人员结构、福利和培训

自20世纪90年代初,海信便开始通过人才市场和全国一些重点大学大量招收大学生和技术人才。自1992年至今,每年都接收200多名大学生。今天,海信已拥有本科以上学历人员2 000余名,其中博士(后)有近40人,硕士研究生有100多名,这些人才为海信的发展和腾飞起到了举足轻重的作用。在海信,人才是第一资本已成为一种默契与共识。

海信不仅大量引进人才,还十分注重对人才的培养。海信从单一生产电视机的中小企业,发展到今天成为能生产家电、通讯和信息等产品,拥有19家国内子公司、5家海外子公司的大型企业集团,所需技术人员和管理人员绝大部分是内部培养的。在人才培养方面,海信同山东大学、青岛海洋大学签订了长期培养合同,每年抽调一部分管理人员去学习培训。还同北京航空航天大学联合开办硕士生班,首批经过严格挑选的30多名科研人员已经修完一半硕士学位课程。另外,每年还安排一部分科研人员出国进修。根据海信发展的需要,又正式成立了海信学院,对公司所需各类人才进行定期培训,以适应激烈竞争的市场需要,并且面向21世纪,对管理、科技岗位的人才进行长期跟踪培养,为海信事业培养大量具有超前意识、创新意识的潜在人才。

为充分调动每一位员工的积极性,在人力资源的管理上,将企业与员工的雇主与雇员关系转变为"合伙人"关系。在海信,"企业是职工的"不仅是一种文化导向和宣传,而且通过一些具体措施,让职工深刻感悟到"今天工作不努力,明天努力找工作"的道理。同时,充分用好分配杠杆,激励并留住人才。例如,公司采取一种短期"股票"方式来代替资金的做法,增强对第二年员工工作的激励和提高员工的实际利益。在技术中心,海信不仅在课题研究上实行"竞争上岗,课题承包",还实行"能者多劳,多劳多得"和"个人收入与产品效益挂钩"等一系列激励政策。学术带头人实行年薪制,并在住房等其他福利方面享有特殊待遇。对确有技术专长和管理专长的专家,给予公司股份,使他们成为公司股东,这样使技术专家和管理专家与公司利益紧密结合起来。同时,大胆起用年轻人,打破"论资排辈"现象,对确有成绩的年轻技术人员给予破格评高级工程师、工程师等待遇。正是依靠这种机制,多年来,凡是由"海信"接收的人才,没有一个离去,因为他们都感觉"有了用武之地"。海信激发了员工的创造力,这成为海信成功发展的最好保证。

技术创新的基础是人才的聚集和培养,多年来海信坚持"以人为本"的经营宗旨,建立了"求人、用人、育人、晋人、留人"的人力资源开发机制,完善了"待遇留人、事业留人、氛围留人"的文化,形成了良好的人力资源开发和管理体系。设在研发中心的海信学院,为研发人员的知识更新与发展创造了良好的条件,每年的培训支出近千万元。

(二)企业文化

经过30多年的发展,海信从一个十几人的手工作坊,变为一个以"3C"产业为基础的大型电子信息企业集团。与此同时,被凝练为"敬人为先、创新为魂、质量是根、情感管理"的海信企业文化也日渐明晰、丰厚。

对人的尊重,是海信企业文化的核心诉求。作为企业最宝贵的资源,海信为每一个员工的成长都搭建了良好的平台。集团每年投资1 000万元用作海信学员教育培训经费;定期举办各种论坛、培训;用项目承包制,释放人的潜能;靠良好的激励机制,建立完善的评价体系等。这一系列的"敬人"之举,营造出的是一种宝贵的文化氛围,使每一个海信员工在工作中感受到的不再是"榨干的焦虑",而是"成长的喜悦"。在这片文化的土壤上,一批优秀人才同海信"共同成长",使得海信在面对未来时底气十足。

文化上对创新的执著与张扬,直接塑造了海信的市场形象——一个走出了国内家电业"疏于内功、酣战价格"的怪圈、追求技术创新的"技术流"企业。创新,是海信企业文化中一面耀眼的旗帜。这种对创新的鼓励,也使海信在应对市场的变化时显得从容而自信。在许多家电企业因循守旧、徘徊在歧路之时,崇尚创新的海信,早已凭借内部积蓄的充沛的创新力,完成了漂亮的"转身",在互动电视、智能变频、CDMA手机等领域拓展出了一方全新的天地。

质量,是海信企业文化中不容突破的底线。质量意识也已经成为海信员工工作中一根绷得最紧的弦。

和工业时代特有的"冰冷感"不同,海信倡导的是一种人和人之间的情感关怀。"在海信工作就像生活在一个大家庭一样,让人感到温暖。"许多员工都这样说。而据说正是企业文化中这种浓厚的人情味,让很多人对海信不忍割舍,放弃了许多"另谋高就"的机会。

中国中钢集团

中国中钢集团成立于1993年,为国务院授权国有资产监督管理委员会履行出资人职责的中央企业,其前身名为中国钢铁工贸集团,2004年9月更名为中国中钢集团(简称中钢集团,英文缩写SINOSTEEL)。中钢集团所属二级单位62家,其中境内43家,境外19家,主要从事冶金矿产资源开发与加工,冶金原料、产品贸易与物流,相关工程技术服务与设备制造等业务,是一家为钢铁工业和钢铁生产企业提供综合配套、系统集成服务的集资源开发、贸易物流、工程科技为一体的大型企业集团。

在中国企业联合会、中国企业家协会2006中国企业500强年度排行榜中,中国中钢集团以年收入3 267 670万元位居88位。这是中钢集团自2000年以来在中国企业500强排行榜中第一次位列前100位。

一、中钢集团的发展历程

(一)中钢集团的发展简史及扩张路径

1993年2月,经国务院经济贸易办公室批准,中钢集团由中国冶金进出口总公司、中国钢铁炉料总公司、中国国际钢铁投资公司和中国冶金钢材加工公司组建成立。中钢集团原以钢铁贸易为主业,自2005年下半年以来,集团开始通过一系列的并购重组行动,由单纯的贸易、工程服务型企业,向实业企业进行战略转变。2005年以来,集团分别以4亿元控股西安冶金机械有限公司,收购了遵义铁合金厂60%的股权、洛阳耐火材料集团54%的股权并托管其15%的股权,耗资4.1亿元收购了吉林炭素集团持有的吉林炭素。

表1列出了中钢集团自成立以来的扩展历程。

表1　中钢集团扩展历程

1993.02	经国务院经济贸易办公室批准,中钢集团由中国冶金进出口总公司、中国钢铁炉料总公司、中国国际钢铁投资公司和中国冶金钢材加工公司组建而成
1998.12	中国冶金设备总公司、中国冶金技术公司、冶钢经济技术开发总公司划入中钢集团
1999.01	中钢集团与国家冶金工业局脱钩,划归中央管理
1999.06	鞍山热能研究院、武汉安全环保研究院、洛阳耐火材料研究院、郑州金属制品研究院、天津地质研究院、马鞍山矿山研究院等六家科研院所划入中钢集团管理

续表

2002.07	河北冶金设计院划入中钢集团管理,后更名为中钢集团工程设计研究院
2003.04	国务院授权国务院国有资产监督管理委员会履行出资人职责
2004.08	中钢集团由中国钢铁工贸集团公司更名为"中国中钢集团公司"
2005.08	投资控股西安冶金机械有限公司,更名为中钢集团西安重机有限公司
2005.09	投资控股洛阳耐火材料集团有限公司,更名为中钢集团洛阳耐火材料有限公司
2006	重组衡阳有色冶金机械总厂,成立中钢集团衡阳重机有限公司
2006.07	重组吉林炭素股份有限公司,更名为中钢集团吉林炭素股份有限公司
2006.07	重组邢台机械轧辊集团有限公司,更名为中钢集团邢台机械轧辊有限公司
2006.08	重组吉林新冶设备有限责任公司,更名为中钢集团吉林机电设备有限公司
2006.12	重组衡阳有色冶金机械制造总厂,更名为中钢集团衡阳重机有限公司

资料来源:中钢集团网站(http://www.sinosteel.com)。

(二)中钢集团组织结构

中钢集团在发展过程中,形成了以资产为纽带的母子公司管理体制。

集团本部内设总裁办公室、经营发展部、资产财务部、人力资源部、投资企业部、国际合作部、审计部、信息管理部等8个职能部门,党委办公室、纪检监察室、工会等三个党群部门以及焦炭业务部、房地产开发部。

截至2006年底统计,中钢集团共有下属二级单位62家,其中境内43家,境外19家,其组织结构图如图1所示。

二、中钢集团的发展战略

(一)中钢集团的战略目标

中钢集团的总体战略为:坚持以促进我国钢铁行业可持续发展为宗旨,立足钢铁行业,依托国内外两个市场和两种资源,提供战略资源保障、市场营销保障、冶金技术支持和综合服务支持,努力发展成为核心业务突出、国际竞争力强、同行业领先的跨国经营企业集团。

为实现此战略,中钢集团进一步制定了相应的战略目标体系:

1. 2020年远景规划目标

(1)在国际钢铁原材料市场占有一席之地,成为我国利用和开发国际冶金原材料资源的有力竞争者、国内钢铁原材料市场的重要参与者之一,成为具有国际竞争力的面向全球的冶金资源开发供应商。

(2)在国内、国际市场上拥有较为完善的采购和销售网络,形成经营特色和竞争优势,成为国内外商品营销和增值服务的国际贸易服务商。

(3)在技术研发和科技产业上,建立较为强大的研发力量和科技产业化基地,成为冶金相关技术领域重要的技术产品和技术服务供应商。

2. 中短期发展目标

到2008年,实现主营业务收入800亿元,资产总额500亿元,净资产80亿元,利润10

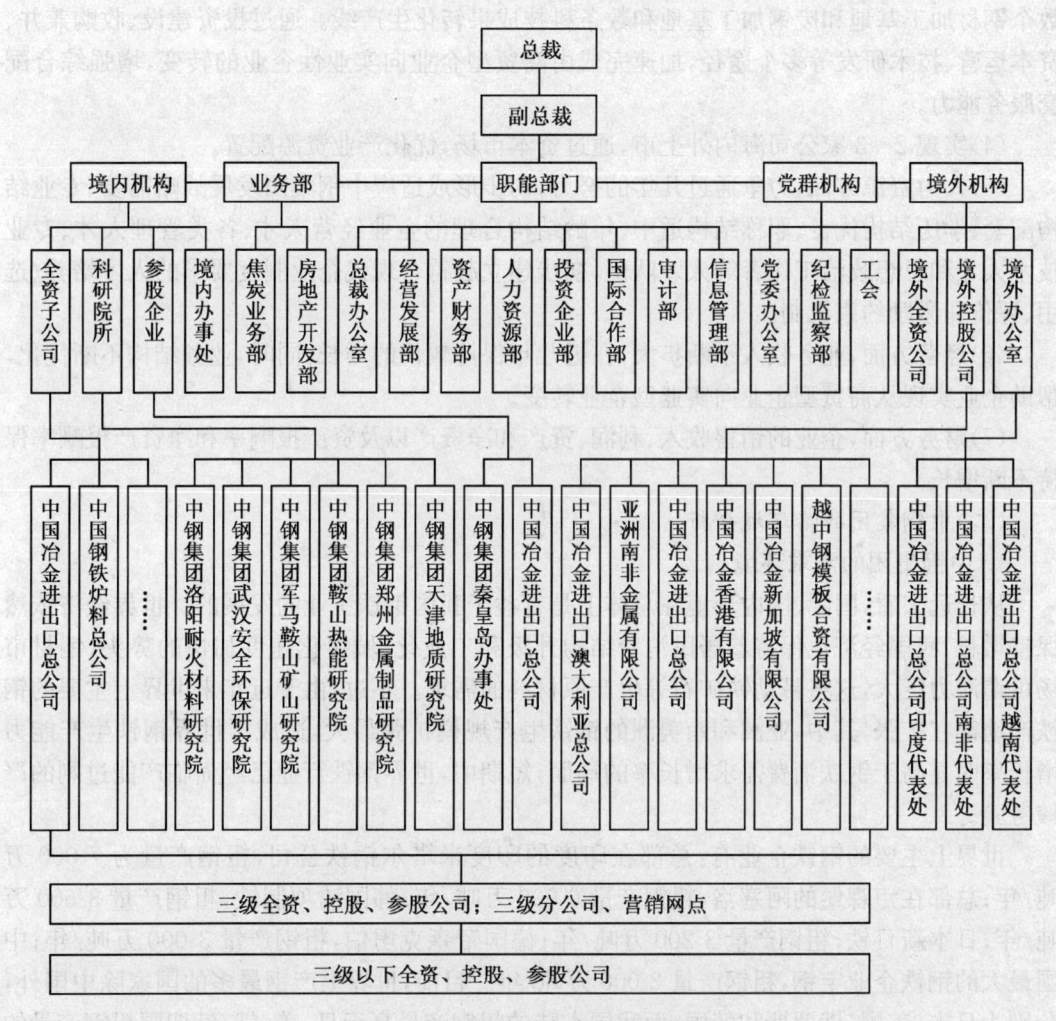

图1 中钢集团2005年组织结构图

组织结构图说明：

- 总裁
- 副总裁
  - 境内机构：全资子公司、科研院所、参股企业、境内办事处
  - 业务部：焦炭业务部、房地产开发部
  - 职能部门：总裁办公室、经营发展部、资产财务部、人力资源部、投资企业部、国际合作部、审计部、信息管理部
  - 党群机构：党委办公室、纪检监察部、工会
  - 境外机构：境外全资公司、境外控股公司、境外办事处

下属企业：
- 中国冶金进出口总公司
- 中国钢铁炉料总公司
- ……
- 中钢集团洛阳耐火材料研究院
- 中钢集团武汉安全环保研究院
- 中钢集团军马鞍山矿山研究院
- 中钢集团鞍山热能研究院
- 中钢集团郑州金属制品研究院
- 中钢集团天津地质研究院
- 中钢集团秦皇岛办事处
- 中国冶金进出口澳大利亚总公司
- 亚洲南非金属有限公司
- 中国冶金进出口总公司
- 中国冶金香港有限公司
- 中国冶金新加坡有限公司
- 越中钢模板合资有限公司
- ……
- 中国冶金进出口总公司印度代表处
- 中国冶金进出口总公司南非代表处
- 中国冶金进出口总公司越南代表处

三级全资、控股、参股公司；三级分公司、营销网点

三级以下全资、控股、参股公司

亿元。

(1)工业务结构方面，充分利用国际、国内两个市场，加大国际化经营力度，逐渐提高国际化经营在总体业务中的比例，近两年内达到海内外业务各占50%。

(2)组织结构方面，按照"减少管理幅度，缩短管理链条"的总体思路，加大内部组织机构调整力度、优化组织布局、强化组织协同效应、实施扁平化管理，塑建"一个中心、两个体系、三个层次、四个系统"的组织结构。按专业化模式，培育和发展8~10个主业突出、优势明显、核心能力强的核心企业；按综合化模式，组建10~15家辐射能力强、区域优势明显、服务功能完善的区域公司；按网络化模式，设立10~20个具有采购、分销、服务功能的营销网点。依托核心业务，健全物流配送和增值服务系统。通过重组、改制、并购等方式，在国内外资本市场拥有2~4家上市公司。以此建立成为由专业公司、区域公司、科技企业、海外企业、生产企业构筑的"战略协同、运转高效、信息畅通、监管到位"的全球运营体系。

(3)实业化建设方面，继续推进海内外资源基地建设，实现对并购企业的整合，在保持和推进原有业务优势的基础上，初步形成设备制造、耐火材料、炭素制品领域的竞争能力，建设数个钢材加工基地和废钢加工基地和数条科技成果转化生产线。通过投资建设、收购兼并、资本运营、技术研发等多个途径，加速完成由商贸型企业向实业性企业的转变，增强综合配套服务能力。

(4)实现2~3家公司海内外上市，通过资本市场，优化产业资源配置。

(5)人力资源方面，力争通过几年的努力，初步形成适应中钢集团发展战略需要、专业结构配套、学历结构优良、职称结构适中、年龄结构合理的企业经营人才、各类管理人才、专业技术人才和思想政治工作者等人才队伍，初步建立起符合现代企业制度要求的人才培养、选用、评价和激励约束机制。

(6)经营方面，业务收入不断扩大，在近几年保持较快的增长，同时，业务结构不断优化，帮助企业实现从商贸型企业向实业型企业转变。

(7)财务方面，企业的销售收入、利润、资产和净资产以及资产报酬率和净资产报酬率保持不断增长。

(二)中钢集团战略环境分析

1. 中钢集团的需求环境

从长远来看，国际、国内环境在总体上是有益于我国钢铁工业的发展的。世界经济依然保持增长，我国经济也保持着居民消费结构升级和工业化、城镇化速度加快的势头，钢材市场可谓潜力巨大，这将带动铁矿石等生产原材料的需求。不过，由于近年来世界上主要的钢铁产地都在扩张，其中，亚洲和南美洲的钢铁生产规模扩张最大，造成了世界钢铁生产能力增长率明显高于钢铁消费需求增长率的局面，短期中，世界钢铁行业已经面临产能过剩的严峻考验。

世界上主要的钢铁企业有：总部在印度的印度米塔尔钢铁公司，粗钢产量为7 000万吨/年；总部在卢森堡的阿塞洛，粗钢产量6 000万吨/年；韩国浦项制铁，粗钢产量3 600万吨/年；日本新日铁，粗钢产量3 200万吨/年；德国帝森克房伯，粗钢产量3 000万吨/年；中国最大的钢铁企业宝钢，粗钢产量2 000万吨/年。目前，世界上产钢最多的国家除中国外，分别为日本、美国、俄罗斯和韩国，而我国大陆的粗钢产量高于日、美、俄、韩四国粗钢产量的总和。中国是最大的粗钢出口国，更是钢铁产品的进口大国。尤其是自2005年以来，中国钢材进口大于出口，加剧了国内市场供大于求的矛盾，钢材价格也出现了明显的大起大落。这些都是前几年国内钢铁企业盲目投资、盲目扩大产能所出现的不良后果。中国政府和企业正在通过适当的国家宏观调控以及企业努力，缓解钢材产品市场与钢材原材料市场的供求矛盾，实现供求关系的改善。

2. 中钢集团主要的竞争对手

中钢集团定位于成为钢铁行业的资源供应商。目前国际上主要的资源供应商有CVRD，BHP，Rio Tinto。这三大供应商拥有丰富的铁矿石资源、雄厚的资金实力和完善的销售网络，占据了全球铁矿石海运贸易量70%以上的市场份额。近年来，它们都在以中国市场为主要目标，大力进行矿山新建、扩建，强化与国内主要钢铁生产企业的直销关系。它们是中钢集团在全球范围内的主要竞争对手，与中钢在资源开发、客户开拓、产品销售等方面形成了直接的竞争关系。

除了以上三大集团外，国际上的中小资源分销商，代表企业如铁矿石行业的NOBLE，CARGILL等，也是中钢集团重要的竞争对手。它们在国外拥有较好的资源采购能力，有的直接参与了我国钢铁行业的销售并拥有稳定的客户群,在中国市场上占据了一定的市场份额,目前正积极向上下游延伸,与中钢争夺资源与客户。

在国内,以五矿、中信、中化等为代表的国有大型企业集团以及地方实力集团,在钢铁行业良好的发展前景的吸引下,也积极投身于海外矿产资源的开发、开采与国际贸易。这些企业资金较为充足,融资渠道丰富,掌握国内外客户群并具有调配国内、国外两种资源的能力,也是中钢集团有力的竞争对手。

3. 中钢集团的竞争地位

中钢的核心业务是钢铁原料的开发与贸易,在国内已拥有了相当的竞争地位。它是中国最大的铁矿石贸易企业,2005年铁矿石进口量1 200多万吨,高于第二位五矿集团500万吨进口量约两倍多。

表2 2005年中钢主营贸易产品在全国同类市场中的地位

商品名称	经营数量(万吨)	所占份额(%)	在全国同类市场中的位置
铁矿石进口	1 203.49	4.37%	第三
铬矿	36.30	12%	第一
锰矿	10.50	2.29%	第十一
焦炭	93.59	7.26%	第二
镁砂	3.7	2.87%	十一
萤石	16.75	22.92%	第一
矾土	4.75	3.81%	第九

资料来源:中国进出口贸易网 http://www.cnie.cn。

从表2可以看出,中钢集团主营贸易品种在国内同类企业中占有明显的优势,其出口萤石、进口铬矿居于全国首位,其进口废钢、锰矿、出口钢材(钢坯)、焦炭、矾土等各项业务在国内市场也均位列前茅,在钢铁资源行业占据领先地位。

4. 与上下游企业合作情况

中钢集团注重产业链上下游的关系建立,强调共同打造战略供应链的战略方针。中钢与武钢、马钢、湘钢、唐钢、重钢等钢铁生产企业以及上下游相关企业都签订了长期战略合作协议,建立了战略合作伙伴关系。另外,中钢集团也不断拓展海外市场,从事海外资源交易,提高资源控制能力。

三、中钢集团的生产经营情况

中钢集团致力于为钢铁工业和钢铁生产企业提供综合配套、系统集成服务,是一个集资源开发、贸易物流、工程科技为一体的,主业突出、多种业务共存的大型企业集团,其三大主业分别为冶金矿产资源开发与加工、冶金原料产品贸易与物流、相关工程技术服务与设备制造。

中钢集团拥有强大的分销、加工和仓储物流网络。作为中国重要的钢铁资源供应商,中钢集团是宝钢、武钢、鞍钢、首钢、攀钢等多家全国大型钢铁生产企业的甲级代理和分销商;

在国内多个中心城市、重点消费区域、重要交通和港口枢纽设立了分销零售网点,建立了多个增值加工点,拥有多处仓库或土地资源等物流基础设施,在国外设有多个办事处和子公司,国内外营销网络基本形成。同时,中国钢集团建立了以信息网络技术为手段和以"统购分销"为核心的经营运作模式,形成了良好的员工队伍、市场信誉、业务渠道和客户基础。

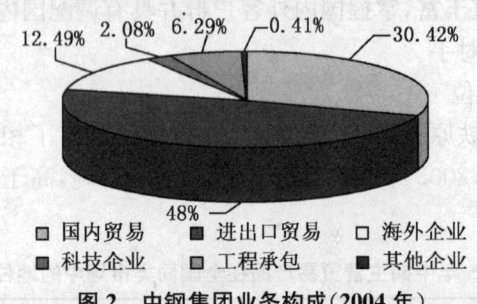

图2 中钢集团业务构成(2004年)

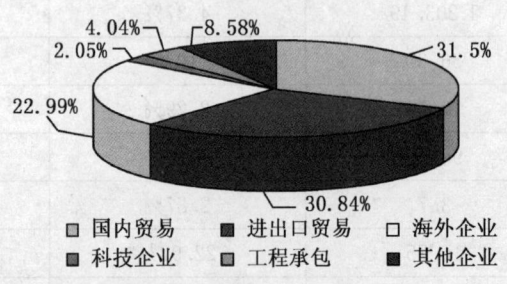

国内贸易 48%；进出口贸易 30.42%；海外企业 12.49%；科技企业 2.08%；工程承包 6.29%；其他企业 0.41%

图3 中钢集团业务构成(2005年)

国内贸易 30.84%；进出口贸易 31.5%；海外企业 22.99%；科技企业 2.05%；工程承包 4.04%；其他企业 8.58%

资料来源:中钢集团2001~2006年审计报告。

作为一家外向型企业集团,2004年中钢全部业务中贸易业务约占78%,其中贸易中又以外贸为主,约占中钢全部业务构成的48%(见图2)。2005年贸易在中钢全部业务中约占62%,同时海外企业业务出现极大的增长,所占份额从12.49%增加到22.99%(见图3)。这种变化充分体现了中钢集团利用国内国外市场,企图由贸易型企业向实业型企业过渡的战略意图。

(一)中钢集团的多元化发展

在确保主业发展的同时,中钢集团利用其资金及品牌优势,选择性地进入了一些投资行业。如2005年中钢集团成功投资杭州湾大桥工程,受让宁波杭州湾大桥投资开发有限公司共计25.62%的股份,成为大桥第二大股东。作为大型中央企业,依据自身实力参与长江三角洲地区以及其他地区的基础设施建设,就是中钢向实业型企业过渡的成功举措。这对于提升中钢集团的企业形象、实现中钢集团的长远发展均具有重要意义。

(二)中钢集团在海外市场的发展

中钢集团是中国最早"走出去"开发海外矿产资源的企业之一,一直致力于冶金矿产资源全球配置的探索和实践。早在20世纪80年代,中钢集团就积极响应国家"利用两种资源、面向两个市场"的号召,迈出了海外资源开发的坚实步伐,在澳大利亚、南非、印度、新加坡、巴西、德国、加蓬、柬埔寨、印度尼西亚、越南、土耳其、中国香港、澳门等国家和地区建立17个公司和2个代表处,在中国香港成立了中钢国际控股有限公司,构建了全球化的采购、销售网络,建立起了安全、稳定、可靠的资源供应体系。目前,中钢集团在澳大利亚、南非、印度等国成功开发建设了铁矿、铬矿等资源基地。

(1)澳大利亚恰那铁矿

澳大利亚恰那铁矿位于澳大利亚帕拉巴都地区,是中澳两国最大的工业合作项目之一。恰那铁矿的矿石总储量2亿吨,主要由优质赤铁矿构成。恰那铁矿目前已形成年产1000多万吨铁矿石的生产能力,自投产以来,已累计生产1亿多吨铁矿石,全部通过中钢集团销往中国,有力促进了中国钢铁工业的发展。

(2)中钢南非铬业有限公司

中钢南非铬业有限公司是中钢集团与南非林波波省北方公司建立的合资企业,是中国在南非最大的资源性投资项目。该项目包括一座年产40万吨的铬矿矿山和年产12万吨铬铁的冶炼厂。其中矿山探明储量4 500万吨,相当于我国铬矿储备总量的4~5倍;冶炼厂建有2台冶炼炉,主要生产优质铸造级铬矿砂、冶金级铬矿砂、冶金级铬块矿和优质炉料级高碳铬铁,产品销往日本、韩国、欧美及中国等地。

四、中钢集团的资本运作情况

作为中国钢铁业一流的资源供应商,中钢集团一直都很注重与金融机构的关系建立,已先后与国家开发银行、中国进出口银行、中国工商银行、中国农业银行、中国银行、中国信用保险公司等国内主要的政策性银行、国内大型银行及保险机构建立了战略合作关系,以保证集团的资金需要。

2004年以来,中钢集团通过加大国内企业联合兼并的力度,大力推进了业务整合和机构调整,积极采取措施,用关闭、撤消、转让、合并、改制、歇业、破产等多种方式,批准近40家二级企业的退出方案;并按照中钢集团的发展要求和业务经营需要,重新进行了组织布局和机构设立,建立了新的管理关系和权责体系。集团所属二级单位由改制前的76家优化为62家。

中钢集团采取控股方式,把与中钢集团设备供应和海外工程总承包关系比较紧密的西安冶金机械厂由独立企业变为控股公司。在耐火材料行业里面,中钢集团也形成了对洛阳耐火材料厂的控股,洛阳市把股权无偿地划归了中钢所有,这样中钢集团在耐火材料行业中对耐火材料市场占有主导地位。在炭素行业,中钢集团实现了对全国最大的炭素企业——吉林炭素厂的控股。这样,中钢就实现了炭素、耐火材料、机械制造第一批企业的兼并重组。

在铁合金行业里面,中钢集团通过控股遵义铁合金厂、吉林新冶设备制造厂、受让中国最大的轧辊生产厂家——邢台轧辊厂等逐步形成了为钢铁工业发展提供服务的一个综合部门。

这些控股、并购过程中,中钢集团并购吉林炭素是中国企业并购史上的一大创举,这次并购一次性解决了大股东占用、债务重组和股权分置三大问题。这种方式彻底解决了大股东占用资金问题,全面提高了吉炭股份的资产质量,并从源头上斩断了占用资金现象的发生。

中钢集团的具体做法是:

(1)用大股东归还资金债务重组。中钢重组吉炭集团,银行债务打折是一个重要前提。上市公司不良债务打折没有先例,通过政府及股权收购方中钢与工商银行的谈判,以一次性清偿为条件,获得债权银行中国工商银行总行约2.5亿元的债务打折。此后,在股改方案获得股东大会通过后,中钢于5月17日完成收购股权过户,5月23日进行债务重组并偿还大股东占款。

中钢向吉炭集团支付股权转让款项4.1亿元,吉炭集团将该款项用于偿还大股东占款注入吉炭股份。同时,中钢通过提供担保等方式协助吉炭股份取得银行贷款两亿余元。吉炭股份获得上述资金后,向吉林国资公司支付购买抵债资产,并向吉林铁合金和吉林冶金控股支付现金。至此,资产抵债协议、抵债资产转让协议和购买抵债资产协议等三个协议所约定的债务重组行为得以实施完毕。

(2)以债务重组收益进行股权分置。吉炭股份2006年3月20日公告的股权分置改革说明书中表示,吉炭股份以债务重组收益作为主要对价内容,同时配合10送0.7的送股安排,以及每10股流通股获送3股认沽权利,由中钢向中国结算深圳分公司提交中国银行股份有限公司出具的连带责任担保函。2006年4月25日,吉炭股份股改方案在股东大会上以98.17%的赞同率获得高票通过,其中流通股股东表决赞成率达到89.55%。

以债务重组作为部分对价安排进行股改,经历了不少波折。在吉炭股份分置改革方案公布的当天,吉炭股份是在无数支持、质疑和指责等复杂的舆论中渡过的。吉炭股份通过网上路演、现场走访、宣传报道等多种途径,反复讲解和报道公司的股改方案,让股东全面了解公司所处的现状和存在的问题。让股民们看到,通过资产重组、债务重组、偿还大股东占用资金和股权分置改革的组合运作,能使投资者得到更好的回报。

此后,在股改方案获得股东大会通过后,中钢于5月17日完成收购股权过户,5月23日进行债务重组并偿还大股东占款。

通过并购重组,中钢集团意欲把自身建设成为一个集资源、原料、辅料、设备、货运、物流、招投标、研发等功能为一身的综合性公司。

五、中钢集团的财务状况

近几年来,中钢集团的财务状况得到根本性的改善。自2000年扭亏为盈以来,中钢集团每年的销售收入、利润、资产和净资产数量(2003年除外)呈现出不断上升的趋势,其中,主营业务收入的增长尤为突出,其有效地驱动了利润、资产和净资产其他三项指标的增长。

表3　　　　　　　　中钢集团2002~2006年总资产、净资产及净利润

年 份	2001	2002	2003	2004	2005
总资产(亿元)	118	121	102	129	200
净资产(亿元)	19	20	11	19	30
净利润(亿元)	0.4	0.88	2.23	3.79	5.53
资产负债率(%)		83.5	82.06	81.66	78.98
净资产报酬率(%)	2.11	4.4	20.27	19.95	18.43

资料来源:中钢集团2001~2006年审计报告。

表4　　　　　　　　　　　　　　中钢集团营利状况　　　　　　　　　　　　　　单位：亿元

年份	2001	2002	2003	2004	2005	2006
主营业务收入	84	95	128	198	327	610
利润总额	0.72	1.11	2.05	6.28	7.19	—
净利润	0.4	0.88	2.23	3.79	5.53	

注：部分2006年数据尚未收集到。
资料来源：中钢集团2001～2006年审计报告。

与2005年相比，中钢集团2006年中报数据反映出其整体偿债能力较2005年下降较明显（见表5）。由于流动负债较2005年底增长了近57%，因此速动比率下降了0.06倍，资产负债率也提升了2～3个百分点；加之经营性现金净流量表现不理想，仅为2005年全年的16%，因此现金流动负债比率下降也是异常明显；利润总额尽管增长较好，但受财务费用支出规模扩大的影响，利息保障能力不升反降。

在营运能力方面，中钢集团2006年的营运能力与2005年基本接近，总资产与存货的周转略强于2005年的一半水平，应收账款略低于2005年的一半水平；盈利能力有一定程度降低，主营业务利润率下降了1个百分点，总资产报酬率与2005年的一半水平接近，但净资产收益率则与2005年的一半水平相距甚远。

表5　　　　　　　　　中钢集团2005年与2006年财务指标比较

	2005年报	2006中报
偿债能力指标	0.7883	0.7269
速动比率	0.1320	0.0134
资产负债率	81.3014	83.7296
现金流动负债比率	5.8405	2.3874
利息保障倍数		
营运能力指标	1.9826	1.0893
总资产周转次数	10.6738	5.6287
存货周转次数	21.6941	9.1942
净资产收益率	18.43	6.8769
总资产报酬率	3.595	2.6449

目前，中钢集团公司拥有中国国际钢铁投资公司、中钢期货公司、中钢资产管理公司，是中关村证券、华夏证券、国泰君安证券、交通银行、招商银行等企业的股东或董事单位。中国国际钢铁投资公司承办了世行和亚行贷款及其他海外融资3.8亿美元的资金引进、跟踪管理等工作，依靠自身力量，很好地解决了遗留的债务问题，有力地支持了我国冶金工业生产发展和产业升级。中钢集团资本营运业务的基础条件已成熟。

近年来，中钢集团不断向金融、证券、期货、保险领域渗透发展，取得了较好业绩；在资产重组、债务重组、股权交易等方面积累了宝贵的实践经验。通过内部业务整合和资源调整，具备了构建中钢集团资本运营平台和向非银行金融机构发展的能力和人才队伍等条件。

六、中钢集团的研发创新能力

中钢拥有的六家科研院所,通过多年努力,积累了厚实的研发基础和科技能力。在地质勘探、采矿选矿、金属加工、耐火材料和节能环保等领域拥有多项专业资质和专利技术,具有四个国家级工程技术中心。近年来,集团的技术成果产业化步伐加快,建成了多条生产线,已形成一定的生产能力和经营规模,呈现了较大的发展空间和增长潜力;为冶金行业新工艺、新技术、新装备和新材料提供了多方位的技术支撑,对其他业务起到了很好的带动、辐射作用。

中钢集团拥有多项自主知识产权,6个国家级研究中心、硕士学位授予机构和博士生培养点;其所属的科技企业在探矿、选矿、热工、环保、耐火材料、金属制品等领域,有较强的科技研发实力,建有多条科技成果转化生产线,其产品畅销国内外市场。

七、中钢集团的人力资源与文化

中钢集团实施以人为本的战略。在选人方面,中钢集团积极深化分配、用人、经营者选拔任用制度改革,建立效率优先、按贡献分配的激励约束机制和责权利统一的绩效综合考评体系,建立贡献决定收入、能力决定地位的用人机制,营造鼓励干事业、支持干成事业的用人环境。但从中钢集团员工队伍现状看,中钢集团目前员工的整体素质与国际化竞争企业的要求存在着一定的差距。主要表现在人才总量相对不足,尤其是能适应未来市场竞争需要的高层次、高技能、复合型人才短缺。人才的专业、年龄结构和在经营、管理不同岗位上的分布不尽合理。

作为国资委下属的企业,中钢集团在多年的发展过程中形成了典型的央企特征的企业文化,其精神可以突出地概括为八个字:团结、务实、高效、奋进。并在发展过程中,坚持用先进的思想教育人,用健全的制度规范人,用良好的机制激励人,努力创造适于发挥员工聪明才智的良好环境,使每一位员工都能以中钢为家,树立起"我与集团共命运,我为集团作贡献"的主人翁思想。

广州铁路集团

广州铁路(集团)公司成立于1993年2月8日,是经国家经贸委批准,由原广州铁路局改制而成的全国第一家铁路运输企业集团。1997年被国务院确定为512家重点国有企业和12家试点企业集团之一。

在2002至2006年6年间,广铁集团一直以其稳定的经营收入位居中国企业100强。2002年,广铁集团以年收入1 756 625万元位列第63位;2003年以年收入1 871 800万元位列第75位;2004年以2 338 344万元位列第77位;2005年以2 558 865万元位列第97位。2006年以3 236 866万元位居第89位。

一、广铁集团的发展历程

广州铁路(集团)公司拥有的主要资产和实际从事的主要业务的前身——广深铁路总公司成立于1984年1月1日,其管辖的广深铁路起于广州,与京广铁路相连;止于深圳,与香港铁路相连;全长144.8公里,另从广深线石牌站至黄埔港建有一条支线铁路约5公里。改制前,广深铁路总公司拥有主营业务单位14个和多种经营单位共计56家。改制后,广深铁路总公司更名为广州铁路(集团)公司。1996年5月,本公司发行的H股和美国存托股份ADS分别在香港联交所和纽约证交所上市,是目前我国惟一一家在香港和纽约上市的铁路公司。

目前广铁集团管辖广东、湖南、海南三省境内包括京广、京九、浙赣、广深、焦柳、湘黔、湘桂、洛湛、粤海铁路、广梅汕、梅坎、石长、广茂、平南共4 339.9公里营业铁路,总延长9 849公里。广铁集团主要拥有2家全资子公司、6家控股子公司、1家参股公司和22个直管运输站段及旅游、广告、工程、房地产、科技开发和外经外贸等一大批多元经营企业。

二、广铁集团的发展战略

(一)广铁的战略目标

广州铁路(集团)公司总体发展战略为:深化集团改革,创建现代企业制度,坚持科教兴路方针,强化以人为中心的科学管理,以市场为导向,以效益为中心,以创新为灵魂,以规划和战略研究为龙头,强化基础,确保安全;完善路网,扩大运能;优化结构,提高质量;发展多元经营,拓展经营领域;提高队伍素质,改善职工生活,建设企业文化,把广铁集团建成一个管理规范、效益最佳、服务优质、安全可控、文明高效的现代企业集团。

为实现此总体发展战略,广钢集团进一步制定了相应的战略目标体系:

1. 集团经营发展战略

集团作为全国大型企业集团试点单位之一,要充分发挥优势,利用国家赋予的优惠政策和所属上市公司的有利条件,盘活存量资产,推进资产重组和资本运作,规范完善合资企业、股份制企业法人治理结构,扩大集团规模;要不断完善集团功能,建立融资、投资机构,拓展资产经营领域,提高增量资产经营效益;还要发挥无形资产效能,积极招商引资,降低资产负债率,提高集团获利能力;在确保铁道部投入集团的国有资产保值增值的前提下,加大放小搞活的力度,采取股份合作、联合、兼并、出售、承包、租赁、委托经营等多种形式,切实放活小企业。

2. 铁路路网发展战略

重点加快主要干线扩能改造,加快路网线路建设,发挥通道能力,最终形成集团管内四纵(焦柳、洛湛、京广、京九(广深))四横(湘黔—浙赣、韶关—龙川(或赣州—衡阳)、石长、三茂)两环(环东南沿海通道及粤海通道海南西环线)。完成管内京广、湘黔电气化改造和株六、襄石复线建设,加快京九铁路广东段复线和广深三线电化和第四线建设,扩大运输能力;尽快建成梅坎铁路,打通广东至福建的铁路通道;加快粤海铁路通道的建设,联通海南铁路和大陆铁路路网;建成洛湛线、渝怀线,增加通往西北、西南的铁路通道。

3. 客货营销发展战略

以市场为导向,以营销为龙头,加强经营管理,严格控制成本,建立客货营销机制,提高客货服务质量,增强市场竞争能力,实现运输组织管理由生产型、封闭型、粗放型向经营型、市场型、集约型转变。要以京广、京九客货分流为契机,发展优势,扬长避短,客货兼顾,路港联手大力发展多式联运、集装箱运输、冷藏运输、旅游运输,强化中长途客运和大宗货物运输市场主导地位,提高短途客货源的竞争能力,巩固大中型企业货源市场,扩大多种经济形式的企业群体货源市场,稳定客运快速运输市场,全面提高行包、集装箱运输的市场份额,实现运输经营效益的持续增长。

4. 多元经营发展战略

发展多元经济,积极开展运输代理、物业管理、外经外贸、实业开发;大力发展旅游、酒店、饮食、房地产、广告、工程建筑和信息产业;集中力量兴办一批"拳头"产品项目,多元化经营要向规模化、专业化方向发展;大力开拓以港澳市场为依托的对外经贸市场,引进外资,兴办中外合资企业,积极稳妥地发展境外企业,实现多元化经营的持续发展。

5. 科技、教育发展战略

全面落实科学技术是第一生产力的方针,实施"科教兴路"战略,强化技术创新的力度,实现"装备一流、管理先进、安全可靠、效益提高"的目标。建立信息工程体系,大力开发高素质科技人才资源,强化科技管理基础,贯彻执行 ISO9000 系列质量标准。重点加快先进实用技术的开发、应用和科技成果的转化,加大科技投入,不断提高技术创新能力和技术产业化水平,促进集团现代化建设事业的发展。大力发展企业教育,加强岗位培训和人才开发,全面实施"7277"人才素质工程,成立职工技术教育学院,培养一批高层次、高质素的经营管理和专业技术人才,全面提高集团职工队伍素质。

6. 人才发展战略

进一步开发人才资源。通过建立和完善多样性、科学性的人才评价机制，在公正、公平的前提下，逐步推行竞争上岗，实行优胜劣汰，建立人尽其才、才尽其用的用人氛围和制度；通过开发、考核、培养、引进等多种渠道，以建立科学和技术带头人队伍为先导，造就一批复合型的技术、管理人才，建立一支素质精良、结构合理、适应知识经济时代和市场经济运作要求的专业技术和管理队伍；大胆培养和选拔德才兼备的年轻干部进入各级领导班子和关键技术岗位，为集团的改革与发展提供有力的人才保证。

(二)广铁的战略环境分析

广州铁路集团公司的运输业务主要以货运和客运为主。随着运输市场垄断经营被打破，运输市场的竞争日趋激烈。广州铁路集团公司地处改革开放的前沿地带，更加强烈地感受到公路、航空、水运等其他交通方式的竞争压力。走出"铁门"，积极参与市场竞争，是广铁面对竞争求生存、求发展的必然选择。

从近几年广东省的客运情况可以看出，近年来在市场份额上，虽然公路仍然居于绝对优势地位，但是自2003年起，铁路和民航的客运量已经有了明显的上升，而水运则呈下降趋势（见表2）。

对于客运来说，安全最重要，其次才是速度、价格、服务等方面。以下通过几个关键指标，比较高速铁路、公路运输、航空运输等方式的优势与劣势。

表1　　　　　广东省近5年公路、水路、铁路、民航客运总额比较　　　　　单位：万人

年份	客运量总计	公路客运量	水路客运量	铁路客运量	民航客运量
2000	108 529	99 417	2 022	7 090	1 318
2001	115 233	106 093	1 927	7 213	1 544
2002	117 817	108 509	1 874	7 434	1 809
2003	131 199	122 265	1 697	7 237	1 771
2004	141 747	131 435	1 853	8 459	2 433
2005	149 896	139 158	1 838	8 900	2 642

资料来源：广东省统计局：《广东统计年鉴》(2000~2005)，中国统计出版社2000~2005年版。

(1)在安全性方面，铁路的安全系数在各种交通方式中最高。从世界高速铁路的实践来看，法国、日本的高速铁路自1964年正式运营至今的40年间，从未发生过一起旅客死亡事故；从普速铁路的实践来看，1993年汽车、飞机的事故率分别是铁路的1 382.2倍和10.7倍。近年来民航巨额投资购买了大批世界上最先进的飞机，同时加强了飞机的安全管理，飞行事故得到控制。但自2001年美国911事件以及2002年国航和台湾华航连续发生堕机事故以来，在旅客心目中，飞机的事故发生率在上升，安全感在大幅下降。

(2)在价格方面，铁路客票价格曾具有竞争优势，但其低价位优势逐渐弱化，而且价格机制僵化。公路则实行随行就市的运价，随季节变化、客流大小和铁路运价情况进行调整。民航尽管票价较高，价格机制也很灵活，各航空公司均有权在旅游季节、寒暑假及春运期间自行调整价格。

(3)在速度快捷方面，快捷的基本含义包括三方面：一是在旅行时间上快速；二是按时刻

表准时正点到发;三是发到时间合适,便于城市交通的衔接及旅客生活及工作的安排。虽然民航在速度上的绝对优势是其他交通工具所不能比拟的;高速公路目前的平均时速也达到了80~120公里,已超过铁路的平均旅行时速,在速度上也具备了与铁路竞争的条件;但是铁路运输的准时程度居各种交通工具之首。2005年广铁集团旅客列车出发正点率和运行正点率分别达到了97.4%和94.8%。

(4)在舒适方面,火车乘车空间大,有活动余地,即使时间长,也比公路、民航舒适。但在客流量集中的区段,车厢常常严重超员,使人难以忍受。民航通过严格控制超员现象,并通过提供舒适的服务设施,如航空坐椅、双制冰柜、冷暖空调、闭路电视等现代化设施来满足旅客的舒适需求。公路运输的舒适程度居于铁路和民航之间。

(5)在服务质量方面,优质服务是民航的最大优势,优质服务得益于严格的服务规范程序,旅客只要一上飞机就处于航空小姐热情周到的服务之下。相比而言,铁路服务人员的素质还有相当的差距。

(6)在售票方面,公路售票方式极其灵活,除了在车站售票处,不仅火车站、码头、公交车站设立售票点,在宾馆、饭店甚至超市都设有代售点。民航目前已在全国220个城市开通了微机售票,在一个城市有几十乃至上百个售票点,达到只要"一机(飞机)有票"就"机机(微机)有票",其次民航还实行了24小时订票和送票上门服务。广铁近几年通过大力发展计算机联网售票,售票方式得到了很大的改善,但和民航、公路相比,还有差距。

(7)在运输灵活性方面,公路运输基本可以做到从出发地的家门到目的地的家门,即所谓的"门对门"运输。旅客上车方便,招手即停,直抵家门。公路企业可以根据客流的多少,调整用车、停站的车站、路线和班次。

综上所述,铁路客运的经济性、安全性、准时性、舒适性优点突出,公路则在灵活与便利性上十分突出,使得旅客对其的需求量增幅较大。民航客运则具有旅行速度的绝对优势。三者的优劣势分别见表2、表3、表4。

表2　　　　　　　　　　铁路客运优势—劣势分析表

优　势	劣　势
价格适中	部分车的环境差、不舒适
安全性好	灵活性差
受客观条件影响小	买票难
乘车空间大	服务差

表3　　　　　　　　　　民航优势—劣势分析表

优　势	劣　势
快速	价格贵
服务好	机上活动空间小
环境好	受客观条件影响大

表4 公路优势—劣势分析表

优 势	劣 势
灵活性，发车班次多	活动空间小
乘车方便	长距离令人疲劳
价格便宜	受客观条件影响大

客运历来是广铁运输和经营的主战场，客运收入占广铁运输收入的2/3。随着国民经济的快速稳步发展，加之地处珠江三角洲的地缘优势，广东省的旅客运输市场的发展潜力很大。但是，在公路和民航两个强有力的竞争对手面前，广铁在很多方面处于明显的劣势：

(1)基础设施建设速度落后。最近几年公路运输业的基本建设投资额和新增固定资产都远远超过了铁路。对公路、民航的迅猛发展势头，广铁集团必须有清醒的认识，加快自身更新改造步伐，在包括技术装备在内的硬设施投入上加大力度，加速铁路的技术进步。

(2)市场观念落后。改革开放以来，公路、水运、民航已基本实现政企分开，而铁路由于多方面的原因走向市场的步伐非常缓慢，特别是计划经济思想根深蒂固，造成了铁路运输业的粗放经营、效益不佳，这已成为铁路进一步发展的巨大威胁。

(3)服务质量有待提高。在广铁集团对服务质量的调查中，我们发现旅客对铁路的服务质量意见较大，有48.55%的铁路旅客认为需要改善铁路服务质量，这表明在服务质量上，广铁尚有很多方面有待改进。

广铁集团必须在市场细分的基础上正确选择最有吸引力、能够与自身优势相一致的目标市场，并采取适当的营销策略，从而与公路、民航有效竞争，迅速抢占运输市场份额，抢占市场竞争的制高点。

(三)广铁集团客运市场发展策略

根据广铁集团所面临的市场竞争，以及铁路、公路、航运的竞争优劣势分析，广铁集团应该从客运产品的差异化、调整价格机制和客运广告促销这三个方面来改进其自身的劣势，迅速占领客运市场的制高点。

1. 实行客运产品差异化策略

客运产品差异化策略，是指通过各种方法提供有差别的运输产品和服务，从而可以使消费者将它和其他的客运产品区别开来。

对于客运市场来说，服务质量的差别在很多时候是靠消费者的主观判断的，取决于消费者的判断和消费偏好，然而客运产品和服务的差异化对于广铁集团扩大产品销路和提高市场占有率有着很大的影响力，因此广铁集团可以通过各种方法来形成客运服务的差别。

(1)通过提高服务质量来形成差异化。在广铁集团针对消费者的市场调查中，有48.55%的消费者认为铁路服务需要改进，因此提高客运服务是铁路在客运竞争中的首要环节。客运服务质量的好坏，是通过安全性、及时性、经济性以及舒适性来体现的。广铁集团提供整个客运产品的过程是通过车前、车中和车后所有为旅行者服务的环节来体现的。任何一个环节服务的改变，都有可能形成自己独特的服务和竞争力，所以提高服务质量是建立客运产品和服务差异化的最本质的手段。

(2)通过提供一些特色的服务来形成差异化。铁路客运最大的特点是旅客有足够的活动空间,这是飞机和汽车所不能比拟的。铁路客运可以充分利用这个特点,来推出富有创意的独特的服务方式和项目。铁路客运差异化可以深入挖掘这个独特的优势,利用大面积的空间创造各种特色服务,可以在列车上开设商务包房、自选商场、文化书屋以及KTV包房等,消除旅客在旅途中的枯燥感,使铁路与公路和民航形成强烈的差别,从公路与民航处吸引大批的旅客。

(3)通过扩大宣传来形成差别。旅客对于客运工具的偏好以及对企业的不同认识,在一定程度上是由于信息不完整或者错误信息导致的。通过扩大广铁集团的宣传,使更多的消费者认识到广铁集团的优点以及所开设的特色服务,以此来影响旅客对于铁路企业产品服务的认可,提高企业在旅客心中的地位。

2. 实行价格策略

在竞争不断加剧的客运市场中,价格策略是争夺市场的重要武器。公路竞争力强的一个重要原因是价格机制灵活,可以做到随行就市,民航尽管价格偏高,也通过打折等灵活促销方式稳定了一部分旅客。而铁路原来在价格上的优势由于两次大的价格上调而丧失,且价格机制比较僵化,价格不能反映市场的供求变化。

广铁集团应该根据市场需求的季节波动和区域特点,实行季节、区域浮动价格,以价格来调节运量。

(1)广铁集团实行区段定价。在运输能力过剩、客运量不足的列车上实行降价,做到让利旅客、增运增收的效果。同时在铁路运输能力不能满足需求时,适当提高价格,做到合理分流,从而达到减运增收的效果。

(2)实行季节定价。在春运、暑运两大高峰期和"十一"、"五一"两大黄金周期间,票价可以合理提高;在客运淡季,票价可以合理下浮,同时对团体票、往返票等实行不同程度的价格优惠政策。

3. 实行客运广告促销策略

现代宣传工具的发展使得广告几乎无孔不入、无时不有,但广告促销在广铁客运方面的作用发挥得很有限。各个火车站的广场、候车厅以及列车的冠名权历来都是商家的必争之地,各种商品广告铺天盖地,但人们却很少看见铁路企业自身的形象广告。

因此,广州铁路集团公司有必要注重广告与公共关系宣传。通过大规模、立体化、全方位的广告宣传,使得广大市民对广铁集团有更深入的了解。在广告促销上,铁路的最大竞争对手公路汽运已给铁路上了一堂生动的广告促销课。广铁必须认真吸取经验和教训,大力开辟广告促销这一全新领域。

(四)广铁集团货运市场的发展策略

根据广州铁路集团的货运状况分析,对比公路货运和水运的优劣势分析,广铁集团应该从优化服务结构、培养高水平的人才入手,发展自己的核心优势,在与公路、水运的竞争中占有一席之地。

1. 积极引入高水平物流人才

随着铁路跨越式发展战略的实施和社会物流业的迅猛发展,铁路货运业的发展越来越需要现代物流的运作与规范。加快铁路货运的物流化运作,对于优化铁路运输资源配置,提高铁路运输效率和效益,改善货运服务质量,增强市场竞争能力有重要意义。铁路货物运输从传统的简单运输服务到一体化的物流服务是一个大的转变过程,虽然铁路有很多优势,但这种质的转变有可能引发的问题,需要一支成熟的专业人才队伍去面对和解决。因此,铁路运输企业要转变观念,拓宽人才培养渠道,通过多种途径引进人才。

2. 发展铁路高效快捷的运输服务

铁路运输快捷化是铁路货物运输的发展方向,高附加值货物运输的快捷化是铁路货运新的经济增长点。珠三角地区轻工业及高度加工业比重大,高度加工业的产品本身价值高、数量少,对运输的速度、时间、灵活性要求较高。为提高铁路的货运量,必须适应货物运输的需求,发展快捷运输是解决问题的重要途径和方式之一。

3. 优化运输结构

改革货运产品结构,加快货运产品客运化。推出高等级的货物列车,实现快运化、直达化、专列化。从扩大货运班列比重入手,逐步实行面向货主的货物列车等级划分、运输期限规定、运行时刻表排定和简化的收费标准。

实行市场型的运输组织管理。重点围绕服从货主需求的原则,从月度计划、日常计划的编制,承认车、空车配送等方面,形成一套车站对货主负责的组织管理办法,使货主只面对车站,而不需受铁路内部繁琐的程序制约。

三、广铁集团的资本运作

广铁集团公司拥有在纽约和香港两地股市同时上市的全路第一家境外上市运输企业——广深铁路股份有限公司(以下简称广深公司),开创了中国铁路企业成功从海外资本市场融资的先河。在投资主体多元化的道路上,广铁集团公司所属的广东三茂铁路有限责任公司(以下简称三茂铁路公司)就是一个成功的范例。三茂铁路公司拥有粤西民众、广东省政府、铁道部和三茂铁路公司四个不同的制度主体,历经四年(1987~1990年)组建了三茂铁路公司,这对粤西地区经济发展产生了巨大影响,对全国铁路网的建设也起到重要作用。

目前,广铁集团公司的资本结构类型丰富,既有利用外资(泛指所有非铁道部独资建设和经营的各类合资铁路)的股份公司,又有国有资本和民营资本参与的有限责任公司。这些合资铁路公司大多数是广铁集团公司以2/3的股权绝对控股。广铁集团公司属下合资铁路公司的股权比例现状为其今后广泛吸纳各种外资、民间资本,稀释股权留下了较大的发展空间。

从国外铁路的融资经验看,最普遍的做法是以资本市场融资为主,政府援助为辅,适度利用国外资本。近年来,广铁集团公司一直在采取积极策略,将融资的重点逐步转为以资本市场融资(包括发行股票、债券、长期银行贷款和利用外资等)为主,努力到国内外市场上筹集资金。

四、广铁集团的企业文化

企业文化的形成是一个企业的整体价值观念长期潜移默化的过程。广铁集团作为铁道部直属的大型企业,在多年的发展中始终以国家的政策为自己的发展导向,逐渐形成了企业价值观和民族价值观念相融合的独特的企业文化和精神支柱。

在广铁集团的发展过程中,始终以邓小平理论和"三个代表"重要思想以及党的各项政策为指导,牢固树立和落实"以人为本"的科学发展观,认真贯彻铁道部党组的部署要求,全面实施铁路跨越式发展战略,充分发挥广铁集团地处泛珠三角地区的地缘优势、市场优势和政策优势,抓住机遇,乘势而上,求真务实,奋力拼搏,苦干实干拼命干,努力建设和谐广铁,争当全国铁路跨越式发展的"领头羊",为粤湘琼三省构建和谐社会,全面建设小康社会做出新的更大贡献。

广铁集团始终坚持"三个文明"一起抓和"以人为本",在抓好安全生产和运输经营的同时,把精神文明、政治文明建设摆在突出位置,广泛开展职业道德教育、文明规范服务、企业文化建设等多种形式的群众性精神文明创建活动,大力推行厂务公开,充分调动广大员工的积极性、主动性和创造性,实现了"三个文明"的全面协调发展。大力实施人才素质工程和人才强企战略,为企业的可持续发展提供了强有力的人才保证。

邯郸钢铁集团有限责任公司

邯郸钢铁集团有限责任公司(简称邯钢),1958年建厂投产,历经近半个世纪的艰苦创业,已从一个名不见经传的地方中小企业,发展成为总资产、销售收入双双超过300亿元,年产钢达800万吨的现代化钢铁企业集团。

2002~2006年间,邯郸钢铁集团一直处于全国前100强企业中(2003年除外),2002年排名第98位;2003年排名第116位;2004排名第87位;2005年排名第74位;2006年排名第90位。

一、邯钢的发展历程

邯钢集团舞阳钢铁有限责任公司,自1958年建厂投产以来,已经发展成为河北省省属特大型钢铁企业。作为国有大型重点钢铁企业之一,它也是我国第一家宽厚钢板生产和科研基地。1997年集团改制后,原邯郸钢铁总厂成为邯郸钢铁股份有限公司,改制为国有控股公司,并于当年兼并舞阳钢铁厂和衡水钢管厂,成立邯钢集团舞阳钢铁有限责任公司和邯钢集团衡水薄板有限责任公司。

进入20世纪90年代,邯钢在经济体制转轨过程中,主动推墙入海、走向市场,通过创立并不断深化以"模拟市场核算,实行成本否决"为核心的经营机制,创造了显著的经济效益和社会效益,成为国有企业实现两个根本性转变的成功典范,被国务院树立为全国学习的榜样,被誉为"全国工业战线上的一面红旗"。

2005年邯钢在河北省百强企业中名列首位,在中国企业500强中名列第74位,在全国制造业中名列第28位,位居全国纳税百强企业第62位,现有资产总额35.6亿元,负债总额9.67亿元,资产负债率27.13%。职工总数10 472人,其中专业技术人员2 773人。其组合结构见图1。

二、邯钢的发展战略

(一)企业总体发展战略规划

邯钢的发展目标是用3年左右时间,通过对现有装备进行优化升级,集团拥有800万吨钢、500万吨板材的生产规模;用5年左右时间,通过改造扩建、资本运营,实施低成本扩张,

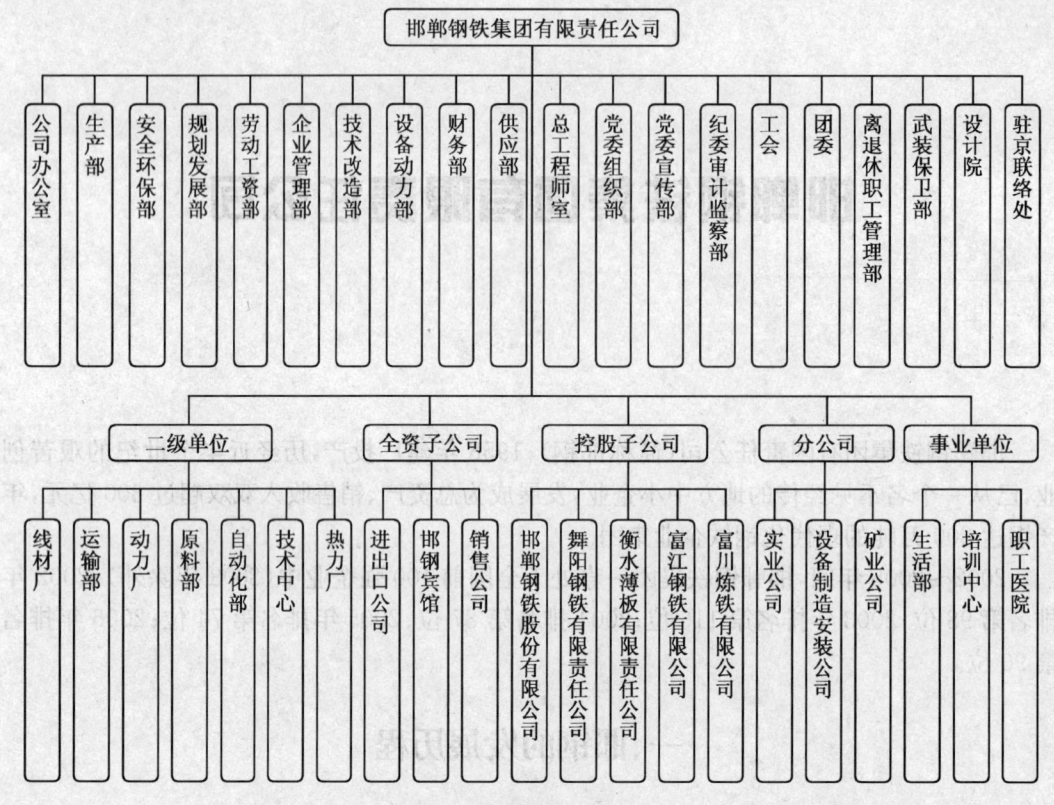

图 1　邯钢的组织结构图

完善产品结构,提升产品档次,扩大产能规模,增强集团的控制力和综合竞争力;同时,企业总资产、销售收入、实现利税进入全国工业 40 强,产能规模、综合竞争力在钢铁行业位居前列。

面对未来,邯钢已制定了明确的长期发展目标:到 2010 年建成国际水平现代化邯钢,再经过若干年的努力,建成达到国际先进水平现代化邯钢。为实现其发展目标,邯钢积极推进产业升级、管理创新、人才强企、文化推动四大支撑战略,并继续实施其闻名全国的低成本战略。其中邯钢创新战略是"依靠科技进步,加强科学管理,坚持以人为本,面向市场,开拓创新,实现邯钢可持续发展"。以科技进步项目为载体,坚持自主创新与引进技术消化、吸收再创新并举,不断改造提升传统装备。

(二)企业竞争环境分析

从总体上来看,受国家宏观调控政策及钢铁产业产能膨胀影响,目前我国钢铁工业已进入新的竞争期和调整期。

由于国家相继出台若干宏观调控措施,包括金融、法律、土地审批、出口退税等综合措施,对重点行业加以引导,给钢材市场带来变化。2006 年 4 月下旬以来,国内钢材价格急剧跌落,螺纹钢、线材、冷轧板等每吨价格普遍下跌数百元到 1 000 元,其中建筑类钢材价格普遍跌破企业成本线。国际市场钢材价格明显下滑,需求减弱。6 月中旬,由于螺纹钢市场价格持续低于生产成本,部分生产企业亏损面加大,开始停产或限产,造成螺纹钢供给资源大幅度减少,使供大于求的局面有所缓解,市场价格趋稳。进入 6 月下旬以来,上海、杭州、南京、无锡等周边地区的螺纹钢价格普遍较上旬上升了130~150元/吨,但中厚板价格呈继续下滑走势。

目前钢铁公司面临形势依然严峻。一是国家继续对钢铁工业实施宏观调控,钢铁企业外部发展环境趋紧。刚刚出台的《钢铁产业发展政策》提出,合理调控钢铁工业生产规模,优化产业布局,提高行业准入门槛,对企业工艺产品结构调整、发展循环经济提出了更高要求。二是今年下半年我国经济发展将放慢速度。影响宏观经济增长的房地产、进出口、金融货币政策等,将对钢铁工业产生直接影响。三是煤电油运供应紧张,价格上涨,降成本、增效益难度加大。四是国内钢材市场总体上供大于求的格局已经形成。近几年,我国钢铁产能每年增长5 000多万吨,既超出了当期需求,也超出了预期需求。预计今明两年,我国钢铁产能将进一步释放,市场竞争更加激烈。

邯钢的主要竞争对手有宝钢集团有限公司、首钢总公司、鞍山钢铁集团公司、唐山钢铁集团有限责任公司、攀枝花钢铁(集团)公司、济南钢铁集团总公司、太原钢铁(集团)有限公司、中国中钢集团公司等。1991年以来,邯钢在企业内部创立并推行了以"市场、倒推、否决、全员"为主要内容的"模拟市场核算,实行成本否决"经营机制,并借鉴国内外先进的企业管理模式和管理方法,进一步加快了机制、技术和管理创新步伐,使其竞争力保持在我国钢铁业的前列。

三、邯钢的生产经营状况

在生产经营方面,自2006年来,邯钢全体干部职工围绕"降本增效、新区建设、改制重组"三大任务,抢抓钢材市场总体趋稳的有利时机,落实重点保证措施,加强系统优化,深挖内部潜力,生产经营又取得了新的成绩。特别是降本增效工作,成效显著,扣除原材料涨价和增提折旧等因素的影响,与上年相比,公司本部2006年1至11月份成本降低174 201万元,成本降低率达到了11.60%,因此在商品材平均售价为2 987元/吨,较上年同期的3 329元/吨降低342元/吨的不利条件下,利润仍达到了18亿元。

在产业升级方面,全省关注的邯钢结构调整重点项目——年产130万吨冷轧薄板工程于2005年3月26日建成试车,各条生产线相继投产。按照落实科学发展观和实现循环经济的要求,结合国家产业政策,投资50多亿元,在限期淘汰落后工艺装备并保持总量平衡的同时,以提升档次、降低成本、改善指标、节能环保为重点,对老区部分落后工艺进行整体优化。邯钢工艺装备和产品档次大大提升,集团公司形成了800万吨的综合生产能力,为今后在钢铁工业发展中赢得竞争优势创造了有利条件。

2006年邯钢生产的冷轧镀锌板镉、铅、汞、六价铬、多溴联苯(PBBs)和多溴联苯醚(PBBEs/PBDEs)含量均符合欧盟RoHS环保指令,取得了欧洲市场"绿色通行证"。邯钢冷轧厂镀锌生产线投产以来,已有3万余吨镀锌板"漂洋过海",远销意大利、英国、西班牙等欧洲国家,1.5万吨销往欧洲的镀锌板也正在生产之中。RoHS测试的通过、"绿色通行证"的取得为邯钢冷轧镀锌板进一步拓展欧洲市场创造了良好的条件。另外,邯钢热轧板带产品也顺利通过CPD-CE认证,英国劳氏质量认证为邯钢颁发了CPD-CE证书,这标志着邯钢已具备参与国际建筑设备用钢的竞争资格。在整个欧盟经济区内自由流通。同时邯钢申报的7个牌号的欧标非合金结构钢、热轧钢板及钢带产品均通过了认证,从而奠定了邯钢在欧洲钢铁市场上强大的国际竞争力。

除了在产品质量等方面下功夫推进国际化进程外,2006年6月21日,邯郸钢铁集团公司与国内最大的钢铁及有色金属进出口企业——中国五矿集团签署战略合作协议,共同投资9 000万元人民币,在上海组建合资公司,从而利用五矿集团广阔的海外销售渠道,进一步开拓邯钢的国际市场。

四、邯钢的资本运作

1997年是邯钢资本运作史上最重要的一年。当年1月,邯钢集团公司将其一条主要生产线的全部净资产入股成立邯郸钢铁股份有限公司,并于12月以募集方式向社会公开发行A股股票,实际融资25.9亿元,迈出了其资本运营的第一步。

1997年5月和9月,邯钢通过控股等方式兼并了拥有较强技术优势、产品优势强的舞阳钢铁厂和衡水钢管厂两家企业,分享了它们的优势和市场份额等,迅速实现了邯钢产品结构的合理化、技术产品的高度化,获得了新的、更强大的竞争优势,增强了邯钢整体竞争力和核心能力。

近年来,邯钢还逐步进军金融等行业。2000年11月,邯钢出资1.1亿元投资南方证券,占其总股本的2.89%。2000年12月,邯钢以5 000万元的价格受让西安证券2 000万股,占其40%股权。2001年3月,邯钢累计出资2亿元参与发起设立华鑫证券,占其股本20%(2001年西安证券和无锡证券合并重组,同时增资扩股更名为华鑫证券)。2001年5月,邯钢出资1.6亿元参股三峡证券,2002年又追加投资4 000万元,合计出资2亿元参股三峡证券(增资扩股后更名为亚洲证券)。

2000年以来,邯钢积极探索国有、民营等不同所有制企业资产重组的新路子,以此为契机,创办子公司、控股公司,或者积极与其他企业沟通、磋商,进一步拓展战略联盟范围。2000年6月,邯钢配股募集资金5.6亿元与集团公司共同出资成立邯钢集团板材有限责任公司。2007年3月邯钢与河北文丰钢铁有限公司和德龙钢铁有限公司结盟(这两家都是年产钢超过200万吨的民营企业)。

五、邯钢的研发创新能力

近年来,邯钢在不断加强自主创新能力的同时,也不断提高了知识产权管理水平。2003~2005年,邯钢共申请专利96项,授权47项,申请并获授权著作权37项。公司多次被评为"河北省优秀发明创造单位",李庆敏等5位同志先后获"河北省巾帼发明家"、"目标管理先进个人"等荣誉称号。目前,邯钢的自主知识产权技术已占到现有技术的18%左右,技术研发能力和自主知识产权保护意识日益提高。

2006年邯钢提出了致力于打造"邯钢制造"品牌,推行"产、销、研一体化"的产品研发机制,加大新产品开发和市场培育力度的发展思路。全年邯钢共组织生产"双高"产品159万吨,开发生产新产品45.7万吨,其中家电板、汽车用板进入国内高端产品市场;板带产品通过了欧标认证,集团所属的舞钢公司自主研发生产的Q460厚钢板应用于北京奥运"鸟巢"工程;依靠自身力量优质高效建成了年产80万吨中板生产线,并迅速达产达效,并攻克了用热轧卷板为冷轧生产线备料的难题,冷轧备料合格率达95%,薄板坯连铸连轧CSP生产线全年漏钢率降到0.2%。

六、邯钢的人力资源管理与文化

(一)人力资源管理

邯钢坚持把党管干部、党管人才原则与市场配置人才资源的方式、方法结合起来,坚持以人为本理念,实施"人才强企"战略,以加强人才资源能力建设为核心,以创新人才工作机制为动力,以优化人才队伍结构为主线,以培养选拔高层次人才为重点,以强化人才激励为突破口,紧紧抓住培养、吸引和用好人才三个关键环节,加强经营管理、专业技术和操作技能人才三支队伍建设,努力把各类优秀人才汇聚到建设国际水平现代化邯钢的宏伟事业上来。

为吸引人才、留住人才,邯钢还建立和完善了人才激励机制。比如完善岗效工资制度,根据岗位、责任、贡献的不同,科学确定薪酬档次和水平,建立和完善收入分配向关键性管理、技术、操作岗位倾斜的分配激励机制。本着多劳多得、少劳少得、不劳不得的原则,进一步调整薪酬结构,坚持与业绩大小挂钩,加大活工资的比例,突出薪酬的激励作用。积极探索知识、技术、资本参与分配的薪酬机制,逐步建立对邯钢关键人才实行特殊工资,对急需人才实行协议工资,对与生产关联不紧密的一般操作岗位人员实行市场工资等多种分配形式。进一步加强对技术主管和优秀操作人员的管理,增加设岗数量,提高津贴待遇,同时,严格岗位职责及上岗条件,做到凭能力竞争上岗,靠贡献赢得回报。设立优秀人才和科技成果奖励基金,加大对做出突出贡献的各类人才的奖励力度,每两年选拔树立一批优秀经营管理人才、优秀专业技术人才、优秀岗位操作人才,评选一批优秀技术和管理成果,给予表彰和重奖,充分调动各类人才的积极性和创造性。研究制定技术课题、科研成果效益提成办法以及对于专利发明、合理化建议、小革新小改造的奖励制度,鼓励各类人才立足岗位,为公司的发展创新创效。

邯钢不仅通过满意的薪资和激励制度吸引、留住人才,还建立了员工职业生涯管理理念,涉及了全员培训体系,实行人才分级培训管理模式。邯钢根据企业生产经营和长远发展需要,制定年度培训计划和中长期培养规划,负责高层次人才和后备干部的培养,组织对科级以上管理人员和关键岗位专业技术人员、岗位操作人员的培训。二级单位根据公司整体安排,结合本单位实际情况,负责本单位一般管理人员、技术人员和操作人员的培训。认真总结多年来厂校联合培养、公司内部轮训、"充电工程"等办班培训经验,进一步加强对培训需求的分析,增强培训内容的针对性,加强对受培训人员的跟踪考核评价,建立健全培训与使用挂钩制度,努力提高培训的投入产出比,保证培训效果。

(二)企业文化

"成长期的企业靠管理,成熟期的企业靠文化。"邯钢具有47年的发展史,已经积淀了自己独特的企业文化。在此基础上邯钢秉承传统企业文化的底蕴,为适应市场竞争形势和邯钢发展的要求,创新推进企业文化建设,以文化力提升邯钢的综合竞争力。2004年5月份以来,邯钢以"建设国际水平现代化邯钢"的战略目标为支撑,以打造"精锐邯钢,绿色邯钢"为文化追求,围绕生产经营中心,创新推进企业文化建设,目前已经走过了企业文化方案设计、提炼邯钢精神理念和全面导入形象识别系统(CIS)等三个阶段。

广东物资集团

广东物资集团公司是综合性、多功能的大型国有物资流通企业,是国家100家现代企业制度试点单位,是中国政府重点培育的20强流通企业之一和广东省人民政府授权的国有资产经营公司。

在2002~2006各年度"中国企业500强"排名中,广东物资集团一直居于相对稳定的一百名左右,其中2005年为81位,2004年为119位,2002年为111位。

一、广东物资集团发展历程概述

广物汽贸成立于1986年,是广东物资集团公司属下专业从事汽车贸易和服务的大型连锁经营企业。1993年国家基本取消物资计划调拨,物资流通行业由依靠政府转为依靠市场,广东物资集团同全国物资行业一样,一时难以适应,从1994年开始亏损,连续几年的损亏使企业一度陷入困境。1996年6月,广东物资集团组建了以庄耀董事长为代表的新领导班子。新的领导班子上任后,按照"壮大主业、创新经营、建设市场"的指导思想,大刀阔斧地改革调整,盘活存量资产。集团重组债务,通过"撤、并、调、转",阻止新的亏损和不良债务,大力清欠,妥善处理其他历史债务;抓主业、上规模,做长经营链,对汽车、木材、燃料和民爆等商品,采用大兵团作战方式组织经营,在广东重新确立了物资流通主渠道的地位,创造了生产资料贸易、专业市场和现代物流、电子商务三位一体"广物流通模式",成为经营能力位居广东流通业第一、全国前列的现代大型流通集团。

1997年广东物资集团投资建立了华南地区经营规模和经营面积最大的汽车交易市场——广物汽贸·广东汽车市场。市场位于广州市机场路888号(新市),业务范围涵盖汽车销售、旧车评估、旧车交易、汽车租赁、维修检测、汽车精品、集散配送、信贷消费、国际贸易、电子商务等范畴,是我国首批可以让顾客享受从汽车购买到上牌、检测、过户等一条龙服务的专业汽车市场。从盘活物资仓库办专业市场到以市场树立形象,代理、专卖厂家产品,搞连锁经营;以市场为基础,发展加工、配送等现代物流,到以市场现货为基础,开展国际化经营,发展电子商务,广东物资集团经过几年的发展,逐步引入连锁经营、电子商务、物流配送等新的流通业态,对专业市场建设、物流、资金流、信息流等产生了良性互动效应。

通过改革创新,广东物资集团公司进入了一个快速发展的阶段,企业发生了根本的转变。成为流通行业的先锋企业,还兼有房地产开发、生产实业、拍卖、评估、证券投资等业务,拥有国家授予的进出口经营权。其经营规模以每年超过20%的速度增长。2006年实现销售收入322.3亿元,企业综合实力在"2006中国企业500强"中列91位。

目前,广东物资集团总资产80亿元,净资产25亿元,所属29个全资子公司,拥有控股、持股公司多家,在海外设有分支机构。集团在广州有120万平方米的物业、写字楼,有占地252万平方米的各类大型仓库、码头、铁路专用线、货场等,基础设施潜力很大。

二、广东物资集团的发展战略

(一)战略目标

经过几年的快速发展,2004年广东物资集团制定了10年战略规划,在未来10年规划中,要将集团打造成为具有国内著名品牌、国际较强竞争力和行业主导地位,具有大批发商、大零售商、大物流商和大专业市场运营商特色的全国一流综合性流通企业。

为保障战略目标的实现,广东物资集团实施六大支撑战略:产权制度改革、流通方式创新、资产经营与资本运作、信息化建设、国际化经营、企业文化和人力资源建设。打造企业核心竞争力,以提高市场营销能力为目标,发挥集团营销网络、流通设施、资金、渠道、人才、信息、品牌等企业资源整体优势的组织协调能力,培育和增强集团核心竞争力,促进企业做强做大,创建"百年企业"。

钢材、汽车、木材是广东省消费量和调入量最大的几种产品,集团以这三大产品为依托发展现代物流。从企业实际出发,集团提出发展现代物流分两步走的战略设想。

第一步:从2000年开始,用6~8年时间,使钢材、汽车、木材三大产品的企业物流快速发展,以贸易带动物流,以物流促进贸易。通过发展现代物流支持集团主业发展、业态创新、供应链有效扩展和效益增长;同时建设大型生产资料第三方物流基地"广东鱼珠建材物流基地"、"广州北郊江村物流基地",对集团现有码头等物流设施重新定位,加快进一步开发,积极发展第三方物流,形成专业化的物流龙头企业。企业自身物流和专业化物流两条主线并行发展,为第二步战略实施创造条件。

第二步:用3年时间,在三大产品企业物流和集团第三方物流充分发展的基础上,以资本和品牌为纽带全面整合集团物流资源,使企业物流与自营贸易逐步分离,构建钢材、汽车、木材三大物流平台,形成"三位一体"的第三方物流经营格局。服务对象以社会为主,集团内部业务为辅。借助现代信息手段,做到资源充分共享,效率明显提高,全面提升集团物流运作水平。

企业在持续强尽的增长势头后,2014年间要达到的预定规模,如图1所示。

(二)行业环境分析

据权威机构预计,2010年中国物流行业的产值将达到12 000亿元人民币,且每年保持20%的增长速度;2010年以前,市场的规模是每年的增长在30%以上。物流行业前景广阔。

近几年,中国物流业取得了长足的发展,技术水平不断提高,大型企业的物流成本比重逐渐降低。但国内物流企业在物流的合理化方面水平较低,表现为物流组织不尽合理,受资源分布、流通体制、产业布局和企业生产组织的影响,物资舍近求远、无效流动的现象较为严重;大量物流活动缺乏专业化的物流企业组织物流服务,服务水平低,物流费用高。中国目前每万元GDP产生的运输量为9 200吨公里,物流成本占GDP的16%左右,而美国、日本

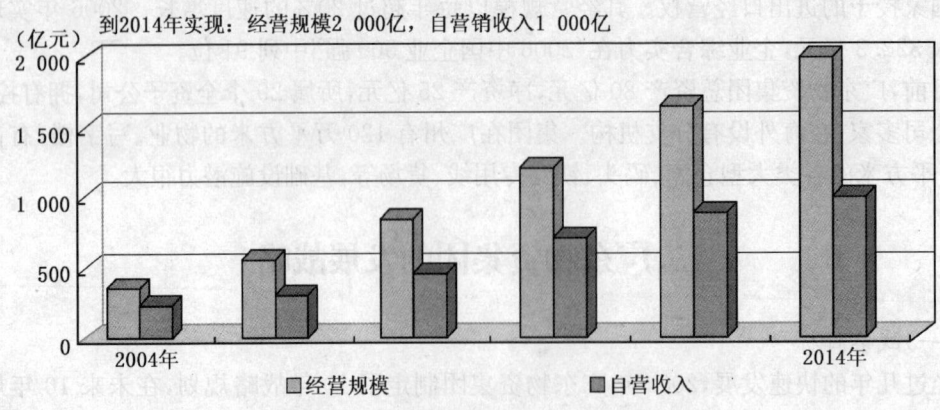

图 1　广东物资集团公司2014年预定经营规模

的上述数据分别为870吨公里和10%，70吨公里和14%，如表1所示。

表1　　　　　　　　中美日物流合理化比较（以货物运输量为例）

国　别	每万元GDP产生的运输量	物流成本占GDP百分比	备　注
美国	870吨公里	10%	
日本	70吨公里	14%	
中国	9 200吨公里	16%	世界银行估算
备注	中国如能将物流成本占GDP的百分比由16%降到15%，即降低1个百分点，每年全社会就将节约2 400亿元的物流成本		

资料来源：根据中国物流资源网有关资料整理。

广东省2001年GDP总值达到10 556亿元，按十五规划要求，2005年将达到16 300亿元。广东是原材料输入大省，社会化物流服务需求将越来越大。中国加入WTO以后，大量外资企业进入广东，必将促进第三方物流服务量明显提高。2005年广东省物流业产值总量将达到2 445亿元，广东现代物流业大发展的机遇已经到来。广州是大量生产资料的集散地，对现代化流通业有巨大需求。由于生产资料的集散需要大型批发市场和便利的海陆空运输，广州在发展大流通方面有先天的优势。

2001年12月，广东省委、省人民政府召开"广东省现代流通业改革与发展工作会议"。此后，以省委粤发[2002]1号文下发中共广东省委、广东省人民政府《关于大力发展现代流通业的意见》，把发展现代流通业作为增强广东省综合竞争力、适应加入世贸组织形势和广东省率先基本实现社会主义现代化的重要内容，确定了现代流通业在广东省经济发展中的战略地位。重点发展连锁经营、中高级批发市场和现代物流业，2005年广东省流通业增加值占GDP的比例将达18%左右。大中城市连锁经营企业销售额占当地社会消费品零售总额的比重达到30%以上，形成一批实力雄厚的大型连锁经营龙头企业；批发市场水平显著提高，建成一批辐射力强的中高级大型农产品和原材料等专业批发市场；现代物流产业初步形成，发展起一批实力较强的第三方物流企业、高水平的物流配送中心和物流基地。省重点支持10家投资主体多元化、规模大、核心竞争力强的大型连锁经营企业迅速做大做强；在粮食、农副产品、石化产品、建材及其他重要生产资料等领域重点建设和扶持5家大型中高级批发市场；重点扶持5家大型第三方物流企业。

三、广东物资集团的生产经营状况

生产资料既是广东物资集团传统的优势,又是创新发展的基础。九年来,集团坚定不移地突出主业发展,实现了经营中的三大产品中汽车木材规模居全国第一,金属材料居华南第一,全国第三,燃料油、煤炭、化工、林化产品中多个产品进入全国前列。集团坚持贸易经营和专业市场互相促进、互相带动、互为载体的做法,发挥物业多的优势,在广州地区兴建了"广东汽车市场"、"广东汽车销售维修基地"、"广东金属物资市场"、"广东鱼珠物流基地"、"广东鱼珠国际木材市场"和"广东电器市场"等6个规模大、功能全、档次高、管理好的专业市场和物流基地,在广州周边及珠江三角洲还办有分市场。集团依托专业市场,在全国首创了"广物汽贸"汽车连锁经营模式,开办了金属、木材中高级批发市场,形成"广州金属价格"、"广州木材价格",创造了竞争发展的独特优势。

(一)企业主要经营产品及销售情况

选择大宗、高值、购销渠道和价格透明,适合大型国有企业经营的生产资料作为主营产品。几年来,广东物资集团调整优化经营品种结构,选准汽车、金属、木材、水泥、玻璃、煤炭、燃料油等主营品种,集中优势做强做大,已形成汽车、金属、木材等几大主营业务板块。主要产品——汽车、钢材、木材的经营状况如下:

汽车:以"广物汽贸"连锁经营为载体,共建立直营和加盟连锁店107家,遍布广东、海南、北京等10个省份。2001年、2002年、2003年分别实现营业收入88亿元、98亿元、116亿元。1999年成立"广物汽贸汽车配送中心"(下设广州机场路汽车配送分中心、零部件配送分中心和广州吉山配送分中心),目前拥有汽车中转库2万平方米,大型车辆载运车8辆,各类载货车、面包车200辆,司机180多人,实现了连锁店汽车和配件的集中配送,2003年配送总量为3.8万辆/58亿元。在广州保税区建立了占地2万平方米的保税市场,进口车不再需要在香港中转库存,将以前在香港的配送业务承接到广州,降低了营运成本,便捷了进口汽车业务,并有效调节了广东进口车市场。

钢材:以中高级批发市场"广东金属物资市场"为载体,建有室内仓10万平方米,露天货场40万平方米,年仓储量300万吨。与交通、深圳发展、中信实业、招商等银行合作,开展标准化仓单质押业务,年融资额已超过10亿元,为中小企业提供了安全、可靠、便捷的融资渠道。成立"金属材料配送中心",以公路、铁路、港口联运为主要配送方式,为客户提供门到门配送业务,年配送钢材60多万吨。设立"钢材剪切加工中心",建有钢板、盘螺加工线,年加工量30万吨。

木材:以中高级批发市场"广东鱼珠国际木材市场"为载体,发挥市场交通便利,铁路、公路、水路四通八达,连接国内各地及港澳、东南亚地区,物流设施齐全的优势,建有500吨级珠江货运码头一座,铁路专用线一条,有进口木材露天堆放场地8万平方米,室内仓10万平方米,年存储量280万立方米,成立"木材配送中心",年配送量达200万立方米。市场有多家木材及制品加工专业生产厂,生产各种人造板、家具,加工干燥配送木材等,年生产量20万立方米。

(二)企业与上下游企业的合作

集团积极与上下游企业展开合作,拓展市场,与全国重点大型生产厂家发展代理关系,形成稳定的战略伙伴关系。实现最大经济批量、最优订货价格、最优结算方式、最好产品质量的进货方式。同时开拓大客户，如汽车的团购客户、钢材的省市重点工程供应用户等。

广东金属物资批发市场先后成为鞍钢、唐钢、首钢、承钢、通钢、韶钢、广钢等省内外大型钢厂的总代理或经销商，开拓和发展了株冶、柳州锌品、湖北丹江口铝业公司、太原东方铝厂、青海长青铝厂等十多家有色冶炼厂的代理关系。与唐钢实行工贸结合，在全国首次开办钢材产品专卖场，发展品牌、特许经营。市场与唐钢合作开办了全国第一家专卖场，占地 2 万平方米，可一次性存放钢材 5 万吨。

广东汽车市场连锁总店与通用、宝马、奔驰、德国大众、毕加索等国外厂家有品牌代理关系，开办了别克、帕萨特、奥迪 A6、捷达、金杯海狮、美国通用、德国大众等名优品牌汽车专卖店。合作者给予汽车市场较高评价，促使广东汽车市场的销售模式实现了飞跃。品牌经营、专卖店连锁成为主流销售模式，基本实现了与国际销售模式的接轨。已按国际流行经营方式开展销售，国际化程度较高。广东汽车市场坚持最好服务、最好产品的国际经营理念，提供销售、上牌、按揭、维修等汽车"由生到死"一条龙服务，车管、刑检、税务、银行、保险等部门进场办公，提供 24 小时全天维修，并配备事故拯救车随时提供服务。这种全方位的服务在全国仅此一家，得到了消费者的信赖。由于实力强、信誉好，它在汽车供应商中获得广泛认可。2000 年全国盖洛普暗访评比，广东汽车市场获得第一名。

广东物资集团通过与质量技术监督部门合作，在市场内建立商品质量监督检验机构，对入场经营的物资进行计量认证、分类抽检，对符合条件的经营客户给予资格评定，并实行年度动态考核，形成验收标准，提升市场品牌的公信度。

此外，广东物资集团还积极与其他物流企业合作，以多式联运为手段，借助网络系统，建立陆运、海运相互衔接的物流体系。在黄埔港和鱼珠码头建立货运代办处。与广深铁路公司合作，建立吉山火车站货运中心，承担化工、玻璃、装饰材料等产品的集装箱双向分拨业务。在江村市场依托铁路快运建立物流信息服务平台，在吉山市场重点发展与海运企业和各类货运代理商建立紧密合作关系，为客户提供一体化服务。

四、广东物资集团的资本运作

广东物资集团借鉴外资企业和私营企业的经营管理经验，实行投资来源多元化，严格控制成本，通过建新优化等措施，把原来 24 个法人单位调整为 16 个；同时，新组建资产经营、物业开发、生活资料经营和评估、监理、拍卖等公司。按照市场规律实施投资来源多元化，一是实行企业主要经营者受让持股，将部分国有资产有偿转让给经营者。二是吸收社会资本认股。三是吸收兼并市县物资系统中的良性资产，改造成为连锁经营网点。

近日，广东物资集团公司又与工商银行签署了"企业年金全面合作协议"。依托工商银行丰富的年金业务经验，为集团公司提供个性化、专业化企业年金服务。图 2 为广物集团近年经营规模及自营收入变化表。

五、广东物资集团的企业信息化建设

作为一家现代化的物流企业，面对来自行业内外的压力，广东物资集团积极改变自己的

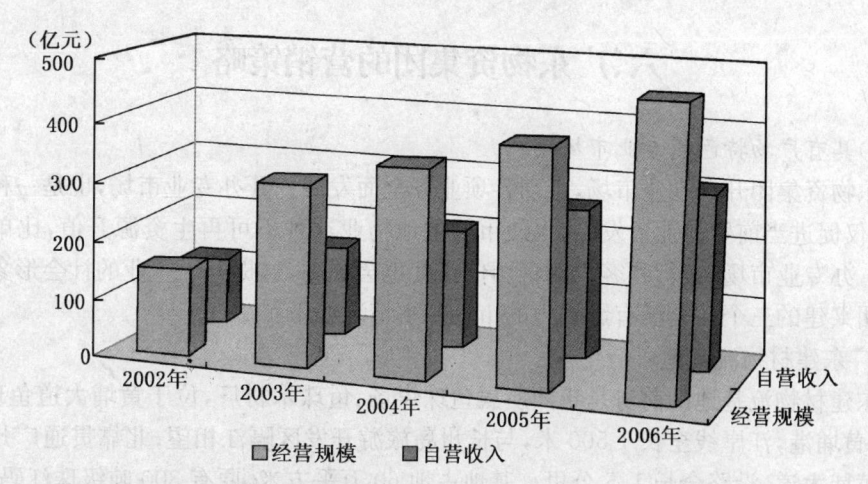

资料来源：根据中国企业500强资料整理。

图2 广物集团近年经营规模以及自营收入变化表

管理以及组织的运作模式。并在电子商务的应用以及创新组织架构等方面取得了积极的成就，为行业内外积极效仿。

为加快企业信息化建设和电子商务发展，广东物资集团已启用OA办公自动化系统，对重点企业实施ERP项目，建立了六个电子商务网站。国内客户通过集团电子商务网站，可查看品种、规格、性能，进而询价、下单等。2005年集团和中国五矿、广州钢铁集团共同投资、发起创建华南金属材料交易中心，开展金属材料电子商务。广东汽车市场电子商务网站与国内主要汽车生产商实现电子数据交换（EDI），通过EOS（网上订货系统）对生产厂家和供应商下订单，实现电子商务功能。

集团近几年来经营管理取得双丰收，与信息化的有力支撑是分不开的。现在，在保证项目可行性的基础上，集团通过筹划、选型、招标等手段，降低项目的投资费用，并帮助二级公司充分挖掘现有电脑系统资源，节约项目的资金。通过集团组织的ERP项目招标，有效地控制了成本开支。通过推进信息化建设，实现财务集中统一管理，广物集团进一步提升了核心竞争力。

为适应新形势的发展要求，广东物资集团加强信息化工作的统一规划和管理，注重信息安全，建立健全计算机管理制度。继续营造规范快捷的ERP管理平台，循序搭设跨越地域的内部办公信息交换平台。适应WTO新形势，积极开展电子商务，探索发展商品网上营销、物流配送服务等直接服务于公司经营业务的电子商务网站。

下属汽贸公司实施的ERP二期项目，将建立采购、销售、仓储整个供应链信息化体系，不断加快物流和资金流，把握扩大服务规模的大好形势。通过强化信息管理，汽贸公司的集中财务管理可以用六个字总结："规范、统一、提高"。实施用友ERPNC系统以来，汽贸公司实现了细化核算，提高了财务管理的效率和财务数据的准确性，及时准确地为领导提供决策数据。现在出报表比以前提前了3～4天。目前还有很多工作摆在广物集团面前，如决策支持系统的开发，与所有银行之间的数据交换，移动办公的安全等，汽贸公司与各品牌汽车信息系统的集成等。

六、广东物资集团的营销策略

（一）具有广物特色的专业市场模式

广东物资集团开办专业市场，带动各项业务全面发展。开办专业市场，也是一种实业投资，它不仅促进当前贸易业务发展，也使市场土地物业这种不可再生资源升值，比单纯买卖价值高。办专业市场，银行和客户对集团信任度也会提高，这提升了企业的社会形象。广东物资集团兴建的三个在全国有影响力的市场基本情况如下：

1. 广东建材物流基地

广东建材物流基地的前身是集团所属鱼珠煤场、鱼珠木材厂，位于黄埔大道鱼珠东路3号，东邻黄埔港，江岸线全长1 500米，与长州岛旅游开发区隔江相望；北靠贯通广州东西的主干道黄埔大道，沿路全长1.5公里。基地占地60万平方米，原有300吨级珠江码头，两条铁路专用线连接京九、京广铁路，发展现代物流的条件得天独厚。基地1999年经省政府批准立项，2000年动工兴建。截止到目前，累计投入达6 000万元，主要投资改造了码头、铁路专线等基础设施，码头扩大为5 000吨级，建设改造了350个独立店铺。

2. 广东汽车市场连锁总店

集团近年来把汽车经营作为战略重点来抓，汽车经营在全国已处于龙头地位。销售规模迅速扩大，是全国规模最大、服务最全的汽车专业市场。市场已形成对华南地区汽车市场有指导意义的"广州价格"，发挥了市场"晴雨表"作用。连锁网络覆盖面广，广东物资集团建设90个营销网点，其中全资和控股的21个，每年通过网点销售的汽车已达4万多辆，业务范围已辐射到全省和省外。已按国际流行的经营方式开展销售，国际化程度较高。与供应商建立了稳定密切的合作关系，增长基础稳定牢固。市场已成为国内和国际主要汽车厂家的总代理、区域代理和特约经销商，配送能力不断增强，是省内最大的汽车配送中心。电子商务和信息化建设取得明显成效。

3. 广东金属物资批发市场

1997年省政府批准建设的大型金属物资交易市场，是国家经贸委授予的全国重点联系市场。经过几年发展，已成为华南地区规模最大、功能最全的大型金属物资集散地，在广东省金属物资流通领域发挥了龙头作用，并对调节我省金属物资供需矛盾，规范流通秩序发挥了较大作用。1998年集团集中内部金属物资经营资源，组建占地35万平方米的广东金属物资市场（其中吉山市场23万平方米，江村市场12万平方米），是华南地区规模最大的金属物资批发市场，地理交通位置优越，具备完善的市场功能。通过几年发展，形成了集商品集散、流通加工、仓储配送、价格形成、信息发布等功能为一体的大型专业批发市场，具备了物资集散、加工配送、信息发布、价格形成等功能。

（二）广东物资集团积极开展电子商务，推行网络营销。

面对信息技术对传统商业模式带来的冲击，集团各专业市场都建立了电子网站，大力发展电子商务。全国客户可通过市场网站查看品种、规格、性能等信息，进而询价、下单等。

利用钢材规格统一的特点，借助电子网站，发布产品信息，实行询价、下定单等网上交易，并和生产企业实现网络连接，实行电子订货、电子转账和票证自动处理。对不具备全面开展信息化条件的中小企业，通过会员注册方式开展网上业务，并根据消费者需求"多品种、小批量、多批次、短周期"的特色,灵活组织和实施物流作业,共享物流作业信息,拓宽业务范围。

广东汽车市场组建"电子商务中心",已实现市场内计算机联网管理,车辆入库、销售、调运、储存等均纳入计算机统一管理。与国内6家主要汽车生产商建立了计算机联网,实现了信息交换和经营管理数据时点控制。总部与网点的订货、配送已部分实现电子化。门店逐步实现了统一标志,销售逐步实现了统一模式,管理逐步实现了统一标准,业态水平走在全国前列。市场建立网站,消费者可登陆广东汽车市场网站查看车型和性能、询价、下单,付款后可由市场直接将车辆送到顾客手中。

(三)广物集团营销成功模式经验总结

总结广东物资集团改革发展的实践,物资企业要在激烈的市场竞争中不断发展壮大,实现从传统购销向现代流通转变,成为商流、物流、资金流、信息流同步发展的大型现代流通企业,必须做好以下几点。

第一,要开办专业市场,带动各项业务全面发展。开办专业市场,也是一种实业投资,它不仅促进当前贸易业务发展,也使市场土地物业这种不可再生资源升值,比起单纯买卖来价值更高。办专业市场,可以提升银行和客户对企业的信任度,也提升了企业的社会形象。

第二,以市场为导向,跟着市场走。如,面对信息技术对传统商业模式带来的冲击,集团各专业市场都建立了电子网站,大力发展电子商务。全国客户可通过市场网站查看品种、规格、性能等信息,询价、下单等,十分方便快捷。同时,抓住泛珠三角区域合作机遇,加大在9+2省区的资源和市场开拓力度,积极吸引境外资本参与物流业发展等。

第三,选择大宗、高值、购销渠道和价格透明,适合大型国有企业经营的生产资料作为主营产品。几年来,集团调整优化经营品种结构,选准汽车、金属、木材、水泥、玻璃、煤炭、燃料油等主营品种,集中优势做强做大,形成汽车、金属、木材等几大主营业务板块。

第四,有稳定的购销客户和渠道。集团与全国重点大型生产厂家发展代理关系,形成稳定的战略伙伴关系。实现最大经济批量、最优订货价格、最优结算方式、最好产品质量的进货方式。同时开拓大客户,如汽车的团购客户、钢材的省市重点工程供应用户等。

第五,成为区域龙头企业。集团的汽车、金属、木材、专业市场等在珠三角都排行第一,并且大大超过第二名,具备对行业的重大影响力,从而赢得掌握行情、采取科学经营策略的主动权。

七、强化企业人力资源优势锻造精良团队

在强化企业管理上,广东物资集团实施了全面预算管理,加强资金和财务管理,推行事务公开,推行质量管理,强化运营风险控制。在培育管理团队方面,几年来,集团通过各种方式吸纳培养了各种优秀人才,打造了一支优秀的团队。在团队建设上,集团通过减负增效,精干队伍,构建队伍人才发展的平台。通过考察任命、竞争上岗、毛遂自荐、双向选择、末位淘汰、轮岗制度等各种干部任用方法,形成了良好的用人机制和激励约束机制。同时,通过引入竞争、淘汰、引进和培养,培养了一批懂经营、善管理的经营人才。

"务实、勤俭、诚信、创新、效能",是广东物资集团的企业精神,也是"广东物资"人的追求目标。秉承企业与职工共同发展的理念,建立一支敬业奉献、团结拼搏、开拓创新的管理团队。

上海复星高科技(集团)有限公司

复星集团创建于1992年,是中国最大的民营企业集团之一,目前拥有医药、房地产、钢铁及零售等四大主导产业以及矿业和金融等战略投资。2005年利润位列中国企业500强第40位、销售收入位列第83位;连续三年中国民营企业纳税第一,2005年纳税44.7亿元。

一、复星集团的发展历程

(一)企业概况

集团创始人郭广昌及其创业伙伴在1992年成立广信科技,并在1994年成立复星集团。复星集团是一家专业化的多产业控股公司,目前拥有医药、房地产开发、钢铁及零售业务投资这四个具有竞争优势和增长潜力的主导产业板块。此外,还战略性投资了其他行业业务,包括金矿开采及金融服务。据中国工商联2005年公布的2004年度调研排序结果显示,以销售额为基准,复星集团在中国的"上规模民营企业"中排名第三。在2005年中国企业联合会、中国企业家协会排出的中国企业500强名单中,以其公布的销售收入为基准,复星集团名列第83位。

复星集团目前拥有医药、房地产、钢铁及零售等四大主导产业,还有矿业和金融等战略投资,其业务发展和投资选择战略适应了中国城市化及工业化的发展。

复星集团十分关注国有企业改革进程。近年来,复星积极尝试民营机制同国有企业的有效嫁接,探索建立混合所有制企业的良性发展道路。复星集团先后与数十家国有企业合资合作,取得了双赢的良好效果,促进了地方经济的发展和企业活力的提升,得到了当地政府和企业的充分肯定。在处理与合资合作企业关系方面,集团一贯强调立足当地发展,重用原有团队,在产品经营上充分放权,同时利用集团的整体优势,搭建共享的平台,与各企业实现资源共享、知识共享。

(二)组织结构

复星集团组织结构如图1所示。

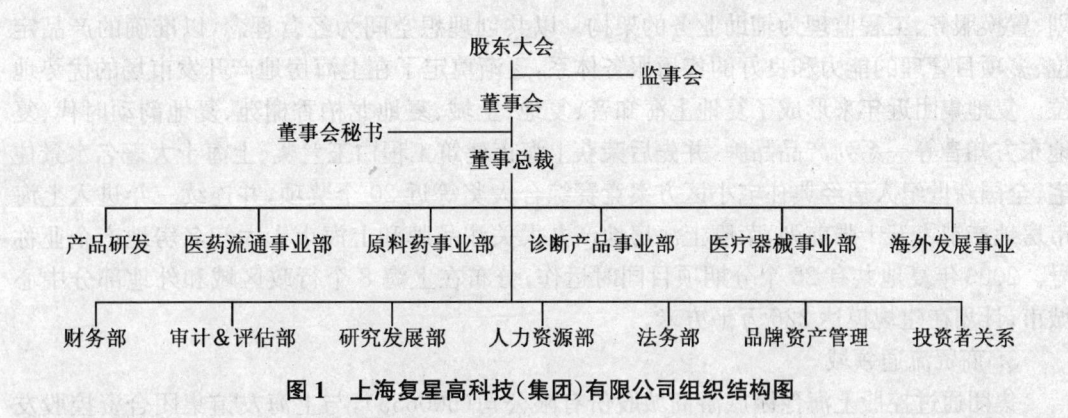

```
                        股东大会
                          │────── 监事会
                        董事会
          董事会秘书 ────┤
                        董事总裁
   ┌────┬────┬────┬────┼────┬────┬────┬────┐
 产品研发 医药流通事业部 原料药事业部 诊断产品事业部 医疗器械事业部 海外发展事业
 财务部  审计＆评估部  研究发展部  人力资源部  法务部  品牌资产管理  投资者关系
```

图1　上海复星高科技(集团)有限公司组织结构图

二、复星集团的发展战略

面对未来的发展,复星集团正在积极规划和实践,进一步完成资源整合与产业框架构筑。复星的目标是:在大产业背景下,将复星集团建设成为一个具有核心竞争优势、独到投资经营理念、相当文化容纳力和管理辐射力的国际化企业集团,为我国民营经济发展,为民族工业腾飞,为社会进步和国家富强而努力。

复星还围绕此战略目标的实现,规划设定了三个阶段的目标:中期目标5年左右,要成为中国领先的率先国际化的医药企业;中长期目标为5～10年,要成为具有国际竞争力的中国药企;长期目标是成为全球主流市场的一流企业。

三、复星集团的生产经营状况

(一)主要业务经营状况

公司的业务领域主要分为医药、房地产、钢铁及零售等四大主导产业和其他主要相关业务等。

1. 医药领域

在生物制药方面,复星集团拥有全国规模最大的基因工程药物生产企业之一,诊断试剂产品市场占有率连续多年居全国前列(复星实业600196)。在西药方面,皮质激素原料药生产全球最大(天津药业600488);药用氨基酸生产名列全国前茅;阿托莫兰冻干剂单品销售全国第一。在中药方面,拥有全国硬膏剂生产最大企业之一(羚锐股份600285);广西花红的妇科用药名列国内前茅;武汉中联的鼻炎片市场份额居全国领先;南京老山药业的蜂产品销售利润居国内第一。在器械方面,齿科、骨科器械、输血耗材市场份额居全国首位,医用消耗材料(刀片、纱布)出口量全国第一。在研发方面,控股了国内著名的药物研发基地之一——重庆医药工业研究院;企业设有博士后工作站,是上海医药行业惟一的国家863计划成果产业化基地。

2. 房地产领域

以复地集团为主营房地产经营与开发的龙头,形成了以地产开发为核心业务,营销策划、置换服务、工程监理为辅助业务的架构。以共创理想空间为经营理念,以准确的产品定位、多项目管理的能力和良好的售后服务体系,逐渐奠定了在上海房地产开发市场的优势地位。复地集团近年来形成了复地上海知音、复地·上城、复地龙柏香榭苑、复地韵动时代、复地东方知音等一系列产品品牌,并先后荣获上海市建筑工程白玉兰奖、上海十大著名水景住宅、全国新世纪人居经典住宅小区方案竞赛综合大奖等近20个奖项,并连续三年进入上海市房地产销售五十强前列,荣膺上海房地产九大关注品牌和上海市十大知名房地产企业称号。2003年复地共有25个分期项目同时运作,分布在上海8个行政区域和外地部分中心城市,计划在建规模达226万平方米。

3. 商贸流通领域

集团通过控股上海豫园旅游商城股份有限公司(600655),与上海友谊集团合资控股友谊股份(600827),与中国医药集团合资成立国药集团医药控股有限公司,并与各地著名医药流通企业合资合作,积极向商贸流通领域拓展,形成了如豫园商城、老庙黄金、亚一金饰、童涵春堂、联华超市、世纪联华、好美家、快客便利、复星大药房、国大药房、金象大药房、永安堂大药房、雷允上(北区)药房、上海药房等一批国内外知名的商业品牌群体。其中联华超市连续6年雄居全国商业零售企业百强之首,并于2003年6月在香港联交所成功上市(股票代码:980)。国药集团医药控股有限公司2002年医药批零销售超过80亿元,是中国最大的医药批零企业。豫园商城跻身全国百家最大零售企业前十位,获2002年全国大型零售企业(单体)销售额、零售额第一名。老庙黄金、亚一金店名列全国金店连锁业前茅。集团还在上海和北京地区,拥有最大的医药流通企业之一。

4. 钢铁领域

集团投资国内效益最好的钢铁企业之一——唐山建龙实业;积极介入国内钢铁产业的整合,与江苏南钢集团开展合作,控股设立南钢联合有限公司,拟控股南钢股份(600282);并正在宁波新建600万吨规模的钢厂。

5. 汽车领域

集团投资全国最大客车生产企业之一——金龙客车,2002年占全国客车销售量的22%,销售额超过40亿元,在全国200多家客车企业中连续3年排名第一。

6. 金融领域

集团控股净资产名列全国综合类券商前30名的德邦证券,投资兴业银行、上海银行、兴业证券等金融企业。

7. 其他产业领域

在信息业,积极开展媒体经营,打造书报刊发行网络;在IT业,投资国内规模最大的厚膜混合集成电路生产企业(德律风根)和语音合成软件企业(中科大迅飞);在体育事业方面,努力建设连锁化会员制健身俱乐部Star-Gym(星之);集团型软件开发企业——索恒数码科技有限公司,积极拓展技术出口服务;在教育方面,与华东师范大学合作成立软件学院,走产学研相结合的道路。

(二)企业形象建设

复星集团非常重视整体品牌的塑造和维护。在保持多个产品经营领域的产品品牌、服务品牌同时,十分注重树立在资本市场上的品牌和形象。它坚信只有以诚信为本,以投资者和股东的利益为先,实实在在地发展企业,提高企业的综合实力,多为地方、为社会作贡献才符合企业的根本利益,才能获得更大的资本注入和更快的发展。

基于对社会的感恩之情,复星集团一直以来就非常热心于社会公益事业,多年来已默无闻地默捐助各类善款将近2 000万元。从1994年至今,集团通过设立希望工程奖学金,创建科教、帮困基金,向灾区捐款,捐助上海科技馆和医疗保险基金,捐资建立海空卫士王伟希望小学,捐助复旦大学校区建设等实际行动,实践着"修身、齐家、立业、助天下"的誓言。

(三)内部管理优势

1. 三个层面的专业管理机制

作为一家位于中国的专业化多产业集团管理公司,复星拥有独特的专业化管理机制。复星的管理机制是建立于集团、产业板块及产业公司这三个不同层面上的。同时,复星倡导开放性、融合性、学习、创新及团队合作。通过三个层面的管理机制,复星培养下属企业的创新潜能并提高其盈利能力。

2. 资深的管理团队

复星拥有一支稳定和杰出的团队组合,成员包括了复星的创始人以及不断加盟的富有经验的管理人员。在这些骨干成员及其他高素质的管理人才的领导下,复星的企业多年来持续快速成长并取得优秀业绩。而复星开放性和融合性的企业文化、广阔的发展和成长空间以及先进的管理模式和激励机制也同时吸引着更多的高素质人才加盟。

3. 卓越的管理业务扩张能力

复星坚持采取谨慎的策略,通过内涵式增长及兼并收购来扩张企业业务。复星认为,通过内涵式增长,企业掌握了高效利用管理资源的能力;通过兼并收购,复星具有了解决产业公司之间文化上的差异以及在所收购的产业公司内推行先进的经营管理理念和公司治理结构的能力。

4. 出色的防范和控制风险的能力

复星通过多个方面来管理防范业务运作风险。一是通过多元化的产业公司组合来减低行业周期性波动的风险,增加收入和利润增长的稳定性,减少行业波动对总体业绩的影响。二是通过多种策略和措施驾驭来自于政府政策变动和竞争环境变化带来的风险。三是针对每个产业公司的特点,建立了一套严谨有效的监控体系。积极参与各产业公司的决策过程,并审慎地向其高级管理人员授予决策权力。最后是委派财务总监到下属产业公司监督其内部运营,定期进行内部和外部审计。

5. 多渠道的融资能力

在获取资金方面具有优势,拥有灵活的融资能力。基于复星以往的优秀经营业绩和诚信规范的行事风格、稳定的管理团队、严谨的公司治理结构和规模、透明和规范的财务报告机制、良好的银行信贷历史以及集团业务组合的多样性,复星与银行建立了良好的银企关系。

6. 优质的品牌声誉

"复星"品牌以质量驰名,广受推崇。复星与国有和民营企业有成功的合资或合作经验,并维持着良好的合作关系。此外,复星也相信复星品牌在中国的各级政府也享有良好的声誉。这些声誉使复星在争取项目、利用资源时具有优势,这也是复星发现并且抓住商业机遇的重要优势。

(四)海外发展战略

复星集团一方面寻求进入主流市场的并购机会,并购海外仿制药厂,缔造具有复星品牌的海外生产、销售基地;另一方面努力加大产品出口,建立海外市场的销售体系,提高海外产品注册申报能力,努力达到并通过美国、欧盟的GMP认证,争取国际采购订单,力争成为WHO最大的药品供应商之一。

四、复星集团的企业财务状况

2005年复星医药继续保持良性的、稳定的增长态势。复星医药主营业务收入增长23.21%,达29.89亿元,主营业务利润增长18.34%,达8.96亿元。

在其主营业务中,药品制造板块增长最为明显,主营业务收入增长40%,实现了12.62亿元的销售收入。重磅产品青蒿琥酯、花红片、阿托莫兰、胰岛素在市场竞争中继续保持领先地位,销量和市场份额稳步增长。

医药商业方面,复星医药投资的国内最大的医药分销企业国药控股继续快速增长,2005年实现销售收入193亿元,同比增长56%,连续三年增长超过50%,大大高于行业平均增长水平,进一步确定了国内药品分销第一品牌的地位。据业内人士分析,未来几年国药控股还有望持续快速增长,而且经过几年的整合,国药控股有可能迎来盈利的回升期,净利润的增长有望超过销售额的增长。

五、复星集团的研发与创新

复星集团的研发创新活动以企业技术中心为核心,并由各技术分中心共同组成的企业技术创新体系,加快公司高新技术产品研发和科技成果转化进程,不断提供具有知识产权的新技术、新工艺、新品种,不断提高复星集团整体的竞争能力。其技术中心具有新产品开发、新产品引进、信息情报、技术咨询、规划与科技管理、培训六大功能。

近年来,复星集团逐年加大研发投入,研发费用占销售收入的5%~10%,全力支持新产品开发,实施专利战略,重点发展有知识产权的新产品。在公司主导的医药产业领域内,集团全面拥有自己的核心专利技术和核心团队通过自我开发、产学研结合、专利许可等手段,发现、培育、发展重磅产品,取得了显著的经营成果。在医药的研发方面,复星在研发创新过程中始终以细分研发市场、合理定位、培养整合资源能力的理念为指导,集中精力以部分细分市场为主,寻求某一类产品或某一细分市场的优势;充分发挥外部研发资源,培养整合资源能力;寻求与国际合作,提高学习效率。

六、复星集团的人力资源与文化

(一)人力资源管理

"以发展来吸引人、以事业来凝聚人、以工作来培养人、以业绩来考核人"是复星的人才观。复星在观念和制度上把人才当作企业最宝贵的资产,将人才引进作为一种具有最高收益率的投资行为。复星人力资源管理的目标是:追求个人成功与企业发展高度和谐统一。

依据复星医药的战略规划,以复星医药人才团队经营为战略目标,结合公司的实际情况,已经初步建立起具有复星特色的分类培训体系。

复星集团三类培训体系是其总部团队培训体系、产业板块团队培训体系、新业务团队培训体系的结合。总部团队培训体系主要围绕如何提高总部团队的专业能力,如何提高为下属企业提供增值服务的能力等进行培训计划的设计。产业板块团队培训体系主要围绕如何提高专业板块团队的领导能力、战略执行能力、管理能力等进行培训计划的设计。新业务团队培训体系主要围绕如何提高新业务团队的拓展能力、专业能力、执行能力等进行培训计划的设计。

1. 产业板块团队培训体系

产业板块团队的培训,主要是选送成员企业的董事长、总经理、副总经理等参加中欧国际工商学院或者长江商学院的 EMBA 学习或者 EDP 学习。目前已有 3 人在读中欧国际工商学院 EMBA,分别是:广西花红药业有限公司总经理韦飞燕、江苏万邦生化医药股份有限公司总经理李显林、南京老山药业股份有限公司董事长管春华。已有 4 人在读长江商学院的 EMBA,分别是:重庆药友制药有限责任公司总经理刘强、副总经理王帆、李志亮、吴丹。2006 年,复旦将加快选送尚未参加商学院学习的董事长及总经理参加中欧国际工商学院或者长江商学院的 EMBA 学习以及 Mini-EMBA 课程学习。

2. 总部团队培训体系

总部的高层管理人员,以参加中欧国际工商学院或者长江商学院的 EMBA 学习或者 EDP 学习为主。高级副总裁陈启宇通过两年的认真学习,目前已经获得中欧国际工商学院的 EMBA 学位,并以优异成绩获得中欧国际工商学院的优秀毕业生荣誉称号。2005 年,复星选送 5 名总部高管参加中欧的短期课程学习,2006 年将继续选送总部高管参加中欧或长江的短期课程学习。总部的其他员工以提高总部员工专业能力的专题培训为主。2005 年,复星组织总部和成员企业的财务人员参加国家会计学院的财务总监课程学习,共计 58 人次。除此之外,还为总部员工组织了多次专题培训,同时还引进了时代光华的在线学习系统,供总部和成员企业的员工进行远程学习。为加强培训的针对性和有效性,2005 年复星还采取了一种创新的培训形式——请进来的培训,即从上海财经大学引进了一位知名会计学教授担任总部财务部的顾问,定期到公司来办公,为公司在财务管理过程中遇到的各种疑问和难题进行现场解惑。

3. 新业务团队培训体系

根据新业务的特点以及发展计划,有针对性地安排与新业务有关的培训内容。如 2006 年 2 月,由复星医药国际部在上海举办的国际贸易实务培训,成员企业共计 17 人次参与并顺利结业。2006 年,复星还将加大国际业务方面的培训内容,计划全年安排 4 次面向成员企业相关部门和人员的培训。

2005 年复星医药集团又分别与中欧国际工商学院、长江商学院以及上海国家会计学院签订战略合作协议,以加强企业与院校之间的合作和交流。

复星努力建设和完善"学习型组织、创业型团队"。企业不仅要为每一个成员提供发展的舞台,还要提供一个良好的学习环境,从而"比竞争对手学得更快"。与个人英雄主义相比,复星更提倡集体英雄主义,以团队的能力来弥补个人的不足,只有团队发展了,个人才能发展,个人和团队是密不可分的命运共同体。

(二)企业文化

"修身、齐家、立业、助天下"是复星的企业理念。

"修身":古人常需"吾日三省吾身"。对于企业和个人来说,"修身"就是要通过不断反省,全面审视自身的优势与不足,客观地评价自我;要通过反复修正,不断提升,最终实现自我完善。面向未来,整个团队必须保持旺盛的学习激情,具备相当的学习能力,努力建设学习型的组织,进而达到超越自我的更高境界。

"齐家":古人所谓的"老吾老及人之老,幼吾幼及人之幼",是齐家的精神实质。复星强调"企业家庭"的概念,倡导一种宽容、互敬的氛围,不断激励员工建立与企业的共同情感和共同责任,建设创业型的团队,确立共同的志向、共同的追求,为企业的明天尽一份力;同时,企业也努力为全体员工创造良好的工作条件,完善保障体系,为员工解决后顾之忧。企业是所有复星人的创业之家,企业是所有复星人的合作之家,企业也是所有复星人的感情之家。

"立业":企业需要立业,个人同样需要立业。复星将企业的发展与员工的前途紧密相连,为每一位员工提供广阔的发展空间,充分激发全体员工的创业激情与专业才华。员工在复星的旗帜下,相互帮助、相互支持、相互依托;在融洽的氛围中,共同学习、共同提高、共同成长;创立复星之基业,振兴民族之产业,为推动社会经济的发展与繁荣做出积极的贡献。

"助天下":复星的发展离不开社会各界的关爱,要对社会始终保持一种感恩心态。凭借着知识和技术的优势,对已拥有的资源进行利用和整合,创造出更多的价值回报社会。复星将"助天下"作为企业经营的理想目标,通过创造财富贡献于社会,通过创造品牌服务于社会,通过参与公益事业造福于社会。

总之,复星始终把个人的进步(修身)、处理好周围的社会关系和环境(齐家)、企业成功(立业)与回报社会、贡献祖国(助天下)紧密联系。自始至终把个人成就与贡献社会、为民族强盛而奋斗牢牢挂钩,这并不是一种宣传口号,而是要求员工人人遵循和认同的价值体系。

中国水利水电建设集团公司

中国水利水电建设集团公司(Sinohydro Corporation)是中央管理、跨国经营的综合性大型企业,是中国规模最大、最具实力的水利水电建设企业。公司注册资本金400亿元,截至2005年年末,资产总额333亿元。其主要业务有水利水电工程、路桥工程、设计制造、技术研发、房地产业务、电力投资、市政工程、工业与民用建筑、机场工程。

自1999年以来,该集团公司连续多年进入全球225家最大国际工程承包商行列。集团公司在2005年由美国《工程新闻纪录》评选的全球最大225家承包商排行榜中,以总营业额38.67亿美元的成绩位列排行榜第39位,比2004年度的第49位上升10位。

一、中国水利水电建设集团发展历程概述

中国水利水电建设集团公司的前身是中国水利水电工程总公司。中国水利水电工程总公司成立于1988年10月,由能源部、水利部两部共管,挂靠能源部。1993年4月,国家机关改革,能源部撤消,电力工业部成立后,总公司直属电力工业部,总部设在北京。

20世纪50年代初,集团公司开始大江大河的治理工作。改革开放以来,公司以"鲁布革冲击"为突破口,顺应并积极参与改革,以自己的实际行动丰富了中国水电建设的改革内容,推动着中国水电建设体制的改革实践。公司主要从事国内水利水电建设工程的总承包和相关的勘测设计、施工、咨询、监理等配套服务,以及机电设备、工程机械的制造、安装、贸易业务;电力、公路、铁路、港口与航道、机场和房屋建设、市政公用、城市轨道、机电安装等工程的设计、施工、咨询和大监理业务;融资业务;房地产开发与经营业务;进出口贸易业务等。目前,公司已由单一的水利水电施工企业发展成为工程承包、投资开发、国际经营等多元发展的综合性工程建设企业。

作为跨国经营的大型企业集团,中国水利水电建设集团公司发挥特有的技术、管理优势和丰富的施工经验,面向全世界,谋求最广泛的合作和更大的发展。集团公司已经在亚、非、欧美等50多个国家和地区进行了广泛的工程承包建设和经济技术合作,包括三峡电站在内,占有国内70%水电市场份额,国内外年营业额450亿元。

中国水利水电建设集团的发展过程,实际上是该集团从单一的水电施工企业转变为综合性的建筑施工企业的过程;从在同一层次的无序竞争转变为在总承包、专业施工、劳务分包三个层次的竞争与协作,从国内市场向国际市场发展的过程。这一过程中,中国水利水电

建设集团不断发掘新的利润增长点,投资开发了水利发电、燃气发电、风力发电等项目,并始终以集团化建设为目标,构筑以资产为纽带的母子公司管理体制,形成水利水电及相关建筑业双向延伸,国内市场、国际市场二元开发的产业布局。

二、中国水利水电建设集团的经营目标

中国水利水电建设集团公司在中国各大区域分别设有17个全资企业和8个控股企业。2004年度利润总额达24 193.82万元,净利润22 014.23万元,经营活动现金净流量107 411.69万元。2003~2005年间,水电建设集团资产总额、营业收入、利润总额年均分别增长24.52%、26.8%和99.83%。其中2005年总营业收入313.89亿元,完成国际工程收入37.96亿元。2005年集团完成总营业收入较上年同比增长28%。2006年上半年,营业收入同期增长18.84%。2006年,集团总资产420亿元,年营业收入约400亿元,位列中国百强企业第93位,位列全球最大225家国际工程承包商中的第68位。

公司的经营目标是,到2010年集团公司的国际经营收入达到总经营收入的30%,年国际营业收入达到26亿美元以上,年新签合同额达到60亿美元以上,年利润额达1.2亿美元以上。

三、中国水利水电建设集团的生产经营状况

自20世纪50年代以来,公司承建了国内70%的大中型水电站和水利枢纽工程等水利水电工程。在路桥工程方面,公司出色地完成了杭甬高速公路、沈铁高速公路、楚大高速公路及润扬大桥、洋江大桥等多个路桥工程的建设任务。公司具有机场场道工程专业承包、房屋建筑工程施工总承包和市政公用工程施工总承包的一级资质,先后承建了上海浦东国际机场、广州新白云国际机场、厦门国际机场等工程项目,并走出国门,出色地完成了乌兹别克斯坦塔什干国际机场修复工程。在工业与民用建筑方面,公司先后建成了中国水科院高层住宅楼、三峡体育馆、长春第一汽车制造厂厂房等一大批具有代表性的工业与民用建筑。公司发挥在水电建设领域的品牌优势,积极开展投资经营业务,投资领域涉及水电、风电、煤矿坑口电站、水务等。2006年公司投资兴建甘肃华亭火电厂、四川乐山沙湾电站、色尔古电站、大金坪电站、洪一以及毛尔盖电站,参股开发黄河苏只水电站、美姑河柳洪水电站、白龙江紫兰坝水电站等项目。公司在房地产开发经营方面也发展迅速,旗下的中国水电建设集团中环房地产有限公司荣获北京市"海淀区2005年度优秀新企业"称号。此外,公司开发的海赋国际项目荣获"中国地博会(CCPE2005)金奖"。

在国外,中国水利水电建设集团公司积极贯彻和实施了中央提出的"走出去"战略。自1999年以来共中标104个国外项目,签约额达50多亿美元(按照公司所占份额计算为42.53亿美元),累计完成营业额近13亿美元。在2004年商务部组织的中国最大外经企业排名中,集团公司以对外签约额和营业额计算分别列第5名和第8名。2005年,集团公司以对外签约16.5亿美元和实现国外营业额4.7亿美元的业绩,名列全国外经企业的第3名和第6名。目前,中国水利水电建设集团公司不仅是中国水电建设的龙头企业,也是中国外经行业的龙头企业之一,其在建项目分布在亚洲、非洲、南美洲的28个国家。其中,2004~

2006年,集团公司累计新签国际经营合同额40多亿美元,累计完成营业收入约130多亿元。截至2006年底,集团公司的在建项目103个,涉及到63个国家,在建合同余额36.55亿美元;并在商务部正式办理了32个驻外机构的"中国外经贸企业驻外机构批准证书"。

在发展主业的同时,中国水利水电建设集团公司还实行了相关的多元化发展战略,坚持多元化与"四大主业协同并存",在突出核心主业(建筑业,即建筑工程,相关工程技术研究、勘察、设计、服务与专用设备制造,水电投资建设与经营,房地产开发经营四大主业)的基础上,根据量力而行、积极作为的原则,协同、有机地发展。

为积极稳健地推进产业结构调整,加快形成主业突出、结构合理、资源优化、相关多元化的产业结构新格局,集团公司还提出要处理好国际国内"两大市场"的关系,在培育、巩固国内水利水电建筑产业龙头地位,大力拓展有持续盈利能力的国内非水电建筑产业的同时,坚定不移地优先发展国际业务。集团的产业多元化发展是以相关产业多元化为原则的,充分体现了主业的突出性、产业的关联性、互补性、系统性。

四、中国水利水电建设集团的资本运作

中国水利水电建设集团公司在从事工程建设的同时,还发挥规模和品牌优势,大力开展融投资业务,拓展多种融资渠道,发行了12亿元的企业债券,投资建设了水电、煤电、气电、风电等一批优质能源项目和房地产开发项目,显示了雄厚的资本运作能力和项目开发能力。2004年以来,集团公司运作的EPC工程总承包项目、出口信贷融资项目和BOT等项目达20多个。

集团还通过实施内外部战略重组来帮助企业完成集团化的改造和产业结构的优化。中国水利水电建设集团从产业结构调整和组织结构调整入手,整合企业资源、构建规模经济单位、理顺产权关系、减少管理层次、缩短管理链条、释放人才资源,构建规范高效的集团公司治理结构。

五、中国水利水电建设集团的研发创新能力

公司的科技投入仅占主营业务收入的0.2%,目标实现2%左右。公司科技专家库中已有专家676人。

到2005年底,集团公司共获得国家科技进步奖42项,其中一等奖5项、二等奖16项,国家重点科技攻关优秀成果奖7项,省部级科技进步奖190多项;获得全国优秀工程咨询成果奖30项;1998年以来获得国家级勘察、设计金奖16项,银奖、铜奖25项;拥有国家发明创造专利28项。

六、中国水利水电建设集团的人力资源与文化

(一)人力资源管理

集团公司实行总经理负责制,总经理是集团公司的法定代表人。集团公司设副总经理若干名、总会计师1名;根据经营管理需要,设总工程师、总经济师、总法律顾问各1名。副

总经理根据集团公司章程的规定和总经理的委托履行相应的职责,协助总经理工作,并对总经理负责。集团公司领导人员职务管理按有关规定执行。按照精简、统一、效能的原则,设置总部管理机构,并在总经理领导下开展工作。

集团公司的薪酬包括工资、奖金、建设期工地补贴、通讯费及国家规定的各项保险福利待遇。通过参照同类企业相同职位的市场平均水平最终确定。

为促进集团公司内的研发与创新活动,中国水利水电建设集团将薪酬激励和非薪酬激励结合起来,确保员工的创新活动能与其经济效益和福利同步增长。

(二)企业文化

中国水电建设集团公司秉承"客户满意,企业盈利,员工发展,社会受益"的理念,一贯坚定不移的承担社会责任,努力回报社会,并通过使社会受益,为企业自身发展创造良好的社会环境,促进企业与社会的和谐共荣。2005年集团公司的社会贡献率达到了16.10%,当年完成的国外营业额可带动我国GDP增长187亿元,并为社会提供了60多万个工作岗位,为建设和谐企业及和谐社会奠定了坚实的物质基础。在2006年四川省部分地区遭遇百年不遇的特大旱灾,灾区人民生产生活困难之时,集团公司曾捐赠现金200万元,还捐建希望小学,以实际行动给社会以爱心回报,从各个方面履行着自身的社会责任。

上海铁路局

上海铁路局是中国铁路特大型运输企业,固定资产 443.6 亿元,员工 20 多万人。

依托得天独厚的区域优势,近年来上海铁路局认真贯彻"以人为本,改革创新、用心经营、精细管理"的思路,坚持面向市场,不断加快企业发展步伐,运输经营实现持续高位增长,并在改革、科技和管理等方面保持全国铁路领先地位,连续 5 年在铁道部资产经营责任制考核中被评为优秀,多次获得"上海市优秀企业"称号,并先后获得全国质量管理先进企业、全国质量效益型先进企业称号和全国"五一"劳动奖状。

2002 年上海铁路局荣列中国企业 500 强,排序第 42 位,2003 年排名第 42 位,2004 年排名第 52 位,2005 年排名第 92 位,2006 年排名第 94 位。

一、上海铁路局的生产经营情况

上海铁路局主要担负安徽、江苏、浙江、福建和上海四省一市范围的铁路运输经营以及建设任务,铁路运输业务辐射全国各地。铁路局下设蚌埠、南京、上海和杭州 4 个分局,并与有关地方政府合资组建了合九、新长、宁启、萧甬、金温、芜湖长江大桥等合资铁路公司。全局以津浦、沪宁、沪杭、浙赣、京九等大干线和青阜、淮南、皖赣、宣杭等主要线路为框架,构成了纵横交错的华东铁路网,营业里程(含合资铁路)达 4 768 公里,其中跨省市的线路有京九、浙赣、津浦线、符夹线、宁芜线、皖赣线、沪宁线、沪杭线、鹰厦线、长牛线、宣杭线等 11 条,以及青阜、淮南、金千、外福等省内线。

上海铁路局的经营范围涉及铁路客货运输设备修造,工程总承包及管理,运输生产资料购销,工程设计,以及工业、商贸、运输代理、建筑施工、信息广告、酒店旅游、外经外贸等领域。辅助产业的发展壮大,进一步为铁路多元经济开展资本运作提供了强大的物质基础和广阔的发展空间。

"八五"以来,上海铁路局的科技进步取得了可喜成果,科技整体水平上了一个新台阶。科技进步在全局运输生产的贡献率已达到 42.6%。运输全员劳动生产率从"七五"末的 66.4 万吨公里/人年提高至 92 万吨公里/人年。

通过运输能力快速扩充,上海铁路局技术装备水平快速提高。它在为区域经济发展提供运力支持的同时,运输收入、旅客发送量、货物发送量、换算周转量等各项主要运输经营指标持续高位攀升。全局营业里程不足全国铁路的 6%,但运输收入占全国铁路的 10%、旅客发送量占全国铁路的15%、货物发送量占全国铁路的6.6%、换算周转量占全国铁路的8.3%。

近年来,在提高运输能力的同时,上海铁路局还通过对客运公司进行改革,使其客运经营责任主体的作用和运力、劳力资源的优化配置得到了初步的体现。在改革过程中,上海铁路经济开发有限公司、文化发展有限公司、房地产有限公司挂牌运作,假日列车公司完成股权重组,龙门宾馆通过对外引资优化股权结构,制订并经职代会通过实施《上海铁路局职工严重违章违纪解除劳动合同的若干规定》,规范干部职工职业的行为。

二、上海铁路局的发展战略

（一）战略目标

上海铁路局2010年的目标是:逐步实现大宗货物运输重载化,旅客运输快速化,安全技术装备现代化,牵引动力电气化、内燃化,车辆大型化、专用化,运营管理现代化和主要运输过程控制自动化、半自动化,线桥结构现代化,养路、装卸、检修机械化,铁路设计施工现代化,铁路宏观决策科学化,形成能力大、速度快、效率高、效益好、服务优质、安全可靠、具有自己特点的铁路技术体系。

该局"十五"计划和2015年长期规划的指导思想是:认真贯彻全国和全路技术创新大会精神,坚持科技与运输生产、经营和企业改革发展相结合,以市场为导向,以效益为中心,以安全为前提,突出技术创新,全面提高运输服务质量,提高市场竞争力,使全局科学技术的整体水平上一个新的台阶。

（二）竞争环境分析

1. 行业间竞争环境分析

行业间竞争,主要来自京沪间航空运输对铁路中高端客流的冲击以及长三角区域高速公路对城际中短途铁路客运的影响。货运方面则是铁路自身运输能力不足,尚不能完全满足区域经济社会发展需要。

2. 行业内竞争环境分析

上海铁路局是铁道部下属18个铁路局（公司）之一。由于铁路运输必须维护通畅的大网络性质以及调度集中统一指挥的管理方式,各铁路局是各自独立的法人实体。同是铁路运输企业,彼此无根本利害冲突。从目前及今后一段时间来看,铁路仍将是国家重要的骨干交通工具,对经济社会发展和国家安全起着不可替代作用。上海铁路局借助近几年大提速带来运输能力和质量的提高,在本地区运输市场始终保持相当份额。

由于铁路运输经营管理具有高度专业化、集群化特点,建设经营投资支出巨大,回收周期也较长,受国家宏观政策影响较大,铁路存在较高的进入障碍,因此上海铁路局也没有潜在进入者的进入威胁。

3. 供应商讨价能力分析

上海铁路局本身不生产具体的产品,其产品就是"运输移位",但为维持铁路运输的正常不间断运转,需要不间断地采购消耗大量的柴油、钢轨、机车车辆配件等各类物资、设备,年消耗数十亿元,为此,必须与各类生产供应商建立供需关系。供应商的竞争威胁主要来自质量和成本,目前我国市场是"产能过剩",加上上海铁路局自身良好的市场信誉、较强的综合实力以及巨大的需求,大量有实力的生产供应商愿意与上海铁路局建立长期的合作关系。上海铁路局也从质量、成本、服务、信誉等方面建立严格的市场准入制度,对数百家供应商实行动态管理。在与供应商之间关系上,上海铁路局仍居于主动地位,具备相当的议价能力。事实上,这是以采购作为一种市场资源来换取对质量与成本的可控。

4. 购买者需求分析

由于目前铁路总体尚不能完全满足市场需求,而且铁路服务的购买者基本是分散的旅客个体和需要运送货物的企业,两者对铁路局也是一个需考虑的竞争因素,虽然尚不构成现实威胁。但从长远发展看,随着前三种竞争的不断加剧,运输选择方式的增加,购买者的竞争威胁也将增加。购买者作为一个竞争力量,采取的手段主要是要求降低服务价格(票价等)、提高服务质量和提供更多的服务项目。

三、上海铁路局的资本运作

为加强铁路局多元经营资本的运作,加快全局多元经济的改革和发展,上海铁路局于2001年组建了多元化经营投资中心,该中心可在铁路局授权范围内行使多元经营资本运作职能。下一步上海铁路局拟将投资中心改组为具有独立法人资格的公司制企业,以加大多元经营资本的运作力度,通过联合、并购等形式,努力培育支柱产业和骨干企业,提高铁路多元经营市场的竞争能力。面对日趋激烈的市场竞争,铁路多元经济要巩固和扩大市场份额,不断发展壮大,必须充分依托铁路优势,加大实业投资力度,通过资本联合、并购等多种形式,培育一批具有铁路比较优势的新兴产业作为支柱产业,如旅游业、物流业、房地产业、广告业等,形成一批主业突出、具有核心竞争力的骨干企业,壮大铁路多元经营企业的经营规模,提高竞争实力。

此外,上海铁路局自1999年底开始,还对上海地区7家铁路旅行社和5个相关企业进行了合并重组。铁路局多元经营投资中心及5个分局的经济开发总公司,共同出资组建了上海铁路旅游集团有限公司,改变了旅游企业"小、散、差、弱"的不利局面,扩大了经营规模,增强了竞争实力。

四、上海铁路局的信息化建设

上海铁路局信息化建设始于20世纪70年代末期,采用的典型信息设备从初期的卡式数据处理机、8086处理机、pdp11系统,发展到20世纪80年代的286微机及以vax2为代表的cisc芯片小型机,信息设备的规模、复杂度与处理性能日益提高。计算机应用系统的创新成果有五十多个。主要成果有:基础通信网形成规模、运输管理信息系统、车号自动识别系统、客票发售与预订系统、办公管理信息系统、全局客货运输统计系统、调度系统、行车安全系统、其他系统。

在2002年该局完成基建投资28.1亿元,更改投资11.3亿元。萧甬复线年初全线开通,新长线年末铺通,梅坎线通过国家验收,宁启线、赣龙线建设进度超过预期目标,南京、福州站站房改造工程开工建设,上海南站完成开工准备(现已完工)。津浦线K831工程、阜阳增加客车下行线等,一批扩能项目建成投产。宣杭复线、浙赣电化、浦东铁路、甬台温铁路、温福铁路、福厦铁路以及宁西铁路(合肥—南京段)等项目前期工作取得进展。

2003年11月,在中国企业联合会和中国企业家协会组织评选的第八届中国企业新纪录中,上海铁路局有四项成果入选。

2003年初,上海铁路局尝试性地建立了基于铁路办公网的上海铁路局科技信息综合服务平台——"上铁科技网",大力改造和提升传统的信息处理手段,充分发挥了上铁局的科技优势和信息优势,开辟了一条提升全局科技服务综合水平的快速通道。

五、上海铁路局的人力资源与企业文化建设

(一)人力资源管理

上海铁路局按照铁道部"两年十天"的培训要求,制订《路局岗位达标工作实施意见》,全年培训6.7万人,组织其他规范化培训4 159人,沪宁线"三员两长"的学历、技能达标率100%。

(二)企业文化

2003年以来,在科学发展观和铁路跨越式发展战略的指导下,基于对自身实际和新形势任务的基本判断,上海铁路局提出了"用心经营,精细管理"的经营管理理念。这是对上海铁路局近年来经营管理思想和实践经验的总结提炼,也是持续提升全局经营品质和综合竞争能力,特别是推进实施铁路局制定的"打造精品局、创一流企业"战略规划,力争率先实现东部铁路现代化的新举措。

湖南华菱钢铁集团有限责任公司

湖南华菱钢铁集团有限责任公司(以下简称华菱集团)是1997年底由湖南三大钢铁企业——湘钢、涟钢、衡钢联合组建的大型企业集团。集团从实际出发,走富有生机和活力的体制创新之路,以资金、资产为纽带,构建稳固的大集团运作体系;实行股份制改造,形成科学的、与市场竞争对接的决策体系;推行二元分层经营模式,建立科学、高效的母子公司管理体制,促进了公司治理结构规范化和管理科学化,集团的整体竞争能力不断得到增强。2003年,华菱集团荣获全国"五一"劳动奖章。

华菱集团现有职工5.7万人,其中各类专业技术人员1.2万人,已形成1 000万吨钢和5.4万吨铜铝材年综合生产能力。组建以来,围绕"做大做强"的目标,集团通过深化改革,创新管理,加强资本运营,推进结构优化和产业升级,实现了持续协调的跨越式发展,连续多年进入全国重点工业企业100强。2005年该集团的销售收入3 133 563亿元,位居中国企业500强的第95位,中国制造业企业100强的第40位(见表1),相继成为湖南省第一家销售收入先后越过100亿元、200亿元、300亿元的企业集团。

表1　　　　　　　　　　　　华菱集团2002～2006年的排名

年　份	中国企业500强排名	升降位次	中国制造业企业100强	升降位次	中国钢铁企业中的排名	升降位次
2002	112					
2003	128	−16			14	
2004	117	+11			14	—
2005	95	+22	42		14	—
2006	95	—	40	+2	13	+1

一、华菱集团的发展历程

华菱集团的总资产从1997年成立的94.6亿元增加到了2006年的486亿元,钢产量从200万吨增长到了1000万吨。

华菱多年来连续快速发展,归根结底在于资金的强大推动作用。华菱成立后的第一笔贷款盘活了整个集团。此后,通过华菱管线的上市融资、政府技改资金、自我积累等途径,华菱获得了前进的动力,规模和技术水平均上了几个台阶,在全国钢铁业占据了较高的位置。第一年,集团母公司以无形资产的信誉,从银行融资5亿元,解决了单个企业难以解决的资金问题,实现了华菱成立后的第一个利润翻番。之后,集团发挥母公司的融资功能,以担保为主要形式,及时解决了子公司的资金需求问题,增强了集团的凝聚力和向心力。

在建立资金纽带的同时,集团积极开展资本运营。1999年集团抓住国内证券市场大发展的有利时机,初步完成了股份制改造,将湘钢、涟钢、衡钢3家子公司中的炼钢、轧钢部分共39亿元优质资产集中起来,联合其他4家单位,共同发起成立了湖南华菱管线股份有限公司。当年华菱管线股票成功上市,直接融资10.6亿元,盘活了集团优良资产,实现了利润再次翻番。

2002年华菱管线增发2亿新股获得成功,募集资金11.16亿元。2004年在国家加强对钢铁行业宏观调控的政策背景下,该集团的资本运作又取得了新突破,华菱管线发行可转债融资20亿元。2005年1月14日,米塔尔钢铁集团斥资28.2亿元收购湖南华菱钢铁集团旗下华菱管线37.175%的股份,成为与华菱集团并列的第一大股东(后根据国家有关部委要求,米塔尔钢铁公司同意将其购入股权减少0.5个百分点,即华菱集团持37.673%股权,米塔尔钢铁公司持36.673%股权。转让价由基本转让价加净资产调整价两部分组成,两者相加为每股4.31元,转让总金额27.915亿元),使华菱钢铁成为国内首家以股权结构调整为手段进入国际钢铁集团的钢铁公司,开始了新的征程(见图1)。

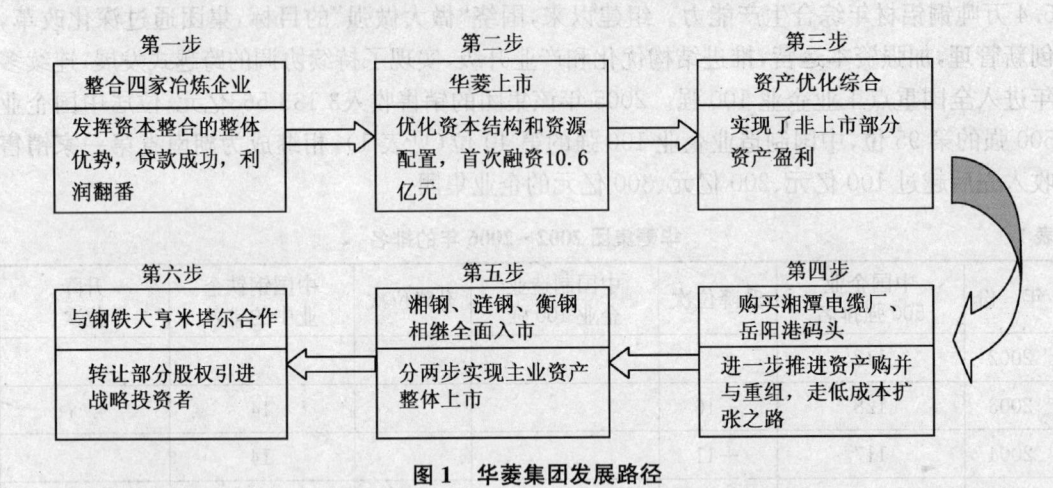

图1 华菱集团发展路径

第一步:整合四家冶炼企业——发挥资本整合的整体优势,贷款成功,利润翻番

第二步:华菱上市——优化资本结构和资源配置,首次融资10.6亿元

第三步:资产优化综合——实现了非上市部分资产盈利

第四步:购买湘潭电缆厂、岳阳港码头——进一步推进资产购并与重组,走低成本扩张之路

第五步:湘钢、涟钢、衡钢相继全面入市——分两步实现主业资产整体上市

第六步:与钢铁大亨米塔尔合作——转让部分股权引进战略投资者

华菱集团由湖南省人民政府国有资产监督管理委员会实际履行出资者责任。集团下辖湘潭钢铁集团有限公司、涟源钢铁集团有限公司、湖南衡阳钢管(集团)有限公司、长沙铜铝材有限公司等四家全资子公司,拥有湖南华菱管线股份有限公司、湖南远景信息股份有限公司等十余家直接或间接控股的子公司,还拥有湘财证券、光大银行等四个参股公司,见图2、图3。

图 2 华菱集团的体系

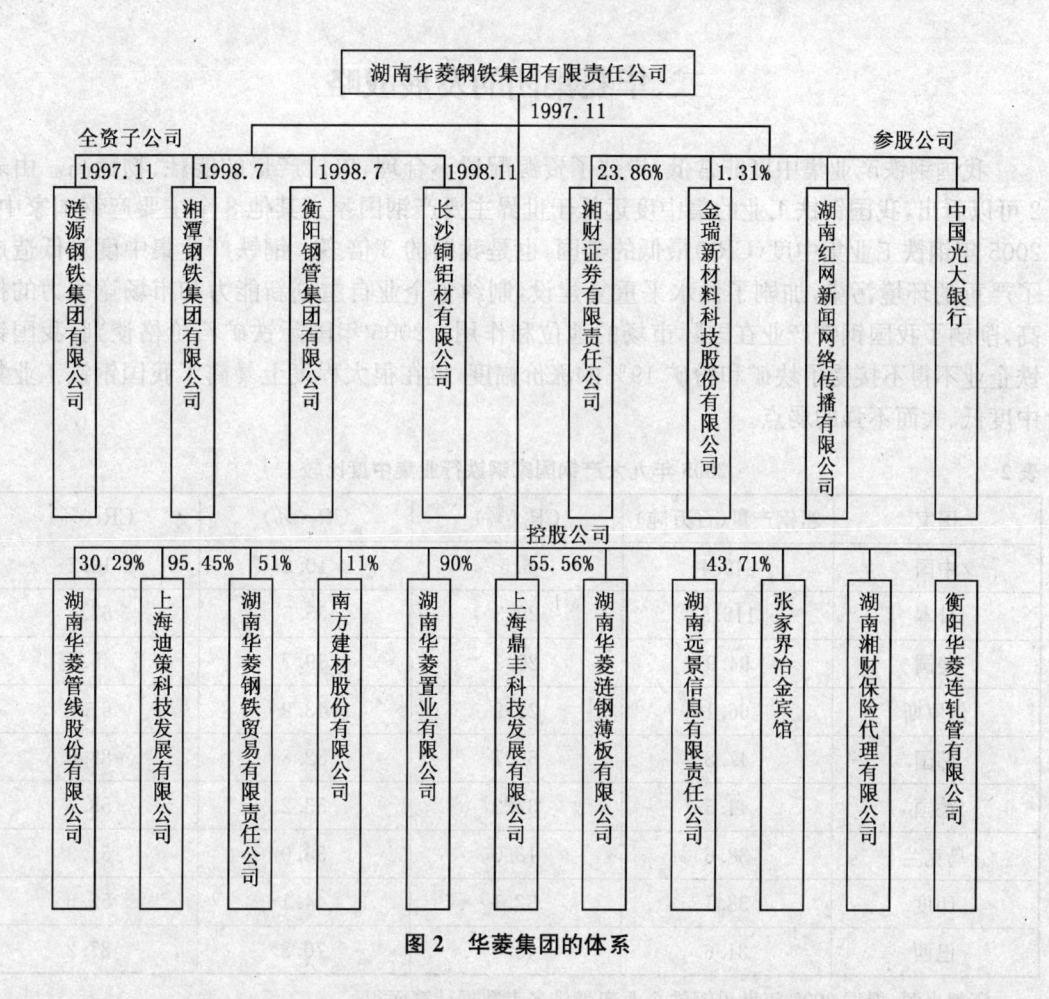

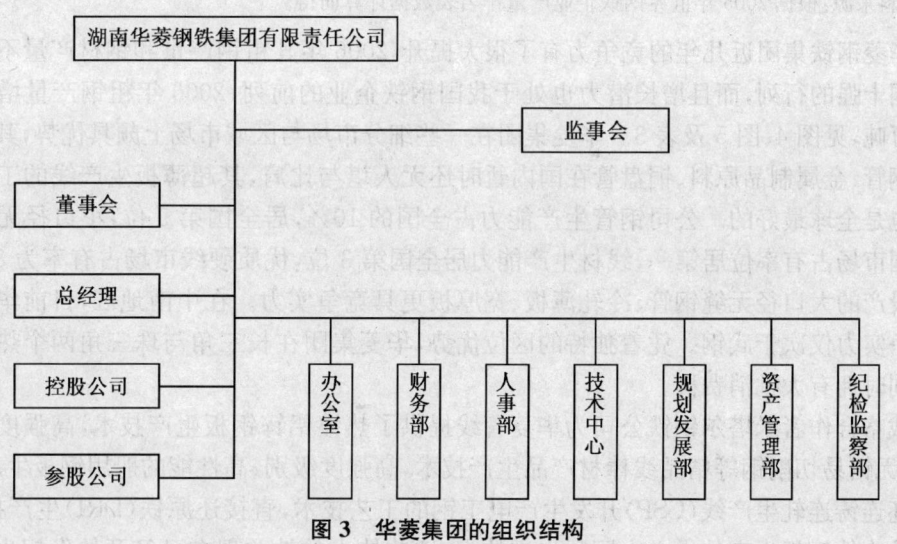

图 3 华菱集团的组织结构

二、华菱集团的发展战略

我国钢铁产业集中度非常低,导致了资源配置不合理,单位产量的能耗、物耗高。由表2可以看出,我国钢铁工业的集中度远低于世界主要产钢国家。其他8个主要产钢国家中,2005年钢铁工业集中度(CR_3)最低的美国,也是我国的3倍多。钢铁产业集中度过低造成了严重的环境污染,加剧了低水平重复建设,制约了企业自主创新能力和市场竞争力的提高,削弱了我国钢铁产业在国际市场的地位和作用。2006年国际铁矿石价格谈判,我国钢铁企业不得不接受了块矿和粉矿19%的涨价幅度,也在很大程度上暴露了我国钢铁工业集中度低、大而不强的弱点。

表2　　　　　　　　2005年九大产钢国家钢铁行业集中度比较

国家	粗钢产量(百万吨)	CR_1(%)	CR_2(%)	CR_3(%)
中国	349.4	6.5	10.2	13.7
日本	112.5	29.3	55.5	67.5
美国	94.9	20.3	39.7	45.7
俄罗斯	66.1	22.9	43.9	61.1
韩国	47.8	65.7	82.8	88.6
德国	44.5	37.2	53.2	58.7
乌克兰	38.6	18.0	36.0	51.3
印度	38.1	32.1	44.1	52.6
巴西	31.6	43.4	70.8	87.2

资料来源:根据2005年世界钢铁企业产量排名表数据计算而得。

华菱钢铁集团近几年的竞争力有了很大提升,2006年其粗钢产量和钢材产量不仅挤入了全国十强的行列,而且增长潜力也处于我国钢铁企业的前列,2006年粗钢产量增长超过了百万吨,见图4、图5及表3。华菱集团在一些细分市场与区域市场上颇具优势,其小口径无缝钢管、金属制品原料、铜盘管在国内暂时还无人堪与比肩,其超薄板生产线的工艺装备水平也是全球最好的。公司钢管生产能力占全国的10%,居全国第5位,小口径无缝钢管的全国市场占有率位居第一,线材生产能力居全国第3位,优质硬线市场占有率为8%。近两年投产的大口径无缝钢管、冷轧薄板、宽厚板更具竞争实力。在中南地区,目前华菱集团的竞争实力仅次于武钢。凭着独特的区位优势,华菱集团在长三角与珠三角两个热点消费市场同时拥有一大批消费群。

战略合作者米塔尔钢铁公司为华菱管线提供了热镀铝锌钢板生产技术,高强度合金弹簧钢、无铅易切削钢等精品线棒材产品生产技术,高强度级别、高性能的船用钢板生产技术,薄板坯连铸连轧生产线(CSP)开发生产电工钢的工艺技术,直接还原铁(DRI)生产技术,汽车深冲冷轧钢板生产技术六大国际先进技术,这些技术的效益现在已经开始发挥出来。华菱集团逐步形成了"板、管、线"专业化分工,在国内需求旺盛的细分市场中提高了占有率,实现了产品结构的升级换代,构筑了独特的产业优势。

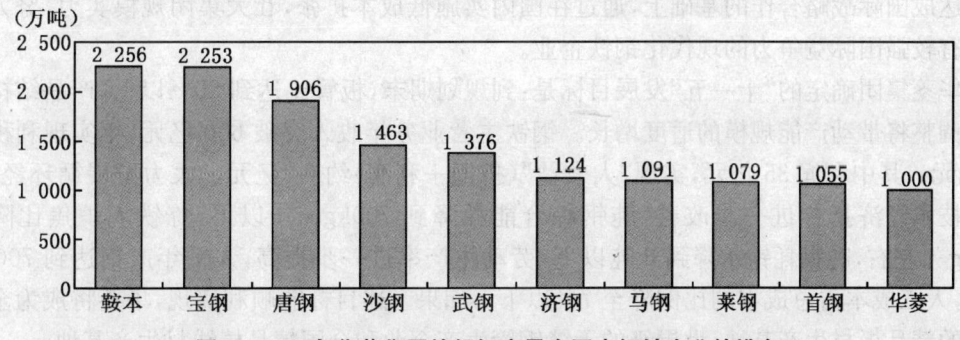

图4 2006年华菱集团的粗钢产量在国内钢铁企业的排名

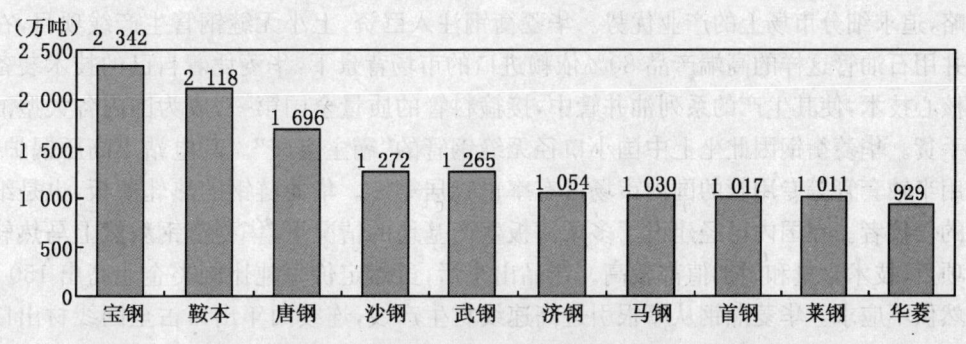

图5 2006年华菱集团的钢材产量在国内钢铁企业的排名

表3　　　　　　　　　　　2006年粗钢增量超过百万吨企业　　　　　　　　　　单位：万吨

单　位	本年累计	去年同期	累计比去年同期增减量	累计比去年同期增减比例
鞍本钢铁集团	2 255.76	1 840.88	414.88	22.54
唐山钢铁集团有限责任公司	1 905.66	1 607.81	297.85	18.53
江苏沙钢集团	1462.80	1201.84	260.96	21.71
通化钢铁集团有限责任公司	442.35	293.15	149.20	50.90
湖南华菱钢铁集团有限责任公司	990.53	845.41	145.12	17.17
昆明钢铁集团有限责任公司	479.36	349.69	129.67	37.08
安阳钢铁集团有限责任公司	703.30	579.78	123.52	21.30
新余钢铁有限责任公司	508.51	401.62	106.89	26.61
唐山建龙实业有限公司	602.85	501.18	101.67	20.29

"十一五"时期华菱集团的发展思路是：走内涵扩大再生产、集约化经营的路子,通过实施差异化战略,继续寻求产业优势,重点是对产品结构进行战略性调整,以消化米塔尔公司六大技术为核心,向高附加值、高技术含量、替代进口和终端产品进军。大力推进华菱财团建设,加快构筑大物流和原燃料基地建设,促进集团实业发展。在拓展集团实业方面,"三钢"发展重点各不相同,湘钢集团重点发展棒线材和厚板深加工;涟钢集团加快以循环经济为主要内容的实业发展,同时投资建设钢板深加工项目;衡钢集团重点发展管加工。在与米

塔尔达成国际战略合作的基础上,通过在国内实施低成本扩张,壮大集团规模实力,努力构建具有较强国际竞争力的现代化钢铁企业。

华菱集团确定的"十一五"发展目标是:到规划期末,板管比达到80%以上,产品结构的优化调整将带动产能规模的适度增长。钢铁主营业务年收入突破600亿元,年实现利税约80亿元。其中利润35亿元,实现"大效益"(折旧+利润)约80亿元。大力发展循环经济,主要技术经济指标进一步改善,吨钢综合能耗降到700kgce/t以下,炼铁入炉焦比降到300kg/t左右,吨钢耗铁水降到6吨以下,劳动生产率进一步提高,人平年产钢达到700吨以上,人工成本占总成本的比例降至7%以下。如果上述目标能顺利实现,华菱将成为全国一流的精品板材生产基地、世界级的无缝钢管生产企业和全国精品棒线材生产基地。

华菱集团坚持走专业化的路子,将发展战略从粗放式扩张转向精细化耕作,实行错位竞争策略,追求细分市场上的产业优势。华菱衡钢注入巨资,上小无缝钢管生产线项目,在油田钻井用石油管这样的高端产品80%依赖进口的市场背景下,华菱凭着自己的技术装备优势和核心技术,使其生产的系列油井管中,接箍料管的质量全国第一,成为国内各大型油田的抢手货。华菱衡钢因此坐上中国小口径无缝钢管的"霸主宝座"。其电站用高压锅炉管、汽车用半轴套管等专用管的国内市场占有率也稳居第一。华菱涟钢的热轧薄板,也是细分市场的佼佼者。在国内已经建设了多条薄板生产基地的情况下,华菱涟钢毅然上马热轧超薄板项目,技术含量和附加值都较高。产品出来后,虽然定价每吨比同类企业高出150元,但仍然供不应求。华菱湘钢从摩根引进高速线材生产线,连续两年出口占全国线材出口总量的35.5%,居全国第一。

错位竞争使华菱在很多细分市场上成为国内无可争议的"数一数二"的企业。与米塔尔的合作又使华菱站到了一个更高的平台上。米塔尔提供的6项技术全属"填补空白"级别的。目前,这6项技术中已有两项进入实施阶段,华菱涟钢在CSP生产线上成功开发了半工艺硅钢,并已开始批量生产。这项技术,不仅填补了国内空白,而且使华菱在国内半工艺硅钢的生产、技术和市场开发方面占据了绝对优势。此外,高强度、高性能的船用钢的研究生产也取得了阶段性成果。

华菱集团在坚持突出主业、强化核心业务的同时,进军金融证券业,抢滩登陆高科技领域,投资科技新材料等项目,实现多元化发展,在不同产业平台探索出更多的增长点,如图6所示。

华菱集团从战略高度出发,重点推行涟钢、湘钢、衡钢协同采购铁矿石、焦煤、废钢、铁合金的战略,联合降低采购成本;还参股平顶山天安煤业,涟钢参股平煤集团天蓝配煤,投资岳阳港建设,对湘潭铁牛埠矿石专用码头实施增资扩股,大大增强了抵御市场风险的能力。

三、华菱集团的生产经营状况

华菱集团的经营范围为生产和销售生铁、电炉钢、带钢、铝板带、矿产品、碳素制品及其延伸产品、水泥、焦炭、焦化副产品、耐火材料;供应生产所需的冶炼、机械电器设备和配件以及燃料、原辅材料、经营本企业自产的产品出口业务(国家组织统一联合经营的出口商品除外);进口本企业生产科研所需的原辅材料、机械设备、仪器仪表及零配件(国家实行核定公司经营的出口商品除外);经营本企业的加工贸易和补偿贸易业务;对外投资。具体产品见表4。

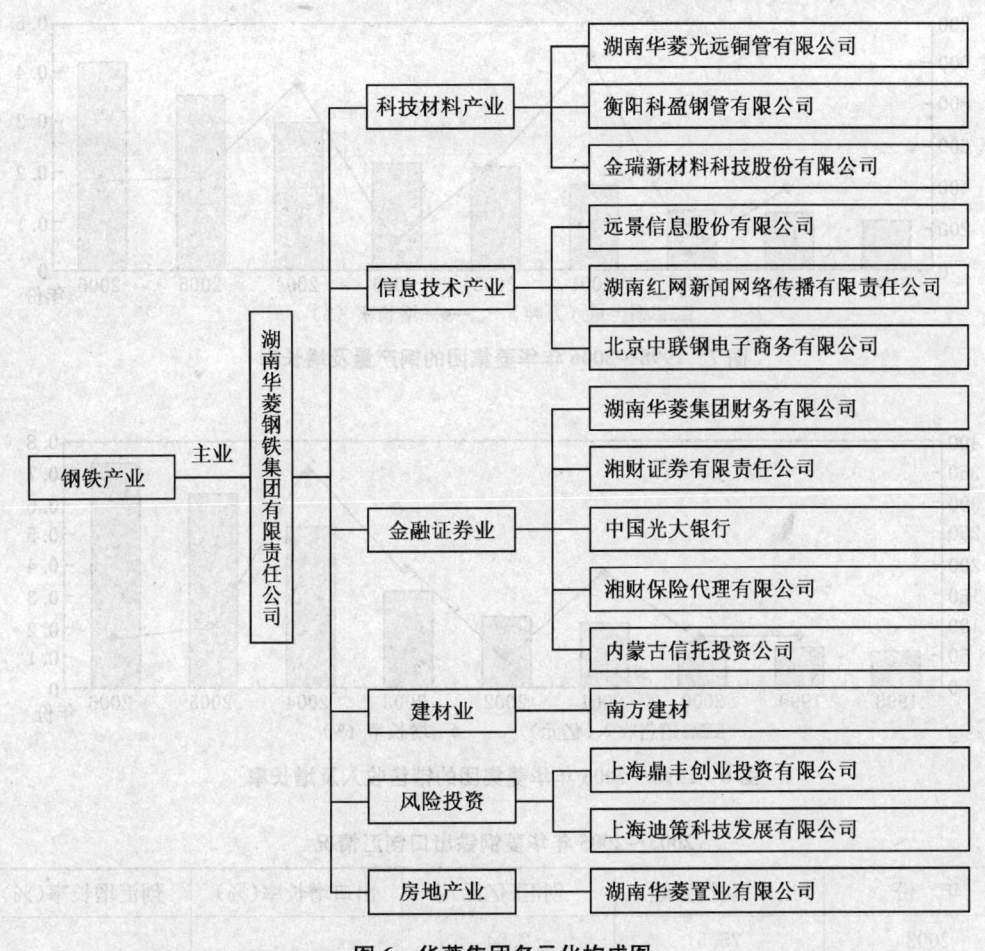

图6 华菱集团多元化构成图

表4　　　　　　　　　　　　　华菱钢铁的主要产品

分厂	主要产品
湘钢	线材、方钢坯、中型材、PC钢丝、PC钢绞线、商品钢丝、钢丝绳、镀锌钢绞线、生铁、水渣、焦炭、焦化副产品、耐火产品、水泥
涟钢	热轧带肋钢筋、热轧带钢、型钢系列、优碳圆钢
衡钢	冷拔精密无缝钢管、热轧(冷拔)无缝油管、接箍料管、高压锅炉无缝钢管、汽车半轴套管用无缝钢管、单体液压支柱用热轧无缝钢管
长铜	空调机换热器铜管、纯铝管及合金铝管、热交换器用铜合金管、水道管系列

华菱钢铁的生产一年上一个台阶(见图7)。2006年华菱集团完成生铁848万吨,粗钢1 000万吨,钢材929万吨,实现销售收入362亿元,1998~2006年的情况见图8。

2005年,华菱集团全年出口钢材93万吨,居全国钢铁企业第三位,实现创汇5亿美元。2006年华菱湘钢线材、板材、板坯、方钢、圆棒出口创汇总计49 526万美元(海关报关数据),比上年同期增长197.28%,出口创汇额占全省份额的9.73%,进口额为22 638万美元,占湖南省的10.03%,进出口总额双向位居湖南省第一,具体情况见表5。

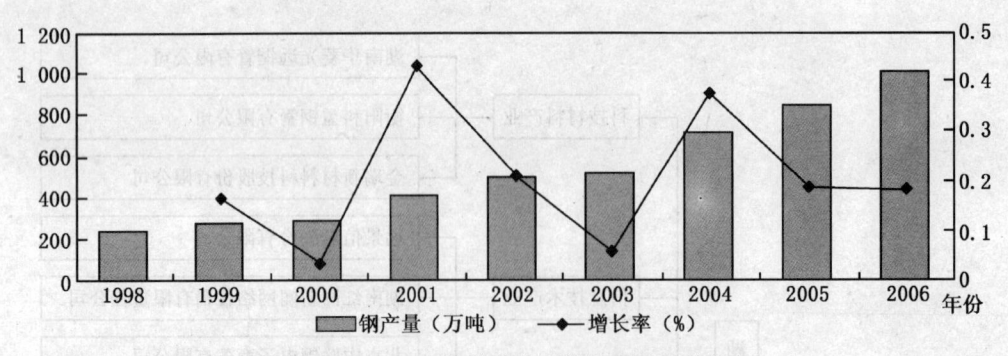

图7　1998～2006年华菱集团的钢产量及增长率

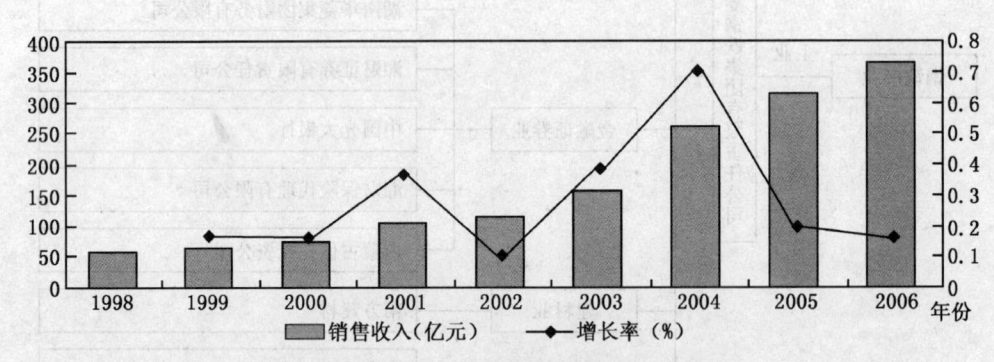

图8　1998～2006年华菱集团的销售收入及增长率

表5　　　　　　　　　　2003～2005年华菱钢铁出口创汇情况

年　份	出口钢材(万吨)	创汇(亿元)	出口增长率(%)	创汇增长率(%)
2003	75.5	2.04		
2004	83	4	110	196
2005	93	5	12.04	20

资料来源：根据该公司年报整理。

"十五"期间是华菱集团大投入、大手笔进行技术改造的时期。5年中技改资金投入累计达203亿元，华菱1000万吨钢主体工程建设基本完成。华菱集团坚持把结构调整作为技术改造的主线，华菱成立的前4年（至2001年止），共投入33亿元进行以工艺结构调整为核心的大规模技术改造，先后淘汰了平炉、小电炉、小转炉等落后炼钢能力240万吨，淘汰横列式、复二重等落后轧钢能力125万吨，淘汰了模铸、多火成材等落后生产工艺，理顺了工艺路线，使技术经济指标明显改善，生产效率显著提高。

集团从2002年开始进行品种结构调整。首先，确立了品种结构的专业化分工，力求"三钢"之间实现优势互补，避免内部重复建设和恶性竞争。其次，确立了追求产业位势的指导思想，力求在各细分市场做到数一数二，提高产品的市场竞争力。至2005年止，以品种结构调整为重点的技改投入约188亿元。主要进行了华菱涟钢薄板生产线及配套的设备大型化改造、湘钢宽厚板生产线建设以及500万吨钢配套建设，衡管大口径专用无缝管项目及配套的大管坯项目建设。

华菱坚持"三快(立项快、建设快、达产快)一控制(控制投资规模)"的技改工作理念,使每一个技改项目都实现了当年投产、当年达产、当年见效。涟钢冷轧薄板提前3个多月建成投产并成功轧制出0.25mm最薄产品,冷轧、酸轧线建设周期创世界同类项目最快记录。经过"十五"时期的技术改造,华菱的产品结构实现了根本性的变化,由之前的以生产长条材和大路货为主转变为以生产冷、热轧薄板,宽厚板,规格齐全的无缝钢管和精品线棒材为主。1997年集团刚组建时,板管比(当时只有钢管和窄带)约为15%,到2005年,板管比突破了40%,2006年达到50%。华菱集团的高附加值产品占钢材总量的比重已达到70%以上。当前,华菱集团拥有φ89、φ273两套连轧管机组、高速线材、小型连轧、薄板坯连铸连轧、宽厚板等具备当今世界先进技术水平的生产线,设备的新度系数达70%以上,产品技术含量、质量达到国际先进水平。追求产业位势,加速结构调整,为华菱在激烈的市场竞争中站稳脚跟、增强发展后劲奠定了坚实的基础。

华菱依托米塔尔开放的技术平台,进一步加大了技术引进、合作研发和人才培训的力度,建立具有自身特色的技术研发体系,提高自主创新能力。2006年是华菱新产品开发力度最大的一年,主要体现在与米塔尔在六大产品技术领域的合作已全面展开,高强度船板F40、半工艺硅钢、家电板的开发已取得阶段性成果,全年宽厚板项目产材114.3万吨,CSP生产热轧卷板239.66万吨,冷轧薄板60.65万吨,90t电炉产钢47.89万吨,大无缝钢管机组产钢管43.37万吨,均超过预期达产进度,同时还高起点成功开发出了X65、X75管线钢。新产品销售收入达113亿元,占钢铁主业销售收入的32%,创收经济效益5亿元。

自主创新是华菱的优良传统。20世纪80年代中后期,华菱衡钢为解决机械加工用管生产难题,尤其是汽车半轴套管生产难题,自行研制了三辊斜轧机组,工艺系世界首创,目前该机组生产汽车半轴套管执行标准已上升为国家标准。20世纪90年代初为解决自供圆管坯问题,华菱衡钢投资3亿元建设了自己的炼钢系统,采用电炉——全精炼——全水平连铸新工艺,成为全国乃至全世界水平连铸工业化生产的标志性项目,被称为"开水平连铸技术的先河"和"全国冶金工业的一面旗帜"。

华菱并没有完全靠自己攻关去搞创新的绝对优势,而且也与企业倡导的跨越式发展的要求有明显的差距。于是华菱选择了引进国外先进技术,通过吸收、消化、创新,实现产业升级、产品优化的技术创新路径,以此为主导实现了产品结构的升级换代,构筑了独特的产业优势。

华菱湘钢的高速线材生产线是从摩根引进的,"十五"初期,其设计能力仅37万吨,经过研发,到2005年达到了60多万吨,品种也由原来的建筑材料发展到全部是高附加值产品,连续两年出口占全国线材总量的35.5%,高附加值产品比例也由原来的20%上升至87%以上。华菱衡钢过去从德国引进的89连轧管生产线的设计能力年产17万吨,经过技术改造之后,2005年实现了年产34万吨,生产能力整整增加了一倍。华菱涟钢从德国西马克引进的超薄板带钢连铸连轧热轧生产线创造了达产速度最快的世界纪录,实现了269米半无头轧制,创造了世界同类型CSP半无头轧制的最好纪录,成攻轧制出0.78mm厚度的新产品,突破了CSP生产线理论轧制厚度。2006年4月,涟钢CSP产品表面质量研究技术成果获得2005年度湖南省科技进步奖一等奖。

产学研合作也是集团提高创新能力的路径之一。近年来,公司产学研合作项目达50多个,这些技术成果的实施创造了很大的经济效益和社会效益,同时也提升了公司的总体技术水平。华菱技术中心及各分中心与北京科技大学、中南工大、湖南大学、北京钢铁研究总院等十多家高等院校、科研院所建立了长期稳定的科研技术协作关系(见表6),与美国、德国、日本、意大利等国家的技术设备合作关系日益增多。目前,华菱已与华中理工大学等共建国家激光工程研究中心冶金分中心,并在该中心设立了博士后流动站;与湖南大学合作开发的"集散式监测系统网的建立与设备疑难故障处理系统"项目现已完成;通过公司CIMS网,实现了公司设备实时运行状态的有效控制、设备故障诊断与处理及管理过程自动化;与武汉科技大学共同进行了"转炉钢冶炼——精炼——连铸过程夹杂物行为的研究"等课题研究;与原冶金工业部鞍山热能研究院合作开发了"高炉铁口氧枪"等项目。

表6 华菱技术中心与高校和研究所合办的开发机构

序号	合办机构名称	合作单位
1	涟钢技术中心烧结球团实验室	中南大学
2	国家激光工程中心冶金分中心	华中科技大学
3	湘钢技术中心烧结球团实验室	中南大学
4	湘钢技术中心煤岩分析研究室	武钢技术中心
5	ICP试验分析室	湘潭大学
6	金相分析实验室	中南大学
7	产品开发研究室	北京钢研总院
8	油井管开发课题组	西安管材所
9	高压锅炉管管坯开发课题组	哈尔滨锅炉厂材料所
10	$\varphi 8$ 连轧机组力能检测项目组	中南大学

四、华菱集团的资本运作和经营业绩

依靠金融资本促进产业资本的结构调整和优化是华菱集团的经营理念,华菱所有资本运作计划,都是与企业发展规划相配套的,即使是政策性好处,也是用项目运作来的。华菱的资本运营思路是以总部的资本运营为龙头,以传统产业和金融产业为两翼。具体来说,传统产业这支联合舰队以华菱管线上市公司为核心,不断做精、做强钢铁主业,形成在国内外具有较强市场竞争力的钢铁公司;在金融产业线,则以华菱财务公司为轴心,涉足证券、银行、保险、信托等领域,组成金融控股公司。通过传统产业和金融产业的联动作用,齐头并进,形成良性互动,从而实现集团的快速健康发展。

近年华菱的资本运作主要有,股市融资31个亿——2002年,华菱管线增发2亿股新股获得成功,募集资金11.16亿元;2004年,华菱管线发行20亿元可转换债券获得圆满成功。另外,华菱还争取国债技改贴息贷款30个亿,争取政策性好处18个亿。2005年华菱和全球最大的钢铁企业米塔尔钢铁公司合作,华菱集团将持有的华菱管线股份有限公司74.35%的国有法人股中的37.175%转让给米塔尔钢铁公司。后根据国家有关部委要求,米塔尔钢铁公司同意其购入股权减少0.5个百分点,即华菱集团持37.673%股权,米塔尔钢铁公司持 36.673％股权，转让总金额 27.915 亿元，吸收外资将近 28 个亿。有效的资本运营为主业大规模的技术改造和结构调整共计筹集资金约 108 亿元。2006 年华菱连轧管公司与美国龙星公司进行战略合作，引进资金 10.5 亿元，同时还定向增发融资 20 亿元。华菱集团及其子公司在未来 3 年将从中国进出口银行获得高达 50 亿元的授信额度，用于开展进出口贸易及境外投资、对外承包工程等"走出去"项目，如图 9 所示。

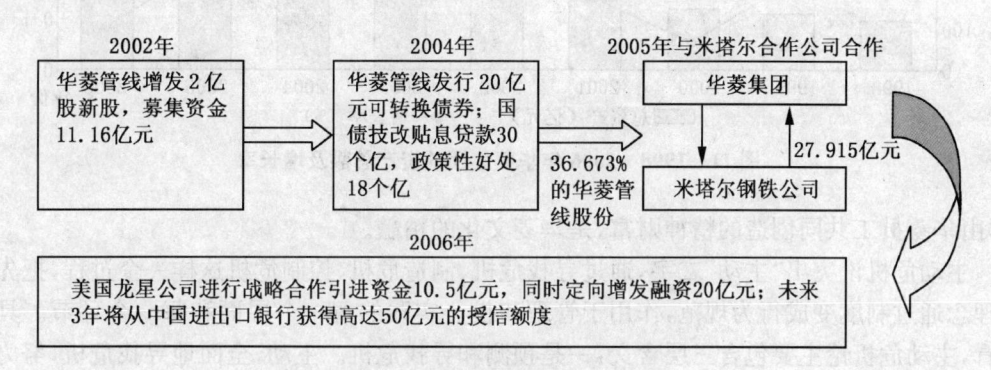

图 9　2002 年以来华菱集团的资本运作路线

截至 2006 年 12 月 31 日，华菱集团的总资产为 4 864 762 万元，总负债 3 049 524 万元，所有者权益 820 537 万元；2006 年实现主营业务收入 3 625 752 万元，主营业务成本 3 117 044 万元，净利润 45 081 万元，净资产收益率 5.64％。1998~2006 年的具体情况见图 10、图 11。

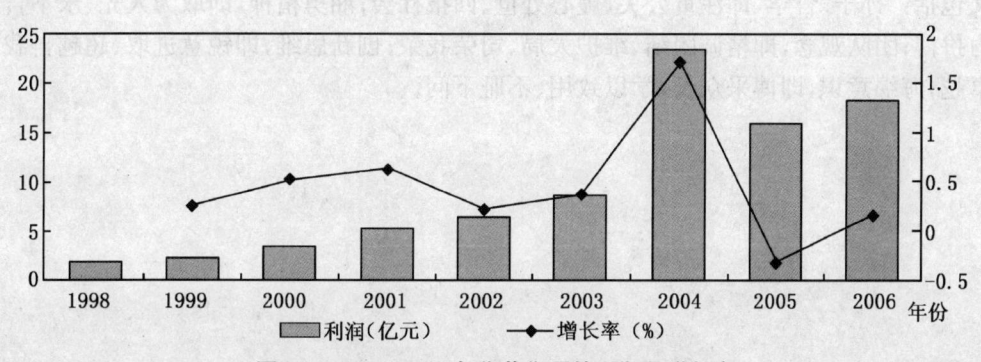

图 10　1998~2006 年华菱集团的利润及增长率

五、华菱集团独特的企业文化

凭借着"危机"意识，华菱人将"孙子哲学"和"湘勇精神"这两种看似矛盾的文化奇妙地再组合为华菱集团的企业文化。华菱的董事长李效伟对此有精辟的阐述：华菱的员工既要有能放下"架子"当"孙子"的心态，还要继承历史上湘军的"屡败屡战"、"咬定青山不放松"的韧劲。

主动危机论是华菱在化解外部困难，推进体制、机制创新，完成生产经营、技术改造等繁重任务过程中逐步形成和提炼出来的。它是以"三钢一铜"的数十年的企业文化底蕴为基

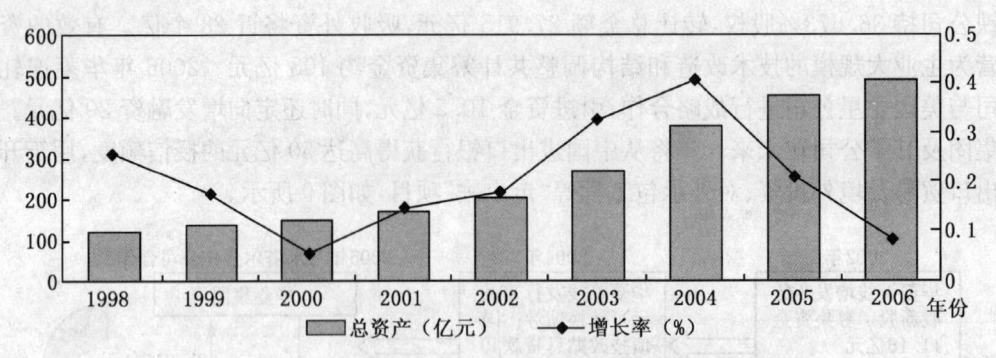

图11 1998~2006年华菱集团的资产总额及增长率

础,由华菱员工共同创造的精神财富,是华菱文化的精髓。

主动危机论突出"主动"二字,通过寻找危机、制造危机、控制危机这样一个过程,把先进的理念通过制度变成行为规范,作用于管理和投资实践的每一个层面和每一个环节。具体来看,主动危机论主要包含三层含义:一是预测和寻找危机。主动,全面地寻找危机,努力探求化解危机的对策。二是制造危机。人为地制造危机,在化解危机的过程中实现特定的目标。三是控制危机。预测和寻找危机,制造危机,最终是为了控制危机,化解危机的过程,实质是创新的过程,是管理和经营理念的重塑过程。

华菱的经营理念为:走进前瞻科学,追求产业位势,实现资本裂变,铸造华菱财团。华菱集团的企业精神可以概括为:"孙子"哲学、湘勇精神、团队精神、创新精神、海绵意识。具体含义包括:"孙子"哲学,即注重公关、虚心处世、回报社会;湘勇精神,即敢为人先、永不言败、奋力拼搏;团队观念,即精诚团结、维护大局、司荣我荣;创新思维,即锐意进取、超越自我、追求卓越;海绵意识,即博采众长、学以致用、不耻下问。

江苏华西集团

江苏华西集团(下面称"华西集团")是一个集工业、农副业、商贸业、旅游服务业及外贸、经营、科技开发等功能为一体的综合性经济实体。现有40多家工业企业,还收购了部分国有、集体和个体私营企业,包括一家上市公司(华西村,股票代码:000936)。自2005年起,华西集团进入中国企业100强之列,以营业收入1 136 917万元排于第94位。2006年江苏华西集团再次以3 096 647万元的营业收入名列中国企业100强的第96位。表1是2002~2005年华西集团的营业收入(万元)、收入增长率(%)、利润(万元)、利润增长率(%),资产(万元)的信息。图1是2002~2006年华西集团营业收入的增长情况。

表1   2002~2005年江苏华西集团各项经济指标

年度	500强内排名	营业收入(万元)	收入增长率(%)	利润(万元)	利润增长率(%)	资产(万元)
2002	246	456 927	21.46	36 028	4.31	308 239
2003	209	686 993	50.35	37 023	2.76	414 274
2004	157	1 136 917	65.49	47 404	38.91	744 621
2005	94	2 603 864	129.03	129 854	173.93	1 240 760

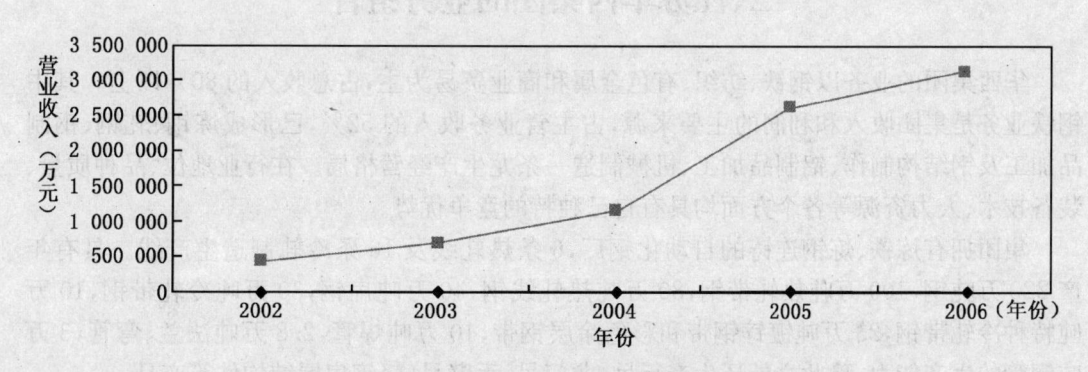

图1   2002~2006年江苏华西集团营业收入情况

一、江苏华西集团的发展历程

华西集团系于1993年12月注册成立的集体所有制企业,注册资金12 192.9万元,是一个集工业、金融、贸易、旅游为一体的综合性经济实体。2001年2月19日,公司将注册资金增加至52 192.9万元,公司名称、法人代表均未变更。2005年9月2日,公司再次增加注册资金至90 192.9万元,公司名称及法人代表未变更。华西集团的出资方是华西村村民委员会,出资占比100%。经过十年的发展,已成为全国乡镇企业集团、全国乡镇企业示范区、国家级企业集团。

华西集团近期的发展目标是实现经济、人口、资源、环境的协调发展和可持续发展。主要体现在三个方面:一是要提升现有企业规模。2004年华西集团的销售收入超20亿元。拟扩产的棉纺、铜、铝型材、门窗、综合热电厂、差别化纤维延伸配套、冷轧宽带钢等工程项目,都为华西集团的新一轮发展增添了新的发展后劲。二是要增强竞争能力。集团的竞争力定位在科技创新能力上,发挥集团拥有的一流先进设备优势和具有竞争力的特色体制、机制,整合各种资源,完善人才的配置。三是要培育高素质人才队伍。通过多年的培养、锻炼、引进,华西集团已拥有20 000多名职工,3 000多名各类工程技术人员。

华西集团实行董事会领导下的总经理负责制。截至2004年底,集团公司共有24家全资企业和20家控股子公司。

华西集团在分配上讲究国家、集体、个人利益有机结合,既讲激励机制,又讲集体主义。集团实行按劳分配、多劳多得,适当拉开档次。除职工工资、奖金与从事的工作和个人业绩挂钩,适当拉开档次外,总公司与各分公司或企业实行承包经营,年终按合同兑现。经济效益超额部分实行"二八开",即企业超额利润的20%上缴总公司,80%留给本企业。留下的80%中,10%奖给承包者(经理或厂长),30%奖给其他管理和技术人员,30%奖给职工,还有30%留给本企业作为公共积累。这种独特的分配机制,为集体经济积蓄了近2亿元的现有资金,使集团负债率低于20%,也把个人利益与集体利益紧紧地捆在一起。

二、江苏华西集团的业务组合

华西集团的业务以钢铁、纺织、有色金属和商业贸易为主,占总收入的80%以上。其中钢铁业务是集团收入和利润的主要来源,占主营业务收入的52%,已形成炼钢、轧钢、钢制品加工及钢结构制作、铝制品加工、机械制造一条龙生产经营格局。在行业地位、品种质量、装备技术、人力资源等各个方面均具有自己独特的竞争优势。

集团拥有炼铁、炼钢连铸的自动化钢厂,6条热轧线及16条冷轧制造生产线。具有年产220万吨钢,100万吨热轧带钢,80万吨热轧线钢,40万吨扁钢,30万吨冷轧带钢,10万吨特种冷轧带钢,23万吨镀锌钢带和彩色涂层钢带,10万吨焊管,2.8万吨法兰、弯管,3万吨钢管的生产能力,除此之外还生产行吊、龙门吊、手臂吊、轻钢房屋结构件等产品。

集团的化纤生产线采用国内先进的技术设备和引进国外先进的电脑自动控制设备,引进日本"东洋纺"工艺流程,采用国际先进的LHV432纺线联合机,LHV902后牵伸联合机。年产35万吨高科技、高附加值的差别化纤维生产设备是从德国吉玛公司引进的,是世界上单线产能最高的设备。集团已具备年产35万吨聚酯和20万吨化纤的生产能力,集团的毛纺行业先后引进世界一流生产设备和具有国际水准的先进生产流水线。其中,条染引进意大利OBEM公司的染色机,前纺引进日本OKK生产线,后纺引进意大利自动络筒机、并线机、倍捻机,织布引进瑞士贝宁格、德国卡尔迈耶整经机和意大利、瑞士高速剑杆织机,染整引进意大利CIMI公司生产的高速洗缩联合机、平洗连煮机、LAFER公司的剪毛机、KD公司的罐蒸机、汽蒸预缩机和EFFEDUES.R.L公司的TOP-AIR/H型烘定联合机及德国整经机、烫光机等,并从瑞士引进乌斯特检测设备和美国电脑测色配色系统。这些为生产高品质产品注入了浓厚的科技内涵,使公司技术装备水平始终与国际同步。

华西集团多业并举、协调发展、核心产业突出的经营模式有效促进了公司持续稳定的发展,多元的产业分布也有效地降低了子行业波动带来的经营风险。2004年以来,钢铁、化纤等行业为集团发展提供了稳定的收入和利润支持,在一定程度上起到了降低公司整体经营风险的作用。集团钢铁产品以热扎带钢为主,70%销往周边地区,用于工业领域,公司拥有钢坯生产能力。高速线材产能40万~50万吨/年,25%左右用于建筑,75%左右为工业用材。扁钢主要销往华东地区,用于工业设备、船板等,可按用户要求灵活生产,产品毛利率较高。集团的化纤产品1~6月份保持了较好的盈利性,10月份受美国出口设限的影响,下游需求减少和出口减少,盈利下降。涤纶短纤规模最大,销售范围以长江沿岸为主,约占48%的市场份额。

华西集团从2005年12月至2006年8月,多次组织工程技术人员赴墨西哥锡那罗亚州实地考察安德列地区的铜矿资源的储量及投资建设铜矿采选联合企业的可行性,并在矿区采集了400多公斤矿样进行化验分析,与当地官员就外国企业在墨西哥投资的相关事宜进行认真细致的讨论交流。其后,集团投资2 500万美元取得锡那罗亚州铜矿的开采权,并将在8个月内正式建厂投产。

三、江苏华西集团的资本经营

集团与国内21家银行签署有综合授信协议,获得的综合授信额度总额为人民币70.03亿元,实际使用授信额度总额55.67亿元(按2005年9月报表数据),其中实际使用的授信品种及余额包括:短期借款33.23亿元,应付票据27.36亿元(按2005年9月报表数据)。(华西提供的授信资料中银票按敞口数额共20.44亿元,报表按票面金额共27.36亿元,超额部分是保证金)已用于本公司的生产经营。

华西集团公司下属子公司江苏华西村股份有限公司根据《可转换公司债券管理暂行办法》、《上市公司发行可转换公司债券实施办法》和《关于做好上市公司可转换公司债券发行工作的通知》的有关规定,于2003年9月1日申请发行期限为5年的可转债,发行总额为人民币4亿元,可转债由中国农业银行江阴市支行提供全额不可撤消的连带责任担保。根据中诚信国际信用评级有限责任公司的资信评估报告,发行的华西转债信用级别为AAA级。华西转债已于2004年3月1日起开始实施转股,截至2004年12月31日,已有2 264 000元转成华西村股票190 952股,占已发行"华西转债"的0.566%,华西转债尚有397 736 000元在市场流通。截至2005年6月30日,已有2 265 000元转成华西村股票191 106股,占已发行华西转债的0.566%,华西转债尚有397 735 000元在市场流通。

中国国际海运集装箱(集团)股份有限公司

中国国际海运集装箱(集团)股份有限公司(以下简称"中集集团")1980年在深圳成立。中集集团是最早承接国际制造业向中国转移的企业,经过十五年的发展,成为世界集装箱行业的龙头企业。集团致力于现代化交通运输装备制造和服务,目前主营业务包括集装箱、道路运输车辆、空港设备等产品的设计、制造、销售及服务和少量房地产业务。集团是全球最大的集装箱制造商,可生产全系列集装箱产品并拥有自主知识产权。产品种类主要有干货集装箱、冷藏集装箱、特种集装箱、罐式集装箱。道路运输车辆是集团重点拓展的新业务,目前中集集团已成为中国最大的生产商。在2002年中国企业500强排名中,中集集团以676 550.70万元的营业收入排名第161位,其后排名持续上升,2003年、2004年、2005年、2006年分别排名第154位、第132位、第132位和第97位。

一、中集集团的发展历程

中集集团的前身是由招商局轮船股份有限公司与丹麦宝隆洋行、美国海洋集装箱公司共同出资设立的中外合资经营企业——中国国际海运集装箱有限公司,享受外资企业的税收待遇。1992年12月,经深圳市人民政府办公厅以深府办复[1992]1736号文和中国人民银行深圳经济特区分行以深人银复字(1992)第261号文批准,由公司原法人股东作为发起人,将公司改组为定向募集的股份有限公司,并更名为"中国国际海运集装箱股份有限公司"。1993年12月31日和1994年1月17日,经深圳市人民政府办公厅以深府办复[1993]925号文和深圳市证券管理办公室以深证办复[1994]22号文批准,公司分别向境内、外社会公众公开发行境内上市内资股(A股)股票和境内上市外资股(B股)股票并上市交易。1995年12月1日,经国家工商行政管理局批准,公司更名为"中国国际海运集装箱(集团)股份有限公司"(中集集团),经营范围主要是制造修理集装箱及其有关业务。在集装箱基础上,公司进一步延伸至登机桥、专用车辆、铁路运输车辆和罐式设备,拥有全系列的集装箱生产能力,并延伸至服务与维修领域,逐步成长为世界物流装备制造业的引领者。

中集集团的集装箱业务自1996年以来始终保持产销量世界第一的地位,行业主导地位持续提升,目前已拥有布局于中国主要港口的13个干货箱基地、2个冷藏箱基地和5个特种箱基地,具备了年产200万标准集装箱及近400个品种的生产能力。2002年,中集集团进入道路运输车辆业,现已形成经营规模和产品系列,目前在中国东北、华北、华东、华南、西北地区及美国拥有13个生产基地、8个4s店。在机场设备业务上,中集集团力争成为全球最大的登机桥和国内一流的航空货库的供应商。在冷藏箱的生产上,从标准冷藏箱扩展到特种冷藏箱,市场份额也已上升至行业第一。

中集集团通过收购兼并获得迅速壮大。公司采用外延式的发展模式,快速进入空港设备和专用车辆领域,节省了初期的产品研制成本,直接获得了成熟的人力资本和新的产品销售网络,公司也由此积累了行业整合和集团化管理的经验。集装箱的上游钢材产业和下游的航运业都具有高度波动性,集团适时调整收购策略,在行业低谷时进行收购兼并,并根据2004年对全球集装箱市场需求的预测,准备了充足的产能和原材料储备,果断抓住历史机会,扭转了集装箱价格持续六年下降的局面,在国际集装箱产品定价权方面占据了优势。

二、中集集团的发展战略

随着经济全球化时代的到来,集装箱行业一改简单劳动力密集型产业的形象,成为技术和专利的激烈竞争领域。伴随世界制造基地的大转移和中国经济的快速发展,企业和社会对物流的依赖程度加大,物流装备发展也面临全面升级的良好机遇。中集集团在这一转型过程中有很大的市场发展空间。根据clarkson的数据,2006年世界集装箱贸易保持较快增长,达10.8%左右,全球集装箱贸易量达1.17亿标箱,吞吐量约4.18亿标箱。交通部数据显示,中国集装箱贸易全年吞吐量为9 300万标箱,约占全球的22.24%,同比增长23.4%。全球新增集装箱订单量近300万标箱,较上年增长超过20%,需求旺盛。同时,2006年全球干货集装箱产业产能达到580万标箱。干货集装箱行业供求关系不平衡的状况进一步加剧。全球国际标准冷藏箱生产基地全部转移到中国,产业集中度进一步提高,中国市场的竞争进一步加剧。特种箱市场随着中国在全球贸易分工中的地位及制造工艺技术水平的提高,需求逐年提升。主要原材料如钢材、集装箱木地板供应更加紧张,国际石油价格波动引起油漆价格大幅提高,导致全行业毛利率大幅下降。

近10年我国货物运输快速发展。其中水运货物量从17 552.2亿吨公里增长到40 411.8亿吨公里,增长了130.24%。陆路运输的铁路与公路运输发展相对缓慢,分别增长40.03%和62.33%。"十一五"期间,随着我国铁路基础建设的完善,多式联运将成为交通运输行业变革的主流方向,门到门的运输服务方式将彻底改变现有运输装备的结构,铁路集装箱和半挂车将很大程度上取代传统装备。据统计,"十五"期间,需要运输、装卸等物流服务的实物量年均增长15%左右。以中国的要素优势和贸易全球化特点,中国必将成为世界集装箱产品的生产基地。

中集集团在集装箱领域占据半壁江山,是全球惟一能够提供全系列集装箱的企业,参与世界集装箱的标准修订。集团已经从单一的成本优势成长到具有成本、创新、管理等综合优势的集装箱领袖企业。集团适时调整公司战略,实现产品结构多元化,产品的类型、品种不断丰富,并向技术含量高、附加值高的产品领域拓展,以提高集团抗周期性风险的能力。2006年,公司主营收入的构成中,周期性较强的干货箱业务由2001年的65%左右下降为50%左右;冷藏箱和特种箱的比例由25%左右下降到20%左右;持续增长能力较强、毛利率水平较高的道路车辆业务由5%不到快速增长到20%以上。

集团确定了成为进入行业世界级企业的目标,制定了为现代化交通运输提供装备和服务的业务发展战略,建立和并行发展三个层面的业务。其一是核心业务——集装箱业务,重点是通过加快技术创新步伐和加强内涵优化,利用中国的低成本制造优势,发挥本集团的核心竞争能力,巩固和提升市场地位。其次是大力发展专用车业务,为全球市场提供一流的陆路运输装备,并把世界先进的陆路交通运输方式引入中国。其三是现代化交通运输装备及服务行业中有生命力的、符合公司战略定位且适合以后进入并有能力整合全行业的业务。

集团在产品和材料领域不断创新,把握产品环保和安全的发展趋势,于2004年研制出10年再生木材木地板替代传统百年再生的木地板,解决了集装箱产品与环保的最大矛盾。2005年5月,中集集团通过其全资子公司收购了包括漏水器专利在内的70项冷藏箱专利。通过建立"集中管理、分布研发、分布制造"的技术发展体系,形成了以"创新推动价值增长"为导向的技术创新机制。2006年全年,开发集装箱和车辆新品366项;技术创新成果同比增长103%;申报专利356件,其中发明专利156件。集团积极参与行业标准制定工作,主持或参与国际、国家和行业标准制订33项。集团累计自主申请专利1 000多项,其中发明专利300多项,国外申请专利100多项。2005年集团公司研发总投入达到10亿元,新产品开发150多项,新增销售收入约100亿元。

2006年12月,中国海关总署牵头相关政府部门和行业协会,正式启动中国智能集装箱研发和标准制订工作。中集集团成为智能集装箱箱体研发和标准制订的牵头企业,积极运用新技术、新工艺,开发环保、资源节约、智能化等方面的重点项目,如综合节电改造、油漆废气治理、环保型木地板、绿色油漆、车辆轻量化设计,大力参与智能集装箱(ssc)项目研究开发,并取得可喜进展,推动产业向环保、安全、节能、智能化、提高土地利用率、职业卫生等方向健康发展。

美国"911"事件后,中集集团判断,为适应国际反恐、货运安全、国际贸易安全与便利的发展需要,智能集装箱已经成为集装箱未来发展的必然方向。自2001年以来,中集集团已经建立了一支专业的人才队伍,在近5年的时间里深入开展智能集装箱的研究、开发与产业应用工作,并长期与GE、IBM、Savi等国际顶级企业合作,在国内开展与行业强势企业和科研院所合作。2004年,中集集团顺利完成了中美之间进行的智能集装箱的海运测试。2006年6月2日,中集集团牵头的国家十五"863"计划项目——《基于MEMS传感器的集装箱监测系统的关键技术研究》顺利通过科技部鉴定验收。2006年12月12日,海关总署确定中集集团作为集装箱的牵头单位,智能集装箱将成为中集集团未来新的利润增长点。

三、中集集团的生产经营状况

中集集团通过优化产品链和服务链,不断创新行业技术,提升服务水平,提升行业的进入壁垒,开始具备集装箱行业的基本话语权。集团在集装箱领域纵向延伸至主要配套材料木地板,下游延伸至集装箱维修及堆场服务。产品从集装箱延伸至登机桥、罐式储运设备和铁路集装箱业务,形成了现代交通运输设备产业集群。目前已经占据世界第一的产品包括干货箱、冷藏箱、罐式集装箱、登机桥和木地板5个产品,预计2006年,公司专用车辆从销售量上可以达到世界第一。

表1　　　　　　　　　　2006年中集集团收入的构成情况　　　　　　　　　　单位：亿元

产品类别	主营收入	收入占比	毛利率
集装箱	259	78%	12%
道路车辆	71	21%	15%
其他	4	1%	36%

资料来源：2006年公司年报。

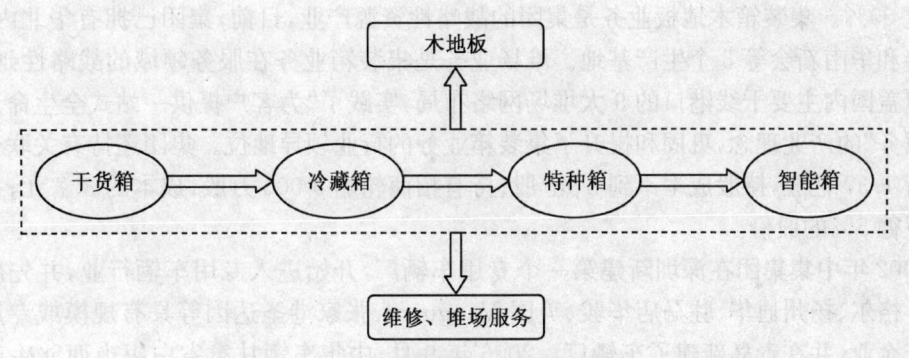

图1　中集集团集装箱产业延伸

公司不断拓宽集装箱产业链条，集装箱的生产能力达年产40 000标准箱，占国内集装箱生产总数的15%。公司主要业务还有机场地面设备制造，基本上包揽了国内机场旅客桥的全部订单，登机桥的生产能力达到年产50～80条，同时每年可以承揽一座航空货运站的承包工程。道路运输车辆产业2004年、2006年先后取得了产销总量上的中国第一和世界第一，2006年产销各类专用车产品8.8万台，其中出口美国的骨架车占据了美国一半以上的市场份额。

2006年公司集装箱业务实现销售收入259.04亿元，比上年同期下降2.91%；累计生产集装箱156.41万标箱，销售集装箱156.89万标箱，同比分别增长19.90%和15.24%。集装箱木地板和集装箱综合服务业务虽然规模较小，但保持了高速增长。2006年公司销售各类车辆88 370台，比上年同期增长66.56%，实现销售收入70.91亿元，同比增长66.90%。车辆业务占主营收入的比例达21%。机场设备业务以机场旅客登机桥、全自动航空货物及物流处理系统、自动化立体停车库等为主要产品，登机桥的市场占有率位居全球第一位，成功进入了北美、欧洲、非洲、东南亚等十多个国家和地区。中集还为法国巴黎戴高乐机场生产了全球最大客机A380的登机桥，成为中国第一家登船桥制造商。

中集集团始终坚持"客户至上"的服务理念和"精益生产"的现代制造理念，已经建立起规范、高效的质量保证体系和以客户为中心的快速响应的内部运作体系。集团取得了ISO9001：2000质量体系认证和多家船级社的认证。IBC集装箱产品取得了《国际海运危险品货物规则》UN认证。公司质量体系运行良好，有效保证了产品质量和客户满意度。集团建立了中国大陆沿海全方位的生产服务格局，先进的制造设备和工艺技术，具备规模化的制造优势和为客户提供个性化产品和服务的柔性制造水平。"中集"品牌系列产品在国际市场享有较高的声誉。在产品出口上，集团主动占领制高点，通过电话咨询、公司调研、网上路演、现场推介、公司网站等方式和渠道与投资者、证券分析师、媒体保持良好的沟通关系，不断加强和完善对投资者的服务,其投资者关系管理工作获得了市场和投资者的认可。2006年4月,经过非流通股东与各方面A股其他投资者的沟通,中集集团顺利完成了股权分置改革。

集团实施相关多元化战略,持有首都机场1.68亿元和上海浦东机场1.6亿元的订单,对公司未来2~3年机场设备业务形成支撑。中国航空事业的高度繁荣将为公司机场设备业务带来持续增长的契机。集团的罐箱业务经过四年时间的迅速发展已使集团成为全球最大的罐箱生产供应商,拥有全球最顶尖的罐式设备技术。2006年IMO罐箱全球市场占有率超过50%。集装箱木地板业务是集团的战略性资源产业,目前,集团已拥有华北内蒙、华东嘉善和华南新会等3个生产基地。堆场业务是集装箱业务在服务领域的战略性延伸,已形成覆盖国内主要干线港口的9大堆场网络布局,实践了"为客户提供一站式全生命周期产品和服务"的产业理念,巩固和提升了集装箱业务的行业领导地位。集团还持有关联公司招商银行1.37亿股,持股成本不到3元/股;持有招商轮船5 000万股,成本的3.7元;持有交银施罗德5%的股份。

2002年中集集团在深圳新建第一个专用车辆厂,开始进入专用车辆行业,并先后收购济南考格尔、扬州通华、驻马店华骏、美国Vanguard、张家港圣达因等具有规模或专用技术的生产企业,并在青岛新建了车辆厂。2006年9月,中集车辆甘肃省白银市西北生产基地竣工投产,辽宁营口的东北生产基地10月投产。目前集团正在和陕西重汽组建合资公司。从2002年每一个车辆厂投产到2006年的五年间,公司已经拥有10家专用车工厂,生产能力达到10万辆左右,迅速成为中国专用车辆的第一大制造企业。公司2003年收购的美国Vanguard公司,目前已经进入盈利阶段。2006年公司公告了收购荷兰博格公司的进展,通过一次性收购博格公司旗下在欧洲5个国家22个生产基地和全部销售网络,公司在欧洲市场的布点几乎是一步到位。收购博格公司可延伸产业链,掌握罐式设备的核心技术,建立欧洲营销渠道,将现有产品线扩大到静态储罐、罐式码头设备业务领域;通过技术、专有技术的传输,扩大公司在中国道路运输设备的产品线。通过以上战略调整和一系列并购,中集集团的产业整合能力和成本管理能力得到了很大提升。

2006年公司实现主营业务收入331.68亿元、净利润27.72亿元,分别较上年同期增长7.13%和3.84%,净资产收益率达到24.29%,具体情况见表2、表3、表4、表5。

表2　　　　　　　　　　　　　　　资产负债表　　　　　　　　　　　　　单位:百万元

现金及等价物	2 016.88	循环借款	961.71
应收账款	5 636.50	应付账款	6 672.20
存货	4 727.52	预收账款	260.59
其他流动资产	232.35	其他流动负债	563.39
流动资产合计	15 081.22	流动负债合计	10 153.32
长期投资	1 371.11	长期负债	804.40
固定资产净值	4 983.74	股本	2 218.66
在建工程	666.76	资本公积	749.82
固定资产合计	5 575.25	留存收益	1 264.64
无形资产及其他资产	895.79	股东权益	11 117.45
		负债和股东权益	22 923.37
资产总计	22 923.37	负债合计	10 957.72

表3　2006年财务状况表　　　　　　　　　　　　　　　　　单位：百万元

主营业务收入	33 167.80	营业利润	2 482.84
主营业务成本	28 688.59	非经营性收益	687.36
主营业务税金及附加	30.83	税前利润	3 170.20
主营业务利润	4 448.38	所得税	234.97
营业费用	1 007.62	少数股东损益	163.51
管理费用	893.69	净利润	2 771.72
财务费用	64.23	EPS(元/股)	1.25

表4　现金流量表　　　　　　　　　　　　　　　　　　　　单位：百万元

税后利润	2 771.72	投资活动现金净流	(1 869.06)
折旧及摊销	185.02	贷款增加	290.15
财务费用	70.93	支付股利利息	(196.44)
营运资金变动	(1 511.86)	其他融资	(844.23)
其他经营	(135.03)	筹资活动现金净流	(290.69)
经营活动现金净流	1 296.82	现金净流量	(862.93)
资本开支	1 438.10	现金期初余额	2 828.22
其他投资	(430.96)	现金期末余额	2 016.88

表5　资金运营能力

盈利能力		增长能力	
毛利率(%)	13.50	营收增长率(%)	7.13
净利率(%)	8.36	EBITDA增长率(%)	−11.01
利润率(%)	8.85	EBIT增长率(%)	−13.80
ROA(%)	12.09	净利润增长率(%)	3.84
ROE(%)	24.93	价值评估	
ROIC(%)	29.32	P/B(倍)	4.80
偿债能力		P/E(倍)	19.25
资产负债率(%)	47.80%	EV/收入(倍)	1.24
流动比率(倍)	1.49	EV/EBITDA(倍)	14.06
速动比率(倍)	0.80	EV/EBIT(倍)	16.21

太原铁路局

太原铁路局成立于2005年3月18日,管辖同蒲、大秦、京包、京原、石太、太焦、侯月、侯西等九大干线和宁苛、太古岚等十条支线,东起能源大港秦皇岛,西至黄河禹门口,北到煤都大同,南至古迹风陵渡,路网纵贯三晋南北,横跨晋冀京津两省两市,线路总延长7 645.6公里,铁路营业里程2 990.8公里,下设33个运输生产站段,共有职工11.6万人。

太原铁路局是全路18个铁路局中货运量最大、运输收入最多的铁路局,主要担负着国家新型能源工业基地——山西省的客货运输任务。铁路局货物发送量占全路货运量的1/6以上,煤炭发运量占全路运量的1/3左右。管辖区内旅游资源丰富,游客、学生、民工等形成的铁路客运量逐年增长。铁路局在综合交通运输体系中居于骨干地位,在国民经济和社会发展中发挥了不可替代的作用。太原铁路局在2006年中国企业500强排序榜中位居第98名,在中国企业服务业500强排序榜中位居第38名,具体见表1。

表1　　　　　　　　　　　　2006按营业收入各铁路局排名　　　　　　　　　　单位:万元

名　称	营业收入	排　名
沈阳铁路局	3 686 305	1
北京铁路局	3 649 362	2
广州铁路(集团)公司	3 236 866	3
上海铁路局	3 157 961	4
太原铁路局	3 062 621	5
郑州铁路局	2 398 641	6
济南铁路局	2 321 747	7
成都铁路局	2 269 015	8
哈尔滨铁路局	2 021 353	9
武汉铁路局	1 721 289	10
南昌铁路局	1 604 038	11
兰州铁路局	1 361 809	12
呼和浩特铁路局	1 247 163	13
柳州铁路局	1 139 307	14

资料来源:根据各铁路局报表编制。

一、太原铁路局的发展历程

2005年,太原铁路分局取消"分局",从原属北京铁路局分离,恢复为铁路局,见图1。新的太原铁路局管辖区内有基本单位116个、车站263个、线路运营延长线6 887公里。原大同铁路分局撤消,与大秦公司一并从北京铁路局划出归太原铁路局。建局以来,太原铁路局大力挖潜、扩能、提效,运输生产力大幅度增长,2007年货物发运量奋斗目标4.712亿吨,其中大秦线3亿吨,侯月线1.2亿吨;日装车19 200车;旅客发送量3 655万人;运输款收入317.6亿元,换算周转量为2 551亿吨公里。

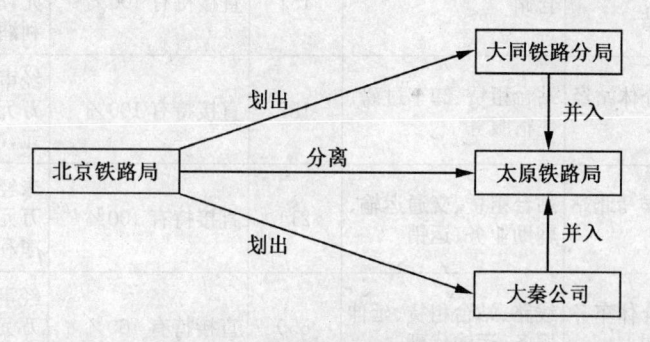

图1 太原铁路局形成图

太原铁路局为全民所有制企业,上级主管部门是铁道部,主要从事铁路客货运输等业务,注册资本305.3亿元,全部为国有资本。全局职工人数114 000余人,下设基层单位85个,其中:直属站10个、车务段9个、机务段5个、工务段8个、电务段2个、车辆段3个、供电段4个、客运段1个、列车段2个、车轮段1个;所辖车站263个;另有局直属多元经营单位9个、局直属单位11个,见表2。

表2　　　　　　　　　　太原铁路局下属企业基本情况　　　　　　　　　　单位:万元

序号	公司名称	主要业务	注册资本	太原局参股比例	2005年度主要财务数据
1	大同铁路同建公司	普通房屋维修	342	直接持有100%	经审计的总资产1 855万元,净资产1 214万元,净利润19万元
2	湖东房建段锅炉安装公司	锅炉安装及维修	60	直接持有100%	经审计的总资产895万元,净资产168万元,净利润5万元
3	大同铁路云龙公司	水暖维修、锅炉安装	88	直接持有100%	经审计的总资产8 526万元,净资产5 699万元,净利润469万元
4	大同铁路生活服务中心	零售农副产品、粮油	600	直接持有100%	经审计的总资产2 402万元,净资产1 674万元,净利润-6万元

续表

序号	公司名称	主要业务	注册资本	太原局参股比例	2005年度主要财务数据
5	太原站综合服务有限公司	副食、百货零售	50	直接持有100%	未经审计的总资产874万元,净资产350万元,净利润18万元
6	太北铁路储运站	发送前综合服务、仓储保管	124	直接持有100%	经审计的总资产503万元,净资产255万元,净利润5万元
7	太原铁路局玉门沟物质储运管理站	仓储	151	直接持有100%	经审计的总资产1 063万元,净资产789万元,净利润54万元
8	太原铁路局介休站经营公司	站台租赁、卸车过磅、住宿服务	182	直接持有100%	经审计的总资产2 747万元,净资产2 355万元,净利润31万元
9	太原铁路局侯马北站经营总公司	站台租赁、交通运输、辅助业务、运销	211	直接持有100%	未经审计的总资产1 722万元,净资产737万元,净利润107万元
10	太原铁路局介休车务段经营总公司	线路、站台租赁、延伸服务、运输代理	559	直接持有100%	经审计的总资产3 497万元,净资产2 039万元,净利润697万元
11	太原铁路局侯马车务段经营公司	铁路延伸服务	344	直接持有100%	未经审计的总资产2 950万元,净资产1 059万元,净利润59万元
12	太原铁路局运城车务段运输服务公司	代办货物运输、装卸、搬运、储存	48	直接持有100%	未经审计的总资产352万元,净资产248万元,净利润13万元
13	太原杏花岭东明物质供应站	机车、机电设备修理、零售、代办维修服务	10	直接持有100%	经审计的总资产192万元,净资产65万元,净利润7万元
14	太原振北实业开发总公司	牵引机电大修、扶助电机大修、轮对压装、其他配件	170	直接持有100%	未经审计的总资产1 659万元,净资产787万元,净利润23万元
15	太原铁路北车辆段修理厂	铁路自备货车修理	338	直接持有100%	未经审计的总资产5 739万元,净资产3 105万元,净利润26万元
16	临汾铁路列车段实业开发总公司	列车广告、住宿	196	直接持有100%	未经审计的总资产526万元,净资产219万元,净利润3万元
17	临汾生活段铁鑫服务中心	焦炭、钢材、石膏、生铁、维修炊事机械	65	直接持有100%	未经审计的总资产553万元,净资产468万元,净利润0.5万元
18	太原市小店实业开发公司	火车轮加工	30	直接持有100%	经审计的总资产1 032万元,净资产203万元,净利润13万元

太原铁路局　1059

续表

序号	公司名称	主要业务	注册资本	太原局参股比例	2005年度主要财务数据
19	临汾铁路物质公司	批发零售有色金属材料、木材、水泥、焦炭，代装代卸代运	217	直接持有100%	未经审计的总资产1 304万元，净资产286万元，净利润14万元
20	山西铁路计量技术服务部	衡器安装与维修及技术服务	6	直接持有100%	经审计的总资产18万元，净资产18万元，净利润19万元
21	太原铁路局装卸公司	装卸、集装箱、掏装箱	1 700	直接持有100%	经审计的总资产为6 902万元，净资产为5 426万元，净利润为231万元
22	太原铁路自备车运输服务部	自备车运输、管理服务	77	直接持有100%	未经审计的总资产13 336万元，净资产8 910万元，净利润225万元
23	太原铁路局地方铁路公司	客货运延伸服务、货物储运、代储运	292	直接持有100%	经审计的总资产3 912万元，净资产2 234万元，净利润3万元
24	太原机车车辆配件厂	机车配件	1 195	直接持有100%	经审计的总资产10 152万元，净资产6 150万元，净利润－121万元
25	太原电务器材厂	铁路电务配件	950	直接持有100%	经审计的总资产24 027万元，净资产4 060万元，净利润315万元
26	榆次工务器材厂	铁路工务配件	1 064	直接持有100%	经审计的总资产7 912万元，净资产2 712万元，净利润12万元
27	太原北方运输代理有限公司	运输代理	500	直接持有60%，间接持有40%	未经审计的总资产10 186万元，净资产3 955万元，净利润1 673万元
28	太原晋太实业(集团)有限公司	煤焦铁等批发零售	6 050	直接持有97%	经审计的总资产41 984万元，净资产23 858万元，净利润－333万元
29	山西三晋铁建工程有限公司	铁路、铺轨架梁、电器化、电务工程、房屋建筑、土石方、建筑装修装饰工程	3 373	直接持有94%，间接持有6%	经审计的总资产32 593万元，净资产6 456万元，净利润330万元
30	大同同铁实业发展集团有限责任公司	项目投资	11 800	直接持有99%，间接持有1%	经审计的总资产81 847万元，净资产80 494万元，净利润7 231万元
31	大秦铁路股份公司	铁路运输	994 645	直接持有95.164%	经审计的总资产3 784 800万元，净资产1 823 600万元，净利润150 100万元

续表

序号	公司名称	主要业务	注册资本	太原局参股比例	2005年度主要财务数据
32	晋中顺畅运贸有限公司	铁路延伸服务、装卸、搬运	763	直接持有58%	经审计的总资产为3 137万元,净资产为937万元,净利润为72万元
33	原平远通工贸有限公司	货物延伸、仓储服务、装卸	223	直接持有77%	未经审计的总资产1 724万元,净资产1 002万元,净利润57万元
34	太原市宏铁信电务工程有限公司	铁路信号工程施工	395	直接持有90%	未经审计的总资产105万元,净资产27万元,净利润2万元
35	太原市喜融暖通有限公司	水暖管道、室内外管网安装	50	直接持有80%	未经审计的总资产752万元,净资产280万元,净利润3万元
36	太原铁路局生活采购供应站	仓储	30	直接持有23%	经审计的总资产809万元,净资产585万元,净利润2万元
37	山西太铁联合物流有限公司	货物运输代理、仓储及配送服务	3 000	直接持有33%,间接持有67%	经审计的总资产为18 142万元,净资产为7 440万元,净利润为653万元
38	太原车辆段物质供应站	客货车辆配件零售	30	直接持有33%,间接持有67%	未经审计的总资产为252万元,净资产为229万元,净利润为20万元
39	太原市唐盛源综合贸易部	副食品加工、蔬菜水果销售、日杂用品、建材生铁批发	160	直接持有50%	未经审计的总资产为362万元,净资产为238万元,净利润为13万元
40	太原晋泰达公司	装卸、仓储、加固等	1 030	注	未经审计的总资产为4 826万元,净资产为2 673万元,净利润为105万元
41	侯马市源益机贸有限责任公司	石油销售、机车租赁、修理等	50	注	经审计的总资产为2 103万元,净资产为558万元,净利润为28万元
42	太原铁路电化工程公司	接触网施工等	710	注	未经审计的总资产为3 380万元,净资产为1 374万元,净利润为19万元
43	太原诚信铁路物业管理有限公司	房屋大修、物业管理	100	注	经审计的总资产为365万元,净资产为166万元,净利润为2万元
44	山西铁建工程监理站	工程监理	20	注	未经审计的总资产为215万元,净资产为183万元,净利润为1万元

续表

序号	公司名称	主要业务	注册资本	太原局参股比例	2005年度主要财务数据
45	太原铁路科研所技术开发部	新技术开发	33	注	经审计的总资产为1 594万元,净资产为390万元,净利润为23万元
46	山西先行经贸有限公司	批发零售、仓储装卸、延伸服务等	1 000	注	经审计的总资产为64 511万元,净资产为25 193万元,净利润为4 333万元
47	太原铁路新创餐饮旅游有限公司	餐饮、住宿、旅游	180	注	未经审计的总资产为9 809万元,净资产为7 892万元,净利润为－66万元

注:上表中40~47的股权结构在调整中,太原铁路局的持股比例尚未确定。
资料来源:根据《大秦铁路股份有限公司招股意向书》编制。

二、太原铁路局的重载高效发展战略

太原铁路局以重载高效为目标,坚持走集约化、规模化运输道路,大力推进战略装车基地建设,有效扩充既有线路的运输能力,实现了运输效率的大幅提升。太原局对大秦线和北同蒲线进行了两亿吨扩能改造,先后在两条线上建成了145个货运"战略装车点",其中两万吨装车点13个、万吨装车点30个、五千吨装车点102个,使大秦线的年运输能力从原设计能力一亿吨升至两亿吨,相当于新建了一条大秦线。2006年以来,战略装车基地的规模效应日益显现。2006年1至8月,太原局累计完成货运量27 222万吨,较2005年同期增运2 233.1万吨。其中,大秦线货运量完成16 216.1万吨,较去年同期增运3 137.2万吨;侯月线货运量完成5 439.4万吨,较去年同期增运132.1万吨。太原局最高日装车数达到了18 334车。自2006年8月大秦线、北同蒲线综合施工完成以来,大秦线加大了开行万吨、两万吨重载列车的列数,每日开行两万吨列车在12列以上,侯月线五千吨重载列车的开行数量也在逐渐增加。

太原局拥有全国领先的重载铁路,担负着建设技术装备现代化、运输组织现代化、运营管理现代化的世界一流重载铁路的艰巨任务。太原铁路局积极实现原始创新、集成创新、引进消化吸收再创新的有机融合,在自主创新活动中创造、取得61项技术创新、管理创新成果,一大批新技术、新装备在大秦铁路广泛应用。2005年,太原局在成功引进美国GE公司生产的LOCOTROL分布式机车无线同步操纵系统后,结合大秦线的运输实际与需求,进行一系列技术攻关与改造,攻克了多台机车同步协调控制、同步操纵的难题,实现了引进消化吸收再创新。经过21次静态和动态试验,两万吨列车开行实现了由传统牵引方式向分布式网络化牵引方式的转变。2006年3月28日,大秦线在国内率先开通两万吨级的组合重载列车,开辟了我国重载运输的新纪元;全线采用GSM-R综合数字移动通信系统,消除了多年来大秦铁路山区通信盲区对运输造成的困扰;逐步推广现代化的"5T"车辆信息管理系统,依靠科技创新解放了生产力;在工务、供电等系统,75KG/M 重轨及微机保护等一大批先进技术装备开始应用。

太原铁路局坚持多元经营与运输业"长期共存、相辅相成、互为促进"的原则,大力发展多元化经营,见图 2。全局多元化经营系统共有直属企业 9 个、直管企业 3 个,法人企业 431 个,其中国有控股企业 324 个、集体经济企业 107 个,有全民所有制职工 13 131 人,集体所有制职工 6 727 人,经营范围涉及商贸、物流、运输代理、旅游餐饮、广告、施工、房地产等 14 个行业,目前已形成了专业化的经营格局和规模化的发展态势。太原铁路局多元化经营管理处与辅业国有资产投资管理中心合署办公,设有"六部一室"。多元化经营管理处对全局多元化经营企业进行行业管理,辅业国有资产投资管理中心对所出资企业行使监管职能。

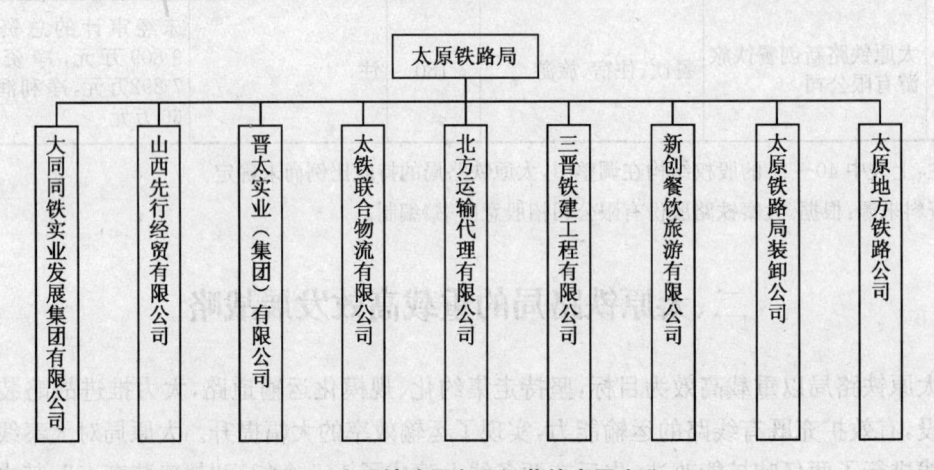

```
                        太原铁路局
  ┌──────┬──────┬──────┬──────┬──────┬──────┬──────┬──────┐
大同同    山西    晋太    太铁    北方    三晋    新创    太原    太原
铁实业    先行    实业    联合    运输    铁建    餐饮    铁路    地方
发展集    经贸    (集团)  物流    代理    工程    旅游    局装    铁路
团有限    有限    有限    有限    有限    有限    有限    卸公    公司
公司      公司    公司    公司    公司    公司    公司    司
```

图 2　太原铁路局多元经营的直属企业

三、太原铁路局的生产经营状况

太原铁路局主要担负着山西能源重化工基地的客货运输任务,煤运量占总运量的 80%以上。除供应全国 26 个省、市、自治区的部分工业、民用煤炭和外贸出口煤炭任务外,还承担着华北、东北、华中、华东、南方五大电网,秦皇岛、天津、京唐、连云港、锦州、青岛、日照、南京八大港口,鞍钢、武钢、宝钢、本钢、首钢、包钢、太钢、邯钢、湘钢、涟钢、唐钢、济钢、莱钢、沙钢、马钢、新余钢等十六大钢铁企业的部分煤炭运输任务。全局日均装车 17 000 车以上,完成换算周转量 580 百万吨公里以上;年货运量 3.95 亿吨、客运量 3 125 万人、运输收入在 234.9 亿元,公司总资产为 583.2 亿元,净资产为 336.0 亿元,净利润 33.0 亿元;是全路货运量最大、运输收入最高的路局。2005 年的运输增量占全路的 1/2。线路总延长 6 887 公里,营业里程 2 749.7 公里,其中,电气化铁路 4 898 条公里;配属客车 1 710 余辆;配属机车 1 130 余台,其中,电力机车 640 余台、内燃机车 490 余台。

太原铁路局主要经济技术指标及干线、支线如表 3、表 4、表 5、表 6 所示。

表3　　　　　　　　　　　2005年太原铁路局运输主要经济技术指标

指标		数据
旅客	发送量（万人）	2 403
	周转量（百万人公里）	7 126
	平均行程（公里）	186
货物	发送量（万吨）	28 951
	周转量（百万吨公里）	143 438
	平均运程（公里）	495
行包	发送量（万吨）	4
	周转量（百万吨公里）	72
总换算周转量（百万吨公里）		150 636
货车周转时间（天）		2.25
货车机车日产量（万吨公里）		122.4
运输收入（亿元）		234.9
利润总额（亿元）		86.97
日均装车（车/日）		17 000
从业人员劳动生产率（万吨公里/人）		277.9
每百万机车总行走公里事故件数		1.208

资料来源：根据铁道部统计中心资料整理。

表4　　　　　　　　　　　　太原铁路局管辖的主要干线　　　　　　　　　　　　单位：公里

线路名称	太原铁路局管辖		全线情况			
	起终站	营业里程	线路规格	起终站	营业里程	所属路局	所属行政区
石太线	太原北—赛鱼	172.9	复线电气化国铁Ⅰ级	石家庄—太原	235.4	太、京	晋、冀
京原线	原平—灵丘	181.0	单线内燃国铁Ⅰ级	北京石景山—原平市	419.0	太、京	晋、京、冀
太焦线	修文—夏店	190.8	单线内燃国铁Ⅰ级	修文—月山	381.7	太、郑	晋、豫
南同蒲线	榆次—风陵渡	478.9	复线内燃国铁Ⅰ级	榆次—华山	498.6	太、武	晋、陕
侯月线	侯马北—嘉峰	150.7	复线电气化国铁Ⅰ级	侯马—月山	221.0	太、郑	晋、豫
侯西线	侯马—禹门口	76.2	单线内燃国铁Ⅰ级	侯马—西安新丰镇	289.0	太、西	晋、陕
北同蒲线	宁武—太原北	70.0	复线电气化国铁Ⅰ级	大同—太原北	335.2	太	晋
小计		1 320.5			2 379.9		

注：上表未包括大秦铁路公司的线路。

资料来源：于军，谢从军：《大秦铁路的收购前景分析》，中信证券分析报告，2007年1月23日。

表5　　　　　　　　　　　　　　太原铁路局管辖的主要支线　　　　　　　　　　　　单位:公里

线路名称	起终站	营业里程
西山支线	太原北—白家庄	23.6
太古岚支线	太原北—镇城底	51.7
上兰村支线	汾河—上兰村	12.9
忻河支线	忻州—河边	40.0

资料来源:于军,谢从军:《大秦铁路的收购前景分析》,中信证券分析报告,2007年1月23日。

表6　　　　　　　　　　　　　　大秦铁路公司运营的线路　　　　　　　　　　　　单位:公里

线路名称	起终站	营业里程	级别	正线数目	牵引种类
大秦线	韩家岭—大石庄(Ⅰ期)	387	国铁Ⅰ级	复线	电气化
	大石庄—柳村南(Ⅱ期)	265	国铁Ⅰ级	复线	电气化
北同蒲线	大同—朔州	128.5	国铁Ⅰ级	复线	电气化
	朔州—宁武	37.5	国铁Ⅱ级	单线	电气化
丰沙大线(京包线)	大同—郭磊庄	155.5	国铁Ⅰ级	复线	电气化
口泉支线	平旺—口泉	9.8	Ⅰ级	复线	电气化
宁岢支线	宁武—岢岚	95.3	国铁Ⅱ级	单线	内燃
介西支线	介休—阳泉曲	46.6			
礼垣支线	礼元—垣曲	44.4			
小　计		219.2			

资料来源:于军,谢从军:《大秦铁路的收购前景分析》,中信证券分析报告,2007年1月23日。

广东省粤电集团有限公司

2002年500强评选时,广东省粤电集团还称作广东省粤电资产经营有限公司,当年排名第76位,营业收入661.1769亿元,其中利润达到45.8263亿元。2004年粤电集团公司入选中国500强,按2003年的营业收入245.6173亿元(利润43.9098亿元)排名第74位。2005年,公司以营业收入273.8399亿元(利润22.0129亿元)名列中国企业500强排行榜第88位,同时在"2005年中国服务业企业500强排行榜"上位居第40位。2006年,公司名列中国企业500强排行第99位。图1是其排名的变化情况。

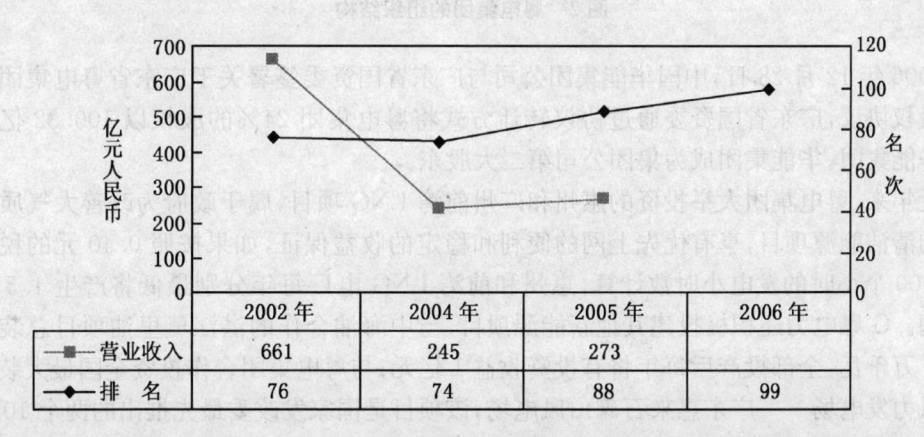

	2002年	2004年	2005年	2006年
营业收入	661	245	273	
排名	76	74	88	99

资料来源:根据中国企业联合会、中国企业家协会历年公布的中国企业500强数据整理。

图1 粤电集团近5年营业收入及在中国企业500强中的排名

一、粤电集团的发展历程

粤电集团总公司位于广东省广州市天河东路2号粤电广场,经营范围涉及发电企业经营管理,电力资产及资本运营,电力投资建设,电力生产、销售、安装及检验,电力行业相关技术服务,项目投资,投资策划及其管理咨询,信息咨询服务,销售工业生产资料等。

2001年8月8日,广东省在全国率先实行电力体制改革,厂网分开。广东省电力集团公司分立为广东省广电集团有限公司和广东省粤电资产经营有限公司。广东省粤电资产经营有限公司是广东省粤电集团有限公司的前身,承继原电力集团公司的发电业务。2001

8月至2002年10月,粤电在省政府的授权范围内推进资产重组,确保国有资产不流失。2003年上半年,省委、省政府做出了做大做强粤电公司的战略部署。5月28日,广东省粤电资产经营有限公司正式更名为广东省粤电集团有限公司,主要从事电力投资、电力生产、电力销售及电力相关产业的业务,是目前广东省最大的国有发电企业,也是全国第一家因厂网分开而诞生的发电企业,组织结构如图2所示。公司原注册资金120亿元,2004年在电力大发展的背景下增资到200亿元。现有职工人数13 000多人。公司现有全资、控股单位60余个,涉及火电、水电、风电、核电、LNG(液化天然气)等多种能源,覆盖了粤东、粤西、粤北和珠江三角洲地区,并积极向中国西部延伸。公司主要投资项目有黄浦发电厂、沙角A电厂、沙角C电厂、珠海发电厂、湛江发电厂等12个火电厂,新丰江水电厂、天生桥一级水电厂等8个水电厂以及石碑山风电厂、深圳LNG发电厂等,并控股广东省最大的上市公司——广东电力发展股份有限公司(粤电力)。截至2005年底,公司全资及控股电厂装机容量合计1 170万千瓦,资产总额949.86亿元。

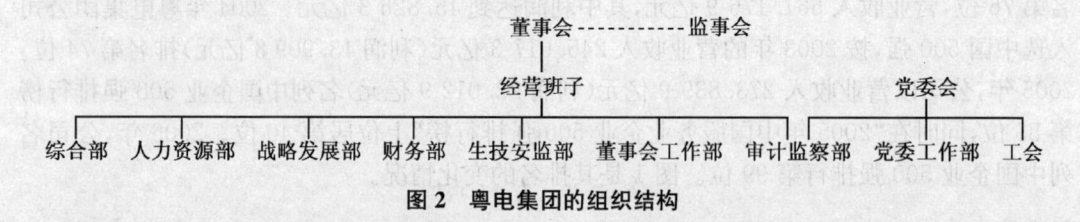

图2 粤电集团的组织结构

2006年12月28日,中国华能集团公司与广东省国资委签署关于广东省粤电集团有限公司股权协议,广东省国资委通过协议转让方式将粤电集团24%的股权以100.32亿元转让给华能集团,华能集团成为集团公司第二大股东。

近年来,粤电集团大举投资的惠州和广州前湾LNG项目,属于政府为改善大气质量而力促的清洁能源项目,享有优先上网的便利和稳定的收益保证,如果按照0.40元的税后电价、3 500个小时的发电小时数计算,惠州和前湾LNG电厂每年分别最低将产生1.5亿元净利润。G粤电力还积极投建其他新能源项目,与中海油合作的湛江奥里油项目总装机容量120万千瓦,全部投产后每年将有投资收益1亿元;与粤电集团合作投资全国最大装机容量的风力发电场——广东惠来石碑山风电场,该项目是国家发改委最先推出的两个10万千瓦特许经营示范项目之一,保守估计每年有投资收益500万元;与华能新能源产业控股有限公司、中电亚洲南澳风电有限公司合作开发南澳东部风力发电项目。在《可再生能源法》和相关产业政策颁布实施后,上述项目将在清洁能源额度等方面给公司带来巨大收益。

二、粤电集团的发展战略

广东省拥有东南地区最优越的电力市场环境,电力需求最旺盛。2005年全社会用电总量2 828亿度,电力消费位居全国首位。粤电集团在广东拥有15个发电厂(含在建),总装机容量1 200万千瓦,是省内的主要供电单位。省内还有广州发展集团、深圳能源汕头电力等电力企业。这些本地企业的发电量还不能满足强劲的电力需求,每年都必须通过西电、三峡电、港电等渠道采购电力,弥补缺口。2006年上半年,广东电力缺口最大达到555万千瓦,这种不平衡现象将持续到2008年。

集团的发展也存在很大的竞争压力。《国务院关于投资体制改革的决定》颁布后,电源项目建设实行核准制,标准更加严格,电力投资者的责任和风险更大,粤电集团发展面临新的机遇和挑战。电源项目配套送出工程建设进度与电源项目建设不同步,成为制约电源项目按期投产、发挥经济效益的重要因素。受燃料成本和电价机制的影响,虽然集团除燃料成本外的各项经营成本逐年降低,但燃料价格持续上升造成电量增加,但生产净利润下降的局面仍然存在。按目前的煤电价格联动机制,虽然煤价不再实行政府指导价,但仍无法化解煤价给计划电价带来的经营压力。另外,南方电力市场的竞争日趋激烈,西电东送电量的逐年增多将造成集团发电机组负荷率进一步降低,高参数、低煤耗、大容量机组调峰任务逐年加重,利用小时数明显低于统调平均水平。所以,争取燃煤补贴和合理利用机组是集团未来必须面对的两方面问题。

面对以上内外环境,粤电集团制订了外谋发展、内抓管理的总体发展规划。坚定做大做强的方向,突出安全发供电和省属"国企航母"两个主题。以狠抓安全生产为重点,保障全省电力供应;以电源项目开发为重点,加快做大做强步伐;以发展上下游相关多元化为重点,优化集团产业结构;以实施蓝天工程为重点,打造环境友好型"绿色粤电";以推行现代化企业管理为重点,促进企业优化升级;以科技信息项目建设为重点,增强企业技术创新能力;以队伍建设和企业文化为重点,打造和谐粤电;促进粤电集团快速、协调、可持续发展。

粤电集团"十一五"期间的总体目标为:到2010年,集团可控装机容量达2 700万千瓦,总资产达2 070亿元,年收入599亿元。核心业务规划为:继续贯彻实施"立足广东,面向南方,以珠江三角洲区域为中心,突出开拓东部电源资源,启动西部电源前期项目,积极开发西电,推进大型节能电源项目,积极发展洁净能源"的电源发展战略和低成本扩张战略,更加注重优化电源结构布局和提高经济效益。相关多元化经营规划为:以电为核心,积极推进产业垂直一体化发展,发挥产业链的规模效应和协同效应,重点发展远洋航运业务、港口业务,参股煤矿开发,LNG接收站,装备制造业。

为了实现发展战略,粤电集团非常重视研发创新。2005年,按照国务院和广东省关于建设节约型社会和加快发展循环经济的要求,集团编制了《发展循环经济、推行清洁生产,打造绿色粤电工作纲要》。纲要中设定的具体规划包括:列入全省脱硫工程"十五"开工计划的6 888万千瓦时现役机组的脱硫项目已全部开工。其中,沙角C电厂3号机组脱硫装置已于2005年底正式投入运行,黄埔电厂5、6号机组脱硫装置已完成分部试运行。珠海电厂3、4号机组,汕尾电厂1、2号机组等新(扩)建燃煤厂配套建设的脱硫装置也已全面进入施工阶段。集团的科技投入继续保持较高水平,2005年实施了一批成效明显、技术含量高的科技项目,如DCS系统的升级改造,热力系统的优化研究,除尘器改造,电厂锅炉等多种煤掺烧研究与应用等。由集团公司牵头实施的《实施环保监督管理,打造绿色电力企业》项目荣获2005年全国电力企业现代化创新成果一等奖。集团的信息化工作扎实推进,完成了集团数据中心建设,集团机构和人员信息编码标准,设备和物资编码编制等基础工作;新投运了网络视频会议系统、电能采集计量系统、人力资源管理信息系统;集团总部EIP项目、火电厂EAM系统、水电厂MIS系统升级、燃料管理信息系统建设进展顺利。2006年蓝天工程脱硫项目计划投资13.88亿元,投运项目7个电厂,14台机组,共572万千瓦。

三、粤电集团的生产经营状况

粤电集团从创建之初就一直坚持把成本效益理念融入到生产管理过程和企业发展战略之中,不断提高经营管理水平,有效降低可控成本,提高单位电量盈利水平。在燃料采购成本、运输成本攀升,环保收费提高,脱硫补贴不到位等多重不利因素的压力下,公司采取有效措施,优化机组经济运行,节能降耗,控制成本,较好地完成了国有资产保值增值的目标。

2003年粤电集团成立,当年底,公司总资产达到598.59亿元,比上年同期增长2.81%;净资产284.06亿元,同比增长27.98%;全年公司实现主营业务收入198.75亿元,同比增长4.33%;较好地完成了省属企业国有资本保值增值任务,同时向国家上缴各项税款共计42.24亿元。2003年度公司全资、控股统调电厂累计发电量572.06亿千瓦时,同比增长11.4%,超额完成年度发电任务。公司还在加强资产预算管理、落实资产经营责任制考核方面取得较大成就,考核成绩达到"优秀"水平。

2004年,粤电集团在经营管理方面的主要工作有:落实以利润为中心的资产经营责任制,加强全面预算管理,加强国有资产管理,理顺产权关系,争取政府支持,落实电价,做好电费回收工作,电费回收率达到89.86%,扎实推进基建项目融资工作,全面开展清产核资工作。当年集团完成发电量665.24亿千瓦时,同比增长6.83%,其中所属省内电厂完成发电量626.20亿千瓦时,同比增长8.73%,完成省发改委、经贸委下达的年度计划的102.56%。实现销售收入273.84亿元,期末资产总额889.15亿元,净资产386.13亿元,同比增长35.93%,资产负债率41.58%,考核总资产630.95亿元。营业收入增加,但利润下降的原因在于燃料价格的大幅上涨。

2005年,粤电集团进一步推行"三标一体化"和NOSA"五星管理"工作,已有16家发电企业、5家检修公司获得"三标一体化"认证,5家百万级电厂开展南非NOSA"五星管理",沙角C电厂、珠海电厂先后取得四星评级的好成绩。集团全面开展了先进发电企业考评验收工作,15个申报先进的发电企业中,5家发电企业荣获AAA等级,10家荣获AA等级。当年集团实现销售收入301.23亿元,上缴税金36.73亿元。发电煤耗同比降低2.2克/千瓦时(全集团节约燃煤成本7 100多万元)。平均厂用电率同比下降0.07个百分点。截至2005年底,全资、控股总装机容量达到1 171.74万千瓦,比2001年增长9.47%;取得国家批准立项和开工电源项目规模容量达991.52万千瓦;投产控股装机容量121.34万千瓦;退役20万千瓦。

粤电集团成立以来,全资控股省内电厂共完成发电量2 881.87亿千瓦时,2005年发电量684.87亿千瓦时,比2001年的436.84亿千瓦时上升56.78%。2005年底资产总额974亿元,净资产414亿元,分别比2001年底增长45%和77%。

四、粤电集团的人力资源开发与企业文化建设

粤电集团在岗人员效率逐步提高。2005年底,在岗员工人数12 482人,比2001年减少173人。人员效率从人均装机容量679千瓦增至939千瓦,提高了39.2%。全员劳动生产率从116.9万元/人年提高到204.3万元/人年,提高了74.76%,年平均增长18.68%。

围绕实现集团公司生产经营发展目标,集团有计划地培训高管人员,加强领导班子建设,同时规范管理人员选拔工作程序和管理制度,充实调整领导班子,以适应集团发展需要。高管人员的数量和质量得到提升,年龄、专业、学历结构都趋向合理。截至2005年底,在岗员工平均年龄37.9岁,其中硕士研究生198人,本科生2052人,占总人数的18%,如图3所示。专业技术等级方面,集团有高级技师21人,高级技术人员324人,中级技术人员1442人,技师341人,中级工2940人,如图4所示。

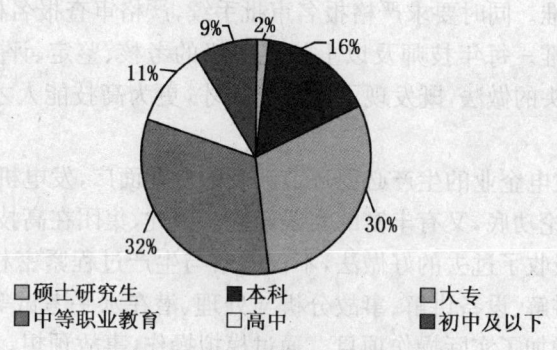

图3 粤电集团员工学历构成

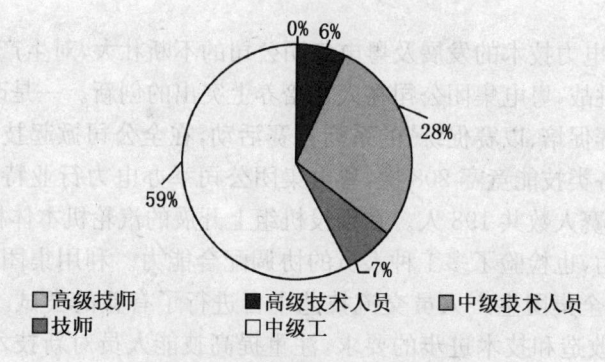

图4 粤电集团员工技术构成

粤电集团提出按照"以挖掘现有人力资源为主,适当引进紧缺、专门人才为辅"的原则,合理核定机构定员,搭配各层次人才,组织老厂人员向新建项目分流,同时解决老厂的超编问题和新建项目的人才需求;健全培训—奖惩—使用机制和分类分级培训网络,重点加强高管人员、技能型人才和新建单位、新项目的人员培训,所属各单位结合实际广泛开展各类培训和岗位练兵。

集团确定"十一五"期间人力资源工作的总目标是:员工总量同比保持负增长,人均可控装机容量达到1849千瓦;逐步优化员工队伍结构,重点提高中、高技能员工比例和专科以上学历员工比例;各类人才队伍门类齐全,专业结构合理,数量充足,素质提高;基本建成员工终身教育培训体系,人尽其才的环境得到显著改善。具体目标为:公司积极推进"高技能人才工程",力争在未来几年培养1800名高技能人才,包括高级技师约480名,技师约1200名,使技能人员的技能等级结构进一步趋于合理。同时培养选拔10名粤电集团公司特级技术能手,100名粤电集团公司级技术能手,300名二级单位技术能手,使高技能人才的数量、质量和结构不断趋于合理,充分满足粤电集团公司的高速发展对高技能人才的需求。

集团除了内部重视和员工积极参与外,还在以下几方面进行积极的创新:

(1)更新观念。坚持科学的人才观,激活员工的主体意识。员工参与学习和培训的积极性有较大提高。仅2005年有3万多人次参加各类培训班和技术讲座,全员培训率由2001年的83%上升到2005年的91%。

(2)严抓安全生产。从安全生产大局出发,集团制定并执行的技能人才标准高于行业和省有关部门制定的标准。同时要求严格报名审批手续,严格审查报名材料,严格执行相关技能等级的考核评价标准。每年技师及以上技能等级的考核、鉴定、评审合格人数均控制在30%左右。"严"字当头的做法,既发现了高技能人才,更为高技能人才的培养树立了标杆,起到了示范作用。

(3)重视细节。发电企业的生产必要环节涉及的专业面广,发电机组的正常运行需要操作人员既有扎实的理论功底,又有丰富的实践经验。因此,集团在高技能人才的培养与鉴定考评过程中,继承和吸收了过去的好做法,不仅考察与生产过程紧密相关的"工作票"与"操作票"、识绘图、看图讲解、设备讲解、事故分析与处理、潜在水平考试等项目,还利用现有仿真设备及仿真技术,增加了实际操作项目。通过模拟操作,事故预想,考察员工的技能水平。在检修工种技能人才的培养中,充分发挥老师傅的传、帮、带作用,相互切磋技艺,共同提高检修工艺水平。

(4)突出创新。电力技术的发展及粤电集团公司的不断壮大,对生产人员的知识及技能水平形成了有力的挑战,粤电集团公司在人才培养上突出的创新。一是改进人才培养方式,开展"以赛促学、以赛促培、以赛促练"的系列竞赛活动,在全公司掀起技能比武热潮。近年所属单位自行举办各类技能竞赛208次,粤电集团公司举办电力行业特有的工种技能竞赛活动共8次,参加决赛人数共198人。在现役机组上开展的汽轮机本体检修竞赛,既检验了技能人员的综合能力,也检验了多工种人员的协调配合能力。利用集团内部局域网同步转播比赛实况,为构建全集团生产人员交流技艺平台进行了有益的尝试。二是增加新内容。为适应近年来技术改造和技术进步的要求,注重提高技能人员对新技术、新设备的适应能力,在日常技能培训中,增加了外语及"新技术、新材料、新设备、新工艺"等"四新"知识,不断提高技能人员的适应能力。三是拓宽培训渠道。为适应新建项目投产的要求,积极选派相关人员赴国外学习操作技能。仅2005年共外送88名生产人员赴新加坡、日本等国学习LNG燃气轮机的操作技能和相关知识。人才培养方式与方法的转变,增添了人才培养工作的活力。

(5)重视培训资源的共享。一是利用社会资源。与对口的大专院校合作,对生产人员进行理论培训,利用外部技能培训机构,培训与考核通用工种技能;二是调剂使用内部师资力量、设备、场地。组织全公司力量建立了发电行业特有工种的专家库和师资库,实行场地、技术设施、技术资料的共享,节省了开支,降低了企业成本,提高了现有资源的使用效率。

粤电集团的企业文化正在公司发展过程中得到提炼、宣扬和丰富。公司坚持诚信,追求业绩,渴求改革,将企业精神定位为"团结、创新、诚信、高效",向员工介绍先进的管理理念和管理模式,宣讲公司的发展和管理思路。

陕西延长石油(集团)有限责任公司

陕西延长石油(集团)有限责任公司成立于 2005 年 9 月 14 日,隶属于陕西省人民政府,是继中石油、中石化、中海油之后的我国第四大石油开采炼化企业。陕西延长石油(集团)有限责任公司(以下简称"延长石油"),是国内具有石油和天然气勘探开采资质的四家企业之一,主要经营石油和天然气资源的勘探、开采,石油炼制和化工,油品管输、储运和销售,天然气化工和石油化工工程建设等业务。2005 年,陕西省委、省政府对陕西地方石油企业进行了大重组,整合组建了陕西延长石油(集团)有限责任公司(延长油矿管理局)。重组后的延长石油下设油田股份、炼化、管输、销售、财务五大专业板块,以及陕西兴化、陕西化建、西安延炼工贸、延长石油材料公司。公司荣列 2006 年中国企业 500 强第 100 位、中国企业效益 200 佳企业第 15 位、中国企业纳税 200 佳第 29 位。

一、延长石油的发展历程

延长石油已有百余年历史。1905 年成立"延长石油厂";1907 年打成中国陆上第一口油井——"延一井",结束了中国陆上不产油的历史。1998 年,陕西省委、省政府以做大做强和可持续发展为目标,对陕西地方石油企业进行了第一次大重组,成立了陕西省延长石油工业集团公司。2005 年进行了第二次大整合,组建了现在的陕西延长石油(集团)有限责任公司(见图 1)。

延长石油注册资金 12 亿元,股本金为 68 亿元,其中陕西省国资委占股 51%,延安市占股 44%,榆林市占股 5%,全部以实物出资(见图 2)。

延长石油集团公司下设油田股份、炼化、管输、销售 4 个石油专业公司和一个财务中心,以及陕西兴化、陕西化建、西安延炼工贸、延长石油材料 4 个子公司,主要生产经营单位包括 22 个采油厂、3 个炼油厂、2 个油品经销公司(见图 3)。

二、延长石油的发展目标和战略

我国石油探矿权和采矿权实行许可证授予制度。国务院批准中国石油天然气集团公司、中国石油化工集团公司、中国海洋石油总公司和陕西延长石油(集团)有限责任公司(延长油矿管理局)分别享有陆上和海上石油勘查、开采的专营权。延长石油是我国第四大石油

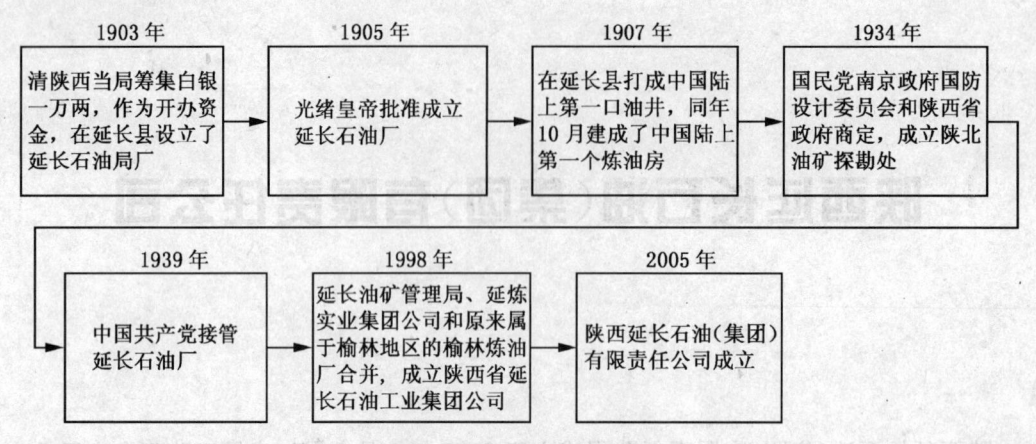

```
1903年 → 1905年 → 1907年 → 1934年
清陕西当局筹集白银一万两，作为开办资金，在延长县设立了延长石油局厂 → 光绪皇帝批准成立延长石油厂 → 在延长县打成中国陆上第一口油井，同年10月建成了中国陆上第一个炼油房 → 国民党南京政府国防设计委员会和陕西省政府商定，成立陕北油矿探勘处

1939年 → 1998年 → 2005年
中国共产党接管延长石油厂 → 延长油矿管理局、延炼实业集团公司和原来属于榆林地区的榆林炼油厂合并，成立陕西省延长石油工业集团公司 → 陕西延长石油(集团)有限责任公司成立
```

图1 延长石油发展历程

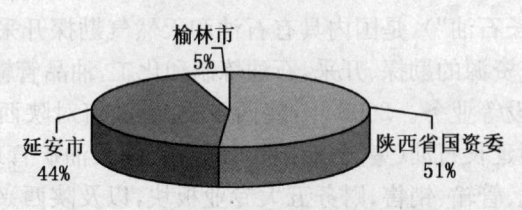

图2 延长石油股权结构图

榆林市 5%
延安市 44%
陕西省国资委 51%

开采炼化企业，与前三位还存在比较明显的差距。在2004年底的全国石油天然气探矿权登记面积中，中国石油天然气集团公司占41%，中国石油化工集团公司占23.5%，中国海洋石油总公司占31.7%，陕西延长油矿占2.4%，中联煤层气公司占0.9%，其他占0.4%。如图4所示，在采矿权登记面积中，中国石油天然气集团公司占82.4%，中国石油化工集团公司占11.9%，中国海洋石油总公司占4.5%，陕西延长油矿占0.6%，其他占0.6%，如图5所示。在资产、销售收入及原油产量和加工方面，延长石油与三大企业相比也存在较大的差距，见表1。

表1　　　　　　　　　　　　2006年我国四大石油开采炼化企业的比较

	总资产(亿元)	销售收入(亿元)	生产原油(万吨)	加工原油(万吨)
中石化	6 231	10 446	4 000	14 632
中石油	8 722	6 890	10 660	10 709
中海油	2 474	1 208	3 154	
延长石油	576	400	926	970

资料来源：根据各公司年报编制。

(一)延长石油的发展目标

延长集团公司近期的目标是建成陕西第一品牌和国内知名企业，"十一五"末成为中国50强企业，到"十二五"中期，力争进入世界500强企业行列。具体的目标如下：

(1)"十一五"期间总投资达到1 400亿元，到"十一五"末，年销售收入达到750亿元以上，利税达到200亿元以上；工业增加值达到318亿元，年均增长12%以上。

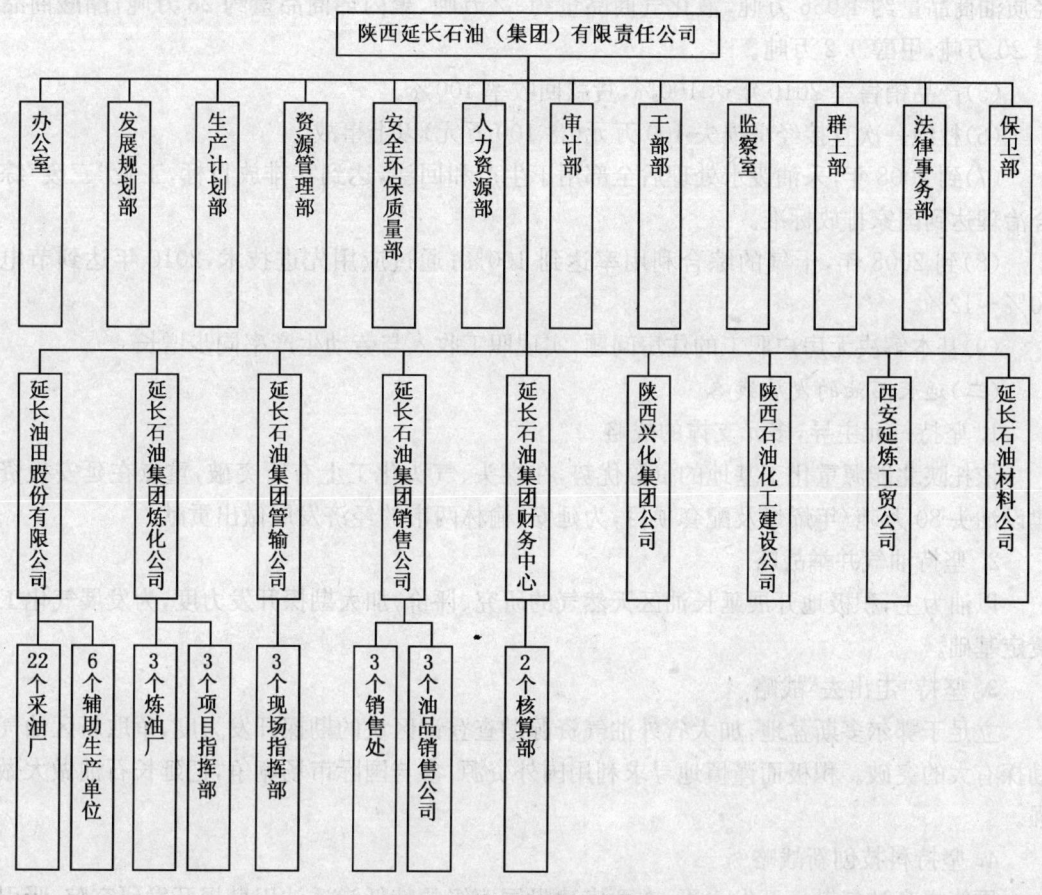

图3 延长石油组织结构图

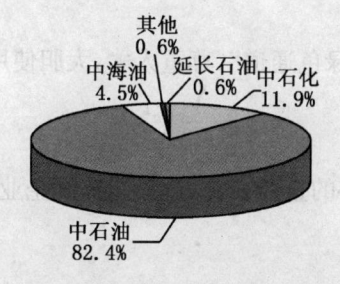

图4 我国石油天然气采矿权登记面积分布图 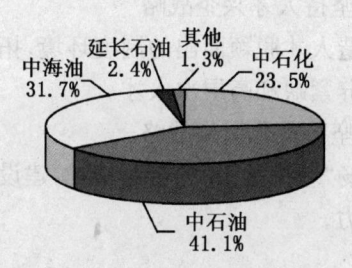　　图5 我国石油天然气探矿权登记面积分布图

　　(2)"十一五"期间,新增探明石油地质储量4亿吨,天然气储量800亿立方米,力争达到1 000亿立方米。

　　(3)原油产量2007年达到1 000万吨,2010年达到1 200万吨(其中延安区内1 000万吨,榆林区内200万吨);天然气商品量2010年达到15亿立方米,力争20亿立方米;老区采收率提高到15%以上,注水区采收率提高到20%以上。

　　(4)原油加工能力2010年达到1 450万吨/年(延炼800万吨,永炼350万吨,榆炼300万吨);原油加工量2 010年达到1 265万吨(延炼715万吨,永炼350万吨,榆炼200万吨),

轻质油商品量约1 056万吨,液化气商品量约52万吨,聚丙烯商品量约28万吨,醋酸商品量20万吨,甲醇9.2万吨。

(5)产品销售率2010年达100%,货款回收率100%。

(6)杜绝一次直接经济损失100万元(含100万元)以上事故。

(7)到2008年,采油废水处理后全部用于生产和回注,达到零排放目标,工业"三废"综合治理达到国家排放标准。

(8)到2008年,干气的综合利用率达到100%;通过应用先进技术,2010年达到节电10%~12%。

(9)基本解决无房户职工的住房问题,实现职工收入与劳动生产率同步增长。

(二)延长石油的发展战略

1. 坚持一元主导,多元支撑的战略

依托陕北能源重化工基地的资源优势,在煤头、气头化工上有所突破,重点在延安投资建设油头80万吨/年烯烃及配套项目,为延安、榆林两市的经济发展做出贡献。

2. 坚持油气并举战略

以油为主,积极地开展延长油区天然气的研究、评价,加大勘探开发力度,为发展气化工奠定基础。

3. 坚持"走出去"战略

立足于鄂尔多斯盆地,加大省外油气资源勘查登记区块的勘探开发力度,争取新区油气勘探有大的突破。积极而谨慎地寻求利用国外资源,参与国际市场竞争,把延长石油做大做强。

4. 坚持科技创新战略

围绕提高油气勘探开发水平,在西安建设国家级的特低渗透油田勘探开发研究院,吸引和培养更多的高级技术人才,形成具有自主知识产权的特低渗透油田勘探开发工艺技术。

5. 坚持人才兴企战略

创造人才脱颖而出的制度环境,拓宽人才创业的"绿色通道",尊重人才,大胆使用人才,加速培养紧缺和高层次人才。

6. 坚持文化引领战略

弘扬"埋头苦干"的企业精神,建设务实、创新、诚信的企业文化,进一步提高企业凝聚力和向心力。

三、延长石油的生产经营状况

延长石油重组后的2006年,生产有了长足的进步,2006年完成投资89.73亿元,完钻新井8 525口,投产新井8 127口,新增原油产能192万吨。新增探明石油地质储量8 974万吨,储量面积191.54平方公里。2006年生产原油926万吨,加工原油970万吨,分别比2005年同期增长10.5%和15.75%;实现销售收入400亿元,同比增长33%。2007年一季度,延长石油集团生产原油234.29万吨,较上年同期增长10.14%;加工原油247.14万吨,较去年同期增长10.59%;销售各类油气产品224.80万吨,具体情况见图6。

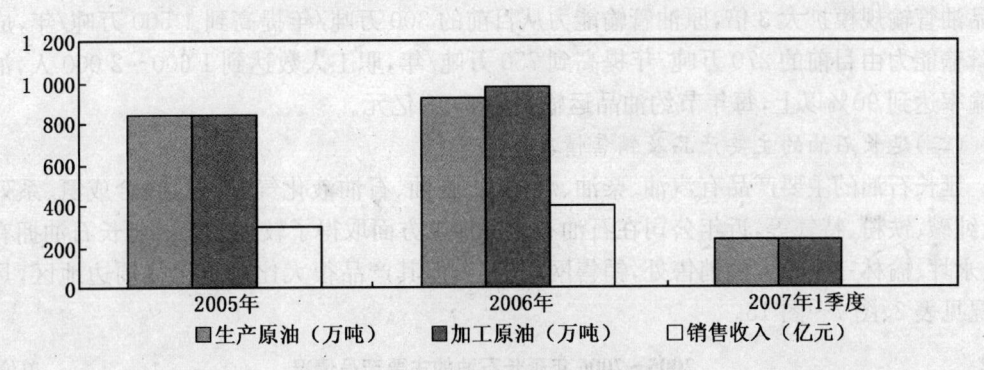

图 6　近年延长石油的生产销售概况

（一）延长石油的主要业务

1. 油气勘探开发

延长石油勘探始于 1905 年，自 20 世纪 80 年代以来，公司不断加大勘探投入，扩大勘探面积，相继发现了子长、余家坪、姚店、丰富川、川口、子北、志丹、蟠龙等油田。延长石油的地质储量从原来的 22 860 万吨增加到 58 884 万吨，新增探明石油地质储量 36 024 万吨，探明储量面积 712.9 平方公里。2005 年公司重组后，原 14 个县钻采公司成为公司的采油厂，进一步壮大了公司的实力，增加了公司的勘探面积。重组后公司加大了在天然气勘探方面的工作力度。到目前为止，公司累计在天然气方面的投入达 2 亿多元，完成二维地震测线 2 145 千米，部署探井 13 口，完成 10 口，试气 6 口 10 层，有 3 口 4 层达到工业气流。公司登记的资源面积已达 10.89 万平方千米，涉及鄂尔多斯、二连、海拉尔、松辽、河套、羌塘、南襄、洞庭湖等多个盆地。除了公司所在的鄂尔多斯盆地本部以外，在其他盆地和地方的勘探工作也在紧锣密鼓地进行。公司在二连盆地、石拐盆地、环县——盐池等已开展了不少物化探、钻井等实物工作。

2. 炼油与化工

延长石油集团炼化公司是陕西延长石油（集团）有限责任公司所属的五个专业公司（中心）之一，主要从事炼油与化工业务，下辖延安炼油厂、永坪炼油厂、榆林炼油厂三个中型现代化炼油厂，以及杨庄河、永坪、榆林三个项目建设指挥部。炼化公司现有主要生产装置的加工能力为：常压 1400 万吨/年，催化裂化 600 万吨/年，重整 60 万吨/年，柴油加氢 80 万吨/年，芳烃抽提 10 万吨/年，液化气精制 30 万吨/年，气分 30 万吨/年，MTBE6 万吨/年，聚丙烯 10 万吨/年。

3. 管道运输

陕西延长石油（集团）有限责任公司下属的管道运输公司，主要负责集团公司的原油采调、油品管输和管道建设工作。公司下设 8 个机关处室，3 个基层生产处，3 个管道工程建设指挥部，从业人员达 546 人；拥有 9 条原油、成品油输油管道，全长 514.4 公里，管输规模为原油 300 万吨/年、成品油 250 万吨/年。

"十一五"期间，管道运输公司的发展目标为：计划投资 25.75 亿元，在陕西省建成总厂约 2 000 余公里的 4 条原油、2 条成品油管输主线及辅线，形成以延安为中心，北抵榆林，南至西安，东达离石，西到定边的管道建设战略格局。届时，公司的原油管输规模将扩大 5 倍，成品油管输规模扩大3倍,原油管输能力从目前的300万吨/年提高到1 500万吨/年,成品油管输能力由目前的270万吨/年提高到750万吨/年,职工人数达到1 600～2 000人,油品管输率达到90%以上,每年节约油品运输费用5.98亿元。

(二)延长石油的主要产品及销售情况

延长石油的主要产品有汽油、柴油、煤油、石脑油、石油液化气、聚丙烯、合成氨、系列硝铵、纯碱、铁粉、特气等,近年公司在石油石化深加工方面取得了较大发展。延长石油拥有延炼、永坪、榆林三个较大的销售处,销售网络较广,但其产品很大比例是销往周边地区,具体情况见表2、图7~图15。

表2　　　　　　　　　　2005~2006年延长石油的主要产品情况　　　　　　　　单位:吨

年份 产品	2005年	2006年	同比增长(%)
柴油	3 709 826	4 203 400	13.30
汽油	2 957 950	2 971 461	0.46
液化石油气	494 118	413 545	-16.31
燃料油	812 004	802 170	-1.21
聚丙烯树脂	49 181	96 780	96.78

资料来源:国研网数据库。

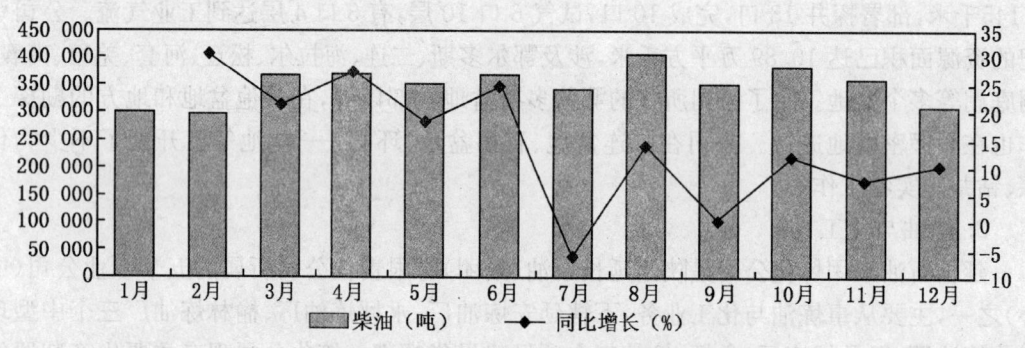

图7　2006年1～12月份延长石油的柴油生产情况

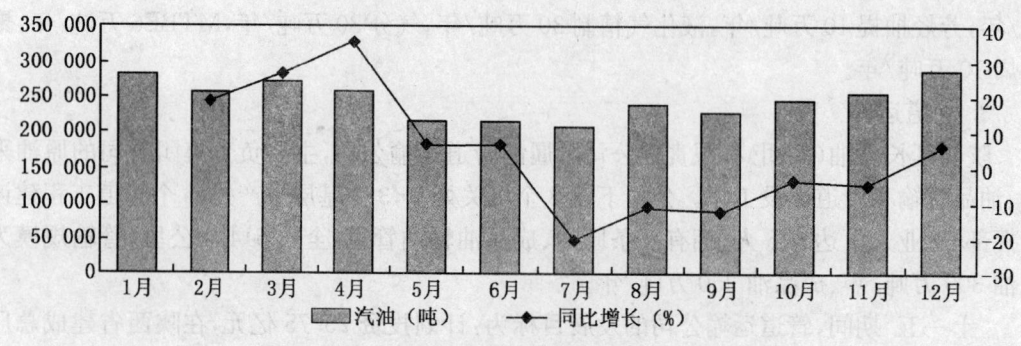

图8　2006年1～12月份延长石油的汽油生产情况

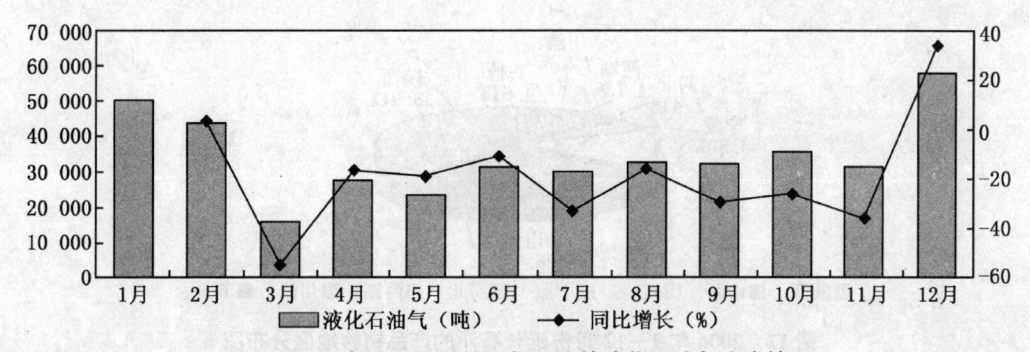

图9　2006年1~12月份延长石油的液化石油气生产情况

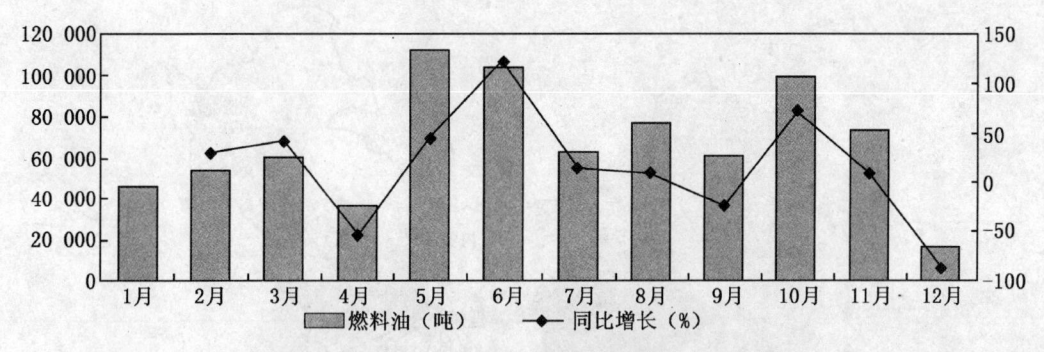

图10　2006年1~12月份延长石油的燃料油生产情况

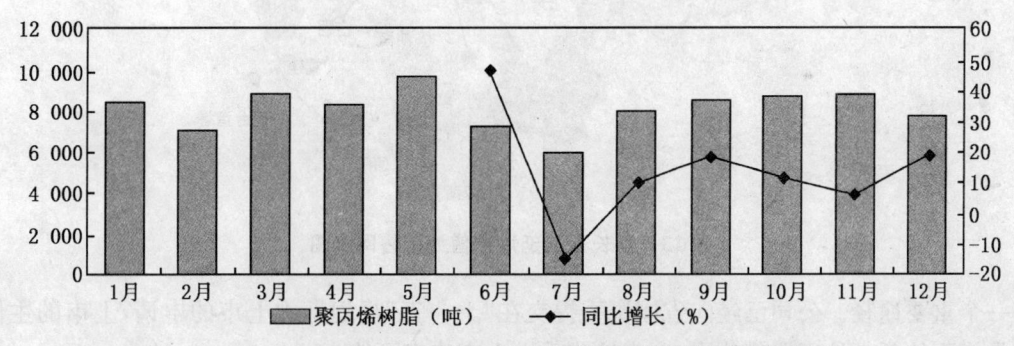

图11　2006年1~12月份延长石油的聚丙烯树脂生产情况

截至2006年底,延长石油集团公司总资产576亿元,较上年增长20.25%;资产负债率45.1%,较上年下降了1.24个百分点;全年实现利润80亿元,比上年增长0.2%(由于上缴给地方政府的税收增加,税后盈利有所减少);实现税金90亿元,比上年增长40%。延长(集团)公司在充分发展主业的同时,也通过投资进入其他行业。2006年底,延长石油(集团)作为战略投资者,出资10亿元人民币入股陕西汽车集团,开始涉足汽车制造业。

今后,延长石油的发展将会使其在资本市场上需要更大的空间。延长石油的快速发展和巨额支出将使其有强烈的融资需求。延长石油计划增加探明储量4亿吨将占其资本支出的大部分,由于在我国陆上石油勘探成本中,每吨石油的发现成本平均大约是200元人民币,延长石油在此项就要增加支出近800亿元人民币,资本市场将是延长石油弥补融资缺口

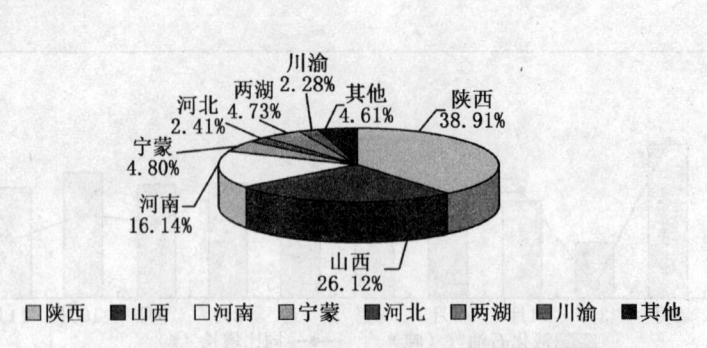

图12　2006年1~12月份延长石油的产品销售地区分布图

图13　延长石油延炼销售处销售网络图

的一个重要途径。公司已经向省国资委提交在"十一五"规划期内上市的申请,上市的主体将是旗下的延长油田股份公司,在内地或香港上市均有可能。

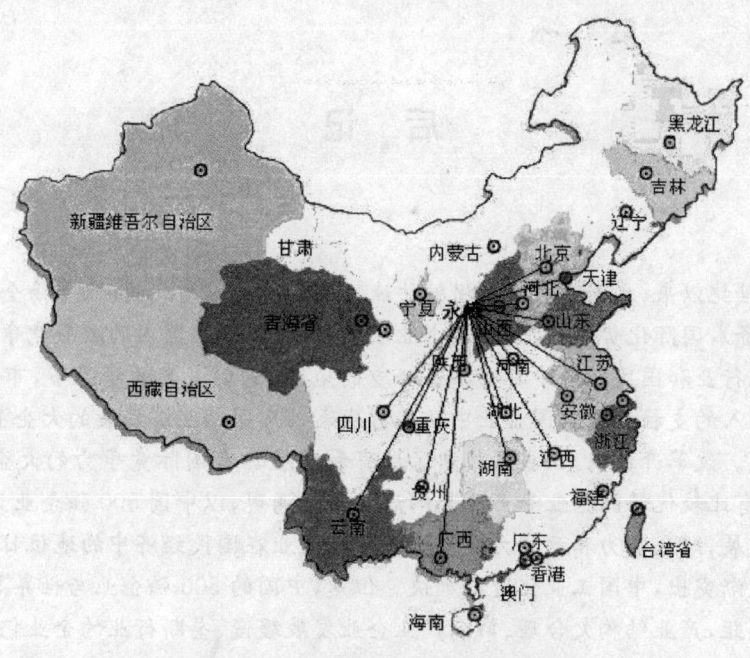

图 14 延长石油永坪销售处销售网络图

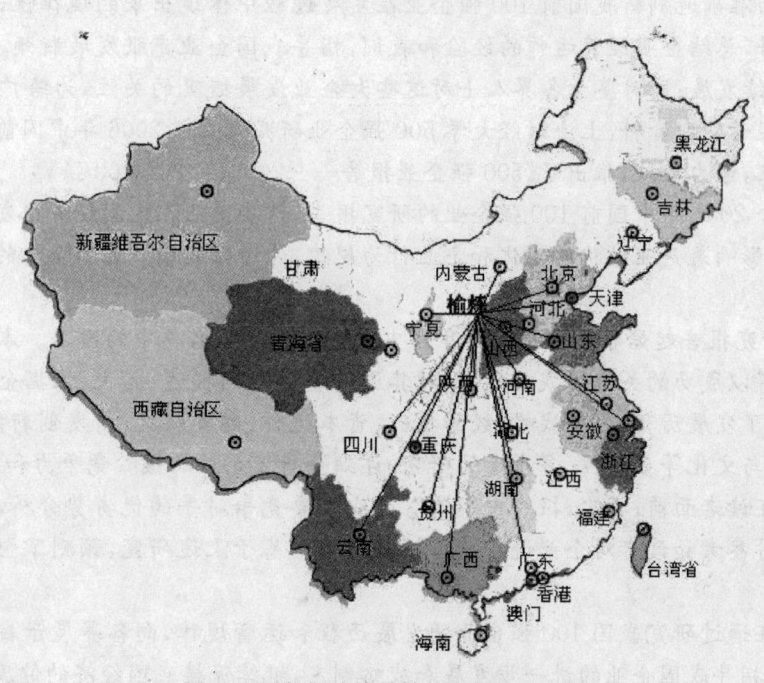

图 15 延长石油榆林销售处销售网络图

后 记

步入21世纪以来,我国经济继续保持快速发展的态势。与此同时,市场全球化、贸易和投资自由化、资本国际化势不可挡,我国企业面临着来自国际、国内的激烈竞争。

大企业在行业和国民经济中具有举足轻重的地位,它们支配的资源多,市场影响力大,是国家财政收入的支柱。对我国企业中既具有代表性又引领经济发展的大企业进行研究具有重要的意义。改革开放以来,我国推出了培育和发展具有国际竞争力的大企业的战略目标,一批批具有比较优势的企业和产业如雨后春笋般涌现,以中国500强企业为代表的大企业更是迅速发展,综合实力和竞争力得到提高。大企业在国民经济中的地位日益增强,私营企业的作用日渐突出,中国工业化进程加快。但是,中国的500强企业与世界500强企业间尚有不小的差距,产业结构欠合理、第三产业企业发展缓慢、垄断行业的企业仍占主导地位、企业技术创新和研发能力普遍薄弱、国际化程度较低等特征,阻碍了中国企业的发展速度。

为了全面准确地剖析我国前100强企业在发展过程中体现出来的规律性,搜集翔实的企业数据资料,总结企业经营运作的经验和教训,指导我国企业克服发展瓶颈、保持核心竞争力,实现持续发展;同时鉴于各界人士对这些大企业发展概况的关注,为给广大读者提供宝贵的企业经营管理资料,上海财经大学500强企业研究中心以2006年中国前100强企业作为研究对象,倾力奉献,推出了《500强企业报告——2006年中国100强》。

本书包含2006年中国前100强企业的研究报告,这些企业在中国经济中发挥了巨大的作用,带动并影响着产业结构的变化和企业行为规律,为增强我国产业和企业的竞争力做出了重要贡献。

100篇研究报告起始于这些企业历年在中国企业500强名单中的排名。本书首先简要分析了企业得以成功的关键性战略举措,对其进行整体上的描述;其次,依据企业的具体情况,依次进行了发展历程、发展战略、经营状况、资本运作、财务状况、研发创新能力、营销策略、人力资源与文化等多方位、多角度的研究,详细分析了企业的核心竞争力和发展瓶颈,将其全貌展示在读者面前;再次,报告中不乏对企业重要竞争对手的优劣势分析,以供企业制定战略决策时参考和读者对企业进行总体把握;最后,基于上述研究,预测了企业后续发展的态势。

本书旨在通过研究我国100强企业的发展历程和运营规律,向各界展示我国企业发展的主要趋势,指导我国企业的进一步发展和战略制定,继续保持我国经济的健康、快速发展。希望本书能使尽可能多的读者了解我国大企业的发展状态和趋势,学会如何研究企业的发展轨迹,悟出企业管理经营的规律,进而指导中国企业进一步健康发展,缩小与世界500强企业的差距并力争使更多的中国企业进入世界500强之列。

本书的研究任务艰巨,涉及的研究内容繁多。本研究中心倾注了巨大热情和心血于该书的编写,作者们参考了大量的文献资料,搜集了包括期刊文献、学术报告、报纸杂志、课题项目以及企业门户网站等多种渠道提供的数据信息,还对一些企业进行了实地调研。书中采用了大量的图表等数据资料,以形象、直观的表达方式概括了100强企业的发展,以每篇1万字左右精炼的篇幅分析了100强企业的发展历史和得以成功的原因,具有科学实用的特点,适合广大读者参阅,是对社会各界对本中心全力支持的最佳回馈,衷心希望读者能够从中有所收获。

在本书即将出版之际,本中心成员心情激动,期盼它可以奉献社会,集全社会的力量,缩小中国500强企业与世界500强企业的差距,力争更多的中国企业成为世界500强的重要组成部分。

特在此衷心感谢以下参与本报告编撰的人员(按相关企业的排名),他们是:朱晨冰、王丽霞、行超、张雅馨、李曦、徐尚泽、秦号、张洁瑜、陈易、王丹、王存存、王云飞、林秋、李然、何娜、鲍捷、朱竹颖、徐傅霖、史建国、侯晓丽、周蓓、赵家栋、严佳君、苑慧梅、李欣、严伟、郭毅、刘富杰、林庆、罗福会、宋天虹、沈丹峰、时艳、郭丽枫、袁芳、苏容灯、胡месяц科、宋雯珺、储文强、韩琛、杨明乾、王永辉、王海龙、张佳、荣尉力、贾蕾、李建军、俞燕、王毅军、韩梅、罗寻、高亮、黄慧红、孙晓丹、潘雷、叶迪、陈亮、王晓宇、范吉、丁振、李广伟、刘晶、孙倩、彭向、尤莉莉、王善祥、李新亮、史良柱、刘佳、徐文静、刘鹏祥、余典范、林浩等。

在此特别要对王存存表示感谢。她为中心网页(www.top500.org.cn)的建立和维护作了大量耐心、细致的工作。

在本书的撰写过程中,我们参考了大量国内外的经济学文献,在此向这些文献的编写者表示感谢。书中难免有错误和不足,恳请读者批评指正。

欢迎企业及有志于中国企业研究的机构参与我们的研究。我们的网址是:
www.top500.org.cn
我们的联系方式是:
上海市国定路777号　　上海财经大学500强企业研究中心　　邮编:200433
电话:021—65903440　　传真:021—65903445
电子邮箱:admin@top500.org.cn

上海财经大学500强企业研究中心
2007年5月28日